圖解

民　法　學習六法

劉宗榮　主編／審訂

三民書局

主編序

　　三民書局，以出版各種法政文史書籍著名，先後有多種版本的六法全書問世。為了與時俱進，服務讀者，又有《圖解學習六法》的出版。

　　《圖解學習六法》，是在以前《最新綜合六法全書》的基礎上，進行大幅度地增修而成的。為便利攜帶與閱讀，全書分《民法》、《商事法》、《民訴法》、《刑事法》與《公法》五冊印行。《圖解學習六法》有下列特點：

一、收錄法令比較周全，內容與時俱進

　　本書收集包括憲法、法律、解釋、命令以及大學法律課程相關的國際公約，收集的範圍相對較多，內容新穎，與時俱進。

二、專有名詞收集豐富，解釋詳實易懂

　　本書收集龐大的法律專有名詞，以淺顯易懂的文字，詳實說明，對類似的法律概念或學術用語，也適時區辨異同，以釐清法律觀念。

三、精心繪製多幅法律關係圖，以鳥瞰法律的規範體系，明瞭請
　　求權的法律基礎

　　本書附有多幅法律關係圖，以靜態的表解，幫助讀者鳥瞰法律體系；以動態的請求權過程，幫助讀者明瞭權利的行使。

　　本書專有名詞的解釋，由臺大法律學研究所多位研究生撰寫初稿，黃銘輝、王欽彥、謝國欣諸位教授與本人負責審校。三民書局編輯部同仁，以敬業精神，搜集資料，排版校對，歷時數年，始得以付梓，茲值全書完成之際，謹敬綴數語，用表謝悃。

劉宗榮敬誌

110 年 8 月 1 日

編輯部序

　　三民書局早於五十年前出版《最新綜合六法全書》，暢銷海內外，盛況空前。惟鑑於法律之文義深奧、文字艱澀、讀者不易徹底瞭解，且為因應現今新時代讀者的閱讀習慣與需求，除既有的《最新綜合六法全書》與《基本六法》外，特編纂此一《圖解學習六法》系列工具書。

　　本系列共分五冊，分別為：《民法》、《刑事法》、《公法》、《商事法》與《民訴法》，除收錄重要法規與判決例等實務見解外，針對生難詞彙佐以白話的說明，更增添數百張圖表，輔助初入法學殿堂的讀者理解學習，同時也有助於備考時相關觀念的彙整與連結。

　　為確保本書的正確性與專業性，特邀請國內知名法律學者劉宗榮教授擔任主編，同時由各領域的專精學者王欽彥、黃銘輝與謝國欣教授（以上依姓氏筆畫排序）擔任各分科六法的審閱，由臺灣大學的碩士班同學撰寫底稿，再經由諸位學者的審閱，以求本系列工具書內容的盡善與完備。

　　在此感謝參與本書編纂的同學們：王綱、吳晉維、吳語涵、李庭歡、林志洋、張海韻、許凱翔、陳育驊、黃士剛、楊壽慧、楊穎曄、廖堃安。

　　本書為三民書局重要法律出版物之一，自當精益求精，以利讀者，尚祈不吝指教，俾使完善。

編輯部謹誌

2021 年 8 月

凡　例

一、本書蒐集現行重要法規，按《民法》、《刑事法》、《公法》、《商事法》與《民訴法》，其中《民法》一冊並包含勞動法相關法規、《刑事法》則兼含刑法、刑事訴訟法以及法學倫理相關法規。

二、法規條文前後，逐條附註以助瞭解：

　　㈠條文要旨：列於法律條文之前，在條目下以「（　）」符號表示，以使讀者迅速掌握規範重點。

　　㈡立法理由：民法、刑法等主要法規條文之後，附「立法理由書」，並以小號字體排印，上冠以「仓」以資識別。

　　㈢修正理由：於立法理由之後，以「⑨」表示九十二年之修正理由。

　　㈣名詞解釋：列於條文之後，上冠以「◇」符號，白話說明生難詞彙意涵。

　　㈤有關判解：列於相關法令之後，冠以「▲」符號，包括全部司法院大法官會議解釋文及精選之最高法院民、刑事判決例、行政法院判決要旨。判解內間有沿用舊條文者，均在該條文前後註明（舊）字。

三、圖解表格

　　針對重要法律概念或程序，於相關法規頁面間穿插圖表，輔助讀者理解。

圖解學習六法　目次

民法及相關法規 (A)

勞動社會法 (B)

民法及相關法規

民　法
一百一十年一月十三日總統令修正公布

第一編　總　則

① 民國十八年五月二十三日國民政府公布
② 七十一年一月四日總統令修正公布
③ 九十七年五月二十三日總統令修正公布
④ 一百零四年六月十日總統令修正公布
⑤ 一百零八年六月十九日總統令修正公布
⑥ 一百一十年一月十三日總統令修正公布第一二、一三條條文

第一章　法　例

第1條　（法源）

民事，法律所未規定者，依習慣；無習慣者，依法理。

介查民律草案第1條理由謂凡關於民事，應先依法律所規定，法律未規定者，依習慣，無習慣者，則依法理判斷之。法理者，乃推定社交上必應之處置，例如事親以孝及一切當然應遵守者皆是。法律中必規定其先後關係者，以凡屬民事，審判官不得藉口於法律無明文，將法律關係之爭議，拒絕不為判斷，故設本條以為補充民法之助。

◇法律：指廣義的法律。除經立法院通過，總統公布的狹義法律外，還包括行政機關依法律授權所發布的法規命令，但不包括憲法，故不能直接適用憲法來處理民事問題。

◇習慣：習慣在法律上有「事實上習慣」與「習慣法」二種不同的解釋。前者只要求具備客觀上多年慣行的事實；後者除了於須具備客觀上多年慣行的事實外，還要求一般人主觀上將該習慣視作法律並予以遵守（即**法之確信**，必須受到公共秩序與善良風俗的評價）。本條所稱之習慣一般指「習慣法」而言，「**事實上習慣**」除法律另有規定外，並無補充法律的效力。

◇法理：指從法律精神演繹而出的一般法律原則，是社會共同生活的原理。法理的補充功能，在適用上包括**制定法內的法律續造**，如基於平等原則所作之類推適用，以及**制定法外的法律續造**，如援引外國立法例作為法理。

▲【17 上 613】習慣法之成立，須以多年慣行之事實及普通一般人之確信心為其基礎。

▲【103 臺上 736】**所謂法理，乃指法條中未揭示，而由法律根本精神演繹而得之法律一般原則，為事務本然或應然之理**，以公平正義進行調和社會生活相對立的各種利益為任務；經由法理的補充功能得以適用包括制定法內之法律續造（如基於平等原則所作之類推適用）及制定法外之法律續造（如超越法律計畫外所創設之法律規範）。

第2條　（適用習慣之限制）

民事所適用之習慣，以不背於公共秩序或善良風俗者為限。

介謹按我國幅員寥廓，禮尚殊俗，南朔東西，自為風氣，雖各地習慣之不同，而其適用習慣之範圍，要以不背公共秩序或善良風俗者為限，庶幾存誠去偽，阜物通財，流弊悉除，功效斯著。此本條所由設也。

◇習慣：在民法條文所稱的「習慣」中，除民法第1條是指「習慣法」外，亦有指「事實上習慣」者（如民法第 207 條第 2 項），故本條既然指明「民事所適用之習慣」，理解上自然包含「事實上習慣」與「習慣法」二者在內。因此，無論是事實上習慣或習慣法，只要違反公序良俗，即無適用餘地。

◇公共秩序：國家及社會生活的共同要求，實務有謂立國精神與基本國策之具體表現。

◇善良風俗：國民的一般倫理與道德觀，實務有謂發源於民間之倫理觀念。

▲【30 上 191】現行法上並無認不動產之近鄰有先買權之規定，即使有此習慣，亦於經濟之流通、地方之發達，均有障礙，不能予以法之效力。

▲【99 臺上 2193】所謂「公共秩序」乃指立國精神與基本國策之具體表現，而「善良風俗」則為發源於民間之倫理觀念。

第3條　（使用文字之準則）

Ⅰ.依法律之規定，有使用文字之必要者，得不由本人自寫，但必須親自簽名。

Ⅱ.如有用印章代簽名者，其蓋章與簽名生同

等之效力。

III如以指印、十字或其他符號代簽名者，在文件上，經二人簽名證明，亦與簽名生同等之效力。

☞謹按文字者，所以證明法律行為之成立，或權利義務之存在也。依法律之規定，有使用文字之必要者，即法律上規定某種法律行為，須以訂立書面為必要也。此種書面，原則上應由本人自寫，方符法定程式，然我國教育尚未普及，不能自寫文字之人，殆居多數，故其例外，復規定得不由本人自寫，而許其使他人代寫。但為慎重計，在他人代寫之後，仍應由本人親自簽名耳。第1項所謂簽名，即自己書寫姓名之謂，經自己書寫姓名，即不蓋章，亦能發生效力，若由他人代寫，於其姓名下加蓋印章，以代簽名，其效力亦與自己簽名無異。第2項所謂代簽名者，或用指印，或用十字，或用其他符號，均無不可。惟此種簽名方法，不似親自簽名之正確，故必須經二人簽名證明，始與親自簽名生同等之效力。

▲【院1909】㈠訂立移轉或設定不動產物權之書面。以十字代簽名者。依民法第3條第3項。既以經二人在該書面上簽名證明。為與簽名生同等效力之要件。則證明者二人。亦僅簽十字時。立書面人之以十字代簽名。自不能與簽名生同等之效力。惟法律行為法定方式之欠缺。並非不許補正。一經補正。該法律行為即為有效。

▲【74臺上4416】簽名云者，於文書親署姓名，以為憑信之謂。雖關於支票上之簽名，因法律上並未規定必須簽其全名。是故，**僅簽其姓或名，即生簽名之效力。且所簽之姓名，不以本名為必要**，簽其字或號，或雅號、藝名，均無不可。但**除以蓋章代之者外，要必以文字書寫，且能辨別足以表示為某特定人之姓名者，始足當之。**

第4條 （以文字為準）

關於一定之數量，同時以文字及號碼表示者，其文字與號碼有不符合時，如法院不能決定何者為當事人之原意，應以文字為準。

☞謹按關於一定數量之記載，如同時以文字及號碼各別表示，而其表示之數量，彼此有不符合時，究應以文字所表示之數量為準乎，抑應以號碼所表示之數量為準乎，此於權利之得喪及其範圍，至有關係，若不明定標準，勢必易滋疑問，故設

本條規定。法院遇有此種情形時，應推求當事人之原意定之，其不能決定何者為當事人之原意者，則以文字所表示之數量為準。所以免事實之糾紛，而期適用之便利也。

第5條 （以最低額為準）

關於一定之數量，以文字或號碼為數次之表示者，其表示有不符合時，如法院不能決定何者為當事人之原意，應以最低額為準。

☞謹按前條指文字與號碼同時各別表示而言，本條指文字及號碼數次各別表示而言。凡以文字及號碼各為數次之表示，而其所表示之數量，彼此有不符合時，則不問其為文字與文字不符合，或號碼與號碼不符合，或文字與號碼不符合，均應以當事人之原意定之。法院不能決定何者為當事人之原意者，則比較其所表示之各種數量，而以其中最低額為準，其理由蓋與前條相同也。

第二章　人

第一節　自　然　人

第6條 （自然人之權利能力）

人之權利能力，始於出生，終於死亡。

☞謹按自然人之權利能力，關係重要，在民法草案僅規定以出生為始，未及其終，蓋以終於死亡，為當然之事，故未特設規定。本法以自然人自出生以迄死亡，皆為權利能力之存續期間，故並規定其始期及終期。

◇權利能力：在民事法律關係上具有享受權利並負擔義務的資格。基於對人性尊嚴的尊重，只要是權利主體都具有權利能力，不容他人剝奪，也不可自行拋棄。

◇出生：所謂「出」，指完全脫離母體，至於脫離的原因及方式為何（分娩或流產、自行產出或人工取出），並不重要。所謂「生」，指生理存活的事實（否則謂之死產），至於保持生命的久暫，亦不重要。因此出生指的是與母體完全分離，能獨立呼吸，保有生命。

◇死亡：原則上以心跳停止、呼吸停止、瞳孔放大為判斷標準。不過在特殊情形可能以腦死為判斷標準，例如：進行器官移植手術時（參照人體器官移植條例第4條）。

▲【68 臺上 82】土地法所稱之權利人，係指民法第 6 條及第 26 條規定之自然人及法人而言，**非法人之團體，設有代表人或管理人者，依民事訴訟法第 40 條第 3 項規定，固有當事人能力，但在實體法上並無權利能力。**

第 7 條　（胎兒之權利能力）

胎兒以將來非死產者為限，關於其個人利益之保護，視為既已出生。

仓謹按依前條之原則，自然人必須出生，方有權利能力，而本條款未出生者，亦得為權利之主體，即對於胎內之兒女，以日後非死產者為條件，使得為出生前所成立之權利主體，例如本於不法行為而生之損害賠償請求權也。蓋本條為前條之例外規定，所以保護個人出生前之利益也。

◇**將來非死產者為限**：通說（**解除條件說**）認為指胎兒在出生前就取得權利能力，尚若將來死產，才溯及地喪失權利能力。少數說（**停止條件說**）則認為胎兒於出生前並未取得權利能力，直到其出生時（非死產），才溯及地取得權利能力。

▲【66 臺上 2759】不法侵害他人致死者，被害人之子女得請求賠償相當數額之慰撫金，又胎兒以將來非死產者為限，關於其個人利益之保護，視為既已出生，民法第 194 條、第 7 條定有明文，**慰撫金之數額如何始為相當，應的量一切情形定之，但不得以子女為胎兒或年幼為不予賠償或減低賠償之依據。**

第 8 條　（死亡宣告）

I 失蹤人失蹤滿七年後，法院得因利害關係人或檢察官之聲請，為死亡之宣告。

II 失蹤人為八十歲以上者，得於失蹤滿三年後，為死亡之宣告。

III 失蹤人為遭遇特別災難者，得於特別災難終了滿一年後，為死亡之宣告。

仓一、目前交通發達，通訊方便，原定失蹤期間，似嫌過長，宜將一般人、老年人及遭遇特別災難人三種失蹤期間，分別比例縮短為七年、三年、一年。又為顧及公益上需要，倘利害關係人不聲請為死亡宣告或無利害關係人時，宜許檢察官亦得聲請，爰於本條第 1 項增列之（參考日本民法第 30 條、德國失蹤法第 16 條第 2 項第 1 款、韓國民法第 27 條第 1 項）。

二、因現代醫藥衛生之進步，國人壽命已普遍增長，即就臺灣地區而言，民國 24 年至 29 年間，

男子平均壽長為四一・一歲，女子壽長為四五・七歲。至六十五年男子平均壽長六八・九歲，女子為七三・七二歲（臺灣省政府統計資料），足見在此四十年間，男女平均壽命已增長二十六歲以上，故老年人之失蹤年齡似應相對提高，爰將本條第 2 項失蹤人七十歲以上者改為八十歲以上，並將七十歲以上至未滿八十歲者列入一般失蹤人範圍。

三、失蹤人遭遇特別災難者，將原規定得於失蹤滿三年後，改為得於特別災難終了滿一年後，為死亡宣告，較為合理（參考德國失蹤法第 4 條第 1 項）。

◇**利害關係人**：對於死亡宣告在法律上有利害關係的人。例如：失蹤者的配偶、繼承人及債權人等。

◇**死亡宣告**：人若失蹤而生死不明，相關的權利義務將陷於無法確定的狀態，例如財產的管理與繼承、配偶的婚姻等，對於利害關係人與社會均屬不利。因此透過法院宣告失蹤者死亡，使之產生與自然死亡同等法律效果，藉此處理懸而未定的私法關係，且只限於失蹤前住居所地的私法關係。

◇**特別災難**：指災難之發生是出於自然或外在的不可抗力，對於失蹤者為無可避免者，例如：風災、海難、戰爭等。要特別注意的是，在空難的情形只要失蹤滿 6 個月就可以為死亡宣告（民用航空法第 98 條），不適用本條項的 1 年規定。

◇**失蹤**：指失蹤者處於生死不明的狀態。若依情形通常可認定為死亡時（如飛機高空爆炸），即便未發現屍體仍得逕為死亡的認定，非屬本條所稱的失蹤。

◇**撤銷死亡宣告**：受死亡宣告的失蹤者若實際上仍生存時，可以聲請法院撤銷死亡宣告（家事事件法第 160 條）。死亡宣告被撤銷後，相關權利義務關係回復至死亡宣告前，但為了保護已經存在的法律關係，死亡宣告被撤銷前的善意行為效力不會受到影響，因死亡宣告取得財產者，也僅在現受利益的限度內負歸還財產之責（家事事件法第 163 條）。

▲【院解 3230】遺產稅徵收機關非民法第 8 條第 1 項所稱之利害關係人不得為死亡宣告之聲請。

第 9 條　（死亡時間之推定）

I 受死亡宣告者，以判決內所確定死亡之時，推定其為死亡。

II 前項死亡之時，應為前條各項所定期間最後日終止之時。但有反證者，不在此限。

民法 第一編 總則 （第一〇～一三條）

介 謹按受死亡之宣告者，以判決內所確定死亡之時日，即推定其為業已死亡。即從是時起，失蹤人所有財產上及親屬上之法律關係，視與死亡者同，否則失蹤人之法律關係，仍不確定也。然前條各項所定期間最後日終止之時，以無反證者為限，即為推定其死亡之時。

▲【51臺上1732】民法第9條第1項規定受死亡宣告者，以判決內所確定死亡之時，推定其為死亡。所謂推定，並無擬制效力，自得由法律上利害關係人提出反證以推翻之。

第10條　（失蹤人財產之管理）
失蹤人失蹤後，未受死亡宣告前，其財產之管理，除其他法律另有規定者外，依家事事件法之規定。

⑩ 101年1月11日公布，自101年6月1日施行之家事事件法第四編第八章，就失蹤人財產管理事件已有整體規範，非非訟事件法有關失蹤人財產管理之規定（第108條至第120條），已於102年5月8日配合刪除，現行非訟事件法已無失蹤人財產管理之規定，爰將原條文修正為除其他法律另有規定者外，依家事事件法。

第11條　（同死推定）
二人以上同時遇難，不能證明其死亡之先後時，推定其為同時死亡。

介 謹按特別災難之發生，如臨於戰地、船舶沈沒、或其他遭遇可為死亡原因之危難，而有二人以上同時失蹤者，則其死亡之孰先孰後，應依其證明者而定。若不能證明其先後時，則推定其為同時死亡。蓋二人既係同時遇難，復不能別有證明，自應推定其為同時死亡。故設本條以明其旨。

◇ 同時存在原則：指繼承人必須在被繼承人死亡時生存且具有權利能力，才會產生繼承關係。如同時死亡，因不符合此一原則，彼此間不會產生繼承關係。附帶一提，死亡宣告及同死推定，均可反證推翻。

第12條　（成年時期）
滿十八歲為成年。

⑩ 原有關成年年齡之規定乃於18年間制定並施行，迄今已施行約九十一年，鑑於現今社會網路科技發達、大眾傳播媒體普及、資訊大量流通，青年之身心發展及建構自我意識之能力已不同以往，本條對於成年之定義，似已不符合社會當今現況；

又世界多數國家就成年多定為十八歲，與我國鄰近之日本亦於2018年將成年年齡自二十歲下修為十八歲；另現行法制上，有關應負刑事責任及行政罰責任之完全責任年齡，亦均規定為十八歲（刑法第18條、行政罰法第9條），與民法成年年齡有異，使外界產生權責不相符之感，是為符合當今社會青年身心發展現況，保障其權益，並與國際接軌，爰將成年年齡修正為十八歲。

第13條　（未成年人及其行為能力）
I. 未滿七歲之未成年人，無行為能力。
II. 滿七歲以上之未成年人，有限制行為能力。

⑩ 一、第1項及第2項未修正。

二、因應修正條文第12條將成年年齡修正為十八歲，以及修正條文第980條將男、女最低結婚年齡修正均為十八歲後，民法成年年齡與男、女最低結婚年齡一致，爰配合刪除第3項有關未成年人已結婚而取得行為能力之規定。

◇ 行為能力：指得以自己的意思表示，使其行為發生法律上效果的資格。行為能力與權利能力的不同之處在於，後者僅是享受權利、負擔義務的資格，只要是權利主體就會具備；前者則是得依自己的意思表示產生所要享有權利、負擔義務的資格，並非所有權利主體都有。

◇ 完全行為能力：法律為了保護交易安全，以年齡作為主要劃分因素，以監護宣告、輔助宣告作為輔助因素，將行為能力，劃分為完全行為能力人、限制行為能力人與無行為能力人。完全行為能力人指成年人（18歲以上），他們在法律上被認為能獨立依自己的意思表示享受權利、負擔義務。

◇ 限制行為能力：限制行為能力人，是指法律行為能力受到限制，僅具有不完全行為能力的人。限制行為能力人，既不是完全沒有行為能力，也不是完全行為能力，而是介於二者之間，就某些行為，有完全行為能力；就另外某些行為，完全沒有行為能力；就另外的其他某些行為，則必須獲得其法定代理人的補充，才能生效。限制行為能力是從無行為能力到完全行為能力的過渡，為了保護智識尚未完全成熟的人，使其有機會從交易中獲得經驗，又可以避免蒙受重大損失的制度。限制行為能力人是指滿七歲以上的未成年人，他們在法律上被認為並不能完全依自己的意思表示享受權利、負擔義務，亦即行為能力受有相當限

制（關於限制行為能力人所為法律行為之效力，請參考民法第 77 條至第 85 條的規定）。

第 14 條　（監護之宣告及撤銷）

I 對於因精神障礙或其他心智缺陷，致不能為意思表示或受意思表示，或不能辨識其意思表示之效果者，法院得因本人、配偶、四親等內之親屬、最近一年有同居事實之其他親屬、檢察官、主管機關、社會福利機構、輔助人、意定監護受任人或其他利害關係人之聲請，為監護之宣告。

II 受監護之原因消滅時，法院應依前項聲請權人之聲請，撤銷其宣告。

III 法院對於監護之聲請，認為未達第一項之程度者，得依第十五條之一第一項規定，為輔助之宣告。

IV 受監護之原因消滅，而仍有輔助之必要者，法院得依第十五條之一第一項規定，變更為輔助之宣告。

⑩一、依第 15 條之 1 第 1 項規定，對於因精神障礙或其他心智缺陷，致其為意思表示或受意思表示，或辨識其意思表示效果之能力，顯有不足者，法院得依聲請為輔助宣告，置輔助人，協助受輔助宣告人為重要行為。是以，輔助人對於受輔助人

之精神或心智狀況，知之最稔，故倘受輔助人已達因精神障礙或其他心智缺陷，致不能為意思表示或受意思表示，或不能辨識其意思表示效果之程度，而有依第 15 條之 1 第 3 項規定受監護宣告之必要者，自宜許由輔助人向法院聲請對原受輔助人為監護宣告，爰於第 1 項增訂輔助人得為監護宣告之聲請人。

二、又第 1094 條第 3 項有關選定監護人之規定，及第 1098 條第 2 項有關選任特別代理人之規定，均定有「其他利害關係人」得向法院聲請之規定，爰參考於第 1 項增訂其他利害關係人得為監護宣告之聲請人。

三、另配合親屬編第四章「監護」增訂第三節「成年人之意定監護」，本人得於意思能力尚健全時，與受任人約定，於本人受監護宣告時，受任人允為擔任監護人，是以，自亦應得由意定監護受任人於本人有因精神障礙或其他心智缺陷，致不能為意思表示或受意思表示，或不能辨識其意思表示之效果之情形時，向法院聲請為本人之監護宣告，爰併於第 1 項增訂。

四、第 2 項至第 4 項未修正。

第 15 條　（受監護宣告人之能力）

受監護宣告之人，無行為能力。

法律行為能力客觀化表解㈠

在2022年12月31日前有效

基本分類／客觀因素　行為能力	主要因素	輔助因素	
	年齡	結婚	法院宣告
完全行為能力	≧20（民§12）		
限制行為能力　受輔助宣告之限制行為能力			輔助宣告（民§14III、IV、§15-1 I）
限制行為能力　一般之限制行為能力	<20~≧7（民§13II）	（民§13III）	
無行為能力	<7（民§13 I）		監護宣告（民§14 I、§15-1 III）

⑰一、「禁治產人」，修正為「受監護宣告之人」，修正理由同第 14 條修正說明一。

二、按外國立法例，雖有將成年受監護人之法律行為，規定為得撤銷者（例如日本民法第 9 條）；亦即受監護宣告之人不因監護宣告而完全喪失行為能力。惟因本法有關行為能力制度，係採完全行為能力、限制行為能力及無行為能力三級制；而禁治產人，係屬無行為能力，其所為行為無效。此一制度業已施行多年，且為一般民眾普遍接受，為避免修正後變動過大，社會無法適應，爰仍規定受監護宣告之人，無行為能力。

▲【司法院 64 臺函民字 03282】查無行為能力制度，係以防止無行為能力人之財產散失為目的，僅對財產上之行為有其適用。至於身分上之行為，禁治產人於回復常態有意思能力時，仍得為之。禁治產人是否回復常態並具有意思能力，屬事實問題，與法院已否撤銷其禁治產宣告無關。行為能力與意思能力有所不同，行為能力之有無，應依法律規定決之。意思能力之有無，則屬事實問題，有意思能力者，未必有行為能力。

第 15 條之 1　（輔助之宣告及撤銷）

Ⅰ 對於因精神障礙或其他心智缺陷，致其為意思表示或受意思表示，或辨識其意思表示效果之能力，顯有不足者，法院得因本人、配偶、四親等內之親屬、最近一年有同居事實之其他親屬、檢察官、主管機關或社會福利機構之聲請，為輔助之宣告。

Ⅱ 受輔助之原因消滅時，法院應依前項聲請權人之聲請，撤銷其宣告。

Ⅲ 受輔助宣告之人有受監護之必要者，法院得依第十四條第一項規定，變更為監護之宣告。

⑰一、本條新增。

二、現行本法有關禁治產宣告之規定，採宣告禁治產一級制，缺乏彈性，不符社會需求，爰於監護宣告之外，增加「輔助宣告」，俾充分保護精神障礙或其他心智缺陷者之權益。

三、受輔助宣告之人，其精神障礙或其他心智缺陷程度，較受監護宣告之人為輕，參酌行政罰法第 9 條第 4 項及刑法第 19 條第 2 項規定，關於受

法律行為能力客觀化表解㈡

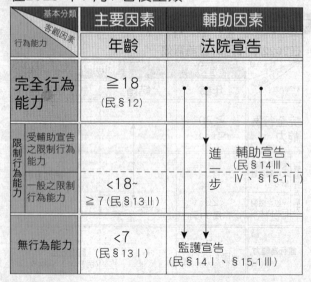

在2023 年1 月1 日後生效

基本分類 客觀因素 行為能力	主要因素 年齡	輔助因素 法院宣告	
完全行為能力	≧18 （民§12）		
限制行為能力 — 受輔助宣告之限制行為能力		進一步	輔助宣告 （民§14Ⅲ、Ⅳ、§15-1Ⅰ）
限制行為能力 — 一般之限制行為能力	<18~≧7（民§13Ⅱ）		
無行為能力	<7 （民§13Ⅰ）	監護宣告 （民§14Ⅰ、§15-1Ⅲ）	

輔助宣告之人之精神狀況須為「因精神障礙或其他心智缺陷，致其為意思表示或受意思表示，或辨識其意思表示效果之能力，顯有不足者」並參照修正條文第 14 條第 1 項規定，列舉輔助宣告聲請權人之範圍，爰為第 1 項規定。

四、第 1 項所稱「主管機關」之範圍，依相關特別法之規定，例如老人福利法第 3 條、身心障礙者保護法第 2 條、精神衛生法第 2 條。

五、受輔助之原因消滅時，法院應依第 1 項聲請權人之聲請，撤銷其輔助宣告，爰為第 2 項規定。

六、受輔助宣告之人須輔助之情況加重，而有受監護之必要者，理應准由法院依第 14 條第 1 項規定，逕行變更為監護之宣告，俾簡化程序，爰為第 3 項規定。至於法院所為原輔助宣告，則當然失效。

七、輔助宣告適用之對象為成年人及未成年人已結婚者；至未成年人未結婚者，因僅有限制行為能力或無行為能力，無受輔助宣告之實益，不適用本條規定，併此說明。

第 15 條之 2　（應經輔助人同意之情形）

I 受輔助宣告之人為下列行為時，應經輔助人同意。但純獲法律上利益，或依其年齡及身分，日常生活所必需者，不在此限：

一　為獨資、合夥營業或為法人之負責人。

二　為消費借貸、消費寄託、保證、贈與或信託。

三　為訴訟行為。

四　為和解、調解、調處或簽訂仲裁契約。

五　為不動產、船舶、航空器、汽車或其他重要財產之處分、設定負擔、買賣、租賃或借貸。

六　為遺產分割、遺贈、拋棄繼承權或其他相關權利。

七　法院依前條聲請權人或輔助人之聲請，所指定之其他行為。

II 第七十八條至第八十三條規定，於未依前項規定得輔助人同意之情形，準用之。

III 第八十五條規定，於輔助人同意受輔助宣告之人為第一項第一款行為時，準用之。

IV 第一項所列應經同意之行為，無損害受輔助宣告之人利益之虞，而輔助人仍不為同意時，受輔助宣告之人得逕行聲請法院許

可後為之。

⑼一、本條新增。

二、受輔助宣告之人僅係因精神障礙或其他心智缺陷，致其為意思表示或受意思表示，或辨識其所為意思表示效果之能力，顯有不足，並不因輔助宣告而喪失行為能力，惟為保護其權益，於為重要之法律行為時，應經輔助人同意，爰於第 1 項列舉應經輔助人同意之行為。但純獲法律上利益，或依其年齡及身分、日常生活所必需者，則予排除適用，以符實際。

三、為免第 1 項前六款規定仍有掛一漏萬之虞，故於同項第 7 款授權法院得依前條聲請權人或輔助人之聲請，視個案情況，指定第 1 項前六款以外之特定行為，亦須經輔助人同意，以保護受輔助宣告之人。

四、第 1 項第 5 款之「其他重要財產」，係指其重要性與不動產、船舶、航空器或汽車相當之其他財產；其所稱「財產」，包括物或權利在內，例如債權、物權及無體財產權均屬之。另同項第 6 款之「其他相關權利」，係指與繼承相關之其他權利，例如受遺贈權、繼承回復請求權以及遺贈財產之扣減權（民法第 1225 條）等。

五、受輔助宣告之人未經輔助人同意而為第 1 項所列之行為或輔助人同意受輔助宣告之人為第 1 項第 1 款行為之效力，分別準用第 78 條至第 83 條及第 85 條有關限制行為能力之相關規定，以避免爭議，爰為第 2 項及第 3 項規定。

六、第 1 項所列應經同意之行為，無損害受輔助宣告之人利益之虞，而輔助人仍不為同意時，受輔助宣告之人得逕行聲請法院許可後為之，以免影響其生活，爰為第 4 項規定。至本項所稱「法院許可」，性質上係代替輔助人之同意；受輔助宣告之人依本項規定聲請法院許可時，無須經輔助人同意，自不待言。又受輔助宣告之人為本條規定以外之法律行為時，有行為能力，其效力不因其為受輔助宣告之人而影響，併予敘明。

◇受輔助宣告人 vs. 限制行為能力人

	範圍	意思表示的能力
受輔助宣告人	因精神障礙或其他心智缺陷致意思表示能力不足者	行為能力原則上不受限制，僅於特定行為受限制，例如為訴訟行為、不動產買賣等，須經輔助人同意，其餘法律行為效力不受影響

| 限制行為能力人 | 滿七歲以上之未成年人 | 行為能力原則上受限制，所為單獨行為無效，法律行為效力未定，須待法定代理人承認方生效，例外如對人行詐術、受允許獨立營業等情形時有效 |

＊亦有學者將此二者合稱為「限制行為能力人（廣義）」者。

▲【法務部法律字 1000027640】參照民法第 15 條之 1、第 15 條之 2 等規定，**受輔助宣告之人原則上不因受輔助宣告而喪失行為能力，僅於特定行為，行為能力始受限制**，限制外之法律行為有行為能力，效力不因為受輔助宣告之人而受影響。

第 16 條　（能力之保護）
權利能力及行為能力，不得拋棄。

⚑查民律草案第 49 條理由謂凡人將權利能力及行為能力之全部或一部拋棄者，人格必受缺損。故對權利能力及行為能力之拋棄，特用法律禁止之，以均強弱而杜侵凌之弊。此本條所由設也。

第 17 條　（自由之保護）
Ⅰ.自由不得拋棄。
Ⅱ.自由之限制，以不背於公共秩序或善良風俗者為限。

⚑查民律草案第 50 條理由謂法治國尊重人格，均許人享受法律中之自由權，人若拋棄其自由，則人格受缺損。又背乎公共秩序或善良風俗而限制自由，則有害於公益，均當然在所不許。故設本條，以防強者迫弱者拋棄其自由，或限制其自由之弊也。

第 18 條　（人格權之保護）
Ⅰ.人格權受侵害時，得請求法院除去其侵害；有受侵害之虞時，得請求防止之。
Ⅱ.前項情形，以法律有特別規定者為限，得請求損害賠償或慰撫金。

㉛一、人格尊嚴之維護，日趨重要，為加強人格權之保護，不但於人格權受侵害時，應許被害人請求除去其侵害，即對於未然之侵害，亦應許其請求防止，爰增訂本條第 1 項後段規定。
二、第 2 項不修正。

◇**人格權**：存在於權利人自身的人格上權利，與權利主體互相結合，是人格正常發展所必須，具有

專屬權的性質。民法列舉的人格權有：姓名權、生命權、身體權、健康權、名譽權、自由權、信用權、隱私權、貞操權等。

◇**專屬權 vs. 非專屬權**

| 專屬權 | 不可讓與、繼承的權利，例如人格權、慰撫金請求權 |
| 非專屬權 | 可讓與、繼承的權利，例如一般財產權 |

◇**侵害**：指對人格權的限制或剝奪。由於本條第 1 項只是針對人格權受侵害的不作為請求權，無涉及損害賠償的請求，因此「侵害」不必是出於故意或過失，只要具有不法性即可。至於不法性的判斷，則要透過利益衡量來決定，也就是考量受侵害的人格法益、加害人的權利及社會公益，依比例原則加以判斷。

◇**損害賠償與慰撫金**：廣義的損害包含財產上損害與非財產上損害（精神上的損害），由於本條第 2 項將損害賠償與慰撫金並列，因此一般認為此處的損害賠償僅指**財產上損害**，慰撫金則指**非財產上損害**。

▲【103 臺上 1611】人格權侵害責任之成立以「不法」為要件；而**不法性之認定，採法益衡量原則，就被侵害之法益、加害人之權利及社會公益，依比例原則而為判斷**；倘衡量之結果對加害人之行為不足正當化，其侵害即具有不法性。

▲【104 臺上 1407】按傳統人格權係以人格為內容之權利，以體現人之尊嚴及價值的「**精神利益**」為其保護客體，該精神利益不能以金錢計算，不**具財產權之性質，固有一身專屬性，而不得讓與及繼承**。然隨社會變動、科技進步、傳播事業發達、企業競爭激烈，常見利用姓名、肖像等人格特徵於商業活動，產生一定之經濟效益，該人格特徵已非單純享有精神利益，實際上亦有其「**經濟利益**」，而具財產權之性質，應受保障。又人之權利能力終於死亡，其權利義務因死亡而開始繼承，由繼承人承受。故**人格特徵主體死亡後，其人格特徵倘有產生一定之經濟利益，該人格特徵使用之權利尚非不得由其繼承人繼承，而無任由第三人無端使用以獲取私利之理**。

第 19 條　（姓名權之保護）
姓名權受侵害者，得請求法院除去其侵害，並得請求損害賠償。

⚑謹按姓名權者，因區別人己而存人格權之一也。

故姓名使用權受他人侵害時，使得請求侵害之屏除，更為完全保護其人格計，凡因侵害而受有損害者，並得請求賠償。

◇**姓名權**：姓名的功能在於區別人己，彰顯個別性及同一性。姓名權指的就是使用自己姓名的權利，保護範圍除了戶籍登記的姓名外，包括個人的字、別號、藝名、筆名、簡稱等在內。

◇**姓名權侵害之主觀要件**：民法第 184 條規定須主觀上有故意過失方構成侵權行為，因此針對本條的主觀要件有兩派學說：**否定說**認為本條未規定故意過失為請求賠償的要件，故屬於無過失責任；**肯定說**則認為本條並非獨立的請求權基礎，侵害姓名權的侵權行為仍需符合民法第 184 條的主觀要件，其他人格權侵害的損害賠償亦同，若採否定說將有失平衡，故多數學者主張肯定說。

◇**姓名權得否「請求防止之」**：否定說認為本條未明文，故無法請求防止；肯定說則認為姓名權屬於民法第 18 條所稱的人格權，自然有該規定的適用，故多數學者主張肯定說。

第 20 條　（住所之設定）

I.依一定事實，足認以久住之意思，住於一定之地域者，即為設定其住所於該地。

II.一人同時不得有兩住所。

⑺一、本條第 1 項規定住所之設定，兼採主觀主義及客觀主義之精神，所謂「以久住之意思」一語，本應依據客觀事實認定，非當事人可任意主張，原條文規定欠明，易滋疑義，爰在第 1 項原條文首句前增列「依一定事實，足認」等字樣，明示應依客觀事實，認定其有無久住之意思，以避免解釋上之爭執，並符原立法意旨。

二、第 2 項不修正。

◇**住所與居所**

住所	指個人主觀上有長期居住的意思而客觀上有居住於一定地點的事實。住所是個人生活的中心，因此在法律上也以住所作為法律關係的中心，例如：決定債務清償地（民法第 314 條第 2 款）、訴訟文書的送達處所（民事訴訟法第 136 條、刑事訴訟法第 55 條）
居所	指個人以非長期居住的意思而事實上居住的地點。居所與住所的區別，在於有無久住的意思，與居住期間的長短無關，例如：受刑人在監獄服刑而有長期居住的事實，但因為並無久住的意思，因此不能認為該地是住所，僅能認為是居所

▲【100 臺抗 306 裁】依民法第 20 條第 1 項之規定，依一定事實足認以久住之意思，住於一定之地域者，即為設定其住所於該地。顯見我國民法關於住所之設定，**兼採主觀主義及客觀主義之精神，必須主觀上有久住一定地域之意思，客觀上有住於一定地域之事實**，該一定之地域始為住所，**故住所並不以登記為要件，戶籍登記之處所固得資為推定住所之依據，惟倘有客觀之事證，足認當事人已久無居住該原登記戶籍之地域，並已變更意思以其他地域為住所者，即不得僅憑原戶籍登記之資料，一律解為其住所。**

第 21 條　（無行為能力人及限制行為能力人之住所）

無行為能力人及限制行為能力人，以其法定代理人之住所為住所。

⑪謹按未滿七歲之未成年人與禁治產人，為無行為能力人，其行為須由法定代理人代理，滿七歲以

住　所

- 住所
  - 意定住所
  - 法定住所
    - 狹義的法定住所 —— 例如無行為能力人與限制行為能力人之住所（民§21）
    - 擬制住所 —— 居所「視為」住所、選定居所「視為」住所（民§§22、23）

上之未成年人為限制行為能力人，其行為須經法定代理人允許或追認，自應以法定代理人之住所為住所，以適於實際上之便利。此條所由設也。

◇**法定住所**：指非由當事人的意思設定，而是由法律規定的住所。例如：未成年人以其法定代理人的住所為住所。

◇**法定代理人**：**依法律規定取得代理權之人**，例如：民法第 1086 條規定父母為未成年子女的法定代理人。與法定代理相對的概念是由意思表示授與代理權的意定代理人。

▲**【院 474】**㈡無行為能力人及限制行為能力人。依民法總則第 21 條自應以其法定代理人之住所為住所。**若無法定代理人時。應以其自己之居所視為住所。**

第 22 條　（居所視為住所㈠）

遇有下列情形之一，其居所視為住所：

　一　住所無可考者。

　二　在我國無住所者。但依法須依住所地法者，不在此限。

㊆一、本條序文之「左列」修正為「下列」，以符合現行法制用語。

二、第 2 款之「中國」修正為「我國」，以與現行法制體例之用語配合（參考立法院職權行使法第 64 條第 2 項、國家情報工作法第 3 條第 1 項第 2 款、離島建設條例第 2 條、華僑身分證明條例第 5 條第 1 項第 5 款、兵役法第 7 條第 2 款、第 8 條第 2 款、第 28 條第 5 款、第 36 條第 5 款、兵役法施行法第 23 條、菸酒管理法第 39 條第 3 項第 3 款及洗錢防制法第 8 條之 1 第 4 項、第 12 條第 3 項、第 12 條之 1 第 2 項等規定）。

◇**居所視為住所**：指在當事人的住所無可考或當事人於我國無住所的情形，由法律擬制其居所為住所，屬於廣義的法定住所。

第 23 條　（居所視為住所㈡）

因特定行為選定居所者，關於其行為，視為住所。

㈹查民律草案第 45 條理由謂當事人住址在遠隔地，於實際上有不便時，因其特定行為，使得選定與住所有同一效力之暫時居所，始為適宜。至其選定之暫時居所，當事人得自由變更或廢止之，自屬當然之事，無待明文規定也。

◇**選定居所視為住所**：指當事人若因為特定行為而選定居所時，關於該特定行為的事項可以將其

居所視為住所。例如：住所在臺中的甲到臺北工作，而在臺北選定居所時，關於甲在臺北工作的勞資契約，就以臺北的居所視為住所。選定居所亦屬廣義的法定住所。

第 24 條　（住所之廢止）

依一定事實，足認以廢止之意思離去其住所者，即為廢止其住所。

㊞本條之廢止住所與第 20 條之設定住所，立法意旨相同，現第 20 條既予修正，爰在本條首句增列「依一定事實，足認……」等字樣，俾能前後一致。

第二節　法　人

第一款　通　則

第 25 條　（法人成立之法定原則）

法人非依本法或其他法律之規定，不得成立。

㈺查民律草案第 60 條理由謂因欲達某種之目的，而為人之集合，名曰社團。因使用於特定之目的，而為財產之集合，名曰財團。此二者，依本法及其他法律，得使之成為有人格者，故特設本條，以示社團、財團，皆得為法人，並其區別。

◇**法人**：**指自然人以外，由法律創設，得獨立享受權利、負擔義務的權利主體**。依創設法人所依據的法律性質，法人可分為公法人與私法人，而私法人又可以再依據其成立基礎分為社團法人（社員為成立基礎）及財團法人（捐助財產為成立基礎）。

```
            依設立之 ── 公法人
            準據法      私法人
法人 ── 依成立之 ── 社團法人 → 可能公益或營利法人
        基礎        財團法人 → 都是公益法人
            依成立之 ── 公益法人
            目的        營利法人
```

◇**法人設立的立法主義**

放任主義	法人得任意自由設立，法律不加干涉
準則主義	法人的設立，只要符合法律所規定的條件就可以，無須經過主管機關核准。營利性社團法人的成立，多採準則主義

許可主義	法人的設立，除須具備法律所規定的要件外，還必須事先獲得「主管機關」的許可。例如財團法人或社團法人中的公益法人的成立即採許可主義
特許主義	法人的設立，須由「國會制訂法律」或元首發佈命令，特別許可者，稱為特許主義。例如立法院制訂中央銀行法，而設立中央銀行
強制主義	法人的設立，是因為法律的強制規定而設立，並且規定某些人有加入成為社員的義務者，稱為強制主義

（資料來源：劉宗榮，民法概要）

◇**法人的設立要件**：1.**須依法律**：營利法人須依特別法（例如公司法）的規定，公益法人須依法律且經主管機關之許可。2.**須經登記**：我國採**登記要件主義**（民法第 30 條）。所謂「登記」，指將法定事項登記在主管機關的文書，以公示於社會大眾。如依民法規定成立者，其主管機關為該「法人事務所所在地之法院」；依特別法規定成立者：例如依公司法第 6 條規定「公司非在中央主管機關登記後，不得成立」，此時所謂「中央主管機關」是指經濟部。

第 26 條 （法人之權利能力）
法人於法令限制內，有享受權利、負擔義務之能力。但專屬於自然人之權利義務，不在此限。

〿謹按法人與自然人有同一之人格，若非親屬法上之權利義務專屬於自然人之性質者，應使法人亦享受之，並不專限於財產上之權利義務也。

◇**法令限制**：法律之所以賦予法人權利能力，是基於社會生活的需要，與自然人天賦權利的概念不同，因此法人權利能力的範圍，與自然人有所差異，而得以法令加以限制，例如：公司法第 16 條關於公司作為保證人的限制（釋字第 59 號解釋）。

◇**法人的本質**：關於法人的本質為何，有擬制說、目的財產說、法人實在說。**法人實在說**為民法所採，強調賦予法人權利能力不是將其擬制為自然人（擬制說），也不僅是使多數主體法律關係單一化的一種技術（目的財產說），而是因為法人本身就是社會生活上獨立的實體。

◇**法人權利能力的始期與終期**：法律沒有明文規定。通說認為法人的權利能力始於向主管機關「登記完成」時，終於解散後，清算終了，並辦理「清算終結登記」之時。

▲【19 上 3164】國家所設之營業機關，於法律上固非有獨立之人格，惟該營業機關之官吏，本有代理國家處理該機關私法上事項之權，故因**該機關與私人間所生之私法上關係，得逕以該機關為權利義務之當事人。**

第 27 條 （法人之機關）
I 法人應設董事。董事有數人者，法人事務之執行，除章程另有規定外，取決於全體董事過半數之同意。
II 董事就法人一切事務，對外代表法人。董事有數人者，除章程另有規定外，各董事均得代表法人。
III 對於董事代表權所加之限制，不得對抗善意第三人。
IV 法人得設監察人，監察法人事務之執行。監察人有數人者，除章程另有規定外，各監察人均得單獨行使監察權。

⑦一、董事有數人者，如何行使職權，現行法未設明文，為使法人之內部關係更為明確，爰在本條第 1 項末段增列「董事有數人者，法人事務之執行，除章程另有規定外，取決於董事過半數之同意。」蓋所以尊重法人自治之原則也（參考日本民法第 52 條第 2 項、韓國民法第 58 條第 2 項）。二、為配合本條第 1 項之修正，並使法人對外關係更為明確，爰於第 2 項增列：董事有數人者，除章程另有規定外，各董事均得代表法人，以維交易之安全。三、第 3 項不修正。（現行法本條第 3 項指對於董事代表權之部分限制，而依修正後第 2 項規定，章程另有規定有代表權之董事時，則將全部剝奪其他董事對外之代表權，故二者有所不同。第 2 項之規定，不能適用第 3 項不得對抗善意第三人之規定。且與本條第 3 項有關之第 48 條第 1 項第 8 款、第 61 條第 1 項第 7 款，應先後呼應，故均改為：「定有代表法人之董事者，其姓名。」以資適應事實之需要。）四、監察人雖非法人必設之機關，但實際上一般法人及團體多有監察人之設置，本法未設明文，雖可委諸章程訂定，終不若法有明文為憑。又監察人有數人時，應如何行使職權，亦應明確規定。爰增訂本條第 4 項規定。

◇**董事**：因為法人並非自然人，無法自行處理事務，所以必須設董事作為代表、執行機關，負責執行法人的事務，並對外代表法人。代表與代理

的不同之處在於：1.代理人是自己為意思表示，而其效果歸屬於本人；代表人則是以法人名義所為之行為，屬法人自己的行為。2.代理限於法律行為；代表除法律行為外，並得為事實行為或侵權行為。

◇**章程**：章程其實就是法人內部的法律（法人內部的小憲法），不論社團法人或財團法人於設立時都應訂定章程（民法第47條、第60條），以此規範法人內部的事項。

◇**代表權**：指代表法人的權限。董事代表權原則上並無限制（民法第27條第2項），但可以透過章程或社員總會決議加以限制，不過這種限制不得對抗善意第三人（民法第27條第3項）。

◇**代表人**：指有代表權之人。除董事外，其他有代表權之人尚包含法人的清算人（民法第37條、第38條）、公司的重整人（公司法第290條）、代表法人的監察人（民法第51條第1項）。

◇**監察人**：是法人的監察機關，負責監督法人的業務及財產狀況，依民法規定並非必備的機關（民法第27條第4項），但在股份有限公司卻是必設機關。

▲【院解2936】(一)法人之代表人在民法上固非所謂法定代理人，**在民事訴訟法上則視作法定代理人，適用關於法定代理之規定**，故法人之代表人有數人時，在訴訟上是否均得單獨代表法人。按諸民事訴訟法第47條，應依民法及其他法令定之，民法第27條第2項所定代表法人之董事有數人時，均得單獨代表法人，公司法第30條所定代表無限公司之股東有數人時，亦均得單獨代表公司，**若依實體法之規定，法人之代表人數人必須共同代表者，在訴訟上不得準用民事訴訟法第71條之規定，使之單獨代表**。至非法人之團體其代表人或管理人有數人時，在訴訟上是否均得單獨代表團體，按諸民事訴訟法第52條、第47條，亦應依民法及其他法令定之，其法令未就此設有規定者，應解為均得單獨代表團體。

▲【103臺上476】按公司為法人，法人為一組織體，自身不能為法律行為，必須由機關（自然人）代表為之，其機關代表法人所為之行為，在法律上視為法人本身之行為。是以，**代表法人之機關（自然人），僅為法人組織之部門，該機關在其代表之權限範圍內所為之行為，視同法人親自所為之行為，與充作機關之自然人無涉，自不得再認其為代表人之行為。**

> **第28條　（法人侵權責任）**
> 法人對於其董事或其他有代表權之人因執行職務所加於他人之損害，與該行為人連帶負賠償之責任。

⑪原條文所稱「職員」一詞，含義有欠明確，解釋上係指有代表權之職員而言。蓋本條相關之外國立法例，多標明為關於「法人之侵權行為能力」之規定（日本民法第44條），而法人之機關有意思機關、監察機關及執行機關三者，前二者與法人侵權行為無關，本條所謂之「職員」自係指法人之執行機關而言，否則，即難認為法人之侵權行為。而法人之董事，對外代表法人為一切行為，董事為執行機關，固無問題，現行法本條與董事並列之「職員」，係指與董事地位相當而有代表權之職員而言。

又本條與第188條所規定之對象不同，前者以有代表權之職員為對象，後者以一般職員為對象，法人就其有代表權之職員所加於他人之損害，無免責之規定，所負責任較重，故範圍宜小，否則第188條將鮮有適用餘地。本條修正文字「其他有代表權之人」，係指民法第188條以外具有法人代表權之職員而言，如清算人、公司之重整人等是。

◇**因執行職務**：包含執行職務本身的行為以及與職務牽連相關的行為，至於董事或其他有代表權之人的個人犯罪行為則非屬之。

◇**連帶賠償責任**：指對於同一賠償義務，各個債務人依明示的意思或法律的規定均負有獨立清償全部債務的義務。債權人得對於債務人中之一人或數人或其全體，同時或先後請求全部或一部的給付。這個制度的目的在於保護債權人，使得其債權較容易實現。

▲【48臺上1501】民法第28條所加於法人之連帶賠償責任，以該法人之董事或其職員，因執行職務所加於他人之損害者為限，**若法人之董事及職員因個人之犯罪行為而害及他人之權利者，即與該條規定之責任要件不符，該他人殊無據以請求連帶賠償之餘地。**

▲【62臺上2】民法第28條所謂法人對於董事或職員，因執行職務所加於他人之損害，與該行為人連帶負賠償之責任，**係專以保護私權為目的。**換言之，權利之為侵權行為之客體者，為一切之私權，**政府向人民徵稅，乃本於行政權之作用，**

屬於公權範圍，納稅義務人縱有違反稅法逃漏稅款，致政府受有損害，自亦不成立民法上之侵權行為，無由本於侵權行為規定，對之有所請求。

▲【64 臺上 2236】民法第 28 條所謂「因執行職務所加於他人之損害」，並不以因積極執行職務行為而生之損害為限，如依法律規定，董事負執行該職務之義務，而怠於執行時所加於他人之損害，亦包括在內。

▲【101 臺上 803】我國民法採法人實在說，法人之代表人執行職務之行為，即為法人之行為，是其代表人以代表法人地位所為之侵權行為，即為法人之侵權行為，民法第 28 條規定法人對於其董事或其他有代表權之人因執行職務所加於他人之損害，與該行為人連帶負賠償之責任，即屬法人應負侵權行為責任之規定。

▲【101 臺上 1695】合夥人因經營共同事業，須有合夥代表、一定之組織、財產及活動管理機制，故於契約之外，亦同時表現團體之性質，與法人之本質並無軒輊。是以，合夥人若因執行合夥事務，侵害他人權利而成立侵權行為者，與法人之有代表權人，因執行職務加損害於他人之情形相類，其所生之法效應等量齊觀，被害人自可類推適用民法第 28 條之規定，請求合夥與該合夥人連帶負賠償責任。

▲【101 臺抗 861】所稱法人董事或其他有代表權之人，包括雖未經登記為董事，但實際為該法人之負責人即有權代表法人之實質董事在內。

▲【102 臺上 1060】按民法第 28 條及公司法第 23 條第 2 項所謂執行職務或業務之執行，除外觀上足認為執行職務（業務）之行為外，在社會觀念上與執行職務（業務）有適當牽連關係之行為，亦屬之。

▲【103 臺上 115】非法人之團體雖無權利能力，然日常用其團體之名義為交易者比比皆是，民事訴訟法第 40 條第 3 項為應此實際上之需要，特規定此等團體設有代表人或管理人者，亦有當事人能力。所謂有當事人能力，自係指其於民事訴訟得為確定私權之請求人，及其相對人而言。是非法人之團體因此開相同情事侵害他人權利時，除法律明文排除外，自應認其有侵權行為能力，庶免權利義務失衡。

第 29 條　（法人之住所）

法人以其主事務所之所在地為住所。

介查民律草案第 64 條理由謂法人與自然人，同有人格，則亦應有住所，是屬當然之事。此本條所由設也。

第 30 條　（法人設立之登記）

法人非經向主管機關登記，不得成立。

⑦一、「官署」一詞，為行憲前之法律用語，新近制定或修正之法律，皆改用「機關」二字，本條自當予以修正，以後各條內有「官署」一詞者，亦均應修正為「機關」或其他適當名詞。

二、又本條、第 48 條第 2 項、第 61 條第 2 項之「主管機關」，依民法總則施行法第 10 條之規定，雖指法院而言，但如改「主管機關」為「法院」，而將來法制變更，法人登記機關，改為其他機關時（如日本設有登記所），則又須修正民法，反增困擾，不如改為「主管機關」較富彈性。

▲【64 臺上 1558】法人依非訟事件法聲請設立登記後，一經法院依法登記於法人登記簿，即行成立而取得法人資格，得為權利義務主體，此觀民法第 30 條（舊）之規定自明。已經為設立登記之財團法人之董事，無與社團法人對財團法人之債權人負連帶責任之可言，與民法規定合夥財產為合夥人公同共有，合夥人對合夥債務負連帶責任者，迥不相同。

第 31 條　（登記之效力）

法人登記後，有應登記之事項而不登記，或已登記之事項有變更而不為變更之登記者，不得以其事項對抗第三人。

介謹按所謂應行登記之事項者，即本法第 48 條規定關於社團設立時及於第 61 條規定關於財團設立時，應行登記之事項是也。蓋法人雖因登記而成立，然有應登記之事項而不登記者，即不得以其事項對抗第三人。或已登記之事項，有所變更時，而不為變更之登記者，亦不得以其變更對抗第三人，皆所以保護第三人之利益也。

◇登記對抗要件主義：指登記與否為對抗善意第三人的要件。也就是說，若沒有登記，並不會影響該事項的效力，只是不得以該未登記事項對抗善意第三人。

◇不可對抗第三人：第三人若依據登記的事項與法人為法律行為，法人不得以該登記事項法人內部已變更，只是尚未辦理變更登記來對抗第三人。此一規定是為了保護與法人交易（法律行為）的善意第三人；第三人若是惡意，仍不受保護。

第 32 條　（法人業務之監督）

受設立許可之法人，其業務屬於主管機關監督，主管機關得檢查其財產狀況及其有無違反許可條件與其他法律之規定。

㉛修正理由，見第 30 條修正說明之一。

第 33 條　（妨礙監督權行使之處罰）

I. 受設立許可法人之董事或監察人，不遵主管機關監督之命令，或妨礙其檢查者，得處以五千元以下之罰鍰。

II. 前項董事或監察人違反法令或章程，足以危害公益或法人之利益者，主管機關得請求法院解除其職務，並為其他必要之處置。

㉛一、因社會經濟情況變遷，原定罰鍰數額，難收懲做之效，爰參考經濟變動情形，將罰鍰金額提高為五千元以下，俾法院可酌斟之情形而為適當量處，以加強制裁之效果。又於本條增列「監察人」以配合第 27 條新增第 4 項之規定。至主管「官署」改為「機關」，其理由同第 30 條修正說明之一。

二、增設主管機關於必要時得請求法院解除董事或監察人職務之規定，期能確保公益（參考私立學校法第 30 條、合作社法第 43 條），並與第 64 條修正草案，前後呼應。惟為維護法人業務之繼續進行，不致因董事或監察人職務之解除而受影響，應許主管機關為各種必要之處置，例如於新任董事或監察人產生之前，或依非訟事件法第 65 條規定法院依聲請而選任臨時管理人以前，得由主管機關派員暫行管理，或為其他適當之處理。

第 34 條　（撤銷法人許可）

法人違反設立許可之條件者，主管機關得撤銷其許可。

㉛將「官署」改為「機關」，其理由見第 30 條修正說明之一。

◇**設立許可主義**：關於政府對於設立法人的管理，一般可分為準則主義、許可主義、特許主義及強制主義。公益社團及財團的設立採許可原則，亦稱設立許可主義，指的是法人於設立登記前應先獲得目的事業主管機關的許可（民法第 46 條、第 59 條），才可以辦理登記。通常，金融業、保險業等成立，必須先經主管機關金管會的許可，才可以辦理設立登記。

第 35 條　（法人之破產及其聲請）

I. 法人之財產不能清償債務時，董事應即向法院聲請破產。

II. 不為前項聲請，致法人之債權人受損害時，有過失之董事，應負賠償責任，其有二人以上時，應連帶負責。

㉛一、第 1 項不修正。

二、本條董事有二人以上時，應否負連帶賠償責任，宜以明文規定，爰予增列。

第 36 條　（法人宣告解散）

法人之目的或其行為，有違反法律、公共秩序或善良風俗者，法院得因主管機關、檢察官或利害關係人之請求，宣告解散。

㉛本條將「官署」改為「機關」之理由，同第 30 條修正說明之一。

◇**解散**：指消滅法人人格，使其權利能力終止的程序。

第 37 條　（法定清算人）

法人解散後，其財產之清算，由董事為之。但其章程有特別規定，或總會另有決議者，不在此限。

ᐱ謹按法人既經解散後，即須清算其財產，俾資結束。凡清算須有實行清算之人，其清算人可以章程訂定，或由總會決議選任之。若章程既無特別規定，而總會又未議決時，則其清算職務，應由董事任之。因董事熟悉法人對內對外之一切情形也。

◇**清算**：法人解散後，與他人的法律關係並不當然終結，必須經由相當程序了結這些法律關係，而此程序就稱為清算。應注意的是，法人的人格直到清算終結為止，才會完全歸於消滅（民法第 40 條第 2 項）。

第 38 條　（選任清算人）

不能依前條規定，定其清算人時，法院得因主管機關、檢察官或利害關係人之聲請，或依職權，選任清算人。

㉛不能依前條規定，定其清算人，亦無利害關係人聲請選任時，宜有補救之道，爰增訂法院得依主管機關、檢察官之聲請或依職權，選任清算人之規定（參考日本民法第 75 條）。

第39條 （清算人之解任）

清算人，法院認為有必要時，得解除其任務。

介謹按必要事項者，如清算人不勝任，或其執行清算事務不忠實等是。此際法院得解除清算人之任務，所以期清算之適當也。

第40條 （清算人之職務及法人存續之擬制）

I 清算人之職務如左：

一 了結現務。
二 收取債權，清償債務。
三 移交賸餘財產於應得者。

II 法人至清算終結止，在清算之必要範圍內，視為存續。

介謹按查民律草案第126條理由謂清算者，以清償法人之債務，與移交賸餘財產於應得人為目的，故其達此目的之方法，清算人理宜行之，如完結解散時尚未終結之事務，請求法人債權之履行，清償法人之債務，以其賸餘財產移交於應得之人等項（參照第44條），此皆屬於清算目的之範圍以內之事務，亦即為清算人必應處置之事務也。故設第1項以明清算人之職責。又民律草案第122條理由謂法人雖因解散而失其權利能力，然於清算目的之必要範圍內，至清算之終結為止，仍應視為存續，俾得完結清算。故設第2項，以免實際上之窒礙。

◇賸餘財產：指經過了結現務、收取債權並清償債務等程序後，解散法人所剩餘的財產。

◇清算必要範圍內：清算的目的，在於清理法人既存的法律關係，因此「清算必要範圍內」，就是**指為了了結現務、收取債權、清償債務、移交賸餘財產所必須作的一切行為。**

第41條 （清算之程序）

清算之程序，除本通則有規定外，準用股份有限公司清算之規定。

介謹按清算程序在公司法上規定特詳，法人之清算程序，要與公司法上所定關於股份有限公司清算之程序相同，除本章規定外，應準照股份有限公司之清算程序辦理，以期適用之便利。故設本條以明其旨。

第42條 （清算之監督機關及方法）

I 法人之清算，屬於法院監督。法院得隨時為監督上必要之檢查及處分。

II 法人經主管機關撤銷許可或命令解散者，主管機關應同時通知法院。

III 法人經依章程規定或總會決議解散者，董事應於十五日內報告法院。

㈦一、法人開始清算程序後，即歸法院監督。法院監督清算中之法人，除隨時得為監督上必要之檢查外，關於清算中法人財產之處分及債務之負擔，亦在監督範圍之內，必要時應為適當之處分。本條原條文後段僅言及「必要之檢查」，而未將得為必要之處分表明，有欠周密，易生爭議，爰於本條第1項末加「及處分」三字，以求明顯。此處所謂「處分」，自係指監督上之「必要處分」而言，即與民法第62條之「處分」意義相類似。
二、法人經法院依本法第58條宣告解散者，法院固得遂行監督其清算之進行，惟法人係經主管機關撤銷許可（本法第34條）、命令解散（第65條）或依章程規定（第48條第1項第9款、第61條第1項第8款）或依總會決議（第57條）解散，未經主管機關通知或董事報告者，法院難於知悉而開始實施監督，故增列第2項及第3項，俾法院得及時行使監督權。

第43條 （妨礙之處罰）

清算人不遵法院監督命令，或妨礙檢查者，得處以五千元以下之罰鍰。董事違反前條第三項之規定者亦同。

㈦一、提高罰鍰金額理由與第33條第1項同。
二、為加重法人董事之責任，爰規定董事違反前條第3項規定，未於十五日內報告法院者，亦得處五千元以下之罰鍰，以貫徹立法目的。

第44條 （賸餘財產之歸屬）

I 法人解散後，除法律另有規定外，於清償債務後，其賸餘財產之歸屬，應依其章程之規定，或總會之決議。但以公益為目的之法人解散時，其賸餘財產不得歸屬於自然人或以營利為目的之團體。

II 如無前項法律或章程之規定或總會之決議時，其賸餘財產歸屬於法人住所所在地之地方自治團體。

民
法

第
一
編
總
則

（第
四
五
～
四
九
條）

⑦一、增加「除法律另有規定外」一語，係為顧及特別法之規定；本項但書之增列，則為防假公益之名而圖私利之弊。

二、因第1項增加「除法律另有規定外」一語，本項為配合修正，增列「法律」二字。

◇公益法人：指以社會公共利益為目的之法人。財團法人必然為公益法人，社團法人則可分為營利社團與公益社團，後者亦屬公益法人。公益法人於登記前應先得到主管機關之許可（民法第46條、第59條）。

◇營利團體：指以營利為目的之團體。應注意的是，營利團體與民法第45條所稱營利社團不同，本條之營利團體不以具有法人格為必要，非法人團體亦屬本條所稱之營利團體。

◇地方自治團體：指為實施地方自治，具公法人地位之團體。目前我國的地方自治團體為直轄市、縣（市）、鄉（鎮、市）（地方制度法第14條）。

第二款　社　團

第45條　（營利法人之設立）
以營利為目的之社團，其取得法人資格，依特別法之規定。

介謹按社團法人之以營利為目的者，種類甚多，其設立及其他事件，應規定於特別法中。例如公司之設立，應依公司法之規定是也。

◇營利社團：指從事經濟行為以營利，並將利益分配於各社員為目的之社團，例如：公司、銀行。

第46條　（公益法人之設立）
以公益為目的之社團，於登記前，應得主管機關之許可。

⑦將「官署」改為「機關」，其理由同第30條修正說明之一。

第47條　（章程應記載事項）
設立社團者，應訂定章程，其應記載之事項如左：
一　目的。
二　名稱。
三　董事之人數、任期及任免。設有監察人者，其人數、任期及任免。
四　總會召集之條件、程序及其決議證明之方法。
五　社員之出資。

六　社員資格之取得與喪失。
七　訂定章程之年、月、日。

⑦一、董事之人數、任期，宜在章程定明，其設有監察人者亦同，爰參考第3款增列之（參考公司法第129條第6款、農會法第11條第9款、商業團體法第12條第10款、醫師法第39條第4款）。

二、訂定章程之日期，關係社員之權利義務甚大，爰增設第7款，以利實務（參考公司法第41條第1項第11款、第101條第1項第10款、第129條第7款）。

第48條　（社團設立應登記事項）
Ⅰ社團設立時，應登記之事項如左：
一　目的。
二　名稱。
三　主事務所及分事務所。
四　董事之姓名及住所。設有監察人者，其姓名及住所。
五　財產之總額。
六　應受設立許可者，其許可之年、月、日。
七　定有出資方法者，其方法。
八　定有代表法人之董事者，其姓名。
九　定有存立時期者，其時期。

Ⅱ社團之登記，由董事向其主事務所及分事務所所在地之主管機關行之，並應附具章程備案。

⑦一、本條第1項第1、2、3、5、6、7、9款不修正。現行法第27條第3項指對於董事代表權之部分限制。而修正後第2項所謂章程另有規定有代表權之董事時，則將全部剝奪其他董事對外之代表權，故二者有所不同。該條第2項之規定，不能適用同條第3項不得對抗善意第三人之規定。惟如經登記，則依第31條之反面解釋，即可對抗第三人，爰將本條第1項第8款及第61條第1項第7款，均改為：「定有代表法人之董事者，其姓名。」以維護交易之安全。

二、第1項第4款，為配合法人設置監察人制度，予以增列。

三、第2項之「官署」改為「機關」之理由，同第30條修正說明之一。

第49條　（章程得載事項）
社團之組織，及社團與社員之關係，以不

民法　第一編　總則　（第五〇～五三條）

違反第五十條至第五十八條之規定為限，得以章程定之。

　謹按社團內部之組織，及社團與社員相互間之關係，使得以章程定之者，蓋欲使法人易於行動也。然認此法則而若無限制，則有害於公益。故以不違反第50條至第58條之規定為限，使章程不致與法律牴觸也。

第50條　（社團總會之權限）
I社團以總會為最高機關。
II左列事項應經總會之決議：
一　變更章程。
二　任免董事及監察人。
三　監督董事及監察人職務之執行。
四　開除社員。但以有正當理由時為限。

⑦因第27條已增列第4項規定：「法人得設監察人，監察法人事務之執行」，故本條第2項第2、3兩款，亦分別增列「監察人」，以資配合。

◇社團總會：由社員組成，是社團必備且最高的意思機關，在不同的社團法人，有不同的名稱，例如：在公司，稱為股東會；在農會，稱為會員大會等。社團總會具有以下專屬權限：1.變更章程。2.任免董事及監察人。3.監督董事及監察人職務之執行。4.開除社員。

◇正當理由：開除社員，涉及社員利益至鉅，因此必須以有正當理由為限。所謂「正當理由」，須視具體狀況判斷，例如：甲政黨的黨員公開為乙政黨的候選人站臺助選；國樂社團的團員在演出時經常出錯，影響演出效果。

第51條　（社團總會之召集）
I總會由董事召集之，每年至少召集一次。董事不為召集時，監察人得召集之。
II如有全體社員十分一以上之請求，表明會議目的及召集理由，請求召集時，董事應召集之。
III董事受前項之請求後，一個月內不為召集者，得由請求之社員，經法院之許可召集之。
IV總會之召集，除章程另有規定外，應於三十日前對各社員發出通知。通知內應載明會議目的事項。

⑦一、社團總會常會每年召集次數，現行法未說明

文，致有多年不召集情事，影響社團與社員之利益至鉅，爰增訂第1項後段，規定每年至少召集一次（參考韓國民法第69條、日本民法第60條），並規定董事不為召集時，得由監察人召集之（參考我國公司法第220條）。
二、第2項「須」字改為「應」字。
三、第3項不修正。
四、總會召集方法現行民法未設明文，爰增訂第4項，俾資遵循。為顧及居住較遠地區之社員利益起見，規定總會之召集，除章程另有規定外，應於三十日前對各社員發出通知（參考韓國民法第71條、日本民法第62條）。通知內並應載明會議目的之事項，俾社員得於先考應有關事項。

第52條　（總會之決議）
I總會決議，除本法有特別規定外，以出席社員過半數決之。
II社員有平等之表決權。
III社員表決權之行使，除章程另有限制外，得以書面授權他人代理為之。但一人僅得代理社員一人。
IV社員對於總會決議事項，因自身利害關係而有損害社團利益之虞時，該社員不得加入表決，亦不得代理他人行使表決權。

⑦一、第1項不修正。
二、第2項不修正。
三、社員表決權之行使，除章程另有限制外，宜許社員以書面委託代理人出席總會，行使表決權，爰增訂本條第3項，以應需要（參考韓國民法第73條第2項、日本民法第65條第2項），但為免總會為少數人操縱，爰限制一人僅得代理社員一人行使表決權（參考公司法第177條第2項）。
四、總會決議事項，因社員自身利害關係而有損害社團利益之虞時，該社員應無表決權，並應防止其與他社員勾串，以代理人名義行使表決權，爰增訂本條第4項（參考公司法第178條、韓國民法第74條、日本民法第66條、德國民法第34條、瑞士民法第68條）。

第53條　（社團章程之變更）
I社團變更章程之決議，應有全體社員過半數之出席，出席社員四分三以上之同意，或有全體社員三分二以上書面之同意。
II受設立許可之社團，變更章程時，並應得主管機關之許可。

民
法

第一編　總則　（第五四～五九條）

⑦一、第1項不修正。
　　二、第2項之「官署」改為「機關」，其理由同第30條修正說明之一。

第 54 條　（社員退社自由原則）

I 社員得隨時退社。但章程限定於事務年度終，或經過預告期間後，始准退社者，不在此限。
II 前項預告期間，不得超過六個月。

⟡謹按社員一經入社，如永遠不許退社，是有背於公益，固得使社員隨時自由退社。然若章程內定有退社之時期，須在事務年度之終了，或明定退社之方法，必須經過預告期間者，若不從章程所定辦理，亦有害於社團法人之利益也。社員退社之預告期間，不得超過六個月，蓋斟酌情形，似不宜使之過長也。

第 55 條　（退社或開除後之權利義務）

I 已退社或開除之社員，對於社團之財產，無請求權。但非公益法人，其章程另有規定者，不在此限。
II 前項社員，對於其退社或開除以前應分擔之出資，仍負清償之義務。

⟡謹按第1項規定已退社或開除之社員，除非以公益為目的之社團法人，得以章程規定退社或開除社員對於社團財產得有請求權外，餘則對於社團之財產，均無請求權。蓋社員既經退社，或經議決開除，是已與社團脫離關係，如仍許其對於社團財產有請求權，恐不免因此而動搖社團之基礎，且不免因此而破壞以公益為目的之社團也。第2項規定社員在退社或開除前所應行分擔之出資，仍應使負清償之義務，蓋以社員如因退社或開除而遽免其清償責任，勢將動搖社團之基礎也。

◇非公益法人：指非以社會公共利益為目的之法人。除了營利法人外（例如：公司），也包含既非以公益，又非以營利為目的之中間性法人（例如：同鄉會、宗親會等）。

第 56 條　（總會決議之無效及撤銷）

I 總會之召集程序或決議方法，違反法令或章程時，社員得於決議後三個月內請求法院撤銷其決議。但出席社員，對召集程序或決議方法，未當場表示異議者，不在此限。
II 總會決議之內容違反法令或章程者，無效。

⑦一、本條原第1項關於總會之召集程序或決議方法違法者，應非無效而為得訴請撤銷，但曾經出席總會並對召集程序或決議方法，未當場表示異議之社員，自無許其再行訴爭之理。爰修正第1項前段並增設但書規定，以資限制（參考瑞士民法第75條、我國公司法第189條）。
　　二、總會決議之內容違反法令或章程者，其決議當然無效，無待請求法院宣告，爰修正增列第2項（參考公司法第191條），以防不法之徒假藉社團名義，作成違法決議，危害公眾利益。

▲【73臺上595】綜觀公司法與民法關於股東得訴請法院撤銷股東會決議之規定，始終一致。除其提起撤銷之訴，所應遵守之法定期間不同外，其餘要件，應無何不同。若謂出席而對股東會召集程序或決議方法，原無異議之股東，事後得轉而主張召集程序或決議方法為違反法令或章程，而得訴請法院撤銷該決議，不啻許股東任意翻覆，影響公司之安定甚鉅，法律秩序，亦不容許任意干擾。故應解為**依公司法第189條規定訴請法院撤銷股東會決議之股東，仍應受民法第56條第1項但書之限制**。

第 57 條　（社團決議解散）

社團得隨時以全體社員三分二以上之可決，解散之。

⟡謹按社團之組織，既因於多數社員之意思而成立，則社團之取消，自亦可因多數社員之意思而解散。故除本法第35條、第36條及第58條所定得為社團解散之各原因外，並得依總會之決議行之。但解散社團，事關重大，總會於何時得決議將社團解散，雖無限制，而其決議之方法，必須有全體社員三分之二以上之可決，方為有效。本條特設規定，所以昭慎重也。

第 58 條　（法院宣告解散）

社團之事務，無從依章程所定進行時，法院得因主管機關、檢察官或利害關係人之聲請解散之。

⑦為期與本法原第36條及修正草案第38條、第62條、第64條等規定一致起見，增列主管機關及檢察官為得聲請解散之人。

第三款　財團

第 59 條　（設立許可）

財團於登記前，應得主管機關之許可。

⑺「官署」修正為「機關」，其理由同第30條修正說明之一。

◇**財團**：由捐助人捐助財產設立，是一種以財產為基礎的公益法人。與社團不同的是，財團是財產的集合體，並非人的集合體，因此即使捐助人僅有一人，亦得成立財團。

第 60 條　（捐助章程之訂定）

I 設立財團者，應訂立捐助章程。但以遺囑捐助者，不在此限。

II 捐助章程，應訂明法人目的及所捐財產。

III 以遺囑捐助設立財團法人者，如無遺囑執行人時，法院得依主管機關、檢察官或利害關係人之聲請，指定遺囑執行人。

⑺一、第1項不修正。

二、第2項不修正。

三、以遺囑捐助設立財團法人者，如有遺囑執行人，應由遺囑執行人辦理財團之設立，如遺囑執行人怠於執行職務，則依民法第1218條規定處理之。倘無遺囑執行人，應另設處理辦法，以實現遺囑人熱心公益事業之願望，爰增設本條第3項規定，法院得依主管機關、檢察官或利害關係人之聲請，指定遺囑執行人，辦理財團設立事項（參考德國民法第83條之立法旨趣）。

◇**捐助章程**：捐助章程是財團的基本法，也是財團法人的成立要件。捐助章程必須記載法人目的及所捐財產，以及財團的組織及管理方法。應注意的是，若以遺囑捐助財產，則不必另立捐助章程。

◇**捐助財產**：指由捐助人以設立財團為目的所捐助的財產。這裡的「財產」是指具有經濟上利益而可以作為交易標的者，債權、物權、準物權、無體財產權、有價證券等均屬之。捐助行為與贈與不同，**捐助是單獨行為，贈與是契約行為**。又，贈與是負擔行為而非物權行為，因此贈與人負有移轉財產的義務，受贈人並非於成立時即當然取得贈與財產。

第 61 條　（財團設立應登記事項）

I 財團設立時，應登記之事項如左：

一　目的。

二　名稱。

三　主事務所及分事務所。

四　財產之總額。

五　受許可之年、月、日。

六　董事之姓名及住所。設有監察人

者，其姓名及住所。

七　定有代表法人之董事者，其姓名。

八　定有存立時期者，其時期。

II 財團之登記，由董事向其主事務所及分事務所所在地之主管機關行之。並應附具捐助章程或遺囑備案。

⑺一、本條第1項第1、2、3、4、5、8各款不修正。第6款為配合法人設置監察人制度，予以增列。第7款之修正，其理由見第48條修正說明之一。

二、財團法人之聲請許可及登記等程序，應包括在前條第1項設立行為之內，且前條第1項但書之遺囑，應可代替捐助章程，為配合前條之規定，爰在本條第2項末句增列「或遺囑」字樣，以應實用需要。

第 62 條　（財團組織及管理方法）

財團之組織及其管理方法，由捐助人以捐助章程或遺囑定之。捐助章程或遺囑所定之組織不完全，或重要之管理方法不具備者，法院得因主管機關、檢察官或利害關係人之聲請，為必要之處分。

⑺一、為配合前條第2項之修正，本條「捐助章程」一詞下，亦增列「或遺囑」字樣。

二、為期與本法第36條及修正第38條、第63條、第64條等規定一致起見，增設主管機關或檢察官，亦得為聲請之規定。

第 63 條　（財團變更組織）

為維持財團之目的或保存其財產，法院得因捐助人、董事、主管機關、檢察官或利害關係人之聲請，變更其組織。

⑺本條增設主管機關及檢察官亦得為聲請之規定，其理由同前條說明之二。

第 64 條　（財團董事行為無效之宣告）

財團董事，有違反捐助章程之行為時，法院得因主管機關、檢察官或利害關係人之聲請，宣告其行為為無效。

⑺為維護社會公益，防止財團董事濫用職權，違反章程以圖私利，增設主管機關或檢察官亦得聲請法院宣告其行為無效之規定。

第 65 條　（財團目的不達時之保護）

因情事變更，致財團之目的不能達到時，

主管機關得斟酌捐助人之意思，變更其目的及其必要之組織，或解散之。

⑦「官署」改為「機關」，其理由同第30條修正說明之一。

第三章　物

第 66 條 　（物之定義㈠——不動產）

I.稱不動產者，謂土地及其定著物。

II.不動產之出產物，尚未分離者，為該不動產之部分。

㊀謹按動產與不動產之區別，於權利之得失，頗有關係。本法所稱不動產者，指土地及定著於土地之物而言。又不動產上之出產物，除已與不動產分離者，應視為獨立之物外，其在未分離之前，則不問其所有權誰屬，均應視為該不動產之部分。此本條所由設也。

◇物：物指的是在物權法上的權利客體。一般認為物包含人的身體外，可以由人力支配，足以滿足人類社會生活需要的有體物或自然力。應注意的是，基於人性尊嚴，人的身體固然不能作為物，不過若人體的一部已經分離，則不論分離的原因為何，均成為物。至於屍體，通說也認為屬於物。

◇不動產與動產

不動產	指土地及固定且附著在土地上的定著物。土地與定著物分別為獨立的不動產，若屬於土地的成分者則非定著物，而只是土地的構成部分（29上1678），例如：在土地上種植的果樹或是深埋土中的岩石
動產	不動產以外的物，嚴格說，物，包括有體物與自然力（電、光），有體物再分為動產與不動產。定著物若尚未完成，其本身尚非不動產，亦非土地的重要成分，故應認為屬動產（75臺上116）

◇定著物：指土地及其構成部分以外，繼續附著於土地，而達一定經濟上目的，不易移動位置，依社會觀念視為獨立之物者（74臺上1833）。例如：雖然屋頂尚未完全完工的房屋，但若已足避風雨，可達經濟上使用之目的者（63年第6次民事庭會議決議）；非臨時鋪設的輕便軌道，能繼續附著於土地而達其一定經濟上之目的者（釋93）。非屬定著物者，如臨時搭設的演唱會舞臺、土地上的榕樹等。

◇分離：民法上的物，有的各個構成部分可以再分割成為具有獨立意義與價值的物（例如：汽車可

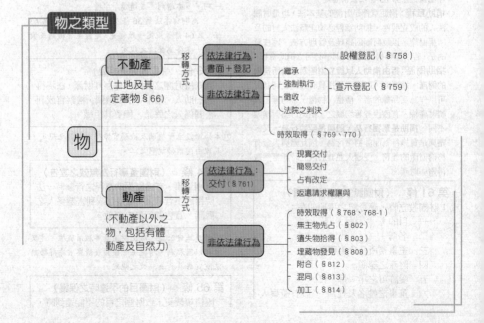

物之類型

物

不動產
（土地及其定著物§66）

移轉方式

依法律行為：書面＋登記 —— 設權登記（§758）

非依法律行為 —— 繼承／強制執行／徵收／法院之判決 —— 宣示登記（§759）

時效取得（§769、770）

動產
（不動產以外之物，包括有體動產及自然力）

移轉方式

依法律行為：交付（§761） —— 現實交付／簡易交付／占有改定／返還請求權讓與

非依法律行為 —— 時效取得（§768、768-1）／無主物先占（§802）／遺失物拾得（§803）／埋藏物發見（§808）／附合（§812）／混同（§813）／加工（§814）

以拆解為各個零件），有的已不能再進一步分割（例如：狗）。**本條項所稱「分離」，指的是不動產的構成部分與不動產分離而言**，例如：種植在果園裡的蘋果樹上的蘋果，原先屬於該土地的部分，於分離後則可成為獨立的動產。

◇部分：**指的構成部分，亦有稱為「成分」**。可以再細分為重要成分與非重要成分，前者係指各成分互相結合，若非透過毀損或變更其性質的方法，難以分離（87 臺上 722），例如已經漆在牆上而成為該房屋成分的油漆；後者則指重要成分以外的其他成分，例如：裝在汽車上的輪胎。區別重要成分與非重要成分的實益，在於**重要成分不能單獨為權利客體**。

▲【29 上 1678】物之構成部分，除法律有特別規定外，不得單獨為權權之標的物。**未與土地分離之樹木**，依民法第 66 條第 2 項之規定，**為土地之構成部分**，與同條第 1 項所稱之定著物為獨立之不動產者不同。

▲【31 上 952】不動產之出產物尚未分離者，為該不動產之部分，民法第 66 條第 2 項有明文規定，某甲等在某乙所有地內侵權種植其出產物，當然屬於某乙所有，如果該項出產物經某甲等割取，即不能謂某乙未因其侵權行為而受損害。

▲【63 年第 6 次民事庭會議決議】民法第 66 條第 1 項所謂定著物，係指非土地之構成部分，**繼續附著於土地，而達一定經濟上目的，不易移動其所在之物而言**。凡房頂尚未完全完工之房屋，**其已足避風雨，可達經濟上使用之目的者**，即屬土地之定著物。

▲【75 臺上 116】土地建築房屋未至完成為獨立之定著物以前，該未完成之建物固非不動產，而建築房屋原即在土地之外，另創獨立之不動產標的之物，故定著物在未完成以前亦非土地之重要成分，依民法第 67 條之規定，仍應認為動產。

▲【釋 93】輕便軌道除係臨時敷設者外，凡繼續附著於土地而達其一定經濟上之目的者，**應認為不動產**。

第 67 條　（物之定義(二)——動產）
　　稱動產者，為前條所稱不動產以外之物。

✿謹按凡稱動產者，即前條所稱不動產以外之物也。動產及不動產之意義及其範圍，不可不明示區別。故設本條以明其旨。

第 68 條　（主物與從物）
I 非主物之成分，常助主物之效用，而同屬於一人者，為從物。但交易上有特別習慣者，依其習慣。
II.主物之處分，及於從物。

✿謹按從物者，附隨於主物而存在之物也。然則何為而稱從物，即該物要非主物之成分，而能常助主物之效用，且與主物同屬於一人者也，反此三者之性質，即不得稱為從物。然若交易上有特別習慣，而不視為從物者，則仍應依其習慣，視其為獨立之物，不得以從物論。蓋以從物之得失，應視主物之存在與否為衡，主物既被處分，其效力當然及於從物。此中區別得失，至關權利。故設本條以明示其旨。

◇主物與從物

主物	主物受從物的輔助始能發揮效用，在效用上居於支配地位	例如：別墅屋主在別墅旁興建的獨立車庫，與該別墅分別為獨立的不動產，旨在供其停車之用，常在輔助別墅的經濟目的，故可認為該別墅為主物，而車庫為從物
從物	從物在效用上對於主物有輔助、從屬的關係，要件如下： 1.須非主物之成分 2.須常助主物之效用 3.須與主物同屬一人	
區別實益	對主物的處分及於從物，可知主物與從物的區別實益在於從物依附於主物，藉此維護物的經濟上利用價值，不因其是二個所有權而減少效用。應注意的是，本條第 2 項之規定為任意規定，當事人可以排除適用	

◇交易上特別習慣：在判斷是否存在有主物與從物的關係時，交易上的習慣具有優先性。舉例而言，有實務見解認為納骨塔塔位權利的交易通常獨立於建物買賣之外，並不一定隨同納骨塔建物進行交易，此為交易上的特別習慣，故塔位不必隨同納骨塔建物進行處分（嘉義地院 102 重訴 97）。

◇處分：一般是指能夠直接促使物權變動或消滅的物權行為以及事實上的處分（以物理或化學的方法），改變物的存在狀態。但**通說認為本條的「處分」指物權行為與債權行為**。

▲【88 臺上 485】所有人於原有建築物之外另行增建者，如增建部分與原有建築物無任何可資區別之標識存在，而與之作為一體使用者，因不具

構造上及使用上之獨立性，自不得獨立為物權之客體，原有建築物所有權範圍因而擴張，以原有建築物為擔保之抵押權範圍亦因而擴張。倘**增建部分於構造上及使用上已具獨立性**，即為獨立之建築物。苟其常助原有建築物之效用，而交易上無特別習慣者，即屬**從物**，而為抵押權之效力所及。若增建部分**已具構造上之獨立性，但未具使用上之獨立性**而常助原有建築物之效用者，則為**附屬物**。其使用上既與原有建築物成為一體，其所有權應歸於消滅；被附屬之原有建築物所有權範圍，則因二所有權歸於一所有權而擴張，抵押權之範圍亦因而擴張。是從物與附屬物雖均為抵押權之效力所及，惟兩者在概念上仍有不同。

第 69 條　（天然孳息與法定孳息）

Ⅰ.稱天然孳息者，謂果實、動物之產物，及其他依物之用法所收穫之出產物。

Ⅱ.稱法定孳息者，謂利息、租金及其他因法律關係所得之收益。

介謹按孳息，有天然孳息與法定孳息之二種。天然孳息者，謂依物之有機的或物理的作用，由原物直接發生之收穫物，如果實、動物之產物、及其他依物之使用方法所收穫之出產物是也。法定孳息者，謂由原本使用之對價，而應受之金錢及其他之物，如利息、租金、及其他因法律關係所得之收益是也。兩者之意義及範圍，亟應規定明晰，以防無益之爭。故設本條以明其旨。

◇**孳息**：指原物（物及權利）所產生的收益。例如：果樹所生的果實、乳牛所生的牛奶、本金發生的利息、房屋出租的租金等。

◇**天然孳息與法定孳息**

天然孳息	指在自然世界中，依照物的性質自然產生、可以收穫的出產物。包含有機物（果樹所生的果實、乳牛產出的牛奶、母羊生的小羊），以及無機物（土地中的礦物）
法定孳息	指因法律關係（包含法律行為及法律規定）所生，以原本供他人利用而得之對價，例如：利息與租金

第 70 條　（孳息之歸屬）

Ⅰ.有收取天然孳息權利之人，其權利存續期間內，取得與原物分離之孳息。

Ⅱ.有收取法定孳息權利之人，按其權利存續期間內之日數，取得其孳息。

介查民律草案第 174 條理由謂天然孳息與原物分離，尚為原物之成分，固屬於原物之所有人，若與原物分離，不問其分離之原因如何，應使收取權利人取得之，藉以保全其利益。又法定孳息，係為使用原本之報酬，則按其收取權利存續期間之日數，使之取得，以昭平允。

◇**原物主義**：在天然孳息與原物分離前，仍屬原物的成分，故當然屬於原物所有人。當天然孳息與原物分離後，則有必要處理其歸屬，本條規定「有收取天然孳息權利之人」（例如：購買土地上水果樹果實的收取權）取得分離後的天然孳息果實所有權，配合民法第 766 條規定「物之成分及其天然孳息，於分離後，除法律另有規定外，仍屬於其物之所有人」，可知**民法是採「原物主義」**，原則上以原物所有人為分離後的天然孳息所有人，而不論其是否為天然孳息的生產者（**生產主義**）。

▲【51 臺上 873】有收取天然孳息權利之人，其權利存續期間內取得與原物分離之孳息（民法第 70 條第 1 項）。故**有權收取天然孳息之人，不以原物之所有權人為限。**

第四章　法律行為

第一節　通　　則

第 71 條　（違反強行規定之效力）

法律行為，違反強制或禁止之規定者，無效。但其規定並不以之為無效者，不在此限。

介查民律草案第 176 條理由謂以違反法律所強制或禁止之法律行為，應使無效，否則強制或禁止之法意，無由貫徹。然法律中亦有特別規定，並不以之為無效者，例如宣告破產後，破產人所為之法律行為，惟對破產債權人為無效。又如以強制拍賣時不得干預之人而為拍賣人，則須利害關係人之同意，始為有效。故設本條以明示其旨。

◇**法律行為**：法律行為是法律事實（所有能夠發生權利、義務的事實，例如：買賣、繼承等）的一種。**法律行為以意思表示**（內心有取得權利負擔義務的意思，即效果意思）**，透過有意識的思維指揮**（表示意思），**將內心的意思，表達於外部**（表示行為）**為要素，透過意思表示而發生一定私法上權利或法律關係的變動之行為。**法律行為若以意思表示的數量分類，可分為單獨行為、契約及合同行為；若以欲發生的法律效果分類，可分為財產行為與身分行為，詳參下表。

分類標準	類型	說明
以意思表示的數量分類	單獨行為	由當事人一方的意思表示構成，例如：撤銷權的行使
	契約	由雙方當事人互相對立的意思表示合致構成，例如：買賣契約
	合同行為	由多數同一內容的意思表示合致構成，例如：股東會決議
以欲發生的法律效果分類	財產行為	可再分為**債權行為**（例如：買賣、租賃）與**物權行為**（例如：移轉所有權、設定抵押權）
	身分行為	可再分為**親屬行為**（例如：結婚、收養）與**繼承行為**（例如：拋棄繼承）

◇強制規定與禁止規定

強制規定		指法律規範應為一定行為的規定。例如，民法第 982 條規定結婚應以書面為之，有二人以上證人之簽名，並應由雙方當事人向戶政機關為結婚之登記。違反者，其法律行為無效
禁止規定		指法律禁止為特定行為的規定。例如，公司法第 16 條第 1 項規定，公司除依其他法律或公司章程規定得為保證者外，不得為任何保證人。公司負責人違反此一規定時，應自負保證責任，如公司受有損害時，亦應負賠償責任
	取締規定	違反取締規定者，法律行為仍有效
	效力規定	違反效力規定者，法律行為無效

◇準法律行為：法律行為具備有三個過程：效果意思、表示意思及表示行為，若只具備其一或二，則為準法律行為，例如：觀念通知、意思表示、感情表示。

觀念通知	又稱「事實通知」，即將已經發生的客觀事實，通知他方，而其法律效果由法律規定，例如：承諾遲到的通知
意思通知	由表意人內心萌發「一定意思」，將該意思傳給他方，而發生「法律規定」的法律效果，例如：行使撤銷權、行使解除權
感情表示	例如：宥恕之表示（民法第 416 條第 2 項）、被繼承人宥恕（民法第 1145 條第 2 項）

（資料來源：劉宗榮，民法概要）

◇取締規定與效力規定：禁止規定可再分為取締規定與效力規定，**違反取締規定者，法律行為仍屬有效；違反效力規定者，法律行為則屬無效**（68 臺上 879）。至於二者的區分，則應權衡該規定的立法精神、規範目的及法規的實效性，並斟酌規範倫理性質的強弱、法益衝突的情形、締約相對人的期待、信賴保護的利益與交易的安全，以及當事人間的誠信公平，若認為該規定只在於禁止當事人為一定行為，而非否認該行為之私法效力者，性質上應僅屬取締規定而非效力規定，當事人間本於自由意思所成立之法律行為，縱違反該項禁止規定，亦仍應賦予私法上之法律效果，以合理兼顧行政管制之目的及契約自由之保護（103 臺上 976）。

◇無效：無效指法律行為於成立當時**自始無效**，無須任何人主張（**當然無效**），對任何人都可以主張無效（**絕對無效**）。無效的法律行為，也不因為事後情勢變更或當事人的承認而生效（**確定無效**）。

▲【19 上 26】買賣人身契約當然無效，其權義關係無從發生，買者既無請求交人之權，其因找人支出之費用，亦不能認為因侵權行為所生之損害，而責令相對人賠償。

第 72 條　（違背公序良俗之效力）

法律行為，有背於公共秩序或善良風俗者，無效。

介查民律草案第 175 條理由謂有背於公共秩序、善良風俗之法律行為，雖不為犯罪，然有使國民道德日趨卑下之弊，當然使其法律行為無效。此本條所由設也。

▲【50 臺上 2596】夫妻間為恐一方於日後或有虐待或侮辱他方情事，而**預立離婚契約者，其契約即與善良風俗有背**，依民法第 72 條應在無效之列。

▲【60 臺上 584】民法第 72 條所謂法律行為，有背於公共秩序或善良風俗者無效，乃**指法律行為本身有背於公序良俗之情形而言**，至構成法律行為要素之意思表示，倘因被脅迫所為時，依照民法第 92 條規定，僅得由表意人撤銷其意思表示，並非當然無效。

▲【88 臺上 1906】**附條件之法律行為是否有背於公共秩序或善良風俗者，應就該法律行為及所附條件本身以為判斷之依據**。至附條件之法律行為當事人為使條件成就所為之行為，縱有背於公共秩序或善良風俗，於法律行為之效力，不生影響。

▲【103 臺上 41】按訴訟權係人民在司法上之受益權，旨在確保人民有依法提起訴訟及受公平審判之權益，不容他人從中牟利。故**未取得律師資格，意圖營利而辦理訴訟事件，對可能涉訟之人，允諾提供服務負擔全部費用，而與之約定應於勝訴後給予訟爭標的物之一部分或其價額之若干比例為報酬，即與公序良俗有違，依民法第 72 條規定，應屬無效。**

第 73 條 　（不依法定方式之效力）

法律行為，不依法定方式者，無效。但法律另有規定者，不在此限。

介謹按法律行為，有所謂要式之行為者，即法律上規定其方式，凡法律行為，必須依此方式，始能發生效力也，否則其法律行為應為無效。然若法律上另有規定時，則其有效與否，自當依其規定，不以方式為必要，是為不要式之行為也。故本條特明白規定之。

◇**法定方式**：指法律規定踐行特定法律行為應具備之方式。基於私法自治，法律行為原則上為不要式，例外情形才有要式的規定，例如：民法第756 條之 1 人事保證、第 982 條結婚、第 1007 條夫妻財產制契約等。

第 74 條 　（暴利行為）

I.法律行為，係乘他人之急迫、輕率或無經驗，使其為財產上之給付，或為給付之約定，依當時情形顯失公平者，法院得因利害關係人之聲請，撤銷其法律行為，或減輕其給付。

II.前項聲請，應於法律行為後一年內為之。

介謹按法律行為，如係乘他人之急迫，或乘他人之輕率，或利用他人之無經驗，而使他人為財產上之給付，或與為將來給付之期約，而依其行為時之情形，顯失公平者，則為保護利害關係人之利益計，應許其得為聲請撤銷，或減輕其數額，法院亦應依據其聲請，撤銷此法律行為，或減輕其給付，以期事理之平。惟其聲請之時期，則須於該法律行為成立時起，一年內為之，逾限即不許再行聲請。蓋一方既須顧全社會之公益，一方又應維持法律之效力也。

◇**暴利行為**：指法律行為的當事人處於急迫、輕率（行為人對自己行為的結果，因為不注意或欠缺深思熟慮，而不了解其對自己的意義）**或無經驗的狀態，因而作出依當時情形顯然不公平的財產**

給付或給付的約定。暴利行為的構成，涉及多個不確定的法律概念，因此撤銷暴利行為，必須提起訴訟，由法院調查後，以判決撤銷之，而不可僅以透過意思表示撤銷。

第二節　行為能力

第 75 條 　（無行為能力人及無意識能力人之意思表示）

無行為能力人之意思表示，無效。雖非無行為能力人，而其意思表示，係在無意識或精神錯亂中所為者亦同。

介謹按無行為能力人者，即未滿七歲之未成年人，及禁治產人是也。無行為能力人所為之行為使之無效者，蓋為保護無行為能力人之利益也。至若雖非無行為能力之人，而其所為之意思表示，係在無意識或精神錯亂中（例如睡夢中、泥醉中、疾病昏沉中、偶發的精神病人在心神喪失中皆是）者，其效力與無行為能力人之行為，並無區別，故亦當然無效也。

◇**無行為能力人**：指無法以獨自的意思表示，使其行為發生法律上效果之人，其實質判斷標準在於行為人對於事務是否具備正常的識別能力，以及預見其行為可能產生的效果的能力，不過為保護交易安全，因此在法律上對於行為能力並非個別判斷而是採類型化制度。依我國民法的規定，無行為能力人包含**未滿七歲之未成年人**（民法第13 條第 1 項）以及**受監護宣告之人**（民法第 15條）。

◇**意思表示**：指將企圖發生一定私法上效果的意思，表示於外部的行為。健全的意思表示由內心的「效果意思」、中間的「表示意思」以及外部的「表示行為」所構成。

◇**外部的表示行為**

明示	直接將效果表示於外者，例如向商店老闆訂購商品
默示	由特定行為間接推知行為人意思者，例如將汽車停入收費停車場

法律效果原則上相同，除非法律有特別規定必須明示（例如民法第 649 條），否則默示也可以作為表示行為。**單純的沉默原則上不具意思表示的價值，**例外基於當事人間的約定，或法律的規定才會使得沉默發生意思表示的效果（例如民法第 80條第 2 項等規定）

◇無意識：指全然欠缺識別、判斷的能力。應注意的是，是否為「無意識」的判斷時點是在為「意思表示」當時，因此縱使表意人患有精神疾病（如果沒有被監護宣告），仍必須判斷其當時是否全然欠缺識別與判斷的能力，而非一概認為是無意識。

◇精神錯亂：指精神作用暫時發生異狀，以致於喪失正常的意思能力。其判斷時點與上述「無意識」的情況相同，也就是以意思表示的時間為準，不能單以表意人患有精神疾病就認為是屬於本條所稱的精神錯亂，除非已經被監護宣告。

▲【95 臺上 877】按民法第 75 條規定：「無行為能力人之意思表示，無效。雖非無行為能力人，而其意思表示，係在無意識或精神錯亂中所為者，亦同」。又無意識，係指全然欠缺意思能力之謂；精神錯亂，則指精神作用暫時發生異狀以致喪失正常之意思能力而言，兩者為不同之精神狀態。又表意人行為時不具正常之意思能力，倘有精神耗弱而非全然欠缺意思能力，要難謂其意思表示係在無意識中所為。

第 76 條 （無行為能力人之代理）

　　無行為能力人，由法定代理人代為意思表示，並代受意思表示。

♫謹按依前條之規定，無行為能力人之意思表示，概屬無效。然則無行為能力人竟不能為有效之意思表示，其不便孰甚，法律為救濟此缺點起見，特有法定代理人之設置。即無行為能力人凡欲對於他人為有效之意思表示，不可不由法定代理人代為之，他人欲對於無行為能力人為有效之意思表示，亦不可不由法定代理人代受之。所謂法定代理人者，即行親權人及監護人等是，所以保護無行為能力人之利益者也。

◇法定代理人：由於無行為能力人所作的意思表示無效（民法第 75 條），因此必須有人代理他作出以及接受意思表示，法律遂規定未成年人的父母或監護人（民法第 1086 條、第 1091 條）以及受監護宣告之人的監護人（民法第 1110 條）為其代理人，稱為法定代理人。應注意的是，法定代理人對無行為能力人只有代理權限，並沒有補充行為能力的權限，因此無行為能力人所為的法律行為縱然有法定代理人的事前允許或事後承認，亦不會因而生效。但法定代理人，對限制行為能力人的意思表示，就有補充的權限，可以事前允許，也可以事後補充，具有同意權。

第 77 條 （限制行為能力人之意思表示）

　　限制行為能力人為意思表示及受意思表示，應得法定代理人之允許。但純獲法律上之利益，或依其年齡及身分，日常生活所必需者，不在此限。

♫謹按限制行為能力人，即滿七歲以上之未成年人是也。限制行為能力人，因其知識尚未充分發達，故亦有法定代理人之設置。凡對於他人為意思表示或受他人之意思表示，均應得法定代理人之允許，然後發生效力，蓋以保護其利益也。但係單純的獲得法律上之利益者，如單得權利、單免義務之行為，或依其年齡及身分，為日常生活所必需者，則雖未得法定代理人之允許，亦使其發生效力，蓋以關於此種情形，對於他人之意思表示，或受他人之意思表示，縱令限制行為能力人直接為之，亦屬有益無損也。

◇允許：指法定代理人「事前」對限制行為能力人為意思表示及受意思表示的同意。「事後」的同意則稱作承認。允許是有相對人的單獨行為，沒有方式的限制，以意思表示為之即可，但是不能對限制行為能力人的一切行為概括允許，只能就特定行為或某種範圍內的行為作允許。

◇純獲法律上利益：指單純取得權利，免除義務，也就是指限制行為能力人不因其法律行為而在法律上負有義務，至於有無經濟上利益則不重要。應注意的是，在判斷是否純獲法律上利益時，應該與獲得經濟上利益區分，限制行為能力人將其所有市面價值 1,000 元的機車，以懸殊價格 10,000 元出售，明顯獲得經濟上利益，但是並非純獲法律上的利益。

◇依其年齡身分日常生活所需：為促進限制行為能力人個性的自由發展，民法規定依其年齡及身分日常生活所必需的行為，不必得法定代理人之允許。在判斷上，除了要考慮年齡、身分外，尚須考慮現代社會生活的內涵，從寬加以認定。民法所以有此一規定，主要原因有二：一是方便限制行為能力人生活所需，另一是藉小額交易，培養累積限制行為能力人交易經驗，是從無行為能力到完全行為能力的過渡階段。

▲【32 上 3043】限制行為能力人為意思表示及受意思表示，依民法第 77 條規定，以得法定代理人之允許為已足。無使法定代理人到場，並於契內簽名之必要。

民

法

第
一
編

總

則

（第
七
八
～
八
一
條
）

▲【32上3276】法定代理人之允許，非限制行為能力人所為法律行為之一部。不過為使其法律行為發生完全效力之法律上條件而已，**此項允許，法律上既未定其方式，則雖限制行為能力人所為法律行為為要式行為時，亦無須踐行同一之方式。**

第 78 條　（限制行為能力人為單獨行為之效力）

限制行為能力人未得法定代理人之允許，所為之單獨行為，無效。

⇧謹按單獨行為者，即由一方之意思表示而成立之行為也。有有相對人者，亦有無相對人者，前者如契約之解除，債務之免除是，後者如拋棄附行為是。大抵此種行為，要皆有損於行為人。限制行為能力人智識尚未充分發達，其所為之單獨行為，自應使其得法定代理人之允許，方為有效，始足以保護其利益。此本條所由設也。

◇**單獨行為**：指由當事人一方意思表示而成立的法律行為，是形成權的一種，限制行為能力人，不得為單獨行為。單獨行為包含有相對人的單獨行為（例如：解除／終止契約、債務免除、授與代理權），以及無相對人的單獨行為（例如：物權的拋棄、繼承的拋棄）。

第 79 條　（限制行為能力人訂立契約之效力）

限制行為能力人未得法定代理人之允許，所訂立之契約，須經法定代理人之承認，始生效力。

⇧謹按法律對於限制行為能力人之利益，常思所以保護之。故規定限制行為能力人與他人訂立契約時，須得法定代理人之允許，否則所訂契約，應為無效，蓋以契約一經訂立，即足生權利義務之關係。雖其已經成立之契約，仍須經法定代理人事後承認，始生效力，方足以保護限制行為能力人之利益。此本條所由設也。

◇**契約**：由要約與承諾組成，指當事人各為內容不同，但內容互相需求，彼此合致的法律行為。

◇**承認**：**指法定代理人事後對限制行為能力人意思表示的同意。**承認的效力溯及行為時發生效力（民法第 115 條）。限制行為能力人未得法定代理人允許所訂立的契約之所以不規定為無效，乃在保護未成年人的利益，使得法定代理人有補充其效力之機會。

第 80 條　（相對人之催告權）

I.前條契約相對人，得定一個月以上期限，催告法定代理人，確答是否承認。

II.於前項限內，法定代理人不為確答者，視為拒絕承認。

⇧謹按限制行為能力人之利益，保護過厚，其契約相對人之利益，保護過薄，殊失公平，故本條認相對人有承認催告權，使相對人得免其義務。催告得定一個月以上之期限，向法定代理人為之，令其確答是否承認，法定代理人接受催告後，不於期限內確答者，視為拒絕承認。蓋一方顧及契約相對人之利益，一方仍所以保護限制行為能力人也。

◇**催告**：限制行為能力人未得法定代理人允許所訂立契約的效力，取決於法定代理人是否承認；法定代理人承認或拒絕承認前，相對人的權利義務處於是否發生的狀態。為了排除這種不利於相對人的不確定狀態，民法規定相對人可訂一個月以上期限，催告法定代理人是否承認該法律行為。催告在性質上為意思通知，屬**準法律行為**的一種。

◇**視為拒絕承認**：為保護相對人，只要在催告所定的期限內法定代理人不為確答者（既不表示承認，也不表示不承認），就一概視為法定代理人對限制行為能力人所為之契約行為不予同意，該契約確定不發生效力。

▲【21上2108】限制行為能力人未得法定代理人之允許所訂立契約，經相對人定一個月以上之期限，催告法定代理人是否承認，而法定代理人於期限內不為確答者，依民法第 80 條第 2 項之規定，尚應視為拒絕承認。則**相對人未為此項催告者，自不能以法定代理人未即時向相對人交涉或登報聲明，即謂法定代理人業已承認。**

第 81 條　（限制原因消滅後之承認）

I.限制行為能力人於限制原因消滅後，承認其所訂立之契約者，其承認與法定代理人之承認，有同一效力。

II.前條規定，於前項情形準用之。

⇧謹按限制行為能力人，如因達於成年而變為有行為能力，或雖未達於成年，因已經結婚而變為有行為能力，即所謂限制原因消滅者也。限制行為能力人，在限制行為能力中所訂立之契約，當時未經法定代理人承認，而於限制行為能力之原因消滅後，經本人自己承認者，應與法定代理人之

承認有同一之效力，蓋以其此時已具有完全之行為能力也。

若限制行為能力之原因消滅後，而限制行為能力中所訂立之契約，尚未經其承認時，此際契約相對人，亦有定期催告之權，令其確答是否承認。若逾限不為確答，亦視為拒絕承認，與催告法定代理人之情形相同。

▲【69 臺上 1731】 民法第 81 條第 1 項所謂承認，係**有相對人之單獨行為，應由限制行為能力人於限制原因消滅後，以意思表示向其相對人為之**。

第 82 條　（相對人之撤回權）

限制行為能力人所訂立之契約，未經承認前，相對人得撤回之。但訂立契約時，知其未得有允許者，不在此限。

㊀謹按依前條之規定，於限制行為能力中所訂立之契約，契約相對人於限制原因消滅後，得為定期承認之催告固矣。然在未經承認以前，契約相對人如不願契約之成立，亦可將契約撤回。惟於訂約之初，明知限制行為能力人未得法定代理人之允許，而猶故意與之訂約者，則不許撤回。蓋善意之契約相對人，固應加以保護，而惡意之契約相對人，仍須加以制裁也。

◇**撤回**：**在發出意思表示後，但尚未生效前，為防止該意思表示生效所為的意思表示，稱為撤回**。應注意的是，撤回與撤銷不同，後者是針對已經生效的意思表示，使其溯及既往地失去效力。

第 83 條　（強制有效行為）

限制行為能力人用詐術使人信其為有行為能力人或已得法定代理人之允許者，其法律行為為有效。

㊀謹按限制行為能力人用詐術使人信其為有行為能力人者，例如欲使人信其為成年人，將戶籍簿之偽造抄本，出示於相對人，因與之為交易時，則限制行為能力人，已無保護之必要，故直認其法律行為為有效。又用詐術使人信其已得法定代理人之允許者，例如偽造法定代理人允許處分財產之書信，出示於相對人，因與之為買賣時亦然。

◇**詐術**：**指以欺罔他人的方法，使他方為意思表示**。詐術包含故意且積極的行為（例如：提示偽造的身分證、法定代理人同意書），以及以故意引起相對人誤信或加強其誤信的行為在內。

第 84 條　（特定財產處分之允許）

法定代理人允許限制行為能力人處分之財產，限制行為能力人，就該財產有處分之能力。

㊀謹按限制行為能力人，達於相當之年齡，則當應其智能，使隨意得為法律行為，以增長其經驗。故法定代理人對於特定財產允許其處分時，則限制行為能力人，對於此特定之財產，即有處分之能力，而其處分行為，即可發生法律上之效力。此本條所由設也。

◇**處分能力**：指對特定財產得自由處分的資格。解釋上，本條所謂「處分」，包含債權行為與物權行為在內。

◇**限制行為人就處分其財產所得的財產亦得為處分**：限制行為能力人既然對於特定財產得自由處分，原則上對於該財產變價所得之財產亦得自由處分。應注意的是，若變價所得之財產價額超過允許處分的財產甚鉅時，則應解為不屬於法定代理人允許處分的財產範圍（例如：以零用錢購買彩券中頭獎）。

▲【48 臺上 661】民法第 84 條所謂法定代理人之允許，係指為使限制行為能力人所為之特定行為有效，於其行為前表示贊同其行為之意思而言，故**此項允許之意思表示，應對於限制行為能力人，或與之為法律行為之相對人為之，始生效力**。

第 85 條　（獨立營業之允許）

I.法定代理人允許限制行為能力人獨立營業者，限制行為能力人，關於其營業，有行為能力。

II.限制行為能力人，就其營業有不勝任之情形時，法定代理人得將其允許撤銷或限制之。但不得對抗善意第三人。

㉑一、第 1 項不修正。

二、為維護交易之安全及保障善意第三人起見，於第 2 項增設但書，明定「允許」之撤銷或限制，不得對抗善意第三人。

◇**營業**：指以取得利益為目的的職業。限制行為能力人因法定代理人允許獨立營業，而就其營業行為有行為能力的範圍，包含客觀上與其營業具有關聯的必要行為，無論契約或單獨行為均屬之。

◇**不得對抗善意第三人**：為保護善意第三人及交易的安全，在法定代理人撤銷或限制允許的情形，

民

法

第一編　總則　（第八六～八七條）

應該賦予善意第三人選擇權，由其選擇決定該法律行為之效力。

第三節　意思表示

第86條　（真意保留或單獨虛偽意思表示）

表意人無欲為其意思表示所拘束之意，而為意思表示者，其意思表示，不因之無效。但其情形為相對人所明知者，不在此限。

介查民律草案第178條理由謂意思表示，以相對人之受領為必要。故受此意思表示之相對人，明知表意人無受其拘束之意者，應使無效外，其表意人雖無欲為其意思表示所拘束之意，而相對人仍信其有受拘束之意者，其意思表示仍為有效，蓋以維持交易之安全也。

◇真意保留：又稱**單獨虛偽意思表示**，指表意人有意地使其客觀上所表示的，與其內心所意欲的不相合致的情形，例如：甲為安慰重病的母親，當面聲稱贈與房屋予幼弟，但其內心並無此意。

第87條　（虛偽意思表示）

I.表意人與相對人通謀而為虛偽意思表示者，其意思表示無效。但不得以其無效，對抗善意第三人。

II.虛偽意思表示，隱藏他項法律行為者，適用關於該項法律行為之規定。

介謹按表意人與相對人通謀而為虛偽意思表示者，是欲欺第三人，非欲欺相對人也。無論於相對人無效，即對於第三人亦當然無效，惟此無效，不得與善意第三人對抗，以保護善意第三人之利益。又虛偽之意思表示，有隱藏在當事人間已成立之真正法律行為以欺第三人者，被其隱藏之法律行為，並不因隱藏而無效。例如甲實以土地贈與乙，而與乙通謀，作成買賣之契約，此際仍應適用關於贈與的法律行為之規定。故設本條以明其旨。

◇**通謀虛偽意思表示**：指表意人與相對人互相通謀而互為虛偽（與其內心所意欲者不相合致）的意思表示。所謂通謀虛偽，指的是相對人不僅知道表意人並非出於真意，還要對表意人非出於真意的意思表示有相與為非真意的合意才能構成。

◇**善意第三人之範圍**：指通謀虛偽表示的當事人以及其概括繼承人以外的第三人，該第三人須就該表示之標的新取得的財產上權利義務，會因為通謀虛偽意思表示的無效而受到影響。本條的規定是為了保護交易的安全，因此第三人若不是從事交易行為（法律行為）的第三人，而是繼承人（繼承沒有意思表示的要素，因此不是法律行

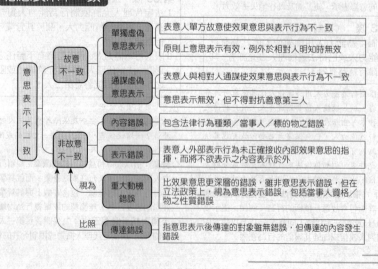

意思表示不一致

意思表示不一致
- 故意不一致
  - 單獨虛偽意思表示
    - 表意人單方故意使效果意思與表示行為不一致
    - 原則上意思表示有效，例外於相對人明知時無效
  - 通謀虛偽意思表示
    - 表意人與相對人通謀使效果意思與表示行為不一致
    - 意思表示無效，但不得對抗善意第三人
- 非故意不一致
  - 內容錯誤
    - 包含法律行為種類／當事人／標的物之錯誤
  - 表示錯誤
    - 表意人外部表示行為未正確接收內部效果意思的指揮，而將不欲表示之內容表示於外
  - 視為　重大動機錯誤
    - 比效果意思更深層的錯誤，雖非意思表示錯誤，但在立法政策上，視為意思表示錯誤，包括當事人資格／物之性質錯誤
  - 比照　傳達錯誤
    - 指意思表示後傳達的對象雖無錯誤，但傳達的內容發生錯誤

為），即使是善意，也不受保護，也沒有本規定的適用。又，**所謂「不得對抗善意第三人」，是指第三人可以選擇主張該通謀虛偽意思表示有效或無效，若其主張有效時，表意人不得以通謀行為無效加以對抗。**

◇**善意取得與通謀虛偽意思表示**：在無權處分的情形，由於民法第 801 條、第 948 條設有動產物權善意取得之規定，第 759 條之 1 設有不動產物權善意取得之規定，因此在通謀虛偽意思表示影響到善意第三人財產上權利義務的情形，若其符合善意取得之規定，即無須適用本條但書。至於在無善意取得適用的情形，本條但書仍然具有實益，例如：甲與乙通謀虛偽為債權的讓與，乙再讓與該債權予善意第三人丙。

▲**【50 臺上 547】**虛偽買賣乃雙方通謀而為虛偽意思表示，依民法第 87 條第 1 項規定，其買賣當然無效，與得撤銷之法律行為經撤銷始視為自始無效者有別，故**虛偽買賣雖屬意圖避免強制執行，但非民法第 244 條所謂債權人得聲請法院撤銷之債務人行為。**

▲**【57 臺上 2557】**在合同行為之當事人間，不妨成立通謀虛偽意思表示。

▲**【62 臺上 316】**所謂**通謀為虛偽意思表示，乃指表意人與相對人互相故為非真意之表示而言，故相對人不僅須知表意人非真意，並須就表意人非真意之表示相與為非真意之合意，始為相當**，若僅一方無欲為其意思表示所拘束之意，而表示與真意不符之意思者，尚不能指為通謀而為虛偽意思表示。

▲**【67 臺上 1402】**所謂通謀而為虛偽意思表示，係指表意人與相對人通謀而為虛偽意思表示而言，**查**訴外人黃某取得系爭房屋之所有權，係以債權人身分聲請法院拍賣因無人應買承受而來，**拍賣及承受，悉由法院介於其間，債務人李某並未參與其事，黃某當無與李某通謀而為虛偽意思表示之可言。**

第 88 條 （錯誤之意思表示）

I.意思表示之內容有錯誤，或表意人若知其事情即不為意思表示者，表意人得將其意思表示撤銷之。但以其錯誤或不知事情，非由表意人自己之過失者為限。

II.當事人之資格或物之性質，若交易上認為重要者，其錯誤，視為意思表示內容之錯誤。

介查民律草案第 181 條理由謂撤銷錯誤之意思表示，須用法律規定，以防無益之爭論。凡關於意思表示內容之錯誤（關於當事人標的物及法律行為種類之錯誤），及於交易上認為重要，而當事人之資格或物之性質有錯誤等（如信用交易之買主支付能力或房屋賃貸契約之房屋性質），若表意人知其事情則不為其意思表示者，均當然謂之錯誤。至表意人雖表示有一定內容之意思，惟不欲為其內容之表示，且可認表意人知其事情則不為其意思表示者亦然（如表意人誤信為有真正之內容而署名於其書件者）。

◇**錯誤**：指表意人在為法律行為上的意思表示時，因為誤認或不知，使得其內心的「效果意思」與外部的「表示行為」不相一致的情形。

		內部效果意思的錯誤，即內容錯誤，依法得撤銷意思表示
§88I「意思表示之內容有錯誤」	例如誤甲為乙而與之交易	內部效果意思的錯誤，即內容錯誤，依法得撤銷意思表示
§88I「表意人若知其情事即不為意思表示」	例如誤寫、誤拿	**表示行為錯誤，依法得撤銷意思表示**
§88II「當事人之資格」	例如誤以為是合格教師而僱聘某甲	屬於**動機錯誤**，但若交易上認為重要，例外視為內容錯誤而得撤銷意思表示
§88II 「物之性質」	例如誤以為是真跡而購買贗品畫作	屬於**動機錯誤**，但若交易上認為重要，例外視為內容錯誤而得撤銷意思表示

◇**表示行為錯誤（非故意的不一致）**：指的是本條第 1 項所稱「表意人若知其事情即不為意思表示者」（表示行為錯誤），也就是說表意人使用了其所不欲使用的表示行為（外部的表示行為與內部的效果意思非故意地不一致），例如：要贈與 A 物卻不小心說成 B 物（誤言）、在出價單上把 420 元寫成 402 元（誤寫），或要贈與 A 物卻不小心拿成 B 物交付（誤取）。

◇**動機錯誤**：指表意人在其效果意思的形成過程中，對於其決定作成某特定內容意思表示具有重要性的事實，認識不正確。例如：以為某地區的房價即將大漲而投資購買房屋一戶、誤認遺失某書而重購一本。動機是意思表示的更深層，意思表示的相對人通常不會查知，因此動機的錯誤，原則上不會影響意思表示的效力。但是**如果動機錯誤的性質是有關「當事人的資格」或「物的重要性質」的錯誤，則法律將之「視為」內容錯誤**

（內部效果意思的錯誤），以表意人沒有過失為限，可以撤銷。

◇**當事人資格錯誤**：當事人資格，包含性別、職業、健康狀態、刑罰前科、聲望、支付能力等特徵。對於當事人資格的錯誤，本質上也屬於動機錯誤的一種，原則上應不能撤銷，但是在當事人的資格於交易上屬重要的事項時（例如：在訂立消費借貸契約時誤認借用人的支付能力），本條第2項則例外將其「**視為**」意思表示內容的錯誤，以表意人沒有過失為限，得撤銷其錯誤的意思表示。

◇**「表意人自己之過失」之認定標準**：有採「**重大過失說**」，此說認為須表意人的錯誤是出於輕率、漫不經心才不得撤銷錯誤表示；也有採「**抽象輕過失**」，此說認為只要客觀上表意人未盡善良管理人的注意義務，即不得撤銷錯誤表示；較為折衷的見解則採「**具體輕過失**」，此說認為應由表意人自己的注意程度判斷其是否有過失，目前最高法院傾向採取「具體輕過失」的標準（99臺上678）。

▲【94消簡上7】判斷應否允許表意人撤銷其錯誤之意思表示時，相對人是否有值得保護之信賴存在、允許表意人撤銷是否會害及交易安全，以及相對人之主觀心態等，自應一併審酌。此必須依據雙方當事人之市場地位與締約之期待、交易之過程與實情等具體狀況，以及在該具體狀況下，允許相對人利用表意人之錯誤是否合理等因素，個別加以判斷。其中關於**相對人是否有值得保護之信賴存在**，可資判斷之狀況類如：**相對人對錯誤有無認識之可能性，或者相對人未因表意人之意思表示而有所為**，例如尚未因開始履行契約或為其準備而有所支出等。

▲【96臺上2035】依強制執行法所為之拍賣，仍屬買賣性質，拍定人為買受人，執行法院僅代表出賣人立於出賣人之地位，法並未禁止拍定人得以其錯誤或不知情事而撤銷其投標應買之意思表示。又法律行為經撤銷者，視為自始無效，民法第114條第1項亦有明定。因此**強制執行程序中之拍賣，如拍定人合法撤銷其投標應買之意思表示時，即自始無效**。執行法院之拍定表示即因投標應買意思表示之欠缺，而不生拍定之法效。

▲【99臺上678】按民法第88條撤銷權之規定，乃係為救濟因表意人主觀上之認知與事實不符，致造成意思表示錯誤之情形而設，**其過失之有無，自應以其主觀上是否已盡其與處理自己事務同一**

之注意為判斷標準。

第89條　（傳達錯誤）

意思表示，因傳達人或傳達機關傳達不實者，得比照前條之規定撤銷之。

⇧查民律草案第182條理由謂表意人因使用人、電報局、及其他傳達機關，而表示其意思時，因而傳達不實，致其所為之意思表示錯誤者，此與表意人自己陷於錯誤者無異。故得依前條規定撤銷之。

第90條　（錯誤表示撤銷之除斥期間）

前二條之撤銷權，自意思表示後，經過一年而消滅。

⇧查民律草案第183條理由謂意思表示之撤銷權，如許永久存續，是使相對人及其他利害關係人之權義狀態，永不確定。故本條特設撤銷權行使之期限，是使保護利害關係人之利益。

◇**除斥期間**：除斥期間是指權利預定存續的期間，所以又可稱作「**預定期間**」。

	除斥期間	消滅時效
適用客體	形成權	請求權
期間的計算	不變期間，沒有中斷或不完成的規定	有中斷或不完成的規定
效力	除斥期間經過後，權利當然消滅，縱使當事人不援用，法院亦應依職權調查	消滅時效完成後，請求權仍得行使，義務人僅取得拒絕給付之抗辯權消滅時效若未經義務人主張，法院不得依職權引為裁判之依據

第91條　（錯誤表意人之賠償責任）

依第八十八條及第八十九條之規定，撤銷意思表示時，表意人對於信其意思表示為有效而受損害之相對人或第三人，應負賠償責任。但其撤銷之原因，受害人明知或可得而知者，不在此限。

⇧謹按依第88條及第89條之規定，錯誤及傳達不實之意思表示，均得為撤銷之原因。然當其表意之時，相對人或第三人固確信其表意為有效也，無論其撤銷之原因若何，斷不能因此而損害善意之第三者，故應使其賠償因撤銷而生之損害，以

昭平允。然若表意人之表意，含有得行撤銷之原因，已為受損害人之所明知，或本可得而知，因不注意而不知者，則是出於自己之故意或過失，即令受有損害，表意人亦不負賠償之責任矣。

◇**明知或可得而知**：指受害人對於表意人的意思表示錯誤有所認知，或雖然沒有認知，但在通常情形下，依一般人的觀念應可以認知到的情形。

◇**信賴利益：指當事人確信法律行為有效，於該法律行為因故無效時蒙受的損失。**例如：訂立契約、準備履行契約所付出的成本，以及因而喪失的其他訂約機會等。

◇**第三人**：此處指因表意人撤銷其錯誤之意思表示而受有損害的第三人。例如：A出口商向B製造商下訂單購買腳踏車五千臺，每臺FOB基隆價格新臺幣八千元。B製造商又因之向C零件商訂購大批零件。嗣後A出口商發現每臺「FOB八千元」是「CIF八千元」的錯誤，乃撤銷意思表示，B亦撤銷BC之買賣契約，C即為第三人。

第 92 條　（意思表示之不自由）

I.因被詐欺或被脅迫，而為意思表示者，表意人得撤銷其意思表示。但詐欺係由第三人所為者，以相對人明知其事實或可得而知者為限，始得撤銷之。

II.被詐欺而為之意思表示，其撤銷不得以之對抗善意第三人。

☝查民律草案第185條理由謂意思表示，所以生法律上之效力，應以其意思之自由為限。若表意人受詐欺或受脅迫，而表示其意思，並非出於自由，則其意思表示，使得撤銷之，以保護表意人之利益。又因詐欺之意思表示，是使相對人受領之意思表示，若行其詐欺者為第三人，則以相對人惡意為限，始許其撤銷，此為保護相對人之利益而設。若其所為之意思表示全非出於表意人之自由，而因被脅迫所致者，則不問其脅迫，屬於何人，亦不問相對人之是否惡意，均得撤銷，蓋以此種情形，實無保護相對人理由之可言。此本條第1項所由設也。因詐欺意思表示之撤銷，若使之得與善意第三人對抗，既有害於善意第三人之利益，且於交易上亦不安全。此第2項所由設也。

◇**詐欺**：指故意就不真實的事實表示其為真實，而使他人陷於錯誤、加深錯誤，或繼續錯誤。至於消極的隱藏事實（不作為）原則上不構成詐欺，但例外情形，在法律上、契約上，或交易習慣上有告知義務而不作為時，則仍然可能構成詐欺。

	詐欺	脅迫
要件	1.須有詐欺行為 2.須詐欺行為與表意人陷於錯誤有因果關係 3.須有詐欺的故意 4.施行詐欺之人得為相對人或第三人	1.須有脅迫行為 2.須相對人因脅迫發生恐怖，並為意思表示 3.須脅迫人有脅迫的故意 4.須其脅迫係屬不法 5.脅迫人得為相對人或第三人

◇**不得對抗善意第三人**：指表意人撤銷被詐欺或被脅迫的意思表示時，財產上權利義務將受影響的善意第三人得主張其意思表示為有效。應注意的是，撤銷被脅迫的意思表示時，例外得對抗善意第三人，但若符合善意取得之規定時（民法第759條之1第2項、801、848條），再例外仍應優先適用善意取得的規定。

▲【33上884】民法第92條第1項所謂詐欺，雖不以積極之欺罔行為為限，**然單純之緘默，除在法律上、契紙上或交易之習慣上就某事項負有告知之義務者外，其緘默並無違法性**，即與本條項之所謂詐欺不合。

▲【58臺上1938】因被脅迫而為之意思表示，依民法第92條及第93條之規定，表意人非不得於1年內撤銷之。而**此項撤銷權，祇須當事人以意思表示為之，並不須任何方式**，上訴人既於第二審上訴理由狀中表示撤銷之意思，倘被上訴人果有脅迫上訴人立據借情事，即不能謂上訴人尚未行使撤銷權。

▲【89臺上2293】查民法上所謂詐欺，**係指欲表意人陷於錯誤，故意示以不實之事，令其因錯誤而為意思表示而言**。表意人之錯誤不限於因詐欺而始發生，其既已存在之錯誤，因詐欺而保持或加強其程度者亦屬之。

第 93 條　（撤銷不自由意思表示之除斥期間）

前條之撤銷，應於發見詐欺或脅迫終止後，一年內為之。但自意思表示後，經過十年，不得撤銷。

☝謹按民律草案第187條理由謂因詐欺或脅迫而為意思表示者，雖許其撤銷，然不加以限制，則權利狀態永不確定。故本條規定表意人行使撤銷權，應於發見詐欺或脅迫行為終止後，一年內為之，逾限不許撤銷。若自意思表示後，經過十年，始

行發見者，亦不許再行撤銷，蓋以期交易之安全也。

▲【28上1282】因被脅迫而為負擔債務之意思表示者，即為侵權行為之被害人，該被害人固得於民法第93條所定之期間內，撤銷其負擔債務之意思表示，使其債務歸於消滅，但**被害人於其撤銷權因經過此項期間而消滅後，仍不妨於民法第197條第1項所定之時效未完成前，本於侵權行為之損害賠償請求權，請求廢止加害人之債權，即在此時效完成後，依民法第198條之規定，亦得拒絕履行。**

第94條　（對話意思表示之生效時期）
對話人為意思表示者，其意思表示，以相對人了解時，發生效力。

介謹按向對話人之意思表示，應取了解主義，自相對人了解其意思表示時，即生效力是屬當然之事。惟對話不以覿面為必要，如電話等雖非覿面，亦不礙其為對話也。故設本條以明示其旨。

第95條　（非對話意思表示之生效時期）
I.非對話而為意思表示者，其意思表示，以通知達到相對人時，發生效力。但撤回之通知，同時或先時到達者，不在此限。
II.表意人於發出通知後死亡或喪失行為能力，或其行為能力受限制者，其意思表示，不因之失其效力。

介謹按向非對話人之意思表示，即向不得直接通知之相對人為意思表示是也。此種表示，應於何時發生效力，立法例有表意主義、發信主義、受信主義、了解主義四種。本法採用受信主義，以其通知達到於相對人時發生效力，但表意人既經表意後，又將表意撤回時，其在撤回之通知未達到以前，表意之效力，當然存在，必俟撤回之通知達到後，其表意始失其效力。若撤回之通知，與表意之通知，同時或先時到達於相對人，其意思表示，當然不生效力。此本條第1項之所以設也。表意人於發出通知後，死亡或失其行為能力（如宣告禁治產者），或其行為能力受限制（例如第85條第2項情形）者，其意思表示，似應無效，然相對人不知表意人之死亡，或失其能力，或其能力受限制，因而為種種之行為者有之，此時如使無效，則相對人易蒙不測之損害。此第2項之所由設也。

◇對話意思表示與非對話意思表示

對話意思表示	指表意人透過其行為，使相對人可以直接立即知悉其意思表示，例如：打電話、手語、旗語、Skype 等
非對話意思表示	指表意人透過通訊媒介，使相對人間接知悉其意思表示，例如：透過書信、傳真、電子郵件等方式

◇了解主義與到達主義

了解主義	指對話意思表示生效的時間點為「相對人了解時」。又所謂「了解」，是指依通常情形，客觀上可能了解而言
到達主義	指非對話意思表示生效的時間點為「通知到達相對人時」，具體來說就是意思表示已進入相對人的支配範圍，置於相對人可以了解的狀態而言

▲【54臺上952】民法第440條第1項所謂支付租金之催告，屬於意思通知之性質，其效力之發生，應準用同法關於意思表示之規定（41臺上490），而民法第95條第1項規定：「非對話而為意思表示者，其意思表示以通知達到相對人時發生效力」，**所謂達到，係僅使相對人已居可了解之地位即為已足，並非須使相對人取得占有，故通知已送達於相對人之居住所或營業所者，即為達到，不必交付相對人本人或其代理人，亦不問相對人之閱讀與否，該通知即可發生為意思表示之效力。**

▲【58臺上715】非對話而為意思表示者，其意思表示以通知達到相對人時，發生效力，民法第95條第1項定有明文。**所謂達到，係指意思表示達到相對人之支配範圍，置於相對人隨時可了解其內容之客觀之狀態而言。**

第96條　（向無行為能力人或限制行為能力人為意思表示之生效時期）
向無行為能力人或限制行為能力人為意思表示者，以其通知達到其法定代理人時，發生效力。

介查民律草案第195條理由謂向非對話人所為之意思表示，如相對人為無行為能力人，或限制行為能力人，其所受之意思表示，不能十分了解，故須其通知，達到於法定代理人時，始生效力。蓋以保護無行為能力人，或限制行為能力人之利益也。

第 97 條 （公示送達）

表意人非因自己之過失，不知相對人之姓名、居所者，得依民事訴訟法公示送達之規定，以公示送達為意思表示之通知。

介謹按表意人不知相對人之姓名及居所，並非因自己之過失者，應使其依公示送達之方法，而為意思表示。至公示送達之程序，規定於民事訴訟法中，表意人應依其規定辦理，為意思表示之通知。此本條所由設也。

◇公示送達：指公開以布告公告或登報等方式送達文書。送達原則上應將文書送交至當事人得收受之處所，公示送達則是在特定情況下（例如：相對人住所不明）透過一定的公示方式（布告或登報）來代替送達的制度，關於公示送達的方式及生效時點可參民事訴訟法第 151、152 條。

第 98 條 （意思表示之解釋）

解釋意思表示，應探求當事人之真意，不得拘泥於所用之辭句。

介查民律草案第 200 條理由謂意思表示，其意義往往有欠明瞭者，應將不甚明瞭之處解釋之。但應探求當事人之真意，不得拘泥於所用之辭句，致失真意。此本條所由設也。

▲【17 上 1118】解釋契約，固須探求當事人立約時之真意，不能拘泥於契約之文字，但契約文字業已表示當事人真意，無須別事探求者，即不得反捨契約文字而更為曲解。

▲【88 臺上 1671】按解釋意思表示應探求當事人之真意，不得拘泥於所用之辭句，民法第 98 條定有明文。意思表示不明確，使之明確，屬意思表示之解釋；意思表示不完備，使之完備，屬意思表示之補充。前者可減少爭議，後者可使意思表示之無效減至最低程度。意思表示解釋之客體，為依表示行為所表示於外部之意思，而非其內心之意思。當事人為意思表示時，格於表達力之不足及差異，恆須加以闡釋，至其內心之意思，既未形之於外，尚無從加以揣摩。故在解釋有對話人之意思表示時，應以在對話人得了解之情事為範圍，表意人所為表示行為之言語、文字或舉動，如無特別情事，應以交易上應有之意義而為解釋，如以與交易慣行不同之意思為解釋時，限於對話人知其情事或可得而知，否則仍不能逸出交易慣行的意義。解釋意思表示端在探求表意人為意思

表示之目的性及法律行為之和諧性，解釋契約尤須斟酌交易上之習慣及經濟目的，依誠信原則而為之。關於法律行為之解釋方法，應以當事人所欲達到之目的、習慣、任意法規及誠信原則為標準，合理解釋之，其中應將目的列為最先，習慣次之，任意法規又次之，誠信原則始終介於其間以修正或補足之。

▲【103 臺上 713】惟法院進行此項闡明性之解釋（單純性之解釋），除依文義解釋（以契約文義為基準）、體系解釋（綜觀契約全文）、歷史解釋（斟酌訂約時之事實及資料）、目的解釋（考量契約之目的及經濟價值）並參酌交易習慣與衡量誠信原則，加以判斷外，並應兼顧其解釋之結果不能逸出契約中最大可能之文義。除非確認當事人於訂約時，關於某事項依契約計畫顯然應有所訂定而漏未訂定，致無法完滿達成契約目的而出現契約漏洞者，方可進行補充性之解釋（契約漏洞之填補），以示尊重當事人自主決定契約內容之權利，並避免任意侵入當事人私法自治之領域，創造當事人原有意思以外之條款，俾維持法官之中立性。

第四節　條件及期限

第 99 條 （停止條件與解除條件）

I 附停止條件之法律行為，於條件成就時，發生效力。
II 附解除條件之法律行為，於條件成就時，失其效力。
III 依當事人之特約，使條件成就之效果，不於條件成就之時發生者，依其特約。

介查民律草案第 243 條理由謂附停止條件與附解除條件之法律行為，應從條件成就時生效力，抑應溯諸法律行為成立之時生效力，於此問題，各國之立法例不一。本法則以當事人不表示溯及既往之意思為限，認為法律行為附有停止條件者，必須於條件成就後發生效力。附有解除條件者，必須於條件成就後失其效力，期合於當事人之意思也。至條件成就之效果，應否溯及既往，即應否追溯於法律行為成立之時，此際應依當事人之特約定之。故設本條以明示其旨。

◇條件成就：指條件的內容事實業已實現。條件一旦成就，法律行為的效力當然自動發生或消滅，無待當事人主張。

◇條件與期限

條件	指法律行為效力的發生或消滅，繫於將來「成就與否」客觀上**不確定**的事實
期限	指法律行為效力的發生或消滅，繫於將來**確定到來**的事實

◇停止條件與解除條件

停止條件	指限制法律行為效力**發生**的條件，也就是條件成就時會使尚未生效的法律行為發生效力，條件不成就時，原來已成立但尚未生效的法律行為，確定不發生效力。例如，債務人甲與債權人乙約定，若甲將來可取得Ａ土地，即設定抵押權予乙，則「取得Ａ地與否」即為設定抵押權約定的停止條件
解除條件	指限制法律行為效力**消滅**的條件，也就是條件成就時，會使已生效的法律行為溯及地歸於消滅。反之，若解除條件不成就，則原來已經生效的法律行為，繼續有效。例如，甲向乙借用轎車一個月，約定當乙結婚時，則應立即返還，則乙「結婚」，就是使用借貸契約的解除條件

▲【60臺上4001】民法第258條第1項，係就契約有法定之解除原因，而行使其解除權之情形所為規定，如契約附有解除條件，則條件成就時，契約當然失其效力，無待於當事人解除權之行使。

▲【68臺上2861】法律行為成立時，其成就與否業已確定之條件即所謂既成條件，亦即法律行為所附條件，係屬過去既定之事實者，雖其有條件之外形，但並無其實質之條件存在，故縱令當事人於法律行為時，不知其成否已經確定，亦非民法第99條所謂條件。我民法關於既成條件雖未設明文規定，然依據法理，條件之成就於法律行為成立時已確定者，該條件若係解除條件，則應認法律行為為無效。

▲【101臺上1559】民法第99條所稱之「條件」，係當事人以將來客觀上不確定事實之成就與否？限制法律行為效力發生或繼續之附款。故當事人非以將來客觀上不確定事實之成就或不成就，資為左右法律行為效力之發生或消滅（即不具「附條件法律行為」之本質），僅於契約約定一方債務之應否履行？繫諸他方契約相對債務之履行者，固非該條所稱之「條件」，而屬一般社會或交易上常使用之「約定條款」或「履行條款」。苟

其不違反強制或禁止規定，及背於公共秩序或善良風俗，依私法自治原則，亦難謂為無效，當事人仍應受該契約約定條款之拘束。

第100條　（附條件利益之保護）

附條件之法律行為當事人，於條件成否未定前，若有損害相對人因條件成就所應得利益之行為者，負賠償損害之責任。

介查民律草案第245條理由謂為附停止條件法律行為，其當事人之一造，於條件成就前，有因條件之成就，當然取得本來權利之權利，則他造有尊重此權利之義務。又為附解除條件法律行為，某當事人之一造，雖直接得本來之權利，然對於他造因條件成就所取得本來權利之權利，有尊重之義務，即他造有此種權利。故附條件義務人，不得害及附條件權利人之利益，若害之，則為不法行為，須任損害賠償之責。故設本條以明示其旨。

◇**期待利益**：指附條件法律行為的當事人可能因為條件成就取得某種權利的先行地位，本條就是將這種期待權利化而予以保護。

▲【69臺上3986】附條件之法律行為當事人於條件成否未定前，若有損害相對人因條件成就所應得利益之行為者，負損害賠償責任，民法第100條固定有明文。然**此種期待權之侵害，其賠償責任亦須俟條件成就時，方始發生**。蓋附條件之法律行為，原須俟條件成就時始得主張其法律上之效果，在條件成否未定之前，無從預為確定以後因條件成就時之利益，如其條件以後確定不成就，即根本無所謂因條件成就之利益。

第101條　（條件成就或不成就之擬制）

Ⅰ.因條件成就而受不利益之當事人，如以不正當行為阻其條件之成就者，視為條件已成就。
Ⅱ.因條件成就而受利益之當事人，如以不正當行為促其條件之成就者，視為條件不成就。

介謹按條件成就而受不利益之當事人，若以不正當之行為，阻害條件之成就者，其條件視為已成就。又因條件成就，而受利益之當事人，如以不正當行為，促使條件成就者，其條件視為不成就。如此然後可以保護相對人之利益，而禁止不正當之行為也。至依前條規定，而賠償損害，是屬當然之事，無待明白規定。

◇**視為條件已成就：指雖然條件實際上並未成就，但由法律擬制其成就。**因條件成就而受不利益之人，用不法的手段，阻止條件的成就，法律擬制其為成就。本條項適用情形如：乙與甲約定，若甲今年考取律師，即贈與甲 1 萬元。考試當日，乙為阻止甲參加考試，故意製造車禍，使甲無法參加考試，此時應視為其「考取律師」的條件已經成就。

◇**視為條件不成就：指雖然條件實際上已成就，但由法律擬制其不成就。**應注意的是，本條項所稱「以不正當行為促其條件之成就」，必須有促其成就之故意，若僅有過失則非屬。本條項適用情形如：甲與乙約定，若乙今年考取司法官，即贈與乙 3 萬元。爾後乙透過作弊的方式考取司法官，此時應視為其「考取司法官」的條件不成就。

▲【67 臺上 770】民法第 101 條第 2 項所定：「因條件成就而受不利益之當事人，如以不正當行為，促其條件之成就者，視為條件不成就」，**所謂促其條件之成就，必須有促其條件成就之故意行為，始足當之，若僅與有過失，不在該條適用之列。**

▲【87 臺上 1205】當事人預期不確定事實之發生，以該事實發生時為債務之清償期者，倘債務人以不正當行為阻止該事實之發生，**類推適用民法第 101 條第 1 項規定，**應視為清償期已屆至。

▲【101 臺上 449】按因條件成就而受不利益之當事人，如以不正當行為阻其條件之成就者，視為條件已成就，為民法第 101 條第 1 項所明定。所謂以不正當行為阻其條件之成就，雖**不以作為為限，不作為亦包括在內，**惟均須具有阻卻條件成就之故意，始足當之。

第 102 條　（附期限法律行為之效力及其保護）
I 附始期之法律行為，於期限屆至時，發生效力。
II 附終期之法律行為，於期限屆滿時，失其效力。
III 第一百條之規定，於前二項情形準用之。

介查民律草案第 251 條理由謂期限分為始期及終期兩種。法律行為附有始期者，於期限屆至時發生效力。其附有終期者，於期限屆滿時失其效力。若於期限未至之時，損害相對人因期限屆至所應得之利益者，應負賠償損害之責任，此與條件成就前之損害賠償同。故準用第 100 條之規定。

◇**附始期的法律行為：**始期是使法律行為效力發生的期限，也就是期限屆至時會使尚未生效的法律行為發生效力。例如：甲與乙在今年 11 月訂立房屋租賃契約，約定明年 1 月 1 日租賃契約生效，此即為附始期的租賃契約。

◇**附終期的法律行為：**終期是使已經生效的法律行為，向將來失效的期限，也就是期限屆至時，會使已生效的法律行為歸於消滅。例如，甲與乙約定，委任乙管理其財產至今年 12 月 31 日止，此即為附終期的委任契約。

第五節　代　理

第 103 條　（代理行為之要件及效力）
I 代理人於代理權限內，以本人名義所為之意思表示，直接對本人發生效力。
II 前項規定，於應向本人為意思表示，而向其代理人為之者，準用之。

介查民律草案第 213 條理由謂代理者，例如甲以乙之名義，向丙為意思表示，又甲以乙之名義，親受丙之意思表示者，其效力直接及於乙是也。此與依意思傳達機關而為意思表示者不同，故代理人於代理權限內，以本人名義所為之意思表示，直接對本人發生效力。至凡應向本人表示意思，而向其代理人為之者亦同。此本條所由設也。

◇**代理：指代理人於代理權限內，以本人（即被代理人）名義向第三人為意思表示或由第三人接受意思表示，而對本人直接發生效力的行為。**代理之目的在「意定代理」時可「擴張」私法自治，使法人或自然人可藉由代理人的代理行為作各種法律行為。在「法定代理」時，則可「補充」私法自治，使未成年人或受監護宣告之人亦得參與社會活動。應注意的是，代理原則上僅限於財產上的法律行為或準法律行為（觀念通知、意思通知），事實行為或違法行為不得代理，身分行為因為具有一身專屬性原則上亦不得代理。

◇**代理人：指得以本人（被代理人）名義，獨立為意思表示或受意思表示，而直接對本人（被代理人）發生效果之人。**應注意的是，代理人須非無行為能力人。

◇**代理權：指得以本人（被代理人）名義為意思表示或受意思表示，而直接對本人（被代理人）發生法律效果的法律上權能。**關於代理權的範圍，在法定代理應依法律規定，在意定代理則依本人之授權行為而定。

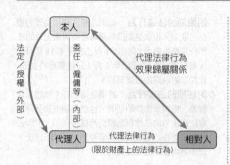

◇直接代理與間接代理

直接代理	即顯名代理，指代理人於代理權限內，表明其為本人之代理人，而以本人名義為意思表示或受意思表示。民法所稱「代理」就是指直接代理，其法律效果直接對本人發生
間接代理	指代理人以自己名義，為本人計算而為法律行為。間接代理並非民法所稱的代理，只是代理的類似制度，其法律效果首先對間接代理人發生，再依內部關係移轉於本人。例如：甲委任乙向丙購買A車，乙以自己名義向丙購買並受讓A車所有權，甲得本於委任關係，再向乙請求移轉A車所有權

▲【29上1606】**兩願離婚固為不許代理之法律行為，惟夫或妻自行決定離婚之意思，而以他人為其意思之表示機關，則與以他人為代理人使之決定法律行為之效果意思者不同，自非法所不許。**本件據原審認定之事實，上訴人提議與被上訴人離婚，託由某甲徵得被上訴人之同意，被上訴人於訂立離婚書面時未親自到場，惟事前已將自己名章交與某甲，使其在離婚文約上蓋章，如果此項認定係屬合法，且某甲已將被上訴人名章蓋於離婚文約，則被上訴人不過以某甲為其意思之表示機關，並非以之為代理人使之決定離婚之意思，上訴理由就此指摘原判決為違法，顯非正當。

▲【62臺上2413】**傳達意思之機關（使者）**與代為表示意思之代理人不同，前者**其所完成之意思表示，為本人之意思表示，其效果意思由本人決定，**後者代理行為之意思表示為代理人之意思表示，其效果意思由代理人決定，表見代理人之意思表示亦然。

▲【70臺上2160】縱有代理權，而與第三人為法律行為時，非以本人名義為之者，亦不成立代理。又雖與第三人為法律行為時，未明示其為代理人；而如相對人按其情形，應可推知係以本人名義為之者，固難謂不發生代理之效果，即所謂之「隱名代理」。惟**如代理人當時係以自己之名義而為。即非以代理人之資格而為，已甚明顯者，仍不能認其為代理他人而為。**再無權代理或表見代理，除欠缺代理權外，非具備代理其他之要件，不能成立。故無代理權，又非以他人代理人名義而與第三人為法律行為者，當不發生無權代理因本人承認而對本人發生效力，或使本人負表見代理授權人責任之問題。至**無權利人就權利標的物，以自己名義與第三人成立買賣後，縱經有權利人之「承認」，尚難因此而謂有權利人已變為該買賣契約之訂約當事人（但負有使出賣人履行出賣人義務之義務），相對人仍不得逕行對之為履行之請求。**

▲【88臺上1299】按消滅時效因承認而中斷，民法第129條第1項第2款定有明文。此之承認乃債務人向請求權人表示認識其請求權存在之觀念通知，最高法院51年臺上字第1216號、61年臺上字第615號著有判例。另按**代理人以本人名義向第三人為意思表示或由第三人受意思表示，其效力直接歸屬於本人，**此觀諸民法第103條第1項、第2項之規定自明。又意思表示為法律行為之要素，**法律行為之代理實為意思表示之代理，而觀念通知（或稱觀念表示）之準法律行為，亦在代理人得代理之範疇，**是由本人之代理人向債權人為承認之行為，或本人之代理人由債務人接受承認之通知，均直接對本人生效。

▲【100臺上1399】委任與代理不同。**委任係委任人與受任人間之契約行為，代理則為對外關係，代理人必須以本人名義與第三人為法律行為，而其法律效果直接對於本人發生效力。**雖與第三人為法律行為時，未明示其為代理人，而如相對人按其情形，應可推知係以本人名義為之者，固難謂不發生代理之效果，即所謂之「隱名代理」。

第104條　（代理人之能力）
　　代理人所為或所受意思表示之效力，不因其為限制行為能力人而受影響。

✦查民律草案第216條理由謂代理人所為、所受之意思表示，其效力及於本人，而不及於代理人，雖代理人為限制行為能力人，其所為或所受之意思表示，並不因此而妨其效力。故限制行為能力

人，亦得代理他人，為法律行為。此本條所由設也。

第 105 條　（代理行為之瑕疵）

代理人之意思表示，因其意思欠缺、被詐欺、被脅迫或明知其事情，或可得而知其事情，致其效力受影響時，其事實之有無，應就代理人決之。但代理人之代理權係以法律行為授與者，其意思表示，如依照本人所指示之意思而為時，其事實之有無，應就本人決之。

介查民律草案第 215 條理由謂代理人所為之意思表示，及所受之意思表示，二者雖均由代理人，然其效力及於本人。故關於意思表示要件之事項，其有無應就代理人而定。若代理人之代理權以法律行為所授與（即意定代理），而其意思表示，又係依照本人所指示之意思而為之者，其有無此種事項，則就本人而定，是屬當然之事。此本條所由設也。

◇**意思欠缺**：指意思表示不一致的情形，包含真意保留、通謀虛偽、錯誤，及未達成合意等。

◇**代理權以法律行為授與**：代理可分為依「法律規定」取得代理權的法定代理，以及依「授權（取得代理權）」（單獨行為）的意定代理，本條所謂「代理權係以法律行為授與」就是在指「意定代理」的情形。

▲【52 臺抗 6】當事人知悉和解有無效或得以撤銷之原因之時期，原不以其和解當時是否到場為據，故如非和解當時所得而知之原因，則縱令當事人本人在場，亦應從其實際得知之時起算。苟為和解當時已得知之原因，則雖本人未到場而委任代理人為和解，其知悉與否，按之民法第 105 條規定，亦當就代理人決之，當事人不得以其本人未得知而主張從本人知悉之時起算。

▲【104 臺上 206】按民法第 105 條前段規定：代理人之意思表示，因其意思欠缺、被詐欺、被脅迫，或明知其事情或可得而知其事情，致其效力受影響時，其事實之有無，應就代理人決之，肇因於本人藉代理人之行為以擴大其活動範圍，該代理人於代理權限內以本人名義所為或所受意思表示而生之法律效果，依同法第 103 條第 1 項規定，均歸屬於本人，因而**代理人為代理行為時，其「意思表示瑕疵」或「明知或可得而知其事情」事實之有無？應就為意思表示之代理人決之，並**

使法律效果直接對本人發生效力，此乃該條規定之所由設。至為本人服勞務之使用人有此情形者，究以何人之意思表示以為斷？我民法雖未設有規範，惟使用人為本人為意思表示或從事一定事務，對外均未自為意思表示，且其效力亦應同歸於本人，殊與本人藉代理人之行為輔助而擴大其活動範圍者相類。因此，使用人在參與本人意思表示形成之過程中，如因其被詐欺、脅迫；或為本人從事一定事務（包括法律及非法律行為）時，就其是否明知其事情或可得而知其事情？致其效力受影響者，各該事實之有無？參照民法第 1 條「相類似之案件，應為相同處理」之法理，自應類推適用民法第 105 條前段規定，就使用人決之，而由本人主張或承擔其法律效果。

第 106 條　（自己代理及雙方代理之禁止）

代理人非經本人之許諾，不得為本人與自己之法律行為，亦不得既為第三人之代理人，而為本人與第三人之法律行為。但其法律行為，係專履行債務者，不在此限。

介查民律草案第 217 條理由謂代理人許其代理本人，祇以法律行為為限，本節之隸於法律行為章以此。然亦非舉一切法律行為均許其代理，如親屬上之法律行為，其性質上不許代理是，此理甚明，無待明文規定也。又如當事人之一方，得為他方之代理人，而為法律行為，然使之得為雙方之代理人，而為法律行為，則利益衝突，代理人決不能完全盡其職務，自為法律所不許。但經本人許諾，或其法律行為係專履行債務者，應作為例外，以其無利益衝突之弊也。故設本條以明示其旨。

◇**自己代理之禁止**：所謂「自己代理」，是指代理人代理「本人」與「代理人自己」為法律行為，民法之所以原則上禁止自己代理，是為了要避免利益衝突，防範代理人為了自身利益而犧牲本人的利益。於例外情形，不涉及利益衝突時，仍可以「自己代理」，例如：代理本人對代理人為清償債務。禁止自己代理的規定無論在意定代理或法定代理皆有適用，違反此規定者並非當然無效，而屬無權代理，如經本人承認即為有效。

◇**雙方代理之禁止**：所謂「雙方代理」，是指代理人同時擔任本人的代理人與第三人為法律行為，同時又代理第三人對本人為法律行為。民法之所

以原則禁止雙方代理，也是為了要避免利益衝突。禁止雙方代理的規定無論在意定代理或法定代理皆有適用，違反此規定者並非當然無效，而屬無權代理，如經本人承認即為有效。

◇**專為履行債務者**：單純的清償，但並不包含代物清償在內。民法之所以規定「專為履行債務者」可以作為禁止自己代理或雙方代理的例外，是因為清償債務是使已存在的債務消滅，未發生新的權利義務，並不會影響本人的利益。至於「**代物清償**」，是以債權人受領他種給付，以代原定之給付，而使債之關係消滅的有償契約，有發生利益衝突的可能，故**非此處所稱之「專為履行債務」**。

▲【65臺上840】民法第106條關於**禁止雙方代理之規定於意定代理及法定代理均有其適用。**

第107條　（代理權之限制及撤回）
代理權之限制及撤回，不得以之對抗善意第三人。但第三人因過失而不知其事實者，不在此限。

介謹按本人將代理權授與代理人之後，非必不可加以限制也。又既經授與代理權之後，亦非不可仍將代理權撤回也。惟其限制及撤回，均不得對抗善意之第三人。蓋代理權之受有限制及被撤回與否，第三人固無由知之，若許其得以對抗，是使善意第三人常蒙不測之損害也。故除其限制及撤回之事實，本可得知，而由於第三人自己之過失陷於不知者外，均不得以其代理權之限制及撤回為對抗之理由。蓋為保護善意第三人之利益計也。

◇**代理權之限制**：指本人原本授與代理權，而以法律行為限制代理權的範圍。代理權的限制可分為於授權之時即限制代理權範圍的「**事前限制**」，以及本人在全部授權之後，再行限制授權範圍的「**事後限制**」。有學說認為本條僅適用於事後限制，至於事前限制則屬代理權範圍的設定，不過實務上則認為，無論事前限制或事後限制，都有本條的適用。

◇**代理權之撤回**：指本人嗣後將代理權限全部撤回，使得代理權消滅。

▲【90臺上1774】查民法第169條所定之表見代理與同法第107條所定之越權代理不同。前者，本人未曾授與代理權，因有表見事實，而使本人對善意無過失之第三人負授權人之責任；後者，本人原曾授與有限制之代理權，而代理人越權代理，本人不得以代理權之限制對抗善意無過

失之第三人，兩者顯然有別。原審謂縱認上訴人未概括授權與丙○○，惟其既蓋用多份空白申請書、設定契約書及多張印鑑證明與丙○○，亦應認有表見代理之行為，顯然將兩者混為一談，非無可議。

第108條　（代理權之消滅與撤回）
I.代理權之消滅，依其所由授與之法律關係定之。
II.代理權，得於其所由授與之法律關係存續中撤回之。但依該法律關係之性質不得撤回者，不在此限。

介查民律草案第225條理由謂授與代理權之法律行為，其為要因行為，抑為不要因行為，學者頗滋聚訟。本法於當事人無特別之意思表示者，作為要因行為，如代理權授與原因之法律關係存續，代理權亦因而存續，授與原因之法律關係消滅，代理權亦因而消滅。此第1項所由設也。又代理權之授與人，於授與原因之法律關係存續中，使其得將代理權撤回，亦無弊害。惟依該法律關係之性質不許撤回者，則為例外。此第2項所由設也。

◇**代理權之消滅**：指代理權歸於消滅的情形，在「法定代理」，代理權的消滅須依據法律的規定；在「意定代理」，代理權消滅的原因則包含：基礎法律關係終了、撤回代理權、本人死亡、代理人死亡、代理人喪失行為能力等。

◇**其所由授與的法律關係**：指意定代理的授與若是基於特定法律關係而來（例如：委任、僱傭），則當該特定法律關係終了時，代理權亦應隨之消滅。惟應注意的是，若該特定法律關係自始，即具有不成立、無效或得撤銷之原因，因為代理權之授與具有獨立性與無因性，應無本條項之適用。

◇**依其性質不得撤回**：指若代理行為的結果，對於代理人自身也有利害關係時，就不得任由本人撤回代理權。例如，債務人授權債權人出售某物，就其價金受償，此時為兼顧代理人之利益，即不得任意撤回其代理權。

◇**代理權授與行為的無因性**：指授與代理權行為的效力，與其基本原因法律關係分離，不因其基本法律關係（如委任、僱傭）無效、不生效力、或被撤銷而受影響。其理由在於：1.肯定無因性，並不違反授權人的意思或利益，因為授權人本來

就可以獨立授與代理權；對於代理人來說，因為其不因被授權而負有從事代理行為之義務，因此亦無不利益。2.肯定無因性可使第三人不必顧慮其與代理人之法律行為受代理人與本人內部法律關係之影響，有助促進交易安全。

▲【96臺上600】按人之權利能力終於死亡，民法第6條雖有明定，惟依同法第108條第1項規定，代理權之消滅，依其所由授與之法律關係定之；而依同法第550條規定，委任關係因當事人一方死亡而消滅，但契約另有訂定，或因委任事務之性質，不能消滅者，不在此限。故因委任關係而授與代理權，如依委任事務之性質，該委任關係不因委任人死亡而消滅者，其代理權即不因本人死亡而當然消滅，受任人以本人名義所為之行為，即非當然無效。

第109條　（授權書交還義務）
代理權消滅或撤回時，代理人須將授權書，交還於授權者，不得留置。

介謹按代理人於代理權消滅或撤回時，須將授權書交還於授與人，不得留置。蓋代理權消滅，授權書亦應消滅，防代理人之濫用，害及於授與人也。故設本條以明示其旨。

第110條　（無代理權人之責任）
無代理權人，以他人之代理人名義所為之法律行為，對於善意之相對人，負損害賠償之責。

介謹按本無代理權之人，而以他人之代理人名義，與相對人為法律行為時，其所為之法律行為，當然無效。若善意之相對人因此而受有損害者，無權代理人並應負賠償之責任，藉以保護善意相對人之利益。此本條所由設也。

◇無權代理之要件：1.須有法律行為。2.須以本人名義。3.須欠缺代理權（包含未經授與代理權、授權行為無效或被撤銷、逾越代理權的範圍、代理權已消滅）。

◇民法第110條之損害賠償：有力說與實務見解認為本條的損害賠償包含信賴利益及履行利益，但信賴利益的請求不得大於履行利益。

◇目的性限縮排除本條之適用：由於本條規定的無權代理人責任相當重，因而通說為保護未成年人，認為應對本條作目的性限縮，僅有獲得法定代理人同意而為無權代理行為的未成年人，以及

具有完全行為能力之人，始負本條規定之損害賠償責任。

◇冒名行為：假冒他人之名而為法律行為。因為冒名行為者並非以他人之代理人名義為法律行為，而是僭稱為該他人，所以並非代理行為，對被冒名之人當然不生效力。但是相對人與冒名人是否可以成立契約關係，必須看相對人對冒名人是否重視「人的同一性」來決定，若是重視「人的同一性」，仍然可以成立契約關係，否則不成立契約關係。無論如何，相對人可以以侵權行為為理由，向冒名者請求損害賠償。

▲【56臺上305】無權代理人責任之法律上根據如何，見解不一，而依通說，無權代理人之責任，係直接基於民法之規定而發生之特別責任，並不以無權代理人有故意或過失為其要件，係屬於所謂原因責任、結果責任或無過失責任之一種，而非基於侵權行為之損害賠償。故無權代理人縱使證明其無故意或過失，亦無從免責，是項請求權之消滅時效，在民法既無特別規定，則以民法第125條第1項所定15年期間內應行使，要無民法第197條第1項短期時效之適用，上訴人既未能證明被上訴人知悉其無代理權，則雖被上訴人因過失而不知上訴人無代理權，上訴人仍應負其責任。

▲【90臺上1923】無權代理人之責任，係基於民法第110條之規定而發生之特別責任，祇要相對人係屬善意，即不知自命代理人無代理權，縱使相對人因過失而不知，無權代理人仍應負其責任；又相對人依該法條規定請求損害賠償，不得超過相對人因契約有效所得利益之程度，易言之，相對人得請求履行利益之給付。

第六節　無效及撤銷

第111條　（一部無效之效力）
法律行為之一部分無效者，全部皆為無效。但除去該部分亦可成立者，則其他部分，仍為有效。

介查民律草案第252條理由謂法律行為，係屬一體，一部無效，全部亦當然無效。然除無效之一部分外，而法律行為仍可成立者，則其他部分，仍為有效，如是斯能符當事人之意思也。

◇法律行為之一部無效：指單一的法律行為，其內容或當事人具有可分性，而發生一部分無效的

情形。依本條規定，原則上這種情形會使整個法律行為歸於無效，但在例外情形，若綜合該法律行為全部的旨趣、當事人訂約時的真意、交易習慣、其他具體情事後，認為使其他部分發生效力並不違反雙方當事人之目的者，則可認為屬於本條但書的情形，該法律行為其他部分仍為有效。例如：甲為了興建大樓，以單一買賣契約向乙購買土地及土地上的老屋，但是老屋在訂約前即已倒塌（參見民法第 246 條），此時可認為除去老屋的部分，當事人亦有成立買賣契約的意思，故該買賣契約於土地部分仍為有效。

▲【32 臺上 671】無效之行為在法律行為當時即已確定不生效力，與得撤銷之行為須經撤銷權人之撤銷始失其效力者，顯有不同。

▲【75 臺上 1261】民法第 111 條但書之規定，非謂凡遇給付可分之場合，均有其適用。**尚須綜合法律行為全部之旨趣、當事人訂約時之真意、交易之習慣、其他具體情事，並本於誠信原則予以斟酌後，認為使其他部分發生效力，並不違反雙方當事人之目的者，始足當之。**

第 112 條 　（無效行為之轉換）

無效之法律行為，若具備他法律行為之要件，並因其情形，可認當事人若知其無效，即欲為他法律行為者，其他法律行為，仍為有效。

介查民律草案第 253 條理由謂法律行為無效時，若其行為，備有他法律行為之要件，且依他法律行為可達同一之目的者，是當事人若知其無效有為他法律行為之意思，此時應使其他之法律行為為有效，藉以副當事人之意思。例如發出票據之行為，雖因法定要件欠缺而無效，若可作為不要因債務之承受契約者，其契約仍為有效也。

第 113 條 　（無效行為當事人之責任）

無效法律行為之當事人，於行為當時，知其無效或可得而知者，應負回復原狀或損害賠償之責任。

介謹按無效之法律行為，當事人若於行為之當時已知其無效，或可得而知之者，應負回復原狀或損害賠償之責任，所以保護相對人之利益也。

◇**回復原狀**：指回復為無效法律行為前的狀態。

▲【49 臺上 1597】契約無效，乃法律上當然且確定的不生效力，其當事人於行為當時，知其無

效或可得而知者，應負回復原狀或損害賠償之責任。至契約之解除，乃就現已存在之契約關係而以溯及的除去契約為目的，於契約解除時，當事人雙方均有回復原狀之義務，故契約無效與契約解除，性質上並不相同。

第 114 條 　（撤銷之自始無效）

Ⅰ法律行為經撤銷者，視為自始無效。
Ⅱ當事人知其得撤銷或可得而知者，其法律行為撤銷時，準用前條之規定。

介查民律草案第 257 條理由謂得撤銷之法律行為，經有撤銷權人撤銷時，則使當事人之行為無效，抑使第三人之行為亦屬無效，於此問題，各國之立法例不一，本法則依多數之立法例，認為對於第三人亦得使其無效。故相對人因撤銷行為而取得權利者，當然復歸於撤銷權人。又從其相對人讓受同一權利之第三人，亦當然喪失其權利，惟法律上別有規定者，如第 92 條第 2 項之情形，則善意之第三人，並不因此而喪失其權利。至可以撤銷之法律行為在行為當時，已為當事人所明知，或可得知者，則其撤銷時，當依前條之規定，負回復原狀或損害賠償之責。

◇**撤銷的客體**：撤銷的客體可以包含負擔行為或／及處分行為，應視何者有瑕疵而定，在二者都有瑕疵時，負擔行為與處分行為都可以撤銷。

◇**視為自始無效**：指法律行為經撤銷後，溯及法律行為成立時失其效力。

第 115 條 　（承認之溯及效力）

經承認之法律行為，如無特別訂定，溯及為法律行為時，發生效力。

介查民律草案第 264 條理由謂同意於事前事後均得為之，事後之同意，即所謂承認。蓋以除去法律行為效力發生之障害為標的，而於法律行為之成立，並無關係，故無特別訂定，而其法律行為已經承認者，則應溯及為法律行為之時，發生效力，所以保護第三人之利益也。

◇**承認的效力**：承認是指使「效力不確定」的法律行為（例如：無權處分的行為、限制行為能力人的契約行為），發生效力的意思表示，包含對「效力未定的法律行為」的承認，以及對「得撤銷的法律行為」的承認，後者實質上就是對撤銷權的拋棄。依本條規定，經承認的法律行為，溯及自法律行為作成時發生效力。

第 116 條　（撤銷及承認之方法）

I.撤銷及承認，應以意思表示為之。

II.如相對人確定者，前項意思表示，應向相對人為之。

㊀謹按撤銷及承認者，要相對人接受之一方行為也。撤銷及承認之方法，應以意思表示為之，其有確定之相對人者，則其意思表示，應向相對人為之，是屬當然之事。此本條所由設也。

▲【52 臺上 836】意思表示之內容有錯誤或表示行為有錯誤者，唯表意人始得將其意思表示撤銷之，又**有撤銷權人，欲撤銷其自己之意思表示或他人之法律行為者，除法律規定必須訴經法院為之者外，以意思表示為之為已足，勿庸提起形成之訴請求撤銷**。

第 117 條　（同意或拒絕之方法）

法律行為須得第三人之同意始生效力者，其同意或拒絕，得向當事人之一方為之。

㊀謹按法律行為，有須經第三人之同意始生效力者，例如限制行為能力人所訂之契約，須經本人承認而生效力，無權利人之處分行為，須經權利人之承認而生效力是。欲知第三人為同意或拒絕之方法，須於法律規定之，以防無益之爭議。即同意或拒絕，以應向雙方表示為原則，而為便利第三人起見，向當事人之一方表示者，亦為法所許可也。

◇同意：包括允許與承認。是有相對人的單獨行為，目的在使他人所為效力未定的法律行為發生效力。

第 118 條　（無權處分）

I.無權利人就權利標的物所為之處分，經有權利人之承認始生效力。

II.無權利人就權利標的物為處分後，取得其權利者，其處分自始有效。但原權利人或第三人已取得之利益，不因此而受影響。

III.前項情形，若數處分相牴觸時，以其最初之處分為有效。

⑪一、第 1 項不修正。

二、無權利人就權利標的物為處分後，迄其取得其權利之期間內，原權利人對該項標的物，未為使用收益者，固不生問題，倘仍使用收益，則承認無權利人之處分為自始有效，即顯然足以妨害原權利人及第三人在該期間內使用收益之權能，殊不相宜，故增設第 2 項但書，以資補救。

三、第 3 項不修正。

◇無權處分：**指無權利人，以自己名義，就權利標的物所為的處分**，例如：將他人所有的古董，未經授權或允許，而出賣並交付予買受人。

◇狹義與廣義的處分

狹義的處分	指法律行為中的處分行為，包含**物權行為**及**準物權行為**（例如：讓與債權或以債權為標的物設定權利質權），但不包含負擔行為（指只發生債權債務為其內容之法律行為，但是並不直接促使物權讓與、變動或設定擔保的行為，例如：買賣契約）。本條所稱的「處分」就是指狹義的處分
廣義的處分	包含「**事實上的處分**」及法律行為中的「**處分行為**」，所謂「事實上的處分」就是指權利人就有形物所為物理上或化學上變動或毀棄的事實行為，例如：拆毀房屋、撕毀書籍等

◇處分授權：指在處分行為，權利人事先允許他人得以自己名義處分其權利。處分授權與代理的不同之處在於，處分者不必以本人名義為之，可在保有權利人隱私的情形下從事交易。

◇借名登記：**借名登記是指當事人約定，一方（借名者）經他方（出名者）同意，將屬於一方現在或將來之財產，以他方之名義登記為所有人或其他權利人**。在出名者擅自處分該財產的情形，是否構成無權處分容有爭議，目前實務見解認為出名者依其與借名者間借名登記契約之約定，通常固無管理、使用、收益、處分借名財產之權利，但這只是出名者與借名者間之內部約定，其效力不及於第三人。出名者既然為名義上的權利人，其將該財產處分移轉登記予第三人，自屬有權處分（最高法院 106 年度第 3 次民事庭會議決議）。

▲【29 上 1405】無權利人就權利標的物為處分後，因繼承或其他原因取得其權利者，其處分為有效，民法第 118 條第 2 項定有明文。**無權利人就權利標的物為處分後，權利人繼承無權利人者，其處分是否有效，雖無明文規定，然在繼承人就被繼承人之債務負無限責任時，實具有同一之法律理由，自應由此類推解釋，認其處分為有效**。

▲【101 臺上 1064】按強制執行中拍賣之不動產，為第三人所有，經拍賣終結並將不動產權利移轉證書發給承受之債權人或拍定人者，應屬無

民法 第一編 總則（第一一九～一二一條）

權處分。第三人如未予承認，該拍賣所為之處分行為應屬無效，第三人於執行終結後，雖得提起回復所有權之訴請求返還；若有損害，並得本於侵權行為，請求執行拍賣之債權人賠償損害。惟第三人亦得為承認，使物權移轉之處分行為發生效力（民法第118條第1項）。查系爭87建號建物為上訴人建造，南投地院依執行債權人聲請併付拍賣，並將該建物拍賣所得價金分配予富邦公司，上訴人已依不當得利規定，訴請富邦公司返還該價金獲勝訴判決確定，復為原審所確定之事實，可認上訴人已默示承認該物權移轉處分行為，被上訴人因而取得系爭87建號建物所有權，則上訴人依上揭趣旨，自不得再主張對系爭87建號建物所有權存在。

▲【105年第15次民事庭會議決議】在債權雙重讓與之場合，先訂立讓與契約之第一受讓人依「債權讓與優先性」原則雖取得讓與之債權，但第二受讓人之讓與契約，並非受讓不存在之債權，而係經債權人處分現仍存在之他人（第一受讓人）債權，性質上乃無權處分，依民法第118條規定，應屬效力未定。

▲【106年第3次民事庭會議決議】不動產借名登記契約為借名人與出名人間之債權契約，出名人依其與借名人間借名登記契約之約定，通常固無管理、使用、收益、處分借名財產之權利，然此僅為出名人與借名人間之內部約定，其效力不及於第三人。出名人既登記為該不動產之所有權人，其將該不動產處分移轉登記予第三人，自屬有權處分。

第五章　期日及期間

第119條　（本章規定之適用範圍）

法令、審判或法律行為所定之期日及期間，除有特別訂定外，其計算依本章之規定。

◇查民律草案第267條理由謂期間及期日，有以法令定之者，有以審判定之者，又有以法律行為定之者。此種期日及期間之計算，如無特別訂定時，則依本章之規定為宜。此本條所由設也。

◇**期日與期間**

期日	指不可分或視為不可分的一定時間，也就是一個時點。例如：某年某月某日某時。應注意的是，以某日為給付或意思表示的
	期日時，雖然原則上全日皆視為不可分的期日，但基於誠信原則，原則上應於通常營業或作息時間內為給付或意思表示
期間	指期日與期日之間的一定長度時間。例如：某年至某年、某月某日至某月某日

第120條　（期間之起算）

I.以時定期間者，即時起算。
II.以日、星期、月或年定期間者，其始日不算入。

◇查民律草案第268條理由謂計算期間，分曆法計算法及自然計算法之二種。前者以曆日之一日為單位，而計算期間之方法也。所稱一日，指自午前零時起至午後十二時而言，此外之小時在所不計。後者將曆日之一日細分之，自起算期間之時刻或自事件屆至之時刻計算期間之方法也。所稱一日，自起算期間或事件屆至之時刻起算，經過二十四時間也。本法採多數之立法例，原則上認曆法計算法。其以時定期間者，是注重在時，故以即時起算。其以日、星期、月、或年定期間者，其始日不算入，蓋以一日未滿之時間為一日，實為不當也。故設本條以明示其旨。

第121條　（期間之終止）

I.以日、星期、月或年定期間者，以期間末日之終止，為期間之終止。
II.期間不以星期、月或年之始日起算者，以最後之星期、月或年與起算日相當日之前一日，為期間之末日。但以月或年定期間，於最後之月，無相當日者，以其月之末日，為期間之末日。

◇查民律草案第271條理由謂本法既採多數立法例定曆法計算法，則以日、星期、月、或年定期間者，應否以期間末日之開始，為期間之終止，抑以其末日之終止，為期間之終止，法律須明定之。本法以期間末日之終止，為期間之終止，蓋謂最終之日，須閱全日。此第1項所由設也。期間以星期、月、或年之開始起算者，則以星期、月、或年之終止為終止，自屬當然之事。例如從星期日起算，至星期六為一星期，從月之一日起算，至月之末日為一個月，從一月一日起算，至十二月末日為一年是也。反之其期間不從星期、月、或年之開始起算者，必以特別之明文，定期間之末日，然後期間之終止，可得而知。以有相當日

者，即以其相當日為期間之末日，無相當日者，以其月之末日為期間之末日。如於星期一午後三時起算，約定一星期之期間，則從翌日星期二起算，以下星期二之前一即相當日，為期間之末日。又如於一月三十日起算，約定一個月之期間，至二月無相當日，則以二月二十八日為期間之末日。此第2項所由設也。

第 122 條　（期間終止之延長）

於一定期日或期間內，應為意思表示或給付者，其期日或其期間之末日，為星期日、紀念日或其他休息日時，以其休息日之次日代之。

⇧查民律草案第272條理由謂於一定之期日或期間內，為意思表示或為給付者，其期日或期間之末日，適值星期日、紀念日或其他休息日，則不能為意思表示或給付，故規定以其休息日之次日代之，以防無益之爭議。此本條所由設也。

▲【30抗287】期間之末日為星期日、紀念日或其他休息日時，以其休息日之次日代之，民事訴訟法第161條及民法第122條定有明文，**是休息日在期間中而非期間之末日者，自不得予以扣除。**

▲【54臺抗128】法院書記官未經審判長或受命推事、受託推事之許可，於星期日或其他休息日或日出前、日沒後為送達，而應受送達人不拒絕領收者，**仍生送達之效力，**此觀民事訴訟法第140條第1項但書之規定自明。本件抗告人與相對人清償債務事件，經第一審法院將其判決書，於民國53年11月1日，送達於其收受送達權限之訴訟代理人收受，有送達證書附卷可稽，該日雖為星期日，但既未拒絕收領，其送達即屬合法，不生民法第122條以次日代送達日之問題。

第 123 條　（連續或非連續期間之計算法）

I.稱月或年者，依曆計算。

II.月或年非連續計算者，每月為三十日，每年為三百六十五日。

⇧謹按以月或年定期間者，一月之日數不等，一年之日數亦不等，如何計算，亟應規定明確，以免滋生疑義。故本條定為依曆計算故交易上實為便利。此第1項所由設也。月或年非連續計算者，如工作之期間，時作時報，而工資則依按月計算，則此際之工作日期，既非連續，即無從依曆計算。

故應就其日數以一月為三十日，一年為三百六十五日計算之。此第2項所由設也。

◇**曆法計演算法：**期間的計算方法之一，指依國定曆法計算的方法。一日，指午前零時起至午後十二時；一月，指該月一日至末日；一年，指一月一日至十二月末日，不論是大小月，或是平閏年，皆依曆法而定。本條第1項即採曆法計演算法。

◇**自然計演算法：**期間的計算方法之一，指按實際時間計算的方法。一日，指二十四小時；一月，指三十日；一年，指三百六十五日。本條第2項即採自然計演算法。

第 124 條　（年齡之計算）

I.年齡自出生之日起算。

II.出生之月、日無從確定時，推定其為七月一日出生。知其出生之月，而不知其出生之日者，推定其為該月十五日出生。

⇧查民律草案第269條理由謂計算年齡，其出生之日，應否算入，古來學說聚訟，各國立法例亦不一致。然出生之日，亦行算入，實合於人類生活上之觀念。此第1項所由設也。

謹按出生之月日，無從確定時，各國立法例，有推定其為年初出生者，亦有推定其為年終出生者，似均未持平之論。本法特折衷於其間，推定為七月一日出生，其知出生之月而不知出生之日者，推定為該月十五日出生，蓋斟酌之損益，以期適中。此第2項所由設也。

第六章　消滅時效

第 125 條　（一般消滅時效期間）

請求權，因十五年間不行使而消滅。但法律所定期間較短者，依其規定。

⇧謹按通常債權之請求權消滅時效，其期間之長短，各國立法例亦不一致。本法定期限為十五年，自請求權可以行使時起算（第128條），經過十五年而不行使者，則其請求權消滅。但請求權之消滅期限，法律定有較短期間者，如後列第126條、第127條之規定是，則依其所定期間為準，蓋以請求權永久存在，足以礙社會經濟之發展。故設本條以明示其旨。

◇**消滅時效：**權利（債權、物權等）通常配有請求權，請求權是實現權利的權能。權利的請求權，

因為一定期間不行使，導致請求權消滅的法律事實。消滅時效之目的在於：1.保護債務人因時間久遠舉證困難而遭受不利益。2.尊重現存秩序。3.讓自己的權利睡著者不值得保護。4.減輕法院負擔，降低交易成本。（消滅時效與除斥期間的比較請參第90條之說明。）

◇**請求權**：指要求特定人（債務人）為特定行為（作為或不作為）的權利。請求權是權利（債權、物權等）的表現（權能），而非與權利同一，依其基礎權利的不同，可分為債權請求權、物上請求權、人格權上的請求權，及身分權上的請求權等。

權利	請求權	要求債務人一定作為或一定不作為的權利	
	支配權	直接支配權利客體的權利，例如：所有權、抵押權	
	形成權	因權利人一方之意思表示，即可使法律關係發生、變更或消滅，無待債務人之履行給付行為者	
	抗辯權	對抗權利人行使權利的權利	
		永久性抗辯權	消滅時效抗辯權（§125、§144）
		暫時性抗辯權	1.同時履行抗辯權（§264）2.不安抗辯權（§265）3.窮困抗辯權（§418）4.先訴抗辯權（§745）

◇**相對人對無權代理人損害賠償請求權的消滅時效**：無權代理，原則上效力未定，若嗣後本人承認，就有效；若本人拒絕承認，就會無效，此時法律效果不能對本人發生，相對人若遭受損失，可以以「侵權行為」為理由，請求無權代理人損害賠償。關於損害賠償的請求權時效，自應適用民法第197條第1項「因侵權行為所生之損害賠償請求權，自請求權人知有損害及賠償義務人時起，二年間不行使而消滅，自有侵權行為時起，逾十年者亦同。」的規定。

▲【**釋107**】查民法第769條、第770條，僅對於占有他人未登記之不動產者許其得請求登記為所有人，而關於已登記之不動產，則無相同之規定，足見已登記之不動產，不適用關於取得時效之規定，為適應此項規定，其回復請求權，應無民法第125條消滅時效之適用。復查民法第758條規定：「不動產物權，依法律行為而取得、設定、喪失及變更者，非經登記不生效力」，土地法第43條規定：「依本法所為之登記，有絕對效力」。若

許已登記之不動產所有人回復請求權，得罹於時效而消滅，將使登記制度，失其效用。況已登記之不動產所有權人，既列名於登記簿上，必須依法負擔稅捐，而其占有人又不能依取得時效取得所有權，倘所有權人復得因消滅時效喪失回復請求權，將仍永久負擔義務，顯失情法之平。本院院字第1833號解釋，係以未登記不動產所有人之回復請求權而發。至已登記不動產所有人回復請求權，無民法第125條消滅時效規定之適用，應予補充解釋。

▲【**釋164**】已登記不動產所有人之除去妨害請求權，不在本院院字第107號解釋範圍之內，但依其性質，亦無民法第125條消滅時效規定之適用。

▲【**院1498**】執行名義上債權人所有之請求權，雖已罹時效而消滅，執行法院仍應依債權人之聲請，予以執行，惟債務人得主張時效，提起執行異議之訴。

▲【**22上716**】民法所定之消滅時效，僅以請求權為其客體，故就形成權所定之存續期間，並無時效之性質。契約解除權為形成權之一種，民法第365條第1項所定六個月之解除權存續期間，自屬無時效性質之法定期間。

▲【**41臺上871**】因侵權行為受利益致被害人受損害時，依法被害人固有損害賠償請求權，與不當得利返還請求權，其損害賠償請求權雖因時效而消滅，而其不當得利返還請求權，在同法第125條之消滅時效完成前，仍得行使之。

▲【**48臺上1050**】請求權因十五年間不行使而消滅，固為民法第125條所明定，然其請求權若著重於身分關係者，即無該條之適用（例如因夫妻關係而生之同居請求權）。履行婚約請求權，純係身分關係之請求權，自無時效消滅之可言。

▲【**53臺上1391**】請求權時效期間為十五年，但法律所定期間較短者，依其規定（民法第125條），故時效期間僅有較十五年為短者，而無超過十五年者，至於民法第145條第1項，係就請求權罹於時效消滅後，債權人仍得就其抵押物、質物或留置物取償而為規定，同法第880條，係抵押權因除斥期間而消滅之規定，均非謂有抵押權擔保之請求權，其時效期間較十五年為長。

▲【**67臺上2647**】司法院大法官會議釋字第107號解釋係就物上回復請求權而言，與登記請求權無涉。共有人成立不動產協議分割契約後，其分得部分所有權移轉請求權，乃係請求履行協議分割契約之權利，自有民法第125條消滅時效規定

之適用。

▲【85 臺上 389】按消滅時效完成，僅債務人取得拒絕履行之抗辯權，得執以拒絕給付而已，其原有之法律關係並不因而消滅。在土地買賣之情形，倘出賣人已交付土地與買受人，雖買受人之所有權移轉登記請求權之消滅時效已完成，惟其占有土地既係出賣人本於買賣之法律關係所交付，即具有正當權源，原出賣人自不得認係無權占有而請求返還。

▲【67 年第 3 次民事庭會議決議㈠】債務之承擔，債務人雖有變更，而其債務仍為同一之債務，並非成立新債務，原債務之性質及內容均不變更，且參照民法第 303 條第 1 項上段規定，債務人所得對抗債權人之事由，承擔人亦得以之對抗債權人，則關於承擔之債務之消滅時效，自應自該債務原來請求權可得行使時起算。

第 126 條　（五年之短期消滅時效期間）
利息、紅利、租金、贍養費、退職金及其他一年或不及一年之定期給付債權，其各期給付請求權，因五年間不行使而消滅。

介謹按利息、紅利、租金、贍養費、退職金，及其他一年或不及一年之定期給付債權，其各期給付之請求權，逾五年而不行使者，則其請求權消滅。因此種債權，債權人本可從速請求債務人履行，故其消滅時效之期間，以定五年為最適宜。此本條所由設也。

◇定期給付債權：指相隔一定期間繼續為給付的債權，其為「數個各自獨立」的債權，在一定期間內反覆繼續的發生而為給付。與此不同的是分期給付債權，其為「一個獨立的債權」，僅是分數期而為給付，各期給付均非本條所稱的定期給付債權。

◇五年短期消滅時效期間：在利息、租金等定期給付債權的情形，本來就可以期待債權人從速請求債務人履行，故本條特別規定五年短期消滅時效，以促使債權人從速請求，並避免日後舉證困難。

▲【院 1227】民法第 126 條所載其他一年或不及一年之定期給付債權。係指與利息等同一性質之債權而言。至普通債權之定有給付期間。或以一債權而分作數期給付者。不包括在內。

▲【28 上 605】民法第 126 條所謂 1 年或不及 1 年之定期給付債權，係指基於一定法律關係，因

每次一年以下期間之經過順次發生之債權而言，其清償期在一年以內之債權，係一時發生且因一次之給付即消滅者，不包含在內。

▲【49 臺上 1730】租金之請求權因五年間不行使而消滅，既為民法第 126 條所明定，至於終止租約後之賠償與其他無租賃契約關係之賠償，名稱雖與租金異，然實質上仍為使用土地之代價，債權人應同樣按時收取，不因其契約終止或未成立而謂其時效之計算應有不同。

▲【66 年第 7 次民事庭會議決議㈠】本院 22 年上字第 1484 號判例既有「所謂利息包括遲延利息在內」之文句，可見遲延利息亦為利息，縱解釋遲延利息係賠償債務給付遲延所生相當利息之損害，亦應有民法第 126 條所定短期消滅時效之適用。參照本院 49 年臺上字第 1730 號判例及 65 年 6 月 8 日總會決定事項㈡之意旨，對請求返還相當租金之不當得利請求權，對於相當於已罹短期消滅時效之租金利益，不得依不當得利之法則請求返還，則依同一法理，對相當於已罹短期消滅時效之利息損害，自不得請求為賠償而給付。

▲【101 臺上 236】民法第 126 條規定所稱之定期給付債權，係指相隔一定期間繼續為給付的債權，除該條明定者外，任何定期性給付債權，其各期相隔期間在一年以內者，均包括在內。復一般不當得利返還請求權之請求權消滅時效，固應適用民法第 125 條規定之十五年時效期間；惟若所請求返還之不當得利，屬原應由債權人依規定或約定按時定期收取者，其各期得返還請求權之時效計算即與一般非定期給付之不當得利返還請求權有間，如各期給付相隔期間在一年以內者，應仍有民法第 126 條規定短期時效之適用。

第 127 條　（二年之短期消滅時效期間）
左列各款請求權，因二年間不行使而消滅：
一　旅店、飲食店及娛樂場之住宿費、飲食費、座費、消費物之代價及其墊款。
二　運送費及運送人所墊之款。
三　以租賃動產為營業者之租價。
四　醫生、藥師、看護生之診費、藥費、報酬及其墊款。
五　律師、會計師、公證人之報酬及其墊款。
六　律師、會計師、公證人所收當事人

　　　物件之交還。
　　七　技師、承攬人之報酬及其墊款。
　　八　商人、製造人、手工業人所供給之
　　　商品及產物之代價。

介查民律草案第307條理由謂本條臚舉請求權，宜
速履行，亦有速行履行之性質。故消滅時效期間，
定為二年。

▲【62臺上1381】民法第127條第8款規定之
商品代價請求權，係指商人自己供給商品之代價
之請求權而言。上訴人因清償被上訴人墊付之貨
款所簽付之支票，既未能兌現，被上訴人遂仍請
求上訴人償還伊所墊付之貨款，即與商人請求其
自己供給商品之代價不同，被上訴人之請求權自
應適用民法第125條所規定之長期時效。

▲【78年第9次民事庭會議決議㈠】民法第
127條第8款所謂商人所供給之商品，係指動產
而言，不包括不動產在內，此觀該條款規定將商
人所供給之商品，與製造人、手工業人所供之產
物併列，不難明瞭。魯某為建築商人，製造房屋
出售，其不動產代價之請求權，無上開條款所定
消滅時效之適用。

▲【102臺上524】按民法第127條第8款所定，
商人、製造人、手工業人所供給之商品及產物之
代價，係指商人就其所供給之商品及製造人、手
工業人就其所供給之產物之代價而言，蓋此項代
價債權多發生於日常頻繁之交易，故賦與較短之
時效期間以促從速確定。申言之，民法第127條
第8款之所以將商人供給商品之代價，規定適用
二年之短期時效，主要乃著眼於該項商品或產物
代價債權，多發生於日常頻繁之交易，亦即平日
具慣常性之行為，故賦與較短之時效期間以促從
速確定。從而，原告若為依其營業登記項目所供
給商品之販賣，自可推定屬其日常頻繁之交易行
為，因而賦與較短時效；惟若原告所供給販賣者
非其營業登記項目之商品時，能否認定為其日常
頻繁之交易行為，即非無疑，究竟販賣該商品是
否屬於日常頻繁之交易，殊有探查釐清之必要，
倘不具有平日慣常性，即無從認定為屬日常頻繁
之交易，進而適用上開二年短期時效之規定。

▲【103臺上560】復以委任契約為最典型與一
般性之勞務契約，為便於釐定有名勞務契約以外
之同質契約所應適用之規範，俾契約當事人間之
權利義務關係有所依循，民法第529條乃規定：
「關於勞務給付之契約，不屬於法律所定契約之

種類者，適用關於委任之規定。」故有關由委任
與承攬二種勞務契約之成分所組成之混合契約，
性質上仍不失為勞務契約之一種，自應依該條之
規定，適用關於委任之規定，庶符立法之旨意。
本件系爭契約之名稱訂為「新竹生物醫學園區整
體景觀細部設計監造委託技術服務案契約」，契約
之標的包括「完成一定之工作」及「處理一定之
事務」；且系爭契約之相關約定，部分帶有委任之
性質，部分含有承攬之特性，為原審所認定。如
果無訛，系爭契約既由委任之構成分子與承攬之
構成分子混合而成，且各具有一定之分量，其性
質似應認為係委任與承攬所混合而成之無名勞務
契約，而非純粹典型之承攬契約。果爾，依上說
明，即應適用關於委任之規定作為判斷兩造間權
利義務關係之依據。乃原審見未及此，遽以上開
理由認上訴人對於系爭契約之報酬請求權，應適
用承攬人報酬請求權消滅時效二年期間之規定，
進而為上訴人不利之論斷，尚嫌速斷。

第128條　（消滅時效之起算）
　消滅時效，自請求權可行使時起算。以不
　行為為目的之請求權，自為行為時起算。

介查民律草案第311條理由謂消滅時效，自得行使
請求權時起算，是屬當然之事。如債權無停止條
件或無期限者，以債權成立時即得行使，故從此
時起算。至其物權，自第三人為與其內容相反之
行為時起算之。又附停止條件權利與期限權利，
從其條件成就或期限屆至時起算之，但以不行為
為目的之請求權，則於債務人不為違反義務之行
為間，債權人均得受清償，對於債務人無須請求。
故其期間，應自債務人為違反義務之行為時起算，
使計算時效。此本條所由設也。

◇「自請求權可行使時起」之判斷標準：「請求
權可行使時」指權利人於法律上並無障礙，而得
行使請求權之狀態而言。實務見解原則上採取客
觀判斷標準，認為權利人主觀上不知已可行使權
利，為事實上障礙，非屬法律障礙（95年第16
次民事庭會議），但在個案中為求當事人公
平，亦曾出現主觀判斷標準，認為須權利人知悉
其得行使權利之狀態，時效始能起算（95臺上
1607）。

▲【28上1760】債權未定清償期者，債權人得
隨時請求清償，為民法第315條所明定。是此項
請求權自債權成立時即可行使，依民法第128條

之規定，其消滅時效應自債權成立時起算。

▲【29 上 1489】請求權定有清償期者，自期限屆滿時起即可行使，依民法第 128 條之規定，其消滅時效應自期限屆滿時起算。

▲【33 上 3541】出租人對於承租人返還租賃物之請求權，其消滅時效應自租賃關係消滅時起算。

▲【37 上 7367】民法第 125 條所稱之請求權，固包含所有物返還請求權在內，惟依同法第 128 條消滅時效，自請求權可行使時起算之規定，所有物返還請求權之消滅時效，應自該所有物經相對人實行占有之時起算。原審以該物係經公司共有人私自將其出賣，即以買賣契約成立之日，為計算消滅時效之起點，尚難謂洽。

▲【55 臺上 1188】民法第 260 條規定解除權之行使，不妨礙損害賠償之請求。據此規定，**債權人解除契約時，得併行請求損害賠償，惟其請求損害賠償，並非另因契約解除所生之新賠償請求權，乃使因債務不履行（給付不能或給付遲延）所生之舊賠償請求權，不因解除失其存在，仍得請求而已**，故其賠償範圍，應依一般損害賠償之法則，即民法第 216 條定之，**其損害賠償請求權，自債務不履行時起即可行使，其消滅時效，亦自該請求權可行使時起算。**

▲【63 臺上 1885】民法第 128 條規定，消滅時效自請求權可行使時起算，**所謂請求權可行使時，乃指權利人得行使請求權之狀態而言。至於義務人實際上能否為給付，則非所問。**

▲【64 臺再 164】本院 50 年臺上字第 2868 號判例係指拋棄時效利益之人，不得對於已拋棄之時效利益再行主張，但**不禁止債務人主張自拋棄時效利益後重行起算之新時效利益。**

▲【95 年第 16 次民事庭會議決議】按民法第 128 條所謂請求權可行使時，係指行使請求權在法律上無障礙時而言，請求權人因疾病或其他事實上障礙，不能行使請求權者，時效之進行不因此而受影響（本院 31 年 11 月 19 日決議(一)）。**權利人主觀上不知已可行使權利，為事實上之障礙，非屬法律障礙。**民法第 182 條之附加利息，性質上屬不當得利，權利人於不當得利返還請求權發生時即得請求返還不當得利，其時效自請求權可行使時起算。

▲【99 年第 7 次民事庭會議決議】按民法第 478 條後段規定，消費借貸未定返還期限者，貸與人得定一個月以上之相當期限，催告返還。所謂返還，係指「終止契約之意思表示」而言，即貸與人一經向借用人催告（或起訴），其消費借貸關係即行終止，**惟法律為使借用人便於準備起見，特設「一個月以上相當期限」之恩惠期間，借用人須俟該期限屆滿，始負遲延責任，貸與人方有請求之權利。若貸與人未定一個月以上之期限向借用人催告，其請求權尚不能行使，消滅時效自無從進行。**故須貸與人定一個月以上之相當期限，催告返還，於該催告所定期間屆滿後，其時效始開始進行。

▲【98 臺上 1096】上訴人雖主張其因上開判決主文記載系爭土地地段錯誤而無法辦理所有權移轉登記，此為法律上之障礙，其請求權應自臺南高分院於 83 年 2 月 17 日裁定更正時始能行使云云。**然更正裁定，並非法院就事件之爭執重新為裁判，不過將裁判中誤寫、誤算或其他類此之顯然錯誤，加以更正，使裁判中所表示者，與法院本來之意思相符，原裁判之意旨，並未因而變更。故更正裁定溯及於為原裁判時發生效力。**查臺南高分院上開民事判決主文雖誤將系爭土地地段「山子頂段」，記載為「山頂段」，惟上訴人對於上開判決主文之誤載，既得於收受判決後隨時聲請更正，依法自非不能行使請求權，故上開判決主文之誤載，應僅係事實上之障礙，而非屬法律上之障礙。

第 129 條　（消滅時效中斷之事由）

I.消滅時效，因左列事由而中斷：
一　請求。
二　承認。
三　起訴。

II.左列事項，與起訴有同一效力：
一　依督促程序，聲請發支付命令。
二　聲請調解或提付仲裁。
三　申報和解債權或破產債權。
四　告知訴訟。
五　開始執行行為或聲請強制執行。

⑦一、第 1 項不修正。

二、第 2 項第 1 款係參照民事訴訟法第 519 條第 1 項之規定，債權人支付命令之聲請，應視為起訴或聲請調解，而予修正。

三、第 2 項第 2 款，原係根據前民事訴訟條例第 493 條規定而設，茲依現行民事訴訟法第 405 條之規定，修正為「聲請調解」。凡其他法律有得聲請調解之規定而在性質上亦應認其與起訴有同一

效力者，均包括在內（參考最高法院48年臺上字第722號及第936號判例）。又㈠依商務仲裁條例第21條之規定：仲裁人之判斷，於當事人間，與法院之確定判決有同一之效力；㈡證券交易法第166條第1項規定：依本法所為有價證券交易所生之爭議，不論當事人間有無訂立仲裁契約，均應進行仲裁。同條第2項規定：前項仲裁，除本法規定外，依商務仲裁條例之規定；㈢勞資爭議處理法第38條第2項之規定：爭議當事人對第3條第2項、第7條第2項所定視同爭議當事人間契約之決定裁決，得由爭議當事人另依民事法規，逕向法院請求強制執行；並參照民法第534條第6款等規定，則提付仲裁，亦應發生時效中斷之效力。爰增列「或提付仲裁」，以適應日益發達之工商業社會需要。

四、第2項第3款，申報和解債權應與申報破產債權有同一之效力，並參照破產法第12條第1項第3款、第2項及同法第65條第1項第5款申報債權之用語，將本款修正為：「申報和解債權或破產債權」，以便適用。

五、第2項第4、5兩款不修正。

◇**時效中斷**：指時效尚未完成前，因為法定事由的發生，而使得先前已進行的時效歸於無效，重新起算。

◇**請求**：指債權人對債務人請求履行義務的意思通知，請求的方式不限，只要債權人對債務人表示請求履行債務的意思表示到達債務人即可。

◇**承認**：本條的「承認」是指**時效完成前，債務人向請求權人表示認識其權利（配有請求權）存在的觀念通知**。承認的方式不限，無須一一明示權利之內容及範圍，有可推知的表示行為即可，且由債務人一方之行為即可成立，無須得他方之同意。應注意的是，承認與請求不同，不受民法第130條六個月內起訴的限制，具有絕對中斷的效力。

◇**督促程序**：指債權人之請求，以給付金錢或其他代替物或有價證券之一定數量為標的者，依照民事訴訟法第508條以下之規定聲請法院核發支付命令的程序。

◇**告知訴訟**：指當事人在訴訟繫屬中，將訴訟告知於因自己敗訴而有法律上利害關係的第三人（民事訴訟法第65條）。例如：甲與A保險公司定有汽車責任保險契約，如果甲開車肇事，致第三人死傷，保險公司必須負保險給付責任。某日，甲開車撞傷乙，乙起訴請求甲賠償。此時甲應該將該

訴訟的事實告知保險公司。

▲【**26鄂上32**】㈠為民法第129條第1項第1款所稱之請求，雖無需何種之方式，**要必權利人對於債務人發表請求履行債務之意思，方能認為請求**。

㈡民法第129條第1項第2款所稱之承認，為認識他方請求權存在之觀念表示，**僅因債務人之一方行為而成立，無須得他方之同意**，此與民法第144條第2項後段所稱之承認，須以契約為之者，其性質迥不相同。

㈢**債務人就其債務支付利息，實為包含認識他方原本請求權存在之表示行為，自應解為對於原本請求權已有默示之承認。**

▲【**48臺上936**】民法第129條第1項第1款所謂請求，係指於該條其他各款情形以外，債權人對於債務人請求履行債務之催告而言，其因和解而傳喚，該條第2項第2款已有特別規定，自不得以請求視之。又民法第129條第2項第2款所謂因和解而傳喚，原指依前民事訴訟律及民事訴訟條例所定，當事人於起訴前聲請傳喚他造當事人試行和解，法院依其聲請而為傳喚者而言，其制度與現行民事訴訟法之調解相當，但不以依民事訴訟法規定之調解為限，故**凡其他法令有聲請調解之規定者，亦應解為有該條之適用**。

▲【**50臺上2868**】民法第129條第1項第2款所謂之承認，為認識他方請求權存在之觀念表示，僅因債務人一方行為而成立，此與民法第144條第2項後段所謂之承認，須以契約為之者，性質迥不相同。又**債務人於時效完成後所為之承認，固無中斷時效之可言，然既明知時效完成之事實而仍為承認行為，自屬拋棄時效利益之默示意思表示，且時效完成之利益，一經拋棄，即恢復時效完成前狀態，債務人顯不得再以時效業經完成拒絕給付。**

▲【**51臺上490**】民法第129條第1項第1款所稱之請求，並無需何種之方式，祇債權人對債務人發表請求履行債務之意思即為已足，**債權人為實現債權，對債務人聲請調解之聲請狀，如已送達於債務人，要難謂非發表請求之意思。**

▲【**51臺上1216**】消滅時效因請求、承認、起訴而中斷。所謂承認，指義務人向請求權人表示是認其請求權存在之觀念通知而言，又**承認不以明示為限，默示之承認，如請求緩期清償、支付利息等，亦有承認之效力。**

▲【**51臺上3500**】民法129條第1項第1款所

稱之請求，並無需何種之方式，祇債權人對債務人發表請求履行債務之意思即為已足。又訴之撤回，祇係原告於起訴後，表示不求法院判決之意思，故**訴經撤回者，仍不妨認請求權人於提出訴狀於法院，並經送達之時，對義務人已為履行之請求，使其得於法定期內另行起訴，而保持中斷時效之效力。**

▲【51 臺上 3624】民法第 129 條第 1 項第 3 款所謂起訴，係指正當權利人對正當義務人為之者而言，故**時效因起訴而中斷者，若因當事人不適格關係而受駁回之判決時，於其判決確定後，亦應視為不中斷。**

▲【67 臺上 434】按時效因請求而中斷，若於請求後六個月內不起訴，視為不中斷，為民法第 130 條所明定。此之所謂起訴，對於已取得執行名義之債務，係指依同法第 129 條第 2 項第 5 款規定與起訴有同一效力之開始強制執行或聲請強制執行而言。換言之，即**對於已取得執行名義之債務，若於請求後六個月內不開始強制執行，或不聲請強制執行，其時效視為不中斷。**

▲【68 臺上 1813】依民法第 747 條規定，向主債務人請求履行及為其他中斷時效之行為，對於保證人亦生效力者，僅以債權人向主債務人所為請求、起訴或與起訴有同一效力之事項為限，**若同法第 129 條第 1 項第 2 款規定之承認，性質上乃主債務人向債權人所為之行為，既非民法第 747 條所指債權人向主債務人所為中斷時效之行為，對於保證人自不生效力。**

▲【95 臺上 1272】按時效因起訴而中斷。因起訴而中斷之時效，自受確定判決時重行起算。所**謂起訴，乃訴訟上行使權利之行為，以訴訟方法行使權利，不論係本訴、反訴、附帶民事訴訟、抑或給付之訴、形成之訴、確認之訴，均包括在內，其時效均因而中斷**，又請求權乃權利之作用及表現，由基礎權利而發生，並非債權唯一之權能。故債權人提起確認債權存在之訴，自含有確認其權利之作用即請求權存在之意。

▲【102 臺上 809】按民法第 129 條第 1 項第 2 款所稱之承認，係因時效而受利益之債務人向債權人表示認識其請求權存在之觀念通知。**又此項承認固無須一一明示其權利之內容及範圍等，且以有可推知之表示行為即為已足，惟債務人如已明示限制承認債權人權利之範圍，自僅於該範圍內生承認之效力。**

第 130 條　（不起訴視為不中斷）

時效因請求而中斷者，若於請求後六個月內不起訴，視為不中斷。

⑰謹按依前條之規定，消滅時效，因權利人之請求，而中斷固矣。然若請求後，而不於六個月內起訴者，則仍與不請求同，其時效視為不中斷。本條之設，所以保護相對人之利益也。

第 131 條　（因訴之撤回或駁回而視為不中斷）

時效因起訴而中斷者，若撤回其訴，或因不合法而受駁回之裁判，其裁判確定，視為不中斷。

⑦本條所謂駁回之「判決」，係沿用前民事訴訟條例用語，應修正為「裁判」，以符現制。

第 132 條　（因送達支付命令而中斷時效之限制）

時效因聲請發支付命令而中斷者，若撤回聲請，或受駁回之裁判，或支付命令失其效力時，視為不中斷。

⑦為配合第 129 條第 2 項第 1 款之修正，修正本條條文。

◇支付命令：指當債權人之請求，以給付金錢或其他代替物或有價證券之一定數量為標的，其聲請法院不經言詞辯論核發，逕命債務人為給付的文書。債務人對於支付命令未於法定期間合法提出異議者，支付命令得為執行名義。

第 133 條　（因聲請調解、提付仲裁而中斷時效之限制）

時效因聲請調解或提付仲裁而中斷者，若調解之聲請經撤回、被駁回、調解不成立或仲裁之請求經撤回、仲裁不能達成判斷時，視為不中斷。

⑦一、為配合第 129 條第 2 項第 2 款之修正，修正本條之規定。

二、又依現行民事訴訟法第 406 條第 1 項規定，既得逕以裁定駁回調解之聲請，遇此情形，時效應視為不中斷；又民法總則第 131 條、第 134 條均規定有撤回之情形，並增列「經撤回」或「請求經撤回」亦視為不中斷。且民事訴訟法第 420 條規定調解之當事人兩造或一造於期日不到場

者，法院得酌量情形，視為調解不成立，本條亦應酌予修正。至調解不成立或仲裁不能達成判斷，應視為時效不中斷，乃屬理所當然。

◇**調解**：指雙方當事人經由調解人協助，互相退讓以解決紛爭的制度。本條所稱「調解」不以民事訴訟法規定之調解為限，凡其他法令有聲請調解或調處之規定，而在性質上應認為與起訴有同一效力者，均包括在內。

第 134 條　（因申報和解債權或破產債權而中斷時效之限制）

時效因申報和解債權或破產債權而中斷者，若債權人撤回其申報時，視為不中斷。

⑺⑴為配合第 129 條第 2 項第 3 款之修正，修正本條規定。

◇**申報和解債權、破產債權**：指依破產法的規定申報和解債權、破產債權，以及與此相類的制度，例如：依消費者債務清理條例所定之更生或清算程序申報債權。

第 135 條　（因告知訴訟而中斷時效之限制）

時效因告知訴訟而中斷者，若於訴訟終結後，六個月內不起訴，視為不中斷。

介查民律草案第 286 條理由謂因民事訴訟法之規定，當事人之一造，對於第三人為訴訟之告知，若訴訟終結後六個月內，告知人不提起履行或確認之訴者，是不欲完全行使其權利，亦不使因訴訟告知而生時效中斷之效力。此本條所由設也。

第 136 條　（因執行而中斷時效之限制）

I.時效因開始執行行為而中斷者，若因權利人之聲請，或法律上要件之欠缺而撤銷其執行處分時，視為不中斷。

II.時效因聲請強制執行而中斷者，若撤回其聲請，或其聲請被駁回時，視為不中斷。

⑺⑴一、第 1 項不修正。

二、第 2 項於「強制執行而中斷者」一語上增「聲請」二字，俾臻明確。

◇**強制執行**：指國家機關依照執行名義，使用強制力促使債務人履行其義務的行為。

第 137 條　（時效中斷及於時之效力）

I.時效中斷者，自中斷之事由終止時，重行

起算。

II.因起訴而中斷之時效，自受確定判決，或因其他方法訴訟終結時，重行起算。

III.經確定判決或其他與確定判決有同一效力之執行名義所確定之請求權，其原有消滅時效期間不滿五年者，因中斷而重行起算之時效期間為五年。

⑺⑴一、第 1 項及第 2 項不修正。

二、按法律規定短期消滅時效，係以避免舉證困難為主要目的，如請求權經法院判決確定，或和解、調解成立者，其實體權利義務關係，業已確定，不再發生舉證問題，為保護債權人之合法利益，以免此種債權人明知債務人無清償能力，仍須不斷請求強制執行或為其他中斷時效之行為，並為求其與強制執行法第 4 條第 3 項相呼應，爰增訂本條第 3 項以延長時效期間為五年（參考德國民法第 218 條、日本民法第 174 條之 2）。

◇**確定判決**：指已具有對該裁判不得再聲明不服的「形式上確定力」及禁止再訴的「實質上確定力」之終結訴訟的確定判決而言。

▲**【93 臺上 1509】**按確定判決對於請求權存否有既判力者，不問其訴訟性質為給付之訴、確認之訴、形成之訴，抑為本訴、反訴，其消滅時效因起訴而中斷之效果，均無差異，故提起確認請求權存在之訴自有中斷消滅時效之效力。而提起確認請求權存在之訴既會使消滅時效中斷，且觀之**民法第 137 條第 3 項**立法理由，該條項規定**「經確定判決所確定之請求權，其原有消滅時效期間不滿五年者，因中斷而重行起算之時效期間為五年」，除為保護債權人之合法利益外，係因請求權經法院判決確定，其實體權利義務關係業已確定，即無避免舉證困難而須適用短期消滅時效之必要。**

第 138 條　（時效中斷及於人之效力）

時效中斷，以當事人、繼承人、受讓人之間為限，始有效力。

介查民律草案第 292 條理由謂時效之中斷，以當事人、繼承人、受讓人之間為限，始有效力，蓋他人不能無故而受中斷之利益或被損害也。故設本條以明示其旨。

▲**【56 臺上 1112】**時效中斷，限於當事人、繼承人、受讓人之間始有效力（民法第 138 條），故時效之中斷僅有相對的效力。**所謂當事人者，係**

關於致時效中斷行為之人，故連帶債務人中之一人對該債權人承認債務，對該債務人債權之消滅時效雖因而中斷，但對其他債務人，債權之消滅時效並不中斷。

第 139 條　（時效因事變而不完成）

時效之期間終止時，因天災或其他不可避之事變，致不能中斷其時效者，自其妨礙事由消滅時起，一個月內，其時效不完成。

◊ 謹按因天災或其他不可避之事實（如因兵燹疫癘交通斷絕），致不能中斷其時效之債權人利益，亦須保護，故遇有此種情形，應自天災事變消滅後，經過一個月，其時效方得完成。此本條所由設也。

◇ 時效不完成：指在時效期間即將終止之際，因為有請求權無法行使或不便行使的事由，而使已經應該完成的時效，在該事由終止後，一定期間內暫緩完成的制度。此制度之目的，在使致因時效不完成而受不利益者，可以利用此不完成期間行使權利，以中斷時效。

▲【99 臺上 1205】按請求權可行使時，消滅時效即開始進行，此觀民法第 128 條規定即明。於時效開始進行後，我國民法並無可停止時效進行之相關規定。而民法第 129 條規定所列舉之消滅時效中斷事由，僅有請求、承認、起訴及與起訴有同一效力之依督促程序聲請發支付命令、聲請調解或提付仲裁、申報和解債權或破產債權、告知訴訟、開始執行行為或聲請強制執行等事項，並不包括於時效開始進行後始發生法律上障礙之情形。惟倘此法律上障礙延續至時效期間終止時尚未排除，依民法第 139 條規定之同一法理，應認自該障礙排除時起，1 個月內，其時效不完成。

第 140 條　（時效因繼承人、管理人未確定而不完成）

屬於繼承財產之權利，或對於繼承財產之權利，自繼承人確定或管理人選定，或破產之宣告時起，六個月內，其時效不完成。

◊ 查民律草案第 295 條理由謂屬於繼承財產之權利，或對於繼承財產之權利，其時效應從繼承人之確定，或管理人之選定，或破產管理人之選任時起，六個月內，時效不完成。蓋此時缺為中斷行為人，或缺受中斷行為人故也。

▲【80 臺上 2497】所謂時效不完成，乃時效期間行將完成之際，有不能或難於中斷時效之事由，而使時效於該事由終止後一定期間內，暫緩完成，俾請求權得於此一定期間內行使權利，以中斷時效之制度。故有時效不完成之事由時，於該時效不完成之一定期間內，如無時效中斷事由發生，其時效即告完成。我國民法僅有時效不完成制度，未採時效進行停止制度，故時效進行中，不論任何事由，均不因而停止。原審謂時效不完成，即指時效停止進行，有時效不完成之事由時，其消滅時效期間，以不完成事由發生前已進行之期間與不完成事由終止後又進行期間，合併計算之。所持見解，顯有違誤。

第 141 條　（時效因欠缺法定代理人而不完成）

無行為能力人或限制行為能力人之權利，於時效期間終止前六個月內，若無法定代理人者，自其成為行為能力人或其法定代理人就職時起，六個月內，其時效不完成。

◊ 查民律草案第 296 條理由謂時效之期間終止前，六個月內，無行為能力人或限制行為能力人，尚無法定代理人者，自其成為行為能力人，或其法定代理人就職時起，六個月內，停止時效之進行，以保護其利益。此本條所由設也。

第 142 條　（時效因法定代理關係存在而不完成）

無行為能力人或限制行為能力人，對於其法定代理人之權利，於代理關係消滅後一年內，其時效不完成。

◊ 謹按無行為能力人，或限制行為能力人，對於法定代理人之權利，應於代理關係消滅（如親權喪失或本人已屆成年）後一年內，其時效不完成，以保護此等無能力人或限制行為能力人之利益。故設本條以明示其旨。

◇ 法定代理關係消滅後，對代理人的請求權時效：在法定代理關係消滅後，原本的無行為能力人或限制行為能力人雖已成為完全行為能力人，但是對於其原先的法定代理人往往因感情等因素而不便驟然行使權利，因此本條規定對於其法定代理人的權利，於法定代理關係消滅後一年內時效不完成。

民法

第一編　總則　（第一四三～一四六條）

第 143 條　（因夫妻關係存在而不完成）

夫對於妻或妻對於夫之權利，於婚姻關係消滅後一年內，其時效不完成。

介謹按夫對於妻之權利，或妻對於夫之權利，在婚姻關係存續中，固應維持家室之和平，即在婚姻關係消滅後，亦應停止時效之進行。故在一年內，時效不完成。

第 144 條　（時效完成之效力——發生抗辯權）

I．時效完成後，債務人得拒絕給付。
II．請求權已經時效消滅，債務人仍為履行之給付者，不得以不知時效為理由，請求返還；其以契約承認該債務或提出擔保者亦同。

介謹按時效完成後，債務人得為拒絕給付，此屬當然之事。至加於權利人之限制，則僅使喪失其請求權耳，而其權利之自身，固依然存在也。故消滅時效完成後，債務人固得拒絕請求，但債務人如已為給付之履行，或以契約承認其債務，或提供債務之擔保者，則此際之債務人，不得以不知時效為理由，請求返還。此本條所由設也。

◇**時效完成之抗辯**：權利配有請求權，請求權只是權利的權能，因此消滅時效完成後，只有請求權消滅，權利並非當然消滅。若權利人發動請求，債務人可以行使拒絕給付之抗辯權，也就是債務人面對債權人的請求，得主張時效完成，拒絕給付，此即為「時效完成之抗辯」。

▲**【29 上 1195】**民法第 144 條第 1 項規定時效完成後，債務人得拒絕給付，是消滅時效完成之效力，不過發生拒絕給付之抗辯權，並非使請求權當然消滅，債務人若不行使其抗辯權，法院自不得以消滅時效業已完成，即請求權已歸消滅。

第 145 條　（附有擔保物權之請求權時效完成之效力）

I．以抵押權、質權或留置權擔保之請求權，雖經時效消滅，債權人仍得就其抵押物、質物或留置物取償。
II．前項規定，於利息及其他定期給付之各期給付請求權，經時效消滅者，不適用之。

介謹按以抵押權、質權或留置權擔保之請求權，雖經時效消滅，債權人仍得就其抵押物、質物或留置物取償。蓋對人之請求權，雖已消滅，而對於物上擔保，則仍未消滅，故得行使權利也。惟對於利息及其他定期給付之各期給付請求權，苟其時效已經消滅，則不得適用在擔保物上行使權利之規定。蓋以此種債權，本可從速請求履行，不應使經久而不確定也。

▲**【53 臺上 1391】**請求權時效期間為十五年，但法律所定期間較短者，依其規定（民法第 125 條），故時效期間僅有較十五年為短者，而無超過十五年者，至於**民法第 145 條第 1 項，係請求權罹於時效消滅後，債權人仍得就其抵押物、質物或留置物取償而為規定**，同法第 880 條，係抵**押權因除斥期間而消滅之規定，均非謂有抵押權擔保之請求權，其時效期間較十五年為長。**

第 146 條　（主權利時效完成效力所及範圍）

主權利因時效消滅者，其效力及於從權利。但法律有特別規定者，不在此限。

介謹按權利有主從之別，從權利之時效，雖未完成，而主權利既因時效而消滅，則從權利亦隨之消滅，此蓋以從隨主之原則也。然若法律別有規定者，則應從其規定。故設本條以明示其旨。

◇**主權利與從權利**

主權利	指得以獨立而不依賴其他權利存在的權利
從權利	指依附於主權利而存在的權利，例如：利息債權、抵押權等。應注意的是抵押權有民法第 145 條規定的適用，屬於本條第 2 項所稱的特別規定，而無本條第 1 項的適用

▲**【90 年第 5 次民事庭會議】**三、利息債權為從權利。已屆期之利息債權，因具有獨立性，而有法定（五年）請求權時效期間之適用。而主權利因時效消滅者，其效力及於從權利，民法第 146 條定有明文。**此從權利應包括已屆期之遲延利息在內。**此觀該條文立法理由：「謹按權利有主從之別，從權利之時效，雖未完成，而主權利既因時效而消滅，則從權利亦隨之消滅，此蓋以從隨主之原則也」亦明。**蓋僅獨立之請求權才有其獨特之請求權時效期間，未屆期之利息，債權人既無請求權，自無請求權時效期間是否完成之問題。**

第 147 條 （伸縮時效期間及拋棄時效利益之禁止）

　　時效期間，不得以法律行為加長或減短之，並不得預先拋棄時效之利益。

⤴謹按時效以與公益有關，故其所定期限，當事人不得以法律行為加長或縮短之，並不許預先訂立拋棄因時效而可受利益之契約。故凡以法律行為約定，將來時效完成時自願拋棄其因時效完成之利益者，其約定為無效，蓋為保全公益計也。

◇**時效利益不得預先拋棄**：指當事人不得於時效尚未完成前拋棄其時效利益，理由在於時效制度是為社會公益而設，具有強行性，不容許個人任意排除時效制度之適用。至於當事人於時效完成後，表示其不欲享受時效利益的意思，則非法律所禁止。

▲【52臺上823】時效完成後，如拋棄時效之利益，應由因時效受利益之人，對於時效完成受不利益之當事人，以意思表示為之，再因時效受利益之人如屬多數，除有明文規定外，一人拋棄，其影響不及於他人。

▲【53臺上2717】**時效利益之拋棄係處分行為**之一種，公同共有人中一人未得全體共有人同意，向他人為拋棄時效利益之意思表示者，依法即非有效。

▲【96臺上325】次按民法第147條之所以規定時效利益不得預先拋棄，旨在保護債務人，倘時效業已完成，保護之必要已不存在，時效利益之拋棄自無須再為禁止。又時效利益之拋棄，為拋棄人不欲享受時效利益之意思表示，債務人明知時效完成之事實而為承認者，其承認可認為係拋棄時效利益之默示意思表示。時效利益一經拋棄，即回復時效完成前之狀態，債務人不得再以時效業經完成拒絕給付（本院26年渝上字第353號及50年臺上字第2868號判例參照）。

第七章　權利之行使

第 148 條 （權利行使之界限）

Ⅰ.權利之行使，不得違反公共利益，或以損害他人為主要目的。

Ⅱ.行使權利，履行義務，應依誠實及信用方法。

㉛一、權利人於法律限制內，雖得自由行使其權利，惟不得違反公共利益，乃權利社會化之基本內涵，爰於原第148條，增列「權利之行使，不得違反公共利益」，俾與我民法立法原則更相脗合。又因本條增列誠信原則為第2項，故將修正後之原條文改作第1項。

二、誠信原則，應適用於任何權利之行使及義務之履行，現行法僅就行使債權，履行債務之誠信原則，於債編第219條中規定，似難涵蓋其他權利之行使與義務之履行，爰於第148條增列第2項明示其旨（參考瑞士民法第2條、日本民法第1條）。

◇**違反公益之禁止**：指基於權利社會化的觀念，

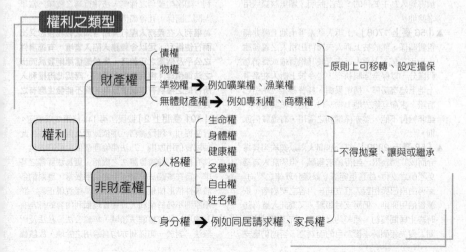

民

法

第一編　總則（第一四八條）

行使私權也必須要考量其公共性，並不得違反公共利益，權利行使是否違反公共利益，應以權利人的客觀行為判斷，其主觀上是否具有違反公共利益的意思並不重要。例如：土地所有權人請求拆除既成道路，就可能基於公益的理由而被否決。

◇**權利濫用之禁止**：指權利的行使，自己所得利益甚少而他人或國家社會所受損失極大的情形，應認為是專以損害他人為主要目的，基於權利社會化的觀念應加以禁止（71 臺上 737）。例如：在越界建築無權占有土地的案件，若占用部分甚少而拆除該部分可能影響建築整體安全，則土地所有權人拆屋還地的請求，就可能因為屬於權利濫用而被否決。

◇**誠信原則**：誠實信用原則，是法律的最高原則，所謂「誠信原則，帝王條款，君臨法域」就是指此而言，照誠信原則，應斟酌事件之特別情形、衡量雙方當事人之利益及考察權利義務的社會作用，使其法律關係臻於公平妥當的一種法律原則。其具體判斷標準，可歸納為「**禁反言原則**」與「**相互體諒原則**」，前者強調當事人的相互信賴，後者則指當事人行使權利，應尊重並注意他方當事人的利益。

▲【48 臺上 105】民法第 148 條係規定行使權利，**不得以損害他人為主要目的，若當事人行使權利，雖足使他人喪失利益，而苟非以損害他人為主要目的，即不在該條所定範圍之內。**出租人出售租賃物，因承租人出價過低，乃轉售他人，圖多得售價三四千元，其行為僅圖利己，要非以損害他人為主要目的，依上說明，顯無該條適用之餘地。

▲【56 臺上 1708】上訴人就系爭土地上雖非無租賃關係，然於被上訴人未履行出租人之義務達十一年之久，上訴人迄未行使其租賃權或聲請為假處分，以保全強制執行，坐令被上訴人在系爭土地上建築房屋、種植果樹，耗費甚鉅，始引起訴訟，求命其除去地上物交付土地，核其情形，雖非給付不能，然亦係權利之濫用，有違誠信原則。

▲【58 臺上 2929】媒介居間人固以契約因其媒介而成立時為限，始得請求報酬，但委託人為避免報酬之支付，故意拒絕訂立該媒介就緒之契約，而再由自己與相對人訂立同一內容之契約者，依誠實信用原則，仍應支付報酬。又委託人雖得隨時終止居間契約，然契約之終止，究不應以使居間人喪失報酬請求權為目的而為之，否則仍應支付報酬。

▲【90 臺上 1231】當事人約定債務人遲延給付時，須經債權人定一定之期限催告其履行，而債務人於期限內仍不履行，債權人始得解除契約者，**債權人催告所定期限雖較約定期限為短，但如自催告時起經，已經過其約定之期限，債務人仍不履行，基於誠實信用原則，應解為債權人得解除契約。**

▲【100 臺上 463】民法上之債權契約，除法律有特別規定外，固僅於特定人間發生其法律上之效力，惟物之受讓人若知悉讓與人已就該物與第三人間另訂有債權契約，而猶惡意受讓該物之所有權者，參照民法第 148 條第 2 項所揭之誠信原則，**該受讓人亦仍應受讓與人原訂債權契約之拘束。**……次按權利濫用禁止原則不僅源自誠實信用原則，且亦須受誠實信用原則之支配，在衡量權利人是否濫用其權利時，仍不能不顧及誠信原則之精神。故於具體案件，如當事人以權利人行使其權利有權利濫用及違反誠實信用原則為抗辯時，法院應就權利人有無權利濫用及違反誠信原則之情事均予調查審認，以求實質公平與妥當。

▲【100 臺上 1728】查在私法領域內，當事人依其意思所形成之權利義務關係，基於契約自由原則，權利人雖得自由決定如何行使其基於契約所取得之權利，惟權利人就其已可行使之權利，在相當期間內一再不為行使，並因其行為造成特殊情況，足以引起義務人之正當信任，以為倘其履行權利人所告知之義務，權利人即不欲行使其權利，如斟酌權利之性質，法律行為之種類，當事人間之關係，社會經濟情況及其他一切因素，認**為權利人在義務人履行其所告知之義務後忽又出而行使權利，足以令義務人陷入窘境，有違事件之公平及個案之正義時，本於誠信原則發展而出之法律倫理（權利失效）原則，應認此際權利人所行使之權利有違誠信原則，而不能發生應有之效果。**

▲【101 臺簡上 2】按民法第 148 條第 2 項規定：行使權利，履行義務，應依誠實及信用方法。此項誠實信用原則，乃法律倫理價值之最高表現，具有補充、驗證實證法之機能，更為法解釋之基準，旨在實踐法律關係上之公平妥當，應斟酌各該事件情形衡量當事人利益，具體實現正義。該項原則不僅於權利人直接實現權利內容之行為有其適用，即於整個法領域，無論公法、私法及訴訟法，對於一切權利亦均有適用之餘地，故**該條**

項所稱之「行使權利」者，應涵攝訴訟行為在內。

第 149 條　（正當防衛）

對於現時不法之侵害，為防衛自己或他人之權利所為之行為，不負損害賠償之責。但已逾越必要程度者，仍應負相當賠償之責。

〔謹按防衛行為，為完全保護權利之必要行為，故認各權利人對於現時不法之侵害，有為此種行為之權利，不負損害賠償之責。但逾必要之程度者，仍應負損害賠償之責任，所以示自力救濟之限度也。

◇正當防衛與緊急避難

正當防衛	指對於現時不法侵害，為防衛自己或他人權利，在必要程度內對於侵害人所為的反擊行為
緊急避難	指為避免自己或他人生命、身體、自由或財產的急迫危險，而在未逾越該危險所能造成的損害程度內，所為侵害他人權利的行為

◇現時不法之侵害：所謂「現時」，是指侵害正在發生而尚未終結。所謂「不法」，則指侵害行為悖於法秩序，若該侵害合於法秩序，則屬當事人應當忍受者，不能主張正當防衛。

◇逾越必要程度：指在防衛手段上必須符合比例原則，也就是該手段必須有助於防衛目的之達成，且應是同等有效的手段中，侵害最小者。

▲【64 臺上 2442】所謂正當防衛，乃對於現時不法之侵害為防衛自己或他人之權利，於不逾越必要程度範圍內所為之反擊行為。又此反擊行為，必加損害於侵害人，始生正當防衛之問題，至正當防衛是否過當，又應視具體之客觀情事，及各當事人之主觀事由定之，不能僅憑侵害人一方受害情狀為斷。

第 150 條　（緊急避難）

I.因避免自己或他人生命、身體、自由或財產上急迫之危險所為之行為，不負損害賠償之責。但以避免危險所必要，並未逾越危險所能致之損害程度者為限。

II.前項情形，其危險之發生，如行為人有責任者，應負損害賠償之責。

〔查民律草案第 314 條理由謂避險行為使各人均得為之，使得完全保護其利益。但危險之發生，行

為人應負責任者，如因自己對於他人之物，欠注意而發生危險，或其避險之行為，逾越危險所能致之損害程度者，使負損害賠償之責，以保護被害人之利益。故設本條以明示其旨。

◇法益權衡原則：指在避難手段上必須衡量犧牲的利益與保全的利益，僅當犧牲的利益未逾越保全的利益時，才屬於適法的避難手段。

第 151 條　（自助行為）

為保護自己權利，對於他人之自由或財產施以拘束、押收或毀損者，不負損害賠償之責。但以不及受法院或其他有關機關援助，並非於其時為之，則請求權不得實行或其實行顯有困難者為限。

⑦本條原規定「官署」一詞，雖與本編其他條文內「官署」一詞之含義有間，但仍嫌籠統，而本條「官署」一詞，實指「法院及其他有關機關」而言，爰予修正使臻明確。

◇自助行為：指權利人為保護自己的權利，在無法及時獲得法院或其他有關機關援助，且若不即時為之，權利就無法或難以行使的情形下，所為對他人自由或財產的侵害行為。

第 152 條　（自助行為人之義務及責任）

I.依前條之規定，拘束他人自由或押收他人財產者，應即時向法院聲請處理。

II.前項聲請被駁回或其聲請遲延者，行為人應負損害賠償之責。

⑦一、本條第 1 項所稱「官署」一詞，實指「法院」而言，其理由：

(一)依前條之規定，拘束他人自由時，其聲請公力援助之方法，依現行法之規定，惟有聲請法院依法定程序予以管收。（參考德國民法第 230 條及我國司法院 32 年院字第 2503 號解釋）

(二)依前條規定，押收他人之財產時，其聲請處理之方法，則惟有依據強制執行法第 4 條所定之執行名義，聲請法院強制執行。

二、基於以上理由，爰將「官署」一詞修正為「法院」，以期名實相符。

民法總則施行法
一百一十年一月十三日總統令增訂公布

① 民國十八年九月二十四日國民政府公布
② 七十一年一月四日總統令修正公布
③ 九十七年五月二十三日總統令修正公布
④ 一百零四年六月十日總統令修正公布
⑤ 一百一十年一月十三日總統令增訂公布第三之一條條文

第1條　（不溯既往原則）

民事在民法總則施行前發生者，除本施行法有特別規定外，不適用民法總則之規定；其在修正前發生者，除本施行法有特別規定外，亦不適用修正後之規定。

⑦ 不溯既往，為法律適用之大原則，惟在例外情形，承認法律有溯及既往之效力，方符立法旨趣者，須於施行法特加規定，以免爭議，民法總則修正後之適用問題，亦宜採同一原則，爰於第1條末增列：「其在修正前發生者，除本施行法有特別規定外，亦不適用修正後之規定」。

第2條　（外國人之權利能力）

外國人於法令限制內，有權利能力。

第3條　（不溯既往之例外）

I.民法總則第八條、第九條及第十一條之規定，於民法總則施行前失蹤者，亦適用之。

II.民法總則施行前已經過民法總則第八條所定失蹤期間者，得即為死亡之宣告，並應以民法總則施行之日為失蹤人死亡之時。

III.修正之民法總則第八條之規定，於民法總則施行後修正前失蹤者，亦適用之。但於民法總則修正前，其情形已合於修正前民法總則第八條之規定者，不在此限。

⑦ 因民法總則第8條已經修正，爰依本條第1項之立法旨趣，增訂第3項前段，明定上開修正之規定，有溯及既往之效力。其範圍則限於民法總則施行後至修正前之期間。又民法總則修正前，其情形已合於修正前民法總則第8條之規定者，應

從舊法之規定，較為公允。爰增訂第3項但書之規定。

第3條之1　（調降成年年齡為十八歲規定之施行及適用）

I.中華民國一百零九年十二月二十五日修正之民法第十二條及第十三條，自一百十二年一月一日施行。

II.於中華民國一百十二年一月一日前滿十八歲而於同日未滿二十歲者，自同日起為成年。

III.於中華民國一百十二年一月一日未滿二十歲者，於同日前依法令、行政處分、法院裁判或契約已得享有至二十歲或成年之權利或利益，自同日起，除法律另有規定外，仍得繼續享有該權利或利益至二十歲。

第4條　（施行前經立案之禁治產者）

I.民法總則施行前，有民法總則第十四條所定之原因，經聲請有關機關立案者，如於民法總則施行後三個月內向法院聲請宣告禁治產者，自立案之日起，視為禁治產人。

II.民法總則中華民國九十七年五月二日修正之條文施行前，已為禁治產宣告者，視為已為監護宣告；繫屬於法院之禁治產事件，其聲請禁治產宣告者，視為聲請監護宣告；聲請撤銷禁治產宣告者，視為聲請撤銷監護宣告；並均於修正施行後，適用修正後之規定。

⑨ 一、現行條文未修正，移列為第1項。

二、民法總則編部分條文修正草案，業將現行「禁治產宣告」之用語，以「監護宣告」取代。為解決新法施行前後之銜接問題，爰增訂第2項規定，本次修正民法總則施行前，已為禁治產宣告者，於新法施行後，視為已為監護宣告；新法施行前已繫屬於法院之禁治產事件，其聲請禁治產宣告者，視為聲請監護宣告；聲請撤銷禁治產宣告者，

則視為聲請撤銷監護宣告；以上情形，於新法施行後，均適用新法之規定。

第4條之1　（禁治產之改稱）

民法規定之禁治產或禁治產人，自民法總則中華民國九十七年五月二日修正之條文施行後，一律改稱為監護或受監護宣告之人。

⑼一、本條新增。

二、為期同一法典用語之一致，爰增訂本條，將民法各編、章所規定之禁治產或禁治產人，一律改稱為監護或受監護宣告之人。

第4條之2　（施行日期(一)）

中華民國九十七年五月二日修正之民法總則第十四條至第十五條之二之規定，自公布後一年六個月施行。

⑼一、本條新增。

二、本次民法修正禁治產及監護相關規定，包括總則編禁治產部分及親屬編監護部分條文，修正之幅度甚大，其中新增「輔助」制度，刪除成年監護之監護人法定順序及監護事務改由法院實施監督等修正內容，對監護實務之運作影響深遠，為避免驟然公布施行，相關程序法規未及配合修正及民眾對新制度不明瞭，致衍生適用困擾，宜有適當之準備期間，爰參酌民法親屬編施行法第6條之1之立法例，增訂自公布後1年6個月施行。

第5條　（施行前已許可設立之法人）

依民法總則之規定，設立法人須經許可者，如在民法總則施行前已得主管機關之許可，得於民法總則施行後三個月內聲請登記為法人。

⑺本條「官署」一詞，改為「機關」，其理由同民法總則第30條修正說明之一。

第6條　（施行前具有公益法人性質而有獨立財產者視為法人及其審核）

I.民法總則施行前具有財團及以公益為目的社團之性質而有獨立財產者，視為法人，其代表人應依民法總則第四十七條或第六十條之規定作成書狀，自民法總則施行後六個月內聲請主管機關審核。

II.前項書狀所記載之事項，若主管機關認其

有違背法令或為公益上之必要，應命其變更。

III.依第一項規定經核定之書狀，與章程有同一效力。

⑺本條第一項「官署」一詞，改為「機關」，其理由同民法總則第30條修正說明之一。

又「呈請」一詞，為舊式公文書所習用之名詞，宜依現行公文習用語法改為「聲請」。

第7條　（視為法人者經核定後登記之聲請）

依前條規定經主管機關核定者，其法人之代表人，應於核定後二十日內，依民法總則第四十八條或第六十一條之規定，聲請登記。

⑺本條「官署」一詞，改為「機關」，其理由同民法總則第30條修正說明之一。

第8條　（視為法人者財產目錄、社員名簿編造之義務）

第六條所定之法人，如未備置財產目錄、社員名簿者，應於民法總則施行後速行編造。

第9條　（祠堂、寺廟等不視為法人）

第六條至第八條之規定，於祠堂、寺廟及以養贍家族為目的之獨立財產，不適用之。

第10條　（法人登記之主管機關）

I.依民法總則規定法人之登記，其主管機關為該法人事務所所在地之法院。

II.法院對於已登記之事項，應速行公告，並許第三人抄錄或閱覽。

⑺一、本條第1項「官署」改為「機關」，其理由同民法總則第30條之修正說明之一。二、現行法人登記法規「公布」一詞，已改為「公告」（如非訟事件法第39條，法人及夫妻財產制契約登記規則第10條、第11條等），爰將本條第2項「公布」一詞，改為「公告」。

第11條　（外國法人成立之認許）

外國法人，除依法律規定外，不認許其成立。

民法總則施行法

（第一二～一九條）

第 12 條 （經認許之外國法人權利能力）

I. 經認許之外國法人，於法令限制內，與同種類之我國法人有同一之權利能力。

II. 前項外國法人，其服從我國法律之義務，與我國法人同。

⑰本條之「中國」修正為「我國」，以與目前法制體例之用語配合（參考立法院職權行使法第64條第2項、國家情報工作法第3條第1項第2款、離島建設條例第2條、華僑身分證明條例第5條第1項第5款、兵役法第7條第2項、第8條第2款、第28條第5款、第36條第5款、兵役法施行法第23條、菸酒管理法第39條第3項第3款及洗錢防制法第8條之1第4項、第12條第3項、第12條之1第2項等規定）。

第 13 條 （外國法人在我國設事務所之準用）

外國法人在我國設事務所者，準用民法總則第三十條、第三十一條、第四十五條、第四十六條、第四十八條、第五十九條、第六十一條及前條之規定。

⑰本條「中國」修正為「我國」，修正理由同前條。

第 14 條 （外國法人事務所之撤銷）

依前條所設之外國法人事務所，如有民法總則第三十六條所定情事，法院得撤銷之。

第 15 條 （未經認許成立之外國法人為法律行為之責任）

未經認許其成立之外國法人，以其名義與他人為法律行為者，其行為人就該法律行為應與該外國法人負連帶責任。

第 16 條 （施行前消滅時效已完成或將完成之請求權之行使）

民法總則施行前，依民法總則之規定消滅時效業已完成，或其時效期間尚有殘餘不足一年者，得於施行之日起一年內行使請求權。但自其時效完成後至民法總則施行時，已逾民法總則所定時效期間二分之一者，不在此限。

第 17 條 （施行前之撤銷權之除斥期間）

民法總則第七十四條第二項、第九十條、第九十三條之撤銷權，準用前條之規定。

第 18 條 （施行前消滅時效之比較適用）

I. 民法總則施行前之法定消滅時效已完成者，其時效為完成。

II. 民法總則施行前之法定消滅時效，其期間較民法總則所定為長者，適用舊法。但其殘餘期間，自民法總則施行日起算較民法總則所定時效期間為長者，應自施行日起，適用民法總則。

第 19 條 （施行日期(二)）

I. 本施行法自民法總則施行之日施行。

II. 民法總則修正條文及本施行法修正條文之施行日期，除另定施行日期者外，自公布日施行。

⑭一、原條文第1項未修正。

二、修正原條文第2項。此次配合家事事件法及非訟事件法修正之民法總則第10條及本施行法修正條文，宜自公布日施行，並參酌民法親屬編施行法第15條及中華民國刑法施行法第10條之立法例，爰刪除本項「以命令定之」之文字，修正為自公布日施行。

三、查民法總則及本施行法前二次以命令定施行日期者，包括中華民國71年7月1日修正公布之民法總則修正條文及本施行法修正條文，自中華民國72年1月1日施行；及97年5月23日修正公布之民法總則第22條及本施行法修正條文自98年1月1日施行。

民　法

一百一十年一月二十日總統令修正公布

第二編　債

①民國十八年十一月二十二日國民政府公布
②八十八年四月二十一日總統令修正公布
③八十九年四月二十六日總統令修正公布
④九十八年十二月三十日總統令修正公布
⑤九十九年五月二十六日總統令修正公布
⑥一百一十年一月二十日總統令修正公布第二○五條條文

第一章　通　則

第一節　債之發生

第一款　契　約

介謹按契約為發生債權債務之重要原因，其一般的成立要件，已於本法總則第四章規定之，本款所定則關於契約之特則。

第 153 條　（契約之成立）

Ⅰ.當事人互相表示意思一致者，無論其為明示或默示，契約即為成立。

Ⅱ.當事人對於必要之點，意思一致，而對於非必要之點，未經表示意思者，推定其契約為成立，關於該非必要之點，當事人意思不一致時，法院應依其事件之性質定之。

介謹按契約者，由二人以上之意思表示一致而成之雙方行為也。即須當事人之一方，將欲為契約內容之旨，提示於他方，得他方之承諾，而後契約始能成立也。其僅由一方表示要約之意思，而他方不表示承諾之意思者，當然不受契約之拘束。其一方所表示之意思，與他方所表示之意思，彼此不一致者，亦當然不受契約之拘束。若當事人之表示意思彼此一致，而其表示之方法，則無論其為明示或默示，契約即為成立。此第 1 項所由設也。當事人於締結契約之事項中，是否合意，須依當事人之意思而定，故凡契約中必要之點，當事人既經合意，而其他非必要之點，雖未表示

意思，其契約亦推定為成立。若當事人意思不一致時，法院應依其事項之性質，斟酌斷定之。蓋必要事項既經合意，不能因非必要事項之不合意，而妨礙契約之成立。此第 2 項所由設也。

◇契約：雙方當事人以發生一定私法上法律效果為目的，原則上基於雙方意思表示的合致而成立。

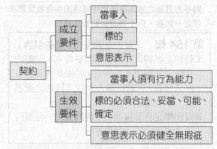

◇**必要之點與非必要之點**

必要之點	要素	契約成立所不可或缺之要件，即決定契約主要權利義務關係之約定。在買賣契約，應係分指雙方當事人就標的物及其價金相互同意；在承攬契約應係指應完成之工作及報酬
非必要之點	常素	通常構成契約之內容，惟除去該內容契約仍可成立之事項，因為另外會由法律的規定作為補充。例如瑕疵擔保責任、履行期、履行地等
	偶素	雖非構成契約之內容，但因當事人特以意思表示將其附加於契約內容之因素。例如特別保固期間

◇契約成立的模式：1.依要約與承諾成立契約。2.依一方要約與他方意思實現而成立契約。3.交錯要約：因交錯之要約而成立契約。

▲【61 臺上 964】契約有預約與本約之分，兩者異其性質及效力，**預約權利人僅得請求對方履行訂立本約之義務，不得逕依預定之本約內容請求履行**，又買賣預約，非不得就標的物及價金之範圍先為擬定，作為將來訂立本約之張本，但不能因此即認買賣本約業已成立。

民法

第二編　債

（第一五四～一五七條）

▲【64 臺上 1567】 預約係約定將來訂立一定契約（本約）之契約。倘將來係依所訂之契約履行而無須另訂本約者，縱名為預約，仍非預約。本件兩造所訂契約，雖名為「土地買賣預約書」，但除買賣坪數、價金、繳納價款、移轉登記期限等均經明確約定，非但並無將來訂立買賣本約之約定，且自第 3 條以下，均為雙方照所訂契約履行之約定，自屬本約而非預約。

▲【68 臺上 1504】 契約固須當事人互相表示意思一致始能成立，但所謂互相表示意思一致，並不限於當事人間直接為之，**其由第三人為媒介而將各方互為之意思表示從中傳達因而獲致意思表示之一致者，仍不得謂契約並未成立**。

第 154 條　（要約之拘束力、要約引誘）

I.契約之要約人，因要約而受拘束。但要約當時預先聲明不受拘束，或依其情形或事件之性質，可認當事人無受其拘束之意思者，不在此限。

II.貨物標定賣價陳列者，視為要約。但價目表之寄送，不視為要約。

介謹按依前條之規定，契約以當事人互相表示意思一致而成立，契約一經成立，雙方同受拘束，此屬當然之事。若當事人之一方已經要約，而他方尚未表示承諾者，則此時要約之拘束力若何，頗滋聚訟。本法規定要約人既經要約以後，雖在他方未承諾以前，仍須受要約之拘束，此為原則。惟當要約時預先聲明不受拘束，或依其情形或事件之性質可認當事人無受其拘束之意思者，則不受要約之拘束，是為例外耳。此第 1 項所由設也。標定賣價，陳列之貨物，視為要約，價目表之寄送，不視為要約，此與標價人或寄送人之應否受其拘束，極有關係，自應明白規定，俾免爭議。此第 2 項所由設也。

◇**要約與承諾**

要約	以訂定契約為目的之意思表示，得因相對人之承諾而使契約成立
承諾	要約之受領人向要約人表示其欲依要約內容使契約成立之意思表示

◇**要約的拘束力**：可分為形式拘束力與實質拘束力。

形式拘束力	要約生效後，在其存續期間內，要約人不得撤回要約或變更其效力（民法第 154 條所指）

實質拘束力	指要約一經相對人承諾，契約即為成立（民法第 155 條至第 158 條）

◇**要約之引誘**：引誘他人向其為要約，要約之引誘本身不生發法律上之效果，即不具要約之拘束力。

貨物標定賣價陳列	貨物已標定賣價並陳列時，買賣標的物具體特定，相對人亦能實際檢閱商品，契約之必要之點已經確定，因此視為「要約」
價目表之寄送	若將價目表的寄送當作要約，則只要對價目表之內容為承諾便可以使契約成立，將使表意人意外締結超出其履約能力之契約，而必須負擔債務不履行責任，**故價目表之寄送應定性為「要約之引誘」，而非要約**

第 155 條　（要約之失效㈠——拒絕要約）

要約經拒絕者，失其拘束力。

介謹按要約既經拒絕，則要約不得存續，此時要約人即可不受要約之拘束。蓋法律為保護他方之利益，所以使要約人受要約之拘束，他方既經拒絕，自無使要約效力繼續存在之必要也。

第 156 條　（要約之失效㈡——非即承諾）

對話為要約者，非立時承諾，即失其拘束力。

介謹按對話間之要約，他方承諾與否本可立時決定。故必立時承諾，始生拘束力，否則契約不能成立也。

◇**立時承諾**：指承諾之意思表示須客觀上盡可能地迅速，而其判斷標準應依交易上一般觀念定之。

第 157 條　（要約之失效㈢——不為承諾）

非對話為要約者，依通常情形可期待承諾之達到時期內，相對人不為承諾時，其要約失其拘束力。

介謹按非對話間之要約，依通常情形，要約人於可期待承諾之到達時期內，應使受其拘束，否則即無從締結契約。此所謂可期待承諾之到達時期者，係指依通常之交通方法，書信往返必需之時期而言，至應否亦用電報，亦必視要約人是否有此特約定之，相對人無負以電報回答之義務。若逾此

時期而相對人尚未為承諾，是相對人已顯有不欲承諾之意思，自不得再令要約受其拘束，以免權利狀態久不確定。此本條所由設也。

◇**可期待承諾之達到時期**：包括三段期間：1.要約到達相對人的期間；2.相對人考慮承諾與否的期間；3.承諾到達要約人的期間。

第 158 條　（要約之失效四——非依限承諾）

要約定有承諾期限者，非於其期限內為承諾，失其拘束力。

↑謹按定有承諾期限之要約，於其期限以內，要約人當然應受要約之拘束。若期其限已經經過，而他方尚未承諾者，則此項要約，即應失其拘束力，蓋無使要約人之一方受其拘束之理也。故設本條以明示其旨。

第 159 條　（承諾通知之遲到及遲到之通知）

I.承諾之通知，按其傳達方法，通常在相當時期內可達到而遲到，其情形為要約人可得而知者，應向相對人即發遲到之通知。

II.要約人怠於前項通知者，其承諾視為未遲到。

⑧一、承諾之通知，按其傳達方法，通常在相當時期內可達到而遲到者，要約人須否具備可得而知之主觀要件，始應向相對人即發遲到之通知？現行條文尚乏明確規定，惟解釋上以採肯定說為當（史尚寬著債法總論第二十七頁參照）。為避免疑義並保障要約人之權益，爰仿日本民法第 522 條第 1 項及德國民法第 149 條之立法例，增列要約人可得而知之要件，修正第 1 項。
二、第 2 項未修正。

◇**承諾遲到之通知**：是事實通知的一種，因為遲到是一個客觀事實，遲到的通知就是將遲到的客觀事實通知相對人，屬於準法律行為。

◇**通常遲到與特殊遲到**

通常遲到	要約之相對人應於承諾期間內為承諾，契約始能成立。若承諾超過承諾期間到達相對人，則為承諾之遲到，不能成立契約
特殊遲到	相對人本來可期待契約因適時的承諾而成立，卻因為特殊意外原因而遲到，例如信件誤投。此時依誠信原則，要

約人負有通知相對人該承諾遲到之義務，若要約人未通知，則承諾視為未遲到，契約仍成立

第 160 條　（遲到之承諾）

I.遲到之承諾，除前條情形外，視為新要約。

II.將要約擴張、限制或為其他變更而承諾者，視為拒絕原要約而為新要約。

⑧一、對於承諾遲到之事實，要約人如已通知相對人，足見要約人無復訂約之意思。反之，如未通知，則依前條第 2 項規定，該承諾視為未遲到。是以無論有未通知，其遲到之承諾均無更視為新要約之必要。爰增列「除前條情形外」等字，明示本條所指遲到之承諾，專以因相對人之遲誤而遲到之承諾者為限，而修正第 1 項。
二、第 2 項所謂「擴張」、「限制」，亦為「變更」之意，為使文意明晰起見，爰修正為：「將要約擴張、限制或為其他變更而承諾者，視為拒絕原要約而為新要約。」

◇**新要約**：遲到之承諾，除前條情形（特殊遲到）外，視為新要約，雖不能成立契約，但原要約人仍可對新要約為承諾，使契約成立。

第 161 條　（意思實現）

I.依習慣或依其事件之性質，承諾無須通知者，在相當時期內，有可認為承諾之事實時，其契約為成立。

II.前項規定，於要約人要約當時預先聲明承諾無須通知者，準用之。

↑查民律草案第 208 條理由謂契約，以對於要約為有效之承諾而成立。又承諾得以明示或默示表示之，均屬當然之事。然依習慣或依其事件之性質，以承諾之通知為不必要者，以在相當時期內，有可認為有承諾之事實時，其契約即為成立，以防止無益之爭論。又依要約人之意思表示，以承諾為不必通知者，亦同。此本條所由設也。

◇**意思實現**：此為契約成立之方式之一。要約生效後，因有可認為承諾之事實，因承諾意思的實現而契約成立。為承諾須經通知原則之例外。立法目的在於簡化、便利契約的成立。

◇**有可認為承諾之事實**：例如：1.**履行行為**，即履行因契約成立所負擔之債務，如寄送郵購物品、如為履行契約作準備，如旅館為客人預留房間。

民法

第二編　債

（第一六二～一六四條）

2.**受領行為**，即行使因契約成立所取得之權利，如拆閱現物要約郵寄來的雜誌。

◇**交錯要約**：雙方當事人，在收到他方要約前，互相為內容完全相互需求之要約，主觀上雙方均有締約之意思，客觀上意思表示內容又一致，應肯認雙方契約成立。而契約成立之時期應以居後的要約到達相對人為準。雖法條並未明文規定此種契約成立方式，惟我國通說肯定交錯要約成立契約。

第 162 條　（撤回要約通知之遲到）

I.撤回要約之通知，其到達在要約到達之後，而按其傳達方法，通常在相當時期內應先時或同時到達，其情形為相對人可得而知者，相對人應向要約人即發遲到之通知。

II.相對人怠於為前項通知者，其要約撤回之通知，視為未遲到。

⑧一、本條與第 159 條之立法體例相同。第 159 條已修正，本條第 1 項亦宜配合修正，爰增列相對人可得而知之主觀要件，以期明確。

二、第 2 項未修正。

◇**撤回要約通知之特殊遲到**：撤回要約之通知，若發生遲到狀況，不生撤回效力。在特殊遲到之情形下，為避免要約人誤信其撤回有效，規定相對人應負遲到通知之義務。若相對人怠於為遲到通知，視為未遲到，係指仍發生撤回要約之效力，契約不能因相對人承諾而成立。

第 163 條　（撤回承諾通知之遲到及遲到之通知）

前條之規定，於承諾之撤回準用之。

介謹按契約以對於要約為有效之承諾而成立，承諾一經撤回，即失其拘束力，此屬當然之事。然承諾之通知，到達在前，而撤回之通知，到達在後，此時之相對人即應自發遲到通知之義務，通知承諾人。如果怠於通知，則雖實際上撤回承諾之通知確係到達，法律上亦視為並未到達，此與撤回要約遲到應自通知之情形相同。故本條明定準用前條之規定。

第 164 條　（懸賞廣告之定義及其效力）

I.以廣告聲明對完成一定行為之人給與報酬者，為懸賞廣告。廣告人對於完成該行為之人，負給付報酬之義務。

II.數人先後分別完成前項行為時，由最先完成該行為之人，取得報酬請求權；數人共同或同時分別完成行為時，由行為人共同取得報酬請求權。

III.前項情形，廣告人善意給付報酬於最先通知之人時，其給付報酬之義務，即為消滅。

IV.前三項規定，於不知有廣告而完成廣告所定行為之人，準用之。

⑧一、以廣告聲明對完成一定行為之人給與報酬，即為學說與實務上所謂之懸賞廣告。爰於第 1 項第一句末「者」下增列「，為懸賞廣告」等文字。又懸賞廣告之性質如何，有單獨行為與契約之不同立例。我國學者間亦有如是二種見解。惟為免理論爭議影響法律之適用，並使本法之體例與規定之內容一致，爰將第 1 項末段「對於不知有廣告而完成該行為之人，亦同」移列為第 4 項，並將「亦同」修正為「準用之」，以明示本法採取契約說之旨。

二、數人先後分別或共同或同時分別完成廣告人所指定之行為時，何人取得報酬請求權？現行條文第 2 項規定未臻明確，為免解釋分歧，爰增列第 2 項規定數人先後分別完成前項行為時，由最先完成該行為之人，取得報酬請求權；數人共同或同時分別完成行為時，由行為人共同取得報酬請求權，俾利適用（德國民法第 659 條及日本民法第 531 條參考）。

三、現行條文第 2 項移列為第 3 項，並以該項規定於善意之廣告人始有其適用。如廣告人知悉最先通知之人非最先完成指定行為之人，竟對於最先通知而非最先完成之人給與報酬，當不能免其對於最先完成行為之人再給付報酬之義務，惟其善意不知另有最先完成行為人而以為最先通知人即為最先完成行為者，始應予以保護，免其再負給付報酬之義務。爰於「廣告人」下加列「善意」之限制。

四、不知有廣告而完成廣告所定行為之人，因不知要約之存在，原無從成立契約。惟因懸賞廣告之特性，亦應使其有受領報酬之權利。且其受領報酬之權利，與知廣告而完成一定行為之人，應無分別；爰將第 1 項後段之規定，移列於第 4 項，並規定前三項之規定，於不知有廣告而完成廣告所定行為之人，皆可準用。

◇**懸賞廣告**：以廣告聲明對完成一定行為之人給與報酬。例如：登報懸賞失物、尋人等等。

◇懸賞廣告之性質

單獨行為說	懸賞廣告係因廣告人一方之意思表示而負擔債務，在行為人方面無須承諾，係以一定行為的完成作為停止條件
契約說	懸賞廣告係對不特定人為要約，經行為人完成一定行為，作為承諾而成立的契約。本條規定將懸賞廣告定性為契約行為

第 164 條之 1 　（懸賞廣告權利之歸屬）

因完成前條之行為而可取得一定之權利者，其權利屬於行為人。但廣告另有聲明者，不在此限。

⑻一、本條新增。

二、完成一定行為之結果，如可取得一定權利者，例如專利、著作權者，因係行為人個人心血及勞力之結晶，其權利仍屬於行為人。但廣告中如有特別聲明，例如對於行為人有請求其移轉於己之權利，則依其聲明。爰增訂本條規定。

第 165 條　　（懸賞廣告之撤回）

I.預定報酬之廣告，如於行為完成前撤回時，除廣告人證明行為人不能完成其行為外，對於行為人因該廣告善意所受之損害，應負賠償之責。但以不超過預定報酬額為限。

II.廣告定有完成行為之期間者，推定廣告人拋棄其撤回權。

⑻一、懸賞廣告係對不特定人為要約，在行為人完成行為前，依本法第 154 條第 1 項但書規定，並無拘束力。故於行為完成前，應許廣告人任意撤回，爰將「撤銷」二字修正為「撤回」並列為第 1 項。

二、廣告人於廣告中，定有完成行為之期間者，通常情形，可解為廣告人於該期間內，有受其拘束而不撤回之意思，未便由廣告人任意於期間屆滿前予以撤回，以免一般大眾誤信其不撤回而從事指定行為致受不測之損害，此所以在外國立法例（德國民法第 658 條第 2 項、日本民法第 530 條第 3 項參考）設有推定廣告人拋棄其撤回權之規定，俾對行為人有適度之保護，兼待廣告人之意思。現行法未設類似規定，似嫌未周，爰於本條增設第 2 項之規定。

第 165 條之 1 　（優等懸賞廣告之定義）

以廣告聲明對完成一定行為，於一定期間內為通知，而經評定為優等之人給與報酬者，為優等懸賞廣告。廣告人於評定完成時，負給付報酬之義務。

⑻一、本條新增。

二、近日常見獎勵學術上、技術上之發明、發現或徵求學術上、技術上或文學上之著作、製造品或為運動競賽，僅對於入選之作品或成果給付報酬之懸賞廣告，其性質雖屬懸賞廣告之一種，惟與本法第 164 條所定者仍有不同之處。德、日民法就此均設有特別規定（德國民法第 661 條、日本民法第 532 條參考），我國現行法則無明文，適用上易滋疑義。為明確計，有增訂優等懸賞廣告規定之必要。所謂優等懸賞廣告係指定完成廣告所指定之行為人有數人，就其中經評定為優等者，始給與報酬之廣告。其特點有三：㈠廣告中聲明完成一定行為者須經評定為優等始給與報酬。㈡須定有一定期間。㈢須有應徵之通知。此項行為於評定完成時發生效力，廣告人對經評定為優等之人，負給付報酬之義務。

第 165 條之 2 　（優等懸賞廣告之評定）

I.前條優等之評定，由廣告中指定之人為之。廣告中未指定者，由廣告人決定方法評定之。

II.依前項規定所為之評定，對於廣告人及應徵人有拘束力。

⑻一、本條新增。

二、優等懸賞廣告，因優等之評定而發生效力。由廣告中已指定之人評定之。倘廣告中未指定者，則由廣告人決定其評定之方法而評定之。或於廣告聲明外另指定評定之人，或自任評定人，其方式不一，由廣告人自行決定之。爰增訂第 1 項規定（德國民法第 661 條第 2 項第 1 款、日本民法第 532 條第 2 項參考）。

三、評定乃主觀價值之比較，故依第 1 項規定所為評定之結果，廣告人及應徵人均應受其拘束。不得以評定不公，而訴請法院裁判，以代評定。爰增訂第 2 項規定（德國民法第 661 條第 2 項第 2 款、日本民法第 532 條第 3 項參考）。

第 165 條之 3 　（共同取得報酬請求權）

被評定為優等之人有數人同等時，除廣告另有聲明外，共同取得報酬請求權。

⑱一、本條新增。
二、經評定之結果，優等者有數人同等時，為示公平，應由數人共同取得報酬請求權。但廣告另有聲明者，依契約自由原則，從其聲明，爰增訂本條規定（德國民法第661條第3項、日本民法第532條第4項參考）。

第165條之4 （優等懸賞廣告權利之歸屬）

第164條之1之規定，於優等懸賞廣告準用之。

⑱一、本條新增。
二、優等懸賞廣告與通常懸賞廣告性質上固有不同，惟對應徵人之保障應無二致，始為允當。爰增訂本條準用規定（德國民法第661條第4項參考）。

第166條 （契約方式之約定）

契約當事人約定其契約須用一定方式者，在該方式未完成前，推定其契約不成立。

仚謹按依第153條規定，當事人互相表示意思一致者，契約即為成立，本不須踐行何種之方式。然若契約當事人特別約定，締結契約必須一定方式者，則其意思，非專為證據之用，乃以方式為契約成立之要件，在方式未完成以前，推定其契約為不成立。故設本條以明示其旨。

第166條之1 （公證之概括規定）

I.契約以負擔不動產物權之移轉、設定或變更之義務為標的者，應由公證人作成公證書。

II.未依前項規定公證之契約，如當事人已合意為不動產物權之移轉、設定或變更而完成登記者，仍為有效。

⑱一、本條新增。
二、不動產物權具有高度經濟價值，訂立契約約定負擔移轉、設定或變更不動產物權之義務者，不宜輕率。為求當事人締約時能審慎衡酌，辨明權義關係，其契約應由公證人作成公證書，以杜事後之爭議，而達成保障私權及預防訴訟之目的；爰參考德國民法第313條第1項及瑞士債務法第216條第1項之立法例，增訂第1項規定。
三、當事人間合意訂立以負擔不動產物權之移轉、設定或變更之義務為標的之契約（債權契約），雖未經公證，惟當事人間如已有變動物權之合意，並已向地政機關完成物權變動之登記者，則已生物權變動之效力，自不宜因其債權契約未具備第1項規定之公證要件，而否認該項債權契約之效力，俾免理論上滋生不當得利之疑義；爰參考前開德國民法第2項，增訂第2項規定。此際，地政機關不得以當事人間之債權契約未依前項規定公證，而拒絕受理登記之申請。至對此項申請應如何辦理登記，宜由地政機關本其職權處理，併此敘明。

◇**不動產交易債權契約要式性**：民法第760條：「不動產物權之移轉或設定，應以書面為之。」此項規定僅針對物權行為，故以不動產物權移轉、設定負擔為內容之債權契約，原屬不要式行為。新的立法改為要式行為，民法第166條之1之立法理由認為因不動產具高度經濟價值，為求當事人締約時能審慎辨明權利義務關係，**本條修正規定不動產交易債權契約應由公證人作成公證書，使此類契約成為要式契約。惟目前本條尚未施行。**

◇**要式行為的治癒**：民法第166條之1第1項規定的方式瑕疵屬於所謂可得治療的方式瑕疵。依同條第2項規定，雖未符合第1項規定之要式要求，然若當事人已合意為不動產物權行為而完成登記者，則債權契約仍為有效，該要式行為之瑕疵已治癒。

第二款 代理權之授與

第167條 （意定代理權之授與）

代理權係以法律行為授與者，其授與應向代理人或向代理人對之為代理行為之第三人，以意思表示為之。

仚查民律草案第221條理由謂授與意定代理權之行為，是有相對人之單獨行為，非委任，亦非他種契約也。又代理人所為之行為，效力直接及於本人。故代理權之授與，對於與代理人為行為之第三人為意思表示，即使之發生效力，亦無弊害，且轉有利於交易也。

◇**代理權之授與**：本人以意思表示授與他人以本人名義為法律行為之權限（意定代理），係屬單獨行為。

◇**代理權之授與並非債之發生原因**：本人與代理人間，存在內部與外部兩層關係，內部關係例如僱傭、委任、承攬決定當事人的權利義務，這是

債的發生原因；代理權的授與是外部關係，讓被授權人取得代理人資格，使代理人與第三人法律行為的效果歸屬於本人。

▲【32 上 5188】公同共有物之處分，固應得公同共有人全體之同意，而公同共有人中之一人，已經其他公同共有人授與處分公同共有物之代理權者，則由其一人以公同共有人全體之名義所為處分，不能謂為無效。**此項代理權授與之意思表示不以明示為必要**，如依表意人之舉動或其他情事，足以間接推知其有授權之意思者，即發生代理權授與之效力。

▲【100 臺上 619】授與代理權者，僅須欲授與之本人為意思表示時，即有其效力，非應以書面為其生效要件。

第 168 條　（共同代理）

代理人有數人者，其代理行為應共同為之。但法律另有規定或本人另有意思表示者，不在此限。

介謹按代理人有數人，其代理權為共同代理權，抑為各別代理權，依法律或本人之意思表示定之，是為通例。如法律別無規定，而本人又未另有意思表示者，則視為共同代理權，以防無益之爭議。此本條所由設也。

◇共同代理與集合代理

共同代理	代理權屬於一人時，為**單獨代理**，此時，代理人一人即得自為代理行為。代理人有數人時，為**共同代理**，在共同代理，代理人原則上**應共同為代理行為**，未由全體代理人共同為之時，應構成無權代理
集合代理	所謂**本人另有意思表示者**，係指本人仍得對各代理人授與獨立的代理權，**使各代理人得單獨為代理行為**，學說上稱為**集合代理**

第 169 條　（表見代理）

由自己之行為表示以代理權授與他人，或知他人表示為其代理人而不為反對之表示者，對於第三人應負授權人之責任。但第三人明知其無代理權或可得而知者，不在此限。

介謹按本人由自己之行為，表示以代理權授與他人，或他人妄稱為本人之代理人，已為本人所明知，

而仍不為反對之表示者，則對於第三人均應負授權人之責任。蓋第三人既確信他人有代理權，因而與他人為法律行為，其效力自應直接及於本人，否則第三人將蒙不測之損害也。惟第三人明知他人無代理權，或依其情形，可得而知，而猶與他人為法律行為者，則係出於第三人之故意或過失，本人自不負授權人之責任。此本條所由設也。

◇表見代理：表見代理係指，具有一定的表見事實足以使第三人善意無過失信賴客觀上是無權代理之人有代理權存在。表見代理是為保護交易安全，而使欠缺授權之代理行為，發生有權代理之效力，本人應負授權人的責任。

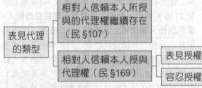

◇表示授權與容忍授權

表示授權	本人以自己之行為表示以代理權授與他人，亦即本人對外有授權於他人之行為表示，但實際上並未有代理權之授與，卻因外觀上足以使人信賴有代理權，而成立表見代理
容忍授權	本人知悉有人自稱為本人之代理人而不為反對之表示，稱為容忍授權

▲【40 臺上 1281】民法第 169 條關於由自己之行為表示以代理權授與他人者，對於第三人應負授權人之責任之規定，原以本人有使第三人信為以代理權授與他人之行為，為保護代理交易之安全起見，有使本人負相當責任之必要而設，故本人就他人以其名義與第三人所為之代理行為，應負授權人之責任者，須以他人所為之代理行為，係在其曾經表示授與他人代理權之範圍內為其前提要件。

▲【44 臺上 1424】民法第 169 條係為保護善意第三人而設，故本人有使第三人信以為以代理權授與他人之行為而與之交易，即應使本人負其責任。又此本人責任係指履行責任而言，並非損害賠償責任，**故本人有無過失在所不問。**

▲【44 臺上 1428】某甲在某某配銷所之職位僅次於上訴人，上訴人之印章與支票簿常交與某甲保管，簽發支票時係由某甲填寫，既為上訴人所自認，縱令所稱本件支票係由某甲私自簽蓋屬實，

然其印章及支票既係併交與該某甲保管使用，自足使第三人信其曾以代理權授與該某甲，按諸民法第 169 條之規定，自應負授權人之責任。

▲【62 臺上 2413】傳達意思之機關（使者）與代為表示意思之代理人不同，前者其所完成之意思表示，為本人之意思表示，其效果意思由本人決定，後者代行為之意思表示為代理人之意思表示，其效果意思由代理人決定，表見代理之意思表示亦然。

▲【70 臺上 657】由自己之行為表示以代理權授與他人，對於第三人應負授權人之責任，必須本人有表見之事實，足使第三人信該他人有代理權之情形存在，始足當之（參看本院 60 年臺上字第 2130 號判例）。**我國人民將自己印章交付他人，委託該他人辦理特定事項者**，比比皆是，倘持有印章之該他人，除受託辦理之特定事項外，其他以本人名義所為之任何法律行為，均須由本人負表見代理之授權人責任，未免過苛。原審徒憑上訴人曾將印章交付與呂某之事實，即認被上訴人就保證契約之訂立應負表見代理之授權人責任，自屬率斷。

▲【79 臺上 2012】民法第 169 條關於表見代理之規定，惟**意定代理**始有適用，若代表或法定代理則無適用該規定餘地。

▲【80 臺上 2340】侵權行為為違法行為，不發生意思表示發生效力之問題，無適用代理規定之餘地。故代理人所為侵權行為之法律上效果，非得依代理之法則解為對於本人發生效力。

第 170 條 （無權代理）

I 無代理權人以代理人之名義所為之法律行為，非經本人承認，對於本人，不生效力。
II 前項情形，法律行為之相對人，得定相當期限，催告本人確答是否承認，如本人逾期未為確答者，視為拒絕承認。

介謹按民律草案第 236 條理由謂無代理權人，以他人之代理人名義，與第三人為法律行為，在理論上應使無效。然經本人追認，則對於本人發生效力，藉以保護其利益，即於相對人之利益亦無損。此第 1 項所由設也。又同律第 238 條理由謂無代理權人以他人之代理人名義，與第三人為法律行為，須經本人追認始生效力。蓋不確定之法律關係，若永久存續，則有害於相對人之利益，故法

律特許相對人有催告權，使得除去不確定之狀態。至本人接受催告，逾期不為確答者，則應視為拒絕承認。此第 2 項所由設也。

◇無權代理：無代理權人以本人之名義而為法律行為。要件：1.須為法律行為。2.以本人名義。3.須欠缺代理權。代理權之欠缺有以下四種情形：**未經授與代理權、授權行為無效或被撤銷、逾越代理權範圍、代理權消滅**。

▲【69 臺上 3311】無代理權人以本人名義所為法律行為，僅發生其法律行為之效果，是否對本人發生效力之問題，並不因本人之否認，而使原法律行為之主體發生變更，成為該無代理權人之行為。

▲【74 臺上 2014】代表與代理固不相同，惟關於**公司機關之代表行為，解釋上應類推適用關於代理之規定**，故無代表權人代表公司所為之法律行為，若經公司承認，即對於公司發生效力。

▲【85 臺上 963】無代理權人以代理人之名義所為之法律行為，係效力未定之法律行為，固經本人承認而對於本人發生效力。**惟本人如已為拒絕承認，該無權代理行為即確定的對本人不生效力**，縱本人事後再為承認，亦不能使該無權代理行為對本人發生效力。

第 171 條 （無權代理相對人之撤回權）

無代理權人所為之法律行為，其相對人於本人未承認前，得撤回之。但為法律行為時，明知其無代理權者，不在此限。

介查民律草案第 239 條理由謂無權代理人，以他人之代理人名義，與相對人為法律行為，其相對人若不知其無代理權之事實，使得撤回，藉以保護其利益。但本人追認後，其法律行為為有效，此時無許相對人撤回之理。若相對人明知其無代理權之事實時，則無須保護也。

第三款　無因管理

第 172 條 （無因管理人之管理義務）

未受委任，並無義務，而為他人管理事務者，其管理應依本人明示或可得推知之意思，以有利於本人之方法為之。

介查民律草案第 918 條理由謂無因管理之成立，應規定明晰，以防無益之爭。此本條所由設也。

◇未受委任，並無義務：指管理人於管理事務上，

並無法律上之義務。而其中「未受委任」係指未接受他人委任之意，乃**無契約上義務**之例示，因此基於僱傭、承攬、合夥等契約而管理他人事務，不成立無因管理。其他**法律上義務**例如親屬間扶養義務、警消救助行為，亦不成立無因管理。

◇（適法）無因管理

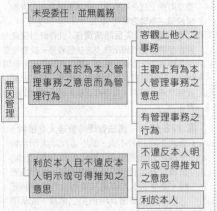

◇為他人管理事務

為他人	管理人認識其所管理的事物係他人事務，並欲使管理事務所生的利益歸於該他人，而非歸於自己
管理事務	管理事務與委任契約上的處理事務（民法第528條）意義相同。管理事務得為**事實行為**，如救助溺者，亦得為**法律行為**，如購買物品等

◇以利於本人且不違反本人明示或可得推知之意思之方法進行管理：為適當管理義務，乃管理人之主給付義務。

利於本人	指**客觀上**管理方法須有利於本人，此應斟酌一切與本人、管理人及事務種類等相關情事判斷，至於**事實上結果**是否利於本人，則非所問
本人明示	本人事實上曾經明確表示如何管理之意思
可得推知	可以依客觀情事判斷，推論出本人關於管理所要採取的方法的意思

◇**無因管理人之注意義務**：通說認為無因管理係屬任意干涉他人事務，為免因管理行為侵害本人權益，應使管理人負擔**善良管理人注意義務**，即負**抽象輕過失責任**，未盡注意義務造成損害則應

負債務不履行賠償責任。

◇**無因管理之性質**：通說認為無因管理本身係**事實行為**，而非準法律行為，故**不以管理人有行為能力為要件**。但其所管理他人事務的行為則可為事實行為或法律行為。

◇**無因管理之類型與法律效果**

適法無因管理（民§176）	阻卻違法，只負抽象輕過失責任
不適法無因管理（民§174、177I）	管理人違反本人明示或可得推知之意思時，為不適法無因管理；無法阻卻違法，負無過失責任

▲**【50 臺上 228】無因管理成立後，管理人因故意或過失不法侵害本人之權利者，侵權行為仍可成立**，非謂成立無因管理後，即可排斥侵權行為之成立。（例如管理人代收包裹成立適法無因管理，可阻卻承擔管理事務之違法性；但管理過程若因過失造成包裹毀損，仍應負侵權責任或債務不履行之責。）

▲**【86 臺上 1820】**按無因管理固須有為他人管理之意思，**惟為他人之意思與為自己之意思不妨併存**，故為圖自己之利益，若同時具有為他人利益之意思，仍不妨成立無因管理。

第 173 條　（管理人之通知與計算義務）
I 管理人開始管理時，以能通知為限，應即通知本人，如無急迫之情事，應俟本人之指示。
II 第五百四十條至第五百四十二條關於委任之規定，於無因管理準用之。

介謹按無因管理，有藉此為口實，妄干涉他人事務以害本人利益之弊，故須使管理人於開始管理時，負通知本人之義務，且於無急迫情事時，應受本人之指示，始足以矯正其弊。故設第1項規定。查本法第540條之規定，即無因管理人應將管理狀況報告本人，管理終止時，應明確報告其顛末是。又第542條之規定，即管理人為自己之利益，使用應交付於本人之金錢，或使用應為本人利益而使用之金錢，應自使用日起支付利息，如有損害，並應賠償是。管理人雖非受任人，而其所負之義務則應與受任人同，始足以保護本人之利益，故準用關於委任各該條之規定。

◇**無因管理人之義務**：無因管理雖非契約關係，惟其為他人管理事務的特徵與委任契約相類，故

準用委任契約相關規定，管理人即對本人負有報告、交付收取金錢、物品、孳息之義務，以及移轉權益、賠償等義務。

第 174 條　（管理人之無過失責任）

Ⅰ.管理人違反本人明示或可得推知之意思，而為事務之管理者，對於因其管理所生之損害，雖無過失，亦應負賠償之責。

Ⅱ.前項之規定，如其管理係為本人盡公益上之義務，或為其履行法定扶養義務，或本人之意思違反公共秩序善良風俗者，不適用之。

⑧一、第 1 項未修正。

二、第 2 項立法意旨原在維護社會公益及鼓勵履行法律上之義務，使熱心公益及道義者，可無所顧慮。為使此旨更為貫徹起見，對於管理行為雖違反本人之意思，而本人之意思係違反公共秩序善良風俗者，例如對自殺者之救助、對放火者之滅火，此種管理行為亦不應令管理人負管理無過失之損害賠償責任，爰修正如上。

◇**無過失責任之適用與例外**：就本條第 1 項之不適法無因管理，立法者將管理人之責任標準提高至無過失責任。然而當管理人係為本人盡公益上之義務、履行法定扶養義務、或本人意思違反公共秩序善良風俗時，則不適用本條第 1 項之無過失責任，管理人仍得主張第 176 條第 1 項之請求權（第 176 條第 2 項）。

為本人盡公益上之義務	指公法上義務（如繳納稅捐）及私法上義務（如修繕他人具危險性的建物）
履行法定扶養義務	扶養義務須為法定（民法第 1114 條以下規定），約定扶養義務不包括在內
本人意思違反公共秩序善良風俗	依據立法理由，本條乃為鼓勵民眾熱心公益，故如本人之意思係違反公共秩序善良風俗者，如對自殺者之救助、對放火者之滅火，管理人不須負無過失責任

第 175 條　（因急迫危險而為管理之免責）

管理人為免除本人之生命、身體或財產上之急迫危險而為事務之管理者，對於因其管理所生之損害，除有惡意或重大過失者外，不負賠償之責。

⇧查民律草案第 920 條理由謂管理人於管理上有過失，應負責任，固當然之理。然管理人意在免本人急迫危害時，對於因管理所生之損害，以有惡意或重大過失為限，始任損害賠償之責。此本條所由設也。

◇**緊急管理**：在本條指管理人為免除本人生命、身體或財產上之急迫危險，而為管理事務之情形，學說稱之為緊急管理。

◇**惡意或重大過失負賠償責任**：此係針對管理人就管理事務之實施所盡應之注意義務，於緊急管理之情形下，因情況緊急，難以期待管理人審慎周全，故應減輕其注意義務之標準，僅在管理人就管理所生損害，具惡意或重大過失時始負賠償責任。

第 176 條　（適法管理時管理人之權利）

Ⅰ.管理事務利於本人，並不違反本人明示或可得推知之意思者，管理人為本人支出必要或有益之費用，或負擔債務，或受損害時，得請求本人償還其費用及自支出時起之利息，或清償其所負擔之債務，或賠償其損害。

Ⅱ.第一百七十四條第二項規定之情形，管理人管理事務雖違反本人之意思，仍有前項之請求權。

⇧謹按管理人管理事務，如於本人有利益，且合於本人之真意，或可以推知之意思，則凡管理人為本人支出必要或有益之費用，或因管理所負擔之債務，或所受之損害，均應使其得向本人要求償還其費用，及自支出時起之利息，或要求清償所負擔之債務，或賠償其損害，以免管理人受不當之損失。此第 1 項所由設也。無因管理人為本人盡公益上之義務，或為其履行法定的扶養義務，所支出之費用，雖違反本人之意思，仍有向本人要求償還之權，以保護管理人之利益。此第 2 項所由設也。

◇**必要費用、有益費用與負擔債務**

必要費用	適法無因管理人為本人支出必要或有益費用，得請求本人償還費用。就是否必要或有益，依支出時的客觀標準加以認定（一理性管理人在管理時之合理預測）。必要費用例如占有物之必要費用（飼養費、維修費用、稅捐等）
有益費用	指對管理事務，因管理人利用或改良之行為，致增加其價值之費用，並且

	僅限於事務現存增加之價值，如將佔有之房屋裝潢、改建
負擔債務	管理人因管理事務而負擔之債務，得請求本人代為清償，但以必要或有益者為限

◇**無因管理人之報酬請求權**：學說上雖有認為若該事物在管理人執業範圍內時，管理人具報酬請求權。惟通說認為為避免有心人士為賺取報酬以無因管理四處打擾他人，應否定管理人得請求管理之報酬。

第 177 條 （非適法管理時本人之權利義務）

I.管理事務不合於前條之規定時，本人仍得享有因管理所得之利益，而本人所負前條第一項對於管理人之義務，以其所得之利益為限。

II.前項規定，於管理人明知為他人之事務，而為自己之利益管理之者，準用之。

⑧一、現行條文未修正，移列為第 1 項。

二、無因管理之成立，以管理人有「為他人管理事務」之管理意思為要件。如因誤信他人事務為自己事務（誤信的管理），或誤信自己事務為他人事務（幻想的管理）而為管理，均因欠缺上揭主觀要件而無適用無因管理規定之餘地。同理，明知係他人事務，而為自己之利益管理時，管理人並無「為他人管理事務」之意思，原非無因管理。然而，本人依侵權行為或不當得利之規定請求損害賠償或返還利益時，其請求之範圍卻不及於管理人因管理行為所獲致之利益；如此不當承認管理人得保有不法管理所得之利益，顯與正義有違。因此宜使不法之管理準用適法無因管理之規定，使不法管理所生之利益仍歸諸本人享有，俾能除去經濟上之誘因而減少不法管理之發生，爰增訂第 2 項（德國民法第 684 條第 1 項參考）。

◇**不法管理與誤信管理**

不法管理	明知（故意）該事務客觀上為他人之事務，仍作為自己之事務或出於為自己利益而為管理，屬不法管理，不成立無因管理
誤信管理	管理人誤認（過失）他人事務為自己事務，而為管理，係屬誤信管理，不成立無因管理，應適用侵權行為或不當得利規定

▲【97 臺上 154】民法第 176 條第 1 項規定**所稱之「利於本人」，係指客觀利益而言，至於本人是否認為有利，並非決定標準**。又無因管理之管理人，係為本人盡公益上之義務，其管理雖違反本人之意思，仍有民法第 176 條第 1 項規定之費用償還請求權，此觀同條第 2 項之規定自明。而管理人墊款為本人繳納稅捐，係為本人盡公益上之義務，其管理在客觀上難謂對於本人不利，縱違反本人之意思，依上說明，管理人仍得就其墊款請求本人償還。

第 178 條 （無因管理經承認之效力）

管理事務經本人承認者，除當事人有特別意思表示外，溯及管理事務開始時，適用關於委任之規定。

⑧管理事務經本人承認者，適用關於委任之規定，惟究自管理事務開始抑自承認時始適用關於委任之規定，法無明文，在實用上易滋疑義，爰予明確規定。

第四款 不當得利

第 179 條 （不當得利之效力）

無法律上之原因而受利益，致他人受損害者，應返還其利益。雖有法律上之原因，而其後已不存在者，亦同。

⇧查民律草案第 929 條理由謂凡無法律上之原因，而受利益，致他人受損害者，不可不返還其利益於他人，否則於事理不合。其先雖有法律上之原因，而其後法律上之原因已不存在者（如撤銷契約解除契約之類），亦應返還其利益。此本條所由設也。

◇**無法律上原因**：學說上有統一說、非統一說之爭議。

統一說	認為不當得利的基礎有統一的概念，因此無法律上原因亦應有其統一意義，財貨之變動，係違反公平或正義或欠缺權利時，均為無法律上原因
非統一說	認為各種不當得利各有其基礎，不能求其統一。依照利益移動之原因的不同，區分為因受損人自己的行為產生利益移動的「給付型」與非因受損人行為產生利益移動的「非給付型」不當得利。目前通說採此說

民
法

第二編　債　（第一七九條）

◇**受利益**：指因一定事實的結果，而致一方當事人的財產有所增益。常見的利益類型，例如：財產權之取得、占有、登記名義、財產權限制的消滅（抵押權消滅）、債務之消滅、物之使用收益。

◇**致他人受損害**：

1. 致他人：受利益與受損害間須具有因果關係。**給付型不當得利**多數說採「**直接因果關係說**」，亦即受益的原因事實與受損的原因事實必須同一；**非給付型不當得利**則透過「**權益歸屬理論**」判斷受領人是否取得本應歸屬於他人之利益。

2. 受損害：包含積極損害（如財產減少）與消極損害（應得利益喪失）。應注意的是，不當得利旨在調整「利益」的不當流動。當利益自受損人處不當移動到受領人處，則受損人所喪失的該項利益，即為所受之「損害」，故損害與利益在不當得利係一體兩面的概念。

◇**不當得利之類型**

給付型不當得利	利益流動係因受損人自己有意識、目的、為了增加他方財產所為之利益移動。此類型法律上原因之有無，應視當初受損人為利益移動的目的（給付目的）是否存在或欠缺為判斷
非給付型不當得利	利益流動非基於受損人自主性的行為，而是因為受益人（如無權處分、出租他人之物）或第三人行為（如甲竊食乙之飼料，餵食丙之寵物），甚至自然事實（如果實自落鄰地）或法律規定（添附等）。此類型法律上原因之有無，因不具給付目的之問題，則應

依「**權益歸屬理論**」，判斷受領人獲得利益，是否具有法律規定為依據

◇**雖有法律上之原因而其後已不存在**：只要當初受損人為利益移動之目的不存在（不論自始或嗣後），該利益的移動即屬「無法律上原因」。因此雖然利益之流動曾經具有法律上原因，然嗣後不存在者亦屬無法律上原因。

▲【47 臺上 303】不當得利，須以無法律上之原因而受利益，致他人受損害為其成立要件，其**因時效而取得權利**，民法上既有明文規定，即與無法律上之原因而受利益之情形有別，**不生不當得利之問題**。

▲【55 臺上 1949】民法第 818 條所定各共有人按其應有部分，對於共有物之全部有使用收益之權。係指各共有人得就共有物全部，於無害他共有人之權利限度內，可按其應有部分行使用益權而言。故**共有人如逾越其應有部分之範圍使用收益時**，即係超越其權利範圍而為使用收益，其所**受超過利益，要難謂非不當得利**。

▲【91 臺上 1991】按契約互負債務者，於他方當事人未為對待給付前，得拒絕自己之給付，民法第 264 條第 1 項前段定有明文。**雙務契約被撤銷，當事人就其所受領之給付，係無法律上原因而受利益，致他人受損害，應依不當得利之規定負返還義務**，即令另一方又主張回復原狀，惟雙方因而互負返還之債務，亦係基於同一經撤銷之契約而發生，互有對待給付之關係，自應類推適用民法第 264 條規定，認雙方就此得為同時履行之抗辯。

不當得利之效力

不當得利之效力

原則：返還

返還標的
1. 受領之原物（§181本文）
2. 價額償還（§181但書）

返還範圍

善意受領人
1. 所受利益不存在時免負返還責任（§182Ⅰ）
2. 無償讓與第三人，由第三人返還（§183）

惡意受領人
1. 自始惡意：受領時所得之利益，附加利息，並賠償損害
2. 嗣後惡意：從知無法律上知原因時所現存之利益，附加利息，並賠償損害

例外：不返還
1. 給付係履行道德上義務
2. 債務人於未到期之債務因清償而為給付
3. 因清償債務而為給付，於給付時明知無給付之義務
4. 因不法之原因而為給付者

▲【92 臺上 2682】按無法律上之原因而受利益，致他人受損害者，應返還其利益，民法第 179 條前段定有明文。是依不當得利之法律關係請求返還不當得利者，須以無法律上之原因受有利益，並因而致他人受損害為要件。又在判斷是否該當上開不當得利之成立要件時，應以「權益歸屬說」為標準，亦即若欠缺法律上原因而違反權益歸屬對象取得其利益者，即應對該對象成立不當得利。

▲【95 臺上 1972】按最高法院 22 年上字第 3771 號判例固謂：債權人本於確定判決，於債務人為強制執行受金錢之支付者，該確定判決如未經其後之確定判決予以廢棄，縱令判決之內容不當，亦非無法律上之原因而受利益。惟尋繹其闡釋債權人之所以非不當得利，乃指該確定判決之事實審言詞辯論終結時之原因事實狀態而言，倘債權人依確定判決事實審言詞辯論終結後，新發生之原因事實另為起訴主張者，即無該判例之適用，此觀本院 39 年臺上字第 214 號判例所揭櫫：「判決之既判力，係僅關於為確定判決之事實審言詞辯論終結時之狀態而生，故在確定判決事實審言詞辯論終結後所發生之事實，並不受其既判力之拘束」之意旨自明。

▲【99 臺上 1399】侵權行為損害賠償之義務人，因侵權行為受利益，致被害人受損害者，於侵權行為損害賠償請求權消滅時效完成後，仍應依關於不當得利之規定，返還其所受之利益於被害人（不當得利請求權消滅時效完成前）。

▲【102 臺上 701】查公用地役關係為公法關係，私有土地具有供公眾通行使用之公用地役關係者，土地所有權人之權利行使，固不得違反供公眾通行使用之目的，惟特定之人倘違背公用地役關係，無權占用有上開關係之私有土地，受有不當利益時，土地所有人非不得行使物上請求權，及請求該特定之人返還不當得利。

▲【102 臺上 2056】強制執行程序中之拍賣，倘嗣後經拍定人聲請法院確認與債務人間之系爭買賣（拍賣）關係不存在確定，基於債權人得以分配價金，應以該拍賣所生買賣關係存在為前提，則於該拍定之買賣關係不存在時，執行法院不得以之代替債務人清償其債務，債權人受領之分配款即無法律上原因，拍定人與受領分配款債權人間成立非給付型不當得利。又於拍定人為債權債務間強制執行以外之第三人，應較受領分配款債權人受法律之保護，就其所受損害自得向受有利益之債權人請求返還。

▲【105 臺上 1434】按民法第 179 條規定所謂無法律上之原因而受利益，就受損害人之給付情形而言，係指欠缺給付之目的。給付目的之自始欠缺或嗣後不存在，給付目的不能達到，均構成給付不當得利類型之無法律上原因。

> **第 180 條　（不得請求返還之不當得利）**
> 給付，有左列情形之一者，不得請求返還：
> 一　給付係履行道德上之義務者。
> 二　債務人於未到期之債務因清償而為給付者。
> 三　因清償債務而為給付，於給付時明知無給付之義務者。
> 四　因不法之原因而為給付者。但不法之原因僅於受領人一方存在時，不在此限。

　按給付有左列情形之一者，在受領人雖為不當得利，而給付人則不得請求返還。即

　（甲）因履行道德上義務所為之給付　此種義務，本不能強制履行（例如破產律所謂依協諧契約而得免除之債務是），而債務人既已任意履行以後，即不得請求返還。

　（乙）因清償未到期債務所為之給付　未到期之債務，債權人雖不得期前請求履行，然債務人欲於期前清償，亦為法所許可。惟為免除法律關係致臻煩雜計，故不許給付人請求返還。

　（丙）清償債務人在給付時明知無給付義務所為之給付　於給付時明知債務不存在，而故為給付者，可推定其有意拋棄其所給付之請求返還權。故不得請求返還。

　（丁）因不法原因所為之給付　例如因賄賂而給付之金錢，均不得請求返還。然若不法之原因，僅存在於受領人之一方時，則仍許給付人有請求返還權。

◇**特殊不當利益**：於構成民法第 179 條不當得利之要件後，受領人負有返還義務，然若符合民法第 180 條第 1 到 4 款規定者，受領人則例外不負返還義務。又本條規定「給付」，故限於**給付型不當得利**始有適用。

◇**期前清償**：即債務人於未到期之債務，因清償而為給付者。債務定有清償期者，債權人不得請求期前清償，然如無反對意思，債務人得於期前為清償（民法第 316 條），蓋因債務之期限利益係歸

屬於債務人，但債務人自願放棄期限利益而於清償屆至前給付者，債權人自可本於債權而受領。因此就本金而言，債權人受領並非無法律上原因，僅就未到期之利息部分可能有不當得利問題，故本款所指應係利息而言。

◇**非債清償：**即因清償債務而為給付，於給付時明知無給付之義務者。蓋因給付人明知無義務而仍為給付，法律即無保護之必要。應注意此給付須明知且有任意性。

◇**自然債務：**指沒有強制力的債務，例如：請求權時效已完成之債務、賭博而發生的債務（賭債）。

◇**不法原因：**係指原行為因違反法律強制或禁止規定（民法第71條），或違反公序良俗而無效（民法第72條），受領給付一方即屬不當得利，然而受損人如主張返還，則需以自己之違法情事為基礎，將有違正義之精神及法律保護合法之原則。

◇**不法之原因僅於受領人一方存在：**民法第180條第4款但書，通說認為乃賦予獨立之不當得利請求權，因此縱使具有同條第1至3款之情形，仍可請求返還。

◇**不當得利的法律效果：**包括兩個層次：利益返還的客體（民法第181條規定受領人應返還甚麼標的予受損人）及利益返還的範圍（民法第182條規定返還的範圍包括哪些）。

▲【90上1014】債務人一旦行使此項消滅時效抗辯權，債權的請求力因而減損，難以訴之方法強制實現，惟此種債權仍得受清償。此種權於消滅時效的債權，係屬所謂**不完全債權**（或稱**自然債務**），債權人請求力雖因債務人之抗辯權而減弱，但仍具有可履行性，其受領給付的權能（債權之保持力），不因此而受影響。

▲【94臺上897】因清償債務而為給付，於給付時明知無給付之義務者，不得請求返還，為民法第180條第3款所明定。至於判斷是否「明知無給付之義務」，**應以自然人或法人於給付時是否具有主觀上明知無給付義務之情形為準**，非以代表法人之自然人或受領人之主觀意思為斷。

▲【101臺簡上7】給付，有左列情形之一者，不得請求返還：一、給付係履行道德上之義務者。二、債務人於未到期之債務因清償而為給付者。三、因清償債務而為給付，於給付時明知無給付之義務者。四、因不法之原因而為給付者。但不法之原因僅於受領人一方存在時，不在此限。民法第180條定有明文。依本條第3款規定，賭債非債，本不生債之關係。本件被上訴人為清償賭債而簽發系爭本票，則舊債務為賭博之債，新債務即系爭本票票款自無給付義務可言，於被上訴人未給付時，依法自得拒絕給付，**上訴人對賭債並無債權或債權請求權存在，難認本件有民法第180條第3款規定之適用。又本條第四款之規範目的，係認當事人從事不法行為，乃將自己置於法律秩序以外，無予保護之必要，故該款所稱之「給付」，係指本於受損人之意思所為財產之給與，且當事人給付目的，在使受領者終局保有此項財產給與者而言，至債務之負擔仍在給付之前階段，尚不得謂為給付。**

第181條　（不當得利返還之標的物）

不當得利之受領人，除返還其所受之利益外，如本於該利益更有所取得者，並應返還。但依其利益之性質或其他情形不能返還者，應償還其價額。

☆查民律草案第936條理由謂不當得利之受領人，其應返還之利益，須明示之，以息無益之爭。此本條所由設也。

◇**本於該利益更有所取得者：**所謂本於該利益更有所取得者例如：原物之用益（如法定孳息、天然孳息）、權利之取得（如埋藏物）、原物之代位（如民法第225條第2項之代價權利、保險金、損害賠償金、徵收補償費等）。若「**更有所取得者**」不能返還時，應依本條但書規定返還其價額。又通說認為「**依法律行為所取得者**」非屬所謂本於該利益更有所得，蓋因該利益交換價值將因當事人締約談判能力及環境狀況有所不同，例如轉賣之價差：市價10萬之車輛賣得20萬；以機車互換汽車等。此時不得主張10萬或汽車為更有所得者，而應認車輛、機車現物返還不能，而適用本條但書規定償還客觀價額。

◇**償還其價額：**不當得利應返還的客體，以「原物返還」為原則，當不能以原物返還時，則以金錢償還其價額。其價額決定的標準，通說係依該利益之**客觀交易價格（客觀說）**，而非觀察受益人之財產總額之增減（**主觀說**）；價額決定的時點，通說則以「**不當得利返還義務發生時**」為準。

第182條　（不當得利受領人之返還範圍）

Ⅰ不當得利之受領人，不知無法律上之原因，而其所受之利益已不存在者，免負返還或償還價額之責任。

II.受領人於受領時，知無法律上之原因或其後知之者，應將受領時所得之利益，或知無法律上之原因消時所現存之利益，附加利息，一併償還；如有損害，並應賠償。

> 謹按受領人在受領時，不知無法律上之原因，而於受領以後，其利益又因不可抗力而滅失，此際或因善意而消費者，不問其有無過失，均應免其返還利益或償還價格之責任，以保護善意之受領人。此第 1 項所由設也。又民律草案第 938 條理由謂受領人於受領時，明知無法律上之原因，則其自始即有惡意。或受領人始知無法律上之原因，其先為善意，而其後變為惡意者，均須加重其責任，以保護相對人之利益。此第 2 項所由設也。

◇**不當得利受領人利益之返還範圍**

善意受領人（民§182I）		不知無法律上原因者。基於避免善意受領人因不當得利而受有法律上不利益，就「所受利益」存在與否，應採「**總體財產觀察法**」，即比較受領利益前之財產原有總額與受領後之財產現有總額（差額說），若請求時所受利益已不存在，則免負返還或償還價額義務
惡意受領人（民§181II）	自始惡意	受領時知無法律上原因者。應返還**受領時所得利益、利息及損害賠償**
	嗣後惡意	其後知無法律上原因者。應返還惡意時（知無法律上原因時）之**現存利益**，利息亦自惡意時開始起算，並負損害賠償責任

◇**損害賠償**：此項損害賠償責任，非指受領人返還的利益小於受損人之損害時，其不足之部分。該不足之部分應依侵權責任或不法管理請求之。本條之「損害」，其性質應類似於民法第 226 條之「**所失利益**」，亦即受損人因不當得利之發生，致使其無法獲得應得之利益，而此利益未必得依侵權責任請求之，此時受損人即得向惡意受領人請求損害賠償。又此項損害賠償請求權**非屬侵權責任**，故不以故意、過失為要件。

◇**雙務契約不當得利之返還責任**：
1. **二不當得利請求權對立說**：雙務契約無效（不成立、被撤銷）時，一方當事人由他方當事人無法律上原因所受領之給付，應成立兩個相互獨立的不當得利請求權。
2. **差額說**：認為基於雙務契約的相互對待給付關係，雙務契約不存在時，當事人間僅有一個統一的不當得利請求權，而以雙方應返還所受利益的差額計算之。

◇**未成年人之善、惡意**：學說上有認為依法定代理人為判斷（王澤鑑，不當得利）；亦有認為應類推適用侵權行為之識別能力之規定（邱聰智，新訂民法債編通則上冊）。

▲【41 臺上 637】民法第 182 條所謂其所受之利益已不存在者，非指所受利益之原形不存在者而言，原形雖不存在，而實際上受領人所獲財產總額之增加現尚存在時，不得謂利益已不存在。

▲【61 臺上 1695】依不當得利之法則請求返還不當得利，以無法律上之原因而受利益，致他人受有損害為其要件，故**其得請求返還之範圍，應以對方所受之利益為度，非以請求人所受損害若干為準，無權占有他人土地，可能獲得相當於租金之利益為社會通常之觀念，是被上訴人抗辯其占有系爭土地所得之利益，僅相當於法定最高限額租金之數額，尚屬可採。**

▲【95 年第 17 次民事庭會議】提案：民法第 182 條第 2 項附加利息之時效期間為五年或十五年？決議：採乙說：**五年**。按利息、紅利、租金、贍養費、退職金及其他一年或不及一年之定期給付債權，其各期給付之請求權，因五年間不行使而消滅，民法第 126 條定有明文。**民法第 182 條第 2 項所定之附加利息，性質上雖屬不當得利，惟既明定以利息為計算標準**，參照最高法院 49 年臺上字第 1730 號判例及 65 年 6 月 8 日 65 年度第 5 次民庭庭推總會議決定㈡、66 年 9 月 26 日 66 年度第 7 次民庭庭推總會議決議㈠之意旨，**其請求權之時效期間仍應依前開規定為五年。**

▲【87 臺上 937】按不當得利之受領人，不知無法律上之原因，而其所受之利益已不存在者，免負返還或償還價額之責任，為民法第 182 條第 1 項所明定。故利得人為善意者，僅負返還其現存利益之責任；所謂現存利益，係指利得人所受利益中於受返還請求時尚存在者而言；於為計算時，利得人苟因該利益而生具因果關係之損失時，如利得人信賴該利益為應得權益而發生之損失者，於返還時亦得扣除之，蓋善意之利得人祇須於受益之限度內還盡該利益，不能因此更受損害。

民法

第二編　債　（第一八三～一八四條）

第 183 條　（第三人之返還責任）

不當得利之受領人，以其所受者，無償讓與第三人，而受領人因此免返還義務者，第三人於其所免返還義務之限度內，負返還責任。

介查民律草案第 944 條理由謂本於不當得利之請求權，以原則論，僅有對人之效力，祇能對於受領人主張之。故不當得利之受領人，以其所受利益之全部或一部，讓與第三人，而不索報償時，受領人得免返還義務之全部或一部（參照前條），第三人亦無返還之責。然似此辦理，不足以保護債權人，故本法以第三人為無直接法律上原因而由債務人受利益之人，仍使其負返還之責，以保護債權人之利益。此本條所由設也。

◇**無償讓與**：未取得任何對價而將財貨利益讓與第三人，例如贈與或遺贈。其受讓為一部有償、一部無償者，無償部分亦有適用本條之可能。
　　又本條適用之典型案例為「**無償有權處分**」。而「**無償無權處分**」通說雖認為亦為本條所涵蓋，但有認此時第三人受益乃因承認或善意受讓，係基於法律規定，而非基於受領人之無償讓與，無適用本條餘地。參酌規範目的與當事人利益，無論有權或無權處分，第三人均為無償取得利益，依平等原則，宜「**類推適用**」本條之規定。

◇**第三人之償還責任**：本條限於民法第 182 條第 1 項之善意受領人情形始有適用，因為善意受領人無償讓與之行為（如贈與），致現存利益已經不存在，始得免返還義務，因此在此限度內由第三人負返還責任。而民法第 182 條第 2 項惡意受領人者，無免返還義務之可能，返還責任由惡意領人負責，自無須由第三人負返還責任。

第五款　侵權行為

第 184 條　（一般侵權行為之責任）

I.因故意或過失，不法侵害他人之權利者，負損害賠償責任。故意以背於善良風俗之方法，加損害於他人者亦同。
II.違反保護他人之法律，致生損害於他人者，負賠償責任。但能證明其行為無過失者，不在此限。

⑧⑧一、第 1 項未修正。
　　二、現行條文第 2 項究為舉證責任之規定，抑為獨立之侵權行為類型？尚有爭議，為明確計，爰

將其修正為獨立之侵權行為類型，凡違反保護他人之法律，致生損害於他人者，即應負賠償責任。惟為避免對行為人課以過重之責任，增訂但書規定，俾資平衡。

◇**侵權責任類型**

民 §184I 前段	故意或過失不法侵害他人權利之侵權責任
民 §184I 後段	故意以背於善良風俗之方法加損害於他人之侵權責任
民 §184II	違反保護他人法律之侵權責任

◇**侵害行為**：所謂行為係指有意識之人所為，受意思支配之活動。侵害行為不限於作為，消極不作為或利用他人之行為亦包括。又不作為須以行為人有法律上之作為義務為前提。

◇**權利或利益**

民 §184I 前段	限於「**權利**」。通說認為須以「**絕對權**」受侵害為限，例如人格權、所有權等絕對性權利，不含債權等相對權或利益
民 §184I 後段	包括權利與利益
民 §184II	包括權利與利益

◇**損害**：依「**無損害即無賠償**」原則，以發生實際損害為要件。損害的態樣有財產上損害與非財產上損害。

◇**純粹經濟上損失**：民法第 184 條第 1 項前段過失侵權責任，須以「**權利**」受侵害為要件。學說上又認為權利概念須限於「**絕對權**」，不包括非因絕對權受侵害所生損失。非因絕對權受侵害所生的財產上損害，稱為「**純粹經濟上損失 (Pure Economic Loss)**」。例如：債權等相對權、利益受侵害所生的財產上損害即屬之。

◇**因果關係**：通說採取「**客觀相當因果關係說**」，由「**條件關係**」與「**相當性**」所構成，亦即謂無此行為，必不生此種損害（條件關係）；又有此行為，通常即足生此種損害（相當性），即具客觀相當因果關係。

◇**侵害行為不法**

民 §184I 前段	通說與實務採取「**結果不法說**」，係指符合構成要件該當性之侵害行為，原則上即推定為不法。惟有學說認為應採「**行為不法說**」，認為結果不法未必得推定不法性，須正面檢視該行為是否違反法律上防免義務

民§184I 後段	以背於善良風俗之方法，侵害行為即具備不法性（廣義之不法）
民§184II	違反保護他人之法律

◇**保護他人之法律**：係指一般防止危害權益，或禁止侵害權益的法律。凡直接或間接以保護個人的權利為目的者均屬之。特徵如下：

　1.法令課予行為人特定義務。

　2.法令目的在於保護個人或特定範圍之人的權益。

　3.法令目的在於禁止、防止妨害他人權益或保障他人權益不受侵害。

　4.專為保護國家社會利益或大眾利益者，不屬之。例如道路交通管理安全規則、勞工安全法規、消防法規、建築法規、醫療法等。

◇**責任能力**：行為人能認識其行為在法律上應擔某責任之能力。採取**侵權行為時實質判斷標準**，就各行為人個別認定，不是以年齡、婚姻及監護制度等統一區劃。

◇**故意過失**：**故意**包含**直接故意**（明知並有意使其發生）與**間接故意**（預見其發生，且其發生不違本意）；**過失**指行為人雖非故意，但按其情節，應注意能注意而未注意，或預見其能發生而信其不發生者，亦以過失論。故欲判斷行為人主觀有無過失，須先確定行為人應負擔的「**注意義務標準**」，再就行為人在個案中的行為是否符合該標準，判斷其有無過失。注意義務之標準，理論上

應以各行為人主觀上注意能力為判斷依據。然為劃定行為人「**客觀上**」之一般行為準則而發生「**過失客觀化**」，劃定不同的統一注意義務標準：

抽象輕過失	善良管理人注意義務。以一般具有相當專業知識經驗且勤勉負責之人，在相同狀況下能否預見或防免損害結果發生為判斷標準
具體輕過失	指欠缺處理自己事務同一的注意標準
重大過失	指顯然欠缺老弱婦孺的注意標準

▲【55 臺上 228】無因管理成立後，管理人因故意或過失不法侵害本人之權利者，侵權行為仍可成立，非謂成立無因管理後，即可排斥侵權行為之成立。

▲【56 臺上 3064】不當得利返還請求權與損害賠償請求權，法律上之性質雖有未同，但二者訴訟上所據之事實如屬同一，則原告起訴時雖係基於侵權行為之法律關係，然在訴訟進行中於他造為時效之抗辯後，亦不妨再基於不當得利之請求權而為主張。

▲【66 臺上 1015】**違反保護他人之法律者，推定其有過失**，民法第 184 條第 2 項有明文規定。又交通部會同內政部依道路交通管理處罰條例第 92 條所訂定之道路交通安全規則第 122 條第 1 款及第 128 條分別規定：「腳踏車載物寬度，不得超過把手」，「慢車（包括腳踏車）在夜間行車，

侵權行為之要件

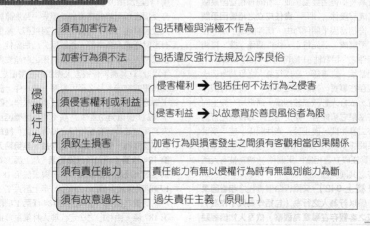

侵權行為	須有加害行為	包括積極與消極不作為
	加害行為須不法	包括違反強行法規及公序良俗
	須侵害權利或利益	侵害權利 ➜ 包括任何不法行為之侵害
		侵害利益 ➜ 以故意背於善良風俗者為限
	須致生損害	加害行為與損害發生之間須有客觀相當因果關係
	須有責任能力	責任能力有無以侵權行為時有無識別能力為斷
	須有故意過失	過失責任主義（原則上）

應燃亮燈光」，旨在保障公眾之安全，倘被上訴人夜間乘腳踏車未燃亮燈光，而其後載竹簍復超過規定寬度，即難謂其未違反保護他人之法律。

▲【66 臺上 2115】數人因共同過失不法侵害他人之權利者，依法應負連帶賠償責任，苟**各行為人之過失均為其所生損害之共同原因，即所謂行為關連共同**，亦足成立共同侵權行為。本件加害人某甲之過失責任，縱較加害人某乙為輕，然對於被害人之賠償，則應與某乙負連帶責任，原判決僅按十分之三給付尚有未合。

▲【67 臺上 2111】上訴人明知加害人張某未領有駕駛執照，仍將該小客車交其駕駛，顯違道路交通管理處罰條例第 21 條第 1 項第 1 款、第 28 條之規定，亦即違反保護他人之法律，應推定其有過失。

▲【98 臺上 1961】然債務不履行與侵權行為在民事責任體系上，各有其不同之適用範圍、保護客體、規範功能及任務分配。債務不履行（契約責任）保護之客體，主要為債權人之給付利益（履行利益）（民法第 199 條參照），**侵權行為保護之客體，則主要為被害人之固有利益**（又稱持有利益或完整利益）（民法第 184 條第 1 項前段參照），**因此民法第 184 條第 1 項前段所保護之法益，原則上限於權利（固有利益），而不及於權利以外之利益，特別是學說上所稱之純粹經濟上損失或純粹財產上損害**，以維護民事責任體系上應有之分際，並達成立法上合理分配及限制損害賠償責任，適დ填補被害人所受損害之目的。

▲【101 臺上 443】按侵權行為之債，固以有侵權之行為及損害之發生，並二者間有**相當因果關係**為其成立要件 （即「**責任成立之相當因果關係**」）。惟相當因果關係乃由「條件關係」及「相當性」所構成，必先肯定「條件關係」後，再判斷該條件之「相當性」，始得謂有相當因果關係，該「相當性」之審認，必以行為人之行為所造成之客觀存在事實，為觀察之基礎，並就此客觀存在事實，依吾人智識經驗判斷，通常均有發生同樣損害結果之可能者，始足稱之；若侵權之行為與損害之發生間，僅止於「條件關係」或「事實上因果關係」，而不具「相當性」者，仍難謂該行為有「責任成立之相當因果關係」，或為被害人所生損害之共同原因。

▲【101 臺上 942】又損害賠償責任之**相當因果關係，係以行為人之行為（包括作為與不作為）所造成之客觀存在事實為觀察，依吾人知識經驗判斷，無此行為，必不發生此損害；有此行為，通常即足發生此種損害者，為有因果關係；有此行為，通常亦不生此種損害者，即無因果關係。**

▲【102 臺上 745】又按侵權行為之成立，須有加害行為，所謂**加害行為包括作為與不作為，其以不作為侵害他人之權益而成立侵權行為者，必以作為義務之存在為前提**。此在毫無關係之當事人（陌生人）間，原則上固無防範損害發生之作為義務，惟如基於法令之規定，或依當事人契約之約定、服務關係（從事一定營業或專門職業之人）、自己危險之前行為、公序良俗而有該作為義務者，亦可成立不作為之侵權行為。

▲【103 臺上 738】按所謂**相當因果關係，係指依經驗法則，綜合行為當時所存在之一切事實，為客觀之事後審查，認為在一般情形下，有此環境、此行為之同一條件，均可發生同一之結果者，則該條件即為發生結果之相當條件，行為與結果即有相當之因果關係**。反之，若在一般情形下，有此同一條件存在，而依客觀之審查，認為不必皆發生此結果者，則該條件與結果不相當，不過為偶然之事實而已，其行為與結果間即無相當因果關係。

▲【103 年上更㈠ 39】上訴人雖主張其住處因上情而變為凶宅造成房屋貶值損失，且有關房屋價值之減損，即屬對於所有權中有關收益權能之侵害，亦非單純經濟上之損失等語，然**因凶宅造成房屋貶值損失，核屬系爭房屋在不動產交易市場上，交易人心理因素受影響所可能產生之交易價格降低、減少，係屬「純經濟損失」**。按學理上所稱「純經濟損失」，是一種非因有形財產或具體人身受損害所引起的經濟利益損失，為加諸於被害人整體財產上的不利益，非針對被害人某個特定有形財產或人身本體，故該損失乃抽象性，僅能根據被害人在加害原因發生前後之財產變動差額予以計算，其體現係被害人總體財產價值之變動，與具體的物或人身之損害無關。是本件上訴人所主張之損失，乃抽象地存在於系爭房屋之財產上不利益（價值變動差額），該不利益應屬純經濟損失範疇，並非所有權權能之損害，此種**純經濟損失非屬權利，係權利以外之利益，非得納入民法第 184 條第 1 項前段保護範圍**。是上訴人本件主張之損害既屬純粹經濟損失，與民法第 184 條第 1 項前段保護客體即有未合，是上訴人主張系爭房屋貶值之損失，依民法第 184 條第 1 項前段、第 187 條，由林○之法定代理人林業振損害賠

償責任等語，即無可取。次按民法第 184 條第 1 項後段規定：「故意以背於善良風俗之方法，加損害於他人者亦同」，所謂背於善良風俗並不限於一般風情民俗，只要是社會道德通念上不能接受之行為均包括在內，且須出於故意行為，即有加損害於他人之故意。自殺屬於極端終結生命之方式，經社會各界多方宣導勸阻，故自殺行為為社會所不贊同，更被視為不孝行為，難謂非背於善良風俗。再房屋內有自殺行為而致死亡，將使房屋成為一般所稱之凶宅，凶宅常為一般人嫌惡而不願買受或承租；出售房屋未告知其房屋曾有非自然死亡，致演變為購屋糾紛，亦時常見諸報端，故內政部公告之成屋買賣契約範例將建物內是否曾發生兇殺、自殺致死之情事，列為買賣應確認之事項，再強制執行法第 81 條第 2 項亦修正建物內如有非自然死亡，應載明於不動產拍賣公告，是房屋發生自殺致死，足以影響交易致房屋價值貶損，應為社會大眾所知悉。林○自殺時雖主觀上出於殘害自己生命之意思而為，但對因此造成系爭房屋成為凶宅，日後難以出售，侵害系爭房屋財產利益不能謂無認識，其仍執意為之，尚不得謂無間接故意存在，且因其自殺死亡造成房屋價值跌落，自有相當因果關係，上訴人主張林○成立民法第 184 條第 1 項後段之侵權行為，即屬有據。

▲【104 臺上 703】按刑法上誹謗罪之成立，以行為人之行為出於故意為限；民法上不法侵害他人之名譽，則不論行為人之行為係出於故意或過失，均應負損害賠償責任，此觀民法第 184 條第 1 項前段及第 195 條第 1 項之規定自明。且刑事責任係對人身自由之剝奪，對言論自由之寒蟬效應比民事責任為大，依比例原則，亦不必使二者以相同標準判斷。而侵權行為之過失，指抽象輕過失即欠缺善良管理人之注意義務而言。當言論自由與公眾人物之人格權或名譽權相衝突時，因公眾人物自願進入公共領域，縱屬私領域行為，因事關公眾人物價值觀、品德而影響公共政策形成，其言行事關公益，應以最大之容忍，接受新聞媒體監督，惟非謂其權利不受保障。新聞自由與公眾人物名譽權保障之權衡，當就個案情況，視行為人有無為合理查證及客觀上其得否確信所言屬實，以定其已否盡注意義務。倘行為人所述有損公眾人物之名譽，且不能證明其所述屬實，復未於陳述前經合理查證，或依查證所得資料，難認有相當理由確信其為真實者，即難謂已善盡注意義務。縱非故意而不能以刑事罪責相繩，仍

應負民事損害賠償責任。

▲【105 臺上 1661】按新聞自由攸關公共利益，乃實現民主價值重要機制，國家應給予最大限度之保障，以促進資訊充分流通，滿足民眾知的權利，形成公共意見與達成公共監督，俾維持民主多元社會之正常發展，惟亦須兼顧個人名譽權之保護。故新聞媒體工作者就有關涉及公共利益事務之報導，倘業經合理查證，而依查證所得資料，有相當理由確信其為真實者，縱事後證明其報導與事實不符，亦不能令負侵權行為之損害賠償額責任。至行為人就其陳述之事實是否已盡合理查證之義務，應依事件之特性，參酌行為人之身分、陳述事實之時地、查證事項之時效性及難易度、被害法益之輕重、與公共利益之關係、資料來源之可信度等因素加以綜合考量判斷，不以有無平衡報導為唯一判斷標準。

第 185 條　（共同侵權行為之責任）

I.數人共同不法侵害他人之權利者，連帶負損害賠償責任。不能知其中孰為加害人者，亦同。

II.造意人及幫助人，視為共同行為人。

介查民律草案第 950 條理由謂數人共同為侵害行為，致加損害於他人時（即意思及結果均共同），各有賠償其損害全部之責任。至造意人及幫助人，應視為共同加害人，始足以保護被害人之利益。其因數人之侵權行為，生共同之損害時（即結果共同）亦然。此本條所由設也。

◇數人共同不法侵害他人之權利：數人不以親自實施加害行為為必要，利用他人之行為亦屬之。且數人各自均應具備侵權行為之要件（民法第 184 條）。

◇共同：早期實務見解採取犯罪共同說，即行為人主觀上應有犯意聯絡，惟現行實務則採客觀行為共同說，各行為人間不以主觀上有意思聯絡為必要，只要各行為人之行為在客觀上具關連性即可，亦即客觀上每一個行為人的行為均是造成被害人受損害之原因，即該當「共同」。

◇共同危險行為：本條之「不能知其中孰為加害人者，亦同」，係指各個參與危險行為之行為人，均已該當民法第 184 條的構成要件，僅就因果關係之要件，只要各行為人皆具侵害他人權利之可能性，因果關係即被法律所推定。故本條行為人可舉證不具因果關係而免責。為避免失之過廣，

學說有認為共同危險行為應具一定時空上之關聯性、行為危險性、侵害法益的接近性及損害的同類性，綜合判斷之以限制共同危險行為之範圍(林誠二，共同危險行為之構成與界限)。

◇**造意人及幫助人：**多數說認為與刑法之「教唆犯」、「幫助犯」概念相似。

造意	係指對於本無侵害他人意思之人，勸誘其為加害行為，致其為侵害他人之行為
幫助	係指幫助他人為加害行為，致使他人易為侵害他人之行為

▲**【67 臺上 1737】**民事上之共同侵權行為（狹義的共同侵權行為，即加害行為）與刑事上之共同正犯，其構成要件並不完全相同，**共同侵權行為間不以有意思聯絡為必要，數人因過失不法侵害他人之權利，苟各行為人之過失行為，均為其所生損害之共同原因，即所謂行為關連共同，亦足成立共同侵權行為**，依民法第 185 條第 1 項前段之規定，各過失行為人對於被害人應負全部損害之連帶賠償責任。

▲**【98 臺上 1790】**按民事上侵權行為之責任，在於填補被害人所受之損害。民法第 185 條第 2 項所規定**造意人**，乃教唆為侵權行為之造意，其與刑法不同者，**不以故意為必要，亦得有過失之教唆**，倘若欠缺注意而過失之造意教唆第三人，該第三人亦因欠缺注意過失不法侵害他人之權利，則造意人之過失附合於行為人之過失，侵害他人之權利，造意人視為共同行為人，即應與實施侵權行為之人，負連帶損害賠償責任。

第 186 條　（公務員之侵權責任）

Ⅰ.公務員因故意違背對於第三人應執行之職務，致第三人受損害者，負賠償責任。其因過失者，以被害人不能依他項方法受賠償時為限，負其責任。

Ⅱ.前項情形，如被害人得依法律上之救濟方法，除去其損害，而因故意或過失不為之者，公務員不負賠償責任。

㊙一、現行條文第 1 項規定以第三人之「權利」受損害者，公務員始負賠償責任。範圍太過狹窄，無法周延保障第三人利益。為擴大保障範圍，且為配合 184 條第 2 項之修正，爰仿德國民法第839 條第 1 項規定，刪除第 1 項內「之權利」等字，使保護客體及於「利益」。

二、第 2 項未修正。

◇**公務員：**應與國家賠償法第 2 條第 1 項規定之公務員做同一解釋，即「依法令從事於公務之人員」。

◇**他項方法：**即別無賠償之義務人，或雖有賠償義務人但無資力不能達其賠償目的。他項方法例如國家賠償法第 2 條第 2 項、土地法第 68 條、刑事補償法第 34 條、警械使用條例第 11 條等。

第 187 條　（法定代理人之責任）

Ⅰ.無行為能力人或限制行為能力人，不法侵害他人之權利者，以行為時有識別能力為限，與其法定代理人連帶負損害賠償責任。行為時無識別能力者，由其法定代理人負損害賠償責任。

Ⅱ.前項情形，法定代理人如其監督並未疏懈，或縱加以相當之監督，而仍不免發生損害者，不負賠償責任。

Ⅲ.如不能依前二項規定受損害賠償時，法院因被害人之聲請，得斟酌行為人及其法定代理人與被害人之經濟狀況，令行為人或其法定代理人為全部或一部之損害賠償。

Ⅳ.前項規定，於其他之人，在無意識或精神錯亂中所為之行為致第三人受損害時，準用之。

㊙一、第 1 項及第 2 項未修正。

二、無行為能力人或限制行為能力人之經濟狀況，在目前社會殊少有能力足以賠償被害人之損害。苟僅斟酌行為人之經濟狀況，而不及其法定代理人，則本條項立法之目的，實難達到。為期更周延保障被害人之權利，第 3 項爰予修正，增列「法定代理人」，其經濟狀況亦為法院得斟酌並令負損害賠償之對象。

三、第 4 項未修正。

◇**識別能力：指對於自己行為，為不法侵害他人權利或利益行為，有正常認識能力**，即行為人能認識其侵權行為，為社會一般觀念上認為不容許之行為有所認識而言。

◇**法定代理人之監督責任：**本條係規定法定代理人應就其監督義務的疏懈，為未成年人之行為對受害人負責，法定代理人得舉證證明其監督無疏懈或縱加以相當之監督仍不免發生損害而免責。又監督是否疏懈之判斷，應包含**日常教養**及**個別行為監督**，前者係指平日應對未成年人施以反覆教導以養成避免危險、自我負責之人格特質；後

者係指就個別具體行為施以指導以明辨其危險性與行為結果。惟不須對於具體侵害結果有預見防果的可能。

◇**行為人及法定代理人之衡平責任**：當未成年人無識別能力不成立侵權行為，而法定代理人又能舉證免責時，此時為保護無辜的被害人，法律規定，法院可以應被害人的聲請，斟酌雙方經濟狀況，基於衡平概念，由行為人或法定代理人負全部或一部損害賠償，衡平責任本質上係屬道德規範的法律化，以實踐分配正義的理念。民法第188條第2項所規定的責任亦屬衡平責任。

◇**無意識或精神錯亂之人準用規定**：無法判斷自己行為在法律上評價為何之人。若非限制行為能力人或無行為能力人而欠缺識別能力時，雖因無責任能力而不負一般侵權責任，又無法定代理人而無法定代理人責任之適用，但依本項規定仍負衡平責任可能。

◇**法定代理人對未成年子女之內部求償權**：有認為應類推適用民法第188條第3項規定（王澤鑑，侵權行為），有認為並應依與有過失的減求償權（邱聰智，新訂民法債編通則），也有認為應回歸民法第280、281條一般連帶債務規定之適用（林誠二，債法總論新解）。

第188條　（僱用人之責任）

I.受僱人因執行職務，不法侵害他人之權利者，由僱用人與行為人連帶負損害賠償責任。但選任受僱人及監督其職務之執行，已盡相當之注意或縱加以相當之注意而仍不免發生損害者，僱用人不負賠償責任。

II.如被害人依前項但書之規定，不能受損害賠償時，法院因其聲請，得斟酌僱用人與被害人之經濟狀況，令僱用人為全部或一部之損害賠償。

III.僱用人賠償損害時，對於為侵權行為之受僱人，有求償權。

介謹按受僱人因執行職務不法侵害他人之權利者，由僱用人與行為人連帶負賠償之責，蓋因故意或過失加害於人者，其損害不問其因自己之行為，抑他人之行為故也。然若僱用人對於受僱人之選任及監督，已盡相當之注意，或雖加以相當之注意，而其損害仍不免發生者，則不應使僱用人再負賠償之責任。故設第1項以明其旨。僱用人對於受僱人之選任及監督，已盡相當之注意，或縱

加以相當之注意，其損害仍不免發生者，得免賠償之責任固矣，然若應負責賠償之受僱人，絕對無賠償之資力時，則是被害人之損失，將完全無所取償，殊非事理之平，此時應斟酌僱用人與被害人之經濟狀況，以定僱用人之賠償數額，以保護被害人。故設第2項以明其旨。僱用人賠償損害時，不問其賠償情形如何，均得於賠償後向受僱人行使求償權，蓋以加害行為，究係出於受僱人，當然不能免除責任也。故設第3項以明其旨。

◇**僱用人責任**

僱用人責任成立要件	具僱用人與受僱人關係
	受僱人成立一般侵權行為
	受僱人係執行職務
	僱用人選任受僱人與監督其職務執行有過失，且其過失與損害發生間具有因果關係

◇**受僱人**：實務及通說均認為不以實際上締結僱傭契約為限，而應以「**事實上之僱傭關係**」為標準，即應以僱用人對於行為人有無選任監督關係為其決定標準，凡「**客觀上被他人使用，為之服勞務，而受其監督者**」，均為受僱人。

◇**執行職務**

客觀說	依客觀事實決定，只要受僱人行為的**外觀具有執行職務的形式**，**客觀上足以認定與執行職務有關者均屬之**。包含濫用職務行為、怠於執行職務行為、利用職務上機會、與執行職務時間或處所有密切關係之行為均屬之（多數實務說）
內在關聯說	即指凡與僱用人所委辦職務具有通常合理關聯的行為，對此僱用人可為預見、事先防範，並計算其可能的損害，內化於經營成本，予以分散者均屬之（王澤鑑）

◇**僱用人對受僱人之求償權**：學說有認為僱用人責任性質上屬於代負責任，目的在於保障被害人，避免受僱人無資力賠償，故僱用人賠償被害人之後，得向真正造成損害之受僱人求償。惟學說也有質疑僱用人責任之性質並非完全為他人行為負責，因為若僱用人之選任監督上並未無任何疏漏，即可舉證免責。僱用人若成立僱用人責任，卻得主張內部求償權，由受僱人負完全責任，難謂公平。

民

法

第二編　債　（第一八八條）

◇民法第 188 條第 3 項可否類推民法第 217 條

肯定說	得類推適用民法第 217 條與有過失之規定。因使資力較弱之受僱人負擔終局全部賠償責任，似未見公平合理，故應使其得類推適用與有過失規定，以過失比例決定僱用人與受僱人應負責任之比例，而僅於受僱人依其過失比例應負責任之範圍內，僱用人始得主張求償權
否定說	僱用人乃代負責任，僱用人與受僱人間並無內部分擔，無從主張類推適用與有過失

▲【42 臺上 1224】民法第 188 條第 1 項所謂受僱人因執行職務不法侵害他人之權利，不僅指受僱人因執行其所受命令，或委託之職務自體，或執行該職務所必要之行為，而不法侵害他人之權利者而言，即受僱人之行為，**在客觀上足認為與其執行職務有關**，而不法侵害他人之權利者，就令其為自己利益所為亦應包括在內。

▲【45 臺上 1599】民法第 188 條所稱之受僱人，係以**事實上之僱用關係**為標準，僱用人與受僱人間已否成立書面契約，在所不問。

▲【71 臺上 3426】本件上訴人應與謝宏基負連帶賠償責任，但上訴人為僱用人，其於賠償損害時，對於侵權行為之受僱人，有求償權（民法第 188 條第 3 項），故上訴**依法並無應分擔之部分，則債權人即被上訴人向有負擔部分之債務人謝宏基免除部分債務時，他債務人即上訴人即因而就免除部分亦同免其責任。**

▲【84 臺上 1151】民法第 188 條僱用人責任之規定，係為保護被害人而設。故所稱之受僱人，**應從寬解釋，不以事實上有僱傭契約者為限。凡客觀上被他人使用，為之服勞務而受其監督者，均為受僱人**。又將營業名義借與他人使用，其內部間縱僅對於未具有信用或無營業資格者借予信用或資格，或係為達逃避僱用人責任之目的所為之脫法行為。但**就外觀而言，其是否借與營業名義，仍具有選任之關係，且借與名義後，並可中止其借用關係，無形中對該借用名義者之營業使用其名義，仍有監督關係，是兩者之間仍存有選任、服勞務及監督關係，與僱傭無殊。因之對於該借用名義者對第三人所致之損害，借與名義者仍應負僱用人之責任。**

▲【87 臺上 1440】連帶債務人中之一人消滅時效已完成者，依民法第 276 條第 2 項規定，固僅該債務人應分擔之部分，他債務人同免其責任，惟民法第 188 條第 3 項規定，僱用人賠償損害時，對於侵權行為之受僱人有求償權，則僱用人與受僱人間並無應分擔部分可言，倘被害人對為侵權行為之受僱人之損害賠償請求權消滅時效業已完成，僱用人自得援用該受僱人之時效利益，拒絕全部給付，不以該受僱人已為時效抗辯為必要。

▲【92 臺上 779】按受僱人因執行職務，不法侵害他人之權利者，由僱用人與行為人連帶負損害賠償責任。但選任受僱人及監督其職務之執行，已盡相當之注意或縱加以相當之注意，而仍不免發生損害者，僱用人不負賠償責任。民法第 188 條第 1 項定有明文。而民法第 188 條僱用人責任之規定，係為保護被害人而設，故此所稱之受僱人，應從寬解釋，不以事實上有僱傭契約者為限。凡客觀上被他人使用為之服勞務而受其監督者，係受僱人。亦即依一般社會觀念，認其人係被他人使用為之服務而受其監督之客觀事實存在，即應認其人為該他人之受僱人。本件潘明忠所駕駛之肇事車輛，係李宏益靠行於上訴人，為上訴人所不爭執，雖潘明忠實際上係受僱於李宏益，惟客觀上其所駕駛之肇事車輛係登記於上訴人所有，得認上訴人為潘明忠之僱用人。且目前在臺灣經營交通事業之營利私法人，接受他人靠行（即出資人以該交通公司之名義購買車輛，並以該公司名義參加營運），而向該靠行人（即出資人）收取費用，以資營運者，比比皆是，此為週知之事實。是該靠行之車輛，在外觀上既屬該交通公司所有，乘客又無從分辨該車輛是否他人靠行營運者，則乘客於搭乘時，祇能從外觀上判斷該車輛係某交通公司所有，該車輛之司機即係受僱為該交通公司服勞務。按此種交通企業，既為目前臺灣社會所盛行之獨特經營型態，則此種交通公司，即應對廣大乘客之安全負起法律上之責任。蓋該靠行之車輛，無論係由出資人自行駕駛，或招用他人合作駕駛，或出租，在通常情形，均為該交通公司所能預見，苟該駕駛人係有權駕駛，在客觀上似應認其係為該交通公司服勞務，而應使該交通公司負僱用人之責任，方足以保護交易之安全。

▲【98 臺上 763】按僱用人藉使用受僱人而擴張其活動範圍，並享受其利益。就受僱人執行職務之範圍，或所執行者適法與否，恆非與其交易之第三人所能分辨，為保護交易之安全，如受僱人之行為在客觀上具備執行職務之外觀，而侵害第

三人之權利時，僱用人固應依民法第 188 條第 1 項規定與受僱人負連帶賠償責任。然若於**客觀上並不具備受僱人執行職務之外觀，或係受僱人個人之犯罪行為而與執行職務無關，自無命僱用人負賠償責任之理。**

▲【101 臺上 2073】次按僱用人藉使用受僱人而擴張其活動範圍，並享受其利益，且受僱人執行職務之範圍，或其適法與否，要非與其交易之第三人所能分辨，為保護交易之安全，民法第 188 條第 1 項所謂受僱人因執行職務不法侵害他人之權利，**不僅指受僱人因執行其所受命令，或委託之職務自體，或執行該職務所必要之行為而言，縱濫用職務或利用職務上之機會及與執行職務之時間或處所有密切關係之行為，在客觀上足認與其執行職務有關，就令其為自己利益所為，祇須僱用人可為預見及事先防範，均應包括在內。**

▲【102 臺上 703】惟按民法第 188 條第 1 項所謂受僱人因執行職務不法侵害他人之權利，不僅指受僱人因執行其所受命令，或委託之職務自體，或執行該職務所必要之行為，而不法侵害他人之權利者而言，即**受僱人濫用職務或利用職務上之機會及與執行職務之時間或處所有密切關係之行為，其在外形之客觀上足認為與執行職務有關，而不法侵害他人之權利者，就令其為自己利益所為亦應包括在內。**

第 189 條 　（定作人之責任）

承攬人因執行承攬事項，不法侵害他人之權利者，定作人不負損害賠償責任。但定作人於定作或指示有過失者，不在此限。

〡查民律草案第 953 條理由謂承攬人獨立承辦一事，如加害於第三人，其定作人不能負損害賠償之責，因承攬人獨立為其行為，而定作人非使用主比故也。但定作人於定作或指示有過失時，仍不能免賠償之義務，蓋此時承攬人有似定作人之使用人。此本條所由設也。

◇**定作人責任：**定作人與承攬人間係承攬關係，承攬人具專業能力與獨立性，定作人對承攬人無指揮監督權，故原則上定作人對承攬人因執行承攬事務所為之侵權行為原則上不負責任。通說認為本條係關釋性規定，定作人於定作或指示有過失時，因本條未規定必須負連帶賠償責任，因此被害人對定作人之請求權基礎為民法第 184 條第 1 項前段。若承攬人因過失執行承攬事項不法侵害

他人權利，定作人與承攬人應依民法第 185 條負連帶責任。

▲【100 臺上 468】民法第 189 條與第 191 條規定之損害賠償要件不同，承攬人執行承攬事項，有其獨立自主之地位，**定作人對於承攬人並無監督其完成工作之權限，縱工作物為土地上之建築物或其他工作物而其所有權屬於定作人，如係因承攬人執行承攬事項而不法侵害他人權利，應優先適用民法第 189 條規定，而不適用同法第 191 條規定。**

第 190 條 　（動物占有人之責任）

I 動物加損害於他人者，由其占有人負損害賠償責任。但依動物之種類及性質，已為相當注意之管束，或縱為相當注意之管束而仍不免發生損害者，不在此限。

II 動物係由第三人或他動物之挑動，致加損害於他人者，其占有人對於該第三人或該他動物之占有人，有求償權。

〡查律草案第 954 條理由謂動物因占有人不注意，而傷害他人之生命身體，或毀損物件者，應使占有人負賠償之責任。因占有人既占有動物，應負注意保管之義務也。故設本條以明示其旨。

◇**動物占有人之責任：**本條限於動物自由行為之加害，即出於動物本身的自由行動，如係行為人利用動物以加害他人，則其應負民法第 184 條之侵權責任。

◇**占有人：**學說上有認為本條的占有人只限於直接占有人。間接占有人則因無直接管領力而不屬之。占有輔助人雖無獨立地位，惟因最接近動物，由其負擔責任，可強化對被害人的保護（王澤鑑，侵權行為法）。此時理論上對占有輔助人有指示地位的占有人，當然必須負責。

第 191 條 　（工作物所有人之責任）

I 土地上之建築物或其他工作物所致他人權利之損害，由工作物之所有人負賠償責任。但其對於設置或保管並無欠缺，或損害非因設置或保管有欠缺，或於防止損害之發生，已盡相當之注意者，不在此限。

II 前項損害之發生，如別有應負責任之人時，賠償損害之所有人，對於該應負責者，有求償權。

⑧一、土地上之建築物或其他工作物使他人權利遭

民法 第二編 債（第一九一之一條）

受損害時，應推定其所有人就設置或保管有欠缺，被害人於請求損害賠償時，對於此項事項無須負舉證責任，方能獲得周密之保護。但所有人能證明其對於建築物或工作物之設置或保管無欠缺，或於防止損害之發生，已盡相當之注意，或損害非因設置或保管有欠缺所致者，仍得免負賠償責任，方為平允，爰修正第1項。

二、第2項未修正。

◇**工作物**：凡以人工在土地上所為之設施皆屬之，建物係舉例示，又如鐵路、橋梁等。

◇**工作物所有人責任成立要件**

工作物因其設置或保管之欠缺致侵害他人權利	(1)須為土地上之建物或其他工作物
	(2)須建築物或工作物設置或保管有欠缺
	(3)須侵害他人權利
	(4)須工作物瑕疵與他人權利受侵害間有因果關係
工作物所有人有過失	(1)責任主體為工作物所有人
	(2)負推定過失責任，得舉證證明其無過失而免責

◇**求償權**：損害的發生雖別有應負責之人（如工作物承攬人等），但基於保障被害人之目的，規定工作物所有人須負賠償責任，但在內部關係則賦予其求償權，以資平衡。又被害人如得向工作物所有人或別有應負責之人請求損害賠償，非謂其應先向或僅得向工作物所有人請求。

◇**本條之三重推定**：同時推定工作物之「欠缺」、工作物所有人之「過失」及損害與工作物欠缺間之「因果關係」。

▲【50臺上1464】民法第191條第1項所謂**設置有欠缺**，係指土地上之建築物或其他工作物，於建造之初即存有瑕疵而言。所謂**保管有欠缺**，係指建造後未善為保管，致其物發生瑕疵而言。

▲【101臺上1601】又按建築物保管之欠缺，不必為損害發生之唯一原因，其與第三人之行為相結合而發生損害之結果者，建築物所有人如不具備民法第191條第1項但書規定之免責要件時，仍應負該條規定之賠償責任，該第三人如具備侵權行為要件，對被害人應負民法第184條之一般侵權行為責任，此時該第三人與建築物所有人對被害人負不真正之連帶債務責任，建築物所有人向被害人負賠償責任後，得依民法第191條第2項規定，向該第三人為全部之求償。

▲【105臺上1289】按土地上之建築物或其他工作物所致他人權利之損害，由工作物之所有人負賠償責任。但其對於設置或保管並無欠缺，或損害非因設置或保管有欠缺，或於防止損害之發生，已盡相當之注意者，不在此限。民法第191條第1項定有明文。該所謂設置有欠缺，係指土地上之建築物或其他工作物，於建造之初即存有瑕疵而言。所謂保管有欠缺，係指於建造後未妥善保管，致其物發生瑕疵而言。上開工作物所有人責任之規定，係針對工作物之瑕疵致他人權利受損害所為特殊型態侵權行為之規定，苟非工作物設置之初即已欠缺應有之品質或安全設備，或設置以後之保管方法有欠缺，致工作物發生瑕疵所生之損害，即無該規定之適用。……系爭事故，既係因第三人擅自侵入系爭房屋原已上鎖之獨立房舍，遺留火種（煙蒂），蓄熱引燃火勢所致；該火種（煙蒂）非建築物之成分，此火種（煙蒂）之存在，不構成系爭房屋於設置之初即欠缺應有之品質或安全設備，或設置後因保管方法有欠缺之情事。

▲【105臺上2320】按建築物或其他工作物之設置或保管有欠缺，即隱藏損害他人之危險，故所有人對於建築物或其他工作物，應善盡必要注意維護安全，以防範、排除危險，而避免損害之發生，此為建築物或工作物所有人應盡之社會安全義務，苟有違反致生損害，自應依民法第191條第1項本文規定負損害賠償責任。該條所定之建築物或工作物所有人責任，既基於社會安全義務而設，則所謂設置或保管有欠缺，自不以其本體之崩壞或脫落瑕疵為限，舉凡建築物或工作物缺少通常應有之性狀或設備，以致未具備可合理期待之安全性者，均應包括在內。至於設置或保管是否有欠缺，應依建築物或工作物之所在地及其種類、目的，客觀判斷之。

第191條之1 （商品製造人之責任）

I 商品製造人因其商品之通常使用或消費所致他人之損害，負賠償責任。但其對於商品之生產、製造或加工、設計並無欠缺或其損害非因該項欠缺所致或於防止損害之發生，已盡相當之注意者，不在此限。

II 前項所稱商品製造人，謂商品之生產、製造、加工業者。其在商品上附加標章或其他文字、符號，足以表彰係其自己所生產、製造、加工者，視為商品製造人。

III.商品之生產、製造或加工、設計，與其說明書或廣告內容不符者，視為有欠缺。

IV.商品輸入業者，應與商品製造人負同一之責任。

⑧一、本條新增。

二、商品製造人之責任，宜採侵權行為說。凡商品之製造人，對其商品之通常使用或消費所生之損害，應負賠償責任，以保護消費者之利益。商品製造人欲免除其責任，則須證明對商品之生產、製造（包括設計）、加工、並無欠缺或其損害非因該項欠缺所致或防止損害之發生，已盡相當之注意。例如商品如有危險性，商品製造人有附加說明之義務，應說明而未為說明，即為防止損害之發生，未盡相當之注意。至於商品之經過品質管制或已送政府機關檢驗合格，則不能謂為當然已盡防止損害發生之注意，商品製造人均不得以此免責。商品製造人於此係負中間責任。爰增訂第1項規定。

三、本條所稱商品，係包括自然產物及工業產品在內，從而所謂「商品製造人」，亦擴指前述自然產物及工業產品等之生產、製造及加工業者而言。除其為真正生產、製造、加工業者外，不論何人，在該商品上標示其姓名、商號、商標或其他文字、符號足以表彰其自己所生產、製造、加工者，亦視為該商品之製造人，使與商品製造人同一之責任，爰增訂第2項規定。

四、按商品之生產、製造責任誰屬，或商品之優劣如何，通常消費者之習慣，於購買或使用、消費該商品時，均信賴該商品之說明書或廣告之內容，倘該商品之品質、功能，事實上與其說明書或廣告之內容不相符合，使該商品之購買者或使用、消費者誤信而為使用、消費，致發生損害，即應視為商品之生產、製造或加工有欠缺，爰增訂第3項規定。

五、按商品如係國外所輸入者，每因轉賣、運銷等原因致使該商品之製造人難於追查，應使該商品之輸入業者，對該商品之瑕疵，負與製造人同一責任，藉保護消費者之權益；爰增訂第4項規定。又本項之「輸入業」者，包括在外國輸出商品至我國之出口商及在我國之進口商在內。

◇**商品製造人之責任成立要件**：1.行為人須為商品製造人或商品輸入業者。2.須因商品之通常使用或消費致他人受損害。3.須無本條但書免責事由。

▲【93臺上989】按受害人依民法第191條之1規定請求商品輸入業者與商品製造人負同一之賠償責任，固無庸證明商品之生產、製造或加工、設計有欠缺，及其損害之發生與該商品之欠缺有因果關係，以保護消費者之利益，**惟就其損害之發生係因該商品之「通常使用」所致一節，仍應先負舉證責任**。於受害人證明其損害之發生與商品之通常使用具有相當因果關係前，尚難謂受害人之損害係因該商品之通常使用所致，而令商品製造人或商品輸入業者就其商品負侵權行為之賠償責任。

第191條之2　（動力車輛駕駛人之責任）

汽車、機車或其他非依軌道行駛之動力車輛，在使用中加損害於他人者，駕駛人應賠償因此所生之損害。但於防止損害之發生，已盡相當之注意者，不在此限。

⑧一、本條新增。

二、近代交通發達，而因動力車輛肇事致損害人之身體或財產者，日見增多，各國法律如義大利民法第2054條、西德道路交通法第7條、瑞士公路法第37條、日本汽車損害賠償保障法第3條等，對汽車肇事賠償責任均有特別規定。爰參考他國立法例並斟酌我國國情增訂本條，規定汽車、機車或其他非依軌道行駛之動力車輛，在使用中加損害於他人者，駕駛人應賠償因此所生之損害。惟如駕駛人於防止損害之發生，已盡相當之注意者，不在此限，以期緩和駕駛人之責任。

◇**動力車輛駕駛人之責任成立要件**：1.須為汽車、機車或其他非依軌道行駛之動力車輛。2.須在使用中。3.須不法行為加損害於他人。4.須有因果關係。5.須無本條但書免責事由。

第191條之3　（一般危險之責任）

經營一定事業或從事其他工作或活動之人，其工作或活動之性質或其使用之工具或方法有生損害於他人之危險者，對他人之損害應負賠償責任。但損害非由於其工作或活動或其使用之工具或方法所致，或於防止損害之發生已盡相當之注意者，不在此限。

⑧一、本條新增。

二、近代企業發達，科技進步，人類工作或活動

之方式及其使用之工具與方法日新月異，伴隨繁榮而產生危險性之機會大增。如有損害發生，而須由被害人證明經營一定事業或從事其他工作或活動之人有過失，被害人將難獲得賠償機會，實為社會不公平現象。且鑑於：㈠從事危險事業或活動者製造危險來源；㈡僅從事危險事業或活動者於某種程度控制危險；㈢從事危險事業或活動者因危險事業或活動而獲取利益，就此危險所生之損害負賠償之責，係符合公平正義之要求。為使被害人獲得周密之保護，凡經營一定事業或從事其他工作或活動之人，對於因其工作或活動之性質或其他使用之工具或方法有生損害於他人之危險（例如工廠排放廢水或廢氣、筒裝瓦斯廠裝填瓦斯、爆竹廠製造爆竹、舉行賽車活動、使用炸藥開礦、開山或燃放焰火），對於他人之損害，應負損害賠償責任。請求賠償時，被害人祇須證明加害人之工作或活動之性質或其使用之工具或方法，有生損害於他人之危險性，而在其工作或活動中受損害即可，不須證明其間有因果關係。但加害人能證明損害非由於其工作或活動或其使用之工具或方法所致，或於防止損害之發生已盡相當之注意者，則免負賠償責任，以期平允，爰增訂本條規定（義大利民法第 2050 條參考）。

◇**一般危險製造人責任成立要件**：1.須為經營一定事業或從事其他工作或活動之人。2.須其工作或活動之性質或其使用之工具或方法有生損害於他人之危險。3.須因工作或活動之危險致他人受損害。4.無本條但書免責事由。

◇**危險**：學說有認為所謂危險事業、活動及工作，須具備「抽象危險性」：對於不確定對象所可能產生不確定危險；「重大危險性」：限於可能造成重大損害之危險。

▲**【95 臺上 2178】**醫療行為並非從事危險事業或活動者製造危險來源，亦非因危險事業或活動而獲取利益為主要目的，亦與民法第 191 條之 3 之立法理由所例示之工廠排放廢水或廢氣、桶裝瓦斯場填裝瓦斯、爆竹場製造爆竹、舉行賽車活動、使用炸藥開礦、開山或燃放焰火等性質有間，是醫療行為並無民法第 191 條之 3 之適用。

▲**【99 臺上 680】**按民法第 191 條之 3 規定：「經營一定事業或從事其他工作或活動之人，其工作或活動之性質或其使用之工具或方法有生損害於他人之危險者，對他人之損害應負賠償責任」，係規定從事危險工作或活動者之**自己責任**，至其受僱人是否有故意、過失，應否負侵權行為責任，

則非所問；僅受僱人如應負侵權行為責任時，該從事危險工作或活動之人，尚應負民法第 188 條第 1 項所定之僱用人責任而已。是被害人對於受僱人之侵權行為損害賠償請求權縱已罹於時效，亦不妨其依民法第 191 條之 3 規定，請求該從事危險工作或活動者賠償損害。

第 192 條　（侵害生命權之損害賠償）

Ⅰ.不法侵害他人致死者，對於支出醫療及增加生活上需要之費用或殯葬費之人，亦應負損害賠償責任。

Ⅱ.被害人對於第三人負有法定扶養義務者，加害人對於該第三人亦應負損害賠償責任。

Ⅲ.第一百九十三條第二項之規定，於前項損害賠償適用之。

---

⑧⑧一、不法侵害他人致死者，其於被害人生前為之支出醫療及增加生活上需要之費用，固可本於無因管理或其他法律關係，請求被害人之繼承人或其遺產管理人償還。但此項損害，原應由加害人負最後賠償責任，為鼓勵熱心助人之風尚，及免除輾轉求償之繁瑣，基於加害人對於支出殯葬費之人直接負損害賠償責任之同一立法理由，使此等支出醫療等費用之人，得逕向加害人請求損害賠償，爰修正第 1 項之規定。

二、第 2 項未修正。

三、按扶養費之支付，具有組織之性質，如許為定期金之支付，較合當事人之目的，爰增設規定，適用第 193 條第 2 項之規定，如當事人聲請支付定期金時，法院亦得命為定期金之支付，但仍應命加害人提出擔保，以擔保其按期切實履行，爰增訂第 3 項規定（德國民法第 844 條第 2 項。我國第一次民律草案第 968 條第 2 項、第 970 條，第二次民律草案第 260 條第 2 項、第 264 條及梅仲協著民法要義第一四九頁參考）。

◇**間接被害人**：指侵權行為之直接被害人死亡時，因此支出醫療費用、增加生活上需要之費用、支出殯葬費等之人。

◇**法定扶養義務**：指依民法第 1114 條、第 1115 條、1116 條之 1、第 1116 條之 2 所規定之法定扶養義務。

▲**【49 臺上 625】**因扶養請求權被侵害而生之損害賠償請求權，以扶養等請求權存在為前提，而扶養之請求，乃請求權人身分上專屬之權利，該

權利因請求權人死亡而消滅，其繼承人不得繼承其身分關係，對加害人請求賠償死亡後之扶養費。

▲【54 臺上 951】不法侵害他人致死者，其繼承人得否就被害人如尚生存所應得之利益，請求加害人賠償，學者間立說不一。要之，**被害人之生命因受侵害而消滅時，其為權利主體之能力即已失去，損害賠償請求權亦無由成立，則為一般通說所同認，參以我民法就不法侵害他人致死者，特於第 192 條及第 194 條定其請求範圍，尤應解為被害人如尚生存所應得之利益，並非被害人以外之人所得請求賠償。**

▲【73 臺再 182】民法第 192 條第 1 項規定不法侵害他人致死者，**對於支出殯葬費之人，亦應負損害賠償責任，係間接被害人得請求賠償之特例。**此項請求權，自理論言，雖係固有之權利，然**其權利係基於侵權行為之規定而發生，自不能不負擔直接被害人之過失，倘直接被害人於損害之發生或擴大與有過失時，依公平之原則，亦應有民法第 217 條過失相抵規定之適用。**

▲【92 年第 5 次民事庭會議決議】院長提議：不法侵害他人致死，倘被害人之父母對於被害人現負有扶養義務者，其依民法第 192 條第 2 項規定，請求加害人賠償其將來所受扶養權利之損害時，是否應扣除其對被害人至有謀生能力時止所需支出之扶養費？乙說（否定說）：**按民法第 192 條第 2 項祇規定，被害人對於第三人負有法定扶養義務者，加害人對於該第三人亦應負損害賠償責任，並未規定第三人對於被害人有謀生能力前所需之扶養費應予扣除，故被害人之父母請求加害人賠償將來應受被害人扶養權利之損害時，無須扣除其對於被害人至有謀生能力時止所需之扶養費。**決議：採乙說（否定說）。
父母對子女之扶養請求權與未成年子女對父母之扶養請求權各自獨立，父母請求子女扶養，非以其曾扶養子女為前提。**且損益相抵原則旨在避免債權人受不當之利益，未成年子女遭不法侵害致死，其父母因而得免支出扶養費，依社會通常之觀念亦不能認係受有利益，故父母請求加害人賠償損害時，自無須扣除其對於被害人至有謀生能力時止所需支出之扶養費。**

▲【104 臺上 358】消保法乃屬民法之特別法，並以民法為其補充法。故消費者或第三人因消費事故死亡時，消保法雖未明定其依該法第 7 條第 3 項規定，請求企業經營者賠償之主體為何人？及所得請求賠償之範圍？然該條係特殊形態之侵

權行為類型，同條第 2 項更明列其保護客體包括生命法益，且於同法第 50 條第 3 項規定，消費者讓與消費者保護團體進行訴訟之損害賠償請求權，包民法第 194 條、第 195 條第 1 項非財產上之損害，此依上開同法第 1 條第 2 項補充法之規定，**自應適用民法第 192 條第 1 項、第 2 項及第 194 條規定，即為被害人支出醫療及增加生活上需要之費用或殯葬費（下稱醫療等費）之人，得請求企業經營者賠償該醫療等費；對被害人享有法定扶養權利之第三人，得請求企業經營者賠償該扶養費；被害人之父、母、子、女及配偶，得請求企業經營者賠償相當之金額（即慰撫金）。**

第 193 條　（侵害身體、健康之財產上損害賠償）

Ⅰ 不法侵害他人之身體或健康者，對於被害人因此喪失或減少勞動能力，或增加生活上之需要時，應負損害賠償責任。

Ⅱ 前項損害賠償，法院得因當事人之聲請，定為支付定期金。但須命加害人提出擔保。

〇查民律草案第 958 條理由謂不法傷害他人之身體或健康，致被害人因此喪失或減少勞動能力，或因傷害之結果，需以機械補助身體，致增加生活上之需要者，加害人須負損害賠償之責任。賠償之方法，得命支付定期金，但應使加害人提供擔保，俾臻確實。此本條所由設也。

◇喪失或減少勞動能力：實務上認為勞動能力之喪失或減少本身即為一種損害，並不限於實際所得或收入之損失。因此無業者、失業者、家庭主婦、未就業之未成年人雖未因侵權行為受有實際收入之損害，仍得請求因喪失或減少勞動能力之損害賠償。其計算標準，通說認為應就被害人之身體健康狀況、教育程度、專業技能、社會經驗等具體情事酌定之，不可一概而論。

◇增加生活之需要：指因身體健康受侵害而須支出之必要費用，例如醫療費用、看護費用等。

◇定期金：此損害賠償之方法除以一次給付外，法院亦得依當事人之聲請，以分期給付之方式為之，即為定期金。

▲【63 臺上 1394】**被害人因身體健康被侵害而喪失勞動能力所受之損害，其金額應就被害人受侵害前之身體健康狀態、教育程度、專門技能、社會經驗等方面酌定之，不能以一時一地之工作**

收入為準。又商人之經營能力固為勞動能力之一種，但營業收入乃出於財產之運用，資本及機會等皆其要素，不能全部視為勞動能力之所得。

▲【65 年第 8 次民事庭會議決議㈠】決議：不法侵害他人之身體或健康者，對於被害人因此喪失或減少勞動能力或增加生活上之需要時，應負賠償責任，自應包括因勞動能力之喪失或減少，而喪失將來一部或全部之收入，及將來維持傷害後身體及健康之必需支出在內（本院 22 年上字第 353 號判例參照），參以民法第 193 條支付定期金之意旨，尤為顯然。某甲係未成年之學生，為某乙駕車不慎撞傷致右腿切除改裝義肢，倘某甲將來必需按期換裝義肢，則此為其維持傷害後身體及健康之必需支出，非不得請求賠償，又未成年人因他人不法侵害致死，被害人雖當時尚無養贍父母之能力，惟其父母將來賴其養贍，苟無反對情形，不得謂其將來無養贍能力，其父母自可訴求加害人賠償養贍費，業經本院著有先例（本院 18 年上字第 2041 號判例參照）。依同一理由，某甲受害時雖未成年，不能謂其成年後無謀生能力，因右腿殘廢，其勞動能力當有減少，自非不得請求乙賠償將來成年以後減少勞動能力之損害。（同乙說）

▲【88 臺上 1827】因親屬受傷，而由親屬代為照顧被上訴人之起居，固係基於親情，但親屬看護所付出之勞力，並非不能評價為金錢，只因兩者身分關係密切而免除支付義務，此種親屬基於身分關係之恩惠，自不能加惠於加害人即上訴人。故由親屬看護時，雖無現實看護費之支付，但應衡量及比照僱用職業護士看護情形，認被害人即被上訴人受有相當於看護費之損害，得向上訴人請求賠償，乃現今實務上所採之見解，亦較符公平正義原則。

▲【96 臺上 1907】按被害人因身體健康被侵害而減少勞動能力所受之損害，其金額應就被害人受侵害前之身體健康狀態、教育程度、專門技能、社會經驗等方面酌定之，不能以一時一地之工作收入未減少即謂無損害。是因勞動能力減少所生之損害，不以實際已發生者為限，即將來之收益因勞動能力減少之結果而不能獲致者，被害人亦得請求賠償。故所謂減少及殘存勞動能力之價值，應以其能力在通常情形下可能取得之收入為標準。

▲【96 臺上 1917】惟按被害人身體或健康遭受侵害，其勞動能力是否喪失或減少，應比較被害

人受侵害前之身體或健康狀態決之，而非以其是否繼續任職原工作或其所得額有無減少為準，蓋被害人身體或健康遭受侵害後，仍繼續任職原工作或所得額未減少，其原因甚多，並非僅因勞動能力未喪失或減少所致，故不得以原工作現未受影響或所得額現未減少，即謂無勞動能力之損害。

第 194 條 （侵害生命權之非財產上損害賠償）

不法侵害他人致死者，被害人之父、母、子、女及配偶，雖非財產上之損害，亦得請求賠償相當之金額。

⇧查民律草案第 971 條理由謂侵害他人生命之場合，須使被害人之父、母、子、女及配偶人（即夫或妻），有金錢上之賠償請求權，以救濟之。此本條所由設也。

◇非財產上之損害：不以金錢衡量計算之精神或肉體上之痛苦。因同法第 195 條第 3 項之增訂，該項成為身分法益之非財產上損害賠償請求之一般性規定，本條則轉變為具體化的例示規定。

▲【54 臺上 951】不法侵害他人致死者，其繼承人得就被害人如尚生存所應得之利益，請求加害人賠償，學者間立說不一。要之，被害人之生命因受侵害而消滅時，其為權利主體之能力即已失去，損害賠償請求權亦無由成立，則為一般通說所同認，參以我民法就不法侵害他人致死者，特於第 192 條及第 194 條定其請求範圍，尤應解為被害人如尚生存所應得之利益，並非被害人以外之人所得請求賠償。

▲【76 臺上 1908】受僱人因執行職務，不法侵害他人致死者，被害人之父、母、子、女及配偶受有非財產上之損害，依民法第 194 條及第 188 條第 1 項規定，請求受僱人及其僱用人連帶賠償相當金額之慰撫金時，法院對於慰撫金之量定，應斟酌該受僱人及應負連帶賠償責任之僱用人，並被害人暨其父、母、子、女及配偶之身分、地位及經濟狀況等關係定之，不得僅以被害人與實施侵權行為之受僱人之資力為衡量之標準。

▲【84 臺上 2934】非財產上之損害賠償請求權，因與被害人之人身攸關，具有專屬性，不適於讓與及繼承。民法第 195 條第 2 項規定，於同法第 194 條規定之非財產上損害賠償請求權，亦有其適用。

民
法
第二編　債　（第一九五條）

第 195 條　（侵害身體、健康等非財產法益之損害賠償）

I.不法侵害他人之身體、健康、名譽、自由、信用、隱私、貞操，或不法侵害其他人格法益而情節重大者，被害人雖非財產上之損害，亦得請求賠償相當之金額。其名譽被侵害者，並得請求回復名譽之適當處分。

II.前項請求權，不得讓與或繼承。但以金額賠償之請求權已依契約承諾，或已起訴者，不在此限。

III.前二項規定，於不法侵害他人基於父、母、子、女或配偶關係之身分法益而情節重大者，準用之。

⑧一、第1項係為配合民法總則第18條規定而設，現行規定採列舉主義，惟人格權為抽象法律概念，其內容與範圍，每隨時間、地區及社會情況之變遷有所不同，立法上自不宜限制過嚴，否則受害者將無法獲得非財產上之損害賠償，有失情法之平。反之，如過分寬泛，則易啟人民好訟之風，亦非國家社會之福，現行條文第1項舉規定人格權之範圍，僅為身體、健康、名譽、自由四權。揆諸現代法律思潮，似嫌過窄，爰斟酌我國傳統之道德觀念，擴張其範圍，及於信用、隱私、貞操之侵害，並增訂「不法侵害其他人格法益而情節重大」等文字，俾免掛漏並杜浮濫。

二、第2項未修正。

三、身分法益與人格法益同屬非財產法益。本條第1項規定被害人得請求人格法益被侵害時非財產上之損害賠償。至於身分法益被侵害，可否請求非財產上之損害賠償？則付之闕如，有欠周延，宜予增訂。惟對身分法益之保障亦不宜太過寬泛。鑑於父、母、子、女或配偶與本人之關係最為親密，基於此種親密關係所生之身分法益被侵害時，其所受精神上之痛苦最深，故明定「不法侵害他人基於父、母、子、女或配偶關係之身分法益而情節重大者」，始受保障。例如未成年子女被人擄掠時，父母監護權被侵害所受精神上之痛苦。又如配偶之一方被強姦，他方身分法益侵害所受精神上之痛苦等是，爰增訂第3項準用規定，以期周延。

◇名譽權：侵害名譽係指，以言語、文字或其他方法貶損他人在社會上的評價，包括經濟生活上的

可信賴性或給付能力，且不以被害人主觀感受為準，而應就社會一般人的評價客觀判斷之。又不以廣布社會為必要，但須有第三人知悉。

◇自由權：包含身體行動自由與精神自由。

◇信用權：侵害信用權係指主張或散布不真實的事物，致他人在經濟活動上的可靠性或支付能力受到負面評價。其與名譽權之區別在於前者係經濟上的評價，後者為社會上的評價。兩者有時難以明確區分。

◇隱私權：指個人獨處不受干擾，私密不受侵害的權利。例如私人獨處生活不受侵入、個人祕密不被揭露、個人資料自主控制的權利。

◇其他人格法益：指一般人格權中未經明定為特別人格權的部分，係屬概括性質的規定，將隨人格自覺、社會發展、侵害增加而擴大其保護範疇。例如：著作人格權、肖像權、意思決定自由等。而所謂「情節重大」，係針對其他人格法益受侵害所設之要件。

▲【47臺上1221】名譽被侵害者，關於非財產上之損害，加害人雖亦負賠償責任，但以相當之金額為限，民法第195條第1項定有明文，**所謂相當，自應以實際加害情形與其名譽影響是否重大，及被害者之身分地位與加害人經濟狀況等關係定之。**

▲【62臺上2806】**公司係依法組織之法人，其名譽遭受損害，無精神上痛苦之可言**，登報道歉已足回復其名譽，自無依民法第195條第1項規定請求精神慰藉金之餘地。

▲【90臺上646】民法上名譽權之侵害非即與刑法之誹謗罪相同，**名譽有無受損害，應以社會上對個人評價是否貶損作為判斷之依據**，苟其行為足以使他人在社會上之評價受到貶損，不論其為故意或過失，均可構成侵權行為，**其行為不以廣佈於社會為必要，僅使第三人知悉其事，亦足當之。**

▲【92臺上164】於他人居住區域發出超越一般人社會生活所能容忍之噪音，應屬不法侵害他人居住安寧之人格法益，如其情節重大，被害人非不得依民法第195條第1項規定請求賠償相當之金額。

▲【釋603】隱私權雖非憲法明文列舉之權利，惟基於人性尊嚴與個人主體性之維護及人格發展之完整，並為保障個人生活私密領域免於他人侵擾及個人資料之自主控制，隱私權乃為不可或缺之基本權利，而受憲法第22條所保障（本院釋字第

585 號解釋參照）。其中**就個人自主控制個人資料之資訊隱私權而言，乃保障人民決定是否揭露其個人資料、及在何種範圍內、於何時、以何種方式、向何人揭露之決定權，並保障人民對其個人資料之使用有知悉與控制權及資料記載錯誤之更正權。**

▲【釋 656】民法第 195 條第 1 項後段規定：「其名譽被侵害者，並得請求回復名譽之適當處分。」所謂**回復名譽之適當處分，如屬以判決命加害人公開道歉，而未涉及加害人自我羞辱等損及人性尊嚴之情事者，即未違背憲法第 23 條比例原則，而不牴觸憲法對不表意自由之保障。**

▲【99 臺上 175】按言論可分為「事實陳述」及「意見表達」，前者有真實與否之問題，具可證明性，行為人應先為合理查證，且應以善良管理人之注意義務為具體標準，並依事件之特性分別加以考量，因行為人之職業、危害之嚴重性、被害法益之輕重、防範避免危害之代價、與公共利益之關係、資料來源之可信度、查證之難易等，而有所不同；**後者乃行為人表示自己之見解或立場，屬主觀價值判斷之範疇，無真實與否可言，行為人對於可受公評之事，如係善意發表適當評論，固不具違法性，然行為人倘對於未能確定之事實，使用偏激不堪之言詞而為意見表達，足以貶損他人在社會上之評價，仍屬侵害他人之名譽權，應負侵權行為之損害賠償責任。**

▲【100 臺上 1806】不法侵害他人之名譽者，被害人雖非財產上之損害，亦得請求賠償相當之金額，並得請求為回復名譽之適當處分，民法第 195 條第 1 項定有明文。此項規定，依同法第 227 條之 1 規定，於債務人因債務不履行，致債權人之人格權受侵害者，準用之。而「名譽」為個人在社會上享有一般人對其品德、聲望或信譽等所加之評價，屬於個人在社會上所受之價值判斷。因此名譽有無受損害，應以社會上對其評價是否貶損為斷。準此，**查封不動產之強制執行行為，既具有公示性，客觀上即足使被查封人被指為債信不良，其原所建立之聲望必有減損，信譽勢必因此低落。**

▲【103 臺上 664】按名譽權被侵害者，依民法第 195 條第 1 項後段之規定，被害人除金錢賠償外，雖亦得請求法院為回復其名譽之處分，惟其方式及內容須適當而後可。倘法院權衡侵害名譽情節之輕重及當事人身分、地位與加害人之經濟狀況，認為須由加害人負擔費用刊登道歉啟事時，

其所刊登之內容應限於回復被害人名譽之必要範圍內，始可謂為適當之處分。

第 196 條　（物之毀損之賠償方法）

不法毀損他人之物者，被害人得請求賠償其物因毀損所減少之價額。

---

⑧物因毀損所減少之價額，有時難於估計，且被毀損者有回復原狀之可能時，被害人有時較願請求回復原狀。為使被害人獲得周密之保護，不宜剝奪被害人請求回復原狀之權利。爰參考德國民法第 249 條之立法例，加以修正，賦予被害人選擇之自由，使被害人得向不法毀損其物者請求賠償其物因毀損所減少之價額，亦不排除其選擇請求回復原狀。

◇**技術性貶值與交易上貶值**

技術性貶值	受他人不法毀損之物，其客觀價值之減少，稱為技術性貶值。例如某物遭人過失毀損，所謂技術性貶值的損害賠償，係指某物的功能回復至未發生侵害前的狀況
交易上貶值	除技術性貶值外，縱使某物已因修繕而回復至未受侵害時的狀況，因某物發生過事故，其交易價值亦不能完全回復，此即為交易上貶值

◇**物之交換價值**：係指物因交易價格所能取得之利益。物之交換能力可能因環境或當事人交涉能力而所不同。其與物之使用價值著重於物本身使用收益價值的概念有所不同。

▲【77 年第 9 次民事庭會議決議(一)】物被毀損時，被害人除得依民法第 196 條請求賠償外，並不排除民法第 213 條至第 215 條之適用。依民法第 196 條請求賠償物被毀損所減少之價額，**得以修復費用為估定之標準，但以必要者為限**（例如：修理材料以新品換舊品，應予折舊）。**被害人如能證明其物因毀損所減少之價額，超過必要之修復費用時，就其差額，仍得請求賠償。**

▲【100 臺上 1842】未按民法第 213 條第 2 項所謂因回復原狀而應給付金錢者，例如所侵害者為金錢，則應返還金錢，如所侵害者為取得利益之物，則於返還原物外，更應給付金錢抵償其所得利益，始克回復原狀，本院 56 年臺上字第 1863 號判例意旨已闡述明晰。而民**法第 196 條規定不法毀損他人之物者，被害人得請求賠償其物因毀損所減少之價額，係就物遭不法毀損之情形，允**

許被害人除請求回復原狀外，亦得選擇賠償其物因毀損所減少之價額，乃回復原狀以外之賠償方法，自非屬同法第 213 條第 2 項所稱因回復原狀而應給付金錢之情形。上訴人謂其因廠房等毀損，得依民法第 196 條規定請求賠償，即應有民法第 213 條第 2 項規定之適用，未免誤會，均附此敘明。

第 197 條　（損害賠償請求權之消滅時效與不當得利之返還）

I.因侵權行為所生之損害賠償請求權，自請求權人知有損害及賠償義務人時起，二年間不行使而消滅，自有侵權行為時起，逾十年者亦同。

II.損害賠償之義務人，因侵權行為受利益，致被害人受損害者，於前項時效完成後，仍應依關於不當得利之規定，返還其所受之利益於被害人。

介查民律草案第 976 條理由謂侵權行為之損害賠償請求權，一債權也，因清償及其他方法而消滅，固屬當然之事。至關於消滅時效，則應設特別規定，俾久為社會所遺忘之侵權行為，不至忽然復起，更主張損害賠償之請求也，以擾亂社會之秩序，且使相對人不至因證據湮滅而有難於防禦之患。此第 1 項所由設也。至損害賠償之義務人，因侵權行為而受利益，致被害人蒙損害時，於因侵權行為之請求權外，更使發生不當得利之請求權，且此請求權，與因侵權行為之請求權時效無涉，依然使其獨立存續。此第 2 項所由設也。

◇依關於不當得利之規定：學說上有不同見解。

構成要件準用說	本項僅在宣示侵權行為不當得利競合時之關係，亦即當同時具備侵權行為與不當得利之構成要件，縱使侵權行為損害賠償請求權已罹於時效，若不當得利返還請求權尚未罹於時效，仍得請求返還不當得利。因此須符合民法第 179 條不當得利之要件
法律效果準用說	本項已規定不當得利之要件，僅準用不當得利請求權之法律效果

▲【43 臺上 752】侵權行為，即不法侵害他人權利之行為，屬於所謂違法行為之一種，債務不履行為債務人侵害債權之行為，性質上雖亦屬侵權行為，但法律另有關於債務不履行之規定，故關於侵權行為之規定，於債務不履行不適用之。民

法第 231 條第 1 項，因債務遲延所發生之賠償損害請求權，與同法第 184 條第 1 項，因故意或過失不法侵害他人之權利所發生之損害賠償請求權有別，因之基於民法第 231 條第 1 項之情形，所發生之賠償請求權，無同法第 197 條第 1 項所定短期時效之適用，其請求權在同法第 125 條之消滅時效完成前，仍得行使之，應為法律上當然之解釋。

▲【46 臺上 34】上訴人自 41 年起即已知有損害及賠償義務人，至 44 年 9 月 9 日始提起本件訴訟，其因侵權行為所生之損害賠償請求權，依民法第 197 條第 1 項之規定，雖因二年間不行使而消滅，但查所謂知有損害，非僅指單純知有損害而言，其因而受損害之他人行為為侵權行為，亦須一併知之，若僅知受損害及行為人，而不知其行為之為侵權行為，則無從本於侵權行為請求賠償，時效即無從進行。

▲【72 臺上 1428】民法第 197 條第 1 項規定：「因侵權行為所生之損害賠償請求權，自請求權人知有損害及賠償義務人時起，二年間不行使而消滅」所謂知有損害及賠償義務人之知，係指明知而言。如當事人間就知之時間有所爭執，應由賠償義務人就請求權人知悉在前之事實，負舉證責任。

▲【90 臺上 839】關於侵權行為損害賠償請求權之消滅時效，應以請求權人實際知悉損害及賠償義務人時起算，非以知悉賠償義務人因侵權行為所構成之犯罪經檢察官起訴或法院判決有罪為準；所謂知有損害，係指知悉受有何項損害而言。至對於損害額則無認識之必要。即以後損害額之變更於請求權時效之進行無礙。

▲【93 臺上 659】按因侵權行為所生之損害賠償請求權，自請求權人知有損害及賠償義務人時起，二年間不行使而消滅。自有侵權行為時起，逾十年者亦同。民法第 197 條第 1 項定有明文。顯見關於侵權行為損害賠償請求權之消滅時效，應以請求權人實際知悉損害及賠償義務人時起算，非以侵害行為終止時為準。至於對知悉侵權行為所生之「損害」後，該狀態是否持續致使損害額隨之變更，並無認識之必要。尚難以損害狀態之延續即謂係屬另一侵權行為之發生。

▲【94 臺上 148】按民法第 197 條第 1 項規定：「因侵權行為所生之損害賠償請求權，自請求權人知有損害及賠償義務人時起，二年間不行使而消滅。自有侵權行為時起，逾十年者亦同」。該條

項所稱「自請求權人知有損害時起」之主觀「知」的條件，如係一次之加害行為，致他人於損害後尚不斷發生後續性之損害，該損害為屬不可分（**質之累積**），或為一侵害狀態之繼續延續者，固應分別以被害人知悉損害程度呈現底近（**損害顯在化**）或不法侵害之行為終了時起算其時效。**惟加害人之侵權行為係持續發生（加害之持續不斷），致加害之結果（損害）持續不斷，若各該不法侵害行為及損害結果係現實各自獨立存在，並可相互區別（量之分割）者，被害人之損害賠償請求權，即隨各該損害不斷漸次發生，自應就各該不斷發生之獨立行為所生之損害，分別以被害人已否知悉而各自論斷其時效之起算時點**，始符合民法第197條第1項規定之趣旨，且不失該條為兼顧法秩序安定性及當事人利益平衡之立法目的。

▲【96臺上188】按消滅時效，因債務人承認而中斷，民法第129條第1項第2款規定甚明。又因侵權行為所生之損害賠償請求權，自請求權人知有損害及賠償義務人時起，二年間不行使而消滅。自有侵權行為時起，逾十年者亦同。民法第197條第1項著有明文。所謂「知有損害」，加害人之侵權行為如連續（持續）發生者，被害人之請求權亦不斷發生，則該請求權之消滅時效亦應不斷重新起算。因此，**連續性侵權行為，於侵害終止前，損害仍在繼續狀態中，被害人無從知悉實際受損情形，自無法行使損害賠償請求權，其消滅時效自應俟損害之程度底近知悉後起算**。

▲【96臺上2517】按公司法第23條第2項規定，公司負責人對於公司業務之執行，如有違反法令致他人受有損害時，對他人應與公司負連帶賠償之責。**此所定連帶賠償責任，係基於法律之特別規定，並非侵權行為上之責任，故其請求權之消滅時效，應適用民法第125條之規定**，原審就上訴人請求甲○○負連帶賠償部分，認應適用同法第197條二年時效之規定，已有違誤。

▲【101臺上1411】查損害賠償之義務人，因侵權行為受利益，致被害人受損害者，於前項時效完成後，仍應依關於不當得利之規定，返還其所受之利益於被害人，民法第197條第2項定有明文。該項規定旨在表示賠償義務人因侵權行為受有利益時，得發生損害賠償請求權與不當得利返還請求權之競合。此觀該條立法意旨載明：「損害賠償之義務人，因侵權行為而受利益，致被害人蒙受損害時，於因侵權行為之請求權外，更使發生不當得利之請求權，且此請求權，與因侵權行

為之請求權時效無涉，依然使其能獨立存續」，足見不當得利返還請求權與侵權行為損害賠償請求權係處於獨立併存互相競合之狀態。故上開規定**所謂「依關於不當得利之規定」，請求加害人返還其所受之利益，仍須具備不當得利請求權之構成要件**。而民法第179條規定之不當得利，須當事人間財產損益變動，即一方所受財產上之利益，與他方財產上所生之損害，係由於無法律上之原因所致者，始能成立；**倘受益人基於債權或物權或其他權源取得利益，即屬有法律上之原因受利益，自不成立不當得利**。

▲【105臺上1055】又如加害人之侵權行為係持續發生（加害之持續不斷），致加害之結果（損害）持續不斷，若各該不法侵害行為及損害結果係現實各自獨立存在，並可相互區別者，被害人之損害賠償請求權，即隨各該損害不斷漸次發生，自應就各該不斷發生之獨立行為所生之損害，分別以被害人已否知悉而各自論斷其時效之起算時點。

> ## 第 198 條　（債務履行之拒絕）
> 因侵權行為對於被害人取得債權者，被害人對該債權之廢止請求權，雖因時效而消滅，仍得拒絕履行。

介 查民律草案第977條理由謂因侵權行為，對於被害人取得債權，例如因詐欺而對於被害人使為債務約束時，被害人對於加害人，有債權廢止之請求權。然在請求權有因時效而消滅者，以原則論，既已消滅，則被害人不能據此請求權提出抗辯，以排斥債權人履行之請求。然似此辦理，不足以保護被害人，故本條特設例外之規定，使被害人於債權廢止之請求權因時效消滅後，仍得拒絕債務之履行也。

◇**廢止請求權**：本條立法目的在於賦予被害人對於加害人不當行使其因侵權行為而取得債權之抗辯。例如：甲被乙詐欺，將所有 A 畫賤價出賣予乙，惟甲尚未交付乙畫，嗣後縱使甲對乙之廢止請求權（民法第92條詐欺撤銷權、民法第184條侵權行為損害賠償請求權）已因超過除斥期間或消滅時效期間而消滅，甲仍得依本條規定拒絕履行。

◇**類推適用本條規定**：本條適用時間雖係在撤銷權之除斥期間及侵權行為損害賠償請求權時效完成後。惟通認為，在上述期間及時效未完成前，仍得類推適用本條規定，主張拒絕履行。

▲【28渝上128】因被脅迫而為負擔債務之意思表示者，即為侵權行為之被害人，該被害人固得於民法第93條所定之期間內，撤銷其負擔債務之意思表示，使其債務歸於消滅，但被害人於其撤銷權因經過此項期間而消滅後，**仍不妨於民法第197條第1項所定之時效未完成前，本於侵權行為之損害賠償請求權，請求廢止加害人之債權，即在此項時效完成後，依民法第198條之規定，亦得拒絕履行。**

第二節　債之標的

第199條　（債權人之權利及給付之範圍）

Ⅰ.債權人基於債之關係，得向債務人請求給付。

Ⅱ.給付，不以有財產價格者為限。

Ⅲ.不作為亦得為給付。

☝謹按債權者，即得向債務人請求作為或不作為之標相對權，其作為或不作為，實為債之標的，故總稱為給付。至給付須有財產價格與否，古來議論不一，本條規定，雖無財產價格之給付，亦得為債之標的，於實際上方為賅括。又可稱為給付者，固不僅限於債務人履行之作為義務，即履行不作為義務亦得為給付。此本條所由設也。

◇**債之關係**：債權人得請求債務人作為或不作為之法律關係。債之關係發生原因包含法律規定（無因管理、不當得利、侵權行為等）或法律行為（例如契約）所生。

◇**給付**：給付作為名詞時係指債務人依債之關係所應為之作為或不作為，即為債之標的。作為動詞時係指債務人提出給付之動作。

▲【101臺上2098】債權為對於特定人之權利，債權人只能向債務人請求給付，而不能向債務人以外之人請求給付。

第200條　（種類之債）

Ⅰ給付物僅以種類指示者，依法律行為之性質或當事人之意思不能定其品質時，債務人應給以中等品質之物。

Ⅱ.前項情形，債務人交付其物之必要行為完結後，或經債權人之同意指定其應交付之物時，其物即為特定給付物。

☝查民律草案第326條理由謂僅以種類指示給付物者，於實際上屢見之，如指定白米百石棉花十擔是也。此時既不能依法律行為之性質，或當事人

之意思而定其品質，則使債務人給付中等品質之物，方合於當事人之意思。故從多數立法例，而設第1項。又該項規定，替代物債務，須由履行債務人先定其標的物，始行交付於債權人，故替代物之債務，一變為特定物之債務，於此時期，各國立法例，亦不一致。本法以債務人為給付其物所必要之行為完結後（如債務人將其物託諸運送之行為完結時），或經債權人同意指定其應交付之物時，使其替代物之債務，成為特定物之債務。此第2項所由設也。

◇**給付物**：有認為以種類表示者，非僅限於物，權利或勞務亦得以種類表示之，故得直接適用本條。惟亦有認為本條明文限於「物」，因此以種類指示給付權利或勞務之債，僅得類推適用本條規定。

◇**種類之債**：種類，乃就同一屬性之物，抽象以其類型表示其全體之名稱。種類之債係指給付物僅以種類中一定數量指示為債之標的。

◇**中等品質**：種類之債之要素包含種類、數量及品質。其中給付中等品質應以履行時及履行地之社會客觀標準決定。

◇**交付其物之必要行為完成後，方為特定**：如何認定應依交易習慣具體決定之。通說認為因清償地之不同而有差異：

赴償債務	債務人須將給付物送至債權人住所地，使債權人處於得隨時受領之狀態者，債務即為特定
往取債務	債務人須將應給付物自種類之債中加以分離，置於足以與他種類物辨認區別之程度，以具體指定給付物通知債權人受領時，方為特定
送付債務	債務人須將給付物送至債權人或債務人住所地以外之其他處所為清償地，使債權人或其指定人處於隨時得受領之狀態時，即為特定

◇**特定給付物**：種類之債係以不特定物為給付標的，為使債能實現，於履行前應為特定，將不特定之債變更為特定之債。其目的包含：1.使債務人得依債之本旨履行債務。2.特定後可發生並確定給付不能之責任。3.特定後給付客體既已確定而無從變更。4.特定後得確定危險負擔之歸屬。

第201條　（特種通用貨幣之債）

以特種通用貨幣之給付為債之標的者，如其貨幣至給付期失通用效力時，應給以他種通用貨幣。

⇧查民律草案第 328 條理由謂以特種通用貨幣之給付為標的者，若其通用貨幣，至給付時已失強制通用之效力，則與並未定特種通用貨幣者同，債務人應以他種通用貨幣為給付。蓋定特種通貨之約，不過一附隨事件也。

◇**貨幣之債**：**以給付一定數額貨幣為標的之債**。在交易上重視其價值而非個別貨幣的種類或特性，屬於種類之債，因此沒有給付不能的問題。除非以貨幣為特定物之債者（如民法第 639 條之金錢運送），始有給付不能之問題。

◇**通用貨幣**：即為法定貨幣，於法律上具有強制通用的效力，能流通而為公眾使用的貨幣。

◇**特種通用貨幣之債**：是以特種通用貨幣的一定金額為標的之債。當事人間所著重者是一定之金額，僅附帶以特種貨幣給付。如該特種通用貨幣於給付時失其通用效力，應依本條給付他種通用貨幣，故無給付不能的問題。

第 202 條　（外國貨幣之債）

以外國通用貨幣定給付額者，債務人得按給付時，給付地之市價，以中華民國通用貨幣給付之。但訂明應以外國通用貨幣為給付者，不在此限。

⇧查民律草案第 329 條理由謂當事人以外國通用貨幣，指定在中國給付之債權額，應使債務人得依給付時及給付地之市價，以中國通用貨幣給付之，此等辦法，於債權人之利益，毫無損害。然以外國通用貨幣為債權標的而訂有特約者，是必以外國通用貨幣之給付，為有益於交易之實用，自不可不依其約定。此本條所由設也。

第 203 條　（法定利率）

應付利息之債務，其利率未經約定，亦無法律可據者，週年利率為百分之五。

⇧查民律草案第 330 條理由謂依法令或法律行為，其債權可生利息者，若法令無特別規定，當事人亦無特別約定，不可無法定利率，以杜無益之爭。故本條斟酌本國習慣，定利率為週年百分之五分。

◇**利息之債**：**以給付利息為標的之債**。利息之債必先有原本之債，即本金之債。利息之債依其發生原因可分為**約定利息之債**與**法定利息之債**。前者是指依當事人約定所發生之利息債。約定利息多依當事人約定利率而計算，如未約定則可依法定利率計算。後者乃依法律規定當然發生之利息之

債，原則上依法定利率而計算，但例外亦得依約定（民法第 233 條第 1 項但書）。

◇**法定利率**：如當事人無約定又無其他法律規定時（票據法第 28 條第 2 項），則依本條規定，以週年利率百分之五計算之。

◇**週年利率**：以一週年為其存續期間作為基礎計算者，稱為週年利率。

第 204 條　（債務人之提前清償權）

Ⅰ約定利率逾週年百分之十二者，經一年後，債務人得隨時清償原本。但須於一個月前預告債權人。

Ⅱ前項清償之權利，不得以契約除去或限制之。

⇧查民律草案第 331 條理由謂約定之利率，應否全委諸當事人之自由契約，抑以法律定一最高限度，逾最高限度之部分，審判上即不許其請求，抑民事則採利率限制主義，商事則採利率無限制主義，關於此事，各國皆不一致，本法則在民法上採利息無限制主義。夫遇經濟上有急迫情事，約明利率逾週年百分之十二者，為事所常有，法律為保護債務人起見，不問其債有無期限，經過一年後，使債務人有隨時清償原本之權利，不得以契約除去或限制之。但須於一個月以前預告債權人，以隨時清償原本，於債權人誠有利害關係，故須使債務人負預告之責也。

◇**較高利率之期前清償**：依民法第 316 條，定有清償期者，如無反對之意思表示時，債務人得於期前為清償。民法第 204 條是為保護債務人，使其對較高之利率得期前清償，以免高利率之負擔過重，此為法律賦予之期前清償，為強行規定，不得事前以契約排除或限制之。

◇**原本**：利息所依據之原本之債，即所謂本金之債。

第 205 條　（最高利率之限制）

約定利率，超過週年百分之十六者，超過部分之約定，無效。

⑩一、鑑於近年來存款利率相較於本法制定時已大幅調降，本條所定最高約定利率之限制亦應配合社會現況作適度調整，另考量本條之適用範圍廣泛，仍須保留一定彈性容由當事人約定，不宜過低，爰將最高約定利率調降為週年百分之十六。

二、約定利率如超過最高約定利率上限，原條文

規定債權人對於超過部分之利息「無請求權」，並未規定超過部分之約定為「無效」，故司法實務見解均認為僅債權人對之無請求權，並非約定無效而謂其債權不存在，倘若債務人就超過部分之利息已為任意給付，經債權人受領後，不得謂係不當得利而請求返還。為強化最高約定利率之管制效果，保護經濟弱者之債務人，爰將本條法律效果修正為「超過部分之約定，無效」，以符立法原意。

◇**最高利率**：民法過去規定限制最高利率為週年百分之二十，且採**抗辯權發生主義**，債務人不為抗辯，債權人仍有受領的權利，僅規定就超過百分之二十的利息，債權人無請求權，而非該約定無效或債權不存在，當債務人就超過部分為任意給付，債權人之受領，仍然是有法律上原因，不構成不當得利（29 渝上 1306）。民國 110 年修法後調降為週年百分之十六，就超過部分之約定無效，以保護經濟弱勢之債務人。

▲【**40 臺上 740**】民法第 205 條所定約定利率最高額之限制，不僅適用於金錢之消費借貸，金錢以外其他代替物之消費借貸，亦在適用之列。

第 206 條　（巧取利益之禁止）
債權人除前條限定之利息外，不得以折扣或其他方法，巧取利益。

个謹按所謂債權人以折扣或其他方法巧取利益者，如借貸時約定九五實收或預扣一年利息等情形是也。此種方法，殊有擾亂社會經濟及破壞善良風俗之嫌，自為法所不許，故本條特設禁止之規定。

◇**巧取利益**：關於利息之最高利率，第 205 條定有明文，故不許當事人假借其他名義以謀取其他超過之利益。本條是屬禁止規定，違反者依民法第 71 條應屬無效。例如：約定借款 10,000 元，約定週年利息 16%，卻主張利息先取，扣除 1,600 元，僅交付借款 8,400 元，就該巧取 1,600 元部分違反本條禁止規定，應屬無效，不生借貸關係。

第 207 條　（複利）
I.利息不得滾入原本，再生利息。但當事人以書面約定，利息遲付逾一年後，經催告而不償還時，債權人得將遲付之利息滾入原本者，依其約定。

II.前項規定，如商業上另有習慣者，不適用之。

个謹按以利息滾入原本，再生利息者，有害債務人之利益實甚，應使之無效。然若當事人以書面約定，利息遲付逾一年後經催告而不償還時，得將遲付之利息滾入原本者，則為保護債權人利益起見，應認其約定為有效。蓋此種約定，債務人必熟權自己利害而後為之，不應使之無效也。其商業上另有習慣者，則應依其習慣，不必依此規定。故設本條以明示其旨。

◇**單利與複利**

單利	指單獨計算各期之利息，而不將利息添入原本再生利息之債
複利	指重複計算各期利息，將利息滾入原本再生利息之債。我國民法原則上禁止複利，當事人約定如有違反，其計算方式不拘束債務人。例外：如符合本條法定條件或其他商業習慣者，則允許之

◇**商業習慣**：例如：銀行定期存款，滿一年所生的利息，有約定加入本金，再生利息的習慣。

▲【**43 臺上 477**】在銀錢業方面，如確有將利息滾入原本再生利息之特別習慣，亦不失其為民法第 207 條第 2 項所稱之商業上習慣。

第 208 條　（選擇之債）
於數宗給付中，得選定其一者，其選擇權屬於債務人。但法律另有規定或契約另有訂定者，不在此限。

个查民律草案第 333 條理由謂給付之標的，雖有數宗，債務人祇須履行其一，即可消滅債權者，以法律無特別規定或契約無特別訂定為限，使債務人有選擇權，藉以保護債務人之利益也。

◇**選擇之債**：於同一債之關係中，數宗獨立的給付平等存在，得選擇其一給付為標的之債。通說認為雖具數宗債之給付內容，但僅就選定之一宗給付有給付請求權，**本質上仍屬單一之債。選擇之債於未經選擇前，給付標的尚未確定，債務人無從履行**。如選擇之債，經選擇之後，就成為特定之債，可能會發生給付不能的問題；在行使選擇權前，原則上不會發生給付不能的問題。

◇**選擇權**：可就數宗給付中，選擇其一給付為標的之權利。經選擇後，其餘各宗給付失其效力，使選擇之債變為單純之債，是單方意思表示變更現存法律狀態，故應認選擇權為**形成權**。選擇權人原則為債務人，因為選擇與債務的履行有關，但法律另有規定或契約另有約定，不在此限。選擇

民法 第二編 債 （第二〇九~二一二條）

權的意思表示為有相對人的單獨行為，適用民法關於意思表示之規定。

▲【78臺上1753】選擇之債，謂於數宗給付中，得選擇其一以為給付之債；任意之債，謂債務人或債權人得以他種給付代替原定給付之債。**選擇之債，在特定前，數宗給付處於同等地位以待選擇，非予特定，債務人不能為給付，債權人亦不能請求特定之給付。**任意之債，其給付物為特定，代替給付僅居於補充地位而已，故債務人有代替權時，債權人祇得請求原定之給付，債權人有代替權時，債務人應以原定之給付。選擇之行使，以意思表示為之，即生效力。代替權之行使，則為要物行為，代替之意思雖已表示，若未同時提出代替物，其債之標的仍為原定給付。

▲【100臺上1579】選擇之債，謂於數宗給付中，得選擇其一以為給付之債，若非因選擇而特定，而係因條件成就，就數宗給付特定其中一宗以為給付者，即非選擇之債。

第209條 （選擇權之行使）

Ⅰ.債權人或債務人有選擇權者，應向他方當事人以意思表示為之。

Ⅱ.由第三人為選擇者，應向債權人及債務人以意思表示為之。

⇧謹按有選擇權者，行使選擇權，須向相對人以意思表示為之者，使有選擇權人隨意撤銷其行使選擇權之意思表示也。故設第1項以明其旨。依法律行為使第三人為選擇者，其選擇之方法，亦應先行規定，以杜無益之爭議。此第2項所由設也。

第210條 （選擇權之行使期間與移轉）

Ⅰ選擇權定有行使期間者，如於該期間內不行使時，其選擇權，移屬於他方當事人。

Ⅱ選擇權未定有行使期間者，債權至清償期時，無選擇權之當事人，得定相當期限催告他方當事人行使其選擇權，如他方當事人不於所定期限內行使選擇權者，其選擇權移屬於為催告之當事人。

Ⅲ由第三人為選擇者，如第三人不能或不欲選擇時，選擇權屬於債務人。

⇧謹按選擇權，定有行使期間者，如逾期不行使，應使選擇權移轉於他方當事人。選擇權，未定有行使期間者，如於債權至清償期經催告後逾期而仍不行使，應使其選擇權移轉於催告人。其選擇

權由第三人行使者，如第三人不能或不欲行使時，應使其選擇權屬於債務人。此蓋為選擇權定有行使期間與未定有行使期間，及由第三人為選擇者，應生如何之結果之分別規定，藉免無益之爭議也。故設本條以明其旨。

◇選擇權的移轉：選擇權為權利而非義務，於選擇權人不欲行使或怠於行使時，無法強制其行使，為避免債之關係長久無法確定，本條即為選擇權移轉的規定。

▲【79臺上989】依民法第210條第2項規定**使選擇權移屬於他方當事人者，須具備權利至清償期，他方當事人定相當期限催告，及選擇權人不於所定期限內行使選擇權等三個要件，苟缺其一，即不生選擇權移屬之效力。**本件是否具備前述三個要件，原審未予調明晰，徒以上訴人不行使選擇權為，置被上訴人有無定相當期限催告上訴人行使選擇權於不顧，遂認選擇權應移屬於被上訴人，尤嫌速斷。

第211條 （選擇之債之給付不能）

數宗給付中，有自始不能或嗣後不能給付者，債之關係僅存在於餘存之給付。但其不能之事由，應由無選擇權之當事人負責者，不在此限。

⇧查民律草案第340條理由謂選擇給付之數宗標的中，因天災不可抗力，或因有選擇權人之過失，致自始不能或嗣後不能給付，其債權應存在於餘存給付中，是屬當然之事。但因無選擇權當事人之過失，致不能給付者，則使相對人得請求可能之給付，或請求因給付不能而生之損害賠償，以保護其利益。故設本條以明其旨。

◇選擇之債之給付不能：選擇之債具有數宗給付處於被選擇的狀態，如其中一宗給付發生給付不能之情事，債之關係僅存在於剩餘之給付。又若剩下之給付僅剩一宗者，則選擇之債因而特定，變成單純之債，但若因可歸責於無選擇權人之事由致其中一宗給付給付不能時，債之關係不僅存在於剩餘之給付中，選擇權人仍得選擇已生給付不能之給付，如選擇該給付不能之給付，則適用給付不能相關規定。

第212條 （選擇之溯及效力）

選擇之效力，溯及於債之發生時。

⇧查民律草案第339條理由謂既被選擇之給付，不

當從始即為債之標的，故選擇者，不過除去其他之標的而已。選擇使溯及債權發生時生其效力，自屬當然之事。此本條所由設也。

◇**溯及效力**：選擇權行使後，此債之關係溯及至契約成立之時，由選擇之債變為單純之債。溯及效力之實益在於民法第211條但書情形，因可歸責於無選擇權人之事由致給付不能者，有選擇權人仍選擇契約成立時已陷於給付不能之給付時，因為具有溯及效力，才可以成立自始不能。

▲**【70臺上4155】按選擇之債，經有選擇權人之選擇，成為單純之債。**依民法第212條規定，其選擇之效力，並溯及於債之發生時。故選擇之債，一經選擇，即視為自始為單純之債。

第213條　（損害賠償之方法──回復原狀）

I 負損害賠償責任者，除法律另有規定或契約另有訂定外，應回復他方損害發生前之原狀。

II 因回復原狀而應給付金錢者，自損害發生時起，加給利息。

III 第一項情形，債權人得請求支付回復原狀所必要之費用，以代回復原狀。

---

⑧一、第1項及第2項未修正。

二、我民法損害賠償之方法，以回復原狀為原則，金錢賠償為例外。然回復原狀，若必由債務人為之，對被害人有時可能緩不濟急，或不能符合被害人之意願。為期合乎實際需要，並使被害人獲得更周密之保障，爰參考德國民法第249條後段之立法例，增設第3項，使被害人得請求支付回復原狀所必要之費用，以代回復原狀。

◇**回復原狀**：損害賠償，以回復原狀為原則，以金錢賠償為例外。所謂「回復原狀」並非回復至原來的狀態，而是「回復應有的狀態」，應斟酌的損害事故發生後的權益變動狀態。

▲**【43臺上752】**參見本法第197條。

▲**【70臺上689】**以身體被傷害而請求金錢賠償者，固不得依民法第213條第2項請求就該金錢加給利息，惟侵權行為人支付該金錢遲延時，被害人非不得依民法第233條第1項規定請求法定利息。

▲**【64年第6次民事庭會議決議】**提案：物因侵權行為而受損害，請求金錢賠償，其有市價者，應以何時價格為準？決議：物因侵權行為而受損害，請求金錢賠償，其有市價者，應以請求時或起訴時之市價為準。蓋損害賠償之目的在於填補所生之損害，其應回復者，並非「原來狀態」，而係「應有狀態」，應將損害事故發生後之變動狀況考慮在內。故其價格應以加害人應為給付之時為準，被害人請求賠償時，加害人即有給付之義務，**算定被害物價格時，應以起訴時之市價為準，被害人於起訴前已曾為請求者，以請求時之市價為準。**惟被害人如能證明在請求或起訴前有具體事實，可以獲得較高之交換價格者，應以該較高之價格為準。因被害人如未被侵害，即可獲得該項利益也。（同乙說）

▲**【101臺上1751】**民法第213條第2項所謂因回復原狀而應給付金錢者，自損害發生時起，加給利息，係指如金錢被侵奪者，回復原狀即應給付金錢者而言；至於以金錢代替回復原狀之情形，則無適用之餘地。

第214條　（損害賠償之方法──金錢賠償㈠）

應回復原狀者，如經債權人定相當期限催告後，逾期不為回復時，債權人得請求以金錢賠償其損害。

↥謹按賠償之方法，原則上應為回復原狀。債權人對於負回復原狀之債務人，如經催告其於一定期限內，履行回復原狀之義務，債務人逾期而不為回復時，債權人得請求債務人改以金錢賠償其損害，並得依前條第2項之規定，要求自損害發生時起之利息。此本條所設也。

第215條　（損害賠償之方法──金錢賠償㈡）

不能回復原狀或回復顯有重大困難者，應以金錢賠償其損害。

↥謹按債務人遇不能回復原狀，或原狀之回復顯有重大困難之情形時，自不得不使其得以金錢賠償其損害，藉資救濟。此與前條之規定相同，債權人亦得要求自損害發生時起之利息。故設本條以明示其旨。

◇**不能回復原狀**：依一般社會通念，根本無法回復者，不應強求債務人回復原狀。**包含技術上無法回復之事實上不能，以及法令限制造成的法律上不能。**

◇**回復原狀顯有重大困難**：指在物理上並非不能

民

法

第二編　債

（第二一六條）

回復，但花費所需過鉅、需時過長或難以發生預期效果，不合乎經濟考量的經濟上不能，也不應強求債務人回復原狀。例如：車毀修繕的費用超過購買相同新車之價額。

第216條　（法定損害賠償範圍）

I. 損害賠償，除法律另有規定或契約另有訂定外，應以填補債權人所受損害及所失利益為限。

II. 依通常情形，或依已定之計劃、設備或其他特別情事，可得預期之利益，視為所失利益。

ⓘ 查民律草案第386條理由謂賠償損害者，不外填補債權人所失法律上之利益而已，其範圍以填補債權人所受之損害及已失之利益為限。惟所謂已失之利益，其範圍頗難確定，故以依通常情形或依已定之計畫、設備或其他特別情事，可得預期之利益為準，以防無益之爭議。此本條所由設也。

◇**完全賠償原則**：本條係完全賠償原則之規定，即損害賠償之數額以完全填補被害人所受之損害為原則。

◇**損害賠償範圍**：依當事人約定，為約定賠償範圍；依法律明定者，為法定賠償範圍。法定賠償範圍，一般為填補債權人所受損害及所失利益，特別賠償範圍則為法律另有規定之情形。

◇**所受損害與所失利益**

所受損害	即積極損害，指既存法益因損害事實之發生而積極地減少。例如：物之毀損、費用之支出
所失利益	指消極損害。若無損害事實發生，本應能取得之利益，因損害事實之發生，以致無法取得該利益，稱為「所失利益」。因所失利益之範圍較難確定，故於本條第2項明定其標準。所失利益非僅有取得利益之希望或可能為已足，仍須具備客觀可確定性

◇**依通常情形可得預期之利益**：依事物之自然發展，本可取得之利益，如未取得者，即為所失利益。例如：每日工資一千元，因被撞傷致十日無法工作，少賺之一萬元即屬之。

◇**依特別情事可得預期之利益**：依通常情形未必取得利益，但因特別情事卻可取得，如可取得而未取得者，即視為所失利益。條文中規定「已定之計劃」、「設備」為特別情事之例示。

▲【48臺上1934】民法第216條第1項所謂所受損害，即現存財產因損害事實之發生而被減少，屬於積極的損害。所謂所失利益，即新財產之取得，因損害事實之發生而受妨害，屬於消極的損害。本件被上訴人以上訴人承攬之工程違約未予完成，應另行建築，須多支付如其聲明之酬金，並非謂房屋如已完成可獲轉售之預期利益，因上訴人違約而受損失，是其請求賠償者，顯屬一種積極損害，而非消極損害。

▲【98臺上994】關於上訴人依民法第226條第1項規定，請求被上訴人賠償所受漲價利益之損失部分，原審雖以被上訴人出售系爭房地予乙○○之價格為據，謂系爭房地之價格未上漲云云；惟按損害賠償之目的在於填補所生之損害，其應回復者，並非「原來狀態」，而係「應有狀態」，應將損害事故發生後之變動狀況考慮在內，故其價格應以債務人應為賠償之時為準。而債權人請求賠償時，債務人即有給付之義務，算定標的物價格時，自應以請求時或起訴時之市價為準。

▲【99臺上1206】所謂所受損害，即現存財產因損害事實之發生而告減少，屬於積極損害；所謂所失利益，即新財產之取得，因損害事實之發生而受妨害，屬於消極損害。此所稱之「所失利益」，固非以現實有此具體利益為限，或僅有取得利益之希望或可能為已足；然依通常情形，或依已定之計劃、設備或其他特別情事，有客觀之確定性時，即得稱之。

▲【100臺上1716】按損害賠償，除法律另有規定或契約另有訂定外，原則上在於填補債權人所受損害及所失利益（民法第216條）。無論所受損害抑或所失利益，被害人之損害賠償請求權，均以其受有實際上之損害為成立要件。且衡量損害賠償之標準，首應調查被害人實際上之損害額，始能定其數額之多寡。至於依不當得利法則返還不當得利，以無法律上之原因而受利益，致他人受有損害為其要件，故不當得利之請求人得請求返還之範圍，以他方所受之利益為度，而非以請求人所受損害若干為準。準此以觀，顯見兩者之成立要件及請求範圍均屬不同，不應混為一談。

▲【101臺上1497】又不動產買賣之價格漲跌，繫於交易市場資金、政治、經濟環境及預期心理等諸多因素，是在債務人遲延中，縱債權人或許因市價格漲跌而於計算上有所獲利或虧損，然此僅屬可能而已，尚不具客觀確定性，自不能請求損害賠償。本件因上訴人並未於被上訴人給付

遲延中出售系爭房地，已難認受有系爭房地市場買賣價差之損害，又縱或受有損害，於上訴人主張及證明該損害與給付遲延有相當因果關係前，亦難令被上訴人負債務不履行之損害賠償責任。原審為上訴人上開敗訴之判決，經核於法並無違誤。

▲【103 臺上 1981】按預約當事人一方不履行訂立本約之義務負債務不履行責任者，他方得依債務不履行相關規定請求損害賠償，賠償範圍包括**所受損害及所失利益。其依預約可得預期訂立本約而獲履行之利益，依民法第 216 條第 2 項規定，視為所失利益**；惟當事人於本約訂立前，原不得逕依預定之本約內容請求履行，他方就此既尚不負給付義務，其預為給付之準備，縱有損失，亦不能認係因預約不履行所受之損害。

第 216 條之 1 （損害賠償應損益相抵）

　　基於同一原因事實受有損害並受有利益者，其請求之賠償金額，應扣除所受之利益。

⑱一、本條新增。

二、按損益相抵，自羅馬法、德國普通法以來，即為損害賠償之一大法則，蓋損害賠償之目的，雖在排除損害，回復損害發生前之同一狀態，然非使被害人因此而受不當之利益，故如被害人基於同一原因事實受有損害並受有利益時，即應由損害額中扣除利益額，以其餘額為請求之賠償額，此項損益相抵之原則，早經我國最高法院肯認（最高法院 22 年上字第 353 號及 27 年滬上字第 73 號判例參考），且民法中亦不乏寓有此原則之規定，如第 267 條但書、第 638 條第 2 項等，惟尚無專條規定，爰增訂本條，俾利適用。

◇**損益相抵：** 損害賠償之目的在填補損害，使被害人回復至損害發生前之應有狀態，但絕非使被害人因此受不當之利益，故有損益相抵原則。損益相抵之利益包含積極增加之利益與消極應減少而未減少之利益。損益相抵之利益與損害都必須與責任原因事實有因果關係，且須基於同一原因事實而發生，始有損益相抵之適用。

▲【68 臺上 42】按保險制度，旨在保護被保險人，非為減輕損害事故加害人之責任。**保險給付請求權之發生，係以定有支付保險費之保險契約為基礎，與因侵權行為所生之損害賠償請求權，並非出於同一原因。後者之損害賠償請求權，殊**不因受領前者之保險給付而喪失，兩者除有保險**法第 53 條關於代位行使之關係外，並不生損益相抵問題。**

▲【92 臺上 1190 裁】按民法第 216 條第 1 項既規定，損害賠償以填補債權人所受損害及所失利益為限，則損害賠償之債權人，基於受有損害之同一原因事實受有利益者，自應於其請求賠償損害之金額內，扣除所受之利益額。該「**損益相抵」原則之適用，僅須於損害與利益，係本於同一原因事實而生者為已足，初不問受有利益是否非因債務人之故意或過失所致，**此觀同法第 216 條之 1 規定自明。

▲【101 臺上 1624】按民法第 216 條之 1 關於「損益相抵」規定之適用，舉凡基於同一原因事實受有損害並受有利益，該「損害與利益」各與「責任原因之事實」間具有相當因果關係者，均足當之。查「被上訴人（之公務員）因誤發系爭證明書，致上訴人受贈與系爭土地」之責任原因事實，造成上訴人「受有補繳土地增值稅之損害及受贈系爭土地之全部而受有利益」，該損害及利益均與「誤發而受贈（二者間有相當因果關係）」之責任原因事實間具有相當因果關係，既為原審所認定之事實，則該損害與利益自均係基於同一原因事實而新發生。

▲【105 臺上 632】按基於同一原因事實，一方使債權人受有損害，一方又使債權人受有利益者，應於所受之損害內，扣抵所受之利益，必其損益相抵之結果尚有損害，始應由債務人負賠償責任，以免被害人反因損害事故之原因事實而受有不當利益。觀諸民法第 216 條之 1 規定即明。**是損益相抵乃被害人內部就損害與利益折算以確定損害賠償範圍之方法，與債之抵銷尚屬有間。**故於適用損益相抵時，法院就被害人所受利益縱有所判斷，僅屬認定損害賠償請求權範圍之理由或依據，該利益部分自無既判力之可言。上訴人於上訴第二審後，縱撤回上開(一)月退休俸部分之上訴，原審另就其因已定計畫致生律師報酬之損失，與就其繼續任職領取之薪資為損益相抵部分，並無違背既判力。原審所持理由與此雖異，結論尚無二致。

第 217 條 （損害賠償之過失相抵）

Ⅰ.損害之發生或擴大，被害人與有過失者，法院得減輕賠償金額，或免除之。

Ⅱ.重大之損害原因，為債務人所不及知，而

民

法

第二編　債（第二一七條）

被害人不預促其注意或怠於避免或減少損害者，為與有過失。

III前二項之規定，於被害人之代理人或使用人與有過失者，準用之。

⑧一、第1項及第2項未修正。

二、按學者通說及實務上之見解（最高法院第6821號民庭會議決議參考），均認為民法第224條之規定，於過失相抵之情形，被害人方面應有其類推適用。亦即第1項及第2項之規定，關於被害人之代理人或使用人之過失，應視同被害人之過失，方得其平，爰增訂第3項之規定。

◇**與有過失**：基於**自己責任原則**，原則上僅對自己之行為負責（代負責任情形乃例外），故損害發生後因被害人之過失行為使損害擴大者，法院得斟酌被害人之過失，於定損害賠償額時，減輕或免除賠償義務人之債務，以平衡被害人與賠償義務人間之責任。

◇**與有過失適用範圍**：通說及實務均認為本條乃規定於債之標的中，故不限於侵權行為、債務不履行或其他法律規定，被害人與有過失時均有其適用。

◇**對己義務**：民法第217條之過失係對己義務之過失，被害人係違反對自己利益的照護義務，其法律效果不生損害賠償之責，而係發生失權效力。消極不作為之過失行為，也包括在與有過失範圍內，然其較難認定，故於本條第2項加以明文規定。

◇**不預促其注意**：例如：托運易碎物品未張貼易碎標識或未預先告知促其小心，而造成毀損。

◇**怠於避免或減少損害**：前者例如：債務人交付病牛，債權人怠於隔離致其他牛隻遭感染之損害；後者例如：被撞受傷，拒絕就醫致病情加重。

◇**未成年人是否應承擔法定代理人的與有過失**

肯定說	與有過失之概念係出於損害分配之公平性，而此等公平性之考量，應由全體加害人與被害人間通盤考量。未成年被害人因其法定代理人之照顧或施恩行為而享受利益，亦應承擔因此所生之危險，而有與有過失之適用，否則對加害人不公平
否定說	法定代理人係依法律規定所生，未成年人無選任權，亦無監督可能，又法定代理制度係為保護未成年人所設，不應使其更受不利益

◇**無識別能力人是否適用與有過失規定**

肯定說	與有過失之制度目的在於加害人與被害人間之公平，係以雙方對於損害發生之原因力強弱作為分擔標準，適用上不以被害人具識別能力為要件，只要行為人違反對己義務之行為與損害間具相當因果關係，即有本條之適用
否定說	因過失之判斷須以行為人具有識別能力為前提，若被害人無識別能力，即無過失，自亦無與有過失之適用

▲【54臺上2433】民法第217條第1項規定，損害之發生或擴大，被害人與有過失者，法院得減輕賠償金額或免除之。**此項規定之適用，原不以侵權行為之法定損害賠償請求權為限，即契約所定之損害賠償，除有反對之特約外，於計算賠償金額時亦難謂無其適用，且此項基於過失相抵之責任減輕或免除，非僅視為抗辯之一種，亦可使請求權全部或一部為之消滅，故債務人就此得為提起確認之訴之標的，法院對於賠償金額減至何程度，抑為完全免除，雖有裁量之自由，但應斟酌雙方原因力之強弱與過失之輕重以定之。**

▲【68臺上967】雙方互毆乃雙方互為侵權行為，與雙方行為為損害之共同原因者有別，無民法第217條過失相抵原則之適用。

▲【73臺再182】民法第192條第1項規定不法侵害他人致死者，對於支出殯葬費之人，亦應負損害賠償責任，係**間接被害人得請求賠償之特例。此項請求權，自理論言，雖係固有之權利，然其權利係基於侵權行為之規定而發生，自不能不負擔直接被害人之過失，倘直接被害人於損害之發生或擴大與有過失時，依公平之原則，亦應有民法第217條過失相抵規定之適用。**

▲【79臺上2734】民法第217條關於被害人與有過失之規定，於債務人應負無過失責任者，亦有其適用。

▲【85臺上1756】損害之發生或擴大，被害人與有過失者，法院得減輕賠償金額或免除之，民法第217條第1項定有明文。此項規定之目的，在謀求加害人與被害人間之公平，故在**裁判上法院得以職權減輕或免除之。**

▲【95臺上279裁】民法第217條第3項固明定，同條第1項、第2項（過失相抵）之規定，「於被害人之代理人或使用人與有過失者，亦適用之。」惟**大眾運輸工具如營業小客車（計程車）**

之乘客，係與營業人成立運送契約，計程車司機為該運送人或運送人之受僱人，僅係基於運送人與乘客間暫時且短期之運送契約，載運乘客至其預計到達之目的地而已，司機與乘客間，非得以該臨時性之運送關係，解釋為前開規定之「使用人」，自無適用該法文之餘地。

▲【103臺上496】惟按損害之發生或擴大，被害人與有過失者，法院得減輕賠償金額或免除之，為民法第217條第1項所明定。旨在謀求加害人與被害人間之公平，倘被害人於事故之發生或損害之擴大亦有過失時，由加害人負全部賠償責任，未免失諸過苛，因賦與法院得減輕其賠償金額或免除之職權。此所謂被害人與有過失，只須其行為為損害之共同原因，且其過失行為並有助成損害之發生或擴大者，即屬相當。至加害人主觀之故意過失，僅係加害人構成侵權責任之要件，縱加害人故意為侵權行為，亦係被害人就損害之發生或擴大有無防範之義務及可能，其間有無相當因果關係，應否減輕或免除賠償金額之裁量因素，尚難自始即排除適用。

第218條 （因賠償義務人生計關係之酌減）

損害非因故意或重大過失所致者，如其賠償致賠償義務人之生計有重大影響時，法院得減輕其賠償金額。

介謹按凡非因故意或重大過失所生之損害，如因責令賠償之故，致使加害人之生計頓生重大之影響，按之事理，似亦過酷，故亦得由法院減輕其賠償金額，以昭平允。此本條所由設也。

第218條之1 （賠償義務人之權利讓與請求權）

I 關於物或權利之喪失或損害，負賠償責任之人，得向損害賠償請求權人，請求讓與基於其物之所有權或基於其權利對於第三人之請求權。

II 第二百六十四條之規定，於前項情形準用之。

⑧一、本條新增。

二、按第228條係規範關於負損害賠償責任之人於為損害賠償前之適用，應規定於本章第二節「債之標的」內損害賠償部分，始合本條立法之旨趣，且本條原係仿德國民法第255條之立法例，該國民

法第254條規定之共同過失，與本法第217條相當，而本法第218條，則同為減輕賠償義務之規定，爰將第228條移列第218條之後，列為第218條之1，並為本條之第1項。

三、按賠償義務人之權利讓與請求權，立法例有採當然代位主義者，如日本民法第422條之規定，有採請求讓與主義者，如德國民法第255條之規定。本法第228條係採德國立法例，其讓與請求權，應解為與損害賠償義務有對價關係。現今一般學者通說雖皆認為其間可類推適用關於同時履行抗辯之規定，究不若以明文規定準用，可免除適用上之疑義，爰增訂第2項，明定第264條之規定，於前項情形準用之。

◇讓與請求權：本條立法目的一方面在於防止權利人獲得雙重利益，另一方面，關於物或權利之喪失或損害關係較近者或真正造成損害者，最終應負賠償責任。例如：甲將所有A畫交予乙保管，因乙保管有疏忽致A畫被丙過失毀損。依民法第218條之1規定，乙對甲為賠償後，得請求甲讓與甲對丙之損害賠償請求權。

▲【92臺上2819】惟查88年4月21日公布修正之民法第218條之1規定之**賠償義務人得請求讓與之標的，係專指賠償權利人對於第三人之請求權而言，若賠償權利人無何請求第三人給付之權利存在，即不適用上開規定**。中央保險公司係台積電公司因貨物受損而對驊洲公司有損害賠償債權之受讓人，並非上開條文所指之第三人，原審竟以前揭情詞，認驊洲公司對其有同時履行之抗辯權，已有未合。

▲【95臺上1926】按不真正連帶債務，係指數債務人基於不同之發生原因，對於債權人各負全部給付之義務，原則上因一債務人之完全履行，他債務人因債權人之目的之達到而同免向債權人給付之責任。又關於物或權利之喪失或損害，負賠償責任之人，得向損害賠償請求權人請求讓與基於其物之所有權或基於其權利對於第三人之請求權，民法第218條之1第1項定有明文。故**因債務不履行與侵權行為競合而致債權人之物或權利喪失或損害所生之不真正連帶債務，其不履行債務人對債權人賠償後，侵權行為人雖對債權人免其給付責任，惟於不履行債務人得行使讓與請求權範圍內，侵權行為人之債務仍不消滅**。

第三節　債之效力

第一款　給　付

第 219 條　（刪除）

⑧關於誠實信用原則，已於本法總則第 148 條第二項增訂規定，本條刪除。

第 220 條　（債務人責任之酌定）

I.債務人就其故意或過失之行為，應負責任。

II.過失之責任，依事件之特性而有輕重，如其事件非予債務人以利益者，應從輕酌定。

✿謹按債務人之行為，有故意或過失者，應就其行為而負責任，此屬當然之理。至過失之行為，應負責任之標準若何，不可不明文規定之。本條定過失之責任，應依事件之特性，而定責任之輕重，如其事件非予債務人以利益者，即應從輕酌定，俾得稍寬其責任也。

◇**故意過失**：參見本法第 184 條。

▲【42 臺上 865】因過失不法侵害他人致死者，固應負民法第 192 條、第 194 條所定之損害賠償責任，**惟過失為注意之欠缺，民法上所謂過失，以其欠缺注意之程度為標準**，可分為抽象的過失、具體的過失，及重大過失三種。應盡善良管理人之注意（即依交易上一般觀念，認為有相當知識經驗及誠意之人應盡之注意）而欠缺者，為**抽象的過失**。應與處理自己事務為同一注意而欠缺者，為**具體的過失**，顯然欠缺普通人之注意者，為**重大過失**。故過失之有無，抽象的過失，則以是否欠缺應盡善良管理人之注意定之，具體的過失，則以是否欠缺應與處理自己事務為同一之注意定之，重大過失，則以是否顯然欠缺普通人之注意定之，苟非欠缺其注意，即不得謂之有過失。

第 221 條　（行為能力欠缺人之責任）

債務人為無行為能力人或限制行為能力人者，其責任依第一百八十七條之規定定之。

✿謹按債務人為無行為能力人或限制行為能力人，其責任依第 187 條之規定者，即未成年或禁治產之債務人，應負賠償責任之情形有四：㈠債務人

有識別能力者，使與法定代理人連帶負責，無識別能力者，使法定代理人負責。㈡法定代理人監督並未疏懈，或縱加監督，而其行為仍不能免者，不應使法定代理人負責。㈢不能依此種規定負責時，應斟酌債務人與債權人之經濟狀況，令債務人負全部或一部之責。㈣於其他之人，在無意識或精神錯亂中所為之行為，致第三人受損害者，亦應斟酌債權人債務人雙方之經濟狀況，使負全部或一部之責。均須明白規定，以杜無益之爭論也。故設本條以明示其旨。

◇**其責任依民法第 187 條之規定**

最狹義說	僅準用民法第 187 條之責任能力判斷規定，其責任能力之有無依有無識別能力決定之（民法第 187 條第 1 項前段）
狹義說	僅準用民法第 187 條之責任能力判斷及衡平責任之規定（民法第 187 條第 1 項前段、第 3 項）
廣義說	準用包含責任能力判斷、法定代理人責任及衡平責任（民法第 187 條第 1 項前段、第 2 項、第 3 項規定）
最廣義說	準用民法第 187 條全部規定

第 222 條　（故意或重大過失責任之強制性）

故意或重大過失之責任，不得預先免除。

✿謹按當事人雖得就通常過失之行為，預以特約免除行為人之責任，然對於故意或重大過失所生之責任，則無可免除之理由。若許其預以特約免除行為人將來因故意或重大過失所生之責任，則未免過信行為人，而使相對人蒙非常之損害，其特約應歸無效。故設本條以明示其旨。

第 223 條　（具體輕過失之最低責任）

應與處理自己事務為同一注意者，如有重大過失，仍應負責。

✿查民律草案第 358 條理由謂依法律規定，債務人責任，應與自己事務同一注意者，（參照第 590 條）於事實上即應與自己事務為同一之注意。若有重大過失時，應仍使負因過失而生之責任，始足以保護相對人之利益。此本條所由設也。

第 224 條　（履行輔助人之故意過失）

債務人之代理人或使用人，關於債之履行

有故意或過失時，債務人應與自己之故意或過失負同一責任。但當事人另有訂定者，不在此限。

⇪查民律草案第 360 條理由謂凡人就自己之故意或過失負責任，是為原則。然為確保交易之安全起見，則關於其代理人及使用人之故意或過失，亦應使債務人任其責。但當事人訂有免除責任之特約者，法律亦所許可，蓋以保護債務人之利益也。故設本條以明示其旨。

◇**履行輔助人之故意過失為債務人之自己責任**：履行輔助人關於債之履行有故意或過失時，無論債務人本人有無故意過失，都**視為債務人有故意或過失**，都應負擔債務不履行責任。故本條並非代負責任，而係**債務人之自己責任**。

◇**履行輔助人**

履行輔助人	輔助債務人履行債務之人。履行輔助人所負故意或過失的歸責事由標準，應以債務人依其債之關係所負的歸責要件為準	
	代理人	包含法定代理人及意定代理人（68 年第 3 次民庭決議㈡）
	使用人	依債務人之意思，為債務人履行債務之人，不論與債務人間有無契約關係

◇**本條之使用人是否以受債務人指揮監督為必要？**

| 肯定說 | 使用人必以債務人對該輔助債務履行之第三人行為得加以監督或指揮者為限，**若被選任為履行債務之人，於履行債務時有其獨立性或專業性，非債務人所得干預者，即無上開過失相抵法則之適用**（91 臺上 2112） |
| 否定說 | 民法第 224 條是規定債務人對履行輔助人之行為須負**法定擔保責任**，並非基於指示監督關係有過失所生（王澤鑑） |

◇**債之履行**：本條之債之履行，包含債務之「給付義務」與「附隨義務」。至於履行輔助人「利用履行債務給予機會之行為」則須與債務履行具有內在關聯性（王澤鑑）。

▲【73 臺上 2201】民法第 224 條所謂**代理人，應包括法定代理人在內**，該條可類推適用於同法第 217 條被害人與有過失之規定，亦即在適用民法第 217 條之場合，損害賠償權利人之代理人或使用人之過失，可視同損害賠償權利人之過失，適用過失相抵之法則。

▲【74 臺上 1170】駕駛機車有過失致坐於後座之人被他人駕駛之車撞死者，**後座之人係因藉駕駛人載送而擴大其活動範圍，駕駛人為之駕駛機車，應認係後座之人之使用人**，原審類推適用民法第 224 條規定依同法第 217 條第 1 項規定，減輕被上訴人之賠償金額，並無不合。

▲【97 臺上 980】惟按民法第 224 條規定：「債務人之代理人或使用人，關於債之履行有故意或過失時，債務人應與自己之故意或過失負同一責任」實乃因債權以債務人之財產為總擔保，債務人就其所負債務之履行，常藉他人之行為以為輔助，用以擴張自己之活動範圍，增加利潤。故而由於其代理人、使用人因故意或過失致有債務不履行情事者，債務人就此危險所生之損害即應負擔保責任。**所謂使用人係指為債務人服勞務之人，凡事實上輔助債務人履行債務之人均屬之，不以負有法律上義務為必要，故不限於僱用人與受僱人關係，亦不以在經濟上或社會上有從屬地位者為限。只要債務人於必要時，即得對該第三人之行為，加以監督或指揮者即足。故得選任、監督或指揮第三人，為履行債務而服勞務者，該第三人即屬使用人，其所服之勞務不問為履行債務之協力，或為全部或一部之代行均足當之。**

▲【101 臺上 1157】民法第 224 條規定，係指除當事人另有訂定外，債務人之代理人或使用人就債之履行行為有故意、過失，債務人應與自己之故意或過失負同一責任，非謂該代理人或使用人應與債務人同負債務不履行之責。

▲【105 臺上 781】運送人將物品交由他人運送者，該他人係屬運送人之使用人或履行輔助人，運送人就該他人之過失，依民法第 224 條規定，應與自己之過失負同一責任；惟承攬運送人將物品交由他人運送，該他人並非代承攬運送人履行「使運送人運送」之契約義務，故非承攬運送人之使用人或履行輔助人，自無民法第 224 條規定之適用。

第 225 條　（給付不能之效力㈠——免給付義務與代償請求權之發生）
I.因不可歸責於債務人之事由，致給付不能者，債務人免給付義務。
II.債務人因前項給付不能之事由，對第三人有損害賠償請求權者，債權人得向債務人請求讓與其損害賠償請求權，或交付其所受領之賠償物。

↑查民律草案第 361 條理由謂給付於債務關係發生後，依客觀或主觀之不能，並其原因非歸責於債務人之事由時，應使債務人免其義務。故設第 1 項以明示其旨。又同律第 364 條理由謂債務人因其債務標的之不能給付，有由第三人受損害賠償者，有向第三人取得損害賠償請求權者，此時其不能給付，不問其債務人應否負責，須以債務人所受之損害賠償或其所有之損害賠償請求權，代債務之標的，以保護債權人之利益。故設第 2 項以明示其旨。

◇**債務不履行**：民法就債務不履行區分為三種類型：給付不能、給付遲延、不完全給付。前兩者係債務人因**消極不給付**所致之債務不履行，後者則係債務人**積極給付**，惟**其給付不符合債之本旨**所致之債務不履行。

給付不能	依社會觀念，債務人之給付已屬不能者而言，亦即債務人無法依債之本旨為給付
給付遲延	債務已屆清償期，給付可能而債務人未為給付，即發生給付遲延
不完全給付	債務人雖已為給付，惟其給付不完全，亦即未依債之本旨為之，違反其給付義務

◇**歸責**：就當事人可否歸責，應視其是否達到應負責任之標準而定，而責任之標準則依負擔之注意義務程度而有所不同。

◇**給付不能**

給付不能	自始不能	指在債之關係（契約）成立時，給付已陷於不能者
	嗣後不能	指在債之關係（契約）成立時，給付仍屬可能，惟嗣後於履行前，陷於不能者

◇**客觀不能與主觀不能**

客觀不能	指法律行為之內容非因當事人個人事由而給付不能，而是依照社會通念一般人都不能者。亦即任何人均無給付之可能
主觀不能	指當事人因個人事由而無法實現法律行為之內容者。亦即債務人雖給付不能，但他人仍有給付之可能

◇**代償請求權**：債權人於債務人因該給付不能事由對第三人有請求權時，得向債務人請求讓與其對第三人的損害賠償請求權或交付其所受賠償物之

權利。立法目的係為使債權人得取得原給付之替代利益，以防止債務人獲有不當的利益。

◇**代償請求權是否包含交易上的替代利益**

肯定說	基於給付不能與交易對價乃源於同一原因事實，應為代償請求權之客體
否定說	交易對價之數額將因交易當事人締約能力與條件影響而有所不同，因此不得將交易對價作為原債務之替代給付，其非代償請求權之客體

◇**代償請求權消滅時效起算時點**

自「原給付請求權可行使時」起算	代償請求權本質為**原履行請求權之延續**，因此，應該從原給付請求權可以行使時開始起算
自「代償請求權可行使時」起算	代償請求權本質上為**新發生的債權**，因此其消滅時效應自代償請求權可行使時起算，即債務人之原有義務發生給付不能時起算（通說，82 臺上 666、96 臺上 2086）

▲【20 上 233】**金錢債務不容有不能之觀念**，即有不可抗力等危險，亦應由其負擔，決不能藉口損失及人欠未收以冀減免責任。

▲【31 上 391】**債之關係發生後給付不能者，無論其不能之事由如何，債權人均不得請求債務人為原定之給付**，此觀於民法第 225 條及第 226 條之規定自明。物之交付請求權發生後，其物經法律禁止交易致為不融通物者，給付即因法律上之規定而不能，其禁止交易在訴訟繫屬中者，為原告之債權人，如仍求為命被告交付該物之判決，自應認其訴為無理由，予以駁回。

▲【70.7.7 第 18 次民事庭會議】提案：院長交議：甲對乙訴求辦理不動產所有權移轉登記，但該不動產在事實審法院最後言詞辯論終結前，在被執行查封中，甲之請求，是否已陷於給付不能？決議：（採用說）乙之不動產，既被執行查封，依修正土地登記規則第 128 條規定，在法院撤銷查封前，登記機關不得許乙申請移轉登記，故**甲請求乙辦理該不動產所有權之移轉登記，係處於給付不能之狀態，法院自不能命為移轉登記**。

▲【80 臺上 2504】**政府徵收土地給與上訴人（即出賣人）之補償地價，雖非侵權行為之賠償金，惟係上訴人於其所負債務陷於給付不能發生之一種代替利益，此項補償地價給付請求權，被上訴**

民法 第二編 債 （第二二六條）

人（即買受人）非不得類推適用民法第225條第2項之規定，請求讓與。

▲【81年第19次民事庭會議決議】買受人向出賣人買受之某筆土地，在未辦妥所有權移轉登記前，經政府依法徵收，其補償地價由出賣人領取完畢，縱從土地早已交付，惟民法第373條所指之利益，係指物之收益而言，並不包括買賣標的物滅失或被徵收之代替利益（損害賠償或補償地價）在內，且買受人自始並未取得所有權，而出賣人在辦畢所有權移轉登記前，仍為土地所有人，在權利歸屬上，其補償地價本應歸由出賣人取得，故出賣人本於土地所有人之地位領取補償地價，尚不成立不當得利。但**買受人非不得類推適用民法第225條第2項之規定，請求出賣人讓與該補償地價**。

▲【82臺上666】按民法第225條第2項所規定之代償請求權，**通說係認其為新發生之權利，故消滅時效應從新起算**。按法院依調查證據之結果，固得依自由心證判斷事實之真偽，但其所為之判斷，應不違背經驗法則及論理法則，且應將得心證之理由記明於判決。

▲【96臺上1698】民法第225條第2項規定之代償請求權，既係於債務人給付不能時，債權人得向債務人請求交付其所受領之賠償物，即**應以債務人有「給付義務」為前提，始可能因給付不能而發生該代償請求權**。準此，如原來之債權已罹於消滅時效期間，債務人本得因拒絕給付而無給付義務，自不可能再有給付不能，而**發生代償請求權及其時效期間從新起算之情事**。否則即與時效制度，原期確保交易安全，維護社會秩序之目的有違。

> ### 第 226 條 （給付不能之效力㈡——損害賠償與一部履行之拒絕）
> I.因可歸責於債務人之事由，致給付不能者，債權人得請求賠償損害。
> II.前項情形，給付一部不能者，若其他部分之履行，於債權人無利益時，債權人得拒絕該部之給付，請求全部不履行之損害賠償。

介查民律草案第355條理由謂因歸責於債務人之事由，致不能給付者，應使債權人得本於債權之效

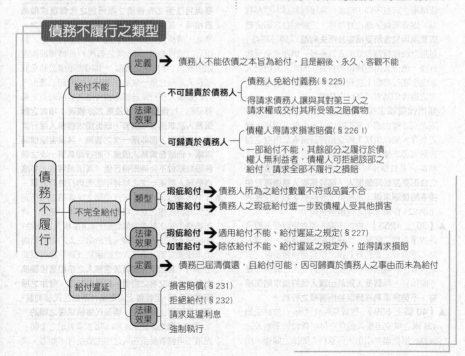

債務不履行之類型

- 債務不履行
  - 給付不能
    - 定義 → 債務人不能依債之本旨為給付，且是嗣後、永久、客觀不能
    - 法律效果
      - 不可歸責於債務人
        - 債務人免給付義務（§225）
        - 得請求債務人讓與其對第三人之請求權或交付其所受領之賠償物
      - 可歸責於債務人
        - 債權人得請求損害賠償（§226 I）
        - 一部給付不能，其餘部分之履行於債權人無利益者，債權人可拒絕該部之給付，請求全部不履行之損賠
  - 不完全給付
    - 類型
      - **瑕疵給付** → 債務人所為之給付數量不符或品質不合
      - **加害給付** → 債務人之瑕疵給付進一步致債權人受其他損害
    - 法律效果
      - **瑕疵給付** → 適用給付不能、給付遲延之規定（§227）
      - **加害給付** → 除依給付不能、給付遲延之規定外，並得請求損賠
  - 給付遲延
    - 定義 → 債務已屆清償還，且給付可能，因可歸責於債務人之事由而未為給付
    - 法律效果
      - 損害賠償（§231）
      - 拒絕給付（§232）
      - 請求遲延利息
      - 強制執行

民

法

第二編 債 （第二二六條）

力，請求其不履行之損害賠償，以保護債權人之利益。此第 1 項所由設也。又同律第 356 條理由謂給付之一部因歸責於債務人之事由而不能者，債權人得依本條第 1 項，請求一部不履行之損害賠償，固屬當然之事，即其他可能之一部履行，而於債權人無所利益，則為保護其起見，應使其得拒絕可能給付部分之履行，而請求全部不履行之損害賠償。此第 2 項所由設也。

◇**可歸責債務人之事由**：債務人是否可歸責，應視其是否已達注意義務之標準判斷。若債務人因未達注意義務之標準致給付發生不能，即屬可歸責於債務人之事由致給付不能。

◇**給付一部不能，其他部分之履行於債權人無利益**：債務人之給付，其中一部分發生給付不能，稱為給付一部不能，惟此僅於可分之債始有適用。例如：買受人欲購 4 間廠房開設工廠，因可歸責於債務人事由致其中主要一間燒燬，即發生給付一部不能之情形；若剩餘 3 間不足開設工廠，對債權人即無利益，其得拒絕其他 3 間之給付，並請求全部不履行之損害賠償。

◇**履行利益的損害賠償責任**：損害賠償之債就其欲填補之利益不同，可區分為履行利益、信賴利益、固有利益。應注意者係，三種利益之損害賠償範圍均包含所受損害及所失利益。「履行利益」是指以法律行為有效成立為前提，債務人完全履行後，債權人所能獲得的利益。因此，若債務人未完全履行契約上義務（債務不履行），債權人所受之損害即為履行利益之損害。

◇**類推代償請求權**：通說認為民法第 225 條第 2 項之立法理由謂「其不能給付，不問其債務人應否負責，須以債務人所受損害賠償或其所有之損害賠償請求權，代債務之標的，以保護債權人之利益」，基於舉輕明重之法理，**於可歸責於債務人之情形更應保障債權人，應許債權人得選擇行使損害賠償請求權**（民法第 226 條第 1 項或類推適用第 225 條第 2 項之代償請求權）。

▲【30 上 1253】 物之出賣人固有使買受人取得該物所有權之義務，惟買賣契約成立後，出賣人為二重買賣，並已將該物之所有權移轉於後之買受人者，移轉該物所有權於原買受人之義務即屬不能給付，原買受人對於出賣人僅得請求賠償損害，不得請求為移轉該物所有權之行為。

▲【40 臺上 599】 租賃契約成立後，依法第 423 條之規定出租人固負交付租賃物於承租人之義務，惟此僅為出租人與承租人間債之關係，出租人違反此項義務而將租賃物租與他人，並經交付時，則其交付租賃物之義務，即已不能履行，承租人對於出租人，祇能依民法第 226 條第 1 項請求賠償損害，不得再行請求交付租賃物。

▲【93 臺上 42】按債務不履行包括給付不能、給付遲延及不完全給付三種，其形態及法律效果均有不同。所謂給付不能，係指依社會觀念，其給付已屬不能者而言；若債務人僅無資力，按諸社會觀念，不能謂為給付不能。給付遲延，則指債務人於能給付之期限，能給付而不為給付；倘給付可能，則債務人縱於期限前，預先表示拒絕給付，亦須至期限屆滿，始負遲延責任。至於不完全給付，則指債務人提出之給付，不合債之本旨而言。

▲【100 臺上 1833】按消滅時效，自請求權可行使時起算，此觀民法第 128 條即自明。所謂請求權可行使時，乃指權利人得行使請求權之狀態，其行使請求權已無法律上之障礙而言。又依民法第 226 條第 1 項規定：因可歸責於債務人之事由，致給付不能者，債權人得請求賠償損害。**該項損害賠償之債，性質上為原債權之延長變形，要與民法第 225 條第 2 項所定之代償請求權未盡相同，其消滅時效自應依原債權之性質定之。**準此，債務人如因可歸責之事由致給付不能，其原有之給付義務（第一次之義務），即轉變成損害賠償義務（第二次之義務），其損害賠償義務應於債務人原來之第一次給付義務不能時即已發生，並於債權人得行使該請求權時為其消滅時效之起算時點。故債權人依民法第 226 條第 1 項規定對債務人請求損害賠償者，既係請求債務人履行第二次之義務，而非第一次之義務，其損害賠償請求權，仍應自債務人債務不履行即其第一次之義務陷於給付不能時即得行使，其消滅時效，亦應自債務人該第一次之給付不能而得行使時起算。

▲【105 臺上 2111】按民法第 225 條第 2 項所定之代償請求權之立法目的，係基於衡平思想，旨在調整失當之財產價值分配，保護債權人之利益，使債權人有主張以債務人對於第三人之損害賠償請求權或受領自第三人之賠償物代替原給付標的之權利，其因不可歸責於債務人之事由直接轉換之利益（如交易之對價）與損害賠償，發生之原因雖有不同，但性質上同為給付不能之代替利益，應類推適用上開規定，得為代償請求權之標的。又依民法第 225 條第 1 項、第 2 項規定之文義，固須不可歸責於債務人之事由致給付不能者，債

權人始得主張代償請求權。惟因可歸責於債務人之事由致給付不能者，參酌民法第225條第2項規定之立法理由謂「其不能給付，**不問其債務人應否負責**」，須以債務人所受之損害賠償或其所有之損害賠償請求權，代債務之標的，以保護債權人之利益」，應認**債權人得選擇行使損害賠償請求權（民法第226條第1項）或代償請求權以保護其利益**。

第227條　（不完全給付之處置）

I.因可歸責於債務人之事由，致為不完全給付者，債權人得依關於給付遲延或給付不能之規定行使其權利。

II.因不完全給付而生前項以外之損害者，債權人並得請求賠償。

⑧一、按強制執行之目的在於以國家之公權力實現債權人之權利以滿足其請求，其滿足債權人請求之方法，有就債務人之動產或不動產或其他財產權為執行者，亦有就債務人予以管收以促其履行債務者，凡此均為強制執行之方法。祇須債權人取得強制執行法第4條所規定之執行名義之一種，即可請求執行法院實施強制執行，且強制執行之問題不限於債之關係始有之，物權、親屬（例如交付子女）、繼承均有強制執行之問題，故債權人對執行法院之執行請求權不宜規定於本編中。又現行條文中所謂「不為給付」之涵義為何？學者間爭論紛紜，有主張屬於給付遲延範圍者；有主張係「給付拒絕」者，為免滋生爭議，爰並予刪除。次按債務不履行之種類，除給付遲延及因可歸責於債務人之事由致給付不能兩種消極的債務違反外，更有另一種不完全給付之積極的債務違反，即因可歸責於債務人之事由，提出不符合債務本旨之給付。此在學者間已成通說，我國實務上亦承認此種債務違反之態樣，惟法條上尚欠明白之規定，學者雖有主張現行條文中所謂「不為完全之給付」即屬關於不完全給付之規定者，但其規定之效果，仍欠周詳。按不完全給付，有瑕疵給付及加害給付兩種，瑕疵給付，僅發生原來債務不履行之損害，可分別情形，如其不完全給付之情形可能補正者，債權人可依遲延之法則行使其權利；如其給付不完全之情形不能補正者，則依給付不能之法則行使權利。為期明確，爰修正本條為不完全給付之規定。

二、不完全給付如為加害給付，除發生原來債務

不履行之損害外，更發生超過履行利益之損害，例如出賣人交付病雞致買受人之雞群亦感染而死亡，或出賣人未告知機器之特殊使用方法，致買受人因使用方法不當引起機器爆破，傷害買受人之身或其他財產等是。遇此情形，固可依侵權行為之規定請求損害賠償，但被害人應就加害人之過失行為負舉證責任，保護尚嫌不周，且學者間亦有持不同之見解者，為使被害人之權益受更周全之保障，並杜疑義，爰於本條增訂第2項，明定被害人就履行利益以外之損害，得依不完全給付之理論請求損害賠償。

◇**給付義務之類型**

主給付義務	指債之關係固有、必備的基本義務，並用以決定債之關係類型。例如：買賣契約，出賣人負有交付其標的之物並移轉標的之物所有權之義務，買受人負支付價金並受領標的之物之義務
從給付義務	為輔助主給付義務，確保債權人利益能夠獲得最大滿足之義務。例如：民法第296條規定，讓與人應將證明債權之文件交付受讓人，並應告以關於主張該債權所必要之一切情形
附隨義務	依誠信原則所生之義務，目的為促進實現主給付義務。例如：維護他方當事人人身或財產利益的保護義務

◇**瑕疵給付與加害給付**

瑕疵給付	因給付不完全侵害債權人如受完全給付所享有之利益（**履行利益**），學者稱為瑕疵給付。例如：出賣人交付之雞隻有疾病，不符合當事人約定債之本旨，致價值減損，即是履行利益之侵害
加害給付	指給付侵害債權人**固有利益**。例如：出賣人所交付之雞隻有疾病，不符當事人約定債之本旨，致債權人原有雞群染病死亡，即為債權人固有利益之侵害，而屬加害給付

◇**固有利益**：指被害人原本享有的人格、人身、財產利益，民法第184條以下之侵權行為責任所生之損害賠償，都是侵害固有利益的損害賠償。民法第227條2項之規定即針對加害給付。

◇拒絕給付

拒絕給付		指債務雖然客觀上能夠給付，卻無正當理由，明確向債權人表示不願或無法依債之本旨為給付
	嗣後拒絕給付	債務人於清償期屆至後所為之拒絕給付，即為可歸責於債務人之給付遲延，**適用給付遲延**之規定，惟學說認為因債務人已明確表示拒絕給付，應**目的性限縮民法第 254 條，債權人無須為催告即可直接解除契約**
	預示拒絕給付	債務人於清償期屆至前所為之拒絕給付。因我國民法並無此債務不履行類型，又民法第 227 條以債務人已提出給付為要件，故**無法直接適用不完全給付規定**。**實務**見解認為預示拒絕給付因履行責任尚未發生，自無債務不履行之問題，**須待清償期屆至後，始有債務不履行可言**；**學說**則認為給付義務即便可能實現，但債務人既已表示不為給付，**債權人信賴之基礎已喪失**，債之目的不達，為使債權人得以盡早處理，避免損害擴大，應認其**得於清償期屆至前，適用給付不能之法理，請求不履行之損害賠償或解除契約**

▲【77 年第 7 次民事庭會議決議(一)】出賣人就其交付之買賣標的物有應負瑕疵擔保責任之瑕疵，而其瑕疵係於契約成立後始發生，且因可歸責於出賣人之事由所致者，則出賣人除負物之瑕疵擔保責任外，同時構成不完全給付之債務不履行責任。買受人如主張：一、出賣人應負物之瑕疵擔保責任，依民法第 360 條規定請求不履行之損害賠償；或依同法第 364 條規定請求另行交付無瑕疵之物，則在出賣人為各該給付以前，買受人非不得行使同時履行抗辯權。二、出賣人應負不完全給付之債務不履行責任者，買受人得類推適用民法第 226 條第 2 項規定請求損害賠償；或類推適用給付遲延之法則，請求補正或賠償損害，並有民法第 264 條規定之適用。又種類之債在特定時，即存有瑕疵者，出賣人除應負物之瑕疵擔保責任外，並應負不完全給付之債務不履行責任。併此說明。

▲【98 臺上 78】按契約成立生效後，債務人除負有給付義務（包括主給付義務與從給付義務）外，尚有附隨義務。所謂附隨義務，乃為履行給付義務或保護當事人人身或財產上利益，於契約發展過程基於誠信原則而生之義務，包括協力義務以輔助實現債權人之給付利益。倘債務人未盡此項義務，債權人得依民法第 227 條不完全給付之規定行使其權利。

▲【102 臺上 406】按因可歸責於債務人之事由，致為不完全給付者，債權人得依關於給付遲延或給付不能之規定行使其權利。民法第 227 條第 1 項定有明文，債務人未依債務本旨履行致為不完全給付，若其瑕疵給付已不能補正，或縱經補正與債務本旨仍不相符，應依給付不能之規定賠償債權人所受之損害。原審依其調查證據綜合辯論結果認定本件係因可歸責於上訴人之行為核屬不完全給付，為原審所確定，且系爭土地既經拍定發予權利移轉證書，則依系爭契約原訂之給付上訴人已無從補正，自應依民法第 227 條關於給付不能之規定判斷被上訴人所受之損害。

第 227 條之 1　（債務不履行侵害人格權之賠償）

債務人因債務不履行，致債權人之人格權受侵害者，準用第一百九十二條至第一百九十五條及第一百九十七條之規定，負損害賠償責任。

(88)一、本條新增。

二、債權人因債務不履行致其財產權受侵害者，固得依債務不履行之有關規定求償。惟如同時侵害債權人之人格權致其受有非財產上之損害者，依現行規定，僅得依據侵權行為之規定求償。是同一事件所發生之損害竟應分別適用不同之規定解決，理論上尚有未妥，且因侵權行為之要件較之債務不履行規定嚴苛，如故意、過失等要件舉證困難，對債權人之保護亦嫌未周。為免法律割裂適用，並充分保障債權人之權益，爰增訂本條規定，俾求公允。

▲【97 臺上 280】惟按債權人依民法第 227 條不完全給付之規定請求債務人賠償損害，與依同法第 227 條之 1 之規定請求債務人賠償人格權受侵害之損害，係不同之法律關係，其請求權各自獨立，且其消滅時效各有規定，後者之請求權，依民法第 227 條之 1 規定，固應準用民法第 197 條二年或十年時效之規定，前者之請求權，則應適用民法第 125 條一般請求權十五年時效之規定。

第 227 條之 2　　（情事變更原則）

I.契約成立後，情事變更，非當時所得預料，而依其原有效果顯失公平者，當事人得聲請法院增、減其給付或變更其他原有之效果。

II.前項規定，於非因契約所發生之債，準用之。

---

⑧一、本條新增。

二、情事變更原則為私法上之一大原則，民事訴訟法第 397 條雖有明文，惟民法上除有個別具體之規定，例如第 252 條、第 265 條、第 442 條等外，尚乏一般性之原則規定，致適用上易生困擾。目前實務上雖以誠實信用原則依民事訴訟法第 397 條之規定，為增、減給付或變更原有效果之判決。但誠實信用原則為上位抽象之規定，究不如明定具體條文為宜。爰參考民事訴訟法第 397 條之立法體例，增訂第 1 項規定，俾利適用。又情事變更，純屬客觀之事實，當無因可歸責於當事人之事由所引起之事例，故民事訴訟法第 397 條規定「因不可歸責於當事人之事由致」等文字無贅列之必要，併予敘明。

三、情事變更原則，適用於契約之情形最多。惟非因契約所發生之債，例如無因管理，不當得利等，遇情事變更時，亦宜準用，爰增訂第 2 項規定，俾符公允。

▲【66 臺上 2975】因情事變更為增加給付之判決，非全以物價變動為根據，並**應依客觀之公平標準，審酌一方因情事變更所受之損失，他方因情事變更所受之利益，及其他實際情形**，以定其增加給付之適當數額。

▲【88 臺上 2693】民事訴訟法第 397 條所稱**情事變更，係指法律行為成立當時為其行為之環境或基礎之情況有所變動而言，例如物價、幣值之漲貶**等是。土地之買賣，買賣雙方未於約定期限辦理所有權移轉登記，致嗣後辦理時，所繳納之土地增值稅較原應納之數額增加，僅該稅款差額應由何人負擔之問題，非屬該條所稱之情事變更，自無該條規定之適用。

▲【93 臺上 2446】同法**第 442 條**規定：「租賃物為不動產者，因其價值之昇降，當事人得聲請法院增減其租金。但其租賃定有期限者，不在此限」，乃有關情事變更原則態樣之一，非謂除上開情形外，於有其他之情事變更，非契約成立當時所得預料，而依其原有效果顯失公平者，當事人亦不得聲請法院增其租金。故未定期限之基地租賃，契約當事人約定租金按基地申報地價之固定比率計算者，雖所約定之租金係隨基地申報地價之昇降而調整，惟倘契約成立後，基地周邊環境，工商繁榮之程度，承租人利用基地之經濟價值及所受利益等項，已有變更，非當時所得預料，而租金依原約定基地申報地價之固定比率計算顯失公平者，出租人自得依民法第 227 條之 2 第 1 項規定，訴請法院調整其租金。

▲【97 臺上 1547】當事人依民法第 227 條之 2 規定：「契約成立後，情事變更，非當時所得預料，而依其原有效果顯失公平者，當事人得聲請法院增、減其給付或變更其他原有之效果」，**請求法院增加給付者，為形成之訴，應待法院判決確定後，當事人就新增加給付之請求權始告發生，其請求權時效應自斯時起算**，方符該形成判決所生形成力之原意。若一方當事人於法院為增加給付判決確定前，**對他方當事人為增加給付之請求，經他方當事人同意者，乃雙方合意變更契約之權利義務關係；如他方當事人不同意者，請求之一方當事人仍須待法院為增加給付（形成）判決確定後，其請求權始確定發生**。在此之前其所為相關給付之請求，僅屬於對於他方當事人為變更契約內容之要約，尚無因此即認其已有請求權可得行使而起算請求權之消滅時效問題。

▲【98 臺上 59】按民法第 227 條之 2 第 1 項規定，所謂因情事變更，當事人得聲請法院增、減其給付或變更其他原有之效果，係以法律行為成立後，因不可歸責於當事人之事由，致情事變更非當時所得預料，而依其原有效果顯失公平為要件。**如於法律行為成立後，因可歸責於當事人一方之事由，致他方受有損害者，僅生債務不履行負損害賠償責任之問題，非屬該條所稱之情事變更，自無該條規定之適用。**

▲【101 臺上 1045】按當事人依民法第 227 條之 2 情事變更原則之規定，請求法院增加給付者，乃為形成之訴，須待法院為增加給付判決確定後，其就新增加給付之請求權始告確定發生，在此之前其所為相關給付之請求，僅屬對於他方當事人為變更契約內容之要約，尚無因此即認其已有請求權可得行使；**而當事人據此規定為增加給付之請求，即就原來給付為量之增加，並無變更原來給付所依據之權利性質，則其請求權之消滅時效期間，仍依原來給付之性質定之，應自法院為該**

增加給付判決確定日起算，始符該形成判決所生形成力之原意。

▲【102臺再18】按形成之訴，係原告要求法院以判決創設、變更或消滅一定法律關係之訴，其訴訟標的為須經法院以判決宣告始生權利變動之形成權；給付之訴，乃原告要求法院以判決命被告為一定行為之訴，其訴訟標的皆為私法上之請求權，並限於原告所為請求（應受判決事項之聲明）範圍以內。**如依情事變更原則請求法院核定增加給付數額，其訴之性質為形成之訴；至若請求給付新增數額，其訴之性質係給付之訴，為達訴訟經濟之目的，當事人固非不得同時提起上開形成之訴及給付之訴，然必先經法院核定新增數額後，始得據以請求他造如數給付。**……又民法就個別形成權設有存續期間（除斥期間）者，諸如第74條、第90條、第93條及第365條等規定，其期間多較消滅時效為短，以早日確定當事人之法律關係。**鑑於情事變更原則為例外救濟之制度，形成權之行使具有變更原秩序之本質**，民法第227條之2第1項規定未設除斥期間之限制，致令契約當事人長久處於可能遭受法院判命增減給付之不確定狀態，顯非所宜，**參諸誠信原則，斟酌本條項旨為衡平而設之立法目的，於因承攬契約所發生之債，解釋上當非不得類推適用民法第127條第7款關於原來給付短期時效之規定，以原來給付罹於時效時，自原來給付罹於時效後再起算二年資為除斥期間。**

▲【102臺上231】惟情事變更原則，旨在規範契約成立後有於訂約當時不可預料之情事發生時，經由法院裁量以公平分配契約當事人間之風險及不可預見之損失。**倘於契約成立時，就契約履行中有發生該當情事之可能性，為當事人所能預料者，當事人本得自行風險評估以作為是否締約及其給付內容（如材料、價金等）之考量，自不得於契約成立後，始以該原可預料情事之實際發生，再依據情事變更原則，請求增加給付。**

▲【106臺上2032】契約成立後，情事變更，非當時所得預料，而依其原有效果顯失公平者，當事人得聲請法院增、減其給付或變更其他原有之效果，民法第227條之2第1項定有明文。依上開規定請求增、減給付或變更契約原有效果者，應以契約成立後，因不可歸責於當事人之事由，致發生非當時所得預料之劇變，因而認為依原有效果履行契約顯失公平，始足當之。**倘當事人間契約已明文約定不依物價指數調整價金，則就常**態性之物價波動，未超過契約風險範圍而為當事人可得預見，自難認屬情事變更；僅就超過常態性波動範圍之劇烈物價變動，始有情事變更原則之適用。**

第228條 （刪除）

88本條移列為修正條文第218條之1第1項。

第二款 遲 延

第229條 （給付期限與債務人之給付遲延）

Ⅰ 給付有確定期限者，債務人自期限屆滿時起，負遲延責任。

Ⅱ 給付無確定期限者，債務人於債權人得請求給付時，經其催告而未為給付，自受催告時起，負遲延責任。其經債權人起訴而送達訴狀，或依督促程序送達支付命令，或為其他相類之行為者，與催告有同一之效力。

Ⅲ 前項催告定有期限者，債務人自期限屆滿時起負遲延責任。

88一、第1項未修正。

二、現行第2項規定經債權人起訴者，與催告有同一之效力。但起訴究應自提出訴狀於法院時，抑應自將訴狀送達於債務人時發生效力，學者間見解不一，為杜爭議並確保債務人權益，爰明定起訴者，以訴狀送達時，始與催告有同一之效力。又該項僅列舉起訴或依督促程序送達支付命令兩種，與催告有同一之效力，其他如依民事訴訟法或其他特別法規定所為調解之聲請（鄉鎮市調解條例第9條、耕地三七五減租條例第26條、勞資爭議處理法第9條參照）、提付仲裁（商務仲裁條例第1條、證券交易法第166條、勞資爭議處理法第25條參照）等，均未規定在內，尚欠周延，爰予修正增列「其他相類之行為」之概括規定，以免掛漏。

三、第3項未修正。

◇有確定期限與無確定期限

有確定期限	指定有期限，且期限內容之事實已確定，發生時間亦已確定，例如：約定今年聖誕節交付蛋糕	若未於該期限給付，則自期限屆滿時起，發生給付遲延，原則上無需催告

無確定期限	指「未定期限」及「定有期限，雖限內容事實已確定，但發生時間不確定之情形」，例如：約定某甲死亡時，捐贈遺屬撫養基金二百萬	須先催告，決定清償期。於催告時起或催告定有期限者自期限屆滿而債務人仍未為給付時，始發生給付遲延

◇**催告**：給付無確定清償期者，以催告方式確定清償期。催告之性質為**意思通知**，是**準法律行為**的一種，催告的方法不拘，口頭或書面皆可。其內容應就債之標的為之，惟僅須對特定債權，請求債務人為給付之意思即可，無須表明確定之金額或數量。其發生效力之時點判斷應類推適用民法第94條至第97條關於意思表示生效之規定。

◇**起訴之訴狀送達與督促程序支付命令或其他相類行為**：此類行為本質上均為向債務人請求履行債務的表示，與催告相似，故本條規定其與催告有同一效力。其他相類行為，例如：調解之聲請、提付仲裁等。

▲【**50 臺上 1550**】債務人享有同時履行抗辯權者，在未行使此抗辯權以前，仍可發生遲延責任之問題，必須行使以後始能免責。

▲【**96 臺上 171**】民法第229條第2項前段規定，給付無確定期限者，債務人於債權人得請求給付時，經其催告而未為給付，自受催告時起負遲延責任。該所稱之「催告」者，乃債權人請求給付之意思通知，為催告時無須具備使其發生遲延效力之效果意思，是為準法律行為，其應僅表示特定債權，請求債務人給付之意思為已足，無須表明其確定之金額或數量。倘催告之內容與債之標的有關，縱催告之金額或數量，較債務本旨應為之給付為多者，其催告在債務本旨範圍內，亦仍然發生其效力。

▲【**105 臺聲 1127 裁**】另該判決亦表明本院50年臺上字第1550號判例要旨之本意為**債務人已陷於給付遲延之情事，其於債權人已解除契約後，始為同時履行抗辯之主張者，債權人之解約仍屬合法**，雖學說上有認上開判例係採溯及排除遲延效果說者，但實務上本院多數見解，仍採遲延效果不溯及消滅說。

第 230 條　（給付遲延之阻卻成立事由）
　因不可歸責於債務人之事由，致未為給付者，債務人不負遲延責任。

介查民律草案第368條理由謂使債務人任遲延之責者，其不為給付，是否須因債務人之故意或過失，關於此點，各國立法例不一。本法為保護債務人利益起見，凡不為給付，若係本於天災及其他不可抗力者，債務人不任遲延之責。此本條所由設也。

◇**給付遲延責任**：依本條規定，給付遲延責任是以可歸責於債務人為要件。但不論債務人是否可歸責而負遲延責任，債務人之給付既為可能，其原給付義務均不消滅。

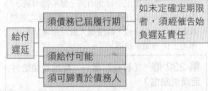

▲【**101 臺上 1497**】損害賠償之債之成立，其要件除損害之發生、歸責原因之具備外，尚須損害發生原因事實與損害間，有相當因果關係之存在始可。**至債權人依給付遲延之債務不履行規定請求損害賠償時，固無須就債務人之故意或過失等可歸責事由為主張及舉證，而應由債務人就不可歸責之事由致未為給付而不負遲延責任，為主張及舉證**（民法第230條參照），**然債權人就其所受之損害，與債務人之給付遲延間，具有相當因果關係一事，仍應負證明之責。**

第 231 條　（遲延賠償——非常事變責任）
Ⅰ.債務人遲延者，債權人得請求其賠償因遲延而生之損害。
Ⅱ.前項債務人，在遲延中，對於因不可抗力而生之損害，亦應負責。但債務人證明縱不遲延給付，而仍不免發生損害者，不在此限。

介查民律草案第369條理由謂債務人於正當之時期內不為給付，應使債權人得請求其因遲延而生之損害賠償，俾與期限內受給付者同。此第1項所由設也。又同律第370條理由謂債務人既有遲延，則雖因不可抗力而滅失其給付之標的之物，致不能給付，其原因究係本於債務人遲延之故，仍使債權人得請求其不履行之損害賠償，此為對於第225條第1項及第230條之例外規定。然若債務人能證明即使不遲延給付，而標的之物仍不免因不

可抗力而滅失者，則其損害不得謂為本於債務人之遲延，自不得使任損害賠償之責。此第 2 項所由設也。

◇**不可抗力責任**：關於債務不履行，原則上債務人僅就故意或過失負責，但立法者為加重債務人於遲延中之責任，於本條規定縱使損害係因不可抗力而生，債務人仍應負責，即為不可抗力責任。債務人僅得依但書規定主張遲延中損害發生與其遲延不具因果關係而免責。

▲【58 臺上 715】債務人之遲延責任，因債務人依債務之本旨提出給付而消滅，惟所謂消滅，乃指以後免遲延責任而言，若以前已生遲延之效果，並非因此當然消滅，故債權人就以前遲延所生之損害，仍得請求賠償。

第 232 條　（替補賠償——拒絕受領給付而請求賠償）

遲延後之給付，於債權人無利益者，債權人得拒絕其給付，並得請求賠償因不履行而生之損害。

├謹按債務人遲延後所為之給付，於債權人無利益者，債權人得拒絕收受其給付，並得請求因不履行所生之損害賠償，以保護其利益。此本條所由設也。

◇**替補損害賠償**：本條適用前提為具有期限利益之債（例如訂購生日蛋糕），因為債務人遲延則不能達債權人之目的，其遲延後之給付對債權人亦無利益，故債權人得拒絕其遲延後之給付，而請求不履行之損害賠償（**替補損害賠償**），此時解釋上即不得再請求賠償遲延責任（民法第 231 條第 1 項、233）。

第 233 條　（遲延利息與其他損害之賠償）

I 遲延之債務，以支付金錢為標的者，債權人得請求依法定利率計算之遲延利息。但約定利率較高者，仍從其約定利率。

II 對於利息，無須支付遲延利息。

III 前二項情形，債權人證明有其他損害者，並得請求賠償。

├查民律草案第 371 條理由謂金錢債權，債權人於清償期內未受給付者，債務人當然任遲延之責，應使債權人得依法定利率（第 203 條），請求遲延利息。但其金錢債權本有約定利率，而其約定利

率，超過法定利率者，應依約定利率計算遲延利息。故設第 1 項以明其旨。遲延利息，無論其按照法定利率計算，抑按照約定利率計算，均應依照本法第 207 條之規定不許利上生利。故設第 2 項以明其旨。遲延利息，於依第 1 項，以法定或約定利率計算，依第 2 項，不許利上生利外，債權人尚有其他損害者，仍得請求賠償，惟須由債權人證明其損害耳。故設第 3 項以明其旨。

▲【43 臺上 990】遲延之債務以支付金錢為標的者，債權人得請求依法定利率計算之遲延利息，固為民法第 233 條第 1 項之所明定，惟此項規定僅於當事人無特約時始有其適用，若當事人就此已訂有免除之特約者，即應受其特約之限制，債權人自不得更依該條項之規定，請求給付遲延利息。

▲【69 臺上 746】民法第 233 條第 1 項規定，**遲延之債務，以支付金錢為標的者，債權人得請求依法定利率計算之遲延利息**，慰撫金債權仍屬以支付金錢為標的，本件吳某請求謝某自收受訴狀繕本之翌日起加給遲延利息，依民法第 229 條第 2 項及第 233 條第 1 項規定，尚無不合。

▲【70 臺上 689】參見本法第 213 條。

▲【66 年第 7 次民事庭會議決議(一)】提案：因金錢債務遲延給付而生遲延利息請求權，有無民法第 126 條所定短期消滅時效之適用？決議：採乙說。本院 22 年上字第 1484 號判例既有「所謂利息包括遲延利息在內」之文句，可見**遲延利息亦為利息**，縱得解釋遲延利息係賠償債務給付遲延所生相當利息之損害，**亦應有民法第 126 條所定短期消滅時效之適用**。 參照本院 49 年臺上字第 1730 號判例及 65 年 6 月 8 日總會決定事項(二)之意旨，對請求返還相當租金之不當得利請求權，對於相當於已罹短期消滅時效之租金利益，不得依不當得利之法則請求返還，則依同一法理，**對相當於已罹短期消滅時效之利息損害，自亦不得請求為賠償而給付**。

▲【97 臺上 579】**遲延利息**，乃債務人對於以支付金錢為標的之債務，在給付遲延中應支付之利息。而**違約金**，乃當事人為確保契約之履行，約定債務人於債務不履行時，應支付之金錢或其他給付。**二者均於債務人負債務不履行責任時，始行發生**，此觀諸民法第 233 條第 1 項、第 250 條第 1 項之規定自明。

第 234 條 （受領遲延）

債權人對於已提出之給付，拒絕受領或不能受領者，自提出時起，負遲延責任。

⇧查民律草案第 375 條理由謂凡債務人或第三人所為之債務履行，債權人拒絕受領，或不能受領者，不問債權人有無過失，自債務人提出給付時起，應使債權人任遲延之責，以保護債務人之利益。此本條所由設也。

◇受領遲延：指債務人已依債之本旨提出給付，處於債權人隨時得受領之狀態，惟債權人拒絕受領或不能受領，致使債務人無法完成給付。因此受領遲延須以該債務之履行須經債權人之協力始能完成者為限。

	須有履行上需要債權人協力之債務
受領遲延	須債務人已依債務本旨提出給付
	須債權人拒絕受領或不能受領

◇拒絕受領與不能受領

拒絕受領	債權人對債務人依債之本旨提出之給付，表示拒絕受領之意思或給付兼須債權人之協力而債權人消極地不為協力
不能受領	給付可能而因債權人主觀（個人）之事由而不能受領給付或協力完成債務之履行。解釋上不可歸責於債權人之事由致不能受領，應不生受領遲延之責任

◇受領遲延之法律效果：學說上有認為債權人受領給付是法律上權利，受領遲延僅為權利之不行使；亦有認為債權人所負受領義務原則僅為債權人之對己義務（不真正義務）。不論是債權人不行使其受領權利或違反受領義務而受領遲延，都只發生失權效果（民法第 237 條減輕債務人責任、第 238 條債務人無須支付利息）而無債務不履行責任的問題。又受領遲延不以可歸責為前提。

▲【29 渝上 965】債權人有受領給付之權利，除法律有如民法第 367 條、第 512 條第 2 項等特別規定、契約有特別訂定外，不負受領給付之義務。故**債權人對於已提出之給付拒絕受領者，通常祇負遲延責任，債務人不得強制其受領給付**。

▲【48 臺上 271】債權人對於已提出之給付，拒絕受領或不能受領者，自提出時起負遲延責任，固為民法第 234 條所明定。惟**所謂已提出之給付，**

係指債務人依債務本旨，於適當之處所及時期實行提出給付者**而言。

▲【59 臺上 3662】債權人之受領遲延，僅為權利之不行使，除有民法第 240 條之適用，債務人得請求賠償提出及保管給付物之必要費用，或當事人間另有特別約定外，殊不負任何之賠償責任。

▲【64 臺上 2367】買受人對於出賣人有受領標的物之義務，為民法第 367 條所明定，故**出賣人已有給付之合法提出而買受人不履行其受領義務時，買受人非但陷於受領遲延，並陷於給付遲延，出賣人非不得依民法第 254 條規定據以解除契約**。

▲【104 臺上 66】按債權人受領遲延，僅為權利之不行使，並使債務人之責任減輕，債務人所負債務並不因而消滅。

第 235 條 （現實與言詞提出）

債務人非依債務本旨實行提出給付者，不生提出之效力。但債權人預示拒絕受領之意思，或給付兼需債權人之行為者，債務人得以準備給付之事情，通知債權人，以代提出。

⇧查民律草案第 376 條理由謂依前條規定，欲使債權人任遲延之責者，須於正當時期、正當處所、以正當之標的物，實行提出於債權人，否則債務人輕行提出，使債權人任遲延之責，易生流弊。然若債權人向債務人預先表示拒絕受領之意思，或其給付兼須債權人之行為者（如必須債權人接收其物），則祇須以書件或言詞，為準備給付之通知足矣，無須實行提出也。

◇依債務本旨提出：給付之提出須合於債之內容，包括：給付的時間、地點、方法、標的物之數量、品質等。提出的方法依本條可分為現實提出、言詞提出。

◇預示拒絕受領：指債權人預示在清償期拒絕受領。如為預示拒絕清償期「前」受領或清償期後提出拒絕受領，都不是本條的預示拒絕受領。因前者情形，債權人本無須期前受領；後者則屬債權人拒絕協力之問題。

◇給付兼需債權人之行為：指給付之履行需要債權人受領行為以外之協力，債務人始可能完成給付。其協力可能為事實行為，例如：往取債務；也可能是法律行為，例如：移轉登記。

◇現實與言詞提出給付

現實提出給付	即為依債務本旨實行提出給付，債務人須完成給付所應為之一切必要行為，使債權人處於隨時得受領之狀態
言詞提出給付	因債權人已預示拒絕受領，債務人現實提出亦屬徒勞，故債務人得以言詞提出代替現實提出。其性質為意思通知

▲【48臺上271】參見本法第234條。

▲【105臺上537】按債權人預示拒絕受領之意思，或給付兼需債權人之行為者，債務人依民法第235條但書規定，固得以準備給付之事情，通知債權人，以代提出，惟**其準備給付之事情仍需依「債務本旨」，始生提出之效力**。

第236條　（一時受領不能）

給付無確定期限，或債務人於清償期前得為給付者，債權人就一時不能受領之情事，不負遲延責任。但其提出給付，由於債權人之催告，或債務人已於相當期間前預告債權人者，不在此限。

介謹按無清償確定期限之給付，或於清償期前債務人得為給付者（參照第204條），應使債權人有受領給付之準備。若債務人提出給付時，而因債權人一時有不能受領之情事，遽使任遲延之責，未免過酷，故使債權人不負遲延之責任也。然若債務人之給付，係本於債權人之催告，或債務人已於相當期前預告債權人者，則此時之債權人，已有受領之準備，自仍須負遲延之責任。此本條所由設也。

◇**一時受領不能**：在給付無確定期限之情形，債務人得隨時為清償；給付有確定期限，如當事人無相反約定，債務人亦得為期前清償，故若債務人未預先告知，債權人亦未經催告給付，應不得要求債權人隨時為受領之準備。此等情形下，如債權人一時不能受領，自不負受領遲延責任。

第237條　（受領遲延時債務人責任）

在債權人遲延中，債務人僅就故意或重大過失，負其責任。

介查民律草案第379條理由謂債務人之債務，雖於債權人之遲延，仍當然存續，然因債權人遲延，則債務人之責任，應使減輕。故債務人於債權人

遲延後，祇就故意或重大過失負其責任，雖依債務關係之內容，其負責任之範圍較廣者，亦所不問。此本條所由設也。

第238條　（受領遲延利息支付之停止）

在債權人遲延中，債務人無須支付利息。

介查律草案第382條理由謂生有利息之金錢債權，於債權人遲延後，債務人是否停止支付利息，抑至金錢保存以前仍支付利息，關於此點，各國立法例不一。本法則規定債權人遲延後，債務人無須支付利息，以保護債務人之利益。此本條所由設也。

第239條　（孳息返還範圍之縮小）

債務人應返還由標的物所生之孳息或償還其價金者，在債權人遲延中，以已收取之孳息為限，負返還責任。

介查民律草案第383條理由謂債務人應返還由債權標的物所生之孳息，或應償還其價金者，於債權人遲延後，債務人祇須返還現已收取之孳息。至可收取之孳息，因債務人之故意或過失而不收取者，不負遲延與償還之責任，亦所以保護債務人之利益。此本條所由設也。

第240條　（受領遲延費用賠償之請求）

債權人遲延者，債務人得請求其賠償提出及保管給付物之必要費用。

介查民律草案第384條理由謂本法規定不問債權人有無故意或過失，若債務人已提出給付後，債權人有拒絕受領，或不能受領之事由，則依此事實，債權人應負遲延之責。故認債務人有賠償費用之請求權，以保護其利益。此本條所由設也。

▲【59臺上3662】參見本法第234條。

第241條　（拋棄占有）

Ⅰ有交付不動產義務之債務人，於債權人遲延後，得拋棄其占有。

Ⅱ前項拋棄，應預先通知債權人。但不能通知者，不在此限。

介查民律草案第380條理由謂負交付不動產義務之債務人，於債權人遲延後，得免其義務。至其免義務之方法，應於法律規定之，以防無益之爭。此本條所由設也。謹按負有交付動產義務之債務人於債權人遲延後，債務人得將動產提存而免除

其義務。(參照本章第六節第三款)

◇**不動產占有之拋棄**：債務人負交付不動產之義務者(例如民法第348條、第445條)，得因拋棄占有而免除交付之義務；如負有移轉所有權或設定其他物權之義務仍不得因拋棄占有而免除。學者認為此種拋棄占有之制度已不符合社會經濟之要求，不合時宜，適用時應加以從嚴解釋。

<h3>第三款　保　　全</h3>

> **第242條**　(債權人代位權)
>
> 　　債務人怠於行使其權利時，債權人因保全債權，得以自己之名義，行使其權利。但專屬於債務人本身者，不在此限。

⇧謹按債權人得就債務人之財產受清償，是為通例。債務人財產之增減，於債權人之債權有重大關係，故於債務人怠於行使其權利時(例如債務人不向第三人索還欠款)，應許債權人為保全其債權起見，得以自己之名義，行使屬於債務人權利，以保護其利益。但專屬於債務人一身之權利(如債務人對於第三人之扶養請求權)，則不許債權人行使之。此本條所由設也。

◇**代位權**：指債權人為保全其債權，得以自己之名義，行使債務人之權利。

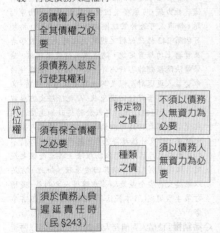

◇**債之保全**：因債務人之總財產為債權人債權之總擔保，若債務人消極使財產流失或積極與第三人消耗財產，債權人之債權即有可能無法獲得清償。因此債之保全即為債權人為確保其債權之實現，

而防止債務人總財產減少之手段。我國民法規定有第242條之代位權與第244條之撤銷權。

◇**代位權之行使**：須以債權人自己之名義行使，使第三人向債務人為給付，最多僅為債權人有代為受領之權時，得代位受領給付，受領之財產仍然歸屬於債務人所有，成為債務人總財產的全部或一部分。且債權人就給付無優先受償權，該給付應作為債務人之全體債權人之總擔保。

①甲代位乙向丙行使

供全部債權人清償之用，不是只供清償債權人甲
②丙向甲給付

◇**須非債務人之專屬權**：債務人之專屬權，債權人不得代位行使。亦即該權利之行使若不涉及一身專屬性之人性尊嚴(例如繼承權、扶養請求權)，原則上債權人都可以代位行使。

▲**【64臺上2916】**債權人代位債務人起訴，求為財產上之給付，因債務人財產為總債權人之共同擔保，故訴求所得應直接屬於債務人，即代位起訴之債權人不得以之僅供清償一己之債權，如須滿足自己之債權應另經強制執行程序始可，債權人雖亦有代位受領第三債務人清償之權限，但係指應向債務人給付而由債權人代位受領而言，非指債權人直接請求第三債務人對自己清償而言，故債權人代位債務人起訴請求給付者，須聲明被告(第三債務人)應向債務人為給付之旨，並就代位受領為適當之表明，始與代位權行使效果之法理相符。

▲**【69臺抗240】**債務人怠於行使其權利時，債權人因保全債權，得以自己名義行使其權利，為民法第242條前段所明定。此項代位權行使之範圍，就同法第243條但書規定旨趣推之，**並不以保存行為為限，凡以權利之保存或實行為目的之一切審判上或審判外之行為**，諸如假扣押、假處分、聲請強制執行、實行擔保權、催告、提起訴訟等，債權人皆得代位行使。

▲**【72臺上3534】**債權人為保全其債權，行使民法第242條規定之代位權者，於債務人怠於行使其權利時，即得為之。**至於債權人所欲保全之債權與債務人怠於行使之權利，孰先孰後，則與代位權之行使，不生影響。**

民

法

第二編　債

（第二四三～二四四條）

▲【73臺抗472】債務人欲免其財產被強制執行，與第三人通謀而為虛偽意思表示，將其所有不動產為第三人設定抵押權者，債權人可依侵權行為之法則，請求第三人塗銷登記，亦可行使代位權，請求塗銷登記。二者之訴訟標的並不相同。

▲【88臺上650】民法第242條，關於債權人之代位權之規定，原為債務人怠於行使其權利，致危害債權人之債權安全，有使債權人得以自己之名義行使債務人之權利，以資救濟之必要而設，故而債權人行使代位權即應以保全其債權之必要為限。**其所保全者，除在特定債權或其他與債務人之資力無關之債權，不問債務人之資力如何，均得行使代位權外，如為不特定債權或金錢債權，應以債務人怠於行使其權利，致陷於無資力，始得認有保全之必要，否則，即無代位行使之餘地。**

▲【92臺上1886】按民法第242條所定代位權行使之範圍，固可包括提起訴訟之行為在內，惟在訴訟程序進行中之行為，則僅訴訟當事人或訴訟法規定之關係人始得為之，債務人如已提起訴訟或被訴，該已由債務人進行之訴訟程序，唯有債務人始得續行，是**債權人對該債務人所受法院之不利判決自無代位提起上訴之權**。

第243條　（代位權行使時期）

前條債權人之權利，非於債務人負遲延責任時，不得行使。但專為保存債務人權利之行為，不在此限。

介謹按債權人非於保全債權所必要時，不得行使前條之權利，故必債務人負有遲延責任之場合，方許債權人行使屬於債務人之權利。但專為保存債務人權利之行為（例如中斷債之消滅時效）仍得為之，蓋以有益於債務人也。故設本條以明示其旨。

◇**專為保存債務人權利之行為**：專為保存債務人權利之行為是保存行為。保存行為是以維持財產現狀為目的，防止債務人權利之消滅或變更，對債務人並無不利益，且須即時為之，否則錯失良機，故不待債務人給付遲延，即得行使代位權。例如：中斷時效之請求、聲請塗銷登記、申報破產債權。

▲【69臺抗240】參見本法第242條。

第244條　（債權人之撤銷權）

I.債務人所為之無償行為，有害及債權者，債權人得聲請法院撤銷之。

II.債務人所為之有償行為，於行為時明知有損害於債權人之權利者，以受益人於受益時亦知其情事者為限，債權人得聲請法院撤銷之。

III.債務人之行為非以財產為標的，或僅有害於以給付特定物為標的之債權者，不適用前二項之規定。

IV.債權人依第一項或第二項之規定聲請法院撤銷時，得並聲請命受益人或轉得人回復原狀。但轉得人於轉得時不知有撤銷原因者，不在此限。

⑧一、第1項及第2項未修正。

二、債務人之全部財產為總債權人之共同擔保，債權人應於債權之共同擔保減少致害及全體債權人之利益時，方得行使撤銷權。易言之，撤銷權之規定，係以保障全體債權人之利益為目的，非為確保特定債權而設。爰於第3項增訂不得僅為保全特定債權而行使撤銷權之規定（日本民法第424條、第425條參考）。

三、債權人行使撤銷權，使債務人之行為溯及消滅其效力後，可能發生回復原狀返還給付物等問題。債權人可否於聲請撤銷時並為此聲請，抑須另依第242條代位之規定代位行使，多數學者及實務上均採肯定說，認債權人行使撤銷權，除聲請法院撤銷詐害行為外，如有必要，並得聲請命受益人返還財產權及其他財產狀態之復舊。又對轉得人可否聲請回復原狀？現行條文亦無規定。惟學者通說以為轉得人於轉得時知悉債務人與受益人間之行為有撤銷之原因者，債權人撤銷之效果，始及於該轉得人。如轉得人於轉得時不知有撤銷之原因，則應依物權法上善意受讓之規定，取得權利，不得令其回復原狀。如此，方足以維護交易安全並兼顧善意轉得人之利益，爰增訂第4項規定（日本民法第424條第1項但書參考）。

◇**撤銷權**：債權人對債務人所為有害債權且以財產為標的之法律行為（詐害債權），為保全債權，得聲請法院撤銷之權利，稱為撤銷權，撤銷權之行使須以「訴訟」為之，故又稱為撤銷訴權。成立要件如下圖：

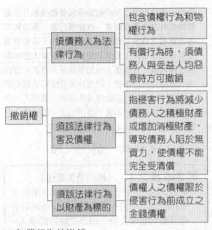

◇無償行為的撤銷

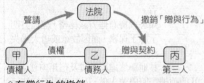

◇有償行為的撤銷

| 有償行為的撤銷 |

（以受益時知情為限）

◇**僅有害特定債權者不得撤銷**：因撤銷權之規定，係以保障全體債權人之利益為目的，非為確保特定債權而設，故不得僅為保全特定債權而行使撤銷權。

◇**明知**：債務人可預見行為之結果將有害債權人之債權清償，不以有積極侵害之期望為必要，只要有認識即可。其判斷時點為「**行為時**」。

▲【42 臺上 323】債權人依民法第 244 條規定，撤銷債務人所為之有償或無償行為者，祇須具備下列之條件，㈠為債務人所為之法律行為；㈡其法律行為有害於債權人；㈢其法律行為係以財產權為目的；㈣如為有償之法律行為，債務人於行

為時，明知其行為有害於債權人，受益人於受益時，亦明知其事情。至於債務人之法律行為除有特別規定外，無論為債權行為抑為物權行為，均非所問。

▲【56 臺上 19】民法第 244 條所規定債權人撤銷權之行使方法，與一般撤銷權不同，一般撤銷權僅依一方之意思表示為之為已足，而**民法第 244 條所規定之撤銷權，則必須聲請法院撤銷之，因此在學說上稱之為撤銷訴權**。撤銷訴權雖亦為實體法上之權利而非訴訟法上之權利，然倘非以訴之方法行使，即不生撤銷之效力，在未生撤銷之效力以前，債務人之處分行為尚非當然無效，從而亦不能因債務人之處分具有撤銷之原因，即謂已登記與第三人之權利當然應予塗銷。

▲【62 臺上 2609】債權人得依民法第 244 條規定**行使撤銷權，以其債權於債務人為詐害行為時，業已存在者為限**，若債務人為詐害行為時，其債權尚未發生，自不許其時尚非債權人之人，於嗣後取得債權時，溯及的行使撤銷權。

▲【71 年第 7 次民事庭會議決議】提案：債權人之債權因請求權罹於消滅時效，經判決敗訴確定。問：債權人是否仍能行使民法第 244 條之撤銷權？決議：民法第 244 條所定之撤銷權，乃為保全債權之履行而設。**甲對乙基於債權之請求權，既因罹於消滅時效而經判決敗訴確定不能行使，則甲之撤銷權，顯無由成立**。

▲【73 年第 2 次民事庭會議決議㈠】提案：繼承人拋棄繼承，其債權人可否依民法第 244 條規定行使撤銷訴權，而撤銷之？決議：債權人得依民法第 244 條規定**行使撤銷訴權者，以債務人所為非以其人格上之法益為基礎之財產上之行為為限**，繼承係以人格上之法益為基礎，且拋棄之效果，不特不承受被繼承人之財產上權利，亦不承受被繼承人財產上之義務，故**繼承之拋棄，縱有害及債權，仍不許債權人撤銷之**。

▲【97 臺上 552】是民法第 244 條所定債權人之撤銷權，係為保全債權之履行而設，**得行使撤銷權之債權，應係以金錢債權或得轉換為金錢債權者為限**。至於債權人對於債務人之物上請求權，依通說認為物上請求權效力係自物權保護之絕對性而來，與上開債權之相對性不同。**物上請求權係針對特定標的物，與債權人之撤銷權係為保全債務人之責任財產，旨在供全體債權人平等受償，二者目的扞格，則物上請求權應無適用或類推適用債權人撤銷權制度之同一法律基礎**。如僅以物

權之保護不應低於債權著眼，恝置不論物權與債權之本質不同，逕謂物上請求權人亦應享有民法第244條所定撤銷權，法律見解容有可議。

▲【98臺上1647】按88年4月21日增訂（89年5月5日施行）民法第244條第3項規定，旨在揭明債務人之全部財產為全體債權人之總擔保，債權人本得於債權之共同擔保減少，致害及全體債權人之利益時，行使撤銷權。準此，**苟係以給付特定物為標的之債權（特定債權），被債務人之無償行為所侵害，而得轉換為損害賠償之債時，倘債務人之資力已不足賠償債權人因該轉換所得請求之損害額，即仍屬債權之共同擔保減少而害及全體債權人之利益，債權人自得依民法第244條第1項規定，行使其撤銷訴權**。

▲【105臺上731】次按債務人所為之無償行為，有害及債權者，債權人得聲請法院撤銷之，民法第244條第1項固定有明文。惟**是否有害及債權，應就債務人行為時之全部財產觀察。倘債務人雖為減少財產之行為，但其財產尚足以清償債務時，對於債權清償既無妨礙，債權人自不得撤銷**。

第245條 （撤銷權之除斥期間）

前條撤銷權，自債權人知有撤銷原因時起，一年間不行使，或自行為時起經過十年而消滅。

⇧查民律草案第402條理由謂撤銷權永久存續，則權利之狀態，永不確定，實有害於交易之安全。故撤銷權之消滅時效，應以明文定之。此本條所由設也。

◇**本條法定期間之性質**：詐害債權撤銷權之行使，將使債務人與第三人間之法律關係因被撤銷而消滅，故屬於形成權的行使，本條即為行使撤銷權的**除斥期間**之規定。

▲【85臺上1941】民法第244條第1項之撤銷訴權，依同法第245條規定，自債權人知有撤銷原因時起，一年間不行使而消滅。該項法定期間為**除斥期間**，其時間經過時權利即告消滅。此項除斥期間有無經過，縱未經當事人主張或抗辯，法院亦應先為調查認定，以為判斷之依據。

▲【100臺上1058】民法第245條規定，債權人之撤銷權，自債權人知有撤銷原因時起，一年間不行使，或自行為時起經過十年而消滅。依此規定，債權人之撤銷權，係自行為時經過十年始行消滅，至上述一年之期間，**須自債權人知有撤銷原因，始能起算**。所謂**撤銷原因係指構成行使撤銷權要件之各事由而言，在無償行為，應自知有害及債權之事實時起算；在有償行為，除知有害及債權之事實外，並須知債務人及受益人亦知其情事時起算**。倘債權人僅知悉債務人有為有償行為或無償行為之事實，而對於該無償行為係有害及債權，或有償行為除害及債權外，債務人及受益人亦知其情事之事實，並不知悉，則債權人之撤銷權尚不能因一年間不行使而消滅。

第四款 契　約

第245條之1 （締約過失責任）

I.契約未成立時，當事人為準備或商議訂立契約而有左列情形之一者，對於非因過失而信契約能成立致受損害之他方當事人，負賠償責任：

一 就訂約有重要關係之事項，對他方之詢問，惡意隱匿或為不實之說明者。

二 知悉或持有他方之秘密，經他方明示應予保密，而因故意或重大過失洩漏之者。

三 其他顯然違反誠實及信用方法者。

II.前項損害賠償請求權，因二年間不行使而消滅。

⑱一、本條新增。

二、近日工商發達，交通進步，當事人在締約前接觸或磋商之機會大增。當事人為訂立契約而進行準備或商議，即處於相互信賴之特殊關係中，如一方未誠實提供資訊、嚴重違反保密義務或違反進行締約時應遵守之誠信原則，致他方受損害，既非侵權行為，亦非債務不履行之範疇，現行法對此未設有賠償責任之規定，有失周延。而外國立法例，例如希臘1940年新民法第197條及第198條、義大利民法第1337條及第1338條，均有「締約過失責任」之規定。為保障締約前雙方當事人間因準備或商議訂立契約已建立之特殊信賴關係，並維護交易安全，我國實有規定之必要，爰增訂第1項規定。

三、為早日確定權利之狀態，而維持社會之秩序，爰參考前述希臘新民法第198條規定，明定「前項損害賠償請求權，因二年間不行使而消滅」。

◇**締約上過失**：指當事人為訂立契約而進行準備或

商議之際，因一方當事人之過失或其他未盡注意之事，使他方當事人因此而受有損害而應負之責任。屬於獨立於契約責任與侵權責任外之**「法定債之關係」**，其成立是以客觀上違反基於誠信原則所生之附隨義務，及主觀上可歸責為要件。

◇**告知及說明義務之違反**：規定在本條第 1 項，但應限於締約上有重要關係之事項始有告知義務。

◇**契約嗣後未締結是否仍適用本條**：本條是為保護雙方當事人因準備或商議契約而建立之特殊信賴關係，並維護交易安全，只要締約上過失發生在契約未成立時即可，與嗣後契約有無締結無關，亦不排除契約因不合意而未成立、無效或中斷締約之情形，均有本條之適用。

第 246 條 （契約標的給付不能之效力）

I.以不能之給付為契約標的者，其契約為無效。但其不能情形可以除去，而當事人訂約時並預期於不能之情形除去後為給付者，其契約仍為有效。

II.附停止條件或始期之契約，於條件成就或期限屆至前，不能之情形已除去者，其契約為有效。

⇧謹按民律草案第 513 條及第 517 條謂當事人，得自由以契約訂定債務關係之內容，而其標的，則以可能給付為必要。故以客觀之不能給付（不問其為相對的不能或絕對的不能）為標的之契約，法律上認為無效，所以防無益之爭議也。但係主觀之不能給付，其契約仍應認為有效，使債務人負損害賠償之責，此無待明文規定也。至給付之不能，如祇係暫時，並非繼續者，或其契約中已含有待不能給付之情形除去後始生效力之意者，其契約為附有停止條件之契約，不得以訂定契約時不能給付之故而遽認為無效也。故設第 1 項以明其旨。又以附停止條件之契約，或以附始期之契約，為不能給付之約定者，其不能給付之情形，於條件成就以前或到期以前既經除去者，於事實上既無妨礙，其契約自應認為有效。故設第 2 項以明示其旨。

◇**不能之給付**：本條所謂不能之給付，通說及實務均認為係指**「自始客觀不能」**，故契約之給付自始客觀不能者，依本條第 1 項本文規定，該契約為無效。惟本條第 1 項但書及第 2 項設有自始客觀不能例外有效之情形。

◇**自始主觀不能是否適用本條**：通說及實務上既然認為本條係指自始客觀不能，**因此「自始主觀不能」不適用本條規定，契約仍為有效**。就債務人之責任，目前通說認為若自始主觀不能契約，同時符合權利瑕疵擔保責任者，債務人對債權人應負擔無過失債務不履行責任，其責任成立不以債務人具可歸責事由為要件；若非屬權利瑕疵擔保者，則應先探求當事人真意及解釋契約內容，決定當事人是否應負無過失責任，若無特別約定，原則上債務人責任以具有可歸責事由為要件（王澤鑑）。

▲【95 臺上 347】查私有農地所有權之移轉，其承受人以能自耕者為限，並不得移轉為共有，違反前項規定者，其所有權之移轉無效，修正前土地法第 30 條第 1、2 項固有明文。惟關於耕地之買賣，承買人雖係無自耕能力之人，但**如約定由承買人指定登記與任何有自耕能力之特定第三人**，即非民法第 246 條第 1 項以不能之給付為契約標的，難認其契約為無效。又在立約當時承買人雖無自耕能力，而約定待承買人自己有自耕能力時方為移轉登記，或約定該耕地之所有權移轉與無自耕能力之特定第三人，待該第三人有自耕能力時再為移轉登記者，依同條項但書規定**契約仍為有效**。

▲【95 臺上 1937】查系爭商標為依必朗正商標之聯合商標，乃兩造不爭執之事實，準此，兩造間所為**系爭商標權移轉之約定，即違反前開商標法之禁止規定，屬給付不能，依法為無效**。而兩造簽立之系爭合約中，又無預期未來法令修改，於聯合商標得視為獨立商標單獨移轉時，始為該移轉約定之情形，亦無民法第 246 條第 1 項但書之適用。足見系爭商標權移轉之約定，係自始、絕對、當然的無效，不因嗣後現行商標法之修正，而使原已無效之移轉約定變更為有效；更不因系爭合約其餘約定（如「傷風友」感冒液藥照移轉等）仍為有效履行，致系爭合約尚未解除或終止，而得認系爭商標權關於移轉約定無效部分，尚可由被上訴人依該約定履行其義務。是上訴人依系爭合約約定，請求被上訴人移轉登記系爭商標權，自屬無理，不應准許。

▲【101 臺上 372】出賣人以第三人所有之物為買賣標的物與買受人訂立之買賣契約，並非所謂以不能之給付為契約標的，即不得依民法第 246 條第 1 項前段規定認該買賣契約為無效。是上訴人未持有其公司股份，逕以之為出賣標的，契約

民

法

第二編　債

（第二四七～二四七之一條）

並非無效，僅係債務履行之問題，與判斷契約當事人無涉。

▲【102臺上2189】按原住民保留地之買賣，承買人雖非原住民，惟如約定由承買人指定登記與任何具有原住民身分之第三人，或具體約定登記與具有原住民身分之特定第三人，即非民法第246條第1項以不能之給付為契約之標的，其契約自屬有效。

第247條　（因契約標的給付不能之賠償及時效）

I 契約因以不能之給付為標的而無效者，當事人於訂約時知其不能或可得而知者，對於非因過失而信契約為有效致受損害之他方當事人，負賠償責任。

II 給付一部不能，而契約就其他部分仍為有效者，或依選擇而定之數宗給付中有一宗給付不能者，準用前項之規定。

III 前二項損害賠償請求權，因二年間不行使而消滅。

⑧一、第1項及第2項未修正。

二、本條之損害賠償請求權，原無特別規定，本應適用本法第125條十五年之時效規定。惟時效期間過長，使權利狀態久懸不決，有礙社會秩序。又有關時效規定，本條與第245條之1第2項有相同之立法理由，爰增訂第3項短期時效期間之規定。

◇自始客觀不能之損賠責任：契約當事人於訂約時知其不能履行或可得而知者，應對非因過失而信契約為有效之他方當事人，負信賴利益之損害賠償責任。

◇信賴利益與履行利益

| 信賴利益 | 指因信賴無效法律行為能有效成立生效，所受之損害。亦即如果知悉法律行為無效，就不會發生的損害。例如：民法第91條、第247條 |
| 履行利益 | 指以法律行為有效成立為前提，債務人完全履行後，債權人所能獲得的利益。因此，若債務人債務不履行，債權人所受之損害即為履行利益之損害 |

▲【51臺上2101】契約因出賣人以不能之給付為標的而歸無效者，買受人所得請求賠償之範圍，依民法第247條第1項自以因信賴契約有效所受之損害為限，此即所謂消極的契約利益，亦稱之

為信賴利益。例如訂約費用、準備履行所需費用或另失訂約機會之損害等是。至於積極的契約利益，即因契約履行所得之利益，尚不在得為請求賠償之列。

第247條之1　（定型化契約之限制）

依照當事人一方預定用於同類契約之條款而訂定之契約，為左列各款之約定，按其情形顯失公平者，該部分約定無效：
一　免除或減輕預定契約條款之當事人之責任者。
二　加重他方當事人之責任者。
三　使他方當事人拋棄權利或限制其行使權利者。
四　其他於他方當事人有重大不利益者。

⑧一、本條新增。

二、當事人一方預定契約之條款，而由需要訂約之他方，依照該項預定條款簽訂之契約，學說上名之曰「附合契約」（contratdádhésion）。此類契約，通常由工商企業者一方，預定適用於同類契約之條款，由他方依其契約條款而訂定之。預定契約條款之一方，大多為經濟上較強者，而依其預定條款訂約之一方，則多為經濟上之較弱者，為防止契約自由之濫用，外國立法例對於附合契約之規範方式有二：其一，在民法法典中增設若干條文以規定之，如義大利於1942年修正民法時增列第1341條、第1342條及第1370條之規定；其二，以單行法方式規定之，如以色列於1964年頒行之標準契約法之規定是。以上兩種立法例，各有其優點，衡之我國國情及工商業發展之現況，為使社會大眾普遍知法、守法起見，宜於民法法典中列原則性規定，爰增訂本條，明定附合契約之意義，為依照當事人一方預定用於同類契約之條款而訂定之契約，此類契約他方每無磋商變更之餘地。為防止此類契約自由之濫用及維護交易之公平，列舉四款有關他方當事人利害之約定，如按其情形顯失公平者，明定該部分之約定為無效。至於所謂「按其情形顯失公平者」，係指依契約本質所生之主要權利義務，或按法律規定加以綜合判斷而有顯失公平之情形而言。例如以在他人土地上有建築物而設定之地上權，約定地上權期間為一年或約定買受人對物之瑕疵擔保之契約解除權為十年等是。

◇定型化契約：指一方預先訂定契約之條款，由需要訂約之他方，按該預定條款簽訂之契約，亦即「附合契約」。民法與消費者保護法均有相關規定，民法是一般性規定其適用範圍包括商人與商人、商人與消費者；消費者保護法關於定型化契約的規制，則只適用於商人與消費者。而且由於消費者保護法是民法的特別法，應該優先適用。

◇契約當事人之一方於訂約當時處於無從選擇締約對象或無拒絕締約餘地之情況，而簽訂顯然不利於己之約定：此為實務向來判斷契約是否適用本條並因而無效之標準。但學說認為，定型化契約條款是否對一方顯失公平，應依該條款之實質內容，例如：約定雙方的給付內容、違約罰款、免責事由等條款，觀察是否對一方當事人顯不公平為其要件，而不應以雙方當事人訂定該定型化契約條款之程序是否處於無從選擇締約對象或無拒絕締約餘地之情況，作為判斷是否顯失公平之標準（詹森林）。

◇定型化契約須被規制之理由：契約自由原則的內容，包括：有無訂立契約的自由、選擇訂約對象的自由以及契約內容的自由，定型化契約之所以必須被規制，是因為契約自由原則的這三個主要內容，在交涉機會、交涉能力不平衡下，被徹底破壞。包括：沒有不訂約的自由（例如：水、電供應契約）、沒有選擇對象的自由（例如：水、電供應契約）、沒有契約內容決定的自由（例如：鐵路運送契約、保險契約）（劉宗榮）。

▲【92 簡上 599】信用卡現為國人日常生活重要消費工具之一，主要用於替代現金支付，至於保證或連帶清償並非其基本功能、需求；在此前提下，發卡銀行將信用卡契約結合保證或連帶清償條款，顯然在消費者預期之外。再者，**比較發卡銀行與消費者地位，消費者對於契約條款多半無從討論增、刪、變更，只能接受契約條款所定內容，因此，解釋相關條款尤應注意此一特點，以調和締約雙方經濟實力。**再其次，正附卡持有人經濟能力不同，附卡使用者多半係經濟狀況較差之家屬，反而要為正卡持有人連帶清償債務，亦不甚合理。以本件契約而言，約定條款第 3 條固然有正附卡持有人連帶清償之約定；但是契約約定條款內容甚多，此一條款其字體、大小均與其他約定條款無異，消費者於訂約時極易忽略此一條文。再者，信用卡申請書上雖然有申請人（即正卡持有人）與附卡申請人簽章欄，但是該欄反而未註明「連帶保證人」或「連帶債務人」等重

要性質，消費者如何能預期日後有連帶負責情事？從而，本件信用卡契約有關正附持卡人互負連帶清償責任之條款，確已違反誠信原則，對消費者顯失公平，該條款應屬無效。

▲【101 臺上 1341】次查兩造雖不爭執系爭契約條款內容為被上訴人單方預先製作之定型化契約，然因系爭契約總價甚高，系爭工程亦屬繁雜，非一般業者所能承攬，而上訴人為一專業且頗具規模之廠商，顯然其非屬經濟弱勢之一方而毫無議約磋商能力者，當有能力本於專業知識、經驗評估其自身條件及獲利情形以決定締約與否，是上訴人於簽訂系爭契約時，對於條款內容，非無磋商、變更之餘地。**上訴人既非經濟弱勢之一方，且締約時已獲得完整資訊，自得本於專業知識、經驗評判締約與否，顯非民法第 247 條之 1 適用之對象，更無對上訴人顯失公平之情形，自無予以特別保護之必要。**又被上訴人要求上訴人簽具系爭切結書，惟其仍有選擇簽具與否，或循其他法律途徑取回保留款之自由，亦或得要求保留部分具體金額之求償權利，非居於弱勢之一方，上訴人既已簽訂系爭切結書，依契約自由之原則，即應受其拘束。

第 248 條　（收受定金之效力）

訂約當事人之一方，由他方受有定金時，推定其契約成立。

⑧⑨「訂金」係「定金」之誤繕，予以修正。

◇定金：契約當事人之一方以擔保契約之成立或確保契約之履行為目的，交付他方之金錢或其他代替物。

◇定金之性質：定金契約之成立須經當事人合意，並以交付定金為其要件，故屬要物契約。又定金若係擔保主契約之履行者，其性質亦屬一種從契約。

◇定金之類型

證約定金	以定金之交付作為**契約已經成立之證明**。民法第 248 條規定者即為證約定金
成約定金	以定金之交付作為**契約成立之要件**
違約定金	以定金之交付作為**契約不履行時之損害賠償擔保**。民法第 249 條規定者即為違約定金。然此違約定金僅為「**最低損害賠償額之預定**」

民法

第二編　債

（第二四九條）

解約定金	以定金之交付作為**保留契約解除權之代價**。亦即付定金之一方得拋棄定金而解除契約，收定金之一方亦得加倍返還定金以解除契約
立約定金	又稱**猶豫定金**，係指契約成立前所交付之定金，其目的在於**擔保契約之成立**。嗣後若因可歸責於付定金一方不成立契約者，受定金一方得類推適用民法第 249 條第 2 款沒收訂金；若因可歸責於受定金一方不成立契約者，付定金一方得類推適用民法第 249 條第 3 款請求加倍返還定金。然而若嗣後契約成立者，立約定金即轉變為確保契約履行之違約定金，而可直接適用民法第 249 條

▲【89 臺再 28】廠商參加投標時所繳押標金，乃供廠商依業主所定條件投標，於得標後依規定與業主簽約之擔保，並非定金。

▲【102 臺上 530】而立約定金（亦稱猶豫定金）乃契約成立以前所交付，用以擔保契約成立為目的之定金，收受此種定金，須經當事人之合意，性質上亦屬於**契約之法律行為**；當事人一方依約交付立約定金予他方，乃基於一定之目的（擔保契約之成立）而為給付，除該其給付自始無給付目的（如立約定金契約不成立、無效或撤銷）或給付目的嗣後不存在（如立約定金契約合意解除）或給付目的不達（如立約定金所擔保之契約標的，已不能履行）之情形外，因該目的之存在，客觀上即為給付行為之原因，自不能成立不當得利。

第 249 條 （定金之效力）

定金除當事人另有訂定外，適用左列之規定：

一　契約履行時，定金應返還或作為給付之一部。
二　契約因可歸責於付定金當事人之事由，致不能履行時，定金不得請求返還。
三　契約因可歸責於受定金當事人之事由，致不能履行時，該當事人應加倍返還其所受之定金。
四　契約因不可歸責於雙方當事人之事由，致不能履行時，定金應返還之。

⇧謹按依前條之規定，授受定金，既視為契約之成立，則將來契約之履行或不履行，對於定金之應

否返還，或須加倍返還，均須有明確之規定，俾資適用。此本條所由設也。

▲【71 臺上 2992】契約當事人之一方，為確保其契約之履行，而交付他方之定金，依民法第 249 條第 3 款規定，除當事人另有約定外，祇於契約因可歸責於受定金當事人之事由，致不能履行時，該當事人始負加倍返還其所受定金之義務，若給付可能，而僅為遲延給付，即難謂有該條款之適用。

▲【72 臺上 85】解約定金，係以定金為保留解除權之代價，定金付與人固得拋棄定金，以解除契約；定金收受人亦得加倍返還定金，以解除契約。惟此項解除須於相對人著手履行前為之，相對人已著手履行時，則不得再為此項解除權之行使。

▲【95 臺上 92】按定金之交付既在契約履行以前，旨在強制契約之履行，則關於定金金額之酌定，當非以契約不履行時可能發生之損害額為衡量標準。該違約定金雖在供契約不履行損害賠償之擔保，但在性質上應認為最低損害賠償額之預定，此與違約金除當事人另有訂定外，視為因不履行債務而生損害之賠償總額（民法第 250 條第 2 項規定）未盡相同。是約定之違約定金，除一方當事人交付之定金過高，而與他方當事人所受損害顯不成比例時，得認非違約定金而為價金之「一部先付」外，法院自不得援用民法第 252 條「違約金酌減」之規定，依職權而減至相當之數額。

▲【97 臺上 1630】按違約定金之交付，旨在強制契約之履行，供契約不履行損害賠償之擔保，性質上為最低損害賠償額之預定；該定金之交付既在契約履行之前，其額度之酌定，自非以契約不履行後，所發生之損害額為衡量標準，而應以當事人預期不履行契約時所受之損害為據。

▲【102 臺上 69】按買賣預約，非不得就標的物及價金之範圍先為擬定，以作為將來訂立本約之張本，但不得因此即謂買賣本約業已成立。又契約當事人在成立契約以前所交付，用以擔保契約成立為目的之定金，稱之為立約定金（亦稱猶豫定金）此項定金與以主約之存在為前提之定金（諸如證約定金等是），在性質上固屬有間，然契約成立後，立約定金即變更為確保契約之履行為目的，自有民法第 249 條規定之適用。故如因可歸責於受定金當事人之事由，致不能成立契約者，立約定金之效力自仍應類推適用同條第 3 款之規定。

第 250 條　（違約金之約定）

I.當事人得約定債務人於債務不履行時，應支付違約金。

II.違約金，除當事人另有訂定外，視為因不履行而生損害之賠償總額。其約定如債務人不於適當時期或不依適當方法履行債務時，即須支付違約金者，債權人除請求履行債務外，違約金視為因不於適當時期或不依適當方法履行債務所生損害之賠償總額。

㊙一、第 1 項「不履行債務」，係指債務違反之情形，包括給付不能、給付遲延及不完全給付。而上述情形，法規上用語應為「債務不履行」（第353 條參照），為統一用語，爰將「不履行債務」修正為「於債務不履行」。

二、第 2 項但書規定之違約金究指懲罰性違約金，抑指損害賠償額之預定？眾說紛紜，莫衷一是。惟如謂但書規定之違約金係違約罰之性質，則何以僅對給付遲延及不完全給付之情形加以規定，而未規定給付不能之情形？法理上有欠周延。故此處所規定之違約金應不具違約罰之性質，而係債務不履行中之給付遲延及不完全給付所生損害賠償額之預定。為避免疑義並期明確，爰將「但」字修正為「其」字。又將違約金明白規定為「不於適當時期或不依適當方法履行債務所生損害之賠償總額」。至於給付遲延後，因可歸責於債務人之事由致給付不能或遲延後之給付於債權人無利益者，債權人除違約金外，並得請求不履行之損害賠償，此乃當然之效果，毋庸訂定，爰予刪除。

◇**違約金**：當事人為確保債務之履行，約定債務人於債務不履行時，應支付之一定金額或其他給付。依當事人約定違約金之目的，可將違約金性質分為「損害賠償總額之預定」與「懲罰性違約金」兩種。

◇**違約金之類型及契約解除時之法律效果**

損害賠償額預定性違約金	指契約當事人約定，於債務不履行時，債務人應負擔之債務不履行損害賠償之數額，即以契約中預定之違約金數額為準，不論債權人實際所受之損害數額為何	本質仍屬**損害賠償**，故契約解除時，不影響損害賠償額預定性違約金之效力，仍有支付義務
懲罰性違約金	以督促債務人履行債務為目的所約定之違約金。當事人約定於債務不履行時，債務人除須支付違約金外，債權人仍得請求債務人繼續履行，或請求不履行之損害賠償	契約解除時，有認為違約金契約為從契約，故懲罰性違約金之支付義務應隨之消滅；亦有認為懲罰性違約金之請求權於違約時即已發生，自不因契約解除而隨同消滅

▲【61 臺上 2922】違約罰性質之違約金，於有違約情事時其請求權即已發生，不因其後契約之解除而謂並無違約情事，自無因契約解除而隨同消滅之理。本件被上訴人既經原審認定其已發生違約情事，並認定兩造約定之違約金，係違約罰性質，而又謂契約已經解除，上訴人不得請求該項違約金，將第一審該部分之判決廢棄，改為上訴人敗訴之判決，核諸前開說明，即難謂無違誤。

▲【62 臺上 1394】違約金，有屬於懲罰之性質者，有屬於損害賠償約定之性質者，本件違約金如為懲罰之性質，於上訴人履行遲延時，被上訴人除請求違約金外，固得依民法第 233 條規定，請求給付遲延利息及賠償其他之損害，如為損害賠償約定之性質，則應視為就履行遲延所生之損害，業已依約預定其賠償，不得更請求遲延利息賠償損害。

▲【68 臺上 3887】違約金係當事人約定契約不履行時，債務人應支付之懲罰金或損害賠償額之預定，以確保債務之履行為目的。至若當事人約定一方解除契約時，應支付他方相當之金額，則以消滅契約為目的，屬於保留解除權之代價，兩者性質迥異。

▲【68 年第 9 次民事庭會議決議】決議：當事人約定如債務人不於適當時期履行債務時，即須支付違約金者，其違約金係以強制債務之履行為目的，實為確保債權效力之一種強制罰，與利息之性質迥然不同，就令約定之違約金額過高，但既得由法院減至相當之數額（民法第 252 條），亦非無救濟之途，不得謂其約定為無效或無請求權，蓋違約金之約定，於金錢債務，並不排斥其適用，又非有如民法第 205 條之限制，至法院之核減乃基於公平觀念之理由，而非基於無請求權之原因，若謂債務人可以任意遲延給付，而可不受約定違約金之處罰，其結果將使債權人金融週轉陷於呆滯，生產計劃無由開展，而債務人拖債之風亦將日熾，豈得謂平。且遲延之債，以支付金錢

為標的者，除遲延利息外，亦非不得請求損害賠償，此觀民法第 233 條第 3 項之規定自明，法律既許債權人於遲延利息外，請求損害賠償，尤難謂此項違約金之約定為無效或無請求權，於此場合，僅債務人得就過高部分請求法院行使其減低權而已。

▲【103 臺上 194】按當事人約定有違約金者，一旦有所約定之債務不履行情事發生，債權人不待舉證證明其損害係因債務不履行所致及其數額之多寡，即得按約定之違約金，請求債務人支付；債務人亦不得證明債權人未受損害，或實際損害額不及違約金數額，而請求減免。

▲【107 年第 3 次民事庭會議】院長提議：甲向乙公司買受乙製造之機器 1 臺，約定買賣價金為新臺幣 100 萬元，清償期為民國 97 年 12 月 31 日，如逾期未清償，甲應按日給付買賣價金 1／1000 計算之違約金。乙於 103 年 6 月 1 日起訴請求甲給付上開買賣價金及違約金（期間無中斷時效事由發生），甲則為時效抗辯。試問：乙之違約金債權是否因本金債權請求權消滅，而不得再請求？決議：一、本件設題之違約金非屬從權利。二、本件**違約金之請求權時效為十五年**。三、**債務人為時效抗辯之日起不負遲延責任，抗辯前已發生之違約金已經獨立存在，不受買賣價金債權時效抗辯之影響**，應自 98 年 1 月 1 日起至時效抗辯前一日負違約責任，計算其違約金額。

第 251 條 （一部履行之酌減）
債務已為一部履行者，法院得比照債權人因一部履行所受之利益，減少違約金。

介謹按當事人以契約預定違約金者，於債務人不履行債務時，應即支付違約金，此屬當然之事。然債務人已為一部之履行時，如仍使照約支付違約金，則債務人備受不測之損害，殊失情理之平。故法院得比照債權人因一部履行所受之利益，減少違約金，以期得公平之結果。此本條所由設也。

第 252 條 （違約金額過高之酌減）
約定之違約金額過高者，法院得減至相當之數額。

介謹按違約金之數額，雖許當事人自由約定，然使此約定之違約金額，竟至超過其損害額，有顯失公平之情形時，債務人尚受此約定之拘束否，各國法例不一。本法則規定對於違約金額過高者，

得由法院減至相當數額，以救濟之。蓋以保護債務人之利益，而期得公平之結果也。

▲【79 臺上 1612】民法第 252 條規定：「約定之違約金額過高者，法院得減至相當之數額。」故約定之違約金苟有過高情事，法院即得依此規定核減至相當之數額，並無應待至債權人請求給付後始得核減之限制。此項核減，**法院得以職權為之**，亦得由債務人訴請法院核減。

▲【79 臺上 1915】約定之違約金額過高者，法院得減至相當之數額，民法第 252 條定有明文。**至於是否相當，即須依一般客觀事實，社會經濟狀況及當事人所受損害情形，以為斟酌之標準。且約定之違約金過高者，除出於債務人之自由意思，已任意給付，可認為債務人自願依約履行，不容其請求返還外，法院仍得依前開規定，核減至相當之數額**。

▲【84 臺上 978】按其**約定之違約金過高者，得由法院依職權予以酌減**。契約當事人約定之違約金是否過高，應依一般客觀之事實、社會經濟狀況、當事人實際上所受損害及債務人如能如期履行債務時，債權人可享受之一切利益為衡量標準。而債務已為一部履行者，法院亦得比照債權人所受利益，減少其數額。是當事人所受之一切消極損害（即可享受之預期利益）及積極損害，均應加以審酌。

▲【105 臺上 2289】基於契約自由原則，當事人對於其所約定之違約金數額，應受其拘束，以貫徹私法自治之精神。**至債務人之債務倘已為一部履行或當事人所約定之違約金過高者，為避免造成違背契約正義等值之原則，法院固得比照債權人因一部履行所受之利益或參酌一般客觀事實、社會經濟狀況及當事人所受損害等情形，減少違約金**（民法第 251 條、第 252 條參照）。惟當事人所約定之違約金，如屬損害賠償預定性質者，該違約金即係作為債務人於債務不履行時之損害賠償預定之總額，其目的旨在填補債權人因其債權不能實現而受之損害，並不具懲罰之色彩，初與債務人主觀之歸責事由無關。又關於損害賠償之範圍，民法係採完全賠償主義，除法律另有規定或契約別有約定，應以填補債權人所受損害及所失之利益（民法第 216 條第 1 項參照），故**法院對於損害賠償額預定性之違約金，應以債權人實際所受之積極損害及消極損害（所失利益），作為主要之考量因素，以酌定其所約定之違約金是否過高**。

第 253 條　（準違約金）

前三條之規定，於約定違約時應為金錢以外之給付者，準用之。

⇧查民律草案第 395 條理由謂依契約自由之原則，當事人得預定以金錢外之給付，充損害賠償（如移轉特定物之所有權）。此時應與以金錢充損害賠償者，一律辦理，故準用前三條之規定。此本條所由設也。

◇準違約金：違約金通常約定以金錢為標的，若約定以金錢以外之給付為標的，則稱為準違約金。

第 254 條　（非定期行為給付遲延之解除契約）

契約當事人之一方遲延給付者，他方當事人得定相當期限催告其履行，如於期限內不履行時，得解除其契約。

⇧查民律草案第 537 條理由謂第 231 條，於債務人遲延給付時，認債權人有請求賠償因遲延所生損害之權。第 232 條遲延後之給付，於債權人無利益者，認債權人有拒絕給付，並請求賠償因不履行所生損害之權。然欲以法律交易上一切之雙務契約，未免有所不足，故設本條，於雙務契約因一方遲延給付時，而定相對人定期催告及解除契約之權利也。

◇非定期行為：又稱為「非期限利益之債」，係指債務人遲延給付後，原給付對於債權人仍有利益，不影響契約目的之達成（不論給付有無確定期限）。非定期行為之債務人發生遲延給付後，須經債權人定相當期限催告後，債務人仍不履行，債權人始得解除契約。

◇解除權是否以債務人可歸責為要件：通說及實務上都採肯定說，然學說上有認為應採取否定見解。

▲【70 臺上 3159】　債權人就買賣價金所為之過大催告，僅該超過部分不生效力，尚難謂就債務人應給付部分亦不生催告之效力。本件兩造所訂買賣契約，就令祇訟爭土地部分有效，上訴人催告被上訴人給付二、三期價款，亦僅超過該土地應付價款部分不生催告之效力。如被上訴人未依限給付應付部分之價款，尚不能謂上訴人據此所為解除該部分之買賣契約，不生效力。

▲【74 年度第 1 次民事庭會議(一)】決議：依民法第 254 條規定，債務人遲延給付時，必須經債

權人定相當期限催告其履行，而債務人於期限內仍不履行時，債權人始得解除契約。債權人為履行給付之催告，如未定期限，難謂與前述民法規定解除契約之要件相符。惟債權人催告定有期限而不相當（過短）時，若自催告後經過相當期間，債務人仍不履行者，基於誠實信用原則，應認亦已發生該條所定契約解除權。

▲【90 臺上 1231】　當事人約定債務人遲延給付時，須經債權人定一定之期限催告其履行，而債務人於期限內仍不履行，債權人始得解除契約者，債權人催告所定期限雖較約定期限為短，但如自催告時起，已經過該約定之期限，債務人仍不履行，基於誠實信用原則，應解為債權人得解除契約。

▲【91 臺上 577】　按得以行使終止權而消滅其契約關係者，應以開始履行之繼續性契約為限，蓋已開始履行之繼續性契約，無須因嗣後有債務不履行之情事，而使其溯及的消滅契約關係之必要，否則徒增法律關係之複雜；惟尚未履行之繼續性契約，則無此顧慮，非不得容許法定或意定解除權之行使。故關於繼續性之租賃契約，在出租人尚未合法交付租賃物與承租人以前，當事人之一方非不得依民法第 254 條規定解除租賃契約。本院 51 年度臺上字第 2829 號判例所稱「租賃契約一經合法成立，除有終止之原因外，不能以解除之意思表示，使之消滅」，係指已開始履行之租賃契約而言。

▲【93 臺上 32】按民法第 254 條之規定，僅為法律所認解除權之一種，並非禁止契約當事人間另有保留解除權之特別約定。當事人間有約定解除權者，就其解除權發生之原因、解除權行使之方法、解除後之效果，有特別約定者，應依其約定。

▲【102 臺上 2166】又民法第 254 條係規定，契約當事人之一方遲延給付者，他方當事人得定相當期限催告其履行，如於期限內不履行時，得解除其契約。故債務人遲延給付時，須經債權人定相當期限催告其履行，債務人於期限內仍不履行時，債權人始得解除契約。債權人為履行給付之催告，如未定期限，難謂與前述民法規定解除契約之要件相符，自不得依上開法條規定解除契約。

第 255 條　（定期行為給付遲延之解除契約）

依契約之性質或當事人之意思表示，非於一定時期為給付不能達其契約之目的，而

契約當事人之一方不按照時期給付者，他方當事人得不為前條之催告，解除其契約。

☆查民律草案第552條理由謂依契約之性質，或當事人之意思表示，若非於一定時期內給付，不能達契約之目的者，推定當事人有因一造不履行而保留解除權之意思。於此情形，若一方不履行義務，須使他方得即解除契約，以保護其利益。此本條所由設也。

◇**定期行為**：又稱為「**期限利益之債**」，指若債務人未按約定期日（清償期）給付，契約之目的即無法達成之債（不論給付有無確定期限）。定期行為之債務人一發生給付遲延，債權人得不經催告解除契約。例如：甲明示訂於109年7月7日結婚，事前訂製結婚禮服，係屬定期行為，然結婚當日禮服尚未製作完成交付，契約目的之不達，此時甲得不經催告主張解除契約。

▲【**64臺再177**】民法第255條所謂依契約之性質，非於一定時期為給付不能達其契約之目的者。係指就契約本身，自客觀上觀察，即可認識非於一定時期為給付不能達其契約目的之情形而言，如定製慶祝國慶牌坊是。又**所謂依當事人之意思表示，非於一定時期為給付不能達其契約之目的者，必須契約當事人間有嚴守履行期間之合意，並對此期間之重要（契約之目的所在）有所認識**，如定製手工藝品一套，並告以係為本月五日出國贈送親友之用。必須於本月四日交付是。本件再審原告應為之給付，係買賣價金，自客觀上觀察殊無非於一定時期為給付不能達其契約目的之情形，而兩造間又無從證明有嚴守六個月履行期限之合意，並對此期限之重要已有所認識，自無民法第255條之適用。

第256條　（因給付不能之解除契約）

債權人於有第226條之情形時，得解除其契約。

☆謹按依本法第226條之規定，因可歸責於債務人之事由，致給付不能者，債權人得請求賠償損害。其僅給付之一部不能者，若其他部分之履行，於債權人無利益時，債權人得拒絕該部之給付，並請求全部不履行之損害賠償。債權人遇有此種情形時，僅得解除其契約，蓋於行使損害賠償請求權之外復予以解除契約之權，使債權人之權利，得受充分之保護也。

◇**給付不能之契約解除權**：因可歸責於債務人之事由給付不能者，債權人得不經催告而解除契約，因為契約所發生的債務既已給付不能，即無先行催告之必要，此乃法定之解除權。

▲【**67臺上3701**】債權人於有民法第226條之情形時，得解除契約，為同法第256條所明定，依本條規定之意旨，被上訴人自毋庸為定期催告即得解除契約。其請求上訴人償還當時受領之價金及其法定遲延利息，難謂不當。

第257條　（解除權之消滅㈠——未於期限內行使解除權）

解除權之行使，未定有期間者，他方當事人得定相當期限，催告解除權人於期限內確答是否解除，如逾期未受解除之通知，解除權即消滅。

☆查民律草案第550條理由謂依契約而保留解除權，有附期限者，有不附期限者。後者情形，須設除斥期間，使相對人有使解除權消滅之權利，始足以保護相對人之利益。蓋解除權為不依時效而消滅之權利，無此規定，別無消滅之法，於相對人甚不便也。

第258條　（解除權之行使方法）

I.解除權之行使，應向他方當事人以意思表示為之。
II.契約當事人之一方有數人者，前項意思表示，應由其全體或向其全體為之。
III.解除契約之意思表示，不得撤銷。

☆查民律草案第543條理由謂當事人之一方，依第254條、第255條及第256條之規定，解除契約者，其行使解除權之方法，應規定明晰，以防無益之爭論。又行使解除權之意思表示，不得撤銷，以免法律關係流於複雜。此第1項及第3項所由設也。又同律第556條理由謂解除權有不可分之性質，若反其性質使其可分，則法律關係，煩雜殊甚。此第2項所由設也。

◇**解除契約之方式**

合意解除		契約當事人協議解除契約，亦即以第二次契約解除第一次契約
一方行使解除權（形成權）	約定解除權	當事人事先或嗣後約定契約之解除權
	法定解除權	因法律規定而生之解除權。規定於債編通則中者有：①

因給付遲延之解除（民§254、255）；②因給付不能之解除（民§256）

第259條　（契約解除後之回復原狀）

契約解除時，當事人雙方回復原狀之義務，除法律另有規定或契約另有訂定外，依左列之規定：

一　由他方所受領之給付物，應返還之。

二　受領之給付為金錢者，應附加自受領時起之利息償還之。

三　受領之給付為勞務或為物之使用者，應照受領時之價額，以金錢償還之。

四　受領之給付物生有孳息者，應返還之。

五　就返還之物，已支出必要或有益之費用，得於他方受返還時所得利益之限度內，請求其返還。

六　應返還之物有毀損、滅失，或因其他事由，致不能返還者，應償還其價額。

↑謹按契約解除時，當事人雙方均負回復契約成立前原狀之義務，除法律另有規定，或當事人另有約定者，仍當從其所定外，其所負義務之範圍，亦應明白規定，以杜無謂之爭論。此本條所由設也。

◇回復原狀：因當事人一方行使解除權，使契約之效力溯及歸於消滅，為回復訂立契約前之狀態，當事人互負回復原狀之義務。亦即原契約之債權、債務關係消滅外，其因負擔契約債務而給付者，得請求返還給付。而解除權之效果僅在使債之關係（債權行為，例如：買賣契約）溯及既往地消滅，至於物權行為（例如：動產或不動產所有權之移轉）則不因解除而失其效力，因為我國民法承認物權行為之獨立性及無因性，因此債權人僅得以不當得利為理由請求返還已經交付或已移轉之物權，不得逕依物上請求權（民法第767條第1項）請求返還標的物。

◇必要費用與有益費用

必要費用	對於返還物之管理、使用、收益等不變更其價值所支出之費用，例如：房屋的修繕費用、動物的飼養費用
有益費用	增加返還物價值所支出之費用，例如：房屋之裝潢費用

◇擔保責任是否及於回復原狀義務：如當事人就契約給付義務設有擔保，此擔保之效力是否及於解除後之回復原狀義務？通說認為**回復原狀義務非主債務之變形，亦非主債務之從債務**，因此在有保證契約的情形，除保證契約另有約定外，回復原狀亦不在保證債務範圍內；在設定擔保物權擔保的情形，回復原狀亦不在民法第861條抵押權擔保範圍內，故回復原狀不在擔保的範圍。

◇回復原狀請求權 vs. 不當得利請求權：契約解除後，因互負回復原狀義務且受領給付已無法律上原因而形成不當得利，兩種請求權間之關係，略有以下幾種見解：

優先關係說	契約關係因解除而溯及消滅，尚未履行之債務已不存在；已履行之債務因欠缺法律上原因，故已受領給付之契約當事人應負擔不當得利返還義務，但**民法第259條之規範內容對回復原狀之請求權人較有利，故本條乃一種特殊不當得利之規定，應優先適用**（通說）
競合關係說	契約關係因解除而消滅，已受領給付一方係無法律上原因受有利益，應負擔民法第179條之不當得利返還義務。而此說認為民法第259條之回復原狀義務並非特殊不當得利規定，**返還請求權人得選擇兩者其一請求相對人返還，發生請求權競合之情形**（實務）
清算關係說	認為契約解除後並不使契約關係溯及消滅，契約關係仍有效存在，並非無法律上原因，不發生民法第179條不當得利之返還義務，而是向將來發生回復原狀之特殊清算關係，本條即為清算關係回復原狀義務之明文規定（王澤鑑）

▲【62臺上1045】出賣人解除已經履行之買賣契約，該買賣標的物（機器），倘現由第三人占有，**買受人不過負向第三人取回該物返還於出賣人之義務**（民法第259條第1款），**非謂買賣契約一經解除，該物即當然復歸於出賣人所有**，出賣人自不得本於所有權，向第三人主張權利。

▲【63臺上1989】契約之合意解除與法定解除權之行使性質不同，效果亦異。前者為**契約行為**，即**以第二次契約解除第一次契約**，其契約已全部或一部履行者，除有特別約定外，並不當然適用民法第259條關於回復原狀之規定。後者為**單獨**

行為，其發生效力與否，端視有無法定解除原因之存在，既無待他方當事人之承諾，更不因他方當事人之不反對而成為合意解除。

▲【72臺上4365】解除權之行使，不妨礙損害賠償之請求，民法第260條，定有明文。此項**損害賠償額，應不包括同法第259條第2款所定應返還自受領時起之利息，蓋此項利息之支付，為回復原狀之方法，而非損害賠償**。從而被上訴人除依民法第259條第2款規定，請求返還自受領時起之利息外，尚非不得依約定請求給付違約金以為賠償。又按**債務人享有同時履行抗辯權者，在未行使此項抗辯權以前，仍可發生遲延責任之問題。必須行使以後，始能免責。**

▲【89臺上539】按契約解除時，當事人之一方應返還之物有毀損、滅失，或因其他事由，致不能返還者，應償還其價額，民法第259條第6款定有明文，**倘契約解除後，始發生不能返還之情形，則應適用關於給付不能之規定，即不能返還如係因不可歸責於雙方當事人之事由所致，依民法第225條第1項、第266條第1項規定，受領人免給付義務，他方當事人亦可免為對待給付之義務；如受領人因可歸責於他方當事人之事由而不能返還，依民法第225條第1項、第267條規定，其可免給付義務，仍得請求對待給付；如因可歸責於受領人之事由致不能返還，依民法第226條第1項規定，他方當事人得請求賠償損害。**

▲【93臺上957】按解除契約，係指契約當事人之一方，行使解除權而使契約自始歸於消滅者而言，契約解除時，當事人雙方負回復原狀之義務，為民法第259條所明定。是不問由何方當事人行使解除權，如已生解除契約之效力，雙方即負有回復原狀之義務。**契約既因解除而溯及的消滅，則因契約之履行而受益之一方，即欠缺法律上之原因，其所受利益雖原有法律上之原因，而其後原因已不存在者，依民法第179條後段之規定，即屬不當得利。因履行契約而為給付之一方，得依民法第259條之規定，行使回復原狀請求權，亦得行使不當得利返還請求權，此即請求權之競合，有請求權之債權人，得就二者選擇其一行使，請求權之行使已達目的者，其他請求權即行消滅，如未達目的者，仍得行使其他請求權。**

▲【97臺上72】民法第259條第6款規定之「**應返還之物**」，係指同條第1款規定之「**由他方所受領之給付物**」而言，經受領之給付物不論為代替物或不代替物，均應將原物返還，倘應返還之

原物本體，並無毀損、滅失或因其他事由所生變動，而致不能返還之情形，不得僅因當事人主觀需求改變、或社會經濟狀況、科技發展等外在情事變遷，致其價值貶損，即謂為不能返還原物而應償還其價額。

第260條　（損害賠償之請求）

解除權之行使，不妨礙損害賠償之請求。

介謹按契約之解除，與損害賠償之請求，有無妨礙，各國立法例，有契約當事人一方遲延給付時，他方當事人或請求賠償損害，或解除契約兩者之中，任擇其一者，亦有由他方當事人除解除契約外，並得請求損害賠償者，兩種法例。後者最為妥適。本條特定解除權之行使，於損害賠償請求權並無妨礙，所以社實際上之疑惑也。

◇**損害賠償**：通說及實務上都採履行利益賠償主義，認為損害賠償請求權係因債務不履行所發生，屬原債權之延長，並非因解除權行使而新生之債權，故債權人得解除契約，並就因債務不履行所致之損害請求賠償。

▲【55臺上1188】民法第260條規定解除權之行使，不妨礙損害賠償之請求。據此規定，**債權人解除契約時，得併行請求損害賠償，惟其請求損害賠償，並非另因契約解除所生之新賠償請求權，乃使因債務不履行（給付不能或給付遲延）所生之舊賠償請求權，不因解除失其存在，仍得請求而已**，故其賠償範圍，應依一般損害賠償之法則，即民法第216條定之。**其損害賠償請求權，自債務不履行時起即可行使，其消滅時效，亦自該請求權可行使時起算。**

▲【59臺上797】當事人行使解除權後，**依民法第259條及第260條之規定，除請求回復原狀外，並得請求損害賠償，兩者法律關係不同，其請求權各別存在。**本件上訴人起訴請求被上訴人等連帶賠償新臺幣五萬元，原審既認上訴人解除契約為合法，則上訴人非不得請求損害賠償，乃原判遽謂上訴人損害賠償之請求為錯誤，而命被上訴人等返還價金三萬九千元，自係就當事人未聲明之事項為判決，顯屬訴外裁判。

▲【62年第3次民事庭會議決議（四）】依民法第260條法意，**契約雖解除，其原依契約所生之損害賠償請求權，並不失其存在。**基於同一理由，在契約解除前所已發生違約罰性質之違約金請求權，亦不因契約解除而失其存在。

▲【67年第9次民事庭會議決議㈢】提案：定金除當事人另有訂定外，如契約因可歸責於受定金當事人之事由致不能履行，經付定金當事人將契約解除後能否依民法第249條第3款規定請求加倍返還定金？決議：**民法第249條第3款所定之加倍返還定金係損害賠償性質，主契約縱已解除，參照民法第260條規定，仍非不得請求加倍返還定金。**

▲【72臺上4365】參見本法第259條。

▲【95臺上13】按民法第260條固規定解除權之行使，不妨害損害賠償之請求。但此所謂損害賠償，係指債務人債務不履行、給付不能或遲延給付，因債權人解除契約時債權人已經發生之損害賠償而言。**故契約之解除，如係基於契約當事人兩造之合意，除另有特約外，當事人之一方自不得本於合意解除，再依民法第260條規定，請求損害賠償**。

▲【96臺上1204】契約解除後，原契約溯及的失其效力，雙方當事人因而互負回復原狀之義務，如當事人因訂立契約而受有損害，是否仍得請求賠償，各國立法例有採選擇主義、契約利益主義或履行利益賠償主義者，我民法第260條規定：「解除權之行使，不妨礙損害賠償之請求」，乃**採履行利益賠償主義**，認為損害賠償請求權係因債務不履行所發生，屬原債權之變換型態，非因解除權之行使而新發生，條文所稱「不妨礙損害賠償之請求」，即係表明原有之損害賠償請求權，不因契約之解除失其存在。蓋自解除契約之效果而言，於契約有效期間，基於債務所為之給付，均應返還，始能回復契約訂立前之狀態，則契約有效時，基於債務所生之損害，亦應一併賠償，方可達回復原狀之趣旨，民法第260條規定，即係在立法政策上，對於契約之溯及效力，酌加限制，允許當事人得就債務不履行所生損害，請求賠償，亦即在此範圍內，契約之效力仍然存續，是其損害賠償請求權，自不分行使解除權之當事人抑相對人，均不因契約之解除而失其存在。

第261條　（雙務契約規定之準用）

當事人因契約解除而生之相互義務，準用第二百六十四條至第二百六十七條之規定。

⇧謹按因契約解除而生之相互義務者，例如物品買賣，因契約成立而相互交付之物品或金錢之一部，自應因契約之解除，而相互負返還之義務是也。

此種因契約解除而生之相互義務，應與因雙務契約而生之債務相同，故準用第264條至第267條之規定。此本條所由設也。

第262條　（解除權之消滅㈡──受領物不能返還或種類變更）

有解除權人，因可歸責於自己之事由，致其所受領之給付物有毀損、滅失或其他情形不能返還者，解除權消滅；因加工或改造，將所受領之給付物變其種類者，亦同。

⇧查民律草案第547條理由謂有解除權人，因歸責於己之事由，致不能履行回復原狀之義務時，若仍使其有解除權，有害相對人之利益，故應使其解除權消滅。又同律第548條理由謂有解除權人，因加工或改造，將其所受領之給付物，變為他種類之物時，亦應使其解除權消滅，否則解除後必須回復原狀，而物已變更，相對人受之，未必能有利益也。

◇**解除權的消滅**：解除權的消滅原因包含：除斥期間屆滿、經他方催告而不行使（民法第257條）、受領給付物因可歸責於解除權人事由致不返還（民法第262條）、不履行之瑕疵業已補正（給付遲延）。

給付物受領人	給付物毀損滅失	法律效果
= 解除權人	可歸責於解除權人	解除權消滅，無價額償還問題
	不可歸責於解除權人	仍得解除契約，但須償還價額
≠ 解除權人	可／不可歸責於解除權人	均應償還價額

（楊芳賢，民法債編總論（下））

▲【92臺上1267】有解除權人因可歸責於自己之事由，致其所受領之給付物不能返還，須發生在行使解除權之前，其解除權始歸於消滅；倘於行使解除權後，始發生其所受領之給付物不能返還之情形，契約既經合法解除，要無更使解除權消滅之可言。

第263條　（終止權之行使方法及效力──準用解除權之規定）

第二百五十八條及第二百六十條之規定，於當事人依法律之規定終止契約者，準用之。

民法

第二編　債　（第二六四條）

介謹按終止契約者，謂不使契約繼續進行也，其性質與契約之解除相同。故當事人依法律之規定終止契約者，亦得準用關於解除契約之規定，即終止契約，應向他方當事人以意思表示為之。當事人一有有數人者，其意思表示，應由全體或向全體為之。已為終止契約之意思表示，不得撤銷，及契約之終止，不妨礙損害賠償之請求是也。

◇終止權與解除權

終止權	契約當事人行使終止權，使契約向將來消滅的單方意思表示（形成權），僅適用於繼續性契約。無溯及效力，不生回復原狀關係
解除權	契約當事人行使解除權，使契約自始歸於消滅的單方意思表示（形成權），並因此互負回復原狀義務

▲【62 臺上 892】租賃權亦為財產權一種，應由全體繼承人共同繼承而為公同共有，**依民法第263 條準用第258 條規定**，上訴人如欲終止租約，應向全體繼承人為之，始生終止租約之效力。

▲【64 臺上 2294】終止權之行使，依民法第263 條準用同法第258 條之規定，應向他方當事人以意思表示為之，**契約當事人之一方有數人者，該意思表示，應由其全體或向其全體為之**，此為終止權行使之不可分性。被上訴人既主張系爭房屋，乃上訴人夫婦與沈某夫婦四人以臺北菸廠職工身分共同承租居住，則其終止權之行使即應向該四人為之，果僅對上訴人一人為終止租約之意思表示，尚難謂為已生終止租約之效力。

▲【95 臺上 2152】民法第260 條規定，解除權之行使，不妨礙損害賠償之請求；此為當事人依法律規定終止契約時所準用，復為同法第263 條所明定。基於同一法理，如依契約約定終止之情形，應可類推適用。因此，**約定終止權人於終止以前，如已有之損害賠償請求權，不因約定終止權之行使而受影響**。

▲【100 臺上 1619】按**遞延性商品（服務）之預付型不定期繼續性契約**，消費者已將費用一次繳清，嗣後始分次、分期或持續取得商品或服務，**遞延或持續發生對待給付之效果**，當事人間須具有相當之信賴，而因其具有長期性、繼續性之拘束力，應使消費者有任意終止之機制，以求衡平，且消費者無從為同時履行之抗辯，尤應賦予任意終止之權利，以資調和，準此，**消費者自得類推適用民法繼續性有名契約如租賃之任意終止規**定，予以終止。

▲【102 臺上 182】次按民法第260 條規定，解除權之行使，不妨礙損害賠償之請求；此為當事人依法律規定終止契約時所準用，復為同法第263 條所明定。基於同一法理，於依契約約定終止契約時，應可類推適用。惟所指之損害賠償，並非積極的認有新賠償請求權發生，不過規定已發生之賠償請求權，不因終止權之行使而受妨礙。是於承攬契約終止前，原承攬契約既仍屬有效，定作人因契約終止所負之損害賠償責任，應為承攬人已完成工作部分而未得之報酬（已包括利潤）及所失其就未完成部分應可取得之利益。又依通常情形，或依已定之計劃、設備或其他特別情事，可得預期之利益，視為所失利益，民法第216 條第2 項規定甚明。

▲【105 臺上 820】合意終止契約與終止權之行使不同，效果亦異。前者為契約當事人以契約終止其原有契約，使原有契約之法律關係歸於消滅，後者則係契約當事人之一方以單方之意思表示，消滅原有契約之法律關係。合意終止契約之損害賠償，應依雙方當事人之約定定之，至於行使終止權之損害賠償，除當事人另有約定者外，應依法律有關之規定（如民法第263 條準用第260 條）。

▲【106 臺上 353】合意終止契約與終止權之行使不同，效果亦異。前者為契約當事人以契約終止其原有契約，使原有契約之法律關係歸於消滅，後者則係契約當事人之一方以單方之意思表示，消滅原有契約之法律關係。合意終止契約之損害賠償，應依雙方當事人之約定定之，至於行使終止權之損害賠償，除當事人另有約定者外，應依法律有關之規定（如民法第263 條準用第260 條）。

第 264 條　（同時履行抗辯權）
I.因契約互負債務者，於他方當事人未為對待給付前，得拒絕自己之給付。但自己有先為給付之義務者，不在此限。
II.他方當事人已為部分之給付時，依其情形，如拒絕自己之給付有違背誠實及信用方法者，不得拒絕自己之給付。

介查民律草案第531 條理由謂就雙務契約言之，各當事人之債務，互相關聯，故一方不履行其債務，而對於他方請求債務之履行，則為保護他方之利

益起見，應使其得拒絕自己債務之履行（同時履行之抗辯）。然若自己負有先履行之義務者，則不得以相對人未履行為理由，而拒絕自己債務之履行。此第 1 項所由設也。

謹按雙務契約當事人之一方，雖得因他方當事人不履行其債務，而拒絕自己債務之履行，然若他方當事人已經為一部分債務之履行，所餘至微，而自己仍藉口以拒絕債務之履行，則依其情形，顯有違背誠實及信用之方法。故於此時，應使其不得拒絕自己債務之履行。此第 2 項所由設也。

◇**雙務契約**：契約當事人雙方互負具有對價關係債務的契約。學說認為因其對價給付關係之特徵，具有以下之牽連性：

1. **發生上牽連性**：一方債務不成立、他方債務亦不成立。
2. **履行上牽連性**：一方未履行其債務前，他方亦得拒絕履行債務，即同時履行抗辯。
3. **存續上牽連性**：一方當事人若因不可歸責於自己之事由致給付不能，而免給付義務，他方是否亦同免對待給付之義務，涉及危險負擔之問題（民法第 226、267、373、374 條）。

◇**同時履行抗辯權**：基於雙務契約所生互為對價之義務，本於公平原則，而要求當事人應同時為履行之制度。為確保自身債權之實現，賦予當事人得主張同時履行抗辯之**暫時性權能**。

同時履行抗辯權	基於同一雙務契約互負對價關係之債務
	被請求之一方無先為給付之義務
	須他方未為對待給付或提出給付
	拒絕給付不違反誠信原則

◇**對待給付**：指雙務契約下，雙方當事人互負債務，欲透過契約所取得之給付，該給付具有對等性，亦即兩者立於相對之地位。例如：主給付義務與主給付義務間，可認定具有對待給付關係，而有同時履行抗辯之適用；主給付義務與從給付義務原則上不具對等性，然例外於從給付之履行涉及契約目的之達成與否時，與主給付義務發生履行上之牽連性，可能有同時履行抗辯之適用或類推適用；而主給付義務與附隨義務間，通常即無同時履行抗辯之適用。

◇**受領遲延者得否主張同時履行抗辯？**

肯定說	當事人一方受領遲延，他方當事人自可減輕債務不履行之責任，但其給付義務
否定說	仍然存在，而本條之適用應以相對人請求時為準，先前是否曾為給付在所不問，故此時仍得主張同時履行抗辯（實務、通說）
	當事人一方既然已經提出給付，即不符合本條要件，否則無異要求當事人隨時為給付之準備，難認公平，受領遲延者應自行承擔不利益

◇**同時履行抗辯權 vs. 留置權**

	同時履行抗辯權	留置權
性質	債權	物權
成立	具有雙務契約之關係	擔保之債權與留置物有牽連關係即可
目的	促使雙方債務交換履行	確保債權之履行
效力	得拒絕自己之給付	一定條件下有變價權及優先受償權

▲【50 臺上 1550】參見本法第 229 條。

▲【59 臺上 850】所謂**同時履行之抗辯，乃係基於雙務契約而發生，倘雙方之債務，非本於同一之雙務契約而發生**，縱令雙方債務在事實上有密切之關係，或雙方之債務雖因同一之雙務契約而發生，然其一方之給付，與他方之給付，並非立於互為對待給付之關係者，均不能發生同時履行之抗辯。

▲【71 臺上 82】因契約而互負債務，一方有先為給付之義務者，縱其給付兼需他方之行為始得完成，而由於他方之未為其行為，致不能完成，並不能因而免除給付之義務。嗣後向他方請求給付時，他方仍得為同時履行之抗辯，如自己未再提出給付，他方以此拒絕履行，不能令負違約責任。

▲【75 臺上 534】雙務契約之一方當事人受領遲延者，其原有之同時履行抗辯權，並未因而歸於消滅。**故他方當事人於其受領遲延後，請求為對待給付者，仍非不得提出同時履行之抗辯。**除他方當事人應為之給付，因不可歸責於己之事由致給付不能，依民法第 225 條第 1 項規定，免其給付義務者外，法院仍應予以斟酌，如認其抗辯為有理由，應命受領遲延之一方當事人，於他方履行債務之同時，為對待給付。

▲【83 臺上 1710】查同時履行抗辯權，原則上固適用於具有對價關係之雙方債務間，惟**非具有對價關係之雙務契約而生之債務，其兩債務之對**

立，在實質上或履行上有牽連性者，基於法律公平原則，亦非不許其類推適用關於同時履行之抗辯。

▲【91臺上1991】按契約互負債務者，於他方當事人未為對待給付前，得拒絕自己之給付，民法第264條第1項前段有明文。雙務契約被撤銷，當事人就其所受領之給付，係無法律上原因而受利益，致他人受損害，應依不當得利之規定負返還義務，即令另一方又主張回復原狀，惟雙方因而互負返還之債務，亦係基於同一經撤銷之契約而發生，互有對待給付之關係，自應類推適用民法第264條規定，認雙方就此得為同時履行之抗辯。

▲【94臺上431】雙務契約當事人間互負之債務，既有履行上之牽連關係，即使一方當事人之請求權因罹於時效而消滅，其同時履行之抗辯權則無時效規定之適用，仍然存在。故他方當事人請求給付時，仍得行使同時履行抗辯權，以拒絕自己之給付。

▲【100臺上2093】按民法第264條第1項所定同時履行抗辯權之成立，須以雙方當事人因雙務契約而互負履行義務為要件，該抗辯權之行使僅能暫時拒絕自己債務之履行，延緩他方債權之行使，尚非否定他方當事人之債權，故稱之為「一時之抗辯權」，此與時效抗辯權為「永久之抗辯權」、「滅卻之抗辯權」不同。因此，倘一方並無給付義務者，即無同時履行抗辯之適用，此觀該條項首句以「因契約而互負債務」之用語自明。又雙務契約當事人之一造請求他造履行契約，該受請求履行債務之當事人同時履行抗辯者，法院如認其抗辯為有理由，應為命原告提出對待給付之同時，被告即向原告為履行債務之給付判決，不得遽將原告之訴駁回。

▲【102臺上1892】按出租人應以合於所約定使用收益之租賃物交付承租人，並應在租賃關係存續中，保持其合於約定使用、收益之狀態，民法第423條定有明文。此項租賃物之交付與合於約定使用收益狀態之保持，乃出租人之主要義務，與承租人支付租金之義務，彼此有對價關係，如於租賃關係存續中，出租人未使租賃物合於約定使用收益狀態，而致承租人不能達租賃之目的者，承租人非不得行使同時履行抗辯權，而拒絕租金之給付。

第265條　（不安抗辯權）

當事人之一方，應向他方先為給付者，如他方之財產，於訂約後顯形減少，有難為對待給付之虞時，如他方未為對待給付或提出擔保前，得拒絕自己之給付。

⇧查民律草案第532條理由謂雙務契約，有約定當事人之一造先向相對人為給付者，推此契約之意，乃就相對人所應為之對待給付，而信認相對人故也。若契約成立後，相對人之財產顯形減少，有不能受對待給付之虞，是相對人不足信認，故於受對待給付或提出擔保以前，應使其得拒絕自己債務之履行，以保護其利益。此本條所由設也。

◇**不安抗辯權**：雙務契約之當事人一方有先為給付之義務者，即同時履行抗辯權之適用，但是若他方之財產於訂約後有顯形減少之情形，有難為對待給付之虞，如他方未為對待給付或提出擔保前，得拒絕自己之給付，此即所謂不安抗辯權。本條旨在彌補同時履行抗辯權之不足，保障對待給付之實現。

▲【57臺上3049】民法第265條之規定，乃予先為給付義務人以不安之抗辯權，此項抗辯權，與同法第264條之同時履行抗辯權異其性質。既有前者，不能仍認後者之存在。

▲【66臺上2889】民法第265條所定不安之抗辯權，以他方之財產於訂約後顯形減少，致有難為對待給付之虞為要件。若於訂約時他方之財產已難為對待給付，雖訂約時一方不知其情事，亦不得援用該條之抗辯權。

▲【101臺上923】稽諸民法第265條所定之不安抗辯權，須以他方之財產於訂約後顯形減少而有難為對待給付之虞始足成立……基此，若非訂約後他方財產顯形減少，先給付義務人主張他方有難為對待給付之虞之情事，除他方之對待給付已屬客觀不能外，何謂有難為對待給付之虞，難免流於主觀價值判斷，而無客觀標準，且縱使他方將來確不履行對待給付義務，他方之財產既無顯形減少之情，先給付義務人本得依債務不履行之規定請求損害賠償，即無特別保護之必要。是依民法第265條之規範意旨觀察，就他方非屬財產減少所生之難為對待給付情事，尚無所謂之法律漏洞存在，而屬立法政策上之決定。

第 266 條　（危險負擔——債務人負擔主義）

I. 因不可歸責於雙方當事人之事由，致一方之給付全部不能者，他方免為對待給付之義務，如僅一部不能者，應按其比例減少對待給付。

II. 前項情形已為全部或一部之對待給付者，得依關於不當得利之規定，請求返還。

⇧ 查民律草案第534條理由謂以雙務契約言之，其債務之標的，若非因歸責於當事人兩造之事由而不能給付時，應歸何人負擔，此為擔負危險問題，古來學說不一，立法例亦不同。本法因雙務契約，其標的互相關聯，一造之給付義務，即為他造之給付請求權。故訂立契約後，當事人一造所負擔之給付，非因歸責於當事人兩造之事由而不能給付時（例如應交付之馬於給付前死亡），則對於他方無對待給付之請求權，他方亦免為對待給付之義務，以求合於雙務契約之本質，並與當事人兩造之意思相符。但僅係一部不能給付者，無使對待給付義務全部消滅之理，惟應使減少適當之額而已。此第1項所由設也。謹按當事人一方，因不可歸責於雙方之事由致給付不能，他方固得免對待給付之義務，然若他方已為全部或一部之對待給付者，此時之受領人即屬不當得利，自應許他方得依關於不當得利之規定，請求返還，以保護其利益。此第2項所由設也。

◇ **雙務契約之危險負擔：** 所謂「危險負擔」，指雙務契約中發生給付不能之情形，應由誰負擔對價利益之危險？依民法第266條第1項，因不可歸責於雙方當事人之事由，致一方之給付不能者，他方免為對待給付之義務，亦即債務人請求對待給付之債權消滅，故原則上於危險負擔移轉之前，是由債務人承擔對價的危險。但買賣契約（民法第373條）及承攬契約（民法第508條）則有特別規定。

◇ **依關於不當得利之規定：** 通說認為不可歸責於雙方當事人事由致給付不能者，依民法第225條第1項及第266條第1項規定，僅係個別給付義務之消滅，原契約仍然有效存在，因此當事人一方已受領之給付，仍非無法律上之原因，如採取**構成要件準用說**，即因不符合不當得利之要件而無法請求返還，因此本條規定應採「**效果準用說**」，僅準用不當得利的法律效果。

第 267 條　（因可歸責於當事人一方之給付不能）

當事人之一方因可歸責於他方之事由，致不能給付者，得請求對待給付。但其因免給付義務所得之利益，或應得之利益，均應由其所得請求之對待給付中扣除之。

⇧ 謹按雙務契約，當事人一方所負擔之給付，若因歸責於他方之事由致給付不能者，應使其得免給付義務，然並不因此而喪失對於他方之對待給付請求權。惟因免除自己給付義務所得之利益，或應行取得之利益均應由其所得請求之對待給付中扣除之，蓋以此種利益，係屬不當得利也。故設本條以明示其旨。

第 268 條　（第三人負擔契約）

契約當事人之一方，約定由第三人對於他方為給付者，於第三人不為給付時，應負損害賠償責任。

⇧ 謹按契約當事人之一方，約定由第三人對於他方為給付者，若第三人不為給付時，則本人對於他方，仍應負損害賠償之責任，以保護他方當事人之利益。此本條所由設也。

◇ **第三人負擔契約與第三人利益契約**

第三人負擔契約	由第三人為給付之契約。此契約之成立係由契約當事人雙方所立訂，**第三人並未參與，因此第三人不受第三人負擔契約的拘束**。如第三人不為給付時，債權人僅得請求債務人使第三人為給付，如第三人仍不為給付時，應由債務人對債權人負債務不履行之責任，亦即本條規定僅使債務人就第三人之給付負擔保責任而已
第三人利益契約	**要約人（債權人）與債務人約定，使債務人向第三人（又稱受益人）給付，第三人因而取得直接向債務人請求給付債權之契約**。通常係要約人與債務人於成立基本行為時（例如買賣、消費借貸契約），再附加第三人約款，以使第三人取得直接之請求權。第三人所取得者，僅為一債權，並無物權之效力

◇ **損害賠償責任：** 通說認為此責任係**無過失之擔保責任**，不論債務人是否可歸責，都必須負賠償責任。

民

法

第二編　債

（第二六九條）

第 269 條　（第三人利益契約）

Ⅰ.以契約訂定向第三人為給付者，要約人得請求債務人向第三人為給付，其第三人對於債務人，亦有直接請求給付之權。

Ⅱ.第三人對於前項契約，未表示享受其利益之意思前，當事人得變更其契約或撤銷之。

Ⅲ.第三人對於當事人之一方表示不欲享受其契約之利益者，視為自始未取得其權利。

𝆏謹按訂立向第三人為給付之契約，應否允許，古來學說不一，立法例亦不同。本法以為當事人訂立契約，不盡使自己受利益。故使自己受利益，非契約有效所必需之要件。然則當事人彼此訂立向第三人為給付之契約，以法理論之，不能不認其成立也明矣。至因第三人而訂立之契約，是否祇第三人對於債務人有請求給付之權利，抑要約人亦有向債務人請求其向第三人為給付之權利，不可不明文規定之。故使要約人有請求債務人向第三人為給付之權，即第三人亦有直接向債務人請求給付之權，以期貫徹立約之本旨。此第 1 項所由設也。以契約訂定向第三人為給付之契約，應以第三人表示享受契約利益之意思而發生效力，在第三人未表示意思以前，當事人仍得將契約變更或撤銷之。蓋此時權利尚未發生，契約亦無拘束力也。故設第 2 項以明示其旨。向第三人為給付之契約，因此第三人對於債務人取得直接請求給付之權利，必俟第三人表示享受利益之意思而後可，若第三人表示不願享受其契約之利益者，即與自始未取得權利無異。故又設第 3 項以明其旨。

◇第三人利益契約與不真正第三人利益契約：

第三人利益契約	第三人對債務人**有**直接請求權
不真正第三人利益契約	第三人對債務人**無**直接請求權

◇第三人得行使之權利：原則上第三人享有一切債權人所有之權利，但通說區分如下表：

第三人原有之履行請求權或其變形	第三人得行使之權利，例如：請求履行、損害賠償請求權、請求另行交付、請求修補權、行使代位權等

與契約主體地位密切相關之權利	因涉及契約主體專屬性，僅得由要約人行使，例如撤銷權、解除權

◇債權人解除契約是否應得第三人同意？

否定說	實務見解有認為解約權係為保障契約主體所設，非契約主體之第三人無從置喙，故不須得第三人之同意
區分說	學說上有認為應區分為約定解除權與法定解除權，前者因當事人已事先約定於契約當中，第三人具有預見可能性，故不須得第三人之同意，即可解除契約；後者則因係基於法律規定所生，第三人對於解除權發生之情事無法預見，因此應得第三人之同意，始得解除契約

▲【58 臺上 3545】以使第三人取得給付請求權為標的之契約（利他契約），乃要約人與債務人間之契約，在要約人與第三人之間，固常有其原因關係（對價關係）之存在，然此原因關係，與利他契約之成立，並不生影響，**第三人無須證明其原因關係之存在**。

▲【83 臺上 836】第三人利益契約係約定債務人向第三人為給付之契約，第三人有向債務人直接請求給付之權利，於債務人不履行債務時，對於債務人有債務不履行之損害賠償請求權。而債權人亦有請求債務人向第三人為給付之權利，於債務人不履行向第三人為給付之義務時，對於債務人自亦有債務不履行之損害賠償請求權。惟此二者，具有不同之內容，即**第三人係請求賠償未向自己給付所生之損害；而債權人則祇得請求賠償未向第三人為給付致其所受之損害**。

▲【82 臺上 150】民法第 269 條第 2 項規定，第三人對於利他契約未表示享受其利益之意思前，當事人得變更其契約或撤銷之，係指第三人已為受益之意思表示時，契約當事人不得以協議變更契約之內容或使契約根本消滅之意。若**當事人行使因法定原因發生之撤銷權或解除權，應不受該條規定之限制**。

▲【93 臺上 1704】第三人利益契約，乃當事人之一方與他方約定，由他方向第三人為一定之給付，第三人因此取得直接請求他方給付權利之契約。是**第三人若未取得直接請求他方給付之權利，即令當事人約定向第三人為一定之給付，亦僅係當事人間之指示給付約定，尚非民法第 269 條所定之第三人利益契約**。

▲【95 臺上 2610】按第三人利益契約係由債權人即要約人與債務人約定由債務人向第三人為給付之契約，基此契約，要約人得請求債務人向第三人為給付，第三人對於債務人亦有直接請求給付之權。此觀民法第 179 條、第 269 條第 1 項規定自明。在通常情形，要約人與債務人間恒有基本行為所生之法律關係即為**補償關係**，如要約人與債務人在其基本行為之契約，訂定債務人應向第三人為給付之意旨，即為第三人約款，此第三人約款已構成補償關係之契約內容，補償關係即為第三人利益契約之原因，二者互相牽連；至要約人所以使第三人取得利益之原因關係為**對價關係**，對價關係為要約人與第三人間之關係，與第三人利益契約為要約人與債務人間訂定者並不相關連。為補償關係之契約苟經依法解除而溯及消滅，第三人約款即隨之失其存在，債務人依第三人約款向第三人給付之法律上原因即嗣後失其存在，而第三人與要約人間之對價關係雖未因此受影響，要約人不得指第三人之受領利益係無法律上原因，**惟第三人基於對價關係之債權係相對權，不得本此對價關係之債權對抗債務人，即無從本於對價關係對於債務人主張其取得之利益為有法律上原因，則債務人於契約解除後，以第三人約款業已失其存在為由，向第三人請求返還不當得利，自非法所不許。**

▲【97 臺上 176】第三人利益契約，乃當事人之一方與他方約定，由他方向第三人為一定之給付，第三人因此取得直接請求他方給付權利之契約。**倘第三人並未取得直接請求他方給付之權利，即僅為當事人與第三人間之「指示給付關係」，尚非民法第 269 條所規定之第三人利益契約。**又於「指示給付關係」中，被指示人係為履行其與指示人間之約定，始向領取人（第三人）給付，被指示人對於領取人，原無給付之目的存在。**苟被指示人與指示人間之關係不存在（或不成立、無效），被指示人應僅得向指示人請求返還其無法律上原因所受之利益，至領取人所受之利益，原係本於指示人而非被指示人之給付，即被指示人與領取人間尚無給付關係存在，自無從成立不當得利之法律關係。**

第 270 條　　（債務人對第三人之抗辯）
　　前條債務人，得以由契約所生之一切抗辯，對抗受益之第三人。

介查民律草案第 542 條理由謂因第三人而訂立之契約，第三人之權利，係本於該契約。故債務人本於契約得向要約人對抗者，須使之亦得向第三人對抗，否則無以保護債務人之利益。此本條所由設也。

◇**債務人對第三人之抗辯**：第三人利益契約中之第三人取得請求權，係因契約當事人之約定，其自應承受第三人利益契約所生之瑕疵，即債務人得對債權人之抗辯，也可以對第三人主張。

▲【71 臺上 1498】約定向第三人為給付之契約，債務人固得以由契約所生之一切抗辯，對抗該第三人。如為雙務契約，即得於要約人未為對待給付前，拒絕對該第三人為給付。**惟第三人僅為債權人，究非契約當事人，債務人要不得對之請求履行要約人應為之對待給付。**

第四節　多數債務人及債權人

第 271 條　　（可分之債）
　　數人負同一債務或有同一債權，而其給付可分者，除法律另有規定或契約另有訂定外，應各平均分擔分受之。其給付本不可分而變為可分者，亦同。

介謹按可以分給之債務或債權，乃指無害於本質及其價值而得分割其給付而言。如有多數債務人或多數債權人時，則多數債務人或多數債權人，應按各平等比例而負擔債務或享有債權，既合於事理之公平，且適於當事人之意思。至其給付之本不可分，而其後變為可分者，亦同。然若法律別有規定，或契約另有訂定，不應平均分擔或分受者，則應從其所定。此本條所由設也。

◇**可分之債**：指以同一可分之給付為債之標的，而其義務或權利由數人分擔或分受之複數主體之債。

可分債務	數人負同一債務，且給付可分，法律或契約亦未另有規定（民法第 271 條），此時由數債務人平分債務。例如：金錢之債
不可分債務	數人負同一債務，且給付不可分，經明示或依法定成立連帶債務（民法第 272 條），若無明示或法定時，則依民法第 292 條，準用連帶債務之規定

◇**給付可分與給付不可分**：以分割是否損及其性質或價值做為判斷標準。

給付可分	指給付的分割無損於給付的性質或價值，例如金錢、稻穀。但須注意，給付性質上可分者，未必為可分之債，因尚有依法律規定或當事人明示成立連帶債務之可能（民法第272條）
給付不可分	給付經分割，即減損價值或不能達契約目的者，例如：某犬、畫作

▲【62臺上2673】民法第271條規定數人負同一債務而其給付可分者，應各平均分擔之。此項屬可分之債，應於平均分擔後，各就其分擔之部分負清償之責，不能就他人於平均分擔後已清償之餘額，再主張平均分擔。

▲【92臺上2200】所謂可分之債，係指債之主體有多數，而以同一可分給付為標的，由數人分擔或分受其給付之債。所謂不可分之債，則指以不可分給付為標的，有多數當事人之債之關係而言。至**給付是否可分，通常依給付標的之性質定之，給付標的之性質為可分者，原則上屬可分之債；給付標的之性質為不可分，或雖非不可分，惟若強為分割，於其價值不能無損，或當事人之意思表示，定為不可分者，均應認給付為不可分。**

第272條　（連帶債務）

I 數人負同一債務，明示對於債權人各負全部給付之責任者，為連帶債務。

II 無前項之明示時，連帶債務之成立，以法律有規定者為限。

☞查民律草案第483條理由謂連帶債務者，使各債務人各獨立負有清償全部債務之義務，使債權人易於實行其權利也。此項債務，祇須債務中之一人富有資產，其他債務人雖係無資產者，亦得受全部之清償，便利實甚。各國立法例皆公認之，故本法亦採用焉。

謹按連帶債務，有因法律行為而發生者，有因法律之規定而發生者（第185條第1項、第187條第1項，第188條第1項），若各債務人並未明示連帶負責之意思時，則連帶債務之成立，應以法律有規定者為限。此本條所由設也。

◇**真正連帶債務與不真正連帶債務**

真正連帶債務	指數人負同一債務，依其明示或法律之規定，對於債權人各負全部給付義務的多數主體之債。連帶債務一成立，債務人之給付雖可能為**性質上可分**，

但各債務人仍須獨立負擔全部給付責任，故債務人中有一人或數人為全部給付時，其他債務人所負之債務因給付目的已失其存在，亦隨同消滅

不真正連帶債務	**指數債務人基於個別的發生原因，而對於同一債務人產生具有同一目的之全部給付責任，因其中一債務之履行，而他債務一同歸於消滅**
區辨	真正連帶債務與不真正連帶債務間，就**外部關係**，各債務人均須對債權人負全部給付之責任；但就**內部關係**而言，內部有求償權規定者（民法第281條），為真正連帶債務；內部無求償權者，則為不真正連帶債務

▲【101臺上367】惟數債務人具有同一目的，本於各別之發生原因，對債務人各負全部給付之義務，因債務人中一人為給付，他債務人即同免責任者，乃學說上所謂之不真正連帶債務，故**不真正連帶債務實係債權人基於同一目的，對於數債務人有個別之請求權，發生競合，與單一債權人與債務人就單一法益發生數請求權之競合，未盡相同，必債務人中一人所為給付，已達債權之目的，他債務人始得於該債務人所為給付範圍內同免責任。**

第273條　（債權人之權利——對連帶債務人之請求）

I 連帶債務之債權人，得對於債務人中之一人或數人或其全體，同時或先後請求全部或一部之給付。

II 連帶債務未全部履行前，全體債務人仍負連帶責任。

☞謹按債權人對於連帶債務人中之一人或數人或其全體，皆得請求履行債務之全部或一部之給付，蓋各債務人各負有全部清償之責也。故在連帶債務未全部履行前，全體債務人仍應負連帶之責任。此本條所由設也。

◇**連帶債務之債權人請求權**：連帶債務之債權人，對於全體連帶債務人，得任意行使其給付請求權。

第274條　（清償等發生絕對效力）

因連帶債務人中之一人為清償、代物清償、提存、抵銷或混同而債務消滅者，他債務人亦同免其責任。

△謹按連帶債務人中之一人,如對債權人業已清償,或為得與清償同視之代物清償,及提存、抵銷、混同而消滅債務者,其他債務人,亦得以此而免除債務之責任。否則債權人得受兩次清償,與連帶關係之本質相背也。故設本條以明示其旨。

◇**連帶債務人中一人所生事項之效力**:連帶債務係複數債務,兼有各自獨立之債務,因此原則上僅生**相對效力**,即就該債務人一人所生之事項,對他債務人不生效力,他債務人不得據此向債權人主張抗辯。但例外時,又因連帶關係發生**絕對效力**,即對他債務人亦有效力,他債務人得依此向債權人主張抗辯。

原則	相對效力（民 §279）
例外	絕對效力 1.清償、代物清償、提存、抵銷或混同（民 §274） 2.確定判決（民 §275） 3.債務免除或消滅時效完成（民 §276） 4.債權人受領遲延（民 §278）

◇**清償、代物清償、提存、抵銷**:三者都是債的消滅原因,同一債務因清償、代物清償、提存或抵銷,致連帶債務之共同目的已達成而消滅,生絕對效力。

◇**混同**:指債權債務同歸一人,使得債之關係消滅（民法第 344 條）。因原債權並未滿足,似應僅具相對效力,但如此一來將使法律關係甚為複雜,故民法規定採絕對效力,使發生混同之債務人,得向他債務人請求償還其應分擔部分（民法第 281 條）。

第 275 條　（確定判決之限制絕對效力(一)）

連帶債務人中之一人,受確定判決,而其判決非基於該債務人之個人關係者,為他債務人之利益,亦生效力。

△謹按連帶債務人中之一人,經債權人提起訴訟而受法院確定判決時,其判決如係基於該債務人之個人關係,則僅對於該債務人生效力。如非基於該債務人之個人關係。則對於其他債務人,亦生效力。蓋以本於連帶關係之性質,應有利益於其他債務人也。故設本條以明示其旨。

◇**確定判決**:指判決已發生確定力者。於連帶債務,若係基於個人關係或雖非基於該債務人個人關係,惟該判決於他債務人無利益者,此項判

決對他債務人不生效力。

▲【26 渝上 247】繼承人對於被繼承人之債務,雖與他繼承人負連帶責任,但**連帶債務人中之一人所受之確定判決,除依民法第 275 條之規定,其判決非基於該債務人之個人關係者,為他債務人之利益亦生效力外,對於他債務人不生效力**。故債權人對於繼承人未得有確定判決或其他之執行名義時,不得依其與他繼承人間之確定判決,就該繼承人所有或與他繼承人公同共有之財產為強制執行。

▲【92 臺上 1540】不真正連帶債務,係數債務人基於不同之債務發生原因,就同一內容之給付,對於同一債權人各負全部給付義務,因一債務人給付,他債務人即同免其責任。其各債務發生之原因既有不同,僅因相關法律關係偶然競合,致對同一債權人負同一內容之給付,自不生民法第 280 條所定連帶債務人間內部分擔求償之問題,故**不真正連帶債務人中一人所受之確定判決,其利益自不及於他債務人,要無民法第 275 條規定之適用**。

第 276 條　（免除與時效完成之限制絕對效力）

I.債權人向連帶債務人中之一人免除債務,而無消滅全部債務之意思表示者,除該債務人應分擔之部分外,他債務人仍不免其責任。

II.前項規定,於連帶債務人中之一人消滅時效已完成者,準用之。

△查民律草案第 491 條理由謂債權人對於連帶債務人之一人,免除債務者,對於總債務人,有無消滅債務之效力,不無疑義。以理言論,應以債權人有此意思與否為斷,苟債權人本無此意思,則其免除,於其他債務人毫無關係。然如此辦理,必致債權人對於其他債務人,請求履行債務之全部,其他債務人對於已受免除之債務人,就其所負擔部分行使求償權,而已受免除之債務人,對於債務人,亦必須行使求償權。誠如是,則關係複雜,徒滋煩擾,不若使債權人先將已受免除債務人應行分擔之部分扣除,僅就其殘餘部分,使其他債務人負其責任,較為簡捷。此第 1 項所由設也。又同律第 492 條第 2 項理由謂連帶債務人之一人其時效已完成者,僅該債務人之債務消滅,於其他債務人之債務,似無影響。然如此辦理,

則債權人請求他債務人履行債務，其他債務人，向已受時效利益之債務人，得行其求償權，卒至發生該債務人不得受時效利益之結果。故設第 2 項以防其弊。

◇**債之免除**：在免除全部連帶債務情形，使連帶債務全部消滅，故生絕對效力；免除特定債務人之債務者，應就該債務人應分擔之部分發生限制絕對效力；僅免除連帶關係而不免除債務者，僅生連帶債務轉為可分之債；僅免除特定債務人之連帶關係者，則僅就該債務人免除對他債務人之連帶責任，對於自己應分擔之部分仍不免責，故對他債務人而言不生影響，僅有相對效力。

◇**消滅時效已完成**：消滅時效完成時，債務人取得消滅時效抗辯權，得拒絕給付，此時他債務人得向債權人主張該部分免責，具有限制絕對效力。

▲【**73 臺上 2966**】連帶債務未全部履行前，全體債務人仍負連帶責任，又債權人向連帶債務人中之一人免除債務，而無消滅全部債務之意思表示者，除該債務人應分擔之部分外，他債務人仍不免其責任，固為民法第 273 條第 2 項及第 276 條第 1 項所明定，然若他債務人無應分擔之部分（例如民法第 188 條之僱用人），而債權人向有負擔部分之債務人（如受僱人）免除部分債務時，他債務人就該免除部分即因而免其責任，否則他債務人（僱用人）於為全部之清償後，依民法第 188 條第 3 項規定，尚得向有負擔部分之債務人（受僱人）行使求償權，則債權人向該有負擔部分之債務人（受僱人）免除部分債務，將毫無意義。

▲【**95 臺上 1235**】連帶債務人中之一人消滅時效已完成者，依民法第 276 條第 2 項規定，固僅該債務人應分擔之部分，他債務人同免其責任，惟**民法第 188 條第 3 項規定，僱用人賠償損害時，對於侵權行為之受僱人有求償權，則僱用人與受僱人間並無應分擔部分可言，倘被害人對為侵權行為之受僱人之損害賠償請求權消滅時效業已完成，僱用人自得援用該受僱人之時效利益，拒絕全部給付，不以該受僱人已為時效抗辯為必要。**

▲【**99 臺抗 113**】按連帶保證之保證人對主債務人而言，固與一般連帶債務之各債務人間不同，初無內部分擔部分之可言，然**於各連帶保證人之間，因數人保證同一債務，依民法第 748 條規定，應連帶負保證責任，自仍有其保證人間內部分擔部分之問題**，並有民法第 276 條第 1 項及第

280 條規定之適用，且發生債權人與連帶保證人中之一人成立和解，如無消滅他保證人連帶賠償債務之意思，而其同意連帶保證人賠償金額低於「依法應分擔額」（同法第 280 條前段）者，該差額部分，即因債權人對其應分擔部分之免除而對他連帶保證人發生絕對之效力。

第 277 條　（抵銷之限制絕對效力）

連帶債務人中之一人，對於債權人有債權者，他債務人以該債務人應分擔之部分為限，得主張抵銷。

介謹按抵銷者，二人互負債務因而互相抵充之行為也。抵銷為一種簡便清償之方法，如連帶債務人中之一人，對於債權人享有債權者，得以其自己之債權，向債權人主張抵銷，以消滅連帶債務。然則其他連帶債務人，亦得以該債務人之債權，主張抵銷乎，各國立法例不一。有不許其他債務人援用該債務人之債權主張抵銷者，本法規定，則以該債務人應分擔之部分為限，許其他債務人亦得主張抵銷，所以保護該債務人之利益也。故設本條以明示其旨。

◇**抵銷**：以債務人自己之債權抵銷者，足使連帶債務消滅，應生絕對效力（民法第 274 條）。但如債務人以他連帶債務人之債權抵銷者，因涉及行使他債務人對於債權人之債權，為避免害及他債務人對於自己財產之處分自由，依本條規定，債務人代位他債務人主張抵銷時，僅生**限制絕對效力**。

第 278 條　（受領遲延之限制絕對效力）

債權人對於連帶債務人中之一人有遲延時，為他債務人之利益，亦生效力。

介查民律草案第 487 條理由謂對於連帶債務人中之一人，債權人有遲延時，則其效力及於他債務人。蓋恐債權人故意拒絕清償，不為受領，使債務關係，有流於遲延之弊。故特設本條以限制之。

◇**受領遲延之絕對效力**：連帶債務具有同一給付目的，如債權人對於債務人中之一人受領遲延時，自應使其他債務人均得享有受領遲延之效力。

第 279 條　（效力相對性原則）

就連帶債務人中之一人所生之事項，除前五條規定或契約另有訂定者外，其利益或不利益，對他債務人不生效力。

介謹按連帶債務，為複數之債務，非唯一之債務。故就連帶債務人一人所生之事項，無論利益不利

益，不得對於他債務人發生效力。然關於特種事項，亦有應認為例外，如前五條所定之情形，或契約另有訂定，而使對於其他債務人發生效力者，則應從其所定。此本條所由設也。

◇**一人所生之事項**：所謂「一人所生事項」，係指請求、給付遲延、給付不能、不完全給付、時效中斷及不完成、連帶之相對免除、債權讓與、債務承擔、契約解除與終止等事由，其僅在該債務人與債權人之間發生效力，而不及於其他債務人，故又謂相對效力事項。

▲【56 臺上 1112】時效中斷，限於當事人、繼承人、受讓人之間始有效力（民法第 138 條），故**時效之中斷僅有相對的效力**。所謂當事人者，係關於致時效中斷行為之人，故連帶債務人中之一人對債權人承認債務，對該債務人債權之消滅時效雖因而中斷，但對其他債務人，債權之消滅時效並不中斷。

第 280 條　（連帶債務人相互間之分擔義務）

連帶債務人相互間，除法律另有規定或契約另有訂定外，應平均分擔義務。但因債務人中之一人應單獨負責之事由所致之損害及支付之費用，由該債務人負擔。

ℸ謹按連帶債務人，相互間之關係，除法律另有規定或契約另有訂定外，應使各債務人平均分擔義務，方為公允。但因債務人中之一人，所生之損害及其所支出之費用，應單獨負責之事由而發生者，則應由該債務人單獨負責，不應使其他債務人共同負擔也。故設本條以明示其旨。

第 281 條　（連帶債務人同免責任之範圍）

Ⅰ 連帶債務人中之一人，因清償、代物清償、提存、抵銷或混同，致他債務人同免責任者，得向他債務人請求償還各自分擔之部分，並自免責時起之利息。

Ⅱ 前項情形，求償權人於償還範圍內，承受債權人之權利。但不得有害於債權人之利益。

㊆一、第 1 項「其他行為」是否包括「混同」？文義不明。為免紛爭，應明定與第 274 條規定之範圍一致，爰將「或其他行為」修正為「代物清償、提存、抵銷或混同」。
二、第 2 項未修正。

◇**連帶債務人之求償權**：基於連帶債務人相互間各有其分擔部分，因而生內部求償問題。於連帶債務人中之一人為一部清償（或其他免責行為）超過其應分擔部分時，即得向其他連帶債務人求償；又本條之同免責任，指同免給付責任。

◇**求償權人之代位權**：求償權人於求償範圍內，承受債權人之權利，而當然代位債權人行使對他債務人之權利，此即為求償權人之代位權，屬於債權之法定移轉。故若原債權負有擔保時，求償權人亦得行使該擔保權而受清償。又求償權人雖承受債權人之權利，但不得有害於債權人之利益，亦即在債權人尚未獲完全之清償前，該擔保權仍由債權人優先行使。此一代位權與內部求償權為併存之請求權，求償權人得擇一行使（劉春堂，判解民法債編通則）。

第 282 條　（無償還資力人負擔部分之分擔）

Ⅰ 連帶債務人中之一人，不能償還其分擔額者，其不能償還之部分，由求償權人與他債務人按照比例分擔之。但其不能償還，係由求償權人之過失所致者，不得對於他債務人請求其分擔。

Ⅱ 前項情形，他債務人中之一人應分擔之部分已免責者，仍應依前項比例分擔之規定，負其責任。

ℸ謹按依前條之規定，連帶債務人中之一人，因清償或其他行為，致他債務人同免責任者，得就各債務人各自負擔之部分，行使求償權。若其中之一人，有不能償還應分擔之額時，其不能償還之部分，準備酌理，自應使各債務人按照比例分擔之。但其不能償還，係因求償權人之過失所致者，則應由求償權人單獨負擔其損失，不得請求他債務人分擔。此第 1 項所由設也。連帶債務人中一人不能償還之部分，應由求償權人與其他債務人按照比例平均分擔，故其他債務人中之一人，雖其自己應分擔之部分，已經免責者（例如消滅時效已完成或已由債權人免除），對於他人不能償還之部分，仍應比例分擔，負其責任。本法特設明文規定，所以杜無謂之爭執也。

第 283 條　（連帶債權）

數人依法律或法律行為，有同一債權，而各得向債務人為全部給付之請求者，為連帶債權。

民法

第二編　債

（第二八四～二八九條）

介查民律草案第499條理由謂連帶債權者，使各債權各得獨立請求履行其全部債務之權利也。有連帶債權，故代理非必要之事，蓋不必代理，亦得實行其權利也。故本條申明連帶債權之意義。連帶債權，以依據法律行為所設定者為主，如當事人別無訂定，則應以本法規定辦理。

◇連帶債權：指數人依法律或法律行為有同一債權，而各得向債務人請求全部給付之多數主體之債。其成立多由當事人之意思，但不限於明示；依「法律」成立者，除民法第444條、第539條於解釋上可成立外，並無「連帶債權」之明文。

▲【69臺上1364】所謂連帶債權，係指多數債權人有同一目的之數個債權，得各自或共同請求全部或一部之給付，而債務人對於其中任何一人為全部給付即可消滅其債務而言，與公同共有之債權為一個權利，其債務人僅得向公同共有人全體清償始生消滅債務之效力者，迥不相同。

▲【74臺上748】繼承人共同出賣公同共有之遺產，其所取得之價金債權，仍為公同共有，並非連帶債權。公同共有人受領公同共有債權之清償，應共同為之，除得全體公同共有人之同意外，無由其中一人或數人單獨受領之權。

第284條　（債務人之權利——對連帶債權人之給付）

連帶債權之債務人，得向債權人中之一人，為全部之給付。

介查民律草案第500條理由謂連帶債權，其各債權人，各得向債務人請求全部之給付，債務人亦得任意選定債權人中之一人，而為全部之給付，蓋欲使其易於履行債務也。故設本條以明示其旨。

▲【69臺上1364】參見民法第283條。

第285條　（請求之絕對效力）

連帶債權人中之一人為給付之請求者，為他債權人之利益，亦生效力。

介查民律草案第502條理由謂連帶債權人之一人所為給付之請求，對於他債權人之利益，亦當然發生效力，蓋使其易於實行債權也。

第286條　（受領清償等發生絕對效力）

因連帶債權人中之一人，已受領清償、代物清償、或經提存、抵銷、混同，而債權消滅者，他債權人之權利，亦同消滅。

介謹按連帶債權人中之一人，已受領債務人之清償、代物清償、提存、抵銷或混同，而債權消滅者，此與第274條所規定連帶債務之性質，完全相同，故使其他債權人之債權，亦同時歸於消滅。此本條所由設也。

第287條　（確定判決之限制絕對效力（二））

I 連帶債權人中之一人，受有利益之確定判決者，為他債權人之利益，亦生效力。
II 連帶債權人中之一人，受不利益之確定判決者，如其判決非基於該債權人之個人關係時，對於他債權人，亦生效力。

介謹按連帶債權人中之一人，受有確定判決者，其效力是否及於其他債權人，應以該判決有利益於其他債權人與否為斷。如有利益於其他債權人者，則其判決之效力，自可及於其他債權人，若其判決不利益於其他債權人時，則以非基於該債權人個人關係為限，始得對於其他債權人發生效力。此本條所由設也。

第288條　（免除與時效完成之限制絕對效力）

I 連帶債權人中之一人，向債務人免除債務者，除該債權人應享有之部分外，他債權人之權利，仍不消滅。
II 前項規定，於連帶債權人中之一人，消滅時效已完成者，準用之。

介謹按債權消滅之原因甚多，而債務之免除，及消滅時效之完成，各居其一。故連帶債權人中之一人，由債務人表示免除債務之意思，則該債權人應享部分之債權，即行消滅，而他債權人之權利，固依然存在也。又連帶債權人中之一人，因久不行使權利，致罹於消滅時效，則該債權人應享部分之債權，即行消滅，而他債權人之權利，亦依然存在也。是一人所為之免除，與一人之消滅時效完成，僅以其自己所享有之部分，消滅其權利，至於其他債權人之權利，則法應保護，不使消滅也。故設本條以明示其旨。

第289條　（受領遲延之絕對效力）

連帶債權人中之一人有遲延者，他債權人亦負其責任。

介查民律草案第503條理由謂連帶債權，其債務人

得對於選定之債權人而為清償，連帶債權人之一人有遲延，若對於其他債權人不生效力，則債務人必於各債權人皆有遲延之情形，始生遲延之效力，是使債務人失其選擇之利益矣。故設本條，使不至有此不當之結果，所以保護債務人也。

第 290 條　（效力相對性原則）
就連帶債權人中之一人所生之事項，除前五條規定或契約另有訂定者外，其利益或不利益，對他債權人不生效力。

⇧查民律草案第 501 條理由謂連帶債權，乃複數之債權，與連帶債務同，就連帶債權人中之一人所生之事項，對於其他債權人，無論利益或不利益，皆不生效力，是為原則。至前五條之所規定，或契約另有訂定者，則應從其所定，是為例外。故設本條以明示其旨。

第 291 條　（連帶債權人之均受利益）
連帶債權人相互間，除法律另有規定或契約另有訂定外，應平均分受其利益。

⇧查民律草案第 507 條理由謂連帶債權人相互間之關係，如法律別無規定，或契約別無訂定，自以平等比例享有權利為當。此本條所由設也。

第 292 條　（不可分債務之準用）
數人負同一債務，而其給付不可分者，準用關於連帶債務之規定。

⑧一、按本條立法意旨，原係預定第 293 條為不可分債權及不可分債務兩者之特別規定，惟該條第 2 項規定既規定「債權人中之一人與債務人間所生之事項。」又規定「對他債權人不生效力」，實僅為不可分債權之特則，其於不可分債務，並無規定。從而現行條文中預定次條為不可分債權及不可分債務之特別規定，已失其意義。次查外國立法例，如德國民法第 431 條、第 432 條、日本民法第 428 條至第 431 條、瑞士債務法第 70 條，均將不可分債權與不可分債務分別加以規定，為免混清並使適用明確起見，爰將本條與第 293 條分別予以修正。前者專為不可分債務而設，後者專為不可分債權而設。
二、數人負同一債務，而其給付不可分者，各債務人各負有為全部給付之義務，此與連帶債務並無稍異，爰規定準用關於連帶債務之規定。如本法第 273 條、第 274 條、第 275 條、第 278 條、第 279 條、第 280 條、第 281 條及第 282 條第 1 項

等規定，自均在準用之列，至於第 273 條中關於一部給付之規定及第 276 條、第 277 條、第 282 條第 2 項，則性質上不能準用，應不待言。

◇不可分之債：係指以同一性質不可分之給付為標的，而其當事人為多數，且複數債之主體間具有牽連關係之債。可區分為不可分債務及不可分債權。

◇準用連帶債務：通說認為就連帶債務中涉及一部給付者，不可分債務無準用餘地，例如：民法第 273 條中一部給付、第 276 條、第 277 條、第 282 條第 2 項。

▲【92 臺上 2200】給付是否可分，通常依給付標的之性質定之，給付標的之性質為可分者，原則上屬可分之債；給付標的之性質為不可分，或雖非不可分，惟若強為分割，於其價值不能無損，或當事人之意思表示，定為不可分者，均應認給付為不可分。

第 293 條　（不可分債權之效力）
Ⅰ數人有同一債權，而其給付不可分者，各債權人僅得請求向債權人全體為給付，債務人亦僅得向債權人全體為給付。
Ⅱ除前項規定外，債權人中之一人與債務人間所生之事項，其利益或不利益，對他債權人不生效力。
Ⅲ債權人相互間，準用第 291 條之規定。

⑧一、第 1 項規定，係採德國、瑞士立法例，認不可分債權之各債權人雖得單獨為請求，但不得請求對自己為給付，亦即僅得請求向債權人全體為給付，債務人亦僅得向債權人全體為給付。為期充分表達此一關係，爰修正為「各債權人僅得請求向債權人全體為給付，債務人亦僅得向債權人全體為給付。」
二、第 2 項未修正。
三、本條既專為不可分債權而設，則不可分債權，其債權人相互間之關係，宜準用本法第 291 條之規定，即不可分債權之債權人相互間，除法律另有規定或契約另有訂定外，應平均分受其利益，爰增訂第 3 項規定。

第五節　債之移轉

第 294 條　（債權之讓與性）
Ⅰ債權得將債權讓與於第三人。但左列債權，不在此限：

一　依債權之性質，不得讓與者。

二　依當事人之特約，不得讓與者。

三　債權禁止扣押者。

II.前項第二款不得讓與之特約，不得以之對抗善意第三人。

介謹按債權人得將債權讓與他人，讓與之後，讓受人當然有讓與人之地位（即債權人）。但其讓與，為不要式行為，亦不須得債務人之承認。然有特種之債權，即非變更債權內容不得讓與之債權（如扶養請求權），及當事人約定不許讓與之債權，則不得讓與，所以保護公益當事人之利益也。又禁止扣押之債權（於執行法中規定之，例如民事訴訟執行規則第97條規定，債務人對於第三人之債權係維持生活必要費用者，不得為強制執行），依同一之法意，亦不許其讓與。此第1項所由設也。前項第2款依當事人之特約，不得將債權讓與於他人者，此種特約，僅於當事人間發生效力，不得以之對抗善意之第三人。此第2項所由設也。

◇**債之移轉**：債之關係不失其同一性，而僅其主體有所變更，亦即由原主體轉移至另一主體。包含：債權主體移轉之債權讓與、債務主體變更之債務承擔。

◇**債權讓與**：指不變更債之同一性，由債權人與受讓人合意，將其債權由債權人（讓與人）移轉於受讓人之準物權契約。因債權讓與性質上屬於權利的處分行為，故讓與人應具有效之債權，該債權性質必須沒有專屬性，且讓與人具有處分權限。若讓與人無處分權，而讓與他人之債權者，則構成無權處分（民法第118條第1項）。

◇**依債權之性質不得讓與者**：指依債權之性質，債務人僅有對債權成立當時之債權人為給付，始符合債之本旨者。如果對第三人為給付，債之內容即會發生性質上之變更，失去債之同一性或不能達成債之目的。例如：**1.法律明定不得讓與者**：例如民法第195條第2項、第734條、第977條第3項、第979條第3項、第999條第3項、第1056條第3項等。**2.以人格信賴為基礎、勞務性或特殊技能之債權**：使用借貸、租賃、僱傭、委任、寄託等債之關係基於特殊信任關係，通常其債權不得讓與。**3.不作為債務相對之債權**：因多基於當事人間之信任關係，亦無任意讓與性。**4.從權利之債權**：依民法第295條第1項前段，從權利應隨同主權利移轉，不許與主債權分離而讓與。

◇**依當事人特約不得讓與者**：對於得讓與之債權，基於契約自由原則，亦得由當事人約定不得讓與，但為保護交易安全，依本條第2項，此約定不得對抗善意第三人，善意第三人不受特約拘束，得主張讓與有效。債務人僅得向債權人主張債務不履行之損害賠償。

◇**債權讓與對惡意第三人之效果**

債權效果說	債權讓與雖然違反當事人間不得讓與之特約，但僅得由債務人抗辯時，讓與始為無效，亦即債務人不抗辯者，該讓與仍為有效
物權效果說	因當事人訂有不得讓與特約，該債權即喪失讓與性，若受讓人非善意，債務人得主張讓與無效，且於讓與人與受讓人間亦不發生效力

▲【50臺上539】違反禁止債權讓與契約所為之讓與，依民法294條第1項第2款之規定固屬無效，惟此項不得讓與之特約，不得以之對抗善意第三人，為同法第2項所明定，若第三人不知有此特約其讓與應為有效。

▲【73臺上1573】當事人之一方將其因契約所生之權利義務，概括的讓與第三人承受者，係屬契約承擔，與單純的債權讓與不同，非經他方之承認，對他方不生效力。

▲【88臺上1447】依債權之性質，不得讓與者，債權人不得將債權讓與第三人，民法第294條第1項第1款定有明文。**租賃關係之成立，係以出租人與承租人間之信賴為其基礎，承租人租賃權性質上不得讓與，除當事人間有得自由轉讓之特約，或經出租人之同意外，承租人固不得將租賃權讓與第三人。**惟此係就「租賃權讓與契約」本身，屬債權讓與契約，即學說上所謂「準物權行為」之處分行為而言，與「租賃權讓與契約之原因關係」，即之所以為租賃權讓與之原因，屬債權契約有別，前者為後者之履行；倘在無得自由轉讓特約下，承租人與第三人訂定契約，約定將其租賃權讓與第三人，承租人對第三人（受讓人）負有取得出租人同意轉讓而使第三人取得租賃權之義務，承租人就「租賃權讓與契約」如不能取得出租人之同意，無法為租賃權之移轉時，其與第三人間之債權契約雖屬給付不能（事後不能），對第三人固應負債務不履行之責任，然承租人與第三人間之債權契約並非無效，第三人因承租人履行其債務而交付使用之租賃物，非無法律上之

原因，難謂為不當得利。

▲【96 臺上 398】按債權讓與係以不變更債權之同一性，由債權人將其移轉與相對人之準物權契約，債權讓與之原因，或為以債權之移轉為清償債務之方法，或為贈與契約之履行，或為其他原因，惟此項原因行為之有效與否，與有效成立之債權讓與契約無直接影響。

▲【102 臺上 1825】次按債權讓與係準物權行為，於債權讓與契約發生效力時，債權即行移轉於受讓人，讓與人因而喪失其收取權與處分權，對該債權已不具處分之權限，**故債權人為雙重讓與時，第二受讓人係受讓不存在之債權，原標的不能，依民法第 246 條第 1 項規定之類推適用，第二次債權讓與契約應為無效**，換言之，第二次債權讓與契約之受讓人並未因讓與而取得該債權。

第 295 條　（從權利之隨同移轉）

I 讓與債權時，該債權之擔保及其他從屬之權利，隨同移轉於受讓人。但與讓與人有不可分離之關係者，不在此限。

II 未支付之利息，推定其隨同原本移轉於受讓人。

▲謹按債權之讓與，讓與人與受讓人契約完成，即生效力，無須債務人承諾，並無須向債務人通知，觀前條可知，無待明文規定。然擔保債權之權利，如質權、保證之類，及從屬於債權之權利，如優先權之類，以無反對之特約為限，當然隨債權移轉於受讓人。但其擔保或從屬之權利，與讓與人有不可分離之關係者，則不隨債權之讓與而移轉。故設第 1 項以明示其旨。凡以前未經債務人支付之利息，應否隨債權之讓與而移轉，亦應明白規定，以杜爭議。故設第 2 項以明示其旨。

◆**擔保**：指為防止債務人不履行債務時，用以賠償債權人所受損害之方法。

◆**從屬權利：從屬於主權利之權利**。例如：利息債權、違約金債權或損害賠償債權。但在債權讓與前已發生之違約金債權或利息債權，皆為具有獨立性之債權，非從屬權利，除有特約外，並不隨同債權人移轉。

◆**移轉**：係指**法定移轉**，無待登記即當然發生移轉之效力。

◆**與讓與人有不可分離之關係**：指從屬權利之行使，與契約主體（讓與人）有密切不可分關係者，

例如：由於營業關係所生之留置權、契約解除權、撤銷權、終止權等與契約當事人地位有關之權利，不隨同主權利移轉。

▲【26 渝上 1219】債權之讓與不過變更債權之主體，該債權之性質仍不因此有所變更，故因債權之性質所定之短期消滅時效，在債權之受讓人亦當受其適用。本件被上訴人向某甲受讓之債權，既為商人供給商品之代價請求權，則民法第 127 條第 8 款之規定，當然在適用之列。

▲【42 臺上 248】債權之讓與，該債權之擔保權利隨同移轉於受讓人，對於為擔保之保證債務人，祇須經讓與人或受讓人以此事由而為通知即生效力，不以債務人另立書據承認為其要件。

第 296 條　（證明文件之交付與必要情形之告知）

讓與人應將證明債權之文件，交付受讓人，並應告以關於主張該債權所必要之一切情形。

▲查民律草案第 406 條理由謂債權之讓與人，須使受讓人於已受讓之債權，易於實行，並易於保全，故使讓與人對於受讓人負交付債權證書，並說明債權所必要之主張之義務。此本條所由設也。

◆**證明債權文件**：例如：債權證書（俗稱：借據）、契約、帳簿、信函或其他有關文件。

第 297 條　（債權讓與之通知）

I 債權之讓與，非經讓與人或受讓人通知債務人，對於債務人不生效力。但法律另有規定者，不在此限。

II 受讓人將讓與人所立之讓與字據提示於債務人者，與通知有同一之效力。

▲謹按債權之讓與，在當事人間，於契約完成時即生效力，無須通知於債務人。然債務人究未知有債權讓與之事，為保護債務人之利益起見，故使讓與人或受讓人負通知之義務。在未通知以前，其讓與行為僅當事人間發生效力，對於債務人不生效力，但法律別有規定者，則無須通知也。至債權之讓與，如立有讓與字據者，苟經受讓人將字據提示於債務人者，即與通知生同一之效力，蓋以省無益之程序也。

◆**債權讓與之通知**：債權讓與依債權讓與契約就可以發生效力，惟債權的讓與本身不具公示性，債務人未必知悉讓與事實，為避免債務人因不知

債權已經讓與，而誤向原債權人（讓與人）為清償，蒙受損害，故設有本條讓與通知之規定。雖債權讓與契約已經成立生效，但未通知債務人前，對善意的債務人不生效力。債權讓與的通知，性質上為**觀念通知（事實通知）**，是**準法律行為**的一種。

◇通知：將讓與之事實告知債務人，性質為觀念通知（準法律行為），其要件與效力應類推適用意思表示之規定。此項通知僅生對抗效力，並非債權讓與之生效要件。

▲【22上1162】債權之讓與，依民法第297條第1項之規定，非經讓與人或受讓人通知債務人，對於債務人固不生效力，惟法律設此規定之本旨，無非債務人知有債權讓與之事實，受讓人對於債務人主張受讓事實行使權利時，**既足使債務人知有債權讓與之事實，即應認為兼有通知之效力。**

▲【39臺上448】債權之讓與，依民法第297條規定，非經讓與人或受讓人通知債務人不生效力，此項通知不過為觀念通知，使債務人知有債權移轉之事實，免誤向原債權人清償而已，在債務人既知債權已移轉於第三人，而向之請求返還擔保債務履行之契據，自不容猶藉詞債權之移轉尚未通知，拒絕對受讓人履行此項債務，而僅向之請求返還擔保債務之契據。

▲【42臺上626】債權之讓與，依民法第297條第1項之規定，雖經讓與人或受讓人通知債務人始生效力，但不以債務人之承諾為必要，而**讓與之通知，為通知債權讓與事實之行為，原得以言詞或文書為之，不需何等之方式，故讓與人與受讓人間成立債權讓與契約時，債權即移轉於受讓人，除法律另有規定外，如經讓與人或受讓人通知債務人，即生債權移轉之效力。**至同法條第2項所謂受讓人將讓與人所立之讓與字據提示於債務人，蓋使債務人閱讀讓與字據，可知讓與之事實與通知有同一之效力，並非以提示讓與字據為發生債權讓與效力之要件。

▲【97臺上1213】按債權之讓與，非經讓與人或受讓人通知債務人，對債務人不生效力，但法律另有規定者，不在此限，民法第297條第1項定有明文。債權讓與契約係以移轉特定債權為其標的，屬於處分行為，債權讓與契約發生效力時，債權即行移轉於相對人，為準物權契約。將來債權其係附停止條件或附始期者之債權讓與，雖非法所不許，然**此類將來債權，債權讓與契約成立時尚未存在，如受通知時債權仍未發生，何能發**

生移轉效力，自須於實際債權發生時再為通知。

▲【104臺上537】按債權讓與乃以移轉債權為標的之契約，債權讓與契約生效時，債權即同時移轉，讓與人即原債權人脫離債之關係，失去債權人之地位，不復對債務人有債權存在，而由受讓人即新債權人承繼讓與人之地位取得同一債權。而將來債權之讓與，僅係所讓與之債權即讓與標的，附有條件或期限，債權受讓人於原定之條件成就或期限屆至時始得行使權利。故除有民法第294條第1項所定情形外，將來債權之讓與，尚非法所不許，且於債權讓與契約生效時，發生債權移轉之效力。

第298條　（表見讓與）

Ⅰ.讓與人已將債權之讓與通知債務人者，縱未為讓與或讓與無效，債務人仍得以其對抗受讓人之事由，對抗讓與人。

Ⅱ.前項通知，非經受讓人之同意，不得撤銷。

介查民律草案第410條理由謂債權之讓與人，若已將讓與之事，通知債務人，其債權之讓與雖不成立，或其讓與無效，債務人亦得以其對抗受讓人之事由，對抗讓與人，蓋其讓與不成立或無效，債務人無從知之，應保護其利益也。又債權讓與之通知，於受讓人之利益，亦生效力，故非經受讓人之同意，不得將其通知撤銷也。

◇債權之表見讓與：指債權人向債務人表示其債權已經讓與第三人，但實際上並未讓與，法律為了保護交易的安全，若債務人對第三人為清償，可以發生清償的效力。又債權讓與之通知如係由讓與人所為者，其通知有絕對效力。因讓與人既然將讓與債權之事實已通知債務人，即表明讓與人已非債權人，債務人對讓與人所為通知是否符合事實，並無應加以審查之義務。

第299條　（對於受讓人抗辯之援用與抵銷之主張）

Ⅰ.債務人於受通知時，所得對抗讓與人之事由，皆得以之對抗受讓人。

Ⅱ.債務人於受通知時，對於讓與人有債權者，如其債權之清償期，先於所讓與之債權或同時屆至者，債務人得對於受讓人主張抵銷。

介查民律草案第414條理由謂債權之讓與，在債務

人若未與聞，則不得使債務人無故而變其地位，應使債務人於債權讓與時，對於讓與人所生之事由，（雖專發生原因如解除條件附行為）得以與讓受人對抗。故設第 1 項以示其旨。又同律第 416 條理由謂債權之讓與，並非欲使債務人陷於不利益之地位，故債權讓與後，債務人對於讓與人所有之債權，仍許其對於受讓人主張抵銷，然必該債權之清償期，先於所讓與之債權或同時屆至者，始得主張抵銷，蓋抵銷以彼此債權，均到清償期為要件也。故設第 2 項以示其旨。

◇**抗辯之援用：**債權讓與之債之同一性並未喪失，債權原有之瑕疵亦隨同移轉於受讓人，故債務人所得對抗債權人之事由，皆得以之對抗新債權人（債權之受讓人）。

◇**抵銷之主張：**債務人不能因債權讓與而受到更大的不利益，故債務人對於讓與人有抵銷權者，於債權讓與後，對於債權受讓人亦得主張之。

▲【52 臺上 1085】債權讓與，債務人於受通知時所得對抗讓與人之事由，皆得以之對抗受讓人，民法第 299 條第 1 項定有明文。**所謂得對抗之事由，不以狹義之抗辯權為限，而應廣泛包括，凡足以阻止或排斥債權之成立、存續或行使之事由在內，**蓋債權之讓與，在債務人既不得拒絕，自不宜因債權讓與之結果，而使債務人陷於不利之地位。

▲【86 臺上 1473】債務人於受債權讓與通知時，對於讓與人有債權者，如其債權之清償期，先於所讓與之債權，或同屆至者，債務人得對於受讓人主張抵銷，民法第 299 條第 2 項定有明文。**此項規定，依同法第 902 條規定，對於權利質權之設定，仍有其準用。**是為質權標的物之債權，其債務人於受質權設定之通知時，對於出質人有債權，如其債權之清償期，先於為質權標的之物之債權，或同時屆至者，債務人自得於同額內主張抵銷。

▲【95 臺上 2553】按債權讓與係以移轉特定債權為標的之契約，附隨於原債權之抗辯權，不因債權之讓與而喪失，**所謂得對抗讓與人之事由，不獨實體法上之抗辯，訴訟法上之抗辯亦包括在內，**如合意管轄之抗辯及仲裁契約之抗辯等。

▲【105 臺上 724】惟按債權之讓與，債務人於受通知時所得對抗讓與人之事由，皆得以之對抗受讓人，民法第 299 條第 1 項定有明文。**所謂得對抗之事由，不以狹義之抗辯權為限，凡足以阻止或排斥債權之成立、存續或行使之事由均包括**

在內，且基於受通知前發生之原因事實而在通知以後行使抗辯權者，亦無不可。蓋債權之讓與，在債務人既不得拒絕，自不宜因債權讓與之結果，而使債務人陷於不利之地位。又債權之讓與，僅變更債之主體，於債之同一性不生影響，故基於雙務契約所生之債權，於一方將其債權讓與後，他方非不得依雙務契約所得對抗讓與人之事由，對抗受讓人。

第 300 條　（免責的債務承擔㈠——與債權人訂立契約）

第三人與債權人訂立契約承擔債務人之債務者，其債務於契約成立時，移轉於該第三人。

⚑謹按承擔者，第三人擔負債務人債務之謂也。債之承擔，因第三人與債權人訂立契約而生效力，其債務人是否承諾及知悉，均非所問。第三人既與債權人訂立承擔契約，則債務人之債務，即於契約成立時移轉於第三人，從而第三人為新債務人，舊債務人即可免其責任。因債務承擔，係為債務人之利益而設也。故設本條以示其旨。

◇**債權人與第三人間之債務承擔契約：**債務原則上得由第三人清償，而債權人對於自己之債權又有處分之權利，故第三人與債權人自得約定由第三人代替原債務人，承擔其債務，同時消滅債務人自己之債務。此對債務人並無不利益，故不須經原債務人同意，亦不必通知債務人。此契約一成立，債務同時移轉於該第三人。

▲【49 臺上 2090】債務承擔，有免責的債務承擔及併存的債務承擔之別，前者於契約生效後原債務人脫離債務關係，後者為第三人加入債務關係與原債務人併負同一之債務，而原債務人並未脫離債務關係。

▲【52 臺上 925】債務承擔契約係以第三人與債權人為當事人，**祇須第三人與債權人互相表示意思一致，其契約即為成立，**不必債務人之同意，故債務人縱對於本件債務承擔契約不同意，亦不影響該契約之成立。

▲【68 臺上 3407】按債之更改中關於債務人之更改，謂因變易債務人以消滅舊債務而發生新債務，與債務承擔僅變更債務人，而債務仍屬同一之情形迥異。

▲【67 年第 3 次民事庭會議決議㈠】債務之承擔，債務人雖有變更，而其債務仍為同一之債務，

並非成立新債務，原債務之性質及內容均不變更，且參照民法第 303 條第 1 項上段規定，債務人所得以對抗債權人之事由，承擔人亦得以之對抗債權人，則關於承擔之債務之消滅時效，自應自該債務原來請求權可得行使時起算。

▲【97 臺上 1864】 契約承擔乃以承受契約當事人地位為標的之契約，亦即依法律行為所生之概括承受，而將由契約關係所發生之債權、債務及其他附隨的權利義務關係一併移轉，與債務承擔者，承擔人僅承擔原債務人之債務，在性質上並不相同。

第 301 條 （免責的債務承擔㈡——與債務人訂立契約）

第三人與債務人訂立契約承擔其債務者，非經債權人承認，對於債權人，不生效力。

⇧查民律草案第 422 條理由謂第三人與債務人，訂立承擔債務之契約，若使其契約即生效力，恐有害於債權人之利益，故以經債權人同意為限，始使其發生承擔之效力。此本條所由設也。

◇債務人與第三人間之債務承擔契約：此種契約，因債務人之變更，涉及第三人之清償能力，債權之責任財產將產生變動，使債權人承擔不可預測之風險，因此為保障債權人之權利，應得其同意（允許或承認），否則不生效力。

▲【68 臺上 1346】 第三人與債務人訂立債務承擔契約，如未經債權人承認，僅對債權人不生效力而已，非謂訂約之當事人不受其拘束，債務人或承擔人如欲撤銷此項承擔契約，必須踐行民法第 302 條第 1 項所定定期催告債權人承認之程序，待債權人拒絕承認後，始得撤銷其承擔契約。

第 302 條 （債務人或承擔人之定期催告）

Ⅰ.前條債務人或承擔人，得定相當期限，催告債權人於該期限內確答是否承認，如逾期不為確答者，視為拒絕承認。

Ⅱ.債權人拒絕承認時，債務人或承擔人得撤銷其承擔之契約。

⇧謹按承擔契約之是否生效力，一以債權人之承認與否為斷，故使債務人或承擔人得定相當期限向債權人催告之。若債權人接受催告後，逾期而不為確答者，則視為拒絕承認，使權利狀態易於確定。此第 1 項所由設也。債權人拒絕承認時，則

其承擔契約，對於債權人即不發生效力，此時之債務人或承擔人，得撤銷其承擔之契約，使回復以前之狀態。此第 2 項所由設也。

第 303 條 （債務人抗辯權之援用及其限制）

Ⅰ.債務人因其法律關係所得對抗債權人之事由，承擔人亦得以之對抗債權人。但不得以屬於債務人之債權為抵銷。

Ⅱ.承擔人因其承擔債務之法律關係所得對抗債務人之事由，不得以之對抗債權人。

⇧查民律草案第 426 條理由謂承擔契約，不過使第三人（承擔人）代債務人而已，並非使之變更其債務關係，應使承擔人得本於債權人與債務人間法律關係之抗辯，與債權人對抗，如債務人與債權人已行抵銷者，則承擔之債務亦消滅。然承擔人不得以債務人所有之債權，向債權人抵銷其債務，因缺抵銷之要件故也。故設第 1 項以明其旨。承擔契約，為絕對契約，不得本於承擔人與債務人間承擔原因之抗辯，與債權人對抗，蓋必如是而後承擔契約始確實也。例如承擔人甲，承擔債務人乙之債務，其承擔之原因，則以乙曾交付千圓於甲，甲與乙雖可因此而為特約，對於債權人丙，則不得主張本於該特約之抗辯。故設第 2 項以明其旨。

第 304 條 （從權利之存續及其例外）

Ⅰ.從屬於債權之權利，不因債務之承擔而妨礙其存在。但與債務人有不可分離之關係者，不在此限。

Ⅱ.由第三人就債權所為之擔保，除該第三人對於債務之承擔已為承認外，因債務之承擔而消滅。

⇧謹按債務之承擔，不過以第三人代債務人而已，其債務關係，並不變更，故從屬於債權之權利，不因債務之承擔，而妨礙其存在。但與債務人有不可分離之關係者，性質上不能脫離債務人而移轉於第三人，若亦適用此項規定，則於事理相反。故設第 1 項以明其旨。第三人為擔保債務人之債務，於自己之不動產上設定抵押權、質權、或為之保證者，於債務移轉於承擔人時，當視為債權人拋棄其擔保之利益，而消滅其權利。但供擔保之第三人，對於債務之承擔已為承認者，則不妨認其擔保之存在。故設第 2 項以明其旨。

第 305 條　（併存的債務承擔㈠──概括承受）

I.就他人之財產或營業，概括承受其資產及負債者，因對於債權人為承受之通知或公告，而生承擔債務之效力。

II.前項情形，債務人關於到期之債權，自通知或公告時起，未到期之債權，自到期時起，二年以內，與承擔人連帶負其責任。

☝謹按債務之承受，亦承擔之一種。承擔以特定債務為限，而承受則就債務人之資產及其所負一切債務概括繼受之也。關於承受效力之發生，及債務人與承受人之連帶責任，不可不明文規定之，以免無謂之爭議也。此本條所由設也。

◇**併存之債務承擔**：指由第三人依照契約或法律規定加入既存債之關係，也成為債務人，而與原債務人併負同一債務，原債務人仍與債權人繼續維持原有債之關係。

◇**概括承受**：非承受特定資產或負債，而係就他人財產或營業之資產及負債全部承受。

第 306 條　（併存的債務承擔㈡──營業合併）

營業與他營業合併，而互相承受其資產及負債者，與前條之概括承受同。其合併之新營業，對於各營業之債務，負其責任。

☝謹按一營業與他營業合併，而互相承受其資產及負債者，亦屬概括承受之一。營業既經合併，則兩種營業之資產，及其所負之一切債務，悉因合併而移轉於新營業，其合併之新營業，對於各營業所負之債務自應負其責任。故設本條以明示其旨。

◇**營業合併**：營業與他營業合併乃指營業上之各種財產權及其營業上之債務，以營業之目的，相互結合組成的財產集團與其他之財產集團合併之情形。

第六節　債之消滅

第一款　通　則

第 307 條　（從權利之隨同消滅）

債之關係消滅者，其債權之擔保及其他從屬之權利，亦同時消滅。

☝謹按債之關係消滅者，其債權擔保，及其他從屬之權利，亦同時消滅，蓋從權利附屬於主權利，當然之結果也。故設本條以明示其旨。

◇**從屬權利**：基於從屬性契約或從屬性權利消滅上之從屬性，債之關係如消滅，其他從屬權利（保證債權、違約金債權、利息債權）或債權擔保即失所附麗，一同消滅。倘從屬權利轉變為獨立債權時，例如已發生之利息債權、違約金債權則不隨同消滅。

第 308 條　（負債字據之返還及塗銷）

I.債之全部消滅者，債務人得請求返還或塗銷負債之字據，其僅一部消滅或負債字據上載有債權人他項權利者，債務人得請求將消滅事由，記入字據。

II.負債字據，如債權人主張有不能返還或有不能記入之事情者，債務人得請求給與債務消滅之公認證書。

☝謹按負債字據者，證明債權、債務之重要文件也。債務消滅後，債務人固有請求返還或塗銷負債字據之權，然必債之全部消滅而後可。若僅一部消滅，或負債字據上載有債權人他項權利者，債務人僅得請求將債務消滅事由，記入字據。又或債權人主張有不能返還或有不能記入之事情者，債務人亦得請求給與債務消滅之公認證書，以資證明而免危險。故設本條以明示其旨。

◇**公認證書**：由債權人作成，聲請債務履行地之公證人、警察機關、商業團體或自治機關蓋印簽名（債編施行法第 19 條）。

第二款　清　償

第 309 條　（清償之效力及受領清償人）

I.依債務本旨，向債權人或其他有受領權人為清償，經其受領者，債之關係消滅。

II.持有債權人簽名之收據者，視為有受領權人。但債務人已知或因過失而不知其無權受領者，不在此限。

☝謹按履行債務，得由債務人或第三人為之。（第311 條）至債務人或第三人，向債權人或有受領權限之人（如債權人之代理人）為清償，經其受領者，其債權歸於消滅，此屬當然之事。故設第1 項以明示其旨。持有債權人簽名之收據者，法律上推定其為有受領權人，故除債務人已知或因

過失而不知其無權受領外，其持有收據之人，即視為有權受領清償之人。故設第2項以明示其旨。

◇清償：債務人依照債之本旨實現債務內容之給付行為。因債務內容一經實現，其債權因達目的而獲得滿足。清償為債之消滅原因之一，其性質學說上有認為是法律行為、準法律行為、事實行為不同見解，而通說認為係事實行為。

◇其他有受領權人：例如：債權人之代理人、破產管理人、清算人、質權人、代位權人等。

◇債權人簽名之收據持有人視為有受領權人，要件如下：㈠收據須真正適法：收據乃證明受領事實之文件，經債權人簽名以證明受領清償所出具之受領證書。所謂真正適法，係指須真正由債權人親自簽名之收據，如為第三人偽造或變造即無本條之適用。㈡債務人須為善意無過失：如債務人明知或因過失而不知持有人無受領權，逕向其為清償，仍不發生清償效力。

▲【66臺上1893】法定代理人通常固有受領清償之權限，如為意定代理人，受領權之有無，尚應依授與代理權之範圍定之。

▲【94臺上2402】民法第309條第1項規定：依債務本旨，向債權人或其他有受領權人為清償，經其受領者，債之關係消滅。此之其他有受領權人，如債權人之代理人屬之。又民法第310條第2款另規定：向第三人為清償，經其受領者，如受領人係債權之準占有人者，以債務人不知其非債權人者為限，有清償之效力。故民法第309條之「其他有受領權人」與同法第310條之「債權之準占有人」，性質不同。

第310條　（向第三人為清償之效力）

向第三人為清償，經其受領者，其效力依左列各款之規定：
一　經債權人承認，或受領人於受領後取得其債權者，有清償之效力。
二　受領人係債權之準占有人者，以債務人不知其非債權人者為限，有清償之效力。
三　除前二款情形外，於債權人因而受利益之限度內，有清償之效力。

介謹按凡清償須向債權人或有受領權限之人為之，方為有效。若向第三人為清償，雖經第三人受領，亦不生清償之效力，此屬當然之事。然有左列各款之情形，其清償仍為有效：㈠向第三人清償債

務，經債權人承認者，其為事前承認，或事後承認，皆所不問。或雖未經債權人承認，而第三人於受領清償後，已取得其債權者，均有清償之效力。㈡又同律第431條理由謂債權之準占有人，非債權人，而以為自己意思行使債權人權利之人也。（債權人已將債權讓與他人而仍行使其權利，如收取利息之類是，為債權準占有人。）債務人於清償時，不知其非債權人，而向其清償，為保護善意之債務人起見，亦使其發生清償之效力。㈢又同律第433條理由謂向無受領權之人為清償者，雖以無效為原則，然除前二款情形外，若債權人已向無受領權之人受取所受清償之一部或全部，於其所受利益之限度內，使生清償之效力。

◇向第三人為清償：向無受領權之人為清償，原則上不生清償之效力，但本條為保護交易安全，並簡化法律關係，規定有例外發生清償效力之情形。

◇承認：經債權人承認，受領人受領權之欠缺即為補正，而溯及至清償時發生效力。其性質為意思表示，應適用民法有關意思表示之規定。

◇債權之準占有人：客觀上並非債權人，但以自己享有債權之意思行使債權，而依一般交易觀念，足使他人認其為債權人之人。

◇於債權人因而受利益之限度：此情形下，債權之目的已達成，與受領清償無異，在此限度內應發生清償效力，使法律關係簡化。所謂受有利益不以直接受利益為限，只要第三人受領清償與債權人所受利益間有因果關係即可。

▲【42臺上288】財產權不因物之占有而成立者，行使其財產權之人為準占有人，債權乃不因物之占有而成立之財產權之一種，故行使債權之權利者，即為債權之準占有人，此項準占有人如非真正之債權人而為債務人所不知者，債務人對於其所為之清償，仍有清償之效。此通觀民法第310條第2款及第966條第1項之規定，極為明顯。

▲【68年第6次民事庭會議決議㈢】民法第310條第2款之適用，須受領人為債權之準占有人，並以債務人不知其非債權人為要件。某甲持銀行存摺及蓋有偽刻之名章之取款條，以存戶自居，向銀行提取存款後，經科學機器鑑定結果，發現取款條所蓋存戶印文與所存印鑑不符，但其不符非肉眼所能辨識。似此情形，某甲所持之銀行存摺雖屬真正，但取款條上所蓋印文既屬偽造，依本院57年臺上字第2965號判例所示旨趣，某

甲不能認為消費寄託關係中債權之準占有人，銀行既設印鑑，即不容藉口非肉眼所能分辨而主張不知其非債權人，謂有該款之適用。

▲【92 臺上 1295】民法第 310 條第 2 款規定之適用，係以受領人為債權之準占有人及債務人不知其非債權人為要件。**條文既不以債務人無過失為要件，故縱因過失而不知，其清償亦屬有效。**本件原審認債務人之不知，必須為善意並無過失，始有上開規定之適用，並進而為不利於上訴人之判決，其見解自有可議。

▲【97 臺上 594】民法第 310 條第 2 款所謂債權之準占有人，係指無受領權之第三人，以為自己之意思，事實上行使債權，依一般交易觀念，足以使他人認其為債權人而言。因此，**該第三人如係以債權人之代理人自居而行使債權，既非因為自己之意思為之，當非茲所謂債權之準占有人，而無本條款之適用**；債務人若向其清償，是否發生清償之效力，乃屬民法第 169 條表見代理之問題，二者之法律構成要件有別，不可不辨。

▲【103 臺上 1078】次按乙種活期存款戶與金融機關之間為消費寄託關係。**第三人持真正存摺並在取款條上盜蓋存款戶真正印章向金融機關提取存款，金融機關不知其係冒領而如數給付時，為善意的向債權之準占有人清償，依民法第 310 條第 2 款規定，對存款戶有清償之效力。至第三人持真正存摺而蓋用偽造之印章於取款條上提取存款，則不能認係債權之準占有人。**

第 311 條　（第三人清償）

I.債之清償，得由第三人為之。但當事人另有訂定或依債之性質不得由第三人清償者，不在此限。

II.第三人之清償，債務人有異議時，債權人得拒絕其清償。但第三人就債之履行有利害關係者，債權人不得拒絕。

◊謹按清償有於債之性質上，須債務人親自為之者，有依當事人之約定，須債務人親自為之者，此時不得使第三人為債務之清償。此外使第三人為之，既無害於債務人，亦無損於債權人。故設第 1 項以明示其旨。債權人若無故拒絕第三人之清償，因此而生遲延之責任，當然由債權人負之。惟就第三人之清償，債務人先述其異議者，則債權人雖拒絕其清償，亦不負遲延之責，蓋為尊重債務人之意思也。但第三人就債之履行有利害關係者，

則債權人不得拒絕清償，所以保護第三人之利益也。故設第 2 項以明示其旨。

◊第三人所為之清償：因債之清償有利於債權人債權之實現，其給付行為究竟由債務人所為或第三人所為，在法律上不具重要性，因此得由第三人為清償。

◊依債之性質不得由第三人清償者：若債務以一身專屬性之給付為標的，則無從由第三人清償。所謂一身專屬性之給付可分為：1.**絕對專屬給付**：例如：聘請歌星演唱、邀請學者演講，其給付性質是第三人所不能替代。2.**相對專屬給付**：例如：委任、僱傭等，經債權人同意始得由第三人為清償。

◊就債之履行有利害關係者：指因清償而發生法律上利害關係之第三人，例如：物上保證人、合夥人清償合夥債務等。此類型清償又稱「**代位清償**」。如僅有事實上利害關係，則不屬之。

第 312 條　（第三人清償之權利）

就債之履行有利害關係之第三人為清償者，於其清償之限度內承受債權人之權利，但不得有害於債權人之利益。

(88)為避免與第 242 條代位權之意義混淆，爰參照第 281 條第 2 項及第 749 條規定之體例，將其中「得按其限度就債權人之權利，以自己之名義代位行使。」等文字修正為「於其清償之限度內承受債權人之權利，」。

◊承受債權人之權利：有利害關係第三人除得依與債務人之內部關係主張求償權外，依本條規定，在清償限度內承受債權人之權利。其性質通說採取「**債權法定移轉說**」，認為第三人之清償雖使債權人喪失債權，然其債權並非絕對消滅，而是依法移轉到第三人身上，即因法律規定而發生債權之當然移轉。關於債權之從屬權利、利益及瑕疵皆隨同移轉於第三人。又如第三人全部清償，則得行使全部之債權及有關之一切權利；但如第三人僅為一部清償，第三人其行使權利不得有害於債權人之利益。

▲【65 臺上 796】**物上保證人及擔保財產之第三取得人，均屬民法第 312 條所指就債之履行有利害關係之第三人**，自抵押權言，所謂物上保證人，乃非債務人而為設定抵押權行為之當事人，亦即非債務人設定抵押權契約之設定人，所謂擔保財產之第三取得人就抵押權而言，即抵押物第三取

民

法

第二編　債　（第三一三～三一八條）

得人，亦即抵押權設定之後取得抵押物之人。

第 313 條　（承受之通知、抗辯、抵銷準用債權讓與之規定）
第 297 條及第 299 條之規定，於前條之承受權利準用之。

(88)為配合前條之修正，爰將末句中「代位行使」等字，修正為「承受」。

第 314 條　（清償地）
清償地，除法律另有規定或契約另有訂定，或另有習慣，或得依債之性質或其他情形決定者外，應依左列各款之規定：
一　以給付特定物為標的者，於訂約時，其物所在地為之。
二　其他之債，於債權人之住所地為之。

(88)現行條文規定誤將「不能依債之性質」決定清償地之情形除外，致不能適用第 1 款、第 2 款之規定，顯非立法本意，故應將其中「不」字刪除，並將「能」字修正為「得」字，以符立法意旨。
◇清償地：指債務人，依債之本旨，應為清償之處所地。
◇赴償債務、往取債務與送交債務

赴償債務	指債務人須前往債權人住所地為清償之債務類型
往取債務	指債權人須前往債務人住所地取債之債務類型
送交債務	指以債權人、債務人住所地以外之處所為清償地之債務類型

▲【28 渝上 1760】債權未定清償期者，債權人得隨時請求清償，為民法第 315 條所明定。是此項請求權自債權成立時即可行使，依民法第 128 條之規定，其消滅時效應自債權成立時起算。

▲【87 臺上 1205】當事人預期不確定事實之發生，以該事實發生時為債之清償期者，**倘債務人以不正當行為阻止該事實之發生，類推適用民法第 101 條第 1 項規定，應視為清償期已屆至。**

第 315 條　（清償期）
清償期，除法律另有規定或契約另有訂定，或得依債之性質或其他情形決定者外，債權人得隨時請求清償，債務人亦得隨時為清償。

(88)現行條文中之「不」字應予刪除，「能」字修正為「得」字，其理由同前條說明。
◇清償期：債務人，依債之本旨應為清償、債權人得請求清償之期日。

第 316 條　（期前清償）
定有清償期者，債權人不得於期前請求清償，如無反對之意思表示時，債務人得於期前為清償。

介謹按債務清償之時期，原為債務人與債權人雙方之利益而設。本法規定，凡定有清償期之債務，對於債權人，無論如何情形，不得於期前請求清償，而對於債務人，則以無反對之意思表示為限，許其得於期前為清償。其所以保護債務人較保護債權人為周至者，蓋為扶植經濟弱者起見也。
◇清償期之利益：又稱**期限利益**，依本條規定，清償期未屆至前，債權人不得請求清償。因此清償期之利益原則上係隸屬於債務人。然債務人得拋棄期限利益而為期前清償。
◇期前清償：指債務人拋棄期限利益，而於清償期屆至前所為之清償，亦生清償之效果。

第 317 條　（清償費用之負擔）
清償債務之費用，除法律另有規定，或契約另有訂定外，由債務人負擔。但因債權人變更住所或其他行為，致增加清償費用者，其增加之費用，由債權人負擔。

介謹按清償債務，乃債務人解除義務之行為，則因清償債務所生之費用，若法律別無規定，或契約別無訂定時，自應歸債務人負擔。然因債權人之變更住所或其他行為，致增加清償費用者，其所增加之額，即應由債權人負擔，始為公允。此本條所由設也。

第 318 條　（分期給付或緩期清償）
I.債務人無為一部清償之權利。但法院得斟酌債務人之境況，許其於無甚害於債權人利益之相當期限內，分期給付，或緩期清償。
II.法院許為分期給付者，債務人一期遲延給付時，債權人得請求全部清償。
III.給付不可分者，法院得比照第一項但書之規定，許其緩期清償。

(88)一、第 1 項未修正。

二、本條意旨為保護債務人而設,但債權人之利益,亦應予顧及,故在法院許為分期給付之情形,如債務人一期遲延給付時,基於私法自治原則,由債權人自行決定其權利之行使方式,即可對債務人請求全部之清償,亦可依法院之原判決而仍為分期給付之請求。爰參照第389條之立法旨趣,增訂第2項規定。

三、現行條文第2項移置於第3項,爰將「前項」二字,修正為「第1項」,以資配合。

◇**一部清償**:債務人就一部為給付而生一部清償之效果,債務人有時因為支付能力有限,而不能完全依照債之本旨為給付,債務人固然應負遲延之責任,但若在不甚妨礙債權人利益前提下,准許債務人分期給付,較不失苛刻,亦得保護債務人。然一部清償並非債務人之權利,僅得由法院依職權為之。

◇**緩期清償**:在給付不可分之情形,無法為一部給付,故不得為分期給付,僅得允許其緩期給付,延後清償期。

▲**【23上224】** 民法第318條第1項但書之規定,不過認法院有斟酌債務人境況,許其分期給付或緩期清償之職權,非認債務人有要求分期給付或緩期清償之權利。故法院斟酌債務人境況之結果,認為不應許其分期給付或緩期清償時,債務人不得以認定不當為提起第三審上訴之理由。

第319條 　（代物清償）

債權人受領他種給付以代原定之給付者,其債之關係消滅。

⑰謹按債務人之清償債務,原應依債務之本旨而為履行,不得以他種給付,以代原定之給付。然為事實上之便利,債務人以他種給付代原定之給付,而債權人亦經承諾,且已受領者,是債權人既得達其目的,應使債之關係歸於消滅,方為公允,即所謂代物清償也。故設本條以明示其旨。

◇**代物清償**:債權人受領債務人提出之他種給付,以代替原定給付,而使債之關係消滅之有償要物契約。債權人因受領他種給付而獲得債權之滿足,原定給付義務及原有債務之擔保隨同消滅。

▲**【52臺上3696】** 代物清償係一種消滅債之方法,故債權人與債務人間授受他種給付時,均須有以他種給付代原定給付之合意,代物清償始能認為成立。代物清償經成立者,**無論他種給付與原定之給付其價值是否相當,債之關係均歸消滅。**

▲**【65臺上1300】** 代物清償為要物契約,其成立僅當事人之合意尚有未足,必須現實為他種給付,他種給付為不動產物權之設定或轉移時,非經登記不得成立代物清償。**如僅約定將來為某他種給付以代原定給付時,則屬債之標的之變更,而非代物清償。**

▲**【103臺上589】** 按民法第319條規定:債權人受領他種給付以代原定之給付者,其債之關係消滅。即學說上所稱之代物清償。依此規定,**代物清償係一種消滅債之方法,且為要物契約,其成立除當事人之合意外,必須現實為他種給付,始生消滅債務關係之效力。**

第320條 　（間接給付——新債清償）

因清償債務而對於債權人負擔新債務者,除當事人另有意思表示外,若新債務不履行時,其舊債務仍不消滅。

⑰謹按民律草案債編第一章第五節第四款原案謂債務之更改者,即以新債務之發生為原因,而消滅其舊債務之契約也。此種契約,在不認債務讓與或債務承擔之國家,其效用頗多,若既明認讓與及承擔,則更改之效用因而減少。各國立法例,有委諸契約之自由,不設特別規定者,如德意志民法是。有設更改之規定者,如法蘭西、意大利、日本諸國民法是。本法仿照德國,對於因清償債務而負擔新債務者,除當事人另有意思表示外,如新債務不履行時,舊債務仍不使其消滅,蓋不採更改制度所生之結果也。故設本條以明示其旨。

◇**新債清償**:又稱「間接給付」、「間接清償」,債務人因清償舊債務,而與債權人成立負擔新債務之契約。依民法第320條規定,新債清償契約成立後,債務人不履行新債務時,其舊債務仍不消滅,兩者同時併存,其附隨之擔保亦不消滅。如債務人已履行新債務時,則舊債務歸於消滅。而債權人請求債務人履行債務,應先請求履行新債務,必須新債務不能履行、無效或被撤銷時,始能就舊債務為請求。

◇**債之更改**:係指當事人成立新債務,同時消滅舊債務之契約。我國民法關於債之更改未設有明文規定,但學說及實務均承認債之更改為債之消滅原因之一。

▲**【48臺上1208】** 上訴人將第三人所簽發之支票依背書交付與被上訴人,並未將被上訴人持有之借據收回或塗銷,顯係以負擔票據債務為使被

上訴人受清償之方法，票據債務既未因履行而消滅，則兩造間原有之消費借貸債務，自仍屬存在。

▲【97 臺上 52】惟按民法第 320 條規定：因清償債務而對於債權人負擔新債務者，除當事人另有意思表示外，若新債務不履行時，其舊債務仍不消滅。乃學說上所謂之新債清償，依該規定，其新債務不履行，舊債務仍不消滅。而同法第 319 條規定：債權人受領他種給付以代原定之給付者，其債之關係消滅。即學說上所稱之代物清償。依此規定，**代物清償係一種消滅債之方法，且為要物契約**，其成立除當事人之合意外，必須現實為他種給付，始生消滅債務關係之效力。兩者迥不相同。

▲【99 臺上 1583】按當事人為清償舊債務而成立之新債務，**究為舊債務消滅之債之更改，或舊債務不消滅之新債清償，端視雙方有無消滅舊債務之意思而定**。凡無舊債務消滅之合意者，若新債務不履行時，其舊債務仍不消滅，此係民法第 320 條本文規定新債清償之情形；倘另有消滅舊債務之意思表示，即屬同條除外規定債之更改之情形，不容混淆。是所謂借新還舊，於雙方無消滅舊債務之合意時，仍為新債清償，舊債務不因清償期、利息等非關償債之要素之變更而當然消滅。

第 321 條 （清償之抵充㈠——當事人指定）

對於一人負擔數宗債務，而其給付之種類相同者，如清償人所提出之給付，不足清償全部債額時，由清償人於清償時，指定其應抵充之債務。

介查民律草案第 437 條理由謂債務人對於同一債權人，負擔同種類的之數宗債務，其為清償而提出之給付，不足消滅總債務時，則其給付，究係抵充某債務，必須指定。本法認清償人有指定抵充某宗債務之權，所以保護債務人也。故設本條以明示其旨。

第 322 條 （清償之抵充㈡——法定抵充）

清償人不為前條之指定者，依左列之規定，定其應抵充之債務：

一　債務已屆清償期者，儘先抵充。

二　債務均已屆清償期或均未屆清償期者，以債務之擔保最少者，儘先抵充；擔保相等者，以債務人因清償而獲益最多者，儘先抵充；獲益相等者，以先到期之債務，儘先抵充。

三　獲益及清償期均相等者，各按比例，抵充其一部。

介查民律草案第 438 條理由謂清償人不指定抵充某種債務者，理論上債權人有指定之權利，債權人不為指定者，則依法律規定抵充之，各國雖有此立法例，然本法以債務人之指定清償抵充權，於實際上並非必要。若清償人不行使指定抵充權時，即使依法律規定抵充之，而依法律規定抵充者，須以無害債權人利益之範圍為限，又須保護債權人之利益。故設本條以明示其旨。

第 323 條 （不同種類債務之抵充順序）

清償人所提出之給付，應先抵充費用，次充利息，次充原本。其依前二條之規定抵充債務者，亦同。

介查民律草案第 440 條理由謂於原本外，尚須支付利息及費用者，若債務人之給付，不足消滅其全部債務，則先費用，次利息，再次原本，依次抵充之，以限制債務人之抵充指定權，而保護債權人之利益。此本條所由設也。

第 324 條 （受領證書給與請求權）

清償人對於受領清償人，得請求給與受領證書。

介查民律草案第 441 條理由謂欲知清償之正確，必使清償人對於受領清償人，得請求其交付受領證書以易自己之清償，方足以保護清償人之利益。故設本條以明示其旨。

第 325 條 （給與受領證書或返還債權證書之效力）

I關於利息或其他定期給付，如債權人給與受領一期給付之證書，未為他期之保留者，推定其以前各期之給付已為清償。

II如債權人給與受領原本之證書者，推定其利息亦已受領。

III債權證書已返還者，推定其債之關係消滅。

介謹按關於利息或其他定期之給付，事實上多係按照時種期先後而為清償，如債權人給與受領一期給付之證書，未為他期之保留者，推定其以前各

期之給付，已經清償。又依第 323 條之規定，債務人之清償，本應先充利息，後充原本。故既給與受領原本之證書，當然推定其利息亦已受領。又債權證書之返還，例須在清償債務之後，故已返還債權證書者，推定其債之關係為已消滅。此本條所由設也。

◇**定期給付**：基於一定的法律關係，經過相當期間間隔，依次發生一定之債之給付義務。例如：租金、贍養費、終身定期金之各期給付或紅利等。

第三款　提　　存

第 326 條　（提存之要件）
債權人受領遲延，或不能確知孰為債權人而難為給付者，清償人得將其給付物，為債權人提存之。

介查民律草案第 445 條理由謂債務人提出給付，而債權人拒絕受領，或不能確知孰為債權人，致債務人無從給付者，應使債務人得為債權人提存其標的物，而免其債務，方足以保護債務人之利益。此本條所由設也。

◇**提存**：清償人以消滅債務為目的，將給付物寄託於提存所，由提存所為債權人利益保管提存物。提存是一種兼具寄託與第三人利益之混合契約。提存亦屬一種消滅債之關係之方法。

▲【46 臺上 947】因不能確知孰為債權人而難為給付者，清償人固得將其給付物為債權人提存之，**惟其提存，除有雙務契約權人未為對待給付或提出相當擔保之情形外，不得限制債權人隨時受取提存物，否則即難謂依債務之本旨為之，不生清償之效力。**

第 327 條　（提存之處所）
提存應於清償地之法院提存所為之。

88一、依提存法第 1 條之規定，地方法院設提存所，辦理提存事務。故自提存法公布施行後，各地方法院均設有提存所，且在法院之外亦不再有獨立之提存所。爰將第 1 項修正為：「提存應於清償地之法院提存所為之。」以符實際。
二、又依提存法第 10 條第 2 項規定，如為清償提存，提存所應將提存通知書送達債權人。此項送達，依同條第 3 項規定，準用民事訴訟法關於送達之規定。是清償提存，提存所依法已通知債權人，似無由提存人再為通知之必要。況清償提存係因債權人受領遲延或不能確知孰為債權人而難

為給付者，始得為之。法律課提存人通知之義務，殊無實益，且對當事人權益之衡量，亦有失當之處，爰將第 2 項刪除。

◇**提存所**：指清償地之地方法院提存所，提存契約之相對人，屬國家機關。通說認為提存乃私法行為，是提存人與提存所間之契約。

第 328 條　（危險負擔之移轉）
提存後，給付物毀損、滅失之危險，由債權人負擔，債務人亦無須支付利息，或賠償其孳息未收取之損害。

介謹按提存之方法，亦消滅債務之重要原因也。清償之標的物提存後，債務人即不負提存物毀損滅失之責任，並不負支付利息及賠償其未收取孳息之責任。蓋給付物既經提存，則其毀損滅失之危險，自應由債權人負擔，從而債務人亦無須支付利息或賠償其孳息未收取之損害，所以貫徹其提存之效力也。故設本條以明示其旨。

◇**危險負擔**：參民法第 373 條之說明。

第 329 條　（提存物之受取及受取之阻止）
債權人得隨時受取提存物。如債務人之清償，係對債權人之給付而為之者，在債權人未為對待給付或提出相當擔保前，得阻止其受取提存物。

介謹按提存物者，債務人以消滅債務為目的，為債權人而提存之給付物也，則債權人對於此提存物，當然有受取之權利，然不得因此遽使債務人喪失其對於債權人所有之對待給付請求權。故在債權人未為對待給付或提出相當擔保前，債務人仍有阻止其受取提存物之權利，所以保護債務人之利益也。故設本條以明示其旨。

◇**提存物**：提存之標的物，須符合債之本旨，否則不生債之關係消滅之效力。現行提存法第 6 條規定之提存物限於動產。

◇**債權人之受取權**：債權人得隨時受取提存物，然如債權人之清償係對債權人之給付而為之，在債權人未為對待給付或提出相當擔保前，債務人得阻止其受取提存物。概念類似於民法第 264 條之同時履行抗辯權。

第 330 條　（受取權之除斥期間）
債權人關於提存物之權利，應於提存後十年內行使之，逾期其提存物歸屬國庫。

⑧⑧本條所定十年之期間，因有「不行使而消滅」字句，究為時效期間，抑為除斥期間，學者間見解不一。惟就期間經過後，即發生提存物歸屬於國庫之效果而觀，似以認係除斥期間較為正確。爰修正為「債權人關於提存物之權利，應於提存後十年內行使之，逾期其提存物歸屬國庫。」以示該十年之期間為除斥期間，俾杜爭議。

第 331 條　（提存價金㈠——拍賣給付物）

給付物不適於提存，或有毀損滅失之虞，或提存需費過鉅者，清償人得聲請清償地之法院拍賣，而提存其價金。

⑧⑧查法院組織法不採「初級法院」之用語，爰將「法院」上之「初級」二字刪除，以符實際。

第 332 條　（提存價金㈡——變賣）

前條給付物有市價者，該管法院得許可清償人照市價出賣，而提存其價金。

⇧謹按凡給付物之不適於提存，或有毀損滅失之虞，或提存需費過鉅者，如有市價，應許清償人按照市價出賣，而提存其價金，以省拍賣之手續，而期實際上之便利。此本條所由設也。

第 333 條　（提存等費用之負擔）

提存拍賣及出賣之費用，由債權人負擔。

⇧謹按提存之規定，本為債務人因債權人之受領遲延，或不能確知孰為債權人等情形，致不能以給付消滅債權時而設，故關於提存所需之費用，應由債權人負擔。至於拍賣及出賣，均為債權人之利益而設，則關於拍賣及出賣所需之費用，亦應由債權人負擔。此本條所由設也。

第四款　抵　銷

第 334 條　（抵銷之要件）

I.二人互負債務，而其給付種類相同，並均屆清償期者，各得以其債務，與他方之債務，互為抵銷。但依債之性質不能抵銷或依當事人之特約不得抵銷者，不在此限。

II.前項特約，不得對抗善意第三人。

⑧⑧一、債之內容，本可由當事人自由決定，因此當事人間就其債務若有不得抵銷之特約者，應排除關於抵銷權行使之規定。故參考日本民法第 505 條第 2 項之立法例，於但書增列「依當事人之特約不得抵銷」者，亦為互相抵銷之例外，並改列為第 1 項。

二、關於當事人以特約排除抵銷權行使之效力，究為絕對排除？抑為相對排除？學者見解不一。按第 294 條第 2 項「當事人不得讓與之特約，不得以之對抗善意第三人」之規定，乃為免第三人遭受不測之損害及保護交易之安全而設。基於同一理由，排除抵銷權行使之特約，當以不得對抗善意第三人為宜。故參考日本民法第 505 條第 2 項之規定，增列第 2 項規定。

◇**抵銷**：指兩人互負債務，其給付種類相同，並均屆清償期者，各得以其債務與他方之債務相互消滅之單獨行為。於符合抵銷之要件後，尚須債權人行使抵銷權，以意思表示向被抵銷人為之。抵銷為債之消滅原因之一，因同種債務其經濟價值相同，透過抵銷能減少雙方互為給付所生之不必要勞費，使債權迅速獲得滿足。

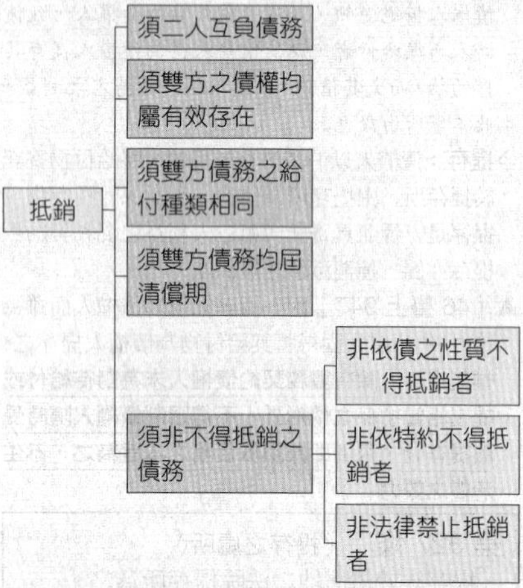

◇**二人互負債務**：就主動債權，須有請求權存在，故無請求權之自然債權、附停止條件而停止條件尚未成就之債權，均不得作為主動債權而主張抵銷。又附有同時履行抗辯權之債權亦不得作為主動債權，否則無異剝奪他方行使抗辯權之機會；就被動債權而言，僅附停止條件之債權不得作為被動債權而被抵銷。

主動債權	主張抵銷者對於他方所享有之債權，稱為主動債權
被動債權	他方對於主張抵銷者所享有之債權，稱為被動債權

◇給付種類相同：蓋因若種類不同，其經濟目的及價值各有不同，則抵銷難以達成其目的，亦不公平。通說認為清償地或清償期在所不問。

◇須雙方債務均屆清償期：原則上，必須雙方的債務都已經清償期屆至，但是主動債權（行使抵銷權一方的債權）清償期已經屆至，而被動債權（被主張抵銷一方的債權）的清償期尚未屆至者，則例外可以主張抵銷，因為只是主張抵銷者拋棄期限利益而已。

◇依債之性質不得抵銷者：如互相抵銷違反債之本旨或不符給付之目的時，即屬在性質上不能抵銷。例如相互不得競業之不作為義務或提供勞務之單純不作為義務。

▲【47臺上355】抵銷應以意思表示向他方為之，**其性質為形成權之一種**，為抵銷時既不須相對人之協助，亦無經法院裁判之必要。

▲【49臺上125】民法第334條所稱之抵銷，係以二人互負債務，而其給付種類相同並均屆清償期者為要件，故**得供債務人抵銷之債權，須為對於自己債權人之債權，而不得以對於他人之債權，對於債權人為抵銷**。

▲【50臺上291】抵銷為消滅債務之單獨行為，只須與民法第334條所定之要件相符，一經向他方為此意思表示即生消滅債務之效果，原不待對方之表示同意。

▲【50臺上1852】抵銷除法定抵銷之外，尚有**約定抵銷，此項抵銷契約之成立及其效力，除法律另有規定（如民法第400條以下交互計算之抵銷）外，無須受民法第334條所定抵銷要件之限制**，即給付種類縱不相同或主張抵銷之主動債權已屆清償期，而被抵銷之被動債權雖未屆清償期，惟債務人就其所負擔之債務有期前清償之權利者，亦得於期前主張抵銷之。

▲【67臺上1647】被告對於原告起訴主張之請求，提出抵銷之抗辯，祇須其對於原告確已具備抵銷要件之債權即可，至原告對於被告所主張抵銷之債權曾有爭執，或被告已另案起訴請求，均不影響被告抵銷權之行使。

▲【92臺上118】按二人互負債務，而其給付種類相同，並均屆清償期者，各得以其債務與他方之債務，互為抵銷，但依債之性質不能抵銷或依當事人之特約不得抵銷者不在此限，民法第334條第1項定有明文，而**主動債權之附有同時履行抗辯權者，性質上即不許抵銷，否則無異剝奪對方之抗辯權**。

第335條　（抵銷之方法與效力）

I.抵銷，應以意思表示，向他方為之。其相互間債之關係，溯及最初得為抵銷時，按照抵銷數額而消滅。

II.前項意思表示附有條件或期限者，無效。

介查民律草案第473條及第474條理由謂抵銷之方法，各國立法例亦不一致，有謂須依訴訟為之者，有謂法律上當然抵銷者，有謂須表示抵銷之意思者，本法則規定由當事人之一方向他方以意思表示為之，於實際上為之妥協，且於法律關係亦無煩雜之虞。至抵銷之效力，須以法律定之，以防無益之爭議。既經抵銷，即應就當事人雙方債務之相當額，溯及最初得為抵銷時，按照抵銷數額，使生消滅債務之效力，始足以貫徹抵銷之目的。所謂按照抵銷數額者，蓋因雙方債權數額，未必盡同，應以其相當數額為抵銷也。故設第1項以明示其旨。

謹按抵銷制度之設，原為節省清償之手續，於經濟上頗為有益，故必為單純之意思表示，不得以條件及期限，其意思表示，附條件及期限者，應視為無效。蓋以當事人一方之意思如有為條件或期限附之希望，則不能單純消滅其債務，而有背於法律設抵銷制度之本意也。故設第2項以明示其旨。

▲【29渝上1123】抵銷固使雙方債務溯及最初得為抵銷時消滅，惟雙方互負得為抵銷之債務，並非當然發生抵銷之效力，必一方對於他方為抵銷之意思表示而後雙方之債務乃歸消滅，此觀民法第335條第1項規定自明。故給付之訴之被告對於原告有得為抵銷之債權，而在言詞辯論終結前未主張抵銷，迨其敗訴判決確定後表示抵銷之意思者，其消滅債權人請求之事由，不得謂非發生在該訴訟言詞辯論終結之後，依強制執行法第14條之規定，自得提起執行異議之訴。

第336條　（清償地不同之債務之抵銷）

清償地不同之債務，亦得為抵銷。但為抵銷之人，應賠償他方因抵銷而生之損害。

介謹按抵銷者，雙方節省清償手續之方法也。故雖清償地不同之債務，亦得為抵銷。但他方因抵銷所生之損害，應使為抵銷之人賠償之，方為公允。此本條所由設也。

第 337 條　（時效消滅債務之抵銷）

債之請求權雖經時效而消滅，如在時效未完成前，其債務已適於抵銷者，亦得為抵銷。

介 謹按債之請求權雖經時效而消滅，若在時效未完成前，其債務已適於抵銷者，仍應使其得為抵銷，始足以保護債權人之利益。故設本條以示其旨。

第 338 條　（禁止抵銷之債㈠——禁止扣押之債）

禁止扣押之債，其債務人不得主張抵銷。

介 謹按禁止扣押之債，即維持債權人生活上所必要者，其債務人如得主張抵銷，則不足以貫徹法定禁止扣押之法意。故本條規定，禁止扣押之債，不許債務人主張抵銷，蓋以保護債權人之利益也。

◇ **禁止扣押之債**：例如：強制執行法第 122 條規定不得強制執行之債、公務人員退休法第 14 條之退休金債權或公務人員撫卹法第 13 條之撫恤金債權等，旨在保障債務人及其家屬之生活。僅有該債權之債務人不得主張抵銷，亦即禁止扣押之債不得作為被動債權而被主張抵銷之。

第 339 條　（禁止抵銷之債㈡——因侵權行為而負擔之債）

因故意侵權行為而負擔之債，其債務人不得主張抵銷。

介 查民律草案第 469 條理由謂因故意侵權行為而負擔之債，與他項債務之性質不同，必不許其抵銷，始足以保護債權人之利益。此本條所由設也。

◇ **因故意侵權行為負擔之債務**：本條旨在防止債權人憑藉其債權，故意侵害債務人，以故意發生之侵權行為債務主張抵銷，否則容易誘使債權人故意為侵權行為，有背於善良風俗。

▲ 【98 臺上 200】民法第 197 條第 2 項規定之不當得利返還，係考量損害賠償義務人如因侵權行為而受利益致被害人蒙受損害時，使被害人除有侵權行為之請求權外，亦應有不當得利之請求權，用以保護其利益。該二項請求權，法律上之性質雖然不同，但在訴訟上所據之原因事實則同屬因侵權行為而負擔債務之範疇。是該損害賠償義務人如因故意侵權行為而受利益致被害人受損害時，被害人於侵權行為損害賠償請求權時效完成後，再依上開條項規定以不當得利之請求權而為主張者，自仍有同法第 339 條因故意侵權行為而

負擔之債，其債務人不得主張抵銷規定之適用。

第 340 條　（禁止抵銷之債㈢——受扣押之債權）

受債權扣押命令之第三債務人，於扣押後，始對其債權人取得債權者，不得以其所取得之債權與受扣押之債權為抵銷。

介 謹按第三債務人，於債權扣押前，對債務人所取得之債權，雖得互相抵銷，若在扣押後，對於債務人所取得之債權，則彼此不得抵銷，如是始能達扣押之目的。例如甲對乙有債權，乙對丙亦有債權，甲因乙之不履行債務，訴請法院將乙對丙之債權扣押，禁止支付，嗣丙雖因他種原因，對乙取得債權，然不得主張與乙互相抵銷。蓋以乙對丙之債權，固已扣押在先也。故設本條以明示其旨。

◇ **扣押命令**：指執行法院依強制執行法第 115 條第 1 項之規定所發禁止第三人向債務人為清償之命令。本條規定旨在防止第三人對於執行程序中由執行法院發禁止命令後之債務，隨時創設新債權，再利用抵銷消滅經扣押之債權，而使扣押命令效力消滅。

第 341 條　（禁止抵銷之債㈣——向第三人為給付之債）

約定應向第三人為給付之債務人，不得以其債務，與他方當事人對於自己之債務為抵銷。

介 謹按當事人約定使債務人向第三人給付者，如許債務人以其債務，與他方當事人對於自己之債務為抵銷，則不特有反於當事人約定之目的，且將使第三人受不測之損害。故設本條以明示其旨。

第 342 條　（準用清償之抵充）

第 321 條至第 323 條之規定，於抵銷準用之。

介 查民律草案第 475 條理由謂抵銷制度，為省略清償程序而設，故關於抵充清償之法則，於抵銷亦當然準用之。此本條所由設也。

第五款　免　　除

第 343 條　（免除之效力）

債權人向債務人表示免除其債務之意思者，債之關係消滅。

☆查民律草案第480條理由謂債務免除之方法，各國之立法例，雖多以契約為據，然本法求實際上之便利，以債權人之單獨行為，即生債務免除之效力。此本條所由設也。

◇免除：免除係債權人對債務人所為，拋棄債權之單方意思表示，乃單獨行為，是形成權的一種。但債權人與債務人仍得以契約免除債務人之債務，即為免除債務。免除亦為債之消滅原因之一，一經免除者，債之關係全部消滅，其從權利或義務亦隨同消滅；但如僅為一部免除者，則僅有免除之部分消滅。

第六款　混　同

第344條　（混同之效力）

債權與其債務同歸一人時，債之關係消滅。但其債權為他人權利之標的或法律另有規定者，不在此限。

☆謹按因繼承及其他事由，其債權及債務同歸一人者，則其債之關係消滅，然不得因此而害及他人之權利。故其債權，若為他人權利之標的者，例如為質權之標的之物，則為保護他人利益計，不使債之關係消滅。其法律別有規定者，亦同。此本條所由設也。

◇混同：指債權與債務歸屬於同一人，而使債之關係原則上消滅的一種法律事實。

◇權利為他人之權利標的：在債權已成為第三人權利之標的，而發生債權債務歸屬同一人的情形，若債權與其債務因混同而消滅，第三人之利益將因此受影響時，此時，債權即例外地不因混同而消滅。例如：以債權作為權利質權之標的（民法第900條），為維護質權人利益，即使發生債權債務混同情形，其出質之債權也不因之消滅。

◇法律另有規定：例如：票據法第30條第2項規定匯票之受讓人得再為轉讓；公司法第167條、第186條規定公司得收回或買回自己公司之股份等。

▲【51臺上2370】債權人繼承債務人財產，適用民法第344條因混同而消滅其債之關係時，雖尚有其他共同繼承人，依民法第1153條發生連帶債務之關係，而就民法第274條，連帶債務中之一人因混同而消滅債務者，他債務人亦同免責任之規定觀之，自不影響於因混同而消滅之繼承債務之關係。惟其債權為設有抵押權者，則雖依民法第281條第2項，並參照同法第344條但書之

規定，在其得向他債務人求償其各自分擔之部分及自免責時起之利息範圍內承受債權人之權利，可就原抵押權關於此部範圍內，仍有其存在，然其抵押權所及之範圍，自亦僅以此為限，而非仍然存在於原來全部債權之上。

第二章　各種之債

第一節　買　　賣

第一款　通　　則

第345條　（買賣之定義及成立）

I.稱買賣者，謂當事人約定一方移轉財產權於他方，他方支付價金之契約。

II.當事人就標的物及其價金互相同意時，買賣契約即為成立。

☆謹按買賣者，謂當事人約定一方移轉財產於他方，他方支付價金之契約也，此為明示其成立之要件，故設第1項規定。凡契約之成立，祇須當事人雙方之意思表示互相一致，並不以具備何種之方式為要件，買賣契約，何獨不然。故當事人就買賣標的物及其價金互相同意時，買賣契約即成立。此第2項所由設也。

◇出賣人與買受人之義務

出賣人	1.移轉財產權 2.瑕疵擔保責任
買受人	1.支付價金 2.受領標的物

◇典型契約與非典型契約

典型契約	又稱有名契約，即民法中明文規定、依其類型賦予一定名稱之契約類型
非典型契約	又稱無名契約，即典型契約以外，法律所未規定者

◇雙務契約與單務契約

雙務契約	指雙方當事人互負對待給付義務、互為對價關係債務之契約。據此，衍生出同時履行抗辯權及危險負擔之法律關係
單務契約	又稱片務契約，指當事人一方負擔債務而他方無須負擔債務，或雙方雖均負擔債務，但其所負擔債務間無對價關係之契約，如贈與、保證、無償委任、使用借貸

▲【40臺上1482】當事人締結不動產買賣之債權契約，固非要式行為，惟**對於契約必要之點意思必須一致**。買賣契約以**價金及標的物**為其要素，價金及標的物，自屬買賣契約必要之點，苟當事人對此兩者意思未能一致，其契約即難謂已成立。

▲【61臺上964】契約有預約與本約之分，兩者異其性質及效力，**預約權利人僅得請求對方履行訂立本約之義務，不得逕依預定之本約內容請求履行，又買賣預約，非不得就標的物及價金之範圍先為擬定，作為將來訂立本約之張本，但不能因此即認買賣本約業已成立。**

▲【64臺上1567】**預約係約定將來訂立一定契約（本約）之契約。倘將來係依所訂之契約履行而無須另訂本約者，縱名為預約，仍非預約。**本件兩造所訂契約，雖名為「土地買賣預約書」，但買賣坪數、價金、繳納價款、移轉登記期限等均經明確約定，非但並無將來訂立買賣本約之約定，且自第3條以下，均為雙方照所訂契約履行之約定，自屬本約而非預約。

▲【80臺抗143】依強制執行法所為之拍賣，通說係解釋為買賣之一種，即債務人為出賣人，拍定人為買受人，而以拍賣機關代替債務人立於出**賣人之地位**（最高法院47年臺上字第152號及49年臺抗字第83號判例參照），故債務人若於其不動產被拍賣時再參加投標，則同時兼具出賣人與買受人之地位，與買賣須有出賣人與買受人兩個主體，因雙方意思表示一致而成立買賣契約之性質有違，自應解為**債務人不得參與應買**。

▲【83臺上3243】**買賣契約僅有債之效力，不得以之對抗契約以外之第三人。**因此在二重買賣之場合，出賣人如已將不動產之所有權移轉登記與後買受人，前買受人縱已占有不動產，後買受人仍得基於所有權請求前買受人返還所有物，前買受人即不得以其與出賣人間之買賣關係，對抗後買受人。

> **第346條**　（買賣價金）
> I.價金雖未具體約定，而依情形可得而定者，視為定有價金。
> II.價金約定依市價者，視為標的物清償時清償地之市價。但契約另有訂定者，不在此限。

介謹按買賣契約，當事人於買賣之標的物，業已互相同意，而於價金並未具體約定者，或價金雖經約定，而無一定價目，僅表示依照市價者，於此情形，不可不明文規定。本法明定價金雖未具體約定，而依情形可得而定者，視為定有價金。其價金約定依市價者，除契約另有訂定外，視為依標的物清償時清償地之市價，蓋期適用之便利，而免無益之爭論也。故設本條以示明其旨。

▲【47臺上1549】民法第346條第1、2兩項之規定，係以價金未具體約定或約定依市價者，始有其適用。若業經具體約定價金之額數，則以後市價縱有昇降，雙方當事人亦應受其拘束，不容任意變更。

> **第347條**　（有償契約準用買賣規定）
> 本節規定，於買賣契約以外之有償契約準用之。但為其契約性質所不許者，不在此限。

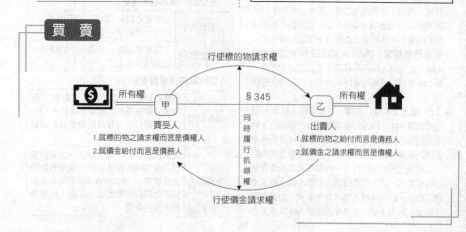

買　賣

行使標的物請求權

$\S 345$

所有權　甲　乙　所有權

買受人
1.就標的物之請求權而言是債權人
2.就價金給付而言是債務人

同時履行抗辯權

出賣人
1.就標的物之給付而言是債務人
2.就價金之請求權而言是債權人

行使價金請求權

↑查民律草案第 561 條理由謂有償契約中，以買賣契約最為重要，故於買賣設完全之規定，而準用於其他有償契約，以節繁複。此本條所由設也。

◇**有償契約**：指雙方當事人約定互負有對價之給付義務之契約。有償契約之重點在給付，雙務契約之重點在負擔債務。雙務契約必為有償契約，而有償契約非必為雙務契約，例如約定付息之消費借貸，即為有償的片務契約。

第二款　效　力

↑謹按本款規定出賣人與買受人之義務，交付價金之時地，標的物利益及危險之負擔，並買賣費用等，以示買賣之效力。

第 348 條　（出賣人之移轉財產權及交付標的物之義務）

I 物之出賣人，負交付其物於買受人，並使其取得該物所有權之義務。

II 權利之出賣人，負使買受人取得其權利之義務，如因其權利而得占有一定之物者，並負交付其物之義務。

↑謹按買賣以財產權之移轉為標的，不僅以移轉占有或擔保其處分權為標的。故所有權之出賣人，負交付標的物於買受人，並使買受人取得該物所有權之義務，其所有權以外權利之出賣人，負使買受人取得其權利之義務，如買受人因其權利而得占有一定之物者（如地上權之買受以占有其物為必要），出賣人並負交付其物之義務，否則買受人不能達其目的也。

▲【30 渝上 207】不動產之買受人對於出賣人，固有請求交付不動產及其他給付之權利，**然如當事人間移轉不動產所有權之契約，曾經有效成立，而買受人已有得向第三人主張之所有權，則依民法第 767 條、第 184 條第 1 項之規定，對於無權占有或侵奪其所有物者，得請求返還之。對於因故意或過失不法侵害其所有權者，得請求賠償其損害。此等請求權本與其對於出賣人之請求權獨立存在，不能以其對於出賣人別有請求權而排斥其行使。**

▲【30 渝上 441】不動產之出賣人於買賣契約成立後，本有使物權契約合法成立之義務，系爭之買賣契約，苟已合法成立，縱令移轉物權契約未經某甲簽名，欠缺法定方式，但**被上訴人為某甲之概括繼承人，負有補正法定方式，使物權契約**

合法成立之義務，自不得藉口該物權契約尚未合法成立，即請求確認買賣契約為不存在。

▲【30 渝上 1253】物之出賣人固有使買受人取得該物所有權之義務，惟買賣契約成立後，出賣人為二重買賣，並已將該物之所有權移轉於後之買受人者，移轉該物所有權於原買受人之義務即屬不能給付，原買受人對於出賣人僅得請求賠償損害，不得請求為移轉該物所有權之行為。

▲【32 上 5455】民法第 348 條所謂交付其物於買受人，即移轉其物之占有於買受人之謂。占有之移轉，依民法第 946 條第 2 項準用第 761 條之規定，如買賣之物由第三人占有時，出賣人得以對於第三人之返還請求權讓與買受人以代交付。故除有出賣人之交付義務，在第三人返還前仍不消滅之特約外，出賣人讓與其返還請求權於買受人時，其交付義務即為已經履行，買受人不得以未受第三人返還，為拒絕交付價金之理由。

▲【37 上 7645】買賣契約與移轉所有權之契約不同，出賣人對於出賣之標的物，不以有處分權為必要。

▲【40 臺上 1200】不動產買賣契約成立後，其收益權屬於何方，依民法第 373 條之規定，應以標的物已否交付為斷，與移轉登記已未完成無關。而**民法第 348 條所謂交付，即移轉其物之占有之謂，如買賣標的物由第三人占有時，依民法第 946 條第 2 項，準用第 761 條之規定，出賣人得以對於第三人之返還請求權讓與買受人以代交付**，且承租人如對前業主欠租，除原出租人於讓與前已拋棄其契約終止權，或於讓與後已免除承租人之交租義務外，受讓人仍得定期催告承租人向原出租人交租，如承租人逾期不交，亦得由受讓人行使其契約終止權，故受讓人以承租人欠租為原因而行使租約終止權時，並不以移轉登記後之欠租額為準據，倘前後欠租與土地法第 100 條第 3 款相符，又無其他特別情事，則以定期催告無效而聲明終止租約，即非無據。

▲【47 臺上 511】物之出賣人負交付其物於買受人，並使其取得該物所有權之義務，民法第 348 條第 1 項定有明文。所謂交付其物於買受人，即移轉其物之占有於買受人之謂，依民法第 946 條第 2 項準用第 761 條之規定，如買賣標的物由第三人占有時，出賣人固得以對於第三人之返還請求權讓與買受人以代交付。**第上訴人與買受人某甲締結買賣契約，當時既訂有應由上訴人收回出賣標的物亦即系爭工廠及土地後，再行交付與買**

受人某甲，並在交付前扣留上訴人一部價金之特約，則依此項特約之內容，上訴人就系爭工廠及土地，仍應負向占有之被上訴人收回交付買受人某甲之義務。在依約履行之前，其義務並不因已為所有權移轉之登記而消滅。

▲【71臺上5051】買賣並非處分行為，故公同共有人中之一人，未得其他公同共有人之同意，出賣公同共有物，應認為僅對其他公同共有人不生效力，而在締約當事人間非不受其拘束。苟被上訴人簽立之同意書，果為買賣，縱出賣之標的為公同共有土地，而因未得其他公同共有人之同意，對其他公同共有人不生效力。惟在其與上訴人間既非不受拘束，而如原審認定之事實，該土地其後又已因分割而由被上訴人單獨取得，則上訴人請求被上訴人就該土地辦理所有權移轉登記，尚非不應准許。

第 349 條　（權利瑕疵擔保㈠——權利無缺）

出賣人應擔保第三人就買賣之標的物，對於買受人不得主張任何權利。

☝謹按出賣人之義務，在擔保無第三人就買賣之標的物，對於買受人主張任何權利。若有，則出賣人應負除去之義務，所謂追奪擔保是也。故買受人基於買賣關係取得標的物後，設遇有第三人對於買受人主張標的物上之任何權利時，應由出賣人負其責任，以保護買受人之利益。但425條之情形，則為例外。此本條所由設也。

◇權利瑕疵擔保：指出賣人就買賣標的之權利瑕疵，應負擔保責任。包含權利無缺之擔保（第349條）及權利存在之擔保（第350條）。

◇主張權利瑕疵擔保的要件：

　1.瑕疵須於買賣契約成立時即已存在（自始權利瑕疵）。

　2.買受人對於權利之瑕疵係善意不知情。

　3.權利之瑕疵尚未補正除去。

▲【52臺上681】房屋之買賣無論房屋為違章建築與否，除其前手本身即為債務人外，在未為移轉登記前，凡因第三人就買賣標的物對於承買人主張權利，指由執行法院實施查封時，原出賣人既均負有擔保之義務，以排除第三人對於承買人之侵害參照民法第349條，則承買人本於民法第242條代位前手行使此項權利，要無不合。

▲【82臺上700】盜贓物之善意買受人，其對盜物之占有是否喪失，與其對出賣人主張盜贓物權

利之瑕疵擔保責任，係屬兩事，縱令買受人未喪失盜贓物之占有，亦非不得主張權利之瑕疵擔保。

第 350 條　（權利瑕疵擔保㈡——權利存在）

債權或其他權利之出賣人，應擔保其權利確係存在。有價證券之出賣人，並應擔保其證券未因公示催告而宣示為無效。

☝謹按債權或其他權利之出賣人對於買受人，應擔保其權利之確實存在。前者如甲寄存乙處米穀十石，乙以之出讓於丙，設甲對丙主張該米穀為自己所有之物，則乙應負賠償之責。後者如著作權之出賣，應由出賣人擔保其有專有權是也。若有價證券之出賣人，並應擔保其證券未因公示催告而宣示無效。例如甲所遺失之有價證券，已依公示催告程序，宣示證券無效，被乙拾得出賣於丙，則丙因買受其證券所受之損失，應由乙賠償之責也。本條特為保護買受人之利益而設此規定。

◇自始客觀不能之競合：例如：汽車於買賣契約訂立前即因火災而滅失，惟雙方皆不知而締約，該契約之效力為何？此屬「自始客觀不能」之契約，依民法第246條第1項本文之規定，買賣契約應為無效。惟有學說認為，第350條為第246條第1項之特別規定，故買賣契約仍為有效，僅係出賣人須負權利存在擔保責任。有學者認為，二者所規範之類型並不相同：第246條「自始客觀不能」之契約，係指契約標的在締約當時即已客觀不能，且其後亦無成為可能之機會（如本例之汽車）；然第350條係規定「債權或其他權利」之買賣，此時「債權」應係「其他權利」之例示，故解釋上自應符合債權之特徵——在締約當時雖係不能之給付，惟在履行前仍有成為可能的機會。

第 351 條　（權利瑕疵擔保之免除）

買受人於契約成立時，知有權利之瑕疵者，出賣人不負擔保之責。但契約另有訂定者，不在此限。

☝謹按權利之出賣人對於買受人，負有瑕疵擔保之義務，此屬當然之事。然於設立買賣契約之時，買受人已明知其權利有瑕疵者，則應認為拋棄對於出賣人之追奪擔保權，如契約別無訂定，出賣人即不負瑕疵擔保之責。故設本條以明示其旨。

▲【65臺上119】權利之出賣人，應擔保該權利無瑕疵，如出賣人主張買受人於契約成立時知權利有瑕疵，出賣人可不負擔保之責時，應由出賣

人就買受人之知情負舉證責任。

第 352 條　（債務人支付能力之擔保責任）

債權之出賣人對於債務人之支付能力，除契約另有訂定外，不負擔保責任。出賣人就債務人之支付能力，負擔保責任者，推定其擔保債權移轉時債務人之支付能力。

介謹按債權之出賣人對於債務人之支付能力，應否負追奪擔保之責，各國立法例不同，本法則以買賣當事人有契約訂定者為限，使出賣人負擔保之責。然則出賣人對於買受人擔保債務人之支付能力，應擔保債權移轉時之支付能力乎，抑應擔保債務履行時之支付能力乎，仍須依其特約而定。其特約擔保債務履行時之支付能力者，自當依其特約。若特約僅表示擔保支付能力，而未表示擔保何時之支付能力者，則應推定其為擔保債權移轉時之支付能力，以保護出賣人之利益。故設本條以明示其旨。

▲【32 上 5839】 債權之出賣人就債務人之支付能力，有民法第 352 條所稱之擔保責任時，惟於債務人無支付能力之際，應賠償買受人之損害，不負代為履行之責任。則無此項擔保責任時，買受人不得請求出賣人履行債務，尤不待言。

第 353 條　（權利瑕疵擔保不履行之處置）

出賣人不履行第三百四十八條至第三百五十一條所定之義務者，買受人得依關於債務不履行之規定，行使其權利。

介謹按出賣人對於第 348 條至第 351 條之各規定，皆應盡履行之義務，方足以保護買受人之利益。出賣人如不履行此種義務，則與債務人之不履行債務無異，此時買受人即得依照債務不履行之規定，行使其權利。所謂行使關於債務不履行所生之權利者，即契約解除權、違約金請求權、損害賠償請求權等是也。故設本條以明示其旨。

◇依關於債務不履行之規定：通說認為視出賣人不履行之義務內容而定。

出賣人不履行第 348 條給付義務	1.本條係**構成要件準用債務不履行規定** 2.須以出賣人具有可歸責事由方負擔賠償責任

出賣人不履行第 349 條至第 351 條權利瑕疵擔保義務	1.本條係**法律效果準用** 2.出賣人負無過失之擔保責任

通說認為應區分不履行之義務內容，如 1.出賣人不履行第 348 條給付義務者，則本條係**構成要件準用債務不履行規定**，須以出賣人具有可歸責事由方負擔賠償責任。2.出賣人不履行第 349 條至第 351 條權利瑕疵擔保義務者，則本條係法律效果準用，出賣人負無過失之擔保責任。

第 354 條　（物之瑕疵擔保責任）

I.物之出賣人對於買受人，應擔保其物依第三百七十三條之規定危險移轉於買受人時，無滅失或減少其價值之瑕疵，亦無滅失或減少其通常效用，或契約預定效用之瑕疵。但減少之程度無關重要者，不得視為瑕疵。

II.出賣人並應擔保其物於危險移轉時，具有其所保證之品質。

介查民律草案第 567 條理由謂買賣標的物之價值，或其通常之效用，有滅失或減少之瑕疵，應使出賣人負法律上之擔保責任，以維持交易上之誠實及信用。此第 1 項所由設也。又同律第 568 條理由謂關於買賣標的物品質之瑕疵，以當事人間有特約擔保其物實有確保品質者為限，使出賣人任擔保之責。此第 2 項所由設也。

◇危險移轉：指危險之實現係不可歸責於契約雙方當事人而應由何人負擔該危險之時點。當事人得以契約訂定危險移轉時點，若無特別約定，依第 373 條本文，以物之交付時為危險移轉時點。

◇物之瑕疵擔保之性質

擔保說（王澤鑑教授）	出賣人之給付義務係依第 348 條規定之「交付」並「移轉所有權」，不包含須給付無瑕疵之標的物，故若標的物自始具有瑕疵，亦非債務不履行範圍，僅係第 354 條以下「附加之擔保責任」的範圍
履行說（多數說）	出賣人之給付義務除依第 348 條規定之交付並移轉所有權，尚包含須給付「無瑕疵」之物，則此時「物之瑕疵擔保責任」本質上即為一種「特殊的債務不履行責任」

◇**買賣標的物交付前後的修補義務**

	擔保說	履行說
交付前	出賣人有修補瑕疵之權利，但不負修補義務，故除非另有合意，否則買受人不得請求修補	出賣人有修補瑕疵之權利，買受人亦得請求出賣人修補瑕疵
交付後	除非另有合意，否則出賣人不得要求修補瑕疵，買受人亦不得要求修補，而僅得依第 359 條以下規定，請求減少價金、解除契約、請求損害賠償或於種類物買賣時請求另行交付無瑕疵之物	出賣人仍享有修補權利，買受人亦享有請求修補之權利，此時**出賣人之「修補義務」成為物之瑕疵擔保責任的先位義務**

◇**主張物之瑕疵擔保之要件**：1.買賣標的物具有瑕疵。2.物之瑕疵在危險移轉時存在。3.買受人善意且無重大過失。4.買受人就受領標的物為檢查通知。

◇**標的物之公法上限制是物之瑕疵或權利瑕疵**：49 臺上 376 認為土地因公法上限制所具有之瑕疵，為「物之瑕疵」。惟有學者認為不可一概而論，須該公法上之限制係針對標的物本身之瑕疵作成者屬物之瑕疵（例如：建築物因老舊不堪使用而不准為家居之用以確保安全），抑或是存在於物之本身以外者屬權利之瑕疵（例如：土地本身完好，僅因都市計畫而限制建築）。

▲【29 上 826】㈠民法上關於出賣人應負物之瑕疵擔保責任之規定，係為補充當事人之意思表示而設，除當事人有免除擔保責任之特約外，出賣人當然有此責任，**不得謂當事人未訂有出賣人應負擔保責任之特約，出賣人即無此種責任**。㈡民法第 354 條第 1 項規定，物之出賣人對於買受人，應擔保其物依第 373 條之規定危險移轉於買受人時，無滅失或減少其價值之瑕疵，亦無滅失或減少其通常效用或契約預定效用之瑕疵。是依第 373 條之規定，危險移轉於買受人之時，有第 354 條第 1 項所稱之瑕疵者，雖在契約成立時此項瑕疵尚未存在，出賣人對於買受人，亦應負擔保之責。

▲【49 臺上 376】上訴人出賣與被上訴人之土地，登記之地目既為建築用地，依民法第 354 條第 1 項之規定，自負有擔保其物依第 373 條危險移轉於買受人時，無滅失或減少其價值之瑕疵，或減少通常效用或契約預定效用之瑕疵。茲系爭建地在交付前既屬於運河碼頭用地，依照都市計畫不得為任何建築，則不惟其通常效用有所減少，抑且減低經濟上之價值，從而被上訴人以此項瑕疵為原因，對上訴人解除買賣契約而請求返還定金及附加之利息，自為民法第 359 條、第 259 條第 1 款第 2 款之所許。

▲【73 臺上 1173】所謂物之瑕疵係指存在於物之缺點而言。凡依通常交易觀念，或依當事人之決定，認為物應具備之價值、效用或品質而不具備者，即為物有瑕疵，且不以物質上應具備者為限。若出賣之特定物所含數量缺少，足使物之價值、效用或品質有欠缺者，亦屬之。

▲【100 臺上 1468】按不完全給付，係指債務人所為之給付，因可歸責於其之事由，致給付內容不符債務本旨，而應負債務不履行損害賠償之責任；至物的瑕疵擔保責任，係指存在於物之缺點，乃物欠缺依通常交易觀念或當事人之決定，應具備之價值、效用或品質，所應負之法定無過失責任。**二者之法律性質、規範功能及構成要件均非一致，在實體法上為不同之請求權基礎，在訴訟法上亦為相異之訴訟標的**，法院於審理中自應視當事人所主張之訴訟標的之法律關係定其成立要件。又出賣人就其交付之買賣標的物有應負擔保責任之瑕疵，而其瑕疵係於契約成立後始發生，且因可歸責於出賣人之事由所致者，出賣人除負物的瑕疵擔保責任外，同時構成不完全給付之債務不履行責任，亦即此際物的瑕疵擔保責任與不完全給付之債務不履行責任，形成請求權競合之關係，當事人得擇一行使之。

▲【105 臺上 973】按民法第 354 條關於物之瑕疵擔保規定，原則上固於危險移轉後始有適用，但在特定物之買賣，該為買賣標的之特定物於危險移轉前，倘已有明顯之瑕疵而不能補正，或雖能補正而出賣人經買受人催告後仍不為補正者，應認為在危險移轉前買受人即得行使擔保請求權，並得拒絕給付相當之價金，以免往後之法律關係趨於複雜，損及買受人之權益。若買受人享有同時履行抗辯權，並經行使此抗辯權者，即可免除給付遲延之責任。

第 355 條　（物之瑕疵擔保責任之免除）

Ⅰ.買受人於契約成立時，知其物有前條第一項所稱之瑕疵者，出賣人不負擔保之責。

II.買受人因重大過失，而不知有前條第一項所稱之瑕疵者，出賣人如未保證其無瑕疵時，不負擔保之責。但故意不告知其瑕疵者，不在此限。

⇧謹按買受人於締結買賣契約時，若已明知標的物之價值或效用有滅失或減少之瑕疵，則是拋棄本於瑕疵而請求擔保之權利，不必使出賣人負其責任。又關於標的物之價值或效用，有滅失或減少之瑕疵，買受人因重大過失不知者，以出賣人曾經保證其無瑕疵為限，始負擔保之責，如未保證其無瑕疵時，出賣人即可不負責任。但出賣人明知標的物有瑕疵，而故意不告知買受人，則應使出賣人就其瑕疵，負擔保責任，蓋期確保交易之誠實及信用也。故設本條以明示其旨。

▲【49臺上2544】上訴人向被上訴人購買房屋時，已知該屋有一部分在必須拆除之列，乃不向市政府預為查詢明確，難謂無重大過失，而兩造所訂買賣契約，又未有出賣人保證該房屋絕無拆除危險之記載，依民法第355條第2項規定，被上訴人自不負擔保責任，即無賠償義務可言。

第356條　（買受人之檢查通知義務）

I.買受人應按物之性質，依通常程序從速檢查其所受領之物。如發見有應由出賣人負擔保責任之瑕疵時，應即通知出賣人。

II.買受人怠於為前項之通知者，除依通常之檢查不能發見之瑕疵外，視為承認其所受領之物。

III.不能即知之瑕疵，至日後發見者，應即通知出賣人，怠於為通知者，視為承認其所受領之物。

⇧謹按標的物之價值及效用，有無滅失或減少之瑕疵，在出賣人固應負瑕疵擔保之義務，在買受人亦應負檢查及通知之責任。其怠於通知者，除依通常之檢查不能發見之瑕疵外，應視為承認其所受領之物，蓋以對於標的物瑕疵之擔保，以從速決定為宜，不應使出賣人久負不可知之責任也。至標的物之瑕疵，非即時所能知，而於日後始行發見者，買受人對於出賣人，亦應負通知之責任。若發見瑕疵後，怠於通知，亦視為承認其所受領之物。此本條所由設也。

第357條　（檢查通知義務之排除）

前條規定，於出賣人故意不告知瑕疵於買受人者，不適用之。

⇧謹按依前條之規定，買受人負檢查通知之義務，有怠於通知之制裁，此指出賣人不知標的物有瑕疵時而言。若出賣人明知標的物有瑕疵，而故意不向買受人告知，則有違交易上之誠實及信用，即不適用前條規定，仍應使出賣人負擔保之責，蓋以保護買受人之利益也。

第358條　（異地送到之物之保管、通知、變賣義務）

I.買受人對於由他地送到之物，主張有瑕疵，不願受領者，如出賣人於受領地無代理人，買受人有暫為保管之責。

II.前項情形，如買受人不即依相當方法證明其瑕疵之存在者，推定於受領時為無瑕疵。

III.送到之物易於敗壞者，買受人經依相當方法之證明，得照市價變賣之。如為出賣人之利益，有必要時，並有變賣之義務。

IV.買受人依前項規定為變賣者，應即通知出賣人。如怠於通知，應負損害賠償之責。

88一、第1項及第2項未修正。

二、易於敗壞之物，若須經物之所在地之有關機關之許可，始得變賣，恐在時間上難以濟急，為便捷計，爰將「經物之所在地官署、商會、或公證人之許可」修正為「經依相當方法之證明」，僅須由買受人經依相當方法證明物之易於腐敗，即可變賣。又為兼顧出賣人及買受人雙方權益，變賣宜依市價為之，爰修正第3項。

三、第4項未修正。

◇變賣：送到之物性質上易於敗壞者，若經買受人依相當方法證明瑕疵之存在而不願受領，為避免損失擴大，賦予買受人較拍賣更為簡便之變賣權。

第359條　（物之瑕疵擔保效力㈠──解約或減少價金）

買賣因物有瑕疵，而出賣人依前五條之規定，應負擔保之責者，買受人得解除其契約或請求減少其價金。但依情形，解除契約顯失公平者，買受人僅得請求減少價金。

⇧謹按買賣因物有瑕疵，而出賣人依前五條之規定，應負擔保之責者，於此情形，或退還原物而解除買賣契約，或欲受領其物而減少價金，買受人均有自由選擇之權。但依買賣之情形，其解除契約顯失公平，如限於特定事項所需之物，契約解除，

民法

第二編　債

（第三六○條）

即難銷售者，買受人即不得解除契約，僅得請求減少價金，蓋一方保護買受人之利益，一方仍顧及出賣人之損失也。故設本條以明示其旨。

◇**解除契約顯失公平者**：出賣人應依規定負瑕疵擔保責任者，買受人得解除契約或請求減少價金，兩者得擇一行使，惟基於衡平法理，如解除契約對出賣人之損害遠大於買受人因瑕疵所生之損害時，買受人僅得請求減少價金。

◇**請求減少價金**：通說及實務認為屬於形成權。

▲【67臺上3898】因買賣之標的物有瑕疵而解除契約，請求返還價金，與因解除契約顯失公平，僅得請求減少價金，在實體法上為兩種不同之請求權，在訴訟法上為兩種不同之訴訟標的，法院不得將原告基於解除契約所為返還價金之請求，依職權改為命被告減少價金之判決。

▲【87臺簡上10】買受人依民法第359條規定所得主張之價金減少請求權，一經買受人以意思表示行使，出賣人所得請求之價金，即於應減少之範圍內縮滅之。換言之，**出賣人於其減少之範圍內，即無該價金之請求權存在**。

▲【77年第7次民事庭會議決議】**出賣人就其交付之買賣標的物有應負擔保責任之瑕疵，而其瑕疵係於契約成立後始發生**，且因可歸責於出賣人之事由所致者，則出賣人除負物之瑕疵擔保責任外，同時構成不完全給付之債務不履行責任。買受人如主張：一、**出賣人應負物之瑕疵擔保責任**，依民法第360條規定請求不履行之損害賠償；或依同法第364條規定請求另行交付無瑕疵之物，則在出賣人為各該給付以前，買受人非不得行使同時履行抗辯權。二、**出賣人應負不完全給付之債務不履行責任者**，買受人得類推適用民法第226條第2項規定請求損害賠償；或類推適用給付遲延之法則，請求補正或賠償損害，並有民法第264條規定之適用。又種類之債在特定時，**即存有瑕疵者，出賣人除應負物之瑕疵擔保責任外，並應負不完全給付之債務不履行責任**。

▲【86臺上1615】按民法第359條規定：「買賣因物有瑕疵，而出賣人依前五條之規定，應負擔保之責者，買受人得解除其契約，或請求減少其價金。」旨在兼顧買賣雙方之利益與損失。是**買受人請求減少之價金數額，自應依同品質物品之市場價值與系爭瑕疵物之買賣價金並其減少後之實際價格相比較，以為計算之基準**。倘買賣當時之價金與市價相當，固應以市價扣除瑕疵物品之實際價值，為買受人所得主張減損價值損失之數

額。倘買賣價金較市價為低時，不問出賣人是否有將瑕疵物品減損之價值扣除之意，如仍以市價扣除實際價值以為計算其減少之價值損失數額，則失諸公平。是以法院於計算買受人得請求之減少價金數額時，自應先調查買賣當時之市價與買賣價金是否相當，方能為適當之裁量。

▲【93臺上80】買賣因物有瑕疵，而出賣人依民法第354條至第358條之規定，應負擔保之責者，買受人得解除其契約，或請求減少其價金。但依情形，解除契約顯失公平者，買受人僅得請求減少價金。固為民法第359條所明定。**惟所謂「顯失公平」，應就買賣雙方因契約解除所生損害或所得利益，加以衡量，非得僅以其使用現況影響輕微，遽認買受人之損害較小，進而謂買受人解除契約有失公平**。

▲【95臺上2192】按買賣因物有瑕疵，而出賣人應負擔保之責者，除有顯失公平之情形外，買受人得解除契約，民法第359條規定甚明。**買受人此項解除權，為特殊的法定解除權，無待於催告出賣人先行修補瑕疵，即得行使**。又有關瑕疵擔保之規定，原則上於危險移轉後，始有適用，**但在危險移轉前，買受人已發覺其物有瑕疵，倘出賣人無法提出無瑕疵物，或擔保除去該瑕疵後給付，則買受人亦有拒絕受領瑕疵物之權利，並解除契約**。

▲【102臺再19】按物之出賣人就其交付之買賣標的物，有應負瑕疵擔保責任或不完全給付之債務不履行責任，買受人固得請求出賣人補正或賠償損害，並得依民法第264條規定行使同時履行抗辯權；**惟行使同時履行抗辯拒絕給付部分，應與出賣人應負之瑕疵補正或損害賠償責任「相當」，若買受人應為之給付與出賣人之瑕疵補正或損害賠償責任顯然不相當，且其給付為可分，則其同時履行抗辯之範圍應受「相當」之限制，不得遽以拒絕全部之給付**。

第360條　（物之瑕疵擔保效力（二）──請求不履行之損害賠償）

買賣之物，缺少出賣人所保證之品質者，買受人得不解除契約或請求減少價金，而請求不履行之損害賠償。出賣人故意不告知物之瑕疵者，亦同。

介查民律草案第572條理由謂其出賣人就標的物之品質，特約擔保者，視為因此所生之一切結果，

皆有擔保之意，故使買受人得請求不履行之損害賠償，以代契約之解除，或減少價金之請求。出賣人明知有瑕疵而故意不告知買受人者，亦使買受人得請求不履行之損害賠償，以代契約之解除，或減少價金之請求，以保護買受人之利益。此本條所由設也。

◇**缺少保證之品質**：第 354 條第 2 項規定出賣人應擔保買賣標的物於危險移轉時，具有保證之品質，未達到保證之品質，就是缺少保證品質。

◇**損害賠償**：於物有瑕疵時，買受人得選擇請求損害賠償，但損害賠償請求權以出賣人缺少保證品質或故意不告知瑕疵為其主觀要件。

◇**損害賠償的範圍**：多數見解認為，**包含履行利益及固有利益**；但有學者主張僅限於「履行利益」，而固有利益之賠償應以締約上過失、積極侵害債權、侵權行為或消保法等有關規定請求，因為固有利益賠償之必要性與妥當性，不在於出賣人之保證或故意不告知物之瑕疵，而在於出賣人不得利用買賣契約之締結或履行的機會，故意或過失而施加損害於買受人。

▲【46 臺上 689】被上訴人出賣系爭房屋於上訴人，當時縱曾告知該房屋係屬違章建築，未能辦理所有權登記情事，亦僅危險負擔移轉與上訴人後，政府機關命令拆除時，不負擔保責任而已，**至其他瑕疵擔保責任，仍不因此而免除。**

第 361 條 　（解約催告）
I.買受人主張物有瑕疵者，出賣人得定相當期限，催告買受人於其期限內是否解除契約。
II.買受人於前項期限內不解除契約者，喪失其解除權。

⇧查民律草案第 574 條理由謂買賣契約，是否因標的物之瑕疵而解除，此不確定之狀態也。除去不確定之狀態，為出賣人必要之行為，故使出賣人得依定期催告除去之。此本條所由設也。

第 362 條 　（解約與從物）
I.因主物有瑕疵而解除契約者，其效力及於從物。
II.從物有瑕疵者，買受人僅得就從物之部分為解除。

⇧謹按依從物附隨於主物之例，如買賣契約之標的物，其主物因有瑕疵而解除契約者，其效力及於

從物。若僅從物有瑕疵，則買受人僅得就從物之部分而為解除，其效力不得及於主物。故設本條以明示其旨。

第 363 條 　（數物併同出賣時之解除契約）
I.為買賣標的之數物中，一物有瑕疵者，買受人僅得就有瑕疵之物為解除。其以總價金將數物同時賣出者，買受人並得請求減少與瑕疵物相當之價額。
II.前項情形，當事人之任何一方，如因有瑕疵之物，與他物分離而顯受損害者，得解除全部契約。

⇧謹按為買賣標的之數物中，如僅一物有瑕疵者，買受人僅得就有瑕疵之一物解除契約，其數宗買賣之標的物，係以總價金買受者。並得請求減少與瑕疵物相當之價額。例如買賣米五十石，價金五百元，麵粉一百袋，價金五百元，如發見麵粉有瑕疵，買受人即得對麵粉部分解除契約，而單為米之買受。若米與麵粉，係以總價金一千元購入者，則僅得減少麵粉相當之價額，不必全部解除契約也。依此情形，當事人之任何一方，如因有瑕疵之物，與他物分離而顯受損害者，得解除全部契約。例如買古對聯一副，其一聯有瑕疵，而僅餘一聯，亦即無懸掛之價值，則應許其解約是也。故設本條以明示其旨。

第 364 條 　（瑕疵擔保之效力——另行交付無瑕疵之物）
I.買賣之物，僅指定種類者，如其物有瑕疵，買受人得不解除契約或請求減少價金，而即時請求另行交付無瑕疵之物。
II.出賣人就前項另行交付之物，仍負擔保責任。

⇧謹按買賣之標的物，僅指定種類者，如其有瑕疵，得使買受人即時請求另行交付無瑕疵之物，以省解除契約，或請求減少價金之煩，蓋以計當事人之便利也。但對於另行交付之物，仍須使出賣人負瑕疵擔保之責任，方足以保護買受人之利益。故設本條以明示其旨。

◇**另行交付請求權**：僅限種類之物之買賣，因為種類之物具有可替代性，因此買受人於發現交付之種類物有瑕疵時，得請求另行交付無瑕疵之物。

◇**瑕疵之補正**：通說認此非瑕疵之補正，蓋瑕疵補

正請求權乃債務不履行之範疇。

◇**物之瑕疵擔保效力之競合**：與減少價金、解除契約、損害賠償四者間為選擇之債。例如：出賣人因買受人之請求而同意另交付無瑕疵之物時，買受人之選擇即因而確定而不得撤回，且同時喪失其他瑕疵擔保請求權。

▲【87 臺上 125】按買賣之物，僅指定種類者，如其物有瑕疵，買受人得不解除契約或請求減少價金，而即時請求另行交付無瑕疵之物。民法第364 條第 1 項定有明文。是**種類之債在特定時，即存有瑕疵者，出賣人除應負物之瑕疵擔保責任外，並應負不完全給付之債務不履行責任。此際，出賣人應負之責任係屬併存，買受人得選擇行使**。給付物品質上有瑕疵，如買受人已受領者，得返還有瑕疵之物而請求更換。惟出賣人因買受人之請求同意另交付無瑕疵之物時，買受人之選擇因已確定不得撤回，而同時喪失其他瑕疵擔保請求權。

第 365 條　（解除權或請求權之消滅）

I.買受人因物有瑕疵，而得解除契約或請求減少價金者，其解除權或請求權，於買受人依第三百五十六條規定為通知後六個月間不行使或自物之交付時起經過五年而消滅。

II.前項關於六個月期間之規定，於出賣人故意不告知瑕疵者，不適用之。

⑱一、由於現代科技發達，有許多建築物、土地上之工作物或工業產品之瑕疵，不易於短期間內發現。原條文規定因物之瑕疵而生之契約解除權或減少價金請求權，於物之交付後六個月間，不行使而消滅，似嫌過短，且無法與第 356 條之規定配合。為更周密保障買受人權益，本條解除權或請求權發生消滅效果之期間之起算點，宜由買受人依第 356 條規定為通知時起算六個月，始為允當。又為使權利狀態早日安定，爰參考瑞士債務法第 219 條第 3 項，增列「其解除權或請求權，於買受人依第 356 條規定為通知後六個月間不行使或自物之交付時起經過五年而消滅。」，第 1 項修正如上。

二、出賣人故意背於交易之誠實及信用，而不告知物之瑕疵時，買受人應受保護，其解除權或請求權，不受前項關於通知後六個月期間之限制。惟如自物交付時起經過五年而未行使，仍為消滅。爰修正第 2 項。

◇**除斥期間**：通說認本條係規定第 359 條減少價金請求權及契約解除權之權利的行使期間，該權利屬於形成權，因此本規定之期間為除斥期間。

◇**第 360 、364 條之期間是否類推適用第 365 條？**

學說	第 365 條係為儘速確定物之瑕疵擔保責任之法律關係，故第 360 條損害賠償請求權及第 364 條另行交付無瑕疵之物請求權之權利行使期間應類推適用之
實務	買受人因物有瑕疵，而得解除契約或請求減少價金者，其解除權或請求權，於物之交付後六個月間，不行使而消滅。民法第 365 條第 1 項定有明文。可知本此條文之規定，於物之交付後六個月間，不行使而消滅者，僅契約解除權及減少價金請求權而已，並未及於損害賠償請求權。故第 360 條及第 364 條之請求權僅能適用第 125 條消滅時效十五年之一般規定(89 臺上 1534 參照)

▲【99 臺再 37】**買受人依民法第 360 條規定請求不履行之損害賠償，民法未定其消滅時效或除斥期間，學說上固有主張應適用同法第 365 條之規定；惟亦有認為此項損害賠償請求權，性質上既為債務不履行之損害賠償請求權，自應與一般債務不履行作同一解釋，而適用同法第 125 條規定之十五年消滅時效期間**。則上述法律見解在學說上係諸說併存且尚無法規判解可據，原確定判決認再審被告依民法第 360 條規定，請求再審原告賠償債務不履行之損害，無 88 年 4 月 21 日修正前民法第 365 條第 1 項規定之適用，自不得指為用法錯誤。

第 366 條　（免除或限制擔保義務之特約）

以特約免除或限制出賣人關於權利或物之瑕疵擔保義務者，如出賣人故意不告知其瑕疵，其特約為無效。

仚查民律草案第 584 條理由謂瑕疵擔保之義務，因買受人之利益而設，故有免除義務或加以限制之特約，當然有效。若出賣人故意不告知物之瑕疵，則違交易上之誠實及信用，雖有免除或限制特約，仍應認為無效。此本條所由設也。

◇**免除或限制擔保義務之特約**：民法關於瑕疵擔保之規定為任意規定，當事人可以特約排除，免

除或限制出賣人之擔保責任，以分配契約之風險。惟須注意該特約是否有違任意規定之立法意旨，即給付相當性。另者係以定型化契約免除，該部分因第 247 條之 1 之規定而無效。

第 367 條　（買受人之義務）
買受人對於出賣人，有交付約定價金及受領標的物之義務。

〿謹按買受人對於出賣人之義務有二：一為交付約定之價金，一為受領所買之標的物，此為當然之事。故設本條以明示其旨。

▲【32 上 2055】不動產之買受人雖未支付價金，而依物權法之規定，**出賣人移轉所有權於買受人之法律行為已生效力者，自不能因買受人尚未交付價金，即謂其所有權未曾取得。**

▲【41 臺上 1560】買賣契約成立後，買受人應負交付約定價金於出賣人之義務，既為民法第 367 條所明定，則**買受人對於出賣人所交付之價金，在買賣契約未失其效力之前，自無返還請求權。**

▲【64 臺上 2367】買受人對於出賣人有受領標的物之義務，為民法第 367 條所明定，故**出賣人已有給付之合法提出而買受人不履行其受領義務時，買受人非但陷於受領遲延，並陷於給付遲延，出賣人非不得依民法第 254 條規定據以解除契約。**

第 368 條　（價金支付拒絕權）
I.買受人有正當理由，恐第三人主張權利，致失其因買賣契約所得權利之全部或一部者，得拒絕支付價金之全部或一部。但出賣人已提出相當擔保者，不在此限。
II.前項情形，出賣人得請求買受人提存價金。

〿查民律草案第 596 條理由謂買受人恐第三人在標的物上主張權利，而失其所受權利之全部或一部者，如有正當理由，應使其得拒絕價金全部或一部之支付，以保護其利益。但出賣人已提供相當之擔保，則不得拒絕支付。又出賣人若請求提存價金，亦應許之，以保護出賣人之利益。此本條所由設也。

▲【59 臺上 4368】民法第 368 條所定「買受人有正當理由，恐第三人主張權利，致失其因買賣契約所得權利之全部或一部者，得拒絕支付價金

之全部或一部」，並**不以出賣物業已交付，而排除其適用。**

第 369 條　（標的物與價金交付時期）
買賣標的物與其價金之交付，除法律另有規定或契約另有訂定，或另有習慣外，應同時為之。

〿謹按買賣之標的物，與其價金之交付，原則上應使同時為之，俾符當事人之意思。若法律別有規定，或契約別有訂定，或另有習慣者，則應從其所定。此本條所由設也。

第 370 條　（價金交付期限之推定）
標的物交付定有期限者，其期限，推定其為價金交付之期限。

〿謹按關於買賣標的物之交付定有期限者，其交付標的物之期限，推定其為價金交付之期限，庶合於當事人之意思。蓋依前條之規定，買賣標的物與其價金之交付，本應同時為之也。故設本條以明示其旨。

第 371 條　（價金交付之處所）
標的物與價金應同時交付者，其價金應於標的物之交付處所交付之。

〿查民律草案第 594 條理由謂應於買賣標的物之交付時支付價金者，應使其於標的物交付處所支付價金，以節勞力。此本條所由設也。

第 372 條　（依重量計算價金之方法）
價金依物之重量計算者，應除去其包皮之重量。但契約另有訂定或另有習慣者，從其訂定或習慣。

〿謹按價金之支付，應依標的物之重量計算者，其包皮之重量，應除去之，方合於真實之事理。但契約另有訂定或另有習慣者，則當從其訂定或習慣，俾符當事人之意思。此本條所由設也。

第 373 條　（標的物利益與危險之承受負擔）
買賣標的物之利益及危險，自交付時起，均由買受人承受負擔。但契約另有訂定者，不在此限。

〿謹按買賣之標的物，於其交付前，因天災及其他不可抗力而滅失毀損者，損失應歸何人負擔，古

民法

第二編　債

（第三七四條）

來學說聚訟，各國立法例亦不一致，此所謂危險擔保之問題是也。本法明定買賣之標的物，除契約另有訂定外，其利益及危險，應自交付時起，均使買受人承受負擔，所以杜無益之爭論也。

◇**危險負擔**：指危險之出現係不可歸責於契約雙方當事人時，應由何人負擔該危險而言。此時視其危險類型而分別適用第 225 條第 1 項（**給付危險，由買受人負擔**）與第 266 條第 1 項（**價金危險，由出賣人負擔**）。

◇**危險之移轉**：參第 354 條之說明。

◇**利益與危險**

利益	指買賣標的物之「使用利益」如天然孳息、法定孳息等，不及於損害賠償或代替利益
危險	此係指價金危險，因為給付危險原則上由買受人承擔、價金危險原則上由出賣人承擔，本條規定於標的物交付後，移轉由買受人負擔者，自然係指原由出賣人負擔之價金危險

◇**本條之「交付」**：實務認為，第 761 條之四種交付方法均涵蓋在內（44 臺上 828）；惟有學者認為應僅限於買受人現實上取得物之管領者，在占有改定及指示交付之情形，尚須斟酌買賣雙方是否就占有改定及指示交付取代現實交付有合意。

▲【33 上 604】不動產買賣契約成立後，其收益權屬於何方，依民法第 373 條之規定，應以標的物已否交付為斷。**所有權雖已移轉，而標的物未交付者，買受人仍無收益權。所有權雖未移轉，而標的物已交付者，買受人亦有收益權。**

▲【40 臺上 1200】不動產買賣契約成立後，其收益權屬於何方，依民法第 373 條之規定，應以標的物已否交付為斷，與移轉登記已未完成無關。而民法第 348 條所謂交付，即移轉其物之占有之謂，**如買賣標的物由第三人占有時，依民法第 946 條第 2 項，準用第 761 條之規定，出賣人得以對於第三人之返還請求權讓與於買受人以代交付**，且承租人如對前業主欠租，除原出租人於讓與前已拋棄其契約終止權，或於讓與後已免除承租人之交租義務外，受讓人得定期催告承租人向原出租人交租，如承租人逾期不交，亦得由受讓人行使其契約終止權，故受讓人以承租人欠租為原因而行使租約終止權時，並不以移轉登記後之欠租額為準據，倘前後欠租與土地法第 100 條第 3 款相符，又無其他特別事情，則以定期催告無效而聲明終止租約，即非無據。

▲【44 臺上 828】買賣標的物之利益及危險，自交付時起，由買受人負擔，固為民法第 373 條所明定。但該條所謂交付，並非以現實交付為限，**亦可準照同法第 946 條第 2 項、第 761 條第 3 項規定，讓與返還請求權以代交付。**

▲【81 年第 19 次民事庭會議決議】80 年度第 4 次民庭會議決議㈠文字修正為：買受人向向賣人買之某筆土地，在未辦妥所有權移轉登記前，經政府依法徵收，其補償地價由出賣人領取完畢，縱該土地早已交付，**惟民法第 373 條所指之利益，係指物之收益而言，並不包括買賣標的物滅失或被徵收之代替利益損害賠償或補償地價在內**，且買受人自始並未取得所有權，而出賣人在辦畢所有權移轉登記前，仍為土地所有人，在權利歸屬上，其補償地價本應歸由出賣人取得，故出賣人本於土地所有人之地位領取補償地價，尚不成立不當得利。但買受人非不得類推適用民法第 225 條第 2 項之規定，請求出賣人讓與該補償地價。

▲【102 臺上 805】不動產買賣契約成立後其收益權屬於何方，依民法第 373 條之規定，應以標的物之否交付即是否移轉其物之占有為斷；**如出賣人於買賣契約成立後，尚未交付其標的物，買受人即逕行占有該標的物，其占有仍屬無權占有。**

第 374 條　（標的物送交清償地以外處所之危險負擔）

買受人請求將標的物送交清償地以外之處所者，自出賣人交付其標的物於為運送之人或承攬運送人時起，標的物之危險，由買受人負擔。

⑧現行條文「運送承攬人」解釋上不以承攬運送人為限，舉凡運送人、其他選定運送之人或運送機構，均包括在內，為求明確，爰將「運送承攬人」修正為「運送之人或承攬運送人」（德國民法第 447 條參考）。

◇**代送買賣**：指買受人指定清償地以外之處所，請求出賣人將標的物送交該地者（非變更清償地），由於出賣人本無此義務，僅係為兼顧雙方利益而認出賣人不得拒絕該請求，立法者對於此種恩惠行為，特別使價金危險負擔提前移轉，於標的物交付運送時，危險即已移轉。

第 375 條　（交付前負擔危險之買受人費用返還義務）

Ⅰ標的物之危險，於交付前已應由買受人負擔者，出賣人於危險移轉後，標的物之交付前，所支出之必要費用，買受人應依關於委任之規定，負償還責任。

Ⅱ前項情形，出賣人所支出之費用，如非必要者，買受人應依關於無因管理之規定，負償還責任。

↪查民律草案第 602 條理由謂關於買賣標的物之危險，於其交付前移轉於買受人者，如不動產之買賣，買受人在交付前為登記或有特約是也。此等情形，出賣人若就買賣標的物所支出之費用，應使買受人賠償之，且費用賠償範圍，以是否必要而異。此本條所由設也。

第 376 條　（出賣人違反關於送交方法特別指示之損害賠償）

買受人關於標的物之送交方法，有特別指示，而出賣人無緊急之原因，違其指示者，對於買受人因此所受之損害，應負賠償責任。

↪謹按買受人關於標的物之送交方法，有特別指示者，出賣人應依其方法而為送交，否則買受人因此所生之損害，應使出賣人負賠償之責任，以保護買受人之利益。但出賣人違背指示送交之方法，係出於緊急之原因者，則不使負賠償之責。故設本條以示其旨。

第 377 條　（以權利為買賣標的之利益與危險之承受負擔）

以權利為買賣之標的，如出賣人因其權利而得占有一定之物者，準用前四條之規定。

↪謹按前四條之規定，均關於物之買賣交付之責任。若以權利為買賣之標的，本無有體物可以交付，自難適用物之交付之規定。然權利之出賣人，因其權利而得占有一定之物者（例如地上權之買賣），其負交付其物之義務，與物之出賣必須交付其物者無異，故準用關於物之交付責任之規定。此本條所由設也。

第 378 條　（買賣費用之負擔）

買賣費用之負擔，除法律另有規定或契約

另有訂定或另有習慣外，依左列之規定：

一　買賣契約之費用，由當事人雙方平均負擔。

二　移轉權利之費用、運送標的物至清償地之費用及交付之費用，由出賣人負擔。

三　受領標的物之費用、登記之費用及送交清償地以外處所之費用，由買受人負擔。

↪謹按第 375 條，係關於標的物交付前所支出費用之規定，本條係關於因買賣所生一切費用之規定。此種買賣費用之負擔，如法律別無規定，契約別無訂定，習慣亦無可依據者，應視其利益及義務之所在，而定其負擔費用之人，蓋以免無益之爭議，而期事理之公平也。

第三款　買　回

↪謹按關於買回之性質，學說不一，各國立法例亦不同。德國舊民法認買回為新買賣，新民法認為權利之保留，法、日民法則認為買賣契約之解除。本法採德國新民法之法例，亦認買回為保留買賣契約解除權之特約，故設本款之規定。

第 379 條　（買回之要件）

Ⅰ出賣人於買賣契約保留買回之權利者，得返還其所受領之價金，而買回其標的物。

Ⅱ前項買回之價金，另有特約者，從其特約。

Ⅲ原價金之利息，與買受人就標的物所得之利益，視為互相抵銷。

↪謹按買回契約，為保留權利之特約，故出賣人欲保留買回權利，須於買賣契約時訂立特約，方得享有買回權。又出賣人必須返還出賣時所領受之價金，否則不許買回。故設第 1 項以明其旨。前項買回之價金，應與出賣時之價金數額相同，此屬當然之事，然當事人訂有特約者，應以特約所定之數額為準。故設第 2 項以明其旨。又買回人於返還原價金外，仍須支付利息者，此項原價金之利息，自應返還於買受人，然此應視為與買受人就標的物所得之利益抵銷，以免彼此核算之不便，方合於實際情形。故設第 3 項以明其旨。

◇**買回契約**：指當事人於訂立買賣契約時，約定出賣人於一定期間內（依第 380 條之規定），保留買回之權利。

◇**買回權之性質**：多數見解認為係「附停止條件之再買賣契約」，實務亦採之（53 臺上 3009）。學說上另有「原買賣契約保留解除權」、「解除權保留說」及「買回預約」等不同見解。

▲**【79 臺上 2231】** 買回契約效力之發生，以出賣人即買回人於買回期限內，提出買回價金向買受人表示買回為要件，此觀民法第 379 條第 1 項之規定自明。上訴人僅於買回期限內，向被上訴人表示買回其原出賣之系爭不動產，並未將約定之買回價金提出，則買回契約尚未發生效力。

第 380 條　（買回之期限）

買回之期限，不得超過五年，如約定之期限較長者，縮短為五年。

介謹按買回權行使之期限，不得使之過長，否則有阻礙國家經濟之發展。例如土地買賣，當事人預約有買回之期限者，則在此期限以內，買受人因土地將來復歸於出賣人，遂不施以改良土地之良好方法，因而土地之生產力，遂形薄弱，即國家之經濟力無由增進，期限愈長，影響愈大。故本條明定期限，最長為五年，其約定之期限較長者，亦縮短為五年，蓋以防流弊也。

▲**【30 上 606】** 民法第 380 條所謂約定之期限，係指買回權之存續期限而言。**即買回權僅得於約定之期限內行使之，一逾此項期限，買回權即歸消滅**，此與民法第 912 條所謂典權約定期限，為回贖權停止行使之期限者不同。當事人間定有四年滿後始得買回之特約者，為買回權停止行使之期限，固非民法第 380 條所謂約定之期限，惟同條前段之規定，於當事人未約定買回權之存續期間者，亦適用之，觀民法債編施行法第 12 條後段之規定自明。**故當事人約定四年滿後始得買回，而未約定買回權之存續期間者，仍應受法定五年期間之限制，買回人於四年滿後為買回時，如自買賣契約成立時起，已逾五年，自不能不認其買回權為已消滅。**

▲**【33 上 1579】** 民法第 380 條及民法債編施行法第 12 條所定買回之期限，不得因當事人間有特殊關係，而認其相反之特約為有效。

第 381 條　（買賣費用之償還與買回費用之負擔）

I 買賣費用由買受人支出者，買回人應與買回價金連同償還之。

II 買回之費用，由買回人負擔。

介謹按買回人既有買回之事，則出賣時由買受人支出之費用，買回人應與買回價金連同償還之，其買回之費用，亦應由買回人負擔。蓋買回人既享買回原物之權利，自應盡負擔費用之義務也。故設本條以明示其旨。

第 382 條　（改良及有益費用之償還）

買受人為改良標的物所支出之費用及其他有益費用，而增加價值者，買回人應償還之。但以現存之增價額為限。

介謹按買受人因增加標的物之價值，所支出之改良費用及其他有益費用，應使買回人償還之，方足以昭公允。但其償還之數額，應以標的物現存之增價額為限，庶於保護之中，仍寓限制之意。故設本條以明示其旨。

第 383 條　（原買受人之義務及責任）

I 買受人對於買回人，負交付標的物及其附屬物之義務。

II 買受人因可歸責於自己之事由，致不能交付標的物或標的物顯有變更者，應賠償因此所生之損害。

介查民律草案第 610 條理由謂買受人因出賣人之行使買回權，對於出賣人，祇須交付買賣之標的物及其附屬物，不必返還其所收益，因收益視為與價金之利息相抵銷也。又買賣之標的物，因歸責於買受人之事由而不能交付，或標的物顯有變更者，因此所生之損害，買受人應負賠償之責。此本條所由設也。

第四款　特種買賣

介查民律草案債權編第二章第二節第四款原案謂買賣之種類不一，而試驗買賣、貨樣買賣、分期付價之買賣及拍賣關係尤重。故設本款之規定。

第 384 條　（試驗買賣之定義）

試驗買賣，為以買受人之承認標的物為停止條件，而訂立之契約。

介查民律草案第 618 條理由謂試驗買賣者，關於買賣之標的物，以買受人承認為條件之買賣也。買賣關係成立後，特附以必須買受人就於買賣標的物表示承認之條件，始生買賣契約之效力，故試驗買賣契約，為停止條件附之契約。此本條所由設也。

◇**試驗買賣契約**：買賣契約雖已成立，惟須經過

買受人試驗該標的物，待滿意後，契約方生效力的契約。

◇**承認**：同意有兩種，事先的同意就是允許；事後的同意就是承認。意思表示通常有具有三要素，即效果意思、表示意思及表示行為，但是承認並未完整具備意思表示的三要素，因為承認的效果意思的內涵完全依照法律規定，表意人不能任意創造，因此承認性質上是**觀念通知**。承認指尚在效力未定狀態的意思表示或法律行為，一經表意人單方的表示，就立即生效。

第 385 條　（容許試驗義務）
試驗買賣之出賣人，有許買受人試驗其標的物之義務。

个查民律草案第 619 條理由謂試驗買賣，既以買受人之承認標的物為條件，則買受人之是否承認，當就其物實行試驗而決定之。故使出賣人對於買受人，負有許其試驗標的物之義務。此本條所由設也。

第 386 條　（視為拒絕承認標的物）
標的物經試驗而未交付者，買受人於約定期限內，未就標的物為承認之表示，視為拒絕，其無約定期限，而於出賣人所定之相當期限內，未為承認之表示者，亦同。

个謹按標的物經買受人試驗後，如即時表示承認之意思者，則買賣契約即行發生效力，此屬當然之事。若雖經試驗，而標的物尚未交付於買受人以前其有約定期限者，買受人不於期限內為承認之表示，則應視為拒絕。其無約定期限，而由出賣人定有相當之期限催告者，買受人不於所定期限內為承認之表示，亦應視為拒絕。蓋以契約之是否生效，亟應從速決定，不宜使之久不確定也。故設本條以明示其旨。

第 387 條　（視為承認標的物）
I.標的物因試驗已交付於買受人，而買受人不交還其物，或於約定期限或出賣人所定之相當期限內不為拒絕之表示者，視為承認。
II.買受人已支付價金之全部或一部，或就標的物為非試驗所必要之行為者，視為承認。

个謹按前條係指標的物經試驗，而未交付買受人

之規定，本條係指標的物因試驗，已交付於買受人之規定。故出賣人送交標的物以供買受人之試驗者，買受人於試驗後，應即為承認與否之表示，或即交還其物，以示拒絕。若既不交還其物，復不於約定期限或出賣人所定之相當期限內，表示拒絕之意思者，即應視為承認。又買受人已支付價金之全部或一部，或已就標的物為非試驗所必要之行為者，雖未表示承認，然已顯有承認其物之意思，亦應視為承認，法律特為明確之規定，蓋使於實際上得所準據也。

◇**視為承認**：在一定要件、期間內不為拒絕之表示者，即生承認之法律效果

第 388 條　（貨樣買賣）
按照貨樣約定買賣者，視為出賣人擔保其交付之標的物與貨樣有同一之品質。

个查民律草案第 617 條理由謂貨樣買賣者，出賣人對於買受人約以符合貨樣之物品，為給付之無條件買賣也。此種買賣，出賣人應擔保買賣標的物與貨樣有同一之品質，買受人亦得提出貨樣，主張買賣標的物與貨樣同一品質，以明出賣人之責任。

◇**貨樣買賣契約**：指依樣品決定買賣標的物之買賣契約。

第 389 條　（分期付價買賣利益喪失約款之限制）
分期付價之買賣，如約定買受人有遲延時，出賣人得即請求支付全部價金者，除買受人遲付之價額已達全部價金五分之一外，出賣人仍不得請求支付全部價金。

⑧現行條文規定須「連續兩期給付之遲延」，取巧者可隔一期，遲延給付一期，毫無限制，並非妥適，且既以遲付之價額達全部價金五分之一為另一要件，參之本法第 440 條第 2 項、土地法第 100 條第 3 款及第 114 條第 7 款等規定，現行規定「買受人有連續兩期給付之遲延」為喪失期限利益之要件，實無意義，為簡明計，爰予刪除。

◇**分期付價買賣契約**：當事人約定將買賣價金分為若干部分，而分月、分季或分年定期支付之買賣契約。

◇**附條件買賣契約**：指當事人約定買受人雖先占有標的物，惟須待其給付一部或全部價金後，始取得標的物所有權之買賣契約（可參動產擔保交

民

法

第二編　債

（第三九○～三九六條）

易法第 26 條）。

◇**所有權保留條款**：指在分期付價買賣契約中，當事人約定出賣人於全部價金受清償前，保留標的物所有權的條款。

第 390 條 　（解約扣價約款之限制）
分期付價之買賣，如約定出賣人於解除契約時，得扣留其所受領價金者，其扣留之數額，不得超過標的物使用之代價，及標的物受有損害時之賠償額。

⇧謹按分期付價之買賣，當事人如約定於解除契約時，出賣人得扣留其所受領之價金者，其應扣留之數額，不可加以限制，即不得超過標的物使用之代價，及標的物受有損害時之賠償額是。本條明為規定，蓋以防無益之爭議也。

◇**標的物使用之代價**：指標的物合理使用所得之收益。如分期付價買賣之當事人約定出賣人於解除契約時得扣留其所受領價金者，扣留範圍僅限於標的物合理使用所得之收益，及受有損害時之賠償額。

第 391 條 　（拍賣之成立）
拍賣，因拍賣人拍板或依其他慣用之方法，為賣定之表示而成立。

⇧謹按拍賣者，關於清償之標的物不依權利人之意思而為者也。拍賣之性質，學說不一，有謂拍賣係公法處分者，有謂拍賣非買賣者，本法以拍賣為買賣之一種，並規定其如何成立之方法，俾資適用。此本條所由設也。

◇**拍賣與要約承諾**：拍賣人為拍賣之表示，性質上屬**要約之引誘**，拍賣人不受其拘束；應買人所為應買之表示，性質上為**要約**，應買人應受其拘束；而拍賣人賣定之表示，性質上為**承諾**。

◇**拍板**：係承諾之表示方式之一。拍板後雙方意思表示一致而契約成立。拍賣是要式行為，拍板就是要式行為的「式」，所謂拍板定案是也

◇**賣定**：即承諾之表示，例如：以拍板、按鈴等慣用方法皆為之。

第 392 條 　（拍賣人應買之禁止）
拍賣人對於其所經管之拍賣，不得應買，亦不得使他人為其應買。

⇧謹按經管拍賣之人，不得自為應買人，亦不得使他人應買，法律特加限制，蓋以防拍賣發生不公

平之弊也。故設本條以明示其旨。

◇**應買**：民法上之拍賣為私法上任意拍賣，不同於強制執行法規定之強制拍賣，出賣人本人並無應買之實益，為防止拍賣發生不公平之弊，故而限制之。委託他人應買，實質上係為本人應買，應一併限制之。

第 393 條 　（拍賣物之拍定）
拍賣人除拍賣之委任人有反對之意思表示外，得將拍賣物拍歸出價最高之應買人。

⇧謹按拍賣者，招集多人以最高價賣去其物之方法也。故拍賣人除拍賣之委任人，有反對之意思表示外，得將拍賣物拍歸出價最高之應買人，以符拍賣之本旨。此本條所由設也。

第 394 條 　（拍定之撤回）
拍賣人對於應買人所出最高之價，認為不足者，得不為賣定之表示，而撤回其物。

⇧謹按依前條之規定，拍賣物固得拍歸出價最高之應買人，然應買人所出最高之價，與拍賣人所預定之價，相差甚鉅而認為不足者，如亦依拍板或其他慣用方法，為賣定之表示而成立，則拍賣人將受無限之損失，而無所救濟，殊非事理之平。此時縱使拍賣人得不為賣定之表示，而撤回拍賣物，以保護其利益。此本條所由設也。

第 395 條 　（應買表示之效力）
應買人所為應買之表示，自有出價較高之應買或拍賣物經撤回時，失其拘束力。

⇧謹按為應買之表示後，應買人當然受其意思表示之拘束，必須有其他出價較高之應買人，此出價較低之應買人，所為應買之表示，始失其拘束力。或雖無其他出價較高之應買人，而因拍賣人認為出價不足撤回其拍賣物，此則應買人所為應買之表示，亦失其拘束力。本條特設規定，所以防爭議也。

第 396 條 　（以現金支付買價及支付時期）
拍賣之買受人，應於拍賣成立時或拍賣公告內所定之時，以現金支付買價。

⇧謹按拍賣既經成立，拍賣之買受人，應即時支付買價，如拍賣公告內定有支付之時期者，則應依

拍賣公告內所定之時支付買價。其買價之支付，須以現金為之，蓋期適合於拍賣之意思也。故設本條以明示其旨。

第 397 條　（不按時支付價金之效力——解約再拍賣及賠償差額）

I. 拍賣之買受人如不按時支付價金者，拍賣人得解除契約，將其物再為拍賣。

II. 再行拍賣所得之價金，如少於原拍賣之價金及再行拍賣之費用者，原買受人應負賠償其差額之責任。

⑧一、第 1 項未修正。

二、第 2 項所謂「所得之利益」，概念尚欠明瞭，有指再拍賣所得之價金扣除再行拍賣之費用後實際所得者，有謂再行拍賣所得之價金扣除原拍賣及再行拍賣之費用後實際所得者，解說不一，易滋疑義。如依原規定之計算結果，則兩次拍賣費用均由原買受人負擔，亦甚不公平，蓋無論拍賣次數如何，第一次之拍賣費用當由出賣人負擔，始合乎情理。為示公平並避免疑義，爰將「利益」修正為「價金」，「費用」修正為「再行拍賣之費用」，以期公平而明確。例如原拍賣之價金為新臺幣（以下同）一百萬元，原拍賣之費用為十萬元，再行拍賣之價金為八十萬元，再行拍賣之費用為五萬元，則原買受人應負賠償之差額為一百萬元加五萬元減八十萬元等於二十五萬元。

第二節　互　　易

↑查民律草案債權編第二章第三節原案謂互易者，當事人之兩造互為移轉金錢所有權以外之財產權之契約也，古來各國皆行之，我國亦有此習慣。互易為有償契約，當然準用買賣之規定（參照第 347 條），故本節祇明示互易之本義。

第 398 條　（互易準用買賣之規定）

當事人雙方約定互相移轉金錢以外之財產權者，準用關於買賣之規定。

↑謹按互易雖與買賣及有償契約同為雙務契約，然其標的物則異。蓋買賣契約，係當事人之一方，移轉財產權於他方，他方支付價金為標的，而互易契約，則當事人雙方互相移轉金錢以外之財產權（動產或不動產）為標的也。然互易之性質，究與買賣無異，故準用關於買賣之規定。

▲【82 臺上 290】地主提供土地，由建主出資合

作房屋，雙方按約定之比例分配房屋之契約，如契約當事人言明，須俟房屋建竣後，始將應分歸地主之房屋與分歸建主之基地互易所有權，固屬**互易契約**。惟如約定建主向地主承攬完成一定工作，而以地主應給予之報酬，充作建主受分歸其取得房屋部分基地之價款，則屬**買賣與承攬之混合契約**。至若契約約定地主、建主各就分得之房屋以自己名義領取建築執照，就地主部分而言，應認該房屋之原始所有人為地主，地主與建主就此部分之關係則為**承攬契約**。

第 399 條　（附有補足金之互易準用買賣之規定）

當事人之一方，約定移轉前條所定之財產權，並應交付金錢者，其金錢部分，準用關於買賣價金之規定。

↑查民律草案第 621 條理由謂當事人之一方，約定以金錢之所有權，與其他之財產權，同時移轉者，其契約為互易契約。至其金錢部分，與買賣之價金無異，故準用關於買賣價金之規定。

第三節　交互計算

↑謹按交互計算者，雙方就其相互間交易上所生之債權債務，定期計算，互相抵銷，而僅支付其差額之契約也。此方法係各國法律多於商法中規定之，本法本於民商法合一之旨，特設本節之規定。

第 400 條　（交互計算之定義）

稱交互計算者，謂當事人約定，以其相互間之交易所生之債權債務為定期計算，互相抵銷，而僅支付其差額之契約。

↑謹按當事人雙方相互間，約定因交易而生之債權債務，為定期計算，互相抵銷，專就其相差額而為支付者，此種契約，是為交互計算。蓋以信用發達之社會，如使盡以現金交易，反多不便，故以交互計算代其效用，俾節省清償之手續，而靈活資金之運用。故設本條以明示其旨。

第 401 條　（票據及證券記入交互計算項目之除去）

匯票、本票、支票及其他流通證券，記入交互計算者，如證券之債務人不為清償時，當事人得將該記入之項目除去之。

↑謹按匯票、本票、支票及其他流通證券，雖許記

民
法
第二編
債
（第四〇二~四〇八條）

入交互計算，互相抵銷，然若證券之債務人不為清償時，則無從收抵銷之效用。故為保護當事人之利益計，應將該記入之項目除去之，俾符實際。此本條所由設也。

第402條　（交互計算之計算期）
交互計算之計算期，如無特別訂定，每六個月計算一次。

介謹按交互計算之計算期，如由當事人預先約定者，自應從其所定，若無特別訂定，應以每六個月計算一次。本條特設法定期限，蓋使便於適用也。

第403條　（交互計算之終止）
當事人之一方，得隨時終止交互計算契約，而為計算。但契約另有訂定者，不在此限。

介謹按一方交互計算契約之終止，非必於他方有所不利益也。故當事人之一方，隨時終止交互計算契約而計算固可，即約定於特定期間內不許終止交互計算契約，亦無不可也。特設本條以明示其旨。

第404條　（利息之附加）
I 記入交互計算之項目，得約定自記入之時起，附加利息。
II 由計算而生之差額，得請求自計算時起，支付利息。

介謹按交互計算所記入之項目，得附加利息與否，應聽當事人之自由意思。其約定附加利息者，得自記入之時起算，至因交互計算結果所生之差額，當然可以支付利息。但其請求支付利息之起算時期，亦應明白規定，俾資適用。此本條所由設也。

第405條　（記入交互計算項目之除去或改正）
記入交互計算之項目，自計算後，經過一年，不得請求除去或改正。

介謹按記入交互計算之項目，如為匯票、本票、支票及其他流通證券，債務人不為清償時，當事人得將該項目除去，又計算如有錯誤，亦得請求改正。此種除去及改正之請求權，當事人固得隨時行使，然使為時過久，亦非所宜，故本條規定除去或改正之請求，應於計算後一年內為之，逾期即不得再行請求，蓋使權利之狀態，得以從速確定也。

第四節　贈　與

介查民律草案債權編第二章第四節原案謂贈與者，當事人之一方，以無償而移轉其財產權於他方之契約也。各國法律，多規定之，以其實際上關係重要之契約，故本法特設本節之規定。

第406條　（贈與之定義及成立）
稱贈與者，謂當事人約定，一方以自己之財產無償給與他方，他方允受之契約。

88現行條文「經他方允受而生效力」一語，易使人產生究為贈與之成立要件抑生效要件之疑義，為免爭議，爰仿各種之債各節首揭條文例如第345條、第528條等之體例，作文字上之修正。

▲【26渝上1241】民法第406條所謂自己之財產，不以現在屬於自己之財產為限，將來可屬自己之財產，亦包含在內。

第407條　（刪除）

88贈與為債權契約，於依民法第153條規定成立時，即生效力。惟依現行條文規定，以非經登記不得移轉之財產權為贈與者，須經移轉登記始生效力，致不動產物權移轉之生效要件與債權契約之生效要件相同，而使贈與契約之履行與生效混為一事。為免疑義，爰將本條刪除。

第408條　（贈與之任意撤銷及其例外）
I 贈與物之權利未移轉前，贈與人得撤銷其贈與。其一部已移轉者，得就其未移轉之部分撤銷之。
II 前項規定，於經公證之贈與，或為履行道德上義務而為贈與者，不適用之。

88一、贈與契約於具備成立要件時，即生效力。惟贈與為無償行為，應許贈與人於贈與物之權利未移轉前有任意撤銷贈與之權。現行條文規定以贈與物未交付前，贈與人始得行使撤銷權，適用範圍太過狹隘，爰將第1項「未交付」修正為「權利未移轉」，以期周延。

二、立有字據之贈與，間有因一時情感因素而欠於考慮時，如不許贈與人任意撤銷，有失事理之平。為避免爭議並求慎重，明定凡經過公證之贈與，始不適用前項撤銷之規定，爰修正第2項。

◇履行道德上之義務：履行道德上義務而贈與，與得任意撤銷之一般贈與之差別，在於履行道德上義務而贈與之不履行，將違反善良風俗、正義

及誠實信用等社會規範 (Social Norms)，例如：雖無扶養義務之人，對於其親屬為扶養給付；生父對於婚外子女，雖未經認領或未經判決確定其為生父 (民法第 1067 條)，而為扶養費之約束；「報酬贈與」(如家庭教師不索取報酬，因而向其致送謝禮) 或「相互贈與」(如禮俗上往來)，於禮俗認為必要之範圍內者；於災難之際慈善或為公益之目的而為施捨；依其情形，為其親屬或長期之受僱人所為之扶助；對於重要而無償之勞務或救護工作之酬給等 (臺東地院 102 簡上 25)。

▲【103 臺上 1473】民法第 408 條第 1 項所定「贈與物之權利未移轉前，贈與人得撤銷其贈與。其一部已移轉者，得就其未移轉之部分撤銷之」之**贈與人之任意撤銷贈與權，係專屬於贈與人本身之權利，不得為繼承之標的。**

第 409 條　（受贈人之請求權）

I.贈與人就前條第二項所定之贈與給付遲延時，受贈人得請求交付贈與物；其因可歸責於自己之事由致給付不能時，受贈人得請求賠償贈與物之價額。

II.前項情形，受贈人不得請求遲延利息或其他不履行之損害賠償。

⑧一、現行條文語意不明，從文字上觀之，贈與人不履行贈與時，受贈人得選擇請求交付贈與物或請求給付贈與物之價金，初不問贈與標的物之履行是否可能，亦不問贈與人之意思如何，如此解釋，頗為不當。為避免誤解及減輕贈與人之責任，爰予修正。明定贈與人因給付遲延時，受贈人得請求交付贈與物。贈與人因可歸責於自己之事由致給付不能時，受贈人始可請求賠償其價額。又贈與不同於買賣，並無「價金」可言，爰將「價金」修正為「價額」。

二、現行條文但書「利息」究何所指？易滋疑義。學者通說認為應指「遲延利息」而言。為明確計，爰仿德國民法第 522 條，將「利息」二字修正為「遲延利息」，以符實際。而所謂「其他不履行之損害賠償」，依上文可知係指遲延利息及價額以外之損害而言。爰將但書修正並移列為第 2 項。

◇**贈與人的債務不履行責任**：第 409 條規定，僅於贈與契約符合第 408 條第 2 項之規定，即「經公證」或「為履行道德上之義務」者，贈與人方有債務不履行責任。又第 409 條分別規定贈與人之「給付不能」及「給付遲延」責任，以下分述之：

給付不能	依第 410 條規定，贈與人僅負**重大過失責任**；依第 409 條第 1 項後段及第 2 項規定，賠償範圍僅限於贈與物之價額，不得請求第 226 條不履行之損害賠償
給付遲延	未規定歸責原則，學者認為**應類推適用第 410 條**之規定，使贈與人僅負擔重大過失責任；依第 409 條第 1 項前段及第 2 項規定，受贈人僅得請求贈與人交付贈與物，不得請求遲延損害（第 231 條）及其他不履行之損害賠償（第 232 條）

第 410 條　（贈與人之責任）

贈與人僅就其故意或重大過失，對於受贈人負給付不能之責任。

⑧修正條文第 409 條規定，贈與人僅於因可歸責於自己之事由致給付不能時，受贈人始得請求賠償贈與物之價額。而贈與屬無償行為，依第 220 條之原則，對於贈與人之責任，應從輕規定。故本條原規定之「其」字，應係指上揭修正條文「因可歸責致給付不能」之情形，爰予明示，將「其」字修正為「給付不能之」，以期明確。

第 411 條　（瑕疵擔保責任）

贈與之物或權利如有瑕疵，贈與人不負擔保責任。但贈與人故意不告知其瑕疵或保證其無瑕疵者，對於受贈人因瑕疵所生之損害，負賠償之義務。

⇧謹按贈與專因受贈人之利益而為之，故應減輕贈與人之責任。關於現物或權利之贈與，贈與人通常不負瑕疵擔保之責任，須以贈與人對於受贈人故意隱蔽瑕疵，或曾經保證其無瑕疵者為限，因此所生之損害，始負賠償之責，蓋因其行為有反於誠實及信用故也。立法要旨，殆恐贈與人之責任過重，有妨贈與之實行平。此本條所由設也。

◇**賠償之義務與範圍**：由於贈與為無償契約，受贈人毋庸支付對價即受有利益，故贈與人原則上不負擔保責任，僅於其故意不告知其瑕疵或保證其無瑕疵者，對於受贈人因瑕疵所生之損害負賠償責任。至於賠償範圍，通說認為指固有利益而言，但有學者認為應解為履行利益，惟須受第 409 條之限制。

民

法

第二編　債　（第四一二～四一五條）

第 412 條　（附負擔之贈與）

I.贈與附有負擔者，如贈與人已為給付而受贈人不履行其負擔時，贈與人得請求受贈人履行其負擔，或撤銷贈與。

II.負擔以公益為目的者，於贈與人死亡後，主管機關或檢察官得請求受贈人履行其負擔。

㊺一、第 1 項未修正。

二、為配合民法總則之修正，爰將第 2 項內「官署」一詞，修正為「機關」。又主管機得「命」受贈人履行其負擔之「命」字究指何意義？學者間意見不一，有主張係指行政命令者，有主張僅係私法上之請求權者。鑑於民法乃以私法自治為最高原則，贈與屬私權之範圍，似不宜由行政機關過於干預，參考德國民法第 525 條第 2 項規定，爰將「命」字修正為「請求」，以期明確。又負擔既以公益為目的者，於贈與人死亡後，為維護公益，爰增列「檢察官」亦得請求受贈人履行其負擔。

◇**附負擔之贈與**：指贈與契約附有附款，依照附款之約定，使受贈人負擔應為一定給付之贈與契約。若受贈人未履行負擔時，贈與人得為撤銷贈與之意思表示，而後依不當得利之規定請求返還贈與物。

◇**目的性贈與**：贈與人基於特定目的而為之贈與。若目的未能達成，締約基礎喪失，贈與人即得依不當得利之規定請求返還贈與物。

◇**負擔以公益為目的者**：指受贈人之負擔行為是以公益為目的者。

▲【33 上 6694】 被上訴人為上訴人之直系血親卑親屬，**因上訴人依民法第 412 條第 1 項將其贈與撤銷，致被上訴人衣食無著，上訴人對之應否負擔扶養之義務，係另一問題，不能因此即謂上訴人不得撤銷贈與。**

▲【100 臺上 860】按民法第 412 條以下所稱附有負擔之贈與，係指贈與契約附有約款，使受贈人負擔應為一定給付之債務者而言。**該負擔係一種附款，乃贈與契約之一部，本質上仍為贈與，以贈與為主、負擔為從，並無兩相對酬或互為對價之性質。**故附有負擔之贈與，屬於單務、無償契約，而非雙務、有償契約，倘契約當事人雙方約定之給付債務，係互為對價或兩相對酬關係，**而非附負擔之贈與時，即應適用雙務或有償契約之規定，初無適用民法第 412 條第 1 項撤銷贈與規定之餘地。**

▲【103 臺上 2518】贈與附有負擔者，如贈與人已為給付而受贈人不履行其負擔時，贈與人得請求受贈人履行其負擔，或撤銷贈與，民法第 412 條第 1 項定有明文。而附負擔之贈與，固與雙務契約不同，**惟贈與人既負有給付該負擔之義務，自必以受贈人對於負擔之履行因可歸責於其之事由而陷於給付遲延時，贈與人始得撤銷贈與。**

第 413 條　（受贈人履行負擔責任之限度）

附有負擔之贈與，其贈與不足償其負擔者，受贈人僅於贈與之價值限度內，有履行其負擔之責任。

☝謹按附有負擔之贈與，受贈人所應受之利益，其價值不足償其所負擔之義務者（例如甲以房屋租與乙居住，不收租金，而令乙擔任工作，以資抵償，實則租金祇值洋二十元，而所任之工作極繁，須有值洋五十元之報酬），此時應使受贈人僅於贈與之價值限度內，有履行其負擔之責任（如前例受贈人僅得工作至二十元之價額是），以保護受贈人之利益。故設本條以明示其旨。

第 414 條　（附負擔贈與之瑕疵擔保責任）

附有負擔之贈與，其贈與之物或權利如有瑕疵，贈與人於受贈人負擔之限度內，負與出賣人同一之擔保責任。

☝謹按附有負擔之贈與，其贈與物或權利如有瑕疵，則受贈人必因此瑕疵而減少其所受之利益，然其所約定之負擔則仍如故也。此時受贈人所得之利益，與所負之負擔，既非相當之價值，自受不當之損失。故為保護受贈人之利益計，應使贈與人於受贈人負擔之限度內，負與出賣人同一之擔保責任，俾昭公允。此本條所由設也。

第 415 條　（定期贈與當事人之死亡）

定期給付之贈與，因贈與人或受贈人之死亡，失其效力。但贈與人有反對之意思表示者，不在此限。

☝查民律草案第 625 條理由謂以定期給付為標的之贈與，大抵皆為專屬於當事人一身之法律關係。若當事人間無特別之意思表示，應隨贈與人或受贈人死亡而失其效力，不得移轉於繼承人也。故設本條以明示其旨。

第416條　（贈與人之撤銷權）

Ⅰ.受贈人對於贈與人，有左列情事之一者，贈與人得撤銷其贈與：
　一　對於贈與人、其配偶、直系血親、三親等內旁系血親或二親等內姻親，有故意侵害之行為，依刑法有處罰之明文者。
　二　對於贈與人有扶養義務而不履行者。

Ⅱ.前項撤銷權，自贈與人知有撤銷原因之時起，一年內不行使而消滅。贈與人對於受贈人已為宥恕之表示者，亦同。

⑧一、贈與人與其配偶之關係不亞於贈與人與其最近親屬之關係，甚至更為密切。惟配偶是否為親屬，最近親屬之範圍如何，解釋上均有爭論。為杜爭議，本條第1項第1款爰予增列「配偶」。又現行規定「最近親屬」範圍不明，爰參照刑事訴訟法第234條第4項、第5項所定告訴人之範圍，將「最近親屬」修正為「直系血親、三親等內旁系血親或二親等內姻親」，以期明確。

二、第2項未修正。

◇**扶養義務**：原則上指法定扶養義務（民法第1114條至第1116條之2）而言，惟若有約定扶養義務者，亦應包括在內。

◇**宥恕**：指贈與人明示或默示原諒受贈人行為之意思表示，一經宥恕，即構成撤銷權消滅之事由。

第417條　（繼承人之撤銷權）

受贈人因故意不法之行為，致贈與人死亡或妨礙其為贈與之撤銷者，贈與人之繼承人，得撤銷其贈與。但其撤銷權自知有撤銷原因之時起，六個月間不行使而消滅。

⇧謹按受贈人因故意不法之行為，致贈與人於死，或故意妨害其贈與之撤銷者，此時贈與人既經死亡，已不能行使撤銷權，或雖未死亡，而因受贈人妨害其贈與之撤銷，致事實上不能行使撤銷權，自應使贈與人之繼承人行使之，以期貫徹撤銷贈與之意思。但其撤銷權，不應永久存在，故設消滅時效，俾得從速確定。此本條所由設也。

◇**贈與人之繼承人的撤銷權**：實務上認為贈與人之任意撤銷權具有一身專屬性，繼承人原則上不得撤銷贈與人之贈與（103臺上1473），僅於同時符合「受贈人有故意不法之行為」且「致贈與人

死亡或妨礙其為贈與之撤銷等」二項要件時，具有撤銷權。

第418條　（贈與人之窮困抗辯——贈與履行之拒絕）

贈與人於贈與約定後，其經濟狀況顯有變更，如因贈與致其生計有重大之影響，或妨礙其扶養義務之履行者，得拒絕贈與之履行。

⇧查民律草案第624條理由謂贈與人雖已為贈與，若履行其契約，則恐不能維持與自己身分相當之生計，或不能履行扶養義務者，應使其有拒絕履行贈與之權，以保護其利益。此本條所由設也。

◇**窮困抗辯**：贈與人於贈與物交付前，如其經濟狀況顯有變更，若仍交付贈與物將對其生計有重大影響或妨礙其扶養義務之履行，贈與人即得行使窮困抗辯權，拒絕贈與之履行。惟贈與契約依然存在，若贈與人經濟狀況好轉，受贈人仍得請求履行。故窮困抗辯權之性質屬上只是**一延期之抗辯權**。

▲【41臺上4】贈與人於贈與約定後，**其經濟狀況之變更，除具有惡意之特別情形外，並不問其原因如何，即與其變更之為自致或他致無關**，觀諸民法第418條之立法意旨自明。

第419條　（撤銷贈與之方法及其效力）

Ⅰ.贈與之撤銷，應向受贈人以意思表示為之。

Ⅱ.贈與撤銷後，贈與人得依關於不當得利之規定，請求返還贈與物。

⇧查民律草案第633條理由謂撤銷贈與之方法，及其效力，應規定明晰，以防無益之爭論。此本條所由設也。

◇**依關於不當得利之規定**：贈與經撤銷後，贈與契約自始無效，受贈人保有贈與物即屬無法律上之原因而受利益，贈與人自得依第179條不當得利之規定請求返還贈與物，此條為訓示規定。

第420條　（撤銷權之消滅）

贈與之撤銷權，因受贈人之死亡而消滅。

⇧謹按受贈人死亡，為撤銷權消滅之當然原因。本條明為規定，蓋以防無益之爭論也。

民

法

第二編 債 (第四二一條)

第五節 租 賃

仚謹按租賃者,當事人約定一方以物租與他方,由他方支付租金之契約也。本法所謂租賃,包括一般租賃及耕作地租賃而言。此種契約,在經濟上頗占重要,故特設本節之規定。

> ## 第 421 條 （租賃之定義）
> I.稱租賃者,謂當事人約定,一方以物租與他方使用、收益,他方支付租金之契約。
> II.前項租金,得以金錢或租賃物之孳息充之。

仚謹按租賃者,當事人約定一方以物租與他方使用（例如房屋）,或收益（例如田地）,他方支付租金之契約也。其當事人有二:曰出租人,即以物供他方之使用或收益,而收取租金者也。曰承租人,即支付租金以使用他人之物或就他人之物而為收益者也。雙方互相約定,契約即已成立。故設第 1 項明定其意義。

租金種類之充當,法律上亦有明定之必要。故設第 2 項以明示其旨。

◇**使用收益**:使用係指依照物之性質及功能,反覆利用,但不排除正常的耗損;收益則係指依照物的性質及功能,收取其天然孳息與法定孳息之意。

▲【釋 44】契約當事人雙方約定以白米給付房租,核與民法第 421 條第 2 項尚無牴觸,除其他法令別有禁止之規定外,自非法所不許。

▲【29 渝上 403】民法第 70 條第 1 項規定有收取天然孳息權利之人,其權利存續期間內取得與原物分離之孳息。是無收取天然孳息權利之人,雖與原物分離之孳息為其所培養,亦不能取得之。耕作地之承租人,依民法第 421 條第 1 項之規定,固得行使出租人之收益權,而有收取天然孳息之權利,惟出租人無收益權時,承租人如非民法第 952 條所稱之善意占有人,雖於該耕作地培養孳息,亦無收取之權利。

▲【33 上 637】使用租賃為諾成契約,當事人約定一方以物租與他方使用,他方支付租金,即生效力,不以押金之交付為成立要件。

▲【40 臺上 304】租賃契約之成立,除不動產之租賃契約,其期限逾一年者,應以字據為之外,並無一定之方式。苟合於民法第 421 條所謂當事人約定一方以物租與他方使用收益,他方支付租金之情形,即令未經訂立書面,仍不得謂當事人

間之租賃關係尚未成立。

▲【46 臺上 519】因使用租賃物而支付之對價,即為租金,其約定之名稱如何,原非所問。上訴人使用系爭房屋,依調解結果,按月應給付被上訴人稻穀一百五十臺斤,不得謂非使用房屋之對價,應不因其名為補貼而謂非屬租金性質。

▲【48 臺上 1258】租賃,乃特定當事人間所締之契約,出租人既不以所有人為限,則在租賃關係存續中,關於租賃上權利之行使,例如欠租之催告,終止之表示等項,概應由締結契約之名義人行之。始能生效。

▲【50 臺上 284】租賃非如消費借貸,係移轉物之所有權於相對人之契約,不過使承租人就其物而為使用收益。故出租人對其物有所有權或其他權利與否,全非租賃之成立要件,至於耕地承領人於承領後將承領耕地出租,亦僅構成由政府收回耕地沒入地價之原因,並非使當事人間之租約當然無效。

▲【51 臺上 227】司法院院字第 2132 號及 2398 號解釋,乃對地方習慣有所謂大佃契約者而言。系爭房屋之地方,如無此項大佃習慣,當視當事人訂約時之本意,有無成立租賃契約與典權設定契約之聯立意思,方足為適用上開解釋之準據。

▲【56 臺上 672】租金為租賃契約之重要條件,出租人固有將此條件通知優先承租權人之義務,如優先承租人未表示依此條件承租時,出租人尚不負與優先承租權人訂立租約之義務,雙方之租賃關係,尤無從認已合法成立。

▲【64 臺上 424】租賃契約,係以當事人約定,一方以物租與他方使用收益,他方支付租金而成立,並不以出租人對於租賃物有所有權為要件。

▲【64 臺上 2400】所謂土地押租契約,一般指出租人將土地出租與承租人,承租人另借款與出租人,雙方約定以借款利息抵付土地租金,俟租賃關係終了時互相返還土地借款之聯立契約,其有關法律關係應分別適用民法租賃、借貸之規定。

▲【79 臺上 2179】 房租津貼為受僱人或受任人報酬之一部,其獲准配住房屋者,亦同,故獲准配住房屋者,當然不得再支領房租津貼,自不得以不支領之房租津貼,認係受配住房屋之對價,而謂與僱用人或委任人間發生租賃關係。

▲【83 臺上 2108】 押租金在擔保承租人租金之給付及租賃債務之履行,在租賃關係消滅前,出租人不負返還之責。本件租賃關係既已消滅,承租人且無租賃債務不履行之情事,從而其請求出

租人返還押租金，自為法之所許。

第 422 條　（不動產租賃契約之方式）

不動產之租賃契約，其期限逾一年者，應以字據訂立之，未以字據訂立者，視為不定期限之租賃。

⋔查民律草案第637條理由謂存續期間，逾一年之不動產租賃契約，於當事人之利害極有關係，應使其訂立字據，藉防日後之爭論。其未訂立字據者，則應視為不定期限之租賃，當事人自得隨時終止契約。故設本條以明示其旨。

◇以字據訂立：不動產之租賃契約，期限逾一年者，應以書面為之。

◇不定期限租賃契約：指未定有租賃存續期間之租賃契約。

◇違反本條規定之租賃契約：依第73條但書，非為無效，而是「視為不定期之租賃」，當事人得依第450條第2項規定，隨時終止契約。但租賃標的物為房屋時，應該注意土地法第100條的特別規定，在不定期租賃，出租人非有該條所列六個事由之一，不得收回房屋。

▲【32 上 2769】租賃之房屋，**因天災或其他事變致全部滅失者，如當事人間尚未經訂有出租人應重蓋房屋租與承租人使用之特約，其租賃關係當然從此消滅**。至房屋承租人對於房屋之基地，雖得因使用房屋而使用之，若租賃關係已因房屋滅失而消滅，即無獨立使用之權。

第 422 條之 1　（地上權登記之請求）

租用基地建築房屋者，承租人於契約成立後，得請求出租人為地上權之登記。

㊟一、本條新增。

二、土地法第102條所定協同辦理地上權設定登記之請求權，有「二個月」之期間限制。惟實務上見解以為該期間為訓示規定，縱令經過二個月期間，不生失權效果，承租人仍得請求出租人為地上權之登記（參考最高法院67年臺上字第1014號、68年臺上字第1627號判例）。為保護租用基地建築房屋之承租人，並期規定之明確，爰將土地法前述特別規定移列於本法，並作適度之修正。

▲【41 臺上 117】租用基地建築房屋經向該管市縣地政機關聲請為地上權之登記，即不得謂非地上權之設定，此項登記依土地法第102條，既明

定應由出租人與承租人共同為之，除有相反之約定外，實負與承租人同為聲請登記之義務。

▲【43 臺上 454】被上訴人租用系爭基地建築房屋，就令如上訴人所稱未依土地法第102條規定為地上權之登記，**亦不過不生地上權之效力而已，究不得以此指為影響於租賃契約之成立**。

▲【62 臺上 3012】參見本法第125條。

▲【67 臺上 1014】依土地法第102條規定，祇須當事人雙方訂有租地建屋之租賃契約，**承租人即有隨時請求出租人就租用土地為地上權設定之權利**。

▲【68 臺上 1627】土地法第102條所定請求協同辦理地上權設定登記之請求權，有民法第125條所定消滅時效之適用，其請求權時效應自基地租賃契約成立時起算。

第 423 條　（租賃物之交付及保持義務）

出租人應以合於所約定使用、收益之租賃物，交付承租人，並應於租賃關係存續中，保持其合於約定使用、收益之狀態。

⋔查民律草案第638條理由謂出租人負有依約定方法，將租賃物交付於承租人使用收益之義務，並於租賃關係存續中，負有保持租賃物使用收益狀態之義務。此本條所由設也。

◇出租人的主給付義務：租賃契約作為「用益債權」，本條規定出租人之「交付」及「保持」義務，為出租人負擔之主給付義務，因為租賃契約係出租人提供租賃物予承租人使用收益，除交付外，更須於契約存續中，保持租賃物於約定之可使用收益狀態。

▲【37 上 8141】**房屋之租賃一經出租人移轉占有後，出租人能否收回房屋應受法律之限制，非可任意終止租約**。故縱令某甲與某乙間之租約已合法成立，某甲並負有交付租賃物之義務，**但此項義務之履行，既在某甲將房屋另租他人移轉占有之後，自不能謂無法律上之障礙，此項障礙應包括於給付不能觀念之中**。原判決以給付不能為理由，駁回某乙請求交屋之訴，尚無不當。

▲【43 臺上 176】租賃物交付後，承租人於租賃關係存續中，有繼續占有其物而為使用收益之權利。故其占有被侵奪時，**承租人自得對於無權占有之他人，行使其占有物返還請求權**，此就民法第423條、第941條及第962條等規定觀之甚明。

▲【47 臺上 1815】出租人有以合於所約定使用收益之租賃物交付承租人之義務，苟租賃物為第三人不法占有時，並應向第三人行使其返還請求權，以備交付，其怠於行使此項權利者，**承租人因保全自己債權得代位行使之**，此觀民法第 423 條及第 242 條之規定自明。

▲【86 臺上 3490】按出租人應以合於所約定使用、收益之租賃物，交付承租人，並應於租賃關係存續中保持其合於約定使用、收益之狀態，民法第 423 條定有明文。故出租人不僅有忍受承租人為使用、收益租賃物之消極義務，並有使其能依約定使用、收益租賃物之積極義務。**倘承租人之使用、收益租賃物受有妨害或妨害之虞時，不問其係基於可歸責於出租人之事由或第三人之行為而生，亦不問其為事實上之侵害或權利之侵害，出租人均負有以適當方法除去及防止之義務**。

▲【89 臺上 422】於租賃關係存續中保持租賃物合於約定之使用、收益之狀態，亦為出租人之對待給付義務。而**所謂合於約定之使用、收益之狀態，應以當事人間於訂立租賃契約時所預設之共同主觀之認知，為其認定之標準；倘該主觀上認知，因租賃物發生瑕疵致無法達成時，即可認對租賃契約所約定之使用、收益有所妨害，非必謂租賃物已達完全無法使用、收益之狀態，始可認定出租人有保持合於使用、收益狀態之義務**。

▲【91 臺上 1733】**出租人之租賃物保持義務，應於租賃期間內繼續存在，使承租人得就租賃物為約定之使用收益狀態，故出租人就租賃物應與出賣人負相同之擔保責任，且其就租賃物之瑕疵擔保責任，並不以瑕疵租賃物交付時存在為必要，即交付租賃物後始發生瑕疵，出租人亦應負擔保責任**。其因租賃物瑕疵之存在而不能達契約之目的者，承租人即得終止租約，倘瑕疵係因可歸責於出租人之事由而發生者，出租人並負債務不履行責任。

▲【97 臺上 979】**租賃為有償契約，依民法第 347 條準用第 349 條之規定，出租人負有權利瑕疵擔保責任，依同法第 353 條之規定，承租人固得依債務不履行之規定，行使其權利**，惟依同法第 351 條規定，承租人於租約成立時，知租賃物有權利之瑕疵者，出租人不負擔保之責。

▲【98 臺上 222】按出租人應以合於所約定使用、收益之租賃物交付承租人，並應於租賃關係存續中保持其合於約定使用、收益之狀態，民法第 423 條定有明文。此項義務，為出租人之主給付義務，如出租人交付之租賃物，**不合於約定之使用目的或於租賃關係存續中未保持合於約定使用、收益之狀態者，即與債之本旨不符，承租人得主張同時履行抗辯權，拒絕租金之支付，並得依債務不履行之規定請求損害賠償，或依瑕疵擔保責任之規定行使瑕疵擔保請求權**。

▲【103 臺簡上 7】出租人之租賃物保持義務，固應於租賃期間內繼續存在，使承租人得就租賃物為約定之使用收益狀態，惟**倘承租人於訂約時，已知租賃物之一部為違章建築，出租人又未保證該違章建築部分無拆除之危險，則就該違章建築遭拆除而無法保持租賃物合於約定使用、收益之狀態，自為承租人於訂約時所得預期，即難謂係可歸責於出租人之不完全給付，而令其負民法第 227 條第 2 項規定之加害給付賠償責任**。

第 424 條　（承租人之契約終止權）

租賃物為房屋或其他供居住之處所者，如有瑕疵，危及承租人或其同居人之安全或健康時，承租人雖於訂約時已知其瑕疵，或已拋棄其終止契約之權利，仍得終止契約。

介謹按房屋或其他供人居住之租賃物，如有瑕疵，足以危及承租人或其同居人之安全或健康者，承租人於訂約時不知其瑕疵，而其後始知之者，自得隨時終止租賃契約。然若承租人於訂約時已知其有瑕疵，或已拋棄其終止契約之權利者，此時如須受其拘束，不許終止契約，則不特危及生命，抑且背於公秩良俗，故為保護承租人之利益計，仍得終止契約。此本條所由設也。

第 425 條　（買賣不破租賃原則）

I.出租人於租賃物交付後，承租人占有中，縱將其所有權讓與第三人，其租賃契約，對於受讓人仍繼續存在。

II.前項規定，於未經公證之不動產租賃契約，其期限逾五年或未定期限者，不適用之。

⑱一、司法院 35 年院解字第 3073 號解釋要旨稱「租賃物經出租人交付承租人後，即為承租人所占有，出租人如將其所有權讓與第三人，第三人可就承租人之占有，知有租賃契約之存在，不致因租賃契約於受讓後繼續存在，而受不測之損害。民法第 425 條，係基於承租人受交付後，必占有租賃

物之普通情形而為規定。若出租人於承租人中止租賃物之占有後，將其所有權讓與第三人，則第三人無從知有租賃契約之存在，絕無使其租賃契約對於受讓人繼續存在之理。」為期明確，爰於第1項增列「承租人占有中」等文字，使買賣不破租賃之規定，僅適用於出租人於租賃物交付後，承租人占有中之情形，以保障第三人之權益。

二、本條第1項規定買賣不破租賃原則，具有債權物權化之效力，在長期或未定期限之租賃契約，其於當事人之權義關係影響甚鉅，宜付公證，以求其權利義務內容合法明確，且可防免實務上常見之弊端，即債務人於受強制執行時，與第三人虛偽訂立長期或不定期限之租賃契約，以妨礙債權人之強制執行（目前因有土地法第100條及第103條之規定，民法第450條第2項於出租人幾無適用之餘地），俾杜爭議而減訟源。故明定未經公證之不動產租賃契約，其期限逾五年或未定期限者，排除買賣不破租賃原則，而不適用第1項之規定，爰增訂第2項。

◇**所有權讓與不破租賃**：基於租賃契約之安定性及保障承租人之權益，使承租人得以原租賃契約對抗受讓租賃物所有權之第三人，此為債權物權化之明文。其構成要件為：(1)須租賃契約關係存在。**(2)須出租人已經將租賃物交付承租人占有。**(3)須出租人將租賃物所有權讓與第三人。(4)未公證之不動產租賃契約，其期限逾五年或未定期限者，不適用之。

◇**使用借貸可否類推適用民法第425條「所有權讓與不破租賃原則」？**

肯定說	1.立法意旨在保護合法的使用人，以維護正當信賴，促進物之利用 2.「交付占有之事實」係債權物權化之重要基礎，使用借貸亦具備此一基礎，應可類推適用之
否定說	1.所有權讓與不破租賃原則為債權相對性的例外情形，應從嚴解釋，不宜任意類推適用 2.租賃為有償、使用借貸為無償，若類推適用將破壞對價衡平性 3.承租人多為經濟上之弱勢者，有特別保護之必要，使用借貸的借用人不具此等社會性 4.所有權讓與不破租賃原則係法律強制干預手段，若得類推適用於使用借貸契約，易降低貸與人貸與之意願以避

免處分權受過度干預，降低物之使用率

5. 104 臺上 2014：使用借貸非如租賃，無買賣不破租賃（民法第425條）規定之適用，貸與人將借用物所有權讓與他人，其借貸關係對於受讓人不能認繼續存在，亦即借貸契約仍存在於原貸與人與借用人之繼承人之間

◇**出租人將租賃物所有權移轉予第三人，但未交付押金於受讓人時，租賃關係終止後，承租人應向何人請求？**

向原出租人請求返還說	民法第425條所謂對於受讓人繼續存在之租賃契約，係指第421條第1項所定意義之契約而言，若因擔保承租人之債務而接受押金，則為別一契約，並不包括在內，此項押金契約為要物契約，以金錢之交付為其成立要件，押租金債權之移轉，自亦須交付金錢，始生效力，出租人未將押金交付受讓人時，受讓人既未受押金債權之移轉，對於承租人自不負返還押租金之義務（51 臺上 2858、65 臺上 156、77 臺上 1567）。
向受讓人請求返還說	承租人未必知悉原出租人是否轉交押租金，且承租人就其僅有債權之請求權，如受讓人不當然繼受原出租人之返還義務，則不足以保護承租人，故受讓人除經承租人同意外，應承擔押租金返還之義務，至於原出租人是否已轉交押租金予受讓人，在所不問。且押租金雖為獨立契約，其性質係屬從契約，故依第295條規定，應隨同主契約之租賃契約一併轉移予受讓人（詹森林）。

▲【39 臺上 1567】上訴人受讓訟爭房屋，雖未為不動產所有權取得之登記，第查出租人原不限於所有權人，租賃又為債權之一種，按債權之讓與，依民法第297條第1項之規定，一經讓與人或受讓人通知債務人，對於債務人即生效力。是**上訴人關於此項債權之受讓，既經合法通知被上訴人，已生效力，究不能因上訴人取得訟爭房屋所有權之未登記，而謂其對被上訴人為無出租人之權利。**

▲【43 臺上 250】被上訴人與某甲就訟爭土地訂立租賃契約時，如**未由某甲將該土地交付被上訴**

人耕作，則上訴人受讓該土地既無從知被上訴人與某甲間租賃契約之存在，依民法第 425 條及耕地三七五減租條例第 25 條規定之本旨推之，被上訴人與某甲間之租賃契約，即不能對於受讓該土地之上訴人主張繼續有效。

▲【43 臺上 454】系爭基地之房屋，被上訴人與原所有人某甲間之租賃關係，雖因其租賃物即房屋全部，因不可歸責於雙方當事人之事由滅失而消滅，然某甲於被上訴人在系爭基地重新建築房屋，**不惟並無反對之表示，且受領其地租有年，是雙方既有利用基地建築房屋合致之意思實現，自難謂其租賃契約未經成立，依民法第 425 條之規定，此項租賃契約，對於向某甲受讓其基地所有權之上訴人，仍繼續存在。**

▲【45 臺上 590】承租人以金錢貸與前業主，約定將息抵租，是債之關係顯僅發生於承租人與前業主間，故在租賃關係存續中，前業主縱將租賃物讓與第三人，但除有民法第 300 條所定之債務承擔情形外，原約定對該第三人並非繼續有效。此與一般依租賃契約所為租金之預付，得以對抗受讓人之情形，初非相同。

▲【45 臺上 841】典權存續中，典權人將典物出租他人，其租賃之期限不得逾原典權之期限，既為民法第 915 條第 2 項所明定，**則典物經出典人回贖後，該他人與典權人所訂之租約，對於出典人，自無援用同法第 425 條規定，主張繼續存在之餘地。**

▲【51 臺上 2858】依司法院院字第 1909 號解釋，出租人未將押租金交付於受讓人時，受讓人對於承租人雖不負返還押租金之義務，惟**受讓人承受之租賃關係，係依其讓予契約內容，如為無押租金之租賃，當不得向承租人請求押租金之交付，如為有押租金之租賃，則除承租人尚未履行交付押租金者，得依原約請求交付外，若承租人已依原約將押租金交付於原出租人時，則其既已依約履行，受讓人如欲取得押租金以供租金之擔保，亦應是否可向原出租人請求轉付之問題，其仍向承租人請求履行之交付押租金義務，於法即屬不合。**

▲【60 臺上 4615】抵押人於抵押權設定後，與第三人訂立租約，致影響於抵押權者，對於抵押權人雖不生效，但執行法院倘不依聲請或依職權認為有除去該影響抵押權之租賃關係之必要，而為有租賃關係存在之不動產拍賣，並於拍賣公告載明有租賃關係之事實，則該租賃關係非但未被

除去，且已成為買賣（拍賣）契約內容之一部。無論應買人投標買得或由債權人承受，依繼受取得之法理，其租賃關係對應買人或承受人當然繼續存在。

▲【65 臺上 156】民法第 425 條所謂對於受讓人繼續存在之租賃契約，係指民法第 421 條第 1 項所定意義之契約而言，若因擔保承租人之債務而接受押租金，則為別一契約，並不包括在內，**此項押租金契約為要物契約，以金錢之交付為其成立要件，押租金債權之移轉，自亦須交付金錢，始生效力，出租人未將押租金交付受讓人時，受讓人既未受押租金債權之移轉，對於承租人自不負返還押租金之義務。**

▲【69 臺上 720】民法第 425 條所定所有權讓與不破租賃之原則，應以所有權移轉業已生效為其要件。不動產所有權依法律行為移轉者，非經登記，不生效力，原審既認定系爭房屋未為保存登記，縱令屬於郭某所有，於出租後贈與被上訴人，**無從辦理所有權移轉登記，自難認被上訴人已取得系爭房屋之所有權，應無民法第 425 條規定之適用。**

▲【84 臺上 163】民法第 425 條規定之適用，固以讓與租賃物之所有人為出租人為其要件，然**第三人如得所有人同意而為出租時，仍得類推適用該條之規定。**

▲【98 年第 2 次民事庭會議】【院長提議】出租人於民國 89 年 5 月 5 日民法債編修正施行前，已與承租人訂立未經公證之期限逾 5 年或未定期限之不動產租賃契約，並將不動產交由承租人占有中，嗣於該法修正施行後始將不動產所有權讓與他人者，是否有新修正民法第 425 條第 2 項規定之適用？決議採乙說：基於保護民法債編修正前之既有秩序，以維護法律之安定性，**民法債編修正前成立之租賃契約，無適用修正民法第 425 條第 2 項規定之餘地。**

▲【91 臺上 1064】按出租人於租賃關係存續中死亡，其出租人之地位及租賃物所有權，於遺產分割前，固由其繼承人全體承受。惟民法關於遺產之分割係採移轉主義，由繼承人全體相互移轉其應繼分，使各繼承人就分得之遺產取得單獨所有權，故**遺產分割後，除別有約定外，即應類推適用民法第 425 條第 1 項規定，租賃契約僅對於分得租賃物所有權之繼承人繼續存在。**

▲【97 臺上 1729】按以不動產為標的之債權行為，除法律另有規定外，固僅於特定人間發生法

律上之效力對人效力之債權相對性，而非如物權行為，以登記為公示方法使第三人得知悉之狀態下，並以之作為權利取得、喪失、變更之要件，俾保護善意第三人，而對任何第三人均發生法律上之效力對世效力之物權絕對性。惟特定當事人間倘以不動產為標的所訂立之債權契約，其目的隱含使其一方繼續占有該不動產，並由當事人依約交付使用，其事實為第三人所明知者，縱未經以登記為公示方法，因已具備使第三人知悉該狀態之公示作用，自應與不動產以登記為公示方法之效果等量齊觀，並使該債權契約對於受讓之第三人繼續存在，此乃基於「債權物權化」法理所衍生之結果，觀之民法第425條第1項規定：「出租人於『租賃物交付後，承租人占有中』，縱將其所有權讓與第三人，其租賃契約，對於受讓人仍繼續存在」特揭櫫「租賃物交付後，承租人占有中」等公示作用之文字，並參照司法院釋字第349號解釋文，理由書暨協同意見書、部分不同意見書、不同意見書及本院48年臺上字第1065號判例意旨自明。

▲【102臺上479】按土地之約定交互使用，並非無償，其性質應屬於互為租賃之關係，在此交換使用土地關係存續中，一方將其已換與他方使用之土地移轉登記予第三人所有，應有修正前民法第425條之適用，不得主張該第三人為無權占有而請求其拆屋還地。

第425條之1　（土地所有人與房屋所有人之租賃關係）

I．土地及其土地上之房屋同屬一人所有，而僅將土地或僅將房屋所有權讓與他人，或將土地及房屋同時或先後讓與相異之人時，土地受讓人或房屋受讓人與讓與人間或房屋受讓人與土地受讓人間，推定在房屋得使用期限內，有租賃關係。其期限不受第四百四十九條第一項規定之限制。

II．前項情形，其租金數額當事人不能協議時，得請求法院定之。

⑧一、本條新增。
二、土地及房屋為各別之不動產，各得單獨為交易之標的。惟房屋性質上不能與土地分離而存在。故土地及其土地上之房屋同屬一人所有，而僅將土地或僅將房屋所有權讓與他人，或將土地及房屋同時或先後讓與相異之人時，實務上見解（最

高法院48年臺上字第1457號判例、73年5月8日73年度第5次民事庭會議決議參照）認為除有特別約定外，應推斷土地受讓人默許房屋受讓人繼續使用土地，但應支付相當代價，故其法律關係之性質，當屬租賃。為杜爭讓並期明確，爰將其明文化。又為兼顧房屋受讓人及社會經濟利益，明定當事人間在房屋使用期限內，除有反證外，推定有租賃關係，其期限不受第449條第1項二十年之限制。爰增訂第1項。

三、前項情形，其租金數額本於契約自由原則，宜由當事人協議定之。如不能協議時，始得請求法院裁判之。爰增訂第2項。

▲【48臺上1457】土地與房屋為各別之不動產，各得單獨為交易之標的，且房屋性質上不能與土地使用權分離而存在，亦即使用房屋必須使用該房屋之地基，故土地及房屋同屬一人，而將土地及房屋分開同時或先後出賣，其間雖無地上權設定，除有特別情事，可解釋為當事人之真意，限於賣屋而無基地之使用外，均應推斷土地承買人默許房屋承買人繼續使用土地。

▲【98臺上294】出讓人將土地及房屋單獨出讓與相異之人時，除別有約定外，應推斷讓與人與受讓人間有租賃關係，該房屋所有權人仍須支付相當之對價，非可當然「無償使用」該土地。此項規定，於房屋所有權人原有合法之地上權，而僅將房屋所有權或僅將土地所有權或地上權之全部或一部讓與他人，或將土地所有權或地上權及房屋所有權同時或先後讓與相異之人時，亦可類推適用。且具有獨立性之建築物，其既有獨立之所有權，與地上權間，依現行法律之規定，非不可分開讓與，然為顧全其經濟作用，此際應類推適用民法第425條之1之規定，認建築物於得使用期間有租賃關係。

▲【101臺上1114】查民法第425條之1雖係於88年4月21日始增訂，並於89年5月5日施行，且無溯及適用之規定，本院48年臺上字第1457號判例亦僅謂：土地與房屋為各別之不動產，各得單獨為交易之標的，且房屋性質上不能與土地使用權分離而存在，亦即使用房屋必須使用該房屋之地基，故土地及房屋同屬一人，而將土地及房屋分開同時或先後出賣，其間雖無地上權設定，然除有特別情事，可解釋為當事人之真意，限於賣屋而無基地之使用外，均應推斷土地承買人默許房屋承買人繼續使用土地。惟於前揭法條施行前，倘有土地及土地上之房屋同屬一人

所有，而僅將土地或僅將房屋所有權讓與他人，或將土地及房屋同時或先後讓與相異之人情形，非不得以該判例或上開法條法理為基礎，推斷土地受讓人或房屋受讓人與讓與人間，或房屋受讓人與土地受讓人間，在房屋得使用期限內，有租賃關係，以符社會正義。

▲【101 臺上 1643】按土地及其土地上之房屋同屬一人所有，僅將土地或僅將房屋所有權讓與他人，或將土地及房屋同時或先後讓與相異之人時，土地受讓人或房屋受讓人與讓與人間或房屋受讓人與土地受讓人間，推定在房屋得使用期限內有租賃關係，民法第 425 條之 1 第 1 項前段定有明文，在於保障社會經濟利益兼顧受讓人利益。是**前手有民法第 425 條之 1 適用，俾免房屋遭受拆除損及社會經濟利益，則其後繼受房屋者，亦有利用該土地之必要，基於相同維護社會經濟需求，房屋其後繼受者亦有同受民法第 425 條之 1 之保護，該條規範目的之性質為同一解釋。**

▲【105 臺上 722 裁】按民法第 425 條之 1 第 1 項規定：土地及其土地上之房屋同屬一人所有，而僅將土地或僅將房屋所有權讓與他人，或將土地及房屋同時或先後讓與相異之人時，土地受讓人或房屋受讓人與讓與人間或房屋受讓人與土地受讓人間，推定在房屋得使用期限內，有租賃關係。既明定在房屋得使用期限內，推定有租賃關係，可見係**以房屋具有經濟價值為要**。原審因系爭房屋已無經濟價值，認系爭房屋對系爭土地已無法定租賃權存在，自不違背法令，附此敘明。

▲【105 臺上 1201】按土地及其土地上之房屋同屬一人所有，而僅將土地或僅將房屋所有權讓與他人，或將土地及房屋同時或先後讓與相異之人時，土地受讓人或房屋受讓人與讓與人間或房屋受讓人與土地受讓人間，推定在房屋得使用期限內，有租賃關係，此觀民法第 425 條之 1 第 1 項規定即明。**所謂房屋得使用期限，原則上應以該房屋之通常使用判斷之。**乙部分地上物於法院為假執行拆除時，既具相當之經濟價值而尚得使用，則原判決認定該地上物坐落土地部分之法定租賃關係存在，自不違背法令。

▲【106 臺上 709】「土地及房屋同屬一人」，而將土地及房屋分開同時或先後出賣，應推斷「土地承買人」默許「房屋承買人」有繼續使用該土地之租賃關係存在。該所謂「土地及房屋同屬一人」固可包括「土地及房屋同屬相同之共有人」及「土地共有人數除與房屋相同之共有人外，尚

有其他共有人」之情形在內；該所稱之「房屋承買人」應擴及於承購未經建物所有權第一次登記之房屋後具有事實上處分權之人，是基於同一理由，倘土地共有人經其他共有人全體之同意，在共有土地上興建房屋，而將土地及房屋分開或先後出賣者，仍宜推斷土地承買人默許房屋承買人繼續使用土地。再民法第 425 條之 1 之規定，雖以「所有讓與」為明文，然未經辦登記建物因無法辦理所有權移轉登記，而僅得以事實上處分讓與，依上開法條立法意旨，所謂「所有權讓與」解釋上應包括就無法辦理所有權登記之土地或建物受讓事實上處分權之情形，始符法意。

第 426 條　（就租賃物設定物權之效力）

出租人就租賃物設定物權，致妨礙承租人之使用收益者，準用第四百二十五條之規定。

(88)配合修正條文第 425 條之 1 之增訂，現行規定「前條」二字，爰配合修正為「第四百二十五條」。

第 426 條之 1　（房屋所有權移轉時租約之效力）

租用基地建築房屋，承租人房屋所有權移轉時，其基地租賃契約，對於房屋受讓人，仍繼續存在。

(88)一、本條新增。

二、租用基地建築房屋，於房屋所有權移轉時，房屋受讓人如無基地租賃權，基地出租人將可請求拆屋收回基地，殊有害社會之經濟。為促進土地利用，並安定社會經濟，實務上於此情形，認為其房屋所有權移轉時，除當事人有禁止轉讓房屋之特約外，應推定基地出租人於立約時，即已同意租賃權得隨建築物而移轉於他人；房屋受讓人與基地所有人間，仍有租賃關係存在（最高法院 43 年臺上字第 479 號、48 年臺上字第 227 號及 52 年臺上字第 2047 號等判例參照）。爰參酌上開判例意旨，增訂本條，並明定其租賃契約繼續存在，以杜紛爭。

▲【95 年第 16 次民事庭會議決議】甲同意乙無償在甲所有土地上建造三層樓房一棟，未約定使用土地期限，不久之後，乙所有房屋經其債權人聲請查封拍賣，由丙拍定買受，並取得不動產權利移轉證書，甲即以丙不得繼受伊與乙間之使用借貸關係，屬無權占有為由，依民法第 767 條規

定，訴請丙拆屋還地，是否應予准許？**決議：採丙說。視具體個案情形決定之。**按使用借貸契約係債之關係，僅於當事人間有其效力。丙買受系爭房屋，並不當然繼受其前手與系爭土地所有人間之使用借貸關係，原則上不得執該關係主張其有使用系爭土地之權利。惟於具體個案，尚應斟酌當事人間之意思、交易情形及房屋使用土地之狀態等一切情形，如認土地所有人行使所有權，違反誠信原則或公共利益或以損害他人為主要目的，仍應駁回其請求。

第 426 條之 2　（租用基地建築房屋之優先承買權）

I.租用基地建築房屋，出租人出賣基地時，承租人有依同樣條件優先承買之權。承租人出賣房屋時，基地所有人有依同樣條件優先承買之權。

II.前項情形，出賣人應將出賣條件以書面通知優先承買權人。優先承買權人於通知達到後十日內未以書面表示承買者，視為放棄。

III.出賣人未以書面通知優先承買權人而為所有權之移轉登記者，不得對抗優先承買權人。

⑧一、本條新增。

二、建築基地之出賣人將基地出賣於第三人時，承租人之租賃權雖繼續存在，然其使用與所有仍不能合一。承租人在承租基地上設置之建築物出賣於第三人時，亦然。為達到使用與所有合一之目的，促進物之利用並減少糾紛，爰參照土地法第 104 條，增訂本條。

◇違章建築物是否有優先承買權？

肯定說	(1)優先承買權係指依相同條件成立買賣契約之形成權，房屋所有權能否移轉登記在所不問
	(2)優先承買權之立法意旨在於達到使用與所有合一，以發揮土地利用價值，避免建築物因無使用權而遭拆屋還地
	(3)67 年第 2 次民事庭會議決議認為違章建築有事實上處分權，仍得為交易之標的
否定說	(1)優先承買權具物權效力，行使上需兼及第三人及社會利益。違章建築違反建築法規，妨礙公益，有被拆除之可能，行使上應從嚴解釋

(2)違章建築無從登記而使第三人知悉，基於交易安全及避免紛爭，應採否定說

▲【39 臺上 1313】承租人代出租人出資建築房屋，既約明其房屋所有權仍屬於出租人，即與單純承租基地建築房屋，其房屋所有權屬於承租人之情形不同，自無土地法第 104 條第 1 項之適用。

▲【62 臺上 2962】土地法第 104 條規定：「基地出賣時，承租人有依同樣條件優先購買之權。房屋出賣時，基地所有人有依同樣條件優先購買之權」，立法意旨，在於房屋及基地如不屬於同一人所有時，毋論基地或房屋之所有人，出賣其基地或房屋時，對方均有優先購買其基地或房屋之權利，至於房屋之所有人係租地自建，或向前手購買房屋承租基地，均有土地法第 104 條之適用。

▲【65 臺上 530】土地法第 104 條係規定租用基地建築房屋之承租人，於出租人之基地出賣時，有優先購買權，其出租人於承租人之房屋出賣時，有優先購買權，旨在使基地上之房屋合歸一人所有，以盡經濟上之效用，並杜紛爭，如基地承租人於基地上根本未為房屋之建築者，當無該條規定之適用。

▲【66 臺上 3681】依行使優先承買權所成立之契約，與當事人任意所成立之契約，性質並無不同，若該契約有解除原因，非不得將其解除。

▲【101 臺上 1716】按土地法第 104 條第 1 項規定承租人於基地出賣時，有依同樣條件優先購買之權。出賣人如未通知優先購買權人，而與第三人訂立買賣契約者，依同條第 2 項規定，其契約不得對抗優先購買權人，故**承租人之優先購買權具有物權之效力。此項效力，不因買受人買受基地後，已輾轉移轉所有權於第三人而有異。**

▲【103 臺上 1481】按基地出賣時，地上權人、典權人或承租人有依同樣條件優先購買之權。房屋出賣時，基地所有權人有依同樣條件優先購買之權。其順序以登記之先後定之，土地法第 104 條第 1 項定有明文。此項規定之目的，在保護現有基地或房屋所有權人、典權人、地上權人、承租人或其他合法使用人之權益，使土地所有權之歸屬及利用合於公平合理之原則下，歸併同一人。而**基地承租人係指承租基地在其上興建築物之承租人，故如所承租之範圍僅為土地之一部，就其餘部分並無承租權，則於土地出賣時，除該土**

地有不能分割之情形外，承租人之優先承買權，應限於承租範圍內之基地。

▲【105 臺上 1437】按民法第 426 條之 2 第 1 項及土地法第 104 條第 1 項所定基地承租人之優先承買權，係為調和房屋與土地之利用關係，使房屋所有權與土地利用權得為結為一體，以維持房屋所有權之安定性，避免危害社會經濟，而賦予基地承租人之權利。是以**承租人之基地優先承買權，必須在基地出賣時，仍具租賃關係為前提**；且應於租賃關係存續中，始得行使此項權利。倘租賃契約業經合法終止，承租人占有基地已無正當權源，自無基地優先承買權。

第 427 條　（租賃物稅捐之負擔）

就租賃物應納之一切稅捐，由出租人負擔。

介查民律草案第 646 條理由謂關於租賃物上應納之諸項租稅，均以租賃物為目的，而租賃物仍為出租人所有，故以契約無特別訂定者為限，仍使出租人任其責，以期合於事理。此本條所由設也。

▲【65 臺上 1119】民法第 427 條所謂就租賃物應納之稅捐由出租人負擔並<u>非強制規定</u>，當事人不妨為相反之約定。

第 428 條　（動物租賃飼養費之負擔）

租賃物為動物者，其飼養費由承租人負擔。

介謹按以動物為租賃之標的，其飼養費之費用，本為承租人之所預期，故應使承租人負擔飼養之義務，俾符當事人之原意。此本條所由設也。

第 429 條　（出租人之修繕義務）

I 租賃物之修繕，除契約另有訂定或另有習慣外，由出租人負擔。
II 出租人為保存租賃物所為之必要行為，承租人不得拒絕。

介謹按出租人有使承租人使用租賃物之義務，雖已交付其物，亦須為以後使用上必要之修繕，故除契約另有訂定或另有習慣外，其因修繕所需之費用，應由出租人負擔。此本條第 1 項所由設也。又為完全其修繕義務計，於承租人之權利，亦不得不略加以限制，故出租人關於保存租賃物所為之必要行為，承租人不得拒絕，為雙方均得持平之保護。此第 2 項所由設也。

◇修繕行為：租賃物（承租物）毀損時，應修繕使其符合約定使用收益狀態。
◇保存行為：維持租賃物（承租物）使符合約定使用狀態之行為。
◇修繕義務之成立要件：有修繕必要、修繕可能且租賃物之損壞不可歸責於承租人。

▲【63 臺上 99】出租人之修繕義務，在使承租人就租賃物能為約定之使用收益，**如承租人就租賃物以外有所增設時，該增設物即不在出租人修繕義務範圍**。

第 430 條　（修繕義務不履行之效力）

租賃關係存續中，租賃物如有修繕之必要，應由出租人負擔者，承租人得定相當期限，催告出租人修繕。如出租人於其期限內不為修繕者，承租人得終止契約或自行修繕而請求出租人償還其費用或於租金中扣除之。

介謹按租賃關係存續中，租賃物如有修繕之必要，其修繕之費用，應由出租人負擔者，即既無使承租人負擔修繕費用之特約，亦無使承租人負擔修繕費用之習慣是也。此際承租人得定相當期限，催告出租人修繕，如出租人逾期不為修繕，則承租人或為終止契約，或自行修繕而請求出租人償還其費用，或將其費用於租金中扣除之，承租人有自由選擇之權，藉以保護其利益。此本條所由設也。

▲【30 渝上 345】租賃物因不可歸責於雙方當事人之事由而毀損，致全部不能為約定之使用收益者，當事人間之法律關係，因其租賃物是否尚能修繕而異。其租賃物已不能修繕者，依民法第 225 條第 1 項、第 266 條第 1 項之規定，出租人免其以該物租與承租人使用收益之義務，承租人亦免其支付租金之義務，租賃關係即當然從此消滅。其租賃物尚能修繕者，依民法第 225 條第 1 項、第 266 條第 1 項之規定，在修繕完畢以前，出租人免其以該物租與承租人使用收益之義務，承租人亦免其支付租金之義務，惟其租賃關係，依民法第 430 條之規定並不當然消滅，必承租人定相當期限催告負擔修繕義務之出租人修繕，而出租人於其期限內不為修繕者，承租人始得終止契約，更須承租人為終止契約之意思表示，其租賃關係始歸消滅。

第 431 條 　（有益費用之償還及工作物之取回）

I.承租人就租賃物支出有益費用，因而增加該物之價值者，如出租人知其情事而不為反對之表示，於租賃關係終止時，應償還其費用，但以其現存之增價額為限。

II.承租人就租賃物所增設之工作物，得取回之。但應回復租賃物之原狀。

介謹按承租人就租賃物支出有益費用，因而增加其物之價值者，則本於不當得利之法則，出租人應負償還費用之義務。但其費用之償還，須以租賃關係終止時現存之增價額為準，且須出租人曾知其支出有益費用之情事，而未為反對之表示者，始得請求償還耳。故於租賃關係存續中，承租人雖曾支出有益費用，而至租賃關係終止時已無增加價值者，即不得請求償還。又承租人支出增加價值之有益費用，自始即為出租人所表示反對者，亦不得要求償還也。至承租人就租賃物上所增設之工作物，如無害於出租人之利益，應許承租人取回，但應回復租賃物之原狀，庶於雙方保護，咸得其平。此本條所由設也。

◇**改良行為**：承租人為增加租賃物價值或舒適及便利，就租賃物支出有益費用之行為。

▲【29 渝上 1542】民法第 431 條第 1 項之規定並非強制之規定，當事人間如有相反之特約，自應依其特約辦理。

▲【32 上 734】民法第 431 條第 1 項但書所稱**現存之增價額**，係指租賃關係終止時，現存增加之價額而言。

▲【33 上 2326】承租人所有民法第 431 條第 1 項之費用償還請求權，與其在租賃關係終止後所負返還租賃物之義務，**非為互為對價之關係，不得藉口其支付之有益費用未受清償，即拒絕租賃物之返還**。

第 432 條 　（承租人之保管義務）

I.承租人應以善良管理人之注意，保管租賃物，租賃物有生產力者，並應保持其生產力。

II.承租人違反前項義務，致租賃物毀損、滅失者，負損害賠償責任。但依約定之方法或依物之性質而定之方法為使用、收益，致有變更或毀損者，不在此限。

介謹按承租人對於租賃物，應以善良管理人之注意

保管之，租賃物有生產力者，並應保持其生產力，例如耕作地之必須逐年用肥料使地力不致減損是也。故設第 1 項以明示其旨。承租人違反善良管理之注意，或不保持其生產力，致租賃物因而毀損滅失者，自應負損害賠償之責任。惟依約定方法或依物之性質而定之方法而為使用收益，致有變更或毀損者，則屬當然之結果，承租人即不負賠償之責任。故設第 2 項以明示其旨。

◇**善良管理人之注意**：因租賃契約為有償契約，雙方互負對價關係，故承租人對於租賃物之使用管理須盡善良管理人注意義務，負**抽象輕過失責任**。

◇**生產力**：使用租賃物而生之附加價值，如天然孳息。

◇**毀損滅失**：通常針對物之實體而言，此處指租賃物。物發生全部銷毀、摧毀或消失為滅失租賃物雖非全部滅失，但耗費之修繕費用超過殘餘物之價值者，解釋上應該視為滅失；物只有部分銷毀、摧毀或消失為毀損。所以毀損就是部分滅失。

第 433 條 　（對於第三人行為之責任）

因承租人之同居人，或因承租人允許為租賃物之使用、收益之第三人應負責之事由，致租賃物毀損、滅失者，承租人負損害賠償責任。

介謹按租賃物之毀損滅失，係因承租人之同居人，或因承租人允許為租賃物之使用收益之第三人，應負責之事由所致者，承租人仍應負損害賠償之責任，法律明為規定，蓋以杜無謂之爭執也。故設本條以明示其旨。

◇**同居人**：以共同生活為目的而與承租人居住在一起之人。

◇**允許為租賃物之使用**：承租人對租賃物有使用收益之權，其使用收益的內容包括允許第三人為租賃物的使用。

◇**應負責之事由**：不論同居人或第三人都是經過承租人之允許而使用租賃物的人，因此同居人或第三人之故意或過失，造成租賃物毀損滅失，承租人應負損害賠償責任。

第 434 條 　（失火責任）

租賃物因承租人之重大過失，致失火而毀損、滅失者，承租人對於出租人負損害賠償責任。

介謹按租賃物因失火而致毀損滅失，其失火之情形，

係出於承租人之重大過失所致者，承租人對於出租人應負損害賠償之責任，法律特以承租人之重大過失為限，所以保護承租人也。故設本條以明示其旨。

◇**承租人之同居人或經承租人允許使用之第三人之失火責任**：多數見解主張同居人等第三人，應對出租人負擔抽象輕過失之侵權責任。但有學者主張，經承租人允許使用之第三人應負抽象輕過失責任，而於同居人之情形，基於契約對第三人保護效力理論，應類推適用第 434 條之規定，僅負擔重大過失之責任。

◇**得否以特約排除承租人本條之責任**：89 臺上 1416 判決認此規定無關公益，僅為任意規定，當事人得特約排除，而得約定承租人對失火仍負抽象輕過失責任。有學者認為應區分對待：若係一般租賃，重大過失責任係為保護弱勢承租人而定，不得以特約排除；若係商業租賃，而承租人屬經濟上之強者，無特別保護之必要。

▲【76 臺上 1960】租賃物因承租人失火而毀損、滅失者，以承租人有重大過失為限，始對出租人負損害賠償責任，民法第 434 條定有明文。**如出租人非租賃物所有人，而經所有人同意出租者，亦以承租人有重大過失為限，始對所有人負損害賠償責任。**

▲【77 臺上 636】承租人就燒毀租賃物之起火原因，雖無重大過失，**但就火勢之延燒致租賃物毀損滅失有重大過失時，對於出租人仍難免其損害賠償責任。**

▲【99 臺上 1400】又租賃物因承租人失火而毀損滅失者，以承租人有重大過失為限，始對出租人負損害賠償責任，民法第 434 條已有特別規定，**故承租人之受雇人之失火僅為輕過失時，出租人自不得以該受雇人侵權行為為理由，依民法第 188 條第 1 項規定，請求承租人賠償損害。**

第 435 條 　（租賃物一部滅失之處置）

I.租賃關係存續中，因不可歸責於承租人之事由，致租賃物之一部滅失者，承租人得按滅失之部分，請求減少租金。
II.前項情形，承租人就其存餘部分不能達租賃之目的者，得終止契約。

〇謹按租賃關係中，租賃物有一部之滅失，而其滅失之原因，係因不可歸責於承租人之事由所致者（例如因天災地變及其他不可抗力者是），如其存餘部分尚可達租賃之目的，則承租人因使用收益

範圍縮小之故，得按滅失之部分請求減少租金。如其存餘部分，不能達租賃之目的，則承租人並得終止契約。本條之設，所以保護承租人之利益也。

▲【院解 2979】租賃物全部被火焚毀者，租賃關係即從此消滅，原承租人對於原出租人嗣後重建之房屋無租賃權（參照院字第 1950 號第 5 項解釋）。

第 436 條 　（權利瑕疵之準用）

前條規定，於承租人因第三人就租賃物主張權利，致不能為約定之使用、收益者，準用之。

〇謹按第三人在租賃物上主張權利，則承租人不能達約定之使用或收益之目的，此時應依前條之規定。如一部可達租賃之目的，承租人有按照減失部分請求減少租金之權，如全部不能達租賃之目的，承租人有終止契約之權。故設本條以明示其旨。

◇**出租人之權利瑕疵擔保責任**：租賃契約與買賣契約都是有償契約，因此立法上有些意旨，可相互比擬，例如第 435 條可認為是租賃契約比擬民法第 347 條關於準用買賣契約「**物之瑕疵擔保責任**」中第 359 條減少價金請求權及契約解除權之規定；第 436 條可比擬是租賃契約比擬民法第 347 條準用買賣契約「**權利瑕疵擔保責任**」中第 349 條權利無缺擔保之規定。

第 437 條 　（承租人之通知義務）

I.租賃關係存續中，租賃物如有修繕之必要，應由出租人負擔者，或因防止危害有設備之必要，或第三人就租賃物主張權利者，承租人應即通知出租人。但為出租人所已知者，不在此限。
II.承租人怠於為前項通知，致出租人不能及時救濟者，應賠償出租人因此所生之損害。

〇謹按租賃關係存續中，租賃物如有修繕之必要，而其修繕費應由出租人負擔，或因防止危害有設備之必要，或有第三人就租賃物上主張權利者，承租人須負速行通知出租人之義務，使出租人得以實行修繕及設備，或排斥第三人在租賃物上主張之權利，否則不能達使用收益之目的。若出租人已知有此種情形，承租人即無須再行通知。此第 1 項所由設也。法律使承租人負通知之義務者，

蓋欲使出租人得速施救濟之方法耳，若承租人怠於通知，致出租人不能及時救濟，則因此所生之損害，承租人自不能免責，故應使負賠償之責任。此第 2 項所由設也。

第 438 條　（承租人使用收益租賃物之方法及違反之處置）

I. 承租人應依約定方法，為租賃物之使用、收益；無約定方法者，應以依租賃物之性質而定之方法為之。

II. 承租人違反前項之規定為租賃物之使用、收益，經出租人阻止而仍繼續為之者，出租人得終止契約。

介謹按承租人祇有依約定方法，使用收益租賃物之權利，無約定方法者，亦祇有依租賃物之性質而定之方法，為使用收益之權利，不得違反契約或物之性質而定之方法為使用或收益。故承租人不依照契約或物之性質而定之方法為使用或收益租賃物，應使出租人有阻止之權，如經阻止而仍繼續為之者，並使其有終止契約之權，所以保護出租人也。故設本條以明示其旨。

▲【64 臺上 1122】民法第 438 條**所謂違反約定使用方法，係指不依約定方法使用，並積極的為約定以外方法之使用者而言**，如僅消極的不為使用，應不在違反約定使用方法之列。原審以上訴人不再經營瓦窯，已棄置不用（按租約所定使用方法為經營磚瓦窯之用），為違反約定使用方法，所持法律上之見解，不無違誤。

第 439 條　（支付租金之時期）

承租人應依約定日期，支付租金。無約定者，依習慣，無約定亦無習慣者，應於租賃期滿時支付之。如租金分期支付者，於每期屆滿時支付之。如租賃物之收益有季節者，於收益季節終了時支付之。

介謹按租金之支付日期，當事人有約定者，依約定，無約定者，依習慣，無約定亦無習慣者，應依法定之支付日期。本條特為明白規定，蓋以防無益之爭論也。

第 440 條　（租金支付遲延之效力）

I. 承租人租金支付有遲延者，出租人得定相當期限，催告承租人支付租金，如承租人於其期限內不為支付，出租人得終止契約。

II. 租賃物為房屋者，遲付租金之總額，非達二個月之租額，不得依前項之規定，終止契約。其租金約定於每期開始時支付者，並應於遲延給付逾二個月時，始得終止契約。

III. 租用建築房屋之基地，遲付租金之總額，達二年之租額時，適用前項之規定。

⑧一、第 1 項未修正。

二、現行規定「兩期之租額」，其所謂「期」，究係指計算租金之時間單位，抑係約定支付租金之時期，適用上易滋疑義，且依約定有以一週為一期者，有以一月為一期者，亦有以一季或一年為一期者，其兩期之租額，多寡懸殊。若一律以兩期租額為準，亦顯不公平，按房屋租賃，其租金通常按月支付，爰將「兩期」修正為「二個月」。如約定支付期間非一個月，亦可換算。又租金每有預付者，則承租人於每期開始應支付租金而未支付者，即應負遲延責任，如約定以二個月以上之時期為一期，則承租人負遲延責任之同時，其遲付租金總額即已達二個月之租額，出租人即得終止契約，對承租人未免過苛，爰規定此際於遲付租金總額須達二個月之租額外，並應於其遲延二個月時，始得終止契約。

三、租用建築房屋之基地，承租人之遲付租金，應達如何之程度，出租人始得終止契約，現行法並無明文規定。為期周延，爰參照土地法第 103 條第 4 款規定，增訂本條第 3 項。

◇非達二個月之租額：房屋之租賃價金約定分期給付者，須於承租人遲付租金價額合計達二個月租金額時，出租人方得終止租約。

▲【39 臺上 554】房屋出租人定期告承租人支付租金之方式未有一定，亦非限於訴訟外為之，**苟於訴訟上已有書狀或言詞，向他造表示意思者，即應認為已有催告**。

▲【41 臺上 490】民法第 440 條第 1 項所謂支付租金之催告，**屬於意思通知之性質，其效力之發生，應準用同法關於意思表示之規定**，如催告人非因自己之過失不知相對人之居所者，僅得準用同法第 97 條，依民事訴訟法公示送達之規定，向該管法院聲請以公示送達為催告之通知，始生催告之效力。被上訴人定期催告承租人某商號支付租金，僅將催告啟事標貼已被查封無人居住之某商號門首，自無催告效力之可言。

▲【42 臺上 1186】不定期之房屋租賃，承租人

積欠租金除擔保金抵償外達二個月以上時，依土地法第 100 條第 3 款之規定，出租人固得收回房屋。惟該條款所謂因承租人積欠租金之事由收回房屋，應仍依民法第 440 條第 1 項規定，對於支付租金遲延之承租人，定相當期限催告其支付，承租人於此期限內不為支付者，始終終止租賃契約。在租賃契約得為終止前，尚難謂出租人有收回房屋請求權存在。

▲【43 臺上 329】 依民法第 440 條第 1 項之規定，承租人欠租於催告期限內未為支付，出租人固得終止契約，**但在出租人終止契約之意思表示前，承租人依債務本旨為給付，出租人如無正當理由自不得拒絕受領，更不得再以未為給付為理由，終止租賃契約**。

▲【44 臺上 1098】 民法第 440 條第 1 項僅出租人應定相當期限，**催告承租人支付欠租，無須敘明不於期限內支付欠租，將發生若何效果**。上訴人之催告書如其所定期限係屬相當，縱未記載苟不依限支付欠租即行終止契約，亦不能謂其不發生催告之效力。

▲【48 臺上 1382】 支付租金之催告，係意思通知之一種，其通知應向承租人為之，**如承租人有數人者，應向承租人全體為之，否則對於未受催告之承租人，不發生催告之效力**。

▲【49 臺上 1094】 出租人依民法第 440 條第 1 項所定催告承租人支付租金之期限，**是否相當，應依一般觀念為衡量之標準**，不得僅據承租人個人之情事決之，出租人所定之期限在承租人個人雖嫌不足，但若以一般觀念衡之，其期限尚非過短者，仍應認為相當。

▲【60 臺上 385】上訴人催告支付之租金，為其**自行調整之租額，既未經法院判決確定，則被上訴人依原定租額提存，尚難謂其非依債務之本旨而為給付**，上訴人自不能以欠租為由終止租約。

▲【66 臺上 124】出租人限期催告承租人支付欠租，其催告租金額超過承租人應付之金額時，**僅超過部分不發生效力，並非該催告全不發生效力**。

▲【68 臺上 777】建築房屋基地之出租人，以承租人積欠租金額達二年以上為原因，終止租賃契約，仍應依民法第 440 條第 1 項規定，定相當期限催告承租人支付租金，必承租人於此期限內不為支付者，始得終止租賃契約，非謂一有承租人欠租達二年以上之事實，出租人即得隨時終止租賃契約，**對於地上權人之保護，不宜較土地承租人為薄**，故土地所有人以地上權人積欠地租達二

年之總額為原因，依民法第 836 條第 1 項規定，撤銷其地上權，仍應類推適用民法第 440 條第 1 項之規定，踐行定期催告程序。

▲【86 臺上 3324】 耕地出租人以承租人欠地租達兩年之總額為原因終止租約，應依民法第 440 條第 1 項規定，定相當期限催告承租人支付，於往取債務，並須於催告期滿，至承租人之住所收取，承租人仍不為支付，出租人始得終止租約。

▲【106 臺上 757】 按租賃物為房屋，而其租金約定於每期開始時支付者，非於承租人遲付之租金總額達二個月之租額，且遲延給付逾二個月時，出租人不得終止租約，此觀民法第 440 條第 2 項規定即明。蓋於無害出租人之利益範圍內，保護承租人之利益也，自**不得因當事人以契約預先排除之**。

第 441 條　（租金之續付）

承租人因自己之事由，致不能為租賃物全部或一部之使用、收益者，不得免其支付租金之義務。

〇謹按所謂承租人因自己之事由者，即承租人因疾病或其他自己一身上之事由，致不能為租賃物全部或一部之使用收益是也。此種情形，承租人不得免支付租金之義務，蓋以不能為使用收益之事由，既由承租人自己之所致，自不應使出租人受不當之損失也。故設本條以明示其旨。

第 442 條　（不動產租賃租金增減請求權）

租賃物為不動產者，因其價值之昇降，當事人得聲請法院增減其租金。但其租賃定有期限者，不在此限。

〇謹按不動產之價值，在經濟流通之社會，常多變動，因之租賃之價值，遂亦時有昇降。其租賃之定有期限者，當事人自有遵守期限之義務，無論該租賃物價值昇降如何，均不得於期限內請求增減租金，此屬當然之事。若為不定期限之租賃，則租賃物價值昇高時，出租人勢必聲請增加租金，租賃物價值降落時，承租人亦必聲請減少租金，昇降愈繁，糾紛愈甚。故法律規定得向法院聲請增減其租金，所以免當事人之爭議，而期增減之允當也。

▲【47 臺上 1152】 租賃物為不動產者，因其價值之昇降，當事人固得依民法第 442 條聲請法院

增減其租金，但在未聲請法院增減其租金以前，原約定之租金額，並不因租賃不動產價值之昇降，而失其拘束雙方當事人之效力。

▲【47臺上1635】租約既載明出租之房屋租至反攻大陸時為止，雖係以不確定之期間為終止契約之時期，亦不失為定有期限之租賃關係，自不在適用民法第442條之規定聲請增減其租金之列。

▲【48臺上521】房屋或土地出租人，依民法第442條提起請求增加租金之訴，如起訴前之租金並未按原約定租額付清，則法院准許增加之判決，得自出租人為調整租金之意思表示時起算。故起訴前未為此項意思表示者，即不得溯及請求調整。

▲【48臺上1536】當事人就不動產所訂之租金，於租賃關係存續中，因租賃物價值之昇降，固得聲請法院增減其數額，惟此項聲請，以租約未定期限者為限，倘定有期限，則不在准許之列，此觀民法第442條之規定自明。至約定之租金額數，因法律變更致超過法定限度以外者（例如房屋租金超過土地法第97條之規定，土地租金超過實施都市平均地權條例第42條規定），關於超過部分，亦僅生請求權是否存在之問題，其與租賃物價值發生昇降之情形既非相同，自亦不得援用該條規定而為增減之聲請。

▲【64臺上1579】租賃契約依民法第451條規定更新後，僅發生期限變更之效果，其餘內容（如租金及其他條件）並未隨同變更。不動產租賃契約就增減租金所為之約定，並不因民法第442條已有聲請法院增減租金之規定而失其效力，或認於定期租賃不能有此約定，果有合於增減租金約定之情事發生時，當事人即得直接依該約定方法增減租金，殊無待雙方當事人之另行協議。

▲【75臺上2126】租賃物為不動產者，因其價值之昇降，當事人固得依民法第442條規定，聲請法院增減其租金。惟調整租金之訴，祇能增減租金之數額，不得將原約定之租金種類變更。

▲【93臺上2446】未定期限之基地租賃，契約當事人約定租金按基地申報地價之固定比率計算者，雖所約定之租金係隨基地申報地價之昇降而調整，惟契約成立後，如基地周邊環境、工商繁榮之程度、承租人利用基地之經濟價值及所受利益等項，已有變更，非當時所得預料，而租金依原約定基地申報地價之固定比率計算顯失公平者，出租人自得依民法第227條之2第1項規定，訴請法院調整其租金。

第443條　（轉租之效力（一））

Ⅰ.承租人非經出租人承諾，不得將租賃物轉租於他人。但租賃物為房屋者，除有反對之約定外，承租人得將其一部分，轉租於他人。

Ⅱ.承租人違反前項規定，將租賃物轉租於他人者，出租人得終止契約。

介謹按租賃契約者，出租人信任承租人而訂立之契約也，若出租人不信任其人，自不能強使其出租。故非經出租人承諾，不得轉租。但租賃物為房屋者，則以我國習慣多許轉租，故除當事人有反對之約定外，承租人得將其一部轉租於他人。此第1項所由設也。又租賃人未經出租人承諾，竟將不動產之租賃物轉貸於他人者，或將契約訂定不得轉租之房屋租賃物轉租於他人者，或契約雖未為不得轉租之訂定，而以房屋之全部轉租於他人者，出租人有終止租賃契約之權。此第2項所由設也。

◆轉租：承租人將租賃物以使用收益為目的，再行出租予第三人。

合法轉租	轉租不合於出租人之利益，且承租人可獲取轉手利益，不符公平原則，故原則上須得出租人之承諾方得轉租。惟為提升房屋使用之社會公益考量，除有反對約定外，承租人得轉租房屋之一部
違法轉租	承租人未得出租人承諾，或已有反對房屋之一部轉租之約定，而仍為轉租之行為者，為違法轉租。此時，出租人可終止租約

◆承租人違法轉租，且出租人未終止租約，此時可否請求次承租人返還租賃物？

否定說	承租人未得出租人承諾，擅將其所租出租人所有之基地，轉租於第三人，現該基地係由該第三人占有使用，出租人在未終止租賃契約以前，不能逕向第三人請求返還（44年民刑庭總會會議決議（六））
肯定說	基於債之相對性，次承租人不得對出租人本於其與承租人間之租賃契約而主張有權占有，因此出租人自得依第767條主張所有物返還請求權，惟因出租人在終止租賃契約前並無占有使用收益租賃物之權限，故僅得請求次承租人將租賃物返還於承租人，而非返還於己（王澤鑑）

▲【32上5859】承租人非經出租人承諾，固不得將承租之房屋全部轉租於他人，**但此項為承諾之意思表示，則不以訂立書據為必要**。其由出租人或經其授權之代理人口頭承諾者，出租人即不得更依民法第443條之規定終止租約。

▲【37上6886】租賃關係之成立與存續，係基於當事人間之信任，故**租賃權通常為不得讓與之債權**，如房屋之承租人未得出租人之同意，擅將**租賃權讓與第三人時，其情形有甚於全部轉租，出租人自得終止租約**。

▲【37上7633】租賃房屋之契約，並無反對轉租之約定者，依民法第443條第1項之規定，承租人雖得將房屋一部轉租他人，**然如將房屋全部轉租他人，則雖無此約定，亦非經出租人承諾，不得為之**。

▲【43臺上868】承租人非經出租人承諾，不得將租賃物轉租於他人。**如係租用耕地，則承租人縱經出租人承諾，仍不得將耕地全部或一部轉租於他人**。又承租人應自任耕作，並不得將耕地全部或一部轉租於他人，承租人違反前項規定時，**原定租約無效**。此在民法第443條第1項前段、土地法第108條、耕地三七五減租條例第16條分別設有規定，**違反此項禁止規定所訂立之轉租契約當然無效**，其基於無效之轉租契約而占有租賃物，即非有正當權源。

第 444 條 （轉租之效力㈡）

I.承租人依前條之規定，將租賃物轉租於他人者，其與出租人間之租賃關係，仍為繼續。

II.因次承租人應負責之事由所生之損害，承租人負賠償責任。

介謹按依前條之規定，承租人經出租人承諾，而以租賃物轉租於他人，或因房屋之租賃契約內無不得轉租之訂定，而以房屋一部轉租於他人者，此時出租人與承租人間之租賃關係，仍然存續，並不因承租人與次承租人間之租賃關係，而受其影響，故承租人對於出租人，仍負租賃之責。此第1項所由設也。承租人以租賃物轉租於他人，其與出租人間之租賃關係，既仍為存續，則因次承租人所加於租賃物之損害，應由承租人對於出租人負賠償之責，是屬當然之結果。此第2項所由設也。

▲【68臺上3691】按轉租係轉租人與次承租人

成立新租賃關係，與租賃權之讓與不同。**轉租人與出租人間之租賃關係仍然存在，惟次承租人與原出租人並無直接租賃關係之可言**。本件被上訴人將系爭房屋出租與共同被告王某等人，租賃期限固已屆滿，但王某等既將之轉租，被上訴人不得依出租人之地位，對次承租人之上訴人請求返還租賃物。

第 445 條 （不動產出租人之留置權）

I.不動產之出租人，就租賃契約所生之債權，對於承租人之物置於該不動產者，有留置權。但禁止扣押之物，不在此限。

II.前項情形，僅於已得請求之損害賠償及本期與以前未交之租金之限度內，得就留置物取償。

介謹按不動產出租人之利益，應設保護之法。各國立法例，有使出租人於承租人之動產上有法定質權者，有使其有先取特權者，有使其有留置權者，本法亦以不動產之出租人，就租賃契約所生之債權，對於承租人之物置於該不動產者（例如因利用土地而附設於建築物之動產），除禁止扣押之物外，均有留置權。蓋以此種法例，最為妥協，故採用之。此第1項所由設也。不動產出租人留置權行使之範圍，如無限制，殊有害承租人之利益，亦應明白規定，以杜無益之爭。此第2項所由設也。

◇禁止扣押之物：指強制執行法第52、53條或其他法律規定就債務人生活上所必需之物品，或具紀念價值之物等，不得扣押之。

▲【28渝上687】民法第445條第1項所稱之留置權，**不以該留置物為不動產之出租人所占有，為其發生要件**，此通觀同條至第447條之規定，極為明顯。

第 446 條 （留置權之消滅與出租人之異議）

I.承租人將前條留置物取去者，出租人之留置權消滅。但其取去係乘出租人之不知，或出租人曾提出異議者，不在此限。

II.承租人如因執行業務取去其物，或其取去適於通常之生活關係，或所留之物足以擔保租金之支付者，出租人不得提出異議。

介謹按不動產出租人，就承租人所設備之動產而行使留置權時，原以置於該不動產者為限，若承租

人已將其留置物取去，則其物已脫離得以留置之範圍，其留置權當然消滅。然於出租人不知之時，或知之並無異議而仍取去時，則有背誠實及信用，應使其留置權依然存續。但若承租人取去其物，係因執行業務，或適於通常之生活關係，非取去不足以維持其通常之生活時，或其所留之物尚足擔保租金之支付者，雖經承租人將該物取去，乃無背於情理，故使出租人不得提出異議，即有異議，亦為無效。此本條所由設也。

第 447 條　（出租人之自助權）

I.出租人有提出異議權者，得不聲請法院，逕行阻止承租人取去其留置物。如承租人離去租賃之不動產者，並得占有其物。

II.承租人乘出租人之不知或不顧出租人提出異議而取去其物者，出租人得終止契約。

⟨謹按欲使不動產之出租人，得完全行使其留置權，須使出租人得以自己之力，阻止承租人之取去留置物，如承租人離去其租賃不動產所在地之時，並應使出租人得占有其物，俾得完全其租賃契約所生之債權。此第 1 項所由設也。承租人乘出租人之不知而取去其物，或不顧出租人之提出異議，而仍取去其物者，應使出租人有終止租賃契約之權，以保護其利益。此第 2 項所由設也。

第 448 條　（留置權之消滅──提供擔保）

承租人得提出擔保，以免出租人行使留置權，並得提出與各個留置物價值相當之擔保，以消滅對於該物之留置權。

⟨謹按承租人提出擔保，以避免出租人之行使置權，或提出與各個留置物價值相當之擔保，以消滅對於該物之留置權，均於出租人之利益無害，故應許承租人為之。此本條所由設也。

第 449 條　（租賃之最長期限及其例外）

I.租賃契約之期限，不得逾二十年。逾二十年者，縮短為二十年。

II.前項期限，當事人得更新之。

III.租用基地建築房屋者，不適用第一項之規定。

⑧⑧一、第 1 項及第 2 項未修正。
　二、租用基地建築房屋者，鑑於現代建築技術發

達，房屋之使用期限一般超過二十年。如出租人與承租人於租賃契約滿二十年時未達更新契約之合致，契約即行消滅，對承租人之保障欠周，且有礙社會經濟利益，為袪除上開弊端，並配合第 425 條之 1 之增訂，爰增訂第 3 項，使租用基地建築房屋者，不適用二十年租賃期限之規定。

▲【29 渝上 1731】租賃契約之期限不得逾二十年，其逾二十年者，縮短為二十年，民法第 449 條第 1 項定有明文。**租賃契約訂明年限不定，祇許客辭主，不許主辭客者，縱可解為以租賃物存在之時期為其租賃期限，但其期限逾二十年者，應縮短為二十年。**依民法第 450 條第 1 項之規定，其租賃關係於二十年屆滿時消滅，如二十年屆滿後已依民法第 451 條視為以不定期限繼續租約者，依民法第 450 條第 2 項之規定，出租人亦得隨時終止租約。

▲【51 臺上 1288】原租賃契約並未另定租賃期限，縱係以金錢借貸契約之期限為其期限，**於民國 29 年 4 月 8 日屆滿後，被上訴人既仍為租賃物之使用，上訴人亦續允以借款之利息抵付房租，而未為反對意思之表示，**依民法第 451 條之規定，**即應變更為不定期限繼續租約，自不受民法第 449 條第 1 項所定，租賃契約之期限不得逾二十年之限制。**上訴人於現行土地法公布施行後，請求被上訴人返還系爭房屋，依特別法優於普通法之原則，即無排除土地法之適用，非有同法第 100 條所列各款情形之一不得為之，顯無依本院在現行土地法施行前 29 年上字第 1731 號判例，主張得隨時終止租約之餘地。

▲【65 臺上 2722】民法第 449 條第 1 項之規定，不適用於不定期租賃，此觀之該條項所定「逾二十年者縮短為二十年」，可以瞭然。

第 450 條　（租賃契約之消滅）

I.租賃定有期限者，其租賃關係，於期限屆滿時消滅。

II.未定期限者，各當事人得隨時終止契約。但有利於承租人之習慣者，從其習慣。

III.前項終止契約，應依習慣先期通知。但不動產之租金，以星期、半個月或一個月定其支付之期限者，出租人應以曆定星期、半個月或一個月之末日為契約終止期，並應至少於一星期、半個月或一個月前通知之。

民

法

第二編　債

（第四五一條）

介謹按租賃契約之定有期限者，其租賃關係，於期限屆滿時消滅，此屬當然之事。其未定期限者，各當事人固得隨時終止契約，然若另有習慣，則應從其習慣，但其習慣僅以有利於承租人為限耳。至當事人之一，無論其方為隨時終止契約，或依習慣終止契約，均應使負通知相對人之義務，俾得有所準備。惟不動產之租金，係以星期、半個月或一個月定其支付之期限者，出租人應以曆定星期、半個月或一個月之末日為契約終止期，並應至少於一星期、半個月或一個月前通知之，以保護承租人之利益。故設本條以明示其旨。

▲【37上5994】上訴人當買受系爭房屋之前，被上訴人與原所有人之租賃關係，果依民法第450條第1項規定，已因期限屆滿而消滅，則被上訴人之繼續使用系爭房屋，**除有民法第451條之情形外，係屬無權占有，上訴人於取得系爭房屋所有權後，自可以系爭房屋所有權人之地位，本物上返還請求權，對被上訴人訴請返還系爭房屋。**

▲【37上7943】租賃定有期限者，承租人雖因戰事致不能於期限內使用租賃物，亦不得將不能使用期間，於租賃期限內扣除。

▲【45臺上1514】以非耕地或非供建築房屋之土地為租賃物之租賃，其終止契約，土地法及其他特別法並未就此設有特別規定，依特別法無規定者，適用普通法之原則，應仍適用民法關於租賃之規定，其未定期限者，除應依習慣先期通知外，各當事人得隨時終止契約。

▲【46臺上227】兩造就系爭房屋訂立之租賃契約第3條所定一年期限之下，並有「期滿時上訴人應將房屋無條件交還被上訴人，決無異議」等語之記載，係屬定有期限之租賃，極為明顯。至其附載「如被上訴人繼續將房屋出租者，上訴人有優先承租權」一節，則係附有以被上訴人須將該房屋繼續出租，而上訴人始有優先承租權之停止條件，**此項條件之成就，應由主張之上訴人負舉證之責任。**

▲【48臺上228】租賃契約定有存續期間，同時並訂有以出租人確需自住為收回之解除條件者，**必於條件成就時始得終止租約。所謂自住，係指客觀上有收回自住之正當理由及必要情形，並能為相當之證明者而言，不以主觀情事之發生為已足。**

▲【48臺上1196】房屋租賃保證金（即押租金）之返還，當然為租期屆滿時，出租人與保證人所

負回復原狀之義務。**如出租人與保證人於租期屆滿時未履行此義務，縱租賃關係於租期屆滿時消滅，而其返還保證金之義務，要難認為隨同失其存在。**

▲【52臺上2209】租賃定有期限者，其租賃關係於期限屆滿時消滅，承租人於租賃關係終止後，應返還租賃物與出租人，民法第450條第1項及第455條定有明文。上訴人承租系爭土地之租賃期限既已屆滿，除有以不定期限繼續契約之情形外，兩造間之租賃關係當然消滅，上訴人應將系爭土地返還被上訴人，**縱上訴人在該地上種植之竹木，林業機關不准砍伐，亦係交還土地應否酌定相當履行期間之問題，不能因此即可謂兩造間之租賃關係自然延緩。**上訴人之次子雖應徵入營服役，但系爭土地係屬林地並非畑地，要亦無軍人及其家屬優待條例第9條規定之適用。

▲【60臺上223】民法第450條第3項所定應先期通知終止租約，係指依同條第2項規定，對於**未定期限之租賃，隨時任意終止租約者而言，**本件係以欠租為理由而終止租約，自無該條項之適用。

▲【67臺上2293】民法第450條第3項所定之出租人應以曆定星期、半個月或一個月之末日為契約終止期，並應至少於一星期、半個月或一個月前通知，**係列舉之規定，非謂不動產之租金以一年或半年定其支付之期限者，亦得類推適用該條項之規定。**

▲【69臺上4001】租賃定有期限者，其租賃關係於期限屆滿時消滅，民法第450條第1項定有明文，如無同法第451條所定視為以不定期限繼續契約情事，依同法第455條規定，承租人應於租期屆滿時返還租賃物。**否則，即應負給付遲延責任。**

第451條　（租賃契約之默示更新）

　　租賃期限屆滿後，承租人仍為租賃物之使用收益，而出租人不即表示反對之意思者，視為以不定期限繼續契約。

介謹按承租人於租賃期限屆滿後，仍就租賃物繼續使用或收益，而出租人不即表示反對之意思者，推其意欲繼續租賃契約者為多，故視為以不定期限繼續契約，以防無益之爭論。此本條所由設也。

◇不定期租賃契約：原來是指未定有存續期間之租賃契約。但法律另外有兩個擬制規定：1.不動

產租賃期間超過一年者，必須以書面訂定，假若沒有以書面訂定，視為不定期租賃；2.定期租賃契約期滿後，出租人即得請求返還租賃物，若怠於行使此權利，未對承租人繼續就租賃物使用收益為反對之意思表示，視為不定期租賃契約。

▲【33上3763】上訴人如於期限屆滿後，仍為租賃物之使用收益，被上訴人並已收受其期限屆滿後之租金，則依民法第451條之規定，自應視為以不定期限繼續契約，非被上訴人另有合法終止契約之意思表示，兩造間之租賃關係，尚不得謂非存續。

▲【37上8288】民法第451條所謂之即表示反對之意思，係指一般交易觀念所認為相當之時期內，不表示反對之意思而言，此項意思表示亦不必以明示之方法為之。

▲【37上9418】租賃契約以當事人就租賃物及租金互相同意時方為成立，承租人於租期屆滿後，雖仍為租賃物之使用收益，然既經出租人對原定租金表示爭執，並未協議一致，自與不即表示反對之意思者有別，不能適用民法第451條規定，視為不定期限繼續契約。

▲【41臺上433】上訴人雖以原租賃約載明「滿期再訂」字樣，實含有滿期仍應繼續租賃之意思為抗辯，第查此項約定僅屬期滿後得協商再訂租賃契約，不能解為期滿後，當然繼續租賃，其抗辯顯無可採。

▲【41臺上767】民法第451條之規定，乃出租人表示反對續租之意思，有阻卻繼續契約之效力，此與同法第263條所定當事人依法律之規定終止契約之情形，具有同一之法律理由，自應類推適用。故租賃物為數人所共有，表示此項意思時，應準用第258條第2項規定，由共有人全體為之。

▲【42臺上410】租賃定有期限者，其租賃關係於期限屆滿時消滅，為民法第450條第1項所明定。同法第451條所謂視為不定期限繼續契約者，須承租人於租期屆滿後，仍為租賃物之使用收益，而出租人不即表示反對之意思時，始有其適用。此種出租人之異議，通常固應於租期屆滿後，承租人仍為租賃物之使用收益時，即行表示之，惟出租人應承租人取得此項默示更新之利益，而於租期將屆滿之際，向之預為表示不願繼續契約者，仍不失為有反對意思之表示。

▲【42臺上493】被上訴人對於系爭房屋之租賃關係，既於租賃期限將屆滿時，以書面表示於期限屆滿後不再繼續契約之意思，並因上訴人覓屋困難，限至41年3月底遷居，顯與民法第451條規定之情形有間，縱於其後有收受上訴人支付是年1月至3月之租金，亦屬租賃關係消滅後，因租賃物遲延返還所生損害之性質，不容上訴人以不定期限繼續契約為爭執。

▲【46臺上1828】民法第451條所謂出租人不即表示反對之意思，固不以明示之反對為限，但若僅於租期屆滿後未收取租金，則係一種單純的沉默，尚難認為已有默示反對續租之意思。

▲【47臺上1820】定期租賃契約期滿後之得變為不定期租賃者，在出租人方面係以有無即表示反對之意思為條件，而非以有無收取使用收益之代價為條件，故苟無即表示反對之意思而未為使用收益代價之收取，其條件仍為成就，苟已即為反對之意思而為使用收益代價之收取，其條件仍為不成就。

▲【55臺上276】民法第451條所定出租人於租期屆滿後須即表示反對之意思，始生阻止續租之效力。意在防止出租人於租期屆滿後，明知承租人就租賃物繼續使用收益而無反對之表示，過後忽又主張租賃關係消滅，使承租人陷於窘境而設，並非含有必須於租期屆滿時，始得表示反對之意義存在。故於訂約之際，訂明期滿後絕不續租，或續租應另訂契約者，仍難謂不發生阻止續約之效力。

▲【57臺上3647】對話人為意思表示者，以相對人了解時發生效力，非對話者，以通知達到相對人時發生效力，民法第94條及第95條定有明文。同法第451條所謂表示反對之意思是否發生效力，自亦應分別對話或非對話，以相對人已否了解或通知已否達到相對人為斷。

▲【59臺上555】被上訴人於租期屆滿前，即已表示期滿後不再續租，寬限二個月拆遷，又係基於上訴人要求而允予之履行期間，縱上訴人於被上訴人拒收租金後有提存之情形，亦不發生不定期限繼續契約之問題。

▲【60臺上2246】為租賃物之使用收益者，法律並未規定以承租人本人為限，故民法第451條所指「承租人仍為租賃物之使用收益」者，應包括承租人之家屬、受僱人及經承租人允許之其他第三人，而為租賃物使用收益之情形在內。

▲【70臺上3678】法律關係定有存續期間者，於期間屆滿時消滅，期滿後，除法律有更新規定外，並不當然發生更新之效果，地上權並無如民

法第 451 條之規定，其期限屆滿後自不生當然變更為不定期限之效果，因而應解為定有存續期間之地上權於期限屆滿時，地上權當然消滅。

第 452 條　（因承租人死亡而終止租約）

承租人死亡者，租賃契約雖定有期限，其繼承人仍得終止契約。但應依第四百五十條第三項之規定，先期通知。

介謹按承租人死亡，租賃契約雖定有期限，其繼承人，有無須繼續租賃契約者，應使其得終止租賃之契約。惟繼承人終止契約時，須依照第 450 條第 3 項之規定，負先期通知之義務，使出租人有所準備，以期公允。此本條所由設也。

第 453 條　（定期租約之終止）

定有期限之租賃契約，如約定當事人之一方於期限屆滿前，得終止契約者，其終止契約，應依第四百五十條第三項之規定，先期通知。

介謹按當事人約定租賃之期限者，固應受期限之拘束，然若約定當事人之一方，得於期限屆滿前解除契約者，是即解約權之保留，法律亦所許可。惟一方終止契約時，亦須依照第 450 條第 3 項之規定，負先期通知之義務，使他方有所準備，以期公允。此本條所由設也。

第 454 條　（預收租金之返還）

租賃契約，依前二條之規定終止時，如終止後始到期之租金，出租人已預先受領者，應返還之。

介謹按依前二條之規定，租賃契約因承租人死亡，由其繼承人聲明終止，或當事人一方，根據契約於期限屆滿前終止時，如終止後始到期之租金，出租人已預先受領者，是為不當得利。故應使出租人負返還之義務，以保護承租人之利益。此本條所由設也。

第 455 條　（租賃物之返還）

承租人於租賃關係終止後，應返還租賃物。租賃物有生產力者，並應保持其生產狀態，返還出租人。

介謹按租賃關係終止後，承租人對於出租人自應將租賃物返還，其有生產力之租賃物，不得有所破壞。故返還於出租人時，並應使其保持其本來之

生產狀態，此屬當然之結果。故設本條以明示其旨。

▲【31 上 2665】訟爭房地如果係上訴人出租於被上訴人使用收益，則上訴人於終止租賃契約時所得行使之租賃物返還請求權，**自不因其所有權之未受合法移轉而受影響**。

▲【33 上 2326】承租人所有民法第 431 條第 1 項之費用償還請求權，與其在租賃關係終止後所負返還租賃物之義務，非有互為對價之關係，不得藉口其支付之有益費用未受清償，即拒絕租賃物之返還。

▲【33 上 3061】被上訴人承租上訴人之鋪屋既因火災致全部滅失，其租賃關係即因之而消滅，該鋪屋之基地顯為租賃物之一部，然除別有訂定外，被上訴人僅得因使用鋪屋而使用之，本無獨立使用之權。租賃關係因鋪屋滅失而消滅後，被上訴人仍占有使用，如別無合法原因，即不能謂上訴人無返還請求權。雖該地基曾經上訴人於民國 30 年 3 月間立契出賣於訴外人某甲，其所有權已移轉於該訴外人，然依民法第 348 條第 1 項之規定，上訴人負有交付出賣標的物於買受人之義務，而**民法第 455 條之租賃物返還請求權，又不以出租人就租賃物有所有權為要件**，則原判決以該地基所有權已移轉於他人為理由，認上訴人無返還請求權，於法顯有未合。

▲【44 臺上 1101】被上訴人向訴外人某甲買受系爭房屋後，雖未完成其所有權移轉登記，但其行使之租賃物返還請求權，係基於租賃關係則債之關係所發生，被上訴人既已向原出租人之某甲一併受讓其權利，並將此項事由通知上訴人，則**其對上訴人行使出租人之權利，自不因系爭房屋之未完成所有權移轉登記而受影響**。

▲【46 臺上 1780】上訴人於租期屆滿後，仍未依約履行還屋之義務，致被上訴人因而受相當於租金額之損害，固屬違背民法第 455 條之規定，難免於賠償之責，顧此種因遲延返還租賃物所生之損害賠償之債，揆與因故意侵權行為而負擔之債並非相同，故上訴人以所支出之修理費互相抵銷，即不在同法第 339 條規定不得抵銷之列。

第 456 條　（消滅時效期間及其起算點）

I.出租人就租賃物所受損害對於承租人之賠償請求權，承租人之償還費用請求權，及工作物取回權，均因二年間不行使而消滅。

II.前項期間，於出租人，自受租賃物返還時
起算。於承租人，自租賃關係終止時起
算。

介謹按出租人就租賃物所受之損害，對於承租人之
賠償請求權，因二年間不行使而消滅，承租人對
於出租人之償還費用請求權，及工作物取回權，
亦因二年間不行使而消滅，蓋使法律關係得以從
速確定也。其期間之起算，亦應明白規定，俾資
適用。故設本條以明示其旨。

◇**償還費用請求權**：指承租人就租賃物支出之有
益費用或其他代出租人支出之費用得請求出租人
償還之權利，參民法第431條。

◇**工作物取回權**：指承租人得取回從事改良行為
所增設之工作物之權利，參民法第431條。

第 457 條　（耕作地租賃之租金減免請求權）

I.耕作地之承租人，因不可抗力，致其收益
減少或全無者，得請求減少或免除租金。
II.前項租金減免請求權，不得預先拋棄。

介謹按租金減免之請求權，在保險制度完備之國，
其實用甚少，然在未完備時，為保護承租人計，
其請求權極為必要。故本條規定耕作地之承租人，
因不可抗力致收益減少或全無者，得請求減少或
免除租金。此第1項所由設也。

又租金減免請求權，耕作地承租人因受出租人之
壓迫，而預先拋棄減免請求權者，亦事實上所難
免。故為保護經濟弱者起見，特設禁止之規定。
此第2項所由設也。

第 457 條之 1　（耕作地預收租金之禁止與租金之一部支付）

I.耕作地之出租人不得預收租金。
II.承租人不能按期支付應繳租金之全部，而
以一部支付時，出租人不得拒絕收受。

88一、本條新增。
二、為加強耕作地承租人之保護。爰參照耕作地三
七五減租條例第14條第1項增訂第1項。
三、耕作地之承租人不能按期支付全部租金者，
許其得為一部之支付，而出租人不得拒絕收受，
以保障承租人之利益，爰參照土地法第113條增
設第2項。

▲【52臺上2208】系爭土地係屬耕地三七五減
租條例第14條第1項之情形，出租人固不得預向

承租人收取地租，但承租人如願預付地租於出租
人，究為法所不禁。

第 458 條　（耕作地租約之終止㈠）

耕作地租賃於租期屆滿前，有左列情形之
一時，出租人得終止契約：
一　承租人死亡而無繼承人或繼承人
無耕作能力者。
二　承租人非因不可抗力不為耕作繼
續一年以上者。
三　承租人將耕作地全部或一部轉租
於他人者。
四　租金積欠達兩年之總額者。
五　耕作地依法編定或變更為非耕作
地使用者。

88現行規定究適用於定期租賃抑未定期限之租賃，
尚有疑義。司法院院字第852號解釋認為僅適用
於未定期限之租賃，惟耕作地之定期租賃，出租
人得終止契約之條件如僅限於第440條之欠租及
第443條之轉租二種情形，對出租人未免過苛，
為兼顧出租人與承租人雙方利益之平衡，爰參照
平均地權條例第76條、耕地三七五減租條例第
17條、土地法第114條及土地法施行法第27條
等規定，增訂第1款至第5款，規定得終止契約
之情形，並修正本條如上，俾使其適用於定有期
限之耕作地租賃。

第 459 條　（耕作地租約之終止㈡）

未定期限之耕作地租賃，出租人除收回自
耕外，僅於有前條各款之情形或承租人違
反第四百三十二條或第四百六十二條第
二項之規定時，得終止契約。

88現行規定是否僅適用於未定有期限之租賃，尚有
疑義。為期明確，爰參照土地法第114條，修正
本條為未定期限耕作地租賃終止契約之限制規
定。

第 460 條　（耕作地租約之終止期）

耕作地之出租人終止契約者，應以收益季
節後次期作業開始前之時日，為契約之終
止期。

介謹按耕作地之租賃，其由出租人終止契約者，應
使其於收穫時節後，次期耕作著手前之時日，為
契約終止期。否則已耕作者，因新舊易主，荒蕪

者多，易生經濟上之損害也。

第 460 條之 1 （耕作地之優先承買或承典權）

I.耕作地出租人出賣或出典耕作地時，承租人有依同樣條件優先承買或承典之權。

II.第四百二十六條之二第二項及第三項之規定，於前項承買或承典準用之。

⑧⑧一、本條新增。

二、耕作地出租人將耕作地出賣或出典於第三人時，承租人之租賃權雖繼續存在，然使用與所有仍不能合一。為能達到使用與所有合一之目的，促進物之利用並減少糾紛，爰參照土地法第 107 條增設本條。

▲【65 臺上 426】如果上訴人確係系爭土地之承租人，原所有人將土地出賣與被上訴人時，不依法通知上訴人，其移轉所有權之行為，對於承租人不生效力（參見本院 49 年臺上字第 2385 號判例），被上訴人即不得以出租人地位訴請交還。

▲【66 臺上 1530】土地法第 34 條之 1 第 4 項之優先購買權，係屬債權性質，此由該條項用語，與同法第 104 條第 2 項及耕地三七五減租條例第 15 條第 3 項用語不同，可以知之。被上訴人相互間就系爭土地應有部分之買賣，既經辦畢所有權移轉登記，則上訴人本於土地法第 34 條之 1 第 4 項規定之優先承購權，請求塗銷被上訴人間之所有權移轉登記及將該應有部分出賣並移轉登記於伊，既無可准許。

第 461 條 （耕作費用之償還）

耕作地之承租人，因租賃關係終止時未及收穫之孳息，所支出之耕作費用，得請求出租人償還之。但其請求額不得超過孳息之價額。

介謹按與耕作地尚未分離之孳息，承租人不得收取，蓋租賃關係終止時，承租人須依第 455 條，保持生產狀態，返還於出租人。故有時出租人可取得孳息，而承租人轉不能取得，此時出租人取得不當之得利，為法所不許，應使其就孳息之耕作費，償還於承租人。但其償還之價額，不得超過孳息之價額，以示平允。此本條所由設也。

第 461 條之 1 （承租人對耕作地之特別改良）

I.耕作地承租人於保持耕作地之原有性質及效能外，得為增加耕作地生產力或耕作便利之改良。但應將改良事項及費用數額，以書面通知出租人。

II.前項費用，承租人返還耕作地時，得請求出租人返還。但以其未失效能部分之價額為限。

⑧⑧一、本條新增。

二、耕作地之特別改良，可促進土地之利用及生產之增加，爰參照土地法第 119 條、第 120 條及耕地三七五減租條例第 13 條增訂本條。

第 462 條 （耕作地附屬物之範圍及其補充）

I.耕作地之租賃，附有農具、牲畜或其他附屬物者，當事人應於訂約時，評定其價值，並繕具清單，由雙方簽名，各執一份。

II.清單所載之附屬物，如因可歸責於承租人之事由而滅失者，由承租人負補充之責任。

III.附屬物如因不可歸責於承租人之事由而滅失者，由出租人負補充之責任。

介謹按耕作地之租賃，如附有農具、牲畜、或其他附屬物者，應由當事人雙方於訂立契約時，評定價值，開單簽名，各執一份，藉資點查。至關於附屬物上承租人與出租人相互間之責任，亦須明示，以防無益之爭。此本條所由設也。

◇附屬物：此處指農具、牲畜、種籽或肥料等。

第 463 條 （耕作地附屬物之返還）

耕作地之承租人依清單所受領之附屬物，應於租賃關係終止時，返還於出租人。如不能返還者，應賠償其依清單所定之價值。但因使用所生之通常折耗，應扣除之。

介謹按租賃關係終止時，耕作地之承租人，應依照清單所受領之附屬物，負返還於出租人之義務。其附屬物因滅失毀損不能返還者，則應依照清單所定之價值，負賠償之義務，但因使用上通常所生之折耗，應扣除之，以保護承租人之利益。此本條所由設也。

第 463 條之 1 （權利租賃之準用）

本節規定，於權利之租賃準用之。

⑧一、本條新增。

二、關於權利之租賃，事所常見。例如著作權與國營礦業權之出租等是。特別法雖設有規定（例如著作權法第 29 條及礦業法第 52 條第 1 項），惟皆屬行政或訓示事項；對於出租人與承租人間之權利義務並未規範。故增訂本條使權利租賃得準用一般租賃之規定，俾因應經濟發展暨實務上之需要。

第六節　借　貸

〔謹按〕借貸者，借用人與貸與人相互間之契約也。有使用借貸、消費借貸之別，二者之性質不同，故本節分款規定之。

第一款　使用借貸

〔查〕民律草案債權編第二章第七節原案謂使用借貸者，當事人約定一方以其所有物無償貸與他方使用，他方使用後返還其物之契約也。此種借貸，各國習慣上多有之，且為人生日用交際上必不可少者，故特設本款之規定。顧使用借貸之標的物也非權利也，權利之使用借貸，為本法所不認，即有此事，僅能以無名契約論，許其準用本款規定而已，不得即以本款之契約論。至使用借貸之標的，各國立法例，有僅規定使用而不及收益者，故本法採用之。

第 464 條　（使用借貸之定義）
　　稱使用借貸者，謂當事人一方以物交付他方，而約定他方於無償使用後返還其物之契約。

⑧我國民法規定之使用借貸，通說認係要物契約，於當事人合意外，更須交付借用物始能成立。惟依現行法本條及次條（第 465 條）合併觀察，易使人誤認為使用借貸為諾成契約，而以物之交付為其生效要件。為免疑義，爰修正如上。

▲【43 臺上 61】使用借貸原屬無償契約，並不能因停止收取費用，作為借貸關係消滅之論據。

▲【50 臺抗 166】使用借貸，乃債權契約非物權契約，貸與人對借用物縱無所有權，亦可本於貸與人地位請求借用人返還，亦即**使用借貸之成立與所有權之有無，並無牽連關係**，不生民事訴訟法第 182 條所定中止訴訟程序之問題。

▲【59 臺上 2490】**使用借貸，非如租賃之有民法第 425 條之規定**。縱令上訴人之前手將房屋及空地，概括允許被上訴人等使用，被上訴人等要**不得以上訴人之前手，與其訂有使用借貸契約，主張對現在之房地所有人即上訴人有使用該房地之權利**。

▲【67 臺上 2488】**使用借貸必係無償，有償則非使用借貸。換耕田地，互有對價關係，自非無償**。

第 465 條　（刪除）

⑧本條之規定，易使人誤為借用物之交付為使用借貸之生效要件。為配合前條之修正，爰將本條刪除。

第 465 條之 1　（使用借貸之預約）
　　使用借貸預約成立後，預約貸與人得撤銷其約定。但預約借用人已請求履行預約而預約貸與人未即時撤銷者，不在此限。

⑧一、本條新增。

二、預約為約定負擔訂立本約之義務之契約。通常在要式或要物契約始有其存在價值。使用借貸為要物契約，常先有預約之訂立，惟其亦為無償契約，故於預約成立後，預約貸與人如不欲受預約之拘束，法律應許其撤銷預約，始為合理。但預約借用人已請求履行預約而預約貸與人未即時撤銷者，應限制其任意撤銷其預約。爰參照第 408 條第 1 項、第 269 條第 2 項規定，增訂本條。

◇要物性的緩和：使用借貸契約為要物契約，雖不移轉借用物所有權，但須借用物交付後始生效力。惟其為一無償契約，立法者為緩和其要物性，使用借貸預約成立後，預約貸與人得撤銷其約定。

第 466 條　（貸與人之責任）
　　貸與人故意不告知借用物之瑕疵，致借用人受損害者，負賠償責任。

〔謹按〕使用借貸之貸與人，既無償於約定期間內以物貸與他方使用，是貸與人所負義務，無可取償，實與通常債務人有別，若令其與通常債務人負同一之責任，殊未公允。故設立本條。惟以因故意不告知借用物之瑕疵，致借用人因其瑕疵而受有損害者為限，貸與人始負賠償之責任也。

◇賠償責任：通說認為指**履行利益**。惟有少數說認為基於使用借貸無償之特性，應限於有固有利益之損害始可請求。

民

法

第二編 債 （第四六七～四七一條）

第 467 條　（依約定方法使用借用物義務）

I 借用人應依約定方法，使用借用物。無約定方法者，應以依借用物之性質而定之方法使用之。

II 借用人非經貸與人之同意，不得允許第三人使用借用物。

◊謹按借用人對於借用物，應切實注意，善為保存，徵諸債權通則，已極明晰。故有約定方法者，應依約定方法，使用借用物，無約定方法者，應依物之性質所定之方法使用借用物。至借用人得允許第三人使用其借用物與否，尤應以貸與人之是否同意為斷，貸與人如不同意，借用人即不得允許第三人使用借用物，蓋恐借用人之濫用使用權。故設本條之規定，以保護貸與人之利益也。

第 468 條　（借用人之保管義務）

I 借用人應以善良管理人之注意，保管借用物。

II 借用人違反前項義務，致借用物毀損、滅失者，負損害賠償責任。但依約定之方法或依物之性質而定之方法使用借用物，致有變更或毀損者，不負責任。

◊謹按借用人有以善良管理人之注意，保管借用物之義務，若違反此項義務，致其物有毀損滅失情形者，應負損害賠償之責任，此理之當然，自無疑義。若依約定之方法或依物之性質而定之方法，而為使用，致其物有變更或毀損情形者，有無責任，亦應以明文規定之。故設本條以明示其旨。

第 469 條　（通常保管等費用之負擔及工作物之取回）

I 借用物之通常保管費用，由借用人負擔。借用物為動物者，其飼養費亦同。

II 借用人就借用物支出有益費用，因而增加該物之價值者，準用第四百三十一條第一項之規定。

III 借用人就借用物所增加之工作物，得取回之。但應回復借用物之原狀。

⑧一、第 1 項未修正。

二、我民法就借用人支出有益之費用，於借貸關係終止時，並無得請求償還之明文，致學者間意見紛紜，有主張得依不當得利或無因管理請求償還者，有認為不得請求償還者。查外國立法例關

於借用人就借用物支出之有益費用，大都明定由貸與人負責償還（德國民法第 601 條第 2 項、法國民法第 1890 條、瑞士債務法第 307 條參考）。為明確計，爰仿外國立法例，增訂本條第 2 項，以杜爭議。

三、原第 2 項移列為第 3 項。

第 470 條　（借用人返還借用物義務）

I 借用人應於契約所定期限屆滿時，返還借用物。未定期限者，應於依借貸之目的使用完畢時返還之。但經過相當時期，可推定借用人已使用完畢者，貸與人亦得為返還之請求。

II 借貸未定期限，亦不能依借貸之目的，而定其期限者，貸與人得隨時請求返還借用物。

◊謹按借用物返還之期限，其有約定期限者，借用人應於約定期限屆滿時返還借用物，其未定期限者，借用人應於使用完畢時返還，其經過相當期限，可以推定其使用完畢者，貸與人亦得請求返還。若既無約定期限，又不能依借用之目的定其何時使用完畢者，貸與人可以隨時請求返還，本條特說明文規定，所以免無謂之爭議也。

▲【47 臺上 101】 物之所有人本於所有之效用，對於無權占有其所有物者請求返還所有物，與物之貸與人基於使用借貸關係，對於借用其物者請求返還借用物之訴，**兩者之法律關係亦即訴訟標的並非同一，不得謂為同一之訴。**

▲【91 臺上 1926】 因任職關係獲准配住宿舍，其性質為使用借貸，目的在使任職者安心盡其職責，是倘借用人喪失其與所屬機關之任職關係，當然應認依借貸之目的，已使用完畢，配住機關自得請求返還。**故公務員因任職關係配住宿舍，於任職中死亡時，既喪失其與所屬機關之任職關係，依借貸目的應認已使用完畢，使用借貸契約因而消滅，此與一般使用借貸契約，借用人死亡時，貸與人僅得終止契約之情形尚有不同。**

第 471 條　（借用人之連帶責任）

數人共借一物者，對於貸與人，連帶負責。

◊謹按貸與人約定以物無償貸與借用人使用，而借用人有數人時，其對於貸與人應負返還及賠償之責任若何，不可不明文規定之。此本條所由設也。

第 472 條　（貸與人之終止契約權）

有左列各款情形之一者，貸與人得終止契約：

一　貸與人因不可預知之情事，自己需用借用物者。

二　借用人違反約定或依物之性質而定之方法使用借用物，或未經貸與人同意，允許第三人使用者。

三　因借用人怠於注意，致借用物毀損或有毀損之虞者。

四　借用人死亡者。

仚謹按使用借貸契約，貸與人因不可預知之情事，自己需用借用物者，自應許其有終止契約之權。又借用人違反約定或依物之性質而定之使用方法，或未經貸與人之同意，允許第三人使用借用物，或怠於注意，致其物毀損或有毀損之虞者，若不許其終止契約，貸與人之利益，必被侵害。至借用人死亡，貸與人不欲其繼承人繼續使用借貸者，既不能以法律強其繼續，即應認其有終止契約權。凡此應均令終止契約，藉以保護權利，以昭公允。此本條所由設也。

▲【58臺上788】貸與人因不可預知之情事自己需用借用物者，得終止契約，為民法第472條第1款所明定。本條之適用，不問使用借貸是否定有期限，均包括在內。**所謂不可預知之情事，指在訂立使用借貸契約以後所發生之情事，而非訂立契約時所能預見者而言。而所謂自己需用借用物，祇須貸與人有自己需用借用物之原因事實為已足，其是否因正當事由而有收回之必要，不必深究。**被上訴人有自己需用系爭土地以供建屋之事實，而為出借系爭土地時所不能預知，在原判決既已詳為闡明，則被上訴人所為終止借貸關係之意思表示，於法自非無據。

第 473 條　（消滅時效期間及其起算）

I.貸與人就借用物所受損害，對於借用人之賠償請求權、借用人依第四百六十六條所定之賠償請求權、第四百六十九條所定有益費用償還請求權及其工作物之取回權，均因六個月間不行使而消滅。

II.前項期間，於貸與人，自受借用物返還時起算。於借用人，自借貸關係終止時起算。

⑧一、為配合第469條第2項增訂關於借用人有益費用償還請求權之規定，第1項爰予修正如上。

二、第2項未修正。

第二款　消費借貸

仚謹按消費借貸者，當事人約定一方移轉金錢或其他代替物之所有權於他方，而他方於消費後，以種類、品質、數量相同之物返還之契約也。各國習慣上多有此事，且為實際上所必不可少者，故設本款之規定。

第 474 條　（消費借貸之定義）

I.稱消費借貸者，謂當事人一方移轉金錢或其他代替物之所有權於他方，而約定他方以種類、品質、數量相同之物返還之契約。

II.當事人之一方對他方負金錢或其他代替物之給付義務而約定以之作為消費借貸之標的者，亦成立消費借貸。

⑧一、我國民法規定之消費借貸，通說認係要物契約，於當事人合意外，更須交付金錢或其他代替物，以移轉其所有權於他方，始能成立。惟依現行法本條及次條（第475條）合併觀察，易使人誤為消費借貸為諾物契約，而以物之交付為其生效要件。為免疑義，爰修正如上，並列為第1項。

二、消費借貸契約，固以當事人約定，一方移轉金錢或其他代替物之所有權於他方，他方以種類、品質、數量相同之物返還，並因物之交付而成立為典型；惟當事人之一方對他方負金錢或其他代替物之給付義務而約定以之作為消費借貸之標的者，例如：積欠工資、價金、工程款等而以之作為消費借貸時，亦應成立消費借貸契約，否則，必令當事人反覆交付而後始能成立消費借貸，非僅不便，且與社會生活之實情不符。爰參考德國民法第607條第2項、日本民法第588條規定，增訂第2項。惟其標的，仍以金錢或其他代替物為限，俾與消費借貸之係以種類、品質、數量相同之物返還之性質相等。

◇代替物：指在交易上得以種類、品質、數量相互替代之物。

◇要物性之緩和：為緩和消費借貸契約之要物性，當事人之一方對他方負金錢或其他代替物之「給付義務」而約定以之作為消費借貸之標的者，亦

民法

第二編　債　（第四七五～四七七條）

成立消費借貸（第 474 條第 2 項）。民法為增進社會經濟之利用，緩和其要物性之規定，特增訂第 474 條第 2 項以承諾成立消費借貸及第 475 條之 1 預約貸與人的預約撤銷權。

▲【27 渝上 3240】消費借貸契約之訂立，法律上並無應以書面為之之規定，民法第三條第 1 項所謂依法律之規定，有使用文字之必要者，即不包含消費借貸契約之訂立在內。

▲【33 上 1598】金錢借貸而以耕地收穫之糧食納息者，應以糧食折算為金錢之價額為約定利息之數額，除其折算價額應受民法第 205 條之限制外，不能以當事人未約定利息之金錢數額，遂謂該契約之性質非金錢借貸。

▲【64 臺上 2400】所謂土地押租契約，一般指出租人將土地出租與承租人，承租人另借款與出租人，雙方約定以借款利息抵付土地租金，俟租賃關係終了時互相返還土地借款之聯立契約，其有關法律關係應分別適用民法租賃、借貸之規定。

▲【89 臺上 1864】按金錢借貸契約，固屬要物契約，但如因買賣或其他原因，借用人以其對於貸與人所負金錢債務，作為金錢借貸所應交付之金錢，而合意成立消費借貸，亦應解為已具要物性。

第 475 條　（刪除）

⑧本條之規定，易使人誤會金錢或其他代替物之交付為消費借貸之生效要件。為配合前條之修正，爰將本條刪除。

第 475 條之 1　（消費借貸之預約）

I消費借貸之預約，其約定之消費借貸有利息或其他報償，當事人之一方於預約成立後，成為無支付能力者，預約貸與人得撤銷其預約。

II消費借貸之預約，其約定之消費借貸為無報償者，準用第四百六十五條之一之規定。

⑧一、本條新增。

二、消費借貸為要物契約，常先有預約之訂立。消費借貸如為有償契約，預約借用人於預約成立後，成為無支付能力者，為免危及預約貸與人日後之返還請求權，宜賦予預約貸與人撤銷預約之權。而在預約貸與人於預約成立後成為無支付能力者，預約貸與人亦應有撤銷預約之權，方符

消費借貸預約之旨趣，以及誠信之原則。爰參考德國民法第 610 條、日本民法第 589 條、瑞士債務法第 316 條第 1 項規定與本法第 418 條之法意，增訂本條第 1 項。

三、消費借貸之預約，其約定之消費借貸為無報償者，不應令預約貸與人負過苛之責任，方為平允，爰增訂第 2 項，明示準用使用借貸預約之有關規定。

第 476 條　（物之瑕疵擔保責任）

I消費借貸，約定有利息或其他報償者，如借用物有瑕疵時，貸與人應另易以無瑕疵之物。但借用人仍得請求損害賠償。

II消費借貸為無報償者，如借用物有瑕疵時，借用人得照有瑕疵原物之價值，返還貸與人。

III前項情形，貸與人如故意不告知其瑕疵者，借用人得請求損害賠償。

⇧查民律草案第 712 條理由謂消費借貸，為單務契約，貸與人自無義務可負。然約付利息或其他報償之消費借貸，貸與人既有受利息或其他報償之利益，則其物含有瑕疵時，自應使負擔保責任，以保護借用人之利益。至無利息或其他報償之消費借貸，若其物含有瑕疵，借用人即可仍以有瑕疵之物返還之，第與前項同一有瑕疵之物，得之甚難，故按照有瑕疵物之價值返還，亦無不可。但貸與人知其物有瑕疵，故意不告知借用人，是有背於交易上之誠實與信用，故仍使其負擔保之責任。

◇有償與無償消費借貸契約：以消費借貸契約是否附有利息或其他報償為區分標準。約定附有利息者為有償消費借貸契約，約定不附利息者為無償消費借貸契約。

第 477 條　（消費借貸報償之支付時期）

利息或其他報償，應於契約所定期限支付之；未定期限者，應於借貸關係終止時支付之。但其借貸期限逾一年者，應於每年終支付之。

⇧查民律草案第 715 條理由謂約付利息或其他報償之消費借貸，其支付利息或報償之期限，必須規定明確，始能杜無益之爭論。故設本條以明示其旨。

第 478 條　（借用人返還借用物義務）

借用人應於約定期限內，返還與借用物種類、品質、數量相同之物。未定返還期限者，借用人得隨時返還，貸與人亦得定一個月以上之相當期限，催告返還。

⇧謹按消費借貸，借用人約定有返還時期者，應於約定期限內，返還與借用物種類、品質、數量相同之物，此屬當然之結果。其未定返還期限者，在借用人自得隨時返還，在貸與人亦得定一個月以上之相當期限催告返還。故本條特明設規定，以杜爭執。

▲【70 臺上 2011】被上訴人既已對上訴人起訴，起訴狀繕本又於 68 年 8 月 9 日送達上訴人，**自可認被上訴人已對上訴人為催告**，且截至第二審更審言詞辯論之日止，為時逾一個月以上，縱本件借貸未定有返還期限，亦可認被上訴人之請求與民法第 478 條規定相符。

▲【73 臺抗 413】民法第 478 條規定：消費借貸未定返還期限者，借用人得隨時返還，貸與人亦得定一個月以上之相當期限催告返還。所謂貸與人得定一個月以上之相當期限催告返還，**非謂貸與人之催告必須定有期限，祇須貸與人有催告之事實，而催告後已逾一個月以上相當期限者，即認借用人有返還借用物之義務**。

▲【99 年第 7 次民事庭會議決議】按民法第 478 條後段規定，消費借貸未定返還期限者，貸與人得定一個月以上之相當期限，催告返還。所謂返還，係指「終止契約之意思表示」而言，即貸與人一經向借用人催告或起訴，其消費借貸關係即行終止，惟法律為使借用人便於準備起見，特設「一個月以上相當期限」之恩惠期間，借用人須俟該期限屆滿，始負遲延責任，貸與人方有請求之權利。**若貸與人未定一個月以上之期限向借用人催告，其請求權尚不能行使，消滅時效自無從進行。故須貸與人定一個月以上之相當期限，催告返還，於該催告所定期間屆滿後，其消滅時效始開始進行**。

第 479 條　（返還不能之補償）

I.借用人不能以種類、品質、數量相同之物返還者，應以其物在返還時、返還地所應有之價值償還之。

II.返還時或返還地未約定者，以其物在訂約時，或訂約地之價值償還之。

⇧謹按消費借貸，借用人本應以與借用物種類、品質、數量相同之物返還貸與人，若不能以種類、品質、數量相同之物返還，而遽免其義務，則保護貸與人，失之過薄。故令以該物在返還時及返還地之價值，償還貸與人，然此僅限於有約定返還時日及返還地點者，方可適用，若當事人間於借貸之際，並未為返還時及返還地之約定，此時應使借用人以其物在訂約時或訂約地之價值償還貸與人，以昭公允。此本條所由設也。

▲【32 上 2150】民法第 479 條第 1 項所謂不能以種類、品質、數量相同之物返還，**係指依社會觀念其返還種類、品質、數量相同之物已屬不能者而言**。若依社會觀念其返還種類、品質、數量相同之物，並非不能，自無同條項之適用。

第 480 條　（金錢借貸之返還）

金錢借貸之返還，除契約另有訂定外，應依左列之規定：

一　以通用貨幣為借貸者，如於返還時，已失其通用效力，應以返還時有通用效力之貨幣償還之。

二　金錢借貸，約定折合通用貨幣計算者，不問借用人所受領貨幣價格之增減，均應以返還時有通用效力之貨幣償還之。

三　金錢借貸，約定以特種貨幣為計算者，應以該特種貨幣，或按返還時返還地之市價，以通用貨幣償還之。

⇧謹按金錢借貸，既以通用貨幣為標的，則因社會經濟之情況，貨幣價值，自必時有變動。有借用時之貨幣，至返還時已失其通用效力者，有須折合通用貨幣計算者，有以特種貨幣計算者，究應以何種貨幣償還，自須明白規定，方足以免糾紛。故設本條以明示其旨。（參照第 201 條、第 202 條）

第 481 條　（貨物或有價證券折算金錢之消費借貸）

以貨物或有價證券折算金錢而為借貸者，縱有反對之約定，仍應以該貨物或有價證券按照交付時交付地之市價所應有之價值，為其借貸金額。

⑧⑧商業發達後，有價證券常成為交易之標的，而「貨物」是否包括有價證券在內，易滋疑義，為明確

計，爰仿瑞士債務法第 317 條規定，增列「有償證券」亦在本條適用之列，以符實際，並杜爭議。

第七節　僱　傭

介查民律草案債權編第二章第九節原案謂僱傭者，當事人約定一方服勞務，一方給與報酬之契約也。勞務不僅身體，即高尚之精神，亦為勞務。報酬不僅金錢，各種給付，亦為報酬。近世各國所認僱傭契約，其勞務及給付之定義，俱依此為準，於實際上亦良便，故本法設本節規定。

第 482 條　（僱傭之定義）
稱僱傭者，謂當事人約定，一方於一定或不定之期限內為他方服勞務，他方給付報酬之契約。

介謹按僱傭關係，為僱用人與受僱人之契約關係，即當事人約定，一方於一定或不定之期限內為他方服勞務，他方給付報酬之契約。故本條特明示其意義，以資準據。

▲【45 臺上 1619】僱傭契約依民法第 482 條之規定，係以約定受僱人於一定或不定之期限內，為僱用人服勞務，僱用人給與報酬為其成立要件。就此項成立要件言之，僱傭契約在受僱人一方，僅止於約定為僱用人供給一定之勞務，即除供給一定勞務之外，並無其他目的，在僱用人一方，亦僅約定對於受僱人一定勞務之供給而與以報酬，**縱使受僱人供給之勞務不生預期之結果，仍應負給與報酬之義務**，此為其所有之特徵。

▲【56 臺上 1612】僱傭契約於當事人間，固以約定一方於一定或不定之期限內，為他方服勞務，他方給付報酬為其成立之要件，**然其與第三人間之關係，受僱人既係以聽從僱用人之指示而作為，倘受僱人確係因服勞務而生侵害第三人權利之情事時，僱用人即不能藉口曾與受僱人有何約定，而諉卸其對第三人之責任。**

第 483 條　（報酬及報酬額）
I.如依情形，非受報酬即不服勞務者，視為允與報酬。
II.未定報酬額者，按照價目表所定給付之；無價目表者，按照習慣給付。

介查民律草案第 717 條理由謂僱傭契約之成立，必應規定明確，始杜無益之爭論。報酬為僱傭之一要件，故為人服勞務，不向人索報酬者，不得以

僱傭論。例如子為父母服勞務，非因報酬而然，即不得謂之僱傭契約。然有非受報酬不服勞務之情事者，仍應視為僱用人允與報酬。至報酬額之多寡，如無特約，可依公定傭率或習慣相沿之數而定。此本條所由設也。

◇**價目表**：報酬給付標準表。

◇**習慣**：此指按當地之慣行供給勞務之對價，定報酬給付標準。

第 483 條之 1　（僱用人對受僱人之保護義務）
受僱人服勞務，其生命、身體、健康有受危害之虞者，僱用人應按其情形為必要之預防。

⑧⑧一、本條新增。

二、基於社會政策之理由，德國及瑞士各國（參考德國民法第 618 條、瑞士債務法第 339 條）多設有使僱用人對於受僱人負保護義務之規定。而在民生主義立法政策下之我國民法，獨付闕如。為了受僱人周全之保障，尤有增訂必要，爰增訂本條規定。本條所謂「服勞務」，除指勞務本身外，尚包括工作場所、設備、工具等有使受僱人受危害之虞之情形。

第 484 條　（勞務之專屬性）
I.僱用人非經受僱人同意，不得將其勞務請求權讓與第三人。受僱人非經僱用人同意，不得使第三人代服勞務。
II.當事人之一方違反前項規定時，他方得終止契約。

介謹按依僱傭契約，僱用人與受僱人相互間之權利義務，基於專屬之關係而生。故僱用人非經受僱人同意，不得將其勞務請求權讓與第三人，受僱人亦非經僱用人同意，不得使第三人代服勞務。故設第 1 項以明示其旨。

若僱用人之一方，未得受僱人同意，遽將勞務請求權讓與第三人，或受僱人之一方，未得僱用人同意，遽使第三人代服勞務者，此時應使受僱人或僱用人之他方，有終止契約之權。故設第 2 項以明示其旨。

◇**勞務之專屬性**：因僱傭契約著重人格性，受僱人非經僱用人同意，不得使第三人代服勞務，否則可能使契約目的難以達成。

第 485 條　（特種技能之保證）

受僱人明示或默示保證其有特種技能者，
如無此種技能時，僱用人得終止契約。

介謹按僱傭契約既經成立，受僱人因無特種技能不
能勝任時，僱用人能否終止契約，應以受僱人曾
否明示或默示保證其有特種技能為斷。若受僱人
曾經自己明示或默示保證其有特種技能者，如無
此種技能，自屬違反契約，應使僱用人有終止契
約之權。否則受僱人之有無特種技能，僱用人亦
有審慎選擇之責任，自不得據此遽行解約，使受
僱人蒙不當之損失，是又理之當然，無待明文規
定。此本條所由設也。

◇特種技能：此指受僱人確實具有約定之某特定條
件。

第 486 條　（報酬給付之時期）

報酬應依約定之期限給付之。無約定者，
依習慣。無約定，亦無習慣者，依左列之
規定：
　一　報酬分期計算者，應於每期屆滿時
　　　給付之。
　二　報酬非分期計算者，應於勞務完畢
　　　時給付之。

介謹按報酬給付之期限，應依契約之所定，無約定
者，依習慣，並習慣而無之者，則依本條之所定，
蓋以杜無益之爭議也。

第 487 條　（受領遲延之報酬請求）

僱用人受領勞務遲延者，受僱人無補服勞
務之義務，仍得請求報酬。但受僱人因不
服勞務所減省之費用，或轉向他處服勞務
所取得或故意怠於取得之利益，僱用人得
由報酬額內扣除之。

介謹按僱用人急於領受受僱人所服勞務，與受僱人
無故不為服務不同，故無論受僱人已否服畢，應
以已為服務論，均應有請求報酬之權。然受僱人
因此所得之利益，乃屬不當利益，故對於受僱人
因不服勞務所節省之費用，或轉向他處服勞務所
取得之利益，及可取而不取之利益，均許僱用人
自其報酬額內扣除之，以昭平允。此本條所由設
也。

▲【100 臺上 1808】按僱用人受領勞務遲延者，
受僱人無補服勞務之義務，仍得請求報酬，民法

第 487 條前段定有明文。僱用人拒絕受領勞務，
固應負受領遲延之責，**受僱人無須催告僱用人受
領勞務，惟受僱人服勞務之義務並不因而消滅，
僱用人如再表示受領，請求受僱人服勞務，其受
領遲延之狀態即為終了，倘受僱人無正當理由而
未為給付，自不得依該民法規定請求報酬。**

第 487 條之 1　（受僱人之請求賠償）

Ⅰ受僱人服勞務，因非可歸責於自己之事
　由，致受損害者，得向僱用人請求賠償。
Ⅱ前項損害之發生，如別有應負責任之人
　時，僱用人對於該應負責者，有求償權。

⑧一、本條新增。
　二、按為自己利益使用他人從事具有一定危險性
　　之事務者，縱無過失，亦應賠償他人因從事該項
　　事務所遭受之損害。此乃無過失責任之歸責原則
　　中所謂危害責任原則之一類型。本法第 546 條第
　　3 項規定，受任人處理委任事務，因非可歸責於
　　自己之事由，致受損害者，得向委任人請求賠償，
　　即其著例，蓋為圖自己利益，使他人從事具有危
　　險性之事務，就他人因此遭受損害，理應賠償。
　　鑑於僱傭契約與委任契約同屬勞務契約，且受僱
　　人之服勞務，須絕對聽從僱用人之指示，自己無
　　獨立裁量之權；而受任人之處理委任事務，雖亦
　　須依委任人之指示（民法第 535 條參照），但有時
　　亦有獨立裁量之權（民法第 536 條參照），受任人
　　於處理委任事務，因非可歸責於自己之事由，致
　　受損害者，尚且得向委任人請求賠償；受僱人於
　　服勞務，因非可歸責於自己之事由，致受損害者，
　　自亦宜使其得向僱用人請求賠償，始能充分保護
　　受僱人之權益，爰仿本法第 546 條第 3 項規定，
　　增訂第 1 項。
　三、基於造成損害者，應負最後責任之法理。爰
　　仿本法第 190 條第 2 項、第 191 條第 2 項規定，
　　增訂第 2 項，明定僱用人於賠償受僱人之損害後，
　　對於應負責任之人，有求償權。

▲【102 臺上 1732】查依民法第 487 條之規定，
僱用人受領勞務遲延者，受僱人固無補勞務之義
務，仍得請求報酬。**惟受僱人非依債務本旨實行
提出給付者，不生提出之效力。**至僱用人預示拒
絕受領之意思或給付兼需僱用人之行為者，受僱
人須以準備給付之事情，通知僱用人以代提出；
僱用人對於已提出之給付，拒絕受領或不能受領
者，始自提出時起，負遲延責任，此觀同法第

民法　第二編　債　（第四八五～四八七之一條）

235 條及第 234 條之規定自明。而受僱人以言詞向僱用人為通知，除有言詞之通知外，尚須以已有給付準備之具體事實存在為前提，若不能認為已有給付之準備，徒為通知，尚不生言詞提出之效力。

第 488 條 （僱傭關係之消滅㈠——屆期與終止契約）

I.僱傭定有期限者，其僱傭關係於期限屆滿時消滅。

II.僱傭未定期限，亦不能依勞務之性質或目的定其期限者，各當事人得隨時終止契約。但有利於受僱人之習慣者，從其習慣。

⇧謹按僱傭關係之定有期限者，應於約定期限屆滿時消滅，此屬當然之事。其僱傭未定期限，亦不能依勞務之性質或目的定其期限者，應使各當事人有隨時終止契約之權。然有習慣可資依據者，亦僅以有利於受僱人之習慣為限，從其習慣，藉以保護受僱人之利益。故設本條以明示其旨。

▲【87 臺上 2888】查職棒選手約係以職棒選手之**專業特殊技能**為契約之要素，職棒選手之體能恆隨年齡之增加而衰減，致無法永遠負荷職棒選手之工作，**職棒選手契約自有其特殊性而有別於一般僱傭契約**。……兩造簽訂契約書後，上訴人負有聘用球隊之領隊及教練、培訓被上訴人、安排被上訴人參加棒球比賽及參與活動、提供制服、交通及膳宿費用等之權利及義務，為此，上訴人勢必投注龐大之財力、人力、物力。於此情形，若認兩造所簽訂之契約書係未定期限之僱傭契約，被上訴人可隨時片面任意終止，而免其契約之義務，則上訴人將損失不貲，蒙受不利，似與兩造簽訂契約之本意不符，尤與公平之法則有違。

第 489 條 （僱傭關係之消滅㈡——遇重大事由之終止）

I.當事人之一方，遇有重大事由，其僱傭契約，縱定有期限，仍得於期限屆滿前終止之。

II.前項事由，如因當事人一方之過失而生者，他方得向其請求損害賠償。

⇧謹按僱傭契約之定有期限者，在期限未屆滿以前，當事人應受期限之拘束，此屬當然之事。然若當事人一方遇有重大事由，有不得不終止契約之情形時，其僱傭契約之期限，縱未屆滿，亦應許其有終止契約之權。但其重大事由，係因當事人一方之過失所致者，雖亦許其有期限屆滿前終止契約之權，同時亦許他方損害賠償之請求權，蓋兼顧當事人雙方之利益也。故設本條以明示其旨。

◇**重大事由**：指該事由發生後，若未終止僱傭關係，則將對當事人一方或雙方造成不當或不公平之結果。

▲【95 臺上 1449】依民法第 489 條第 1 項規定，當事人之一方，遇有重大事由，其僱傭契約，縱定有期限，仍得於期限屆滿前終止之。**所謂「重大事由」，應依個案具體事實認定**。通常係指該事由已喪失勞務目的之信賴，如使僱傭關係繼續，對當事人之一方，顯屬不可期待，而有害於當事人之利益且有失公平者而言。

第八節 承 攬

⇧謹按民律草案債權編第二章第十節原案謂承攬者，當事人約定一方為他方完成一定之工作，他方俟工作完成給付報酬之契約也。為人完成工作者，謂之承攬人，俟工作完成給付報酬者，謂之定作人。惟本節所稱承攬，係專指建築、製造及改造物品而言，而於運送及承攬運送，則各獨立一節焉。承攬契約，為近世各國所公認，實際亦便，故本法特設本節之規定。

第 490 條 （承攬之定義）

I.稱承攬者，謂當事人約定，一方為他方完成一定之工作，他方俟工作完成，給付報酬之契約。

II.約定由承攬人供給材料者，其材料之價額，推定為報酬之一部。

⑧一、現行條文未修正，改列為第 1 項。

二、承攬契約定由承攬人供給材料之情形，事所恆有。其材料之價額，在無反證時，宜計入為報酬之一部。如有反證時，可另外計算，爰增訂第 2 項規定，以期明確。

◇**工作物供給契約之工作物所有權歸屬**

當事人意思說（通說、實務）	1.若當事人之意思重在**工作物財產權移轉**，應適用**買賣**之規定，由承攬人先原始取得完成工作物所有權後，再移轉所有權予定作人

2.若當事人之意思重在**工作物之完成者**，則適用**承攬**之規定，由定作人原始取得完成工作物所有權

3.若當事人意思不明，則應認係**承攬與買賣之混合契約**，關於工作之完成，適用承攬之規定，關於工作物所有權之移轉，適用買賣之規定

材料有無另外計價說（邱聰智）	依當事人意思決定可能以偏蓋全，應以供給材料是否為報酬之外另行計價而定，若材料包含於報酬數額，為**承攬**；若材料另外計價，為**買賣及承攬之混合契約**

▲【54 臺上 321】因承攬契約而完成之動產，如該動產係由定作人供給材料，而承攬人僅負有工作之義務時，則除有特約外，**承攬人為履行承攬之工作，無論其為既成品之加工或為新品之製作，其所有權均歸屬於供給材料之定作人**。

▲【65 臺上 1974】承攬除當事人間有特約外，非必須承攬人自服其勞務，其使用他人，完成工作，亦無不可。

第 491 條　（承攬之報酬）

Ⅰ 如依情形，非受報酬，即不為完成其工作者，視為允與報酬。

Ⅱ 未定報酬額者，按照價目表所定給付之；無價目表者，按照習慣給付。

介謹按報酬為承攬之一要件，故人完成工作，不向人索報酬者，不得謂為承攬。然有非受報酬即不能完成工作之情事者，仍應視為定作人允給報酬。至報酬額之多寡，如無特約，應使其按照價目表或習慣相沿之數而定其給付，此與第 483 條之理由相同。故設本條以明示其旨。

第 492 條　（物之瑕疵擔保責任）

承攬人完成工作，應使其具備約定之品質，及無減少或滅失價值或不適於通常或約定使用之瑕疵。

介謹按工作承攬人之義務，應與買賣物品之出賣人同，應使其對於工作物之品質、價值及使用，負瑕疵擔保之責任。故設本條以明示其旨。

◇**承攬物瑕疵擔保責任成立要件**：1.須存有瑕疵：欠缺約定品質、減少或滅失價值或不適於通常或約定之使用。由定作人就工作之瑕疵負舉證

責任。2.瑕疵須於工作完成時即已存在。3.須非因定作人指示或其所供給材料而生之瑕疵。

▲【97 臺上 210】按承攬人完成工作，應使其具備約定之品質，及無減少或滅失價值，或不適於通常或約定使用之瑕疵，民法第 492 條定有明文。**此項承攬人之瑕疵擔保責任係法定責任，不以承攬人具有過失為必要。定作人以工作有瑕疵，主張承攬人應負瑕疵擔保責任，僅須就工作有瑕疵之事實舉證，即為已足，無庸證明承攬人有可歸責之事由。承攬人如抗辯其有可免責之事由者，對此項免責之事由，應負舉證責任。**

第 493 條　（瑕疵擔保之效力㈠——瑕疵修補）

Ⅰ 工作有瑕疵者，定作人得定相當期限，請求承攬人修補之。

Ⅱ 承攬人不於前項期限內修補者，定作人得自行修補，並得向承攬人請求償還修補必要之費用。

Ⅲ 如修補所需費用過鉅者，承攬人得拒絕修補。前項規定，不適用之。

介查民律草案第 736 條理由謂工作有瑕疵，定作人不得遽行請求解除契約或減少報酬，應使其向承攬人請求修補瑕疵，蓋承攬人所完成者，應無瑕疵之工作，決非有瑕疵之工作，若其工作有瑕疵，自應修補。至承攬人不為修補瑕疵，定作人自行出費修補，若不向承攬人請求償還其費用，是保護定作人利益，未為完備，故界以償還請求權，以昭平允。然修補瑕疵，有時需費過鉅者，例如房屋建築告竣，因土地疆界，位置不便，遽欲移動，則與創造無異，仍令承攬人修補，似覺過酷，故許其有拒絕權也。

◇**修補瑕疵**：工作有瑕疵即無法達成契約目的，故定作人得定相當期限請求修補。若承攬人未於相當期限內修補，且所需費用並未過鉅者，定作人得自行修補，並得向承攬人請求修補之必要費用。

◇**瑕疵修補請求權與報酬給付請求權之關係**

不得拒絕支付報酬	工作之完成與工作有無瑕疵，係屬兩事，此就第 490 條及第 494 條參照觀之，是定作人於承攬人完成工作時，雖其工作有瑕疵，仍無解於應給付報酬之義務，僅定作人得定相當期限請求承攬人修補，如承攬人不於所定期限內修補瑕疵，或拒絕修補，或其瑕疵不能修補者，定作

	人得依第 494 條之規定請求減少報酬而已（73 臺上 2814）
得拒絕支付報酬	承攬人完成無瑕疵之工作物、與定作人給付約定之報酬，為對待給付之關係，因此承攬人完成之工作有瑕疵時，定作人自得拒絕受領，並依第 264 條之規定，主張拒絕支付報酬（王澤鑑）

◇**預付修補必要費用請求權**：依本條第 2 項之規定，原則上須定作人已為支出修繕費用後，方得主張必要費用償還請求權。惟有學者主張，宜參考德國民法第 637 條第 3 項規定，允許定作人於催告修補無效果之後，即得行使預付修補必要費用請求權，蓋定作人若先自費修補，須承擔承攬人無資力償還修補費用之風險。

▲【86 臺上 2298】所謂定作人得自行修補，係以承攬人不於定作人所定之期間內修補，或拒絕修補為其要件。良以定作人既願訂立承攬契約而將其工作委由承攬人承製，顯見對於工作瑕疵之補完，亦以承攬人有較強之修繕能力，能夠以較低廉之成本完成修補，**定作人倘未先行定期催告承攬人是否修補瑕疵，自不容其逕自決定僱工修補**：此不獨就契約係締約雙方以最低成本獲取最大收益之經濟目的，所必然獲致之結論，且就避免使承攬人負擔不必要之高額費用之公平原則而言，亦乃不可違背之法則。

▲【92 臺上 2741】按民法第 493 條至第 495 條有關承攬人瑕疵擔保責任之規定，原則上固於工作完成後始有其適用，惟承攬之工作為建築物或其他土地上之工作物者，定作人如發見承攬人施作完成部分之工作已有瑕疵足以影響建築物或工作物之結構或安全時，非不得及時依上開規定行使權利，否則坐待工作全部完成，瑕疵或損害已趨於擴大，始謂定作人得請求承攬人負瑕疵擔保責任，要非立法本旨。

第 494 條　（瑕疵擔保之效力(二)——解約或減少報酬）

承攬人不於前條第一項所定期限內修補瑕疵，或依前條第三項之規定，拒絕修補或其瑕疵不能修補者，定作人得解除契約或請求減少報酬。但瑕疵非重要，或所承攬之工作為建築物或其他土地上之工作物者，定作人不得解除契約。

☆查民律草案第 737 條理由謂修補瑕疵之目的，既不能達，則定作人或解除契約，或減少報酬，二者必居其一，否則定作人之利益，必受損害。但瑕疵甚微，或所承攬之工作為建築物或其他土地上之工作物，祇許請求減少報酬，不許解除契約，所以重公益也。

◇**瑕疵非重要**：瑕疵是否重要，應衡量契約之締約目的，斟酌瑕疵程度、標的物特性、比較解除與否對當事人之利益與損害，綜合判斷之。若該瑕疵致不能達契約目的或於定作人已無利益可言時，該瑕疵即屬重要，定作人得解除契約；反之，若瑕疵非重要，不影響完成之工作，定作人僅得請求減少報酬。

▲【83 臺上 3265】民法第 494 條但書規定，所承攬之工作為建築物或其他土地上之工作物者，定作人不得解除契約，係指承攬人所承攬之建築物，其瑕疵程度尚不致影響建築物之結構或安全，毋庸拆除重建者而言。**倘瑕疵程度已達建築物有倒塌之危險，猶謂定作人仍須承受此項危險，而不得解除契約，要非立法本意所在。**

▲【103 臺上 2339】按工作有瑕疵者，定作人得定相當期限，請求承攬人修補之。承攬人未依限修補、拒絕修補，或其瑕疵不能修補者，定作人固得解除契約。但瑕疵非重要者，定作人不得解除契約，民法第 493 條第 1 項、第 494 條規定甚明。**其立法意旨在於兼顧定作人及承攬人權益與維護社會公益，係屬限制定作人解除權之強制規定，當事人不得以約定排除其適用。**系爭設備之瑕疵未達重大、非解除契約不可之程度，為原審合法確定之事實，則上訴人自不得依系爭契約第 8 條第 4 款約定解除系爭契約。原審為上訴人敗訴之判決，經核於法並無違誤。

▲【103 臺上 2489】按民法第 494 條明定：承攬人不於前條第 1 項所定期限內修補瑕疵或依前條第 3 項之規定，拒絕修補或其瑕疵不能修補者，定作人得解除契約或請求減少報酬。細繹上開條文文義，**定作人依該條主張解除契約時，應先區分瑕疵可否修補或不能修補**。若能修補，定作人應依民法第 493 條規定定相當期限請求承攬人修補，而於承攬人未於所定期限內修補或拒絕修補時，定作人始得解除契約。然若瑕疵不能修補者，定作人當得直接主張解除契約，無訂相當期限請求承攬人修補之必要。蓋此屬不能修補之瑕疵，又命定作人請求承攬人限期修補始能解除契約，實為無益之舉。

第 495 條　（瑕疵擔保之效力㈢──損害賠償或解約）

I.因可歸責於承攬人之事由，致工作發生瑕疵者，定作人除依前二條之規定，請求修補或解除契約，或請求減少報酬外，並得請求損害賠償。

II.前項情形，所承攬之工作為建築物或其他土地上之工作物，而其瑕疵重大致不能達使用之目的者，定作人得解除契約。

(88)一、現行條文未修正，改列為第 1 項。

二、依第 494 條但書之規定，承攬之工作為建築物或其他土地上之工作物者，縱因可歸責於承攬人之事由致有瑕疵時，定作人仍不得解除契約。在瑕疵重大致不能達使用之目的時，例如承攬人利用海砂為建材建築房屋，如海砂嚴重腐蝕鋼筋，致不能達使用之目的時，此項規定對定作人即有失公平，且有礙社會公益。為兼顧定作人之權益及維護社會公益，爰增訂第 2 項，俾資公平。

▲【70 臺上 2699】定作人依民法第 495 條規定請求損害賠償，並**不以承攬契約經解除為要件**。

▲【87 臺上 261】承攬人之瑕疵擔保責任固係無過失責任，不以承攬人具有過失為必要。若因可歸責於承攬人之事由，致工作發生瑕疵，則同時發生不完全給付之問題，此時定作人除得請求修補或解除契約或請求減少報酬外，並得請求損害賠償（民法第 495 條）。**是工作有瑕疵，定作人對承攬人行使債務不履行損害賠償請求權，係以瑕疵之發生係可歸責於承攬人之事由為要件，與瑕疵擔保責任不同**。

▲【96 年第 8 次民事庭會議決議】一、民法第 495 條所規定之損害賠償不包括加害給付之損害。二、承攬工作物因可歸責於承攬人之事由，致工作物發生瑕疵，定作人之損害賠償請求權，其行使期間，**民法債編各論基於承攬之性質及法律安定性，於第 514 條第 1 項既已定有短期時效，自應優先適用**。

▲【106 年第 5 次民事庭會議決議】按承攬人具有專業知識，修繕能力較強，且較定作人接近生產程序，更易於判斷瑕疵可否修補，故由原承攬人先行修補瑕疵較能實現以最低成本獲取最大收益之經濟目的。是以民法第 495 條雖規定，因可歸責於承攬人之事由，致工作發生瑕疵者，定作人除依民法第 493 條及第 494 條規定請求修補或解除契約，或請求減少報酬外，並得請求損害賠償。**惟定作人依此規定請求承攬人賠償損害仍應依民法第 493 條規定先行定期催告承攬人修補瑕疵，始得為之，尚不得逕行請求承攬人賠償損害，庶免可修繕之工作物流於無用，浪費社會資源**。

第 496 條　（瑕疵擔保責任之免除）

工作之瑕疵，因定作人所供給材料之性質，或依定作人之指示而生者，定作人無前三條所規定之權利。但承攬人明知其材料之性質，或指示不適當，而不告知定作人者，不在此限。

仚謹按工作之瑕疵，因定作人所供給材料之性質，或依定作人之指示而生者，自應由定作人任其責，不能有承攬契約之解除權，及修補或償還自行修補費用，或減少報酬或損害賠償之請求權。但承攬人明知其材料之性質或指示不適當，足以發生瑕疵，而故意不告知定作人者，亦有背於交易誠實信用之道，故仍使定作人得行使其權利，以昭公允。此本條所由設也。

第 497 條　（瑕疵預防請求權）

I.工作進行中，因承攬人之過失，顯可預見工作有瑕疵，或有其他違反契約之情事者，定作人得定相當期限，請求承攬人改善其工作，或依約履行。

II.承攬人不於前項期限內，依照改善或履行者，定作人得使第三人改善或繼續其工作，其危險及費用，均由承攬人負擔。

仚謹按工作進行中，因承攬人之過失，其工作之瑕疵顯然可見，或有其他違反契約之情事者，應使定作人有定期請求改善或依約履行之權。若承攬人逾期而不為改善，或不依約履行時，定作人得使第三人改善或繼續工作，其因瑕疵所生之危險，及因改善或繼續工作所生之費用，均應由承攬人負擔，以保護定作人之利益。故設本條以明示其旨。

◇危險：指承攬人未於相當期限內，依約改善或履行，而定作人使第三人改善或繼續其工作時，其間偶然發生之損失，均歸由承攬人負擔。

▲【81 臺上 363】民法第 497 條規定，工作進行中，因承攬人之過失，顯可預見工作有瑕疵或有其他違反契約之情事者，定作人得定相當期限，

民

法

第二編　債　（第四九八～五○一之一條）

請求承攬人改善其工作或依約履行。承攬人不於前項期限內依照改善或履行者，定作人得使第三人改善或繼續其工作，其危險及費用均由承攬人負擔。**承攬人因此所負償還費用及因給付遲延而生之損害賠償債務，均屬原債務之轉換，為承攬人依承攬契約所負有對價關係之對待給付。即非無民法第265條規定之適用。**

第498條　（一般瑕疵發見期間──瑕疵擔保期間）

I 第四百九十三條至第四百九十五條所規定定作人之權利，如其瑕疵自工作交付後經過一年始發見者，不得主張。

II 工作依其性質無須交付者，前項一年之期間，自工作完成時起算。

介謹按第493條至第495條所規定定作人之權利，即請求修補或自行修補請求償還費用之權利，又解除契約或請求減少報酬之權利，及請求損害賠償之權利是。此種權利，均以從速行使為宜，故在應行交付之工作，若其瑕疵自交付後經過一年始發見者，即不得更行主張，其工作有無須交付之性質者，則自工作完成時起，經過一年，亦不得主張。蓋以定作人所有之權利，若未特約期負擔保責任，則其權利狀態，恆有不確實之虞，故一年後使因時效而消滅，庶權利有確定之期限也。

▲【103臺上309】為使定作人與承攬人間因工作之瑕疵所生之權利義務關係得以早日確定，同法第498條及第514條第1項，就定作人基於承攬之瑕疵擔保責任所取得之各項請求權，固設有「瑕疵發現期間」與「權利行使期間」，前者規定，定作人之權利，如其瑕疵自工作交付後經過一年始發見者，不得主張。後者規定，上述權利因瑕疵發見後一年間不行使而消滅。惟**二者之規範目的及作用各有不同，前者旨在督促工作人於受領工作物後及早檢查有無瑕疵，後者則在促使定作人於發現瑕疵後及時行使權利，以避免當事人間之法律關係久懸未決。因此，定作人苟已於前述瑕疵發現期間內發現工作之瑕疵，即得進而在權利行使期間內行使權利，並非於工作交付後，經過一年不行使權利，其權利即歸於消滅。**

第499條　（土地上工作物瑕疵發見期間──瑕疵擔保期間）

工作為建築物，或其他土地上之工作物，或為此等工作物之重大之修繕者，前條所定之期限延為五年。

介謹按建築物，或其他土地上之工作物，或為此等工作物之重大修繕者，其瑕疵若非即時所能發見，則定作人行使權利之期限自應酌予延長，方足以保護其利益。故設本條以明示其旨。

第500條　（瑕疵發見期間之延長）

承攬人故意不告知其工作之瑕疵者，第四百九十八條所定之期限，延為五年，第四百九十九條所定之期限，延為十年。

介謹按本條所謂承攬人故意不告知其工作物之瑕疵者，即指承攬人明知定作人所供給材料之性質，或其指示不適當，足以發生瑕疵，而故意不告知定作人而言。關於此種情形，定作人行使權利之期限，自應酌予延長，方足以昭公允。故於通常工作物，其行使權利之期限，則延為五年，於建築物及土地上工作物，其行使權利之期限，則延為十年，蓋以保護定作人之利益也。

第501條　（瑕疵發見期間之強制性）

第四百九十八條及第四百九十九條所定之期限，得以契約加長。但不得減短。

介謹按第498條及第499條所規定，一為通常工作物，一為建築物及土地上工作物，其所定主張權利之期限，一為一年，一為五年，此種期限，僅許當事人以契約延長，而不許以契約縮短，蓋為維持公益計也。故設本條以明示其旨。

第501條之1　（特約免除或限制承攬人瑕疵擔保義務之例外）

以特約免除或限制承攬人關於工作之瑕疵擔保義務者，如承攬人故意不告知其瑕疵，其特約為無效。

⑧一、本條新增。

二、承攬人故意不告知瑕疵時，縱當事人間有不負瑕疵擔保責任之特約，仍不許免其擔保責任。日本民法第640條、德國民法第637條均有明文規定。我國民法債編承攬一節雖無類似規定，惟學者通說則認應準用民法第366條之規定而為同一解釋（載修瓚著民法債編各論第一七七頁、史尚寬著債法各論第三二二頁及鄭玉波著民法債編各論上冊第三七二頁參照）。為杜疑義，爰增訂本條。

第 502 條　（完成工作遲延之處置）

I.因可歸責於承攬人之事由，致工作逾約定期限始完成，或未定期限而逾相當時期始完成者，定作人得請求減少報酬或請求賠償因遲延而生之損害。

II.前項情形，如以工作於特定期限完成或交付為契約之要素者，定作人得解除契約，並得請求賠償因不履行而生之損害。

⑧⑧一、本條第 1 項是否僅適用於工作完成之情形，現行條文文義不明，易滋疑義，為明確計，爰修正為僅適用於「工作完成」之情形。又定作人於本項情形，是否僅得請求減少報酬，而不得請求損害賠償，學說上不無爭議，為期明確，爰修正為定作人得請求減少報酬或請求賠償因遲延而生之損害，使定作人在無法舉證證明其損害之情形時，可請求減少報酬，而在可證明其損害時，可逕行請求賠償因遲延而生之損害（民法第 231 條參照）。

二、第 1 項既經修正，為免使人誤解定作人於第 2 項之情形，僅得解除契約而不得請求損害賠償，爰予修正，明定並得請求賠償因不履行而生之損害（民法第 232 條參照）。

◇如無「以工作於特定期限完成或交付為契約之要素」，定作人得否解除契約？

肯定說	承攬人遲未完成工作，若定作人未能解除契約，無法另尋他人完成工作，將陷於無法可施之窘境，故**承攬人經定期催告仍一再拒絕完成工作者，應可視為債務人「預示拒絕給付」之債務不履行，使定作人得解除契約**
否定說	1.承攬契約，在工作未完成前，依民法第 511 條之規定，定作人固得隨時終止契約，但除有民法第 494 條、第 502 條第 2 項、第 503 條所定情形或契約另有特別訂定外，倘許定作人依一般債務遲延之法則解除契約，則承攬人已耗費勞力、時間與鉅額資金，無法求償，對承攬人甚為不利，且非衡平之道 2.關於可歸責於承攬人之事由，致工作不能於約定期限完成者，除以工作於特定期限完成或交付為契約之要素者外，依民法第 502 條第 2 項之反面解釋，定作人不得解除契約。一般情形，期限本非契約要素，故定作人得解除契約者，限於客觀性質上為期限利益行為，且經當事人約定承攬人須於特定期限完成或交付者，始有適用（89 臺上 2506）

▲【100 臺上 1770】按民法第 502 條第 2 項規定，因可歸責於承攬人之事由，致工作不能於約定期限完成，如有以工作於特定期限完成或交付為契約之要素者，定作人得解除契約。**所謂以工作於特定期限完成或交付為契約之要素，係指依契約之性質或當事人之意思表示，非於一定期限為給付，不能達契約之目的者而言。**

第 503 條　（期前遲延之解除契約）

因可歸責於承攬人之事由，遲延工作，顯可預見其不能於限期內完成而其遲延可為工作完成後解除契約之原因者，定作人得依前條第二項之規定解除契約，並請求損害賠償。

⑧⑧本條規定於有前條第 2 項之情形時，始得適用。為配合前條第 2 項之修正，爰予修正，以期一致並避免誤會。

第 504 條　（遲延責任之免除）

工作遲延後，定作人受領工作時，不為保留者，承攬人對於遲延之結果，不負責任。

⇧謹按依本法第 502 條及第 503 條之規定，因可歸責於承攬人之事由，遲延工作，定作人得於期前解約，亦得因逾期完成而請求減少報酬，其以特定期限完成或交付為契約之要素者，並得解除契約。惟定作人行使此種權利，必須於受領工作時聲明保留，如不為保留，則定作人所得主張之減少報酬請求權及解除契約權，即因受領而推定其為拋棄其權利，承攬人對於遲延之結果，自應不負責任。本條特明示其旨，蓋又保護承攬人之利益也。

◇**不為保留**：保留是定作人於受領工作時對遲延結果表示異議。不為保留，就是沒有異議，即定作人拋棄對承攬人因遲延的損害賠償請求權。

▲【96 臺上 2392】按民法第 504 條規定：「工作遲延後，定作人受領工作時，不為保留者，承攬人對於遲延之結果，不負責任。」係指定作人不得再依民法第 502 條、第 503 條或一般遲延之規

定，請求減少報酬、解除契約或請求損害賠償而言；至於雙方約定之違約金債權，於約定之原因事實發生時，即已獨立存在，定作人於遲延後受領工作時，雖因未保留而推定為同意於遲延之效果，仍不影響於已獨立存在之違約金債權。

第505條　（報酬給付之時期）

I 報酬，應於工作交付時給付之，無須交付者，應於工作完成時給付之。

II 工作係分部交付，而報酬係就各部分定之者，應於每部分交付時，給付該部分之報酬。

介 謹按雙務契約之原則，兩造之義務，應同時履行。承攬為雙務契約，故須於交付工作時支給報酬，其工作之性質，無須交付者，應於工作完成之時，支給報酬。此第1項所由設也。至工作係分部交付，而其報酬亦係就各部分定之者，則應於每一部分工作交付時，即給付該部分所應受領之報酬，以符雙務契約同時履行義務之旨趣。此第2項所由設也。

◇是否有同時履行抗辯權的適用？

肯定說	依第505條文義解釋，兩者應同時為之，故有同時履行抗辯權之適用
否定說	承攬人完成之工作依其性質，有須交付者，亦有不須交付者，且此交付完成物之義務，與定作人之報酬給付義務，並非當然同時履行（50臺上2705）

▲【97臺上319】按稱承攬者，謂當事人約定，一方為他方完成一定之工作，他方俟工作完成，給付報酬之契約；報酬，應於工作交付時給付之，無須交付者，應於工作完成時給付之，為民法第490條第1項、第505條第1項所明定，此乃**報酬後付原則**之規定。是**雙務契約若為承攬關係，一般感認承攬人有先為給付之義務**。

第506條　（實際報酬超過預估概數甚鉅時之處理）

I 訂立契約時，僅估計報酬之概數者，如其報酬，因非可歸責於定作人之事由，超過概數甚鉅者，定作人得於工作進行中或完成後，解除契約。

II 前項情形，工作如為建築物，或其他土地上之工作物，或為此等工作物之重大修繕者，定作人僅得請求相當減少報酬，如工作物尚未完成者，定作人得通知承攬人停

止工作，並得解除契約。

III 定作人依前二項之規定解除契約時，對於承攬人，應賠償相當之損害。

介 謹按訂立承攬契約之時，承攬人僅估計報酬之概數，而未確保其數用額，及至工作進行以後，始知須加巨額之報酬，方能完成其工作，於此情形，如其超過概數之原因，係不應歸責於定作人之事由，若強定作人續行契約，於理實有未當，故應使定作人於工作進行中或完成後，隨時得解除契約，以保護其利益。此第1項所由設也。又前情形，其工作如係建築物或其他土地上之工作物，或係此等工作物之重大修繕者，於此情形，如亦許定作人隨時得解除契約，則承攬人之損失，未免過鉅，故限於工作尚未完成時，方許定作人解除契約。倘其工作業已完成，僅許請求相當減少報酬，不許解除契約，以保護承攬人之利益。此第2項所由設也。

依本條前二項之規定，雖許定作人解除契約，然不得因此害及承攬人之利益。故承攬人如因解除契約而致受有損害時，應使定作人負相當賠償之責任，方足以昭公允。此第3項所由設也。

第507條　（定作人之協力義務）

I 工作需定作人之行為始能完成者，而定作人不為其行為時，承攬人得定相當期限，催告定作人為之。

II 定作人不於前項期限內為其行為者，承攬人得解除契約，並得請求賠償因契約解除而生之損害。

⑧ 一、第1項未修正。

二、承攬人依本條第2項之規定解除契約後，是否尚得請求損害賠償，現行法並無規定。學者間有認為應適用債編通則之規定（鄭玉波著民法債編各論上冊第三八八頁，薛祀光著民法債編各論第一五八頁參照）；有認為應參照第506條第3項及第509條，以為解釋者（史尚寬著債法各論第三三頁參照）。為免疑義，爰參考德國民法第642條第1項、本法第511條但書，明定承攬人除得解除契約外，並得請求賠償因契約解除而生之損害。

◇定作人協力義務：指須定作人之配合始能完成之承攬工作，例如需定作人容許搬動家中物品。

◇定作人協力義務之性質

實務	定作人之協力義務非定作人對於承攬人之義務，而是為完成自己所委託之工作，以獲取工作完成之利益，性質上屬於**對己義務**
學說	第507條係以「工作需定作人之行為始能完成」作為要件，蓋若定作人不為該行為，將直接影響契約目的之達成，使定作人無法享受工作完成之利益，承攬人亦無法依約履行取得報酬，甚至因工期延宕而蒙受額外支出費用之損害，因此協力義務並非僅屬對己義務，而係**具有真正義務之性質**

◇定作人未予協力之後果：依其性質而有不同。

對己義務或不真正義務說	定作人不為協力義務時，承攬人不得請求定作人為之，亦不得請求定作人負擔債務不履行之損害賠償責任，僅能依第240條受領遲延請求賠償提出及保管給付物之必要費用
真正義務說	定作人違反協力義務之法律效果，承攬人得請求定作人為之，於定作人係可歸責時，可依債務不履行之規定請求定作人賠償其損害

▲【92臺上915】依民法第507條就「定作人之協力及不為協力之效果」所為之規定加以觀察，**必須該工作需定作人之協力始能完成，且其於承攬人所催告之相當期限內未為協力行為者，承攬人方得解除或終止契約。**倘承攬契約之內容係包括數個可獨立施作之項目，而其中需定作人之協力部分，並不影響其他部分工作之進行及完成者，解釋上即不容承攬人任意以契約中之一部分需定作人之協力而未協力致該部分不能施作，率爾就無需定作人為協力仍可完成以達該部分契約目的之工作，坐使其不完成再執為其無可歸責之藉口。

▲【97臺上360】按民法第235條及第507條第1項規定，債務人之給付兼需債權人之行為，或**承攬人之工作需定作人之行為始能完成而不為其行為之「協力行為」，原則上僅係對己義務或不真正義務，並非具有債務人或定作人給付義務之性質。**於此情形，債權人或定作人祇係權利之不行使而受領遲延，除有民法第240條之適用，債務人或承攬人得請求賠償提出及保管給付物之必要費用，或承攬人具有完成工作之利益，並經當事人另以契約特別約定，使定作人負擔應為特定行為之法律上義務外，殊不負任何之賠償責任。

▲【98臺上1761】按依民法第507條規定，工作需定作人之行為始能完成者，定作人不為協力時，承攬人雖得定相當期限，催告定作人為協力行為，**但除契約特別約定定作人對於承攬人負有必要協力之義務外，僅生承攬人得否依該條規定解除契約，並請求賠償因契約解除而生損害之問題，不能強制其履行，自不構成定作人給付遲延之責任。**

第508條　（危險負擔）

I.工作毀損、滅失之危險，於定作人受領前，由承攬人負擔。如定作人受領遲延者，其危險由定作人負擔。

II.定作人所供給之材料，因不可抗力而毀損、滅失者，承攬人不負其責。

☝謹按工作毀損滅失之危險，應歸承攬人負擔，抑應歸定作人負擔，自古學說聚訟。本法折衷定制，於定作人受領工作以前，其危險歸承攬人負擔，若定作人遲延不受領，仍歸定作人負擔。至定作人所供材料，其危險自不能歸承攬人負擔，方足以昭公允。故設本條以明示其旨。

◇危險負擔：承攬契約之價金與給付危險，於移轉前皆由承攬人承擔，移轉後則由定作人承擔。

◇因不可抗力致材料毀損滅失：因定作人提供之材料應由定作人負擔給付危險，於因不可抗力致材料毀損滅失者，定作人有再為提供之義務。

第509條　（可歸責於定作人之履行不能）

於定作人受領工作前，因其所供給材料之瑕疵，或其指示不適當，致工作毀損、滅失，或不能完成者，承攬人如及時將材料之瑕疵，或指示不適當之情事，通知定作人時，得請求其已服勞務之報酬，及墊款之償還。定作人有過失者，並得請求損害賠償。

☝謹按定作人受領工作以前，其工作有滅失、毀損或有不能完成情事者，若其原因，皆由於定作人所供給材料有瑕疵，或因依定作人指示不適當所致，而承攬人又曾於事前將材料之瑕疵，或指示不適當之情事，通知定作人者，於此情形，既不能歸責於承攬人，自不應使承攬人受其損害。故應許承攬人有請求已服勞務之報酬，及墊款償還之權。至工作之毀損、滅失或不能完成，定作人

確有過失者，並許承攬人得向定作人要求損害賠償，以保護承攬人之利益。此本條所由設也。

第 510 條　（視為受領工作）

前二條所定之受領，如依工作之性質，無須交付者，以工作完成時視為受領。

⇧謹按依工作之性質，有無須交付者，應以工作完成時視為受領，蓋如何始可稱為受領，亦不可不有明文規定，以免爭議。此本條所由設也。

第 511 條　（定作人之終止契約）

工作未完成前，定作人得隨時終止契約。但應賠償承攬人因契約終止而生之損害。

⇧謹按承攬人未完成工作以前，定作人無論何時，得聲明解除契約，以保護定作人之利益，然不能因此不顧及承攬人之利益。故本條使定作人於不害承攬人利益之範圍內，行使解約之權，即就承攬人因解約而生之損害，應使定作人負賠償之責也。

▲【67臺上2938】民法第511條係規定「工作未完成前，定作人得隨時終止契約。但應賠償承攬人因契約終止而生之損害」。可知**終止契約與賠償損害各為一事**，原審解為須定作人對承攬人賠償損害後始得終止契約，自非之論。

▲【99臺上818】按承攬之性質，除勞務之給付外，另有完成一定工作之要件。工作之完成可能價值不菲，或須承攬人之特殊技術、耗費勞力與鉅額資金始能完成。是繼續性質之承攬契約，一經承攬人履行，若解除契約使其自始歸於消滅，將使法律關係趨於複雜，故僅得終止契約，使契約嗣後失其效力，始符公平原則。而民法第511條規定工作未完成前，定作人得隨時終止契約，但應賠償承攬人因契約終止而生之損害。因在終止前，原承攬契約既仍屬有效，是**此項定作人應賠償因契約終止而生之損害，自應包括承攬人已完成工作部分之報酬積極損害及所失其未完成部分應可取得之利益消極損害。**

▲【105臺上817】按民法第511條規定工作未完成前，定作人得隨時終止契約，但應賠償承攬人因契約終止而生之損害。此項定作人應賠償因契約終止而生之損害，應包括承攬人已完成工作部分之報酬及其他，但應扣除承攬人因契約消滅所節省之費用及其勞力使用於其他工作所可取得或惡意怠於取得之利益。

第 512 條　（承攬契約之當然終止）

I 承攬之工作，以承攬人個人之技能為契約之要素者，如承攬人死亡，或非因其過失致不能完成其約定之工作時，其契約為終止。

II 工作已完成之部分，於定作人為有用者，定作人有受領及給付相當報酬之義務。

⇧謹按承攬之工作，係以承攬人個人之技能，為契約之要素者，如承攬人於工作進行中死亡，或非由於承攬人之過失，而不能完成約定之工作，於此情形，應許終止契約。蓋以此種工作，既非他人所能代為完成，自應許其解約，較為適當也。惟承攬人雖於工作進行中死亡，或非因過失致工作不能完成，然其工作已有一部分完成，而已完成之部分，又於定作人實為有用者，自應使定作人負受領工作及支給相當報酬之義務，以保承攬人之利益。故設本條以明示其旨。

第 513 條　（承攬人之法定抵押權）

I 承攬之工作為建築物或其他土地上之工作物，或為此等工作物之重大修繕者，承攬人得就承攬關係報酬額，對於其工作所附之定作人之不動產，請求定作人為抵押權之登記；或對於將來完成之定作人之不動產，請求預為抵押權之登記。

II 前項請求，承攬人於開始工作前亦得為之。

III 前二項之抵押權登記，如承攬契約已經公證者，承攬人得單獨申請之。

IV 第一項及第二項就修繕報酬所登記之抵押權，於工作物因修繕所增加之價值限度內，優先於成立在先之抵押權。

⑧一、依現行規定，承攬人對於其工作所附之定作人之不動產有法定抵押權。由於法定抵押權之發生不以登記為生效要件，實務上易致與定作人有授信往來之債權人，因不明該不動產有法定抵押權之存在而受不測之損害，為確保承攬人之利益並兼顧交易安全，爰將本條修正為得由承攬人請求定作人會同為抵押權登記，並兼採「預為抵押權登記」制度，因現行條文規定抵押權範圍為「承攬人就承攬關係所生之債權」，其債權額於登記時尚不確定，故修正為以訂定契約時已確定之「約定報酬額」為限，不包括不履行之損害賠償，爰

修正本條改列為第 1 項，規定承攬人得就約定之報酬，對於其工作所附之定作人之不動產，請求定作人為抵押權之登記，或對於將來完成之定作人之不動產，請求預為抵押權之登記，使第三人不致受不測之損害。

二、為確保承攬人之利益，爰增訂第 2 項，規定前項請求，承攬人於開始工作前亦得為之。

三、按公證制度具有促使當事人審慎將事並達到預防司法之功能，倘承攬契約內容業經公證人作成公證書者，雙方當事人之法律關係自可確認，且亦足認定作人已有會同前往申辦登記抵押權之意，承攬人無庸更向定作人請求，爰增訂第 3 項，規定第 1 項及第 2 項之抵押權登記，如承攬契約已經公證者，承攬人得單獨申請登記。

四、建築物或其他土地上之工作物，因修繕而增加其價值，則就工作物因修繕所增加之價值限度內，因修繕報酬所設定之抵押權，當優先於成立在先之抵押權，始為合理。爰增訂第 4 項，明定其旨。

五、本條單獨申請抵押權或預為抵押權登記之程序，所應提出之證明文件及應通知定作人等詳細內容，宜由登記機關在登記規則內妥為規定。

◇**強制性意定抵押權**：承攬人僅對承攬工作所附定作人之不動產，取得請求為抵押權登記之權利，須於定作人與承攬人共同為抵押權之登記完成後，承攬人之抵押權方成立生效（屬意定抵押權）。因其本質上仍係為保障承攬人之報酬債權而設，有許多配套規定（如第 513 條第 3 項）使承攬人得以完成抵押權之登記，故有學者稱此為強制性意定抵押權。

▲**【48 臺上 1874】** 上訴人為被上訴人完成一建築物之工作，約定以被上訴人所有之基地一處，**移轉登記與上訴人所有，自係一種因承攬關係所生之債權，該基地既屬給付不能。則上訴人請求確認對於其工作物所附之定作人之不動產上有抵押權，要難謂與民法第 513 條之規定有所不符。**

▲**【61 臺上 1326】** 民法第 513 條之法定抵押權，係指承攬人就承攬關係所生之債權，對於其工作所附之定作人之不動產，有就其賣得價金優先受償之權，**倘無承攬人與定作人之關係，不能依雙方之約定而成立法定抵押權。**

▲**【87 年第 2 次民事庭會議決議】** 承攬人承攬之工作既為房屋建築，其就承攬關係所生之債權，**僅對「房屋」部分始有法定抵押權。至房屋之基地，因非屬承攬之工作物，自不包括在內。**

第 514 條 （權利行使之期間）
I.定作人之瑕疵修補請求權、修補費用償還請求權、減少報酬請求權、損害賠償請求權或契約解除權，均因瑕疵發見後一年間不行使而消滅。
II.承攬人之損害賠償請求權或契約解除權，因其原因發生後，一年間不行使而消滅。

㊷一、 第 495 條第 1 項定作人之損害賠償請求權，現行法尚無適用短期時效之規定，易滋疑義，為期明確，爰於第 1 項增列定作人之損害賠償請求權亦因瑕疵發見後一年間不行使而消滅。
二、第 2 項未修正。

▲**【71 臺上 2996】** 民法第 514 條第 1 項所定定作人之減少報酬請求權，**一經行使，即生減少報酬之效果，應屬形成權之性質，該條項就定作人減少報酬請求權所定之一年間期間為除斥期間。**

▲**【96 年第 8 次民事庭會議決議】** 承攬工作物因可歸責於承攬人之事由，致工作物發生瑕疵，定作人之損害賠償請求權，**其行使期間，民法債編各論基於承攬之性質及法律安定性，於第 514 條第 1 項既已定有短期時效，自應優先適用。**

▲**【90 臺上 481】** 查定作人之瑕疵修補權、修補費用償還請求權、減少報酬請求權及損害賠償請求權等權利，如其瑕疵自工作交付後經過一年始發見者，不得主張，工作依其性質無須交付者，上開一年之期間，自工作完成時起算，固為民法第 498 條第 1、2 項所明定。惟**定作人請求承攬人負瑕疵擔保責任之期間，分為瑕疵發見期間及權利行使期間。前者謂定作人非於其期間內發見瑕疵，不得主張其有瑕疵擔保權利之期間，民法第 498 條至第 501 條之規定屬之。後者指擔保責任發生後，定作人之權利應於一定期間內行使，否則歸於消滅之期間，民法第 514 條之規定屬之。**

▲**【99 臺上 1721】** 按民法第 514 條第 1 項明文規定「定作人之瑕疵修補請求權、修補費用償還請求權、減少報酬請求權、損害賠償請求權或契約解除權，均因『瑕疵發見後』一年間不行使而消滅」乃基於承攬之性質及法律安定性，相關權利應從速行使之衡量，所為消滅時效之特別規定。準此，**定作人修補費用償還請求權之消滅時效期間，必須自「瑕疵發現後」起算一年，而無適用一般請求權時效自「得請求時」起算之餘地。**

▲**【100 臺上 1232】** 按民法第 514 條第 1 項明文

民
法

第二編　債　（第五一四之一～五一四之三條）

規定「定作人之瑕疵修補請求權、修補費用償還請求權、減少報酬請求權、損害賠償請求權或契約解除權，均因『瑕疵發見後』一年間不行使而消滅」。準此，**定作人之瑕疵擔保損害賠償請求權之一年消滅時效期間，應自「瑕疵發見後」起算，至定作人是否知悉瑕疵發生有可歸責於承攬人之原因，則與「瑕疵發見」無涉，尚無據為判斷瑕疵發見時點之餘地。**

第八節之一　旅　遊

⑧一、本節新增。

二、近年來，由於交通便利、通訊發達，國民生活水準大幅提高，因而重視休閒生活，旅遊遂蔚為風氣。旅遊糾紛時有所聞，惟現行民法並無專節或專條規定，法院僅得依混合契約法理就個案而為處理，為使旅遊營業人與旅客間之權利義務關係明確，有明文規範之必要，爰增訂本節規定，節名定為「旅遊」。

第514條之1 （旅遊營業人之定義及旅遊服務之範圍）

I 稱旅遊營業人者，謂以提供旅客旅遊服務為營業而收取旅遊費用之人。

II 前項旅遊服務，係指安排旅程及提供交通、膳宿、導遊或其他有關之服務。

⑧一、本條新增。

二、第1項規定旅遊營業人之意義。

三、旅遊營業人所提供之旅遊服務至少應包括二個以上同等重要之給付，其中安排旅程為必要之服務，另外尚須具備提供交通、膳宿、導遊或其他有關之服務，始得稱為「旅遊服務」。爰參考1970年布魯塞爾旅行契約國際公約第1條(1)至(3)、德國民法第651條a，增訂第2項規定。

▲【97臺上593】按所謂旅遊契約，係指旅遊營業人提供旅遊服務，收取費用，由旅客享受其利益為要素之契約，此觀民法第514條之1規定自明。職是，**與旅遊營業人訂約之相對人，固不以旅客為限，惟於旅客非相對人之情形，必須附有向旅客為給付之第三人約款；否則，旅遊契約無由成立。旅遊營業人將其與旅客約定所應提供之旅遊服務，委由國內或國外之他旅遊營業人代為處理，其彼此間所成立者，或為委任，或為承攬，或為無名之契約，端視契約實際約定之內容及其屬性如何定之，不可一概而論。**此與法人或機關

團體為其員工辦理旅遊活動，而與旅遊營業人簽訂旅遊契約之情形，不盡相同。雖依契約自由之原則，並不排除亦可為旅遊契約，但揆諸前開說明，其前提必須所訂契約附有向要約之旅遊營業人所招攬之旅客為給付之第三人約款，否則當無從作此判斷。

第514條之2 （應請求以書面記載之事項）

旅遊營業人因旅客之請求，應以書面記載左列事項，交付旅客：

一　旅遊營業人之名稱及地址。

二　旅客名單。

三　旅遊地區及旅程。

四　旅遊營業人提供之交通、膳宿、導遊或其他有關服務及其品質。

五　旅遊保險之種類及其金額。

六　其他有關事項。

七　填發之年月日。

⑧一、本條新增。

二、為使旅客明悉與旅遊有關之事項，爰明定旅遊營業人於旅客請求時，應以書面記載旅遊相關資料，交付旅客。惟該書面並非旅遊契約之要式文件。

第514條之3 （旅客之協力義務）

I 旅遊需旅客之行為始能完成，而旅客不為其行為者，旅遊營業人得定相當期限，催告旅客為之。

II 旅客不於前項期限內為其行為者，旅遊營業人得終止契約，並得請求賠償因契約終止而生之損害。

III 旅遊開始後，旅遊營業人依前項規定終止契約時，旅客得請求旅遊營業人墊付費用將其送回原出發地。於到達後，由旅客附加利息償還之。

⑧一、本條新增。

二、本條規定旅客之協力義務。旅遊需旅客之行為始能完成者，例如需旅客提供資料始得申辦旅遊有關手續等是，旅客不為其行為，即無從完成旅遊。為保障旅遊營業人之利益，爰明定其得定相當期間，催告旅客為協力。

三、旅客如仍不予協力，則賦予旅遊營業人終止契約並請求損害賠償之權，爰為第2項規定。

四、旅遊開始後，旅遊營業人依前項規定終止契約時，旅客亦應得請求旅遊營業人墊付費用將其送回原出發地。而於到達原出發地後，附加利息償還於旅遊營業人，爰於第3項明文規定。

第 514 條之 4　（第三人參加旅遊）

Ⅰ.旅遊開始前，旅客得變更由第三人參加旅遊。旅遊營業人非有正當理由，不得拒絕。

Ⅱ.第三人依前項規定為旅客時，如因而增加費用，旅遊營業人得請求其給付。如減少費用，旅客不得請求退還。

⑧⑧一、本條新增。

二、本條規定旅客之變更權。旅客於締約後因故不能參加旅遊，宜賦予變更權。旅遊營業人非有正當理由，例如第三人參加旅遊，不符合法令規定、不適於旅遊等情形，不得拒絕，爰參考德國民法第651條b第1項，為第1項規定。

三、因第三人依前項規定參加旅遊而為旅客，如因而增加費用，宜許旅遊營業人請求給付；惟如第三人參加因而減少費用，旅客則不得請求退還，俾免影響旅遊營業人原有之契約利益，爰為第2項規定。

第 514 條之 5　（旅遊內容之變更）

Ⅰ.旅遊營業人非有不得已之事由，不得變更旅遊內容。

Ⅱ.旅遊營業人依前項規定變更旅遊內容時，其因此所減少之費用，應退還於旅客；所增加之費用，不得向旅客收取。

Ⅲ.旅遊營業人依第一項規定變更旅程時，旅客不同意者，得終止契約。

Ⅳ.旅客依前項規定終止契約時，得請求旅遊營業人墊付費用將其送回原出發地。於到達後，由旅客附加利息償還之。

⑧⑧一、本條新增。

二、為保障旅客之權益，旅遊營業人對其所提供之旅遊內容，不得任意變更。但有不得已之事由，宜允許變更，方為合理，爰為第1項規定。

三、旅遊營業人依前項規定變更旅遊內容，可能造成旅遊費用之增減，特於第2項明定其因此所減少之費用應由旅遊營業人退還於旅客。至於因此而增加之費用，則應由旅遊營業人自行負擔，

不得向旅客收取，爰明文規定，以杜爭議。

四、依第1項規定變更旅遊內容，如涉及旅遊行程之變更，將影響旅客旅遊之目的，故宜考慮旅客之意願。如旅客不同意時，應賦予終止權。

五、旅客依前項規定終止契約時，身處異地，不免陷於困境，爰於第4項明定旅客得請求旅遊營業人墊付費用，將其送回原出發地，而於到達後，由旅客付加利息償還於旅遊營業人，以期平允。

第 514 條之 6　（旅遊服務之品質）

旅遊營業人提供旅遊服務，應使其具備通常之價值及約定之品質。

⑧⑧一、本條新增。

二、本條規定旅遊營業人對於其提供之旅遊服務之價值及品質，負瑕疵擔保責任。

第 514 條之 7　（旅遊營業人之瑕疵擔保責任）

Ⅰ.旅遊服務不具備前條之價值或品質者，旅客得請求旅遊營業人改善之。旅遊營業人不為改善或不能改善時，旅客得請求減少費用。其有難於達預期目的之情形者，並得終止契約。

Ⅱ.因可歸責於旅遊營業人之事由致旅遊服務不具備前條之價值或品質者，旅客除請求減少費用或並終止契約外，並得請求損害賠償。

Ⅲ.旅客依前二項規定終止契約時，旅遊營業人應將旅客送回原出發地。其所生之費用，由旅遊營業人負擔。

⑧⑧一、本條新增。

二、本條規定旅遊營業人瑕疵擔保責任之效果。旅遊服務不具備前條之價值或品質者，旅遊營業人於旅客請求改善時，有改善之義務。如不為改善或不能改善時，旅客得請求減少費用。如其有難於達預期目的之情形，旅客不欲繼續其旅遊者，並得終止契約。

三、如旅遊服務不具備前條之價值或品質，係因可歸責於旅遊營業人之事由所致者，旅客除請求減少費用或並終止契約外，並得請求損害賠償，以填補其所受損害，爰為第2項規定。

四、因旅遊服務不具備應有之價值或品質致旅客依前二項規定終止契約時，為免旅客身處異地陷於困境，應令旅遊營業人將旅客送回原出發地，

且因其係屬可歸責於旅遊營業人之事由，應由其負擔費用以保障旅客之權益，爰為第 3 項規定。

第 514 條之 8 （旅遊時間浪費之求償）

因可歸責於旅遊營業人之事由，致旅遊未依約定之旅程進行者，旅客就其時間之浪費，得按日請求賠償相當之金額。但其每日賠償金額，不得超過旅遊營業人所收旅遊費用總額每日平均之數額。

⑻一、本條新增。

二、本條規定旅遊時間浪費之損害賠償。現代社會重視旅遊休閒活動，旅遊時間之浪費，當認其為非財產上之損害，爰參考德國民法第 651 條 f 第 2 項，於本條明定得請求賠償相當之金額。所謂「按日請求」，係以「日」為計算賠償金額之單位，但不以浪費之時間達一日以上者為限。至其賠償金額，應有最高數額之限制，始為平允，爰設但書規定。如當事人對於賠償金額有爭議，由法院在此範圍，按實際上所浪費時間之長短及其他具體情事，斟酌決定之。

第 514 條之 9 （旅客隨時終止契約之規定）

I.旅遊未完成前，旅客得隨時終止契約。但應賠償旅遊營業人因契約終止而生之損害。

II.第五百十四條之五第四項之規定，於前項情形準用之。

⑻一、本條新增。

二、第 1 項規定旅客之終止權。旅遊未完成前，旅客無論何時，得終止契約。但為兼顧旅遊營業人之利益，應令旅客賠償因契約終止而生之損害。

三、旅客依前項規定終止契約時，為免身處異地陷於困境，應準用第 514 條之 5 第 4 項之規定，亦許其得請求旅遊營業人墊付費用將其送回原出發地。惟於到達後，旅客應附加利息償還於旅遊營業人。爰於第 2 項明文規定。

第 514 條之 10 （旅客在旅遊途中發生身體或財產上事故之處置）

I.旅客在旅遊中發生身體或財產上之事故時，旅遊營業人應為必要之協助及處理。

II.前項之事故，係因非可歸責於旅遊營業人之事由所致者，其所生之費用，由旅客負擔。

⑻一、本條新增。

二、旅遊營業人係以提供旅客旅遊服務為營業之人，則旅客在旅遊途中，因天災、地變或旅客之過失等非可歸責於旅遊營業人之事由，致身體或財產受有傷亡損害時，旅遊營業人應對旅客為必要之協助及處理，爰為第 1 項規定。

三、前項事故，如係因不可歸責於旅遊營業人之事由所致者，旅遊營業人依前項規定所生之費用，當由旅客自行負擔，始為公允，爰為第 2 項規定。

第 514 條之 11 （旅遊營業人協助旅客處理購物瑕疵）

旅遊營業人安排旅客在特定場所購物，其所購物品有瑕疵者，旅客得於受領所購物品後一個月內，請求旅遊營業人協助其處理。

⑻一、本條新增。

二、旅客在旅遊地點購物之場所如係旅遊營業人所安排，因旅遊營業人對於旅遊地之語言、法令及習慣等均較旅客熟稔，為顧及旅客之權益，若所購之物品有瑕疵時，旅遊營業人理當於一定期間內協助旅客行使瑕疵擔保請求權，其期間以一個月為相當，爰設本條規定。

三、本條及前條，均為旅遊營業人之附隨義務，如有違反，應負債務不履行之責任，併予敘明。

第 514 條之 12 （請求權之行使期間）

本節規定之增加、減少或退還費用請求權，損害賠償請求權及墊付費用償還請求權，均自旅遊終了或應終了時起，一年間不行使而消滅。

⑻一、本條新增。

二、本條規定本節所定各項權利行使之期間。鑑於旅遊行為時間短暫，為期早日確定法律關係，本節規定之權利以從速行使為宜，爰明定為自旅遊終了或應終了時起，一年間不行使而消滅。

第九節 出　版

㊀謹按出版品者，謂用機械或化學之方法所印製，而供出售或散布之文書圖畫也。出版者，著作人與印刷發行人相互之契約也。關於出版品，已另有法律規定，關於出版，即著作人與印刷發行人相互間之權利義務，亦須特別規定，方足以資準據。故本法特仿瑞士債務法，專設本節。

第 515 條　（出版之定義）

I.稱出版者，謂當事人約定，一方以文學、科學、藝術或其他之著作，為出版而交付於他方，他方擔任印刷或以其他方法重製及發行之契約。

II.投稿於新聞紙或雜誌經刊登者，推定成立出版契約。

⑱一、現行條文將可供出版之著作，以列舉之方式限於文藝、學術或美術。惟現代之精神與文化生活複雜廣泛，加以出版事業日新月異，可供出版之著作繁多。本條所定可供出版之著作，不宜列舉，以例示為妥。又出版事業進步，著作除以印刷方式出版外，尚有以其他方法重製者。本條爰參照著作權法第3條第1項第1款、第5款修正如上並改列為第1項。

二、投稿可能有贈與、買賣、使用借貸、租賃等各種不同性質。如契約內容未約定為何種契約，宜推定成立出版契約，惟當事人仍得以反證推翻該項推定，爰增訂第2項。

第 515 條之 1　（出版權之授與及消滅）

I.出版權於出版權授與人依出版契約將著作交付於出版人時，授與出版人。

II.依前項規定授與出版人之出版權，於出版契約終了時消滅。

⑱一、本條新增。

二、出版契約，須有出版權之授與，出版人始能承擔著作之重製發行。而出版權，於出版權授與人依出版契約將著作交付於出版人時，授與出版人，為期明確並避免疑義，爰參考德國出版法第9條第1項，於本條第1項增訂出版人出版權之授與時期。

三、又仿前開外國立法例，於第2項規定出版人依第1項規定取得之出版權，於契約終了時消滅。

第 516 條　（出版人及出版權授與人之權利）

I.著作財產權人之權利，於合法授權實行之必要範圍內，由出版人行使之。

II.出版權授與人，應擔保其於契約成立時，有出版授與之權利，如著作受法律上之保護者，並應擔保該著作有著作權。

III.出版權授與人，已將著作之全部或一部，交付第三人出版，或經第三人公開發表，為其所明知者，應於契約成立前將其情事告知出版人。

⑱一、按著作人之權利可分為著作人格權及著作財產權，其中著作人格權專屬於著作人本身，不得讓與或繼承，而著作財產權則得讓與。現行條文第1項所謂「著作人之權利」實係指「著作財產權人之權利」而言，為期明確，爰予修正。又現行條文第1項「移轉」一語，易使人誤解著作人於其權利移轉後，無從回復。為避免疑義，爰並予修正，明示著作財產權人之權利，於合法授權實行之必要範圍內，由出版人行使。

二、為期與著作權法第3條第1項第1款之用語一致，爰將第2項之「著作物」修正為「著作」。並將末句之「其」字修正為「該著作」，以期明確。

三、第3項所稱「出版物授與人」實為「出版權授與人」之誤，爰予更正。又為期與著作權法之用語一致，爰將「著作物」亦修正為「著作」，「公表」修正為「公開發表」。

第 517 條　（出版權授與人為不利於出版人處分之禁止及例外）

出版權授與人於出版人得重製發行之出版物未賣完時，不得就其著作之全部或一部，為不利於出版人之處分。但契約另有訂定者，不在此限。

⑱為配合第515條之修正，爰將第1項「印行」修正為「重製發行」，「著作物」修正為「著作」。又出版契約之當事人間如另有相反之約定時，基於私法自治之契約自由原則，宜從其約定，爰增訂但書規定。

第 518 條　（版數之約定與續版義務）

I.版數未約定者，出版人僅得出一版。

II.出版人依約得出數版或永遠出版者，如於前版之出版物賣完後，怠於新版之重製時，出版權授與人得聲請法院令出版人於一定期限內，再出新版。逾期不遵行者，喪失其出版權。

⑱一、第1項未修正。

二、為期與著作權法第3條第1項第5款之用語一致，爰將第2項「印刷」修正為「重製」。

第 519 條　（出版人之發行義務）
Ⅰ.出版人對於著作，不得增減或變更。
Ⅱ.出版人應以適當之格式重製著作。並應為必要之廣告及用通常之方法推銷出版物。
Ⅲ.出版物之賣價，由出版人定之。但不得過高，致礙出版物之銷行。

(88)修正理由同第 515 條。

第 520 條　（著作之訂正或修改）
Ⅰ.著作人於不妨害出版人出版之利益，或增加其責任之範圍內，得訂正或修改著作。但對於出版人因此所生不可預見之費用，應負賠償責任。
Ⅱ.出版人於重製新版前，應予著作人以訂正或修改著作之機會。

(88)為期與著作權法第 3 條第 1 項第 1 款、第 5 款之用語一致，爰將本條第 1 項「著作物」修正為「著作」、第 2 項「印刷」修正為「重製」。

第 521 條　（著作出版之分合）
Ⅰ.同一著作人之數著作，為各別出版而交付於出版人者，出版人不得將其數著作，併合出版。
Ⅱ.出版權授與人就同一著作人或數著作人之數著作為併合出版，而交付於出版人者，出版人不得將著作，各別出版。

(88)一、為期與著作權法第 3 條第 1 項第 1 款之用語一致，爰將本條第 1 項及第 2 項之「著作物」修正為「著作」。
二、依出版契約，有義務交付著作予出版人者，為「出版權授與人」，原條文第 2 項僅表明「著作人」，尚無法完全涵蓋其範圍，為期周延，爰予修正。

第 522 條　（刪除）

(88)按出版權係指得將著作出版之權利，本不包括翻譯之改作權在內，且出版權授與人未必均享有翻譯之改作權，為免滋生疑義，爰將本條刪除。

第 523 條　（著作之報酬）
Ⅰ.如依情形非受報酬，即不為著作之交付者，視為允與報酬。
Ⅱ.出版人有出數版之權者，其次版之報酬，及其他出版之條件，推定與前版相同。

(88)修正理由同第 521 條。

第 524 條　（給付報酬之時效及銷行證明之提出）
Ⅰ.著作全部出版者，於其全部重製完畢時，分部出版者，於其各部分重製完畢時應給付報酬。
Ⅱ.報酬之全部或一部，依銷行之多寡而定者，出版人應依習慣計算，支付報酬，並應提出銷行之證明。

(88)修正理由同第 520 條。
◇習慣：出版品報酬依銷售多寡計算者，出版人應依習慣支付報酬，例如：每年計算一次銷售量。

第 525 條　（著作之危險負擔──著作滅失）
Ⅰ.著作交付出版人後，因不可抗力致滅失者，出版人仍負給付報酬之義務。
Ⅱ.滅失之著作，如出版權授與人另存有稿本者，有將該稿本交付於出版人之義務。無稿本時，如出版權授與人係著作人，且不多費勞力，即可重作者，應重作之。
Ⅲ.前項情形，出版權授與人得請求相當之賠償。

(88)修正理由同第 521 條。
◇稿本：著作物的原始底稿。
◇重作：重新製作滅失的著作物。

第 526 條　（出版物之危險負擔──出版物滅失）
重製完畢之出版物，於發行前，因不可抗力，致全部或一部滅失者，出版人得以自己費用，就滅失之出版物，補行出版，對於出版權授與人，無須補給報酬。

(88)修正理由同第 518 條說明二。

第 527 條　（出版契約關係之消滅及其例外）
Ⅰ.著作未完成前，如著作人死亡，或喪失能力，或非因其過失致不能完成其著作者，其出版契約關係消滅。
Ⅱ.前項情形，如出版契約關係之全部或一部之繼續，為可能且公平者，法院得許其繼續，並命為必要之處置。

(88)修正理由同第 521 條。

◇**喪失能力**：「喪失能力」屬「非因其過失致不能完成其著作者」之例示規定，因係不可歸責於著作人之事由而給付不能，故使出版契約關係消滅，以符雙方利益。

第十節　委　任

介謹按民律草案債權編第二章第十二節原案謂委任者，當事人之一方，委任他方為其處理某事務，他方允為處理，因而生效力之契約也。此項契約，其應處理之事務，要必為法律行為。至關於勞務給付之契約，不屬於法律所定其他契約之種類者，亦得適用關於委任之規定。又此項契約，可為委任人或第三人之利益而為之，可為委任人及第三人或受任人之利益而為之，可為第三人及受任人之利益而為之，惟不得僅為受任人之利益而為之。其他如無報酬，亦為此契約之特質，其與僱傭契約相異之點，亦即在此。然其先既為委任，其後即受報酬，而委任之性質，究不變更，此項契約為各國通行，於實際上亦必不可少，故本法設本節之規定。

第 528 條　（委任之定義）

　　稱委任者，謂當事人約定，一方委託他方處理事務，他方允為處理之契約。

介謹按本條為規定委任之意義，及委任契約之成立要件，因一方委託他方處理事務，他方允為處理，其委任契約，即為成立。至於有否報酬，學說聚訟，各國立法例亦不一致。有以有報酬之委任，祇應以僱傭、承攬、居間等契約論，非真正之委任者。本法則不問其受報酬與否，凡為他人處理事務者，皆視為委任也。

◇**委任契約**：契約內容係「一方為他方處理事務」者，即為委任契約，不以提供勞務之人必然獲取報酬為要件。有償及無償委任契約之受任人依民法第 535 條之規定負有不同之注意義務。

有償委任	為雙務契約
無償委任	為不完全雙務契約。雙方互負之債務不具有對價性，不可主張民法第 264 條的同時履行抗辯權

▲【96 臺上 1426】所謂委任，係指委任人委託受任人處理事務之契約而言。委任之目的，在一定事務之處理。故受任人給付勞務，僅為手段，除當事人另有約定外，得在委任人所授權限範圍內，自行裁量決定處理一定事務之方法，以完成委任之目的。所謂僱傭，則指受僱人為僱用人服勞務之契約而言。僱傭之目的，僅在受僱人單純提供勞務，以供給勞務本身為目的，自己無任何裁量權，於他人指示下服勞務。兩者之內容及當事人間之權利義務均不相同。

▲【98 臺上 76】按稱「借名登記」者，謂當事人約定一方將自己之財產以他方名義登記，而仍由自己管理、使用、處分，他方允就該財產為出名登記之契約，其成立側重於借名者與出名者間之信任關係，**在性質上應與委任契約同視，倘其內容不違反強制、禁止規定或公序良俗者，固應賦予無名契約之法律上效力，並類推適用民法委任之相關規定**。惟出名者違反借名登記契約之約定，將登記之財產為物權處分者，對借名者而言，即屬無權處分，除相對人為善意之第三人，應受善意受讓或信賴登記之保護外，如受讓之相對人係惡意時，自當依民法第 118 條無權處分之規定而定其效力，以兼顧借名者之利益。

第 529 條　（勞務給付契約之適用）

　　關於勞務給付之契約，不屬於法律所定其他契約之種類者，適用關於委任之規定。

介謹按關於債務給付之契約，不屬於法律所定其契約之種類者，其契約之性質，亦與委任契約相同，若不明為規定，實際上自必無所依據，故適用關於委任之規定，俾有準據。此本條所由設也。

◇**勞務給付契約**：指以一方當事人提供勞務為給付內容之契約類型。典型的勞務契約有委任、僱傭及承攬契約，其中委任契約定義涵蓋之勞務類型最為廣泛，可成為勞務契約之原則性規定。

▲【103 臺上 560】委任與承攬於契約履行之過程中，皆以提供勞務給付作為手段，在性質上同屬勞務契約。然受任人提供勞務旨在本於一定之目的，為委任人處理事務，其契約之標的重在「**事務之處理**」；至於承攬人提供勞務乃在為定作人完成一定之工作，其契約之標的重在「**一定工作之完成**」。因此，民法各種之債乃將委任與承攬分別規定為兩種不同之有名契約民法第 490 條第 1 項、第 528 條。苟**當事人所訂立之契約，係由承攬之構成分子與委任之構成分子混合而成，且各具有一定之分量時，其既同時兼有「事務處理」與「工作完成」之特質，即不能再將之視為純粹之委任或承攬契約，而應歸入非典型契約中之混合契約**（司法院院字第 2287 號解釋參照），而成

為一種法律所未規定之無名勞務契約。復以委任契約為最典型及一般性之勞務契約，為便於釐定有名勞務契約以外之同質契約所應適用之規範，俾契約當事人間之權利義務關係有所依循，民法第 529 條乃規定：「關於勞務給付之契約，不屬於法律所定契約之種類者，適用關於委任之規定。」故有關由委任與承攬二種勞務契約之成分所組成之混合契約，性質上仍不失為勞務契約之一種，自應依該條之規定，**適用關於委任之規定**，庶符立法之旨意。

第 530 條 （視為允受委託）

有承受委託處理一定事務之公然表示者，如對於該事務之委託，不即為拒絕之通知時，視為允受委託。

介謹按委任契約之關係，因一方委任他方處理事務，他方允為處理其事務而成立，設他方不欲允為處理其事務，自應為積極的拒絕之表示，方為適當。若已有承受委託處理之公然表示，而對於該事務之委託，不即為拒絕之通知時，自應視為允受委託，俾法律關係，得以從速確定。故設本條以明示其旨。

第 531 條 （委任事務處理權或代理權之授與）

為委任事務之處理，須為法律行為，而該法律行為，依法應以文字為之者，其處理權之授與，亦應以文字為之。其授與代理權者，代理權之授與亦同。

⑧現行條文「其處理權之授與」究何所指，學者間意見不一：有認為該項處理權實即指代理權而言者（錢國成著民法判例研究第五五頁，戴修瓚著民法債編各論下冊第一一一頁參照）；有認為處理權與代理權乃屬個別之概念，在委任契約必須授與處理權，但不一定授與代理權（鄭玉波著民法債編各論下冊第四二六頁參照）；有認為該項處理權，在委任並授與代理權時，乃兼指內部處理權及對外代理權而言，但在僅委任處理事務，而未授與代理權時，則僅指內部處理權而言（史尚寬著債法各論第三六四頁參照）。實務上之見解，認為此之處理權，與代理權迥不相同（最高法院 44 年臺上字第 1290 號判例參照）。為免解釋上發生歧見，爰增列「其授與代理權者，代理權之授與亦同。」使處理本條委任事務時，僅授與處理權

者，則該處理權之授與應以文字為之。如授與處理權及代理權者，則二者之授與，均應以文字為之，以示慎重，並杜爭議。

▲【39 臺上 1190】 民法第 531 條所定之授權文字，乃委任人與受任人間契約上應行具備之形式，**並非受任人必須交付他造當事人之書證**。

第 532 條 （受任人之權限──特別委任或概括委任）

受任人之權限，依委任契約之訂定。未訂定者，依其委任事務之性質定之。委任人得指定一項或數項事務而為特別委任，或就一切事務，而為概括委任。

介謹按受任人處理事務之權限，一依委任事務之範圍為準，故受任人處理事務之權限範圍，亦不可不有明白之規定。若委任契約已將受任人之權限訂定時，自應依其所定，若委任契約未訂定其權限時，則依委任事務之性質定之，蓋就其委任之性質上，推定有此權限，所以資處理事務之便利也。至於委任人或指定一項事務或數項事務而為特別委任，或就一切事務而為概括委任，應悉依其自由之意思為之，初無若何限制。所謂特別委任者，謂指定特種事項而為委任者也。所謂概括委任者，謂就一切事項悉行委任者也。惟無論其為特別委任，為概括委任，不過其委任之權限，有大小廣狹之不同，而委任之性質，則固無或少異。故設本條以明示其旨。

◇特別委任與概括委任

特別委任	委任人只指定一項或特定數項事務而為委任
概括委任	委任人就一切事務而為委託，未指定具體範圍。原則上受任人得為一切法律行為、事實行為，但為保護委任人，第 534 條但書各款所列之情形，則例外須有特別授權方得為之

第 533 條 （特別委任）

受任人受特別委任者，就委任事務之處理，得為委任人為一切必要之行為。

介謹按受任人之受有特別委任者，應使其就委任事務之處理，得為委任人為一切必要之行為。本條設此規定，蓋以保護委任人之利益也。

第 534 條 （概括委任）

受任人受概括委任者，得為委任人為一切

行為。但為左列行為，須有特別之授權：
一　不動產之出賣或設定負擔。
二　不動產之租賃其期限逾二年者。
三　贈與。
四　和解。
五　起訴。
六　提付仲裁。

⑧受概括委任之受任人，不僅可為法律行為，事實行為亦得為之。為明確計，爰將「法律」二字刪除。

第 535 條　（受任人之依從指示及注意義務）

受任人處理委任事務，應依委任人之指示，並與處理自己事務為同一之注意。其受有報酬者，應以善良管理人之注意為之。

⚐謹按受任人處理委任之事務，其結果無論利與害，均由委任人受之，則凡事務之處理，均應依委任人之指示為之。又受任人之處理事務，為顧及委任人之利益計，自必特加注意，而其注意之程度則又視其受有報酬與否而不同。其未受報酬者，祇須與處理自己事務，為同一之注意即為已足，其受有報酬者，則須以善良管理人之注意為之，否則應負損害賠償之責。此本條所由設也。

▲【62 臺上 1326】委任關係中之受任人，依民法第 535 條前段之規定，雖未受有報酬，其處理委任事務，仍應與處理自己事務為同一之注意，亦即對於具體之輕過失仍須負責，同法（舊）第 544 條第 2 項之規定，如解為此種受任人僅以有重大過失為限始負責任，則與同法第 535 條之規定未免牴觸，故應參照同法第 223 條，認為此種受任人，除與處理自己事務為同一之注意，欠缺此種注意，即應就具體過失負責外，如顯然欠缺一般人之注意而有重大過失，仍應負責。

▲【89 臺上 1628】按持卡人依其與發卡機構所訂立之信用卡使用契約，取得使用信用卡向特約商店簽帳消費之資格，並對發卡機構承諾償付帳款，而發卡機構則負有代持卡人結帳，清償簽帳款項之義務。此種持卡人委託發卡機構付款之約定，具有**委任契約**之性質，倘持卡人選擇以循環信用方式繳款，就當期應償付之帳款僅繳付最低應繳金額，其餘應付款項由發卡機構先行墊付，持卡人則依約定給付循環利息者，又具有**消費借貸契約**之性質。信用卡使用契約既具有委任契約之性質，則發卡機構處理信用卡簽帳款之清償債務事務時，依民法第 535 條規定，應依持卡人之指示為之。而**持卡人在簽帳單上簽名，可視為請求代為處理事務之具體指示**，若特約商店就簽帳單上之簽名是否真正，未盡核對之責，發卡機構竟對之為付款，其所支出之費用，尚難謂係必要費用，自難依民法第 546 條第 1 項規定向持卡人請求償還，從而持卡人如主張信用卡係因遺失、被盜而被冒用、盜用，除發卡機構能證明持卡人有消費行為，或就其簽名之真正，特約商店已盡核對責任外，尚不得請求持卡人償還墊款。

▲【104 臺上 276】次按**醫療契約係受有報酬之勞務契約，其性質類似有償之委任關係**，依民法第 535 條後段規定，醫院應負善良管理人之注意義務，自應依當時醫療水準，對病患履行診斷或治療之義務，而以醫學原理為基礎發展之臨床醫學，其安全性、成功率或準確度仍有其限制，**故醫療提供者對於正面療效及負面損害的掌控，應限定在當代醫療科技水準所能統攝之範圍內**，倘醫療給付者或其履行輔助者之醫師或其他醫護人員未違背具有一般知識、經驗及技能之醫師合理採取之步驟與程序，而以符合當時臨床醫療水準之方法而為給付，雖該給付之安全性或療效囿於醫學科技之有限性，不能精準滿足病患之期望，仍應認醫療提供者已盡善良管理人注意義務，並依債務之本旨提供給付。

第 536 條　（變更指示之限制）

受任人非有急迫之情事，並可推定委任人若知有此情事亦允許變更其指示者，不得變更委任人之指示。

⚐謹按受任人既非為自己之利益處理委任事務，故應以委任人所指示者為主，非實有急迫之情事，並委任人若知有此情事，於受任人不依其指示，亦允許其變更者，不得變更委任人之指示。故本條明定受任人變更委任人指示之要件有二：㈠須有急迫情事。㈡須推知委任人知有此情事亦允許其變更指示。所以保護委任人之利益也。

第 537 條　（處理事務之專屬性與複委任）

受任人應自己處理委任事務。但經委任人之同意或另有習慣，或有不得已之事由者，得使第三人代為處理。

民法 第二編 債 （第五三八～五四一條）

介謹按委任之關係，基於信任而來，故委任人因信任受任人之結果，特委任受任人處理自己之事務，則對於委任人所委任之事務，受任人亦應由自己處理之，方合契約之本旨。若第三人既非委任人所信任，受任人自不得使第三人代為處理委任事務也，但經委任人之同意，或另有習慣，或有不得已之事由者，亦不妨使第三人代為處理，蓋有時因特種情形，受任人既不能自己處理，又不能使第三人代為處理，反使事務停頓，致難貫徹委任之初意，自不若轉使第三人代為處理，較易進行無阻也。故設本條以明示其旨。

◇**自己處理原則**：委任契約重視當事人間信賴關係，故原則上受任人應自行處理委任事務。

◇**複委任**：複委任是指受任人將委任事務再委任第三人。受任人原則上應由自己處理委任事務，但符合下列之一者，得使第三人代為處理：**1.經委任人之同意。2.另有習慣。3.有不得已之事由。**

◇**習慣**：例如當地有受任人得不經委任人同意即可再委任第三人的習慣，此時受任人即無須經委任人同意，得使第三人代為處理委任事務。

第 538 條　（複委任之效力㈠）

I.受任人違反前條之規定，使第三人代為處理委任事務者，就該第三人之行為，與就自己之行為，負同一責任。

II.受任人依前條之規定，使第三人代為處理委任事務者，僅就第三人之選任，及其對於第三人所為之指示，負其責任。

介謹按依前條之規定，受任人使第三人處理委任事務，須經委任人之同意，或另有習慣，或有不得已之事由，始為有效。若違反此項規定，並未經委任人同意，亦無習慣可以依據，且非有不得已之事由者，此時第三人之行為，應視為受任人自己之行為，如有損害，自應由受任人負其責任。反之受任人使第三人處理委任事務，係已得委任人同意，或有習慣可以依據，或有不得已之事由者，則受任人僅就第三人之選任，及其對於第三人所為之指示，負其責任。此本條所由設也。

第 539 條　（複委任之效力㈡──委任人對第三人之直接請求權）

受任人使第三人代為處理委任事務者，委任人對於該第三人關於委任事務之履行，有直接請求權。

介謹按受任人所應處理之委任事務，已由第三人承擔代為處理者，此時應使委任人對於該第三人有直接請求履行關於委任事務之權。若必依順序，使委任人向受任人請求，再由受任人向第三人請求，則輾轉需時，殊鮮實益。故設本條以明示其旨。

◇**違法複委任**：「違法複委任」指受任人違反第537條要件而再委任第三人者。就此，有認為保護委任人之權益不因複委任而受侵害，無論是否合法，皆應使委任人對第三人有直接請求權；亦有認為依民法第538條第1項規定，受任人須對第三人之行為負擔無過失賠償責任，以足以保護委任人，且委任人既已對受任人再委任表示反對之意思，自不適當再對該第三人有直接的履行請求權。

第 540 條　（受任人之報告義務）

受任人應將委任事務進行之狀況，報告委任人，委任關係終止時，應明確報告其顛末。

介謹按受任人既受委任人之委任，處理某項事務，則應將委任事務進行之狀況，隨時報告於委任人，其於委任關係終止時，亦應將其所處理事務之始末情形，詳細報告於委任人，此皆委任性質上當然之事。故設本條以明示其旨。

第 541 條　（交付金錢物品孳息及移轉權利之義務）

I.受任人因處理委任事務，所收取之金錢、物品及孳息，應交付於委任人。

II.受任人以自己之名義，為委任人取得之權利，應移轉於委任人。

介謹按受任人於處理委任事務之際，其所收取之金錢、物品及孳息，既因委任之故而收取，自屬於委任人所有，至其後均應交付於委任人。若受任人以自己名義取得權利，此權利既為委任人之權利，亦應移轉於委任人，此亦委任性質上當然之不可缺事也。

▲【41臺上1011】受任人以自己名義，為委任人取得之不動產所有權利，依民法第541條第2項之規定，雖應負移轉於委任人之義務，然**此僅為受任人與委任人間之權利義務關係，在受任人移轉其所有權於委任人以前，要難謂委任人已取得該不動產所有權。**

▲【45 臺上 637】上訴人基於繼承其父之遺產關係而取得系爭房屋所有權，原與其叔某甲無涉，某甲之代為管理，曾用自己名義出租於被上訴人，如係已受委任，則生委任關係，依民法第 541 條第 2 項之規定，受任人以自己名義為委任人取得之權利，固應移轉於委任人，如未受委任則為無因管理，依同法第 173 條第 2 項之規定，關於第 541 條亦在準用之列，均不待承租之被上訴人同意而始生效，從而某甲將其代為管理之系爭房屋，因出租於被上訴人所生之權利移轉於上訴人，**縱使未得被上訴人之同意，亦難謂為不生效力，上訴人自得就系爭房屋行使出租人之權利。**

▲【72 臺上 4720】受任人本於委任人所授與之代理權，以委任人名義與他人為法律行為時，固直接對委任人發生效力；**若受任人以自己之名義與他人為法律行為，因而為委任人取得之權利，則須經受任人依民法第 541 條第 2 項規定，將其移轉於委任人，委任人始得逕向該他人請求履行。**前者，因法律行為發生之權利義務，於委任人及該他人之間直接發生效力；後者，則該他人得以對抗受任人之事由，對抗委任人，二者尚有不同。

▲【88 臺上 1204】按受任人以自己名義與他人為法律行為，因而為委任人取得之權利，委任人得依民法第 541 條第 2 項規定，請求受任人將該法律行為所生之權利移轉於委任人。**如受任人以自己名義為委任人訂立契約取得債權時，僅該受任人得向他方當事人請求履行債務，在受任人未將其債權移轉於委任人時，委任人不得逕向他方當事人請求履行。**故委任人與他方當事人間，須受任人將其契約取得債權移轉於委任人，其一方始得根據該契約所生權利，向他方有所主張或請求。是**受任人苟經該契約之他方當事人同意之下，似非不能以將其與他人所為契約之當事人主體變更為委任人之方式，以實現其將該契約所生之權利義務移轉於委任人之目的。**可見受任人同意與他人所為契約之當事人主體由「受任人」名義變更為「委任人」名義，應屬受任人履行移轉權利於委任人之附隨義務。

▲【103 臺上 2023】律師、會計師、公證人所收當事人物件之交還，其請求權因二年間不行使而消滅，民法第 127 條第 6 款定有明文。蓋律師、會計師、公證人為當事人處理事務，有時當事人須將必要之物件交付，以利委任事務之進行。為使當事人與律師、會計師或公證人間之法律關係從速確定，其請求交還之消滅時效，應較一般時效期間為短。**至律師、會計師或公證人因處理委任事務，向他人收取之金錢、物品及孳息，並非本款所稱當事人交付之物件，當事人依民法第 541 條第 1 項規定之交還請求權，其消滅時效，自不在本款適用之列。**乃原審以上訴人依民法第 541 條第 1 項規定之請求權時效，應自被上訴人受領各筆和解金時起算，而謂其請求權至其起訴時已罹於時效，依上說明，自有未合。

第 542 條　（支付利息與損害賠償）

受任人為自己之利益，使用應交付於委任人之金錢或使用應為委任人利益而使用之金錢者，應自使用之日起，支付利息。如有損害，並應賠償。

介查民律草案第 772 條理由謂受任人將應交與委任人之金錢，或應為委任人之利益使用之金錢，自行消費者，無論受任人有無過失，委任人曾否受損害，均應支給利息，因而致委任人受損害者，更須賠償。各國多數立法例，皆設此規定，以保護委任人之利益。故本條亦採用之。

第 543 條　（處理委任事務請求權讓與之禁止）

委任人非經受任人之同意，不得將處理委任事務之請求權，讓與第三人。

介查民律草案第 773 條理由謂委任關係，既為專屬之法律關係，故委任人非得受任人允諾，不得將以請求處理事務為標的之權利，讓與他人。此本條所由設也。

第 544 條　（受任人之損害賠償責任）

受任人因處理委任事務有過失，或因逾越權限之行為所生之損害，對於委任人應負賠償之責。

⑧⑧一、第 1 項未修正。

二、委任為無償時，依照第 535 條規定，受任人應與處理自己事務為同一之注意。現行條文第 2 項規定，有使人誤解為無償之受任人，僅就重大過失負責，對於具體之輕過失，可不負責任，則顯與上述條文之規定相牴觸。為免疑義，爰將第 2 項刪除。

◇過失：依民法第 535 條前段之規定，受任人未受有報酬者，應負具體輕過失責任；受任人受有報酬時，應負抽象輕過失責任。

第 545 條　（必要費用之預付）

委任人因受任人之請求，應預付處理委任事務之必要費用。

⇧查民律草案第 774 條理由謂處理委任事務必需之費用，受任人無代墊之義務，故應使其得以請求預付，以期事務進行之順利。此本條所由設也。

第 546 條　（委任人之償還費用、代償債務、損害賠償義務及求償權）

I.受任人因處理委任事務，支出之必要費用，委任人應償還之，並付自支出時起之利息。

II.受任人因處理委任事務，負擔必要債務者，得請求委任人代其清償，未至清償期者，得請求委任人提出相當擔保。

III.受任人處理委任事務，因非可歸責於自己之事由，致受損害者，得向委任人請求賠償。

IV.前項損害之發生，如別有應負責任之人時，委任人對於該應負責者，有求償權。

⑧一、第 1 項、第 2 項及第 3 項未修正。

二、基於造成損害者，應負最後責任之法理及平衡委任人、受任人間之權益。爰仿第 487 條之 1 第 2 項規定，增訂第 4 項，明定委任人於賠償受任人之損害後，對於應負責任之人，有求償權。

第 547 條　（委任報酬之支付）

報酬縱未約定，如依習慣，或依委任事務之性質，應給與報酬者，受任人得請求報酬。

⇧謹按受任人允為委任人處理委任之事務，雖委任契約內並未訂定報酬，然依委任事務之性質，或習慣，須支給報酬者，應許受任人有請求報酬之權，以保護其利益。故設本條以明示其旨。

第 548 條　（請求報酬之時期）

I.受任人應受報酬者，除契約另有訂定外，非於委任關係終止及為明確報告顛末後，不得請求給付。

II.委任關係，因非可歸責於受任人之事由，於事務處理未完畢前已終止者，受任人得就其已處理之部分，請求報酬。

⇧謹按受任人應受報酬之時期，契約有訂定者，自

應從其所定。若契約並未訂定，則須俟委任關係終止及為明確報告顛末後，始得請求給付。故設第 1 項以明示其旨。雖然受任人請求報酬，固應以委任關係之終止為原則，但有時受任人處理委任事務尚未完畢前，已終止委任關係，而委任關係終止之原因，並非可歸責於受任人之事由者，亦應許受任人請求報酬，惟其請求報酬之範圍，須以受任人對於事務已經處理之部分為限耳。故設第 2 項以明示其旨。

▲【49 臺上 128】兩造所定委任契約，既定酬金十萬元，包括受任人承辦地方法院、高等法院、最高法院及強制執行等事務之酬勞在內，則上訴人於受任後，雖曾代為撰狀向臺灣臺北地方法院聲請調解，充其量不過辦理第一審事務中小部分，在調解程序中，**其代理權既因當事人在外成立和解而撤銷，依契約本旨及誠信法則，自祇能請求給付第一審事務之酬金，而不得及於全部**。

第 549 條　（委任契約之終止——任意終止）

I.當事人之任何一方得隨時終止委任契約。

II.當事人之一方，於不利於他方之時期終止契約者，應負損害賠償責任。但因非可歸責於該當事人之事由，致不得不終止契約者，不在此限。

⇧查民律草案第 776 條理由謂委任根據信用，信用既失，自不能強其繼續委任。故各當事人無論何時，均得聲明解約，然除有不得已之事由，而其事由又非可歸責於解約人者外，當事人之一方聲明解約，若在他方最不利之時，應使解約人賠償其損害，否則不足以保護他方之利益。此本條所由設也。

▲【62 臺上 1536】委任契約依民法第 549 條第 1 項規定，不論有無報酬，或有無正當理由，均得隨時終止。上訴人等之被繼承人對被上訴人終止委任契約，無論於何時為之，均不能謂被上訴人原可獲得若干之報酬，因終止契約致未能獲得，係受損害。同法條第 2 項規定：「於不利於他方之時期終止契約者，應負損害賠償責任」**其所謂損害，係指不於此時終止，他方即可不受該項損害而言，非指當事人間原先約定之報酬**。

第 550 條　（委任關係之消滅——當事人死亡、破產或喪失行為能力）

委任關係，因當事人一方死亡、破產或喪

失行為能力而消滅。但契約另有訂定，或因委任事務之性質，不能消滅者，不在此限。

↰查民律草案第 777 條理由謂委任既根據於信用，故委任人或受任人死亡、破產、或喪失行為能力（禁治產人）時，除曾表示有他項意思或因委任事務之性質上反對之結果外，委任關係，皆應終止，始合於委任之性質。此本條所由設也。

◇因委任事務性質不能消滅者：因委任關係並非僅為委任人之利益，尚與受任人或第三人之利益有關，故為保障其他人之利益，不宜使委任關係消滅。例如受任人代收租金，以清償委任人對受任人或其他第三人之債權，此時，為確保債權能因租金繼續收取而受清償，縱使委任人或受任人死亡，委任關係亦不應消滅。

▲【51 臺上 2813】人之權利能力終於死亡，其權利義務因死亡而開始繼承，由繼承人承受。故**關於遺產之法律行為，自當由繼承人為之，被繼承人生前委任之代理人，依民法第 550 條之規定，其委任關係除契約另有訂定，或因委任事務之性質不能消滅者外，自應歸於消滅。**

第 551 條　（委任事務之繼續處理）

前條情形，如委任關係之消滅，有害於委任人利益之虞時，受任人或其繼承人，或其法定代理人，於委任人或其繼承人，或其法定代理人，能接受委任事務前，應繼續處理其事務。

↰查民律草案第 778 條理由謂依前條規定委任終止時，若有害於委任人之利益，當事人一方之受任人或其繼承人或法定代理人，應為他之一方繼續處理委任事務，否則委任終結受任人尚未接收之時，遇有必須處理之事務，受任人或其繼承人或法定代理人竟坐視不為處理，必致委任人之損害不可逆測。故設本條以彌縫其闕。

第 552 條　（委任關係之視為存續）

委任關係消滅之事由，係由當事人之一方發生者，於他方知其事由，或可得而知其事由前，委任關係視為存續。

↰謹按委任關係消滅之事由，如當事人之一方死亡、破產、或喪失行為能力等是。此種委任關係，消滅之原因，如係因一方之事由而發生，必待他方知其事由或可得知其事由時，委任關係方使消滅，

在他方未知其事由以前，委任關係，即應推定其為存續。本條設立之意，既保護一方之利益，又不使他方蒙不利益也。

▲【102 臺上 2072】又依民法第 550 條但書規定，委任事務之性質，並不因當事人一方死亡而消滅，而土地登記之申請行為雖屬廣義法律行為之一種，**惟受任辦理土地登記，較諸受任辦理登記之原因行為有較強之繼續性，倘受任係基於委任人生前之授權，代為辦理登記，則其登記既與現實之真實狀態相符合，復未違背委任人之本意，委任關係尚不因委任人於辦竣登記前死亡而告消滅，從而受任人代理委任人完成之登記行為即非無權代理。**

第十一節　經理人及代辦商

↰謹按稱經理人者，謂有為商號管理事務，及代其簽名之權利之人也。稱代辦商者，謂非經理人而受商號之委託，於一定處所，或一定區域內，以該商號名義辦理其事務之全部或一部之人也。經理人及代辦商之權利義務，各國立法例，多於商法中規定之，本法因民商法統一之結果，特設本節之規定。

第 553 條　（經理人之定義及經理權之授與）

I.稱經理人者，謂由商號之授權，為其管理事務及簽名之人。

II.前項經理權之授與，得以明示或默示為之。

III.經理權得限於管理商號事務之一部或商號之一分號或數分號。

88一、經理人必先由商號授與經理權，始得為商號管理事務及簽名。而管理事務及簽名，為經理人之權限並非權利，現行條文第 1 項規定，易滋疑義，為期明確，爰予修正。
二、第 2 項及第 3 項未修正。

◇經理人：為公司商號管理事務及為公司商號簽名權利之人。

◇經理權與管理權

經理權	對內管理事務及對外為代理之權
管理權	經理人就商號或其分號，或其事務之一部，對第三人有為管理上一切必要行為之權

第 554 條　（經理權㈠——管理行為）

I.經理人對於第三人之關係，就商號或其分號，或其事務之一部，視為其有為管理上之一切必要行為之權。

II.經理人，除有書面之授權外，對於不動產，不得買賣，或設定負擔。

III.前項關於不動產買賣之限制，於以買賣不動產為營業之商號經理人，不適用之。

⑧一、第 1 項及第 2 項未修正。

二、商號若係以買賣不動產為營業者，其經理人是否仍須受第 2 項之限制，現行法尚無明文規定。學者通說以為無須另有書面授權（鄭玉波著民法債編各論下冊第四六八頁，史尚寬著債法各論第四○八頁參照）。為明確計，爰增訂本條第 3 項。

▲【52 臺上 1170】依民法第 554 條第 2 項之規定，經理人就不動產設定負擔雖須有書面之授權，但不動產以外之其他財產，縱無書面之授權，亦不能遽謂其設定負擔為無權限之行為。

▲【67 臺上 2732】公司經理人有為公司為營業上所必要之一切行為之權限，**其為公司為營業上所必要之和解，除其內容法律上設有特別限制外，並無經公司特別授權之必要，此為經理權與一般受任人權限之不同處。**

第 555 條　（經理權㈡——訴訟行為）

經理人，就所任之事務，視為有代理商號為原告或被告或其他一切訴訟上行為之權。

⑧經理人為商號法定之委任代理人，其與商號間，無論民事上或訴訟上均為代理關係。為避免疑義，爰將「代表」二字修正為「代理」。

▲【42 臺上 554】經理人對於第三人之關係，就商號或其分號或其事務之一部，視為其有為管理上一切必要行為之權。經理人就所任之事務，視為有代表商號為原告或被告或其他一切訴訟上行為之權，民法第 554 條第 1 項、第 555 條定有明文。公司得依章程規定設置總經理或經理，亦為公司法第 214 條所明定，故**公司所設置之經理人，法律上既未另設限制，自不能因其為法人而有所差異。**

▲【75 臺上 1598】經理人就所任之事務，視為有代商號為原告或被告或其他一切訴訟行為之權，此觀民法第 555 條之規定自明，此項規定於公司之經理人並未排斥適用。安某既為被上訴人（公司）之經理，而系爭工程又為其所任事務權限範圍內之事項，自有代表被上訴人（公司）應訴之權限。

第 556 條　（共同經理人）

商號得授權於數經理人。但經理人中有二人之簽名者，對於商號，即生效力。

⇧謹按商號因事務繁雜，非一經理人所能辦理者，或商號所有人欲互相箝制，多設經理人者，亦可授權於數經理人，自不必限定一人為經理。惟商號所有人授權於數經理人時，祇須經理人中二人簽名，對於商號即生效力，蓋為便利交易起見，亦不必使商號中之二對經理人，全體簽名，始為有效也。故設本條以明示其旨。

◇共同經理人：數經理人共同代理商號，原則上應共同為代理行為，惟為爭取時效、迅速處理商業問題，本條規定共同經理人中有二人之簽名者，對商號即生效力。

第 557 條　（經理權之限制）

經理權之限制，除第五百五十三條第三項、第五百五十四條第二項及第五百五十六條所規定外，不得以之對抗善意第三人。

⇧謹按經理人對於第三人之關係，有就商號或分號或其事務之一部，視為其有一切必要行為之權。若商號所有人，就經理人本來之權限，加以限制，亦不過為商號所有人與經理人相互間之關係，對於不知情之第三人，自屬不生效力，否則不足以保交易上之安全。故如第三人不知經理權受有限制，而與經理人所為之交易，無論其限制若何，商號所有人及經理人均不得以該事項曾受限制為理由，而以之對抗善意之第三人，蓋不得使第三人受不測之損失也。然如依第 553 條第 3 項、554 條第 2 項及第 556 條各規定，第三人對於管理一部或一分號事務之經理人，與其為不屬於該部或該分號事務之交易，對於無書面授權之經理人，與其為不動產買賣或在不動產上設定負擔，對於應由二人簽名之事項，與其中一人交易，僅由一人簽名，此種情形，第三人應注意而不注意，即有損失，亦屬第三人自己之過失所致，則不問其為善意與否，商號所有人及經理人，均得對抗之。此本條所由設也。

◇**經理權之限制**：經理權對外有概括代理之性質，以無限制為原則，但當事人得約定限制權限範圍，惟該限制無公示作用，為保護交易安全，不得以該限制對抗善意第三人。

▲【27渝上1258】就已授與經理權之事務，加以該經理人須經商號所有人審查同意後始得為之之限制，依民法第557條之規定，不得以之對抗善意第三人。

▲【28渝上1260】商號所有人與經理人間，就不屬於經理權範圍內之事項，訂有禁止經理人為之之特約，不過預防經理人之為越權行為，特加訂明，並非就其固有之經理權加以限制，自無適用民法第557條之餘地。

第558條　（代辦商之定義及其權限）
Ⅰ.稱代辦商者，謂非經理人而受商號之委託，於一定處所或一定區域內，以該商號之名義，辦理其事務之全部或一部之人。
Ⅱ.代辦商對於第三人之關係，就其所代辦之事務，視為其有為一切必要行為之權。
Ⅲ.代辦商，除有書面之授權外，不得負擔票據上之義務，或為消費借貸，或為訴訟。

介謹按本條為規定代辦商之意義，特明定曰，稱代辦商者，謂非經理人，而受商號之委託，於一定處所，或一定區域內，以商號名義辦理其事務之全部或一部之人也。故設第1項以明示其旨。又代辦商對於第三人之關係，就其所代辦之事務，視為其有為一切必要行為之權，此與經理人對於第三人之關係相同。故設第2項以明示其旨。至代辦商僅為商號之獨立輔助機關，故不得使代商號負擔票據上之義務，或為消費借貸，或代表訴訟，以示限制。然若商號以書面授與代辦商以此種權限者，自亦為法所許。故設第3項以明示其旨。

◇**代辦契約**：當事人約定一方（代辦商）為委託之商號代辦事務，商號負有支付報酬之義務。

▲【66臺上2867】代辦商與委託人間之關係，為委任性質，除民法代辦商一節別有規定外，準用委任之規定。

第559條　（代辦商報告義務）
代辦商，就其代辦之事務，應隨時報告其處所或區域之商業狀況於其商號，並應將其所為之交易，即時報告之。

介謹按代辦商所代辦之商業事務，其利與害，均由商號直接承受，故商號對於代辦商代辦之事務，有隨時決定方針之必要。且代辦商與商號，既非同在一處，代辦商如不將其所在地之商業狀況，隨時報告，商號何由得知，故應使代辦商負報告之義務。於其處所或其區域內之商業狀況，固應委曲周詳，隨時報告，於其所為之交易，尤須敏捷迅速，即時報告，庶商號得收統籌計畫、相機指示之實效。此本條所由設也。

第560條　（報酬及費用償還請求權）
代辦商得依契約所定，請求報酬，或請求償還其費用。無約定者依習慣，無約定亦無習慣者，依其代辦事務之重要程度及多寡，定其報酬。

介謹按代辦商為獨立之商人，其所代辦之事務，自亦有其應得之權利。故商號之於代辦商，如有契約訂定，應給與報酬或償還費用者，自應依照契約所定，請求報酬，或請求償還其代墊之費用。又雖未約定報酬，而為習慣所有者，應從習慣，其無約定亦無習慣者，仍應依其代辦事務之重要程度及多寡，定其報酬，以保護代辦商之利益。本條設此規定，蓋以杜無益之爭論也。

第561條　（代辦權終止）
Ⅰ.代辦權未定期限者，當事人之任何一方得隨時終止契約。但應於三個月前通知他方。
Ⅱ.當事人之一方，因非可歸責於自己之事由，致不得不終止契約者，得不先期通知而終止之。

介謹按代辦權定有存續期間者，自以契約屆滿而終止，此屬當然之理。若契約未訂定存續期間，係契約一般之原則，當事人之任何一方，隨時終止契約，他方亦不得有所非難，然為事實便利起見，一方解除契約，亦必使他方有所準備，方免有措手不及致受損失之情事發生，故解約之一方，應於三個月前通知他方，始為平允。故設第1項以明示其旨。至當事人之解除契約，原則上雖應於三個月前通知，然亦難保不有臨時特種事由發生，致不得不終止契約者，若此特種事由之發生，係非可歸責於解約人，而事實上又不能不即行解約，則不得不設例外，許解約人不先期通知，逕行終止契約。故設第2項以明示其旨。

第 562 條　（競業禁止）

經理人或代辦商，非得其商號之允許，不得為自己或第三人經營與其所辦理之同類事業，亦不得為同類事業公司無限責任之股東。

⇧謹按經理人與代辦商，均為商業上之輔助人，對於商號自有忠於其職責之義務，若未得商號之允許，一方為商號辦理營業事務，一方又為自己或第三人辦理同類之營業事務，或為同類事業公司之無限責任股東，則同業競爭之結果，勢必至有利自己或第三人，而損失其商號，故本法特絕對禁止之，以減免商號之危險。若經理人或代辦商有上述情形，而得商號之允許者，自不在禁止之列。蓋以商號既予允許，當必熟權利害，自無流弊發生也。故設本條以示明其旨。

第 563 條　（違反競業禁止之效力——商號之損害賠償請求權及其時效）

Ⅰ.經理人或代辦商，有違反前條規定之行為時，其商號得請求因其行為所得之利益，作為損害賠償。

Ⅱ.前項請求權，自商號知有違反行為時起，經過二個月或自行為時起，經過一年不行使而消滅。

㉘一、第 1 項未修正。

二、商號知其經理人或代辦商違反競業禁止之義務時，一個月內恐難以明瞭違反行為之詳情。為期商號能切實蒐集證據，瞭解詳情，原規定「一個月」期間過短，爰延長為「二個月」，以符實際需要並收成效。

◇**商號之介入權**：經理人或代辦商違反競業禁止義務時，商號得向其請求損害賠償，賠償範圍為經理人或代辦商因該行為所得之利益。

▲【81 臺上 1453】公司經理人違反公司法第 32 條競業禁止之規定者，**其所為之競業行為並非無效**，但公司得依民法第 563 條之規定請求經理人將因其競業行為所得之利益，作為損害賠償。

第 564 條　（經理權或代辦權消滅之限制）

經理權或代辦權，不因商號所有人之死亡、破產或喪失行為能力而消滅。

⇧謹按經理人及代辦商之關係，與委任之關係異。

委任關係，因當事人之一方死亡、破產、或喪失行為能力而消滅，經理權及代辦權，則不因商號所有人之死亡、破產、或喪失行為能力而消滅。蓋經理權及代辦權，須依於商號而存在，方能收商業交易敏活之效，商號所有人之情形若何，則所不問。此本條所由設也。

第十二節　居　　間

⇧查民律草案債權編第二章第十一節原案謂居間者，當事人約定一方為他方報告訂約之機會，或為訂約之媒介，他方給付報酬之契約也。為報告訂約機會或為訂約之媒介者，謂之居間人，給付報酬者，謂之委託人，此項契約，為特別契約。自其所服勞務之性質言之，與委任契約異，蓋委任事務之處理，必須為法律行為，而居間則僅報告訂約之機會，或為訂約之媒介也。自其給付報酬之性質言之，與僱傭契約異，蓋僱傭為對於勞務之給付支給報酬，而居間則對於勞務之結果支給報酬也。自其於勞務之結果祇有權利不負義務之點言之，與承攬契約異，蓋承攬受報酬而負義務，而居間則僅有報酬而無義務也。民事商事，皆有居間，各國立法例，有僅於商法中規定商業居間人，而民法中獨付缺如者，殊不足法。本法採民商法統一之旨，特設本節之規定，使買賣不動產，設定抵押權、質權、及僱傭等事之居間人，有可適用之規則焉。

第 565 條　（居間之定義）

稱居間者，謂當事人約定，一方為他方報告訂約之機會，或為訂約之媒介，他方給付報酬之契約。

⇧查民律草案第 757 條理由謂居間契約之成立，必規定明確，始可杜無益之爭論。此本條所由設也。

◇**報告訂約之機會**：居間人受委託尋找及指示與訂約之相對人，提供訂約之機會。

◇**訂約之媒介**：介紹雙方訂立契約之人。

▲【52 臺上 2675】民法第 565 條所定之居間有二種情形，一為報告訂約機會之報告居間，一為訂約之媒介居間。**所謂報告居間，不以於訂約時周旋於他人之間為之說合為必要，僅以為他方報告訂約之機會為已足**，而居間人之報酬，於雙方當事人因居間而成立契約時，應許其請求。至於居間行為就令自始限於媒介居間，而僅為報告即已有效時，亦應許居間人得請求報酬之支付。

第 566 條　（報酬及報酬額）

I 如依情形，非受報酬，即不為報告訂約機會或媒介者，視為允與報酬。

II 未定報酬額者，按照價目表所定給付之。無價目表者，按照習慣給付。

介謹按居間之報酬，依前條之規定，固以約定為原則，然有時雖未約定，而依其情形，有非受報酬即不為報告訂約機會或媒介者，應視委託人為默認給與報酬，以保護居間人之利益。此第 1 項所由設也。又給付報酬之數額，契約有訂定者，自應從其所定，若契約並未訂定，應按照公定價目表所定給付之，無價目表者，應按照習慣上通行之價目給付之，以昭公允。此第 2 項所由設也。

第 567 條　（居間人據實報告、妥為媒介及調查之義務）

I 居間人關於訂約事項，應就其所知，據實報告於各當事人。對於顯無履行能力之人，或知其無訂立該約能力之人，不得為其媒介。

II 以居間為營業者，關於訂約事項及當事人之履行能力或訂立該約之能力，有調查之義務。

⑧一、現行規定「支付能力」範圍太小，爰修正為「履行能力」，並改列為第 1 項。

二、目前社會上，以居間為營業者日多，為保障當事人權益及維護交易安全，爰增訂第 2 項，明定此種以居間為營業之人，關於訂約事項及當事人之履行能力或訂立該約之能力，有調查之義務。

第 568 條　（報酬請求之限制）

I 居間人，以契約因其報告或媒介而成立者為限，得請求報酬。

II 契約附有停止條件者，於該條件成就前，居間人不得請求報酬。

介查民律草案第 759 條理由謂居間之報酬，俟居間人報告或媒介契約成立後支付，此當然之理，亦最協當事人之意思。故契約無效，或契約已成而撤銷者，居間人不得請求報酬。至契約雖已成立，而附有停止條件者，其停止條件成就前，亦不得請求報酬，蓋停止條件成就，契約即不成立也。附有解除條件者，亦可以此類推，無待明文規定也。

▲【49 臺上 1646】　居間人於契約因其媒介而成立時，即得請求報酬，其後契約因故解除，於其所得報酬並無影響。

▲【58 臺上 2929】　媒介居間固以契約因其媒介而成立時為限，始得請求報酬。但委託人為避免報酬之支付，故意拒絕訂立該媒介就緒之契約，而再由自己與相對人訂立同一內容之契約者，依誠實信用原則，仍應支付報酬。又委託人雖得隨時終止居間契約，**然契約之終止，究不應以使居間人喪失報酬請求權為目的而為之，否則仍應支付報酬。**

第 569 條　（費用償還請求之限制）

I 居間人支出之費用，非經約定，不得請求償還。

II 前項規定，於居間人已為報告或媒介而契約不成立者，適用之。

介查民律草案第 760 條理由謂居間人所支出之費用，不問其契約因居間人報告或媒介成立與否，但使訂有特約，委託人即應照約支給。蓋此項費用，通常皆包在報酬之中，若契約不成，不予報酬，恐居間人並此項費用亦無從取償也。

第 570 條　（報酬之給付義務人）

居間人因媒介應得之報酬，除契約另有訂定或另有習慣外，由契約當事人雙方平均負擔。

介謹按居間人因媒介應得之報酬，應歸何人負擔，亦須明白規定，方免爭論。若契約當事人雙方有特別約定，歸一方負擔或雙方負擔額區分多寡者，則從其約定，或另有習慣者，亦即從其習慣。若既無約定，又無習慣，則由契約當事人雙方平均負擔，以昭公允。此本條所由設也。

第 571 條　（違反忠實辦理義務之效力——報酬及費用償還請求權之喪失）

居間人違反其對於委託人之義務而為利於委託人之相對人之行為，或違反誠實及信用方法，由相對人收受利益者，不得向委託人請求報酬及償還費用。

介謹按居間人既受委託人之委託，即有忠於所事之義務，居間人如違反其對於委託人之義務，而為利於委託人之相對人之行為，或違反誠實及信用方法，而由相對人收受利益者，自屬違背忠實義

民法

第二編　債

（第五七二～五七八條）

務。本條明定不許居間人向委託人請求報酬，暨請求償還其支出之費用，蓋一方保護委託人之利益，一方示予居間人之制裁也。

第 572 條　（報酬之酌減）
約定之報酬，較居間人所任勞務之價值，為數過鉅失其公平者，法院得因報酬給付義務人之請求酌減之。但報酬已給付者，不得請求返還。

⑧本法第 570 條規定，在媒介居間之情形，與委託人訂立契約之相對人亦有給付報酬之義務。德國民法第 655 條及瑞士債務法第 417 條均定為因債務人之請求得酌減報酬，不以委託人為限。為期公平，爰將「委託人」修正為「報酬給付義務人」。

第 573 條　（婚姻居間之報酬無請求權）
因婚姻居間而約定報酬者，就其報酬無請求權。

⑧本條立法原意，係因婚姻居間而約定報酬，有害善良風俗，故不使其有效。惟近代工商業發達，社會上道德標準，亦有轉變，民間已有專門居間報告結婚機會或介紹婚姻而收費用之行業，此項服務，亦漸受肯定，為配合實際狀況，爰仿德國民法第 656 條規定，修正本條為非禁止規定，僅居間人對報酬無請求權。如已為給付，給付人不得請求返還。

第 574 條　（居間人無為給付或受領給付之權）
居間人就其媒介所成立之契約，無為當事人給付或受領給付之權。

介謹按居間人之任務，僅以報告訂約之機會或為其媒介而止。至於當事人間如因契約而有所給付，或有所受領時，均須由各當事人自己為之，居間人無為當事人代為給付或受領給付之權也。故設本條以明示其旨。

第 575 條　（隱名居間之不告知與履行義務）
I.當事人之一方，指定居間人不得以其姓名或商號告知相對人者，居間人有不告知之義務。

II.居間人不以當事人一方之姓名或商號告知相對人時，應就該當事人由契約所生

之義務，自己負履行之責，並得為其受領給付。

介謹按本條規定，為前條之例外，當事人之一方，如指定居間人不得以其姓名或商號告知相對人時，居間人即應依當事人之指示，負不以一方之姓名或商號告知於他方之義務。惟相對人既不知一方之姓名或商號，即無由請求契約之履行，故應就該方當事人由契約所生之義務，使居間人負履行之責，並得為其受領給付，以謀事之便利。此本條所由設也。

第十三節　行　紀

介謹按行紀者，謂以自己之名義，為他人之計算，為動產之買賣或其他商業上之交易，而受報酬之營業也。關於行紀，各國多於商法中規定之，我國向稱牙行，亦稱經紀，本為商業中之一種，茲因民商事統一之結果，特設本節之規定。

第 576 條　（行紀之定義）
稱行紀者，謂以自己之名義，為他人之計算，為動產之買賣或其他商業上之交易，而受報酬之營業。

介謹按行紀之意義，必須明白規定，以期實際之適用。所謂行紀之本質，即以自己之名義，為他人之計算，此與代辦商及其他代理人異。又專限於為動產之買賣，或其他商業上之交易，而不動產不在其內，則又便於遠地商人之轉徙貿遷也。

◇行紀為間接代理：行紀以自己之名義為他人為商業上之交易，與代理須以本人名義不同，故為間接代理。

第 577 條　（委任規定之適用）
行紀，除本節有規定者外，適用關於委任之規定。

介謹按行紀係以自己之名義，為他人之計算，為動產之買賣及其他商業上之交易，而受報酬之營業，此種營業，亦為委任之關係，故行紀與委任人相互間之關係，與受託人與委任人相互間之關係完全相同，如無特別規定，自應適用關於委任之規定，俾有準據。此本條所由設也。

第 578 條　（行紀人與相對人之權義）
行紀人為委託人之計算所為之交易，對於交易之相對人，自得權利，並自負義務。

⇧謹按行紀人計算所為之交易，雖受委託人所委託，然對於交易之相對人，係以自己之名義為之，此與普通買受人與出賣人間之關係無異。故行紀人對於交易之相對人，應自得權利，並自負義務，所以謀交易之安全也。故設本條以明示其旨。

第 579 條　（行紀人之直接履行義務）

行紀人為委託人之計算所訂立之契約，其契約之他方當事人不履行債務時，對於委託人，應由行紀人負直接履行契約之義務。但契約另有訂定或另有習慣者，不在此限。

⇧謹按行紀人雖係受委託人之委託、計算，與他方訂立之契約，然係以自己之名義行之，若契約之他方當事人不履行契約時，對於委託人應由行紀人負直接履行之義務，此當然之理也。但行紀人與委託人另有契約訂定，或另有習慣者，行紀人即可免責。故設本條以明示其旨。

第 580 條　（差額之補償）

行紀人以低於委託人所指定之價額賣出，或以高於委託人所指定之價額買入者，應補償其差額。

⑱查行紀人係以自己之名義為動產之買賣，故有關買賣之效力，應僅屬行紀人與其相對人間之關係。本條後段規定「其賣出或買入，對委託人發生效力」云云，不免費解。又依現行規定，行紀人如未補償其差額，其賣出或買入，對於委託人不生效力，則買賣標的物如已由行紀人交付予相對人，將產生善意受讓問題，委託人與行紀人間亦生債務不履行等問題，衍生法律關係之複雜化。為使法律關係明確單純，爰修正為由行紀人補償其差額，而使其賣出或買入對於委託人則一律生效。

第 581 條　（高價賣出或低價買入利益之歸屬）

行紀人以高於委託人所指定之價額賣出，或以低於委託人所指定之價額買入者，其利益均歸屬於委託人。

⇧謹按依前條之規定，行紀人不依委託人所指定之價額而為買賣，其因此所生之不利益，應由行紀人擔任補償其差額，此指不利益而言之也。若行紀人以高於委託人所指定之價額賣出，或以低於委託人所指定之價額買入者，則因此所生之利益，應歸於行紀人乎，抑仍應歸於委託人乎，亦不可不有明文規定，以免無益之爭論。故本條明定行紀人不依委託人指定之價額而為買賣，如有利益，均歸屬於委託人，蓋以行紀人有忠於其事之義務，自應為委託人謀最有利益之價額也。

第 582 條　（報酬及費用償還之請求）

行紀人得依約定或習慣請求報酬、寄存費及運送費，並得請求償還其為委託人之利益而支出之費用及其利息。

⇧謹按行紀人既有忠於其事之義務，亦應有享受報酬及請求償還費用之權利。依本條規定，行紀人對於委託人之權利有四：㈠報酬請求權。㈡寄存費請求權。㈢運送費請求權。㈣為委託人利益而支出之費用及其利息之償還請求權。雖然此種權利固為行紀人所應有，然亦以契約有訂定，或有習慣可以依據者方得為之，否則亦不許濫行請求也。

第 583 條　（行紀人保管義務）

I.行紀人為委託人之計算所買入或賣出之物，為其占有時，適用寄託之規定。

II.前項占有之物，除委託人另有指示外，行紀人不負付保險之義務。

⇧謹按行紀人受委託人之委託，而因買入、賣出占有其貨物時，應負保管之責任。所謂因買入、賣出而占有貨物者，例如貨物買入而尚未移轉於委託人，或貨物賣出而尚未移轉於買受人，此時行紀人之占有其物，而與受寄人之占有寄託物無異，故應適用關於寄託之規定。此第 1 項所由設也。又行紀人占有之貨物，是否為之保險，亦應依委託人之指示定之，如無指定，行紀人自不負付保險之義務。此第 2 項所由設也。

◇保險：指就因行紀而就占有之物投保保險。若委託人未另有應投保保險之指示，行紀人就未付保險之事，不負任何責任。

▲【85 臺上 895】**查客戶委託證券商買賣股票，彼此間為行紀關係，證券商為客戶買進之股票，為其占有時，依民法第 583 條第 1 項規定，適用寄託之規定**。而寄託除消費寄託須將寄託物之所有權移轉於受寄人始可外，一般寄託或類似消費寄託之混藏寄託，寄託人雖將寄託物交付受寄人保管，但自己仍保有該物之所有權。

民
法

第二編　債

（第五八四～五八八條）

第 584 條　（行紀人委託物處置義務）

委託出賣之物，於達到行紀人時有瑕疵，或依其物之性質易於敗壞者，行紀人為保護委託人之利益，應與保護自己之利益為同一之處置。

☞謹按委託人託賣之物，如有瑕疵，或依其物之性質有易於敗壞之虞者，行紀人於收到後，對於該物，應有相當之處置，即為保護委託人之利益，應與保護自己之利益為同一之處置，以明責任。此本條所由設也。

第 585 條　（買入物之拍賣提存權）

I 委託人拒絕受領行紀人依其指示所買之物時，行紀人得定相當期限，催告委託人受領，逾期不受領者，行紀人得拍賣其物，並得就其對於委託人因委託關係所生債權之數額，於拍賣價金中取償之，如有賸餘，並得提存。

II 如為易於敗壞之物，行紀人得不為前項之催告。

☞謹按行紀人既依照委託人之指示買入貨物，而委託人忽欲拒絕受領時，應許行紀人有定期催告受領之權。委託人逾期而仍不受領者，並許行紀人有拍賣其物之權，且得就其對於委託人因委託關係所生債權之數額，於拍賣價金中取償，以免損失，如有賸餘，並許提存，以免代為保管之責。其為容易敗壞之物，不及定期催告委託人之受領者，應許行紀人不經催告，逕行拍賣，以保護行紀人之利益。此本條所由設也。

第 586 條　（委託物之拍賣提存權）

委託行紀人出賣之物，不能賣出，或委託人撤回其出賣之委託者，如委託人不於相當期間，取回或處分其物時，行紀人得依前條之規定，行使其權利。

☞謹按委託人委託行紀人出賣之物，如不能賣出，或委託人在先委託出賣，而其後撤回其出賣之委託者，此時行紀人如不於相當期間內取回或處分其物，則行紀人亦不負保管之責，故應許行紀人有定期催告及拍賣之權，以保護其利益。此本條所由設也。

第 587 條　（行紀人之介入權）

I 行紀人受委託出賣或買入貨幣、股票，或

其他市場定有市價之物者，除有反對之約定外，行紀人得自為買受人或出賣人，其價值以依委託人指示而為出賣或買入時市場之市價定之。

II 前項情形，行紀人仍得行使第五百八十二條所定之請求權。

☞謹按行紀人對於受託出賣或買入之物，固應以自己之名義，向第三人為買賣，不得自為買受人或出賣人。然如受託出賣或買入貨幣、股票或其他市場定有市價之物，而無反對之約定者，行紀人亦得自為買受人或出賣人，但其價值須依委託人之指示，而為出賣或買入時市場之市價定之，期免流弊。故設第 1 項以明示其旨。依第 582 條之規定，行紀人得依契約或習慣，有請求報酬、寄存費及運送費，並得請求償還其為委託人之利益，而支出之費用及其利息之權。行紀人有時雖自為買入或出賣人，究不得因此而變更行紀人之本質，使喪失其固有之權利也。故設第 2 項以明示其旨。

◇**其他市場定有市價之物**：得為交易標的之物，例如：外幣、期貨。

第 588 條　（介入之擬制）

行紀人得自為買受人或出賣人時，如僅將訂立契約之情事通知委託人，而不以他方當事人之姓名告知者，視為自己負擔該方當事人之義務。

☞謹按行紀人得自為買受人或出賣人時，即為受託買入或出賣貨幣、股票或其他市場定有市價之物各事項，是此時行紀人雖非自為買受人或出賣人，若僅以訂立契約之情事通知委託人，而不以他方當事人之姓名告知委託人者，則委託人即無由知買賣者究為何人，不能請求契約之履行，自應視為行紀人自為買受人，而由行紀人負擔該方當事人之義務，以保護委託人之利益。此本條所由設也。

第十四節　寄　託

☞查民律草案債權編第二章第十三節原案謂寄託者，當事人一方以物交付他方，他方允為保管其物之契約也。以物交付他方者，謂之寄託人，允為保管其物者，謂之受寄人。寄託之標的物，是否以動產為限，抑無論動產及不動產皆可寄託，各國立法例未能一致，本法則認動產不動產皆可為寄託之標的物。又寄託是否因領收其標的物而

始成立（要物契約），抑因約定保管其標的物而始成立（諾成契約），各國立法例亦不一致。本法以寄託為要物契約，似最適於當事人之意思，且於實際亦多便益。寄託既為各國自古相沿之法，亦日用交際上必不可缺之事，故特設本節之規定。

第 589 條　（寄託之定義及報酬）

I 稱寄託者，謂當事人一方，以物交付他方，他方允為保管之契約。

II.受寄人除契約另有訂定或依情形非受報酬即不為保管者外，不得請求報酬。

介謹按寄託之成立，必以法律規定明確，始能杜無益之爭論，而寄託應有報酬與否，自來學說聚訟，各國立法例亦不一致。本法則以無報酬為原則，若受寄人依照特訂之契約，或依當時之情形，有非受報酬即不為之保管者，亦得請求報酬。此本條所由設也。

▲【72 臺上 4222】寄託契約，固屬要物契約，上訴人原已願意將訟爭稻谷返還與被上訴人，因一時搬運不便，代為寄存，即受寄人之上訴人以其對於寄託人之被上訴人所負之訟爭稻谷債務，作為寄託物之交付，並書立保管條交與被上訴人存執，是雙方已合意成立寄託契約，自應解為已具要物性。

第 590 條　（受寄人之注意義務）

受寄人保管寄託物，應與處理自己事務為同一之注意。其受有報酬者，應以善良管理人之注意為之。

介謹按受寄人受有報酬而保管寄託物者，須為善良管理人之注意方法，為人保管其物，一有過失，致寄託物毀損滅失時，即應負賠償之責任。至未受報酬，而欲使與受報酬者負同一之責任，殊覺過酷，故祇使其與處理自己事務為同一之注意，即為已足。如寄託物遭毀損滅失，受寄人非有重大過失，自不應使負損害賠償之責，以昭平允。故設本條以明示其旨。

第 591 條　（受寄人使用寄託物之禁止）

I.受寄人非經寄託人之同意，不得自己使用或使第三人使用寄託物。

II.受寄人違反前項之規定者，對於寄託人，應給付相當報酬，如有損害，並應賠償。但能證明縱不使用寄託物，仍不免發生損害者，不在此限。

介謹按寄託因於寄託人之信任，而委託受寄人代為保管其物，受寄人自應忠於所事，不得使用寄託物，而減損其價值，故非經寄託人之同意，受寄人不得自己使用，亦不得使第三人使用。若擅行使用，是違反寄託人之意旨，受寄人有給付相當報酬之義務，其因使用而生有損害者，並應負損害賠償之責任，以保護寄託人之利益。但其損害係非由於使用所生，如受寄人能證明縱不使用寄託物，仍不免發生損害者，即亦不負賠償責任。故設本條以明示其旨。

◇應給付相當報償：指使用該寄託物之代價，本質上類似不當得利以價額償還之情形（民法第181 條但書）。若寄託物因使用而受有損害，受寄人應負擔不可抗力之無過失賠償責任。

第 592 條　（寄託之專屬性）

受寄人應自己保管寄託物。但經寄託人之同意，或另有習慣，或有不得已之事由者，得使第三人代為保管。

介謹按寄託基於信任，故受寄人對於寄託物，應自己妥為保管，不得將其物轉寄託於第三人，致違反寄託人信任之意思。但有時經寄託人之同意，或另有習慣，或有不得已之事由者，亦得使第三人代為保管，以示變通。此本條所由設也。

第 593 條　（受寄人使第三人保管之效力）

I.受寄人違反前條之規定，使第三人代為保管寄託物者，對於寄託物因此所受之損害，應負賠償責任。但能證明縱不使第三人代為保管，仍不免發生損害者，不在此限。

II.受寄人依前條之規定，使第三人代為保管者，僅就第三人之選任及其對於第三人所為之指示，負其責任。

介謹按受寄人違反前條之規定，未經寄託人同意，亦無習慣可以依據，並非有不得已之事由，而使第三人代為保管寄託物者，此時因第三人保管所生之損害，應視為受寄人自己保管所生之損害，除受寄人能證明其縱不使第三人代為保管仍不免發生損害者外，受寄人自應負賠償之責任。至受寄人使第三人保管寄託物，係已得寄託人之同意，或另有習慣，或有不得已之事由者，此時受寄人祇須就第三人之選任，及對於第三人所為之指示，負其責任。設使選任確已注意，指示又極適當，

縱第三人因保管而生有損害，受寄人即亦無須負損害賠償之責任矣。故設本條以明示其旨。

第 594 條 （保管方法之變更）

寄託物保管之方法經約定者，非有急迫之情事並可推定寄託人若知有此情事，亦允許變更其約定方法時，受寄人不得變更之。

⇧謹按受寄人既係為寄託人之利益保管寄託物，則保管之方法，自應依寄託人之所約定者為主，除實有急迫之情事，並寄託人若知其有此情事亦必允許變更約定方法者外，受寄人不得變更其約定之方法。故本條明定受寄人變更約定保管方法之要件有二：㈠須有急迫情事。㈡須推知寄託人若知有此情事亦允許變更其約定方法。所以保護寄託人之利益也。

◇**急迫之情事**：指發生突發之緊急事件而不及通知寄託人並待其指示者。

第 595 條 （必要費用及其利息之償還）

受寄人因保管寄託物而支出之必要費用，寄託人應償還之，並付自支出時起之利息。但契約另有訂定者，依其訂定。

(88)必要費用之償還應附加利息，方為公允，惟現行法尚無明文規定，爰參照第 546 條第 1 項後段規定，增列「並付自支出時起之利息」，以期明確。

第 596 條 （寄託人損害賠償責任）

受寄人因寄託物之性質或瑕疵所受之損害，寄託人應負賠償責任。但寄託人於寄託時非因過失而不知寄託物有發生危險之性質或瑕疵，或為受寄人所已知者，不在此限。

⇧查民律草案第 789 條理由謂受寄人不能因受寄致被損害，若因寄託物之性質或瑕疵而受損害，寄託人應賠償受寄人。然不論何種情形，均使其負損害賠償之責任，亦失之於酷，故本條設但書之規定。

第 597 條 （寄託物返還請求權）

寄託物返還之期限，雖經約定，寄託人仍得隨時請求返還。

⇧查民律草案第 790 條理由謂寄託為寄託人之利益而設，雖定有返還寄託物之時期，然寄託人無論何時，仍得請求受寄人返還其物，所以保護寄託人之利益也。

第 598 條 （受寄人之返還寄託物）

I.未定返還期限者，受寄人得隨時返還寄託物。

II.定有返還期限者，受寄人非有不得已之事由，不得於期限屆滿前返還寄託物。

⇧查民律草案第 791 條理由謂未定返還寄託物之期限者，受寄人無論何時，均得返還，此固當然之理。至定有返還期限者，除另訂有辦法外，不得不以返還時期為寄託人應享之利益，故受寄人非因罹病旅行等不得已之事由，不得於期限屆滿前返還寄託物。此本條所由設也。

第 599 條 （孳息一併返還）

受寄人返還寄託物時，應將該物之孳息，一併返還。

⇧謹按寄託物所產生之孳息，當然為寄託人應享之利益，故受寄人返還寄託物時，應將該物之孳息，一併返還寄託人。此本條所由設也。

第 600 條 （寄託物返還之處所）

I.寄託物之返還，於該物應為保管之地行之。

II.受寄人依第五百九十二條或依第五百九十四條之規定，將寄託物轉置他處者，得於物之現在地返還之。

⇧謹按寄託為寄託人之利益而設，非為受寄人之利益而設，返還寄託物，應於保管其物之地返還之，而返還寄託物之費用，及寄託物之危險，均歸寄託人負擔。然受寄人依第 592 條之規定，經寄託人之同意或習慣或不得已之事由，而使第三人代為保管寄託物，或依第 594 條之規定，因急迫情事而變更保管方法致將寄託物轉置他處時，如必令其於原地返還，亦失於酷，故使受寄人得於物之現在地返還，以減輕其責任。此本條所由設也。

第 601 條 （寄託報酬給付之時期）

I.寄託約定報酬者，應於寄託關係終止時給付之；分期定報酬者，應於每期屆滿時給付之。

II.寄託物之保管，因非可歸責於受寄人之事由，而終止者，除契約另有訂定外，受寄人得就其已為保管之部分，請求報酬。

⇧謹按寄託經當事人約定有報酬者，其報酬給付之

時期，應於寄託關係終止時給付之，約定分期報酬者，應於每期屆滿時給付之。至寄託物之保管，因特種事由而中途終止寄託契約，若其終止之原因非可歸責於受寄人者，除契約另有訂定外，受寄人亦得就其已為保管之部分，請求報酬。本條設此規定，所以杜無益之爭論也。

第601條之1　（第三人主張權利時之返還及通知義務）

Ⅰ.第三人就寄託物主張權利者，除對於受寄人提起訴訟或為扣押外，受寄人仍有返還寄託物於寄託人之義務。

Ⅱ.第三人提起訴訟或扣押時，受寄人應即通知寄託人。

⑧一、現行條文第604條移列。

二、條文內容僅適用於通常寄託之情形，惟因原條次排列於第604條，易使人誤解亦適用於消費寄託，為避免疑義，爰將其移列為本條。

第601條之2　（短期消滅時效）

關於寄託契約之報酬請求權、費用償還請求權或損害賠償請求權，自寄託關係終止時起，一年間不行使而消滅。

⑧一、現行條文第605條移列。

二、移列理由同第601條之1說明二。

第602條　（消費寄託）

Ⅰ.寄託物為代替物時，如約定寄託物之所有權移轉於受寄人，並由受寄人以種類、品質、數量相同之物返還者，為消費寄託。自受寄人受領該物時起，準用關於消費借貸之規定。

Ⅱ.消費寄託，如寄託物之返還，定有期限者，寄託人非有不得已之事由，不得於期限屆滿前請求返還。

Ⅲ.前項規定，如商業上另有習慣者，不適用之。

⑧一、本條前段係消費寄託之定義規定，而學說及實務上亦稱本條情形為消費寄託，為明確計，爰予明示。又消費寄託與消費借貸雖相類似，但性質上仍有差異，例如消費寄託係以保管為目的，而消費借貸則以消費為目的。消費寄託雖兼為寄人之利益，惟主要係為寄託人之利益，消費借貸則為借用人之利益而訂定。故現行規定「適用

關於消費借貸之規定」似尚有不妥，爰仿日本民法第666條、韓國民法第702條之立法例，將「適用」修正為「準用」，並移列為第1項。

二、現行條文第603條第3項之規定，通說認為非僅適用於金錢寄託，對於一般消費寄託，均應有其適用，爰移列為本條第2項，且將首句原文「前項情形」修正為「消費寄託」，末段之請求「償還」修正為「返還」，俾與同項前段之用語相一致。

三、目前金融界等各種行業定有期限之消費寄託，在商業上常另有寄託物返還之習慣，爰增訂第3項，明定其不適用第2項規定，以符實際。

◇**消費寄託契約**：寄託人將代替物之所有權移轉於受寄人，受寄人將來以種類、品質、數量相同之物返還者。其與一般寄託之差別如下：

	一般寄託	消費寄託
寄託物	不限代替物	必為代替物
成立	要物契約，僅須交付寄託物	要物契約，除交付外，並應移轉消費寄託物所有權予受寄人
終止後	受寄人將該寄託物返還即可	受寄人返還（交付移轉）與消費寄託物同種類、品質及數量之物之所有權予寄託人

第603條　（法定消費寄託——金錢寄託）

寄託物為金錢時，推定其為消費寄託。

⑧一、現行條文第1項即為消費寄託之內容，關於消費寄託之意義，第602條第1項已有規定，為期簡明，爰將第1項修正為「推定其為消費寄託」。

二、寄託物為金錢時，既推定為消費寄託，而消費寄託自受寄人受領該寄託之金錢時起，即準用關於消費借貸之規定，則該金錢之所有權已移轉於受寄人，其利益與危險，當然移轉於受寄人，毋待規定，現行第2項爰予刪除。

三、現行第3項移列為第602條第2項。

◇**法定消費寄託**：依此規定，金錢寄託原則上均推定為消費寄託，此種由法律推定所成立之寄託關係，非基於當事人之合意成立，而係具備法定要件時，即成立寄託關係。

民

法

第二編　債　（第六○三之一～六○八條）

▲【73年第11次民事庭會議決議】乙種活期存款戶與金融機關之間為消費寄託關係。第三人持真正存摺並在取款條上盜蓋存款戶真正印章向金融機關提取存款，金融機關不知其係冒領而如數給付時，為善意的向債權之準占有人清償，依民法第310條第2款規定，對存款戶有清償之效力。至第三人持真正存摺而蓋用偽造之印章於取款條上提取存款，則不能認係債權之準占有人。**縱令金融機關以定式契約與存款戶訂有特約，約明存款戶事前承認，如金融機關已盡善良管理人之注意義務，以肉眼辨認，不能發見蓋於取款條上之印章係偽造而照數付款時，對存款戶即發生清償之效力，亦因此項定式契約之特約，有違公共秩序，應解為無效，不能認為合於同條第1款規定，謂金融機關向第三人清償係經債權人即存款戶之承認而生清償之效力。**

第 603 條之 1　（混藏寄託）

I 寄託物為代替物，如未約定其所有權移轉於受寄人者，受寄人得經寄託人同意，就其所受寄託之物與其自己或他寄託人同一種類、品質之寄託物混合保管，各寄託人依其所寄託之數量與混合保管數量之比例，共有混合保管物。

II 受寄人依前項規定為混合保管者，得以同一種類、品質、數量之混合保管物返還於寄託人。

⑧一、本條新增。

二、寄託除一般寄託及消費寄託外，尚有一種特殊型態之寄託，其特徵在於：寄託物須為代替物，其所有權未移轉於受寄人，但受寄人因寄託人之同意，得將寄託物與其自己或其他寄託人同一種類、品質之寄託物混合保管，各寄託人則依其所寄託之數量與混合保管數量之比例，共有混合保管物。此種型態之寄託學者通稱為「混藏寄託」，其在目前社會上使用機會頻繁，惟現行法尚無明文，易滋疑義，爰增訂第1項規定。

三、前項混藏寄託之受寄人得以同一種類、品質、數量之混合保管物返還於寄託人，爰增設第2項規定。

第 604 條　（刪除）

⑧本條移列為修正條文第601條之1。

第 605 條　（刪除）

⑧本條移列為修正條文第601條之2。

第 606 條　（旅店等供客人住宿之場所主人之責任）

旅店或其他供客人住宿為目的之場所主人，對於客人所攜帶物品之毀損、喪失，應負責任。但因不可抗力或因物之性質或因客人自己或其伴侶、隨從或來賓之故意或過失所致者，不在此限。

⑧第三人之侵權行為，為普通事變，仍應由旅店主人負責，此乃當然解釋，不待明文規定。又第607條在相同情形下亦未作規定。為求一致，爰將第1項後段刪除，並作文字調整，將現行第2項改列為但書規定，以期精簡。

◇法定寄託：當事人間之寄託關係依法律規定而成立，而非基於當事人之意思發生，只要符合法定要件時，當事人間即發生法定寄託關係，民法第606、607條皆屬之。

第 607 條　（飲食店、浴堂或相類場所主人之責任）

飲食店、浴堂或其他相類場所之主人，對於客人所攜帶通常物品之毀損、喪失，負其責任。但有前條但書規定之情形時，不在此限。

⑧因時代變遷，目前社會除飲食店、浴堂外，尚有許多相類場所，提供客人為一時停留及利用，例如理髮店、健身房等。該等場所主人對於客人所攜帶通常物品之毀損、喪失，仍應負責，始為平允。現行條文規定已難因應實際需要，爰增列「或其他相類場所」，以期周延並符實際。又為配合前條之修正，爰將其中「第二項」等字修正為「但書」。

第 608 條　（貴重物品之保管責任）

I 客人之金錢、有價證券、珠寶或其他貴重物品，非經報明其物之性質及數量交付保管者，主人不負責任。

II 主人無正當理由拒絕為客人保管前項物品者，對於其毀損、喪失，應負責任。其物品因主人或其使用人之故意或過失而致毀損、喪失者，亦同。

⑧一、第 1 項未修正。

二、現行條文第 2 項「僱用人」一語，學者通說以為有誤。鑑於「使用人」乃受主人選任、監督或指揮之人，不限於僱傭關係，亦不以在經濟上或社會上有從屬地位者為限，其範圍較廣。為對客人保障更周延，爰仿外國立法例（德國民法第 702 條、日本商法第 594 條第 2 項、瑞士債務法第 488 條第 1 項）將「僱用人」修正為「使用人」。

◇**有價證券**：指具有價值可於市場上流通之證券，其移轉視情況得依「交付」或「背書且交付」之方法為之。

◇**正當理由**：例如人手不足、保管之場所不足等。

第 609 條　（減免責任揭示之效力）
以揭示限制或免除前三條所定主人之責任者，其揭示無效。

↑謹按前三條規定旅店或住宿場所飲食店浴堂等主人之賠償責任，皆所以維持社會之公益，此屬強行性質，自不能由一方以揭示限制或免除之。故本條明定以揭示限制或免除前三條所定主人之賠償責任者，其揭示無效，俾有所遵守也。

◇**揭示**：以公告方式使旅客得知。另若該免責約款係以定型化契約條款方式呈現，亦應受消費者保護法第 12 條及民法第 247 條之 1 所規範。

第 610 條　（客人之通知義務）
客人知其物品毀損、喪失後，應即通知主人。怠於通知者，喪失其損害賠償請求權。

↑謹按客人之賠償請求權，亦不宜使其長久存在，俾權利永不確定，故應使客人知其物品毀損喪失時，負通知主人之義務。如怠於通知，即視為拋棄其索償之權利，應喪失其損害賠償請求權，以保護主人之利益。此本條所由設也。

第 611 條　（短期消滅時效）
依第六百零六條至第六百零八條之規定所生之損害賠償請求權，自發見喪失或毀損之時起，六個月間不行使而消滅。自客人離去場所後，經過六個月者，亦同。

↑謹按客人依第 606 條至第 608 條之規定，對於旅店或其他住宿場所及飲食店浴堂主人之賠償請求權，應以從速行使為宜。故本條規定客人自發見

喪失或毀損之時起經過六個月者，其賠償請求權，因不行使而消滅。又自客人離去場所後，不問其喪失或毀損係何時發見，經過六個月者，其賠償請求權，亦因不行使而消滅。蓋使權利之狀態，得以從速確定也。

第 612 條　（主人之留置權）
I 主人就住宿、飲食、沐浴或其他服務及墊款所生之債權，於未受清償前，對於客人所攜帶之行李及其他物品，有留置權。

II 第四百四十五條至第四百四十八條之規定，於前項留置權準用之。

⑧一、第 606 條及第 607 條規定旅店、飲食店及浴堂主人之責任，而本條關於場所主人之留置權，則僅列舉客人因住宿、飲食或墊款所生之債權，不及於沐浴所生之債權，對於浴堂主人之保護有失公平。為期周延，增列「沐浴」二字。又為配合第 607 條增列「或其他相類場所」之概括規定，本條亦增列「或其他服務」，並改列為第 1 項。

二、場所主人之留置權與出租人之留置權均不以「占有」為發生要件，在觀念上與行使上兩者較為接近，惟現行法尚無準用規定，適用上易滋疑義。為明確計，爰仿瑞士債務法第 491 條第 2 項，增訂第 2 項，明定「第四百四十五條至第四百四十八條之規定，於前項留置權準用之。」

第十五節　倉　　庫

↑謹按倉庫者，謂受報酬為他人堆藏及保管物品之營業也，受報酬而為他人堆藏及保管物品者，謂之倉庫營業人，託其堆藏及保管物品而交給報酬者，謂之寄託人。倉庫營業，各國多於商法中規定之，惟瑞士則規定於民法中，我國因民商法統一之結果，特設本節之規定。

第 613 條　（倉庫營業人之定義）
稱倉庫營業人者，謂以受報酬而為他人堆藏及保管物品為營業之人。

↑謹按本條為規定倉庫營業人之意義，故明定曰，稱倉庫營業人者，謂以受報酬而為他人堆藏及保管物品為營業之人，蓋以期實際上之適用也。

第 614 條　（寄託規定之準用）
倉庫，除本節有規定者外，準用關於寄託之規定。

介謹按倉庫依前條之規定，係以為他人堆藏及保管物品為營業，是倉庫之性質殆與寄託相類似，即倉庫營業人與寄託人之關係，與受寄人與寄託人之關係相同。故除本節特有規定外，應準用關於寄託之規定。此本條所由設也。

▲【70臺上2772】被上訴人租與上訴人之冷凍庫，既有固定之空間，設有門鎖，由上訴人自行開關，依面積坪數計收費用，物品之放入、取出，均上訴人自為，不經被上訴人手。**此與一般倉庫營業準用關於寄託之規定有間**。從而上訴人主張之失竊情形縱屬實在，亦難令被上訴人負賠償之責。

▲【100臺上2154】按受有報酬之倉庫營業人保管寄託物，應以善良管理人之注意為之，此觀民法第614條準用同法第590條規定自明。受有報酬之倉庫營業人，對於寄託物之滅失毀損，非證明自己已為善良管理人之注意義務無所欠缺，不能免其賠償責任（本院29年上字第1139號判例意旨參照），是**寄託人僅須證明債之關係存在，且寄託物滅失，即得請求倉庫營業人賠償，倉庫營業人如欲免責，自應由其證明就善良管理人之注意義務無所欠缺**。

第615條　（倉單之填發）

倉庫營業人於收受寄託物後，因寄託人之請求，應填發倉單。

㊙目前倉庫實務作業上，倉單之填發，有依據點收之結果填發再入帳者，有先列入登記簿再發給倉單者，情形不一。且各倉庫簿冊名稱各有不同，現行法規定，易滋弊端。又倉庫寄託契約之性質如何？學者間意見分歧，有主張為要物契約者，有主張為諾成契約者，為免寄託物收受前，能否填發倉單，發生疑義，爰參照海商法第97條立法例修正如上，以期明確。

◇倉單：倉庫營業人因寄託人之請求，所填發之有價證券，具寄託物權利證明之作用，且可轉讓、設質。

第616條　（倉單之法定記載事項）

I.倉單應記載左列事項，並由倉庫營業人簽名：

一　寄託人之姓名及住址。
二　保管之場所。
三　受寄物之種類、品質、數量及其包皮之種類、個數及記號。

四　倉單填發地，及填發之年月日。
五　定有保管期間者，其期間。
六　保管費。
七　受寄物已付保險者，其保險金額、保險期間及保險人之名號。

II.倉庫營業人應將前列各款事項，記載於倉單簿之存根。

介謹按倉單內應記載之事項，必須規定明確，俾資依據，而適實用。此本條所由設也。

◇保險金額：指就受寄物投保時，若保險事故發生，保險人保險理賠的最高限額。

◇保險人：指經營保險事業之組織。該組織在保險契約生效時，對要保人有保險費請求權；該組織於保險事故發生時，對被保險人有給付保險金的義務。

第617條　（寄託物之分割與新倉單之填發）

I.倉單持有人，得請求倉庫營業人將寄託物分割為數部分，並填發各該部分之倉單。但持有人應將原倉單交還。

II.前項分割，及填發新倉單之費用，由持有人負擔。

介謹按法律許倉單持有人得請求倉庫營業人將寄託物分割為數部分，並得請求填發各該部分之倉單者，蓋以倉單持有人之請求分割，該本於所有權之作用也。惟倉庫營業人之利益，亦不可不予以保護，故應使倉單持有人將原倉單交還，而因分割及填發新倉單所生之費用，仍由持有人負擔，以昭平允。此本條所由設也。

◇倉單持有人：持有倉單之人，可能為寄託人或自寄託人受讓倉單之第三人。

第618條　（倉單之背書及其效力）

倉單所載之貨物，非由寄託人或倉單持有人於倉單背書，並經倉庫營業人簽名，不生所有權移轉之效力。

㊙依第616條第1項第1款規定，倉單上僅記載寄託人之姓名及住址，然寄託人未必為貨物所有人，如依現行條文規定，倉單所載貨物之移轉，須由貨物所有人於倉單背書，事實上有窒礙難行之處，為配合第620條、第621條規定，爰將「貨物所有人」修正為「寄託人或倉單持有人」，以符實際。

▲【51 臺上 3197】倉單依民法第 618 條規定，係得依背書轉讓之有價證券，其權利之行使與證券之占有有不可分離之關係，證券如有遺失，**須依民事訴訟法公示催告程序，經法院為除權判決後，始使持有人生失權之效果**。上訴人對於某甲所稱倉單遺失，既未依上開公示催告程序經過除權判決，遽以自己在倉單上所訂辦法，許某甲不憑倉單提取貨物，則持有倉單之被上訴人自不因此而喪失其權利，其基於合法受質之關係，請求上訴人就倉單簽證及行使質權人之權利，上訴人殊無可為拒絕之正當理由。

第 618 條之 1　（倉單遺失、被盜或滅失之救濟程序）

倉單遺失、被盜或滅失者，倉單持有人得於公示催告程序開始後，向倉庫營業人提供相當之擔保，請求補發新倉單。

⑱一、本條新增。

二、倉單之遺失、被盜或滅失，依實務上之見解雖可循民事訴訟法公示催告程序聲請依公示催告宣告其為無效後，由原持有人主張倉單之權利或請求倉庫營業人補發新倉單。惟因公示催告程序需時甚久，如持有人急於提貨則緩不濟急，為避免因長久之公示催告程序而喪失倉單之市場機能，爰仿日本商法第 605 條、我國票據法第 19 條第 2 項增訂本條規定。

第 619 條　（寄託物之保管期間）

I.倉庫營業人於約定保管期間屆滿前，不得請求移去寄託物。

II.未約定保管期間者，自為保管時起經過六個月，倉庫營業人得隨時請求移去寄託物。但應於一個月前通知。

⇧謹按寄託人所寄託堆藏及保管之物，其定有期限者，倉庫營業人固不得於約定保管期間屆滿前，請求移去寄託物，其未定有期限者，倉庫營業人雖得隨時請求移去，然亦非自保管時起經過六個月，並於一個月前通知寄託人者，不得請求移去寄託物，以保護寄託人之利益。故設本條以明示其旨。

第 620 條　（檢點寄託物、摘取樣本或為必要保存行為之允許）

倉庫營業人，因寄託人或倉單持有人之請求，應許其檢點寄託物、摘取樣本，或為必要之保存行為。

⑱依德國、日本商法及瑞士債務法之規定，倉庫營業人，因寄託人或倉單持有人之請求，應許其檢點寄託物或摘取樣本外，並得請求許其為寄託物保存所必要之處分（德國商法第 418 條、日本商法第 616 條第 1 項、瑞士債務法第 483 條第 3 項），本法則付諸闕如。學者有謂我民法亦可為同樣之解釋者，有稱在不妨礙倉庫營業人之營業範圍內，倉庫營業人自不能拒絕者，有曰立法論上，以明文予以規定為宜者，為期適用方便，爰仿上開多數立法例，於本條末段增加「或為必要之保存行為」。

◇**檢點**：檢查、盤點寄託物。

第 621 條　（拒絕或不能移去寄託物之處理）

倉庫契約終止後，寄託人或倉單持有人，拒絕或不能移去寄託物者，倉庫營業人得定相當期限，請求於期限內移去寄託物，逾期不移去者，倉庫營業人得拍賣寄託物，由拍賣代價中扣去拍賣費用及保管費用，並應以其餘額交付於應得之人。

⇧謹按倉庫契約終止後，寄託人或倉單持有人，應即將寄託物移去，以免妨礙倉庫營業人之利益。若拒絕或不能移去時，應使倉庫營業人有定期請求移去之權，其逾期仍不移去者，應使倉庫營業人有拍賣寄託物，並由拍賣代價中，扣去拍賣費用及保管費用之權，以保護其利益。其扣除後，尚有餘額者，應交付於應得之人，以免受不當得利之嫌，此又事之當然。故設本條以明示其旨。

第十六節　運　送

⑱各種之債各節之規定，其內容有屬於營業者，例如行紀、代辦商、倉庫、運送、承攬運送均是。惟除運送外，其他各節節名，均未另加「營業」二字，而獨本節節名則特標明為「運送營業」，顯與其他各節節名之立法體例有異，為期一致，爰將「營業」二字刪除。

第一款　通　則

⇧謹按運送之營業有二：一曰物品運送。二曰旅客運送。而其共通適用之法則，是曰通則。故設本款之規定。

民
法
第二編 債
（第六二二~六二四條）

第 622 條 （運送人之定義）

稱運送人者，謂以運送物品或旅客為營業，而受運費之人。

介謹按本條為規定運送人之意義，故明定曰，稱運送人者，謂以運送物品或旅客為營業而受運費之人也，凡物品運送或旅客運送之人，均稱之為運送人。特設本條以明示其旨。

◇**運送契約**：包括貨物運送及旅客運送。**貨物運送**，以貨物為運送標的物，由託運人與運送人簽訂運送契約，由運送人為託運人運送物品到目的地，而託運人支付運費之契約。**旅客運送**，以旅客為運送客體，由旅客與運送人簽訂運送契約，由運送人將旅客運送到目的地，而旅客支付票價之契約。

▲【63臺上2067】運送人通常於運送完成後，即可請求給付運費，**至於受貨人拒絕受領運送物，而運送人不即通知託運人者，係屬義務之違反，託運人如因此受有損害，雖得向運送人請求賠償，但不得因此即謂運送人不得請求運費**。

第 623 條 （短期時效）

I.關於物品之運送，因喪失、毀損或遲到而生之賠償請求權，自運送終了，或應終了之時起，一年間不行使而消滅。

II.關於旅客之運送，因傷害或遲到而生之賠償請求權，自運送終了，或應終了之時起，二年間不行使而消滅。

⑧⑧一、關於物品運送，其因喪失、毀損或遲到而生之賠償請求權，外國立法例多規定因一年間不行使而消滅，如德國商法第439條、第414條第1項，瑞士債務法第454條第1項，法國商法第108條第1項，日本商法第566條第1項、第589條是。我國海商法第100條第2項、鐵路法第54條第1款、公路法第54條第1項第1款亦然，蓋此種請求權以從速行使為宜。現行法將物品運送及旅客運送併列於同一法條內，均適用二年之時效期間，尚有未洽。爰仿上開立法例，將二年之消滅時效期間修正為一年，並改列為第1項。至於現行條文「遲延」二字，文義欠明，參照第636條，應指「遲到」而言，併予修正。
二、關於旅客運送，如因傷害或遲到而生之賠償請求權，為保障旅客權益，仍以維持二年之消滅時效期間為妥，爰予列為第2項。
▲【95臺上218】按侵權行為之損害賠償請求權

與債務不履行之損害賠償請求權競合時，債權人雖得擇一行使之，惟債權人依侵權行為法則向債務人請求賠償其損害時，關於債務人應負之損害賠償責任，若於債務不履行法律有特別規定者，除當事人間別有約定外，仍應受該特別規定之限制。查88年4月21日修正之民法第623條第1項規定，關於物品之運送，因喪失、毀損或遲到而生之賠償請求權，自運送終了或應終了之時起一年間不行使而消滅，乃為儘速了結當事人間之關係所特別規定之短期時效，為貫徹立法意旨並平衡當事人之利益，**債權人對債務人縱係依侵權行為之規定請求賠償，仍應受上開特別規定之短期時效限制**。

第二款　物品運送

介謹按物品運送者，謂收受運費在陸上或水上為他人運送物品之營業也。近世交通便利，運送業極為發達，關於運送人與託運人相互間之權利義務，不可不有詳密之規定，俾資適用。此本款所由設也。

第 624 條 （託運單之填發及其應記載事項）

I.託運人因運送人之請求，應填給託運單。

II.託運單應記載左列事項，並由託運人簽名：
　一　託運人之姓名及住址。
　二　運送物之種類、品質、數量及其包皮之種類、個數及記號。
　三　目的地。
　四　受貨人之名號及住址。
　五　託運單之填給地及填給之年月日。

介謹按託運單者，記載運送主要事項之單據也。此種託運單雖非運送契約書，又非有價證券，然託運人所交付運送人之貨物，運送人須憑此單據連同物品，一併交付受貨人，由受貨人照單核收受，故亦頗關重要，運送人如向託運人請求填給託運單時，託運人自應負填給之義務。至託運單內應記載之事項，務須明確規定，俾有依據。此本條所由設也。

◇**託運單**：託運人開具，並交付予運送人之物品清單。

◇**受貨人**：為約定有權收受運送貨物之人，通常為運送契約當事人以外之第三人，但在特殊情況，也有約定託運人自己為受貨人，例如：學生放寒

假，將包裹託運回家，指定自己為受貨人。

▲【71 臺上 2715】物品運送係託運人與運送人間之契約，因雙方意思表示一致而成立，其**運送物不以屬於託運人所有為限**，原審因被上訴人所運送之鋼線為上訴人所有，即認定兩造已成立運送契約，立論殊有可議。

第 625 條　（提單之填發及其應記載事項）

Ⅰ 運送人於收受運送物後，因託運人之請求，應填發提單。

Ⅱ 提單應記載左列事項，並由運送人簽名：

一　前條第二項所列第一款至第四款事項。

二　運費之數額及其支付人為託運人或為受貨人。

三　提單之填發地及填發之年月日。

⑧一、運送人於收受運送物前，能否填發提單？現行法尚乏明文規定。惟通常提單具有受領物品收據之效力。為避免疑義，並期與第 615 條修正條文相配合，爰將本條第 1 項修正為「運送人於收受運送物後，因託運人之請求，應填發提單」。二、第 2 項第 2 款、第 3 款標點符號「，」係屬多餘，爰予刪除。

◇提單：運送人所填具其已受領運送物之有價券。提單可以表彰運送物，可以憑單請求交付運送物。

第 626 條　（必要文件之交付及說明義務）

託運人對於運送人應交付運送上及關於稅捐警察所必要之文件，並應為必要之說明。

△謹按關於運送上及關於稅捐警察所必要之文件，如護照捐票免驗證已受檢查證等是，此種文件，託運人均有交付運送人之必要，並應將關於運送物之性質，及其採運之事實，聲由何處公署核准之情形等，為必要之說明，俾運送人澈底了解，以利通行，此亦託運人所應為之義務也。故設本條以明示其旨。

第 627 條　（提單之文義性）

提單填發後，運送人與提單持有人間，關於運送事項，依其提單之記載。

△謹按依文義證券必至之結果，運送人與提單持有人相互間之關係，應專以提單所記載者為準。故自提單填發後，關於運送事項，運送人祇就提單上之記載，對於提單持有人負其責任。提單持有人，亦僅得就提單上之記載，對於運送人主張其權利，不得以提單外之約定事項變更之。此本條所由設也。

◇提單持有人：持有提單之人，可能為託運人或自託運人受讓提單之第三人。

第 628 條　（提單之背書性）

提單縱為記名式，仍得以背書移轉於他人。但提單上有禁止背書之記載者，不在此限。

△謹按提單雖為記名式，然皆具有移轉之性質，故提單上除有禁止背書之記載，不許以背書移轉者外，其通常記名之提單，許其以背書移轉於他人，以謀交易之敏活。此本條所由設也。

◇記名式提單：載明受貨人之提單。

◇背書：在提單背後由受貨人簽名而交付轉讓之行為。

◇禁止背書：運送人為保留與託運人間之抗辯，於提單上記載禁止背書，即提單不得背書轉讓之意。

◇提單之背書性：提單之轉讓應以背書之方式為之。

第 629 條　（提單之物權證券性）

交付提單於有受領物品權利之人時，其交付就物品所有權移轉之關係，與物品之交付，有同一之效力。

△謹按託運人與受貨人相互間，其物品所有權之移轉，究應於何時發生效力，不可無明文之規定，俾資援據。故本條明示交付提單於有受領物品權利之人時，其交付就物品所有權移轉之關係，與物品之交付，有同一之效力。是物品所有權移轉之效力，自交付提單時即已發生，不必更俟交付物品而始發生也。

◇提單之物權證券性：提單之交付視為運送物之交付。交付提單於有受領物品權利之人時，具有物品所有權移轉之效力。

▲【76 臺上 771】交付載貨證券於有受領貨物權利之人時，其交付就貨物所有權移轉之關係，與貨物之交付，有同一之效力，固為海商法第 104 條準用民法第 629 條所明定，惟此係就運送人尚

未喪失其對貨載之占有（包括間接占有）之情形而言，倘貨載已遺失或被盜用，而不能回復其占有或已為第三人善意受讓取得者，則載貨證券持有人縱將載貨證券移轉與他人，亦不發生貨物所有權移轉之物權效力，僅發生損害賠償債權讓與之問題。

第 629 條之 1 　（提單適用倉單遺失、被盜或滅失之救濟程序）

第六百十八條之一之規定，於提單適用之。

⑧ 一、本條新增。

二、提單為得依背書轉讓之有價證券，因其性質與倉單近似，故於遺失、被盜或滅失時，學者通說以為得適用倉單遺失、被盜或滅失之補救方法，為期明確，爰明定提單適用第 618 條之 1 之規定。

第 630 條 　（提單之繳回證券性）

受貨人請求交付運送物時，應將提單交還。

介 謹按提單為受領貨物之憑證，受貨人受領物品，應以提單為憑，故非將提單交還，不得請求運送人交付運送物，此當然之理也。故設本條以明示其旨。

◇ 提單之繳回證券性：受貨人須憑提單向運送人請求交付運送物，否則運送人得拒絕交付。若運送人無單放貨而致託運人之損害，應負損害賠償責任。

▲【86 臺上 2509】載貨證券具有換取或繳還證券之性質，**運送貨物經發給載貨證券者，貨物之交付，應憑載貨證券為之**，即使為運送契約所載之受貨人，苟不將載貨證券提出及交還，依海商法第 104 條準用民法第 630 條規定，仍不得請求交付運送物，不因載貨證券尚在託運人持有中而有所不同。故**運送契約所載之受貨人不憑載貨證券請求交付運送物，運送人不拒絕而交付，如因而致託運人受有損害，自應負損害賠償責任**。

第 631 條 　（託運人之告知義務）

運送物依其性質，對於人或財產有致損害之虞者，託運人於訂立契約前，應將其性質告知運送人。怠於告知者，對於因此所致之損害，應負賠償之責。

介 謹按運送之物品，如依其性質上對於人或財產有足以致損害之虞者，託運人應於訂立契約前，負

將其性質告知運送人之義務，否則運送人無由知悉，即不能盡相當之注意也。若託運人怠於告知，致運送物毀損滅失時，應使託運人負損害賠償之責任，以保護運送人之利益。故設本條以明示其旨。

第 632 條 　（運送人之按時運送義務）

I 託運物品，應於約定期間內運送之。無約定者，依習慣。無約定亦無習慣者，應於相當期間內運送之。

II 前項所稱相當期間之決定，應顧及各該運送之特殊情形。

介 謹按關於運送之期間，為杜免爭論起見，亦不可不有明確之規定。本條明定託運物品可有運送期間者，應於約定期間內運送之，無約定者應依習慣，若並無約定，亦無習慣可以依據者，則應於相當期間內運送之。至於此種相當期間，則又須依該物品之性質及其運送之特殊情形，而決定之。

◇ 習慣：須以開始運送地之習慣為準。

第 633 條 　（變更指示之限制）

運送人非有急迫之情事，並可推定託運人若知有此情事亦允許變更其指示者，不得變更託運人之指示。

介 謹按運送人原為託運人之利益而設，關於運送事項，自應依託運人之指示為主，非有急迫之情事，並可推定託運人若知有此種情事對於運送人之變更指示亦必表同意者，不得變更其指示，蓋恐運送人之輕易變更指示，害及託運人之利益。故變更指示，須以有急迫之情事及可以推定表同意為限。此本條所由設也。

◇ 推定：此一「推定」是基於善良管理人的推測，與一般為減少舉證責任所規定的「推定」不同。在運送契約，原則上運送人須按託運人之指示運送，例如：須在一定時間內準時送達，但若發生急迫之情事，例如唯一聯絡橋斷裂無法通行，設想託運人如遇此突發事件亦會允許延後送達，即得變更託運人先前之指示。

▲【49 臺上 577】運送人應照託運人之指示，將運送物運交所指定之受貨人，**除託運人有變更指示外，不得自將應行送達之貨物交與指示以外之第三人，至受貨人所在不明或竟無其人，亦應通知託運人請求指示，不得自行處置**。

民法　第二編　債　（第六三四～六三八條）

第 634 條　（運送人之責任）

運送人對於運送物之喪失、毀損或遲到，應負責任。但運送人能證明其喪失、毀損或遲到，係因不可抗力，或因運送物之性質，或因託運人或受貨人之過失而致者，不在此限。

↗謹按運送人對於運送物之喪失、毀損或遲到，均應負相當之責任，此契約必至之結果也。但其喪失、毀損或遲到，運送人能證明係因不可抗力，或因運送之性質，或因託運人或受貨人之過失而生者，即亦可以免責，蓋於保護託運人之中，仍須顧及運送人之利益也。故設本條以明示其旨。

◇**不可抗力**：原則上運送人對運送物之喪失、毀損或遲到，負通常事變責任，即使無故意或過失仍應負責。惟若係不可抗力之自然災害，造成運送物喪失、毀損或遲到，運送人即免除責任。

◇**因受貨人之過失**：例如貨人受領遲延。

◇**運送人責任**：有學者認為運送人之責任依責任程度區別對待：若運送人無過失，依本條但書免責；若惟輕過失，而託運人與受貨人與有過失時，回歸民法第 217 條規定處理；若係故意或重大過失之情形，則依民法第 638 條第 3 項規定處理（林誠二）。

▲【49 臺上 713】關於運送人之責任，祇須運送物有喪失、毀損或遲到情事，經託運人或受貨人證明屬實，而運送人未能證明運送物之喪失、毀損或遲到係因不可抗力，或因運送物之性質，或因託運人或受貨人之過失所致者，則不問其喪失、毀損或遲到之原因是否為可歸責於運送人之事由，運送人均應負法律上或契約之責任。

第 635 條　（運送物有易見瑕疵時運送人之責任）

運送物因包皮有易見之瑕疵而喪失或毀損時，運送人如於接收該物時不為保留者，應負責任。

↗謹按運送物之包皮，若託運人於交付之時，有顯著之瑕疵，運送人在接收該物時，即應聲明保留，以明責任。若當時並不聲明保留，縱其後運送物之喪失或毀損，係因包皮瑕疵之所致，運送人仍不能免其責任。蓋事後藉口於運送物之喪失毀損，係因包皮之瑕疵所致，究難證明，徒滋爭論。故設本條以明示其旨。

第 636 條　（刪除）

⑧第 634 條係仿法國商法之規定，運送人需負事變責任。依此規定，運送人之受僱人或其所委託為運送之人，因過失所致運送物之喪失、毀損或遲到，運送人當然應負責。而本條又仿德國商法第 431 條而制定，按德國商法第 429 條，運送人採過失責任，故其第 431 條規定運送人就其使用人之過失，與自己之過失，負同一責任，以加重運送人之責任。本條情形既已包含於第 634 條內，應無存在必要，爰予刪除，以免解釋上發生疑義。至於運送人之受僱人或其所委託為運送之人於執行職務時，因故意或重大過失致運送物有喪失、毀損或遲到者，依第 224 條規定，應適用第 638 條第 3 項。如其非因執行職務所致者，則應適用第 638 條第 1 項規定計算損害賠償額。

第 637 條　（相繼運送人之連帶責任）

運送物由數運送人相繼運送者，除其中有能證明無第六百三十五條所規定之責任者外，對於運送物之喪失、毀損或遲到，應連帶負責。

⑧第 634 條為相繼運送人共同免責之事由，其中任何運送人如能證明有該條情形，其他運送人同免責任，乃當然之法理，毋庸規定。又修正草案已將第 636 條刪除，本條爰將「前三條」修正為「第六百三十五條」，俾運送人除能證明有第 635 條個別之免責事由，毋庸負責外，對於運送物之喪失、毀損或遲到，應連帶負責。

◇**相繼運送**：數個運送人就同一運送物依次完成運送，可分為：

　1.部分運送：各自負擔一部分運送。

　2.轉託運送：一人與託運人訂約，承擔全部運送，但實際上轉託其他運送人擔任運送之全部或一部。

◇**共同運送**：數運送人就同一運送物，共同與託運人訂立一個運送契約，內部則約定相繼運送。

◇**連帶負責**：各運送人均為運送契約之當事人，為加強對運送契約當事人之保護，對託運人應負擔連帶責任。

第 638 條　（損害賠償之範圍）

Ⅰ 運送物有喪失、毀損或遲到者，其損害賠償額，應依其應交付時目的地之價值計算之。

II.運費及其他費用，因運送物之喪失、毀損，無須支付者，應由前項賠償額中扣除之。

III.運送物之喪失、毀損或遲到，係因運送人之故意或重大過失所致者，如有其他損害，託運人並得請求賠償。

介謹按運送物有喪失、毀損或遲到之情事時，運送人應負損害賠償之責任，此屬當然之事。然其物品之價值計算，應究以何時何地之價值，為其計算之標準，亦不可不有明文規定，以杜爭論。此第1項所由設也。又運送物既經喪失毀損，其運費及其他費用自亦無須支付，惟此種因喪失毀損而無須支付之運費及其他費用，應許運送人在賠償額中扣除之，以昭公允。此第2項所由設也。至運送物之喪失、毀損或遲到，係因運送人之故意或重大過失所致者，運送人除就喪失毀損遲到應負賠償之責任外，如有其他損害，託運人並得請求賠償，以保護其利益。此第3項所由設也。

◇運送契約損害賠償範圍

實務	本條第1項、第2項係民法就運送物之滅失、毀損或遲到所特設之規定，故託運人不得再依損害賠償之債之一般原則為回復原狀之請求，亦即託運人不得再依民法第213條第1項規定，請求運送人回復原狀（71臺上2275）
學說	本規定應僅係損害賠償「範圍」之特別規定。依民法第216條完全賠償原則之規定，損賠範圍應包含被害人之所受損害及所失利益，在運送物毀損喪失時，所受損害係指運送物之價值，所失利益則包含運送物之轉售利益等，而民法第638條第1項係在運送人非故意或重大過失時，合理限制運送人賠償範圍僅限所受損害；若運送人係故意或重大過失時，民法第638條第3項「其他損失」即指所失利益而言；而民法第638條第2項之性質應係民法第216條之1損益相抵之規定。故民法第638條之規定，目的在於合理限制運送人賠償責任之數額，損害賠償請求權人仍得依民法第213條至第215條損害賠償之一般規定，請求運送人回復原狀或金錢賠償（詹森林）

▲【71臺上2275】運送物有喪失、毀損或遲到者，其損害賠償額應依其「應交付時」、「目的地」之價值計之。運費及其他費用因運送物之喪失

毀損無須支付者，應由前項賠償額扣除之，**民法第638條第1項及第2項定有明文，此為民法就運送物之滅失、毀損或遲到所特設之規定。依上開規定，託運人自不得按關於損害賠償之債之一般原則而為回復原狀之請求。**

第639條　（貴重物品之賠償責任）

I.金錢、有價證券、珠寶或其他貴重物品，除託運人於託運時報明其性質及價值者外，運送人對於其喪失或毀損，不負責任。

II.價值經報明者，運送人以所報價額為限，負其責任。

介謹按金錢、有價證券、珠寶、或其他貴重物品，託運人有於託運時負報明其性質及價值之義務，否則縱有喪失或毀損之情事，運送人亦不負賠償之責任。若價值已經報明者，運送人亦僅依託運人於託運時報明之價額為限，負損害賠償之責任，所以杜流弊而免爭論也。故設本條以明示其旨。

▲【96臺上2525】按民法第639條第1項規定中之所謂運送人不負責任，係指不同法第634條之無過失責任就通常事變負責而言，非謂於運送人有故意或過失之情形下，就貨物之喪失或毀損，均不須負責任。換言之，**運送人就民法第639條所定之貴重物品之喪失或毀損，如有故意或過失之可歸責事由，仍須負債務不履行之責任。**

第640條　（遲到之損害賠償額）

因遲到之損害賠償額，不得超過因其運送物全部喪失可得請求之賠償額。

介謹按貨物之市價，漲落無常，早晚互易，如受貨人得因貨物之遲到，市價之低落請求運送人賠償所受之損害，則標準既無一定，勢必引起無益之糾紛，而致影響社會之治安。本條明定因貨物遲到而生之損害賠償額，不得超過因其運送物全部喪失可得請求之賠償額，以示限制，所以保護運送人之利益也。

◇遲到之損害賠償額：因運送物遲到即使價值減損或增加其他費用，仍不至於超過運送物全部喪失之損害，賠償額不得超過運送物全部喪失可得請求之賠償額。在海上貨物運送，依照漢堡規則，運送遲到之損害賠償，以不超過運費的二分之一為限。

第 641 條　（運送人之必要注意及處置義務）

I 如有第六百三十三條、第六百五十條、第六百五十一條之情形，或其他情形足以妨礙或遲延運送，或危害運送物之安全者，運送人應為必要之注意及處置。

II 運送人怠於前項之注意及處置者，對於因此所致之損害應負責任。

⑧ 一、依現行法第 1 項規定，運送人之必要注意及處置義務，似專為保護運送物所有人之利益，惟事實上此時運送人與託運人、受貨人或其他權利人之關係更為密切，其利益均應受保護，原規定僅指出為保護運送物所有人之利益，適用上將發生疑義，爰將「為保護運送物所有人之利益」等文字刪除。

二、第 2 項未修正。

第 642 條　（中止運送、返還運送物或為其他處置之請求權）

I 運送人未將運送物之達到通知受貨人前，或受貨人於運送物達到後，尚未請求交付運送物前，託運人對於運送人，如已填發提單者，其持有人對於運送人，得請求中止運送，返還運送物，或為其他之處置。

II 前項情形，運送人得按照比例，就其已為運送之部分，請求運費，及償還因中止、返還或為其他處置所支出之費用，並得請求相當之損害賠償。

⑧ 一、現行條文規定託運人或提單持有人對於運送人，得請求中止運送或返還運送物時，均為一種行為，其涵義應較「處分」為廣，參照第 527 條第 2 項、第 584 條及第 641 條均用「處置」字樣，爰將「處分」修正為「處置」。又為期本條文義明確，爰將第 1 項內「託運人對於運送人」之後，「如已……」之前，增加一逗點「，」。

二、第 2 項內「中止返還」乃緣第 1 項規定而來，應為二種行為，為明確計，爰於「中止」之後，「返還」之前，增加一頓號「、」，以示區分。又此處中止、返還乃動詞，與其並列之「其他處分」亦應作動詞用，惟原規定易使人誤解為名詞，爰將「其他處分」修正為「為其他處置」，以期一致。

第 643 條　（運送人通知義務）

運送人於運送物達到目的地時，應即通知受貨人。

⇧ 謹按運送人於運送物到達目的地時，應負即時通知受貨人之義務。本條設此規定，所以使受貨人得為受領運送物之準備也。

▲【63 臺上 994】航空運送，遍布全球，動輒牽連二國以上，**故運送人多於他地或他國設立分公司或代理人，代為辦理有關承運貨物在該地之一切事務**，民法第 643 條所規定之運送物達到之通知義務，自亦有其適用。

第 644 條　（受貨人請求交付之效力）

運送物達到目的地，並經受貨人請求交付後，受貨人取得託運人因運送契約所生之權利。

⇧ 謹按運送物未達到目的地以前，受貨人尚不能取得其權利，又運送物雖達到目的地，在未經交付以前，受貨人亦無從取得其權利。故託運人對於運送人，因運送契約所生之權利，須運送物達到目的地，並經受貨人請求交付後，受貨人始取得其權利。本條特明為規定，俾有所依據也。

第 645 條　（運送物喪失時之運費）

運送物於運送中，因不可抗力而喪失者，運送人不得請求運費。其因運送而已受領之數額，應返還之。

⇧ 謹按運費者，所以償運送之報酬者也。運送物於運送中毀損滅失，既無由達運送之目的，自亦無報酬之可言，雖其毀損滅失，係因不可抗力，然託運人之損失已鉅，自不應再許運送人有請求運費之權，其因運送而已受領之數額，仍須返還，蓋以期事理之公平，而免託運人受重大之損失也。故設本條以明示其旨。

第 646 條　（最後運送人之責任）

運送人於受領運費及其他費用前交付運送物者，對於其所有前運送人應得之運費及其他費用，負其責任。

⇧ 謹按運送人於運送物交付時，有請求支給全部運費及其他費用之權，其為數人相繼運送之者，最後運送人，亦有請求全部運費及其他費用之權。若受貨人不清償其運費及其他費用，運送人並得

民法

第二編　債

（第六四七～六五○條）

依第 647 條之規定，對於運送物行使留置權，運送人急於行使權利，而於運費及其他費用未受清償之前，遽將運送物交付於受貨人，致無從取償者，則應念對於其所有前運送人應得之運費及其他費用，負賠償之責任，以示制裁，而昭公允。此本條所由設也。

第 647 條　（運送人之留置權與受貨人之提存權）

I 運送人為保全其運費及其他費用得受清償之必要，按其比例，對於運送物，有留置權。

II 運費及其他費用之數額有爭執時，受貨人得將有爭執之數額提存，請求運送物之交付。

↑謹按受貨人不清償運費及其他費用時，運送人為保全其運費及其他費用得受清償之必要計，得按其比例（所謂按其比例即不許超過程度），對於運送物行使留置權，所以保護運送人之利益也。又運費及其他費用之數額有爭執時，如在爭執未解決以前，不許受貨人請求交付運送物，則曠日持久，遷延不決，受貨人勢必重受損失，故許受貨人得將有爭執之數額提存，請求運送物之交付，蓋以保護受貨人之利益也。

◇留置權：為保全運送人之運費債權，本條規定運送人於運費或其他費用不獲清償時，得依其比例將運送物留置以資受償。

◇提存：提存為債之關係消滅原因之一。受貨人得將運費或其他費用有爭執之數額提存於提存所，並請求交付運送物。

第 648 條　（運送人責任之消滅及其例外）

I 受貨人受領運送物並支付運費及其他費用不為保留者，運送人之責任消滅。

II 運送物內部有喪失或毀損不易發見者，以受貨人於受領運送物後，十日內將其喪失或毀損通知於運送人為限，不適用前項之規定。

III 運送物之喪失或毀損，如運送人以詐術隱蔽，或因其故意或重大過失所致者，運送人不得主張前二項規定之利益。

↑謹按運送人之責任，以受貨人受領運送物，並支付運費及其他費用而消滅，故受貨人於受領運送物並支付費用時，必須預先保留其請求損害賠償

之權利，運送人始負損害賠償之責任。若受貨人不為保留而逕行受領運送物並支付費用，則運送人之責任，自歸消滅。此第 1 項所由設也。又運送物內部之喪失或毀損，一時不易發見者，如亦責受貨人即時保留，損害賠償之權利，未免失之過酷，故許其於受領運送物後十日內，將其喪失或毀損通知運送人，苟受貨人如期通知，則運送人之責任仍不消滅，反之逾期而不通知者，運送人之責任，仍應消滅。此第 2 項所由設也。至運送物之喪失或毀損，係由運送人用詐術隱蔽，使其不易發見或係由運送人之故意或重大過失所致者，則不問受貨人是否保留，亦不問受貨人是否於十日內通知，運送人之責任，均不消滅。此第 3 項所由設也。

◇詐術：欺騙受貨人使其陷於錯誤而不知運送物喪失或毀損。

第 649 條　（減免責任約款之效力）

運送人交與託運人之提單或其他文件上，有免除或限制運送人責任之記載者，除能證明託運人對於其責任之免除或限制明示同意外，不生效力。

↑謹按運送人為免除或限制其責任計，往往於交與託運人之提單或其他文件上，記載免除或限制其責任之文句，以為諉卸之地步，託運人偶不注意，即受其欺，殊非保護運送安全之道。故本條規定運送人所交付之提單或其他文件上，雖有免除或限制運送人責任之記載，仍應作為無效。然能證明託運人對於此項免除或限制運送人責任之記載，確曾有明示之同意者，亦不妨認為有效，蓋法律固不必加以嚴密之干涉也。

◇免責約款：包括完全免責與限制責任的約定，無論免責約款是否為定型化契約條款，除非運送人能證明託運人對條款「**明示同意**」，否則不生效力。

第 650 條　（運送人之通知並請求指示義務及運送物之寄存、拍賣權）

I 受貨人所在不明或對運送物受領遲延或有其他交付上之障礙時，運送人應即通知託運人，並請求其指示。

II 如託運人未即為指示，或其指示事實上不能實行，或運送人不能繼續保管運送物時，運送人得以託運人之費用，寄存運送物於倉庫。

III.運送物如有不能寄存於倉庫之情形，或有易於腐壞之性質或顯見其價值不足抵償運費及其他費用時，運送人得拍賣之。
IV.運送人於可能之範圍內，應將寄存倉庫或拍賣之事情，通知託運人及受貨人。

⑧⑧一、現行條文第1項規定運送人僅於受貨人所在不明或拒絕受領運送物時，應即通知託運人，並請求其指示。但受貨人主觀的或客觀的不能受領，均應有其適用，故將拒絕受領改為受領遲延，以期周延。又對於其他交付障礙，例如法令有輸出輸入之禁止而妨礙運送物之交付等，是否仍有本項之適用？解釋上雖多採肯定說，惟無明文規定，易滋疑義，為期明白周延，爰仿德國商法第437條第1項，增列一概括性規定「或有其他交付上之障礙」。

二、依第1項規定，運送人請求託運人指示，如託運人未為指示，運送人應如何處理，現行法未為規定，難以解決實際問題。鑑於今日通訊發達，運送物亦宜及早處理，爰修正為此際託運人如未即為指示，運送人亦得以託運人之費用，寄存運送物於倉庫。

三、為期與第656條第2項之用語一致，爰將「有腐壞之性質」修正為「有易於腐壞之性質」。

四、第4項未修正。

▲【63臺上2067】運送人通常於運送完成後，即可請求給付運費，**至於受貨人拒絕受領運送物，而運送人不即通知託運人者，係屬義務之違反，託運人如因此受有損害，雖得向運送人請求賠償，但不得因此即謂運送人不得請求運費**。

第651條　（有關通知義務及寄存拍賣權之適用）

前條之規定，於受領權之歸屬有訴訟，致交付遲延者，適用之。

⇧謹按關於運送物之受領權，如應歸屬何人，發生爭執，業經提起訴訟，非一時所能解決者，此時運送人仍不能即時交付，若俟訴訟解決，始行交付，則其所負責任，未免過重，故使準用前條之規定，以昭公允。此本條所由設也。

第652條　（拍賣代價之處理）

運送人得就拍賣代價中，扣除拍賣費用、運費及其他費用，並應將其餘額交付於應得之人，如應得之人所在不明者，應為其利益提存之。

⇧謹按運送人依前兩條之規定而為運送物之拍賣時，其所需之拍賣費、運費及其他費用等，應許其在拍賣所得代價中扣除之，若有餘額，並應交付於應得之人，倘應得之人所在不明，應為其利益提存之，以明責任。蓋以此種拍賣之情形，非運送人自己之過失所致，自不應受意外之損失，故許其有於拍賣代價中，扣除拍賣費用、運費及其他費用之權利。至並其餘額而亦占有之，則為不當之得利，運送人自又負交付於應得之人或代為提存之義務也。

第653條　（相繼運送——最後運送人之代理權）

運送物由數運送人相繼運送者，其最後之運送人，就運送人全體應得之運費及其他費用，得行使第六百四十七條、第六百五十條及第六百五十二條所定之權利。

⇧謹按一運送人得行使第647條、第650條及第652條所定之權利，則數運送人相繼為運送時，應如何行使權利，亦不可不有明文規定，俾資適用。本條明定運送物由運送人相繼運送者，最後運送人於物品交付時，應代行前運送人之權利，故就運送人全體應得之全部運費及其他費用，最後運送人應負責向受貨人請求支給，受貨人不為支給或所在不明，或拒絕受領時，最後運送人即得行使留置、提存、拍賣、及扣除費用之權也。

第三款　旅客運送

⇧謹按旅客運送者，謂收受運費在陸上或水上為運送旅客之營業也。旅客運送，各國法律規定，均極簡單，然關於運送人與旅客相互間之權利義務，關係亦頗重要。本法特設本款之規定。

第654條　（旅客運送人之責任）

I.旅客運送人對於旅客因運送所受之傷害及運送之遲到應負責任。但因旅客之過失，或其傷害係因不可抗力所致者，不在此限。
II.運送之遲到係因不可抗力所致者，旅客運送人之責任，除另有交易習慣者外，以旅客因遲到而增加支出之必要費用為限。

⑧⑧一、為配合第623條之修正，爰將現行條文內「遲延」二字修正為「遲到」。又現行條文但書所稱「但其傷害係因不可抗力，或因旅客之過失所致者，不在此限。」其真意如何？學者間見解不一，

民

法

第二編　債

（第六五五～六五九條）

有謂旅客運送人對於因不可抗力所致之運送遲延毋庸負責；有謂旅客運送人對於因不可抗力所致之運送遲延仍應負責。惟按現行條文之立法理由係謂：「若旅客因運送而致受傷或致運送遲延時，旅客運送人均應負其責任，但其傷害之原因，係因不可抗力，而非可歸責於運送人，或其傷害及遲延係因旅客自己過失所致者，旅客運送人即可免責。」可知立法意旨係認為旅客運送人對於因不可抗力所致之運送遲延仍應負責，亦即不在免責之範圍內。且鑑於旅客乃經濟上之弱勢，基於社會公益，有必要於法律上加以保護，故對於運送之遲延，係因不可抗力所致者，為保護旅客，以免旅客於旅途中陷於困境，仍應由經濟上之強者即旅客運送人負其責任，旅客運送人並得藉由責任保險或價格機能分散其損失。爰將但書修正為「但因旅客之過失，或其傷害係因不可抗力所致者，不在此限。」

二、運送之遲到係因不可抗力所致者，為保護旅客，以免旅客於旅途中陷於困境，仍應由經濟上之強者即旅客運送人負其責任。已如上述，惟為免旅客運送人所負責任過重，並期公允，旅客運送人之賠償責任，除另有交易習慣者（據交通部函稱，國內運送實務，除航空旅客運送人對不可抗力之遲到有提供必要之餐飲或住宿外，陸、海運之旅客運送業則尚未有此商業習慣。）外，應以旅客因遲到而增加支出之必要費用為限，例如增加之膳宿、交通等費用是，爰增訂第2項規定。

三、本條僅係民法上一般性之規定，如鐵路法、公路法、民用航空法等特別法就此另有規定時，依特別法優於普通法之原則，自當從特別法之規定。

第 655 條　（行李返還義務）

行李及時交付運送人者，應於旅客達到時返還之。

介謹按本條規定旅客之行李，若係及時交付於運送人者，運送人應於旅客達到目的地時返還之，由是可知旅客雖有行李，若並未交付於運送人或交付不以其時，運送人均不負達到時返還之責。反是旅客有行李行又係及時交付，運送人自應負於達到時返還之義務也。

第 656 條　（行李之拍賣）

I旅客於行李到達後一個月內不取回行李時，運送人得定相當期間催告旅客取回，

逾期不取回者，運送人得拍賣之。旅客所在不明者，得不經催告逕予拍賣。

II行李有易於腐壞之性質者，運送人得於到達後，經過二十四小時，拍賣之。

III第六百五十二條之規定，於前二項情形準用之。

（88）一、為早日免除運送人保管行李之煩累及責任並兼顧旅客之利益，爰參考日本商法第591條第2項規定，修正第1項如上。

二、行李之性質有易於腐壞者，宜早日處理，爰將第2項內原定「四十八」小時修正為「二十四」小時。

三、第3項未修正。

第 657 條　（交託之行李適用物品運送之規定）

運送人對於旅客所交託之行李，縱不另收運費，其權利義務，除本款另有規定外，適用關於物品運送之規定。

介謹按旅客之行李，如經交託於運送人，則運送人對於旅客所交託之行李，雖另收運費，而其與旅客相互間之權利義務，仍與物品之運送無異，故適用關於物品運送之規定，以保護旅客之利益。此本條所由設也。

第 658 條　（對未交託行李之責任）

運送人對於旅客所未交託之行李，如因自己或其受僱人之過失，致有喪失或毀損者，仍負責任。

（88）本條所定僱用人，應係受僱人之誤，爰予修正。

▲【26渝上438】(1)旅客未交託運送人之行李，因運送人之受僱人之故意，致有喪失或毀損者，運送人雖於選任僱用人及監督其職務之執行已盡相當之注意，亦不能免其責任。(2)民法（舊）第658條所謂過失，包含故意在內。運送人對於旅客所未交託之行李，因其受僱人之故意致有喪失或毀損者，亦負責任。

第 659 條　（減免責任約款之效力）

運送人交與旅客之票、收據或其他文件上，有免除或限制運送人責任之記載者，除能證明旅客對於其責任之免除或限制明示同意外，不生效力。

介謹按本條立法之意旨，與第649條之規定相同，

故運送人若於交與旅客之票據或其他文件上，有免除或限制運送人責任之記載，亦應認為無效。然如運送人能證明旅客對於此種免除或限制責任之記載，確曾為明示之同意者，其記載仍可認為有效也。

第十七節　承攬運送

☝謹按承攬運送者，謂以自己之名義，為他人之計算，使運送人運送物品而受報酬之營業也。近日交通便利，承攬運送之營業，日益發達，故本法特設本節之規定。

第 660 條　（承攬運送人之定義及行紀規定之準用）

I.稱承攬運送人者，謂以自己之名義，為他人之計算，使運送人運送物品而受報酬為營業之人。

II.承攬運送，除本節有規定外，準用關於行紀之規定。

☝謹按本條為規定承攬運送人之意義及其性質，特明定曰，稱承攬運送人者，謂以自己之名義，為他人之計算，使運送人運送物品而受報酬為營業之人也。故設第 1 項以明示其旨。又承攬運送人，係以自己之名義，為他人之計算，使運送人運送物品而受報酬之營業，與行紀之以自己之名義為他人之計算，為動產之買賣或其他商業上之交易而受報酬之營業，性質相同，自可準用關於行紀之規定。故設第 2 項以明示其旨。

◇承攬運送契約：雖有承攬、運送之用語，但性質上既非運送，亦非承攬，是以自己之名義，為他人之計算，使運送人運送物品而受報酬為營業的運送。

▲【105 臺上 781】按民法第 622 條規定：「稱運送人者，謂以運送物品或旅客為營業，而受運費之人」；同法第 660 條規定：「稱承攬運送人者，謂以自己之名義，為他人之計算，使運送人運送物品而受報酬為營業之人」，二者定義不同。運送人就運送物之遲到，應依民法第 634 條、第 638 條、第 640 條規定負賠償責任。**承攬運送人就託運物品之遲到，除有民法第 663 條規定自行運送物品、或有第 664 條規定視為自己運送，而應負運送人責任之情形外，應優先適用民法第 661 條規定，如合於該條但書規定情形，承攬運送人即不負責任；僅於不合該條但書規定時，承攬運送人始應依第 665 條準用第 638 條、第 640 條規定，負賠償責任**。又運送人將物品交由他人運送者，該他人係屬運送人之使用人或履行輔助人，運送人就該他人之過失，依民法第 224 條規定，應與自己之過失負同一責任；惟**承攬運送人將物品交由他人運送，該他人並非代承攬運送人履行「使運送人運送」之契約義務，故非承攬運送人之使用人或履行輔助人，自無民法第 224 條規定之適用**。

第 661 條　（承攬運送人之損害賠償責任及其例外）

承攬運送人，對於託運物品之喪失、毀損或遲到，應負責任。但能證明其於物品之接收保管、運送人之選定、在目的地之交付，及其他與承攬運送有關之事項，未怠於注意者，不在此限。

⑻⑻承攬運送人與運送人所負之責任不同，前者為中間責任，後者為事變責任。現行條文但書規定承攬運送人之免責事由，以「與運送有關之事項」為限，惟承攬運送人既不自為運送，則與運送有關事項，並非其所能完全掌握，不應令其負注意義務，為符合承攬運送之本質，爰修正如上。

▲【30 渝上 1119】託運物品喪失時，委託人固得對於承攬運送人請求賠償。但本於其物上請求權，逕向該託運物品之無權占有人請求返還，要亦非法所不許。

第 662 條　（留置權之發生）

承攬運送人為保全其報酬及墊款得受清償之必要，按其比例，對於運送物，有留置權。

☝謹按承攬運送人應得之報酬及墊款，本可請求受貨人清償，然使受貨人不為清償時，自不得不謀保全方法，以資救濟，故許承攬運送人在運送物上得行使留置權，以保全其利益。但此種權利之行使，仍須按其比例，不得為過分之留置耳。此本條所由設也。

第 663 條　（介入權——自行運送）

承攬運送人，除契約另有訂定外，得自行運送物品。如自行運送，其權利義務，與運送人同。

☝謹按承攬運送人對於運送物品，本以使運送人運

送為原則，然有時因契約並無特別訂定，承攬運送人不給運送人運送，而自為運送，亦為法所許可。惟承攬運送人於自為運送時，其與委託人相互間之權利義務，應與運送人對於託運人之權利義務完全相同，以保護託運人之利益。故設本條以明示其旨。

◇**承攬運送人之介入權**：承攬運送人於契約未定有禁止自己運送之情形下得自行運送物品，如自行運送，其權利義務與運送人同，此為承攬運送人之介入權，性質上為形成權，不待委託人同意即可行使。

第 664 條　（介入之擬制）

就運送全部約定價額，或承攬運送人填發提單於委託人者，視為承攬人自己運送，不得另行請求報酬。

介謹按承攬運送之報酬，與運送人之報酬，雖可分別訂定，然若承攬運送人已就運送全部約定價額，或已由承攬運送人填發提單於委託人者，則與承攬運送人自己運送無異，自不許於約定價額之外，另有請求報酬之權利也。故設本條以明示其旨。

◇**提單**：提單本應由運送人填發，承攬運送人若自行填發，則處於運送人之地位，視為自己運送，不得另行請求報酬。

第 665 條　（物品運送規定之準用）

第六百三十一條、第六百三十五條及第六百三十八條至第六百四十條之規定，於承攬運送準用之。

介謹按第 631 條之規定，係關於運送物依其性質對於人或財產足致損害者，託運人有預先告知運送人之義務。第 635 條之規定，係因包皮有易見之瑕疵而喪失或毀損時，運送人須為預先保留之聲明。第 638 條至第 640 條之規定，係關於賠償額計算之標準，無須支付之費用應於賠償額中扣除，故意或重大過失，並應賠償其他損害，貴重物品非報明不任賠償，遲到損害之賠償額須有限制等等。凡此各規定，均準用於承攬運送人，蓋以承攬運送之性質，與物品運送無異也。故本條設準用之規定，以明示其旨。

第 666 條　（短期消滅時效）

對於承攬運送人因運送物之喪失、毀損或遲到所生之損害賠償請求權，自運送物交付或應交付之時起，一年間不行使而消滅。

⑧對於運送人，關於物品之運送，因喪失、毀損或遲到而生之賠償請求權，其消滅時效期間，第 623 條已修正為一年。承攬運送人之責任，不宜較運送人者為重，故本條請求權之消滅時效期間亦修正為一年，以資配合。

第十八節　合　夥

介查民律草案債權編第二章第十四節原案謂合夥者，謂二人以上互約出資以經營共同事業之契約也。其契約謂之合夥，其各當事人謂之合夥人。至其共同之目的，或為財產上之目的，或為精神上之目的，不能一概而論，自來各國，皆有此事，且實際上亦關重要，故特設本節之規定。

第 667 條　（合夥之定義及合夥人之出資）

I 稱合夥者，謂二人以上互約出資以經營共同事業之契約。

II 前項出資，得為金錢或其他財產權，或以勞務、信用或其他利益代之。

III 金錢以外之出資，應估定價額為其出資額。未經估定者，以他合夥人之平均出資額視為其出資額。

⑧一、第 1 項未修正。

二、第 2 項所謂「他物」是否包括所有權以外之財產權？信用或其他利益（例如物之使用或不為營業之競爭等）是否得代出資？未盡明確，爰將第 2 項之出資，修正得為金錢或其他財產權，或以勞務、信用或其他利益代之，以期周延。

三、出資額與合夥人間分配損益之成數有關（第 677 條參照），故在金錢以外之出資，合夥人間應估定價額以為其出資額，以明其權義。至若未經估定者，明定為以他合夥人之平均出資額視為其出資額，以杜爭議。爰增訂第 3 項規定。

◇**合夥契約**：合夥是二人以上互相約定出資以經營共同事業之契約。合夥組織無權利能力，權利義務屬全體合夥人公同共有，合夥人必須對合夥債務負連帶無限清償責任。

◇**有限合夥**：指以營利為目的，且具有法人格之營運主體，是合夥型態之一，其組成應有一名以上對有限合夥債務負連帶清償責任之普通合夥人，及一名以上就其出資額對有限合夥負責之有限合

夥人。我國已於 104 年 6 月 24 日公布「有限合夥法」。

◇**出資**：合夥人為成立合夥團體所為之給付。出資得為金錢、其他財產權、勞務、信用或其他利益代之。

▲【**64 臺上 1122**】(二)合夥關係之存在與否，應就當事人有無互約出資經營共同事業之客觀事實予以認定，至有無辦理廠商登記，在所不問。

▲【**98 臺上 449**】按民法之合夥係指二人以上互約出資以經營共同事業，分享其營業所生之利益及分擔所生損失之契約，觀諸民法第 667 條第 1 項之規定自明，是合夥應就如何出資及共同事業之經營為確實之約定始足當之，倘僅單純出資取得財產而未約定經營共同事業者，縱將來可獲得相當之利益,亦僅屬合資或共同出資之無名契約，與民法所定之合夥尚屬有間。

▲【**105 臺上 214**】按當事人約定合資或共同出資買賣股票，以賺取買賣差價之利潤者，雖非約定經營共同事業，而與民法第 667 條所規定之合夥契約未盡相同，惟其互約出資買賣股票，並按出資比例分配損益之情形，仍與合夥契約性質類似，則就性質不相牴觸部分，非不得類推適用民法合夥之相關規定，以定合資人間之權義歸屬。

第 668 條 　（合夥財產之公同共有）

各合夥人之出資及其他合夥財產，為合夥人全體之公同共有。

⊙謹按合夥契約既為互約出資經營共同之事業，則各合夥人之出資，及其他合夥財產，自應為合夥人全體之公同共有，以符契約之本旨。所謂其他合夥財產者，如因執行合夥業務，或就合夥財產所屬權利，或其所屬標的之毀損滅失或追奪，因受賠償而取得之財產等也。此種財產，既由合夥業務或其所屬權利所產生，故應認為合夥人全體所共有。此本條所由設也。

◇**合夥財產**：指為達成經營共同事業之目的，而與合夥人個人財產劃分獨立之特別財產，包含合夥人之出資及其他財產。

◇**公同共有**：合夥財產為合夥人所公同共有，僅具潛在應有部分，其處分須得全體合夥人之同意。

▲【**64 臺上 1923**】合夥財產，為合夥人全體公同共有，其為金錢出資、勞務出資、抑以他物出資，均無不同包括動產或不動產。又於合夥關係存續中，執行合夥事業之合夥人為他合夥人之代

表，其為合夥取得之物及權利，亦屬合夥人全體公同共有。

第 669 條 　（合夥人不增資權利）

合夥人除有特別訂定外，無於約定出資之外增加出資之義務。因損失而致資本減少者，合夥人無補充之義務。

⊙謹按合夥契約若無特別訂定，合夥人無於約定出資外，增加出資之義務，亦無因營業損失致資本減少而負補充資本之義務，蓋合夥之權利義務，悉依契約而定，不得隨意變更也。故設本條以明示其旨。

▲【**26 渝上 199**】民法第 677 條不過規定分配損益之成數，非謂一有損失，即應填補。合夥人除有特別訂定外，無於約定出資之外增加出資之義務，因損失而致資本減少者，合夥人無補充之義務，民法第 669 條定有明文。**故合夥契約如無隨時填補損失之特別訂定，縱令因事業之經營一時生有損失，亦無填補之義務，須至清算之際，合夥財產不足清償合夥之債務時，始負填補損失之義務。**

第 670 條 　（合夥之決議及合夥契約或其事業種類之變更）

I.合夥之決議，應以合夥人全體之同意為之。

II.前項決議，合夥契約約定得由合夥人全體或一部之過半數決定者，從其約定。但關於合夥契約或其事業種類之變更，非經合夥人全體三分之二以上之同意，不得為之。

⑧一、現行條文僅規定合夥人對於合夥契約或其事業種類變更之方式，對於其他合夥事務之決議，則未為規定，有欠周延，為期周全，並避免疑義，爰修正並改列於第 1 項，規定合夥之決議，應以合夥人全體之同意，始得為之。

二、現行條文定有「除契約另有訂定外」之文法，則少數合夥人，甚或僅合夥人中之一人，得依據契約，任意變更合夥之組織，難免專恣跋扈之弊。為免除上述弊端，並兼顧合夥組織多樣之靈活運用，爰增訂第 2 項，明定合夥契約如約定得由合夥人全體或一部之過半數決定者，從其約定。惟合夥契約或其事業種類之變更，與各合夥人之利害關係甚鉅，為示慎重，如契約有約定時，應限

民法 第二編 債 (第六七一～六七五條)

以合夥人全體三分之二以上之同意，始得為之，較為平允。

第 671 條 （合夥事務之執行人及其執行）

I.合夥之事務，除契約另有訂定或另有決議外，由合夥人全體共同執行之。

II.合夥之事務，如約定或決議由合夥人中數人執行者，由該數人共同執行之。

III.合夥之通常事務，得由有執行權之各合夥人單獨執行之。但其他有執行權之合夥人中任何一人，對於該合夥人之行為有異議時，應停止該事務之執行。

⑧一、第 670 條已修正為關於「合夥之決議」之規定。為期周延並兼顧合夥組織之彈性運用，本條第 1 項及第 2 項應配合修正，爰增列「決議」之除外規定。

二、第 3 項未修正。

◇合夥事務：指經營合夥事業，對內管理合夥財產、對外代表合夥等事務。

◇合夥之通常事務：指日常之例行事務，因此類事務輕微、次數頻繁，且須爭取時間儘速處理，故有事務執行權之任一合夥人均得單獨為之。

◇執行權：處理執行合夥事業之權利。

▲【39 臺上 474】合夥財產之處分，依法固非得合夥人全體之同意不得為之，**惟法律行為之同意，並不限於行為時為之，苟有其他明確之事實，足以證明他合夥人已經為明示或默示之同意者，則執行業務之合夥人之處分行為，仍不得謂為無效。**

第 672 條 （合夥人之注意義務）

合夥人執行合夥之事務，應與處理自己事務為同一注意。其受有報酬者，應以善良管理人之注意為之。

⑧第 671 條以下各條均是有關合夥人執行合夥事務之規定，為本條與其前後條文之規定相連貫，且執行合夥事務，方有有償與無償之區別，爰將「履行依合夥契約所負擔之義務」修正為「執行合夥之事務」。又合夥人執行合夥之事務，僅負具體過失責任即足，固為羅馬法以來之立法例所採（鄭玉波著民法債編各論第六七○頁），惟瑞士債務法第 538 條則分別有無受有報酬，以定合夥人注意義務之輕重。我國學者通說亦同。爰修正如上。

◇與處理自己事務為同一之注意：合夥人原則上只負具體輕過失責任，即與處理自己事務同一注意。但是若受有報酬，則須盡善良管理人之注意義務。

第 673 條 （合夥人之表決權）

合夥之決議，其有表決權之合夥人，無論其出資之多寡，推定每人僅有一表決權。

⑧為配合第 670 條之修正，本條關於表決權之規定，當適用於一切合夥之決議，爰修正如上。

◇表決權：合夥人得行使其表決權，就合夥特定事物以多數決，定其執行方式。

◇表決權之推定：有表決權的合夥人，無論出資多寡，法律推定，每一合夥人僅有一表決權，有其他主張者得舉反證推翻。

第 674 條 （合夥事務執行人之辭任與解任）

I.合夥人中之一人或數人，依約定或決議執行合夥事務者，非有正當事由不得辭任。

II.前項執行合夥事務之合夥人，非經其他合夥人全體之同意，不得將其解任。

⑧一、執行合夥事務之合夥人與他合夥人間，非有真正委任關係，此觀第 680 條之規定可知。惟現行條文規定易誤解為其間具有委任關係，為避免疑義，及配合第 670 條之修正，爰將第一項「被委任」修正為「依約定或決議」。又鑑於合夥重在人合性，如執行合夥事務之合夥人既經其他合夥人全體同意其解任即應解任，不須另有其他理由，爰將「其他合夥人亦不得將其解任」之規定刪除。

二、第 2 項配合第 1 項之修正，作文字修正。

▲【43 臺上 881】被上訴人雖為某旅舍其他合夥人全體委任執行合夥事務之人，然依民法（舊）第 674 條之規定，居於承受其他合夥人全體地位之上訴人，如有正當事由自非不得將其解任。至此種解任權之行使，該條及其他法律既未規定須以訴之方式為之，則有解任權之一方，不問在訴訟上或訴訟外，均得對之為是項之意思表示，而使生解任之效力，無庸請求法院為宣告解任之形成判決。

第 675 條 （合夥人之事務檢查權）

無執行合夥事務權利之合夥人，縱契約有反對之訂定，仍得隨時檢查合夥之事務及其財產狀況，並得查閱帳簿。

☆查民律草案第 806 條理由謂合夥人既屬合夥中之一人，雖無執行合夥業務之權，而於合夥業務及其財產之狀況，應使其有檢查權，縱合夥契約有反對之訂定，亦為無效。蓋合夥之業務，在達合夥人共同之目的，非如是，則目的不能達也。故設本條以明示其旨。

▲【102 臺上 102】按合夥契約之成立，完全基於合夥人之彼此信任，合夥人對於合夥之權利，如係由合夥關係所生者，**具有專屬權之性質**，其行使不能與合夥人之地位分離，此觀民法第 683 條、第 684 條等規定即明。又除合夥或隱名合夥契約訂明合夥人或隱名合夥之繼承人得繼承該合夥或隱名合夥關係外，**合夥人或隱名合夥人於死亡時退夥，其繼承人僅得依民法第 689 條第 1 項規定請求結算**，尚不得依民法第 675 條、第 706 條等規定，行使專屬於合夥人而為達合夥人共同目的之查閱賬簿、檢查事務及財產狀況權，更無準用委任之規定要求受任人為報告之權利。原審否准上訴人有關命被上訴人交付系爭帳務資料以供查閱之請求，核無違誤可言。

第 676 條　（決算及損益分配之時期）

合夥之決算及分配利益，除契約另有訂定外，應於每屆事務年度終為之。

☆查民律草案第 808 條理由謂合夥財產，多於合夥人出資總數，是為利益，少於合夥人出資總數，是為損失。利益及損失，非屆合夥解散之期，不能確知。然合夥之存續期間，有過長，不能待至解散期者，則此種合夥，每屆年度既終，亦應辦理決算及分配損益。故設本條以明示其旨。

第 677 條　（損益分配之成數）

I.分配損益之成數，未經約定者，按照各合夥人出資額之比例定之。

II.僅就利益或僅就損失所定之分配成數，視為損益共通之分配成數。

III.以勞務為出資之合夥人，除契約另有訂定外，不受損失之分配。

☆謹按合夥契約，若定有合夥人分配損益之成數，固應據此為準，若契約內未將成數定明，應以法律規定補充之。惟合夥人分配損益之成數，若於無特別規定時，應使其依各合夥人出資之數額，為分配之標準，以昭平允。此第 1 項所由設也。又僅就損失定分配之成數，或僅就利益定分配之成數者，其成數均視為損失及利益之共通成數，以二者於當事人之意思最協。此第 2 項所由設也。至於以供給勞務為出資之合夥人，若契約另有訂定者，應從其訂定，若契約並無訂定，應自不使受損失之分配。此第 3 項所由設也。

第 678 條　（費用及報酬請求權）

I.合夥人因合夥事務所支出之費用，得請求償還。

II.合夥人執行合夥事務，除契約另有訂定外，不得請求報酬。

☆謹按合夥人因合夥事務所支出之費用，應由合夥人全體負擔，故許支出費用人有求償權。蓋以其所支出之費用，係為達合夥人共同之利益，非為支出人個人之利益，故得請求償還。此第 1 項所由設也。又合夥人執行合夥事務，雖為總合夥人之利益，然亦為執行事務合夥人之義務，況又有以勞力為出資者，故非契約另有訂定，不得請求報酬。此第 2 項所由設也。

▲【51 臺上 3659】**合夥非有獨立之人格**，其財產為各合夥人全體公同共有，故合夥人因合夥事務所支出之費用，而依民法第 678 條第 1 項之規定求償者，**其相對人為他合夥人全體，而非合夥，亦不必以合夥業經解散或合夥財產不足清償合夥債務為限**。

第 679 條　（合夥事務執行人之對外代表權）

合夥人依約定或決議執行合夥事務者，於執行合夥事務之範圍內，對於第三人，為他合夥人之代表。

⑧⑧修正理由同第 674 條說明一前段。

▲【28 渝上 1533】合夥之事務約定由合夥人中數人執行者，不惟其內部關係依民法第 671 條第 2 項應由該數人共同執行之，即民法第 679 條所規定之對外關係，依民法第 168 條亦應由該數人共同為代理行為，**若僅由其中一人為之，即屬無權代理行為，非經該數人共同承認，對於合夥不生效力**。

▲【37 上 6987】執行合夥事務之合夥人，在其權限內以本人名義代表合夥與他人訂立租賃房屋契約，其租賃權應屬於合夥，而不屬於該執行合夥之合夥人，故在合夥存續期間內，**縱令出名訂約之合夥人有變更，其與出租人之租賃關係仍為**

繼續，不得視為消滅。

▲【50 臺上 2852】合夥商號為人保證，在民法上並無如公司法第 23 條設有禁止之規定，故合夥商號業務執行人以合夥商號名義為人作保之行為，倘係在其依委任本旨執行該商號事務之權限範圍內者，即應認其保證為合法生效。

第 680 條　（委任規定之準用）
第五百三十七條至第五百四十六條關於委任之規定，於合夥人之執行合夥事務準用之。

介謹按合夥人執行合夥事務之一切權利義務，應依合夥契約或合夥之規定，此屬當然之事。然合夥契約或合夥，對於合夥人執行合夥事務之權利義務，無明文規定時，勢必無所依據，故本條明定於合夥人之執行合夥事務，準用關於委任之規定。

▲【32 上 2831】合夥人執行合夥事務，以自己名義為合夥取得權利者，**依民法第 680 條準用第 541 條第 2 項之規定，負有移轉其權利於合夥之債務，必已履行其債務而為移轉權利之行為，其權利始歸屬於合夥。**

第 681 條　（合夥人之補充連帶責任）
合夥財產不足清償合夥之債務時，各合夥人對於不足之額，連帶負其責任。

介謹按合夥財產，不足清償合夥之債務時，關於不足之額，各合夥人應如何負擔責任，不可不有明文之規定，俾資適用。故本法明定各合夥人應連帶負其責任，使各合夥人對於不足之額，各負全部清償之責，債權人亦得對於合夥中之一人，請求全部清償，蓋為保護合夥債權人之利益，及增進合夥事業之信用計也。

◇補充責任：合夥人就合夥的債務，除了出資外，僅負補充責任，債權人須先就合夥財產求償，只有在合夥財產不足清償債務時，始得向合夥人單獨（個人）所有之財產求償。

◇連帶責任：合夥財產不足清償部分，各個合夥人須以其單獨（個人）所有之財產負連帶清償責任。

▲【院 918】來呈所述原確定判決，雖僅令合夥團體履行債務，但**合夥財產不足清償時，自得對合夥人執行，合夥人如有爭議應另行起訴。**

▲【28 渝上 1864】合夥財產不足清償合夥之債務時，各合夥人對於不足之額連帶負其責任，為民法第 681 條之所明定。**所謂合夥財產，不僅指**

合夥債權人向合夥人請求連帶清償時屬於合夥之動產、不動產而言，即其時合夥對於第三人之債權及其他有交易價額之一切財產權，得為強制執行之標的者，亦包含之。如就此等財產按照時價估計，其總額並不少於債務總額，固非所謂不足清償，**即使財產總額少於債務總額，各合夥人亦僅對於不足之額連帶負責，並非對於債務全額負有此種責任。**

▲【51 臺上 2307】合夥關係之存在與否，固可為確認之訴之標的，但孰為某合夥之合夥人，則為事實問題，不得為確認之訴之標的，且合夥債權人對於合夥人提起確認合夥關係存在之訴，以合夥財產不足清償合夥債務時，始能謂其有即受確認判決之法律上利益。

▲【58 臺上 3420】保證債務之成立，並非債務之承擔，主債務人之債務不因有保證人之故，而失其存在。**合夥債務亦不因有保證人之故，其合夥人即可免負民法第 681 條對於不足之額之連帶償還責任。**

▲【63 臺上 1862】民法第 681 條係規定合夥財產不足清償合夥之債務時，各合夥人對於不足之額始連帶負其責任。**現上訴人既未向合夥人請求貨款，即無從知悉其合夥財產是否不足清償債務，更不知其不足金額如何，是顯難令被上訴人逕負連帶給付責任。**

▲【66 年第 9 次民事庭會議決議】合夥財產不足清償合夥之債務，為各合夥人連帶責任之發生要件，**債權人求命合夥人之一對於不足之額連帶清償，應就此存在要件負舉證之責**（本院 29 年上字第 1400 號判例）。此與保證債務於保證契約成立時即已發生債務之情形有間，故在未證實合夥財產不足清償合夥債務之前，債權人對於各合夥人連帶清償之請求權，尚未發生，即不得將合夥人併列為被告，而命其為補充性之給付。況**對於合夥之執行名義，實質上即為對全體合夥人之執行名義**，故司法院院字第 918 號解釋「原確定判決，雖僅令合夥團體履行債務，但合夥財產不足清償時，自得對合夥人執行」。是實務上尤**無於合夥全體合夥人之外，再列某一合夥人為共同被告之理。**

▲【96 臺抗 144 裁】按民法第 681 條規定：合夥財產不足清償合夥之債務時，各合夥人對於不足之額連帶負其責任。此項規定方式與民法第 745 條「保證人於債權人未就主債務人之財產強制執行而無效果前，對於債權人得拒絕清償」之規定

方式不同，**債權人僅須證明合夥財產不足清償債務即得對合夥人財產強制執行，非必俟對合夥財產執行無效果後始得對合夥人財產執行。**

▲【99 臺上 1187】惟按合夥財產不足清償合夥之債務時，各合夥人對於不足之額，連帶負其責任，民法第 681 條定有明文。合夥財產不足清償合夥之債務，為各合夥人連帶責任發生之要件，在未證實合夥財產不足清償合夥債務前，合夥債權人自不得逕行訴請合夥人為連帶給付。**所謂合夥財產，不僅指合夥債權人向合夥人請求連帶清償時屬於合夥之動產、不動產而言，即其時合夥對於第三人之債權及其他有交易價額之一切財產權，得為強制執行之標的者，亦包含之。**

▲【100 臺上 715】合夥與獨資不同，前者為二人以上互約出資以經營共同事業之契約（民法第 661 條），具有團體性，通常稱之為合夥團體或合夥事業。合夥團體所負之債務，與各合夥人個人之債務有別，本於各合夥人對合夥債務僅負補充責任之原則，合夥債務應先由合夥財產清償，必須於合夥財產不足清償合夥債務時，各合夥人對於不足之額始負連帶清償之責任（民法第 681 條）；後者則為一人單獨出資經營之事業，通常稱之為獨資事業，該事業為出資之自然人單獨所有，獨資事業之債務應由該自然人負全部責任。因此，契約之債務人倘係獨資時，債權人本於契約之法律關係對之為請求時，固應向出資之自然人為之，惟如為合夥者，**即應對具有當事人能力之合夥團體**（本院 41 年臺上字第 1040 號判例參照），並以負責醫師為法定代理人（合夥為醫療機構時），**或以全體合夥人為其權利義務之主體而為請求，而不得僅對合夥人中之數人或一人請求。**

第 682 條　（合夥財產分析與抵銷之禁止）

I.合夥人於合夥清算前，不得請求合夥財產之分析。
II.對於合夥負有債務者，不得以其對於任何合夥人之債權與其所負之債務抵銷。

介謹按合夥財產，為達合夥人全體共同之目的而存在，故合夥財產，不可不與各合夥人之財產分離獨立，否則不能達共同之目的。故合夥人於合夥清算前不得請求合夥財產之分析，對於合夥之債務人，亦不得以其所負之債務，與合夥人中之任何一人之債權相抵銷。此本條所由設也。

◇**合夥清算**：為了結合夥法律關係所進行消滅合夥

之程序。

◇**抵銷**：合夥財產係全體合夥人公同共有，故對合夥負有債務之第三人，不得以其對合夥所負之債務主張抵銷。

第 683 條　（股份轉讓之限制）

合夥人非經他合夥人全體之同意，不得將自己之股份轉讓於第三人。但轉讓於他合夥人者，不在此限。

介謹按合夥人非經他合夥人全體之同意，不得將自己之股份轉讓於第三人，此亦當然之理。蓋以合夥契約，因合夥人彼此信任而成立，第三人非其他合夥人全體之所信任，自不應許其闌入也。然若合夥人以其自己之股份，轉讓於其他合夥人者，則因受讓之其他合夥人，早為合夥人全體之所信任，自不在禁止轉讓之列。故設本條以明示其旨。

第 684 條　（債權人代位權行使之限制）

合夥人之債權人，於合夥存續期間內，就該合夥人對於合夥之權利，不得代位行使。但利益分配請求權，不在此限。

介謹按合夥存續期間內，合夥人對於合夥之權利，不得由合夥人之債權人代位行使。所謂合夥存續期間者，蓋指合夥未解散以前，或雖解散而尚在清算中而言。所謂不許代位行使者，蓋以合夥契約之成立，完全基於合夥人之彼此信任，此種由合夥關係所生之權利，自不許全體不信任之第三人代位行使也。至於因財產上所生之關係，如利益分配請求權，則與信任無涉，自不妨使第三人代位行使，俾資便利。故設本條以明示其旨。

◇**債權人代位權之行使**：合夥人對於合夥事業之權利，具濃厚之人格性而不能與合夥人之地位分離，故合夥人之債權人於合夥關係存續中，不得代位行使該合夥人對合夥之債權。

◇**利益分配請求權**：合夥人於合夥損益分配後之利益分配請求權，已成為得獨立行使的財產權，因此債權人得代位行使之。

第 685 條　（合夥人股份之扣押及其效力）

I.合夥人之債權人，就該合夥人之股份，得聲請扣押。
II.前項扣押實施後兩個月內，如該合夥人未對於債權人清償或提供相當之擔保者，自扣押時起，對該合夥人發生退夥之效力。

⑱一、現行條文第1項但書規定，將使合夥幫助該欠債之合夥人脫產，導致債權人之扣押落空，對債權人不利，為杜流弊，爰刪除但書「應於兩個月前通知合夥人」。

二、現行條文第2項規定，對於有償債誠意之合夥人，未免過苛。為兼顧該合夥人之利益，爰仿日本商法第91條第2項立法例，並參酌學者意見(史尚寬著債法各論第六六四頁)，加以修正，規定於前項扣押實施後兩個月內，如該合夥人對於債權人為清償或提供擔保，則阻止退夥效力之發生。若該合夥人未為清償或提供擔保，始自扣押時起，對該合夥人發生退夥之效力。

▲【31上3083】合夥財產為合夥人全體之公同共有，自不得以合夥財產之一部，為合夥人中一部分人債務之執行標的物。民法第685條第1項雖規定合夥人之債權人，就該合夥人之股份得聲請扣押，然由同條第2項之規定推之，**其扣押之標的物，實僅為該合夥人因退夥所得行使之出資返還請求權及利益分配請求權，仍非以合夥財產之一部為合夥人中一部分人債務之執行標的物**。

第686條 (合夥人之聲明退夥)

I.合夥未定有存續期間，或經訂明以合夥人中一人之終身，為其存續期間者，各合夥人得聲明退夥，但應於兩個月前通知他合夥人。

II.前項退夥，不得於退夥有不利於合夥事務之時期為之。

III.合夥縱定有存續期間，如合夥人有非可歸責於自己之重大事由，仍得聲明退夥，不受前二項規定之限制。

⑱一、第1項及第2項未修正。

二、依現行條文第3項聲明退夥時，是否須先期通知或得否於不利於合夥事務之時期為之？法無明文規定，易滋疑義。學者通說以為各合夥人如有非可歸責於自己之重大事由，無須先期通知，並得於不利於合夥事務之時期聲明退夥，始足以保護其利益。為期明確，爰明定「不受前二項規定之限制」。

◇**不得在不利合夥事務時期退夥**：為避免合夥事業遭受不利及損失，因此法律對合夥人之退夥加以限制。

◇**重大事由**：例如罹患重病等。

▲【41臺上113】合夥人之聲明退夥，祇須具備民法第686條所規定之要件，即生退夥之效力。不以並須公開表示及予善意第三人得知之機會為限。

▲【49臺上2189】經營商業之合夥，原應依照商業登記法(舊)第9條第1項規定，向主管官署聲請登記，倘未依此項規定為登記，則合夥人之聲明退夥，祇須具備民法第686條所規定之要件，即生退夥之效力，不以並須公開表示及予善意第三人得知之機會為限(參照本院41年臺上字第113號判例)，惟合夥已依前項規定為登記，則合夥人聲明退夥，依商業登記法(舊)第13條第1項規定，應登記之事項非經登記及公告後，不得對抗善意第三人。

第687條 (法定退夥事由)

合夥人除依前二條規定退夥外，因下列事項之一而退夥：

一 合夥人死亡者。但契約訂明其繼承人得繼承者，不在此限。

二 合夥人受破產或監護之宣告者。

三 合夥人經開除者。

⑱一、配合97年5月23日修正公布之民法總則編(禁治產部分)、親屬編(監護部分)及其施行法部分條文，已將「禁治產宣告」修正為「監護宣告」，爰將現行條文第2款「受禁治產之宣告」修正為「受監護之宣告」；其餘各款未修正。

二、又依民法第15條之2第1項第1款規定，受輔助宣告之人經輔助人同意，得為合夥營業之負責人。此乃因受輔助宣告之人僅係因精神障礙或其他心智缺陷，致其為意思表示或受意思表示，或辨識其所為意思表示效果之能力，顯有不足，並不因輔助宣告而喪失行為能力，惟為保護其權益，於為重要之法律行為時，應經輔助人同意。故受輔助宣告之人經輔助人之同意，仍得為合夥營業之負責人。

◇**破產**：合夥人受破產宣告則失去支付能力，其財產須依破產法處理，其合夥股份為總財產之一部，亦應列入破產財團，故構成法定退夥事由。

▲【32上6121】**合夥人擅自提取其出資，不得謂無開除之正當理由**。如果被上訴人擅自提取其出資，經他合夥人全體之同意予以開除，並曾通知被上訴人，則雖被上訴人提取出資並未罄盡，亦未具有退夥字據，依民法第687條第3款及第688條之規定，被上訴人仍因之而退夥。

第 688 條　（合夥人之開除）

I.合夥人之開除，以有正當理由為限。

II.前項開除，應以他合夥人全體之同意為之。並應通知被開除之合夥人。

◆謹按合夥人有應行開除之事由發生時，為合夥人全體之公益，及合夥事業之發展計，自應將該合夥人開除，以保護其他合夥人之利益。但開除之要件有二：㈠必須有正當理由。㈡必須以他合夥人全體之同意為之。否則濫行開除，自非法律所許。至開除以後，並應通知被開除之合夥人。本條設此規定，所以使適用時有所依據也。

◇正當理由：被開除之合夥人可能在名譽及財產上受有重大影響，故須有正當理由方能為之。

▲【69 臺上 742】合夥為二人以上互約出資，以經營共同事業之契約，合夥人不履行其出資之義務者，不得謂無民法第 688 條第 1 項所定開除之正當理由。至同條第 2 項所謂「通知」，並無一定之方式，在訴訟上以言詞或書狀為之者，亦生通知效力。

第 689 條　（退夥之結算與股份之抵還）

I.退夥人與他合夥人間之結算，應以退夥時合夥財產之狀況為準。

II.退夥人之股分，不問其出資之種類，得由合夥以金錢抵還之。

III.合夥事務，於退夥時尚未了結者，於了結後計算，並分配其損益。

◆謹按退夥人退夥時，與他合夥人相互間，必須結算關於合夥財產之損益，以便分配，此屬當然之事。惟此種結算，應以何時之財產狀況為準，亦不可不有明文之規定，俾資依據。此第 1 項所由設也。又合夥之出資，本不以金錢為限，有以金錢或他物者，亦有以勞務代之者，退夥時為便利計算起見，則不問其出資之種類若何，均由合夥以金錢抵還之。此第 2 項所由設也。至合夥人退夥時尚未了結之事務，此時尚不能計算其損益，故規定雖經退夥，仍須俟該事務了結後，再行計算損益，按股分配，以昭公允。此第 3 項所由設也。

▲【51 臺上 1452】合夥人退夥時其出資之返還，就民法第 689 條之規定觀之，**自須就退夥時合夥財產狀況結算，於未受虧損之情形，始得為全部返還之請求**。

第 690 條　（退夥人之責任）

合夥人退夥後，對於其退夥前合夥所負之債務，仍應負責。

◆謹按依前條之規定，退夥人與他合夥人間之結算，應以退夥時合夥財產之狀況為準，則合夥損益之分配，均應以退夥時之狀況為準，其退夥以前合夥所負之債務，退夥人自應按股分擔，不得藉口業已退夥，希圖免責。本條設此規定，所以保護他合夥人之利益也。

第 691 條　（入夥）

I.合夥成立後，非經合夥人全體之同意，不得允許他人加入為合夥人。

II.加入為合夥人者，對於其加入前合夥所負之債務，與他合夥人負同一之責任。

◆謹按本條立法之意旨，與第 683 條之規定相同，蓋以合夥之關係，因彼此信任而成立，他人非其他合夥人全體所信任，自不應許其闌入，故明定非經合夥人全體之同意，不得允許他人加入為合夥人。至允許他人加入為合夥人後，對於加入前合夥所負之債務，其中途加入之合夥人，仍須與他合夥人負同一之責任，蓋以合夥之本質問應如是也。特設本條以明示其旨。

◇加入合夥：指加入合夥事業，成為合夥人之行為。因合夥係基於人格信用關係之團體，故加入合夥應得全體合夥人同意。

◇負同一責任：加入之合夥人於合夥財產不足清償債務時，亦應與其他合夥人連帶負責。

▲【47 臺上 1552】被上訴人參加某營業為合夥人，繼續經營其業務，倘某營業並未協議解散清算完結，而被上訴人參加後又未為新營業之設立登記，則**其對於該營業之原有債務，自應與其他合夥人負同一責任**。

第 692 條　（合夥之解散）

合夥因左列事項之一而解散：

一　合夥存續期限屆滿者。

二　合夥人全體同意解散者。

三　合夥之目的事業已完成或不能完成者。

◆查民律草案第 816 條理由謂合夥因解除條件成就，或解除契約等普通原因而解散，是固當然之理，不必以明文規定。然其特別解散之原因，應

規定明晰，以杜無益之爭論。此本條所由設也。

◇**解散**：消滅合夥關係、終止合夥契約。

◇**目的事業已完成**：指合夥契約之目的已經達成。

▲【103臺上474】合夥乃二人以上互約出資之合夥人共同經營事業之契約民法第667條第1項，合夥於存續期間至少須有合夥人二人，始足以維持合夥之存在。是以，**合夥存續期間若因合夥人退夥致僅剩合夥人一人時，因已不符合夥之成立要件，且其共同經營事業之目的亦無從繼續，自應認合夥之目的事業不能完成而有同法第692條第3款所列歸於解散之事由。**

第 693 條　（不定期繼續合夥契約）

合夥所定期限屆滿後，合夥人仍繼續其事務者，視為以不定期限繼續合夥契約。

兪查民律草案第818條理由謂合夥因存續期限屆滿而消滅，然有時存續期限雖已屆滿，而合夥人全體仍默示同意繼其事務者，此不外一種未定存續期間之新合夥，故視為以不定期限繼續合夥契約。此本條所由設也。

◇**不定期繼續合夥契約**：合夥契約具有與租賃契約相同之繼續性，故期滿後若合夥人仍繼續其事務，法律擬制更新為不定期繼續合夥契約。

第 694 條　（清算人之選任）

I.合夥解散後，其清算由合夥人全體或由其所選任之清算人為之。

II.前項清算人之選任，以合夥人全體之過半數決之。

兪查民律草案第824條理由謂既經解散之合夥，僅於清算之目的之範圍內，視與存續同，故某合夥人因合夥契約而有之執行業務權，當然消滅。其合夥清算，以使合夥人共同為之，或由其共同選任之清算人為之，最為妥協。蓋於合夥之利害關係，惟合夥人最切故也。

謹按至於清算人選任之方法，則以合夥人全體之過半數決之。故設本條以明示其旨。

▲【40臺上851】合夥解散後，其清算由合夥人全體或由其選任之清算人為之，此為民法第694條第1項所明定，**合夥解散時其原執行合夥事務人之執行權，即應歸於消滅。對清算事務，除原為合夥人者應與其他合夥人全體共同為之外，如非被選任之清算人，不得單獨為之。**

▲【58臺上80】**合夥解散後，始生清算問題**，原

審一面認兩造之合夥並未解散，一面又認被上訴人請求清算為有據，理由殊有矛盾。

第 695 條　（清算之執行及決議）

數人為清算人時，關於清算之決議，應以過半數行之。

兪謹按清算人有數人時，其共同處理清算事務之方法，亦不可不有明文之規定。本條明定關於清算之決議，以全體清算人過半數行之，蓋為杜清算人專擅之弊而設。

第 696 條　（清算人之辭任與解任）

以合夥契約，選任合夥人中一人或數人為清算人者，適用第六百七十四條之規定。

兪謹按由合夥人中選任之清算人，或為一人，或為數人，此種被選任執行合夥事務之清算人，其清算權限，係由合夥契約而來，在該清算人，非有正當事由，既不得任意辭任，其他合夥人，亦不得任意將其解任。縱令解任，亦非經其他合夥人全體之同意，不得為之，此與合夥人被委任執行合夥之事務相同，故適用第674條之規定。此本條所由設也。

第 697 條　（清償債務與返還出資）

I.合夥財產，應先清償合夥之債務。其債務未至清償期，或在訴訟中者，應將其清償所必需之數額，由合夥財產中劃出保留之。

II.依前項清償債務，或劃出必需之數額後，其賸餘財產應返還各合夥人金錢或其他財產權之出資。

III.金錢以外財產權之出資，應以出資時之價額返還之。

IV.為清償債務及返還合夥人之出資，應於必要限度內，將合夥財產變為金錢。

⑧⑧一、第1項未修正。

二、現行條文第2項所稱合夥賸餘財產之返還出資，應以金錢或其他財產權之出資為限。至於勞務、信用或其他利益之出資，因其性質上無從返還，不生返還問題。為期明確，爰明示賸餘財產應返還各合夥人「金錢或其他財產權」之出資。

三、第667條增訂第3項「金錢以外之出資，應估定價額為其出資額」，則於返還出資時，仍以出資時之價額返還，較為平允。因現行法尚無明文

規定，為避免疑義並配合上開條文之修正，爰仿德國民法第733條第2項第2段規定，增訂第3項「金錢以外財產權之出資，應以出資時之價額返還之」。

四、現行條文第3項移列為第4項。

▲【53臺上203】 合夥解散後，應先經清算程序，合夥財產於清算完畢，清償合夥債務或劃出必需數額後，始就賸餘財產返還各合夥人之出資及應受分配利益之成數，在未經清算終結確定盈虧以前，自不得就原來出資為全部返還之請求。

第 698 條 　（出資額之比例返還）

合夥財產，不足返還各合夥人之出資者，按照各合夥人出資額之比例返還之。

⇧謹按依前條第2項之規定，合夥財產，經清償債務或劃出必需之數額後，其賸餘財產，應返還合夥人之出資。然其賸餘數額，如較出資之數額為少，不足以資返還時，則應按照各合夥人出資額之比例而為返還。蓋以此種不足之數額，即為合夥人共同所負之損失，使之比例分擔，自足以昭平允。故設本條以明示其旨。

第 699 條 　（賸餘財產之分配）

合夥財產，於清償合夥債務及返還各合夥人出資後，尚有賸餘者，按各合夥人應受分配利益之成數分配之。

⇧查民律草案第829條理由謂合夥之賸餘財產，應由各合夥人分割，使清算終結，蓋合夥財產，本屬合夥人共同所有，既屬共有，自可分割。至分割方法，應依分割共有物之規定，理至易明，無須另設明文也。

◇剩餘財產之分配：合夥解散後，應先經清算程序，合夥財產於清算完畢，清償合夥債務或劃出必需數額後，始就賸餘財產返還各合夥人之出資及應受分配利益之成數。

▲【53臺上203】參見本法第697條。

第十九節　隱名合夥

⇧查民律草案債權編第二章第十五節原案謂隱名合夥者，當事人之一方約明對於他方所經營之事業出資，而分配其營業所生之利益，及分擔其所生損失之契約也。其性質為合夥，抑為特種契約，自來學說聚訟，本法以此為非必應決定之事，任學者自為解釋。惟此項契約，自古有之，於實際上亦必不可少，故特設本節之規定。

第 700 條 　（隱名合夥）

稱隱名合夥者，謂當事人約定，一方對於他方所經營之事業出資，而分受其營業所生之利益，及分擔其所生損失之契約。

⇧謹按隱名合夥之意義及其性質，必須明白規定，始足以杜無益之爭論。故設本條以明示其旨。

◇準用：隱名合夥所經營之事業雖僅係出名營業人之事業，而非與隱名合夥人共同之事業，性質上仍有頗多相似，故明文準用之（民法第669、670、672、677、680、685、689、693條）；依性質不得準用者：民法第667、668、671、673、674、678、679、681、684、688～692、694～697、699條。

▲【42臺上434】合夥為二人以上互約出資以經營共同事業之契約，**隱名合夥則為當事人約定一方對於他方所經營之事業出資，而分受其營業所生之利益，及分擔其所生損失之契約**。故合夥所經營之事業，係合夥人全體共同之事業，隱名合夥所經營之事業，則係出名營業人之事業，非與隱名合夥人共同之事業。苟其契約係互約出資以經營共同之事業，則雖約定由合夥人中一人執行合夥之事務，其他不執行合夥事務之合夥人，僅於出資之限度內負分擔損失之責任，亦屬合夥而非隱名合夥。

第 701 條 　（合夥規定之準用）

隱名合夥，除本節有規定者外，準用關於合夥之規定。

⇧查民律草案第837條理由謂隱名合夥，與合夥相類，以無特別規定為限，得準用關於合夥之規定。此本條所由設也。

第 702 條 　（隱名合夥人之出資）

隱名合夥人之出資，其財產權移屬於出名營業人。

⇧謹按隱名合夥，僅當事人間約定一方對於他方所經營之事業出資，而分配其營業所生之損益，其營業之主體，仍為出名營業人。故隱名合夥人之出資，其財產權應移屬於出名營業人，以資事實之便利，而維業務之信譽。此本條所由設也。

第 703 條 　（隱名合夥人之責任）

隱名合夥人，僅於其出資之限度內，負分擔損失之責任。

介謹按本條規定隱名合夥人，於合夥損失時應負之責任，而隱名合夥人，既不干預營業，則其責任，應以出資為限。故其所出資本，縱有損失淨盡，不足清償債務之情事時，隱名合夥人亦不再負清償之責。此本條所由設也。

◇出名合夥人與隱名合夥人

出名合夥人	經營事業之一方
隱名合夥人	出資而不參與經營事業之一方

▲【78 臺上 170】　隱名合夥之事務，依民法第704 條第 1 項規定，既專由出名營業人執行，則對外亦應專由出名營業人負責。隱名合夥人就出名營業人所為之行為，對於第三人不生權利義務之關係，同條第 2 項定有明文。故**營業上所負之債務，乃出名營業人個人之債務，應由出名營業人負無限清償責任。隱名合夥人僅在內部關係上，以出資額為限度，負出資與分擔損失之責任而已，對外則毫無責任可言**。

第 704 條　（隱名合夥事務之執行）

I 隱名合夥之事務， 專由出名營業人執行之。

II 隱名合夥人就出名營業人所為之行為，對於第三人不生權利義務之關係。

介謹按隱名合夥，於營業人之地位，毫無變更，其營業之主體，仍為出名營業人，故隱名合夥之事務，應由出名營業人執行之。此第 1 項所由設也。至隱名合夥之事務，既由出名營業人執行，則因營業上行為所生權利義務之關係，亦應歸屬於出名營業人，故出名營業人所為之行為，對於第三人之一切權利義務，應由出名營業人負擔，隱名合夥人與第三人相互間自不生權利義務之關係。此第 2 項所由設也。

▲【28 渝上 1312】　隱名合夥之事務，專由出名營業人執行之，隱名合夥人如參與合夥事務之執行，對於第三人應負出名營業人之責任，固為民法第704 條第 1 項、第 705 條之所明定。惟此種規定，**不能據以斷定未執行合夥事務之合夥人，均為隱名合夥人**，法文本甚明瞭。且由民法第671 條第 2 項及第 674 條、第 675 條、第 679 條等規定觀之，合夥人非必執行合夥之事務，尤不得僅以未經參與合夥之事務之執行，即認為隱名合夥人。

▲【33 上 90】　依民法第 704 條第 2 項之規定，隱名合夥人就出名營業人所為之行為，對於第三人

不生權利義務之關係，**故隱名合夥人除有同法第705 條規定情形外，合夥債權人不得請求隱名合夥人清償債務**。

▲【65 臺上 2936】　現行商業登記法，並未規定由出名營業人登記為獨資營業時，其他合夥人即視為隱名合夥人，**上訴人究為隱名合夥抑為普通合夥，端視上訴人與其他合夥人間之合夥契約內容而定**，尚不能以商業登記為獨資即認上訴人為隱名合夥人，謂有民法第 704 條第 2 項之適用。

▲【103 臺上 1522】次查隱名合夥人就出名營業人所為之行為，對於第三人不生權利義務之關係，民法第 704 條第 2 項定有明文。故**隱名合夥之債權人不得執其與出名營業人所訂立之契約，請求隱名合夥人履行**。

第 705 條　（隱名合夥人參與業務執行──表見出名營業人）

隱名合夥人如參與合夥事務之執行，或為參與執行之表示，或知他人表示其參與執行而不否認者，縱有反對之約定，對於第三人，仍應負出名營業人之責任。

介謹按隱名合夥人，因不干預合夥事務，故對於第三人，僅於其出資之限度內，負分擔損失之責任。若隱名合夥人參與合夥事務之執行，或為參與執行之表示，或知他人表示其參與執行而不否認者，則是已處於執行合夥事務之地位，縱使合夥契約內，有不負責任之記載，對於第三人，仍應負出名營業人之責任。蓋以其於合夥事務之內容，業經明白知悉，且已參與執行，自應與出名營業人負同一之責任也。故設本條以明示其旨。

◇表見出名營業人：隱名合夥人若參與合夥事務之執行，或為參與執行之表示，或知他人表示其參與執行而不否認者，外觀上使第三人相信其為出名營業人，為保障第三人之信賴利益，對該第三人須負出名營業人責任。

▲【96 臺上 957】隱名合夥所經營之事業，係出名營業人之事業，非與隱名合夥人共同之事業。是隱名合夥之事務，既專由出名營業人執行之民法第 704 條第 1 項規定，其因所營事業涉訟時，如以出名營業人之名義單獨起訴或應訴，其當事人適格要件即無欠缺。而非應以隱名合夥人共同起訴或應訴始為適格之當事人。至於民法第 705條規定「隱名合夥人如參與合夥事務之執行，或為參與執行之表示，或知他人表示其參與執行而

不否認者，縱有反對之約定，對於第三人，仍應負出名營業人之責任。」，係就有表見出名營業行為之隱名合夥人，對於與合夥事業交易之第三人，課以與出名營業人相同責任之義務，即**隱名合夥人不得依民法第 703 條、第 704 條之規定或當事人間反對約定，對於第三人主張有限責任或免責而已，其與出名營業人間之「隱名合夥」關係並未因此變更為「合夥」**。

第 706 條　（隱名合夥人之監督權）

Ⅰ.隱名合夥人，縱有反對之約定，仍得於每屆事務年度終查閱合夥之賬簿，並檢查其事務及財產之狀況。

Ⅱ.如有重大事由，法院因隱名合夥人之聲請，得許其隨時為前項之查閱及檢查。

⇧謹按隱名合夥人應有查閱合夥帳簿，並檢查其事務及財產狀況之權利，此種權利之行使，應於每屆事務年度終了時為之，縱有反對之約定，亦屬無效。若有重大事由，隱名合夥人並得聲請法院隨時查閱帳簿，暨檢查事務及財產之狀況，以保護其利益。此本條所由設也。

◇**重大事由**：指有事實足認若不行使檢查權將蒙受重大損失者。

第 707 條　（損益之計算及其分配）

Ⅰ.出名營業人，除契約另有訂定外，應於每屆事務年度終計算營業之損益，其應歸隱名合夥人之利益，應即支付之。

Ⅱ.應歸隱名合夥人之利益而未支取者，除另有約定外，不得認為出資之增加。

⇧謹按隱名合夥計算損益及分配利益之時期，應有明白之規定，以杜無益之爭論。故設第 1 項以明示其旨。至應歸隱名合夥人之利益，尚未支取者，若合夥契約訂定將其利益作為出資之增加，自應從其訂定，以期適合於當事人之意思，否則不得認為出資之增加。蓋以每次所分配之利益，均須加入資本，於隱名合夥人殊無利益可圖也。故設第 2 項以明示其旨。

第 708 條　（隱名合夥之終止）

除依第六百八十六條之規定得聲明退夥外，隱名合夥契約，因下列事項之一而終止：

一　存續期限屆滿者。
二　當事人同意者。
三　目的事業已完成或不能完成者。
四　出名營業人死亡或受監護之宣告者。
五　出名營業人或隱名合夥人受破產之宣告者。
六　營業之廢止或轉讓者。

⑱第 4 款之修正理由，同修正條文第 687 條，其餘各款未修正。

◇**營業之轉讓**：隱名合夥以出名營業人所經營之事業存續為必要，若營業轉讓，則隱名合夥契約目的已不能達成，應歸於終止。

第 709 條　（隱名合夥出資及餘額之返還）

隱名合夥契約終止時，出名營業人，應返還隱名合夥人之出資及給與其應得之利益。但出資因損失而減少者，僅返還其餘存額。

⇧謹按隱名合夥契約終止時，出名營業人應履行之義務有二：㊀須返還隱名合夥人之出資。㊁須給與其應得之利益，但出資因損失而減少者，祇返還其餘額。本條設此規定，蓋明示隱名合夥契約終止之效果也。

第十九節之一　合　會

⑱一、本節新增。

二、按合會者為由會首邀集二人以上，約定交付會款及標取合會金之契約。合會乃東南亞國家習見之私人間小額資金融通之金融制度，為西方國家所無，現行民法尚無任何規定，為使其權利義務關係臻於明確，特增訂本節規定。

第 709 條之 1　（合會、合會金之定義及會款之範圍）

Ⅰ.稱合會者，謂由會首邀集二人以上為會員，互約交付會款及標取合會金之契約。其僅由會首與會員為約定者，亦成立合會。

Ⅱ.前項合會金，係指會首及會員應交付之全部會款。

Ⅲ.會款得為金錢或其他代替物。

⑱一、本條新增。

二、第 1 項規定合會之意義，查我國合會，習慣上係由會首出面邀集二人以上會員組織而成。合

民

法

第二編　債

（第七〇九之二～七〇九之五條）

會既係以標取合會金為目的之契約，故會首與會員間及會員與會員間須互約交付會款及標取合會金。但習慣上，亦有僅由會首與會員為約定而亦成立合會者。爰將民間習慣明文化，俾資適用。

三、「合會金」與「會款」意義應有不同，惟民間習慣上，向未區別，概以會錢或會款稱之。為澄清觀念，避免混淆，爰於第2項明定合會金之定義，以示區別。

四、會款之種類，以金錢最為常見，惟間亦有給付稻穀或其他代替物者。為期周延，爰明定「會款得為金錢或其他代替物」為第3項。

第 709 條之 2　（會首及會員之資格限制）

I.會首及會員，以自然人為限。

II.會首不得兼為同一合會之會員。

III.無行為能力人及限制行為能力人不得為會首，亦不得參加其法定代理人為會首之合會。

⑧一、本條新增。

二、合會為民間經濟互助之組織。為防止合會經營企業化，致造成鉅額資金之集中，運用不慎，將有牴觸金融法規之虞，爰於第1項限制會首及會員之資格，非自然人不得為之。

三、依修正條文第709條之7第2項後段及第4項規定，逾期未收取之會款，會首應代為給付，並於給付後有求償權。如會首兼為同一合會之會員，則對等之債權債務將集於一身，致使法律關係混淆，且易增加倒會事件之發生，故於第2項明文禁止之。

四、會首在合會中占重要地位，其對會員負有甚多義務，例如主持標會及收取會款等，尤其會員未按期給付會款時，會首有代為給付之義務。無行為能力人及限制行為能力人，其本身思慮未周，處事能力不足，且資力有限，尚難有擔任會首之能力。又為維持合會之穩定，遏止倒會之風，無行為能力人及限制行為能力人亦不應參加其法定代理人為會首之合會，爰為第3項規定。

第 709 條之 3　（會單之訂立、記載事項及保存）

I 合會應訂立會單，記載左列事項：

　　一　會首之姓名、住址及電話號碼。

　　二　全體會員之姓名、住址及電話號碼。

　　三　每一會份會款之種類及基本數額。

　　四　起會日期。

　　五　標會期日。

　　六　標會方法。

　　七　出標金額有約定其最高額或最低額之限制者，其約定。

II.前項會單，應由會首及全體會員簽名，記明年月日，由會首保存並製作繕本，簽名後交每一會員各執一份。

III.會員已交付首期會款者，雖未依前二項規定訂立會單，其合會契約視為已成立。

⑧一、本條新增。

二、查民間合會習慣上類多訂立會單，但記載事項多不一致，致易引起糾紛，為期有助於合會之正常運作，第1項規定合會應訂立會單，並明定會單記載之事項，俾資依據，而利實用。

三、目前民間合會冒標及虛設會員之情形相當嚴重，為杜流弊並保障入會者之權益，爰為第2項規定。

四、為緩和合會之要式性過於僵化，爰於第3項明定會員如事實上已交付首期會款，則雖未完成前二項法定方式，其合會契約亦視為已成立。

第 709 條之 4　（標會之方法㈠——召開）

I.標會由會首主持，依約定之期日及方法為之。其場所由會首決定並應先期通知會員。

II.會首因故不能主持標會時，由會首指定或到場會員推選之會員主持之。

⑧一、本條新增。

二、合會既係由會首邀集會員而成立之契約，標會為合會之主要事務，應由會首依約定之期日及方法主持之。至於標會之場所，宜由會首決定並應先期通知會員，俾利標會之進行，爰為第1項規定。

三、會首因暫時性事故不能主持標會，宜有補救規定，爰於第2項明定由會首指定或到場會員推選之會員主持，以利標會。

第 709 條之 5　（合會金之歸屬）

首期合會金不經投標，由會首取得，其餘各期由得標會員取得。

⑧一、本條新增。

二、民間合會之運作方式，首期合會金係由會首取得，不經過投標手續。其餘各期由會員依約定方法標取，由得標會員取得，爰將習慣明文化，俾資遵循。

第 709 條之 6　（標會之方法(二)——出標及得標）

I.每期標會，每一會員僅得出標一次，以出標金額最高者為得標。最高金額相同者，以抽籤定之。但另有約定者，依其約定。

II.無人出標時，除另有約定外，以抽籤定其得標人。

III.每一會份限得標一次。

⑧一、本條新增。

二、本條規定標會之方法。民間習慣上，每期標會，每一會員僅得出標一次，向以出標最高者為得標。如最高金額相同者，除當事人另有約定，例如以先開出之人為得標者外，以抽籤決定，方為公平，爰於第 1 項明定之。

三、如有無人出標之情形，除契約另有約定例如以坐次輪收（收會款之次序預先排定，按期輪收），拈鬮搖彩（由會首抽籤唱名，被抽出之會員用搖骰，依點數之最多者為得標），或議定（以公開討論方式決定得標者）等方法定其得標人外，當以抽籤決定得標人，最稱公允，爰於第 2 項明定之。

四、依常理言，每一會份限於得標一次，已得標之會份，不得再行參與出標，爰於第 3 項明定之。

第 709 條之 7　（會首及會員交付會款之期限）

I.會員應於每期標會後三日內交付會款。

II.會首應於前項限內，代得標會員收取會款，連同自己之會款，於期滿之翌日前交付得標會員。逾期未收取之會款，會首應代為給付。

III.會首依前項規定收取會款，在未交付得標會員前，對其喪失、毀損，應負責任。但因可歸責於得標會員之事由致喪失、毀損者，不在此限。

IV.會首依第二項規定代為給付後，得請求未給付之會員附加利息償還之。

⑧一、本條新增。

二、為使得標會員早日取得會款，並期合會得以

正常運作，第 1 項明定會員交付會款之義務及交付期限。

三、收取會款交付於得標會員為會首之義務。前項已明定會員交付會款之期限為標後三日，茲於第 2 項規定會首應於前條期限內代得標會員收取會款。收到之會款屬於得標會員所有，會首自應將所收取之會款連同自己之會款，於期滿之翌日前交付與得標會員。又為保障得標會員之權益，並加重會首責任，逾期未收取之會款，應由會首代為給付。

四、會首對已收取之會款，在未交付得標會員前，有保管義務，且動產係以交付時為危險負擔移轉之時點，故會款在未交付得標會員前發生喪失、毀損之情形，自應由會首負擔。況依修正條文 709 條之 5 之規定，首期合會金不經投標，由會首取得。是以，會首實際上已獲有無息使用首期合會金之利益，從而宜由會首負較重之不可抗力責任。惟如可歸責於得標會員之事由致喪失、毀損者，則應由該得標會員負責，始為公允，爰於第 3 項明定之。

五、會首履行代為給付之義務後，得請求未給付之會員附加利息償還之，方為公平，爰明定第 4 項規定。

第 709 條之 8　（會首及會員轉讓權義之限制）

I.會首非經會員全體之同意，不得將其權利及義務移轉於他人。

II.會員非經會首及會員全體之同意，不得退會，亦不得將自己之會份轉讓於他人。

⑧一、本條新增。

二、合會係由會首出面邀集，則會員必因信任會首而入會。他人既未必為會員所信任，自不應許其任意將權利義務移轉於他人，實際上變換他人為會首。然若會員全體信任該他人，同意其受移轉為會首，當不在禁止之列，故為第 1 項規定。

三、為期合會正常運作及維持其穩定性，會員不得任意退會。惟經會首及其他會員全體同意，不在此限。又合會契約，係因會首與會員及會員與會員間彼此信任關係而成立，會員自不得隨意將會份轉讓於他人，但如經會首及其他會員全體同意，應無不許之理。爰明定於第 2 項。

四、第 1 項之「移轉」，第 2 項之「轉讓」，係指依法律行為而移轉或轉讓者而言，當然不包括繼

民法 第二編 債 （第七〇九之九~七一〇條）

承之情形在內，併此敘明。

第 709 條之 9 （合會不能繼續進行之處理）

I. 因會首破產、逃匿或有其他事由致合會不能繼續進行時，會首及已得標會員應給付之各期會款，應於每屆標會期日平均交付於未得標之會員。但另有約定者，依其約定。

II. 會首就已得標會員依前項規定應給付之各期會款，負連帶責任。

III. 會首或已得標會員依第一項規定應平均交付於未得標會員之會款遲延給付，其遲付之數額已達兩期之總額時，該未得標會員得請求其給付全部會款。

IV. 第一項情形，得由未得標之會員共同推選一人或數人處理相關事宜。

⑧一、本條新增。

二、合會之基礎，係建立在會首之信用與會員間彼此之誠信上，如遇會首破產、逃匿或有其他事由致合會不能繼續進行時，為保障未得標會員之權益，減少其損害，應由會首及已得標會員將各期應給付之會款，於每屆標會期日，按未得標會員之債權額數，平均分配交付之。但當事人另有約定，例如約定已得標會員應交付之各期會款，於未得標會員中以抽籤決定取得人或已得標會員將全部會款一次付出，一次平均分配於未得標會員是。依契約自由原則，自應從其約定，爰為第1項規定。又此際，無須再為標會。如會首破產、逃匿等事由致不能繼續交付會款時，已得標會員對此部分亦無須分攤給付。

三、會首因前項事由致合會不能繼續進行時，其給付會款及擔保付款之責任不能減免。爰參酌修正條文第 709 條之 7 之規定，並兼顧未得標會員之權益，增訂第 2 項規定，令會首對已得標會員依第 1 項規定應給付之各期會款，負連帶責任。

四、依第 1 項規定，會首及已得標會員應於每屆標會期日將會款平均交付於未得標會員。如會首或已得標會員遲延給付，其遲延之數額已達應給付未得標會員各人平均部分兩期之總額時，為保障未得標會員之權益，該未得標會員得請求其給付全部會款，爰增訂第 3 項規定。

五、因會首破產、逃匿或有其他事由致合會不能繼續進行時，得由未得標之會員共同推選一人或數人處理相關事宜，以杜紛爭，爰增訂第 4 項規定。

第二十節　指示證券

⇧查民律草案債權編第四章原案謂指示證券者，不問為其原因之法律關係如何，指示人以權利授與領取人，使其得以自己名義向被指示人索取為債權標的之給付，又以權利授與被指示人，使其得向證券受取人為給付，而後與指示人計算之法律行為也（絕對之法律行為、不要因之法律行為）。此制度自古各國，或以明文規定其大要，或以明文承認其習慣。至關於此制度之性質，則諸多之學說不同，有謂應為契約者，有謂應為一方行為者，本法則不認其為契約，且此制度，本於種種義務之原因，為達種種經濟上之目的，甚屬有益，故設本節之規定。

第 710 條 （指示證券及其關係人之定義）

I. 稱指示證券者，謂指示他人將金錢、有價證券或其他代替物，給付第三人之證券。

II. 前項為指示之人，稱為指示人。被指示之他人，稱為被指示人，受給付之第三人，稱為領取人。

⇧查民律草案第 886 條理由謂甲發行證券，指示乙將金錢、有價證券或其他代替物給付於丙，而將證券交給於丙時，即謂之發行指示證券。甲為指示人，乙為被指示人，丙為證券領取人，省稱之為領取人。甲因發行指示證券，故授與丙以用自己之名，向被指示人領取給付之權利（即領取人），授與乙以向丙給付而歸與甲計算之權利。本條明示發行指示證券，即係授與人以索取給付權，並授與人以為給付之權利，以防止無益之爭論也。

◇完全有價證券：證券權利之發生、移轉及行使皆須依證券為之者，例如：票據。

◇代替物：具替代性、融通性之物，如：金錢、稻穀、黃豆。

▲【43臺上 237】指示證券並非不可附有保證契約。

▲【49臺上 2424】支票之付款人以銀錢業者及信用合作社為限，為票據法第 127 條所明定。支票上所記載之付款人如非銀錢業者或信用合作社，即不能適用票據法關於支票之規定，應認為民法債編所稱之指示證券。被上訴人由上訴人處

民

法

第二編　債　（第七一一～七一二條）

受讓之四千九百八十元支票一紙，其付款人為彰化縣竹塘鄉農會，依上說明，該支票祇應納入民法上指示證券之範圍，於被指示人拒絕承擔或給付時，領取人僅可向指示人請求清償其原有債務，受讓人如因該指示證券已交付對價於領取人，亦僅可本於不當得利向領取人請求返還對價，不得依票據法規定行使追索權。

▲【86臺上3381】稱指示證券者，謂指示他人將金錢、有價證券或其他代替物給付第三人之證券。為前開指示之人，稱為指示人，被指示之他人，稱為被指示人，受給付之第三人，稱為領取人。指示證券之被指示人向領取人承擔所指示之給付者，有依證券內容而為給付之義務，民法第710條、第711條第1項分別定有明文。是指示證券在被指示人為承擔前，被指示人本不負依證券內容給付之義務，指示證券之被指示人拒絕承擔或給付時，僅能由領取人向指示人請求清償其原有債務，**指示證券之受讓人，如已因（向領取人）受讓指示證券而交付對價於領取人時，亦可本於不當得利之法律關係，向領取人請求返還對價，指示證券之領取人或受讓人均不得仍持該指示證券，請求指示人給付證券上所載之金額。**

第711條　（指示證券之承擔及被指示人之抗辯權）

Ⅰ.被指示人向領取人承擔所指示之給付者，有依證券內容，而為給付之義務。

Ⅱ.前項情形，被指示人，僅得以本於指示證券之內容，或其與領取人間之法律關係所得對抗領取人之事由，對抗領取人。

☝查民律草案第889條理由謂被指示人對於領取人，不負承擔指示證券或為清償之義務，蓋發行證券，不足以令被指示人及領取人之間發生法律關係故也。若被指示人業經由領取人承擔所指示之給付（是即債務之承擔），則其效果，對於領取人，即應依指示證券之旨趣，擔負給付之義務，否則不足以維持證券之信用也。故設本條規定以明示其旨，並明示被指示人得對抗領取人之事由，以杜無益之爭執。

◇**指示證券之承擔**：即被指示人向領取人表示願照指示內容為給付之法律行為。

◇**被指示人之抗辯權**：被指示人承擔指示證券後，僅得本於指示證券之內容，或與領取人間之法律關係所得對抗領取人之事由，對抗領取人，不得

以與指示之對抗事由對抗領取人。

第712條　（指示證券發行之效力）

Ⅰ.指示人為清償其對於領取人之債務而交付指示證券者，其債務於被指示人為給付時消滅。

Ⅱ.前項情形，債權人受領指示證券者，不得請求指示人就原有債務為給付。但於指示證券所定期限內，其未定期限者，於相當期限內，不能由被指示人領取給付者，不在此限。

Ⅲ.債權人不願由其債務人受領指示證券者，應即時通知債務人。

☝謹按民律草案第887條理由謂交付指示證券，非使人知指示人及領取人間之法律關係，乃由指示人直接以其財產移轉於領取人之一法也。此法律關係，依交付該證券之原因定之，此屬當然之理，無須另以明文規定。（因贈與而交付指示證券，或因債務發生如消費借貸關係發生而交付指示證券，或因清償債務而交付指示證券，其原因無一定。）又交付指示證券，僅可為指示人證其移轉某財產於領取人之方法，非竟移轉財產，必待被指示人已給付於領取人，始生移轉財產之效力。例如甲欲以一定金額，返還於乙，交付指示證券，丙為被指示人，則其清償，必至丙給付乙後，始生效力，於交付證券承擔證券時，不生效力也。故設第1項以明示其旨。債權人受領指示證券後，不得請求指示人就原有債務再為給付，蓋應視為由被指示人領取給付也。然若定有期限之指示證券，被指示人逾期不為給付，或未定期限之指示證券，被指示人不於相當期限內給付者，證券領取人仍得向指示人請求給付，以保護其利益。故設第2項以明示其旨。債權人不願由其債務人受領指示證券者，應即通知債務人，俾有準備而免徒勞。故設第3項以明示其旨。

▲【40臺上1371】支票之付款人以銀錢業為限，為票據法第123條所明定。支票上所記載之付款人如非銀錢業，即不能適用票據法關於支票之規定，祇應認為民法債編所稱之指示證券。**此項指示證券並無須記載領取人之姓名，其未記載者固亦屬指示證券之性質，領取人並得將其讓與第三人，惟被指示人拒絕承擔或給付時，領取人可向指示人請求清償其原有債務，受讓人如因受讓該指示證券已交付對價於領取人，亦得本於不當得**

利向領取人請求返還對價，領取人及受讓人均不得仍持該指示證券，請求指示人給付證券上所載之金額。

第 713 條　（指示證券與其基礎關係）

被指示人雖對於指示人負有債務，無承擔其所指示給付或為給付之義務，已向領取人為給付者，就其給付之數額，對於指示人，免其債務。

介查民律草案第 893 條理由謂指示人與被指示人之關係，依二人間所成立之法律關係定之。故被指示人依指示證券支付債務時，對於指示人有無求償權，又被指示人有無承擔證券或為給付之義務，亦須依指示人與被指示人彼此間之法律關係決之。被指示人固不因其為指示人之債務人之故，而負承擔或為給付之義務，然被指示人對於指示人負債務，指示人因索償債務而發行指示證券，被指示人已為給付時，就其所給付之額，使得免債務，亦無不可。故設本條以明示其旨。

◇指示證券之基礎關係：被指示人為指示人之計算而為給付者，其間必有補償關係存在（即被指示人對指示人負有債務），然被指示人是否向領取人給付係其權利而非義務，如向領取人給付，就給付數額對於指示人免其債務。

第 714 條　（拒絕承擔或給付之通知義務）

被指示人對於指示證券拒絕承擔或拒絕給付者，領取人應即通知指示人。

介查民律草案第 888 條理由謂被指示人不為給付時，領取人對於指示人有無求償權，須依交付指示證券之法律關係定之，例如因贈與而交付指示證券之法律關係為給付，且贈與因欠缺方式無效時，求償權即不存在。又領取人對於被指示人索取時，被指示人究負給付之義務與否，亦然。（領取人有索取之權利而無索取之義務。）此等事項，徵諸交給指示證券之性質，已甚明瞭，無須另以明文規定。然被指示人於應為給付之時期未屆之先，拒絕承擔，或預先拒絕給付時，領取人應從速通知指示人，以保交易上之誠實與信用。故設本條以明示其旨。

第 715 條　（指示證券之撤回）

I 指示人於被指示人，未向領取人承擔所指示之給付或為給付前，得撤回其指示證券。其撤回應向被指示人以意思表示為之。

II 指示人於被指示人未承擔或給付前，受破產宣告者，其指示證券，視為撤回。

介謹按被指示人尚未向領取人承擔所指示之給付，或未向領取人為給付之前，其證券尚未完全發生效力，應使指示人得自由撤回其指示證券，蓋因發行指示證券，為一授權行為故也。故本條第 1 項明示撤回權，及其撤回之方法。又指示人於未為承擔或未為給付前，指示人已宣告破產者，其所指示之證券，應即視為撤回，蓋以此時證券領取人對於指示人之債權，應按破產程序辦理也。故設第 2 項明示其效力。

第 716 條　（指示證券之讓與）

I 領取人得將指示證券讓與第三人。但指示人於指示證券有禁止讓與之記載者，不在此限。

II 前項讓與，應以背書為之。

III 被指示人，對於指示證券之受讓人已為承擔者，不得以自己與領取人間之法律關係所生之事由，與受讓人對抗。

介查民律草案第 895 條理由謂指示證券，除指示人禁止讓與之外，應使領取人得將其證券讓與他人，庶證券得流通之益，而指示證券之讓與，非將指示人與被指示人間之債權讓與他人，乃將因交給指示證券而生之權利移轉與人而已。本條第 1 項設此規定，所以保護被指示人之利益也。又同律第 897 條理由謂指示證券讓與之方式，須規定明晰，始能免無益之爭執。故設第 2 項以明示其旨。又同律第 898 條理由謂指示人與證券受讓人彼此之間，指示證券之效力若何，須以法律定之，始能杜無益之爭論。此第 3 項所由設也。

◇指示證券之讓與：指示證券之領取人或其受讓人將證券讓與第三人之行為。

◇禁止讓與：指示人在指示證券上得記載禁止轉讓，惟通說認為，此非絕對不可轉讓之義，僅係不能背書轉讓，然仍可以普通債權讓與之方式轉讓，既然是債權讓與，受讓人必須繼受被抗辯的瑕疵（假若讓與人有被抗辯的事由）。

◇背書：指示證券之領取人或受讓人於證券背面簽名並且交付予受讓人，是讓與證券之意思表示。

第 717 條 　（短期消滅時效）

指示證券領取人或受讓人，對於被指示人因承擔所生之請求權，自承擔之時起，三年間不行使而消滅。

↪查民律草案第892條理由謂被指示人已承擔指示證券，其領取人即有請求權，此請求權為期過長，流弊滋甚，須規短期時效消滅，始足以保護被指示人之利益。此本條所由設也。

第 718 條 　（指示證券喪失）

指示證券遺失、被盜或滅失者，法院得因持有人之聲請，依公示催告之程序，宣告無效。

↪謹按指示證券如有遺失、被盜或滅失等情事時，不可不明定救濟之方法，俾資適用。故本條規定法院得因持有人之聲請，依公示催告程序，宣告證券無效，以保護持有人之利益。至公示催告應行如何程序，民事訴訟法中第五編第三章，蓋有詳細之規定也。

◇公示催告：法院依持有人之聲請，於一定期間內，以公告之方式催告利害關係人於期間內申報債權，若不申報，即生失權效力。

第二十一節　無記名證券

↪查民律草案債權編第五章原案謂無記名證券者，約明依券面之所載，給付於其持券人之證券也。故無記名證券持有人，對於發行人，有請求其依所記載之內容，為給付之權利，發行此種證券，有使債權易於移轉之利，實際上甚屬重要，故本法特設本節之規定。

第 719 條 　（無記名證券之定義）

稱無記名證券者，謂持有人對於發行人得請求其依所記載之內容為給付之證券。

↪謹按本條為規定無記名證券之意義及其性質，故明定稱無記名證券者，謂持有人對於發行人得請求其依所記載之內容為給付之證券，俾資適用。簡言之，即無記名證券之持有人，得向發行人請求給付也。

◇無記名證券：未記載特定權利人名稱之證券。任一持有人得向發行人請求依記載內容為給付之證券。

▲【32 上 1994】無記名證券所載付款日期不過

為債務之清償期，並非一經過期，發行人即可免除給付之義務。

第 720 條 　（無記名證券發行人之義務）

Ⅰ.無記名證券發行人，於持有人提示證券時，有為給付之義務，但知持有人就證券無處分之權利或受有遺失、被盜或滅失之通知者，不得為給付。

Ⅱ.發行人依前項規定已為給付者，雖持有人就證券無處分之權利，亦免其債務。

↪謹按無記名證券，係約明因券面所載向持有人而為給付，其發行人乃就其約付為單務契約，故證券之持有人，有依券面記載請求給付之權利，證券發行人，亦即有依券面記載而為給付之義務。然若已知證券持有人就證券無處分之權利，則發行人毋庸給付，得證明其事實，以拒絕持有人之請求，或證券因有證券遺失、被盜或滅失等情事，發行人已受有通知者，亦不得再為給付。故設第1項以保護正當持有人之利益。又發行人對於證券持有人，得以其無處分權而拒絕給付，然此拒絕，乃發行人之權利，而非發行人之義務。若發行人已向持有人為給付，即使持有人無處分權，發行人亦當免其債務。故設第2項以保護發行人之利益。惟發行人明知證券持有人無處分權，而故意為給付時，則視為侵權行為，應負損害賠償之責，此又當然之理，毋待明文規定者也。

◇提示證券：持有人持著證券向發行人請求給付之意思表示。

◇處分權：無記名證券於發行人作成後，交付持有人始生效力。持有人得交付轉讓他人，此為無記名證券之處分權。若第三人非自發行人或發行人後手之持有人受讓證券，且係非善意則對證券無處分權。

▲【釋 186】宣告股票無效之除權判決經撤銷後，原股票應回復其效力。但發行公司如已補發新股票，並經善意受讓人依法取得股東權時，原股票之效力，即難回復。**其因上述各情形喪失權利而受損害者，得依法請求損害賠償或為不當得利之返還。**本院院字第 2811 號解釋，應予補充。

▲【釋 386】中央政府建設公債發行條例第 8 條前段規定：「本公債債票遺失、被盜或滅失者，不得掛失止付，並不適用民法第 720 條第 1 項但書、第 725 條及第 727 條之規定。」**使人民合法持有之無記名公債債票於遺失、被盜或滅失時，無從**

民法

第二編　債　（第七二○之一～七二三條）

依民法關於無記名證券之規定請求權利保護，亦未提供其他合理之救濟途徑，**與憲法第 15 條、第 16 條保障人民權利之意旨不符**，應自本解釋公布之日起，於其後依該條例發行之無記名公債，停止適用。

第 720 條之 1 　（無記名證券持有人為證券遺失、被盜或滅失之通知應為已聲請公示催告之證明）

I 無記名證券持有人向發行人為遺失、被盜或滅失之通知後，未於五日內提出已為聲請公示催告之證明者，其通知失其效力。

II 前項持有人於公示催告程序中，經法院通知有第三人申報權利而未於十日內向發行人提出已為起訴之證明者，亦同。

⑧一、本條新增。

二、為解決無記名證券遺失、被盜或滅失之問題，俾免久延時日致損及他人利益，爰仿票據法第 18 條第 1 項但書及第 2 項規定，增訂本條第 1 項，以免爭執。

三、持有人於聲請法院為公示催告中，如有第三人申報權利，實務上法院通常以裁定停止公示催告程序（民事訴訟法第 548 條），如當事人未向法院起訴以確定所報權利之歸屬，則法律關係將久懸不決，損及他人利益，爰於第 2 項明定持有人未於十日內向發行人提出已起訴之證明者，持有人為遺失，被盜或滅失之通知，亦失其效力。

第 721 條　（無記名證券發行人之責任）

I 無記名證券發行人，其證券雖因遺失、被盜或其他非因自己之意思而流通者，對於善意持有人，仍應負責。

II 無記名證券，不因發行在發行人死亡或喪失能力後，失其效力。

⇧查民律草案第 901 條理由謂原因於無記名證券之債務關係，非因授受證券人彼此間締結契約而生，乃因發行人有使債務發生之單獨意思表示而生，即因製造無記名證券而發生也。故無記名證券之發行人，其所製就之證券，雖因遺失、被盜或其他與發行人意思相反之事由而流通，發行人亦不得免其責任。又證券製就後，未發行前，發行人死亡或喪失能力，證券之效力，不受其影響。此本條所由設也。

◇**善意持有人**：善意受讓非因發行人之意思而流通

或由於無權利人之讓與而持有無記名證券之人。

第 722 條　（無記名證券發行人之抗辯權）

無記名證券發行人，僅得以本於證券之無效、證券之內容或其與持有人間之法律關係所得對抗持有人之事由，對抗持有人。但持有人取得證券出於惡意者，發行人並得以對持有人前手間所存抗辯之事由對抗之。

⑧現行條文規定無記名證券發行人，僅得以本於證券之無效、證券內容或其與持有人間之法律關係所得對抗持有人之事由，對抗持有人。至於發行人以持有人取得證券如出於惡意，得否以對持有人前手間之事由而為抗辯，並未規定，適用上不無疑義。按無記名證券之持有人，其取得證券如出於惡意，應許發行人以對持有人前手間所存抗辯之事由對抗持有人，為學者間之通說（史尚寬著債法各論第七八六、七八七頁，鄭玉波著民法債編各論第七七八頁參照）。為保護發行人，爰參考票據法第 13 條但書，瑞士債務法第 979 條第 2 項之立法例，增列但書規定，許發行人對惡意取得證券之持有人，得以發行人對於持有人前手間所存抗辯之事由，對抗持有人。

◇**發行人抗辯權之限制**：為助於無記名證券之流通，本條規定發行人之抗辯限於(1)**本於證券之無效**、(2)**證券之內容**、及(3)**其與持有人間之法律關係所得對抗持有人之事由**三種。

第 723 條　（無記名證券之交還義務）

I 無記名證券持有人請求給付時，應將證券交還發行人。

II 發行人依前項規定收回證券時，雖持有人就該證券無處分之權利，仍取得其證券之所有權。

⇧謹按無記名證券持有人，請求給付時，應將所持證券，與所受給付，彼此互易，此乃當然之理。若證券持有人不將證券交還，發行人自無為給付之義務。故設第 1 項以明示其旨。又發行人如已向持有人為給付，雖其持有人無處分之權利，仍應使發行人免其債務，既已免其債務，自應取得證券之所有權，即使有真正之持有人出，亦不能取回該證券。故設第 2 項以明示其旨。

第 724 條　（無記名證券之換發）

I.無記名證券，因毀損或變形不適於流通，而其重要內容及識別記號仍可辨認者，持有人得請求發行人，換給新無記名證券。

II.前項換給證券之費用，應由持有人負擔。但證券為銀行兌換券，或其他金錢兌換券者，其費用應由發行人負擔。

介謹按無記名證券因毀損或變形至不適於流通時，應使持有人得以自己費用，向發行人請求換給新證券。若毀損或變形益甚，致其重要內容及識別記載不能辨認者，則與滅失同視，應依公示催告程序辦理。故設第 1 項以明示其旨。至於新證券之換給，乃為持有人之利益，非為發行人之利益，故其費用應由持有人負擔。但證券為銀行兌換券或其他金錢兌換券者，則因換給所生之費用，即不應使持有人負擔，而應由發行人負擔。故設第 2 項為規定，以保護持有人之利益。

◇識別記號：指無記名證券之編號。

第 725 條　（無記名證券喪失）

I.無記名證券遺失、被盜或滅失者，法院得因持有人之聲請，依公示催告之程序，宣告無效。

II.前項情形，發行人對於持有人，應告知關於實施公示催告之必要事項，並供給其證明所必要之材料。

介謹按無記名證券有遺失、被盜或滅失情事，須依公示催告之程序，宣告證券無效，使持有人得因此請求換給無記名證券，以保護其利益。此種情形，發行人對於持有人，應告知關於實施公示催告之必要事項，並供給其證明所必要之材料，俾持有人得提出證券繕本，或開示證券要旨，及足以辨認證券之必要事項，並釋明證券遺失、被盜或滅失及其聲請權之原因事實，向法院自為聲請也。故設本條以明示其旨。

▲【釋88】民法第725條所定之公示催告程序，乃以保障無記名證券合法持有人之利益。中華民國 48 年短期公債發行條例第 3 條僅有「不得掛失」之規定，**自不能據以排除上開民法條文之適用。**

第 726 條　（無記名證券提示期間之停止進行）

I.無記名證券定有提示期間者，如法院因公示催告聲請人之聲請，對於發行人為禁止給付之命令時，停止其提示期間之進行。

II.前項停止，自聲請發前項命令時起，至公示催告程序終止時止。

介謹按無記名證券定有提示期間者，持有人應於期限屆滿時，提示證券，請求給付，若逾期而不提示，則因時效經過，其請求權當然消滅，此為原則。然如證券有遺失、被盜或滅失情事，自己無從提示，此時若強令證券持有人仍照預定期間提示，逾期即使失效，則待遇證券持有人未免衡酷，故不可不有例外之規定。即於法院因公示催告聲請人之聲請，對於發行人為禁止給付之命令時，停止提示期間之進行，俾請求權不致因時效而消滅，以保護聲請人之利益。此第 1 項所由設也。又提示期間之停止進行，應於何時起止，亦不可不有明文規定，故明示自聲請發前項命令時起，至公示催告程序終止為止，為其停止期間，俾資適用。此第 2 項所由設也。

◇提示期間：持有人得向發行人請求給付之期間。訂有提示期間者自到期日起，得隨時提示；而未定期間者，自發行日起得隨時提示。

第 727 條　（定期給付證券喪失時之通知）

I.利息、年金及分配利益之無記名證券，有遺失、被盜或滅失而通知於發行人者，如於法定關於定期給付之時效期間屆滿前，未有提示，為通知之持有人得向發行人請求給付該證券所記載之利息、年金或應分配之利益。但自時效期間屆滿後，經過一年者，其請求權消滅。

II.如於時效期間屆滿前，由第三人提示該項證券者，發行人應將不為給付之情事，告知該第三人，並於該第三人與為通知之人合意前，或於法院為確定判決前，應不為給付。

介謹按無記名證券中，如利息、年金、及分配利益之無記名證券等，其性質與通常無記名證券稍異，不得以公示催告，宣示無效，自不可不別定方法，使遺失、被盜或滅失該項證券之持有人，得向發行人主張其於證券之請求權。但此種請求權，務須迅速實行，不宜久不確定，故規定經過一年而不行使者，其請求權消滅。此第 1 項所由設也。又如於時效期間屆滿前，由第三人提示該項證券

民

法

第二編　債　（第七二八～七三三條）

者，此時發行人應將不為給付之情事，告知該第三人，不為給付，其於該第三人貤為通知之人合意給付前，或經法院確定判決命其給付前，發行人亦不得擅為給付，以昭慎重。此第2項所由設也。

◇**年金**：指表彰按年給付一定金額債權之證券。

◇**請求權消滅**：持有人將無記名證券喪失事由通知發行人者，法律規定於時效期間屆滿後仍得請求給付，但因不宜久存續，故限於時效屆滿後一年。

第 728 條　（無利息見票即付無記名證券喪失時之例外）

無利息見票即付之無記名證券，除利息、年金及分配利益之證券外，不適用第七百二十條第一項但書及第七百二十五條之規定。

↑謹按無利息見票即付之無記名證券，與現金無異，既不能拒絕給付，復不能適用公示催告程序。故除其證券係利息、年金及其他分配利益之無記名證券外，不適用第 720 條第 1 項但書及第 725 條之規定。故設本條以明示其旨。

◇**無利息見票即付之無記名證券**：例如銀行兌換券或商店禮券等，屬金錢之代用而流通，並記載確定金額者。

第二十二節　終身定期金

↑查民律草案債權編第二章第十六節原案謂終身定期金者，當事人約定一方於自己或他方或第三人生存期內，定期以金錢給付他方或第三人之契約也。其應給付之金錢，謂之定期金，負此給付之義務者，謂之定期金債務人。此項契約，與保險契約相似，實際上關係重要，故本法特設本節之規定。

第 729 條　（終身定期金契約之定義）

稱終身定期金契約者，謂當事人約定，一方於自己或他方或第三人生存期內，定期以金錢給付他方或第三人之契約。

↑謹按終身定期金契約之成立，必以法律規定明確，始能杜無益之爭論。此本條所由設也。

▲【47臺上9】終身定期金契約與民法親屬編關於扶養義務之性質不同，自無民法第 1117 條、第 1118 條等規定之適用。

第 730 條　（終身定期金契約之訂立）

終身定期金契約之訂立，應以書面為之。

↑查民律草案第 848 條理由謂終身定期金契約，為永續契約，故應訂立書據，以免日後之爭執。此本條所由設也。

◇**終身定期金契約為要式契約**：以終身定期金而言，因為終身定期金契約之法律關係具長期、繼續性，為免日後糾紛，應有明確之證據，故本條規定須踐行「一定方式」，即以「書面」為之。

第 731 條　（終身定期金契約之存續期間及應給付金額）

I.終身定期金契約，關於期間有疑義時，推定其為於債權人生存期內，按期給付。

II.契約所定之金額有疑義時，推定其為每年應給付之金額。

↑查民律草案第 849 條理由謂終身定期金契約，得以債務人、債權人或第三人生存之期間為期間，然其期間若無特別約定時，視為約定以債權人生存之期間為其期間。又契約所定之金額有疑義時，若無特別約定，應推定其為每年應給付之金額，蓋以其最協於當事人之意思。至終身定期金之債權，以債務人或第三人之生存期間為期間者，以無特別約定為限，得移轉於債權人之繼承人，此亦當然之事，不必以明文規定也。

第 732 條　（終身定期金之給付時期）

I.終身定期金，除契約另有訂定外，應按季預行支付。

II.依其生存期間而定終身定期金之人，如在定期金預付後，該期屆滿前死亡者，定期金債權人，取得該期金額之全部。

↑謹按本條第 1 項係規定支付終身定期金之方法。又依其生存期間而定終身定期金之人，如在定期金預付後屆滿期前，而一方死亡致使其債權消滅者，債權人能否主張有按照日數請求終身定期金之權，或有請求全期間終身定期金之權，亦不可不規定明確。故斟酌當事人之意思，特設第 2 項之規定。

第 733 條　（終身定期金契約仍為存續之宣告）

因死亡而終止定期金契約者，如其死亡之事由，應歸責於定期金債務人時，法院因

債權人或其繼承人之聲請，得宣告其債權在相當期限內仍為存續。

↑查民律草案第853條理由謂終身定期金債權，因以終身為期之人死亡而消滅，此固當然之事，無待明文規定。然其死亡應歸責於終身定期金債務人時，若債權亦因此而消滅，則其弊至大，故使債權人或其繼承人得聲請法院宣告其債權，在相當期限內仍為存續，以保護債權人之利益。此本條所由設也。

第 734 條　（終身定期金權利之移轉）
終身定期金之權利，除契約另有訂定外，不得移轉。

↑謹按終身定期金，為債務人與債權人間相互之關係，即終身定期金之權利，為專屬之權利。故除契約另有訂定外，不得移轉，以期合於當事人之意思。此本條所由設也。

第 735 條　（遺贈之準用）
本節之規定，於終身定期金之遺贈準用之。

↑查民律草案第854條理由謂終身定期金債權，以因契約而發生為通例，然亦有因遺囑而使其發生者，此亦各國法律所公認，實際上亦必不可少。此本條所由設也。

◇遺贈：遺囑人以遺囑對於受遺贈人無償給與財產上利益，遺囑須以遺囑為之，性質上為單獨行為，原則上於遺贈人死亡時發生效力。

◇終身定期金遺贈之準用：因終身定期金遺贈亦係由法律行為而生，其法律關係，與以契約訂定之終身定期金，並無差異，故準用之。

第二十三節　和　　解

↑查民律草案債權編第二章第十八節原案謂和解者，當事人約定互相讓步以終止爭執，或防止爭執發生之契約也。此項契約，皆涉及財產上、人事上之關係，為各國法律所公認，亦實際上必不可少之事。故本法特設本節之規定。

第 736 條　（和解之定義）
稱和解者，謂當事人約定，互相讓步，以終止爭執或防止爭執發生之契約。

↑謹按和解之成立，必以法律規定明確，始能杜無益之爭論。本條明示和解之意義及其性質，即謂當事人間互相讓步，終止現在已經發生之爭執，及防止將來可以發生之爭執之契約也。

▲【33 上 3343】訴訟外之和解，在法律上並非要式行為，自無適用民法第73條之餘地。

▲【83 臺上 620】和解內容，倘以他種法律關係替代原有法律關係者，則以和解契約創設新法律關係，故債務人如不履行和解契約，債權人應依和解創設之新法律關係請求履行，不得再依原有法律關係請求給付。

第 737 條　（和解之效力）
和解有使當事人所拋棄之權利消滅及使當事人取得和解契約所訂明權利之效力。

↑謹按和解成立以後，其和解契約，應即發生效力。惟其效力，有消極、積極二種，在消極方面，有使當事人所拋棄之權利而為消滅，在積極方面，有使當事人取得和解契約所訂明之權利。故設本條以明示其旨。

◇和解契約之效力

創設效力	當事人係以他種之法律關係或以單純無因性之債務約束等，替代原有之法律關係而成立者，為創設性之和解。債務人如不履行和解契約，債權人應依和解所創設之新法律關係請求履行，不得再依原有之法律關係請求給付
確認效力	當事人僅以明確原來之法律關係為基礎而成立和解時，則屬確認性之和解。既係以原來明確之法律關係為基礎而成立之和解，僅有認定之效力，債權人自非不得依原來之法律關係訴請債務人給付，法院不得為與和解結果相反之認定而已

▲【57 臺上 2180】和解之範圍，應以當事人相互間欲求解決之爭點為限，至於**其他爭點，或尚未發生爭執之法律關係，雖與和解事件有關，如當事人並無欲求一併解決之意思，要不能因其權利人未表示保留其權利，而認該權利已因和解讓步，視為拋棄而消滅。**

▲【89 臺上 124】按訴訟上之和解，為私法上之法律行為，同時亦為訴訟法上之訴訟行為，即一面以就私法上之法律關係止息爭執為目的，而生私法上效果之法律行為，一面又以終結訴訟或訴訟之某爭點為目的，而生訴訟法上效果之訴訟行為，兩者之間，實有合一不可分離之關係；故**訴**

訟上之和解就有爭執之訴訟標的之解決者，自亦發生民法第 737 條所定使當事人所拋棄之權利消滅及使當事人取得和解契約所訂明權利之效力。

▲【98 臺上 315】惟和解，如當事人係以他種之法律關係或以單純無因性之債務約束等，替代原有之法律關係而成立者，為屬於創設性之和解；若僅以原來明確之法律關係為基礎而成立和解時，則屬認定性之和解。倘係前者，債權人如不履行和解契約，債權人應依和解所創設之新法律關係請求履行，不得再依原有之法律關係請求給付。如為後者，既係以原來明確之法律關係為基礎而成立之和解，僅有認定之效力，債權人自非不得依原來之法律關係訴請債務人給付，祇法院不得為與和解結果相反之認定而已。

第 738 條　（和解之撤銷——和解與錯誤之關係）

和解不得以錯誤為理由撤銷之。但有左列事項之一者，不在此限：
一　和解所依據之文件，事後發見為偽造或變造，而和解當事人若知其為偽造或變造，即不為和解者。
二　和解事件，經法院確定判決，而為當事人雙方或一方於和解當時所不知者。
三　當事人之一方，對於他方當事人之資格或對於重要之爭點有錯誤，而為和解者。

介謹按和解既屬契約之一，則依契約原則，凡有錯誤被詐欺或被脅迫情事，據本法總則第 88 條、第 92 條之規定，均得為撤銷之原因，毫無疑義。惟本條則屬例外規定，凡事一經和解，即使有於當事人一方有不利之情形，亦不得以錯誤為理由而撤銷之。然若和解所依據之文件，係偽造或變造，經事後始行發見，而和解當事人如知其為偽造或變造，即不為和解者，或和解事件經法院確定判決，而為當事人雙方或一方，於和解當時所不知者，或當事人之一方，對於他方當事人之資格，或對於重要之爭點有錯誤而為和解者，此種情事，均關重要，既反乎真實符合之主義，自仍許當事人據為撤銷之理由，以保護其利益。故設本條以明示其旨。

◇錯誤：指當事人意思表示有錯誤，心中並無和解意思而對外為和解之意思表示。因和解之目的本不在究明真相，而係在於終止或防止紛爭發生，故即使有錯誤，亦不得撤銷和解。

◇當事人資格：須交易上認為重要者，有錯誤方能撤銷和解契約，例如：當事人學歷或專長錯誤。

▲【83 臺上 2383】和解不得以錯誤為理由撤銷之，但當事人之一方，對於他方當事人之資格或對於重要之爭點有錯誤而為和解者，不在此限，此觀民法第 738 條第 3 款之規定自明。此種撤銷權之行使，既係以錯誤為原因，則民法第 90 條關於以錯誤為原因，行使撤銷權除斥期間之規定，於此當有其適用。

第二十四節　保　證

介查民律草案債權編第二章第二十節原案謂保證者，謂當事人約定一方於他方之債務人不履行債務時，由其代負履行責任之契約也。負此義務之人，謂之保證人，負擔債務之人，謂之主債務人。既約定由保證人履行債務人之債務，遂生擔保之效用，此自古各國法律所認者也。本法亦採用之，特設本節之規定。

第 739 條　（保證之定義）

稱保證者，謂當事人約定，一方於他方之債務人不履行債務時，由其代負履行責任之契約。

介謹按本條為揭明保證契約之內容，以杜無益之爭論。保證契約，各國立法例，如德國民法第 766 條，瑞士債權編第 491 條，均規定以文書為限，然於實際諸多不便，故本法不採用之。特明示保證契約之成立，不以書面為必要。

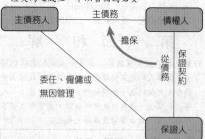

▲【42 臺上 624】當事人於本契約外為確保其契約之履行起見，同時或事後另以契約訂定違約金之給付，依其內容給付祇以違約為條件，並非有預定賠償損害之性質，其本契約之保證人於該契約苟未經簽名認可，或有經其同意之證明，縱該

保證人於本契約經已拋棄其先訴抗辯權，亦不負連帶給付之責任。

▲【46 臺上 163】對保與否，並非保證契約之成立要件。上訴人不得以對保過遲，為免負保證責任之論據。（編按：對保指銀行確認借款人或保證人本人簽訂借款或保證契約的程序。）

▲【49 臺上 1709】保證契約係基於保證人與主債務人間之信任，若主債務人有所變更，除已得保證人同意外，尚難謂其仍負保證之責。

▲【49 臺上 2637】本件契約係職務保證性質，與一般之金錢債務保證不同，其保證書所載「保證擔任職務期間操行廉潔，恪遵法令暨貴公司各種規章，倘有違背情事或侵蝕公款、財物及其他危害公司行為，保證人願放棄先訴抗辯權，並負責指交被保人及照數賠償之責」字樣。如係對於被保證人職務行為致損害於被上訴人時，負賠償責任之意思，即為獨立負擔之損害賠償義務，非無民法第 217 條之適用。

▲【52 臺上 3055】刑事庭移送民事庭之附帶民事訴訟，僅移送後之訴訟程序應適用民事訴訟法，至移送前之訴訟行為是否合法，仍應依刑事訴訟法決定之。第一審「刑事庭」依刑事訴訟法第 508 條第 1 項移送民事庭之附帶民事訴訟事件，其提起合法與否，自應依刑事訴訟法予以判斷。民法第 739 條載稱保證者，謂當事人約定一方於他方之債務人不履行債務時，由其代負履行責任之契約，保證人係依契約以第三人之資格為被保人保證代被保人履行，本身既未為侵權行為，且亦非依民法負賠償責任之人，故不應許對保證人提起附帶民事訴訟。

▲【58 臺上 3420】保證債務之成立，並非債務之承擔，主債務人之債務不因有保證人之故，而失其存在。合夥債務亦不因有保證人之故，其合夥人即可免負民法第 681 條對於不足之額之連帶償還責任。

▲【69 臺上 1676】公司除依其他法律或公司章程規定，以保證為業務者外，不得為任何保證人，為公司法第 16 條第 1 項所明定。本件被上訴人公司係以某報之出版發行等為業務，而非以保證為業務，自有上開禁止規定之適用。且所謂不得為任何保證人，非僅指公司本身與他人訂立保證契約為保證人，即承受他人之保證契約，而為保證人之情形，亦包括在內。

▲【79 臺上 2015】所謂職務保證，乃保證人與僱用人約定，將來被保人之職務行為致生損害於僱用人時，由保證人負賠償責任之從契約。其效力僅向將來發生。當事人間如無特別約定，對於僱用人於訂約時，業已發生之損害，保證人不負賠償責任。

第 739 條之 1　（保證人之權利不得預先拋棄）

本節所規定保證人之權利，除法律另有規定外，不得預先拋棄。

㊙一、本條新增。

二、本節所規定之保證人權利有一般抗辯權（第 742 條）、拒絕清償權、先訴抗辯權等。保證契約雖為從契約，惟目前社會上，甚多契約均要求保證人預先拋棄一切權利，對保證人構成過重之責任，有失公平。為避免此種不公平之現象，爰仿瑞士債務法第 492 條第 4 項規定，增訂除法律另有規定（例如第 746 條第 1 款保證人得拋棄先訴抗辯權）外，本節所規定之保證人之權利，不得預先拋棄。

▲【92 臺上 1368】按就定有期限之債務為保證者，如債權人允許主債務人延期清償時，保證人除對於其延期已為同意外，不負保證責任，民法第 755 條定有明文。是保證人對於債權人延期清償之允許，不表同意時，主債務雖可延期清償，但保證債務應歸於消滅。蓋債權人自己拋棄期限之利益，不得使保證人因此受有不利之影響。就該屬於保證人不同意主債務延期而免責之權利規定，如保證人預先拋棄其不同意主債務延期而免責之權利，依民法第 739 條之 1 及民法債編施行法第 33 條之規定，其預先拋棄即屬無效。

▲【97 臺上 1680】約定保證人預先拋棄權利、加重其責任或限制其行使權利者，僅該部分約定無效，並非契約全歸無效，此觀民法第 111 條但書、第 739 條之 1、第 247 條之 1、民法債編施行法第 17 條、第 33 條之規定自明。是未定有期間之最高限額保證契約，倘有使保證人預先拋棄其權利或限制其行使權利之約定，按其情形有顯失公平之情事，僅該約定部分無效，但不影響最高限額保證契約本身之性質，不能將之混為一談，據以作為限制保證範圍之依據。

第 740 條　（保證債務之範圍）

保證債務，除契約另有訂定外，包含主債務之利息、違約金、損害賠償及其他從屬於主債務之負擔。

民法　第二編　債　（第七三九之一～七四○條）

企查民律草案第864條理由謂保證債務之範圍，雖依保證契約而定，然有時保證契約內不規定與此，應以法律預定其範圍，而保證者，擔保債務人必能履行債務之債務也。故主債務原本之外，如利息、違約金、損害賠償及其他從屬於主債務之負擔，亦應擔保其履行，始合於保證之本旨。

第741條　（保證債務負擔之從屬性）

保證人之負擔，較主債務人為重者，應縮減至主債務之限度。

企查民律草案第865條理由謂保證債務，乃擔保債權之一種方法，為從債務而非主債務，必以主債務存在，始能成立，且保證債務之標的必與主債務之標的同。又保證債務之標的及體樣，祇能輕於主債務，不能重於主債務，故保證人之負擔，較重於主債務人之負擔者，應使其縮減至主債務人負擔之限度為止。此本條所由設也。

◇**保證契約之從屬性**：保證契約須以主債務之存在為前提（發生上從屬性）；保證之主債權移轉時，保證債權亦隨之移轉（移轉上從屬性）；主債務消滅者，保證債務亦同時消滅（消滅上從屬性）。

第742條　（保證人之抗辯權）

I.主債務人所有之抗辯，保證人得主張之。
II.主債務人拋棄其抗辯者，保證人仍得主張之。

企查民律草案第866條理由謂保證債務為從債務，故主債務人所有之抗辯，如留置權之抗辯，延期之抗辯等，保證人皆得主張之。至保證人於訂立保證契約時，將可主張主債務人所有抗辯之權利

拋棄者，其契約應為負擔債務契約，不得為保證契約，此當然之理，無須另行規定。又主債務人雖拋棄其抗辯權，而不得因此害及保證人之利益，否則保證人將蒙不測之損害也。

◇**保證人之抗辯權**：債權人向保證人請求履行保證責任時，保證人得以主債務人對債權人所得主張之所有抗辯，對抗債權人。此抗辯權包含主債務未發生之抗辯、同時履行抗辯、時效完成抗辯、債務消滅抗辯等。且即便主債務人拋棄其抗辯，保證人仍得主張之。
　　　　　　　　　　　　　　（最高 3 年度）

第742條之1　（保證人之抵銷權）

保證人得以主債務人對於債權人之債權，主張抵銷。

88 一、本條新增。
二、主債務人對債權人有債權者，保證人得否以之主張抵銷，學者及實務見解不一。為避免保證人於清償後向主債務人求償困難，爰參考日本民法第457條第2項之規定，增列本條，明定保證人得以主債務人對於債權人之債權，主張抵銷，以杜爭議。

第743條　（無效債務之保證）

保證人對於因行為能力之欠缺而無效之債務，如知其情事而為保證者，其保證仍為有效。

88 債務人因錯誤而負擔之債務，依第88條規定，得撤銷之，並非當然無效，且依第92條規定，因被詐欺或被脅迫而負擔之債務，亦得撤銷。現行條文稱「因錯誤而無效」，恐將引起誤會，又僅列舉「錯誤」一種情形，而置「詐欺」及「脅迫」

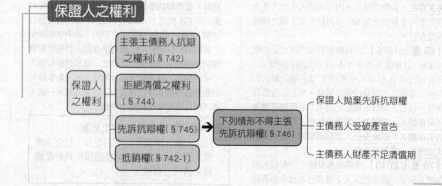

保證人之權利

保證人之權利 ── 主張主債務人抗辯之權利（§742）
　　　　　　── 拒絕清償之權利（§744）
　　　　　　── 先訴抗辯權（§745）→ 下列情形不得主張先訴抗辯權（§746） ── 保證人拋棄先訴抗辯權
　　　　　　　　　　　　　　　　　　　　　　　　　　　　　　　　── 主債務人受破產宣告
　　　　　　　　　　　　　　　　　　　　　　　　　　　　　　　　── 主債務人財產不足清償期
　　　　　　── 抵銷權（§742-1）

於不顧，理由亦不易明瞭，爰刪除「錯誤或」等字，使本條僅適用於因欠缺行為能力而無效之一種情形。

◇**行為能力之欠缺**：主債務人為無行為能力人或為限制行為能力人未得法定代理人承認者，其意思表示均為無效。保證人若知悉而仍為保證，保證債務仍獨立有效。

◇**無效保證之例外**：保證債務雖具有從屬性，仍為個別獨立之債務，知悉主債務因行為能力欠缺而仍為保證者，構成從屬性之例外。

第 744 條　（保證人之拒絕清償權）

主債務人就其債之發生原因之法律行為有撤銷權者，保證人對於債權人，得拒絕清償。

介查民律草案第 867 條理由謂法律行為之撤銷權，為保護當事人之利益而設，主債務人撤銷發生債務之法律行為之權利，不能使保證人直接行使之，然亦不能不為保證人之利益計。故欲主債務人可得撤銷之法律行為，應以拒絕清償保證債務之抗辯權，予保證人。若保證人不知主債務人有撤銷權，履行保證債務，及其後主債務人行使撤銷權時，保證人可依不當得利之原則，向債權人請求返還其給付。本條設此規定，所以保護保證人之利益也。

◇**撤銷權**：若主債務人就其債之發生原因之法律行為有瑕疵而行使撤銷權，保證契約自亦失效，保證人得主張權利已消滅之抗辯；若主債務人未行使撤銷權，保證人亦得據以拒絕清償。

第 745 條　（先訴抗辯權）

保證人於債權人未就主債務人之財產強制執行而無效果前，對於債權人得拒絕清償。

介查民律草案第 868 條理由謂保證債務者，因主債務人不履行主債務時而履行之債務也。故債權人應先就主債務人之財產而為強制執行，必須強制執行而無效果，始得請求保證人清償，否則保證人對於債權人有拒絕清償之權利。蓋保證債務，為從債務，債權人應先向主債務人請求清償，於未向主債務人請求之先，不得向保證人請求也。故設本條以明示其旨。

◇**保證人之先訴抗辯權**：債權人未就主債務人之財產聲請強制執行無效果前，保證人得拒絕清償，

亦稱檢索抗辯權。此為保證債務補充性之展現。

第 746 條　（先訴抗辯權之喪失）

有下列各款情形之一者，保證人不得主張前條之權利：
一　保證人拋棄前條之權利。
二　主債務人受破產宣告。
三　主債務人之財產不足清償其債務。

㊾刪除原條文第 2 款「保證契約成立後，主債務人之住所、營業所或居所有變更，致向其請求清償發生困難者。」之規定，但保證人拋棄先訴抗辯權者，不在此限；促使債權人之求償仍應以主債務人為第一順位，以提升保證人權益。

▲【38 臺上 307】保證債務人受債權人履行之請求時，依法雖得為先訴之抗辯。但當事人間如已特別約定主債務人屆期不履行，由保證人如數償還者，即應認為先訴抗辯權之拋棄，不得更為主張。

▲【48 臺上 557】保證契約係保證人與債權人間成立之契約，不因主債務人之死亡而歸於消滅。

第 747 條　（請求履行及中斷時效之效力）

向主債務人請求履行，及為其他中斷時效之行為，對於保證人亦生效力。

介查民律草案第 870 條理由謂向保證人請求履行及時效中斷，對於主債務人不生效力，然對於主債務人請求履行及時效中斷，則對於保證人不能不生效力。蓋保證在擔保主債務之履行，若不發生效力，則有反於保證之本旨也。

◇**中斷時效之行為**：依民法第 129 條第 1 項規定：「消滅時效，因左列事由而中斷：一、請求。二、承認。三、起訴。」惟第 2 款：承認，實務見解認為係保證務人行為所致，非屬民法第 747 條所規定之債權人向主債務人請求之行為，故對保證人不生效力（68 臺上 1813）。

▲【68 臺上 1813】依民法第 747 條規定，向主債務人請求履行及為其他中斷時效之行為，對於保證人亦生效力者，**僅以債權人向主債務人所為請求、起訴或與起訴有同一效力之事項為限，若同法第 129 條第 1 項第 2 款規定之承認，性質上乃主債務人向債權人所為之行為，既非民法第 747 條所指債權人向主債務人所為中斷時效之行為，對於保證人自不生效力。**

第 748 條 （共同保證）

數人保證同一債務者，除契約另有訂定外，應連帶負保證責任。

⇧查民律草案第 871 條理由謂保證債務人有數人時，其保證人有分別之利益，即非其擔負之部分，不任其責，此多數之立法例也。然本條為鞏固保證之效力起見，保證人有數人時，均使其為連帶債務人而任其責，排除分別利益之抗辯，以保護債權人之利益。但契約另有訂定者，仍應從其所訂定，此又不易之理也。故設本條以明示其旨。

◇**共同保證、連帶保證與保證連帶**

共同保證	數保證人就同一債務所為之保證
連帶保證	保證人與主債務人負連帶債務履行責任。連帶保證人不待約定當然無先訴抗辯權，債權人得依民法第 273 條逕向保證人請求為全部之給付
保證連帶	共同保證之保證人對債權人連帶負保證責任，此乃數保證人間成立之連帶，該數保證人原則上仍有先訴抗辯權

▲【28 渝上 1742】民法債編施行前數人保證同一債務者，依該編施行法第 1 條不適用民法第 748 條之規定，**除契約另有訂定或數人先後各就主債務全額保證者外，其保證債務由數人各自平均分擔，並不連帶負保證責任**。

第 749 條 （保證人之代位權）

保證人向債權人為清償後，於其清償之限度內，承受債權人對於主債務人之債權。但不得有害於債權人之利益。

⑱保證人為清償後，依現行規定，應按其清償限度，受讓原有債權，此際如保證人為一部清償，原債權人既仍保留未受清償部分之債權，則保證人受讓之部分債權與債權人其餘原有債權併存，如有擔保物權，強制執行程序中何者優先受償？現行法尚無明文規定，易滋疑義，一般解釋認原債權人之利益不因保證人之清償而受影響。為避免發生疑義，爰參考德國民法第 774 條第 1 項第 2 段及瑞士債務法第 507 條第 2 項後段之規定，並審酌條文用語在文法結構上主詞與動詞之銜接情形，而仿本法第 281 條第 2 項及第 312 條但書之立法例，修正如上。

◇**保證人之代位權**：保證人向債權人為清償或為其他消滅債務之行為後，在清償的範圍內，取得原債權人之地位而向債務人行使原債權之權利。

◇**法定債之移轉**：債權人對於主債務人之債權，於清償限度內移轉與保證人，無須當事人合意，效力與債權讓與相同。

◇**不得有害於債權人之利益**：如保證人為一部清償，則原債權人仍保留未受清償部分之債權，其利益不應受保證人清償之影響，故參照民法第 281 條第 2 項及第 312 條但書之立法為本條之規定。

▲【105 臺上 1034】又數人保證同一債務者，除契約另有約定外，應連帶負保證責任，民法第 748 條定有明文。是以，該數保證人就其所保證之債務應負連帶清償責任，而構成民法第 272 條所稱之連帶債務；如共同保證人中之一人，就超過自己分擔部分而為清償或其他消滅債務之行為者，自得向他共同保證人請求按其應分擔部分償還，此觀民法第 280 條、第 281 條之規定自明。**上開保證人間之求償權與民法第 749 條所規定保證人於其清償之限度承受債權人對於主債務人債權之代位權承受權，並不相同，自無須承擔主債務人對債權人之抗辯**。

第 750 條 （保證責任除去請求權）

I.保證人受主債務人之委任，而為保證者，有左列各款情形之一時，得向主債務人請求除去其保證責任：

一 主債務人之財產顯形減少者。

二 保證契約成立後，主債務人之住所、營業所或居所有變更，致向其請求清償發生困難者。

三 主債務人履行債務遲延者。

四 債權人依確定判決得令保證人清償者。

II.主債務未屆清償期者，主債務人得提出相當擔保於保證人，以代保證責任之除去。

⇧謹按受主債務人委任而為保證人者，法律應指定事項，認其有保證免責之請求權，始能保護其利益。此第 1 項所由設也。又主債務未屆清償期者，主債務人得提出擔保於保證人，以代保證責任之除去，蓋以免責請求權之設置，原為防止保證人意外之損失，主債務人既經提出相當之擔保，則保證人自可減免保證之責任。此第 2 項所由設也。

◇**保證責任之除去請求權**：主債務人信用或財產發生變化致影響加重保證人責任時，保證人得請

求主債務人除去其保證責任。

▲【22 上 365】保證人向主債務人請求除去其保證責任，僅為其與主債務人之關係，**其對於債權人所負代償責任，並不因此而受影響**。

第 751 條 （保證責任之免除——拋棄擔保物權）

債權人拋棄為其債權擔保之物權者，保證人就債權人所拋棄權利之限度內，免其責任。

☞謹按債權人將擔保其債權之物權拋棄者，無論其物權於保證成立與否，應使保證人就債權人所拋棄權利之限度內，免其責任。即其擔保物權係擔保主債務之全部者，債權人拋棄其擔保物權時，保證人得免全部之保證責任，其擔保物權，係擔保主債務之一部者，債權人拋棄其擔保物權時，保證人得免一部之保證責任。本條設此規定，蓋以保護保證人之利益也。

▲【42 臺上 416】民法第 751 條關於債權人拋棄為其債權擔保之物權者，保證人就債權人所拋棄權利之限度內免其責任之規定，**所謂為其債權擔保之物權，係指已具備物權之生效要件者而言，若欠缺物權之生效要件者，在物權法上既不得稱之為其債權擔保之物權，縱使債權人有不為主張或怠於行使之情形，亦無拋棄之可言，保證人仍不得因此而於其限度內免除保證責任**。

第 752 條 （定期保證責任之免除——不為審判上之請求）

約定保證人僅於一定期間內為保證者，如債權人於其期間內，對於保證人不為審判上之請求，保證人免其責任。

☞查民律草案第 876 條理由謂保證有期限之債務者，保證人得於期限經過後，向主債務人請求保證之免責，蓋債務既已屆期，遲延之責，自應由主債務人負擔故也。至保證債務，其自己定有期限者，若使保證人於其期限經過後，即時可以免責，於保證債權人之利益，未免過薄。故特設本條，債權人不於期限內向保證人為審判上之請求者，保證人始能免責。

▲【43 臺上 275】借用證所謂清償期限，係債務之清償期限，而非保證人負保證責任之期間。被上訴人是否於此項期限請求清償，於上訴人之保證責任不生影響。

▲【49 臺上 1756】就定有期限之債務為保證，與約定保證人於一定期間內為保證之情形不同，此項保證未定期間，而定有清償期限之債務，在主債務清償期屆滿後，除保證人已定期催告債權人向主債務人為審判上之請求者外，保證人不得以債權人遲遲不為審判上之請求，為免其保證責任之論據。

▲【50 臺上 1470】就定有期限之債務為保證者，如債權人允許主債務人延期清償時，保證人除對於其延期已為同意外，不負保證責任，固為民法第 755 條所明定。但約定保證人於一定期間內為保證者，則在此一定期間內所發生之債務，如債權人允許主債務人延期清償，而所延展之清償期仍在該一定期間內者，保證人自不得援引前開法條，而主張不負保證責任。

▲【77 臺上 1207】民法第 752 條所謂：約定保證人僅於一定期間內為保證者，**係指保證人就已確定之債務為保證，而約定一定之保證期間，債權人應於該期間內向保證人為請求者而言**。至約定就一定期間內所生之債務為保證者，其期間僅係決定保證債務之範圍，與上述所指情形有間，自無該條之適用。

第 753 條 （未定期保證責任之免除——不為審判上之請求）

I.保證未定期間者，保證人於主債務清償期屆滿後，得定一個月以上之相當期限，催告債權人於其期限內，向主債務人為審判上之請求。

II.債權人不於前項限內向主債務人為審判上之請求者，保證人免其責任。

☞謹按主債務定有期限，而保證未定期限者。保證人得於主債務清償期屆滿後，定一個月以上之相當期限，催告債權人於其期限內，向主債務人為審判上之請求。若債權人不於其期限內，向主債務人為審判上之請求，應使保證人得免除保證責任，以保護保證人之利益。故設本條以明示其旨。

◇審判上之請求：本項係指提起給付之訴。又與起訴有同一效力之事項，如：依督促程序聲請核發支付命令、告知訴訟、開始執行行為或聲請強制執行等，均屬之。

第 753 條之 1 （法人董事、監察人之保證責任）

因擔任法人董事、監察人或其他有代表權

之人而為該法人擔任保證人者，僅就任職期間法人所生之債務負保證責任。

⑨一、本條新增。

二、明訂法人擔任保證人之董事、監察人或其他有代表權之人，如已卸任，則其保證人之身分與義務自應隨之終止。

第 754 條　（連續發生債務保證之終止）

I.就連續發生之債務為保證而未定有期間者，保證人得隨時通知債權人終止保證契約。

II.前項情形，保證人對於通知到達債權人後所發生主債務人之債務，不負保證責任。

↑謹按保證人就連續發生之債務為保證，而其保證又未定有期間者，其應就連續發生之債務，負其責任，此乃當然之理，然此種情形，保證人之責任未免過重，故使其有隨時通知債權人終止保證契約之權。又保證人欲終止保證契約時，須對於債權人發終止保證契約之通知，俾有準備，但此種通知，應以達到於債權人後，始生效力，保證人於通知達到後所發生之債務，即可免除責任，藉以保護保證人之利益。故設本條以明示其旨。

◇連續發生之債務：指不定期間、陸續不斷發生之債務。

▲【29 渝上 430】就連續發生之債務為保證而未定有期間者，保證人固得隨時終止保證契約，惟依民法第 754 條之規定，**其終止保證契約之通知，應向債權人為之，若僅登報公告，則不能發生效力。**

▲【77 臺上 943】保證人與債權人約定就債權人與主債務人間所生一定債之關係範圍內之不特定債務，預定最高限額，由保證人保證之契約，學說上稱為最高限額保證。此種保證契約如定有期間，在該期間內所生約定範圍內之債務，不逾最高限額者，均為保證契約效力所及；如未定期間，保證契約在未經保證人依民法第 754 條規定終止或有其他消滅原因以前，所生約定範圍內之債務，亦同。故在該保證契約有效期間內，已發生約定範圍內之債務，縱因清償或其他事由而減少或消滅，該保證契約依然有效，嗣後所生約定範圍內之債務，於不逾最高限額者，債權人仍得請求保證人履行保證責任。

第 755 條　（定期債務保證責任之免除——延期清償）

就定有期限之債務為保證者，如債權人允許主債務人延期清償時，保證人除對於其延期已為同意外，不負保證責任。

↑謹按保證人就定有清償期限之債務而為保證者，若債權人允許主債務人延期清償時，此種延期清償之允許，對於保證人之效力若何，不可不有明白之規定，俾免無益之爭論，故本條明示應以保證人之意思為準。如保證人對於債權人延期清償之允許，表示同意，則主債務延期，保證債務亦延期，保證人自應繼續負責。若保證人對於債權人延期清償之允許，不表同意，則主債務延期，保證債務消滅，保證人即不再負保證責任，蓋債權人自己拋棄期限之利益，應不使保證人因此而受不利之影響也。

◇延期清償：因保證人係衡量主債務人清償期資產狀況而願意作保，若債權人得任意延長清償期，保證人無法預料延長後主債務人之資產狀況，對其甚為不利，故免除其責任。

▲【43 臺上 192】保證契約既載明自某日起至某日止一年期間內負保證責任，即屬**概括保證之性質**，在此一年期間內所發生之債務，不問次數若干，均應負保證責任。縱使債權人同意主債務人某一次借貸延期清償，而該一次借貸所延展之期間，既在原約定一年期間之內，自不得藉此主張不負保證之責任。

▲【44 臺上 1182】就定有期限之債務為保證者，如債權人允許主債務人延期清償時，保證人除於其延期已為同意外，不負保證責任，為民法第 755 條之所明定。**此項規定凡保證債務均適用之，連帶保證債務不過保證人喪失先訴及檢索抗辯權，仍不失為保證債務之一種，自無排斥上開法條適用之理由。**

▲【48 臺上 260】民法第 755 條之規定，以債務人延期清償係出自債權人之允許，並未得保證人之同意者，始有其適用。**若債務人任意不履行債務，致有延期，而保證人又不能確實證明延期係出自債權人之允許時，自無許其免除保證責任之理。**

▲【52 臺上 2799】就定有期限之債務為保證，保證人主張債權人允許主債務人延期清償，援引民法第 755 條之規定為抗辯時，**對於債權人允許**

延期之事實固負舉證責任，但債權證書之到期日經塗改者，保證人簽名究在塗改前抑在其後，如有爭執，自應由持有債權證書之債權人負舉證責任。

第 756 條　（信用委任）

委任他人以該他人之名義，及其計算，供給信用於第三人者，就該第三人因受領信用所負之債務，對於受任人，負保證責任。

介謹按本條係採德國新民法特設信用委任之規定，所謂信用委任，如甲委任乙，以乙之名義及其計算，供給信用於第三人丙，即由乙借款若干於丙是，此種情形，實具有擔保債務之性質，故甲對於乙應負保證之責任。蓋信用委任係以受任人名義供給信用於第三人，所以別於普通委任，復以受任人計算供給信用於第三人，又以別於通常委任也。

◇信用委任：例如：A（委任人）委託 B（受任人）以 B 之名義貸款與 C，而供給信用所生之損益，均歸 B 負擔，此時 A 就 C 之貸款債務對 B 負擔保責任。此契約兼具保證及委任之性質。

第二十四節之一　人事保證

⑧一、本節新增。
二、按人事保證者謂當事人約定，一方於他方之受僱人將來因職務上之行為而應對他方為損害賠償時，由其代負賠償責任之契約。人事保證在我國社會上已行之有年，自民國 5 年大理院上字第 1032 號判決以來，實務上迭見相關案例，惟現行民法尚無任何規定，為使當事人間權利義務臻於明確，爰增訂本節規定。

第 756 條之 1　（人事保證之定義）

I.稱人事保證者，謂當事人約定，一方於他方之受僱人將來因職務上之行為而應對他方為損害賠償時，由其代負賠償責任之契約。
II.前項契約，應以書面為之。

⑧一、本條新增。
二、本條規定人事保證之意義。一般所稱之人事保證，或稱職務保證，乃就僱傭或其他職務關係中將來可能發生之債務所為具有繼續性與專屬性，而獨立負擔損害賠償責任之一種特殊保證，

惟仍係就受僱人之行為而代負損害賠償責任。為免人事保證之保證人負過重之責任，爰明定其責任範圍為他方受僱人將來因職務之行為而應負之損害賠償責任，惟不及於僱用人對於受僱人之求償權，亦不及於非損害賠償債務，如受僱人因故逃匿而代為搜尋是。又本條稱受僱人者，與第 188 條所稱之受僱人同其意義，亦即非僅限於僱傭契約所稱之受僱人，凡客觀上被他人使用為之服勞務而受其監督者均屬之(最高法院 57 年臺上字第 1663 號民事判例參照)。
三、為示慎重，並期減少糾紛，爰於第 2 項明定人事保證契約，應以書面為之。

▲【51 臺上 1854】承銷保證契約記載：「茲擔保某甲在臺灣省某市菜批發市場經營菜承銷業務……如有虧欠貨款……等情事，保證人願負法律上一切責任」等語，其性質非屬一般債務保證，而為人事保證(亦稱職務保證或身元保證)，與民法第 755 條所謂就有期限之債務為保證之情形迥不相同。

▲【79 臺上 2015】所謂職務保證，乃保證人與僱用人約定，將來被保人之職務行為致生損害於僱用人時，由保證人負賠償責任之從契約。其效力僅向將來發生。當事人間如無特別約定，對於僱用人於訂約時，業已發生之損害，保證人不負賠償責任。

▲【103 臺上 2427】按民法第 756 條之 1 所定人事保證，係以受僱人將來因職務上行為即勞務提供，對僱用人可能發生內容不確定之損害賠償債務為保證對象。**保證契約就受僱人勞務給付義務之履行為擔保者，則係對於受僱人不履行該義務所負特定損害賠償責任之保證，其性質為一般保證，並非人事保證。**

第 756 條之 2　（保證人之賠償責任）

I.人事保證之保證人，以僱用人不能依他項方法受賠償者為限，負其責任。
II.保證人依前項規定負賠償責任時，除法律另有規定或契約另有訂定外，其賠償金額以賠償事故發生時，受僱人當年可得報酬之總額為限。

⑧一、本條新增。
二、人事保證為無償之單務契約，對保證人至為不利，故如僱用人能依他項方法獲得賠償者，諸如僱用人已就受僱人之不誠實行為參加保證保險

（保險法第三章第四節之一第 95 條之 1 至第 95 條之 3 參照），或已由受僱人或第三人提供不動產就受僱人職務上行為所致損害為僱用人設定最高限額抵押權等是，自宜要求僱用人先依各該方法求償，其有不能受償，或不足受償，始令保證人負其責任，俾減輕保證人之責任，爰增訂本條。

第 756 條之 3 　（人事保證之期間）

Ⅰ.人事保證約定之期間，不得逾三年。逾三年者，縮短為三年。

Ⅱ.前項期間，當事人得更新之。

Ⅲ.人事保證未定期間者，自成立之日起有效期間為三年。

⑧一、本條新增。

二、人事保證契約係以將來內容不確定之損害賠償債務為保證對象，對於保證人極為不利，不可不設期間之限制。爰參考日本「有關身分保證之法律」第 2 條，並酌予縮短其期間，於第 1 項增訂人事保證約定之期間，及逾期縮短之規定。

三、人事保證定有期間者，於約定期間屆滿後，當事人得更新之，方符契約自由之原則。爰仿日本前開法律第 2 條規定，增訂本條第 2 項規定。至於更新之契約，依前條第 2 項應以書面為之，且依本條第 1 項規定，其期限亦不得逾三年，毋庸再予明文。

四、為免保證人負擔無限之責任，爰於第 3 項明定人事保證未定期間者，其有效期間自成立日起算亦為三年。經過三年有效期間後，其人事保證關係消滅，如當事人重新訂約，自無不可。

▲【95 年第 3 次民事庭會議決議】人事保證約定之期間，不得逾三年。逾三年者，縮短為三年。人事保證未定期間者，自成立之日起有效期間為三年。民國 88 年 4 月 21 日修正公布、89 年 5 月 5 日施行之民法第 756 條之 3 第 1 項、第 3 項定有明文。上開規定，依民法債編施行法第 35 條規定，於民法債編修正施行前成立之人事保證，亦適用之。惟於民法債編修正施行前成立之人事保證，當事人正當信賴其約定為有效而生之利益，仍應予以適當之保障；故在修正施行前，如已有保證人應負保證責任之事由發生，保證人之賠償責任即告確定，不能因上開修正規定之施行，而使其溯及的歸於消滅。**是民法債編修正施行前成立之人事保證，其約定之保證期間逾三年，而至民法債編修正施行之日成立已滿三年但尚未屆**期；或未定期間，而於民法債編修正施行之日成立已滿三年者，均應認至民法債編修正施行之日，契約始失其效力。

第 756 條之 4 　（保證人之契約終止權）

Ⅰ.人事保證未定期間者，保證人得隨時終止契約。

Ⅱ.前項終止契約，應於三個月前通知僱用人。但當事人約定較短之期間者，從其定。

⑧一、本條新增。

二、人事保證未定期間者，應許保證人於法定之三年有效期間（修正條文第 756 條之 3 第 3 項參照）內，得隨時通知終止契約，以消滅其人事保證關係，爰為第 1 項規定。

三、保證人於終止契約時，應先期通知僱用人，俾僱用人及受僱人得於通知期限內另覓適當之保證人。惟當事人如約定較短之期間者，自宜從其約定，俾符合契約自由之精神。爰參考瑞士債務法第 512 條而設第 2 項規定。

第 756 條之 5 　（僱用人負通知義務之情形）

Ⅰ.有左列情形之一者，僱用人應即通知保證人：

一　僱用人依法得終止僱傭契約，而其終止事由有發生保證人責任之虞者。

二　受僱人因職務上之行為而應對僱用人負損害賠償責任，並經僱用人向受僱人行使權利者。

三　僱用人變更受僱人之職務或任職時間、地點，致加重保證人責任或使其難於注意者。

Ⅱ.保證人受前項通知者，得終止契約。保證人知有前項各款情形者，亦同。

⑧一、本條新增。

二、保證契約訂立後，無論其係定有期間或未定期間，如有因可歸責於受僱人之事由發生，僱用人依法得終止僱傭契約，而其終止事由有發生保證人責任之虞（例如僱用人依民法第 484 條、第 485 條、勞動基準法第 12 條等規定或依契約所定得終止契約之事由，本得終止契約而不終止之情形）；或受僱人因職務上之行為而應對僱用人負損

害賠償責任，並經僱用人向受僱人行使權利；或僱用人變更受僱人之職務或任職時間、地點，致加重保證人責任或使其難於注意受僱人職務之執行等情形，均有加重保證責任之虞，僱用人應即通知保證人，俾能及時處理，爰仿日本「關於身分保證之法律」第3條規定增訂第1項。

三、有第1項之事由時，保證人對於已發生之賠償責任，固難脫免，惟為免將來繼續發生或加重保證人之責任，應許其有終止保證契約之權利，爰仿日本前開法律第4條增訂第2項。

第 756 條之 6 （得減免保證人賠償金額之情形）

有左列情形之一者，法院得減輕保證人之賠償金額或免除之：

一 有前條第一項各款之情形而僱用人不即通知保證人者。

二 僱用人對受僱人之選任或監督有疏懈者。

88一、本條新增。

二、僱用人於有前條第1項各款足使保證人責任發生或加重之情事之一時，應即有通知義務，又僱用人對於受僱人，有監督義務，故若有前條第1項各款之情事而僱用人怠於為前條之通知，或對於受僱人之監督有疏懈，其對損害之發生或擴大既與有過失，自應依其比例自負其責，方稱公允，為使其責任明確及具體化，並避免適用之困難，爰參考最高法院49年臺上字第2637號判例意旨而設本條規定。至於本條第1款之適用，自以損害係因僱用人應通知而未通知後所生，或因此而擴大者為限。

▲【96 臺上 1471】按民法第756條之6第2款所設僱用人對受僱人之選任或監督有疏懈者，法院得減輕保證人賠償金額或免除之規定，乃人事保證人獨立享有之權利，非與主債務人所共同擁有者，其減免之對象，亦僅為人事保證人之賠償金額，而非主債務人之金額，初與同法第217條第1項被害人主債務人與有過失之減免規定未盡相同。

第 756 條之 7 （人事保證關係之消滅）

人事保證關係因左列事由而消滅：

一 保證之期間屆滿。

二 保證人死亡、破產或喪失行為能力。

三 受僱人死亡、破產或喪失行為能力。

四 受僱人之僱傭關係消滅。

88一、本條新增。

二、人事保證以保證人之信用為基礎，且以受僱人有能力及其與僱用人之僱傭關係存在為前提。因此，保證之期間屆滿、保證人或受僱人死亡、破產或喪失行為能力、或受僱人與僱用人之僱傭關係消滅時，其人事保證關係均應消滅。為杜疑義，爰增訂本條。至所謂保證期間屆滿，解釋上當包括約定保證期間屆滿及未定期間之保證契約，其法定有效期間已滿三年者而言。

第 756 條之 8 （請求權之時效）

僱用人對保證人之請求權，因二年間不行使而消滅。

88一、本條新增。

二、僱用人對於人事保證之保證人所得主張之損害賠償請求權，宜設短期時效，俾免保證人負擔之責任持續過長，爰訂本條。至請求權消滅時效起算點，依本法第128條前段之規定，應自請求權可行使時起算，即自僱用人受有損害而得請求賠償時起算，惟如僱用人尚有他項方法可受賠償時，依修正條文第756條之2之規定，應自不能依他項方法受賠償時起算，併予敘明。

第 756 條之 9 （人事保證之準用）

人事保證，除本節有規定者外，準用關於保證之規定。

88一、本條新增。

二、人事保證之性質與保證相類，以本節無特別規定者為限，得準用關於保證之規定，爰設本條規定。

民法債編施行法

一百一十年一月二十日總統令修正公布

①民國十九年二月十日國民政府公布
②八十八年四月二十一日總統令修正公布
③八十九年五月五日總統令修正公布
④九十八年十二月三十日總統令修正公布
⑤一百一十年一月二十日總統令修正公布第三六條；並增訂第一〇之一條條文

第1條　（不溯既往原則）

民法債編施行前發生之債，除本施行法有特別規定外，不適用民法債編之規定；其在修正施行前發生者，除本施行法有特別規定外，亦不適用修正施行後之規定。

第2條　（消滅時效已完成請求權之行使期間）

I.民法債編施行前，依民法債編之規定，消滅時效業已完成，或其時效期間尚有殘餘不足一年者，得於施行之日起，一年內行使請求權。但自其時效完成後，至民法債編施行時，已逾民法債編所定時效期間二分之一者，不在此限。

II.依民法債編之規定，消滅時效，不滿一年者，如在施行時，尚未完成，其時效自施行日起算。

第3條　（法定消滅時效）

I.民法債編修正施行前之法定消滅時效已完成者，其時效為完成。

II.民法債編修正施行前之法定消滅時效，其期間較民法債編修正施行後所定為長者，適用修正施行前之規定。但其殘餘期間自民法債編修正施行日起算，較民法債編修正施行後所定期間為長者，應自施行日起，適用民法債編修正施行後之規定。

第4條　（無時效性質法定期間之準用）

前二條之規定，於民法債編所定，無時效性質之法定期間，準用之。

第5條　（懸賞廣告之適用）

修正之民法第一百六十四條之規定，於民法債編修正施行前成立之懸賞廣告，亦適用之。

第6條　（廣告定有完成行為期間者之適用）

修正之民法第一百六十五條第二項之規定，於民法債編修正施行前所為之廣告定有完成行為之期間者，亦適用之。

第7條　（優等懸賞廣告之適用）

修正之民法第一百六十五條之一至第一百六十五條之四之規定，於民法債編修正施行前成立之優等懸賞廣告，亦適用之。

第8條　（法定代理人之適用）

修正之民法第一百八十七條第三項之規定，於民法債編修正施行前無行為能力人或限制行為能力人不法侵害他人之權利者，亦適用之。

第9條　（侵害身體等非財產法益賠償之適用）

修正之民法第一百九十五條之規定，於民法債編修正施行前，不法侵害他人信用、隱私、貞操，或不法侵害其他人格法益或基於父、母、子、女、配偶關係之身分法益而情節重大者，亦適用之。

第10條　（債務人提前還本權之適用）

民法第二百零四條之規定，於民法債編施行前，所約定之利率，逾週年百分之十二者，亦適用之。

第10條之1　（最高利率限制之適用）

修正之民法第二百零五條之規定，於民法債編修正施行前約定，而於修正施行後發生之利息債務，亦適用之。

第 11 條　（利息債務之適用）
民法債編施行前，發生之利息債務，於施行時尚未履行者，亦依民法債編之規定，定其數額。但施行時未付之利息總額已超過原本者，仍不得逾一本一利。

第 12 條　（回復原狀之適用）
修正之民法第二百十三條第三項之規定，於民法債編修正施行前因負損害賠償責任而應回復原狀者，亦適用之。

第 13 條　（法定損害賠償範圍之適用）
修正之民法第二百十六條之一之規定，於民法債編修正施行前發生之債，亦適用之。

第 14 條　（過失相抵與義務人生計關係酌減規定之適用）
Ⅰ.民法第二百十七條第一項、第二項及第二百十八條之規定，於民法債編施行前，負損害賠償義務者，亦適用之。
Ⅱ.修正之民法第二百十七條第三項之規定，於民法債編修正施行前被害人之代理人或使用人與有過失者，亦適用之。

第 15 條　（情事變更之適用）
修正之民法第二百二十七條之二之規定，於民法債編修正施行前發生之債，亦適用之。

第 16 條　（債務不履行責任之適用）
Ⅰ.民法債編施行前發生之債務，至施行後不履行時，依民法債編之規定，負不履行之責任。
Ⅱ.前項規定，於債權人拒絕受領或不能受領時，準用之。

第 17 條　（因契約標的給付不能賠償之適用）
修正之民法第二百四十七條之一之規定，於民法債編修正施行前訂定之契約，亦適用之。

第 18 條　（違約金之適用）
民法第二百五十條至第二百五十三條之規定，於民法債編施行前約定之違約金，亦適用之。

第 19 條　（債務清償公認證書之作成）
民法第三百零八條之公認證書，由債權人作成，聲請債務履行地之公證人、警察機關、商業團體或自治機關蓋印簽名。

第 20 條　（一部清償之適用）
Ⅰ.民法第三百十八條之規定，於民法債編施行前所負債務，亦適用之。
Ⅱ.修正之民法第三百十八條第二項之規定，於民法債編修正施行前所負債務，並適用之。

第 21 條　（抵銷之適用）
民法債編施行前之債務，亦得依民法債編之規定為抵銷。

第 22 條　（買回期限之限制）
民法債編施行前，所定買回契約定有期限者，依其期限，但其殘餘期限，自施行日起算，較民法第三百八十條所定期限為長者，應自施行日起，適用民法第三百八十條之規定，如買回契約未定期限者，自施行日起，不得逾五年。

第 23 條　（出租人地上權登記之適用）
修正之民法第四百二十二條之一之規定，於民法債編修正施行前租用基地建築房屋者，亦適用之。

第 24 條　（租賃之效力及期限）
Ⅰ.民法債編施行前所定之租賃契約，於施行後其效力依民法債編之規定。
Ⅱ.前項契約，訂有期限者，依其期限，但其殘餘期限，自施行日起算，較民法第四百四十九條所規定之期限為長者，應自施行日起，適用民法第四百四十九條之規定。

第 25 條　（使用借貸預約之適用）

修正之民法第四百六十五條之一之規定，於民法債編修正施行前成立之使用借貸預約，亦適用之。

第 26 條　（消費借貸預約之適用）

修正之民法第四百七十五條之一之規定，於民法債編修正施行前成立之消費借貸預約，亦適用之。

第 27 條　（承攬契約之適用）

修正之民法第四百九十五條第二項之規定，於民法債編修正施行前成立之承攬契約，亦適用之。

▲【83 臺上 3265】民法第 494 條但書規定，所承攬之工作為建築物或其他土地上之工作物者，定作人不得解除契約，係指承攬人所承攬之建築物，其瑕疵程度尚不致影響建築物之結構或安全，毋庸拆除重建者而言。倘瑕疵程度已達建築物有倒塌之危險，猶謂定作人仍須承受此項危險，而不得解除契約，要非立法本意所在。

第 28 條　（拍賣之方法及程序）

民法債編所定之拍賣，在拍賣法未公布施行前，得照市價變賣，但應經公證人、警察機關、商業團體或自治機關之證明。

第 29 條　（旅遊之適用）

民法債編修正施行前成立之旅遊，其未終了部分自修正施行之日起，適用修正之民法債編關於旅遊之規定。

第 30 條　（遺失被盜或滅失倉單之適用）

修正之民法第六百十八條之一之規定，於民法債編修正施行前遺失、被盜或滅失之倉單，亦適用之。

第 31 條　（遺失被盜或滅失提單之適用）

修正之民法第六百二十九條之一之規定，於民法債編修正施行前遺失、被盜或滅失之提單，亦適用之。

第 32 條　（無記名證券發行人抗辯權之適用）

修正之民法第七百二十二條之規定，於民法債編修正施行前取得證券出於惡意之無記名證券持有人，亦適用之。

第 33 條　（保證人之權利不得預先拋棄之適用）

修正之民法第七百三十九條之一之規定，於民法債編修正施行前成立之保證，亦適用之。

第 34 條　（保證人抵銷權之適用）

修正之民法第七百四十二條之一之規定，於民法債編修正施行前成立之保證，亦適用之。

第 35 條　（人事保證之適用）

新增第二十四節之一之規定，除第七百五十六條之二第二項外，於民法債編修正施行前成立之人事保證，亦適用之。

第 36 條　（施行日期）

I.本施行法自民法債編施行之日施行。

II.民法債編修正條文及本施行法修正條文，除另定施行日期者外，自公布日施行。

III.中華民國八十八年四月二十一日修正公布之民法債編修正條文及本施行法修正條文，自八十九年五月五日施行。但民法第一百六十六條之一施行日期，由行政院會同司法院另定之。

IV.中華民國九十八年十二月十五日修正之民法第六百八十七條及第七百零八條，自九十八年十一月二十三日施行。

V.中華民國一百零九年十二月二十九日修正之民法第二百零五條，自公布後六個月施行。

民　法

一百零一年六月十三日總統令修正公布

第三編 物 權

①民國十八年十一月三十日國民政府公布
②八十四年一月十六日總統令修正公布
③九十六年三月二十八日總統令修正公布
④九十八年一月二十三日總統令修正公布
⑤九十九年二月三日總統令修正公布
⑥一百零一年六月十三日總統令修正公布第八〇五、八〇五之一條條文

第一章 通 則

介謹按通則為各種物權共通適用之法則，與債編之通則同，亦以總揭為宜。故設通則一章，弁諸本編。

第 757 條　(物權法定主義)
物權除依法律或習慣外，不得創設。

⑱為確保交易安全及以所有權之完全性為基礎所建立之物權體系及其特性，物權法定主義仍有維持之必要，然為免過於僵化，妨礙社會之發展，若新物權秩序法律未及補充時，自應許習慣予以填補，故習慣形成之新物權，若明確合理，無違物權法定主義存立之旨趣，能依一定之公示方法予以公示者，法律應予承認，以促進社會之經濟發展，並維護法秩序之安定，爰仿韓國民法第 185 條規定修正本條。又本條所稱「習慣」係指具備慣行之事實及法的確信，即具有法律上效力之習慣法而言，併予指明。

◇物權法定主義：係**指物權之種類及內容，除法律另有規定或社會上存有習慣者外，不得由當事人任意創設**。其立法理由，係因物權有極強之效力，得對抗一般之人，若許當事人以契約或依習慣任意創設之，將有害公益，故不許創設。

物權法定主義	種類法定主義	物權僅以法律所規定之類型為限，不得由當事人自行創設
	內容法定主義	指各類物權之具體要件、效力等必須依照法律之規定，不得自行以契約創設或排除其適用

◇習慣：此處之習慣，指習慣法。**所謂「習慣法」，指存在於社會，在一定期間內、就同一事實反覆為同一行為，以致具有慣行，成為習俗，並因此具有法之確信者**。習慣，在客觀上，必須是一個長期性的慣行事實，在主觀上，必須一般人已對此慣行事實產生法之確信心，法制上始賦予其相當於法律之合法權源，兩者缺一不可。

◇習慣法物權：指具備習慣法要件而為習慣法物權者。

◇違章建築之「事實上處分權」：學理上最具爭議者，乃最高法院就違章建築創設之「事實上處分權」之性質，究竟屬於習慣法物權，抑或僅是行政上便宜措施，有不同觀點：

1.有認為須賦予事實上處分權有習慣法物權之地位，為習慣法所創設之一種用益物權者；
2.亦有認事實上處分權係由司法實務因應法律規範之盲點所創設，不是社會中原已存在之習慣，事實上處分權不僅不是民法所規定之物權，也非習慣之物權。就此，最高法院目前尚未就此有統一見解。

◇物權之效力：包含(1)排他效力；(2)優先效力；(3)妨害排除效力；(4)追及效力。

▲【38 穗上 283】　未定期限之典權，訂明回贖時，須先訂立永遠批約。雖非無債權的效力，**但變更物權內容即屬創設物權，依民法第 757 條規定，不能發生物權效力**。

第 758 條　(設權登記——登記生效要件主義)
Ⅰ.不動產物權，依法律行為而取得、設定、喪失及變更者，非經登記，不生效力。
Ⅱ.前項行為，應以書面為之。

⑱一、現行條文未修正，改列為第 1 項。
二、不動產物權之得、喪、變更之物權行為，攸關當事人之權益至鉅，為示慎重，並便於實務上作業，自應依當事人之書面為之，現行條文第 760 條之「書面」，究為債權行為，或為物權行為，適用上有不同見解，爰增訂第 2 項，並將上述第 760 條刪除。又此所謂「書面」，係指具備足以表示有取得、設定、喪失或變更某特定不動產

物權之物權行為之書面而言。如為契約行為，須載明雙方當事人合意之意思表示，如為單獨行為，則僅須明示當事人一方之意思表示。至以不動產物權變動為目的之債權行為者，固亦宜以書面為之，以昭慎重；惟核其性質則以於債編中規定為宜，第166條之1第1項已明定「契約以負擔不動產物權之移轉、設定或變更之義務為標的者，應由公證人作成公證書。」併此敘明。

◇**不動產物權登記生效要件主義**：立法例上，物權法上之「登記」有兩種不同主義，即登記生效要件主義與登記對抗要件主義。

登記生效要件主義	指不動產物權因法律行為而變動時，除須有物權變動的意思表示，還必須履行登記之法定形式，始能生效。因此，公示原則所須之登記，乃物權之生效要件，而非對抗要件
登記對抗要件主義	指不動產物權因法律行為而變動時，僅須當事人之意思表示，即足生效力，不須以登記為其成立或生效要件，因此該公示原則所生之登記，僅係對抗要件，而非物權之生效要件

民法第758條登記之目的，在使當事人間之不動產物權發生變動，非僅在於對抗當事人以外之第三人而已，故係採不動產物權登記生效要件主義。

◇**登記的公示原則**：指**不動產登記係由國家機關作成，應確保其登記之公示性，將不動產權利的歸屬登記在國家主管機關的公文書**。為了貫徹公示原則，不動產因法律行為而取得者，非經登記，不生效力，學說上稱為**設權登記**；不動產非因法律行為而取得者，也有登記，學說上稱為**宣示登記**。為了使公示原則發揮交易安全的保護作用，第三人若善意信賴不動產的登記而與之交易，即使不動產的登記名義人實際上沒有所有權（精確地說，應該是沒有處分權），法律都必須保護第三人，稱為**公信原則**，因此公示原則與公信原則互為表裏（99臺上592）。

◇**對於善意第三人的保護**：將不動產的登記事項賦予絕對真實的公信力，只是對「交易（法律行為）」的善意第三人才有之；若不涉及第三人，或雖然涉及第三人，但是該第三人是惡意的，或第三人不是透過交易（不是透過法律行為，例如繼承）取得權利的，法律都不賦登記予絕對的公信力。第三人因善意信賴登記，而取得不動產權利時，不因原登記原因之無效或撤銷，而被追奪（院1919），第三人因過失不知登記不實，仍得主張其

為善意。

▲【**40臺上1001**】因繼承而取得不動產物權，係依法律行為以外之事由所生不動產物權之變動，不受民法第758條所定須經登記始生效力之限制。

▲【**41臺上1039**】自己建築之房屋，與依法律行為而取得者有別，縱使不經登記，亦不在民法第758條所謂非經登記不生效力之列。

▲【**59臺上1534**】不動產所有權之移轉，不以交付該不動產為其效力發生要件，不動產之買受人雖未受交付，而依物權法之規定，出賣人移轉所有權於買受人之法律行為已生效力者，自不能因買受人尚未交付即謂其所有權未曾取得，又**不動產之重複買賣，以先辦妥所有權移轉登記者，應受法律之保護**。

▲【**70臺上2221**】系爭房屋原計畫蓋建二樓，而建築之程度，二樓結構業已完成，僅門窗尚未裝設及內部裝潢尚未完成，此項**尚未完全竣工之房屋，已足避風雨，可達經濟上之使用目的，即成為獨立之不動產**。上訴人向被上訴人買受系爭房屋，依民法第758條規定，自須辦理所有權移轉登記手續，始能取得系爭房屋之所有權，不能以行政上變更起造人名義之方式，取得系爭房屋之所有權。

第759條　（宣示登記──相對登記主義）

因繼承、強制執行、徵收、法院之判決或其他非因法律行為，於登記前已取得不動產物權者，應經登記，始得處分其物權。

㊿一、按土地法、土地徵收條例及強制執行法等現行規定多使用「徵收」一語，為避免法律用語兩歧，本條現行用語「公用徵收」配合修正為「徵收」。

二、「於登記前已取得不動產物權者」，非僅限於繼承、強制執行、徵收及法院之判決四種，其他尚有因法律之規定而取得不動產物權者，例如因除斥期間之屆滿而取得典物所有權（民法第923條第2項規定）等是，亦有因法律事實而取得不動產物權者，例如自己出資興建築物等是。為期周延，爰增列概括規定「其他非因法律行為」，於登記前已取得不動產物權者，應經登記，始得處分其物權，並酌作文字修正。

◇**物權之宣示登記**：不動產物權非因法律行為（例如：繼承、徵收）而變動者，不經登記即發生效

力，其依民法第 759 條所為之登記僅在宣示既已發生變動之物權而已，即使未為本條之登記，仍不影響該物權所具有對世之效力。

◇**處分**：此處係指狹義之處分，即法律上處分中之「處分行為」。有關「處分」之詳細定義，請參照民法第 765 條。

◇**非因法律行為取得物權之時點**：

1. 因繼承取得：被繼承人死亡時（民法第 1148 條第 1 項）。
2. 因強制執行取得：拍定人領取權利移轉證書時（強制執行法第 98 條）。
3. 因徵收取得：於政府機關補償金發放完竣時（土地法第 235 條）。
4. 因法院判決取得：於形成判決「判決確定」時。通常指共有物的裁判分割。

▲【43 臺上 1016】不動產物權因法院之判決而取得者，不以須經登記為生效要件，固為民法第 759 條之所明定。**惟此之所謂判決，係僅指依其宣告足生物權法上取得某不動產物權效果之力，恆有拘束第三人之必要，而對於當事人以外之一切第三人亦有效力者（形成力亦稱創效力）而言，惟形成判決（例如分割共有物之判決）始足當之，不包含其他判決在內**。

▲【51 臺上 133】因繼承原因於登記前已取得不動產物權者，非經登記，不得處分其物權，固為民法第 759 條所明定。惟**該條之登記並無期間之限制，繼承人先與第三人成立移轉不動產所有權之債權契約，並於完成登記後以之移轉登記於受讓其權利之第三人，究非法所不許**。

▲【51 臺上 2641】共有物之分割，經分割形成判決確定者，即生共有關係終止及各自取得分得部分所有權之效力。**共有人對於他共有人分得之部分，既喪失共有權利，則其占有，除另有約定外，即難謂有何法律上之原因**。

▲【52 臺上 1041】在日據時期買受之不動產，於臺灣光復後仍由原出賣人登記為其所有者，買受人僅得向原出賣人請求為所有權移轉登記，而不得提起塗銷登記之訴，固經本院著有先例。惟**土地所有權之移轉係由於強制徵收時，政府既可依權力作用即取得所有權，縱須補償價金亦與單純買賣行為不同，如原所有人仍為所有權保存登記，則國家機關自得訴請塗銷其登記**。

▲【56 臺上 1898】基於**強制執行**而取得不動產物權者，屬於民法第 759 條規定之範圍，**一經法院發給所有權權利移轉證書，即發生取得不動產物權之效力。倘非更予處分，則不以登記為生效要件**。

▲【69 臺上 1012】**分割共有物，性質上為處分行為**，依民法第 759 條規定，共有不動產之共有人中有人死亡時，於其繼承人未為繼承登記以前，固不得分割共有物。惟上訴人因被上訴人劉某就系爭建地尚未辦理繼承登記，依法不得為物權之處分。於本件訴訟中，請求劉某等辦理繼承登記，並合併對劉某等及其餘被上訴人為分割共有物之請求，不但符合訴訟經濟原則，抑與民法第 759 條及強制執行法第 130 條規定之旨趣無違。

▲【69 臺上 1134】法院裁判分割共有物而以原物分配於各共有人時，係使共有關係變更為單獨所有，其性質為共有人間應有部分之交換，自屬**處分行為**，如係變賣共有物而以價金分配於共有人，即係以處分共有物為分割之方法，均以共有人之處分權存在為前提，如果共有人就共有物並無處分權可資行使，法院即無從基此為裁判分割。本件被上訴人之被繼承人某甲及某乙死亡後，被上訴人迄未辦理繼承登記，依民法第 759 條規定，自不得處分該應有部分，上訴人未先行或同時請求被上訴人辦理繼承登記，逕訴請分割共有物，自有未當。

▲【74 臺上 2024】民法第 759 條所謂**未經登記不得處分其物權，係指物權處分行為**而言。繼承人簡甲、簡乙代表全體繼承人出賣系爭土地，所訂買賣契約僅屬債權行為。**訂約時，即令繼承人未辦畢繼承登記亦不生違反民法第 759 條規定，而使債權契約成為無效之問題**。

第 759 條之 1　（不動產物權登記之變動效力）

Ⅰ.不動產物權經登記者，推定登記權利人適法有此權利。

Ⅱ.因信賴不動產登記之善意第三人，已依法律行為為物權變動之登記者，其變動之效力，不因原登記物權之不實而受影響。

(98)一、本條新增。

二、「登記」與「占有」同為物權公示方法之一，民法就占有既於第 943 條設有權利推定效力之規定，「登記」自亦應有此種效力，爰仿德國民法第 891 條、瑞士民法第 937 條第 1 項規定，增訂第 1 項，以期周延。又此項登記之推定力，乃為登記名義人除不得援以對抗其直接前手之真正權利人外，得對其他任何人主張之。為貫徹登記之效

民法

第三編 物權

（第七六〇～七六一條）

力，此項推定力，應依法定程序塗銷登記，始得推翻。至於土地法第 43 條雖規定依該法所為之登記有絕對效力；惟實務上向認在第三者信賴登記而取得土地權利之前，真正權利人仍得對登記名義人主張登記原因之無效或撤銷（最高法院 40 年臺上字第 1892 號判例參照），是該條文所稱絕對效力，其範圍既僅止於保護信賴登記之善意第三人，其效果自與新增之本條文無異。惟為免文義兩歧，於修正土地法時，應將第 43 條配合本條修正。

三、不動產物權之登記所表彰之物權如與實際狀態不一致，例如無所有權登記為有所有權，或土地有地上權負擔而未登記該地上權等不實情形，而信賴不動產登記之善意第三人因信賴登記與之為交易行為，依法律行為再為物權變動之登記者，其效力如何？現行法尚無明文規定，惟實務上見解均承認其效力（司法院院字第 1956 號解釋、最高法院 41 年臺上字第 323 號判例參照）。為確保善意第三人之權益，以維護交易安全，爰依上開解釋、判例及參照德國民法第 892 條、瑞士民法第 973 條規定，增訂第 2 項。

◇**借名登記契約**：指當事人約定，一方（借名人）將自己之既有財產或未來財產，登記於他方（出名人）名下，他方就該財產允為出名人之契約。

◇**登記的公信力**：不動產因法律行為而取得、設定、喪失、變更而須由國家機關登記，為保護信賴登記而為交易之善意第三人，乃將登記事項賦予絕對之公信力。即依土地法所為之登記，有絕對之效力，稱為「登記的公信力」。故第三人因信賴登記，而取得不動產權利時，不因登記原因之無效或撤銷，而被追奪（院 1919），故縱第三人因過失不知登記不實，仍得主張其為善意。

◇**登記公信力的要件**：

1. 登記名義人沒有處分權：也就是登記名義人實際上並沒有所有權（精確地說，應該是沒有處分權）。

2. 無權處分人與第三人間，必須有交易行為：也就是必須有法律行為，因為公信原則是為了保護交易（法律行為）的安全，不是保護非法律行為（例如繼承）的安全。

3. 第三人在登記名義人「為處分行為（物權行為）時」，對於登記名義人的沒有處分權，並不知情。

4. 必須達到完成處分行為（物權行為）的程度，亦即必須已經完成登記。

▲【**106 年第 3 次民庭會議決議**】借名人甲與出名人乙就特定不動產成立借名登記關係，乙未經甲同意，將該不動產所有權移轉登記予第三人丙，其處分行為效力如何？**決議：採甲說（有權處分說）**不動產借名登記契約為借名人與出名人間之債權契約，出名人依其與借名人間借名登記契約之約定，通常固無管理、使用、收益、處分借名財產之權利，然此僅為出名人與借名人間之內部約定，其效力不及於第三人。**出名人既登記為該不動產之所有權人，其將該不動產處分移轉登記予第三人，自屬有權處分**。

第 760 條　（刪除）

第 761 條　（動產物權之讓與方法──交付、簡易交付、占有改定、指示交付）

I. 動產物權之讓與，非將動產交付，不生效力。但受讓人已占有動產者，於讓與合意時，即生效力。

II. 讓與動產物權，而讓與人仍繼續占有動產者，讓與人與受讓人間，得訂立契約，使受讓人因此取得間接占有，以代交付。

III. 讓與動產物權，如其動產由第三人占有時，讓與人得以對於第三人之返還請求權，讓與於受讓人，以代交付。

介查民律草案第 980 條理由謂動產物權之讓與，與不動產物權之讓與，同為保護第三人之利益，及保護交易安全計，應設一定之方式，而動產與不動產異，既無一定之地位，且種類極多，不得援用不動產物權應登記之例，自不待言。自來各國，皆以交付（即占有移轉）為動產物權讓與之公示方法，又以交付為動產物權成立之要件，蓋占有移轉最能使第三人自外部推知動產物權之權利狀態也。惟交付主義，又分為二：一為交付公示主義，以占有移轉為讓與動產物權之公示方法，在占有移轉以前，當事人不得以動產物權之讓與對抗第三人（雖不能對抗第三人，而當事人間，以意思表示即完全生效力）。一為交付要件主義，以占有移轉為動產物權讓與成立之要件，在占有移轉以前，物權之讓與，匪惟不得對抗第三人，即於當事人之間亦不發生效力。交付公示主義辦法繁雜，於交易上殊多不便，且有已成物權而不對抗第三人之弊。就實際理論言之，均覺未協，交付要件主義異是。此第 1 項所由設也。依讓與

以外之權利原因取得動產物權者，以法令別無規定為限，無須占有移轉即應發生效力，例如因繼承而取得動產物權是也。本條指明讓與，意在於此。動產物權之讓與，雖以交付為要件（此交付指現實之交付而言，即讓與人將其現在直接之占有，移轉於受讓人也），然受讓人於讓與之先，已占有其動產者，當其讓與時，祇須彼此合意移轉其物權，即發生讓與之效力（謂之簡易交付）。若於讓與之後，讓與人仍繼續占有其動產者，讓與人與受讓人得訂立契約，使生受讓人應取得間接占有之法律關係（例如另結租賃借貸契約是也）以代交付（謂之占有改定）。又以第三人占有之動產物權而行讓與者，讓與人得以其向第三人請求返還權，讓與受讓人以代交付。以上三者，似以交付為要件之主義不合，然為使動產物權易於移轉起見，不能不設變通之法。此第 1 項但書，及第 2 項、第 3 項之所由設也。

◇**現實交付、簡易交付、占有改定與指示交付**

現實交付	指事實上管領力之移轉，使受讓人取得直接占有，而移轉動產物權
簡易交付	指受讓人已占有動產者，於讓與合意時，即生效力而言，即以雙方當事人就動產物權讓與之合意，代替該動產現實移轉占有之交付，又稱為「無形交付」。例如：承租人已經占有租賃物之後，出租人進一步將租賃物出賣予承租人，則於讓與合意時，發生所有權的移轉
占有改定	指動產於讓與後，讓與人仍繼續占有其動產者，讓與人與受讓人得訂立契約（如租賃契約是），使生受讓人應取得間接占有，以代交付而言
指示交付	乃動產為第三人占有時，讓與人得與受讓人約定，將對第三人之返還請求權讓與受讓人，以代交付而言。此處的返還請求權，可以是基於債權的請求權，例如：租賃物返還請求權，也可以是基於物權的請求權，例如：所有物返還請求權

▲【48 臺上 611】系爭房屋上訴人於買受後，出租與原出賣人居住，則依民法第 946 條第 2 項，準用第 761 條第 2 項之規定，既已取得間接占有以代交付，即應以租賃契約成立之日期，為系爭房屋移轉占有之日期。

▲【70 臺上 4771】依民法第 761 條第 1 項前段規定，動產物權之讓與，非將動產交付，不生效力，此之**所謂交付，非以現實交付為限**，如依同條第 1 項但書及第 2 項、第 3 項規定之簡易交付，占有改定及指示交付，亦發生交付之效力，此項規定於汽車物權之讓與，亦有適用。

第 762 條　（物權之消滅㈠──所有權與其他物權混同）

同一物之所有權及其他物權，歸屬於一者，其他物權因混同而消滅。但其他物權之存續，於所有人或第三人有法律上之利益者，不在此限。

介查民律草案第 981 條理由謂一物之所有權，及其他物權同歸於一人時，其物權因混同而消滅。例如甲於乙所有土地有地上權，其後乙為甲之繼承人時，地上權與所有權混同，地上權應消滅。自理論言之，混同祇不能實行權利而已，不得為權利消滅之原因，然必使不能實行之權利存續，既無實益，徒使法律關係，趨於錯雜，故混同仍應為權利消滅之原因，此為原則。亦有例外，一物之所有權，及其他物權同歸於一人時，若所有人或第三人於其物權存續有法律上之利益時，其物權不因混同而消滅，蓋有時若因混同而消滅，必至害及所有人或第三人之利益。例如甲將其所有土地，先抵當與乙，乙為第一抵當人，次又抵當與丙，丙為第二抵當人，若其後甲為乙之繼承人，則乙前有之第一抵當權仍舊存續，甲（此時仍為所有人）有法律上之利益。蓋丙之第二抵當權，本不能得完全之清償，若使第一抵當權消滅，則丙遞升為第一抵當人，能受完全之清償，受其害者在甲，故第一抵當權存續，於甲有法律上之利益。又如甲於乙所有土地有地上權，將其抵當於丙，其後甲向乙購得此土地，則丙（第三人）於地上權存續，有法律上之利益。蓋地上權消滅，則丙之抵當權，因標的物消滅，不利於丙實甚。此本條之所由設也。

第 763 條　（物權之消滅㈡──所有權以外物權之混同）

Ⅰ.所有權以外之物權，及以該物權為標的物之權利，歸屬於一人者，其權利因混同而消滅。
Ⅱ.前條但書之規定，於前項情形準用之。

⇧查民律草案第982條理由謂所有權以外之物權，及以其為標的物之他種物權同歸於一人，亦應用前條之例而消滅。例如甲以其地上權抵當於乙，其後甲為乙之繼承人，則乙之抵當權，因混同而消滅。然甲若先將其地上權抵當於乙，乙為第一抵當權人，次又將其地上權抵當於丙，丙為第二抵當權人，其後甲為乙之繼承人，則甲於乙之第一抵當權存續有法律上之利益，故不因混同之故，而使其消滅。此本條之所由設也。

第764條　（物權之消滅㈢──拋棄）

Ⅰ.物權除法律另有規定外，因拋棄而消滅。
Ⅱ.前項拋棄，第三人有以該物權為標的物之其他物權或於該物權有其他法律上之利益者，非經該第三人同意，不得為之。
Ⅲ.拋棄動產物權者，並應拋棄動產之占有。

(98)一、現行條文未修正，改列為第1項。

二、以物權為標的物而設定其他物權或於該物權有其他法律上之利益者，事所恆有。例如以自己之所有權或以取得之地上權或典權為標的物，設定抵押權而向第三人借款；或如以質權或抵押權連同其所擔保之債權設定權利質權；或地上權人於土地上建築房屋後，將該房屋設定抵押權予第三人等是。如允許原物權人拋棄其地上權等，則所設定之其他物權將因為標的物之物權之消滅而受影響，因而減損第三人之利益，對第三人保障欠周，爰增訂第2項。

三、又拋棄動產物權者，並應拋棄動產之占有，爰增訂第3項。至於所拋棄者為不動產物權時，仍應作成書面並完成登記始生效力。惟因係以單獨行為使物權喪失，應有第758條規定之適用，無待重複規定，併予敘明。

▲【32上6036】民法第764條所謂拋棄，係指物權人不以其物權移轉於他人，而使其物權絕對歸於消滅之行為而言。

▲【74臺上2322】參見本法第758條。

第二章　所　有　權

⇧查民律草案物權編第二章原案謂所有權為最重要之物權，自來學者，聚訟滋多，各國之立法例，亦不一致。本法參酌各種學說及各國之立法例，特設本章之規定。

第一節　通　則

⇧謹按本節為所有權之共通法則，關於所有權之內容及其範圍，暨所有權之請求權等，均設詳細之規定，俾資適用。

第765條　（所有權之權能）

所有人，於法令限制之範圍內，得自由使用、收益、處分其所有物，並排除他人之干涉。

⇧查民律草案第983條理由謂所有權者，依其物之性質及法令所定之限度內，於事實上、法律上管領其物唯一之權利，不能將其內容，悉數列記，特設本條以明所有權重要之作用，且以明所有權非無限制之權利也。

限制所有權之法令有二：一為公法之限制。一為私法之限制。民法所定以私法之限制為主，若公法之限制，不能規定於民法中也。又所有人得自由行使其權利，可要求一般之人，不得稍加妨害，若他人干涉其所有物時，得排除之。故設本條以明示其旨。

◇**處分**：所謂處分，又可分為法律上的處分及事實上的處分。狹義之處分，專指法律上的處分（處分行為），例如民法第118條第1項之「處分」；廣義之處分，則包含法律上的處分及事實上的處分，例如民法第765條之「處分」。

▲【30渝上121】所有權之讓與人與受讓人，於不違反公益之程度，所訂禁止受讓人處分所有權之特約，固應認為有效，但僅於當事人間發生債之關係，不能發生物權的效力。

第766條　（所有人之收益權）

物之成分及其天然孳息，於分離後，除法律另有規定外，仍屬於其物之所有人。

⇧謹按除法律另有規定或當事人有特約外，凡物之成分，分離以後，是否為原物之一部分，抑為另一新物體，或以其物為其所有，須另有權利原因，若不規定明晰，必有爭論。至分離後之天然孳息，如果實動物之產物及其他依物之用法所收穫出產物之類，應屬於原物之所有人，此亦當然之理。故本條規定，除法律另有規定外，凡物之成分及其天然孳息，於分離後，仍屬於其物之所有人。

◇**成分**：物之成分，例如土石，為土地之構成部分，與依物之用法而收穫之天然孳息不同。

◇**天然孳息**：所謂天然孳息，依民法第69條第1項規定，係指果實、動物之產物及其他依物之性質所收穫之出產物。

第 767 條　（所有權之保護——物上請求權）

Ⅰ.所有人對於無權占有或侵奪其所有物者，得請求返還之。對於妨害其所有權者，得請求除去之。有妨害其所有權之虞者，得請求防止之。

Ⅱ.前項規定，於所有權以外之物權，準用之。

⑨⑧一、現行條文未修正，改列為第 1 項。

二、本條規定「所有物返還請求權」及「所有物保全請求權」，具有排除他人侵害作用。學者通說以為排除他人侵害之權利，不僅所有權有之，即所有權以外之其他物權，亦常具有排他作用。茲民法第 858 條僅規定「第七百六十七條之規定，於地役權準用之」，於其他物權未設規定，易使人誤解其他物權無適用之餘地，為期周延，爰增訂第 2 項準用之規定。

◇占有連鎖與有權占有：所謂占有連鎖，指因債之關係而占有他人所有物之人，若將該占有移轉予第三人，除該移轉占有性質上應經所有人同意者外，第三人亦得本於其所受讓之占有，對所有人主張其有占有之權利。因此占有連鎖，乃受所有人交付之占有人，除了性質上禁止移轉者外，將其直接占有移轉予第三人，該第三人得超越「債之相對性」向所有人主張其為有權占有之謂。

▲【釋 107】查民法第 769 條、第 770 條，僅對於占有他人未登記之不動產者許其得請求登記為所有人，而關於已登記之不動產，則無相同之規定，足見已登記之不動產，不適用關於取得時效之規定，為適應此項規定，其回復請求權，應無民法第 125 條消滅時效之適用。復查民法第 758 條規定：「不動產物權，依法律行為而取得、設定、喪失及變更者，非經登記不生效力」，土地法第 43 條規定：「依本法所為之登記，有絕對效力」。若許已登記之不動產所有人回復請求權，得罹於時效而消滅，將使登記制度，失其效用。況已登記之不動產所有權人，既列名於登記簿上，必須依法負擔稅捐，而其占有人又不能依取得時效取得所有權，倘所有權人復得因消滅時效喪失回復請求權，將仍永久負擔義務，顯失情法之平。本院院字第 1833 號解釋，係對未登記不動產所有人之回復請求權而發。至已登記不動產所有人回復請求權，無民法第 125 條消滅時效規定之適用，應

予補充解釋。

▲【釋 164】已登記不動產所有人之除去妨害請求權，不在本院釋字第 107 號解釋範圍之內，但依其性質，亦無民法第 125 條消滅時效規定之適用。

▲【29 渝上 1061】請求返還所有物之訴，應以現在占有該物之人為被告，如非現在占有該物之人，縱令所有人之占有係因其人之行為而喪失，所有人亦僅於此項行為具備侵權行為之要件時，得向其人請求賠償損害，要不得本於物上請求權，對之請求返還所有物。

▲【30 渝上 207】不動產之買受人對於出賣人，固有請求交付不動產及其他給付之權利，然如當事人間移轉不動產所有權之契約，曾經有效成立，而買受人已有得向第三人主張之所有權，則依民法第 767 條、第 184 條第 1 項之規定，對於無權占有或侵奪其所有物者，得請求返還之。對於因故意或過失不法侵害其所有權者，得請求賠償其損害。此等請求權本與其對於出賣人之請求權獨立存在，不能以其對於出賣人別有請求權而排斥其行使。

▲【30 渝上 1119】託運物品喪失時，委託人固得對於承攬運送人請求賠償。但本於其物上請求權，逕向該託運物品之無權占有人請求返還，要亦非法所不許。

▲【30 上 2203】強制執行中拍賣之不動產為第三人所有者，其拍賣為無效。所有權人於執行終結後，亦得提起回復所有權之訴請求返還，法院判令返還時，原發管業證書當然失其效力，法院自命其繳銷，業經司法院院字第 578 號解釋在案。至強制執行法第 98 條規定拍賣之不動產，買受人自領得執行法院所發給權利移轉證書之日起，取得該不動產所有權，係指拍賣之不動產本得為強制執行之標的物者而言，若不動產屬於第三人所有，而不應為強制執行之標的物者，即應依上開解釋辦理。

▲【47 臺上 101】物之所有人本於所有權之效用，對於無權占有其所有物者請求返還所有物，與物之貸與人基於使用借貸關係，對於借用其物者請求返還借用物之訴，兩者之法律關係亦即訴訟標的並非同一，不得謂為同一之訴。

▲【69 臺上 1665】上訴人之被繼承人鄭某既已於生前將訟爭土地出具字據贈與被上訴人，因該地實際上早由被上訴人占有使用中，故應認於贈與契約成立之日即已交付贈與物，並不因被上訴

人之土地所有權移轉登記請求權罹於消滅時效而成為無權占有。

▲【75 臺上 801】租約終止後，出租人除得本於租賃物返還請求權，請求返還租賃物外，倘出租人為租賃物之所有人時，並得本於所有權之作用，依無權占有之法律關係，請求返還租賃物。

▲【83 臺上 3243】買賣契約僅有債之效力，不得以之對抗契約以外之第三人。因此在二重買賣之場合，**出賣人如已將不動產之所有權移轉登記與後買受人，前買受人縱已占有不動產，後買受人仍得基於所有權請求前買受人返還所有物，前買受人即不得以其與出賣人間之買賣關係，對抗後買受人**。

▲【85 臺上 389】按消滅時效完成，僅債務人取得拒絕履行之抗辯權，得執以拒絕給付而已，其原有之法律關係並不因而消滅。在土地買賣之情形，倘出賣人已交付土地與買受人，雖買受人之所有權移轉登記請求權之消滅時效已完成，惟其占有土地既係出賣人本於買賣之法律關係所交付，即具有正當權源，原出賣人自不得認係無權占有而請求返還。

第 768 條 （動產所有權之一般取得時效）

以所有之意思，十年間和平、公然、繼續占有他人之動產者，取得其所有權。

⑱一、動產所有權取得時效，雖未明白規定須以「繼續占有」為要件，惟從取得時效之性質言，宜採肯定解釋。況民法關於不動產所有權之取得時效，亦以「繼續占有」為要件，爰增列「繼續占有」為動產所有權取得時效之要件。

二、現行條文未區分占有之始是否善意並無過失，一律適用五年之時效期間，與不動產所有權取得時效以是否善意並無過失，規定不同期間者，不盡一致。參諸外國立法例，如日本民法第 162 條以占有之始是否善意並無過失為要件，分別定時效期間為十年或二十年；韓國民法第 246 條規定，占有之始善意並無過失者為五年，否則為十年。爰仿上開立法例並參酌我國國情，修正現行規定「五年」為「十年」；另將其占有之始為善意並無過失者，增訂於第 768 條之 1。

◇**取得時效的法律效果**：本質上係原始取得，該標的物上原本存在之其他權利，例如：抵押權、質權、租賃權等均會因此而消失。動產所有權於占有人該當時效取得之要件時，立即原始取得所有權；不動產所有權則是因採「登記」主義之故，取得時效完成僅取得請求登記為所有人之權利，尚須向地政機關請求為所有權之登記，並待登記完成後，始正式成為所有權人（李淑明，民法物權）。

◇**和平、公然、繼續占有**

和平	指**非以強暴、脅迫之方法取得或維持占有**而言，在他人單純異議下而占有，只要不是用強暴脅迫之手段，仍屬和平占有。惟若土地所有權人於地政機關受理地上權登記前已起訴請求占有人返還其不動產，則自起訴時起即屬非和平占有，占有人之取得時效即為中斷，不得請求地政機關為地上權之登記
公然	指**占有人非以隱密之方法為占有**。是否以公然占有，必須依照物通常存放的處所決定之，性質上通常存放於臥室而實際存放於臥室者，仍然是公然，不以刻意展示為必要
繼續	指**占有人對於土地有事實上之管領力，且迄登記完成時，其占有狀態仍繼續中**而言，若未經登記完竣，已喪失管領力者，即喪失占有人資格，不符合時效取得登記之要件。法律就**占有的繼續**有推定的規定，即若能證明前後兩個時點有占有的事實，就**推定**這中間持續占有，沒有中斷

▲【26 渝上 876】所有權取得時效之第一要件，須為以所有之意思而占有，故占有依其所由發生之事實之性質，無所有之意思者，非有民法第 945 條所定，變為以所有之意思而占有之情事，其所有權之取得時效，不能開始進行。

▲【47 臺上 303】不當得利，須以無法律上之原因而受利益，致他人受損害為其成立要件，**其因時效而取得權利，民法上既有明文規定，即與無法律上之原因而受利益之情形有別，不生不當得利之問題**。

第 768 條之 1 （動產所有權之特別取得時效）

以所有之意思，五年間和平、公然、繼續占有他人之動產，而其占有之始為善意並無過失者，取得其所有權。

⑱一、本條新增。

二、為期動產所有權取得時效與不動產所有權取得時效之體例一致，並期衡平，爰仿日本民法第

162條、韓國民法第246條規定，增訂本條，明定以所有之意思，五年間和平、公然、繼續占有他人之動產，而其占有之始為善意並無過失者，取得其所有權。

第769條　（不動產之一般取得時效）

以所有之意思，二十年間和平、公然、繼續占有他人未登記之不動產者，得請求登記為所有人。

[98]現行規定關於不動產所有權取得時效之要件，除自主占有外，僅規定須和平、繼續占有，至於「公然占有」是否為要件之一，則付闕如。惟學者通說以為占有他人不動產，不得以隱秘之方式為之，必須公然占有，始有對占有加以保護之必要。況我國民法第768條關於因時效取得動產所有權，亦以「公然占有」為要件。爰增列「公然占有」為不動產所有權取得時效之要件。

◇未登記之不動產：他人未登記的不動產固然包括公有或私有，然所謂「未登記之不動產」，係指應登記而未登記之不動產而言，水利用地（如溝渠、堤堰）依法免予編號登記（土地法第41條），自無從因時效之完成而取得請求登記為所有權人（79臺上30）。

◇不動產時效取得的效力：不動產時效完成之效力係指不動產占有人因時效完成而取得登記為未登記土地所有權人之請求權，尚非直接確定土地權利歸屬。

▲【26上442】民法第770條所定十年之取得時效，雖以占有之始善意並無過失為要件，而民法第769條所定二十年之取得時效，則無以此為要件之明文。且民法第770條特設短期取得時效，係以增此要件為其唯一理由，其他關於期間以外之要件，仍與民法第769條所定者無異，則二十年之取得時效，不以此為要件，實甚明瞭。故**以所有之意思二十年間和平繼續占有他人未登記之不動產者，縱令占有之始為惡意，或雖係善意而有過失，亦得請求登記為所有人**。

▲【32上110】取得時效係於他人物上取得所有權之方法，在自己物上固無取得時效之可言，惟公同共有物之所有權，屬於公同共有人之全體，非各公同共有人對於公同共有物均有一個單獨所有權。**如公同共有人中之一人以單獨所有之意思占有公同共有之不動產，即係民法第769條所謂占有他人之不動產**。

▲【89臺上949】森林係指林地及其群生竹、木之總稱。**森林以國有為原則**。森林所有權及所有權以外之森林權利，除依法登記為公有或私有者外，概屬國有。森林法第3條及該法施行細則第2條定有明文。未依法登記為公有或私有之林地，既概屬國有，則不論國家已否辦理登記，均不適用關於取得時效之規定，俾達國土保安長遠利益之目標，並符保育森林資源，發揮森林公益及經濟效用之立法意旨（森林法第1條及第5條參照），**自無民法第769條、第770條取得時效規定之適用**。

第770條　（不動產之特別取得時效）

以所有之意思，十年間和平、公然、繼續占有他人未登記之不動產，而其占有之始為善意並無過失者，得請求登記為所有人。

[98]酌作修正，理由同第769條。

▲【68臺上3308】占有為一種單純事實，故占有人本於民法第772條準用第770條取得時效規定，請求登記為地上權人時，性質上並無所謂登記義務人存在，無從以原所有人為被告，訴請命其協同辦理該項權利登記，僅能依土地法規定程序，向該管市縣地政機關而為聲請。

▲【89臺上949】參見本法第769條。

第771條　（取得時效之中斷）

I.占有人有下列情形之一者，其所有權之取得時效中斷：

一　變為不以所有之意思而占有。

二　變為非和平或非公然占有。

三　自行中止占有。

四　非基於自己之意思而喪失其占有。但依第九百四十九條或第九百六十二條規定，回復其占有者，不在此限。

II.依第七百六十七條規定起訴請求占有人返還占有物者，占有人之所有權取得時效亦因而中斷。

[98]一、占有人以非和平或非公然之方式占有（即強暴占有、隱秘占有）者，是否為取得時效之中斷事由？學者均持肯定見解。而就占有之和平、公然為取得時效之要件言，亦宜作肯定解釋，爰將現行規定「變為不以所有之意思而占有」移列為第1項第1款，並增列第2款「變為非和平或非公然占有」，俾求明確。又現行規定時效中斷事由

中所謂「占有為他人侵奪」，範圍過於狹隘，宜修正為「非基於自己之意思而喪失其占有」，又因與現行規定「自行中止占有」之性質相近，故分別列明為第3款及第4款。至現行條文但書規定僅於非因己意喪失占有之情形始有適用，爰改列為第四款但書，免滋疑義。

二、占有人於占有狀態存續中，所有人如依第767條規定起訴請求返還占有物者，占有人之所有權取得時效是否中斷，現行法雖無明文，惟占有人之占有既成訟爭對象，顯已失其和平之性質，其取得時效自以中斷為宜，爰仿德國民法第941條及瑞士債務法第663條等規定，增訂第2項。

第772條　（取得時效之準用）

前五條之規定，於所有權以外財產權之取得，準用之。於已登記之不動產，亦同。

⑱一、配合增訂第768條之1，爰將現行規定「前四條」修正為「前五條」。

二、按現行規定是否僅以於他人未登記之不動產為限，始得因時效而取得所有權以外之其他財產權，理論上非無疑義。最高法院60年臺上字第4195號判例則認因時效取得地上權，不以他人未登記之土地為限。為杜爭議，爰於本條後段增訂對於已登記之不動產，亦得準用前五條之規定，因時效而取得所有權以外財產權。

◇**所有權以外財產權**：其他財產權亦得由無權利人，長期行使權利達一定期間之後而主張時效取得，請求登記為限定物權人（例如：地上權、不動產役權等）。然而，留置權乃為法定擔保物權，不得因時效取得。又抵押權與動產質權是否得為時效取得，有不同見解，採肯定說者，認為只要確實存在被擔保的債權，而且債權人是以行使抵押權或動產質權的意思而占有，於符合其他要件後，可以請求登記為抵押權人或取得動產質權；採否定說者，則認為抵押權與動產質權都不可因時效而取得。

▲【60臺上4195】**未登記之土地無法聲請為取得地上權之登記**，故依民法第772條準用同法第769條及第770條主張依時效而取得地上權時，顯然不以占有他人未登記之土地為必要。苟以行使地上權之意思，二十年間和平繼續公然在他人地上有建築物或其他工作物或竹木者，無論該他人土地已否登記，均得請求登記為地上權人。（編按：時效取得地上權，不以他人未登記之土地為限。）

▲【64臺上2552】**地上權為一種物權，主張取得時效之第一要件須為以行使地上權之意思而占有，若依其所由發生之事實之性質，無行使地上權之意思者，非有變為以行使地上權之意思而占有之情事，其取得時效，不能開始進行**。上訴人占有系爭土地之始，即係基於承租人之意思而非基於行使地上權之意思，嗣後亦非有民法第945條所定變為以地上權之意思而占有，自不能本於民法第772條準用同法第769條之規定，請求登記為地上權人。

▲【68臺上3308】參見本法第770條。

第二節　不動產所有權

仚謹按不動產所有權之內容及其限制，不可不明白規定，俾適於實際上之需要。蓋以一方面須尊重所有權，一方面尤須注重社會上之公共利益也。故特設本節之規定。

第773條　（土地所有權之範圍）

土地所有權，除法令有限制外，於其行使有利益之範圍內，及於土地之上下。如他人之干涉，無礙其所有權之行使者，不得排除之。

仚查民律草案第991條理由謂所有權者，依其物之性質及法律規定之限制內，於事實上、法律上管領其物之權利也，故土地所有人在法令之限制內，於地面地上地下皆得管領之。然因此遽使土地所有人，於他人在其地上地下為不妨害其行使所有權之行為，均有排除之權，保護所有人，未免偏重，在所有人既無實益，而於一切公益，不無妨礙。此本條之所由設也。

◇**相鄰關係**：乃民法為調和鄰接不動產之利用，而就其所有人與所有人間、所有人與限定物權人間、限定物權人與限定物權人間所規定之權利義務關係。

▲【43臺上639】土地與房屋為各別之不動產，其所有權人各得行使其權利，被上訴人雖將基地及其第一、二層房屋出賣與上訴人，其對於未出賣之部分自得行使權利，又系爭房屋所用之基地，買賣契約既無特別約定，亦應推斷默許被上訴人繼續使用。

第774條　（鄰地損害之防免）

土地所有人經營事業或行使其所有權，應注意防免鄰地之損害。

⑱按工業一語，不足以涵蓋農、林、漁、礦、牧或服務業等事業在內，為適用明確，爰將經營「工業」修正為經營「事業」。又經營事業為行使所有權之例示規定，爰參考瑞士民法第684條第1項規定，將「及行使其他之權利」修正為「或行使其所有權」，俾資明確。

▲【83臺上2197】土地所有人經營工業及行使其他之權利，應注意防免鄰地之損害，民法第774條定有明文。而空氣污染防制法係行政法，其立法目的，僅在維護國民健康、生活環境，以提高生活品質，此觀該法第1條之規定自明。故工廠排放空氣污染物雖未超過主管機關依空氣污染防制法公告之排放標準，如造成鄰地農作物發生損害，仍不阻卻其違法。

第775條　（自然流水之排水權及承水義務）

I.土地所有人不得妨阻由鄰地自然流至之水。

II.自然流至之水為鄰地所必需者，土地所有人縱因其土地利用之必要，不得妨阻其全部。

⑱一、水流固以高地流向低地為常，但潮水逆潮、平地相流，間亦有之，如為自然流至，土地所有人悉有承受之義務，爰仿日本民法第214條規定，將第1項「高地」、「低地」等文字修正為「鄰地」，並酌作文字修正。

二、第2項原規定「高地」、「低地」、「所有人」及「妨堵」等文字，配合前項用語酌作修正。又為期語意明確，爰於「土地」之後增列「利用」二字。

▲【44臺上490】水圳之水係由人工開設導入者，與民法第775條所謂由高地自然流至之水有別。被上訴人所有甲號耕地就令如上訴人所稱，其地勢較上訴人耕作之乙號耕地為高，上訴人仍不得援用民法第775條之規定，而謂被上訴人應負不得妨阻其由水圳引水之義務。

第776條　（蓄水等工作物破潰、阻塞之修繕、疏通或預防）

土地因蓄水、排水或引水所設之工作物破潰、阻塞，致損害及於他人之土地，或有致損害之虞者，土地所有人應以自己之費用，為必要之修繕、疏通或預防。但其費用之負擔，另有習慣者，從其習慣。

⑪查民律草案第1002條理由謂土地之蓄水、排水或引水等工作物，因破潰或阻塞，致水氾濫流溢者，其損害以及於他人之土地，他地所有人雖有承水之義務，然必令其受此損害，是加重其義務矣。故特設本條，使土地所有人，為必要之修繕。至其費用之負擔，若另有習慣者，自應從其習慣，若別無習慣，則應由土地所有人以自己之費用，負修繕之義務也。故設本條以示其旨。

第777條　（使雨水或其他液體直注於相鄰不動產之禁止）

土地所有人不得設置屋簷、工作物或其他設備，使雨水或其他液體直注於相鄰之不動產。

⑱鑒於社會發展快速，生活環境改變，土地間之相鄰關係，今非昔比，例如現代家居使用冷氣機排出之水滴，抽油煙機排出之油滴，直注於相鄰不動產之情形，間亦有之。現行條文已無法滿足現代社會生活環境，爰增列屋簷、工作物以外之「其他設備」，土地所有人亦不得設置，使雨水或「其他液體」直注於相鄰之不動產，以期周延，並維相鄰關係之和諧。

第778條　（土地所有人之疏水權）

I.水流如因事變在鄰地阻塞，土地所有人得以自己之費用，為必要疏通之工事。但鄰地所有人受有利益者，應按其受益之程度，負擔相當之費用。

II.前項費用之負擔，另有習慣者，從其習慣。

⑱一、第775條已將「高地」、「低地」等文字修正為「鄰地」，本條自應配合修正。又現行規定土地所有人得以自己之費用，為必要疏通之工事，惟如因疏通阻塞之水流，於鄰地所有人亦受利益時，為公平起見，於其受益之程度內，令負擔相當之費用，爰修正第1項。

二、現行條文但書移列為第2項。

◇疏水權：指水流如因事變在低地阻塞，高地所有人得以自己之費用，為必要疏通之工事。惟從法條文義可知，此係高地所有人之權利而非義務，低地所有人並無請求權，於高地所有人不行使疏水權時，惟有自行疏通，僅在有阻塞原因為可歸責於高地所有人之事由時，低地所有人始能依侵權行為或所有權物上請求權請求損害賠償或排除之（苗栗地院98訴415）。

民法

第三編 物 權

（第七七九～七八一條）

第 779 條 （土地所有人之過水權——人工排水）

I. 土地所有人因使浸水之地乾涸，或排泄家用或其他用水，以至河渠或溝道，得使其水通過鄰地。但應擇於鄰地損害最少之處所及方法為之。

II. 前項情形，有通過權之人對於鄰地所受之損害，應支付償金。

III. 前二項情形，法令另有規定或另有習慣者，從其規定或習慣。

IV. 第一項但書之情形，鄰地所有人有異議時，有通過權之人或異議人得請求法院以判決定之。

⑨八、一、排泄家用、農工業用之水，以至河渠或溝道者，固以經過低地為常，但因科學發達，實際上亦不乏將低地之水，排經高地，以至河渠或溝道者。又本法第775條、第778條已將「高地」、「低地」等文字修正為「鄰地」，本條自應配合修正，爰將第1項、第2項「低地」修正為「鄰地」，並仿現行條文第787條體例，將第1項「高地所有人」修正為「土地所有人」；第2項「高地所有人」修正為「有通過權之人」。

二、本條僅係民法上一般性之規定。至於農工業用之水是否適合排放於河渠或溝道？是否造成環境污染等問題，乃涉及環境保護之範疇，法令另有規定或另有習慣者，自當從其規定或習慣，爰增訂第3項。至於本法所稱「法令」，係指法律及基於法律規定發布之命令而言。本編各條有相類之規定者，均同。

三、第1項有通過權之土地所有人固應於通過必要之範圍內，擇其鄰地損害最少之處所及方法為之。惟何者為「損害最少之處所及方法」，有時不易判定，宜於鄰地所有人有異議時，賦予有通過權之人及異議人均得請求法院以判決定之，爰仿德國民法第917條規定，增訂第4項，並於相關條文（修正條文第786條、第787條）增訂準用規定，以資簡明。至於地上權人、地役權人、承租人等利害關係人，於第800條之1定有準用規定，併予敘明。

四、第4項訴訟性質係屬形成之訴，對於何謂鄰地之「損害最少之處所及方法」，審理法院不受當事人聲明之拘束，得依職權認定之。惟若主張有通過權之人或異議人請求對特定之處所及方法確認其有無通過之權時，則非形成之訴，而為確認之訴，此際，法院即應受當事人聲明之拘束。又各該訴訟均以有通過權為其勝訴之前提要件，故訴訟中法院必須審酌之主張有通過權人之土地是否符合第1項前段規定，乃屬當然。

◇償金：此之償金性質為**適法行為之損失補償**，僅具補償性，亦非行使通行權之對價；亦即支付償金乃通行權人之適法通行行為致通行地不能使用所受損害之補償，且通行權並不因不支付償金而消滅，並必於有通行權者行使該權利時，始有此項損害之發生。

◇償金之計算標準與支付方法：民法雖未設有規定，惟核定該給付，仍應先確定通行地之位置與範圍，並斟酌通行地所有人所受損害之程度，即按被通行土地地目、現在使用情形、以及其形狀、附近環境、通行以外有無其他利用價值、通行權人是否獨占利用、通行期間係屬永久或暫時等具體情況而定，至通行權人因通行所得之利益，則非考量之標準（94臺上2276）。

▲【63臺上2117】相鄰關係之內容，雖類似地役權，但基於相鄰關係而受之限制，係所有權內容所受之法律上之限制，並非受限制者之相對人因此而取得一種獨立的限制物權。而地役權則為所有權以外之他物權（限制物權），二者不能混為一談，果上訴人家庭用水及天然水非流經被上訴人之土地排出不可，亦祇能依民法第779條規定行使權利，其依相鄰關係而請求確認其排水地役權存在，尚難謂合。

第 780 條 （鄰地所有人過水工作物使用權）

土地所有人因使其土地之水通過，得使鄰地所有人所設置之工作物。但應按其受益之程度，負擔該工作物設置及保存之費用。

⑨八 本條配合第775條、第778條，爰將「高地」、「低地」等文字修正為「鄰地」，俾求用語一致。

第 781 條 （水流地所有人之自由用水權）

水源地、井、溝渠及其他水流地之所有人得自由使用其水。但法令另有規定或另有習慣者，不在此限。

⑨八 現行規定水源地、井、溝渠及其他水流地之所有

人，對水有自由使用權。惟現行法令有加以限制者，例如水利法施行細則第25條規定是。為期周延並明確計，爰於但書增列「法令另有規定」之除外規定。又但書所定「特別習慣」，觀諸其他條文僅規定「習慣」二字，為求體例一致，爰刪除「特別」二字。

▲【32上1908】 上訴人謂西江之水係發源於碧雲山，該山為上訴人所有云云，縱令屬實，亦不得援用民法第781條之規定，主張其有使用下流西江之水之權利。

第782條　（用水權人之物上請求權）

Ⅰ.水源地或井之所有人對於他人因工事杜絕、減少或污染其水者，得請求損害賠償。如其水為飲用或利用土地所必要者，並得請求回復原狀；其不能為全部回復者，仍應於可能範圍內回復之。

Ⅱ.前項情形，損害非因故意或過失所致，或被害人有過失者，法院得減輕賠償金額或免除之。

⑱一、「污穢」之定義如何？法無明文。按水污染防治法第2條第5款對「水污染」已有立法定義，其適用範圍較廣而明確，爰將「污穢」修正為「污染」。又現行條文係仿瑞士民法第706條及第707條而訂定，其立法原意為，水源及井水，凡為飲用水或利用土地所必要者，「於可能範圍內」應回復原狀，其究全部回復原狀或一部回復原狀，均視可能性決定，惟現行條文易予人以若不能「全部回復原狀」，則應改請求損害賠償之誤解，為避免疑義，爰仿瑞士民法第706條及第707條規定修正，並移列為第1項。

二、本條究採過失責任抑無過失責任？學者間見解不一。為期周密保障水源地、井所有人之權益，本條宜採無過失責任。惟若使加害人負全部損害賠償責任，似失諸過苛，爰仿瑞士民法第706條第2項之立法體例，增訂第2項，規定得由法院斟酌情形，減輕或免除加害人之賠償金額，以求衡平。

第783條　（使用鄰地餘水之用水權）

土地所有人因其家用或利用土地所必要，非以過鉅之費用及勞力不能得水者，得支付償金，對鄰地所有人請求給與有餘之水。

⇧查民律草案第1017條理由謂土地所有人，得利用其鄰地有餘之水，蓋於自己地內欲得家用所需之水，有時所需費用及勞力過鉅，若不使其利用鄰地之水，於經濟上所損實大。故特設此條，以維持公私之利益。

◇**使用鄰地餘水權**：土地所有人因家用、利用土地所必要，若須以過鉅之費用、勞力方可取得用水，得對鄰地所有人請求給與有餘之水並支付償金。

第784條　（水流地所有人變更水流或寬度之限制）

Ⅰ.水流地對岸之土地屬於他人時，水流地所有人不得變更其水流或寬度。

Ⅱ.兩岸之土地均屬於水流地所有人者，其所有人得變更其水流或寬度。但應留下游自然之水路。

Ⅲ.前二項情形，法令另有規定或另有習慣者，從其規定或習慣。

⑱一、為求文義明確，第1項酌作文字修正。

二、對岸土地屬於他人時，水流地所有人變更水流或寬度，引起水道變更或水位減低，不免有害對岸土地用水之方便，應予禁止。至兩岸土地均屬於水流地所有人者，其所有人固得保留下游自然之水道，而變更其水流或寬度。惟為顧及河道土質、河道形狀可能引發水患等因素，水利法第9條著有「變更水道或開鑿運河，應經中央主管機關核准」之規定。為期周延並明確計，爰將第3項修正為「前二項情形，法令另有規定或另有習慣者，從其規定或習慣」。

第785條　（堰之設置與利用）

Ⅰ.水流地所有人有設堰之必要者，得使其堰附著於對岸。但對於因此所生之損害，應支付償金。

Ⅱ.對岸地所有人於水流地之一部屬於其所有者，得使用前項之堰。但應按其受益之程度，負擔該堰設置及保存之費用。

Ⅲ.前二項情形，法令另有規定或另有習慣者，從其規定或習慣。

⑱一、第1項酌作標點符號修正。

二、為求文義明確，第2項酌作文字修正。

三、水流地所有人如須設堰，雖對岸土地非其所有，亦應賦予設堰權。又對岸所有人，若水流地

一部屬其所有者，亦享有用堰權，以符經濟效益。惟設堰蓄水，事涉公共安全，依水利法第46條規定，經主管機關核准，得使其堰附著於對岸。為期周延並明確計，爰將第3項修正為「法令另有規定或另有習慣者，從其規定或習慣」。

第786條　（管線設置權）

I.土地所有人非通過他人之土地，不能設置電線、水管、瓦斯管或其他管線，或雖能設置而需費過鉅者，得通過他人土地之上下而設置之。但應擇其損害最少之處所及方法為之，並應支付償金。

II.依前項之規定，設置電線、水管、瓦斯管或其他管線後，如情事有變更時，他土地所有人得請求變更其設置。

III.前項變更設置之費用，由土地所有人負擔。但法令另有規定或另有習慣者，從其規定或習慣。

IV.第七百七十九條第四項規定，於第一項但書之情形準用之。

⑱一、配合「共同管道法」第2條第2款規定，將第1項及第2項「煤氣管」修正為「瓦斯管」、「筒管」修正為「管線」；並配合第191條、第777條等規定，將第1項至第3項所定「安設」修正為「設置」，以符實際。

二、依電信法第45條第3項授權所定電信線路遷移費用及電信設備損壞賠償負擔辦法第8條序文「既設電信線路通過請求權人自己或他人之土地，致自己土地使用收益有下列情形之一者，土地所有權人、合法占有人或使用人得請求該電信線路所屬機關（構）免費遷移」，係第3項變更設置費用負擔之特別規定。為期周延並明確計，爰將第3項修正為「法令另有規定或另有習慣者，從其規定或習慣」。

三、為確保土地所有人及鄰地所有人之權利，爰增訂第4項，使其得以準用第779條第4項，以資周延。又其準用範圍限於損害最少處所及方法有關之異議程序規定，不包括償金，併予指明。

◇**管線設置權**：指土地所有人非通過他人之土地，不能設置電線、水管、瓦斯管或其他管線，或雖能設置而需費過鉅者，得通過他人土地之上下而設置之，此為土地所有人通過鄰地設置線管權。而**所謂「非通過鄰地不能設置」，係指在特定區域內，依通常情形引水、引電或引瓦斯須經過鄰地而言**。察其立法理由，乃為利用土地，必須安設電線、水管、煤氣管或其他筒管者，得使用他人之土地，以全其利用。惟他人之地之利益，亦須保護，藉昭公允。

◇**管線設置權之行使**：對於通過之他人土地雖不以緊鄰之土地為限，惟得通過其他鄰接之土地，**仍須選擇損害最小之處所及方法為之**，始符合前揭法條規定之要件。

第787條　（袋地所有人之必要通行權）

I.土地因與公路無適宜之聯絡，致不能為通常使用時，除因土地所有人之任意行為所生者外，土地所有人得通行周圍地以至公路。

II.前項情形，有通行權人應於通行必要之範圍內，擇其周圍地損害最少之處所及方法為之；對於通行地因此所受之損害，並應支付償金。

III.第七百七十九條第四項規定，於前項情形準用之。

⑱一、按鄰地通行權係為調和相鄰地關係所定，此項通行權乃就土地與公路無適宜之聯絡者而設。若該土地本與公路有適宜之聯絡，可為通常使用，竟因土地所有人之任意行為而阻斷，則其土地與公路無適宜之聯絡，致不能為通常使用者，應由土地所有人自己承受，自不能適用第1項有關必要通行權之規定，爰仿德國民法第918條第1項，增訂第1項除外規定，原但書規定移列於第2項並酌作文字修正。至於所謂任意行為（德文 willkürliche Handlung），係指於土地通常使用情形下，因土地所有人自行排除或阻斷土地對公路之適宜聯絡而言，例如自行拆除橋樑或建築圍牆致使土地不能對外為適宜聯絡即是。惟土地之通常使用，係因法律之變更或其他客觀情事變更，致土地所有人須改變其通行者，則不屬之。

二、增訂第3項，理由同第786條說明三。

◇**袋地**：指土地與公路隔離，全無進出通路，或雖有進出通路，但對外聯絡之道路，費用過鉅且有危險或非常不便者。

◇**袋地所有人之通行權**：按袋地所有人之通行權，一方面係土地所有人或限定物權人所有權權能或限定物權權能之擴張，另一方面則限制鄰地所有人之所有權權能或限定物權人的限定物權權能的範圍，故該通行權必須調和二者之利害，除對通行地因此所生之損害需支付償金外，更應於通行必要範圍內，擇其周圍地損害最小之處所及方法

為之，以保全鄰地所有人之利益。而該所謂之「**必要範圍**」，並非以主張通行權人片面需求為判斷依據，而係以「物盡其用」之觀點，探求需通行土地，以多大範圍能使其發揮應有效能為適當。

▲【53 臺上 2996】 民法第 787 條第 1 項**所謂土地與公路無適宜之聯絡，致不能為通常之使用，其情形不以土地絕對不通公路為限**，即土地雖非絕對不通公路，因其通行困難以致不能為通常之使用時，亦應許其通行周圍地以至公路。

▲【57 臺上 901】系爭土地原屬兩造共有，分割後上訴人所有土地既為他人之地所圍繞，以致不通於公路，如上訴人出賣與訴外人部分之土地全無隙地可供其通行，而被上訴人之土地係與上訴人之土地相鄰接，且屬原共有地之一部因分割取得其所有權，按諸民法第 787 條及第 789 條之規定，自不能謂上訴人無通行被上訴人土地以至公路之權利。

▲【75 臺上 947】民法第 787 條第 1 項所定之**通行權**，其主要目的，不僅專為調和個人所有之利害關係，且在充分發揮袋地之經濟效用，以促進物盡其用之社會整體利益，**不容袋地所有人任意預為拋棄**。

▲【78 臺抗 355】鄰地通行權之行使，在土地所有人方面，為其所有權之擴張，在鄰地所有人方面，其所有權則因而受限制，參照民事訴訟費用法第九條規定之法意，**鄰地通行權訴訟標的之價額，如主張通行權之人為原告，應以其土地因通行鄰地所增價額為準；如否認通行權之人為原告，則以其土地因被通行所減價額為準**。

▲【85 臺上 1781】土地因與公路無適宜之聯絡，致不能為通常之使用者，土地所有人得通行周圍地以至公路，民法第 787 條第 1 項前段定有明文。其立法意旨在於調和土地相鄰之關係，以全其土地之利用，故明定周圍地所有人負有容忍通行之義務。惟**如土地嗣後與公路已有適宜之聯絡，而能為通常之使用者，周圍地所有人自無須繼續容忍其通行，土地所有人不得再主張通行周圍地**。

第 788 條　（開路通行權）

I.有通行權人於必要時，得開設道路。但對於通行地因此所受之損害，應支付償金。

II.前項情形，如致通行地損害過鉅者，通行地所有人得請求有通行權人以相當之價額購買通行地及因此形成之畸零地，其價額由當事人協議定之；不能協議者，得請求法院以判決定之。

⑱一、現行條文未修正，改列為第 1 項。

二、土地所有人行使其通行權，開設道路，如致通行地損害過鉅者，應許通行地所有人得請求有通行權人以相當之價額購買其土地，俾求公平並維持不動產相鄰關係之和諧。雙方是否買賣土地及其價額，由當事人協議定之，不能協議者，得請求法院以判決定之，爰增訂第 2 項。

◇**開路通行權**：此為土地所有權之權能，具有物權之性質，指當通行權人認為有開設道路之必要時，通行權人須自行開闢道路，並無要求鄰地所有權人為其開路之權利。

第 789 條　（通行權之限制）

I.因土地一部之讓與或分割，而與公路無適宜之聯絡，致不能為通常使用者，土地所有人因至公路，僅得通行受讓人或讓與人或他分割人之所有地。數宗土地同屬於一人所有，讓與其一部或同時分別讓與數人，而與公路無適宜之聯絡，致不能為通常使用者，亦同。

II.前項情形，有通行權人，無須支付償金。

⑱一、數宗土地同屬於一人所有，而讓與其一部（包括其中一宗或數宗或一宗之一部分）或同時分別讓與數人，而與公路無適宜之聯絡，致不能為通常使用者，土地所有人因至公路，亦僅得通過該讓與之土地，以貫徹本條立法精神，爰仿德國民法第 918 條第 2 項後段規定，修正第 1 項。又所謂「同屬於一人」非指狹義之一人，其涵義包括相同數人，併予指明。

二、第 2 項未修正。

◇**本條之通行權限制是否只及於原讓與人與受讓人間**：例如：甲乙共有 A 地，經分割後，乙依據本條規定享有對甲土地之無償通行權。然而嗣後乙死亡，其繼承人丙丁是否仍有本條之權利？又，若今係乙將土地移轉與戊，戊是否得主張本條之通行權？針對此問題，**在繼承之情形**，按民法 1148 條第 1 項之概括繼承主義，可認丙丁係繼承乙之所有權，同時包含其中所含之通行權，因此有權主張本條之適用。從貫徹相臨地立法精神的觀點，也應採相同解釋。而**在所有權移轉之情形**，學理上雖有不同見解，然而實務上多認為受讓人不論係基於有償或無償而受讓，均得主張本條之適用（李淑明，民法物權）。

▲【57 臺上 901】參見本法第 787 條。

第 790 條　（土地之禁止侵入及例外）

土地所有人得禁止他人侵入其地內。但有下列情形之一，不在此限：

一　他人有通行權者。

二　依地方習慣，任他人入其未設圍障之田地、牧場、山林刈取雜草，採取枯枝枯幹，或採集野生物，或放牧牲畜者。

⑱將「左列」修正為「下列」，以符合法制用語，並酌作標點符號之修正。

◇**他人有通行權者**：此指不動產役權及因相鄰關係而生之通行權。

第 791 條　（因尋查取回物品或動物之允許侵入）

I.土地所有人，遇他人之物品或動物偶至其地內者，應許該物品或動物之占有人或所有人入其地內，尋查取回。

II.前項情形，土地所有人受有損害者，得請求賠償。於未受賠償前，得留置其物品或動物。

仚謹按因風力、水力或其他天然力使他人之物，至自己所有地內，或他人之鳥獸魚類，至自己之所有地內時，若他人欲進入地內，從事尋查及取回者，該土地之所有人應許之。至土地所有人因他人之物品，或動物偶至其地受有損害者，得請求賠償，並於未賠償之先，應許其有留置物品或動物之權。蓋一方保護占有人之利益，一方復顧及所有人之利益也。

第 792 條　（鄰地使用權）

土地所有人因鄰地所有人在其地界或近旁，營造或修繕建築物或其他工作物有使用其土地之必要，應許鄰地所有人使用其土地。但因而受損害者，得請求償金。

⑱現行條文規定鄰地使用權以鄰地所有人在土地所有人疆界或近旁，營造或修繕「建築物」為要件。惟事實上營造或修繕者，不以建築物為限，尚有其他工作物例如圍牆等是，於營造或修繕時，亦有使用鄰地土地之必要。為期周延，爰仿日本民法第 209 條第 1 項規定，增列「或其他工作物」，以達經濟利用之目的。又為求用語一致，爰仿土地法用語，將「疆界」修正為「地界」。

◇**鄰地使用權**：指鄰地所有人有請求使用土地所有人土地之權（謝在全，民法物權論上冊），又實務見解認為本條之權利以「有使用必要者」為限，即除使用鄰地外，無以完成其營造或修繕建築物之工作而言。

第 793 條　（氣響侵入之禁止）

土地所有人於他人之土地、建築物或其他工作物有瓦斯、蒸氣、臭氣、煙氣、熱氣、灰屑、喧囂、振動及其他與此相類者侵入時，得禁止之。但其侵入輕微，或按土地形狀、地方習慣，認為相當者，不在此限。

⑱按本條有關氣響侵入致影響相鄰關係者，除來自土地外，常有來自相鄰之建築物或其他工作物者，是否亦在本條禁止之列？易滋疑義，為明確計，爰明定「建築物或其他工作物」有氣響侵入時，亦得禁止之規定。又配合「共同管道法」第 2 條第 2 款規定，將「煤氣」修正為「瓦斯」。

◇**認為相當者**：是否具有「相當性」，參考日本「忍受限度論」，應認為**當妨害者所有權之行使對鄰近日照、通風產生阻害，致「一般社會通念無法忍受之程度時」，就構成違法的生活妨害，而認為權利之行使不具有正當性**。例如：居住於工業區內者，較諸居住於住宅區者，其忍受程度自屬較大，居住於鐵路邊者，亦難以一般程度為衡量，可見土地利用之情況如何，亦是斟酌因素之一（謝在全，民法物權論上冊）。

第 794 條　（損害鄰地地基、建築物或其他工作物危險之預防義務）

土地所有人開掘土地或為建築時，不得因此使鄰地之地基動搖或發生危險，或使鄰地之建築物或其他工作物受其損害。

⑱土地所有人開掘土地或為建築時，所負防免危險或損害義務之客體，現行條文規定以鄰地之地基或工作物為限。究竟工作物是否包括建築物在內？易滋疑義，為明確計，爰明定「建築物或其他工作物」均為本條保護之客體。

第 795 條　（工作物傾倒危險之預防）

建築物或其他工作物之全部，或一部有傾倒之危險，致鄰地有受損害之虞者，鄰地所有人，得請求為必要之預防。

↑謹按建築物或其他工作物之全部或一部，如有損壞，或年久失修，致有傾倒之危險時，則有累及鄰地之虞，鄰地所有人，自可就其一部或全部有傾倒危險，將受損害之程度，請求此項所有人為必要之防禦，以維公益，而免危險，此當然之理也。故設本條以明示其旨。

第796條　（越界建屋之異議）

I.土地所有人建築房屋非因故意或重大過失逾越地界者，鄰地所有人如知其越界而不即提出異議，不得請求移去或變更其房屋。但土地所有人對於鄰地因此所受之損害，應支付價金。

II.前項情形，鄰地所有人得請求土地所有人，以相當之價額購買越界部分之土地及因此形成之畸零地，其價額由當事人協議定之；不能協議者，得請求法院以判決定之。

⑨八一、現行條文規定對越界建築者，主觀上不區分其有無故意或重大過失，一律加以保護，有欠公允，爰仿德國民法第912條、瑞士民法第674條之立法體例，於第1項增列「非因故意或重大過失」越界建築者，始加以保障，以示平允。又依現行規定意旨，前段所保護者為「房屋」，爰將其末句「建築物」一詞，修正為「房屋」，使法條用語前後一貫。又「房屋」應包括建築完成及未完成者在內，併予敘明。

二、至因越界建築，鄰地所有人因此所受之損害，土地所有人應支付償金，如使鄰地所有人之土地成為畸零地者，該畸零地每不堪使用，亦應賦予鄰地所有人請求土地所有人購買權，以符實際，爰仿第788條，將現行條文但書規定酌予修正並增訂第2項規定。又本條規定不排除債法上不當得利請求權及侵權行為請求權。

▲【28渝上634】民法第796條**所謂土地所有人建築房屋逾越疆界，係指土地所有人在其自己土地建築房屋，僅其一部分逾越疆界者而言**。若其房屋之全部建築於他人之土地，則無同條之適用。

▲【45臺上931】土地所有人建築房屋逾越疆界者，鄰地所有人如知其越界而不即提出異議，不得請求移去或變更其建築物，固為民法第796條前段之所明定。惟**主張鄰地所有人知其越界而不即提出異議者，應就此項事實負舉證之責任**。

▲【58臺上120】所謂越界建築，係指土地所有人建築房屋，逾越疆界者而言。**至於因越界而占**用之土地，究為鄰地之一部抑或全部，在所不問。

▲【59臺上1799】民法第796條**所謂越界建築，其建築物必為房屋，苟屬非房屋構成部分之牆垣、豬欄、狗舍或屋外之簡陋廁廁，尚不能謂有該條之適用**。

▲【62臺上1112】**牆垣非房屋構成部分，如有越界建築，不論鄰地所有人是否知情而不即提出異議，要無民法第796條之適用**。上訴人之圍牆既確有越界情事，縱令占地無幾，被上訴人亦無容忍之義務，即非不得請求拆除。

▲【67臺上800】民法第796條所定**鄰地所有人之忍受義務，係為土地所有人所建房屋之整體，有一部分逾越疆界，若予拆除，勢將損及全部建築物之經濟價值而設**。倘土地所有人所建房屋整體之外，越界加建房屋，則鄰地所有人請求拆除，原無礙於所建房屋之整體，即無該條規定之適用。

▲【83臺上2701】鄰地所有人知悉土地所有人越界建屋而不即提出異議者，依民法第796條但書之規定，尚得請求土地所有人購買越界部分之土地，舉重以明輕，**不知情而得請求移去或變更建物之鄰地所有人，當然更得不請求土地所有人移去或變更建物而請求其以相當之價額購買越界部分之土地**。

▲【85臺上119】土地所有權人建築房屋逾疆界者，鄰地所有人如知其越界而不即時提出異議，不得請求移去或變更其建築物，為民法第796條前段所明定，此項土地相鄰關係設一方之土地所有權擴張，而他方之土地所有權受限制，該權利義務對於嗣後受讓該不動產而取得所有權之第三人仍繼續存在。

第796條之1　（越界建屋法院之判決）

I.土地所有人建築房屋逾越地界，鄰地所有人請求移去或變更時，法院得斟酌公共利益及當事人利益，免為全部或一部之移去或變更。但土地所有人故意逾越地界者，不適用之。

II.前條第一項但書及第二項規定，於前項情形準用之。

⑨八一、本條新增。

二、對於不符合第796條規定者，鄰地所有人得請求移去或變更逾越地界之房屋。然有時難免對社會經濟及當事人之利益造成重大損害。為示平允，宜賦予法院裁量權，爰參酌最高法院67年臺上字第800號判例，由法院斟酌公共利益及當事

人之利益，例如參酌都市計畫法第39條規定，考慮逾越地界與鄰地法定空地之比率、容積率等情形，免為全部或一部之移去或變更，以顧及社會整體經濟利益，並兼顧雙方當事人之權益。但土地所有人故意逾越地界者，不適用上開規定，始為公平，爰增訂第1項。

三、土地所有人如因法院之判決，免為全部或一部房屋之移去或變更者，為示平允，宜許鄰地所有人對於越界部分之土地及因此形成之畸零地，得以相當之價格請求土地所有人購買，如有損害，並得請求賠償，爰增訂第2項準用規定。

第796條之2 （越界建屋之準用）

前二條規定，於具有與房屋價值相當之其他建築物準用之。

⑱一、本條新增。

二、房屋以外建築物之價值亦有超越房屋情事，事所恆有。如對該等建築物之越界建築一律不予保障，亦有害於社會經濟。惟建築物之種類甚多，如一律加以保障，亦將侵害鄰地所有人之權益，故權衡輕重，以具有與房屋價值相當之其他建築物，例如倉庫、立體停車場等是，始得準用前二條之規定，爰增訂本條規定，以期周延。

第797條 （植物枝根越界之刈除）

I.土地所有人遇鄰地植物之枝根有逾越地界者，得向植物所有人，請求於相當期間內刈除之。

II.植物所有人不於前項期間內刈除者，土地所有人得刈取越界之枝根，並得請求償還因此所生之費用。

III.越界植物之枝根，如於土地之利用無妨害者，不適用前二項之規定。

⑱一、本條可能越界者不宜限於「竹木」，爰將其一律修正為「植物」，以資明確，並期周延。

二、在往昔農業社會，土地所有人刈取越界之枝根，具有經濟上之價值，可為利用，以補償其刈除之勞力及費用。惟今日社會變遷，刈除之枝根可利用之經濟價值減低，或需僱工搬運，將造成負擔，爰於第2項增列「並得請求償還因此所生之費用」，以符實際，並期平允。

第798條 （鄰地之果實獲得權）

果實自落於鄰地者，視為屬於鄰地所有人。但鄰地為公用地者，不在此限。

⑱土地不得為權利之主體，本條「鄰地」一詞宜修正為「鄰地所有人」，以符原立法旨趣。又本條之「自落」，凡非基於鄰地所有人之行為致果實掉落者，均屬之，學說均無異見，併此敘明。

第799條 （建築物之區分所有）

I.稱區分所有建築物者，謂數人區分一建築物而各專有其一部，就專有部分有單獨所有權，並就該建築物及其附屬物之共同部分共有之建築物。

II.前項專有部分，指區分所有建築物在構造上及使用上可獨立，且得單獨為所有權之標的者。共有部分，指區分所有建築物專有部分以外之其他部分及不屬於專有部分之附屬物。

III.專有部分得經其所有人之同意，依規約之約定供區分所有建築物之所有人共同使用；共有部分除法律另有規定外，得經規約之約定供區分所有建築物之特定所有人使用。

IV.區分所有人就區分所有建築物共有部分及基地之應有部分，依其專有部分面積與專有部分總面積之比例定之。但另有約定者，從其約定。

V.專有部分與其所屬之共有部分及其基地之權利，不得分離而為移轉或設定負擔。

⑱一、按公寓大廈管理條例第1條之立法目的係為加強公寓大廈之管理維護，提升居住品質，該條例原係為行政機關基於管理之目的所制定，其規範重點在住戶之權利義務、管理組織及管理服務人等，與民法重在建築物各住戶所有權之物權關係有異。又以區分所有建築物之一部為客體之區分所有權乃所有權之特殊型態，民法應設有原則性規範，俾建立所有權制度之完整體系。民法與行政法規兩者於性質、規範範圍及功能有其不同，應屬私法與公法之協力關係，此種雙軌規範體系之建構，應能有效率規範和諧之社會生活，並滿足其不同制定目的之需求。

二、所謂區分所有建築物者，必數人區分一建築物，各有其專有部分，始足當之，為明確計，爰將現行條文前段「各有其一部」之規定修正列為第1項「各專有其一部」規定，明定就該部分有單獨所有權，且就該建築物及其附屬物之共同部分為共有。又本條所稱「就專有部分有單獨所有權」者，係指對於該專有部分有單一之所有權而

言，與該單獨所有權係一人所有或數人共有者無關。現行條文後段規定移列修正條文第 799 條之 1。

三、第 1 項所定區分建築物之專有部分與共有部分，宜以明文規定其範圍，俾杜爭議，爰增訂第 2 項。得為區分所有權客體之專有部分，除須具有使用之獨立性外，並以具有構造上之獨立性為必要（王澤鑑，民法物權第一冊第二五五、二八二頁，二〇〇一年出版；溫豐文，區分所有權——民法物權編修正草案之評析，台灣本土法學雜誌九十期，第一一九至一三二頁；最高法院 89 年度臺上字第 1377 號、93 年度臺上字第 2063 號、94 年度臺上字第 1636 號民事判決；日本建物區分所有法第 1 條參照），爰就此予以明定，以符物權客體獨立性之原則。至建築物經區分之特定部分是否具備構造上之獨立性，其需求嚴密之程度因客體用途之不同而有差異，隨著未來建築技術之發展，與社會生活之演變亦有寬嚴之不同，併予指明。

四、區分建築物之專有部分經其所有人同意後，得依規約約定共同使用，共有部分亦得依規約約定由特定所有人使用，俾符物盡其用之旨。惟如其他法律對於共有部分之約定使用有特別規定者，應從其規定，爰增訂第 3 項。

五、關於區分所有建築物之共有部分及基地，各區分所有人應有部分比例究為若干，應有原則性之規範，俾供遵循，爰於第 4 項明定依區分所有人專有部分面積與專有部分總面積之比例定之。

六、專有部分與其所屬對應之共有部分應有部分及其基地之權利，有不可分離之關係，爰增訂第 5 項，規定不得分離而為移轉或設定其他負擔。至於所屬之共有部分，僅指區分所有建築物之專有部分所配屬之共有部分，例如游泳池、網球場等公共設施，併予敘明。

◇**建物之區分所有權**：所謂「**區分所有權**」，係指數人區分一建築物而各有其專有部分，並就其共用部分按其應有部分有所有權而言，此係「一物一權主義」之例外情形。又所謂「**專有部分**」，係指公寓大廈之全部或一部分，具有使用上之獨立性，且為區分所有之標的者。而區分所有權人除法律另有限制外，對其專有部分，得自由使用、收益、處分，並排除他人干涉（公寓大廈管理條例第 3 條第 3 款及第 4 條第 1 項）。

◇**規約**：**指區分所有人間為增進共同利益、確保良好生活環境，就區分所有物之共同遵守事項為約定之契約，並且必須經全體區分所有人同意方能生效**（公寓大廈管理條例第 3 條第 12 款）。區分所有人就區分所有物的使用，必須遵守的規範除了國家法令之外，還必須遵守區分所有人訂定的規約。

第 799 條之 1　（建築物之費用分擔）

I.區分所有建築物共有部分之修繕費及其他負擔，由各所有人按其應有部分分擔之。但規約另有約定者，不在此限。

II.前項規定，於專有部分經依前條第三項之約定供區分所有建築物之所有人共同使用者，準用之。

III.規約之內容依區分所有建築物之專有部分、共有部分及其基地之位置、面積、使用目的、利用狀況、區分所有人已否支付對價及其他情事，按其情形顯失公平者，不同意之區分所有人得於規約成立後三個月內，請求法院撤銷之。

IV.區分所有人間依規約所生之權利義務，繼受人應受拘束；其依其他約定所生之權利義務，特定繼受人對於約定之內容明知或可得而知者，亦同。

⑱一、本條新增。

二、按區分所有建築物共有部分之修繕費及其他負擔，立法例上有「按其所有部分之價值」定之者，亦有依應有部分比例定之者，我國因缺乏如奧地利住宅法由法院鑑定專有部分價值之制度，民法第 799 條後段規定形同具文，為期簡便易行，爰仿民法第 822 條修正為原則上由各所有人按其應有部分分擔之，但規約另有約定者，不在此限，俾簡易可行，並維彈性，爰增訂第 1 項。

三、區分所有建築物之專有部分經約定供區分所有建築物之所有人共同使用者，該專有部分之修繕費及其他負擔應如何分擔，亦宜明文規定，以期明確，爰增訂第 2 項。

四、規約之約定對特定之區分所有人若有顯失公平之情事者，宜有救濟之途徑，爰增訂第 3 項。又規約之約定是否有顯失公平情事，須就各項具體因素及其他相關情形綜合予以斟酌，以為判斷之準據。至所謂不同意之區分所有人包括自始未同意該規約約定或未參與其訂定者在內。

五、區分所有建築物之各區分所有人因各專有該建築物之一部或共同居住其內，已形成一共同團

體。而規約乃係由區分所有人團體運作所生，旨在規範區分所有人相互間關於區分所有建築物及其基地之管理、使用等事項，以增進共同利益，確保良好生活環境為目的，故區分所有人及其繼受人就規約所生之權利義務，依團體法法理，無論知悉或同意與否，均應受其拘束，方足以維持區分所有人間所形成團體秩序之安定。至區分所有人依其他約定所生之權利義務，其繼承人固應承受，但因非由團體運作所生，基於交易安全之保護，特定繼受人僅以明知或可得而知者為限，始受其拘束，爰增訂第4項。又所謂繼受人包括概括繼受與因法律行為而受讓標的之特定繼受人在內；區分所有人依法令所生之權利義務，繼受人應受拘束乃屬當然，無待明文，均併予指明。

第799條之2（同一建築物之所有人區分）

同一建築物屬於同一人所有，經區分為數專有部分登記所有權者，準用第七百九十九條規定。

⑱一、本條新增。

二、同一建築物屬於同一人所有，經區分為數專有部分登記所有權者，其使用情形與數人區分一建築物者相同，均有專有部分與共有部分。其中一部轉讓他人時，即生應否與其共有部分、基地相關之應有部分一併讓與等問題，爰明定準用第799條規定，俾杜爭議。

第800條（他人正中宅門之使用）

I.第七百九十九條情形，其專有部分之所有人，有使用他專有部分所有人正中宅門之必要者，得使用之。但另有特約或另有習慣者，從其特約或習慣。

II.因前項使用，致他專有部分之所有人受損害者，應支付償金。

⑱一、他人正中宅門之使用僅適用於第799條建築物之區分所有。本條配合第799條之修正，爰將第一項「一部分」修正為「專有部分」，並將「他人」修正為「他專有部分所有人」。至於所謂「特約」，應有第799條之1第4項規定之適用，乃屬當然，併予敘明。

二、第2項「所有人」配合前項修正為「他專有部分之所有人」，俾求前後用語一致。

▲【52臺上1056】**民法第800條所稱前條情形，係指第799條所謂「數人區分一建築物而各有其一部者」之情形而言，樓房之分層所有，即屬該條所揭情形之一種，其正中宅門雖非共同部分，仍有第800條之適用**。至第800條所謂有使用他人正中宅門之必要者，係指依客觀事實有使用之必要者而言，如非使用他人之正中宅門，即無從通行出外者，自包含在內。

第800條之1（建築物或其他工作物利用人之準用）

第七百七十四條至前條規定，於地上權人、農育權人、不動產役權人、典權人、承租人、其他土地、建築物或其他工作物利用人準用之。

⑲配合新增第四章之一「農育權」及修正第五章章名「不動產役權」與條文，而修正本條。

第三節 動產所有權

↑謹按動產所有權之內容及其限制，雖有通則規定，可資適用，然動產所有權得喪之方法，則不可不明晰規定，俾適於實際之用。此本節所由設也。

第801條（善意受讓）

動產之受讓人占有動產，而受關於占有規定之保護者，縱讓與人無移轉所有權之權利，受讓人仍取得其所有權。

↑查民律草案第1027條理由謂凡讓與動產之所有權時，若讓與人有移轉其所有之權利，則受讓人因讓與之效力取得所有權，此當然之理。然有時讓與人雖無移轉其所有權之權利，受讓人不得藉讓與之效力取得所有權，而可藉占有之效力取得所有權，如是始能確保交易上之安全也。故設本條以明示其旨。

◇無償受讓得否主張善意取得？

肯定說	採文義解釋，認為只要原因行為有效，並不以原因行為為有償行為（例如：買賣）為限，即使無償行為（例如：贈與）也可以。有學者進一步認為，有償或無償係原因行為才有之區分，為了貫徹物權行為的無因性，即使原因行為無效或被撤銷，仍然可以成立善意受讓。民法善意受讓既然是受讓物權，則不必區分有償或無償，也不區分原因行為是否有效、是否被撤銷

否定說	此說從衡平觀點，認為善意取得之制度目的在於為了保護交易安全而犧牲真正權利人之權益。因此若屬無償受讓之情形，則動產受讓人未支出相當之代價，無須有保護交易安全之考量，此時應偏向真正權利人之保護，而認無償受讓人不得主張善意取得（謝哲勝，無償受讓可否主張善意取得，月旦法學教室第86期）

▲【31 上 1904】動產之受讓人占有動產，而有民法第948條規定之情形者，依同法第801之規定，縱讓與人無移轉所有權之權利，受讓人仍取得其所有權。

第 802 條　（無主物之先占）

以所有之意思，占有無主之動產者，除法令另有規定外，取得其所有權。

⑱現行規定無主之動產，如以所有之意思而占有者，取得其所有權。惟現行法令對於具備上開要件定有限制其取得所有權之規定者，例如野生動物保育法第16條、文化資產保存法第83條之規定是。為期周延並明確計，爰增列「法令另有規定」之除外規定。

◇**無主動產**：係指現在不屬於任何人所有之動產而言，至於其物過去是否曾屬於他人所有，則非所問。又所謂「無主物因先占而取得所有權」，只以動產為限；不動產之取得、設定、喪失、變更等，則須依登記始能發生效力。

第 803 條　（遺失物拾得者之招領報告義務）

I.拾得遺失物者應從速通知遺失人、所有人、其他有受領權之人或報告警察、自治機關。報告時，應將其物一併交存。但於機關、學校、團體或其他公共場所拾得者，亦得報告於各該場所之管理機關、團體或其負責人、管理人，並將其物交存。

II.前項受報告者，應從速於遺失物拾得地或其他適當處所，以公告、廣播或其他適當方法招領之。

⑱一、現行條文修正改列第1項，其修正理由如下：㈠拾得人有通知義務，「通知」之對象，現行條文僅規定「所有人」，惟學者通說以為應從廣義解釋，即遺失物之所有人、限定物權人、占有人均包括在內，爰將「所有人」修正為「遺失人、所有人、其他有受領權之人」，以期明確，並符實際。至於因不知所有人或其所在不明時，現行法則規定拾得人有揭示及報告之義務，為慮及拾得人為揭示之不便及揭示方法之妥適性，爰刪除「不知所有人或所有人所在不明者，應為招領之揭示」，並為避免課予拾得人過重之義務，乃採雙軌制，使拾得人可選擇通知遺失人等，或逕報告、交存警察或自治機關。㈡又為顧及遺失人急於搜尋遺失物之情形，且為使遺失物之歸屬早日確定，爰仿德國民法第965條、日本遺失物法第1條規定，於「通知」前，增列「從速」二字。㈢為配合民法總則將「官署」用語修正為「機關」，本條以下各條所定「警署」均修正為「警察」機關。㈣凡於機關、學校、團體或其他公共場所拾得遺失物者，事實上向各該場所之管理機關、團體或其負責人、管理人報告並交存其物，由其招領較為便捷，且具實益，爰增列但書規定，由拾得人自由選擇報告並交存其物於各該場所之管理機關、團體或其負責人、管理人。

二、第2項增列招領地點及招領方法之規定。招領地點不以遺失物拾得地為限，而招領方法亦不以公告為限，凡適當處所（例如警察、自治機關）或適當方法（例如電臺廣播、電視廣播）均得從速為之，較富彈性。又此處之受報告者，係指已接受交存遺失物者，始得進行招領程序，併予敘明。

◇**遺失物**：指非基於占有人之意思而喪失占有，現又無人占有，且非為無主之動產者（謝在全，民法物權論上冊）。

◇**拾得**：指發現他人之遺失物而占有之事實行為，由「發現」及其後「占有」兩個事實行為結合而成。又因拾得乃事實行為，而非法律行為，不以拾得人有行為能力為必要，僅需有識別能力即為已足（李淑明，民法物權）。

第 804 條　（招領後無人認領之處置——交存遺失物）

I.依前條第一項為通知或依第二項由公共場所之管理機關、團體或其負責人、管理人為招領後，有受領權之人未於相當期間認領時，拾得人或招領人應將拾得物交存於警察或自治機關。

II.警察或自治機關認原招領之處所或方法不適當時，得再為招領之。

⑱一、為配合前條之修正，爰將現行規定「揭示」修正為「依前條第一項為通知或依第二項由公共場所之管理機關、團體或其負責人、管理人為招領」；「所有人」修正為「有受領權之人」；「拾得人」修正為「拾得人或招領人」；「其物」修正為「拾得物」。

二、又為貫徹保護有受領權之人之利益，爰增訂警察或自治機關，認原招領之處所或方法不適當時，得再為招領，俾有受領權之人更有適當機會知悉其遺失物之所在，並改列為第2項。

第805條 （認領之期限、費用及報酬之請求）

I.遺失物自通知或最後招領之日起六個月內，有受領權之人認領時，拾得人、招領人、警察或自治機關，於通知、招領及保管之費用受償後，應將其物返還之。

II.有受領權之人認領遺失物時，拾得人得請求報酬。但不得超過其物財產上價值十分之一；其不具有財產上價值者，拾得人亦得請求相當之報酬。

III.有受領權人依前項規定給付報酬顯失公平者，得請求法院減少或免除其報酬。

IV.第二項報酬請求權，因六個月間不行使而消滅。

V.第一項費用之支出者或得請求報酬之拾得人，在其費用或報酬未受清償前，就該遺失物有留置權；其權利人有數人時，遺失物占有人視為為全體權利人占有。

⑩一、修正通過。

二、原規定拾得人得向遺失人索取之三成報酬之規定偏高，爰將第2項規定請求報酬上限十分之三修正為十分之一。

三、為符合公平原則，若有受領權人依規定給付報酬顯失公平者，得請求法院減少或免除報酬，爰增訂第3項文字。

四、原第3項改為第4項，並將句首之「前項」修正為「第二」。

五、原第4項改列為第5項。

第805條之1 （認領報酬之例外）

有下列情形之一者，不得請求前條第二項之報酬：

一 在公眾得出入之場所或供公眾往來之交通設備內，由其管理人或受僱人拾得遺失物。

二 拾得人未於七日內通知、報告或交存拾得物，或經查詢仍隱匿其拾得遺失物之事實。

三 有受領權之人為特殊境遇家庭、低收入戶、中低收入戶、依法接受急難救助、災害救助，或有其他急迫情事者。

⑩一、修正通過。

二、為規範拾得人請求報酬之限制條件，爰將第2款修正為「拾得人未於七日內通知、報告或交存拾得物，或經查詢仍隱匿其拾得遺失物之事實。」以作更明確之規定。

三、為避免社會救助法所稱對象及特殊境遇家庭等弱勢民眾，因拾得人主張報酬請求權及留置權，而造成生活之困境，爰增訂第3款，以限制拾得人之請求報酬。

第806條 （遺失物之拍賣及變賣）

拾得物易於腐壞或其保管需費過鉅者，招領人、警察或自治機關得為拍賣或逕以市價變賣之，保管其價金。

⑱現行規定拾得物採拍賣方法，雖拍賣法尚未公布，惟拍賣仍須經一定之程序（債編施行法第28條參考），需時既多，費用亦鉅，為求經濟簡便，爰修正兼採變賣方法，「得逕以市價變賣」，以兼顧有受領權之人及拾得人雙方之權益，並配合第803條酌作文字修正。

第807條 （逾期未認領之遺失物之歸屬——拾得人取得所有權）

I.遺失物自通知或最後招領之日起逾六個月，未經有受領權之人認領者，由拾得人取得其所有權。警察或自治機關並應通知其領取遺失物或賣得之價金；其不能通知者，應公告之。

II.拾得人於受前項通知或公告後三個月內未領取者，其物或賣得之價金歸屬於保管地之地方自治團體。

⑱一、為配合第805條之修正，爰將「拾得後」修正為「自通知或最後招領之日起」；「所有人」修正為「有受領權之人」；「警署」修正為「警察」機關。又拾得人於法定期間屆滿，即取得其物之所有權；若該物已變賣者，拾得人當然取得該價金之權利。為期拾得人早日領取遺失物或因拍賣或變賣所得之價金，爰課予警察或自治機關以通

知或公告之義務，現行條文修正改列為第1項。又有關本條期間之起算當然適用民法第119條及第120條之規定，併予敘明。

二、拾得人於受前項通知或公告後，經過一定期間未領取時，應如何處理？現行法尚無明文規定，易滋疑義，爰參考德國民法第976條第2項、日本遺失物法第14條，我國民法第44條第2項規定，增訂第2項，明定拾得人喪失其物或賣得之價金，歸屬於保管地之地方自治團體。

第807條之1　（五百元以下遺失物之歸屬）

I.遺失物價值在新臺幣五百元以下者，拾得人應從速通知遺失人、所有人或其他有受領權之人。其有第八百零三條第一項但書之情形者，亦得依該條第一項但書及第二項規定辦理。

II.前項遺失物於下列期間未經有受領權之人認領者，由拾得人取得其所有權或變賣之價金：

一　自通知或招領之日起逾十五日。

二　不能依前項規定辦理，自拾得日起逾一個月。

III.第八百零五條至前條規定，於前二項情形準用之。

(98)一、本條新增。

二、財產價值輕微之遺失物，考量招領成本與遺失物價值成本效益，並求與社會脈動一致，爰參考德國民法第965條之立法意旨，增訂簡易招領程序規定。遺失物價值在新臺幣五百元以下者，拾得人如知遺失人、所有人或其他有受領權之人時，始負通知義務。其若於機關、學校、團體或其他公共場所拾得者，亦得向各該場所之管理機關、團體或其負責人、管理人報告並交存其物，由其招領較為便捷，爰增訂第1項，以簡化程序，達成迅速及節省招領成本之目的。又本條僅適用於具財產價值之遺失物價值在新臺幣五百元以下者，不具財產價值之遺失物不適用之。

三、遺失物價值在新臺幣五百元以下者，拾得人踐行第1項通知或招領程序逾十五日，或不能依第1項辦理自拾得日起逾一個月，未經有受領權之人認領者，則由拾得人取得其所有權或變賣之價金，爰增訂第2項，以達節省招領成本及迅速之旨。

四、第805條至第807條，於本條性質相同者，仍得準用，爰增訂第3項。

第808條　（埋藏物之發現）

發見埋藏物而占有者，取得其所有權。但埋藏物係在他人所有之動產或不動產中發見者，該動產或不動產之所有人與發見人，各取得埋藏物之半。

仚查民律草案第1034條理由謂凡發見埋藏物而占有之者，即（永年埋沒於他物之中，不知其所有人之動產）須使其取得埋藏貨物之所有權，以酬其發見之勞。但包藏物屬他人之所有時，應使其取得埋藏物之半，以保護其所有權。此時其埋藏物應為共有物，多數之立法例，使發見人取得埋藏物之所有權，然本法則於發見之外，尚以占有為必要之條件，以杜無益之爭論。故設本條以明示其旨。

◇**埋藏物**：指埋藏於他物之中，而不知其屬於何人所有之動產。而所謂「埋藏」，係指包藏於他物之中，不易由外部窺視或目睹。至於其埋藏之原因可為人為或天然因素。又所謂「不知屬於何人所有」，係埋藏物與無主物不同之點，意即埋藏物係屬有主物，僅其所有人不明而言（王澤鑑，民法物權）。

第809條　（有學術價值埋藏物之歸屬）

發見之埋藏物足供學術、藝術、考古或歷史之資料者，其所有權之歸屬，依特別法之規定。

仚謹按發見之埋藏物，如係足以供學術、藝術、考古或歷史之資料者，此種物品，於社會文化之進步，至有關係，是否應為所有人與發見人所共有，抑應依特別法之規定，而定其所有權之歸屬，不可不設明文規定，以杜無益之爭論。此本條所由設也。

第810條　（漂流物或沈沒物之拾得）

拾得漂流物、沈沒物或其他因自然力而脫離他人占有之物者，準用關於拾得遺失物之規定。

(98)漂流物、沈沒物均為因水之自然力而脫離他人占有之物。事實上尚有其他自然力，例如颱風、大雨致使物品脫離他人占有之情形，為期周延，爰以漂流物、沈沒物為例示，增列概括規定「其他因自然力而脫離他人占有之物」（參考瑞士民法第725條第2項），並酌作文字及標點符號修正。

民

法

第三編　物　權　（第八一一～八一四條）

第 811 條　（不動產上之附合）

動產因附合而為不動產之重要成分者，不動產所有人，取得動產所有權。

⇧查律律草案第 1036 條理由謂動產與不動產附合，為其構成之一部分，不動產之所有人，以其與主物同視者，其動產之所有權，屬於不動產之所有人，否則必有因動產所有權存續，而害及經濟之虞。例如房屋之瓦，既附合於房屋之上，勢不能使他人復對於其瓦有動產所有權也。故設本條以明示其旨。

◇附合：指兩個以上分屬不同人所有的有形物相互結合，達到難以或不能分離的程度，因此在社會交易上認為已經成為一物而言。在動產與不動產附合情形，指動產與不動產之結合程度，已經達到非經毀損或變更其物之性質，不能分離者，動產因而喪失其獨立性，其所有權消滅，變成不動產之重要成分，成為不動產所有權之一部分，即為「附合」（王澤鑑，民法物權）。

◇重要成分：指兩物結合後，非經毀損或變更其物之性質，不能分離者而言，且此種結合以非暫時性為必要，即須具有固定性及繼續性，則該動產因與不動產結合，已喪失獨立性，在社會經濟觀念上認為兩者已變為一物，因而使不動產之所有人取得動產所有權而言。

▲【56 臺上 2346】上訴人主張對系爭房屋曾加以裝修，縱屬真實，然其所購買之磚、瓦、塑膠板等，**既因附合於債務人之不動產而成為系爭不動產之成分，無單獨所有權存在，亦自無足以排除強制執行之權利**。

▲【64 臺上 2739】系爭地上茶樹、桐樹等未與土地分離前為土地之一部分並非附合於土地之動產而成為土地之重要成分，與民法第 811 條至第 815 條所定之情形無一相符，則上訴人依同法第 816 條規定訴求被上訴人返還不當得利，自難謂合。

第 812 條　（動產之附合）

I.動產與他人之動產附合，非毀損不能分離，或分離需費過鉅者，各動產所有人，按其動產附合時之價值，共有合成物。

II.前項附合之動產，有可視為主物者，該主物所有人，取得合成物之所有權。

⇧查民律草案第 1037 條理由謂數動產其所有人各異，若一人之動產與他人之動產附合，非毀損不

能分離，或非過鉅之費用不能分離時，作為合成物，使各所有人共有之。若其物有主從之區別者，使主物之所有人專有之。蓋數動產既已附合為一，若仍使其各所有權存續，必有害及經濟之虞。故特設本條以杜其弊。

◇非毀損不能分離或分離需費過鉅：是否已達到此之程度，學者認為不應僅以物理上狀態決定之，倘分離之結果，影響其經濟價值甚鉅者，亦足當之，故應依客觀情形認定之（謝在全，民法物權論上冊）。

第 813 條　（混合）

動產與他人之動產混合，不能識別，或識別需費過鉅者，準用前條之規定。

⇧查律律草案第 1038 條理由謂動產與他人之動產互相混合，不能識別，或識別而需費過鉅者，應準用附合之法，庶免害及經濟之虞。此本條之所由設也。

◇混合：指所有人各異之動產，互相混合後，不能識別或識別需費過鉅，而生所有權變動之法律事實。

第 814 條　（加工）

加工於他人之動產者，其加工物之所有權，屬於材料所有人。但因加工所增之價值顯逾材料之價值者，其加工物之所有權屬於加工人。

⇧查民律草案第 1040 條理由謂於他人之動產，而為製作、圖畫、變形、彩色、印刷、鍍金等事者，為保護材料所有人之利益計，使材料所有人取得其所有權。然因加工所增之價值顯逾材料之價值者，為保護加工之所有人計，使其加工物，仍為加工人之所有。此本條所由設也。

◇加工：指沒有法律上或契約上的義務而在他人動產上施以勞務之事實行為，至於是否限定加工人主觀上必須善意，或是不論善意或惡意，均有本條之適用，則有不同見解。加工之後，若加工物的價值並未顯逾材料之價值，則該加工物所有權仍歸屬原來材料所有人；惟如加工物之價值顯逾材料之價值，則不但加工物所有權歸於加工人，該加工人所取得者，同樣係一個新生成物之加工物所有權，性質上屬**原始取得**。倘若加工後價值不增反跌，則無本條之適用，而應依侵權行為之規範負損害賠償責任（李淑明，民法物權）。

◇附合、混合、加工比較表

種類		要件
附合	不動產上之附合	①動產附合於不動產 ②動產附合為不動產之重要成分 ③不屬於同一人所有
	動產上之附合	①動產與動產附合 ②附合後非損毀不能分離或分離需費過鉅 ③不屬於同一人所有
混合		①動產與動產混合 ②混合後不能識別或識別需費過鉅 ③不屬於同一人所有
加工		①加工於他人之動產 ②因加工而成新物

（鄭玉波著、黃宗樂修訂，民法物權）

第815條 （添附之效果㈠——其他權利之同消滅）

依前四條之規定，動產之所有權消滅者，該動產上之其他權利，亦同消滅。

⇧查民律草案第1039條理由謂附合及混合，皆以舊物另組織一新物也。為其構成部分之原物，既不能獨立存在，故其原物之所有權，及關於其物而成立之他項權利，均當然消滅。此本條所由設也。

第816條 （添附之效果㈡——補償請求）

因前五條之規定而受損害者，得依關於不當得利之規定，請求償還價額。

⑱一、本條原規定主體為「喪失權利而受損害者」，其規範意旨，在於指出不當得利請求權之權利主體。惟依民法第179條規定，不當得利請求權之權利主體，為「受損害之他人」（受損人）。解釋上，只要「受損害」即可，不以「喪失權利」為必要。蓋不當得利規定之「損害」概念，範圍相當廣泛，除喪失權利外，尚包括單純提供勞務、支出費用或權益歸屬之侵害等。且「喪失權利」等文字，未盡概括完整，其固然可以說明因附合、混合而喪失動產所有權或該動產上其他權利之情形，但無法涵蓋因加工單純提供勞務而受損害之情形。為求精確，爰刪除「喪失權利」等文字。
二、本條規範意義有二，一為宣示不當得利請求權，縱使財產上損益變動係依法（例如第811條至第815條規定）而發生，仍屬無法律上原因。其二係指明此本質上為不當得利，故本法第179條至第183條均在準用之列，僅特別排除第181條關於不當得利返還客體規定之適用。因添附而受損害者，依關於不當得利之規定請求因添附而受利益者返還其所受之利益時，僅得適用本法第181條但書規定請求「償還價額」，不能適用同條本文規定，請求返還「利益原形」，以貫徹添附制度重新分配添附物所有權歸屬、使所有權單一化、禁止添附物再行分割之立法意旨。為求明確，將現行規定「償金」修正為「價額」。又添附行為如該當侵權行為之要件，自有侵權行為損害賠償請求權之適用，乃屬當然，併予指明。

◇**構成要件準用不當得利**：按民法第816條之規定係一闡釋性之條文，旨在揭櫫依同法第811條至第815條規定因添附喪失權利而受損害者，仍得依不當得利之法則向受利益者請求償金，故該條所謂「依不當得利之規定，請求償金」，係指法律構成要件之準用。易言之，**此項償金請求權之成立，除因添附而受利益致他人受損害外，尚須「具備不當得利之一般構成要件」始有其適用**（88臺上419）。

第四節 共 有

⇧查民律草案物權編第二章第四節原案謂所有權，為事實上、法律上能於其範圍內管領物之物權，數人不得同時於一物上有數個所有權，固不待言。然數人共於一物之上有一所有權，初無反於所有權之觀念，且為近世各國民法所公認，於實際亦頗重要。故特設本節之規定。

第817條 （分別共有——共有人及應有部分）

I.數人按其應有部分，對於一物有所有權者，為共有人。

II.各共有人之應有部分不明者，推定其為均等。

⇧查民律草案第1043條理由謂共有者，一所有權而有多數權利主體之謂也。自理論言之，各共有人皆有完全之所有權，互相競合，故必須限制共有人之權利範圍，調和其競合，使各共有人完全享有其權利。而欲達此目的，應依各共有人理想之分割部分使其共有。此第1項所由設也。各共有人之應有部分，以無反證為限，推定其為均等，

蓋共有時其應有部分均等者多，不均等者少。此第 2 項所由設也。

◇**應有部分**：指每一分別共有人所享有之所有權權能多寡之比例，至於分別共有人所享有之所有權權能之內容、性質則與一般所有權完全相同，即僅有「量」之差異而無「質」的差別。一般所有權人所享有者係「一個」完整所有權，而分別共有人只享有「幾分之幾」之所有權（李淑明，民法物權）。

▲【29 渝上 102】各共有人之應有部分不明者，民法第 817 條第 2 項固推定其為均等，惟各共有人之應有部分通常應依共有關係發生原因定之，如數人以有償行為對於一物發生共有關係者，除各共有人間有特約外，自應按出資比例定其應有部分。

第 818 條　（共有人之使用收益權）

各共有人，除契約另有約定外，按其應有部分，對於共有物之全部，有使用收益之權。

⑱本條意旨在規定共有物使用收益權能之基本分配，若共有人在此基礎上已有分管協議，法律自應尊重。縱使各共有人依該協議實際可為使用或收益之範圍超過或小於應有部分，亦屬契約自由範圍。至其效力是否拘束應有部分之受讓人，則應依修正條文第 826 條之 1 而定，爰仿修正條文第 820 條第 1 項加以明定。

◇**使用收益權**：指共有人本其所有權之權能，對於共有物之全部，有使用、收益之權。關於如何按其應有部分比例行使共有物的權能，主要有分管與輪管兩種方法。

分管	共有人約定各分管人的分管範圍，可以在分管範圍內自行使用或收益，但是在分管契約有效期間內，各分管人對整個共有物仍然保有所有權
輪管	指各共有人，在各自的輪管期間，對共有物全部可以使用或收益，但是各共有人，在輪管契約有效期間，對整個共有物依然保有所有權

▲【51 臺上 3495】共有，乃數人共同享受一所有權，故各共有人本其所有權之作用，對於共有物之全部均有使用收益權，惟此使用收益權應按其應有部分而行使，不得損及他共有人之利益，若有侵害，則與侵害他人之所有權同。被侵害之他共有人，自得依侵權行為之規定，而行使其損害賠償請求權。

▲【55 臺上 1949】民法第 818 條所定各共有人按其應有部分，對於共有物之全部有使用收益之權，係指各共有人得就共有物全部，於無害他共有人之權利限度內，可按其應有部分行使用收益權而言。故**共有人如逾越其應有部分之範圍使用收益時，即係超越其權利範圍而為使用收益，其所受超過利益，要難謂非不當得利**。

▲【57 臺上 2387】分別共有之各共有人，按其應有部分對於共有物之全部有使用收益之權，所謂應有部分，係指分別共有人得行使權利之比例，而非指共有物之特定部分，因此分別共有之各共有人，得按其應有部分之比例，對於共有物之全部行使權利。至於**共有物未分割前，各共有人實際上劃定範圍使用共有物者，乃屬一種分管性質，與共有物之分割不同**。

▲【62 臺上 1803】各共有人按其應有部分，對於共有物之全部雖有使用收益之權，惟共有人對共有物之特定部分使用收益，仍須徵得他共有人全體之同意，非謂共有人得對共有物之全部或任何一部有自由使用收益之權利。**如共有人不顧他共有人之利益，而就共有物之全部或一部任意使用收益，即屬侵害他共有人之權利**。

第 819 條　（應有部分及共有物之處分）

I.各共有人，得自由處分其應有部分。

II.共有物之處分、變更及設定負擔，應得共有人全體之同意。

仚查民律草案第 1045 條理由謂各共有人，於不害他共有人之權利範圍內，得行使其權利，故共有人得將其應有部分讓與他人，或以其應有部分供擔保之用，且共有人之債權人，得扣押其應有部分。但變更共有物（變更物之本質及其用法），或讓與他人或以其供擔保之用，必須他共有人同意，始能為之。故特設本條以定其關係。

◇**應有部分之處分**：指分別共有人雖就共有物僅享有一定比例之所有權，惟於自己所有之應有部分，可以任意設定抵押權或移轉等處分，不需得到他共有人之同意。**本條第 1 項之處分指「法律上處分」，不含「事實上處分」**，因應有部分乃抽象存在於共有物整體，若共有人事實上處分自己之應有部分，將會影響他共有人之權益。

◇**共有物之處分**：**本條第 2 項之處分乃廣義之處分，即包含法律上處分與事實上處分**。共有物乃全體分別共有人所有權（應有部分）之總和，共

有人應有部分之權利抽象存在於整個共有物，因此須經共有人全體同意方能處分共有物，否則會構成無權處分。

◇未得共有人全體同意的處分之效果：㈠**債權行為有效**：因債權行為不以有處分權為必要，故買賣契約仍有效。㈡**物權行為效力未定**：此處因屬未經他人同意而處分他人之物，構成無權處分，按民法第118條第1項係屬效力未定，須經他共有人承認始生物權移轉效力。

▲【32上168】典權為數人所準共有者，出典人僅就共有人中一人之應有部分，向該共有人回贖得其同意時，依民法第831條、第819條第1項規定固應認為有效，惟出典人向共有人中之一人回贖全部者，雖得該共有人之同意，依民法第111條之規定亦屬全部無效。本件典權係上訴人所準共有，被上訴人僅向上訴人甲一人為全部回贖，如果未得上訴人乙之同意，而上訴人甲與被上訴人間，又無專就上訴人甲應有部分成立回贖行為之意思，依照上開規定，其回贖自屬全部無效。

▲【33上3768】共有人原得自由處分其應有部分，共有人間縱為相反之約定，對於第三人亦不生效力。

▲【40臺上1479】共有人固得自由讓與其應有部分，惟讓與應有部分時，**受讓人仍按其應有部分與他共有人繼續共有關係**，若將共有特定之一部分讓與他人，使受讓人就該一部分取得單獨所有權，則非民法第819條第1項所謂應有部分之處分，而為同條第2項所謂共有物之處分，其讓與非得共有人全體之同意，不生效力。

▲【47臺上126】被繼承人係在臺灣光復前死亡，依當時有效之法律，並無公同共有之規定，各繼承人對於遺產自各按其應有部分而為分別共有，共有人某甲未徵得其他共有人全體之同意，將其應有部分出賣與被上訴人，核與民法第819條第1項之規定，並無不合。

▲【55臺上3267】共有人將共有物特定之一部讓與他人，固為共有物之處分，其讓與非得共有人全體之同意，對於其他共有人不生效力。然受讓人得對於締約之共有人，依據債權法則而請求使其就該一部取得單獨所有權，對於不履行之締約人除要求追償定金或損害賠償外，亦得請求使其取得按該一部計算之應有部分，與他共有人繼續共有之關係。

▲【67臺上949】土地法已於64年7月24日修正公布施行，依其第34條之1第1項前段規定共有土地之處分、變更，以共有人過半數及其應有部分合計過半數即可行之，非必需共有人全體同意，上訴人將共有之墓地變更使用種菜建屋，如在該法修正之後，且已獲過半數共有人及應有部分合計過半數同意，即無適用民法第819條第2項餘地。

第820條　（共有物之管理）

I.共有物之管理，除契約另有約定外，應以共有人過半數及其應有部分合計過半數之同意行之。但其應有部分合計逾三分之二者，其人數不予計算。

II.依前項規定之管理顯失公平者，不同意之共有人得聲請法院以裁定變更之。

III.前二項所定之管理，因情事變更難以繼續時，法院得因任何共有人之聲請，以裁定變更之。

IV.共有人依第一項規定為管理之決定，有故意或重大過失，致共有人受損害者，對不同意之共有人連帶負賠償責任。

V.共有物之簡易修繕及其他保存行為，得由各共有人單獨為之。

⑱一、為促使共有物有效利用，立法例上就共有物之管理，已傾向依多數決為之（如瑞士民法第647條之1、第647條之2、日本民法第252條、義大利民法第1105條、第1106條、第1108條、奧國民法第833條、德國民法第745條），爰仿多數立法例，修正第1項。

二、共有人依第1項規定就共有物所定之管理，對少數不同意之共有人顯失公平時，不同意之共有人得聲請法院以裁定變更該管理，俾免多數決之濫用，並保障全體共有人之權益，爰增訂第2項。又依第1項規定之管理，係指多數決或應有部分超過三分之二所定之管理。

三、對共有人原定之管理嗣因情事變更致難以繼續時，任何共有人均得聲請法院變更之，俾符實際，爰增訂第3項。

四、共有人依第1項為共有物管理之決定時，有故意或重大過失，致共有人受有損害者，為保護不同意該管理方法之少數共有人權益，爰增訂第4項，明定共有人應負連帶賠償責任。又該責任為法定責任，但不排除侵權行為規定之適用，併予敘明。

五、現行條文第 2 項移列為第 5 項。

六、第 1 項規定之「管理」，為上位概括規定，已可包括現行條文第 3 項之下位概念「改良」在內，故現行條文第 3 項規定已無實益，爰予刪除。

◇**分管契約**：(一)**須以全體同意為必要**：指共有人間就各自分別占有共有物之特定部分約定如何使用收益之契約，此項關於共有物之管理方式，雖不以訂立書面為必要，但依修正前民法第 820 條第 1 項規定，仍應經共有人全體之同意為必要。(二)**對於第三人之效力**：依釋字第 349 號解釋所揭示之意旨，可知分管契約訂立後，若將其應有部分讓與第三人，其分割或分管契約，若應有部分之受讓人不知悉於該分管契約，亦無可得而知之情形存在，即不得認受讓人應受分管契約之拘束，以保障善意第三人。

◇**默示分管契約**：默示分管契約之成立，須共有人間實際上劃定使用範圍，且長期對各自占有管領之部分，互相容忍，對於他共有人使用、收益、各自占有之土地，未予干涉為必要。

▲【69 臺上 2403】假處分之效力，僅在禁止債務人就特定財產自由處分，並不排除法院之強制執行，亦不能因此而阻礙共有人請求法院分割共有物之權能。且依強制執行法第 51 條第 2 項之規定，實施查封後，債務人就查封物所為移轉、設定負擔或其他有礙執行效果之行為，僅對債權人不生效力。而裁判分割，係由法院依職權為之。**既於查封之效力無礙，殊無於實施假處分之後，不准分割之法律上理由。**

第 821 條　（共有人對第三人之權利）

各共有人對於第三人，得就共有物之全部為本於所有權之請求。但回復共有物之請求，僅得為共有人全體之利益為之。

介查民律草案第 1048 條理由謂各共有人，即為所有人，即應與所有人受同一之保護，故各共有人對於第三人得為一切行為，與單獨所有人同。然關於請求回復其共有物，非有共有人全體而為之，恐害及共有人利益，至為共有人全體請求回復共有物，應依何種方法，則依當事人之意思及法院之意見為最適當。例如請求交付標的物，於各共有人之代理人，為各共有人請求提存或於不得為提存時，請求將標的物交付於法院所選定之保管人，皆為實際上最適當之方法。總之各共有人祇能依其應有部分，向他共有人主張有權利而已，此事理之所當然，故於此不另設明文也。

▲【28 渝上 2361】依民法第 821 條之規定，各共有人對於第三人，得就共有物之全部，為本於所有權之請求，此項請求權既非必須由共有人全體共同行使，則以此為標的之訴訟，自無由共有人全體共同提起之必要。所謂本於所有權之請求權，係指民法第 767 條所規定之物權的請求權而言，故**對於無權占有或侵奪共有物者，請求返還共有物之訴，得由共有人中之一人單獨提起，惟依民法第 821 條但書之規定，應求為命被告向共有人全體返還共有物之判決而已。**

▲【37 上 6703】各共有人對於無權占有或侵奪共有物者，請求返還共有物之訴，依民法第 821 條但書之規定，應求為命被告向共有人全體返還共有物之判決，其請求僅向自己返還者，應將其訴駁回。

▲【38 臺上 62】民法物權編關於分別共有之規定，各共有人對於第三人得就共有物之全部，為共有人之全體之利益，而為回復共有物之請求，如以此為標的之訴訟，無由共有人全體提起之必要。

▲【41 臺上 611】各共有人對於第三人，得就共有物之全部，為本於所有權之請求，固為民法第 821 條所明定，惟對於無權占有或侵奪共有物者，請求返還共有物之訴，依同法條但書之規定，並參照司法院院字第 1950 號解釋，**應求為命被告向共有人全體返還共有物之判決，不得請求僅向自己返還。**

▲【58 臺上 872】民法第 821 條但書所稱之利益，乃指客觀之法律上利益而言，至各共有人主觀上有無行使回復共有物請求權之意思，原非所問。

▲【71 臺上 1661】共有人依民法第 821 條規定，就共有物之全部為本於所有權之請求，除請求回復共有物須為共有人全體利益為之外，非不得僅由其中一人起訴請求，上訴人提起本件訴訟，僅在請求被上訴人拆除牆垣，以回復原有巷道之寬度，並非請求被上訴人交還其占有之土地，自不必為共有人全體之利益為之。

▲【84 臺上 339】各共有人對於第三人，得就共有物之全部為本於所有權之請求，但回復共有物之請求，僅得為共有人全體之利益為之，民法第 821 條定有明文。**倘共有人中之一人起訴時，在聲明中請求應將共有物返還於共有人全體，即係為共有人全體利益請求，無須表明全體共有人之姓名。**

第 822 條　（共有物費用之分擔）

Ⅰ.共有物之管理費及其他負擔，除契約另有約定外，應由各共有人按其應有部分分擔之。

Ⅱ.共有人中之一人，就共有物之負擔為支付，而逾其所應分擔之部分者，對於其他共有人得按其各應分擔之部分，請求償還。

⑱本條文原用「擔負」一語應配合前後文義修正為「負擔」，又契約乃當事人互相表示意思一致之法律行為，現行條文「除契約另有訂定外」修正為「除契約另有約定外」，以期明確。

第 823 條　（共有物之分割與限制）

Ⅰ.各共有人，除法令另有規定外，得隨時請求分割共有物。但因物之使用目的不能分割或契約訂有不分割之期限者，不在此限。

Ⅱ.前項約定不分割之期限，不得逾五年；逾五年者，縮短為五年。但共有之不動產，其契約訂有管理之約定時，約定不分割之期限，不得逾三十年；逾三十年者，縮短為三十年。

Ⅲ.前項情形，如有重大事由，共有人仍得隨時請求分割。

⑱一、現行條文第 1 項規定各共有人原則上得隨時請求分割共有物，惟如法令另有規定者自當從其規定，為期周延，爰增列除外規定。

二、不動產利用恆須長期規劃且達一定經濟規模，始能發揮其效益，若共有人間就共有之不動產已有管理之協議時，該不動產之用益已能圓滑進行，共有制度無效率之問題足可避免，是法律對共有人此項契約自由及財產權之安排，自應充分尊重，爰於第 2 項增列但書規定，放寬約定不分割期限至三十年（瑞士民法第 650 條第 2 項規定參照）。

三、至共有人間雖訂有禁止分割期限之契約，但在該期限內如有重大事由，可否仍得隨時請求分割？現行法尚無明文規定，易滋疑義。惟參考外國立法例（德國民法第 749 條第 2 項、義大利民法第 1111 條第 3 項）仍有准許當事人得隨時請求分割之規定，且當事人契約既已明定不得分割，應限例外情事始得請求分割，爰增訂第 3 項，以期明確。所謂「重大事由」，係指法院斟酌具體情形認為該共有物之通常使用或其他管理已非可能，或共有難以繼續之情形而言，例如共有人之一所分管之共有物部分已被徵收，分管契約之履行已屬不能或分管契約有其他消滅事由等是。

◇**因物之使用目的不能分割**：指共有物繼續供他物之用，而為其物之利用所不可缺，或為一權利之行使所不可缺者而言，僅因聚族而居之傳統關係，究難認有不能分割情形存在（50 臺上 970）。又此係指共有物「**現在**」依其使用目的不能分割者而言。倘現在尚無不能分割之情形，則將來縱有可能依其使用目的不能分割情事，亦無礙於共有人之分割請求權。故經都市計畫法編為道路預定地而尚未闢為道路之共有土地，其共有人非不能訴請分割（75 年第 5 次民事庭會議決議㈢）。

◇**分割請求權的性質**：通說認為係分割共有物之權利，非請求他共有人同為分割行為之權利，為形成權而非請求權，故無民法第 125 條之適用，共有關係存續中各共有人隨時皆可行使，不適用消滅時效規定（王澤鑑，民法物權）。

▲【29 渝上 1529】共有物分割請求權為分割共有物之權利，非請求他共有人同為分割行為之權利，其性質為**形成權**之一種，並非請求權。民法第 125 條所謂請求權，自不包含共有物分割請求權在內。

▲【48 臺上 1065】共有人於與其他共有人訂立共有物分割或分管之特約後，縱將其應有部分讓與第三人，其分割或分管契約，對於受讓人仍繼續存在。

▲【50 臺上 970】民法第 823 條第 1 項**所謂因物之使用目的不能分割，係指共有物繼續供他物之用，而為其物之利用所不可缺，或為一權利之行使所不可缺者而言**，僅因聚族而居之傳統關係，究難認有不能分割情形存在。

▲【50 臺上 2531】兩造均係向原共有人購買應有部分，分管分收，不過定耕作之暫時狀態，既無消滅共有關係之特約，即與分割有間。縱其中曾有部分土地被水流失，亦難謂被上訴人不得請求按應有部分分割。

▲【55 臺上 1982】分割共有物之訴，係使共有關係變為單獨所有。故以原物分配於各共有人時，除應顧及均衡之原則外，並須就各共有人應行分得之範圍，例如面積多寡、交通、位置等等，予以確定，否則名為判決分割，實際仍難收判決分割之效果，自非法之所許。

▲【58 臺上 2431】**共有道路，除請求分割之共有人，願就其分得部分土地為他共有人設定地役權外，原則上不得分割**。原審以系爭共有道路，因該土地之使用目的，不能分割，駁回上訴人分割之請求，於法尚無違誤。

▲【67 臺上 3131】提起分割共有物之訴，參與分割之當事人，以共有人為限。請求分割之共有物，如為不動產，共有人之應有部分各為若干，以土地登記總簿登記者為準，雖共有人已將其應有部分讓與他人，在辦妥所有權移轉登記前，受讓人仍不得以共有人之身分，參與共有物之分割。

▲【81 臺上 2688】各共有人得隨時請求分割共有物，為民法第 823 條第 1 項前段所明定，此項規定，旨在消滅物之共有狀態，以利融通與增進經濟效益。不動產共有人協議分割後，其辦理分割登記請求權之消滅時效完成，共有人中有為消滅時效完成之抗辯而拒絕給付者，該協議分割契約既無從請求履行，協議分割之目的無由達成，於此情形，若不許裁判分割，則該不動產共有之狀態將永無消滅之可能，揆諸分割共有物之立法精神，自應認為得請求裁判分割。

第 824 條　（共有物之分割之方法）

Ⅰ.共有物之分割，依共有人協議之方法行之。

Ⅱ.分割之方法不能協議決定，或於協議決定後因消滅時效完成經共有人拒絕履行者，法院得因任何共有人之請求，命為下列之分配：

一　以原物分配於各共有人。但各共有人均受原物之分配顯有困難者，得將原物分配於部分共有人。

二　原物分配顯有困難時，得變賣共有物，以價金分配於各共有人；或以原物之一部分分配於各共有人，他部分變賣，以價金分配於各共有人。

Ⅲ.以原物為分配時，如共有人中有未受分配，或不能按其應有部分受分配者，得以金錢補償之。

Ⅳ.以原物為分配時，因共有人之利益或其他必要情形，得就共有物之一部分仍維持共有。

Ⅴ.共有人相同之數不動產，除法令另有規定外，共有人得請求合併分割。

Ⅵ.共有人部分相同之相鄰數不動產，各該不動產均具應有部分之共有人，經各不動產應有部分過半數共有人之同意，得適用前項規定，請求合併分割。但法院認合併分割為不適當者，仍分別分割之。

Ⅶ.變賣共有物時，除買受人為共有人外，共有人有依相同條件優先承買之權，有二人以上願優先承買者，以抽籤定之。

⑱一、第 1 項未修正。

二、裁判分割之原因，除共有人不能協議決定外，實務上認為共有人訂立之協議分割契約，其履行請求權倘已罹於消滅時效，共有人並有為拒絕給付之抗辯者，共有人得請求法院判決分割（最高法院 69 年度第 8 次民事庭會議決議參照）。為期周延，爰修正第 2 項序文予以明定。又現行條文第 2 項規定之裁判上共有物分割方法，過於簡單，致社會之經濟或共有人個人利益，常無以兼顧，實務上亦頗為所苦，為解決上述問題，爰參照德國民法第 753 條第 1 項、瑞士民法第 651 條第 2 項及日本民法第 258 條第 2 項等立法例，將裁判上之分割方法作如下之修正：原則上以原物分配於各共有人。以原物分配如有事實或法律上之困難，以致不能依應有部分為分配者，得將原物分配於部分共有人，其餘共有人則受原物分配者之金錢補償；或將原物之一部分分配予各共有人，其餘部分則變賣後將其價金依共有部分之價值比例妥為分配；或變賣共有物，以價金分配於各共有人。法院為上述分割之裁判時，自應斟酌共有人之利害關係、共有物之性質、價格及利用效益等，以謀分割方法之公平適當。

三、為配合第 2 項關於分割方法之修正，爰修正第 3 項。以原物分配於部分共有人，未受分配之共有人得以金錢補償之，始為平允。至於按其應有部分受分配者，如依原物之數量按其應有部分之比例分配，價值顯不相當者，自應依其價值按其應有部分比例分配。

四、法院為裁判分割時，固應消滅其共有關係，然因共有人之利益或其他必要情形，就共有物之一部，有時仍有維持共有之必要。例如分割共有土地時，需保留部分土地供為通行道路之用是，爰增訂第 4 項，賦予法院就共有物之特定部分不予分割之裁量權，以符實際並得彈性運用。又此項共有，應包括由原共有人全體或部分共有人維持共有之二種情形。

五、共有人相同之數筆土地常因不能合併分割，致分割方法採酌上甚為困難，且因而產生土地細分，有礙社會經濟之發展，爰增訂第 5 項，以資解決。但法令有不得合併分割之限制者，如土地使用分區不同，則不在此限。

六、為促進土地利用，避免土地過分細分，爰於第 6 項增訂相鄰各不動產應有部分過半數共有人之同意，即得請求法院合併分割。此時，各該不動產均需應有部分之共有人始享有訴訟權能。其於起訴後請求合併分割者，原告可依訴之追加，被告可依反訴之程序行之。共有物分割方法如何適當，法院本有斟酌之權，故法院為裁判時，得斟酌其具體情形，認為合併分割不適當者，則不為合併分割而仍分別分割之。

七、共有物變價分割之裁判係賦予各共有人變賣共有物，分配價金之權利，故於變價分配之執行程序，為使共有人仍能繼續其投資規劃，維持共有物之經濟效益，並兼顧共有人對共有物之特殊感情，爰於第 7 項增訂以變價分配時，共有人有依相同條件優先承買之權。但為避免回復共有狀態，與裁判分割之本旨不符，爰於強制執行法第 94 條規定，有二人以上願優先承買時，以抽籤定之。又買受人為共有人時，因本項規範目的之已實現，且為免法律關係之複雜化，故明定於此種情形時，排除本項之適用。

◇**不得創設新的共有關係**：分割共有物係以消滅共有關係為目的，故法院於裁判分割共有土地時，除因該土地內部分土地之使用目的不能分割（如共同使用之道路）或部分共有人明示仍願維持共有關係等情形外，應將土地（或其價金）分配與各共有人單獨所有，不得創設新的共有關係。

◇**移轉主義**：共有物之分割，係共有人各以其應有部分相互移轉而取得單獨所有權，其效力自分割完畢時發生，不溯及既往（王澤鑑，民法物權）。

▲【49 臺上 2569】 共有人因共有物分割之方法不能協議決定，而提起請求分割共有物之訴，應由**法院依民法第 824 條為適當之分配，不受任何共有人主張之拘束**，即不得以原告所主張分割方法之不當，遽為駁回分割共有物之訴之判決。

▲【50 臺上 919】 共有物分割之方法不能協議決定者，法院得由任何共有人之聲請，命為以原物分配於各共有人，或變賣原物為價金之分配，**此等分割方法之判決一經確定，則各共有人對他共有人因分割而取得之物，按其應有部分，即應負與出賣人同一之擔保義務。不得於判決確定後，**再行主張使用已久，交還困難，以圖翻異。

▲【57 臺上 2117】 法院裁判分割共有物，除應斟酌各共有人之利害關係，及共有物之性質外，尚應斟酌共有物之價格，**倘共有人中有不能按其應有部分受分配，或所受分配之不動產，其價格不相當時，法院非不得命以金錢補償之。**

▲【59 臺上 1198】 共有人就共有物已訂立協議分割契約者，縱使拒絕辦理分割登記，當事人亦僅得依約請求履行是項登記義務，而不得訴請法院按協議之方法，再為分割共有物之判決。

▲【63 臺上 2680】 關於共有物之分割，如依原物之數量按其應有部分之比例分配，價值顯不相當者，依其價值按其應有部分比例分配，仍不失為以原物分配於各共有人，否則不顧慮經濟上之價值，一概按其應有部分核算之原物數量分配者，將顯失公平，惟依其價值按應有部分比例分配原物，如有害經濟上之利用價值者，應認有民法第 824 條第 3 項之共有人中有不能按其應有部分受分配之情形，得以金錢補償之。

▲【68 臺再 44】 共有物之協議分割，祇須共有人全體同意分割方法，即生協議分割之效力，不因共有人中之一人或數人因協議分割取得之利益不等，而受影響。

▲【69 臺上 1134】 參見本法第 759 條。

▲【69 臺上 1831】 分割共有物，以消滅共有關係為目的。法院裁判分割共有土地時，除因該土地內部分土地之使用目的不能分割（如為道路）或部分共有人仍願維持其共有關係，就該部分土地不予分割或准該部分共有人成立新共有關係外，應將土地分配於各共有人單獨所有。

▲【81 臺上 2688】 參見本法第 823 條。

▲【85 臺上 2676】 共有物之原物分割，依民法第 825 條規定觀之，係各共有人就存在於共有物全部之應有部分互相移轉，使各共有人取得各自分得部分之單獨所有權。故原物分割而應以金錢為補償者，倘分得價值較高及分得價值較低之共有人均為多數時，該每一分得價值較高之共有人即應就其補償金額對於分得價值較低之共有人全體為補償，並依各該短少部分之比例，定其給付金額，方符共有物原物分割為共有物應有部分互相移轉之本旨。

第 824 條之 1　（共有物分割之效力）

I.共有人自共有物分割之效力發生時起，取得分得部分之所有權。

Ⅱ.應有部分有抵押權或質權者，其權利不因共有物之分割而受影響。但有下列情形之一者，其權利移存於抵押人或出質人所分得之部分：
一 權利人同意分割。
二 權利人已參加共有物分割訴訟。
三 權利人經共有人告知訴訟而未參加。
Ⅲ.前項但書情形，於以價金分配或以金錢補償者，準用第八百八十一條第一項、第二項或第八百九十九條第一項規定。
Ⅳ.前條第三項之情形，如為不動產分割者，應受補償之共有人，就其補償金額，對於補償義務人所分得之不動產，有抵押權。
Ⅴ.前項抵押權應於辦理共有物分割登記時，一併登記，其次序優先於第二項但書之抵押權。

⑱一、本條新增。
二、共有物分割之效力，究採認定主義或移轉主義，學者間每有爭論，基於第825條之立法精神，爰增訂第1項，本法採移轉主義，即共有物分割後，共有人取得分得部分單獨所有權，其效力係向後發生而非溯及既往。又本條所謂「效力發生時」，在協議分割，如分割者為不動產，係指於辦畢分割登記時；如為動產，係指於交付時。至於裁判分割，則指在分割之形成判決確定時。
三、分割共有物之效力，因採移轉主義，故應有部分原有抵押權或質權者，於分割時，其權利仍存在於原應有部分上，爰增訂第2項。但為避免法律關係轉趨複雜，並保護其他共有人之權益，另增訂但書三款規定，明定於有但書情形時，其抵押權或質權僅移存於抵押人或出質人所分得之部分。第1款明定於協議分割時，權利人同意分割之情形。此所謂同意係指同意其分割方法而言，但當事人仍得另行約定其權利移存方法，要屬當然，不待明文。第2款、第3款係指於裁判分割時，權利人已參加共有物分割訴訟或已受告知訴訟之情形。權利人於該訴訟中，有法律上之利害關係，故適用民事訴訟法有關訴訟參加之規定，權利人於訴訟參加後，就分割方法陳述之意見，法院於為裁判分割時，應予斟酌，乃屬當然。若權利人未自行參加者，於訴訟繫屬中，任何一共有人均可請求法院告知權利人參加訴訟。如其已參加訴訟，則應受該裁判之拘束。至若經訴訟告知而未參加者，亦不得主張本訴訟之裁判不當。
四、共有人將其應有部分抵押或出質者，嗣該共有物經分割，抵押人或出質人並未受原物分配時，該抵押權或質權應準用第881條第1項、第2項，或第899條之規定，由抵押人或出質人所受之價金分配或金錢補償，按各抵押權人或質權人之次序分配之，其次序相同者，按債權額比例分配之，並對該價金債權或金錢債權有權利質權，俾保障抵押權人或質權人之權益，爰增訂第3項。
五、為保障因不動產之裁判分割而應受補償共有人之權益，爰於第4項增訂應受補償人對於補償義務人之補償金債權，就補償義務人分得之不動產，有法定抵押權。本項僅適用於不動產分割之情形。蓋因動產，請求法院裁判分割之案例甚少，且動產質權之設定，必以占有質物為要件，如分割時，共有物由補償義務人占有，則與動產質權之精神不符；又動產有善意受讓問題，如予規定，實益不大，故本項適用範圍不及於動產。
六、前項法定抵押權，於辦理共有物分割登記時，由地政機關併予登記。其次序應優先於因共有物分割訴訟而移存於特定應有部分之抵押權，始足以確保應受金錢補償之共有人之利益，並兼顧交易安全，爰增訂第5項。至此項法定抵押權與其他抵押權之次序，仍依第865條規定定之。又不動產分割，應受補償者有多數人時，應按受補償金額比例登記為共有抵押權人，併予指明。

第825條 （分得物之擔保責任）
各共有人，對於他共有人因分割而得之物，按其應有部分，負與出賣人同一之擔保責任。

⇧查民律草案第1056條理由謂分割，依各共有人應有部分為之，若因分割而歸屬於共有人中一人之物，依分割前發生之原因，被第三人追奪或發見藏有瑕疵，是分割之部分與應有部分不符矣。故本條使各共有人依其應有部分，與賣主負同一之擔保，以昭公允。

▲【50臺上919】參見本法第824條。
▲【85臺上2676】參見本法第824條。

第826條 （所得物與共有物證書之保存）
Ⅰ.共有物分割後，各分割人應保存其所得物之證書。
Ⅱ.共有物分割後，關於共有物之證書，歸取

得最大部分之人保存之，無取得最大部分
者，由分割人協議定之，不能協議決定
者，得聲請法院指定之。
III各分割人，得請求使用他分割人所保存之
證書。

↑謹按分割終結後，關於分割物之證書，應保存之，
而此共有物證書之保存，應以歸取得大部分之人
保存之為宜，無取得最大部分者，由分割人協議
定之，分割人協議而不能決定者，得聲請法院指
定之。又分割人亦得請求使用他分割人所保存之
證書，本條明設規定，所以免事後之無益爭論也。

第 826 條之 1 　（共有物讓與之責任）

I不動產共有人間關於共有物使用、管理、
分割或禁止分割之約定或依第八百二十
條第一項規定所為之決定，於登記後，對
於應有部分之受讓人或取得物權之人，具
有效力。其由法院裁定所定之管理，經登
記後，亦同。
II動產共有人間就共有物為前項之約定、決
定或法院所為之裁定，對於應有部分之受
讓人或取得物權之人，以受讓或取得時知
悉其情事或可得而知者為限，亦有效
力。
III共有物應有部分讓與時，受讓人對讓與人
就共有物因使用、管理或其他情形所生之
負擔連帶負清償責任。

98一、本條新增。
二、共有物之管理或協議分割契約，實務上認為
對於應有部分之受讓人仍繼續存在（最高法院 48
年臺上字第 1065 號判例參照）。使用、禁止分割
之約定或依本法修正條文第 820 條第 1 項所為之
決定，亦應做相同之解釋。又上述契約、約定或
決定之性質屬債權行為，基於債之相對性原對第
三人不生效力，惟為保持原約定或決定之安定性，
特賦予物權效力，爰參照司法院釋字第 349 號解
釋，並仿外國立法例，於不動產為上述約定或決
定經登記後，即對應有部分之受讓人或取得物權
之人，具有效力（德國民法第 746 條、第 1010 條
第 1 項，瑞士民法第 649 條之 1 參照）。又經由法
院依第 820 條第 2 項、第 3 項裁定所定之管理，
屬非訟事件，其裁定效力是否及於受讓人，尚有
爭議（最高法院 67 年臺上字第 4046 號判例參
照），且該非訟事件裁定之公示性與判決及登記不

同，故宜明定該裁定所定之管理亦經登記後，對
於應有部分之受讓人或取得物權之人始具有效
力，爰增訂第 1 項，以杜爭議，並期周延。
三、共有人就共有物因為關於第 1 項使用、管
理等行為之約定、決定或法院之裁定，在不動產
可以登記之公示方法，使受讓人等有知悉之機會，
而動產無登記制度，法律上又保護善意受讓人，
故以受讓人等於受讓或取得時知悉或可得而知其
情事者為限，始對之發生法律上之效力，方為持
平，爰增訂第 2 項。
四、共有物應有部分讓與時，受讓人對讓與人就
共有物因使用、管理或其他情形（例如協議分割
或禁止分割約定等）所生之負擔（第 822 條參
照），為保障該負擔之共有人，應使受讓人與讓與
人連帶負清償責任，惟為免爭議，俾使之明確，
爰增訂第 3 項。又所積欠之債務雖明定由讓與人
與受讓人連帶負清償責任，則於受讓人清償後，
自得依第 280 條規定定其求償額。

第 827 條 　（公同共有人及其權利）

I.依法律規定、習慣或法律行為，成一公同
關係之數人，基於其公同關係，而共有一
物者，為公同共有人。
II.前項依法律行為成立之公同關係，以有法
律規定或習慣者為限。
III.各公同共有人之權利，及於公同共有物之
全部。

98一、公同關係之成立，學者通說及實務上均認為
非以法律規定或契約約定者為限，依習慣或單獨
行為成立者所在多有，為期周延，爰將第 1 項「契
約」修正為「法律行為」，並增設「習慣」，以符
實際。又本項所稱「習慣」，例如最高法院 19 年
上字第 1885 號判例（祭田）、18 年上字第 1473
號判例（祀產）、39 年臺上字第 364 號判例（祭
祀公業）、42 年臺上字第 1196 號判例（同鄉會
館）、93 年度臺上字第 2214 號判決（家產），均
屬之。
二、依法律行為而成立之公同關係，其範圍不宜
過廣，為避免誤解為依法律行為得任意成立公同
關係，爰增訂第 2 項，明定此種公同關係以有法
律規定（例如第 668 條）或習慣者為限。
三、現行條文第 2 項移列為第 3 項。
◇公同共有：指依法律規定或契約，成一公同關係
之數人，基於其公同關係而共有一物，故公同共

有即無應有部分可言。又公同關係之成立，學者通說及實務上均認為非以法律規定或契約約定者為限，依習慣或單獨行為成立者所在多有，為期周延，爰將第1項「契約」修正為「法律行為」，並增設「習慣」，以符實際。又本項所稱「習慣」，例如：祭田（19上1885）、祀產（18上1473）、祭祀公業（39臺上364）、同鄉會館（42臺上1196）、家產（93臺上2214），均屬之。

▲【30渝上202】繼承人有數人時，在分割遺產前，各繼承人對於遺產全部為公同共有，民法第1151條定有明文。被上訴人自不得在分割遺產前，主張遺產中之特定部分，由其個人承受。

▲【37上6419】民法第819條第1項所謂各共有人得自由處分其應有部分云云，係指分別共有，即同法第817條規定數人按其應有部分，對於一物有所有權者而言，其依同法第827條第1項基於公同關係而共有一物者，依同條第2項之規定，各公同共有人之權利，既係及於公同共有物之全部，則各該共有人自無所謂其應有部分，從而公同共有人中之一人如無法律或契約之根據，亦未得其他公同共有人之同意，而就公同共有物為處分，自屬全部無效。

第828條　（公同共有人之權利義務與公同共有物之處分）

Ⅰ.公同共有人之權利義務，依其公同關係所由成立之法律、法律行為或習慣定之。

Ⅱ.第八百二十條、第八百二十一條及第八百二十六條之一規定，於公同共有準用之。

Ⅲ.公同共有物之處分及其他之權利行使，除法律另有規定外，應得公同共有人全體之同意。

⑱一、為配合前條之修正，第1項「契約」修正為「法律行為或習慣」，並酌作文字修正。

二、關於共有物之管理、共有人對第三人之權利、共有物使用、管理、分割或禁止分割之約定對繼受人之效力等規定，不惟適用於分別共有之情形，其於公同共有亦十分重要，且關係密切，為期周延，爰增訂第2項準用規定。

三、第1項已規定公同共有人權利義務之依據，現行條文第2項「或契約另有規定」已無規定必要，爰予修正，並移列為第3項。又本項所謂「法律另有規定」之意義，就法條適用順序而言，應先適用第1項，其次依第2項，最後方適用本項所定應得公同共有人全體同意之方式。

▲【32上115】公同共有物被一部分公同共有人為處分行為時，須得處分行為人以外之公同共有人全體之同意，始得起訴。

▲【32上3014】關於公同共有物之處分，除依其公同關係所由規定之法律或契約另有規定外，固應得公同共有人全體之同意。惟該地如有房長得代表該房處分祭產之習慣，可認祭產公同共有人有以此為契約內容之意思者，自應認該房長之處分為有效。

▲【32上5188】公同共有物之處分，固應得公同共有人全體之同意，而公同共有人中之一人，已經其他公同共有人授與處分公同共有物之代理權者，則由其一人以公同共有人全體之名義所為處分，不能謂為無效。**此項代理權授與之意思表示不以明示為必要，如依表意人之舉動或其他情事，足以間接推知其有授權之意思者，即發生代理權授與之效力**。

▲【33上1196】繼承人數人公同共有之遺產，依民法第828條第2項之規定，固非得公同共有人全體之同意不得處分，惟該數人由其中一人管理家務者，如因清償共同負擔之債務而有處分遺產之必要時，其在必要限度內處分遺產，自可推定其已得公同共有人全體之同意。

▲【33上5342】公同共有物之處分及其他之權利行使，依其公同關係所由規定之法律或契約得由公同共有人中之一人為之者，固得由其人為之，即使此項法律或契約無此規定，得公同共有人全體之同意時，自亦得由其中一人為之，此觀民法第828條之規定自明。

▲【37上6939】因公同共有物被一部分公同共有人為移轉物權之處分，而其他公同共有人對之提起物權契約無效之訴時，如已得處分行為人（包含同意處分人）以外之公同共有人全體之同意，則無論公同共有人中之一人或數人，自均得單獨或共同起訴，要不能謂其當事人之適格有所欠缺。

▲【40臺上998】公同共有祭產之處分，如由公同共有人中之一人或數人為之者，固應以得其他公同共有人全體之同意，為生效要件。**惟該地如有祭產管理人得代表祭產公同共有人全體處分祭產之習慣，可認祭產公同共有人有以此為契約內容之意思者，自不得謂祭產管理人之處分為無效**。

▲【53臺上2717】時效利益之拋棄係處分行為之一種，公同共有人中一人未得全體共有人同意，向他人為拋棄時效利益之意思表示者，依法即非有效。

▲【65 臺上 1416】公同共有人中之一人，依民法第 828 條第 2 項規定得其他共有人之同意行使權利而起訴請求，與民事訴訟法第 41 條規定之選定一人為全體起訴不同，前者**不以文書證之為必要，不論以任何方法，凡能證明公同共有人已為同意即可**。

▲【71 臺上 5051】買賣並非處分行為，故公同共有人中之一人，未得其他公同共有人之同意，出賣公同共有物，應認為僅對其他公同共有人不生效力，而在締約當事人間非不受其拘束。苟被上訴人簽立之同意書，果為買賣，縱出賣之標的為公同共有土地，而因未得其他公同共有人之同意，對其他公同共有人不生效力。惟在其與上訴人間既非不受拘束，而如原審認定之事實，該土地其後又已因分割而由被上訴人單獨取得，則上訴人請求被上訴人就該土地辦理所有權移轉登記，尚非不應准許。

第 829 條 （公同共有物分割之限制）

公同關係存續中，各公同共有人，不得請求分割其公同共有物。

⇧查民律草案第 1066 條理由謂依法令或契約，成立之公同關係尚存在時，不宜使各公同共有人得請求分割公同共有物，亦不宜使其有處分公同共有人所有之權利，所以維持公同之關係也。故設本條以明示其旨。

▲【37 上 7357】公同關係存續中，各公同共有人不得請求分割公同共有物，在民法第 829 條固定有明文。但此項公同關係之存續既非不可終止，則公同共有人中之一人或數人於訴訟外或於起訴時，以訴狀向其他公同共有人表示終止公同關係之意思，而請求分割公同共有物，在審理事實之法院，自應審認其所為終止公同關係之意思表示是否正當，能否認為已有合法之終止，為適當之裁判，如可認終止為合法，則其公同關係已不復存續，即無適用民法第 829 條之餘地。

▲【37 上 7366】請求分割公同共有物之訴，為**固有之必要共同訴訟**，應由同意分割之公同共有人全體一同起訴，並以反對分割之其他公同共有人全體為共同被告，於當事人適格始無欠缺。

第 830 條 （公同共有關係之消滅與公同共有物之分割方法）

I.公同共有之關係，自公同關係終止，或因公同共有物之讓與而消滅。

II.公同共有物之分割，除法律另有規定外，準用關於共有物分割之規定。

⑱一、第 1 項未修正。
二、共有物分割之效力，即修正條文第 824 條之 2 至第 826 條之規定，於公同共有物之分割亦有準用必要。現行條文第 2 項僅規定公同共有物分割之方法，應依關於共有物分割之規定，未將分割效力，併予準用，有欠周延，爰修正為公同共有物之分割，於性質不相牴觸之情形下，均可準用關於共有物分割之規定，俾共有物分割之效力，亦得準用。

第 831 條 （準共有）

本節規定，於所有權以外之財產權，由數人共有或公同共有者準用之。

⇧謹按數人有所有權以外之財產權，如地上權、永佃權、抵押權之類，無論依其應有部分為數人共有，或公同共有，均使適用本節之規定。蓋權利之性質雖殊，而其為共有則一，故仍得適用同一之規定也。

◇準共有：指數人分別共有或公同共有「所有權以外之財產權」而言，實務上最常見者乃共有債權。

第三章 地 上 權

⇧謹按稱地上權者，謂以在他人土地上有建築物，或其他工作物或竹木為目的而使用其土地之權也。供給土地之人，謂之土地所有人，其權利人，謂之地上權人。蓋社會進步，經濟發達，土地價格，逐漸騰貴，建築物或其他工作物及竹木之所有人，有時不得併有土地之所有權，宜設地上權以應經濟上之需要，故有本章之規定。

第一節 普通地上權

⑲一、新增節名。
二、按區分地上權雖屬地上權之一種，惟區分地上權性質及效力仍有其特殊性，故為求體系完整，爰仿質權章，分設二節規範普通地上權及區分地上權，並於修正條文第 841 條之 1 增訂區分地上權之定義性規定，以示其不同之特性。

第 832 條 （普通地上權之定義）

稱普通地上權者，謂以在他人土地之上下有建築物或其他工作物為目的而使用其土地之權。

民

法

第三編　物　權

（第八三三～八三五條）

⑨一、本章將地上權分為普通地上權及區分地上權
二節，本條至第841條為有關普通地上權之規定。
而本條係關於普通地上權之定義性規定，故仍表
明「普通地上權」之文字。至於本節以下各條規
定中所稱之「地上權」，既規定於同一節內，當然
係指「普通地上權」而言。

二、本編已增訂第四章之一「農育權」，其內容包
括以種植竹木為目的，在他人之土地為使用、收
益之情形。為避免地上權與農育權之內容重複，
爰將本條「或竹木」三字刪除，俾地上權之使用
土地目的僅限於有建築物或其他工作物。又當事
人間為上開目的之約定已構成地上權之內容，地政
機關於辦理登記時，宜將該設定目的予以配合登
記。

三、地上權之範圍依現行條文規定「……以在他
人土地上……」等文字觀之，易使人誤解為僅限
於在土地之上設定，惟學者通說及實務上見解均
認為在土地上空或地下均得設定。為避免疑義，
爰將「土地上」修正為「土地之上下」，以期明
確。

▲【48臺上1457】參見本法第425條之1。

▲【67臺上3779】地上權非以地上權人交付地
租為必要。原審僅以上訴人之前手無償使用系爭
土地，即認上訴人不得主張因時效取得地上權，
自有未合。

▲【70臺上3678】法律關係定有存續期間者，
於期間屆滿時消滅，期滿後，除法律有更新規定
外，並不當然發生更新之效果，**地上權並無如民
法第451條之規定，其期限屆滿後自不生當然變
更為不定期限之效果，因而應解為定有存續期間
之地上權於期限屆滿時，地上權當然消滅**。

▲【85臺上447】民法第876條第1項規定之法
定地上權，係為維護土地上建築物之存在而設，
則於該建築物滅失時，其法定地上權即應隨之消
滅，此與民法第832條所定之地上權，得以約定
其存續期限，於約定之地上權存續期限未屆之前，
縱地上之工作物或竹木滅失，依同法第841條規
定其地上權仍不因而消滅者不同。

第833條　（刪除）

第833條之1　（未定期限地上權之存續期間）

地上權未定有期限者，存續期間逾二十年
或地上權成立之目的已不存在時，法院得

因當事人之請求，斟酌地上權成立之目
的、建築物或工作物之種類、性質及利用
狀況等情形，定其存續期間或終止其地上
權。

⑨一、本條新增。

二、地上權雖未定有期限，但非有相當之存續期
間，難達土地利用之目的，不足以發揮地上權之
社會機能。又因科技進步，建築物或工作物之使
用年限有日漸延長趨勢，為發揮經濟效用，兼顧
土地所有人與地上權人之利益，爰明定土地所有
人或地上權人均得於逾二十年後，請求法院斟酌
地上權成立之目的、建築物或工作物之各種狀況
而定地上權之存續期間；或於地上權成立之目的
不存在時，法院得終止其地上權。又此項請求係
變更原物權之內容，性質上為形成之訴，應以形
成判決為之。若地上權經設定抵押權者，法院得
依民事訴訟法第67條之1規定告知參加訴訟，以
保障抵押權人之權益，併予敘明。

第833條之2　（存續期限）

以公共建設為目的而成立之地上權，未定
有期限者，以該建設使用目的之完畢時，視
為地上權之存續期限。

⑨一、本條新增。

二、按以公共建設（例如大眾捷運、高速鐵路等）
為目的而成立之地上權，原即難以定其使用年限，
爰增訂本條明定以公共建設為目的而成立之地上
權，以該建設使用目的之完畢時，視為其存續期限。

第834條　（地上權之拋棄）

地上權無支付地租之約定者，地上權人得
隨時拋棄其權利。

⑨一、無支付地租之地上權，無論是否定有期限，
地上權人拋棄其權利，對於土地所有人有利而無
害，爰將現行條文第1項以地上權人未定有期限
者，地上權人始得隨時拋棄權利之限制規定加以
修正。又從保障土地所有人之利益言，縱有不同
之習慣，亦無規定之必要，爰將該項但書刪除。

二、現行條文第2項牽涉拋棄之方式，不僅為地
上權之問題，其他限制物權亦有之，且現行條文
第764條已有概括規定，爰予刪除。

第835條　（地上權拋棄時應盡之義務）

I 地上權定有期限，而有支付地租之約定

者，地上權人得支付未到期之三年分地租
後，拋棄其權利。

II.地上權未定有期限，而有支付地租之約定
者，地上權人拋棄權利時，應於一年前通
知土地所有人，或支付未到期之一年分地
租。

III.因不可歸責於地上權人之事由，致土地不
能達原來使用之目的時，地上權人於支付
前二項地租二分之一後，得拋棄其權利；
其因可歸責於土地所有人之事由，致土地
不能達原來使用之目的時，地上權人亦得
拋棄其權利，並免支付地租。

⑨一、支付地租而定有期限之地上權，於地上權人
拋棄其權利時，對土地所有人而言，較諸支付地
租而未定有期限之地上權人拋棄權利之影響為
大，為保障其利益，爰修正第1項，明定地上權
人須支付未到期之三年分地租後，始得拋棄其權
利。至殘餘之地上權期限不滿三年者，即無此項
規定之適用，僅應支付殘餘期間之地租，自不待
言。

二、支付地租而未定有期限之地上權人，應於一
年前通知土地所有人，或支付未到期之一年分地
租後，始得拋棄其權利，爰增訂第2項。

三、地上權旨在充分使用土地，如因不可歸責於
地上權人之事由，致不能達原來使用土地之目的
時，應許地上權人拋棄其權利。惟如仍依前二項
規定始得拋棄，未免過苛，為兼顧土地所有人及
地上權人雙方之利益，其危險應由雙方平均負擔。
至土地所有人因負有消極容忍地上權人使用土地
之義務，是以如因可歸責於土地所有人之事由，
致不能達地上權原來使用土地之目的時，地上權
人已無法行使權利，此際應許其免支付地租，無
條件拋棄地上權，始為公允，爰增訂第3項。

▲【院986】按地上權之地租與租賃契約之租金，
固屬不同，然就其（因使用土地而支付金錢為對
價）之點言之，則二者實相類似，故**關於民法第
442條之規定，於地上權地租之增加，亦應類推
適用。**

第 835 條之 1　（地租之增減及酌定）

I.地上權設定後，因土地價值之昇降，依原
定地租給付顯失公平者，當事人得請求法
院增減之。

II.未定有地租之地上權，如因土地之負擔增
加，非當時所得預料，仍無償使用顯失公

平者，土地所有人得請求法院酌定其地
租。

⑨一、本條新增。

二、土地之價值，在社會經濟有變遷之情形下，
常多變動，如於地上權設定後，因土地價值之昇
降，地上權人給付原定地租，依一般觀念顯然不
公平者，為保障雙方當事人之權益，並避免爭議，
爰增訂第1項，由當事人提起民事訴訟，請求法
院以判決增減其地租，以期允當。

三、原未訂有地租之地上權，如因土地所有人就
土地之租稅及其他費用等負擔增加，而非設定地
上權當時所得預料者，如仍令土地所有人單獨負
擔，顯失公平，基於情事變更法則，土地所有人
亦得提起民事訴訟，請求法院酌定地租，爰增訂
第2項。

第 836 條　（地上權之終止㈠）

I.地上權人積欠地租達二年之總額，除另有
習慣外，土地所有人得定相當期限催告地
上權人支付地租，如地上權人於期限內不
為支付，土地所有人得終止地上權。地上
權經設定抵押權者，並應同時將該催告之
事實通知抵押權人。

II.地租之約定經登記者，地上權讓與時，前
地上權人積欠之地租應併同計算。受讓人
就前地上權人積欠之地租，應與讓與人連
帶負清償責任。

III.第一項終止，應向地上權人以意思表示為
之。

⑨一、依現行條文第114條規定，法律行為經撤銷
者，視為自始無效。惟本條所謂撤銷地上權，並
無溯及效力，僅係向將來發生消滅效力，其性質
應為終止權，爰將本條「撤銷」二字修正為「終
止」。又地上權人積欠地租達二年之總額，土地所
有人終止地上權前，仍應踐行定期間催告程序，以
兼顧地上權人之利益，最高法院68年臺上字第
777號判例著有明文，為明確計，爰以明文規定
之。其地上權經設定抵押權者，為保障抵押權人
之權益，爰增訂土地所有人於催告地上權人時，
應同時將催告之事實通知抵押權人，俾抵押權人
得以利害關係人之身分代位清償，使地上權不被
終止。土地所有人如違反本條規定不予通知時，
則對抵押權人因此所受之損害，應負損害賠償之
責。

二、地上權有地租之約定經登記者，因該地租已為地上權之內容，具有物權效力。地上權讓與時，受讓人即應合併計算讓與人所欠租額，並與其連帶負清償責任，以保障土地所有人之權益。惟受讓人就前地上權人積欠之地租清償後，得否向該前地上權人求償，則依其內部關係定之。如地租之約定未經登記者，則僅發生債之關係，地上權讓與時，該地租債務並不當然由受讓人承擔，爰增訂第2項。

三、現行條文第2項移列為第3項，並將「撤銷」二字修正為「終止」。

第 836 條之 1 　（地租之登記對抗效力）

土地所有權讓與時，已預付之地租，非經登記，不得對抗第三人。

⑨一、本條新增。

二、地上權有地租之約定，而其預付地租之事實經登記者，方能發生物權效力，足以對抗第三人，故土地及地上權之受讓人或其他第三人（例如抵押權人），當受其拘束，爰增訂本條。至於未經登記者，僅發生債之效力，地上權人仍應向受讓人支付地租，惟其得向讓與人請求返還該預付部分，無待明文。

第 836 條之 2 　（地上權人之義務）

I 地上權人應依設定之目的及約定之使用方法，為土地之使用收益；未約定使用方法者，應依土地之性質為之，並均應保持其永續利用。

II 前項約定之使用方法，非經登記，不得對抗第三人。

⑨一、本條新增。

二、土地是人類生存之重要資源，土地之物盡其用與其本質維護，俾得永續利用，應力求其平衡，爰增設第1項（瑞士民法第768條、第769條、日本民法第271條、魁北克民法第1120條、義大利民法第972條第1項第1款、第1067條第1項、德國民法第1020條第1項參照）。地上權人使用土地不僅應依其設定之目的及約定之方法為之，且應保持土地之本質，不得為使其不能回復原狀之變更、過度利用或戕害其自我更新能力，以維護土地資源之永續利用。

三、若地上權有約定之使用方法者，其約定須經登記，方能構成地上權之內容，發生物權效力，足以對抗第三人，故土地及地上權之受讓人或其

他第三人（例如抵押權人），當受其拘束，爰增訂第2項。

第 836 條之 3 　（地上權之終止㈡）

地上權人違反前條第一項規定，經土地所有人阻止而仍繼續為之者，土地所有人得終止地上權。地上權經設定抵押權者，並應同時將該阻止之事實通知抵押權人。

⑨一、本條新增。

二、地上權人使用土地如有違反前條第1項規定之情事者，應使土地所有人有阻止之權。如經阻止而仍繼續為之者，並使其有終止地上權之權，以維護土地資源之永續性及土地所有人之權益，爰仿現行條文第438條之立法體例，增訂前段規定。若地上權經設定抵押權者，為保障抵押權人之權益，爰參酌修正條文第836條第1項規定，增訂土地所有人於阻止地上權人時，應同時將該阻止之事實通知抵押權人之規定。

第 837 條 　（租金減免請求之限制）

地上權人，縱因不可抗力，妨礙其土地之使用，不得請求免除或減少租金。

☝查民律草案第1082條理由謂地上權存續期間，類皆長久，雖因一時之不可抗力，妨及土地之使用，然他日仍得回復之，應不許其請求免除租金或請求減少租額。若許請求，則不足保護土地所有人之利益，且有啟人健訟之弊也。故設本條以明示其旨。

第 838 條 　（地上權之讓與）

I 地上權人得將其權利讓與他人或設定抵押權。但契約另有約定或另有習慣者，不在此限。

II 前項約定，非經登記，不得對抗第三人。

III 地上權與其建築物或其他工作物，不得分離而為讓與或設定其他權利。

⑨一、地上權為財產權之一種，依其性質，地上權人原則上得自由處分其權利，亦得以其權利設定抵押權，以供擔保債務之履行。為周延計，爰增列地上權人得以其權利設定抵押權，並將現行條文之「訂定」修正為「約定」後，改列為第1項。

二、前項約定經登記者，方能發生物權效力，足以對抗第三人，故土地及地上權之受讓人或其他第三人（例如抵押權人），當受其拘束，爰增訂第2項。

三、地上權之社會作用，係在調和土地與地上物間之使用關係，建築物或其他工作物通常不能脫離土地而存在，兩者必須相互結合，方能發揮其經濟作用。故地上權與其建築物或其他工作物之讓與或設定其他權利，應同時為之，以免地上物失其存在之權源，有違地上權設置之目的，爰增訂第 3 項。

第 838 條之 1 　（視為有地上權之設定）

I. 土地及其土地上之建築物，同屬於一人所有，因強制執行之拍賣，其土地與建築物之拍定人各異時，視為已有地上權之設定，其地租、期間及範圍由當事人協議定之；不能協議者，得請求法院以判決定之。其僅以土地或建築物為拍賣時，亦同。

II. 前項地上權，因建築物之滅失而消滅。

⑨一、本條新增。

二、土地及其土地上之建築物，同屬於一人所有，宜將土地及其建築物，併予查封、拍賣，為強制執行法第 75 條第 3 項、辦理強制執行事件應行注意事項 40 (7) 所明定。如未併予拍賣，致土地與其建築物之拍定人各異時，因無從期待當事人依私法自治原則洽定土地使用權，為解決基地使用權問題，自應擬制當事人有設定地上權之意思，以避免建築物被拆除，危及社會經濟利益，爰明定此視為已有地上權之設定。惟其地租、期間及範圍，宜由當事人協議定之；如不能協議時，始請求法院以判決定之。如土地及其土地上之建築物同屬一人所有，執行法院僅就土地或建築物拍賣時，依前述同一理由，亦宜使其發生法定地上權之效力，爰增訂第 1 項。

三、法定地上權係為維護土地上之建築物之存在而設，而該建築物於當事人協議或法院判決所定期間內滅失時，即無保護之必要（最高法院 85 年臺上字第 447 號判例參照），爰增訂第 2 項，以杜爭議。

第 839 條　（工作物之取回權）

I. 地上權消滅時，地上權人得取回其工作物。但應回復土地原狀。

II. 地上權人不於地上權消滅後一個月內取回其工作物者，工作物歸屬於土地所有人。其有礙於土地之利用者，土地所有人得請求回復原狀。

III. 地上權人取回其工作物前，應通知土地所有人。土地所有人願以時價購買者，地上權人非有正當理由，不得拒絕。

⑨一、為配合現行條文第 832 條之修正，爰將現行條文「及竹木」、「或竹木」三字刪除，並將現行條文第 2 項調移列為第 3 項，並酌作文字修正。

二、地上權消滅時，地上權人有取回其工作物之權利。惟地上權人如不欲行使取回權時，工作物究應如何處理？現行法尚無明文規定，易滋疑義。而該物如有礙土地之利用，為兼顧土地所有人之權益，土地所有人得請求地上權人回復原狀，爰增訂第 2 項。

三、為促使土地所有人早日知悉地上權人是否行使取回權，爰修正第 3 項，明定地上權人取回其工作物前，有通知土地所有人之義務。又依現行條文第 2 項規定，土地所有人行使購買權時，地上權人有無拒絕之權？學者間見解不一，為兼顧當事人雙方之利益及參考修正條文第 919 條、日本民法第 269 條第 1 項但書規定，爰於第 3 項明定土地所有人行使購買權時，地上權人非有正當理由，不得拒絕，以期明確。

第 840 條　（建築物之補償）

I. 地上權人之工作物為建築物者，如地上權因存續期間屆滿而消滅，地上權人得於期間屆滿前，定一個月以上之期間，請求土地所有人按該建築物之時價為補償。但契約另有約定者，從其約定。

II. 土地所有人拒絕地上權人前項補償之請求或於期間內不為確答者，地上權之期間應酌量延長之。地上權人不願延長者，不得請求前項之補償。

III. 第一項之時價不能協議者，地上權人或土地所有人得聲請法院裁定之。土地所有人不願依裁定之時價補償者，適用前項規定。

IV. 依第二項規定延長期間者，其期間由土地所有人與地上權人協議定之；不能協議者，得請求法院斟酌建築物與土地使用之利益，以判決定之。

V. 前項期間屆滿後，除經土地所有人與地上權人協議者外，不適用第一項及第二項規定。

⑨一、地上權人之工作物為建築物者，如地上權因

存續期間屆滿而歸消滅，究由土地所有人購買該建築物，抑或延長地上權期間，宜儘速確定，俾該建築物能繼續發揮其社會經濟功能，爰於第1項增訂「地上權人得於期間屆滿前，定一個月以上之期間，請求土地所有人按該該建築物之時價為補償」之規定，並將但書中之「訂定」修正為「約定」。至於地上權人所定一個月以上期間之末日，不得在地上權存續期間屆滿之日之後，是乃當然之理。

二、為維持建築物之社會經濟功能，兼顧地上權人之利益，並迅速確定其法律關係，爰於第2項增訂「土地所有人拒絕地上權人前項補償之請求或於期間內不為確答者，地上權之期間應為量延長之」之規定，使地上權期間當然接續原存續期間而延長，僅生應延長期間之長短問題。

三、如土地所有人願按該建築物之時價補償，由地上權人與土地所有人協議定之；於不能協議時，地上權人或土地所有人得聲請法院為時價之裁定。如土地所有人不願依裁定之時價補償時，適用第2項規定的量延長該地上權之期間，爰增訂第3項。至於上述聲請法院為時價之裁定，性質上係非訟事件（如同非訟事件法第182條第1項有關收買股份價格之裁定）。

四、依第2項規定地上權應延長期間者，其延長之期間為何，亦由土地所有人與地上權人協議定之；於不能協議時，土地所有人或地上權人得請求法院斟酌的建築物與土地使用之利益，以判決酌定延長期間，爰增訂第4項。又此項請求，應依民事訴訟程序行之，性質上係形成之訴，法院酌定期間之判決，為形成判決。

五、依第4項延長期間，以一次為限，故於延長之期間屆滿後，不再適用第1項及第2項規定，俾免地上權期間反覆綿延；但如土地所有人與地上權人另達成協議延長該地上權期間者，當尊重其協議，爰增訂第5項。

六、至地上權非因存續期間屆滿而消滅者，因建築物屬工作物之一種，應回歸修正條文第839條之適用，要屬當然，併予指明。

◇補償：本條之適用前提，必須是該地上權定有存續期間，且地上權係因期間屆滿而消滅；若地上權未定存續期間，或地上權係因其他原因而消滅（例如：地上權人拋棄權利、土地所有人依民法第836條終止地上權），地上權人則無本條之補償請求權（李淑明，民法物權）。

▲【32上2588】地上權因存續期間屆滿而消滅者，除契約另有訂定外，地上權人固得依民法第840條第1項，請求土地所有人按建築物之時價為補償，但地上權因拋棄而消滅者，不在同條項規定之列，地上權人自無請求土地所有人收買建築物之權。

▲【79臺上2623】民法第840條第1項規定：地上權人之工作物為建築物者，如地上權因存續期間屆滿而消滅，土地所有人應按該建築物之時價為補償。此與土地所有人請求塗銷地上權登記係屬二事，互無對價關係，地上權人不得執此主張同時履行抗辯權。

第 841 條　（地上權之永續性）

地上權不因建築物或其他工作物之滅失而消滅。

⑨⑨為配合現行條文第832條之修正，爰於「工作物」上增列「建築物或其他」等文字，並將「或竹木」三字刪除。

◇地上權之永續性：指於「定有存續期限」之地上權於地上權存續期限內，不因工作物或竹木之滅失而消滅。然而「未定期限」之地上權於地上權之目的（例如：興建建築物）達成後，土地所有人與地上權人得隨時終止之，地上權人之終止應受民法第835條規定之限制，至於土地所有人之終止權，則應受地上權使用目的之限制。

第二節　區分地上權

⑨⑨一、本節新增。

二、區分地上權與普通地上權不同，已於本章第一節為說明，且關於區分地上權之規定已增訂六條，為使地上權章之體系更為完整，爰增訂本節節名。

第 841 條之 1　（區分地上權之定義）

稱區分地上權者，謂以在他人土地上下之一定空間範圍內設定之地上權。

⑨⑨一、本條新增。

二、由於人類文明之進步，科技與建築技術日新月異，土地之利用已不再侷限於地面，而逐漸向空中與地下發展，由平面化而趨於立體化，遂產生土地分層利用之結果，有承認土地上下一定空間範圍內設定地上權之必要。爰仿日本民法第269條之2第1項之立法例，增訂「區分地上權」之定義性規定。

第 841 條之 2 （區分地上權人使用收益之約定）

I 區分地上權人得與其設定之土地上下有使用、收益權利之人，約定相互間使用收益之限制。其約定未經土地所有人同意者，於使用收益權消滅時，土地所有人不受該約定之拘束。

II 前項約定，非經登記，不得對抗第三人。

⑨⑨一、本條新增。

二、區分地上權呈現垂直鄰接狀態，具有垂直重力作用之特性，與平面相鄰關係不同。為解決區分地上權人與就其設定範圍外上下四周之該土地享有使用、收益權利之人相互間之權利義務關係，爰於第1項前段明定得約定相互間使用收益之限制。此項限制，包括限制土地所有人對土地之使用收益，例如約定土地所有人於地面上不得設置若干噸以上重量之工作物或區分地上權人工作物之重量範圍等是。又與土地所有人約定時，土地所有人自應受該約定之拘束，僅於與其他使用權人約定時，始發生該約定是否須經土地所有人同意及對其發生效力與否之問題，爰增訂後段規定。至所謂使用收益權，包括區分地上權與普通地上權均屬之。

三、又前項約定經登記者，方能發生物權效力，足以對抗第三人，故土地及地上權之受讓人或其他第三人（例如抵押權人），當受其拘束，爰增訂第2項。

第 841 條之 3 （第三人利益之斟酌）

法院依第八百四十條第四項定區分地上權之期間，足以影響第三人之權利者，應併斟酌該第三人之利益。

⑨⑨一、本條新增。

二、區分地上權如為第三人之權利標的或第三人有使用收益權者，法院依修正條文第840條第4項定該地上權延長之期間時，勢必影響該第三人之權利，為兼顧該第三人之權益，法院應併斟酌其利益，以期允當。

第 841 條之 4 （第三人之補償）

區分地上權依第八百四十條規定，以時價補償或延長期間，足以影響第三人之權利時，應對該第三人為相當之補償。補償之數額以協議定之；不能協議時，得聲請法院裁定之。

⑨⑨一、本條新增。

二、區分地上權之工作物為建築物，依修正條文第840條規定以時價補償或延長期間，足以影響第三人之權利時，例如同意設定區分地上權之第三人或相鄰之區分地上權人，其權利原處於睡眠狀態或受限制之情況下，將因上開情形而受影響等是，基於公平原則，應由土地所有人或區分地上權人對該第三人為相當之補償。補償之數額宜由當事人以協議方式行之；如不能協議時，始聲請法院裁定，此裁定性質上屬非訟事件。

第 841 條之 5 （權利行使之限制）

同一土地有區分地上權與以使用收益為目的之物權同時存在者，其後設定物權之權利行使，不得妨害先設定之物權。

⑨⑨一、本條新增。

二、基於區分地上權就土地分層立體使用之特質，自不宜拘泥於用益物權之排他效力，是土地所有人於同一土地設定區分地上權後，宜許其得再設定用益物權（包括區分地上權），反之，亦然，以達土地充分利用之目的。此際，同一不動產上用益物權與區分地上權同時存在，自應依設定時間之先後，定其優先效力，亦即後設定之區分地上權或其他用益物權不得妨害先設定之其他用益物權或區分地上權之權利行使。又區分地上權（或用益物權）若係獲得先存在之用益物權（或區分地上權）人之同意而設定者，後設定之區分地上權（或用益物權）則得優先於先物權行使權利，蓋先物權人既已同意後物權之設定，先物權應因此而受限制。再所謂同一土地，乃指同一範圍內之土地，要屬當然，併予敘明。

第 841 條之 6 （區分地上權規定之準用）

區分地上權，除本節另有規定外，準用關於普通地上權之規定。

⑨⑨一、本條新增。

二、關於普通地上權之規定，依其性質與區分地上權不相牴觸者，皆在適用之列，爰設準用規定，以期周延。

第四章 （刪除）

第 842 條 （刪除）

第 843 條 （刪除）

第844條　（刪除）

第845條　（刪除）

第846條　（刪除）

第847條　（刪除）

第848條　（刪除）

第849條　（刪除）

第850條　（刪除）

第四章之一　農　育　權

⑨一、本章新增。

二、本法修正條文已將永佃權章刪除，另地上權章修正條文第832條亦已刪除「或竹木」，俾地上權之使用目的僅限於有建築物或其他工作物，是民法就用益物權有以建築物或其他工作物為目的之地上權，而對於以農業之使用收益為內容之用益物權則付諸闕如，參酌我國農業政策、資源永續利用及物盡其用之本法物權編修正主軸，增訂本章，以建立完整之用益物權體系，並符實際需要。又此項新設物權係以農業使用及土地保育為其重要內容，且單純之種植竹木，未達森林之程度，亦非農業使用所能涵蓋，爰名為「農育權」，俾求名實相符。

第850條之1　（農育權之定義）

Ⅰ.稱農育權者，謂在他人土地為農作、森林、養殖、畜牧、種植竹木或保育之權。
Ⅱ.農育權之期限，不得逾二十年；逾二十年者，縮短為二十年。但以造林、保育為目的或法令另有規定者，不在此限。

⑨一、本條新增。

二、本條規定農育權之意義。其內容參考農業發展條例第3條第12款規定為㈠農育權存在於他人土地之用益物權。㈡農育權係以農作、森林、養殖、畜牧、種植竹木或保育為目的之物權，使用上並包括為達成上開目的所設置、維持之相關農業設施。所謂「森林」，依森林法第3條第1項規定，指林地及其群生竹、木之總稱，與「種植

竹木」二者程度容有差異，爰併列為農育權設定目的之一。又當事人間為上開目的之約定，已構成農育權之內容，地政機關於辦理農育權登記時，宜將該農育權之設定目的予以配合登記。

三、農育權之期限如過於長久，將有害於公益，經斟酌農業發展、經濟利益及實務狀況等因素，認以二十年為當。如訂約期間超過二十年者，亦縮短為二十年。但以造林、保育為目的，實務上須逾二十年始能達其目的者，事所恆有，或法令另有規定之情形時，為期顧及事實，爰增訂第2項但書。

第850條之2　（農育權之終止㈠）

Ⅰ.農育權未定有期限時，除以造林、保育為目的者外，當事人得隨時終止之。
Ⅱ.前項終止，應於六個月前通知他方當事人。
Ⅲ.第八百三十三條之一規定，於農育權以造林、保育為目的而未定有期限者準用之。

⑨一、本條新增。

二、按農育權未定有期限者，除以造林、保育為目的之農育權外，當事人自得隨時終止，惟為兼顧土地所有人與農育權人之利益，參考農業發展條例第21條第3項規定，應於六個月前通知他方當事人，爰增訂第1項及第2項。又依第1項規定得使農育權消滅者，包括土地所有人及農育權人，故明定當事人均有此項終止權。

三、至於農育權以造林、保育為目的而未定有期限者，非有相當之存續期間，難達土地利用之目的，爰明定準用修正條文第833條之1規定，土地所有人或農育權人得請求法院斟酌造林或保育之各種狀況而定農育權之存續期間；或於造林、保育之目的不存在時，法院得終止其農育權。又此項請求係變更原物權之內容，性質上為形成之訴，應以形成判決為之，併予敘明。

第850條之3　（農育權之讓與）

Ⅰ.農育權人得將其權利讓與他人或設定抵押權。但契約另有約定或另有習慣者，不在此限。
Ⅱ.前項約定，非經登記不得對抗第三人。
Ⅲ.農育權與其農育工作物不得分離而為讓與或設定其他權利。

⑨一、本條新增。

二、農育權為財產權之一種，依其性質，農育權人原則上得自由處分其權利，亦得以其權利設定抵押權，以供擔保債務之履行。惟契約另有約定或另有習慣者，則應從其約定或習慣，以示限制，爰增訂第1項。

三、前項約定經登記者，方能構成農育權之內容，發生物權效力，始足以對抗第三人，故土地及農育權之受讓人或其他第三人（例如抵押權人），當受其拘束，爰增訂第2項。

四、因農育權而設置於土地上之農育工作物例如水塔、倉庫等，應與農育權相互結合，始能發揮其經濟作用。為避免該權利與其農育工作物之使用割裂，於第3項明定二者不得分離而為讓與或設定其他權利，例如農育工作物不得單獨設定典權是。

第850條之4　（農育權之終止㈡）

I.農育權有支付地租之約定者，農育權人因不可抗力致收益減少或全無時，得請求減免其地租或變更原約定土地使用之目的。

II.前項情形，農育權人不能依原約定目的使用者，當事人得終止之。

III.前項關於土地所有人得行使終止權之規定，於農育權無支付地租之約定者，準用之。

⑨一、本條新增。

二、農育權人在他人之土地為農作、森林、養殖、畜牧或種植竹木等收益，通常情形雖可預期，然若遭遇不可抗力，致其原約定目的之收益減少或全無者，事所恆有。例如耕作因天旱水災，皆屬不可抗力，此種收益減少或全無之事實，既非農育權人故意或過失所致，於有支付地租約定之農育權，若仍令其依原約定給付全額地租，有失公平。又土地設定農育權之用途不止一端，雖因不可抗力致其原約定目的之收益減少或全無，惟農育權人如變更原約定土地使用之目的仍可繼續使用該土地回復原來之收益者，如原約定目的為養殖，嗣因缺水而不能養殖，惟仍可作為畜牧使用而回復原來之收益是。此種情形，宜許其有請求變更之權，俾求地盡其利。爰增訂第1項，明定農育權人得向土地所有人請求減免其地租或請求變更原約定土地使用之目的，以昭公允。又本項所定農育權人之減免地租請求權，一經行使，即生減免地租之效果，應屬形成權之性質（最高法院71年臺上字第2996號判例意旨參照），併予

指明。

三、至農育權如因不可抗力致不能依原約定之目的使用時，有違農育權設定之目的，為兼顧農育權人及土地所有人雙方之利益，爰於第2項增訂，此種情形農育權人及土地所有人均得終止農育權，俾使土地資源得另作合理之規劃。

四、惟於無約定支付地租之農育權者，如因不可抗力致不能依原約定之目的使用時，農育權人可依修正條文第850條之9準用修正條文第834條規定，隨時使其權利消滅。此際另應賦予土地所有人亦得終止農育權，始為公允，爰增訂第3項，以兼顧土地所有人之利益。

第850條之5　（農育權之終止㈢）

I.農育權人不得將土地或農育工作物出租於他人。但農育工作物之出租另有習慣者，從其習慣。

II.農育權人違反前項規定者，土地所有人得終止農育權。

⑨一、本條新增。

二、土地所有人設定農育權於農育權人，多置重於農育權人能有效使用其土地。如農育權人不自行使用土地或設置於土地上之農育工作物，而以之出租於他人，使農地利用關係複雜化，並與土地所有人同意設定農育權之原意不符，爰增訂第1項，明定禁止出租之限制。但關於農育工作物之出租另有習慣者，例如倉庫之短期出租等是，自宜從其習慣。

三、第2項明定農育權人違反前項規定之效果，土地所有人得終止農育權。

第850條之6　（農育權人之義務）

I.農育權人應依設定之目的及約定之方法，為土地之使用收益；未約定使用方法者，應依土地之性質為之，並均應保持其生產力或得永續利用。

II.農育權人違反前項規定，經土地所有人阻止而仍繼續為之者，土地所有人得終止農育權。農育權經設定抵押權者，並應同時將該阻止之事實通知抵押權人。

⑨一、本條新增。

二、土地是人類生存之重要自然資源，農育權本即以土地之農業生產或土地保育為其內容，故一方面應物盡其用，他方面則應維護土地之本質，保持其生產力，俾得永續利用，為謀兩者間之平

民法

第三編 物權

（第八五○之七～八五○之九條）

衝，爰增訂第1項（瑞士民法第768條、第769條、日本民法第271條、魁北克民法第1120條、義大利民法第972條第1項第1款、荷蘭民法第五編第七章第89條第2項參照）。農育權人使用土地不僅應依其設定之目的及約定之方法為之，且應保持土地之生產力；土地之使用不得為使其不能回復原狀之變更、過度利用或戕害其自我更新能力，以避免自然資源之枯竭，例如某種殺蟲劑或除草劑之過度、連年使用，有害土地之自我更新能力時，即不得任意施用等，方符農育權以農業使用或保育為內容之本質。至所謂設定之目的，係指修正條文第850條之1第1項所定農作、森林、養殖、畜牧、種植竹木或保育等目的而言，併予敘明。

三、農育權人違反前項義務，經土地所有人阻止而仍繼續者，為達地盡其利之目的，並兼顧農育權人與土地所有人間利益之平衡，爰增訂第2項前段，明定土地所有人得終止農育權。若農育權經設定抵押權者，為保障抵押權人之權益，爰參酌修正條文第836條之3規定，增訂第2項後段。

第850條之7 （出產物及農育工作物之取回）

I.農育權消滅時，農育權人得取回其土地上之出產物及農育工作物。

II.第八百三十九條規定，於前項情形準用之。

III.第一項之出產物未及收穫而土地所有人又不願以時價購買者，農育權人得請求延長農育權期間至出產物可收穫時為止，土地所有人不得拒絕。但延長之期限，不得逾六個月。

⑨一、本條新增。

二、依現行條文第66條第2項規定，不動產之出產物，尚未分離者，為該不動產之部分。惟土地上之出產物，為農育權人花費勞力或資金之所得；農育工作物，如係農育權人因實現農育權而設置，皆宜於農育權消滅時由農育權人收回，始合乎情理。爰增訂第1項。

三、農育權人於取回前項之出產物及工作物時應盡之義務，及不取回時該物之歸屬等，宜準用修正條文第839條有關地上權之規定，爰增訂第2項。

四、農育權消滅時，土地上之出產物因尚未成熟而未及收穫，土地所有人又不願以時價購買者，

應許農育權人得請求延長農育權期間至該出產物可收穫時為止，土地所有人不得拒絕，俾保障農育權人之權益，惟為兼顧土地所有人之權益，其期間最長不得逾六個月，以期平允，爰增訂第3項。

第850條之8 （特別改良）

I.農育權人得為增加土地生產力或使用便利之特別改良。

II.農育權人將前項特別改良事項及費用數額，以書面通知土地所有人，土地所有人於收受通知後不即為反對之表示者，農育權人於農育權消滅時，得請求土地所有人返還特別改良費用。但以其現存之增價額為限。

III.前項請求權，因二年間不行使而消滅。

⑨一、本條新增。

二、農育權人於保持土地原有性質及效能外，其因增加勞力、資本，致增加土地生產力或使用上之便利，為土地特別改良，可增進土地利用及土地生產之增加，爰增訂第1項。

三、為調整農育權人與土地所有人財產損益變動，農育權人自得向土地所有人請求返還特別改良事項費用，但其費用之返還，須農育權人曾以書面將特別改良事項及費用數額通知土地所有人，土地所有人於收受通知後不即為反對之表示，且農育權消滅時現存之增價額為限，始得請求返還，以兼顧雙方當事人權益之保障，爰增訂第2項。

四、為使法律關係得以從速確定，參考現行條文第456條規定費用返還請求權時效為二年，爰增訂第3項。

第850條之9 （農育權規定之準用）

第八百三十四條、第八百三十五條第一項、第二項、第八百三十五條之一至第八百三十六條之一、第八百三十六條之二第二項規定，於農育權準用之。

⑨一、本條新增。

二、農育權與地上權均為使用他人土地之物權，性質近似，爰增訂本條。

第五章 不動產役權

⑨本章需役及供役客體已從土地擴張至其他不動產，為使章名實相符，爰將本章章名由地役權修正為不動產役權，其他相關條文併配合調整之。

第 851 條 （不動產役權之定義）

稱不動產役權者，謂以他人不動產供自己不動產通行、汲水、採光、眺望、電信或其他以特定便宜之用為目的之權。

⑼一、地役權之現行規定係以供役地供需役地便宜之用為內容。惟隨社會之進步，不動產役權之內容變化多端，具有多樣性，現行規定僅限於土地之利用關係已難滿足實際需要。為發揮不動產役權之功能，促進土地及其定著物之利用價值，爰將「土地」修正為「不動產」。

二、不動產役權係以他人之不動產承受一定負擔以提高自己不動產利用價值之物權，具有以有限成本實現提升不動產資源利用效率之重要社會功能，然因原規定「便宜」一詞過於抽象及概括，不僅致社會未能充分利用，且登記上又僅以「地役權」登記之，而無便宜之具體內容，無從發揮公示之目的，爰明文例示不動產役權之便宜類型，以利社會之運用，並便於地政機關為便宜具體內容之登記。又法文所稱「通行、汲水」係積極不動產役權便宜類型之例示，凡不動產役權人得於供役不動產為一定行為者，均屬之；至「採光、眺望」則為消極不動產役權便宜類型之例示，凡供役不動產所有人對需役不動產負有一定不作為之義務，均屬之。至「其他以特定便宜之用為目的」，則除上述二種類型以外之其他類型，例如「電信」依其態樣可能是積極或消極，或二者兼具，均依其特定之目的定其便宜之具體內容。不動產役權便宜之具體內容屬不動產役權之核心部分，基於物權之公示原則以及為保護交易之安全，地政機關自應配合辦理登記，併予指明。

◇**地役權**：指以他人土地供自己土地便宜之用之物權，目的在於增加需役地土地利用價值，以達地盡其利之經濟價值。地役權本質上為物權之一種，非如相鄰關係之通行權為所有權內容之擴張，但地役權係為需役地之便宜而取得或設定之權利，從屬於需役地之所有權而存在，具有從屬性，為從物權之一種，故其發生與消滅均與需役地有不可分離之關係，申言之，需有需役地與供役地同時存在，地役權始有發生之可能，此為地役權之法定內容，除非法律（成文法）另有規定，否則不得創設與該法定內容相異之物權。2000 年修法時需役及供役客體已從土地擴張至其他不動產，相關法規遂修正稱為**不動產役權**。

◇**公用地役關係**：所謂「公用地役關係」，首**須為**不特定之公眾通行所必要；其次，於公眾通行之初，土地所有權人並無阻止之情事；其三，須經歷之年代久遠而未曾中斷。是以公用地役關係之成立，必以該土地作為道路使用之初，係自然形成或經合法之行政程序而取得。

第 851 條之 1 （權利行使之限制）

同一不動產上有不動產役權與以使用收益為目的之物權同時存在者，其後設定物權之權利行使，不得妨害先設定之物權。

⑼一、本條新增。

二、不動產役權多不具獨占性，宜不拘泥於用益物權之排他效力，俾使物盡其用，爰增訂本條。準此，不動產所有人於其不動產先設定不動產役權後，無須得其同意，得再設定用益物權（包括不動產役權），反之，亦然。此際，同一不動產上用益物權與不動產役權同時存在，自應依設定時間之先後，定其優先效力，亦即後設定之不動產役權或其他用益物權不得妨害先設定之其他用益物權或不動產役權之權利行使。又不動產役權（或用益物權）若係獲得先存在之用益物權（或不動產役權）人之同意而設定者，後設定之不動產役權（或用益物權）則得優先於先物權行使權利，蓋先物權既已同意後物權之設定，先物權應因此而受限制。再所謂同一不動產，乃指同一範圍內之不動產，要屬當然，併予敘明。

第 852 條 （取得時效）

I.不動產役權因時效而取得者，以繼續並表見者為限。

II.前項情形，需役不動產為共有者，共有人中一人之行為，或對於共有人中一人之行為，為他共有人之利益，亦生效力。

III.向行使不動產役權取得時效之各共有人為中斷時效之行為者，對全體共有人發生效力。

⑼一、現行條文移列為第 1 項，並作文字修正。

二、需役不動產為共有者，可否因時效而取得不動產役權？再者，如數人共有需役不動產，其中部分需役不動產所有人終止通行，其餘需役不動產所有人是否因此而受影響？現行法尚無明文規定，易滋疑義。鑑於共有人間利害攸關，權利與共，爰仿日本民法第 284 條規定，增訂第 2 項，明定「共有人中一人之行為，或對於共有人中一人之行為，為他共有人之利益，亦生效力」。又本

民法

第三編

物權

（第八五三～八五五之一條）

項中之「行為」係包括「作為」及「不作為」，亦屬當然。

三、為對供役不動產所有人之衡平保護，如部分需役不動產共有人因行使不動產役權時效取得進行中者，則供役不動產所有人為時效中斷之行為時，僅就對行使不動產役權時效取得進行中之各共有人為之，不需擴及未行使之其他共有人，即對全體共有人發生效力；準此，中斷時效若非對行使不動產役權時效取得之共有人為之，自不能對他共有人發生效力，爰參照前開日本民法第284條第2項規定，增訂第3項。

▲【32上1527】不得建築橫牆遮蔽窗戶光線與空氣之地役權，雖係繼續而不表見，汲水地役權之行使，以地役權人每次之行為為必要，雖係表見而不繼續，均與民法第852條所定地役權因時效而取得之要件不合。

▲【54臺上698】地役權係以他人土地之利用為其目的，而得直接支配該土地之一種不動產物權，性質上僅為限制他人土地所有權之作用，而存於他人所有土地之上，故有繼續並表見利用他人土地之情形，即可因時效而取得地役權，並不以他人所有未經登記之土地為限。

▲【63臺上1235】地役權固有因時效而取得之規定，但依民法第772條準用民法第769條及第770條之結果，僅使需役地人獲有得請求登記為地役權人之權利，在未登記為地役權人以前，固無地役權存在之可言，即無依民法第858條準用民法第767條規定請求排除侵害之餘地。

▲【68臺上2994】依占有事實完成時效而取得通行地役權者，固非不可請求地政機關登記為通行地役權人，但不動產所有人尚無協同請求登記之義務，其未登記為地役權人，尤不能本於地役權之法律關係對土地所有人有所請求。

第853條 （不動產役權之從屬性）

不動產役權不得由需役不動產分離而為讓與，或為其他權利之標的物。

⑨配合章名修正。

第854條 （不動產役權人之必要行為權）

不動產役權人因行使或維持其權利，得為必要之附隨行為。但應擇於供役不動產損害最少之處所及方法為之。

⑨不動產役權人為遂行其權利之目的，於行使其不

動產役權或維持其不動產役權起見，有另須為必要行為之時，學者有稱此必要行為為「附隨不動產役權」，並認為其與「主不動產役權」同其命運。故此必要行為非指行使不動產役權之行為，乃行使不動產役權以外之另一概念，如汲水不動產役權於必要時，得為埋設涵管或通行之附隨行為，即其適例。因此，為期立法之明確，並杜爭端，爰於「必要行為」增列「附隨」二字。

第855條 （設置之維持及使用）

I.不動產役權人因行使權利而為設置者，有維持其設置之義務；其設置由供役不動產所有人提供者，亦同。

II.供役不動產所有人於無礙不動產役權行使之範圍內，得使用前項之設置，並應按其受益之程度，分擔維持其設置之費用。

⑨一、為行使不動產役權而須使用工作物者，該工作物有由不動產役權人設置者；亦有由供役不動產所有人提供者。在該設置如由供役不動產所有人提供之情形，因其係為不動產役權人之利益，自應由不動產役權人負維持其設置之義務，始為平允，爰增訂第1項後段。又不動產役權人既有維持其設置之義務，自係以自己費用為之，自屬當然。

二、現行條文第2項及第3項，合併規定為第2項，俾求文字簡潔。

第855條之1 （得以自己費用請求變更）

供役不動產所有人或不動產役權人因行使不動產役權之處所或方法有變更之必要，而不甚妨礙不動產役權人或供役不動產所有人權利之行使者，得以自己之費用，請求變更之。

⑨一、本條新增。

二、設定不動產役權時，雖定有行使不動產役權之處所或方法，惟供役不動產所有人或不動產役權人認有變更之必要時，有無請求變更之權？現行法尚無明文規定，學者通說採肯定見解。基於誠信原則，如其變更不甚妨礙不動產役權人或供役不動產所有人權利之行使，應許其有此請求權。爰參考德國民法第1023條、瑞士民法第742條立法例，明定供役不動產所有人或不動產役權人得以自己之費用請求變更不動產役權人行使權利之處所或方法，以期明確。

第 856 條　（需役不動產之分割）

需役不動產經分割者，其不動產役權為各部分之利益仍為存續。但不動產役權之行使，依其性質祇關於需役不動產之一部分者，僅就該部分仍為存續。

⑼配合章名修正，並為標點符號之整理。

第 857 條　（供役不動產之分割）

供役不動產經分割者，不動產役權就其各部分仍為存續。但不動產役權之行使，依其性質祇關於供役不動產之一部分者，僅對於該部分仍為存續。

⑼配合章名修正，並為標點符號之整理。

第 858 條　（刪除）

第 859 條　（不動產役權之宣告消滅）

I.不動產役權之全部或一部無存續之必要時，法院因供役不動產所有人之請求，得就其無存續必要之部分，宣告不動產役權消滅。

II.不動產役權因需役不動產滅失或不堪使用而消滅。

⑼一、不動產役權因情事變更致一部無存續必要之情形，得否依本條規定請求法院宣告不動產役權消滅，法無明文，易滋疑義，為期明確，爰於本條增列不動產役權之一部無存續必要時，供役不動產所有人亦得請求法院就其無存續必要之部分，宣告不動產役權消滅，俾彈性運用，以符實際，並改列為第 1 項。又不動產役權原已支付對價者，不動產役權消滅時，不動產役權人得依不當得利之規定，向供役不動產所有人請求返還超過部分之對價，乃屬當然，不待明定。

二、不動產役權於需役不動產滅失或不堪使用時，是否須依本條第 1 項向法院請求宣告不動產役權消滅，學說上有不同意見。為免爭議，爰增訂第 2 項，明定上開情形其不動產役權當然消滅，毋待法院為形成判決之宣告。

第 859 條之 1　（不動產役權規定之準用㈠）

不動產役權消滅時，不動產役權人所為之設置，準用第八百三十九條規定。

⑼一、本條新增。

二、不動產役權消滅時，不動產役權人有無回復原狀之義務，以及其與供役不動產所有人間就不動產役權有關之設置，權利義務關係如何？現行法尚無如修正條文第 850 條之 7 農育權準用修正條文第 839 條地上權之規定，適用上易滋疑義，爰參酌學者意見並斟酌實際需要，增訂準用規定。又本條之「設置」，係指不動產役權人為行使不動產役權而為之設置，應屬當然。

第 859 條之 2　（不動產役權規定之準用㈡）

第八百三十四條至第八百三十六條之三規定，於不動產役權準用之。

⑼一、本條新增。

二、不動產役權與地上權均使用他人土地之物權，性質近似，爰增訂本條。

第 859 條之 3　（其他不動產役權之設定）

I.基於以使用收益為目的之物權或租賃關係而使用需役不動產者，亦得為該不動產設定不動產役權。

II.前項不動產役權，因以使用收益為目的之物權或租賃關係之消滅而消滅。

⑼一、本條新增。

二、為發揮不動產役權之功能，增進土地及其定著物之價值，爰增訂第 1 項，得設定不動產役權之人，不限於需役不動產之所有人，地上權人、其他基於以使用收益為目的之物權或租賃關係而使用需役不動產者，亦得為之。

三、前項之不動產役權乃基於以使用收益為目的之物權或租賃關係而使用需役不動產者為自己使用需役不動產之利益而設定，其設定又無須得到土地所有人之同意，是以，該不動產役權之存續自應與原使用需役不動產之權利同，爰增訂第 2 項，使其隨原權利消滅而歸於消滅。

第 859 條之 4　（自己不動產役權之設定）

不動產役權，亦得就自己之不動產設定之。

⑼一、本條新增。

二、按現行供役不動產僅限於對他人土地設定之，

民法

第三編　物　權

（第八五九之五～八六〇條）

若供役不動產為需役不動產所有人所有，所有人本得在自己所有之不動產間，自由用益，尚無設定不動產役權之必要，且有權利義務混同之問題，是自己不動產役權承認與否，學說上不無爭議。然而隨社會進步，不動產資源有效運用之型態，日新月異，為提高不動產之價值，就大範圍土地之利用，對各宗不動產，以設定自己不動產役權方式，預為規劃，即可節省嗣後不動產交易之成本，並維持不動產利用關係穩定。例如建築商開發社區時，通常日後對不動產相互利用必涉及多數人，為建立社區之特殊風貌，預先設計建築之風格，並完整規劃各項公共設施，此際，以設定自己不動產役權方式呈現，遂有重大實益。對於自己不動產役權，德國學說及實務見解亦予以承認。為符合社會脈動，使物盡其用，並活絡不動產役權之運用，爰增設自己不動產役權之規定（瑞士民法第733條規定參照），以利適用。

第 859 條之 5 （不動產役權規定之準用 (三)）

第八百五十一條至第八百五十九條之二規定，於前二條準用之。

⑨⑨一、本條新增。
二、基於以使用收益為目的之物權或租賃關係而使用需役不動產者，為該不動產設定之不動產役權，以及自己不動產役權，除不動產役權之設定人及設定客體與一般不動產役權有異者外，於性質不相抵觸之情形下，仍得準用一般不動產役權之規定，爰增訂本條。

第六章　抵　押　權

第一節　普通抵押權

⑨⑥一、新增節名。
二、按最高限額抵押權雖屬抵押權之一種，然其性質上與普通抵押權諸多不同，應屬特殊抵押權，又第882條及第883條規定之抵押權亦有別於普通抵押權，為求體系完整，爰分設三節規範普通抵押權、最高限額抵押權及其他抵押權，並於修正條文第881條之1增訂最高限額抵押權之定義性規定，以示其不同之特性。

第 860 條 （普通抵押權之定義）

稱普通抵押權者，謂債權人對於債務人或第三人不移轉占有而供其債權擔保之不動產，得就該不動產賣得價金優先受償之權。

⑨⑥抵押權所擔保者為債權，而所受清償者亦其債權，現行規定未標明「債權」，易使人誤解受清償者為抵押權。為避免疑義，爰仿德國民法第1113條、奧民法第447條、韓國民法第356條，修正本條如上。又本章將抵押權分為普通抵押權、最高限額抵押權及其他抵押權三節，本條至第881條為有關普通抵押權之規定。而本條係關於普通抵押權之定義性規定，故仍表明「普通抵押權」等文字。至於本條以下各條規定中所稱之「抵押權」，既規定於同一節內，當然係指「普通抵押權」而言，毋庸逐條修正。

◇擔保物權：指以確保債務之清償為目的，於債務人或第三人所有之物或權利上設定的物權。擔保物權的功能在於確保債務的優先受清償，有助於促進資金融通，依照民法規定，有抵押權、質權與留置權三種擔保物權。

▲【釋141】共有之房地，如非基於公同關係而共有，則各共有人自得就其應有部分設定抵押權。

▲【28渝上598】抵押權為對於債務人或第三人不移轉占有而供擔保之不動產，得就其賣得價金受清償之權利，民法第860條規定甚明。**債務人就其所有之不動產向債權人設定如斯內容之權利時，雖其設定之書面稱為賣權而不稱為抵押權，亦不得拘泥於所用之辭句，即謂非屬抵押權之設定。**

▲【46臺上1098】抵押權之性質既係屬於債權而存在，則債權人於主債務人不能清償時，自得就抵押物拍賣而受清償。至**提供抵押物作債權之擔保者，究為債務人本人抑為第三人，均可不問。**而所謂拍賣清償，本含有給付意義，基於擔保物權所擔保者及於債務全體之原則，故在債務本身有應增加給付之情形時，該抵押物本身所負擔保之義務，自亦不能不隨之而增加。

▲【49臺上235】不動產之所有權狀，不過為權利之證明文件，並非權利之本身，不能為擔保物權之標的。如不動產所有人同意以其所有權狀交與他人擔保借款，自係就該不動產設定抵押權，而非就所有權狀設定質權。

▲【54臺上1870】抵押權之設定，依法固無須將抵押之不動產移轉占有，但當事人間有特約以不動產交與債權人使用收益以抵利息，並由債權人負擔捐稅者，並非法所不許，不得以此遂推定

抵押權設定契約為買賣契約。

▲【72 臺上 2432】抵押權為不動產物權，非經登記，不生效力，抵押權人僅能依設定登記之內容行使權利，是**抵押債務人究為何人，應以設定登記之內容為準。**

第 861 條　（抵押權之擔保範圍）

I.抵押權所擔保者為原債權、利息、遲延利息、違約金及實行抵押權之費用。但契約另有約定者，不在此限。

II.得優先受償之利息、遲延利息、一年或不及一年定期給付之違約金債權，以於抵押權人實行抵押權聲請強制執行前五年內發生及於強制執行程序中發生者為限。

⑯一、學者通說及實務上見解認為違約金應在抵押權所擔保之範圍內，爰於本條增列之，使擔保範圍更臻明確，並將「訂定」修正為「約定」，改列為第1項。原債權乃抵押權成立之要件，且為貫徹公示效力，以保障交易安全，連同其利息或遲延利息均應辦理登記，始生物權效力。惟其登記方法及程序應由地政機關配合辦理（最高法院

抵押權的特性

從屬性

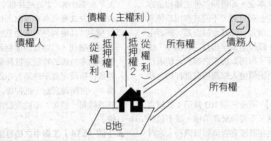

不可分性 (§868)

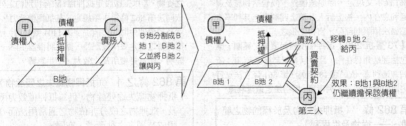

代位性 (§881II)

84年臺上字第1967號判例參照），併此敘明。

二、為兼顧第三人及抵押權人之權益，並參照本法第126條關於短期消滅時效之規定，爰增訂第3項，明定得優先受償之利息、遲延利息、一年或不及一年定期給付之違約金債權，以於抵押權人實行抵押權聲請強制執行前五年內發生及於強制執行程序中發生者為限，以免擔保債權範圍擴大。本項所稱「實行抵押權」，包括抵押權人聲請強制執行及聲明參與分配之情形。

▲【47臺上535】抵押權所擔保之債權，原可由契約當事人自行訂定，此觀民法第861條但書之規定自明。故**契約當事人如訂定以將來可發生之債權為被擔保債權，自非法所不許**。

▲【50臺抗55】系爭抵押權設定契約所擔保之債權，不僅限於借款本金，即借額以外之違約金亦在其內，而有違約金約定者，不問其作用為懲罰抑為損害賠償額之預定，除其金額過高，經訴由法院依民法第252條規定減至相當之數額外，債務人要應照約履行，不得以約定之違約金超過法定利率甚多，為拒絕債權人聲請拍賣抵押物之藉口。

▲【69臺上3361】破產法第103條第1款規定破產宣告後之利息，不得為破產債權，並不包括同法第108條規定在破產宣告前對於債務人之財產有抵押權之別除權在內。又該抵押權依民法第861條本文規定，除原債權外，尚包括利息及遲延利息在內。被上訴人計算上開利息，其利率未超過法律限制部分，自得主張之。

▲【73臺抗239】抵押權所擔保債權之範圍，應包括遲延利息在內，且不以登記為必要。（註：所謂遲延利息，依民國18年民法第861條立法意旨之說明及判例之案例事實，係指**法定遲延利息**。）

第862條 　（抵押權效力及於標的物之範圍㈠──從物及從權利）

Ⅰ.抵押權之效力，及於抵押物之從物與從權利。

Ⅱ.第三人於抵押權設定前，就從物取得之權利，不受前項規定之影響。

Ⅲ.以建築物為抵押者，其附加於該建築物而不具獨立性之部分，亦為抵押權效力所及。但其附加部分為獨立之物，如係於抵押權設定後附加者，準用第八百七十七條之規定。

⑯一、學者通說及實務上見解認為違約金應在抵押權所擔保之範圍內，爰於本條增列之，使擔保範圍更臻明確，並將「訂定」修正為「約定」，改列為第1項。至原債權乃抵押權成立之要件，且為貫徹公示效力，以保障交易安全，連同其利息或遲延利息均應辦理登記，始生物權效力。惟其登記方法及程序應由地政機關配合辦理（最高法院84年臺上字第1967號判例參照），併此敘明。

二、為兼顧第三人及抵押權人之權益，並參照本法第126條關於短期消滅時效之規定，爰增訂第3項，明定得優先受償之利息、遲延利息、一年或不及一年定期給付之違約金債權，以於抵押權人實行抵押權聲請強制執行前五年內發生及於強制執行程序中發生者為限，以免擔保債權範圍擴大。本項所稱「實行抵押權」，包括抵押權人聲請強制執行及聲明參與分配之情形。

◇從權利：凡權利是為幫助其他權利之效用而存在者為從權利，而該其他權利就是主權利。若以需役不動產為標的物設定抵押權，不論當事人於辦理抵押權設定登記時是否亦設從權利（不動產役權）一併辦理登記，抵押權之效力仍會法定的及於該權利，例如：不動產役權（李淑明，民法物權）。

▲【院1514】**工廠中之機器生財，如與工廠同屬於一人**，依民法第68條第1項之規定，**自為工廠之從物**，若以工廠設定抵押權，除有特別約定外，依同法第862條第1項規定，其抵押權效力，當然及於機器生財（參照院字第1404號解釋）。至抵押權之設定聲請登記時，雖未將機器生財一併註明，與抵押權所及之效力，不生影響。

第862條之1 　（抵押物滅失之殘餘物）

Ⅰ.抵押物滅失之殘餘物，仍為抵押權效力所及。抵押物之成分非依物之通常用法而分離成為獨立之動產者，亦同。

Ⅱ.前項情形，抵押權人得請求占有該殘餘物或動產，並依質權之規定，行使其權利。

⑯一、本條新增。

二、抵押物滅失致有殘餘物時，例如抵押之建築物因倒塌而成為動產是，從經濟上言，其應屬抵押物之變形物。又抵押物之成分，非依物之通常用法，因分離而獨立成為動產者，例如自抵押建築物拆取之「交趾陶」是，其較諸因抵押物滅失而得受之賠償，更屬抵押物之變形物，學者通說

以為仍應為抵押權效力所及，始得鞏固抵押權之效用。因現行法尚無明文規定，易滋疑義，為期明確，爰予增訂。

三、為期充分保障抵押權人之權益，爰增訂第 2 項，明定前項情形，抵押權人得請求占有該殘餘物或動產，並依質權之規定，行使其權利。惟如抵押權人不請求占有該殘餘物或動產者，其抵押權自不受影響，併予敘明。

第 863 條　（抵押權效力及於標的物之範圍㈡——天然孳息）

抵押權之效力，及於抵押物扣押後自抵押物分離，而得由抵押人收取之天然孳息。

㊞抵押權設定後，於同一抵押物得設定地上權或成立其他權利（例如租賃、使用借貸），故土地之天然孳息收取權人未必即為抵押人（參照本法第 70 條），則抵押物扣押後，由抵押物分離時，如抵押人無收取權者，抵押權之效力，自不及於該分離之天然孳息。至於在抵押權設定之前，抵押物上已設定地上權或成立其他權利者，其天然孳息為抵押權效力所不及，乃屬當然。為明確計，爰將現行條文修正如上，以符實際。

第 864 條　（抵押權效力及於標的物之範圍㈢——法定孳息）

抵押權之效力，及於抵押物扣押後抵押人就抵押物得收取之法定孳息。但抵押權人，非以扣押抵押物之事情，通知應清償法定孳息之義務人，不得與之對抗。

↰查民律草案第 1142 條理由謂抵押權當行使其權利時，對於得就抵押物收取之法定孳息有效力，亦所以鞏固抵押權之信用。此本條所由設也。然清償法定孳息義務人之利益，亦應保護，故復設但書之規定。

第 865 條　（抵押權之順位）

不動產所有人，因擔保數債權，就同一不動產，設定數抵押權者，其次序依登記之先後定之。

↰查民律草案第 1143 條理由謂為擔保數債權於一不動產上，設定數抵押權者，其抵押權之優先次序，不應依設定行為之先後，應依登記之先後。蓋抵押以登記為要件，因登記而成立者也。

◇抵押權位次昇進主義：前順位的抵押權因實行抵押權以外的原因而消滅時，後順位抵押權順序依序昇進而言，此制度對於後順位抵押權人有相當大之經濟利益，我國採之。與此相對者乃「次序固定主義」（李淑明，民法物權）。

第 866 條　（其他權利之設定）

Ⅰ不動產所有人設定抵押權後，於同一不動產上，得設定地上權或其他以使用收益為目的之物權，或成立租賃關係。但其抵押權不因此而受影響。

Ⅱ前項情形，抵押權人實行抵押權受有影響者，法院得除去該權利或終止該租賃關係後拍賣之。

Ⅲ不動產所有人設定抵押權後，於同一不動產上，成立第一項以外之權利者，準用前項之規定。

㊞一、現行條文規定「地上權及其他權利」究何所指，易滋疑義。學者通說及實務上見解均認為除地上權外，包括地役權、典權等用益物權或成立租賃關係。為明確計，爰將上開法文修正為「地上權或其他以使用收益為目的之物權，或成立租賃關係」，並改列為第 1 項。

二、第 1 項但書「但其抵押權不因此而受影響」之解釋，學者間意見不一，有謂仍得追及供抵押之不動產而行使抵押權；有謂如因設定他種權利之結果而影響抵押物之賣價者，他種權利歸於消滅。為避免疑義，爰參照司法院院字第 1446 號、釋字第 119 號及釋字第 304 號解釋，增訂第 2 項，俾於實體法上訂定原則，以為強制執行程序之依據。上述除去其權利拍賣，法院既得依聲請，亦得依職權為之。又上述之權利雖經除去，但在抵押之不動產上，如有地上權等用益權人或經其同意使用之人之建築物者，就該建築物則應依第 877 條第 2 項規定辦理併付拍賣，併予敘明。

三、不動產所有人，設定抵押權後，於同一不動產上，成立第 1 項以外之關係，如使用借貸關係者，事所恆有。該等關係為債之關係，在理論上當然不得對抗抵押權，但請求點交時，反須於取得強制執行名義後，始得為之（強制執行法第 99 條第 2 項規定參照），與前二項情形觀之，有輕重倒置之嫌，且將影響拍賣時應買者之意願，為除去前述弊端，爰增訂第 3 項準用之規定。

▲【28 渝上 1734】抵押權不能妨礙抵押物之交付或讓與，此觀民法第 866 條、第 867 條之規定自明。故第三人對於執行標的物之抵押權，並非足以排除強制執行之權利。

▲【60 臺上 4615】參見本法第 425 條。

▲【74 臺抗 227】**執行法院認抵押人於抵押權設定後，與第三人訂立之租約，致影響於抵押權者，得依聲請或職權除去其租賃關係，依無租賃狀態逕行強制執行**。執行法院所為此種除去租賃關係之處分，性質上係強制執行方法之一種，當事人或第三人如有不服，應依強制執行法第 12 條規定，向執行法院聲明異議，不得逕行對之提起抗告。

▲【86 臺抗 588】抵押權為擔保物權，不動產所有人設定抵押權後，於同一不動產上，固仍得為使用收益，但如影響於抵押權者，對於抵押權人不生效力。故**土地所有人於設定抵押權後，在抵押之土地上營造建築物，並將該建築物出租於第三人，致影響於抵押權者，抵押權人自得聲請法院除去該建築物之租賃權，依無租賃狀態將該建築物與土地併付拍賣**。

第 867 條　（抵押不動產之讓與及其效力）

不動產所有人設定抵押權後，得將不動產讓與他人。但其抵押權不因此而受影響。

⇧查民律草案第 1147 條理由謂不動產之所有人，設定抵押權後，但使不至害及抵押權人之利益，得將其不動產讓與他人。故為抵押物之不動產，縱已讓與，而抵押權之關係，依然存在，毫不受其影響。故設本條以明示其旨。

◇**抵押權之追及效力**：在抵押權所擔保的債權未獲得清償前，抵押人即使在未經抵押權人同意或未通知抵押權人的情形下，將不動產任意移轉於他人，抵押權仍繼續存於該不動產，得對抵押物的受讓人存在。

▲【74 臺抗 431】不動產所有人設定抵押權後，將不動產讓與他人者，依民法第 867 條但書規定，其抵押權不因此而受影響，抵押權人得本於追及其物之效力實行抵押權。系爭**不動產既經抵押人讓與他人而屬於受讓之他人所有，則因實行抵押權而聲請法院裁定准許拍賣該不動產時，自應列受讓之他人為相對人**。

第 868 條　（不可分性㈠——抵押物分割）

抵押之不動產如經分割，或讓與其一部，或擔保一債權之數不動產而以其一讓與他人者，其抵押權不因此而受影響。

⇧查民律草案第 1149 條理由謂抵押權人，於其標的物存在時為限，就全部債權得行使其權利，所以鞏固抵押權之基礎也。故抵押不動產雖分割與數人，抵押權人對於其分割之部分，仍得就全部債權行使其權利，分割人中之一人，不得僅支付與其分割部分相當之金額，即免其責。此本條所由設也。

◇**抵押權之不可分性（抵押物分割情形）**：抵押物分割而抵押權所擔保的債權未受全部清償前，抵押權人得就擔保物之全部行使權利，故抵押物縱經分割或一部滅失，各部分或餘存之抵押物，仍為擔保全部債權而存在，意即抵押物之各部，擔保債權之全部（謝在全，民法物權論下冊）。

▲【82 臺上 3153】抵押之不動產如經分割，或讓與其一部者，其抵押權不因此而受影響，民法第 868 條定有明文。故**抵押之不動產雖讓與為數人所共有，抵押權人對於受讓抵押物之各人之應有部分，仍得就全部債權行使權利，受讓抵押物應有部分之人，不得僅支付與受讓部分相當之金額，而免其責任**。

第 869 條　（不可分性㈡——債權分割）

I.以抵押權擔保之債權，如經分割或讓與其一部者，其抵押權不因此而受影響。

II.前項規定，於債務分割或承擔其一部時適用之。

⑯一、第 1 項未修正。

二、債務之一部承擔與債務分割同屬債之移轉，均有擔保物權不可分性之適用，爰於第 2 項增訂之，以資明確。

◇**抵押權之不可分性（債權分割情形）**：指抵押物所擔保的債權未受全部清償前，抵押權人得就擔保物之全部行使權利，故擔保債權縱經分割、一部清償或因其他事由而一部消滅，抵押權仍為擔保各部分之債權或餘存之債權而存在（謝在全，民法物權論下冊）。

第 870 條　（抵押權之從屬性）

抵押權不得由債權分離而為讓與，或為其他債權之擔保。

⇧查民律草案第 1162 條理由謂抵押權者，從物權也，非隨所擔保之債權，不得讓與，亦不得為他債權之擔保。若抵押權與債權分離而為他債權之擔保，或債權人為同一債務人之他債權人之利益，得讓與或拋棄其抵押權及次序，非唯於實際上無

益，且有使法律關係趨於煩雜，故本條禁止之，以防斯弊。

◇**抵押權之從屬性**：抵押權之目的與作用在於確保某特定債權之實現，所以抵押權必須從屬於某一特定債權而存在，此即「抵押權之從屬性」，又可包含成立上之從屬性、處分上之從屬性、消滅上之從屬性：

(一)**成立上之從屬性**：抵押權成立時，不論債權是否已經存在皆可，但於抵押物拍賣時債權必須存在，始符成立之從屬性。

(二)**處分上之從屬性**：指抵押權必需與其所擔保之債權一同讓與或一同為其他債權之擔保（權利質權）。

(三)**消滅上之從屬性**：係指擔保債權倘若因清償、提存、混同、免除等情形全部消滅時，抵押權亦隨之消滅。

第 870 條之 1 　（多數抵押權之優先受償分配額）

I.同一抵押物有多數抵押權者，抵押權得以下列方法調整其可優先受償之分配額。但他抵押權人之利益不受影響：

- 一　為特定抵押權人之利益，讓與其抵押權之次序。
- 二　為特定後次序抵押權人之利益，拋棄其抵押權之次序。
- 三　為全體後次序抵押權人之利益，拋棄其抵押權之次序。

II.前項抵押權次序之讓與或拋棄，非經登記，不生效力。並應於登記前，通知債務人、抵押人及共同抵押人。

III.因第一項調整而受利益之抵押權人，亦得實行調整前次序在先之抵押權。

IV.調整優先受償分配額時，其次序在先之抵押權所擔保之債權，如有第三人之不動產為同一債權之擔保者，在因調整後增加負擔之限度內，以該不動產為標的物之抵押權消滅。但經該第三人同意者，不在此限。

96一、本條新增。

二、抵押權人依其次序所能支配者係抵押物之交換價值，即抵押權人依其次序所得優先受償之分配額。為使抵押權人對此交換價值之利用更具彈性，俾使其投下之金融資本在多數債權人間仍有靈活週轉之餘地，並有相互調整其複雜之利害關係之手段，日本民法第 375 條及德國民法第 880 條均設有抵押權次序讓與之規定，日本民法並及於抵押權次序之拋棄。我國民法就此尚無明文規定，鑑於此項制度具有上述經濟機能，且與抵押人、第三人之權益無影響，而在學說及土地登記實務（參考土地登記規則第 116 條規定）上均承認之。為符實際並期明確，爰增訂第 1 項規定，明定抵押權人得以讓與抵押權之次序，或拋棄抵押權次序之方法，調整其可優先受償之分配額。但他抵押權人之利益不受影響。**所謂「特定抵押權人」，係指因調整可優先受償分配額而受利益之該抵押權人而言，不包括其他抵押權人在內。**又其得調整之可優先受償之分配額，包括全部及一部。其內容包括學說上所稱抵押權次序之讓與及拋棄。詳述之：(一)次序之讓與：次序之讓與係指抵押權人為特定抵押權人之利益，讓與其抵押權之次序之謂，亦即指同一抵押物之先次序或同次序抵押權人，為特定後次序或同次序抵押權人之利益，將其可優先受償之分配額讓與該後次序或同次序抵押權人之謂。此時讓與人與受讓人仍保有原抵押權及次序，讓與人與受讓人仍依其原次序受分配，惟依其次序所能獲得分配之合計金額，由受讓人優先受償，如有剩餘，始由讓與人受償。例如債務人甲在其抵押物上分別有乙、丙、丁第一、二、三次序依次為新臺幣（以下同）一百八十萬元、一百二十萬元、六十萬元之抵押權，乙將第一優先次序讓與丁，甲之抵押物拍賣所得價金為三百萬元，則丁先分得六十萬元，乙分得一百二十萬元，丙仍為一百二十萬元。又如甲之抵押物拍賣所得價金為二百八十萬元，則丁先分得六十萬元，乙分得一百二十萬元，丙分得一百萬元。(二)次序之拋棄：有相對拋棄及絕對拋棄兩種，分述如下：1.相對拋棄：相對拋棄係指抵押權人為特定後次序抵押權人之利益，拋棄其抵押權之次序之謂，亦即指同一抵押物之先次序抵押權人，為特定後次序抵押權人之利益，拋棄其優先受償利益之謂。此時各抵押權人之抵押權歸屬與次序並無變動，僅就拋棄抵押權次序之人，因拋棄次序之結果，與受拋棄利益之抵押權人成為同一次序，將其所得受分配之金額共同合計後，按各人債權額之比例分配之。例如前例，甲之抵押物拍賣所得價金為三百萬元，乙將其第一次序之優先受償利益拋棄予丁，則乙、丁同列於第一、三次序，乙分得一百三十五萬元，丁分得四十五萬元，

至丙則仍分得一百二十萬元，不受影響。又如甲之抵押物拍賣所得價金為二百八十萬元，則乙、丁所得分配之債權總額為一百八十萬元（如乙未為拋棄，則乙之應受分配額為一百八十萬元，丁之應受分配額為零），乙拋棄後，依乙、丁之債權額比例分配（三比一）乙分得一百三十五萬元，丁得四十五萬元，丙仍分得一百萬元不受影響。

2.絕對拋棄：絕對拋棄係指抵押權人為全體後次序抵押權人之利益，拋棄其抵押權之次序之謂，亦即指先次序抵押權人並非專為某一特定後次序抵押權人之利益，拋棄優先受償利益之謂。此時後次序抵押權人之次序各依次序昇進，而拋棄人退處於最後之地位，但於拋棄後新設定之抵押權，其次序仍列於拋棄者之後。如為普通債權，不論其發生在抵押權次序拋棄前或後，其次序本列於拋棄者之後，乃屬當然。例如前例，甲之抵押物拍賣所得價金為三百萬元，乙絕對拋棄其抵押權之第一次序，則丙分得一百二十萬元，丁分得六十萬元，乙僅得一百萬元。又如甲之抵押物拍賣所得價金為四百八十萬元，戊之抵押權二百萬元成立於乙絕對拋棄其抵押權次序之後，則丙分得一百二十萬元，丁分得六十萬元，乙可分得一百八十萬元，戊分得一百二十萬元。

三、我國民法關於不動產物權行為採**登記生效要件主義**（第758條），前項可優先受償分配額之調整，已涉及抵押權內容之變更，自須辦理登記，始生效力。又抵押權之債務人或抵押人，於提供抵押物擔保之情形，債務人仍得為債務之任意清償；抵押人為有利害關係之人，亦得向抵押權人為清償。於抵押權人調整可優先受償分配額時，如債務人或抵押人不知有調整情形仍向原次序在先之抵押權人清償，自足影響其權益。爰增訂第2項，規定前項可優先受償分配額之調整，非經登記，不生效力。並以通知債務人、抵押人及共同抵押人為其登記要件，以期周延。至於登記時，應檢具已為通知之證明文件，乃屬當然。

四、抵押權人間可優先受償分配額之調整，對各抵押權人之抵押權歸屬並無變動，僅係使因調整而受利益之抵押權人獲得優先分配利益而已。故該受利益之後次序抵押權人亦得實行調整前次序在先之抵押權。惟其相互間之抵押權均須具備實行要件，始得實行抵押權，乃屬當然。例如債務人甲在其抵押物上分別有乙、丙、丁第一、二、三次序之抵押權，乙將第一優先次序讓與丁，如乙、丁之抵押權均具備實行要件時，丁得實行乙

之抵押權，聲請拍賣抵押物。爰增訂第三項規定。

五、為同一債權之擔保，於數不動產上設定抵押權者，抵押權人本可就各個不動產賣得之價金，受債權全部或一部之清償。如先次序或同次序之抵押權人，因調整可優先受償分配額而喪失其優先受償利益，則必使其他共同抵押人增加負擔，為示公平，除經該第三人即共同抵押人同意外，殊無令其增加負擔之理，爰於第4項明定在因調整後增加負擔之限度內，以該不動產為標的之抵押權消滅。

◇**抵押權次序之調整**：指抵押權人為特定抵押人之利益，讓與其抵押權之次序，即同一抵押物之先次序或同次序抵押權人，為特定後次序或同次序抵押權人之利益，將其可優先受償分配之數額讓與該後次序或同次序之其他抵押權人。應注意者為：(一)次序之讓與，必須以「**同一個抵押物**」並且「**抵押人相同**」為必要。(二)次序之讓與，僅在讓與人與受讓人間就「**可優先受償分配之數額**」的調整發生相對效力，其他抵押權人之權利則不受影響（李淑明，民法物權）。

第 870 條之 2　　（優先受償分配額之保證）

調整可優先受償分配額時，其次序在先之抵押權所擔保之債權有保證人者，於因調整後所失優先受償之利益限度內，保證人免其責任。但經該保證人同意調整者，不在此限。

---

⑯一、本條新增。

二、抵押權所擔保之債權有保證人者，於保證人清償債務後，債權人對於債務人或抵押人之債權，當然移轉於保證人，該債權之抵押權亦隨同移轉，足見該抵押權關乎保證人之利益甚大。基於誠信原則，債權人不應依自己之意思，使保證人之權益受影響。又先次序抵押權人有較後次序抵押權人優先受償之機會，則次序在先抵押權所擔保債權之保證人代負履行債務之機會較少。如因調整可優先受償分配額而使先次序或同次序之抵押權喪失其優先受償利益，將使該保證人代負履行債務之機會大增，對保證人有失公平。故於先次序或同次序之抵押權因調整可優先受償分配額而喪失優先受償之利益時，除經該保證人同意調整外，保證人應於喪失優先受償之利益限度內，免其責任，始為平允。爰仿民法第751條規定之立法意旨，增訂規定如上。

第 871 條　（抵押權之保全㈠——抵押物價值減少之防止）

I.抵押人之行為，足使抵押物之價值減少者，抵押權人得請求停止其行為。如有急迫之情事，抵押權人得自為必要之保全處分。

II.因前項請求或處分所生之費用，由抵押人負擔。其受償次序優先於各抵押權所擔保之債權。

⑯一、第 1 項未修正。

二、第 2 項前段未修正。又因前項請求或處分所生之費用，係由保全抵押物而生，其不僅保全抵押權人之抵押權，亦保全抵押人之財產，對其他債權人均屬有利。故應較諸各抵押權所擔保之債權優先受償，為期明確，爰本項後段增訂之。

◇保全處分：本條之目的係為維護抵押物之價值，以免將來抵押權之擔保功能受到影響。本條規定不以抵押物價值之滑落係因可歸責於抵押人之事由所致為必要，僅需抵押物價值減少即為已足。又本條乃針對「抵押人之行為」所設規範，倘若係因第三人或其他不可抗力因素導致抵押物價值減少者，不在本條規範範圍內，僅能依民法第 872 條或其他規定主張（李淑明，民法物權）。

第 872 條　（抵押權之保全㈡——抵押物價值減少之補救）

I.抵押物之價值因可歸責於抵押人之事由致減少時，抵押權人得定相當期限，請求抵押人回復抵押物之原狀，或提出與減少價額相當之擔保。

II.抵押人不於前項所定期限內，履行抵押權人之請求時，抵押權人得定相當期限請求債務人提出與減少價額相當之擔保。屆期不提出者，抵押權人得請求清償其債權。

III.抵押人為債務人時，抵押權人得不再為前項請求，逕行請求清償其債權。

IV.抵押物之價值因不可歸責於抵押人之事由致減少者，抵押權人僅於抵押人因此所受利益之限度內，請求提出擔保。

⑯一、現行條文第 1 項規定之情形，條文內雖未明定可歸責於抵押人之事由為原因，學者通說以為其與同條第 2 項比較觀之，應係指因可歸責於抵押人之事由而致價值減少者，爰予明示。又為兼

顧抵押人之利益，爰增訂抵押人請求回復抵押物之原狀或提出擔保時，應定相當期限之規定。

二、抵押人與債務人非同一人時，瑞士民法第 809 條、德國民法第 1133 條均設有抵押人不應抵押權人之請求為增加擔保或回復原狀時，喪失債務清償期限利益意旨之規定。為更周延保障抵押權人之利益並兼顧債務人之利益，爰參考上開外國立法例，增訂第 2 項規定。

三、如抵押人即為債務人時，債務人既已受有提出與減少價額相當擔保之請求，抵押權人自無再為第 2 項後段請求之必要，而得逕行請求清償其債權，以資便捷，爰增訂第 3 項規定。

四、現行條文第 2 項移列為第 4 項，並將「非」可歸責修正為「不」可歸責，以期與民法第二百二十五條、第二百六十六條等條文之用語一致。另抵押權人得請求抵押人提出擔保之範圍不以抵押人所受損害賠償為限，尚應包括不當得利、公法上損失補償等利益，爰將抵押權人僅於抵押人「得受損害賠償」之限度內，請求提出擔保，修正為抵押權人僅得於抵押人「因此所受利益」之限度內，請求提出擔保。

第 873 條　（抵押權之實行）

抵押權人，於債權已屆清償期，而未受清償者，得聲請法院，拍賣抵押物，就其賣得價金而受清償。

⑯一、第 1 項未修正。

二、現行條文第 2 項改列為第 873 條之 1 第 1 項，並酌予修正。

▲【40 臺抗 51】司法院院字第 1553 號關於民法第 873 條所為之解釋，係指債務人就抵押權設定契約之本身，即就契約之訂立並不爭執為有無效或撤銷之原因，毋庸經過判決程序，得逕予拍賣而言。意在加強抵押權設定契約之效力，以保護抵押權人之利益。**若債務人就抵押權設定契約外之事項，無論是否有爭執，既不影響於該項契約之成立，即不應阻卻民法第 873 條規定之適用。**

▲【49 臺抗 244】聲請拍賣抵押物，原屬非訟事件，祇須其抵押權已經依法登記，且債權已屆清償期而未受清償，法院即應為准許拍賣之裁定。至於為拍賣程序基礎之私法上權利有瑕疵時，應由爭執其權利之人提起訴訟，以資救濟，**抵押權人並無於聲請拍賣抵押物前，先行訴請確認其權利存在之義務。**

民法

第三編　物　權　（第八七三之一～八七三之二條）

▲【52臺抗128】質權與抵押權均屬擔保物權，抵押人依民法第873條第1項規定，得聲請法院拍賣抵押物，而以法院所為許可強制執行之裁定為執行名義，至質權人依民法第893條第1項規定，本可拍賣質物不經強制執行，惟質權人不自行拍賣而聲請法院拍賣質物，則法院自亦應為許可強制執行之裁定。

▲【80臺抗66】　法院為准許拍賣抵押物之裁定後，抵押權人即得以之為執行名義聲請強制執行，若該抵押權人嗣後重複聲請法院裁定拍賣，為無實益，應予准許。

第 873 條之 1　（流抵約款之相對禁止）

I 約定於債權已屆清償期而未為清償時，抵押物之所有權移屬抵押權人者，非經登記，不得對抗第三人。

II 抵押權人請求抵押人為抵押物所有權之移轉時，抵押物價值超過擔保債權部分，應返還抵押人；不足清償擔保債權者，仍得請求債務人清償。

III 抵押人在抵押物所有權移轉於抵押權人前，得清償抵押權擔保之債權，以消滅該抵押權。

※ 第 873-1 條 參見 108 年司律 2 第 2 題〔I〕

⑯一、本條新增。

二、本條為配合條文內容有關流抵契約之規定，原第873條第2項規定，改列為本條第1項本文，並予修正，另增列第2項及第3項規定。

三、按於抵押權設定時或擔保債權屆清償期前，約定債權已屆清償期，而債務人不為清償時，抵押物之所有權移屬於抵押權人者，須經登記，始能成為抵押權之物權內容，發生物權效力，而足以對抗第三人，爰增訂第1項規定。

四、因抵押權旨在擔保債權之優先受償，非使抵押權人因此獲得債權清償以外之利益，故為第1項之流抵約款約定時，抵押權人自負有清算義務，抵押物之價值如有超過債權額者，自應返還抵押人，爰增訂第2項規定。本項並明定抵押物價值估算之基準時點，為抵押權人請求抵押人為抵押物所有權之移轉時，以杜抵押物價值變動之爭議。又計算抵押物之價值時，應扣除增值稅負擔、前次序抵押權之擔保債權額及其他應負擔之相關費用等，自屬當然。

五、於擔保債權清償期屆至後，抵押物所有權移轉於抵押權人前，抵押權及其擔保債權尚未消滅，

債務人或抵押人自仍得清償債務，以消滅抵押權，並解免其移轉抵押物所有權之義務，爰增訂第3項規定，俾利適用。

◇流抵契約之相對禁止：約定於債權已屆清償期而未為清償時，抵押物之所有權移屬抵押權人者，此即所謂流抵契約（或稱流押契約、流質契約、抵押物代償條款）。此項約定，依96年修正前民法第873條第2項之規定為「無效」。又按其立法意旨，原係在保護債權人，使其不至因一時之急迫受重大之損害，故債務人以不動產為擔保向權人為借款，而有上述約定，縱未為抵押權之登記，而為貫徹保護債務人見昬，其約定仍難認有效，有最高法院41年臺上字第201號判例可參。然96年修法後，民法第873條之1第1項規定，約定於債權已屆清償期而未為清償時，抵押物之所有權移屬於抵押權人者，非經登記，不得對抗第三人。是以，當事人於抵押權設定契約中所約定之流質契約，係屬有效，惟此約定未經登記者不得對抗第三人。換言之，**若該流質契約未登記者，僅對契約當事人即抵押權人與抵押人發生債權之效力；若已為登記者，則生對抗第三人之物權效力**（臺中地院102訴1068）。

◇清算義務：因抵押權旨在擔保債權之優先受償，非使抵押權人因此獲得債權清償以外之利益，故抵押權人負有清算抵押物價值之義務，並以「**抵押權人請求抵押人為抵押物所有權之移轉時**」為清算時點。若抵押物價值高於被擔保債權額時，抵押權人應將多餘部分返還予抵押人；反之，若抵押物價值不足清償全部債務時，債務人仍應補足差額，抵押人就不足部分，無須負責。

◇流抵契約條件成就，抵押權人是否即取得所有權：有學者認為應區分流抵契約是否僅具債之效力或已具有物權契約之效力而定。倘因未辦登記而僅具有債權契約之效力，則抵押權人僅得請求將抵押物移轉予己之請求權；若因已備書面及登記等要件而具有物權契約之效力時，則於債務人屆期未清償時，停止條件成就，物權契約發生效力。但後者於抵押物為不動產之情形，須注意民法第758條之規定，亦即須待移轉登記於抵押權人後，抵押權人始得取得所有權（李淑明，民法總則）。

第 873 條之 2　（實行抵押權之效果）

I 抵押權人實行抵押權者，該不動產上之抵押權，因抵押物之拍賣而消滅。

II.前項情形，抵押權所擔保之債權有未屆清償期者，於抵押物拍賣得受清償之範圍內，視為到期。

III.抵押權所擔保之債權未定清償期或清償期尚未屆至，而拍定人或承受抵押物之債權人聲明願在拍定或承受之抵押物價額範圍內清償債務，經抵押權人同意者，不適用前二項之規定。

96一、本條新增。

二、抵押權所支配者係抵押物之交換價值，此項價值已因抵押物之拍賣而具體化為一定價金，該價金並已由抵押權人依其優先次序分配完畢，是抵押權之內容已實現，該抵押權及其他抵押權自應歸於消滅。上開見解為學說及執行程序之實務上所採用，復配合強制執行法第 98 條之規定，爰增訂第 1 項規定，以資明確。

三、抵押權人依第 873 條規定實行抵押權時，其他抵押權所擔保之債權，有未屆清償期之情形者，為貫徹本條第 1 項原則，兼顧債務人、執行債權人及抵押權人之利益並避免法律關係複雜，俾有助於拍賣之易於實施，爰增訂第 2 項規定，該其他抵押權於抵押物拍賣得受清償之範圍內，視為到期。

四、拍賣之不動產上存在之抵押權，原則上因拍賣而消滅；但拍定人或承受人聲明承受抵押權及其所擔保之未到期或未定期之債務，經抵押權人同意者，對當事人及拍定人俱屬有利，爰參照強制執行法第 98 條第 3 項之規定，增訂第 3 項規定，例外採承受主義，而無本條第 1 項及第 2 項規定之適用。又本項所稱之「拍定人」，係專指依強制執行程序拍定抵押物之人；所稱之「承受抵押物之債權人」，係專指依強制執行程序拍賣抵押物，因無人應買或應買人所出之最高價未達拍賣最低價額，依強制執行法第 91 條第 1 項、第 71 條等規定承受抵押物之債權人而言。併予敘明。

第 874 條　　（抵押物賣得價金之次序分配）

抵押物賣得之價金，除法律另有規定外，按各抵押權成立之次序分配之。其次序相同者，依債權額比例分配之。

96一、抵押物賣得價金之分配次序，法律不乏另有規定者，如稅捐稽徵法第 6 條第 1 項、強制執行法第 29 條第 2 項、國民住宅條例第 17 條、第 27

條、本法修正條文第 870 條之 1、第 871 條第 2 項等是，為期周延，爰增列「除法律另有規定外」一語，以資配合。

二、現行條文中所謂「按各抵押權人之次序」云云，究竟指何種次序而言，又末段「其次序同者，平均分配之」，文義亦不甚明顯，易生爭議，爰予修訂，以期明確。

第 875 條　　（共同抵押）

為同一債權之擔保，於數不動產上設定抵押權，而未限定各個不動產所負擔之金額者，抵押權人得就各個不動產賣得之價金，受債權全部或一部之清償。

介謹按為擔保同一債權，於數不動產上設定抵押權者，如各個不動產所擔保之金額，並未限定，則抵押權人可以就各個不動產賣得之價金，受清償其全部或一部之債額。蓋抵押權為不可分之權利，此數不動產設定抵押權時，既未限定各個擔保之金額，抵押權人自得就其全部行使權利，而受其清償也。

◇共同抵押：指為擔保同一債權，就數標的物上所設定之抵押權。共同抵押之抵押權人，得就何一抵押物賣得之價金，受債權全部或一部之清償，除受強制執行法第 96 條規定之限制外，有自由選擇之權。除有限定各抵押物所負金額之情形外，**原則上各共同抵押物對於擔保債權，負全部之擔保責任**，乃共同抵押物之重要性質，而此項性質乃來自抵押權之不可分性，亦即抵押物之各部擔保債權之全部，民法第 868 條之規定意旨，可資參照。

▲【52 臺上 1693】上訴人既係就同一債權之擔保，於數不動產上設定抵押權，復未限定各個不動產所負擔之金額，是上訴人因設定抵押權所提供之兩筆土地，均須擔保債權之全部，在債權未全部受償前，尚不生抵押權部分消滅之效力。

第 875 條之 1　　（共同抵押權之分配次序）

為同一債權之擔保，於數不動產上設定抵押權，抵押物全部或部分同時拍賣時，拍賣之抵押物中有為債務人所有者，抵押權人應先就該抵押物賣得之價金受償。

96一、本條新增。

二、為同一債權之擔保，於數不動產上設定抵押

權者，於抵押權人請求就數抵押物或全部抵押物同時拍賣時，如拍賣之抵押物中有為債務人所有者，為期減少物上保證人之求償問題，而又不影響抵押權人之受償利益，宜使抵押權人先就債務人所有而供擔保之該抵押物賣得之價金受償。

三、本條之適用，不限於未限定各個不動產所負擔之金額者；其已限定者，亦同。又共同抵押權制度各國立法例不一，爰將修正條文第875條之1、第875條之2、第875條之3明定各抵押物同時拍賣之情形；第875條之2及第875條之4則適用於各抵押物異時拍賣之情形，併予敘明。

第 875 條之 2 （擔保債權金額之計算方法）

Ⅰ.為同一債權之擔保，於數不動產上設定抵押權者，各抵押物對債權分擔之金額，依下列規定計算之：

　　一　未限定各個不動產所負擔之金額時，依各抵押物價值之比例。

　　二　已限定各個不動產所負擔之金額時，依各抵押物所限定負擔金額之比例。

　　三　僅限定部分不動產所負擔之金額時，依各抵押物所限定負擔金額與未限定負擔金額之各抵押物價值之比例。

Ⅱ.計算前項第二款、第三款分擔金額時，各抵押物所限定負擔金額較抵押物價值為高者，以抵押物之價值為準。

96一、本條新增。

二、共同抵押權之抵押物不屬同一人所有或抵押物上有後次序抵押權存在時，為期平衡物上保證人與抵押物後次序抵押權人之權益，並利求償權或承受權之行使，宜就各抵押物內部對債權分擔金額之計算方式予以明定，爰增訂第1項規定。如各不動產限定負擔金額之總額超過所擔保之債權總額者，當然依各抵押物所限定負擔金額之比例定之，若未超過總額時，亦應依各抵押物所限定負擔金額計算。

三、依第1項第2款、第3款計算分擔額時，如各抵押物所限定負擔之金額較抵押物之價值為高者，為期平允，宜以抵押物之價值為準，爰增訂第2項規定。

◇**共同抵押之分擔金額**：此又可分為「已限定各

個抵押物應負擔金額」與「未限定各個抵押物應負擔金額」而有不同：

(一)**已限定各個抵押物應負擔金額之情形**：抵押權人只可按當初限定之金額，就各抵押物拍賣所得價金加以取償。

(二)**未限定各個抵押物應負擔金額之情形**：在「自由選擇權保障主義」下，抵押權人得任意就各抵押物拍賣取價，直到其債權獲得滿足為止，不受各抵押物依「各抵押物之價值」比例計算應負擔金額之限制。

第 875 條之 3 （賣得價金超過擔保債權額之計算方法）

為同一債權之擔保，於數不動產上設定抵押權者，在抵押物全部或部分同時拍賣，而其賣得價金超過所擔保之債權額時，經拍賣之各抵押物對債權分擔金額之計算，準用前條之規定。

96一、本條新增。

二、共同抵押權之抵押權人請求就二以上（包括全部或部分）之抵押物同時拍賣，如其賣得之價金總額超過所擔保之債權總額時，於不影響抵押權人之受償利益下，各抵押物賣得之價金，應如何分配，以清償抵押權人之債權，攸關共同抵押人等之權益。為期減少求償或承受問題並利實務運作，宜就該等經拍賣之各抵押物對債權分擔金額之計算方法，予以明定，爰增訂本條準用之規定。例如甲對乙負有六百萬元之債務，由丙、丁、戊分別提供其所有之Ａ、Ｂ、Ｃ三筆土地設定抵押權予乙，共同擔保上開債權，而均未限定各個不動產所負擔之金額。嗣甲逾期未能清償，乙遂聲請就Ａ、Ｂ二地同時拍賣，Ａ地拍賣所得價金為五百萬元，Ｂ地拍賣所得價金為三百萬元，於此情形，Ａ地、Ｂ地對債權分擔之金額，應準用第875條之2第1項第1款之規定計算之，故Ａ地對債權之分擔金額為三百七十五萬元（＝600×[500÷(500＋300)]），Ｂ地對債權之分擔金額則為二百二十五萬元（＝600×[300÷(500＋300)]）。拍賣抵押物之執行法院，自應按此金額清償擔保債權。又上例中，如分別限定Ａ、Ｂ、Ｃ三筆土地所負擔之金額為三百萬元、二百萬元、一百萬元，乙聲請對Ａ、Ｂ二地同時拍賣，Ａ地拍賣所得價金為五百萬元，Ｂ地拍賣所得金為三百萬元，於此情形，Ａ地、Ｂ地對債權分擔之金額，則應

準用第875條之2第1項第2款前段之規定計算之，故A地對債權之分擔金額為三百萬元，B地對債權之分擔金額為二百萬元。又上述第一例中，A、B抵押物賣得價金清償債權額均已逾其分擔額（第875條之2第1項第1款參照），此際丙、丁對C抵押物可行使第875條之4第1款所定之權利，自屬當然。

第875條之4　（共同抵押權行使權利之範圍與方法）

為同一債權之擔保，於數不動產上設定抵押權者，在各抵押物分別拍賣時，適用下列規定：

一　經拍賣之抵押物為債務人以外之第三人所有，而抵押權人就該抵押物賣得價金受償之債權額超過其分擔額時，該抵押物所有人就超過分擔額之範圍內，得請求其餘未拍賣之其他第三人償還其供擔保抵押物應分擔之部分，並對該第三人之抵押物，以其分擔額為限，承受抵押權人之權利。但不得有害於該抵押權人之利益。

二　經拍賣之抵押物為同一人所有，而抵押權人就該抵押物賣得價金受償之債權額超過其分擔額時，該抵押物之後次序抵押權人就超過擔額之範圍內，對其餘未拍賣之同一人供擔保之抵押物，承受實行抵押權人之權利。但不得有害於該抵押權人之利益。

⑯一、本條新增。

二、按共同抵押權之各抵押物內部分擔擔保債權金額之計算方式已於第875條之2明定。是以，於抵押物異時拍賣時，如抵押權人就其中某抵押物賣得價金受償之債權額超過其分擔額時，即生求償或承受問題，為期公允明確，宜就求償權人或承受權人行使權利之範圍與方式予以明定，爰增訂本條規定，並仿民法第281條第2項、第312條、第749條之立法意旨，於各款設但書之規定。又本條第1款雖規定物上保證人間之求償權及承受權，惟基於私法自治原則，當事人仍可以契約為不同約定而排除本款規定之適用。另第2款係規定同一人所有而供擔保之抵押物經拍賣

後，該抵押物後次序抵押權人就超過分擔額之範圍內有承受權；本款所稱之「同一人」所有，除債務人所有之抵押物經拍賣之情形外，亦包括物上保證人所有之抵押物經拍賣之情形。至於物上保證人對債務人或對保證人之求償權或承受權，則另規定於第879條，併此敘明。

第876條　（法定地上權）

Ⅰ設定抵押權時，土地及其土地上之建築物，同屬一人所有，而僅以土地或僅以建築物為抵押者，於抵押物拍賣時，視為已有地上權之設定，其地租、期間及範圍由當事人協議定之。不能協議者，得聲請法院以判決定之。

Ⅱ設定抵押權時，土地及其土地上之建築物，同屬一人所有，而以土地及建築物為抵押者，如經拍賣，其土地與建築物之拍定人各異時，適用前項之規定。

⑯一、於僅以建築物設定抵押權時，土地業已存在，固無問題，於僅以土地設定抵押權時，建築物是否以當時已存在，始有本條之適用？學說上爭議頗多，參照第866條、第877條規定之意旨，避免拍賣後建築物無從利用土地致拆除之結果，有害社會經濟發展，似以肯定說為是，實務上亦採相同見解（最高法院57年度臺上字第1303號判例）。為杜爭議，爰於第1項、第2項「土地及其土地上之建築物」等文字上增列「設定抵押權時」，以期明確。

二、依本條所成立之地上權，為法定地上權。其租金若干，期間長短，範圍大小均有待當事人協議之，現行條文僅規定及於「地租」，似有不足，爰修正當事人協議之事項並及於地上權之期間、範圍，而於不能協議時，則聲請法院以判決定之。

◇法定地上權：地上權依法律規定而發生的，稱為法定地上權。依法律規定發生之地上權有四，分別規定於民法第838條之1、第876條、第927條第3項及第4項。本條之規範目的在於避免拍定後建築物無從利用土地，導致被拆除之結果，有害社會經濟發展。

▲【57臺上1303】民法第876條第1項之法定地上權，須以該建築物於土地設定抵押時業已存在，並具相當之經濟價值為要件。系爭甲部分房屋，既足認係建築於設定抵押權之後，於抵押

設定當時尚未存在，系爭乙部分豬舍，雖建於設定抵押權之前，但其價值無幾，雖予拆除，於社會經濟亦無甚影響，均不能視為上開法條中，可成立法定地上權之建築物。

▲【85臺上447】參見本法第832條。

第877條　（營造建築物之併付拍賣）

I.土地所有人於設定抵押權後，在抵押之土地上營造建築物者，抵押權人於必要時，得於強制執行程序中聲請法院將其建築物與土地併付拍賣。但對於建築物之價金，無優先受清償之權。

II.前項規定，於第八百六十六條第二項及第三項之情形，如抵押之不動產上，有該權利人或經其同意使用之人之建築物者，準用之。

⑯一、現行條文規定「得將其建築物與土地併付拍賣」，究係指抵押權人僅得聲請執行法院併付拍賣，抑由抵押權人自行併付拍賣？易滋疑義。鑑於「拍賣」，乃執行方法，故宜明定於強制執行程序中由抵押權人聲請執行法院決定之，爰修正第1項如上。

二、為維護抵押權人利益，於不動產抵押後，在該不動產上有用益物權人或經其同意使用之人之建築物者，該權利人使用不動產之權利雖得先依第866條第2項規定予以除去，惟為兼顧社會經濟及土地用益權人利益，該建築物允應併予拍賣為宜，但建築物拍賣所得價金，抵押權人無優先受償權，爰增訂第2項規定。

▲【86臺抗588】參見本法第866條。

▲【89臺抗352】民法第877條係為保護抵押權人之利益，及社會之經濟而設之規定，故於土地抵押後，在其上營造之建築物，雖非土地所有人所建，但於抵押權實行時，該建築物若與抵押之土地已歸一人所有，則為貫徹上開立法目的，宜解為有該條之適用，得於必要時，將土地抵押後，在其上營造之建築物，與該土地併付拍賣。

第877條之1　（抵押物得讓與權利者之併付拍賣）

以建築物設定抵押權者，於法院拍賣抵押物時，其抵押物存在所必要之權利得讓與者，應併付拍賣。但抵押權人對於該權利賣得之價金，無優先受清償之權。

⑯一、本條新增。

二、土地與建築物固為各別之不動產，各得單獨為交易之標的，但建築物性質上不能與土地使用權分離而存在，故以建築物設定抵押權，於抵押物拍賣時，其抵押物對土地存在所必要之權利得讓與者，例如地上權、租賃權等是，應併付拍賣，始無害於社會經濟利益（民法債編增訂第425條之1、第426條之1及最高法院48年臺上字第1457號判例參照）。然該權利非抵押權之標的物，抵押權人對其賣得之價金，不得行使優先權，始為平允，爰增訂本條規定。

第878條　（拍賣以外其他方法處分抵押物）

抵押權人於債權清償期屆滿後，為受清償，得訂立契約，取得抵押物之所有權或用拍賣以外之方法，處分抵押物。但有害於其他抵押權人之利益者，不在此限。

⇧查民律草案第1156條理由謂在清償債權期之前，若使抵押權人取得抵押物之所有權，以代清償或用拍賣以外之方法處分抵押物，是害及抵押人利益。若已逾清償期之後，抵押權人與抵押人締結契約，則無此慮，應於不害及抵押人之利益範圍內，保護抵押權人之利益。但有害於其他抵押權人之利益者，不在此限。此本條之所由設也。

第879條　（物上保證人之求償權）

I.為債務人設定抵押權之第三人，代為清償債務，或因抵押權人實行抵押權致失抵押物之所有權時，該第三人於其清償之限度內，承受債權人對於債務人之債權。但不得有害於債權人之利益。

II.債務人如有保證人時，保證人應分擔之部分，依保證人應負之履行責任與抵押物之價值或限定之金額比例定之。抵押物之擔保債權額少於抵押物之價值者，應以該債權額為準。

III.前項情形，抵押人如超過其分擔額之範圍，得請求保證人償還其應分擔部分。

⑯一、物上保證人對於債務人之求償權，現行條文規定「依關於保證之規定」。惟其不但涉及物上保證人與債務人之關係，間亦涉及與保證人之關係，頗為複雜，為期周延，宜設有根本解決之明文，爰將現行條文修正為物上保證人代為清償債務，

或因抵押權人實行抵押權致失抵押物之所有權時，於其清償之限度內，承受債權人對於債務人之債權。但不得有害於債權人之利益，並改列為第1項。

二、債務人如有保證人時，物上保證人與保證人實質上均係以自己之財產擔保他人之債務，晚近各立法例對普通保證自由主義色彩之干涉漸增，此亦包括保證人範圍之干預及管制，使物上保證與普通保證不應有不同責任範圍。因之，物上保證人於代為清償債務，或因抵押權人實行抵押權致失抵押物之所有權時，自得就超過其應分擔額之範圍內對保證人具有求償權與承受權，即採物上保證人與保證人平等說。為期公允，宜就物上保證人向保證人行使權利之範圍與方式予以明定，爰增訂第2項及第3項規定。而有關保證人應分擔之部分，依保證人應負之履行責任與抵押物拍賣時之價值或限定之金額比例定之。抵押物之擔保債權額少於抵押物拍賣時之價者，應以該債權額為準，始為平允。例如甲對乙負有六十萬元之債務，由丙為全額清償之保證人，丁則提供其所有價值三十萬元之土地一筆設定抵押權予乙。嗣甲逾期未能清償，乙遂聲請拍賣丁之土地而受償三十萬元。依本條規定，乙對甲之原有債權中之三十萬元部分，由丁承受；保證人丙就全部債務之應分擔部分為四十萬元（＝60×[60÷(30＋60)]），丁就全部債務之應分擔部分則為二十萬元（＝60×[30÷(30＋60)]），丁已清償三十萬元，故僅得就超過自己分擔部分對丙求償十萬元。反之，如丁係以其所有價值七十萬元之土地設定抵押權予乙，嗣乙聲請拍賣該土地而其六十萬元債權全額受清償時，保證人丙之分擔額則為三十萬元（＝60×[60÷(60＋60)]），丁得向丙求償三十萬元。又前開物上保證人向保證人求償時，應視該保證之性質定之。如為連帶保證或拋棄先訴抗辯權之保證人時，該物上保證人得直接向保證人求償；如為普通保證人，因其有先訴抗辯權，如其主張先訴抗辯權時，該物上保證人則應先向債務人求償，於債務人不能償還時，始得向保證人求償，此乃當然法理。至於保證人對物上保證人之承受權部分，則係依民法第749條規定，其求償權則依其內部關係或類推適用民法第281條第1項規定定之，併予敘明。

◇**一人兼具物上保證人及人保身分，應負單一責任或雙重責任？**

單一責任說	於抵押物之價值超過抵押權所擔保之債權額，且多數保證人各應負連帶保證責任時，因各保證人應負之履行責任與抵押人所應負之物上擔保責任，均為**「該主債務之全額」**，依第879條第2項之立法理由所揭櫫之「物上保證人與保證人平等」原則，自應按抵押人及保證人之人數平均分擔主債務。至**抵押人兼為連帶保證人者，因連帶保證人係以其全部財產對債權人負人的無限責任，已包含為同一債務設定抵押權之抵押物，故僅須負單一之分擔責任**，始為公平（99臺上1204）
雙重責任說	物保兼人保者既已提供己物設定抵押權登記（物權契約）與債權人，復又另行訂立保證之債權契約，顯係同意負擔雙重保證責任，故由其負較重之分擔義務，應屬公平（98上331）

◇**代位權與求償權**：為債務人設定抵押權之第三人（物上保證人），代為清償債務，或因抵押權人聲請拍賣其抵押物時，該第三人於其清償之限度內，承受債權人對債務人之債權，此係法定之債權移轉，第三人對債務人的求償權，本質上是「債權人對債務人的權利」，故學說有謂「**代位權**」。於此同時，若該第三人是因受債務人之委任等而提供擔保（內部關係），也可以依照委任等內部關係，對債務人行使「**求償權**」。其結果，發生代位權與求償權競合之狀態，第三人可以選擇其中一個行使請求權。代位權與求償權不同，代位權本質上是從被擔保的債權法定移轉而來，求償權則是從委任等內部法律關係產生，其消滅時效起算點、抗辯權、請求數額多寡以及嗣後是否得向其他人保或物保請求分擔都不相同。

第879條之1　（物上保證人之免責規定）

第三人為債務人設定抵押權時，如債權人免除保證人之保證責任者，於前條第二項保證人應分擔部分之限度內，該部分抵押權消滅。

⑯一、本條新增。

二、物上保證人代為清償債務，或因抵押權人實行抵押權致失抵押物之所有權時，依前條第1項

民法

第三編　物權

（第八八○～八八一條）

之規定，於其清償之限度內，承受債權人對於債務人之債權。如該債務有保證人時，該物上保證人對之即有求償權。故於債權人免除保證人之保證責任時，該物上保證人原得向保證人求償之權利，即因之受影響。為示公平並期明確，爰增訂本條，明定第三人為債務人設定抵押權時，如債權人免除保證人之保證責任者，於前條第 2 項保證人應分擔部分之限度內，該部分抵押權消滅。

第 880 條　（時效完成後抵押權之實行）

以抵押權擔保之債權，其請求權已因時效而消滅，如抵押人，於消滅時效完成後，五年間不實行其抵押權者，其抵押權消滅。

☝謹按抵押權為物權，本不因時效而消滅。惟以抵押權擔保之債權已因時效而消滅，而抵押人於消滅時效完成後，又復經過五年不實行其抵押權，則不能使權利狀態永不確定，應使抵押權歸於消滅，以保持社會之秩序。此本條所由設也。

第 881 條　（抵押權之消滅——物上代位性）

I 抵押權除法律另有規定外，因抵押物滅失而消滅。但抵押人因滅失得受賠償或其他利益者，不在此限。

II 抵押人對於前項抵押人所得行使之賠償或其他請求權有權利質權，其次序與原抵押權同。

III 給付義務人因故意或重大過失向抵押人為給付者，對於抵押權人不生效力。

IV 抵押物因毀損而得受之賠償或其他利益，準用前三項之規定。

⑯一、關於抵押物滅失時，抵押權之效力問題，本法修正草案已增訂第 862 條之 1，為期周延，爰增訂「除法律另有規定」之除外規定。又現行條文所稱之「賠償金」，易使人誤解為抵押物之代位物僅限於金錢，實則抵押物之代位物，在賠償或其他給付義務人未給付前，抵押人對該義務人僅有給付請求權，給付物並未特定，金錢、動產、不動產或其他財產權均有可能，為避免疑義，爰將「賠償金」修正為「賠償或其他利益」。至抵押物滅失後，如抵押人因滅失得受賠償或其他利益者，抵押人所得行使之權利不當然消滅，惟其性質已轉換為權利質權，行使之次序已於第 2 項

增設明文，爰刪除現行但書後段次序分配之規定，並作文字調整。

二、抵押權人依抵押物上代位所得行使之擔保權，其性質為何，非無爭議，為期明確，爰增訂第二項，明定係屬權利質權。又此項質權雖係嗣後始發生，然基於抵押權之物上代位性，該質權實為抵押權之代替，故該質權之次序，應與原抵押權同，爰一併明定，以保障抵押權人之權益。

三、抵押物滅失時，依第 1 項規定之意旨，負賠償或其他給付義務之給付義務人應向抵押權人給付，始為公允。而為涵蓋第 1 項所稱賠償或其他利益之給付人，乃概括以給付義務人稱之。故給付義務人如因故意或重大過失已向抵押人為給付，對抵押權人不生效力。易言之，抵押權人如請求給付，給付義務人仍負給付之義務，爰增訂第 3 項。

四、抵押物因毀損而得受之賠償或其他利益，是否亦為抵押物之代位物？現行法尚無明文，易滋疑義，惟學者通說認為其係抵押權之物上代位，為期明確，爰增訂第 4 項。又本項與修正條文第 872 條可同時併存，抵押權人依本項所生之物上代位權與依該條所生之提出擔保請求權，發生請求權競合問題，由抵押權人擇一行使，乃屬當然。

◇物上代位：抵押權人得就代位物行使權利，稱為抵押權之「物上代位性」。抵押物之代位物包含保險金，但不包括抵押之建築物拆除後，在原地重建之建築物（101 臺上 600 號判決、最高法院 48 年第 2 次民刑庭總會決議參照）。

◇保險金是否為物上代位之標的：民法第 881 條為抵押權代位物擔保性規定。抵押人為防抵押物滅失毀損而與保險人締結保險契約，保險契約受益人（被保險人）雖約定係抵押權人，惟該保險金性質仍屬抵押物之代位物，應供全部抵押權人依原抵押權次序分配該保險金，始符公平（100 臺上 60 判決）。

▲【59 臺上 313】有擔保物權（抵押權、質權）之債權，而其擔保物之價值超過其債權額時，自毋庸行使撤銷權以資保全，又擔保物雖滅失，然有確實之賠償義務人者，依照民法第 881 條及 899 條之規定，該擔保物權即移存於得受之賠償金之上，而不失其存在，此即所謂擔保物權之代物擔保性，凡此各點，於處理撤銷權事件時，不能不予注意。

第二節　最高限額抵押權

⑨六、一、本節新增。

二、最高限額抵押權性質與普通抵押權不同，已如上述，且關於最高限額抵押權之規定已增訂達十七條，爰增訂本節節名。

第 881 條之 1　（最高限額抵押權之定義）

I 稱最高限額抵押權者，謂債務人或第三人提供其不動產為擔保，就債權人對債務人一定範圍內之不特定債權，在最高限額內設定之抵押權。

II 最高限額抵押權所擔保之債權，以由一定法律關係所生之債權或基於票據所生之權利為限。

III 基於票據所生之權利，除本於與債務人間依前項一定法律關係取得者外，如抵押權人係於債務人已停止支付、開始清算程序，或依破產法有和解、破產之聲請或有公司重整之聲請，而仍受讓票據者，不屬最高限額抵押權所擔保之債權。但抵押權人不知其情事而受讓者，不在此限。

---

⑨六、一、本條新增。

二、實務上行之有年之最高限額抵押權，以抵押人與債權人間約定債權人對於債務人就現有或將來可能發生最高限額內之不特定債權，就抵押物賣得價金優先受償為其特徵，與供特定債權擔保之普通抵押權不同，是其要件宜予明定，俾利適用，爰增訂第 1 項規定。

三、最高限額抵押權之設定，其被擔保債權之資格有無限制？向有限制說與無限制說二說，鑑於無限制說有礙於交易之安全，爰採限制說，除於第 1 項規定對於債務人一定範圍內之不特定債權為擔保外，並增訂第 2 項限制規定，明定以由一定法律關係所生之債權或基於票據所生之權利，始得為最高限額抵押權所擔保之債權（日本民法第 398 條之 2 參考）。所謂一定法律關係，例如買賣、侵權行為等是。至於由一定法律關係所生之債權，當然包括現有及將來可能發生之債權，及因繼續性法律關係所生之債權，自不待言。

四、為避免最高限額抵押權於債務人資力惡化或不能清償債務，而其債權額尚未達最高限額時，任意由第三人處受讓債務人之票據，將之列入擔保債權，以經由抵押權之實行，優先受償，而獲取不當利益，致妨害後次序抵押權人或一般債權人之權益，爰仿日本民法第 398 條之 3 第 2 項，增列第 3 項明定基於票據所生之權利，列為最高限額抵押權所擔保債權之限制規定，以符公平。

◇最高限額抵押權之特色：

1. 無成立上之從屬性：最高限額抵押權設定時，不以債權已經發生為必要（第 881 條之 1）。

2. 無移轉上之從屬性：最高限額抵押權於原債權確定前，在擔保範圍內之債權讓與他人時，最高限額抵押權不隨同移轉，被讓與之債權脫離被擔保債權的範圍（第 881 條之 6）。

3. 無消滅上之從屬性：原債權確定前在擔保範圍內的任一特定債權獲得清償或為零，最高限額抵押權仍為擔保將來可能發生的債權而繼續存在（王澤鑑，民法物權）。

▲【62 臺上 776】最高額抵押與一般抵押不同，最高額抵押係就將來應發生之債權所設定之抵押權，其債權額在結算前並不確定，**實際發生之債權額不及最高額時，應以其實際發生之債權額為準**。

▲【66 臺上 1097】所謂最高限額之抵押契約，係指所有人提供抵押物，與債權人訂立在一定金額之限度內，擔保現在已發生及將來可能發生之債權之抵押權設定契約而言。此種抵押權所擔保之債權，除訂約時已發生之債權外，即將來發生之債權，在約定限額之範圍內，亦為抵押權效力所及。雖抵押權存續期間內已發生之債權，因清償或其他事由而減少或消滅，原訂立之抵押契約依然有效，嗣後在存續期間內陸續發生之債權，債權人仍得對抵押物行使權利。此種抵押契約如未定存續期間，其性質與民法第 754 條第 1 項所定就連續發生之債務為保證而未定有期間之保證契約相似，類推適用同條項規定，抵押人固得隨時通知債權人終止抵押契約，對於終止契約後發生之債務，不負擔保責任。反之，此種抵押契約定有存續期間者，訂立契約之目的，顯在擔保存續期間內所發生之債權，凡在存續期間所發生之債權，皆為抵押權效力所及，於存續期間屆滿前所發生之債權，債權人在約定限額範圍內，對於抵押物均享有抵押權，除債權人拋棄為其擔保之權利外，自無許抵押人於抵押權存續期間屆滿前，任意終止此種契約。縱令嗣後所擔保之債權並未發生，僅債權人不得就未發生之債權實行抵押權而已，非謂抵押人得於存續期間屆滿前終止契約

而享有請求塗銷抵押權設定登記之權利。

▲【71 臺抗 306】抵押權人聲請拍賣抵押物，在一般抵押，因必先有被擔保之債權存在，而後抵押權始得成立，故祇須抵押權已經登記，且登記之債權已屆清償期而未受清償，法院即應准許之。惟最高限額抵押，抵押權成立時，可不必先有債權存在，縱經登記抵押權，因未登記已有被擔保之債權存在，如債務人或抵押人否認先已有債權存在，或於抵押權成立後，曾有債權發生，而從抵押權人提出之其他文件為形式上之審查，又不能明瞭是否有債權存在時，法院自無由准許拍賣抵押物。

▲【83 臺上 1055】最高限額抵押契約定有存續期間者，其期間雖未屆滿，然若其擔保之債權所由生之契約以合法終止或因其他事由而消滅，且無既存之債權，而將來亦確定不再發生債權，其原擔保之存續期間內所可發生之債權，已確定不存在，依抵押權之從屬性，應許抵押人請求抵押權人塗銷抵押權設定登記。

▲【84 臺上 1967】抵押權所擔保之債權，其種類及範圍，屬於抵押權之內容，依法應經登記，始生物權之效力，但如因內容過於冗長，登記簿所列各欄篇幅不能容納記載，可以附件記載，作為登記簿之一部分。因此關於最高限額抵押權所擔保之債權，雖未記載於土地登記簿，然於聲請登記時提出之最高限額抵押權設定契約書，有該項債權之記載者，此契約書既作為登記簿之附件，自為抵押權效力所及。

第 881 條之 2 （最高限額抵押權之擔保範圍）

I. 最高限額抵押權人就已確定之原債權，僅得於其約定之最高限額範圍內，行使其權利。

II. 前項債權之利息、遲延利息、違約金，與前項債權合計不逾最高限額範圍者，亦同。

---

⑯一、本條新增。

二、最高限額抵押權所擔保之債權，其優先受償之範圍須受最高限額之限制，亦即須於最高限額抵押權所擔保之債權確定時，不逾最高限額範圍內之擔保債權，始為抵押權效力所及，爰於第 1 項明定原債權之限制規定。又本項所稱原債權乃指修正條文第 881 條之 1 第 2 項約定範圍所生之

債權，併予敘明。

三、關於最高限額之約定額度，有債權最高限額及本金最高限額二說，目前實務上採債權最高限額說（最高法院 75 年 11 月 25 日第 22 次民事庭會議決議參照），觀諸外國立法例日本民法第 398 條之 3 第 1 項、德國民法第 1190 條第 2 項、我國動產擔保交易法第 16 條第 2 項亦作相同之規定，本條爰仿之。於第 2 項規定前項債權之利息、遲延利息或違約金，與前項債權合計不逾最高限額範圍者，始得行使抵押權。又此項利息、遲延利息或違約金，不以前項債權已確定時所發生者為限。其於前項債權確定後始發生，但在最高限額範圍內者，亦包括在內，仍為抵押權效力所及。詳言之，於當事人依第 881 條之 1 第 2 項規定限定一定法律關係後，凡由該法律關係所生債權，均為擔保債權之範圍。直接所生，或與約定之法律關係有相當關連之債權，或是該法律關係交易過程中，通常所生之債權，亦足當之。例如約定擔保範圍係買賣關係所生債權，買賣價金乃直接自買賣關係所生，固屬擔保債權，其他如買受標的物之登記費用、因價金而收受債務人所簽發或背書之票據所生之票款債權、買受人不履行債務所生之損害賠償請求權亦屬擔保債權，亦包括在內。準此觀之，自約定法律關係所生債權之利息、遲延利息與違約金，自當然在擔保債權範圍之內，因此等債權均屬法律關係過程中，通常所生之債權。惟其均應受最高限額之限制，此即為本條規範意旨所在。

四、至於實行抵押權之費用，依第 881 條之 17 準用第 861 條之規定，亦為抵押權效力所及。因此，不論債權人聲請法院拍賣抵押物（強制執行法第 29 條參照），或依第 878 條而用拍賣以外之方法處分抵押物受償，因此所生之費用均得就變賣所得之價金優先受償，惟不計入抵押權所擔保債權之最高限額，併予敘明。

▲【85 臺上 2065】所謂**最高限額抵押權者，乃為預定抵押物應擔保債權之最高限額所設定之抵押權**。如所預定擔保之債權非僅限於本金，而登記為本金最高限額新臺幣若干元，其約定利息、遲延利息及約定擔保範圍內之違約金，固為抵押權效力之所及，但仍受最高限額之限制，故其約定利息、遲延利息及違約金連同本金合併計算，如超過該限額者，其超過部分即無優先受償之權。

第 881 條之 3 （變更最高限額抵押權債權範圍或其債務人之約定）

I 原債權確定前，抵押權人與抵押人得約定變更第八百八十一條之一第二項所定債權之範圍或其債務人。

II 前項變更無須得後次序抵押權人或其他利害關係人同意。

96 一、本條新增。

二、原債權未經確定前，最高限額抵押權所擔保第 881 條之 1 第 2 項所定債權之範圍或其債務人縱有變更，對於後次序抵押權人或第三人之利益並無影響，為促進最高限額抵押擔保之功能，爰仿日本民法第 398 條之 4 第 1 項、第 2 項，明定抵押權人與抵押人得約定變更，且該項變更，亦無須得後次序抵押權人或其他利害關係人之同意。又我國民法關於不動產物權行為，非如日本民法之採登記對抗主義，而係採登記生效要件主義，故本條變更自應適用第 758 條之規定而為登記，毋庸如日本民法同條第 3 項另有登記之明文規定。前述變更既限於原債權確定前，則在原債權經確定後，自不得變更。如有變更之約定而經登記者，該登記對於登記在前之其他物權人即有無效之原因，乃屬當然。

第 881 條之 4 （最高限額抵押權擔保之原債權應確定期日）

I 最高限額抵押權得約定其所擔保原債權應確定之期日，並得於確定之期日前，約定變更之。

II 前項確定之期日，自抵押權設定時起，不得逾三十年。逾三十年者，縮短為三十年。

III 前項期限，當事人得更新之。

96 一、本條新增。

二、最高限額抵押權設定時，未必有債權存在。惟於實行抵押權時，所能優先受償之範圍，仍須依實際確定之擔保債權定之。故有定確定期日之必要，本條即為關於原債權確定期日之規定。第 1 項仿日本民法第 398 條之 6 第 1 項，規定該確定期日得由抵押權人與抵押人約定之，並得於確定之期日前，約定變更之。此所謂確定之期日，係指約定之確定期日而言。

三、為發揮最高限額抵押權之功能，促進現代社會交易活動之迅速與安全，並兼顧抵押權人及抵押人之權益，前項確定期日，不宜過長或太短，參酌我國最高限額抵押權實務現況，應以三十年為當。爰於第 2 項明定之。又當事人對於此法定之期限，得更新之，以符契約自由原則及社會實際需要，故設第 3 項規定。

第 881 條之 5 （最高限額抵押權擔保之原債權期日未定）

I 最高限額抵押權所擔保之原債權，未約定確定之期日者，抵押人或抵押權人得隨時請求確定其所擔保之原債權。

II 前項情形，除抵押人與抵押權人另有約定外，自請求之日起，經十五日為其確定期日。

96 一、本條新增。

二、當事人於設定最高限額抵押權時，未約定確定原債權之期日者，為因應金融資產證券化及債權管理之實務需求，爰參酌我國實務見解（最高法院 66 年臺上字第 1097 號判例參照），並仿日本民法第 398 條之 19 第 1 項規定，於第 1 項明定抵押人或抵押權人得隨時請求確定其所擔保之原債權，以符實際需求。

三、對於抵押人或抵押權人請求確定之期日，如另有約定者，自應從其約定。如無約定，為免法律關係久懸不決，宜速確定該期日，爰仿日本民法第 398 條之 19 第 2 項規定，於第 2 項明定自請求之日起經十五日為其確定期日。

第 881 條之 6 （最高限額抵押權債權移轉之效力）

I 最高限額抵押權所擔保之債權，於原債權確定前讓與他人者，其最高限額抵押權不隨同移轉。第三人為債務人清償債務者，亦同。

II 最高限額抵押權所擔保之債權，於原債權確定前經第三人承擔其債務，而債務人免其責任者，抵押權人就該承擔之部分，不得行使最高限額抵押權。

96 一、本條新增。

二、最高限額抵押權於原債權確定前，與普通抵押之從屬性尚屬有異，為學說及實務上所承認（最高法院 75 年度臺上字第 1011 號判決參照）。故如僅將擔保債權範圍所生之各個特定債權讓與他

人，該債權即脫離擔保之範圍，其最高限額抵押權自不隨同移轉於受讓人。又第三人為債務人清償債務之情形，例如保證人依第749條為清償或第三人依第312條為清償後，承受債權人之債權時，其最高限額抵押權亦不隨同移轉。日本民法第398條之7第1項亦有相同之規定，為維護最高限額抵押權之特性，及使其法律關係簡明計，爰於第1項後段明定之。

三、最高限額抵押權所擔保之債權，於原債權確定前，如有第三人承擔債務而債務人免其責任者，基於免責之債務承擔之法理，該承擔部分即脫離擔保之範圍，其最高限額抵押權並不伴隨而往，抵押權人自不得行使最高限額抵押權。爰仿日本民法第398之7第2項，規定第2項以上。

第 881 條之 7 （最高限額抵押權之抵押權人或債務人為法人之合併）

Ⅰ原債權確定前，最高限額抵押之抵押權人或債務人為法人而有合併之情形者，抵押得自知悉合併之日起十五日內，請求確定原債權。但自合併登記之日起已逾三十日，或抵押人為合併之當事人者，不在此限。

Ⅱ有前項之請求者，原債權於合併時確定。

Ⅲ合併後之法人，應於合併之日起十五日內通知抵押人，其未為通知致抵押人受損害者，應負賠償責任。

Ⅳ前三項之規定，於第三百零六條或法人分割之情形，準用之。

⑯一、本條新增。

二、原債權確定前，最高限額抵押權之抵押權人或債務人為法人時，如有合併之情形，其權利義務，應由合併後存續或另立之法人概括承受。此時，為減少抵押人之責任，爰仿日本民法第398條之10第1項、第2項、第3項、第5項賦予抵押人請求確定原債權之權，該請求期間自知悉法人合併之日起十五日。又為兼顧抵押權人之權益，如自合併登記之日起已逾三十日，或抵押人即為合併之當事人者，自無保護之必要，而不得由抵押人請求確定原債權，爰設但書規定。

三、抵押人如已為前項之請求，為保障其權益，爰仿日本民法同條第4項，於第2項明定原債權溯及於法人合併時確定。而該合併之時點，應視法人之種類及實際情形，分階段完成各相關法律所規定之合併程序定之。

四、法人之合併，事實上不易得知，為保障抵押人之利益，爰於第3項規定合併之法人，負有通知抵押人之義務；違反義務時，則應依民法等規定負損害賠償責任。

五、原債權確定前，最高限額抵押之抵押權人或債務人為營業，與他營業依第306條規定合併之情形，事所恆有，且法人亦有分割之情形，例如公司法已增設股份有限公司分割之規定。為期周延，爰仿日本民法第398條之10之2第3項規定，設第4項規定，於性質不相抵觸之範圍內，準用前三項規定。

第 881 條之 8 （最高限額抵押權獨立讓與之方式與共有）

Ⅰ原債權確定前，抵押權人經抵押人之同意，得將最高限額抵押權之全部或分割其一部讓與他人。

Ⅱ原債權確定前，抵押權人經抵押人之同意，得使他人成為最高限額抵押權之共有人。

⑯一、本條新增。

二、最高限額抵押權具有一定獨立之經濟價值，且為因應金融資產證券化及債權管理之實務需求，並仿日本民法第398條之12第1項規定，明定抵押權人於原債權確定前，經抵押人之同意，得單獨讓與最高限額抵押權，其方式有三：一為全部讓與他人，二為分割其一部讓與他人，三為得使他人成為該抵押權之共有人，爰於第一項明定前二種方式，第2項明定第三種方式。例如抵押人甲提供其所有之不動產設定最高限額抵押權一千萬元於抵押權人乙，嗣乙經甲同意將最高限額抵押權全部，或分割其一部即將最高限額抵押權四百萬元單獨讓與第三人丙，乙、丙成為同一次序之抵押權人；抵押權人乙亦得使他人丙加入成為該抵押權之共有人，乙、丙共享最高限額抵押權之擔保，此時，乙丙共有抵押權呈現之型態有二，其一，丙係單純加入成為共有人；其二，丙係以受讓應有部分之方式成為共有人。嗣後各該當事人實行抵押權時，前者依第881條之9第1項本文處理；後者則按第881條之9第1項但書處理。另丙為免受讓之最高限額抵押權無擔保債權存在而歸於確定，丙可與甲依修正條文第881條之3之規定，為擔保債權範圍或債務人之變更，俾其最高限額抵押權得繼續存在。

三、最高限額抵押權之單獨讓與行為屬物權行為，

依民法第758條規定，應經登記始生效力，此為當然之理，併予敘明。

◇**獨立讓與**：本條規定係認最高限額抵押權具有一定獨立的經濟價值，且為因應金融資產證券化及債權管理之實務要求，特明定抵押權人於原債權確定前，經抵押人之同意，得獨讓與最高限額抵押權，而無須與被擔保之債權一併為之。

第881條之9　（最高限額抵押權各共有人受償之分配與處分）

I 最高限額抵押權為數人共有者，各共有人按其債權額比例分配其所得優先受償之價金。但共有人於原債權確定前，另有約定者，從其約定。

II 共有人得依前項按債權額比例分配之權利，非經共有人全體之同意，不得處分。但已有應有部分之約定者，不在此限。

㊈⑥一、本條新增。

二、最高限額抵押權得由數人共有，本條第1項規定共有人間優先受償之內部關係，係按其債權額比例分配價金。但為使共有抵押權人對抵押物交換價值之利用更具彈性，並調整其相互間之利害關係，爰仿日本民法第398條之14，設但書規定，於原債權確定前，共有人得於同一次序範圍內另行約定不同之債權額比例或優先受償之順序。所謂原債權確定前之約定，係指共有最高限額抵押權設定時之約定及設定後原債權確定前，各共有人相互間之另為約定。

三、第1項所稱各共有人按債權額分配之比例，性質上即為抵押權準共有人之應有部分，然此項應有部分受該抵押權確定時，各共有人所有擔保債權金額多寡之影響，乃變動者，與一般之應有部分係固定者有異，若許其自由處分，勢必影響其他共有人之權益，故應經全體共有人之同意，始得為之。但共有人若依第1項但書規定，已為應有部分之約定者，則其應有部分已屬固定，其處分即得回復其自由原則（民法第819條第1項參照），爰設第2項規定。

第881條之10　（共同最高限額抵押權擔保之債權發生確定事由之效果）

為同一債權之擔保，於數不動產上設定最高限額抵押權者，如其擔保之原債權，僅其中一不動產發生確定事由時，各最高限額抵押權所擔保之原債權均歸於確定。

㊈⑥一、本條新增。

二、按共同最高限額抵押權，係指為擔保同一債權，於數不動產上設定最高限額抵押權之謂，而設定共同最高限額抵押權之數不動產，如其中一不動產發生確定事由者，其他不動產所擔保之原債權有同時確定之必要，爰仿日本民法第398條之17第2項規定，明定如上。又最高限額所擔保之債權範圍（第881條之1第1、2項參照）、債務人及最高限額均屬相同一者時，固屬本條所謂同一債權，至於債務人相同，擔保之債權範圍僅部分相同時，是否為本條適用範圍，則留待學說與實務發展。

第881條之11　（最高限額抵押權原債權之約定確定事由）

最高限額抵押權不因抵押權人、抵押人或債務人死亡而受影響。但經約定為原債權確定之事由者，不在此限。

㊈⑥一、本條新增。

二、最高限額抵押權之抵押權人、抵押人或債務人死亡，其繼承人承受被繼承人財產上之一切權利義務，其財產上之一切法律關係，皆因繼承之開始，當然移轉於繼承人（第1147條、第1148條參照）。故最高限額抵押權不因此而受影響。但當事人另有約定抵押權人、抵押人或債務人之死亡為原債權確定之事由者，本於契約之自由原則，自應從其約定，爰增訂本條規定。

第881條之12　（最高限額抵押權原債權之法定確定事由）

I 最高限額抵押權所擔保之原債權，除本節另有規定外，因下列事由之一而確定：

一　約定之原債權確定期日屆至者。

二　擔保債權之範圍變更或因其他事由，致原債權不繼續發生者。

三　擔保債權所由發生之法律關係經終止或因其他事由而消滅者。

四　債權人拒絕繼續發生債權，債務人請求確定者。

五　最高限額抵押權人聲請裁定拍賣抵押物，或依第八百七十三條之一之規定為抵押物所有權移轉之請求時，或依第八百七十八條規定訂立契約者。

六　抵押物因他債權人聲請強制執行

民法

第三編 物 權

（第八八一之一三條）

經法院查封，而為最高限額抵押權人所知悉，或經執行法院通知最高限額抵押權人者。但抵押物之查封經撤銷時，不在此限。

七 債務人或抵押人經裁定宣告破產者。但其裁定經廢棄確定時，不在此限。

II第八百八十一條之五第二項之規定，於前項第四款之情形，準用之。

III第一項第六款但書及第七款但書之規定，於原債權確定後，已有第三人受讓擔保債權，或以該債權為標的物設定權利者，不適用之。

96一、本條新增。

二、最高限額抵押權，於抵押權設定時，僅約定於一定金額之限度內擔保已發生及將來可能發生之債權而已，至於實際擔保之範圍如何，非待所擔保之原債權確定後不能判斷。惟原債權何時確定？除本節第881條之4、第881條之5、第881條之7第1項至第3項、第881條之10及第881條之11但書等法律另有規定者外，尚有諸多確定事由，允宜明文規定，俾杜爭議。爰參酌日本民法第398條之3、同條之20、最高法院76年2月10日民事庭會議決議、83年臺上字第1055號判例、75年度臺上字第2091號判決、司法院70年10月14日(70)秘臺廳(一)字第01707號函意旨，增訂七款原債權確定之事由。茲詳述之：(一)最高限額抵押權之當事人雙方約定原債權之確定期日者，於此時點屆至時，最高限額抵押權所擔保之原債權即基於當事人之意思而歸於確定。(二)最高限額抵押權本係擔保一定範圍內不斷發生之不特定債權，如因擔保債權之範圍變更或債務人之變更、當事人合意確定最高限額抵押權擔保之原債權等其他事由存在，足致原債權不繼續發生時，最高限額抵押權擔保權之流動性即歸於停止，自當歸於確定。至所謂「原債權不繼續發生」，係指該等事由，已使原債權確定而不再繼續發生者而言，如僅一時的不繼續發生，自不適用。(三)最高限額抵押權所擔保者，乃由一定法律關係所不斷發生之債權，如該法律關係因終止或因其他事由而消滅，則此項債權不再繼續發生，原債權因而確定。(四)債權人拒絕繼續發生債權時，例如債權人已表示不再繼續貸放借款或不繼續供應承銷貨物。為保障債務人之利益，允許債務人請求確

定原債權。(五)抵押權人既聲請裁定拍賣抵押物，或依第873條之1之規定為抵押物所有權移轉之請求時，或依第878條規定訂立契約者，足見其已有終止與債務人間往來交易之意思，故宜將之列為原債權確定之事由。(六)抵押物因他債權人聲請強制執行而經法院查封，其所負擔保債權之數額，與抵押物拍賣後，究有多少價金可供清償執行債權有關，自有確定原債權之必要。惟確定之時點，實務上（最高法院78年度第17次民事庭會議決議參照）以最高限額抵押權人知悉該事實（例如未經法院通知而由他債權人自行通知最高限額抵押權人者），或經執行法院通知最高限額抵押權人時即告確定。但抵押物之查封經撤銷時，例如強制執行法第17條後段、第50條之1第2項、第70條第5項、第71條、第80條之1第1項、第2項，其情形即與根本未實行抵押權無異，不具原債權確定之事由。(七)債務人或抵押人不能清償債務，經法院裁定宣告破產者，應即清理其債務，原債權自有確定之必要。但其裁定經廢棄確定時，即與未宣告破產同，不具原債權確定之事由。

三、為期法律關係早日確定，以兼顧抵押權當事人雙方之權益，前項第4款債務人請求確定原債權之期日，宜準用第881條之5第2項之規定，爰設第2項規定。

四、第三人如於第1項第6款但書或第7款但書事由發生前，受讓最高限額抵押權所擔保之債權或以該債權為標的物設定權利者，因該抵押權已確定，回復其從屬性，是該抵押權自應隨同擔保，惟於該2款但書事由發生後，最高限額抵押權之確定效果消滅，為保護受讓債權或就該債權取得權利之第三人權益，爰參照日本民法第398條之20第2項規定，設第3項規定如上。

第881條之13 （最高限額抵押權原債權確定事由生效後之效力）

最高限額抵押權所擔保之原債權確定事由發生後，債務人或抵押人得請求抵押權人結算實際發生之債權額，並得就該金額請求變更為普通抵押權之登記。但不得逾原約定最高限額之範圍。

96一、本條新增。

二、最高限額抵押權所擔保之原債權於確定事由發生後，其流動性隨之喪失，該抵押權所擔保者

由不特定債權變為特定債權，惟其債權額尚未確定，爰賦予債務人或抵押人請求抵押人結算之權，以實際發生之債權額為準。又原債權一經確定，該抵押權與擔保債權之結合狀態隨之確定，此時該最高限額抵押權之從屬性即與普通抵押權完全相同，故債務人或抵押人並得就該金額請求變更為普通抵押權之登記。但抵押權人得請求登記之數額，不得逾原約定最高限額之範圍，俾免影響後次序抵押權人等之權益。

第881條之14　（最高限額抵押權原債權確定後擔保範圍之限制）

最高限額抵押權所擔保之原債權確定後，除本節另有規定外，其擔保效力不及於繼續發生之債權或取得之票據上之權利。

⑯一、本條新增。

二、最高限額抵押權所擔保之原債權一經確定，其所擔保債權之範圍亦告確定。至於其後繼續發生之債權或取得之票據上之權利則不在擔保範圍之內。但本節另有規定者，例如第881條之2第2項規定，利息、遲延利息、違約金，如於原債權確定後始發生，但在最高限額範圍內者，仍為抵押權效力所及。

◇確定最高限額抵押權：將被擔保之債權歸於確定。蓋原債權一經確定，該抵押權與擔保債權之結合狀態隨之確定，此時該抵押權之從屬性與普通抵押權完全相同，故債務人或抵押人並得就該金額請求變更為普通抵押權登記（第881條之13）。擔保效力不及於確定後繼續發生之債權或取得之票據權利（第881條之14）。最高限額抵押權所擔保之原債權確定後，如第三人願代債務人清償債務，既無害於債務人，亦無損於債權人，應無不許之理（第881條之16）。

第881條之15　（最高限額抵押權擔保之債權罹於消滅時效）

最高限額抵押權所擔保之債權，其請求權已因時效而消滅，如抵押權人於消滅時效完成後，五年間不實行其抵押權者，該債權不再屬於最高限額抵押權擔保之範圍。

⑯一、本條新增。

二、最高限額抵押權所擔保之不特定債權，如其中一個或數個債權罹於時效消滅者，因有民法第145條第1項之規定，仍為最高限額抵押權擔保

之範圍，該債權倘罹於時效消滅後五年間不實行時，因最高限額抵押權所擔保之債權尚有繼續發生之可能，故最高限額抵押權仍應繼續存在，應無民法第880條之適用，然為貫徹該條規範意旨，明定該債權不屬於最高限額抵押權擔保之範圍，爰設本條規定。

第881條之16　（實際債權額超過最高限額時之效力）

最高限額抵押權所擔保之原債權確定後，於實際債權額超過最高限額時，為債務人設定抵押權之第三人，或其他對該抵押權之存在有法律上利害關係之人，於清償最高限額為度之金額後，得請求塗銷其抵押權。

⑯一、本條新增。

二、最高限額抵押權所擔保之原債權確定後，如第三人願代債務人清償債務，既無害於債務人，亦無損於債權人，應無不許之理。為債務人設定抵押權之第三人，例如物上保證人，或其他對該抵押權之存在有法律上利害關係之人，例如後次序抵押權人，於實際債權額超過最高限額時，均僅須清償最高限額為度之金額後，即得請求塗銷抵押權，爰仿日本民法第398條之22，規定本條。又上開利害關係人為清償而抵押權人受領遲延者，自可於依法提存後行之，乃屬當然。惟如債權額低於登記之最高限額，則以清償該債權額即可，自不待言。

第881條之17　（普通抵押權規定之準用）

最高限額抵押權，除第八百六十一條第二項、第八百六十九條第一項、第八百七十條、第八百七十條之一、第八百七十條之二、第八百八十條之規定外，準用關於普通抵押權之規定。

⑯一、本條新增。

二、本條規定最高限額抵押權準用普通抵押權之規定。惟基於最高限額抵押權之最高限額係採取債權最高限額說之規範意旨，係認凡在最高限額範圍內之已確定原債權及其所生之利息、遲延利息與違約金，均應有優先受償權，是利息等債權不應另受第861條第2項所定五年期間之限制，方屬合理；第869條第1項、第870條之規定，

民
法

第三編　物　權

（第八八二～八八六條）

在最高限額抵押權於第 881 條之 6 第 1 項、第 881 條之 8 已有特別規定；第 870 條之 1、第 870 條之 2 之規定，為避免法律關係複雜，於最高限額抵押權不宜準用；第 880 條之規定，在最高限額抵押權於第 881 條之 15 已有特別規定，均排除在準用之列。

第三節　其他抵押權

⑯一、新增節名。

二、抵押權種類繁多，除第一節及第二節所列抵押權外，尚有權利抵押、法定抵押及特別法上所定之抵押權（例如礦業權抵押權、漁業權抵押權），為期周延，爰增訂本節節名。又本節包括第 882 條及第 883 條，併予指明。

第 882 條　（權利抵押權）
地上權、農育權及典權，均得為抵押權之標的物。

⑲配合刪除第四章「永佃權」及新增第四章之一「農育權」修正文字與標點符號。

◆**權利抵押權**：抵押權種類繁多，除普通抵押權及最高限額抵押權外，尚有權利抵押權、法定抵押權及特別法上所定之抵押權。本條即係規定以權利為標的物，例如以地上權為標的物而設定的抵押權，是為權利抵押權。

第 883 條　（普通抵押權及最高限額抵押權規定之準用）
普通抵押權及最高限額抵押權之規定，於前條抵押權及其他抵押權準用之。

⑯配合本章已分為三節，酌作文字修正，且為期周延，將「法定抵押權」修正為「其他抵押權」，俾使以礦業權、漁業權等為標的物之抵押或其他特殊抵押權之準用，民法上亦有依據。

第七章　質　權

⇧謹按質權者，謂債權人為其債權之擔保，占有債務人之物，且就其物而有優先受償之權利也。自羅馬法以來，各國立法例，關於質權，大概分為三種：㈠不動產質權。㈡動產質權。㈢權利質權。我國素有典權之存在，不動產質權，於社會上向不習見，自無創設之必要。故本章僅設動產質權、權利質權之規定。

第一節　動產質權

⇧查民律草案物權編第六章第五節原案謂動產質權辦法簡易，而仍有擔保債權之效力，此其特色，自古各國皆行之，中國亦然。本法參酌各國多數立法例，及本國習慣，特設此節，以期增進交易上之便利。

第 884 條　（動產質權之定義）
稱動產質權者，謂債權人對於債務人或第三人移轉占有而供其債權擔保之動產，得就該動產賣得價金優先受償之權。

⑯一、質權與抵押權同屬擔保物權之一種，設有質權擔保之債權，債權人就拍賣質物所得之價金受清償時，有優先受清償之權。為期立法體例一致，本條爰仿修正條文第 860 條，作文字之調整。

二、質權分為動產質權及權利質權二種，本條係關於動產質權之定義性規定，故仍表明「動產質權」等文字。至於本節以下各條規定中所稱之「質權」，既規定於同一節內，當然係指「動產質權」而言，毋庸逐條修正。

第 885 條　（設定質權之生效要件）
I 質權之設定，因供擔保之動產移轉於債權人占有而生效力。
II 質權人不得使出質人或債務人代自己占有質物。

⑯一、現行條文第 1 項未標明移轉占有之客體及對象，為期明確，爰修正如上。

二、動產質權以占有由債務人或第三人移轉之動產為其成立及存續之要件，故質權人須占有質物，始能保全質權之效力。為使質權之關係明確，並確保質權之留置作用，爰於第 2 項增列質權人亦不得使債務人代自己占有質物。

第 886 條　（質權之善意取得）
動產之受質人占有動產，而受關於占有規定之保護者，縱出質人無處分其質物之權利，受質人仍取得其質權。

⑯所謂「質權人」，係指已取得動產質權之人。現行條文援引之「質權人」，既尚未取得質權，而須依善意受質之規定取得之，其用語易滋疑義。為避免混淆，爰仿第 801 條規定，將「質權人」修正為「受質人」，並作文字整理。

第 887 條　（動產質權之擔保範圍）

Ⅰ.質權所擔保者為原債權、利息、遲延利息、違約金、保存質物之費用、實行質權之費用及因質物隱有瑕疵而生之損害賠償。但契約另有約定者，不在此限。

Ⅱ.前項保存質物之費用，以避免質物價值減損所必要者為限。

⑼一、質權與抵押權同為擔保物權，修正條文第861條已增列「違約金」為抵押權擔保之範圍，本條亦配合增列。又質權存續中，質物由質權人占有，質權人因保存質物所生之費用，得向出質人請求償還，自亦應為質權擔保之範圍。日本民法第346條、德國民法第1210條、韓國民法第334條均有相同之規定，本條爰仿上開立法例修正，並將「訂定」修正為「約定」後，改列為第1項。

二、為兼顧出質人之利益，爰增列第2項，明定保存質物之費用，以避免質物價值減損所必要者為限，始為質權擔保之範圍，例如稅捐、修繕費或其他必要之保存費用。至於為避免質物滅失所必要之費用，當然包括在內。又單純之保管費用，例如質物置於倉庫所須支付之倉租等是，若非為避免質物價值減損所必要者，其保管費用自仍應由質權人負擔，不在本項保存費用之內。

第 888 條　（質權人之注意義務）

Ⅰ.質權人應以善良管理人之注意，保管質物。

Ⅱ.質權人非經出質人之同意，不得使用或出租其質物。但為保存其物之必要而使用者，不在此限。

⑼一、現行條文未修正，改列為第1項。

二、質權為擔保物權而非用益物權，故質權人非經出質人之同意，不得使用或出租其質物。但為保存質物之必要而使用者，例如易生鏽之機械，偶而使用之，以防其生鏽等是，應得為之。日本民法第350條準用第298條第2項、韓國民法第343條準用第324條第2項均設有明文，本條爰增訂第2項規定。

三、第889條、第890條所稱之孳息，包括天然孳息及法定孳息，在動產出租後設定質權者，質權人當然得依第889條規定，收取法定孳息；僅在設定質權後由質權人出租者，依本條第2項規定，應經出質人同意。至於質物經出質人同意

使用或出租其質物，應否支付使用之對價或所收取之租金誰屬，本得由當事人自行約定；又此際，質權人如使用或出租其質物，仍應依第1項之規定，負善良管理人之注意義務，均併此敘明。

第 889 條　（質權人之孳息收取權）

質權人得收取質物所生之孳息。但契約另有約定者，不在此限。

⑼契約乃當事人互相表示意思一致之法律行為，現行條文中之「訂定」宜修正為「約定」。

◇孳息：本條所稱質權人得收取之孳息，依通說之見解，包含天然孳息以及法定孳息。

第 890 條　（孳息收取人之注意義務及其抵充）

Ⅰ.質權人有收取質物所生孳息之權利者，應以對於自己財產同一之注意收取孳息，並為計算。

Ⅱ.前項孳息，先抵充費用，次抵原債權之利息，次抵原債權。

Ⅲ.孳息如須變價始得抵充者，其變價方法準用實行質權之規定。

⑼一、第1項未修正。

二、按保存質物之費用，依第887條規定，亦在質權擔保之範圍，故第2項謂「前項孳息，先抵充收取孳息之費用」，失之過窄，爰仿第323條之意旨，將「先抵充收取孳息之費用」修正為「費用」。此所稱「費用」自包括「保存質物及收取孳息之費用」在內。至於質權其餘擔保範圍，諸如違約金、實行質權之費用及因質物隱有瑕疵而生之損害賠償等，應分別依其性質納入本項相關項目定其抵充順序，要屬當然。

三、本條規定之孳息包括天然孳息與法定孳息，其為優先受償效力所及，應無疑義。質權人收取之孳息，非當然可依第2項規定抵充，為期周延，爰增列第3項，明示孳息如須變價始得抵充者，其變價方法準用實行質權之相關規定。

第 891 條　（責任轉質——非常事變責任）

質權人於質權存續中，得以自己之責任，將質物轉質於第三人。其因轉質所受不可抗力之損失，亦應負責。

介謹按質權為財產權之一種，質權人於質權存續期中，自得將其質權轉質於第三人。但此種規定，

原為質權人之利益而設，其因轉質所受不可抗力之損失，自亦應由質權人負其全責，以昭公允。故設本條以明示其旨。

◇責任轉質與承諾轉質

責任轉質	質權人得不經出質人之同意，以自己之責任，將質物轉質與第三人
承諾轉質	徵得原出質人之同意後轉質與第三人，又稱「同意轉質」，法未明文，學説認為並無不可

第 892 條　（代位物——質物之拍賣價金與提存價金）

I.因質物有腐壞之虞，或其價值顯有減少，足以害及質權人之權利者，質權人得拍賣質物，以其賣得價金，代充質物。

II.前項情形，如經出質人之請求，質權人應將價金提存於法院。質權人屆債權清償期而未受清償者，得就提存物實行其質權。

(96)一、為期與第 806 條之用語一致，爰將「敗壞」修正為「腐壞」。

二、質權人基於占有質物之權，本可占有前項賣得之價金，惟經出質人請求，質權人應將價金提存於法院，德國民法第 1219 條第 2 項第 2 款定有明文，爰仿上開立法例，增訂第 2 項。又質權人於屆債權清償期未受清償時，自得取回提存物，實行其質權，以之優先受償。此種提存，係以質權人為提存人，出質人為受取人，附以債權清償始得領取之條件。上述情形，提存法應配合修正，建議主管機關修正之。

第 893 條　（質權之實行與流質契約之相對禁止）

I.質權人於債權已屆清償期，而未受清償者，得拍賣質物，就其賣得價金而受清償。

II.約定於債權已屆清償期而未為清償時，質物之所有權移屬於質權人者，準用第八百七十三條之一之規定。

(96)一、第 1 項未修正。

二、關於抵押權之流抵約款規定，於第 873 條之 1 修正條文已設有相對之禁止規定，爰修正第 2 項準用規定，以求立法體例之一致。又第 873 條之 1 第 4 項規定性質不相同，解釋上當然不在準用之列，併予指明。

◇流質之禁止：關於流質契約之禁止，依本條第 2 項準用第 873 條之 1 之規定，非經登記，不得對抗第三人，係相對禁止之規定（相對無效），以貫徹物權之公示效力。

▲【27 渝上 3102】**質權人拍賣質物**，依民法第 893 條第 1 項之規定，**係其權利，而非義務**。縱使質權人於債權已屆清償期後，因欲就質物賣得較高之價金而受清償，致未即行拍賣，亦不能因嗣後價值低落，即謂其應負何種責任。

▲【41 臺上 1432】質權人於債權已屆清償期，而未受清償時，依照民法第 893 條第 1 項規定，固得拍賣質物，就其賣得價金而受清償。但**所謂拍賣不由質權人自行為之，而聲請法院準照動產執行程序辦理，亦無不可。**

▲【49 臺上 2211】民法第 893 條之規定，祇謂質權人於債權屆期未受清償時，有拍賣質物優先受償之權利，並非認其必須負有拍賣之義務。故質權人就質物行使權利或逕向債務人請求清償，仍有選擇之自由，要無因拋棄質權，而債權亦歸於消滅之理。

▲【52 臺抗 128】參見本法第 873 條。

第 894 條　（拍賣之通知義務）

前二條情形質權人應於拍賣前，通知出質人。但不能通知者，不在此限。

⇧謹按依前二條之情形，質權人主張拍賣質物時，應先期通知出質人，使出質人不願拍賣其質物，得設法清償其債務，俾有迴旋之餘地。若質權人不通知而逕行拍賣，則出質人難免不受意外之損失，殊非法律之平，故為保護債務人利益計，特設本條之規定。但有不能通知之情形，自不受本條之限制。

第 895 條　（準用處分抵押物之規定）

第八百七十八條之規定，於動產質權準用之。

⇧謹按質權人於債權清償期屆滿後，為受清償，得訂立契約，取得動產質物之所有權，或用拍賣以外之方法，處分質物，此與抵押權人之與抵押物情形相同，故準用第 878 條之規定。

第 896 條　（質物之返還義務）

動產質權，所擔保之債權消滅時，質權人應將質物返還於有受領權之人。

⇧謹按動產質權之效用，原為擔保債權，其所擔保之債權消滅，其質權亦同時消滅。故質權人於質

權消滅時，應將質物返還於有受交付質物權利之人，如出質人或質物之所有人等是。此本條所由設也。

▲【33永上554】民法第896條載動產質權所擔保之債權消滅時，質權人應將質物返還於有受領權之人等語，是質權人返還質物之義務，應於動產質權所擔保之債權消滅時始生發生。易詞言之，即**動產質權所擔保之債權未消滅時，出質人尚無返還質物請求權之可言。**

▲【37上6843】民法第896條規定動產質權所擔保之債權消滅時，質權人應將質物返還於有受領權之人，**所謂有受領權者，係指出質人或其所指定之人而言。**

第897條　（質權之消滅㈠——返還質物）

動產質權，因質權人將質物返還於出質人或交付於債務人而消滅。返還或交付質物時，為質權繼續存在之保留者，其保留無效。

⑯為配合第885條第2項之修正，本條爰予修正，並作文字整理，合併為一項。

第898條　（質權之消滅㈡——喪失質物占有之請求權時效）

質權人喪失其質物之占有，於二年內未請求返還者，其動產質權消滅。

⑯質權人之物上請求權時效如過長，將使法律關係長久處於不確定狀態，有礙社會經濟發展，為從速確定其法律關係，並促進經濟發展，爰明定質權人喪失其質物之占有，未於二年之消滅時效期間內請求返還者，其動產質權消滅。

◇喪失質物之占有：喪失質物之占有係動產質權消滅原因之一，因若不使其消滅，質權人得以質權與第三人對抗，第三人將蒙不測之損害（王澤鑑，民法物權）。

第899條　（質權之消滅㈢——物上代位性）

Ⅰ.動產質權，因質物滅失而消滅。但出質人因滅失得受賠償或其他利益者，不在此限。

Ⅱ.質權人對於前項出質人所得行使之賠償或其他請求權仍有質權，其次序與原質權同。

Ⅲ.給付義務人因故意或重大過失向出質人為給付者，對於質權人不生效力。

Ⅳ.前項情形，質權人得請求出質人交付其給付物或提存其給付之金錢。

Ⅴ.質物因毀損而得受之賠償或其他利益，準用前四項之規定。

⑯一、現行條文所稱之「賠償金」，易使人誤解為質物之代位物僅限於賠償之金錢，實則質物之代位物，不以賠償為限，且在賠償或其他給付義務人未給付前，出質人對該義務人有給付請求權，惟給付物並未特定，金錢、動產或其他財產權均有可能，為避免疑義，爰將「賠償金」修正為「賠償或其他利益」。又現行規定後段乃前段之例外規定，爰將「如」字修正為「但」字之但書規定，且因其易令人誤解為一旦質物滅失受有賠償金時，質權人即可就賠償金取償。實則，質物滅失後，如出質人因滅失得受賠償或其他利益者，基於擔保權之物上代位性，質權人所得行使之權利並不消滅，故仍有質權，且其次序與原質權同。爰將「質權人得就賠償金取償」修正為「質權人對於前項出質人所得行使之賠償或其他請求權仍有質權，其次序與原質權同。」並改列為第2項。

二、質物滅失時，依第1項及第2項規定之意旨，負賠償或其他給付義務之給付義務人應向質權人給付，始為公允。故給付義務人如因故意或重大過失已向出質人為給付，對質權人不生效力。易言之，質權人如請求給付，給付義務人仍負給付之義務，爰增訂第3項。

三、第3項情形，如所擔保之債權已屆清償期，質權人得請求出質人交付其賠償物、給付物或賠償金、給付之金錢；如債權未屆清償期，質權人僅得請求出質人交付其賠償物、給付物或提存其賠償金、給付之金錢，爰增訂第4項。此種提存，係以出質人為提存人，質權人為受取人，附以債權屆期未受清償始得領取之條件，併予指明。

四、質物因毀損而得受之賠償或其他利益，是否亦為質物之代位物？現行法尚無明文，易滋疑義，惟學者通說認為其係質物之物上代位，為期明確，爰增訂第5項準用規定。

第899條之1　（最高限額質權與準用規定）

Ⅰ.債務人或第三人得提供其動產為擔保，就債權人對債務人一定範圍內之不特定債權，在最高限額內，設定最高限額質權。

II.前項質權之設定，除移轉動產之占有外，並應以書面為之。

III.關於最高限額抵押權及第八百八十四條至前條之規定，於最高限額質權準用之。

㊉一、本條新增。

二、基於質權之從屬性，必先有債權發生，始可設定質權，且擔保債權一旦消滅，質權即歸於消滅。長期繼續之交易，須逐筆重新設定質權，對於現代工商業社會講求交易之迅速與安全，不但徒增勞費，造成不便，亦生極大妨害，為彌補上述缺點，實有增訂最高限額質權之必要，爰仿第881條之1第1項最高限額抵押權之立法體例明定第1項。

三、第2項規定最高限額質權之設定為要式行為。鑑於質權之設定不若抵押權之設定須經登記，為期慎重及法律關係明確化，明定最高限額質權之設定，除須移轉動產之占有以符合質權成立之要件外，尚須以書面為之。

四、關於最高限額抵押權及第884條至前條有關動產質權之規定，依其性質與最高限額質權不相牴觸者，皆在適用之列，第3項爰設準用規定，以期周延。

第 899 條之 2 （營業質與準用規定）

I.質權人係經許可以受質為營業者，僅得就質物行使其權利。出質人未於取贖期間屆滿後五日內取贖其質物時，質權人取得質物之所有權，其所擔保之債權同時消滅。

II.前項質權，不適用第八百八十九條至第八百九十五條、第八百九十九條、第八百九十九條之一之規定。

㊉一、本條新增。

二、當鋪或其他以受質為營業者所設定之質權，通稱為「營業質」。其為一般民眾籌措小額金錢之簡便方法，有其存在之價值。惟民法對於營業質權人與出質人間之權利義務關係，尚無規定，致適用上易滋疑義，為期周延明確，爰增訂本條規定。

三、為便於行政管理，減少流弊，以受質為營業之質權人以經主管機關許可者為限。又鑑於營業質之特性，質權人不得請求出質人清償債務，僅得專就質物行使其權利，即出質人如未於取贖期間屆滿後五日內取贖其質物時，質權人取得質物之所有權，其所擔保之債權同時消滅，爰參酌當

鋪業法第4條、第21條之精神，增訂第1項。

四、營業質雖為動產質權之一種，惟其間仍有不同之處，爰於第2項明定最高限額質權、質權人之孳息收取權、轉質、質權之實行方法、質物之滅失及物上代位性等均不在適用之列。

第二節　權利質權

介謹按權利質權者，以所有權以外之財產權為標的物之質權也。得於此種質權之標的物者，非有體物，而為權利，如債權質之設定，有價證券之質入等，大都可以讓與移轉，呈供擔保債權之實行。故本節特明為規定之。

第 900 條 （權利質權之定義）

稱權利質權者，謂以可讓與之債權或其他權利為標的物之質權。

㊉限制物權例如地上權、典權、地役權、抵押權、動產質權等，均有定義規定。為期明確，並期立法體例一致，爰將本條修正為定義規定。

▲【49臺上235】參見本法第860條。

第 901 條 （動產質權規定之準用）

權利質權，除本節有規定外，準用關於動產質權之規定。

介謹按權利質權與動產質權之性質相同，故關於權利質權，除本節另有規定外，應準用關於動產質權之規定，俾資便利。此本條所由設也。

▲【26上823】權利質權之設定，除以債權、或無記名證券、或其他之有價證券為標的物者，應依民法第904條、第908條之規定為之外，祇須依關於其權利讓與之規定為之，此在民法第902條已有規定。**關於規定動產質權設定方式之民法第885條，自不在民法第901條所稱準用之列。**

第 902 條 （權利質權之設定）

權利質權之設定，除依本節規定外，並應依關於其權利讓與之規定為之。

㊉本條規定之原意為權利質權之設定，除依本節規定外，並應依關於其權利讓與之規定。惟現行條文易使人誤解為本節有規定者，僅須依本節之規定，如本節無規定時，始依關於其權利讓與之規定為之，為避免疑義，本條爰修正如上。

▲【60臺上4335】依民法第902條規定，權利質權之設定，除有特別規定外，應依關於權利讓

與之規定為之。此為質權設定之通則，對債權質權及證券質權俱有其適用，上訴人雖主張其依民法第 908 條證券質權設定之要件，其出質人已將被上訴人公司發行之記名股票交付於上訴人，並依背書方法為之，但關於公司法第 165 條第 1 項對記名股票轉讓之規定於設定權利質權自亦有其適用，故**非將質權人之本名或名稱記載於股票，並將質權人之本名或名稱及住所記載於公司股東名簿，不得以其設質對抗公司。**

▲【86 臺上 1473】參見本法第 299 條。

第 903 條　（處分質權標的物之限制）

為質權標的物之權利，非經質權人之同意，出質人不得以法律行為，使其消滅或變更。

查謹按為質權標的物之權利，出質人非經質權人之同意，不得以法律行為使其消滅或變更。本條設此規定，蓋以保護質權人之利益也。

第 904 條　（一般債權質權之設定）

I.以債權為標的物之質權，其設定應以書面為之。

II.前項債權有證書者，出質人有交付之義務。

⑨⑥一、現行條文前段改列為第 1 項，原後段內容則改列為第 2 項，並作文字修正。

二、證書之交付，學者通說以為依現行規定為債權質權設定之要件，於設質時有證書而不交付，不生質權設定之效力。惟按債權證書僅係債權存在之證明方法，且證書之有無，質權人常難以知悉，於無債權證書時，設質以書面為之為已足，債權證書之交付並非成立或生效要件。至於有證書，出質人予以隱瞞時，質權人原屬被欺罔之人，若竟因而使質權設定歸於無效，殊非合理，應以出質人負有交付證書之義務為宜，爰將「如債權有證書者，並應交付其證書於債權人」修正為「前項債權有證書者，出質人有交付之義務。」移列為第 2 項，俾利適用。

▲【64 臺上 684】依民法第 904 條規定，以債權為標的物之質權，固應以書面設定之，然書面之形式，法未明定其一定之格式，由出質人與質權人同意將設定權利質權之意旨，載明於書面者，即為已足。

第 905 條　（一般債權質權之實行㈠——以金錢給付者）

I.為質權標的物之債權，以金錢給付為內容，而其清償期先於其所擔保債權之清償期者，質權人得請求債務人提存之，並對提存物行使其質權。

II.為質權標的物之債權，以金錢給付為內容，而其清償期後於其所擔保債權之清償期者，質權人於其清償期屆至時，得就擔保之債權額，為給付之請求。

⑨⑥一、以債權為質權標的物，其質權之實行，因該債權與其所擔保債權之清償期不同，以及質權標的物之債權與其所擔保債權標的物種類之有異，而各有不同之方法，現行法第 905 條、第 906 條，僅就質權標的物債權之清償期與其所擔保債權清償期之先後區分而為規定，並未對質權標的物內容之不同而分別規定，致適用上易滋疑義，為期周延明確，爰就質權標的物債權之內容及其清償期之先後於修正條文第 905 條、第 906 條及第 906 條之 1 詳為規定其實行方法。

二、本條規定為質權標的物之債權以金錢為給付內容之實行方法。第 1 項就其清償期先於所擔保債權清償之實行方法加以規定，質權人不惟得請求債務人提存該金錢，且其質權移存於提存金之返還請求權上，質權人並得對其行使質權（日本民法第 367 條第 3 項參照）。

三、至於質權標的物之債權清償期後於所擔保債權清償期者，質權人自得待質權標的物之債權清償期屆至後，就擔保之債權額，向債務人直接為給付之請求，爰增訂第 2 項。又此種情形，亦包括二者之清償期同時屆至之情形在內。

◇**提存**：清償人以消滅債務為目的，將其給付物為債權人寄託於提存所之行為（邱聰智，民法債編通則）。

第 906 條　（一般債權質權之實行㈡——以金錢以外之動產給付者）

為質權標的物之債權，以金錢以外之動產給付為內容者，於其清償期屆至時，質權人得請求債務人給付之，並對該給付物有質權。

⑨⑥本條規定為質權標的物之債權，以金錢以外之動產為給付內容之實行方法。不論質權所擔保債權

之清償期如何，均須待質權標的物債權之清償期屆至時，質權人始得請求債務人給付該動產，並對該動產有質權（日本民法第367條第4項參考）。此際，權利質權轉換為動產質權，依動產質權之實行方法實行質權。

第 906 條之 1 （一般債權質權之實行(三)——以不動產物權之設定或移轉給付者）

I 為質權標的物之債權，以不動產物權之設定或移轉為給付內容者，於其清償期屆至時，質權人得請求債務人將該不動產物權設定或移轉於出質人，並對該不動產物權有抵押權。

II 前項抵押權應於不動產物權設定或移轉於出質人時，一併登記。

⑳一、本條新增。

二、本條規定為質權標的物之債權，以不動產物權之設定或移轉為給付內容之實行方法。不論質權所擔保債權之清償期如何，均須待質權標的物債權之清償期屆至時，質權人始得請求債務人將該不動產物權設定或移轉於出質人，並對該不動產物權有抵押權（日本民法第367條第4項、德國民法第1287條參考）。俾使質權合法轉換為抵押權，以確保質權人之權益，爰增訂第1項規定。又本條所指「不動產物權」，不包括不能設定抵押權之不動產物權，例如地役權等，乃屬當然。

三、依前項規定而成立者，乃特殊型態之抵押權，固不以登記為生效要件，惟仍宜於該不動產物權設定或移轉於出質人時，一併登記，俾保障交易安全，而杜紛爭，爰增訂第2項規定。此項抵押權之登記，應依申請為之，且毋待出質人之同意，地政機關當可於有關法令中作配合規定，併予敘明。

第 906 條之 2 （一般債權質權之實行(四)——其他實行方式）

質權人於所擔保債權清償期屆至而未受清償時，除依前三條之規定外，亦得依第八百九十三條第一項或第八百九十五條之規定實行其質權。

⑳一、本條新增。

二、權利質權之實行方法，第905條至第906條之1已設有明文規定，質權人可否仍依動產質權之規定，實行其權利質權，就第901條規定之文字可能滋生疑義，為期明確，爰增訂本條。不論

質權標的物債權之給付內容如何，其清償期如何，僅須質權所擔保債權之清償期屆至而未受清償時，除依第905條至第906條之1之規定外，亦得依第893條第1項或第895條之規定實行其質權。易言之，質權人不但得依前三條之規定行使權利，亦得拍賣質權標的之物之債權或訂立契約，用拍賣以外之方法實行質權，均由質權人自行斟酌選擇之。

第 906 條之 3 （權利質權之質權人得行使一定權利質權使清償期屆至）

為質權標的物之債權，如得因一定權利之行使而使其清償期屆至者，質權人於所擔保債權清償期屆至而未受清償時，亦得行使該權利。

⑳一、本條新增。

二、質權以債權為標的物者，本須待供擔保之債權屆清償期後，質權人方得為給付之請求，然若干債權，其清償期之屆至並非自始確定，須待一定權利之行使後，方能屆至，例如未定返還期限之消費借貸債權，貸與人依民法第478條之規定須定一個月以上之相當期限催告，始得請求返還是。於此情形，質權人之債權已屆清償期，但供擔保之債權因出質人（債權人）未為或不為該一定權利之行使時，質權人能否行使此種權利，非無爭議，為維護其實行權，爰參考德國民法第1283條，增訂本條規定，賦予質權人亦得行使該權利。

第 906 條之 4 （質權人之通知義務）

債務人依第九百零五條第一項、第九百零六條、第九百零六條之一為提存或給付時，質權人應通知出質人，但無庸得其同意。

⑳一、本條新增。

二、債務人依第905條第1項、第906條、第906條之1為提存或給付時，因債權質權依法轉換為動產質權或抵押權，對出質人之權益雖無影響，惟出質人仍為質權標的物之主體，宜讓其有知悉實際狀況之機會，爰增訂本條，明定質權人應通知出質人，但無庸得其同意。又此項通知，並非債務人依上開規定所為提存或給付之成立或生效要件，如質權人未通知出質人，致出質人受有損害，僅生損害賠償之問題。

第 907 條　（第三債務人之清償）

為質權標的物之債權，其債務人受質權設定之通知者，如向出質人或質權人一方為清償時，應得他方之同意。他方不同意時，債務人應提存其為清償之給付物。

〈介〉謹按以債權出質者，應依讓與之規定，通知於債務人，債務人既受質權設定之通知後，則債務人非經質權人或出質人之同意，不得向一方清償其債務。然使債務人因未得一方之同意，致永遠不能脫離其債務關係，亦未免失之於酷，故應使債務人得為提存清償債務之標的物，以保護雙方之利益。此本條所由設也。

第 907 條之 1　（質權標的物之債權不得主張抵銷）

為質權標的物之債權，其債務人於受質權設定之通知後，對出質人取得債權者，不得以該債權與為質權標的物之債權主張抵銷。

⑨⑥一、本條新增。

二、權利質權為擔保物權之一種，質權人於一定限度內，對該為標的物之債權，具有收取權能，故對該債權之交換價值，應得為相當之支配，方足以貫徹其擔保機能。出質人與債務人自不得為有害於該權能之行為。爰參照第 340 條、第 902 條、第 297 條之規定，增訂本條，明示第三債務人不得以受質權設定之通知後所生之債權與為質權標的物之債權抵銷，以保障質權人之權益。

第 908 條　（證券質權之設定）

I 質權以未記載權利人之有價證券為標的物者，因交付其證券於質權人，而生設定質權之效力。以其他之有價證券為標的物者，並應依背書方法為之。

II 前項背書，得記載設定質權之意旨。

⑨⑥一、本條所稱「無記名證券」實係指未記載權利人之證券，與第 719 條規定無記名證券之定義無關，為避免混淆，爰將「無記名證券」修正為「未記載權利人之有價證券」，並將本條改列為第 1 項。

二、為謀出質人權益、交易安全之維護及交易成本減少之平衡，並符私法自治原則，爰增訂第 2 項，前項背書，得記載設定質權之意旨，以期明確。

▲【56 臺抗 444】股票為有價證券，得為質權之標的，其以無記名式股票設定質權者，因股票之交付而生質權之效力，其以記名式股票設定質權者，除交付股票外，並應依背書方法為之。

▲【60 臺上 4335】參見本法第 902 條。

第 909 條　（證券質權之實行）

I 質權以未記載權利人之有價證券、票據、或其他依背書而讓與之有價證券為標的物者，其所擔保之債權，縱未屆清償期，質權人仍得收取證券上應受之給付。如有使證券清償期屆至之必要者，並有為通知或依其他方法使其屆至之權利。債務人亦僅得向質權人為給付。

II 前項收取之給付，適用第九百零五條第一項或第九百零六條之規定。

III 第九百零六條之二及第九百零六條之三之規定，於以證券為標的物之質權，準用之。

⑨⑥一、第 908 條已將「無記名證券」修正為「未記載權利人之有價證券」，本條爰配合修正並改列為第 1 項。

二、現行條文中段規定「如有預行通知證券債務人之必要並有為通知之權利」，其意義為何，甚為隱晦，考其規範意義應係為前段之意旨而設，亦即考量票據等有價證券，必須在特定期間內為收取，以保全證券權利，故賦予質權人於其債權屆清償期前得單獨預先收取證券上之給付。然有價證券中有須先為一定權利之行使，其清償期方能屆至者，例如見票後定期付款之匯票（票據法第 67 條參照），出質人須先為匯票見票之提示，或約定債權人可提前請求償還之公司債券，出質人須先為提前償還之請求是。此種情況，若有必要時，質權人得否行使該權利，非無爭議，爰參考德國民法第 1294 條規定，予以修正，以杜爭議。又所謂「有為通知或依其他方法使其屆至之權利」，例如須先為匯票提示以計算到期日或通知公司債之發行人提前清償是，併予指明。

三、質權人依第 1 項收取之給付，其內容有屬金錢者，有金錢以外之動產者，質權人之實行方法，應依第 905 條第 1 項或第 906 條之規定，爰增訂第 2 項，以期周延。

四、為保障以證券為標的物之質權人之權益，爰增訂第 3 項準用第 906 條之 2 及 906 條之 3 之規定，以利適用。

第 910 條 （證券質權設質後所生證券之效力）

Ⅰ.質權以有價證券為標的物者，其附屬於該證券之利息證券、定期金證券或其他附屬證券，以已交付於質權人者為限，亦為質權效力所及。

Ⅱ.附屬之證券，係於質權設定後發行者，除另有約定外，質權人得請求發行人或出質人交付之。

⑳一、附屬證券種類眾多，非僅利息證券、定期金證券或分配利益證券三種，爰將「利息證券、定期金證券或分配利益證券」修正為「利息證券、定期金證券或其他附屬證券」，以資涵蓋，並作文字整理，改列為第 1 項。

二、附屬之證券，如係於質權設定後發行者，是否為質權效力所及？現行法尚無明文規定，易滋疑義。依第 901 條準用第 889 條規定，除契約另有約定外，質權人自得收取質物所生之孳息，亦即質權之效力，應及於證券設置後所生之孳息（最高法院 63 年 5 月 28 日、63 年度第 3 次民庭庭推總會決議㈡參照）。故該附屬之證券如在發行人或出質人占有中，除另有如第 889 條但書特別約定者外，質權人自得請求交付之，俾質權人得就此附屬之證券行使權利質權。爰增訂第 2 項規定。

◇**附屬證券**：質權以有價證券（主證券或基本證券）為標的物時，其附屬於該證券之利息證券、定期金證券或其他附屬證券（從證券），以已交付於質權人者為限，其質權之效力及於該等附屬之證券。因從證券與主證券分別獨立，而質權之設定以質權人占有為要件（民法第 885 條、第 908 條），如出質人未將已發行之附屬證券交付質權人，則非質權效力所及（謝在全，民法物權論下冊）。

第八章 典 權

☆謹按我國之有典權，由來已久，此種習慣，各地均有，蓋因典僅用找貼之方法，即可取得所有權，非若不動產質於出質人不為清償時，須將其物拍賣，而就其賣得價金內扣還，手續至為繁複。且出典人於典物價格低減時，尚可拋棄其回贖權，於典物價格高漲時，可主張找貼之權利，有自由伸縮之餘地，實足以保護經濟上之弱者。故本法特設本章之規定。

第 911 條 （典權之定義）

稱典權者，謂支付典價在他人之不動產為使用、收益，於他人不回贖時，取得該不動產所有權之權。

⑼⑼一、典權之成立究否以占有他人之不動產為要件，學說與實務（最高法院 38 年臺上字第 163 號判例參照）尚有爭議。惟查占有僅係用益物權以標的物為使用收益之當然結果，乃為典權之效力，而非成立要件，現行條文在定義規定內列入「占有」二字，易滋疑義，為期明確，爰將前段「占有」二字，修正為「在他人之不動產」，並酌為文字調整。

二、典權特質之一，乃出典人未行使回贖權時，典權人取得典物所有權（現行條文第 923 條、第 924 條參照），爰於後段增列「於他人不回贖時，取得該不動產所有權」，俾使定義更為周全，以活化典權之社會功能。

▲【32 上 5011】 典權人支付之典價為取得典權之對價，非以此成立借貸關係，故**出典人有於一定期間內以原典價回贖典物之權利，不負返還原典價之義務**。雖其典物因不可抗力而滅失，或價值低落至少於原典價，典權人亦不得請求出典人返還原典價之全部或一部，此由民法第 911 條、第 923 條、第 924 條、第 920 條觀之可知，為典權特質之所在，而與他國民法所認之不動產質權不同者也。當事人之一方移轉不動產之占有於他方以押借金錢，約定他方得就其賣得價金受清償，如有不足仍得請求補償者，不過與他國民法所認之不動產質權相當，在我國民法上無論是否可認他方就該不動產有抵押權，要不得謂為典權之設定。

▲【33 上 179】 當事人之一方支付定額之金錢，取得占有他方之不動產，而為使用及收益之權，約明日後他方得以同額之金錢回贖者，不問當事人所用名稱如何，在法律上應認為出典。

▲【33 上 1299】 使用房屋必同時使用基地，房屋與基地同屬一人所有者，該所有人出典房屋恆連基地一併出典，故有疑義時，應解為基地同在出典之列。

▲【33 上 3754】 民法第 911 條所稱之占有，不以典權人直接占有為必要，此觀於民法第 915 條之規定自明。出典人於典權設定後，仍繼續占有典物者，如已與典權人訂立契約，使典權人因此

取得間接占有時，依同法第 946 條第 2 項、第 761 條第 2 項之規定，即不得謂典物之占有尚未移轉於典權人。

▲【38 臺上 163】典權之成立，依民法第 911 條規定，固以移轉占有為要件。惟**該條所稱之占有，不以典權人直接占有為必要**。此觀同法第 915 條之規定自明。是出典人於典權設定後，苟因典物在第三人占有中，而將其對於第三人之返還請求權讓與典權人，使**典權人因此取得間接占有時**，依同法第 946 條第 2 項、第 761 條第 2 項之規定，**即不得謂典物之占有尚未移轉於典權人**。

▲【81 臺上 299】房屋與基地同屬一人所有者，其所有人設定典權之書面，雖無基地字樣，但使用房屋必須使用該房屋之基地，除有特別情事可解釋當事人之真意僅以房屋為典權標的外，應解為基地亦在出典之列。

第 912 條　（典權之期限）

典權約定期限不得逾三十年，逾三十年者縮短為三十年。

〆謹按典權約定期間不得逾三十年，其逾三十年者，縮短為三十年，蓋以典權之存續期間，不可漫無限制，致礙社會上個人經濟之發展。故設本條以明示其旨。

▲【30 渝上 166】清理不動產典當辦法施行後，民法物權編施行前設定之典權定有逾十年之期限者，依該辦法第 8 條之規定，一屆十年限滿，固應准出典人即時回贖。惟至民法物權編施行時尚未屆十年限滿者，其十年限滿之效力，既未於該辦法有效時期發生，依民法物權編施行法第 2 條之規定，自應依民法物權編定其得回贖之時期，如其約定期限逾三十年者，依民法第 912 條、第 923 條第 1 項之規定，應將其約定期限縮短為三十年，俟三十年期限屆滿後，出典人始得以原典價回贖典物。

第 913 條　（絕賣之限制）

I 典權之約定期限不滿十五年者，不得附有到期不贖即作絕賣之條款。
II 典權附有絕賣條款者，出典人於典期屆滿不以原典價回贖時，典權人即取得典物所有權。
III 絕賣條款非經登記，不得對抗第三人。

〆一、現行條文未修正，改列為第 1 項。

二、典權之典期在十五年以上而附有絕賣條款者，出典人於典期屆滿後不以原典價回贖時，典權人是否當然取得典物之所有權，學說並不一致，為免有害交易安全，自以明定為宜。爰增訂第 2 項，規定典權附有絕賣條款者，出典人於典期屆滿不以原典價回贖時，典權人即取得典物所有權，俾杜爭議。此所謂取得所有權者，與現行條文第 923 條第 2 項、第 924 條所定之「取得典物所有權」，性質上同屬繼受取得，併此敘明。

三、當事人約定有絕賣條款者，經登記後方能發生物權效力，足以對抗第三人，故土地及典權之受讓人或其他第三人（例如抵押權人），當受其拘束，爰增訂第 3 項。

▲【34 上 188】民法第 913 條不過就典期不滿十五年之典權設定契約，禁止當事人附有到期不贖即作絕賣之條款，違者出典人仍得於典期屆滿二年內回贖，非謂民法第 923 條第 2 項僅適用於典期屆滿十五年之典權。

第 914 條　（刪除）

第 915 條　（典物之轉典或出租）

I 典權存續中，典權人得將典物轉典或出租於他人。但另有約定或另有習慣者，依其約定或習慣。
II 典權定有期限者，其轉典或租賃之期限，不得逾原典權之期限，未定期限者，其轉典或租賃，不得定有期限。
III 轉典之典價，不得超過原典價。
IV 土地及其土地上之建築物同屬一人所有，而為同一人設定典權者，典權人就該典物不得分離而為轉典或就其典權分離而為處分。

〆一、按契約乃當事人互相表示意思一致之法律行為，現行條文第 1 項之「訂定」宜修正為「約定」，並酌為文字調整。

二、第 2 項後段文字改列為第 3 項，免滋疑義。

三、土地及土地上建築物之同一典權人，就其典權原得自由而為轉典或其他處分，然為避免法律關係之複雜化，爰對於同一人所有之土地及土地上建築物，同時或先後為同一人設定典權之情形，增訂第 4 項限制規定，典權人就其典物即土地及其土地上之建築物不得分離而為轉典或就其典權分離而為處分。

◇**轉典**：在自己已有典權的範圍內，以同一典物為標的物再向他人設定新典權。

▲【28渝上1078】民法第915條第1項但書所稱之習慣，固有優先於成文法之效力，惟此係指限制典權人將典物轉典或出租於他人之習慣而言，並不包含轉典得不以書面為之之習慣在內，**轉典為不動產物權之設定，依民法第760條之規定，應以書面為之，縱有相反之習慣，亦無法之效力。**

▲【30渝上166】參見本法第912條。

▲【32上3934】民法第915條第2項所謂轉典之期限不得逾原典權之期限，係指轉典期限屆滿之時期，不得後於原典權期限屆滿之時期而言。故**原典權之期限經過一部分後轉典者，其轉典之期限不得逾原典權之殘餘期限，原典權之期限屆滿後轉典者，其轉典不得定有期限。**

▲【33上1916】轉典權為物權之一種，不僅對於轉典權人存在，對於出典人亦有效力，且典權人既已將典物得價轉典，則出典人回贖典物時，典權人就原典價內相當於轉典價數額之部分，自無受領權。故出典人回贖典物應向典權人與轉典權人各為回贖之意思表示，並向典權人提出多於轉典價部分之原典價，向轉典權人提出轉典價，始得請求轉典權人返還典物，其僅向典權人提出原典價回贖者，不得以之對抗轉典權人。

▲【44臺上1730】被上訴人於日據時期向某甲借用日金，就訟爭土地設定質權，約定期限十年，某甲即將該土地出租於某乙耕作，準照民法第915條第2項之規定，**其租賃期限自不得超過質權設定之期間。**

▲【45臺上841】參見本法第425條。

▲【46臺上555】民法第915條設定之轉典權，為物權之一種，不僅對於轉典權人存在，對於出典人亦有效力。故出典人回贖典物，應向典權人及轉典權人各為回贖之意思表示，如出典人回贖典物時，典權人及轉典權人對於其回贖權有爭執者，得以典權人及轉典權人為共同被告，提起確認典權及轉典權不存在，並請求轉典權人返還典物之訴。

▲【81臺上299】參見本法第911條。

第916條 （轉典或出租之責任）

典權人對於典物因轉典或出租所受之損害，負賠償責任。

介謹按典權人既得將典物轉典或出租於他人，則典物因轉典或出租所受之損害，自應由典權人負賠償責任，方足以昭公允。此本條所由設也。

第917條 （典權之讓與）

Ⅰ典權人得將典權讓與他人或設定抵押權。

Ⅱ典物為土地，典權人在其上有建築物者，其典權與建築物，不得分離而為讓與或其他處分。

㊈一、典權為財產權之一種，依其性質，典權人得自由處分其權利，亦得以其權利設定抵押權，以供擔保債務之履行。為周延計，爰修正第1項，增訂典權人得將典權設定抵押權之規定。

二、典權之受讓人當然取得其權利，無特別規定之必要，且修正條文第838條僅規定得讓與，而無受讓人取得原權利之文字，爰刪除現行條文第2項。

三、典權人在典物之土地上營造建築物者，典權與該建築物應不得各自分離而為讓與或其他處分，例如建築物設定抵押權時，典權亦應一併設定抵押權，反之亦同，俾免因建築物與土地之使用權人不同，造成法律關係複雜之困擾，爰增訂第2項。

▲【31上1631】典權人將典物轉典於他人後，固得向轉典權人回贖，惟轉典之後又將其典權讓與於轉典權人者，自不得再向該轉典權人回贖。

▲【33永上206】某甲承典上訴人之田地典與被上訴人，其所立之典契內既載有「自典之後，或湊或贖，聽憑原主之事，與甲無干」字樣，則探求當事人締約之真意，顯係為民法第917條第1項所謂典權之讓與。

第917條之1 （典權人之義務）

Ⅰ典權人應依典物之性質為使用收益，並應保持其得永續利用。

Ⅱ典權人違反前項規定，經出典人阻止而仍繼續為之者，出典人得回贖其典物。典權經設定抵押權者，並應同時將該阻止之事實通知抵押權人。

㊈一、本條新增。

二、不動產是人類生存之重要資源，固應物盡其用，發揮其最大經濟效益，然為免自然資源之枯竭，與不動產本質之維護，使其永續利用，仍應力求其平衡，爰增設第1項（瑞士民法第768條、第769條、日本民法第271條、魁北克民法第1120條、義大利民法第972條第1項第1款、

第 1067 條第 1 項、德國民法第 1020 條第 1 項參照）。典權人對典物之使用收益應依其性質為之，不得為性質之變更，就建築物之用益不得有不能回復其原狀之變更，土地尤不得過度利用，戕害其自我更新之能力，以保持典物得永續利用。

三、倘典權人違反上開義務，為維護出典人權益及不動產資源之永續性，應使出典人有阻止之權。如經阻止而仍繼續為之者，並使有回贖典物之權，以保護出典人，爰仿修正條文第 836 條之 3，增訂第 2 項前段。若典權經設定抵押權者，為保障抵押權人之權益，爰參酌修正條文第 836 條第 1 項規定，增訂出典人於阻止典權人時，應同時將該阻止之事實通知抵押權人之規定。

第 918 條　　（典物之讓與）

出典人設定典權後，得將典物讓與他人。但典權不因此而受影響。

⑨現行條文第 2 項只言權利未及義務，不夠周延，且易使人誤解典權為對人權，爰參酌現行條文第 867 條規定，刪除現行條文第 2 項，並於第 1 項酌為文字調整後增訂但書。

▲【28 渝上 1275】出典人於典權設定後，得將典物之所有權讓與他人，民法第 918 條第 1 項定有明文。故**出典人之債權人僅就典物為禁止出典人讓與其所有權之假扣押時，典權人不得提起異議之訴**。

▲【31 上 1655】 出典人將典物之所有權讓與他人時，其回贖權即一併移轉於受讓人。故在**讓與後不得復向典權人回贖**。

▲【51 臺上 345】強制執行法第 15 條所謂就執行標的物，有足以排除強制執行之權利，除所有權外，固兼括典權在內，惟此指典權本身因強制執行受有妨礙之情形而言。**倘出典人之債權人，僅就典物為禁止出典人讓與其所有權之假扣押，或僅就典物之所有權執行拍賣時，則依民法第 918 條規定之精神，典權人自不得提起異議之訴。**

第 919 條　　（典權人之留買權）

I.出典人將典物出賣於他人時，典權人有以相同條件留買之權。

II.前項情形，出典人應以書面通知典權人。典權人於收受出賣通知後十日內不以書面表示依相同條件留買者，其留買權視為拋棄。

III.出典人違反前項通知之規定而將所有權移轉者，其移轉不得對抗典權人。

⑨一、現行條文規定之留買權僅具債權之效力，其效力過於薄弱。為期產生物權之效力，該留買權必具有優先於任何人而購買之效果，出典人不得以任何理由拒絕出賣。又為兼顧出典人之利益，典權人聲明留買不宜僅限於同一之價額，必條件完全相同，始生留買問題，爰仿土地法第 104 條第 1 項規定修正，改列為第 1 項，並作文字調整。

二、為期留買權之行使與否早日確定，爰仿土地法第 104 條第 2 項規定，增訂第 2 項，明定出典人應踐行通知典權人之義務及典權人於收受通知後十日內不為表示之失權效果，期使法律關係早日確定。

三、為使留買權具有物權之效力，爰增訂第 3 項，明定出典人違反通知義務而將所有權移轉者，不得對抗典權人。

▲【29 渝上 2015】民法第 919 條之規定，限於典權存續中出典人將典物之所有權讓與他人時始能適用，若出典人於回贖典物後將其所有權讓與他人，則其時典權已因回贖而消滅，該物既不復為典物，當事人雙方亦各失其出典人與典權人之地位，自無適用同條之餘地。

第 920 條　　（危險分擔——非常事變責任）

I 典權存續中，典物因不可抗力致全部或一部滅失者，就其滅失之部分，典權與回贖權，均歸消滅。

II 前項情形，出典人就典物之餘存部分，為回贖時，得由原典價扣除滅失部分之典價。其滅失部分之典價，依滅失時滅失部分之價值與滅失時典物之價值比例計算之。

⑨一、第 1 項未修正。

二、第 2 項所定回贖典物時扣減原典價之方法，在扣盡原典價之情形下，有類於典權人負擔全部損失，尚欠公平，且典權人之責任竟與現行條文第 922 條典權人有過失之責任無異，亦有不妥。爰修正為依滅失時典物滅失部分之價值與滅失時典物價值之比例扣減之，以期公允。例如出典房屋一棟，典價為九十萬元，因不可抗力致房屋一部滅失，經估算滅失時房價值為三百萬元，該滅失部分為一百八十萬元，如依現行法規定，回贖金額為 90-(180×1/2)=0 即出典人不須支付任何金額即可回贖原典物之餘存部分，甚不公平。如依修正條文計算，滅失時滅失部分之典價為五十四萬元 (90×180/300)，回贖金額為三十六萬

民

法

第三編　物權（第九二一～九二三條）

元 (90-54) 即出典人須按比例支付三十六萬元，始得回贖典物房屋餘存之部分。

第921條　（典權人之重建修繕權）
典權存續中，典物因不可抗力致全部或一部滅失者，除經出典人同意外，典權人僅得於滅失時滅失部分之價值限度內為重建或修繕。原典權對於重建之物，視為繼續存在。

⑨物權因標的物滅失而消滅，固係物權法之原則。惟為保護典權人之權益，典物因不可抗力致全部或一部滅失者，特賦予重建或修繕之權，是以典權人依本條規定為重建時，原典權仍應視為繼續存在於重建之標的物上，以釐清典權與出典人間之權利義務關係，爰予修正。

第922條　（典權人保管典物責任）
典權存續中，因典權人之過失，致典物全部或一部滅失者，典權人於典價額限度內，負其責任。但因故意或重大過失，致滅失者，除將典價抵償損害外，如有不足，仍應賠償。

⒤謹按典權存續中，如因典權人之過失，致將典物全部或一部滅失者，典權人應否負損害賠償之責任，應視其過失之輕重，以定賠償之標準。如為輕微之過失，典權人僅於其典權限度內負其責任，如典物全部或一部之滅失，係出於典權人之故意或重大過失所致者，則除將典價抵充賠償外，並應依侵權行為之原則，使典權人再負賠償之全責，庶足以保護出典人之利益。此本條所由設也。

第922條之1　（典權之存續）
因典物滅失受賠償而重建者，原典權對於重建之物，視為繼續存在。

⑨一、本條新增。
二、物權通常因標的物之滅失而消滅，標的物於其後回復者，非有物權發生之原因或法律之規定，要不能當然回復。典權人因受賠償所重建滅失之典物，學者通說認為在重建範圍內原典權視為繼續存在，為期明確，爰將其明文化。

第923條　（定期典權之回贖）
I.典權定有期限者，於期限屆滿後，出典人得以原典價回贖典物。
II.出典人於典期屆滿後，經過二年，不以原典價回贖者，典權人即取得典物所有權。

⒤謹按典權之特質，即在於出典人保有回贖之權利，故典權定有期限者，於期間屆滿後，出典人得以原典價回贖典物，典權人不得拒絕。若出典人於典期屆滿後，經過二年而不回贖者，應使典權人即取得典物所有權，所以使權利狀態，得以從速確定也。

▲【29渝上1006】典權定有期限者，出典人雖有於期限屆滿後二年內以原典價回贖典物之權利，要不負以原典價回贖典物之義務。典權人對於出典人自無備價回贖之請求權。

▲【30渝上371】出典人之回贖權，為提出原典價向典權人表示回贖之意思，使典權歸於消滅之權利。故**出典人僅向典權人表示回贖之意思而未提出典價者，仍無消滅典權之效力**。

▲【30渝上514】典權定有期限者，典權人拋棄其期限之利益，而許出典人於期限屆滿前回贖典物，並非法之所禁。

▲【31上1856】民法第923條第2項所定二年之期間，為回贖權之**除斥期間**，此項期間經過時回贖權絕對消滅，並不因典權人之有無催告回贖而影響。

▲【31上2410】出典人在民法第923條第2項所定期間內，提出原典價向典權人回贖典物，而典權人無正當理由拒絕受領者，仍應認為已有合法之回贖。

▲【33上611】典物之價額無論較出典時有無增漲，依民法第923條、第924條之規定，**出典人祇須以原典價回贖，非別有法律規定不得責令加價**。故除當事人依非常時期民事訴訟補充條例第11條、第12條聲請調解者，法院有時得依同條例第20條第2項為加價回贖之裁判外，不得命出典人增加贖價。

▲【33上680】典物之所有權原屬於出典人，典權人將典物轉典後，如未依法取得典物所有權，則轉典權人在典權人之回贖權消滅時，僅取得典權人之典權，與典權人讓與典權人無異，並不取得出典人之所有權，出典人自得逕向轉典權人回贖典物。

▲【33上2566】民法第923條第2項所定二年之期間，以得約定減短為原則，此觀民法第913條對此原則設有例外規定自明，民法第924條但書所定之期間長至三十年，其得以法律行為減短之尤不待言。**故未定期限之典權約定僅得於出典後十年內回贖者，自應認為有效**。

▲【33上3656】如果上訴人確已將典物依法轉典，被上訴人回贖典物時，固應向典權人及轉典

權人各為回贖之意思表示，並向典權人提出多於轉典價部分之原典價，向轉典權人提出轉典價，始得請求轉典權人返還典物。惟出典人直接向典權人提出全部典價而為回贖之意思表示，並請求返還典物者，典權人仍負有消滅其設定之轉典權，取回典物返還於出典人之義務。

▲【33 上 6387】出典人設定典權後祇有回贖之權利，不負以原典價回贖典物之義務。故典權人對於出典人無備價回贖之請求權。

▲【38 臺上 317】定有期限之典權當事人，以契約加長期限者，須於期限屆滿前為之，在期限屆滿後為之者不能認為有效，出典人自不得於原有期限之回贖期間經過後，據此項加長期限之契約回贖典物。

▲【39 臺上 330】典權人於經過法定回贖期間取得典物所有權後，另訂回贖契約，即係所有權人對於所有物處分之另一行為，不能認為無效。

▲【39 臺上 1318】出典人於其得回贖典物之期間內，向典權人提出原典價為回贖之意思表示者，其典權於意思表示發生效力時，始行消滅。

▲【39 臺上 1426】民法第 923 條第 2 項所定回贖權行使之二年期間，不得由當事人以契約加長之。故定有期限之典權如當事人同意加長典期，應於典期尚未屆滿前為之，**若於期滿後之法定二年回贖期間內，始為典期延長之約定者，無異由當事人以契約加長法定回贖期間，即為法所不許。**

▲【40 臺上 1109】臺灣光復前所發生之不動產質權，係屬一種擔保物權，與民法物權編所定之典權迥不相同。**故質權人於質權存續期間屆滿後，未經出質人回贖，除有特別情事外，仍無取得質物所有權之可能。**

▲【81 臺上 299】參見本法第 911 條。

第 924 條　（未定期典權之回贖）

典權未定期限者，出典人得隨時以原典價回贖典物。但自出典後經過三十年不回贖者，典權人即取得典物所有權。

⟨介⟩謹按本條之立法意義，與前條大致相同，即未定期限之典權，出典人得隨時以原典價回贖之。但自出典後已經過三十年仍不回贖者，是出典人無意回贖，已甚明顯，法律即無再予保護之必要，典權人得即取得典物所有權，蓋使權利狀態得以從速確定也。

第 924 條之 1　（出典人逕行回贖）

I 經轉典之典物，出典人向典權人為回贖之意思表示時，典權人不於相當期間向轉典權人回贖並塗銷轉典權登記者，出典人得於原典價範圍內，以最後轉典價逕向最後轉典權人回贖典物。

II 前項情形，轉典價低於原典價者，典權人或轉典權人得向出典人請求原典價與轉典價間之差額。出典人並得為各該請求權人提存其差額。

III 前二項規定，於下列情形亦適用之：

一　典權人預示拒絕塗銷轉典權登記。

二　典權人行蹤不明或有其他情形致出典人不能為回贖之意思表示。

⟨99⟩一、本條新增。

二、轉典後，出典人回贖時究應向典權人抑轉典權人為之，現行法尚無明文規定，易滋疑義。按行使回贖權時原應提出原典價為之，然轉典後，可能有多數轉典權存在，為避免增加出典人行使回贖權之負擔，及向典權人回贖，而其未能塗銷轉典權時，出典人若向最後轉典權人回贖，須再次提出典價，恐遭受資金風險之不利益，爰於第 1 項明定，出典人回贖時，僅須先向典權人為回贖之意思表示，典權人即須於相當期間內，向其他轉典權人回贖，並塗銷轉典權，嗣出典人提出原典價回贖時，典權人始塗銷其典權。如典權人不於相當期間向轉典權人回贖並塗銷轉典權登記者，為保障出典人之利益，特賦予出典人得提出於原典價範圍內之最後轉典價逕向最後轉典權人回贖之權利。

三、出典人依前項規定向最後轉典權人回贖時，原典權及全部轉典權均歸消滅。惟轉典價低於原典價或後轉典價低於前轉典價者，應許典權人及各轉典權人分別向出典人請求相當於自己與後手間典價之差額，出典人並得為各該請求權人提存該差額，俾能保護典權人與轉典權人之權益，而符公平。例如：甲將土地一宗以一千萬元出典於乙，乙以九百萬元轉典於丙，丙復以八百萬元轉典於丁。乙、丙、丁如仍有回贖權時，甲依前項規定以最後轉典價即八百萬元向丁回贖者，乙之典權及丙、丁之轉典權均歸消滅，乙、丙就自己與後手間各一百萬元之典價差額，均得向甲請求返還。出典人甲並得分別為乙、丙提存典價之差

額各一百萬元。爰增訂第2項。

四、轉典為典權人之權利，非由出典人所得過問，然究不能因此過度增加出典人之負擔，故若典權人預示拒絕塗銷轉典權登記；行蹤不明或有其他情形致出典人不能為回贖之意思表示者，為避免增加出典人行使回贖權之困難，爰於第3項明定前二項規定亦適用之。

第924條之2　（推定租賃關係存在）

I 土地及其土地上之建築物同屬一人所有，而僅以土地設定典權者，典權人與建築物所有人間，推定在典權或建築物存續中，有租賃關係存在；其僅以建築物設定典權者，典權人與土地所有人間，推定在典權存續中，有租賃關係存在；其分別設定典權者，典權人相互間，推定在典權均存續中，有租賃關係存在。

II 前項情形，其租金數額當事人不能協議時，得請求法院以判決定之。

III 依第一項設定典權者，於典權人依第九百十三條第二項、第九百二十三條第二項、第九百二十四條規定取得典物所有權，致土地與建築物各異其所有人時，準用第八百三十八條之一規定。

⑨一、本條新增。

二、同屬於一人所有之土地及其建築物，可否僅以土地或建築物出典或將土地及其建築物分別出典於二人？實務上認為所有人設定典權之書面，雖僅記載出典者為建築物，並無基地字樣，但使用建築物必須使用該土地，除有特別情事，可解為當事人之真意，僅以建築物為典權之標的物外，應解為該土地亦在出典之列（司法院院字第3701號、第4094號(5)解釋、最高法院33年上字第1299號判例參照）。惟查土地與建築物為各別獨立之不動產（現行條文第66條第1項），原得獨立處分，而法律又未限制典權人用益典物之方法，典權人不自為用益亦無不可，僅以土地或建築物設定典權或分別設定，亦有可能，是上開見解非無斟酌之餘地。而同一人所有之土地及其建築物單獨或分別設定典權時，建築物所有人與土地典權人、建築物典權人與土地所有人、建築物典權人與土地典權人間，關於土地之利用關係如何，倘當事人間有特別約定，自應依其特別約定，如無特別約定，應擬制當事人真意為建築物得繼續

利用其基地，爰參考現行條文第425條之1，增訂第1項，明定於典權存續中，推定有租賃關係，以維護當事人及社會之經濟利益。例如：建築物與土地之所有人只出典土地，於典權存續中推定土地典權人與建築物所有人間有租賃關係，但若建築物先滅失時，租賃關係應歸於消滅；倘所有人只出典建築物，於典權存續中，推定建築物典權人與土地所有人間有租賃關係，若因建築物滅失而未重建致典權消滅者，租賃關係應歸於消滅；倘所有人將土地及建築物出典給不同人，於典權均存續中，建築物典權人與土地典權人間推定有租賃關係，如土地及建築物典權之一先消滅，則回歸適用本項前段或中段規定，至若建築物及土地均未經回贖者，則屬本條第3項之適用問題，併予敘明。

三、租金數額本應由當事人自行協議定之；如不能協議時，始得請求法院定之，爰增訂第2項。

四、依第1項設定典權者，於典權人依修正條文第913條第2項、現行條文第923條第2項及第924條規定取得典物所有權致土地與建築物各異其所有人時，已回歸為建築物所有人與土地所有人間之關係，為使建築物對基地使用權單純及穩定，爰增訂第3項，明定準用修正條文第838條之1規定，視為已有地上權之設定。

第925條　（回贖之通知）

出典人之回贖，應於六個月前通知典權人。

⑨現代之土地耕作，邁向多元化，農作物之種植常有重疊情形，故收益季節難以明確劃分，如依現行法規定，出典人之回贖，事實上將有窒礙難行之處。為符實際，爰修正為出典人之回贖，不論典物為耕作地或其他不動產，均應於六個月前通知典權人，使典權人有從容預備之機會，而免意外之損失。

第926條　（找貼與其次數）

I 出典人於典權存續中，表示讓與其典物之所有權於典權人者，典權人得按時價找貼，取得典物所有權。

II 前項找貼，以一次為限。

⇧謹按出典人於典權存續中，表示讓與其典物之所有權於典權人者，典權人得按照時價找貼，取得典物所有權，此為我國固有之習慣，於出典人及

典權人雙方均甚利益，故特設此項規定，以資便利。然習慣上往往有迭次請求找貼發生糾紛者，亦不可不示限制，故規定找貼以一次為限，所以杜無益之爭論也。

◇找貼：指出典人表示將典物所有權讓與典權人，典權人表示同意，除以典價充作價金外，找回差額與出典人，以取得典物所有權。

▲【32 上 4283】民法第 926 條第 1 項僅規定，出典人於典權存續中，表示讓與其典物之所有權於典權人者，典權人得按時價找貼，取得典物所有權，並未認出典人有按時價找貼之請求權。即同條第 2 項亦不過規定典權人自願取得典物所有權時，所為之找貼以一次為限，仍不足為出典人有一次找貼請求權之論據。

第 927 條　（有益費用之求償權）

Ⅰ典權人因支付有益費用，使典物價值增加，或依第九百二十一條規定，重建或修繕者，於典物回贖時，得於現存利益之限度內，請求償還。

Ⅱ第八百三十九條規定，於典物回贖時準用之。

Ⅲ典物為土地，出典人同意典權人在其上營造建築物者，除另有約定外，於典物回贖時，應按該建築物之時價補償之。出典人不願補償者，於回贖時視為已有地上權之設定。

Ⅳ出典人願依前項規定為補償而就時價不能協議時，得聲請法院裁定之；其不願依裁定之時價補償者，於回贖時亦視為已有地上權之設定。

Ⅴ前二項視為已有地上權設定之情形，其地租、期間及範圍，當事人不能協議時，得請求法院以判決定之。

---

⑨⑨一、現行條文未修正，改列為第 1 項。

二、學者通說以為典物上有工作物者，解釋上應可類推適用現行條文第 839 條規定，為兼顧出典人與典權人之利益，爰增訂第 2 項準用之規定。

三、典物為土地，出典人同意典權人在其上營造建築物者，除另有約定外，於典物回贖時，應按該建築物之時價補償之，以維護典權人之利益。出典人不願以時價補償者，於回贖時視為已有地上權之設定，俾顧及社會整體經濟利益，並解決建築基地使用權源之問題，爰增訂第 3 項。至如出典人未曾同意典權人營造建築物者，除另有約

定外，於典物回贖時，出典人得請求典權人拆除並交還土地，乃屬當然。

四、出典人願依前項規定為補償而補償時價不能協議時，為兼顧雙方之權益，宜聲請法院裁定之。如經裁定後，出典人仍不願依裁定之時價補償，為保障典權人之利益及解決基地使用權問題，於典物回贖時，亦視為已有地上權之設定，爰增訂第 4 項。

五、前二項視為已有地上權設定之情形，其地租、期間及範圍，基於私法自治之原則，宜由當事人協議定之；如不能協議時，始請求法院以判決定之，爰增訂第 5 項。

▲【32 上 2672】民法第 927 條載典權人因支付有益費用，使典物價值增加，或依第 921 條之規定重建或修繕者，於典物回贖時，得於現存利益之限度內，請求償還等語。此係以典權人支出本條所稱之有益費用、重建或修繕費用，其數額多於典物回贖時現存之利益額時，不應責令出典人償還費用之金額，故規定典權人僅於現存利益之限度內得請求償還，非謂典權人支出之費用少於現存之利益額時，典權人得按現存之利益額求其費用。

▲【32 上 3164】典權人雖有民法第 927 條所定之費用償還請求權，亦不得以此項費用未償還，為拒絕出典人回贖典物之理由。

▲【39 臺上 1052】典權人因支付有益費用使典物價值增加者，依民法第 927 條之規定，於典物回贖時，得於現存利益之限度內請求償還。該條**既不以支出有益費用先經出典人同意為償還請求權之發生要件，自不因未得出典人之同意影響償還請求權之行使**。

第九章　留　置　權

↑謹按留置權者，謂債權人占有屬於債務人之動產，就其物所生之債權未受清償以前，有留置其物之權利也。故留置權之主旨，實為督促債務人之履行債務，以為雙方之公平。各國民法，多設此項規定，我民法亦仿瑞士及日本立法例，於物權編中特設本章規定之，亦為擔保物權之一。

第 928 條　（留置權之定義）

Ⅰ稱留置權者，謂債權人占有他人之動產，而其債權之發生與該動產有牽連關係，於債權已屆清償期未受清償時，得留置該動產之權。

民

法

第三編　物　權

（第九二九～九三〇條）

II.債權人因侵權行為或其他不法之原因而占有動產者，不適用前項之規定。其占有之始明知或因重大過失而不知該動產非為債務人所有者，亦同。

⑨⑥一、限制物權例如地上權、永佃權、地役權、抵押權、動產質權、典權及修正之權利質權等，各該章節之首揭條文皆以定義規定之立法方式為之，為期明確並期立法體例一致，爰將本條修正為定義規定。又留置權在立法例上雖有債權性留置權與物權性留置權之分，且於物權性留置權，或僅有留置權能，或併有優先受償權能，各國立法例不一，故有關優先受償權能另規定於第936條，併此敘明。

二、留置權之標的物依現行法規定，以屬於債務人所有者為限，惟觀諸各國民法多規定不以屬於債務人所有者為限，例如瑞士民法第895條第3項、日本民法第295條第1項、韓國民法第320條第1項等是，為期更能保障社會交易安全及貫徹占有之公信力，且事實上易常有以第三人之物作為留置對象，爰仿上開外國立法例，將「債務人之動產」修正為「他人之動產」。又所稱「動產」，解釋上當然包括有價證券在內，不待明文。

三、為維護公平原則，法律不允許債權人以侵權行為或其他不法原因取得留置權。又債權人占有動產之始明知或因重大過失而不知該動產非為債務人所有，如允許其取得留置權，將與民法動產所有權或質權之善意取得（第801條、第886條）之精神有違，爰增訂第2項排除規定。

◇**留置權的取得**：留置權的取得有五個要件：
1. 占有他人動產。
2. 債權之發生與留置物有牽連關係。
3. 債權已屆清償期而未受清償。
4. 非因侵權行為或其他不法之原因而占有動產（第928條第2項）。
5. 動產之留置，不得違反公序良俗，亦不得與債權人之義務或當事人間之約定相牴觸（第930條）。

◇**留置權的範圍**：留置權的效力除及於被留置的動產外，亦及於債權人所占有的被留置物的從物、以及被留置動產與從物的孳息，但若不為債權人占有，則為留置權效力所不及。又留置權為擔保物權，具有物上代位性，若留置物在債權人占有中毀損滅失而發生代位物者，則留置權之效力及於該代位物（例如：因留置物被第三人毀損而對第三人的損害賠償請求權）。

▲【62臺上1186】本件上訴人既將出賣之冷氣機交付被上訴人，依民法第761條第1項規定，其所有權已移轉於被上訴人。嗣後冷氣機因須修護而由上訴人卸回占有，其與有牽連關係之債權，惟為修護費用。茲上訴人所主張者為原買賣契約之價金債權，與其占有之冷氣機，即難認有牽連關係存在。上訴人主張基於價金債權，而將被上訴人交付修護之冷氣機予以留置不還，自非正當。

第929條　（牽連關係之擬制）

商人間因營業關係而占有之動產，與其因營業關係所生之債權，視為有前條所定之牽連關係。

⑨⑥占有動產與因營業關係所生之債權，二者合一，始得視為有前條所定之牽連關係，現行條文規定「及」字不妥，爰修正為「與」字。

▲【60臺上3669】依民法第929條之規定，商人間因營業關係所生之債權，與因營業關係而占有之動產，即可視為有牽連關係而成立留置權。縱其債權與占有，係基於不同關係而發生，且無任何因果關係，亦無不可。

第930條　（留置權發生之限制）

動產之留置，違反公共秩序或善良風俗者，不得為之。其與債權人應負擔之義務或與債權人債務人間之約定相牴觸者，亦同。

⑨⑥現行條文規定「……如違反公共秩序或善良風俗者，……」既有「如」，又有「者」，似嫌累贅，爰刪除「如」字，以期簡鍊。又所謂「與債權人所承擔之義務相牴觸者」係指債權人如留置所占有之動產，即與其應負擔之義務相違反而言，例如物品運送人，負有於約定或其他相當期間內，將物品運送至目的地之義務，運送人卻主張託運人之運費未付，而扣留其物，不為運送者。所謂「與債權人於交付動產前或交付時所為之指示相牴觸者」，其本質為契約義務，現行規定易使人誤解為債權人之一方行為，且債務人事後所為之指示，如為債權人所接受者，已成為契約內容之一部，法律似無特予排除之理，例如債務人將汽車交債權人修理，於交付時言明汽車修復後，須交由債務人試用數日，認為滿意，始給付修理費者，債權人於汽車修畢後，仍以債務人之修理費未付

而留置汽車，即屬適例。為期明確並避免誤解，本條爰修正如上。

第 931 條　（留置權之擴張）

I.債務人無支付能力時，債權人縱於其債權未屆清償期前，亦有留置權。

II.債務人於動產交付後，成為無支付能力，或其無支付能力於交付後始為債權人所知者，其動產之留置，縱有前條所定之牴觸情形，債權人仍得行使留置權。

⇧謹按債權人行使留置權，須以債權已至清償期者為其要件，但債務人已無支付能力時，若仍須貫徹此旨，於債權人方面，未免失之過酷。故本條規定債務人無支付能力時，縱其債權未屆清償期之前，債權人亦得行使留置權。至債務人於動產交付後，成為無支付能力，或債務人無支付能力，於交付後始為債權人所知者，其動產之留置，雖與前條規定之情形有相牴觸，債權人仍得行使留置權，所以保護債權人之利益也。

第 932 條　（留置權之不可分性）

債權人於其債權未受全部清償前，得就留置物之全部，行使其留置權。但留置物為可分者，僅得依其債權與留置物價值之比例行使之。

⑯按留置權因係擔保物權，自具有不可分性。惟留置權之作用乃在實現公平原則，過度之擔保，反失公允，爰仿民法第 647 條意旨，增設但書規定，以兼顧保障債務人或留置物所有人之權益。

第 932 條之 1　（留置物存有所有權以外的物權之效力）

留置物存有所有權以外之物權者，該物權人不得以之對抗善意之留置權人。

⑯一、本條新增。

二、留置物存有所有權以外物權之情形，事所恆有，例如留置物上存有質權等是。物權之優先效力，本依其成立之先後次序定之。惟留置權人在債權發生前已占有留置物，如其為善意者，應獲更周延之保障，該留置物宜優先於其上之其他物權，爰仿動產擔保交易法第 25 條，增訂本條規定。至留置物所有人於債權人之債權受清償前，不得請求返還留置物之占有，要乃留置權之本質，自不生本條所謂對抗之問題，並予敘明。

◇留置權優先其他物權：動產擔保物權，除了動產抵押權之外，並未設有登記制度，故無法以登記之先後順序明確界定權利之生效時點；再加上留置權所擔保之債權多屬費用性債權，學者謝在全有謂「費用性擔保物權特別優先次序原則」，只要留置權人為善意，留置權之效力一律優先於其他物權，以確保該費用性債權的實現。

第 933 條　（質權規定之準用）

第八百八十八條至第八百九十條及第八百九十二條之規定，於留置權準用之。

⑯留置權與質權同為擔保物權，均以占有動產促使債務人清償其債務為目的。故質權存續中質權人對質物之保管義務、使用或出租之限制、孳息收取權及有腐敗之虞時之變價權，在留置權本應準用。本條現行條文僅規定債權人對留置物之保管義務，有欠周延，爰修正為概括之準用規定。又因第 928 條之修正及準用修正條文第 888 條第 2 項之結果，留置物之使用或出租之同意，係指經留置物所有人之同意而言，併予敘明。

第 934 條　（必要費用償還請求權）

債權人因保管留置物所支出之必要費用，得向其物之所有人，請求償還。

⇧謹按債權人因保管留置物所支出之必要費用，就理論言之，留置為謀債權人之利益，自應由債權人負擔其費用，然就事實言之，留置為因債務人之不為清償，否則無留置之必要。故此項費用，得使債務人償還，且所謂必要費用者，即有利於留置物之費用，係屬有利於債權人，尤應使其債權人得向債務人請求償還，方足以昭公允。故設本條以明示其旨。

第 935 條　（刪除）

⑯一、本條刪除。

二、現行規定已併入第 933 條修正條文，本條爰予刪除。

第 936 條　（留置權之實行）

I.債權人於其債權已屆清償期而未受清償者，得定一個月以上之相當期限，通知債務人，聲明如不於其期限內為清償時，即就其留置物取償；留置物為第三人所有或存有其他物權而為債權人所知者，應併通知之。

II.債務人或留置物所有人不於前項期限內為清償者，權利人得準用關於實行質權之規定，就留置物賣得之價金優先受償，或取得其所有權。

III.不能為第一項之通知者，於債權清償期屆至後，經過六個月仍未為清償時，債權人亦得行使前項所定之權利。

⑯一、現代社會資訊發達，交通便捷，一切講求快速，現行條文第一項規定債權人通知債務人清償之期限為「六個月以上」，對於債權已屆清償期而未為清償之債務人，保障過寬，將使留置權之實行耗費時日，對長期負保管責任之債權人，未免過苛，且有違現代工商社會之講求效率，為期早日免除債權人之責任並符實際，上開期限爰修正為「一個月以上」。又為配合修正條文第928條第1項及第932條之1之增訂，留置物如為第三人所有或存有其他物權而為債務人所知者，債權人應一併通知之，以維護其權益，爰增訂後段規定。

二、第三人之動產既得為留置權之標的物，該第三人自得以利害關係人之地位清償債務（民法第311條參照），爰於第2項增列「留置物所有人」亦為清償之主體。又留置權之實行方法，不限於拍賣留置物，以訂約取得留置物之所有權、訂約以拍賣以外之方法處分留置物，應無不可（第895條準用第878條），另外有關權利質權之實行方法，與留置權性質不相牴觸者，亦在適用之列（第905條、第906條、第906條之2）。而依留置權為擔保物權之本質，留置權人就留置物賣得之價金有優先受償，或取得其所有權，爰依上述意旨將第2項修正如上。

三、現行條文第3項規定未為清償之期限為「二年」，亦嫌過長，爰修正為「六個月」，修正理由與第1項同。

第 937 條　（留置權之消滅）

I.債務人或留置物所有人為債務之清償，已提出相當之擔保者，債權人之留置權消滅。

II.第八百九十七條至第八百九十九條之規定，於留置權準用之。

⑯一、配合第928條之修正，爰將本條「債務人」一詞修正為「債務人或留置物所有人」，俾前後一貫，並符實際。

二、第2項增列留置權消滅原因準用質權規定，

係因留置權與質權均屬動產擔保物權，其目的係由債權人占有債務人或第三人所有之動產，以確保債務之受償，二者性質近似之故，是以本項之增設並不排除質權之其他相關規定仍得類推適用。

第 938 條　（刪除）

⑯一、本條刪除。

二、現行條文已併入第937條第2項修正條文，本條爰予刪除。

第 939 條　（其他留置權之準用）

本章留置權之規定，於其他留置權準用之。但其他留置權另有規定者，從其規定。

⑯留置權之成立，無不由於法定者，本條所稱「法定留置權」，用語欠當，實指本章以外之「其他留置權」而言，為期明確，爰予修正並作文字整理。

第十章　占　有

⇧查民律草案物權編第七章原案謂占有應為事實，抑為權利，自來學者聚訟紛紜，各國立法例亦不一致，或有以占有為法律保護行使權利之事實之關係也。此說較為妥協，本章故定其名曰占有，不曰占有權也。

第 940 條　（占有人之定義）

對於物有事實上管領之力者，為占有人。

⇧查民律草案第1261條理由謂占有之意義，古今學說暨立法例均不一致。本法以事實上管領物之人為占有人，不問其為自己，抑為他人，均保護之，所以重公益也。但占有輔助人，例如僱工承業主之命管領其物，則不得為占有人。故設本條以明示其旨。

◇事實上管領力：事實上管領力可具體化為空間上的結合以及時間上的繼續。亦即占有人與占有物間除了在場所上有一定結合關係外，必須持續相當一段時間，始得認為占有人對於該標的物具有事實上的管領力（王澤鑑，民法物權）。苟依一般社會通念，足認一定之物已有其屬於其人實力支配下之客觀關係者，即可謂有事實上之管領力。即判斷有無事實上管領力，應依具體個案判斷（謝在全，民法物權論下冊）。

◇占有連鎖：現占有人對於所有人雖無占有之正當

權源時，若具備下列要件，則現占有人得對所有人依占有連鎖主張其有占有的權利：

1. 中間人對於所有人得主張占有標的之物之正當權源（例如：租賃）。

2. 現占有人自中間人基於一定法律關係（例如：買賣）而取得占有。

3. 中間人得將其直接占有移轉與現占有人（王澤鑑，民法學說與判例研究七）。

▲【53 臺上 861】占有僅占有人對於物有事實上管領力為已足，不以其物放置於一定處所，或標示為何人占有為生效條件。苟對於物無事實上管領力者，縱令放置於一定處所，並標示為何人占有，亦不能認其有占有之事實。

▲【101 臺上 224】查民法第 767 條第 1 項前段所規定之所有物返還請求權，須以占有所有物之人係無占有之合法權源者，始足當之；倘占有之人有占有之正當權源，即不得對之行使所有物返還請求權。又基於債之關係而占有他方所有物之一方當事人，本得向他方當事人（所有人）主張有占有之合法權源；如該有權占有之人將其直接占有移轉予第三人時，除該移轉占有性質上應經所有人同意（如民法第 467 條第 2 項規定）者外，第三人亦得本於其所受讓之占有，對所有人主張其有占有之權利，此乃基於「**占有連鎖 (Besitzkette)**」之原理所產生之效果，與債之相對性(該第三人不得逕以其前手對所有人債之關係，作為自己占有之正當權源) 係屬二事。

第 941 條　（間接占有人）

地上權人、農育權人、典權人、質權人、承租人、受寄人，或基於其他類似之法律關係，對於他人之物為占有者，該他人為間接占有人。

⑨⑨現行條文關於直接占有人之例示多屬動產占有人，實則對不動產亦得成立占有，為避免誤解，爰增列地上權人、農育權人、典權人，以資補充。

◇**間接占有人**：自己不直接占有其物，而對於直接占有其物之人，本於一定之法律關係（例如：租賃、借貸），有返還請求權，因而對其物有間接管領力者。

◇**間接占有之要件**：

1. **占有媒介關係**：間接占有的成立，須間接占有人與直接占有人間有一定之法律關係，例如：租賃或寄信託為要件。

2. **他主占有的意思**：直接占有人對於物為占有，須來自間接占有人，一旦直接占有人改變他主占有的意思為自主占有的意思時，間接占有即歸消滅，同時發生間接占有人本於媒介關係(例如：租賃物返還請求權) 的返還請求權。

▲【43 臺上 176】租賃物交付後，承租人於租賃關係存續中，有繼續占有其物而為使用收益之權利。故其占有被侵奪時，承租人自得對於無權占有之他人，行使其占有物返還請求權，此就民法第 423 條、第 941 條及第 962 條等規定觀之甚明。

第 942 條　（占有輔助人）

受僱人、學徒、家屬或基於其他類似之關係，受他人之指示，而對於物有管領之力者，僅該他人為占有人。

⑨⑨按本條所規定受他人指示而對於物有管領力者，乃指示人之占有輔助機關，亦即學說所稱之「占有輔助人」(黃右昌著：民法物權詮解第四四一頁參照)。而日常生活中亦常因家屬關係，受他人指示而為占有之輔助，爰增列「家屬」二字，以資涵括，俾利適用。

◇**占有輔助人**：占有人並未親自行使管領力，而指示受僱人、學徒等為其行使管領力，此時基於特定從屬關係（例如：雇主與受雇人的雇傭契約），受他人（例如：雇主）指示而為占有之人（例如：受雇人），即為占有輔助人。

▲【65 臺抗 163】所謂輔助占有人，重在其對物之管領，係受他人之指示，至是否受他人之指示，仍應自其內部關係觀之，所謂內部關係，即民法第 942 條所指受僱人、學徒或其他類似關係。再抗告人雖為債務人之女，並與之住於同一屋內，但其本人如確已結婚成家獨立生活，而無從自內部關係證明其使用被執行之房屋係受債務人之指示時，尚難謂該再抗告人為債務人之輔助占有人。

第 943 條　（占有權利之推定）

I.占有人於占有物上行使之權利，推定其適法有此權利。

II.前項推定，於下列情形不適用之：

一　占有已登記之不動產而行使物權。

二　行使所有權以外之權利者，對使其占有之人。

⑨⑨一、第 1 項未修正。

二、關於依占有而推定其權利適法之原則，德國

民法

第三編　物權

（第九四四～九四五條）

民法第1006條、瑞士民法第930條及日本民法第188條等均著有明文。其中日本民法以「物」為規範對象，德、瑞則限於動產始有適用。本法原參仿日本民法之體例而訂定本條。然而，關於物權之變動，動產以交付占有為生效要件，不動產則非經登記不生效力；兩者之公示方法完全不同。對於已登記之不動產物權，其交易相對人所應信賴者，乃地政機關之登記，尤不能依憑不動產之現時占有狀態而為權利之推定（現行條文第759條之1參照），因此，日本法制難以登記為不動產物權變動之對抗要件，但其有力學說仍認第188條對於已登記之不動產並不適用（川島武宜編：注釋民法第七冊，物權2，第五五頁參照）；我國學者間亦多持同一主張（黃右昌著：民法物權詮解，第四四頁；史尚寬著：物權法論，第五二五頁等參照）是宜將「已登記之不動產物權」排除適用，俾免疑義，爰增列第2項第1款除外規定。

三、占有人依第1項規定，於占有物上行使權利，僅須證明其為占有人，即受本條權利之推定，就其占有物上行使之權利，不負舉證責任。惟於根據債權（如租賃或借貸）或限制物權（如動產質權）等所有權以外之權利而占有他人之物者，在占有人與使其占有人間，如逕依第1項規定而為權利適法之推定，其結果殊欠合理。例如甲將物交付乙占有，嗣甲以所有權返還請求權請求乙返還，乙認為其間有租賃關係存在，主張因租賃權而占有。依訴訟法上舉證責任分配之法則，乙對有權占有之事實負舉證責任，惟如依本條現行規定即得主張有租賃權而無庸另負舉證之責，顯與訴訟法上舉證責任分配之法則有違，且有欠公平。爰參考瑞士民法第931條第2項但書之精神，增訂第2項第2款，明定於占有人行使所有權以外之權利時，占有人不得對使其占有之人主張前項推定之效果，俾符公平。

▲【29渝上378】確認土地所有權存在之訴，原告就所有權存在之事實，固有舉證之責任。惟原告如為占有該土地而行使所有權之人，應依民法第943條推定其適法有所有權者，依民事訴訟法第281條之規定，除被告有反證外，原告即無庸舉證。

▲【39臺上127】占有人以占有之事實，而主張占有物之所有權者，必爭執此所有權之人無相反之證明，或其所提出之反證無憑信，始依民法第943條規定，生推定之效力。

第944條　（占有態樣之推定）
Ⅰ.占有人推定其為以所有之意思，善意、和平、公然及無過失占有。
Ⅱ.經證明前後兩時為占有者，推定前後兩時之間，繼續占有。

⑨⑨一、占有人之占有是否無過失，第一項未設推定之規定。惟所謂「無過失」乃係就其善意占有已盡其注意義務，在「善意」已受推定之範圍內，學者認為無過失為常態，有過失為變態，且無過失為消極的事實，依一般舉證責任分配原則，占有人不須就常態事實及消極事實，負舉證責任。為明確計，爰於第1項增列之。
二、第2項未修正。

第945條　（占有之變更）
Ⅰ.占有依其所由發生之事實之性質，無所有之意思者，其占有人對於使其占有之人表示所有之意思時起，為以所有之意思而占有。其因新事實變為以所有之意思占有者，亦同。
Ⅱ.使其占有之人非所有人，而占有人於為前項表示時已知占有物之所有人者，其表示並應向該所有人為之。
Ⅲ.前二項規定，於占有人以所有之意思占有變為以其他意思而占有，或以其他意思之占有變為以不同之其他意思而占有者，準用之。

⑨⑨一、現行條文未修正，改列為第1項。
二、他主占有變為自主占有，現行條文規定占有人僅對使其占有之人表示所有之意思即可。惟使其占有之人非所有人之情形，事所恆有，為保障所有人之權益，爰增訂第2項，明定占有人於表示所有之意思時如已知占有物之所有人者，負一併通知所有人之義務。
三、占有人占有特定物意思之變更，應不限於第1項所定之情形，有以所有之意思占有變為以其他意思而占有者，例如以所有之意思變為以地上權之意思占有等是。有以其他意思之占有變為以不同之其他意思而占有者，例如以地上權意思之占有變為以租賃或農育權意思而占有等是。此種占有狀態之變更及占有人之通知義務，應與第1項、第2項相同，爰增訂第3項準用規定。

▲【26渝上876】參見本法第768條。

第 946 條　（占有之移轉）

I.占有之移轉，因占有物之交付，而生效力。

II.前項移轉，準用第七百六十一條之規定。

◐謹按占有之事實，須依管領目的物之交付而成，目的物不交付，自無從辨認其占有事實之果否存在，故本條規定移轉占有，必同時交付其目的物方生效力。但為事實便利起見，凡簡易交付、改定占有，均可發生效力，故又準用本法第 761 條之規定。

▲【32 上 5455】民法第 348 條所謂交付其物於買受人，即移轉其物之占有於買受人之謂。占有之移轉，依民法第 946 條第 2 項準用第 761 條之規定，如買賣標的物由第三人占有時，出賣人得以對於第三人之返還請求權，讓與於買受人以代交付。故**除有出賣人之交付義務在第三人返還前，仍不消滅之特約外，出賣人讓與其返還請求權於買受人時，其交付義務即為已經履行，買受人不得以未受第三人返還，為拒絕支付價金之理由**。

▲【33 上 3754】參見本法第 911 條。

▲【38 臺上 163】參見本法第 911 條。

▲【44 臺上 828】買賣標的物之利益及危險，自交付時起，由買受人負擔，固為民法第 373 條所明定。但該條所謂交付，並非以現實交付為限，亦可準照同法第 946 條第 2 項、第 761 條第 3 項規定，讓與返還請求權以代交付。

▲【48 臺上 611】參見本法第 761 條。

第 947 條　（占有之合併）

I.占有之繼承人或受讓人，得就自己之占有，或將自己之占有與其前占有人之占有合併，而為主張。

II.合併前占有人之占有而為主張者，並應承繼其瑕疵。

◐查民律草案第 1293 條理由謂占有之繼承人或受讓人，應聽其選擇，或僅主張自己之占有，或並主張自己之占有及前主之占有，以享有取得時效之利益，何則，取得時效之完成，其期間內，本無需一人為占有人也。至占有之種類，依現占有人與其占有物之關係而定，故前主雖為惡意占有人，而其繼承人或受讓人為善意時，仍以善意占有論。若繼承人或受讓人，並主張前主之占有及自己之占有時，不得將其瑕疵及惡意等置諸度外，否則超越前主之占有範圍，殊覺不當。此本條所由設也。

▲【53 臺上 2149】占有乃對於物有事實上管領力之一種狀態，占有人主張時效上之利益，必其占有並未間斷，始得就占有開始之日起連續計算，故後**占有人以前占有人之占有時間合併計算者，亦必後占有人為前占有人之合法繼承人時（包括一般繼承與特定繼承），始得為之**。

第 948 條　（善意受讓）

I.以動產所有權，或其他物權之移轉或設定為目的，而善意受讓該動產之占有者，縱其讓與人無讓與之權利，其占有仍受法律之保護。但受讓人明知或因重大過失而不知讓與人無讓與之權利者，不在此限。

II.動產占有之受讓，係依第七百六十一條第二項規定為之者，以受讓人受現實交付且交付時善意為限，始受前項規定之保護。

㊾一、現行規定在於保障動產交易之安全，故只要受讓人為善意（不知讓與人無讓與之權利），即應保護之。惟受讓人不知讓與人無讓與之權利係因重大過失所致者，因其本身具有疏失，應明文排除於保護範圍之外，以維護原所有權靜之安全，此不但為學者通說，德國民法第 932 條第 2 項亦作相同規定，爰仿之增列但書規定，並移列為第 1 項。

二、善意取得，讓與人及受讓人除須有移轉占有之合意外，讓與人並應將動產交付於受讓人。現行條文第 761 條第 1 項但書規定之簡易交付，第 3 項指示交付均得生善意取得之效力，且讓與人均立即喪失占有。惟如依同條第 2 項之占有改定交付者，因受讓人使讓與人仍繼續占有動產，此與原權利人信賴讓與人而使之占有動產完全相同，實難謂受讓人之利益有較諸原權利人者更應保護之理由，故不宜使之立即發生善意取得效力，參考德國民法第 933 條規定，於受讓人受現實交付且交付時善意者為限，始受善意取得之保護，以保障當事人權益及維護交易安全，爰增訂第 2 項。

▲【40 臺上 704】占有物非盜贓，亦非遺失物，其占有並具有民法第 948 條所定應受法律保護之要件者，所有人即喪失其物之回復請求權，此觀民法第 949 條之規定自明。至所謂**盜贓，較諸一般贓物之意義為狹，係以竊盜、搶奪、或強盜等行為，奪取之物為限，不包含因侵占所得之物在內**。

民

法

第三編　物權

（第九四九～九五一之一條）

▲【40臺上1622】民法第948條之規定依文義觀察，係動產所有權人或其他物權人不得專以他人無權讓與為理由，對於善意受讓之占有人請求回復其物。至同法第949條及第950條，關於占有物之無償的回復，或有償的回復等規定，乃專為盜贓或遺失物之占有而設，若占有物並非盜贓或遺失物，固不在該兩條範圍之內，其能否回復之爭執，仍應適用第948條，就占有人之讓受是否善意，以資判斷。

▲【44臺上1042】系爭魚翅既非盜贓或遺失物，被上訴人又為受讓其物之善意占有人，係具有民法第948條所定應受法律保護之要件，則上訴人縱為其物之原所有人，而依同法第949條規定之反面解釋，亦已喪失其物之回復請求權，不得向被上訴人請求返還。

第949條　（善意受讓之例外㈠——盜贓、遺失物之回復請求）

I.占有物如係盜贓、遺失物或其他非基於原占有人之意思而喪失其占有者，原占有人自喪失占有之時起二年以內，得向善意受讓之現占有人請求回復其物。

II.依前項規定回復其物者，自喪失其占有時起，回復其原來之權利。

㉘一、善意取得，原占有人得請求返還者，現行條文僅限於盜贓及遺失物，惟德國民法第935條、瑞士民法第934條第1項等外國立法例，尚及於其他非因權利人之意思而脫離占有之物，例如遺忘物、誤取物等是，為更周延保障原權利人靜的安全，爰擴張適用範圍及於其他非基於原占有人之意思而喪失物之占有者。為配合修正，請求回復之人修正為「原占有人」。又請求回復之相對人，現行規定「占有人」之真意係指已符合動產物權善意取得要件之「現占有人」（最高法院29年臺上字第1061號判例參照），為期明確，爰將「占有人」修正為「善意受讓之現占有人」，並藉以示明本條之適用須符合前條保護規定之意旨。本條爰予修正，並改列為第1項。

二、原占有人行使前項之回復請求權後，回復其物之效果如何，學者間難有不同見解，惟善意取得占有喪失物之回復乃善意取得之例外，原即重在財產權靜之安全之保障，故以自喪失其占有時起，溯及回復其原來之權利為宜，爰增訂第2項，俾杜爭議。

第950條　（善意受讓之例外㈡——盜贓、遺失物回復請求之限制）

盜贓、遺失物或其他非基於原占有人之意思而喪失其占有之物，如現占有人由公開交易場所，或由販賣與其物同種之物之商人，以善意買得者，非償還其支出之價金，不得回復其物。

㉘為配合現行條文第949條之修正，本條爰配合修正，增列「其他非基於原占有人之意思而喪失其占有之物」，亦適用無償回復之例外規定；「占有人」修正為「現占有人」。又現行規定「公共市場」易誤解為僅指公營之市場而已，惟其真意，舉凡公開交易之場所均屬之，拍賣或一般商店亦包括在內，為避免誤解，爰將「拍賣或公共市場」修正為「公開交易場所」。

▲【44臺上93】被上訴人主張系爭物，係向販賣與其物同種之物之商人以善意購得，依民法第950條之規定，上訴人非償還其支出之價金，不得回復其物，自非無據。至警察局扣押該物，係暫時停止被上訴人事實管領力，尚難認為其占有業已喪失。

第951條　（善意受讓之例外㈢——盜贓、遺失物回復請求之禁止）

盜贓、遺失物或其他非基於原占有人之意思而喪失其占有之物，如係金錢或未記載權利人之有價證券，不得向其善意受讓之現占有人請求回復。

㉘為配合修正條文第949條，爰將本條適用範圍擴張及於「其他非基於原占有人之意思而喪失其占有之物」；「占有人」修正為「善意受讓之現占有人」。另配合現行條文第908條規定，將「無記名證券」修正為「未記載權利人之有價證券」。

▲【44臺上100】依民法第944條第1項之規定，占有人推定其為善意占有者，除上訴人有反證足以證明上開推定事實並非真實外，即不能空言否認被上訴人之善意占有，依同法第951條規定，盜贓或遺失物如係金錢或無記名證券，不得向其善意占有人請求回復。

第951條之1　（善意受讓之例外㈣——惡意占有）

第九百四十九條及第九百五十條規定，於原占有人為惡意占有者，不適用之。

⑨一、本條新增。

二、依通說所示，現行條文第 949 條及第 950 條規定之回復請求權人，本不以占有物之所有人為限，尚及於其他具有占有權源之人，例如物之承租人、借用人、受寄人或質權人等是（黃右昌：民法物權詮解，第四六〇頁；史尚寬：物權法論，第五一九頁等參照）。此外，原占有人縱無占有本權，除係惡意占有之情形外，善意占有人所受之保護，依占有章之規定幾與有權占有人同，爰增訂本條。

第 952 條　（善意占有人之權利）

善意占有人於推定其為適法所有之權利範圍內，得為占有物之使用、收益。

⑨得就占有物為使用、收益者，不以所有權為限，地上權、典權、租賃權等，亦得為之。惟其權利之內容，有得為占有物之使用或收益者，有依其性質無使用收益權者（如質權），後者無適用本條之必要，現行規定易使人誤解為不問權利之範圍如何，一律均得為占有物之使用及收益。為避免誤解並期明確，本條爰予修正。

◇善意占有與惡意占有：無權占有人又可區分為善意占有與惡意占有。

善意占有	對於物誤信其有占有之權利且無懷疑而占有者
惡意占有	對於物明知無占有之權利，或對於有無占有之權利已生懷疑而仍占有者

第 953 條　（善意占有人之責任）

善意占有人就占有物之滅失或毀損，如係因可歸責於自己之事由所致者，對於回復請求人僅以滅失或毀損所受之利益為限，負賠償之責。

⑨一、現行條文酌作文字及標點符號調整。

二、至於善意占有人如因不可歸責於自己之事由，致占有物滅失或毀損者，對於回復請求人雖不負損害賠償責任，然善意占有人若因此受有利益者，仍應依不當得利之規定負返還之責，乃屬當然，併此說明。

第 954 條　（善意占有人之必要費用求償權）

善意占有人因保存占有物所支出之必要費用，得向回復請求人請求償還。但已就占有物取得孳息者，不得請求償還通常必要費用。

⑨必要費用分為通常必要費用及特別必要費用兩種。前者例如占有物之維護費、飼養費或通常之修繕費。後者例如占有之建築物因風災或水災而毀損，所支出之重大修繕費用。參諸日本民法第 196 條第 1 項、德國民法第 994 條第 1 項均明定就占有物取得孳息者，僅就通常必要費用不得請求償還。本條但書雖未明示，惟學者通說均作相同之解釋。為期明確，爰列舉於此情形善意占有人不得請求償還者為，通常必要費用。

第 955 條　（善意占有人之有益費用求償權）

善意占有人，因改良占有物所支出之有益費用，於其占有物現存之增加價值限度內，得向回復請求人，請求償還。

⑰查民律草案第 1285 條理由謂善意占有人，因改良其占有物所支出有益費，致使價格增加者，以增加之數為限，得請求清償其有益費，否則回復占有物人，不當得利，不足以昭公允。但奢侈費為占有人因快樂或便利而出之費用，不能向回復占有物人請求清償，權衡事理，可以推知，無須另設明文規定也。

▲【37 上 6226】上訴人等擅自使用公有城壕空地，縱令所稱填壕及所費甚鉅，確屬真實，除得向土地所有人請求返還因此所增加之價值外，要不能謂已取得土地上之任何權利，因而主張優先承租。

▲【43 臺上 433】上訴人就其占有之系爭房屋關於建築未完工部分出資修建，係在被上訴人向原所有人某甲買受之後，業經兩造因本權涉訟，上訴人受敗訴之判決確定在案。依民法第 959 條之規定，上訴人自本權訴訟繫屬發生之日起，即應視為惡意占有人，固不得依同法第 955 條，以改良占有物所支出之有益費用為原因，請求償還。**惟惡意占有人因保存占有物所支出之必要費用，對於回復請求人，依關於無因管理之規定請求償還，仍為同法第 957 條之所許。**

第 956 條　（惡意或無所有意思占有人之責任）

惡意占有人或無所有意思之占有人，就占有物之滅失或毀損，如係因可歸責於自己之事由所致者，對於回復請求人，負賠償之責。

⑨一、現行條文酌作文字調整。

二、至於惡意、他主占有人因不可歸責於自己之

事由，致占有物滅失或毀損者，對於回復請求人應無損害賠償責任，然若因占有物之滅失或毀損受有利益者，應否負返還之責，則依不當得利規定，併此說明。

◇他主占有：非以所有之意思而占有，而係基於占有媒介關係（例如：租賃、借貸）而占有他人之物者，如承租人、地上權人、留置權人等，均為他主占有人。

第 957 條 （惡意占有人之必要費用求償權）

惡意占有人，因保存占有物所支出之必要費用，對於回復請求人，得依關於無因管理之規定，請求償還。

介查民律草案第 1286 條理由謂惡意占有人，明知無占有其物之權利，祇許將必要之費用，依無因管理之規定，向回復占有物人請求清償，至其所出之有益費，不在請求清償之列。蓋此項費用，若許其請求清償，惡意占有人可於其占有物多加有益費，藉此以難回復占有物人，故設本條以杜其弊。

◇必要費用：必要費用一般分為通常必要費用及特別必要費用，前者例如飼養費、維護費、修繕費等因保存或管理占有物所必須之費用；後者例如建築物因風災或水災而毀損，所支出之臨時費用。

▲【43 臺上 433】參見本法第 955 條。

▲【44 臺上 21】民法第 957 條，**所謂因保存占有物所支出之必要費用，係僅指因占有物之保存不可欠缺所支出之費用而言，至支出之費用是否具備上述要件，應以支出當時之情事，依客觀的標準決定之。**

第 958 條 （惡意占有人之返還孳息義務）

惡意占有人，負返還孳息之義務，其孳息如已消費，或因其過失而毀損，或怠於收取者，負償還其孳息價金之義務。

介查民律草案第 1281 條理由謂惡意占有人，當其占有之時，逆知將來須以其占有物所生孳息，及占有共返還於回復占有物人，縱使其返還現存之孳息，並清償現已無存孳息之價金，必不至因此而受不測之損害。此本條所由設也。

▲【33 上 1959】土地法第 177 條第 1 項所謂約定地租，不得超過耕地正產物收穫總額千分之三

百七十五，係就出租人與承租人之關係而為規定，與惡意占有人所負返還孳息之義務無涉。

▲【42 臺上 1213】善意占有人，依推定其為適法所有之權利，得為占有物之使用及收益，固為民法第 952 條所明定。惟此項規定，於同法第 958 條、第 959 條所定之情形時，不適用之。故**善意占有人如於本權訴訟敗訴時，自其訴訟繫屬發生之日起，即視為惡意占有人，仍應負返還占有物孳息之義務。**

第 959 條 （視為惡意占有人）

I.善意占有人自確知其無占有本權時起，為惡意占有人。

II.善意占有人於本權訴訟敗訴時，自訴狀送達之日起，視為惡意占有人。

⑲一、增訂第 1 項；現行條文移列為第 2 項，並酌為文字修正。

二、按善意占有人就其占有是否具有本權，本無查證之義務，惟若依客觀事實足認善意占有人嗣後已確知其係無占有本權者，例如所有人已向占有人提出權利證明文件或國家機關對其發出返還占有物之通知，此際，善意占有人應轉變為惡意占有人（德國民法第 990 條第 1 項參照），爰增訂第 1 項，以求公允。至如不能證明善意占有人已有上開情事者，則其僅於本條第 2 項之情形，始轉變為惡意占有人，自屬當然。

三、又「訴訟拘束」一詞非民事訴訟法上之用語，其真意係指訴訟繫屬之時。惟通說均認為應以訴狀送達於占有人之日，視為惡意占有人，較符合本條規定之趣旨，爰將「訴訟拘束發生」修正為「訴狀送達」。又所謂「本權訴訟敗訴」，係指實體上判決確定而言，乃屬當然。

▲【33 上 1959】參見本法第 958 條。

▲【42 臺上 1213】參見本法第 958 條。

▲【43 臺上 433】參見本法第 955 條。

第 960 條 （占有人之自力救濟）

I.占有人，對於侵奪或妨害其占有之行為，得以己力防禦之。

II.占有物被侵奪者，如係不動產，占有人得於侵奪後，即時排除加害人而取回之。如係動產，占有人得就地或追蹤向加害人取回之。

介查民律草案第 1295 條理由謂欲完全保護占有，須

使占有人有得以自力保全占有之權利（自力保護權）。然認此權利，漫無限制，亦於保護占有之道，失之於厚。故設本條認自力保護權，並明示其要件。

◇**自力救濟**：本條賦予占有人之自力救濟權，可分為第 1 項之占有防禦權以及第 2 項之占有物取回權。

◇**對於占有之侵奪或妨害**：本條所謂對占有的侵奪或妨害，通說認為係針對直接占有而言，而不包括間接占有。

▲【46 臺上 478】占有被侵奪請求回復占有，須先證明原有占有之事實。

第 961 條　（占有輔助人之自力救濟）

依第九百四十二條所定對於物有管領力之人，亦得行使前條所定占有人之權利。

介謹按僱用人、學徒等，或基於其他類似關係之人，對於物有管領力者，亦應使其得行使前條所定占有人之權利。否則於保護占有人之道，仍未完備也。

▲【50 臺上 852】行政機關對於人民之私權所為處分行為，以有法令根據為前提，否則即屬侵害人民之權利，其處分自在根本無效之列。承租人有無積欠租金達二年以上，是否構成租約終止原因，原屬私權爭執，該管縣政府於縣租佃委員會調處未能成立時，不依耕地三七五減租條例第 26 條移送管轄法院審判，竟以行政命令終止租約，及另招他人承耕，依上說明，自屬無效，原承租人仍得以權利被侵害為理由，對於該他人請求返還占有。

第 962 條　（占有人之物上請求權）

占有人，其占有被侵奪者，得請求返還其占有物。占有被妨害者，得請求除去其妨害。占有有被妨害之虞者，得請求防止其妨害。

介謹按占有人應有保護占有之權能，原與所有人相同，則所有人對於所有物所得主張之權利，占有人亦得主張之。故占有人於其占有被侵奪時，使其得向侵奪人或其繼受人，請求返還占有物及請求損害賠償，或占有被妨害時，亦應使其得向妨害其占有之人，及其一般繼受人請求除去其妨害（即回復原狀），或遇有被妨害之虞時，應使各占有人得向欲加妨害之人，或其繼承人請求預防其

妨害，以完全保護其占有。此本條所由設也。

◇**占有人返權請求權之主張**：有權占有人得對使其占有之人（例如承租人對租賃物的出租人）得行使占有物返還請求權；有權占有人得對無權占有人行使占有物返還請求權（例如承租人對竊取租賃物之人）；前無權占有人得對後無權占有人行使占有物返還請求權（例如前竊盜人得對後強盜人行使占有物返還請求權）。

▲【42 臺上 922】參見本法第 940 條。

▲【42 臺上 984】系爭耕地既經前承租人某某與上訴人之同意移轉被上訴人占有，則被上訴人即為占有人，依民法第 962 條之規定，自非不得以其占有被侵奪為理由，請求返還占有物，不容上訴人以其返還請求權不存在為爭辯。

▲【43 臺上 176】租賃物交付後，承租人於租賃關係存續中，有繼續占有其物而為使用收益之權利，故其占有被侵奪時，承租人自得對於無權占有之他人，行使其占有物返還請求權，此就民法第 423 條、第 941 條及第 962 條等規定觀之甚明。

▲【44 臺上 143】確認租賃權存在或不存在，及排除侵害之訴，係屬保存行為，被上訴人以管理人之資格，本諸管理權之作用提起上開訴訟，殊難指為訴權存在要件有所欠缺。

▲【44 臺上 165】請求回復占有物之訴，應以現在占有該物之人為被告，如非現在占有該物之人，縱使占有人之占有係因其人之行為而喪失，占有人亦僅就此項行為具備侵權行為之要件時，得向其人請求賠償損害，要不得本於回復占有物請求權，對之請求回復其物。

▲【64 臺上 2026】占有被侵奪者，依民法第 962 條上段規定，其占有人固得請求返還其占有物，但所謂占有人，必就其占有物有事實上之管領力，否則，即使對於占有物有合法之權源，亦不能本於占有請求返還。

第 963 條　（占有人物上請求權之消滅時效）

前條請求權，自侵奪或妨害占有，或危險發生後，一年間不行使而消滅。

介查民律草案第 1298 條理由謂收回占有之請求權，於侵奪後，經過一年不得主張之，蓋收回占有之請求權，若隨時皆得主張，則權利狀態恆不確定，害及社會之安寧。此本條所由設也。

▲【52 臺上 3146】系爭土地由臺灣省政府撥交

被上訴人管理使用，被上訴人本於管理人地位行使返還請求權，與所有人所得行使者無殊，自應適用十五年之長期時效。上訴人以被上訴人奉令管理後歷九整年始請求返還，依民法第963條規定,其請求權已因一年時效之經過而消滅為抗辯,不無誤會。

▲【53臺上2636】占有人其占有被侵奪者，得請求返還其占有物，是項返還請求權，依民法第962條及第963條之規定，自被侵奪後一年間不行使而消滅，乃指以單純之占有之事實為標的，提起占有之訴而言。如占有人同時有實體上權利者，自得提起本權之訴，縱令回復占有請求權之一年短期時效業已經過，其權利人仍非不得依侵權行為之法律關係，請求回復原狀。

第963條之1　（各占有人權利之行使）

I.數人共同占有一物時，各占有人得就占有物之全部，行使第九百六十條或第九百六十二條之權利。

II.依前項規定，取回或返還之占有物，仍為占有人全體占有。

⑨一、本條新增。

二、共同占有之占有物受第三人侵害時，應容許各占有人就占有物之全部，行使現行條文第960條之自力救濟或現行條文第962條之物上請求權，始得保障各共同占有人之權益。

三、占有人依前項規定，取回或返還之占有物，於共同占有人間之效果如何？宜明文定之，爰增訂第2項，以期明確。

第964條　（占有之消滅）

占有，因占有人喪失其對於物之事實上管領力而消滅。但其管領力僅一時不能實行者，不在此限。

⇦查民律草案第1311條理由謂占有因於物有事實上之管領力而取得之，其喪失之時，占有自應消滅，即占有人喪失其占有動產無發見之希望，此事實即占有消滅之原因。然占有人僅暫時不得行其事實上之管領力，不得以喪失事實之管領力論，其占有不消滅，如占有人因遺忘，或洪水有不能管領其占有地之事實,仍不能為占有消滅之原因。此本條所由設也。

◇一時不能實行：占有物被侵奪而經取回，或依第962條規定請求返還、被警察扣押之物（44臺上93）等，皆屬管領力一時不能實行之例。

第965條　（共同占有）

數人共同占有一物時，各占有人就其占有物使用之範圍，不得互相請求占有之保護。

⑨配合修正條文第963條之1酌作文字修正。

◇共同占有：共同占有係相對於單獨占有，指數人共同對一物行使管領力而言。

第966條　（準占有）

I.財產權，不因物之占有而成立者，行使其財產權之人，為準占有人。

II.本章關於占有之規定，於前項準占有準用之。

⇦查民律草案第1316條理由謂占有無體物（權利是也），應準占有有體物之例保護之。如占有地役權、抵押權等,不必占有某物，亦得行使利之財產權是也。此本條所由設也。

◇準占有：民法肯認權利亦為占有之客體，是為準占有。其要件如下：

1.須以物以外之財產為標的：以不因物之占有而成立之財產權為限。

2.須事實上行使其權利。

▲【42臺上288】參見本法第310條。

民法物權編施行法
九十九年二月三日總統令修正公布

①民國十九年二月十日國民政府公布
②九十六年三月二十八日總統令修正公布
③九十八年一月二十三日總統令修正公布
④九十九年二月三日總統令公布增訂第一三之一、一三之二條條文

第1條　（不溯既往原則）
物權在民法物權編施行前發生者，除本施行法有特別規定外，不適用民法物權編之規定；其在修正施行前發生者，除本施行法有特別規定外，亦不適用修正施行後之規定。

▲【43臺上283】被上訴人就訟爭土地取得不動產質權，既於民國34年10月14日臺灣光復前辦理登記完畢，顯非如某某縣政府於上述公文內所稱，並未辦理登記之情形可比。我國民法雖無不動產質權之規定，本件既發生於臺灣光復以前，按諸民法物權編施行法第1條之規定，自應認其已取得之不動產質權，仍屬存在，從而臺灣省公產管理處審核本件不動產質權認為有效，被上訴人在其質權設定存續期間，應有使用及受益之權利，自無不當。

第2條　（物權效力之適用）
民法物權編所定之物權，在施行前發生者，其效力自施行之日起，依民法物權編之規定。

▲【30渝上166】參見民法第912條。

第3條　（物權之登記）
I.民法物權編所規定之登記，另以法律定之。
II.物權於未能依前項法律登記前，不適用民法物權編關於登記之規定。

▲【37上6728】不動產之買賣如經當事人表示意思一致，並已訂立書據者，除已依土地法辦理登記之區域外，依民法物權編施行法第3條第2項之規定，應認為有物權法上移轉之效力。

▲【43臺上856】民法物權編關於登記之規定，惟限於在未能依同編施行法第3條所稱之法律登記前，始在不適用之列，系爭房屋既因違章建築而未能登記，顯與前開法條所定之情形有間，上訴人自不得執是，而為不適用民法物權編關於登記之規定之論據。

▲【44臺上1646】房屋與基地不同屬一所有權人，對該房屋辦理所有權總登記時，依照臺灣省政府頒發，臺灣省各縣市辦理土地登記有關建築改良物登記補充要點規定，須由房屋所有人會同土地所有人，依照土地法第102條規定，先為地上權之登記後，再為房屋所有權登記，有某某市政府地政科致第一審之復函足據。是訟爭房屋雖係租用基地建築，其房屋與基地不同屬一所有權人，但非不能登記，已如前述。上訴人主張依民法物權編施行法第3條第2項，不適用民法物權編關於登記之規定，自屬不合，且該屋與違章建築不許登記之情形迥殊，上訴人援引本院關於違章建築之決議與判決，亦難謂合。

第4條　（消滅時效已完成請求權之行使）
I.民法物權編施行前，依民法物權編之規定，消滅時效業已完成，或其時效期間尚有殘餘不足一年者，得於施行之日起，一年內行使請求權。但自其時效完成後，至民法物權編施行時，已逾民法物權編所定時效期間二分之一者，不在此限。
II.前項規定，於依民法物權編修正施行後規定之消滅時效業已完成，或其時效期間尚有殘餘不足一年者，準用之。

第5條　（無時效性質法定期間之準用）
I.民法物權編施行前，無時效性質之法定期間已屆滿者，其期間為屆滿。
II.民法物權編施行前已進行之期間，依民法物權編所定之無時效性質之法定期間，於施行時尚未完成者，其已經過之期間與施行後之期間，合併計算。
III.前項規定，於取得時效準用之。

第6條　（修正施行後法定期間之準用與起算）

前條規定，於民法物權編修正施行後所定無時效性質之法定期間準用之。但其法定期間不滿一年者，如在修正施行時尚未屆滿，其期間自修正施行之日起算。

第7條　（動產所有權之取得時效）

民法物權編施行前占有動產而具備民法第七百六十八條之條件者，於施行之日取得其所有權。

第8條　（不動產之取得時效）

民法物權編施行前占有不動產而具備民法第七百六十九條或第七百七十條之條件者，自施行之日起，得請求登記為所有人。

▲【65臺上1709】民法物權編施行前占有他人之不動產而具備民法769條或第770條之條件者，依民法物權編施行法第7條之規定，僅自民法施行之日起，取得請求登記為所有人或他物權人之請求權而已，並非當然取得該不動產之所有權或他物權。

第8條之1　（用水權人物上請求權之適用）

修正之民法第七百八十二條規定，於民法物權編修正施行前水源地或井之所有人，對於他人因工事杜絕、減少或污染其水，而得請求損害賠償或並得請求回復原狀者，亦適用之。

第8條之2　（開路通行權之損害適用）

修正之民法第七百八十八條第二項規定，於民法物權編修正施行前有通行權人開設道路，致通行地損害過鉅者，亦適用之。但以未依修正前之規定支付償金者為限。

第8條之3　（越界建屋之移去或變更之請求）

修正之民法第七百九十六條及第七百九十六條之一規定，於民法物權編修正施行前土地所有人建築房屋逾越地界，鄰地所有人請求移去或變更其房屋時，亦適用之。

第8條之4　（等值建物之適用）

修正之民法第七百九十六條之二規定，於民法物權編修正施行前具有與房屋價值相當之其他建築物，亦適用之。

第8條之5　（建物基地或專有部分之所有區分）

I.同一區分所有建築物之區分所有人間為使其共有部分或基地之應有部分符合修正之民法第七百九十九條第四項規定之比例而為移轉者，不受修正之民法同條第五項規定之限制。

II.民法物權編修正施行前，區分所有建築物之專有部分與其所屬之共有部分及其基地之權利，已分屬不同一人所有或已分別設定負擔者，其物權之移轉或設定負擔，不受修正之民法第七百九十九條第五項規定之限制。

III.區分所有建築物之基地，依前項規定有分離出賣之情形時，其專有部分之所有人無基地應有部分或應有部分不足者，於按其專有部分面積比例計算其基地之應有部分範圍內，有依相同條件優先承買之權利，其權利並優先於其他共有人。

IV.前項情形，有數人表示優先承買時，應按專有部分比例買受之。但另有約定者，從其約定。

V.區分所有建築物之專有部分，依第二項規定有分離出賣之情形時，其基地之所有人無專有部分者，有依相同條件優先承買之權利。

VI.前項情形，有數人表示優先承買時，以抽籤定之。但另有約定者，從其約定。

VII.區分所有建築物之基地或專有部分之所有人依第三項或第五項規定出賣基地或專有部分時，應在該建築物之公告處或其他相當處所公告五日。優先承買權人不於最後公告日起十五日內表示優先承買者，視為拋棄其優先承買權。

第 9 條　（視為所有人）

依法得請求登記為所有人者，如第三條第一項所定之登記機關尚未設立，於得請求登記之日，視為所有人。

第 10 條　（動產所有權或質權之善意取得）

民法物權編施行前，占有動產，而具備民法第八百零一條或第八百八十六條之條件者，於施行之日，取得其所有權或質權。

第 11 條　（拾得遺失物等規定之適用）

民法物權編施行前，拾得遺失物、漂流物或沈沒物，而具備民法第八百零三條及第八百零七條之條件者，於施行之日，取得民法第八百零七條所定之權利。

第 12 條　（埋藏物與添附規定之適用）

民法物權編施行前，依民法第八百零八條或第八百十一條至第八百十四條之規定，取得所有權者，於施行之日，取得其所有權。

第 13 條　（共有物分割期限之適用）

I.民法物權編施行前，以契約訂有共有物不分割之期限者，如其殘餘期限，自施行日起算，較民法第八百二十三條第二項所定之期限為短者，依其期限，較長者，應自施行之日起，適用民法第八百二十三條第二項規定。

II.修正之民法第八百二十三條第三項規定，於民法物權編修正施行前契約訂有不分割期限者，亦適用之。

第 13 條之 1　（未定期限地上權之適用）

修正之民法第八百三十三條之一規定，於民法物權編中華民國九十九年一月五日修正之條文施行前未定有期限之地上權，亦適用之。

第 13 條之 2　（永佃權存續期限之縮短）

I.民法物權編中華民國九十九年一月五日修正之條文施行前發生之永佃權，其存續期限縮短為自修正施行日起二十年。

II.前項永佃權仍適用修正前之規定。

III.第一項永佃權存續期限屆滿時，永佃人得請求變更登記為農育權。

第 14 條　（溯及效力之規定㈠）

I.修正之民法第八百七十五條之一至第八百七十五條之四之規定，於抵押物為債務人以外之第三人所有，而其上之抵押權成立於民法物權編修正施行前者，亦適用之。

II.修正之民法第八百七十五條之四第二款之規定，於其後次序抵押權成立於民法物權編修正施行前者，亦同。

第 15 條　（溯及效力之規定㈡）

修正之民法第八百七十九條關於為債務人設定抵押權之第三人對保證人行使權利之規定，於民法物權編修正施行前已成立保證之情形，亦適用之。

第 16 條　（時效完成後抵押權之實行）

民法物權編施行前，以抵押權擔保之債權，依民法之規定，其請求權消滅時效已完成者，民法第八百八十條所規定抵押權之消滅期間，自施行日起算。但自請求權消滅時效完成後，至施行之日已逾十年者，不得行使抵押權。

第 17 條　（溯及效力之規定㈢）

修正之民法第八百八十一條之一至第八百八十一條之十七之規定，除第八百八十一條之一第二項、第八百八十一條之四第二項、第八百八十一條之七之規定外，於民法物權編修正施行前設定之最高限額抵押權，亦適用之。

第 18 條　（溯及效力之規定㈣）

修正之民法第八百八十三條之規定，於民法物權編修正施行前以地上權或典權為標的物之抵押權及其他抵押權，亦適用之。

民法物權編施行法

（第一九～二四條）

第 19 條 （拍賣質物之證明）

民法第八百九十二條第一項及第八百九十三條第一項所定之拍賣質物，除聲請法院拍賣者外，在拍賣法未公布施行前，得照市價變賣，並應經公證人或商業團體之證明。

第 20 條 （當舖等不適用質權之規定）

民法物權編修正前關於質權之規定，於當舖或其他以受質為營業者，不適用之。

第 21 條 （溯及效力之規定㈤）

修正之民法第九百零六條之一規定，於民法物權編修正施行前為質權標的物之債權，其清償期已屆至者，亦適用之。

第 22 條 （定期典權之依舊法回贖）

民法物權編施行前，定有期限之典權，依舊法規得回贖者，仍適用舊法規。

第 23 條 （溯及效力之規定㈥）

修正之民法第九百三十二條之一之規定，於民法物權編修正施行前留置物存有所有權以外之物權者，亦適用之。

第 24 條 （施行日期）

I.本施行法自民法物權編施行之日施行。
II.民法物權編修正條文及本施行法修正條文，自公布後六個月施行。

民　法

一百一十年一月二十日總統令修正公布

第四編　親　屬

①民國十九年十二月二十六日國民政府公布
②七十四年六月三日總統令修正公布
③八十五年九月二十五日總統令修正公布
④八十七年六月十七日總統令修正公布
⑤八十八年四月二十一日總統令修正公布
⑥八十九年一月十九日總統令修正公布
⑦九十一年六月二十六日總統令修正公布
⑧九十六年五月二十三日總統令修正公布
⑨九十七年一月九日總統令修正公布
⑩九十七年五月二十三日總統令修正公布
⑪九十八年四月二十九日總統令修正公布
⑫九十八年十二月三十日總統令修正公布
⑬九十九年一月二十七日總統令修正公布
⑭九十九年五月十九日總統令修正公布
⑮一百零一年十二月二十六日總統令修正公布
⑯一百零二年十二月十一日總統令修正公布
⑰一百零三年一月二十九日總統令修正公布
⑱一百零四年一月十四日總統令修正公布
⑲一百零八年四月二十四日總統令修正公布
⑳一百零八年六月十九日總統令公布
㉑一百一十年一月十三日總統令修正公布
㉒一百一十年一月二十日總統令修正公布第一〇三

○之一條條文

第一章　通　則

第 967 條　（直系與旁系血親）

I.稱直系血親者，謂己身所從出，或從己身所出之血親。

II.稱旁系血親者，謂非直系血親，而與己身出於同源之血親。

▲【41 臺上 1151】血親關係原非當事人間所能以同意使其消滅，縱有脫離父子關係之協議，亦不生法律上之效力。

第 968 條　（血親親等之計算）

血親親等之計算，直系血親，從己身上下數，以一世為一親等，旁系血親，從己身數至同源之直系血親，再由同源之直系血親，數至與之計算親等之血親，以其總世數為親等之數。

第 969 條　（姻親之定義）

稱姻親者，謂血親之配偶、配偶之血親及配偶之血親之配偶。

▲【院 2209】血親之配偶之血親，不在民法第

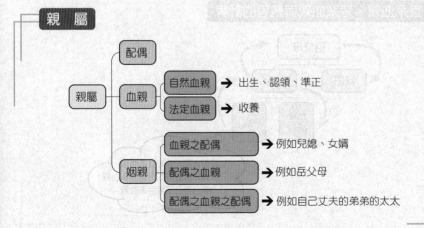

親　屬

親屬
- 配偶
- 血親
  - 自然血親 → 出生、認領、準正
  - 法定血親 → 收養
- 姻親
  - 血親之配偶 → 例如兒媳、女婿
  - 配偶之血親 → 例如岳父母
  - 配偶之血親之配偶 → 例如自己丈夫的弟弟的太太

969 條所定姻親範圍之內，甲之女乙嫁與丙為妻，甲與丙之父丁，自無姻親關係。

▲【28 渝上 2400】父所娶之後妻為父之配偶，而非己身所從出之血親，故在舊律雖稱為繼母，而在民法上則為直系姻親而非直系血親。

第 970 條　（姻親之親系及親等）

姻親之親系及親等之計算如左：

一　血親之配偶，從其配偶之親系及親等。

二　配偶之血親，從其與配偶之親系及親等。

三　配偶之血親之配偶，從其與配偶之親系及親等。

第 971 條　（姻親關係之消滅）

姻親關係，因離婚而消滅；結婚經撤銷者亦同。

⑦一、按姻親關係乃基於婚姻關係而發生，離婚或結婚經撤銷後，均失其存在之基礎，是故撤銷結婚者，當與離婚同列為姻親關係消滅之原因。現行法本條前段，僅列離婚為姻親關係消滅之原因，而不及於結婚經撤銷之情形，尚欠周全，爰予增列。

二、現行法本條後段，僅將「夫死妻再婚或妻死贅夫再婚」列為姻親關係消滅之原因，而不將妻死夫再婚或贅夫妻再婚一併列入，顯見並非採取因夫妻一方死亡他方再婚，姻親關係均歸於消滅之原則，於男女平等之義，未能完全貫徹。而況我國民間，夫死妻再婚後，仍與前夫親屬維持原有姻親情誼者，所在多有，足見現行規定與民間實情亦有不符，爰將「夫死妻再婚或妻死贅夫再婚時」兩句刪除。

◇姻親關係之消滅：1.離婚；2.結婚經撤銷；3.死亡：死者與生存配偶的親屬間之姻親關係消滅，但死亡以外之親屬相互間之姻親關係，並未隨之消滅（陳棋炎、黃宗樂、郭振恭，民法親屬新論）。

◇生存配偶再婚，與死亡配偶之親屬間姻親關係是否消滅？

肯定說	學說有認為應考慮他方配偶有權消滅其與死亡配偶親屬間之姻親關係，始能應付實際上之需要，較符合個人主義民法之理念（陳棋炎、黃宗樂、郭振恭，民法親屬新論）
否定說	現行法將舊法時期「夫死妻再婚或妻死贅夫再婚」構成姻親關係消滅事由之規定加以刪除，按解釋論而言，就此問題，現行法係採否定說

第二章　婚　姻

第一節　婚　約

第 972 條　（婚約之要件（一））

婚約，應由男女當事人自行訂定。

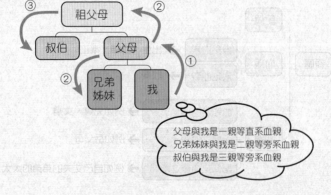

直系血親、旁系血親與親等的計算

③　祖父母　②

叔伯　父母

②　兄弟姊妹　我　①

父母與我是一親等直系血親
兄弟姊妹與我是二親等旁系血親
叔伯與我是三親等旁系血親

▲【釋748】民法第四編親屬第二章婚姻規定，未使相同性別二人，得為經營共同生活之目的，成立具有親密性及排他性之永久結合關係，於此範圍內，與憲法第22條保障人民婚姻自由及第7條保障人民平等權之意旨有違。有關機關應於本解釋公布之日起二年內，依本解釋意旨完成相關法律之修正或制定。至於何種形式達成婚姻自由之平等保護，屬立法形成之範圍。逾期未完成相關法律之修正或制定者，相同性別二人為成立上開永久結合關係，得依上開婚姻章規定，持二人以上證人簽名之書面，向戶政機關辦理結婚登記。

▲【29渝上1193】民法第972條所稱婚約，應由男女當事人自行訂定，並非專指男女當事人已成年者而言，未成年人訂定婚約依民法第974條之規定，雖應得法定代理人之同意，然此不過規定未成年人自行訂定婚約，以得法定代理人之同意為要件，非認法定代理人有為未成年人訂定婚約之權。

▲【33上1723】婚約應由男女當事人自行訂定，民法第972條定有明文，由其父母代為訂定者當然無效，且婚約為不許代理之法律行為，縱令本人對於父母代訂之婚約為承認，亦不適用關於無權代理行為得由本人一方承認之規定，如由當事人雙方承認應認為新訂婚約。

▲【39臺上796】提起確認婚約無效之訴僅得於結婚前為之，若已結婚則不得以結婚之婚約有無效之原因，訴求確認，以消滅此婚姻關係。

第 973 條　（婚約之要件(二)）
男女未滿十七歲者，不得訂定婚約。

⑩修正條文第980條修正男女最低結婚年齡均為十八歲，爰修正男女最低訂婚年齡均為十七歲。

第 974 條　（婚約之要件(三)）
未成年人訂定婚約，應得法定代理人之同意。

第 975 條　（婚約之效力）
婚約不得請求強迫履行。

▲【院1135】婚約當事人之一方，無民法第976條之理由而違反婚約者，僅得依同法第978條對之為損害賠償之請求，其訴請履行婚約，既有同法第975條之限制，自應予以駁回。

▲【27渝上695】婚約不得請求強迫履行，民法第975條定有明文，故婚約當事人之一方違反婚約，雖無民法第976條之理由，他方亦僅得依民法第978條之規定，請求賠償因此所受之損害，不得提起履行婚約之訴。

▲【33上3971】婚約雖不得請求強迫履行，而解除婚約，仍非有民法第976條第1項所列情形之一，不得為之。

第 976 條　（婚約解除之事由及方法）
I 婚約當事人之一方，有下列情形之一者，他方得解除婚約：
一　婚約訂定後，再與他人訂定婚約或結婚。
二　故違結婚期約。
三　生死不明已滿一年。
四　有重大不治之病。
五　婚約訂定後與他人合意性交。
六　婚約訂定後受徒刑之宣告。
七　有其他重大事由。
II 依前項規定解除婚約者，如事實上不能向他方為解除之意思表示時，無須為意思表示，自得為解除時起，不受婚約之拘束。

⑩一、依現行法制用語，將第1項序文「左列」修正為「下列」，並將各款之「者」字刪除。
二、第1項第5款所稱「花柳病」係指透過性行為而感染的傳染病，俗稱性病。考量此非現代醫學用語，且性病之嚴重程度有輕重之別，不宜於一方有病時即賦予他方解除婚約之權，倘該性病係屬重大不治時，可適用第4款「有重大不治之病」之解除婚姻事由，爰將本款花柳病部分刪除；至本款「其他惡疾」之定義並不明確，爰併予刪除。
三、第1項第6款因有「殘廢」之不當、歧視性文字，經行政院身心障礙者權益推動小組列為身心障礙者權利公約優先檢視法規，爰依身心障礙者權利公約施行法第10條規定，予以刪除。
四、第1項第7款「與人通姦」，參酌第1052條第1項第2款，修正為「與他人合意性交」，並移列為第5款。

◇故違結婚期約：訂定婚約係以將來結婚為目的，若以約定結婚期日，而屆期仍不願履行婚約者，已可證明其無結婚之誠意，雖然依址婚約不得請求強迫履行，但仍許他方得解除婚約。

民

法

第四編　親　屬　（第九七七～九七九之一條）

◇**惡疾**：所謂「惡疾」，係指於身體機能有礙而為常情所厭惡之疾病，如婦人白帶（30上1798）、單純之不孕或不妊症（院解2945）等，則非惡疾。又惡疾須達於不治之程度，始為離婚原因（31上3110），所謂「不治」，係指目前醫學上無法在可預見之期間期待能治癒者而言（桃園地院91婚441）。

▲【**院1271**】婚約訂定後，當事人之一方再與他人訂定婚約，不問任何名義，依民法第976條第1項第1款之規定，他方均得解除婚約，不能對於他人間所訂定之婚約而請求撤銷。

▲【**29渝上609**】婚約為男女當事人約定將來應互相結婚之契約，當事人之一方，有民法第976條第1項所列各款情形之一者，他方僅得於結婚前解除婚約，若已結婚，則除有撤銷結婚或離婚之法定原因時，得請求撤銷結婚或請求離婚外，不得以結婚前有解除婚約之理由，再行解除婚約以消滅其婚姻關係。

▲【**56臺上3380**】民法上所謂詐欺，係欲相對人陷於錯誤，故意示以不實之事，令其因錯誤而為意思之表示，**收受聘禮後故延婚期，迫使相對人同意退婚，雖志在得財，但不得謂為詐欺，僅屬民法第976條違反婚約，及同法第977條損害賠償問題**。

▲【**63臺再67**】　關於民法第976條第1項第9款，所謂「有其他重大事由」之認定及應如何解釋始公平合理，或為事實審法院認定事實之職權，或為法律審法院就該法律規定事項所表示之法律上之意見（通稱法律見解），無適用法規顯有錯誤之可言。

第977條　（解除婚約之賠償）

Ⅰ.依前條之規定，婚約解除時，無過失之一方，得向有過失之他方，請求賠償其因所受之損害。

Ⅱ.前項情形，雖非財產上之損害，受害人亦得請求賠償相當之金額。

Ⅲ.前項請求權不得讓與或繼承。但已依契約承諾，或已起訴者，不在此限。

⑭一、有第976條第1項所列情形之一，無過失之一方解除婚約時亦可能有非財產上之損害，而現行法未規定其得請求賠償非財產上之損害，似屬缺漏。

二、又現行法第999條第2項規定當事人之一方因結婚無效或被撤銷而受有非財產上之損害者，

得請求賠償相當之金額，第1056條第2項亦規定夫妻之一方因判決離婚而受有非財產上之損害者，亦得請求賠償相當之金額，而依第976條解除婚約，獨無得請求賠償非財產上損害之明文，前後條文規定在理論上亦欠一貫，爰增列本條第2項規定，將前項缺漏予以彌補。

三、非財產上之損害賠償請求權係專屬權，自不得讓與或繼承，但已依契約承諾或已起訴者，不在此限，爰並增列本條第3項之規定。

▲【**56臺上3380**】參見本法第976條。

第978條　（違反婚約之損害賠償㈠）

婚約當事人之一方，無第九百七十六條之理由而違反婚約者，對於他方因此所受之損害，應負賠償之責。

▲【**57臺上428**】合意解除婚約時，除附有賠償損害金之條件者外，既與違反婚約而應負賠償責任之情形有間，即無民法第978條之適用。

第979條　（違反婚約之損害賠償㈡）

Ⅰ.前條情形，雖非財產上之損害，受害人亦得請求賠償相當之金額。但以受害人無過失者為限。

Ⅱ.前項請求權，不得讓與或繼承。但已依契約承諾或已起訴者，不在此限。

第979條之1　（贈與物之返還）

因訂定婚約而為贈與者，婚約無效、解除或撤銷時，當事人之一方，得請求他方返還贈與物。

⑭一、本條新增。

二、婚約當事人間，常有因訂定婚約而贈與財物之情事，若婚約無效、解除或撤銷時，應許當事人請求返還贈與物，爰增設本條。至於因當事人之一方死亡而婚約消滅時，當然不得請求返還贈與物，自無庸明文規定。

◇**返還贈與物**：因婚約所為之贈與，其性質為何，最高法院曾出現二見解不同之判例，有認為係負有負擔之贈與，另有認為係以婚約解除或違反為解除條件之贈與，為杜解釋上之紛擾，增訂本條，許當事人於婚約無效、解除或撤銷時，請求返還贈與物（立法理由參照）。另外，依學說見解及外國立法例，本條係以**不當得利法則**作為請求返還之依據（林秀雄，親屬法講義）。

第 979 條之 2 （贈與物返還請求權之消滅時效）

第九百七十七條至第九百七十九條之一所規定之請求權，因二年間不行使而消滅。

⑭一、本條新增。

二、第 977 條因解除婚約所生損害賠償請求權，第 978 條、第 979 條因違反婚約所生損害賠償請求權，及第 979 條之 1 因婚約無效、解除或撤銷時之贈與物返還請求權，均不宜延其久延不決，應設短期消滅時效之規定，爰增訂本條規定。

第二節　結　婚

第 980 條 （結婚之實質要件㈠——結婚年齡）

男女未滿十八歲者，不得結婚。

⑩依消除對婦女一切形式歧視公約 (CEDAW) 第 15 條第 1 項規定：「締約各國應給予男女在法律面前平等的地位。」第 16 條第 1 項 (a) 款及第 2 項規定：「締約各國應採取一切適當措施，消除在有關婚姻和家庭關係的一切事務上對婦女的歧視，並特別應保證婦女在男女平等的基礎上：(a) 有相同的締結婚約的權利；」、「童年訂婚和結婚應不具法律效力，並應採取一切必要行動，包括制訂法律，規定結婚最低年齡，並規定婚姻必須向正式機構登記。」復依消除對婦女一切形式歧視公約 (CEDAW) 第 21 號一般性建議，該公約第 16 條第 2 項和兒童權利公約均規定防止締約國允許未成年者結婚或使該等婚姻生效。根據兒童權利公約，兒童係指十八歲以下的任何人，除非對其適用之法律規定成年年齡低於十八歲。又未成年人，尤指少女結婚生育，對其健康會造成不利影響，同時妨礙其學業，導致其經濟自立也受到侷限。不僅影響婦女本身，還限制其能力發展和獨立性，減少其就業機會，從而對家庭和社區皆造成不利影響。是為保障兒童權益及男女平等，以符合消除對婦女一切形式歧視公約第 15 條、第 16 條規定，爰修正男女最低結婚年齡為十八歲。

第 981 條 （刪除）

⑩一、本條刪除。

二、因成年年齡與最低結婚年齡均修正為十八歲，故已無未成年人結婚應得法定代理人同意之情形，爰予刪除。

第 982 條 （結婚之形式要件）

結婚應以書面為之，有二人以上證人之簽名，並應由雙方當事人向戶政機關為結婚之登記。

◇登記婚：民國 96 年親屬編修正時，立法者鑑於儀式主義公示效果薄弱，容易衍生重婚等問題，且公開儀式之認定常有爭執，進而影響婚姻法律效力。再者，離婚制度早已採登記主義，造成為辦理結婚登記者，必須先補辦結婚登記再辦理離婚登記之荒謬現象，乃修正第 982 條，改採「**登記婚主義**」（林秀雄，親屬法講義）。

第 983 條 （結婚之實質要件㈢——須非一定之親屬）

Ⅰ 與左列親屬，不得結婚：

一　直系血親及直系姻親。

二　旁系血親在六親等以內者。但因收養而成立之四親等及六親等旁系血親，輩分相同者，不在此限。

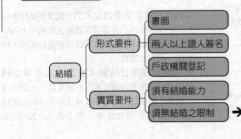

結婚之要件

結婚 ─ 形式要件 ─ 書面
　　　　　　　　├ 兩人以上證人簽名
　　　　　　　　└ 戶政機關登記
　　　├ 實質要件 ─ 須有結婚能力
　　　　　　　　└ 須無結婚之限制 → 例如：非禁婚親、非監護關係、非重婚

民

法

第四編　親

屬

（第九八四～九八八條）

三　旁系姻親在五親等以內，輩分不相
　　同者。

II前項直系姻親結婚之限制，於姻親關係消
　滅後，亦適用之。

III第一項直系血親及直系姻親結婚之限制，
　於因收養而成立之直系親屬間，在收養關
　係終止後，亦適用之。

⑧既然依優生學之考慮，限制六、八親等堂兄弟姊
妹不得結婚，則基於父母血緣各半及同為優生學
之考慮，亦應限制六、八親等之表兄弟姊妹不得
結婚。惟六、八親等血緣已疏，有無必要禁止其
相婚，宜再檢討；故修訂為旁系姻親在五親等以
內輩分不相同者，不得結婚。

第 984 條　（結婚之實質要件㈣——須無監護關係）

監護人與受監護人，於監護關係存續中，
不得結婚。但經受監護人父母之同意者，
不在此限。

第 985 條　（結婚之實質要件㈤——須非重婚）

I有配偶者，不得重婚。

II一人不得同時與二人以上結婚。

⑭一、現行條文移列為第 1 項。

二、現行法規定有配偶者不得重婚，是否包括同
時與二人以上結婚在內，學者見解頗不一致，或
謂得適用民法第 72 條規定認其結婚為無效，究不
若明文規定為宜，且我國刑法第 237 條重婚罪，
亦包括有配偶者重婚及同時與二人以上結婚在
內，為期刑法規定一致及避免解釋之紛擾，爰
增列第 2 項規定。

▲【29 上 737】上訴人甲與被上訴人間，縱令如
原判之所認定確有合法成立之婚約，但僅訂有婚
約而未結婚者，不得謂為配偶，上訴人甲既未與
被上訴人結婚，則其與上訴人乙結婚，自非違反
民法第 985 條之規定，原判決竟依被上訴人之請
求，將上訴人間之結婚撤銷，於法殊有未合。

第 986 條　（刪除）

⑧一、本條刪除。

二、本條有道德制裁之意味，且無實益，淪為報
復他人。允許撤銷其婚姻，將使子女成為非婚生
子女，徒增社會問題。

第 987 條　（刪除）

⑧一、本條刪除。

二、現在醫學技術發達，以 DNA 進行血緣鑑定
並不困難，並無血統混淆之虞。

三、依第 994 條但書，一旦懷孕也不得撤銷後婚，
則會因違反第 987 條被撤銷婚姻者，必係再婚而
未懷孕者，則其既未懷孕已無血統混淆之虞，其
後婚竟遭撤銷，顯失公平。

四、即使馬上結婚，懷孕致所生子女受前後婚雙
重之婚生推定，亦可提起確定其父之訴加以救濟。

第 988 條　（結婚之無效）

結婚有下列情形之一者，無效：

一　不具備第九百八十二條之方式。

二　違反第九百八十三條規定。

三　違反第九百八十五條規定。但重婚
　　之雙方當事人因善意且無過失信
　　賴一方前婚姻消滅之兩願離婚登
　　記或離婚確定判決而結婚者，不在
　　此限。

⑯一、第 1 款酌予文字修正。

二、因應司法院釋字第 362 號及第 552 號有關重
婚之雙方當事人因善意且無過失信賴離婚確定判
決及兩願離婚登記而致前後婚姻關係同時存在之
解釋意旨，修正本條第 2 款，並增訂第 3 款但書
規定。

三、鑑於因信賴國家機關之行為而重婚有效乃屬
特例，自不宜擴大其範圍，爰將本條第 3 款重婚
有效之情形限縮於釋字第 362 號及第 552 號解釋
之「信賴兩願離婚登記或離婚確定判決」兩種情
形，避免重婚有效之例外情形無限擴大，以致違
反一夫一妻制度。至於信賴死亡宣告判決部分，
因民事訴訟法第 640 條已有明文，且學說與實務
在適用上尚無爭議，故依上開民事訴訟法相關規
定處理即可，爰未予增列。

◇信賴死亡宣告而重婚之效力：因家事事件法第
　163 條已有明文，且學說與實務上在適用上尚無
　爭議，因此依家事事件法相關規定處理即可（林
　秀雄，親屬法講義）。

◇民法親屬編施行法第 4 條之 1 第 2 項之溯
　及既往：依民法親屬編施行法第 4 條之 1 第 2 項
　之規定，修正之民法第 988 條之規定，於民法修
　正前重婚者，仍有適用。惟有學者認為民法第

988 條應僅溯及至釋字第 552 號解釋公布為止，以避免修法前符合釋字第 362 號解釋而不符合釋字第 552 號解釋之重婚，卻會因適用新修正之第 988 條規定之結果，使後婚姻因法律之修正成為無效婚（林秀雄，親屬法講義）。

第 988 條之 1　（前婚姻視為消滅之效力、賠償及相關規定）

I.前條第三款但書之情形，前婚姻自後婚姻成立之日起視為消滅。

II.前婚姻視為消滅之效力，除法律另有規定外，準用離婚之效力。但剩餘財產已為分配或協議者，仍依原分配或協議定之，不得另行主張。

III.依第一項規定前婚姻視為消滅者，其剩餘財產差額之分配請求權，自請求權人知有剩餘財產之差額時起，二年間不行使而消滅。自撤銷兩願離婚登記或廢棄離婚判決確定時起，逾五年者，亦同。

IV.前婚姻依第一項規定視為消滅者，無過失之前婚配偶得向他方請求賠償。

V.前項情形，雖非財產上之損害，前婚配偶亦得請求賠償相當之金額。

VI.前項請求權，不得讓與或繼承。但已依契約承諾或已起訴者，不在此限。

⑨⑥一、本條新增。

二、因應司法院釋字第 362 號及第 552 號有關重婚之雙方當事人因善意且無過失信賴離婚確定判決及兩願協議離婚登記而致前後婚姻關係同時存在時，為維護一夫一妻之婚姻制度，應應解消前婚姻或後婚姻，屬立法政策考量之解釋意旨，增訂本條規定。至於究應解消前婚姻或後婚姻，經審酌婚姻之本質重在夫妻共同生活，且前婚姻因已無共同生活之事實，且前婚夫妻雙方前曾達成離婚協議或一方請求裁判離婚，其婚姻已出現破綻，復基於身分安定性之要求，認以維持後婚姻為宜，以符婚姻本質。

三、由於後婚姻依第 988 條第 3 款但書規定而有效時，前婚姻仍為有效，爰於本條第 1 項明定前婚姻自後婚姻成立之日起視為消滅。所稱「消滅」，方向後發生效力。

四、前婚姻依本條第 1 項規定視為消滅，將涉及贍養給與、對未成年子女權利義務之行使或負擔之酌定及夫妻剩餘財產分配等事項，爰於本條

第 2 項規定前婚姻視為消滅之效力，除法律另有規定外，準用離婚之效力。但如前婚姻因兩願離婚登記或離婚確定判決而已就夫妻剩餘財產為分配或協議者，其原分配或協議本因撤銷兩願離婚登記或廢棄離婚判決而失所附麗，原應重新計算至前婚姻視為消滅之日（後婚姻成立之日）之夫妻剩餘財產。惟鑑於前婚姻自兩願離婚登記或離婚確定判決，至前婚姻視為消滅之日（後婚姻成立之日）此段期間，並無共同生活之事實，對婚姻並無共同協力及貢獻，且為免產生複雜之法律關係，爰增列但書規定，明定剩餘財產已為分配或協議者，仍依原分配或協議定之，不得另行主張，以杜爭議。至所稱「法律另有規定」，目前係指本條第 2 項但書、第 3 項至第 6 項關於夫妻剩餘財產分配請求權之時效起算點以及前婚配偶之損害賠償請求權等規定。

五、前婚姻自後婚姻成立之日起視為消滅，除前婚姻因兩願離婚登記或離婚確定判決而已就夫妻剩餘財產為分配或協議而適用本條第 2 項但書規定外，應有剩餘財產分配之問題，並應適用本法第 1030 條之 1 以下有關夫妻剩餘財產分配之規定。惟在後婚成立五年後，前婚之兩願離婚登記、離婚判決始被廢棄之情形，前婚配偶已逾本法第 1030 條之 1 第 4 項所定時效而不及行使權利，如仍適用其規定，顯有未當，爰於本條第 3 項明定剩餘財產分配請求權，自請求權人知有剩餘財產之差額時起，二年間不行使而消滅。自「撤銷兩願離婚登記或廢棄離婚判決確定」時起，逾五年者，亦同，以保障前婚配偶之權益，並兼顧安定性之要求。

六、為貫徹一夫一妻制度，使前婚姻自後婚姻成立之日起視為消滅，此時前婚配偶可能受有財產及非財產上之損害，惟因後婚雙方當事人均為善意且無過失，故不能準用本法第 1056 條規定向有過失一方請求損害賠償，然為保障前婚配偶之權益，爰參酌第 1056 條規定，於本條第 4 項至第 6 項明定重婚配偶雖無過失，無過失之前婚配偶（如前婚配偶對於兩願離婚登記知有瑕疵，則非無過失）亦得向其請求賠償，以符司法院釋字第 552 號保障婚姻被解消者之意旨。

◇**死亡宣告對婚姻之效力**：家事事件法第 163 條規定，撤銷或變更宣告死亡裁定之裁定，不問對於何人均有效力。但裁定確定前之善意行為，不受影響。

第 989 條 (結婚之撤銷㈠——未達結婚年齡)

　　結婚違反第九百八十條之規定者,當事人或其法定代理人得向法院請求撤銷之。但當事人已達該條所定年齡或已懷胎者,不得請求撤銷。

▲【院 1783】民法第 989 條但書**所謂已達結婚年齡之當事人,係包括雙方而言**,故須雙方當事人均達結婚年齡,方受不得撤銷之限制,若有一方未達結婚年齡,則雙方當事人均不受其拘束。

▲【29 渝上 555】結婚違反民法第 980 條之規定者,除當事人已達該條所定年齡或已懷胎者外,當事人或其法定代理人得向法院請求撤銷之,此在民法第 989 條規定甚明,是**未達結婚年齡人之結婚,雖曾得法定代理人之同意,當事人亦得請求撤銷**。

▲【32 上 3477】民法第 989 條但書,**所謂當事人已達第 980 條所定年齡,係指當事人於請求撤銷結婚之訴提起時,已達結婚年齡而言**,如起訴時未達結婚年齡,縱令訴訟中已達結婚年齡,其已行使之撤銷權仍不因此而受影響。

▲【33 上 2863】民法第 989 條但書,**所謂已達第 980 條所定年齡之當事人,包括雙方而言,必雙方當事人於起訴時俱達結婚年齡,其撤銷請求權始可消滅**,若一方於起訴時已達結婚年齡,他方未達結婚年齡者,仍得請求撤銷其結婚。

第 990 條 (刪除)

⑩一、本條刪除。

　　二、配合原第 981 條規定刪除,爰刪除本條。

第 991 條 (結婚之撤銷㈢——有監護關係)

　　結婚違反第九百八十四條之規定者,受監護人或其最近親屬 , 得向法院請求撤銷之。但結婚已逾一年者,不得請求撤銷。

◇**最近親屬**:有認為最近親屬應指具有親屬會議會員資格者,亦有認為所謂最近親屬,乃不論血親或姻親、直系或旁系,與受監護人親等最近之親屬而言(陳棋炎、黃宗樂、郭振恭,民法親屬新論)。

第 992 條 (刪除)

⑭為貫徹一夫一妻制,第 988 條既已規定結婚違反

第 985 條重婚者無效,本條爰配合刪除之。

第 993 條 (刪除)

⑧一、本條刪除。

　　二、本條有道德制裁之意味,且無實益,淪為報復他人。允許撤銷其婚姻,將使子女成為非婚生子女,徒增社會問題。

第 994 條 (刪除)

⑧一、本條刪除。

　　二、依第 994 條但書,一旦懷孕也不得撤銷後婚,則會因違反第 987 條被撤銷婚姻者,必係再婚而未懷孕者,則其既未懷孕已無血統混淆之虞,其後婚竟遭撤銷,顯失公平。

第 995 條 (結婚之撤銷㈣——不能人道)

　　當事人之一方,於結婚時不能人道而不能治者,他方得向法院請求撤銷之。但自知悉其不能治之時起已逾三年者,不得請求撤銷。

◇**不能人道**:指不能為正常性行為而言,單純之不育或不孕症,並非該條所指之「不能人道」(84 家訴 66)。

▲【29 渝上 1913】夫妻之一方有不治之惡疾者,依民法第 1052 條第 7 款之規定,他方固得隨時請求離婚,惟**一方於結婚時不能人道而不能治者,非同條所謂不治之惡疾 , 他方僅得依民法第 995 條,於知悉其不能治之時起,三年內請求撤銷結婚**。

第 996 條 (結婚之撤銷㈤——精神不健全)

　　當事人之一方,於結婚時係在無意識或精神錯亂中者,得於常態回復後六個月內向法院請求撤銷之。

第 997 條 (結婚之撤銷㈥——因被詐欺或脅迫)

　　因被詐欺或被脅迫而結婚者,得於發見詐欺或脅迫終止後,六個月內向法院請求撤銷之。

◇**詐欺行為不以積極行為為限**:故意隱蔽事實而未告知對方之消極不作為,亦包括在內。諸如生育能力、重大遺傳疾病等身體健康之情況,有告

知對方之義務，如擔心對方知其情事而不允婚，遂隱瞞不告知，使對方陷於錯誤而允婚者，亦屬詐欺結婚（林秀雄，詐欺結婚，月旦法學雜誌，第70期）。

▲【70臺上880】身心健康為一般人選擇配偶之重要條件，倘配偶之一方患有精神病，時癒時發，必然影響婚姻生活，故在一般社會觀念上，應認有告知他方之義務，如果被上訴人將此項婚姻成立前已存在之痼疾隱瞞，致上訴人誤信被上訴人精神正常，而與之結婚，即難謂上訴人非因被詐欺而為結婚。

第 998 條　（撤銷之不溯及效力）
結婚撤銷之效力，不溯及既往。

◇**婚姻撤銷不溯及既往**：一般法律行為經撤銷者，視為自始無效（民法第114條），惟婚姻之撤銷如使其效力溯及既往，婚生子女將成為非婚生子女，基於婚姻效力所為財產上之給付或夫妻間之財產關係，都將因婚姻溯及自始無效而衍生更複雜之關係，為保護子女利益並避免夫妻財產關係複雜化，乃規定結婚撤銷之效力不溯及既往（林秀雄，親屬法講義）。

第 999 條　（婚姻無效或撤銷之損害賠償）
I.當事人之一方，因結婚無效或被撤銷而受有損害者，得向他方請求賠償。但他方無過失者，不在此限。
II.前項情形，雖非財產上之損害，受害人亦得請求賠償相當之金額，但以受害人無過失者為限。
III.前項請求權，不得讓與或繼承。但已依契約承諾或已起訴者，不在此限。

第 999 條之 1　（結婚無效或經撤銷時子女之監護、贍養費及財產之取回）
I.第一千零五十七條及第一千零五十八條之規定，於結婚無效時準用之。
II.第一千零五十五條、第一千零五十五條之一、第一千零五十五條之二、第一千零五十七條及第一千零五十八條之規定，於結婚經撤銷時準用之。

㊄一、結婚無效準用第1055條之規定，已因增訂第1069條之1而當然適用，爰將原條文有關結婚無

效之準用規定加以修正，並單獨列為第1項。
二、有關夫妻離婚時對於未成年子女權利義務之行使或負擔，已重新修正並增設規定，故於結婚經撤銷時，其準用條文，宜配合修正，並改列為第2項。

第三節　婚姻之普通效力

第 1000 條　（夫妻之冠姓）
I.夫妻各保有其本姓。但得書面約定以其本姓冠以配偶之姓，並向戶政機關登記。
II.冠姓之一方得隨時回復其本姓。但於同一婚姻關係存續中以一次為限。

㊆一、原條文以妻冠夫姓為原則，不但有違男女平等原則，且在戶籍登記及所使用資格證件、印章等均徒增麻煩，故修訂夫妻以不冠姓為原則，且冠姓之一方亦得隨時回復其本姓。
二、廢贅夫婚制度。婚姻是兩人為共同生活，彼此扶持而設之制度，無庸有嫁娶或招贅婚之分，應破除此種觀念。又贅夫婚姻制度之存在，徒然予以男女平等之假象及藉口，應予以廢除。

第 1001 條　（夫妻之同居義務）
夫妻互負同居之義務。但有不能同居之正當理由者，不在此限。

◇**別居**：別居與離異係屬兩事，別居者事實上夫婦不同居，而婚姻之關係依然存續，與離異之消滅婚姻關係者不同（19上13）。

◇**正當理由**：我國關於不能同居之正當理由，委諸學說與實務加以發展，舉例如下：夫妻之一方不堪他方親屬之虐待（29上254）、夫之納妾亦屬妻不履行同居義務之正當理由（23上1061）、因就業需要而無法履行同居義務（釋字452）。按夫妻固互負有同居之義務，然如有不能同居之正當理由者則不在此限，此觀民法第1001條但書之規定即明。此之所謂有「不能同居之正當理由」，並不限於夫妻一方有經常或慣性毆打他方之情形，即其精神受虐待而不堪與之同居，或一方之行為使他方心生畏懼而不敢同居者，亦為不能同居之正當理由；又如夫妻有不堪同居或不宜同居之事由，或依其情形要求夫妻同居為不合理者，亦屬民法第1001條但書所稱之「不能同居之正當理由」。因夫妻來自不同家庭，所受教育及成長環境不同，而有不同之性格及思想，因此，認定夫妻是否有

不堪或不宜同居之事由，非不可斟酌雙方當事人之教育程度、社會地位、平日相處情形及其他情事，正常夫妻之和諧家庭生活能否維繫以為斷；又夫妻共同生活，一方苟未能受他方適當的尊重，致人格受嚴重損害，有暫時分居必要時，即不得謂無不能同居之正當理由（桃園地院 99 婚 285）。

▲【院 1878】人民固有信仰宗教之自由，但不能因信仰宗教而免其法律上之義務，故妻矢志為尼，不得認為有民法第 1001 條但書所謂不能同居之正當理由。

▲【22 上 1819】婚姻關係成立後夫妻之一方出家為僧或為尼者，雖依其教規不得有配偶，而其夫妻之關係並不因此當然消滅。

▲【28 渝上 2469】當事人之一方於結婚時不能人道而不能治者，依民法第 995 條規定，他方固得提起撤銷婚姻之訴，而在婚姻未撤銷前，究不能以此為拒絕同居之理由。

▲【29 渝上 916】㈠未成年人結婚雖未得法定代理人之同意，然在法定代理人依民法第 990 條之規定，訴經法院撤銷其結婚以前，仍不失為夫妻，依民法第 1001 條之規定，自亦互負同居之義務。㈡夫秉性愚鈍純缺乏常識，並非民法第 1001 條所謂不能同居之正當理由。

▲【49 臺上 990】夫妻之一方於同居之訴判決確定或在訴訟上和解成立後，仍不履行同居義務，在此繼續狀態存在中，而又無不能同居之正當理由者，即與民法第 1052 條第 5 款所定之離婚要件相當，所謂**夫婦互負同居之義務，乃指永久同居**而言，要非夫偶爾一、二日或十數日住居夫之住所，即屬已盡同居之義務。

第 1002 條　（夫妻之住所）
Ⅰ夫妻之住所，由雙方共同協議之；未為協議或協議不成時，得聲請法院定之。
Ⅱ法院為前項裁定前，以夫妻共同戶籍地推定為其住所。

◇⑧⑦一、妻以夫之住所為住所，不合男女平等之原則，爰修正為夫妻之住所由雙方共同協議定之。
二、夫妻之住所為夫妻生活之重心，對訴訟之管轄及離婚惡意遺棄要件之認定具有相當之影響，在夫妻就住所之決定無法協議時，有由法院介入決定之必要。
三、廢招贅婚制度。

第 1003 條　（日常家務代理權）
Ⅰ夫妻於日常家務，互為代理人。
Ⅱ夫妻之一方濫用前項代理權時，他方得限制之。但不得對抗善意第三人。

◇日常家務：指一般家庭生活中通常必要的一切事項，包括衣服之購買、傢俱及日常用品之購置、親友之餽贈、報紙雜誌之訂購等，其範圍依夫妻共同生活之社會地位、職業、資產、收入而有不同（史尚寬，親屬法論）。

▲【44 臺上 1026】夫妻於日常家務固得互為代理人，但本件和解契約之訂立並非日常家務，則夫自非當然有代理其妻之權限。

第 1003 條之 1　（家庭生活費用之分擔）
Ⅰ家庭生活費用，除法律或契約另有約定外，由夫妻各依其經濟能力、家事勞動或其他情事分擔之。
Ⅱ因前項費用所生之債務，由夫妻負連帶責任。

◇⑨①一、本條新增。
二、夫妻基於獨立平等之人格，對於婚姻共同生活體之維持，均有責任，爰增訂此條規定為婚姻之普通效力，適用於法定財產制及約定財產制。

第四節　夫妻財產制

第一款　通　則

第 1004 條　（夫妻財產制契約之訂立──約定財產制之選擇）
夫妻得於結婚前或結婚後，以契約就本法所定之約定財產制中，選擇其一，為其夫妻財產制。

◇夫妻財產制契約之性質：此契約以婚姻契約存在為前提，且影響夫妻間財產權利義務之變動，故夫妻財產制契約在性質上屬從契約、身分上之財產契約（而非純粹身分上契約）。

第 1005 條　（法定財產制之適用）
夫妻未以契約訂立夫妻財產制者，除本法另有規定外，以法定財產制，為其夫妻財產制。

第 1006 條　（刪除）

⑼一、本條刪除。

二、原條文規定未成年人與禁治產人訂立、變更或廢止夫妻財產制契約時，應得其法定代理人之同意，與民法總則規定不符。為避免實務適用上之困擾，並期體例一貫，爰刪除本條規定。

第 1007 條　（夫妻財產制契約之要件㈠——要式契約）

夫妻財產制契約之訂立、變更或廢止，應以書面為之。

⑼將「變更」後之頓號刪除。

第 1008 條　（夫妻財產制契約之要件㈡——契約之登記）

Ⅰ.夫妻財產制契約之訂立、變更或廢止，非經登記，不得以之對抗第三人。

Ⅱ.前項夫妻財產制契約之登記，不影響依其他法律所為財產權登記之效力。

Ⅲ.第一項之登記，另以法律定之。

⑼一、將原條文第 1 項「變更」後之頓號刪除。

二、為貫徹物權法定主義及保護交易安全，同時避免夫妻藉登記夫妻財產制之方式，逃避其債權人之強制執行，故明定其他財產權登記之效力不因與夫妻財產契約登記不一致而受影響。

三、原第 2 項規定做文字修正後，移列至第 3 項。

第 1008 條之 1　（夫妻財產其他約定之準用）

前二條之規定，於有關夫妻財產之其他約定準用之。

⑼原條文第 1006 條之規定業已刪除，故本條配合修正為「前『二』條之規定……。」

第 1009 條　（刪除）

⑽一、本條刪除。

二、民法親屬編於民國 19 年制定時，係以聯合財產制為法定財產制，故為解決夫妻一方受破產宣告時破產財團範圍之問題，訂有本條規定。惟為貫徹憲法保障之男女平等原則，現行法定財產制已修正以瑞士所得分配制為基礎，因此在財產分離為架構下，夫妻之財產均各自保有其所有權權能，亦各負擔債務。故可知我國民法基於男女平

等、人格獨立之精神，對夫妻之債務既以各自清償為原則，本條已不符現行法定財產制之精神。

三、再法定財產制關係消滅時之剩餘財產分配請求權，既係一身專屬權，他人不得代位行使之，又消費者債務清理條例第 98 條第 2 項亦規定專屬於債務人本身之權利不屬於清算財團，故於法定財產制之情況下，本條已無規定之實益，爰刪除之。

四、又參酌日本個人破產制度立法例，夫妻僅於離婚時得由夫妻協議或訴請法院分配財產，婚姻關係存續中，縱使一方聲請個人破產，亦不將配偶財產納入破產財團，故不生財產分配之問題，考量我國清算制度多參酌日本個人破產制度，故實無再於本法另訂夫妻受破產後改為分別財產制之必要。

五、至於夫妻約定共同財產制者，因共同財產本為夫妻公同共有，債務人進入破產或清算程序時，共同財產本應依比例列入破產或清算財團，故無再改用分別財產制之必要，縱刪除本條，亦不影響共同財產制夫妻債務人破產或清算程序之進行。

第 1010 條　（分別財產制之原因——法院應夫妻一方之聲請而為宣告）

Ⅰ.夫妻之一方有左列各款情形之一時，法院因他方之請求，得宣告改用分別財產制：

一　依法應給付家庭生活費用而不給付時。

二　夫或妻之財產不足清償其債務時。

三　依法應得他方同意所為之財產處分，他方無正當理由拒絕同意時。

四　有管理權之一方對於共同財產之管理顯有不當，經他方請求改善而不改善時。

五　因不當減少其婚後財產，而對他方剩餘財產分配請求權有侵害之虞時。

六　有其他重大事由時。

Ⅱ.夫妻之總財產不足清償總債務或夫妻難於維持共同生活，不同居已達六個月以上時，前項規定於夫妻均適用之。

⑼一、第 1 項作文字修正。

二、第 1、3、4 款刪除「夫妻之一方」等字，並酌作文字修正。

民法

第四編 親屬（第一〇一一～一〇一七條）

三、第2款刪除後段文字。
四、增列第5款。
五、原條文第5款，改列為第2項，並作文字修正。

▲【55臺上2632】被上訴人對於上訴人所應支付者係家庭生活費，而非扶養費，其應支付又係由於約定而非依法為之，則上訴人有無謀生能力，即可置諸不問，殊無適用民法第1010條規定之餘地。

第 1011 條 （刪除）

⑩一、本條刪除。
二、現行法定財產制已改以瑞士所得分配制為基礎，採財產分離之架構，讓夫或妻各保有所有權之權能，並自負擔債務。然本條規定，造成目前司法實務上，債權銀行或資產管理公司為追討夫或妻一方之債務，得利用本條規定訴請法院宣告改用分別財產制，再依民法第242條代位債務人行使民法第1030條之1之剩餘財產分配請求權，致使與夫妻關係完全無關之第三人，可以債權滿足為由，借國家權力之手，強行介入夫妻間財產制之狀態，除將導致夫妻婚後財產因第三人隨時可能介入而產生不穩定狀況，更與法定財產制係立基夫妻財產獨立之立法精神有悖。
三、本條規定與民法第1009條相同，均係民國19年以聯合財產制為法定財產制時所制定，多年來我國夫妻法定財產制已歷經多次修正，本條規定已不合時宜。
四、至於夫妻約定共同財產制者，因債權人本可直接對共同財產求償，無再訴請法院另宣告改用分別財產制之必要，故縱刪除本條，亦無損債權人對共同財產制夫妻之求償。
五、綜上理由，爰將本條刪除之。

第 1012 條 （夫妻財產制之變更廢止）
夫妻於婚姻關係存續中，得以契約廢止其財產契約，或改用他種約定財產制。

第 1013 條 （刪除）
⑨一、本條刪除。
二、修正後之法定財產制，係將夫或妻之財產區分為婚前財產與婚後財產，特有財產僅於約定之共同財產制有其存在實益。爰將之移列於第1031條之1第1項。

第 1014 條 （刪除）
⑨一、本條刪除。
二、修正後之法定財產制，已無特有財產，僅約定之共同財產制仍訂有特有財產。但為保護交易安全，避免約定特有財產認定不易而影響第三人之權益，亦免夫妻任意約定特有財產致影響共同財產之範圍，爰刪除本條規定。

第 1015 條 （刪除）
⑨一、本條刪除。
二、修正後之法定財產制，係將夫或妻之財產區分為婚前財產與婚後財產，特有財產僅於約定之共同財產制有其存在實益。爰將之移列於第1031條之1第2項。

第二款 法定財產制

第 1016 條 （刪除）
⑨一、本條刪除。
二、現行聯合財產制係繼受歐陸法制，主要源自德、瑞之「管理共同制」，惟德、瑞早已因此制建構於夫妻不平等觀念上，先後改採淨益共同制及所得分配制。為切合時宜，及貫徹我憲法保障之男女平等原則，乃廢除聯合財產制，故刪除本條規定。

第 1017 條 （婚前財產與婚後財產）
I夫或妻之財產分為婚前財產與婚後財產，由夫妻各自所有。不能證明為婚前或婚後財產者，推定為婚後財產；不能證明為夫或妻所有之財產，推定為夫妻共有。
II夫或妻婚前財產，於婚姻關係存續中所生之孳息，視為婚後財產。
III夫妻以契約訂立夫妻財產制後，於婚姻關係存續中改用法定財產制者，其改用前之財產視為婚前財產。

⑨一、為明確界定夫妻財產之範圍，以及法定財產制關係消滅時，得列入剩餘財產分配之財產範圍，爰將夫或妻之財產區分為婚前財產與婚後財產。
二、為保障他方配偶之協力，及日後剩餘財產之分配，爰增訂第2項規定。
三、因剩餘財產分配之對象僅及「婚後財產」，故增設第3項規定，將改用前之財產視為婚前財產，不列入分配，以杜爭議。

第 1018 條　（夫妻財產之各自管理、使用、收益及處分）

夫或妻各自管理、使用、收益及處分其財產。

⑼原法定財產制對於夫妻之聯合財產，規定得約定由夫妻之一方管理；無約定時，則由夫管理。為確保夫妻權益之平等，並保障交易安全，爰將本條修正為夫妻各自管理、使用、收益及處分其財產。

▲【院 647】㈠夫妻財產各別所有，於死亡時各由其所屬之繼承人分別繼承，為新民法所採之原則，故妻為被繼承人，如無直系血親卑親屬繼承其遺產時，即應依法定順序，屬於妻之父母或以次之繼承人。㈡法定財產制關於夫之管理權，對於贅婿並無特別規定，自應適用。

第 1018 條之 1　（自由處分金）

夫妻於家庭生活費用外，得協議一定數額之金錢，供夫或妻自由處分。

⑼一、本條新增。

二、傳統夫對妻支配服從關係，有違男女平等原則，不符潮流，故本於夫妻類似合夥關係之精神，以及家務有價之觀念，爰增訂本條。

◇**自由處分金之性質**：自由處分金之性質有婚後收入說、贈與說、剩餘財產預付說。若採婚後收入說，將使夫妻間形成僱用人與受僱人之關係，而汙損婚姻共同體之精神面；亦不宜採贈與說，蓋若為贈與，夫妻間本得為之，不待本條另行規定，故自由處分金之性質，應為剩餘財產之提前給付，使剩餘較少之一方得於法定財產制關係消滅前，自由處分一定金錢（林秀雄，親屬法講義）。

第 1019 條　（刪除）

⑼一、本條刪除。

二、修正後之法定財產制，以夫妻財產各自所有、管理、使用、收益及處分為原則，非經他方授權，對於他方財產原則上已無管理及收益權利，故原規定已無存在之必要，爰予刪除。

第 1020 條　（刪除）

⑼一、本條刪除。

二、修正後之法定財產制，以夫妻財產各自所有、管理、使用、收益及處分為原則，非經他方授權，對於他方財產原則上已無管理及收益權利，故原規定已無存在之必要，爰予刪除。

第 1020 條之 1　（婚後剩餘財產之分配）

I.夫或妻於婚姻關係存續中就其婚後財產所為之無償行為，有害及法定財產制關係消滅後他方之剩餘財產分配請求權者，他方得聲請法院撤銷之。但為履行道德上義務所為之相當贈與，不在此限。

II.夫或妻於婚姻關係存續中就其婚後財產所為之有償行為，於行為時明知有損於法定財產制關係消滅後他方之剩餘財產分配請求權，以受益人受益時亦知其情事者為限，他方得聲請法院撤銷之。

⑼一、本條新增。

二、修正後法定財產制第 1030 條之 1 雖賦予夫或妻於法定財產制關係消滅時，對雙方婚後剩餘財產之差額，有請求平均分配之權，惟如夫或妻之一方於婚姻關係存續中，就其所有之婚後財產為無償行為，致有害及法定財產制消滅後他方之剩餘財產分配請求權時，如無防範之道，婚後剩餘財產差額分配容易落空。爰參酌民法第 244 條第 1 項規定之精神，增訂本條。

第 1020 條之 2　（撤銷權之行使期間）

前條撤銷權，自夫或妻之一方知有撤銷原因時起，六個月間不行使，或自行為時起經過一年而消滅。

⑼一、本條新增。

二、夫或妻之一方，就其婚後財產所為無償行為或惡意損及剩餘財產分配請求權之有償行為，他方固得依第 1020 條之 1 聲請法院撤銷之。惟為免漫無時間限制，使既存之權利狀態，長期處於不確定狀態，危及利害關係人權益及交易安全，爰增訂本條。

第 1021 條　（刪除）

⑼一、本條刪除。

二、原法定財產制規定聯合財產由夫或妻之一方管理，於日常家務代理之範圍內一方得處分他方之財產。修正後之法定財產制已明定夫妻之財產由夫妻各自所有、管理、使用、收益及處分，故如夫或妻之一方欲處分他方之財產，自應獲得他方之授權後，始得為之。爰刪除本條之規定。

第 1022 條　（婚後財產之報告義務）
夫妻就其婚後財產，互負報告之義務。

⑨修正後之法定財產制規定夫或妻各自所有、管理、使用、收益及處分其財產，為促使夫妻雙方經濟地位平等、重視夫妻生活之和諧及肯定家事勞動價值之目的，並落實剩餘財產分配請求權之規定，爰予修正之。

第 1023 條　（各自債務清償之責）
I.夫妻各自對其債務負清償之責。
II.夫妻之一方以自己財產清償他方之債務時，雖於婚姻關係存續中，亦得請求償還。

⑨一、原聯合財產制夫妻對第三人所負債務之責任，依財產種類之不同而區分責任之所屬。其內容複雜且不易分辨，為貫徹男女平等原則及保護交易安全，爰於第 1 項明定夫妻各自對自己之債務負清償之責任。
二、修正後之法定財產制，由夫妻各自所有、管理、使用、收益及處分自己之財產，故夫妻之一方如以自己之財產清償他方之債務時，自應允其得於婚姻關係存續中請求他方清償之，爰增訂第 2 項之規定。

第 1024 條　（刪除）
⑨一、本條刪除。
二、本條配合第 1023 條之修正，爰予刪除。

第 1025 條　（刪除）
⑨一、本條刪除。
二、本條配合第 1023 條之修正，爰予刪除。

第 1026 條　（刪除）
⑨一、本條刪除。
二、本條配合第 1003 條之 1 之增訂，爰予刪除。

第 1027 條　（刪除）
⑨一、本條刪除。
二、本條係原聯合財產制有關妻原有財產與夫之財產，及妻之特有財產與聯合財產間，相互補償關係之規定。修正後之法定財產制，將夫或妻之財產只區分為婚前及婚後財產，已無原有財產、特有財產及聯合財產等觀念，其間之補償關係已不存在，爰刪除本條之規定。

第 1028 條　（刪除）
⑨一、本條刪除。
二、修正後之法定財產制明訂夫妻之財產由夫妻各自所有、管理、使用、收益及處分。故如夫或妻之一方死亡，除特定婚後財產依第 1030 條之 1 應分配予他方外，其餘財產當然屬於遺產，適用民法繼承編之規定，故現行規定已無必要，爰予刪除。

第 1029 條　（刪除）
⑨一、本條刪除。
二、修正後之法定財產制明訂夫妻之財產由夫妻各自所有、管理、使用、收益及處分。故如夫或妻之一方死亡，除特定婚後財產依第 1030 條之 1 應分配予他方外，其餘財產當然屬於遺產，適用民法繼承編之規定，故現行規定已無必要，爰予刪除。

第 1030 條　（刪除）
⑨一、本條刪除。
二、修正後之法定財產制已無聯合財產及分割之觀念，爰刪除本條之規定。

第 1030 條之 1　（法定財產制關係消滅時剩餘財產之分配）
I.法定財產制關係消滅時，夫或妻現存之婚後財產，扣除婚姻關係存續所負債務後，如有剩餘，其雙方剩餘財產之差額，應平均分配。但下列財產不在此限：
　　一　因繼承或其他無償取得之財產。
　　二　慰撫金。
II.夫妻之一方對於婚姻生活無貢獻或協力，或有其他情事，致平均分配有失公平者，法院得調整或免除其分配額。
III.法院為前項裁判時，應綜合衡酌夫妻婚姻存續期間之家事勞動、子女照顧養育、對家庭付出之整體協力狀況、共同生活及分居時間之久暫、婚後財產取得時間、雙方之經濟能力等因素。
IV.第一項請求權，不得讓與或繼承。但已依契約承諾，或已起訴者，不在此限。
V.第一項剩餘財產差額之分配請求權，自請求權人知有剩餘財產之差額時起，二年間不行使而消滅。自法定財產制關係消滅時起，逾五年者，亦同。

⑩一、第1項未修正。

二、剩餘財產分配請求權制度之目的，原在保護婚姻中經濟弱勢之一方，使其對婚姻之協力、貢獻得以彰顯，並於財產制關係消滅時，使弱勢一方具有最低限度之保障。然因具體個案平均分配或有顯失公平之情形，故原條文第2項規定得由法院審酌調整或免除其分配額。惟為避免法院對於具體個案之認定標準不一，爰修正第2項規定，增列「夫妻之一方對於婚姻生活無貢獻或協力，或有其他情事，致平均分配有失公平者」之要件，以資適用。

三、法院為第2項裁判時，對於「夫妻之一方有無貢獻或協力」或「其他情事」，應有具體客觀事由作為審酌之參考，爰增訂第3項規定「法院為前項裁判時，應綜合衡酌夫妻婚姻存續期間之家事勞動、子女照顧養育、對家庭付出之整體協力狀況（含對家庭生活之情感維繫）、共同生活及分居時間之久暫、婚後財產取得時間、雙方之經濟能力等因素」，例如夫妻難以共通生活而分居，則分居期間已無共通生活之事實，夫妻之一方若對於婚姻生活無貢獻或協力，法院即應審酌，予以調整或免除其分配額。

四、原第3項及第4項移列為第4項及第5項規定。

◇**夫妻間贈與**：關於夫妻間贈與，是否列入剩餘財產分配之範圍，雖有認為應採**家事勞務對價說**者，惟通說認為無償贈與之財產若因法定財產關係消滅而變質為家事勞務之對價，對受贈之一方屬不公平，且此說並無現行法上依據，故通說採**「無償贈與說」**，認為在本條之適用上無須區分係一般贈與或是夫妻間贈與。

◇**配偶一方死亡**：配偶一方死亡，亦為法定財產制消滅之原因。須注意者，為避免第1030條之1適用複雜化，學者認為剩餘少之一方先於剩餘多之一方死亡時，其剩餘財產分配請求權發生之同時，因其已死亡，實無法行使剩餘財產分配請求權，因此，解釋上其繼承人不得繼承該剩餘少之一方之剩餘財產分配請求權（林秀雄，親屬法講義）。

第 1030 條之 2 （婚前或婚姻關係存續中所負債務之清償）

I.夫或妻之一方以其婚後財產清償其婚前所負債務，或以其婚前財產清償婚姻關係存續中所負債務，除已補償者外，於法定財產制關係消滅時，應分別納入現存之婚後財產或婚姻關係存續中所負債務計算。

II.夫或妻之一方以其前條第一項但書之財產清償婚姻關係存續中其所負債務者，適用前項之規定。

⑨一、本條新增。

二、法定財產制關係消滅時，依第1030條之1規定，應進行現存婚後財產之清算，以示公平，爰增訂第1項。

三、第1030條之1第1項但書不列入剩餘財產分配之財產，亦與婚姻共同生活即婚姻貢獻無關，故夫或妻若以該財產清償婚姻關係存續中所負債務，除已先行補償者外，於法定財產制關係消滅時，應列入婚姻關係存續中所負債務計算，以示公平，爰為第2項規定。

第 1030 條之 3 （為減少他方對剩餘財產之分配而處分其婚後財產）

I.夫或妻為減少他方對於剩餘財產之分配，而於法定財產制關係消滅前五年內處分其婚後財產者，應將該財產追加計算，視為現存之婚後財產。但為履行道德上義務所為之相當贈與，不在此限。

II.前項情形，分配權利人於義務人不足清償其應得之分配額時，得就其不足額，對受領之第三人於其所受利益內請求返還。但受領為有償者，以顯不相當對價取得者為限。

III.前項對第三人之請求權，於知悉其分配權利受侵害時起二年間不行使而消滅。自法定財產制關係消滅時起，逾五年者，亦同。

⑨一、本條新增。

二、為避免夫妻之一方以減少他方對剩餘財產之分配為目的，而任意處分其婚後財產，致生不公平，爰明定法定財產制關係消滅前五年內處分之該部分財產應追加計算其價額，視為現存之婚後財產。惟為兼顧交易之安全，如該處分行為係屬有償性質時，須以顯不相當之對價取得者，始得為之，方屬公允，爰增訂第2項規定。

三、為使第2項所定請求權之法律關係早日確定，以維護交易之安定，爰為第3項之規定。

◇**剩餘財產分配請求權之保全**：為使夫妻之剩餘財產分配請求權於法定財產消滅後得以真正落

實，本法規定許多保全之規定：
1.聲請改用分別財產制（§1010 I ⑤）
2.無償行為之撤銷（§1020-1 I）
3.有償行為之撤銷（§1020-1 II）
4.婚後財產追加計算（§1030-3 I）
5.對受益第三人請求返還（§1030-3 II）

第 1030 條之 4　（婚後財產之價值計算）

I.夫妻現存之婚後財產，其價值計算以法定財產制關係消滅時為準。但夫妻因判決而離婚者，以起訴時為準。

II.依前條應追加計算之婚後財產，其價值計算以處分時為準。

⑼一、本條新增。
二、財產之價值計算，影響夫妻剩餘財產之分配計算。爰明定夫妻現存婚後財產與應追加計算財產之計償時點，以期明確，俾免適用上發生疑義。

第三款　約定財產制

第一目　共同財產制

第 1031 條　（共同財產之定義）

夫妻之財產及所得，除特有財產外，合併為共同財產，屬於夫妻公同共有。

⑼在現行之共同財產制下，共同財產屬於夫妻公同共有。而公同共有依民法第 827 條第 1 項規定，各共有人並無應有部分，爰將原規定第 2 項刪除，以符實際。

◇共同財產制與分別財產制

共同財產制	訂立夫妻財產制契約前所取得之財產及共同財產制關係存續中所取得之財產，除特有財產外，合併為共同財產，屬於夫妻公同共有

分別財產制	夫妻就各自財產之管理、使用、收益、處分權能，皆維持婚姻前之狀態

▲【44 臺上 59】民法第 1031 條第 1 項所謂「夫妻之財產及所得，除特有財產外，合併為共同財產，屬於夫妻公同共有」。乃約定之共同財產制，須夫妻以契約訂立此項共同財產制者，始有其適用，若無此項約定，自難認其夫妻財產係屬公同共有。

第 1031 條之 1　（特有財產）

I.左列財產為特有財產：
　一　專供夫或妻個人使用之物。
　二　夫或妻職業上必需之物。
　三　夫或妻所受之贈物，經贈與人以書面聲明為其特有財產者。

II.前項所定之特有財產，適用關於分別財產制之規定。

⑼一、本條自原第 1013 條及第 1015 條移列。
二、按修正後之法定財產制，其財產種類不再有特有財產，惟於共同財產制尚有存在之必要，爰予移列，俾體例一致。
三、按特有財產非屬共同財產，應適用分別財產制之規定以符實際。

第 1032 條　（共同財產之管理）

I.共同財產，由夫妻共同管理。但約定由一方管理者，從其約定。

II.共同財產之管理費用，由共同財產負擔。

⑼一、原規定共同財產由夫管理，未能貫徹男女平等原則，爰依公同共有之法理，修正為以夫妻共同管理原則，但夫妻得約定由一方管理，以符需要。
二、將原條文後段有關管理費用負擔之規定，移列為第 2 項。

剩餘財產差額分配請求權

剩餘財產差額分配請求權
- 性質 ➜ 一身專屬權（§1030-1）
- 消滅 ➜ 自知情時起2年／自法定財產制消滅時起5年消滅
- 分配方法 ➜ 夫妻雙方剩餘婚後財產之差額，應平均分配

第 1033 條　（對共同財產處分應得他方同意）

I.夫妻之一方，對於共同財產為處分時，應得他方之同意。

II.前項同意之欠缺，不得對抗第三人。但第三人已知或可得而知其欠缺，或依情形，可認為該財產屬於共同財產者，不在此限。

⑼為貫徹憲法保障之男女平等原則，共同財產之管理既已修正為由夫妻共同管理為原則，例外得約定一方管理。則為強化共同財產制夫妻公同共有之精神，並避免「管理上所必要之處分」一詞，在解釋上可能滋生之疑義，爰刪除第 1 項但書規定。

第 1034 條　（夫妻所負債務之清償）

夫或妻結婚前或婚姻關係存續中所負之債務，應由共同財產，並各就其特有財產負清償責任。

⑼原法區分夫之債務與妻之債務，分別於第 1034 條至第 1036 條規定負清償責任之人，不僅複雜且與共同財產之法理未盡相符，爰合併為一條。俾夫或妻之債權人得自由選擇先就共同財產或為債務人之夫或妻一方之特有財產請求清償，以保障其權益，並求簡化明確。

第 1035 條　（刪除）

⑼一、本條刪除。

二、本條配合第 1034 條之修正，爰予刪除。

第 1036 條　（刪除）

⑼一、本條刪除。

二、本條配合第 1034 條之修正，爰予刪除。

第 1037 條　（刪除）

⑼一、本條刪除。

二、本條配合第 1003 條之 1 之增定，爰予刪除。

第 1038 條　（共同財產之補償請求權）

I.共同財產所負之債務，而以共同財產清償者，不生補償請求權。

II.共同財產之債務，而以特有財產清償，或特有財產之債務，而以共同財產清償者，有補償請求權，雖於婚姻關係存續中，亦得請求。

⑼原第 1 項規定共同財產債務之內部補償關係，所稱「夫妻間」，應為「共同財產」與「特有財產」相互間之誤，爰刪除「夫妻間」三字，以資明確。

第 1039 條　（共同財產制之消滅㈠——夫妻一方死亡）

I.夫妻之一方死亡時，共同財產之半數，歸屬於死亡者之繼承人，其他半數，歸屬於生存之他方。

II.前項財產之分割，其數額另有約定者，從其約定。

III.第一項情形，如該生存之他方，依法不得為繼承人時，其對於共同財產得請求之數額，不得超過於離婚時所應得之數額。

第 1040 條　（共同財產制之消滅㈡——因其他原因之消滅）

I.共同財產制關係消滅時，除法律另有規定外，夫妻各取回其訂立共同財產制契約時之財產。

II.共同財產制關係存續中取得之共同財產，由夫妻各得其半數。但另有約定者，從其約定。

⑼一、共同財產之組成包括共同財產制契約訂定時之財產及共同財產制存續中增加之財產，原規定不作區分，與第 1058 條第 1 項規定未能配合，爰予修正之，以資明確。

二、至夫妻取回訂立共同財產制契約時之財產後，如有剩餘，顯係共同財產制關係存續中因夫妻共同協力所取得，除夫妻另有約定外，宜由夫妻各得其半數，以示公平，爰為第 2 項之規定。

第 1041 條　（勞力所得共同財產制）

I.夫妻得以契約訂定僅以勞力所得為限為共同財產。

II.前項勞力所得，指夫或妻於婚姻關係存續中取得之薪資、工資、紅利、獎金及其他與勞力所得有關之財產收入。勞力所得之孳息及代替利益，亦同。

III.不能證明為勞力所得或勞力所得以外財產者，推定為勞力所得。

IV.夫或妻勞力所得以外之財產，適用關於分

別財產制之規定。

v.第一千零三十四條、第一千零三十八條及第一千零四十條之規定，於第一項情形準用之。

⑼原法規定，夫妻得以契約訂定僅以所得為限為共同財產；夫妻於婚姻關係存續中之勞力所得與原有財產之孳息為所得，適用共同財產制之規定；夫妻結婚時及婚姻關係存續中之原有財產適用法定財產制之規定。惟修正後法定財產制已無原有財產概念，且夫妻財產之基本架構亦多所變革，爰修正本條規定，俾與配合。

第二目 （刪除）

⑺本目各條均已刪除，本目名稱自應配合刪除。

第 1042 條 （刪除）

⑺按統一財產制，採自瑞士民法之立法例，該國所以採用此制度，係基於其歷史背景及傳統習慣，依瑞士民法第 199 條規定，夫妻得以合意將妻之財產估定價額之返還請求權，係屬聯合財產制之特殊型態，並非如我國現行法採為獨立之夫妻財產制，我現行法規定，將妻之所有財產，移轉歸屬於夫，妻僅保有於婚姻解消時之返還請求權，不但有背男女平等之原則，亦非我國習慣所能接受，以此規定列為獨立之約定財產制，尤非允當，爰予刪除。

第 1043 條 （刪除）

⑺刪除理由同前條。

第三目 分別財產制

第 1044 條 （分別財產制之定義）

分別財產，夫妻各保有其財產之所有權，各自管理、使用、收益及處分。

⑼原法僅規定分別財產制之所有權、管理權及使用收益權，對於處分，似漏未規定，爰依分別財產制之法理予以明定，使臻明確。

第 1045 條 （刪除）

⑼一、本條刪除。

二、分別財產之管理應分別為之，原規定妻以其財產之管理權付與夫者，推定夫有該財產之收益供家庭生活費用之權，未能貫徹男女平等原則，

且與家庭生活費用負擔之意旨不符。如夫妻之一方有事實上或法律上之事由不能或不願管理財產時，得依民法代理之規定授權他方為之，似無需於此規定，爰刪除本條規定。

第 1046 條 （夫妻債務清償之適用）

分別財產制有關夫妻債務之清償，適用第一千零二十三條之規定。

⑼原法對於分別財產制下夫或妻之債務負擔，分別於第 1046 條及第 1047 條規定，其內容不僅複雜，且與分別財產之法理不符，爰修正合併為本條，明定夫妻外部責任與內部之求償關係，均適用第 1023 條之規定，即與採用法定財產制者同。

第 1047 條 （刪除）

第 1048 條 （刪除）

⑼一、本條刪除。

二、本條配合第 1003 條之 1 之增訂，爰予刪除。

第五節 離 婚

第 1049 條 （兩願離婚）

夫妻兩願離婚者，得自行離婚。

⑽一、因成年年齡與最低結婚年齡均修正為十八歲，刪除但書所定未成年人離婚應得法定代理人同意之規定。

二、又於本次修正條文施行前結婚之未成年人，於修正條文施行後仍未滿十八歲而欲兩願離婚者，因其於離婚時修正條文業已施行，應直接適用修正條文，無須再待其法定代理人之同意，併此敘明。

◇離婚之合意：兩願離婚為身分契約之一種，故當事人須有離婚意思之合意。所謂「離婚意思」，學者多採實質意思說，認為假離婚即欠缺離婚意思，應屬無效。

◇離婚之種類

兩願離婚	夫妻雙方當事人合意離婚。要件：(1)書面、(2)兩個以上證人簽名、(3)須向戶政機關辦理離婚登記
裁判離婚	夫妻雙方無法透過協議離婚時，可向法院請求裁判離婚，但須限於民法規定的理由，法院始可判決離婚。此種判決為形成判決

| 調解、和解離婚 | 夫妻雙方可透過法院調解或和解達成離婚。民法規定經法院調解或法院和解成立的離婚，法院應依職權通知戶政機關註銷婚姻關係 |

▲【29渝上1606】兩願離婚固為不許代理之法律行為，惟夫或妻自行決定離婚之意思，而以他人為其意思之表示機關，則與以他人為代理人使之決定法律行為之效果意思者不同，自非法所不許。本件據原審認定之事實，上訴人提議與被上訴人離婚，託由某甲徵得被上訴人之同意，被上訴人於訂立離婚書面時未親自到場，惟事前已將自己名章交與某甲，使其在離婚文約上蓋章，如果見項認定係屬合法，且某甲已將被上訴人名章蓋於離婚文約，則被上訴人不過以某甲為其意思之表示機關，並非以之為代理人使之決定離婚之意思，上訴理由就此指摘原判決為違法，顯非正當。

▲【29渝上1904】無代理權人以代理人名義所為之法律行為不許代理者，不因本人之承認而生效力，**兩願離婚為不許代理之法律行為，其由無代理權人為之者，本人縱為承認亦不因而生效力。**

第1050條 （離婚之要式性）
兩願離婚，應以書面為之，有二人以上證人之簽名並應向戶政機關為離婚之登記。

74現行兩願離婚規定過於簡略，極易發生弊端，特增設「應向戶籍機關為離婚之登記」規定，使第三人對其身分關係更易於查考，符合社會公益。

◇**兩願離婚之無效與撤銷**：民法並未如日本舊法有明文規定兩願離婚有瑕疵時之效力，學說上有認為可類推適用婚姻無效與得撤銷之規定，亦有實務見解認為逕為無效。

▲【28渝上353】民法第1050條僅規定兩願離婚應以書面為之，並應有二人以上證人之簽名，**並無證人須與當事人素相熟識之限制**，故簽名於離婚書面之證人，縱與當事人素不相識，兩願離婚之效力亦不因此而受影響。

▲【42臺上1001】兩願離婚書據關於證人之蓋章，依民法第1050條之規定，既未限定須與書據作成同時為之，則證人某某等之名章，縱為離婚書據作成後聲請登記前所加蓋，亦不得執是而指為與法定方式不合。

▲【68臺上3792】民法第1050條所謂二人以上證人之簽名，固不限於作成離婚證書時為之，亦

不限於協議離婚時在場之人，始得為證人，然究難謂非親見或親聞雙方當事人確有離婚真意之人，亦得為證人。本件證人某甲、某乙係依憑上訴人片面之詞，而簽名於離婚證明書，未曾親聞被上訴人確有離婚之真意，既為原審所確定之事實，自難認兩造間之協議離婚，已具備法定要件。

第1051條 （刪除）
85一、本條刪除。

二、夫妻離婚後對於子女之親權並未因其係兩願離婚或判決離婚而有不同，故不宜區別兩願離婚或判決離婚而分列兩條規定，宜一併規定之。爰刪除第1051條，併入第1055條加以規定。

第1052條 （裁判離婚之原因）
I.夫妻之一方，有下列情形之一者，他方得向法院請求離婚：
一　重婚。
二　與配偶以外之人合意性交。
三　夫妻之一方對他方為不堪同居之虐待。
四　夫妻之一方對他方之直系親屬為虐待，或夫妻一方之直系親屬對他方為虐待，致不堪為共同生活。
五　夫妻之一方以惡意遺棄他方在繼續狀態中。
六　夫妻之一方意圖殺害他方。
七　有不治之惡疾。
八　有重大不治之精神病。
九　生死不明已逾三年。
十　因故意犯罪，經判處有期徒刑逾六個月確定。
II.有前項以外之重大事由，難以維持婚姻者，夫妻之一方得請求離婚。但其事由應由夫妻之一方負責者，僅他方得請求離婚。

◇**重婚**：指有配偶之人再與他人結婚而言，且民法上之重婚不以構成重婚罪或通姦罪為要件。

◇**不堪同居之虐待**：指身體上或精神上之痛苦，無論虐待是出於慣行或雖非慣行但已達於不能忍受之程度，只要致不堪繼續同居生活即已足。

◇**惡意遺棄**：不僅需有違背同居義務之客觀事實，並且需有拒絕同居之主觀情事始為相當。

◇**不治之惡疾**：依立法意旨，係指花柳病、瘋癲病等於人之身體機能及健康有礙，而為恆情所厭惡

之病症皆屬之。

▲【院解 2945】**單純之不育或不妊症**，不能認為民法第 1052 條第 7 款所稱之惡疾。

▲【27 渝上 2724】被上訴人與上訴人結婚後其雙目雖已因病失明，但不得謂有民法第 1052 條第 7 款所稱不治之惡疾。

▲【29 渝上 1913】參見本法第 995 條。

▲【30 上 1798】上訴人雖稱被上訴人患有**白帶疾**，縱使非虛，此項疾病原為婦女所常有，自與民法第 1052 條第 7 款規定不治之惡疾，未能相提併論。

▲【31 上 1949】民法第 1052 條第 4 款，**所謂妻對於夫之直系尊親屬為不堪同生活之虐待，係指予以身體上或精神上不可忍受之痛苦，致不堪繼續共同生活者而言**，上訴人對於被上訴人之母，既有屢為無理爭鬧並加以暴行之行為，使之感受身體上及精神上之痛苦，不能謂非不堪繼續共同生活之虐待。

▲【33 上 3213】夫妻之一方受他方不堪同居之虐待時，雖他方之虐待行為構成犯罪，亦不以他方曾受刑事處分為請求離婚之要件。

▲【33 上 4279】民法第 1052 條第 4 款所稱之直系尊親屬，不以血親為限，繼母為直系姻親尊親屬亦包含在內。

▲【33 上 6681】**夫右邊手足殘廢**，並非民法第 1052 條第 7 款所稱不治之惡疾。

▲【40 臺上 91】夫妻互負同居之義務，為民法第 1001 條所明定，夫妻之一方無正當理由而與他方別居，固屬違背同居義務，惟依同法第 1052 條第 5 款所謂以惡意遺棄他方，不僅須有違背同居義務之客觀事實，並須有拒絕同居之主觀情事始為相當，妻與夫失和歸寧居住，久未返家，如僅因夫迄未過問而出此，別無拒絕同居之主觀情事，尚難謂為惡意遺棄。

▲【49 臺上 199】妻受夫之直系尊親屬之虐待，致不堪為共同生活者，始得請求離婚，民法第 1052 條第 4 款規定甚明，**至夫之姊既非夫之直系尊親屬，縱有毆辱上訴人情事，亦不得據為離婚之原因**。

▲【49 臺上 990】參見本法第 1001 條。

▲【49 臺上 1251】**夫妻之一方以惡意遺棄他方者，不僅須有違背同居義務之客觀事實，並須有拒絕同居之主觀情事，始為相當**，被上訴人僅因犯殺人未遂罪逃亡在外，尚無其他情形可認具有拒絕同居之主觀要件，縱令未盡家屬扶養義務，

亦與有資力而無正當理由不為支付生活費用者有別，揆諸民法第 1052 條第 5 款之規定，尚難謂合。

▲【62 臺上 845】民法第 1052 條第 9 款所謂「**生死不明**」，係指夫妻之一方於離家後，杳無音訊，既無從確知其生，亦無從確知其死之狀態而言。原告以被告生死不明已逾三年為理由，而提起離婚之訴者，就被告是生是死之事實，不負證明之責任。

▲【63 臺上 1444】為人父者姦及生女，殊屬違背倫常，滅絕理性，依社會道德觀念，自為人所共棄，恥與相近。本件被上訴人姦淫其生女倘屬實情，則為其母者即上訴人所受精神上之痛苦，自難謂非受不堪同居之虐待，依民法第 1052 條第 3 款規定，上訴人非不得據以請求離婚。

▲【69 臺上 669】夫妻結合，應立於兩相平等之地位，維持其人性之尊嚴。本件兩造為夫妻，被上訴人強命上訴人下跪，頭頂盆鍋，難謂無損於人性之尊嚴，倘上訴人因此感受精神上重大痛苦，尚不能謂其未受被上訴人不堪同居之虐待。

▲【74 臺上 1507】夫妻之一方，因犯不名譽罪被處徒刑確定者，他方即得依法請求離婚。至於處刑判決，是否失當，在辦理離婚事件之民事法院，無再為斟酌之餘地。

第 1052 條之 1 （法院調解或和解離婚之效力）

離婚經法院調解或法院和解成立者，婚姻關係消滅。法院應依職權通知該管戶政機關。

㉘為使調解離婚具有形成力而非屬於協議離婚之性質，本條明訂當事人經法院調解離婚成立者即與形成判決具有同一之效力，使離婚登記僅屬報告性質。又為使身分關係與戶籍登記一致，爰明訂法院應即通知戶政機關為離婚之登記。

第 1053 條 （裁判離婚之限制(一)）

對於前條第一款、第二款之情事，有請求權之一方，於事前同意或事後宥恕，或知悉後已逾六個月，或自其情事發生後已逾二年者，不得請求離婚。

▲【33 上 4886】民法第 1053 條及第 1054 條所定之期間，為離婚請求權之**除斥期間**，與消滅時效性質不同，關於消滅時效中斷及不完成之規定，無可準用。

第 1054 條　（裁判離婚之限制㈡）

對於第一千零五十二條第六款及第十款之情事，有請求權之一方，自知悉後已逾一年，或自其情事發生後已逾五年者，不得請求離婚。

第 1055 條　（離婚夫妻對未成年子女權義之行使或負擔）

Ⅰ.夫妻離婚者，對於未成年子女權利義務之行使或負擔，依協議由一方或雙方共同任之。未為協議或協議不成者，法院得依夫妻之一方、主管機關、社會福利機構或其他利害關係人之請求或依職權酌定之。

Ⅱ.前項協議不利於子女者，法院得依主管機關、社會福利機構或其他利害關係人之請求或依職權為子女之利益改定之。

Ⅲ.行使、負擔權利義務之一方未盡保護教養之義務或對未成年子女有不利之情事者，他方、未成年子女、主管機關、社會福利機構或其他利害關係人得為子女之利益，請求法院改定之。

Ⅳ.前三項情形，法院得依請求或依職權，為子女之利益酌定權利義務行使負擔之內容及方法。

Ⅴ.法院得依請求或依職權，為未行使或負擔權利義務之一方酌定其與未成年子女會面交往之方式及期間。但其會面交往有妨害子女之利益者，法院得依請求或依職權變更之。

⑧⑤一、夫妻兩願離婚或經判決離婚後，對於未成年子女之保護及教養之權利義務與民法親屬編第四章以下之監護規定有所不同，爰將現行條文「監護」文字修正為「對於未成年子女權利義務之行使或負擔」，以期與第 1089 條用語一致。

二、離婚夫妻所為之前項協議，如不利於子女，基於未成年子女之利益，法院得依請求或依職權改定之，爰設第 2 項規定。

三、行使或負擔權利義務之夫或妻未盡保護教養之義務或對未成年子女有不利之情事，為保護該子女之權益，爰於第 3 項規定，法院得因請求而改定行使或負擔權利義務之人，以維護子女之權益。

四、對於第 1 項至第 3 項權利義務行使負擔之內

容及方法，基於子女之利益，法院得依請求或依職權斟酌之決定，爰為第 4 項規定。

五、為兼顧未任權利義務行使或負擔之夫或妻與未成年子女之親子關係，法院得依請求或依職權定其會面交往方式與期間。但其會面交往如有妨害子女之利益時，法院得依請求或依職權變更之，爰設第 5 項規定。

◇會面交往：會面交往乃基於親子關係所衍生之自然權利，不僅是為父母之權利，更為未成年子女之權利，而屬於親權之一環，為彌補未成年子女因父母離異所影響及夫妻離婚而減弱其親子間親情、天倫（107 家上 244）。故離婚後未對未成年女子女行使權利或負擔義務之一方，得本於父母之自然權，於適當時間拜訪、電話聯繫或一同旅遊等。

第 1055 條之 1　（最佳利益之提示性規定）

Ⅰ.法院為前條裁判時，應依子女之最佳利益，審酌一切情狀，尤應注意下列事項：

一　子女之年齡、性別、人數及健康情形。

二　子女之意願及人格發展之需要。

三　父母之年齡、職業、品行、健康情形、經濟能力及生活狀況。

四　父母保護教養子女之意願及態度。

五　父母子女間或未成年子女與其他共同生活之人間之感情狀況。

六　父母之一方是否有妨礙他方對未成年子女權利義務行使負擔之行為。

七　各族群之傳統習俗、文化及價值觀。

Ⅱ.前項子女最佳利益之審酌，法院除得參考社工人員之訪視報告或家事調查官之調查報告外，並得依囑託警察機關、稅捐機關、金融機構、學校及其他有關機關、團體或具有相關專業知識之適當人士就特定事項調查之結果認定之。

⑩②一、我國於民國 85 年 9 月 25 日增訂本條後，實務上均以各地縣市承接縣市政府社會局訪視報告業務之社團做為提出社工人員訪視報告主體，然因各該社團之經驗及專業知識的無法齊一，故訪視報告之製作內容及參考價值不一而足。

二、有鑑於父母親在親權酌定事件中，往往扮演互相爭奪之角色，因此有時會以不當之爭取行為（例如：訴訟前或訴訟中隱匿子女、將子女拐帶出國、不告知未成年子女所在等行為），獲得與子女共同相處之機會，以符合所謂繼續性原則，故增列第 1 項第 6 款規定，供法院審酌評估父母何方較為善意，以作為親權所屬之判斷依據。

三、原條文第 1 項增列第 7 款，以兼顧各族群之習俗及文化。

四、民國 100 年 12 月 12 日三讀通過「家事事件法」，該法第 17 條及第 18 條規定，法院在承審家事事件審酌必要事項時，得囑託警察機關、稅捐機構、金融機構、學校及其他有關機關、團體、具有相關專業知識之適當人士或由家事調查官進行特定事項之調查，俾利審酌相關事項。

五、為因應家事事件法制定，民法第 1055 條之 1 有關子女最佳利益原則之審酌與認定，應該適當引進具備專業知識人士協助法院，或法院得參考除社工訪視報告以外之調查方式所得到之結論，以斟酌判斷子女最佳利益，爰增訂第 2 項。

第 1055 條之 2　（監護人之選定）

父母均不適合行使權利時，法院應依子女之最佳利益並審酌前條各款事項，選定適當之人為子女之監護人，並指定監護之方法、命其父母負擔扶養費用及其方式。

㊄一、本條新增。

二、對於未成年子女權利義務之行使或負擔，本應由父母之一方或雙方共同任之。惟父母均不適合行使權利時，為保護其子女之權益，宜選任其他適當之人出任子女之監護人，方為符合子女之最佳利益，爰增定本條規定，由法院選定適當之人為子女之監護人，並指定監護方法及命父母擔費用及其方式。

第 1056 條　（損害賠償）

Ⅰ夫妻之一方，因判決離婚而受有損害者，得向有過失之他方，請求賠償。

Ⅱ前項情形，雖非財產上之損害，受害人亦得請求賠償相當之金額，但以受害人無過失者為限。

Ⅲ前項請求權，不得讓與或繼承，但已依契約承諾或已起訴者，不在此限。

◇離因損害與離婚損害

離因損害	離婚之原因事實，如成立侵權行為，則受有侵害之一方配偶，有民法侵權行為之損害賠償請求權，得於婚姻關係存續中行使，適用民法第 197 條之兩年短期消滅時效
離婚損害	因判決離婚所造成的損害，受有損害之一方，得於判決離婚後，依第 1056 條行使賠償請求權，且本條並無消滅時效之特別規定，適用民法第 125 條，因十五年不行使而消滅

▲【39 臺上 920】 民法第 1056 條所載之損害賠償，第 1057 條所載贍養費，均以判決離婚為其請求權發生之原因，而第 1058 條所定取回固有財產，亦以離婚之時為限，上訴人未與被上訴人離婚，竟訴請賠償損害、給與贍養費及返還粧奩金戒衣物，於法自屬無據。

▲【45 臺上 885】 訂婚、結婚之宴客費，非婚姻上必須之開支，其併求賠償，難謂有據。

▲【50 臺上 351】 聘金乃一種贈與，除附有解除條件之贈與，於條件成就時失其效力，贈與人得依民法第 179 條之規定，請求受贈人返還其所受之利益外，要不得以此為因判決離婚所受之損害，而依民法第 1056 條第 1 項請求賠償。

第 1057 條　（贍養費）

夫妻無過失之一方，因判決離婚而陷於生活困難者，他方縱無過失，亦應給與相當之贍養費。

◇贍養費請求權：贍養費請求權係基於公平原則所承認之婚姻法上事後發生之效力，用於保護弱方配偶離婚後之生活，具有扶養請求權之意義(陳棋炎、黃宗樂、郭振恭，民法親屬新論)。

◇贍養費之給付方式：贍養費乃為填補婚姻上生活保持請求權之喪失而設，其非賠償請求權性質，而有扶養請求權之意味。而贍養費的數額，實應按權利人之需要、義務人之經濟能力及身分定之，由此可知贍養費之多寡係以當事人之生活狀態，包括身分地位、生活需要及經濟情況等情形為基礎。換言之，亦即離婚時，如婚姻繼續存在，夫妻一方得向他方期待之扶養數額相同。職此之故，以定期金為給付方式，最能符合贍養費為婚姻關係存續中，夫之扶養義務延長 (95 臺上 855)。

◇贍養費之計算方式：數額參照民法第 1119 條之

規定，應按受扶養權利者之需要，與負扶養義務者之經濟能力定之。實務見解亦認為判決離婚之原因如果由夫構成，則夫應就其妻所受損害予以賠償，或並給與贍養費，至其給與額數，則應斟酌其妻之身分、年齡及自營生計之能力與生活程度，並其夫之財力如何而定（19 上 36）。

▲【院 744】㈡陷於生活困難為贍養之所由生，其給與是否相當，當視贍養者之經濟能力及被贍養者需要狀況權衡認定，至贍養以何時為準，須於請求贍養時斟酌雙方現狀定之。

▲【28 渝上 487】民法第 1057 條之規定，**限於夫妻無過失之一方，因判決離婚而陷於生活困難者**，始得適用，夫妻兩願離婚者，無適用同條之規定，請求他方給付贍養費之餘地。

第 1058 條　（財產之取回）

夫妻離婚時，除採用分別財產制者外，各自取回其結婚或變更夫妻財產制時之財產。如有剩餘，各依其夫妻財產制之規定分配之。

(91)按原法夫妻離婚時，無論其原用何種夫妻財產制，各取回其「固有財產」之規定，與各種夫妻財產制之用語均有未符，致「固有財產」涵義不明，滋生疑義。又夫妻財產制中之分別財產制，其夫妻財產自始即完全分離，並無取回問題，應不在本條適用之列。為配合夫妻財產制之修正，並使夫妻自始採用一種夫妻財產制或嗣後改用其他財產制者，均有本條之適用，爰將原規定修正為：「夫妻離婚時，除採用分別財產制者外，各自取回其結婚或變更夫妻財產制時之財產。」

第三章　父母子女

第 1059 條　（子女之姓）

Ⅰ.父母於子女出生登記前，應以書面約定子女從父姓或母姓。未約定或約定不成者，於戶政事務所抽籤決定之。

Ⅱ.子女經出生登記後，於未成年前，得由父母以書面約定變更為父姓或母姓。

Ⅲ.子女已成年者，得變更為父姓或母姓。

Ⅳ.前二項之變更，各以一次為限。

Ⅴ.有下列各款情形之一，法院得依父母之一方或子女之請求，為子女之利益，宣告變更子女之姓氏為父姓或母姓：

一　父母離婚者。

二　父母之一方或雙方死亡者。

三　父母之一方或雙方生死不明滿三年者。

四　父母之一方顯有未盡保護或教養義務之情事者。

(99)一、查民國 97 年 5 月 28 日修正公布施行之戶籍法第 49 條第 1 項前段規定「出生登記當事人之姓氏，依相關法律規定未能確定時，婚生子女，由申請人於戶政事務所抽籤決定依父姓或母姓登記」。民法宜有一致性之規定，遂於第 1 項增訂子女姓氏如未約定或約定不成之比照處理方法。

二、姓氏選擇為憲法所保障之基本人權的範疇，故成年人應有權利依據自我認同選擇從父姓或母姓。原條文第 3 項規定子女已成年者，變更姓氏需經由父母之書面同意，惟此不僅未顧及成年子女之自我認同，又易因父母任一方已死亡或失蹤等其他原因以致無法取得父母書面同意，爰刪除「經父母之書面同意」部分文字，以周延保護成年子女之權益。又為顧及交易安全和身分安定，成年子女如向戶政單位提出變更姓氏申請，仍以一次為限。

三、原第 5 項規定，需「有事實足認子女之姓氏對其有不利之影響」之要件，始得申請變更子女姓氏，惟所謂「不利之影響」於司法實務上判斷困難，除家庭暴力與性侵害等重大傷害事件外，既往案例中，常因法官認定當事人之主張僅屬當事人主觀感受，判定不構成「不利之影響」，而駁回當事人之聲請，致使聲請人承受莫大社會壓力。又父母離婚、父母之一方死亡或失蹤，皆屬未能預測之重大事件，為顧及未成年子女之人格健全發展，有關需「有事實足認子女之姓氏對其有不利之影響」的規定，擬修改成「為子女之利益」，以求更為周延保護未成年子女之最大利益。

四、若父母之一方顯有未盡保護或教養義務之情事，如對子女加諸嚴重之家庭暴力、性侵害、其他各類形式之暴力行為，抑或有明顯持續之未盡撫養、教育等義務，宜由法院審酌姓氏變更之請求。

第 1059 條之 1　（非婚生子女之姓）

Ⅰ.非婚生子女從母姓。經生父認領者，適用前條第二項至第四項之規定。

Ⅱ.非婚生子女經生父認領，而有下列各款情形之一，法院得依父母之一方或子女之請

求，為子女之利益，宣告變更子女之姓氏為父姓或母姓：

一　父母之一方或雙方死亡者。

二　父母之一方或雙方生死不明滿三年者。

三　子女之姓氏與任權利義務行使或負擔之父或母不一致者。

四　父母之一方顯有未盡保護或教養義務之情事者。

⑲一、第1項未修正。

二、查非婚生子女經認領後，可能從父姓或母姓，而原條文第2項第3款規定，以生母任權利義務之行使或負擔作為聲請法院宣告變更子女姓氏之事由，惟生父任權利義務之行使或負擔時，卻不得以之作為聲請法院宣告變更姓氏之事由，有違男女平等原則，爰將第2項第3款規定修正為「子女之姓氏與任權利義務行使或負擔之父或母不一致者」。

三、請求法院宣告變更非婚生子女姓氏，必須符合第2項規定各款情形之一，方得為之，如父母之一方對子女有性侵害或家暴等，對子女之身心發展及人格養成，均有不利影響，於此情形，該父母顯有未盡保護或教養或義務之情事，惟依原規定，上開情形並不得請求法院宣告變更姓氏，誠有不足，爰參酌本法第1084條第2項規定「父母對於未成年之子女，有保護及教養之權利義務。」之意旨，將原條文第2項第4款規定之「扶養義務」修正為「保護或教養義務」。又修正後之「顯有未盡保護或教養義務之情事」，旨在使法院審酌其具體個案事實之情節輕重、期間長短等情形，以決定是否裁判變更姓氏，故亦包含原項第4款規定之「曾有或現有未盡扶養義務」情形，併此指明。

第 1060 條　（未成年子女之住所）

未成年之子女，以其父母之住所為住所。

⑭為配合第1002條之修正，將本條修正為：「未成年之子女，以其父母之住所為住所。」不問嫁娶婚或招贅婚，均同其適用。

第 1061 條　（婚生子女之定義）

稱婚生子女者，謂由婚姻關係受胎而生之子女。

第 1062 條　（受胎期間）

I從子女出生日回溯第一百八十一日起至第三百零二日止，為受胎期間。

II能證明受胎回溯在前項第一百八十一日以內或第三百零二日以前者，以其期間為受胎期間。

⑯依醫學上之統計及信憑婚姻道德，設有法定受胎期間及婚生推定之規定，鑒於社會環境之變遷，如夫妻結婚前即同居相當時間且於同居期間懷胎後，始補行婚禮；該於婚後不到一百八十一日而出生之該子女，依我國民法規定，不能享有婚生推定之利益，不合情理。何況法定受胎期間，與實際受胎期間並不一致，採較寬長之期間，其目的即在於使多數子女能享受到婚生推定之機會，對於婚前由夫受胎後而生子女，實無各賜婚生推定之理由，爰建議仿德國民法第1591條第1項規定「婚後所生子女如妻在婚前或婚姻期間受胎，而夫在受胎期間與妻同居者，為婚生」之立法例，修正本條第2項規定，放寬可由當事人舉證同居或受胎之事實，使該子女享有婚生推定之利益。

第 1063 條　（婚生子女之推定及否認）

I妻之受胎，係在婚姻關係存續中者，推定其所生子女為婚生子女。

II前項推定，夫妻之一方或子女能證明子女非為婚生子女者，得提起否認之訴。

III前項否認之訴，夫妻之一方自知悉該子女非為婚生子女，或子女自知悉其非為婚生子女之時起二年內為之。但子女於未成年時知悉者，仍得於成年後二年內為之。

⑯一、第一項未修正。

二、鑑於現行各國親屬法立法趨勢，已將「未成年子女最佳利益」作為最高指導原則，又聯合國大會於1989年11月20日修正通過之「兒童權利公約」第7條第1項，亦明定兒童有儘可能知道誰是其父母之權利。復參酌德國於1998年修正之民法第1600條，明文規定子女為否認之訴撤銷權人，爰於本條第2項增列子女亦得提起否認之訴。

三、原條文第2項但書規定，夫或妻提起否認之訴，應於知悉子女出生之日起一年內為之。因期間過短，且常有知悉子女出生但不知非為婚生子女之情形，致實務上迭造成期間已屆滿，不能提起否認之訴，而產生生父無法認領之情形，爰

將原條文第 2 項但書所定「知悉子女『出生』之日起『一年』內」修正放寬為「知悉該子女『非為婚生子女』時起『二年』內為之」，以期取得血統真實與身分安定間之平衡。

四、至於子女提起否認之訴之期間，亦以該子女「知悉其非為婚生子女之日起二年內為之」。惟子女若於未成年時知悉者，為避免該子女因思慮未周或不知如何行使權利，爰明定仍得於成年後二年內提起否認之訴，以保障其權利。

◇婚生推定：為避免父母子女關係舉證之困難，設有婚生推定之規定，要件有三：**夫妻有合法婚姻關係存在、妻在婚姻關係存續中受胎、妻須有分娩子女之事實**。

◇婚生子女否認之訴：民法雖採婚生推定，但身分關係之建立仍以血統真實為重，若婚生推定之結果違反血統真實時，夫、妻、子女、繼承權被侵害之人得提起婚生子女否認之訴。

◇婚生子女否認之訴與確認親子關係訴訟：婚生否認之訴在性質上，多數學說認為是形成之訴，判決具有**對世效力**，使經推定之婚生子女關係溯及既往消滅；而確認親子關係之訴，通說認為是確認之訴，旨在確認親子關係之存否，兩者目的不同，多數學說認為在得以提起婚生否認之訴之情形，不得提起確認親子關係之訴取代之，以避免架空民法第 1063 條之規定。

▲【釋 587】子女獲知其血統來源，確定其真實父子身分關係，攸關子女之人格權，應受憲法保障。**民法第 1063 條規定：**「妻之受胎，係在婚姻關係存續中者，推定其所生子女為婚生子女。前項推定，如夫妻之一方能證明妻非自夫受胎者，得提起否認之訴。但應於知悉子女出生之日起，一年內為之。」**係為兼顧身分安定及子女利益而設，惟其得提起否認之訴者僅限於夫妻之一方，子女本身則無獨立提起否認之訴之資格，且未顧及子女得獨立提起該否認之訴時應有之合理期間及起算日，上開規定使子女之訴訟權受到不當限制，而不足以維護其人格權益，在此範圍內與憲法保障人權權及訴訟權之意旨不符**。最高法院 23 年上字第 3473 號及同院 75 年臺上字第 2071 號判例與此意旨不符之部分，應不再援用。有關機關並應適時就得提起否認生父之訴之主體、起訴除斥期間之長短及其起算日等相關規定檢討改進，以符前開憲法意旨。

確定終局裁判所適用之法規或判例，經本院依人民聲請解釋認為與憲法意旨不符時，其受不利確定終局裁判者，得以該解釋為基礎，依法定程序請求救濟，業經本院釋字第 177 號、第 185 號解釋闡釋在案。本件聲請人如不能以再審之訴救濟者，應許其於本解釋公布之日起一年內，以法律推定之生父為被告，提起否認生父之訴。其訴訟程序，準用民事訴訟法關於親子關係事件程序中否認子女之訴部分之相關規定，至由法定代理人代為起訴者，應為子女之利益為之。

法律不許親生父對受推定為他人之婚生子女提起否認之訴，係為避免因訴訟而破壞他人婚姻之安定、家庭之和諧及影響子女受教養之權益，與憲法尚無牴觸。至於將來立法是否有限度放寬此類訴訟，則屬立法形成之自由。

第 1064 條　（準正）

非婚生子女，其生父與生母結婚者，視為婚生子女。

◇準正之要件：1.**被準正者須為非婚生子女**：若非婚生子女，已經生父認領，則無準正之必要。此外，為保障胎兒之權利，本條之非婚生子女，亦包括胎兒。2.**須生父與生母結婚**：既稱生父，則必須與該非婚生子女事實上有血統聯絡。

第 1065 條　（認領之效力㈠——認領之擬制及非婚生子女與生母之關係）

I 非婚生子女經生父認領者，視為婚生子女，其經生父撫育者，視為認領。
II 非婚生子女與其生母之關係視為婚生子女，無須認領。

◇認領：生父承認非婚生子女為其親生子女，而使子女取得婚生子女地位之法律行為為認領，且係單獨行為無須得被認領人之同意。為形成權之一種，但不以以起訴的方法為之。

◇撫育：非婚生子女經生父撫育者為撫育。撫育並不限於教養，亦不問生父曾否與生母同居，衹須**有撫育之事實**，即應視為認領（院 1125）。

◇認領是否需以真實血統關係為前提

否定說	無血統關係時，亦可先推定成立父子關係，較可保護非婚生子女教養之利益，若有事實足認其非生父者，得再依第 1070 條但書之規定，撤銷其認領
肯定說（通說）	第 1065 條既稱「生父」，則必須與子女具有真實血緣聯絡之關係，若無真實血緣關係亦可認領，則可透過認領的方式架空收養制度之相關規定

▲【43 臺上 1180】非婚生子女除經生父認領或視同認領外，與其生父在法律上不生父子關係，不得提起確認父子關係成立之訴。

▲【44 臺上 1167】非婚生子女經生父認領者，視為婚生子女，其經生父撫育者，視為認領，為民法第 1065 條第 1 項所明定。至撫育費用亦並非不得預付，倘依據卷附被上訴人之親筆信函，足以認定被上訴人早已有預付上訴人出生後撫育費用之事，則依上說明，自非不可視為認領。

▲【63 臺上 1796】民法第 1065 條第 1 項之生父認領，其性質為形成權之一種，惟此種形成權之行使，法律既未明定生父應以訴為之，上訴人起訴請求，自屬不合。

▲【86 臺上 1908】**因認領而發生婚生子女之效力，須被認領人與認領人間具有真實之血緣關係，否則其認領為無效**，此時利害關係人均得提起認領無效之訴。又由第三人提起認領無效之訴者，如認領當事人之一方死亡時，僅以其他一方為被告即為已足。

第 1066 條　（認領之否認）

非婚生子女或其生母，對於生父之認領，得否認之。

◇**認領之否認**：由於**認領為單獨行為、不要式行為**，極易為之，故法律賦予生母及非婚生子女否認權。認領經否認後，應由認領人提起親子關係存在之確認訴訟，由其舉證證明其為有真實血緣聯絡之生父（陳棋炎、黃宗樂、郭振恭，民法親屬新論）。

第 1067 條　（認領之請求）

I.有事實足認其為非婚生子女之生父者，非婚生子女或其生母或其他法定代理人，得向生父提起認領之訴。

II.前項認領之訴，於生父死亡後，得向生父之繼承人為之。生父無繼承人者，得向社會福利主管機關為之。

⑯一、原條文第 1 項規定所設有關強制認領原因之規定，係採取列舉主義，即須具有列舉原因之一者，始有認領請求權存在始得請求認領。惟按諸外國立法例，認領已趨向客觀事實主義，故認領請求，悉任法院發現事實，以判斷有無親子關係之存在，不宜再予期間限制，爰修正本條第 1 項規定，由法院依事實認定親子關係之存在，並刪除第 2 項期限限制規定。

二、原條文第 1 項有關得請求其生父認領為生父

之子女之規定，為避免誤認為有認領請求權存在始得請求認領，故參酌本條修正條文之意旨及民事訴訟法第 589 條及第 596 條第 1 項但書等規定，修正為得向生父提起認領之訴之規定。

三、有關生父死後強制認領子女之問題，原法未有規定，爰參酌外國立法例，明列該規定，以保護子女之權益及血統之真實，並配合我國國情及生父之繼承人較能了解及辨別相關書證之真實性，爰增訂生父死亡時，得向生父之繼承人提起認領之訴；無繼承人者，得向社會福利主管機關為之。

◇**強制認領**：為保護子女之利益，並考量血統真實之追求對於子女的重要性，在有事實足認其為非婚生子女之生父的情形下，可以提起認領之訴，此為強制認領。強制認領之訴分為第 1067 條分別規定第 1 項生前之認領訴訟與第 2 項之死後認領訴訟。可併參考家事事件法第 66 條之規定。

▲【院 1125】㈠非婚生子女請求認領，僅能對於生存之生父為之。㈡非婚生子女經生父撫育者，並不限於教養，亦不問生父曾否與生母同居，祇須有撫育之事實，即應視為認領。㈢以刑事告訴遺棄其子女並附帶請求撫養者，原應在認領之後，惟在時效期間內訴其遺棄，並請求撫養，即係以認領為前提，因而認領之請求權，不能謂非已經行使，該項時效，自應認為中斷。

第 1068 條　（刪除）

⑯一、本條刪除。

二、原條文以生母之不貞，剝奪非婚生子女請求生父認領之權利，且只強調女性之倫理道德，不但與保護非婚生子女利益之意旨不符，亦違反男女平等原則。為保護非婚生子女之權益及符合男女平等原則，應以科學方法確定生父，故本條無規定必要，爰予刪除。

第 1069 條　（認領之效力㈡──溯及效力）

非婚生子女認領之效力，溯及於出生時。但第三人已得之權利，不因此而受影響。

第 1069 條之 1　（認領之準用規定）

非婚生子女經認領者，關於未成年子女權利義務之行使或負擔，準用第一千零五十五條、第一千零五十五條之一及第一千零五十五條之二之規定。

⑧⑤一、本條新增。

二、非婚生子女經認領後，父母對該未成年子女
權利義務應如何行使或負擔，爰於第三章父母子
女有關認領效力後增列本條規定，俾資明確。

第 1070 條　（認領之效力㈢──絕對效力）

生父認領非婚生子女後，不得撤銷其認領。但有事實足認其非生父者，不在此限。

⑯本條規定「生父認領非婚生子女後，不得撤銷其
認領。」但民訴第 589 條卻有撤銷認領之訴的規
定。依民訴規定認為沒有真實血統之認領可訴請
撤銷，造成實體法與程序法的規定相互衝突。本
條立法目的基於保護非婚生子女及符合自然倫常
之關係，對於因認領錯誤或經詐欺、脅迫等意思
表示瑕疵之情形，亦不得撤銷其認領。爰增設但
書規定，准許有事實足認其非生父時，可撤銷認
領；以兼顧血統真實原則及人倫親情之維護。

第 1071 條　（刪除）

⑭繼承編 74 年之修正已將第 1143 條刪除，不再採
指定繼承人之制，故本條規定之指定繼承人與被
繼承人之關係，已無所附麗，爰將本條予以刪除。

第 1072 條　（收養之定義）

收養他人之子女為子女時，其收養者為養
父或養母，被收養者為養子或養女。

◇收養：所謂收養，係以發生親子關係為目的之身
分法上之契約，即收養他人之子女為子女，而於
法律上視同婚生子女，為法定血親。收養，主觀
上，須當事人間有收養意思之合致，即養父母與
養子女間創設社會上一般觀念上所公認之親子關
係，以及養子女與本生父母間停止其天然血緣之
親子關係之意思。

▲【32 永上 284】收養他人之子女為子女，惟本
人始得為之，若以遺囑委託他人於其故後代為收
養子女，按之現行法律自非有效。

第 1073 條　（收養要件──年齡）

I.收養者之年齡，應長於被收養者二十歲以
上。但夫妻共同收養時，夫妻之一方長於
被收養者二十歲以上，而他方僅長於被收
養者十六歲以上，亦得收養。
II.夫妻之一方收養他方之子女時，應長於被
收養者十六歲以上。

⑯現行條文規定收養者之年齡應長於被收養者二十
歲以上，其目的固在考量養父母應有成熟之人格、
經濟能力等足以擔負為人父母保護教養子女之義
務。惟為考慮夫妻共同收養或夫妻之一方收養他
方子女時，應有彈性，以符實際需要，爰增訂第
1 項但書及第 2 項規定。又參酌我國民法規定結
婚最低年齡為十六歲，故滿十六歲之人始得結婚
並有養育子女之能力，且臺灣地區習俗亦係於十
六歲舉行成年禮，爰規定上開情形夫妻之一方與
被收養者之年齡差距至少為十六歲，併此敘明。

第 1073 條之 1　（不得收養為養子女之親屬）

下列親屬不得收養為養子女：
一　直系血親。
二　直系姻親。但夫妻之一方，收養他
方之子女者，不在此限。
三　旁系血親在六親等以內及旁系姻
親在五親等以內，輩分不相當者。

⑯一、本條序文酌作文字修正。
二、原條文第 3 款規定係參酌最高法院 49 年臺上
字第 1927 號判例類推適用第 983 條第 1 項第 2
款規定之意旨於 74 年所增訂，然第 983 條已於
87 年修正調整禁婚親等之規定，爰配合上開規
定將第 3 款所定「旁系血親八親等」修正為「旁
系血親六親等」，並一併修正體例。

◇第 1 款之直系血親是否含有真實血緣聯繫之
非婚生子女？

否定說	被收養人只限於與自己沒有天然血親關係之他人之子女
肯定說	與自身客觀上有真實血統聯絡之非婚生子女也可以收養，可以幫助其取得婚生子女地位
折衷說	應視該子女是否已確定成為他人之婚生子女而定

第 1074 條　（夫妻應為共同收養）

夫妻收養子女時，應共同為之。但有下列
各款情形之一者，得單獨收養：
一　夫妻之一方收養他方之子女。
二　夫妻之一方不能為意思表示或生
死不明已逾三年。

⑯依原條文規定，夫妻收養子女時，固應共同為之，
以維持家庭之和諧。但在夫妻之一方不能為意思
表示或生死不明已逾三年時，影響他方收養子女

民法

第四編　親屬

（第一○七五～一○七六之二條）

之權益，亦非公允，宜有例外之規定，爰將原條文但書改列為但書第1款並增訂第2款例外情形，以符實際需要。另本條序文部分酌作文字修正，以資明確。

◇夫妻共同收養之性質

| 個別收養說 | 夫妻雙方各自與養子女間成立兩個收養契約，契約效力各自判斷，一方收養之效力不受他方之影響 |
| 一體收養說 | 夫妻雙方共同視為一個體，與養子女間僅成立一個收養契約，倘若養父母其中一方與養子女間有無效或得撤銷之事由，對他方亦同其效力 |

▲【42臺上357】收養子女未與配偶共同為之者，其配偶僅得依司法院院字第2271號解釋，向法院請求撤銷，不容於經過相當期間以後，猶以此為藉口主張收養無效。

第 1075 條 （同時為二人養子女之禁止）

除夫妻共同收養外，一人不得同時為二人之養子女。

⑨⑥因第1074條但書係夫妻得單獨收養之規定，非屬本條除外規定排除之情形，爰酌予文字修正，以資明確。

第 1076 條 （被收養人配偶之同意）

夫妻之一方被收養時，應得他方之同意。但他方不能為意思表示或生死不明已逾三年者，不在此限。

⑨⑥原條文為維持婚姻和諧，明定夫妻之一方被收養時，應得他方之同意。然對於他方有不能為意思表示或生死不明已逾三年之情形，原條文未設例外規定，鑑於上開情形乃事實上不能為同意，已無婚姻和諧之考量，爰增訂但書規定予以排除。另本文部分酌作文字修正，以資明確。

第 1076 條之 1 （子女被收養應得父母之同意）

I.子女被收養時，應得其父母之同意。但有下列各款情形之一者，不在此限：
　　一　父母之一方或雙方對子女未盡保護教養義務或有其他顯然不利子女之情事而拒絕同意。
　　二　父母之一方或雙方事實上不能為意思表示。
II.前項同意應作成書面並經公證。但已向法

院聲請收養認可者，得以言詞向法院表示並記明筆錄代之。
III.第一項之同意，不得附條件或期限。

⑨⑥一、本條新增。

二、按收養關係成立後，養子女與本生父母之權利義務於收養關係存續中停止之，影響當事人權益甚鉅，故應經父母之同意，爰參酌德國民法第1747條、瑞士民法第265條之1及奧地利民法第181條增訂第1項規定。又本條所定父母同意係基於父母子女身分關係之本質使然，此與第1076條之2規定有關法定代理人所為代為、代受意思表示或同意，係對於未成年人能力之補充，有所不同。因此，如未成年子女之父母離婚、父母之一方或雙方被停止親權時，法定代理人可能僅為父母之一方或監護人，此時法定代理人將子女出養，因將影響未任法定代理人之父或母與該子女間之權利義務，故仍應經未任未成年子女權利義務之行使或負擔之父母之同意，此即本條之所由設。至成年子女出養時亦應經其父母之同意，自不待言。

三、本條同意雖屬父母固有之權利，但在父母一方或雙方對子女未盡保護教養義務而濫用同意權、或有其他顯然不利子女之情事而拒絕同意、或事實上不能為意思表示之情形時，得例外免除其同意，以保護被收養者之權利，爰明定第1項但書規定。又第1項第2款所定「事實上不能」，例如父母不詳、父母死亡、失蹤或無同意能力，不包括停止親權等法律上不能之情形。

四、為強化同意權之行使，爰規定同意為要式行為，除應作成書面外，並應經公證，以示慎重。又鑑於收養應經法院之認可，故對於同意應經公證之規定，明定得以言詞向法院表示並記明筆錄代之，以為便民，爰為第2項規定。

五、基於身分行為之安定性考量，父母同意權之行使，不得附條件或期限，爰為第3項規定。

第 1076 條之 2 （未滿七歲及滿七歲之被收養者應得其法定代理人之同意）

I.被收養者未滿七歲時，應由其法定代理人代為並代受意思表示。
II.滿七歲以上之未成年人被收養時，應得其法定代理人之同意。
III.被收養者之父母已依前二項規定以法定代理人之身分代為並代受意思表示或為同意時，得免依前條規定為同意。

⑨一、本條新增。

二、本條第1項及第2項規定自原條文第1079條第2項及第3項移列，緣上開規定屬收養之實質要件，故列至本條，並予修正；另配合新增第1076條之1增列第3項規定。

三、未成年人被收養時，應由其法定代理人代為、代受意思表示或得其同意，固無疑義，而依現行第1079條第2項及第3項但書規定，如無法定代理人時，則毋須由其法定代理人代為、代受意思表示或得其同意，造成被收養者無法定代理人時，其收養程序過於簡略，對未成年人之保護恐有未周。為保護未成年人之利益，在未成年人無法定代理人之情形，應先依民法親屬編或其他法律之規定定其監護人為法定代理人，以杜弊端，爰刪除第2項及第3項但書規定。

四、本條法定代理人所為、所受意思表示或同意，係對於未成年人能力之補充，因此，未成年人被收養時，除應依前二項規定，由其法定代理人代為、代受意思表示或得其同意外，並應依前條規定經未成年人父母之同意。惟於父母與法定代理人相同時，其父母已依前二項規定以法定代理人之身分代為並代受意思表示或為同意時，自不必行使第1076條之1父母固有之同意權，爰增列第3項規定。

第 1077 條　（收養之效力㈠──養父母子女之關係）

I.養子女與養父母及其親屬間之關係，除法律另有規定外，與婚生子女同。

II.養子女與本生父母及其親屬間之權利義務，於收養關係存續中停止之。但夫妻之一方收養他方之子女時，他方與其子女之權利義務，不因收養而受影響。

III.收養者收養子女後，與養子女之本生父或母結婚時，養子女回復與本生父或母及其親屬間之權利義務。但第三人已取得之權利，不受影響。

IV.養子女於收養認可時已有直系血親卑親屬者，收養之效力僅及於其未成年之直系血親卑親屬。但收養認可前，其已成年之直系血親卑親屬表示同意者，不在此限。

V.前項同意，準用第一千零七十六條之一第二項及第三項之規定。

⑩一、第1項至第3項及第5項未修正。

二、配合成年年齡與最低結婚年齡均修正為十八歲，爰將第4項「且未結婚」、「或已結婚」等文字刪除。

◇完全收養原則：除當事人另有約定外，收養時已存在之養子女之直系血親卑親屬，與養父母及其親屬間，亦發生親屬關係（陳棋炎、黃宗樂、郭振恭，民法親屬新論、民法繼承新論）。

本生父母　　　養父母

親屬間權利義務停止（§1077 II本文）　　　原則與婚生子女同（§1077 I）

養子女

▲【院1442】　民法第1077條所謂養子女與婚生子女同者，僅就養子女與養父母間之關係而設之規定，**乙男丙女，雖均為甲收養之子女，但並非同法第967條所稱之血親，則乙丙結婚，自不受同法第983條之限制。**

▲【院解3004】　養父母係養子女之直系血親尊親屬（參照本院字第2747號解釋），養父母之血親，亦即為養子女之血親。

▲【50臺上103】　養父母對於未成年養子女，不僅有保護及教養之權利，抑且有此義務，上訴人於收養某甲為養女後，任其同居人虐待至於遍體鱗傷，難謂已盡其保護之責任，則該養女拒絕返回上訴人家中，亦不得謂無正當理由，自無由命其生母即被上訴人，反於該養女之意思，而認其有交人之義務。

第 1078 條　（收養之效力㈡──養子女之姓氏）

I.養子女從收養者之姓或維持原來之姓。

II.夫妻共同收養子女時，於收養登記前，應以書面約定養子女從養父姓、養母姓或維持原來之姓。

III.第一千零五十九條第二項至第五項之規定，於收養之情形準用之。

▲【院1602】　養子女從收養者之姓，既為民法第1078條所明定，則養子女自不得兼用本姓，如以本姓加入姓名之中，其本姓只能認為名字之一部，而不得視為複姓，至兼承兩姓宗祧，雖無禁止明文，但參照同法第1083條之趣旨，仍不生法律上之效力。

第 1079 條　（收養之方法）

I.收養應以書面為之，並向法院聲請認可。

II.收養有無效、得撤銷之原因或違反其他法律規定者，法院應不予認可。

⑨一、收養係建立擬制親子關係之制度，為昭慎重，

民法

第四編　親屬

（第一〇七九之一～一〇七九之四條）

自應以書面為之。惟現今籍收養名義達成其他之目的者，亦時有所聞，為保護被收養者之權益，爰將原條文第1項但書所定：「但被收養者未滿七歲而無法定代理人時，不在此限」之例外規定，予以刪除。又原條文第4項與第1項同屬收養形式要件，爰併為一項，並移列至第1項規定。

二、原條文第2項及第3項規定係屬收養之實質要件，故移列至第1076條之2規定。

三、因1079條之1及1079條之2已分別明定法院於認可未成年收養及成年收養事件時應審酌之要件，而本條第5項第1款所定「收養有無效或得撤銷之原因者」為法院於認可成年及未成年收養事件時共同之審酌事項，爰自第5項第1款移列至第2項規定，以符體例，並增列「或違反其他法律規定」，俾與其他法律規定相配合，以期明確。

◇**法院之認可**：法院之認可為收養之成立要件，未經法院認可，收養不成立。法院認可收養之裁定，係以國家司法機關之公權力，介入當事人之私法行為，以保護被收養人及其生父母或其他利害關係人之利益，維護人倫秩序為目的。該項認可與公共秩序有關，收養契約因法院之認可而生效，且認可收養之裁定，係屬非訟事件，雖無實質上之確定力，但仍有裁定之拘束力（92臺上1502）。

第 1079 條之 1　（未成年收養之認可）

法院為未成年人被收養之認可時，應依養子女最佳利益為之。

⑼⑹一、本條自原條文第1079條第5項第2款移列，並予修正；原條文第1079條之1移列至第1079條之4。

二、法院審酌之收養未成年人事件之指導原則為養子女之最佳利益，爰明定之，以資明確。又本條因已包括原條文第1079條第5項第2款所定內容，故將原條文第1079條第5項第2款規定予以刪除。

第 1079 條之 2　（不認可成年收養之情形）

被收養者為成年人而有下列各款情形之一者，法院應不予收養之認可：

一　意圖以收養免除法定義務。

二　依其情形，足認收養於其本生父母不利。

三　有其他重大事由，足認違反收養目的。

⑼⑹一、本條自原條文1079條第5項第3款移列，並予修正；原條文第1079條之2移列至第1079條之5。

二、成年收養與未成年收養之情形不同，因此，法院於認可收養時，對於未成年收養係以未成年子女之最佳利益為主，成年收養則應以防止脫法行為為主。因此，為避免成年收養時，被收養者藉收養之手段達到免除扶養義務等脫法行為之目的，爰增訂成年收養時，法院應不予認可之情形。

第 1079 條之 3　（收養之生效時點）

收養自法院認可裁定確定時，溯及於收養契約成立時發生效力。但第三人已取得之權利，不受影響。

⑼⑹一、本條新增。

二、關於收養之生效時點，現行法未設規定，究應以法院認可裁定時或收養契約成立時為生效時點，恐有爭議，爰明定自法院認可裁定確定時，溯及於收養契約成立時發生效力。惟第三人已取得之權利，不受影響，併此敘明。

第 1079 條之 4　（收養之無效）

收養子女，違反第一千零七十三條、第一千零七十三條之一、第一千零七十五條、第一千零七十六條之一、第一千零七十六條之二第一項或第一千零七十九條第一項之規定者，無效。

⑼⑹一、本條新增。

二、本條自原條文第1079條之1移列，並予修正。

三、按收養關係成立後，養子女與本生父母之權利義務於收養關係存續中停止之，影響當事人權益甚鉅，故應經父母之同意，新增1076條之1已有明文。又為防止法定代理人有假借收養之名行販嬰之實的情形發生，爰增列收養未經父母同意者為無效情形之一。此外，若收養「經父母同意但未作成書面」或「經父母同意且作成書面但未公證」之情形，即未符合1076條之1第2項規定者，亦屬無效。至收養符合1076條之1第1項但書規定收養不須經父母同意者，其收養自屬有效，併予敘明。

四、對於違反原條文第 1079 條第 2 項（已修正移列為第 1076 條之 2 第 1 項）所定「未滿七歲之未成年人被收養時，由其法定代理人代為意思表示並代受意思表示。」原法未設有效力規定。鑑於未滿七歲之未成年人為無行為能力人，應由其法定代理人代為並代受意思表示，如其被收養未經由真正之法定代理人代為並代受意思表示，即與無法定代理人之意思表示相同，其收養應屬無效，爰增列其為無效情形之一。

五、對於違反修正條文第 1079 條第 1 項規定，收養未以書面為之或未向法院聲請認可者，原法亦未設有效力規定，爰一併配合條次調整增列違反「第一千零七十九條第一項」者為無效情形之一。

第 1079 條之 5 　（收養之撤銷及其行使期間）

I.收養子女，違反第一千零七十四條之規定者，收養者之配偶得請求法院撤銷之。但自知悉其事實之日起，已逾六個月，或自法院認可之日起已逾一年者，不得請求撤銷。

II.收養子女，違反第一千零七十六條或第一千零七十六條之二第二項之規定者，被收養者之配偶或法定代理人得請求法院撤銷之。但自知悉其事實之日起，已逾六個月，或自法院認可之日起已逾一年者，不得請求撤銷。

III.依前二項之規定，經法院判決撤銷收養者，準用第一千零八十二條及第一千零八十三條之規定。

⑯一、本條新增。

二、本條自原條文第 1079 條之 2 移列，並予修正。

三、原條文第 1079 條第 3 項已修正移列為第 1076 條之 2 第 2 項，爰配合條次調整將第 2 項所定「第一千零七十九條第三項」修正為「第一千零七十六條之二第二項」。

第 1080 條　（收養之終止㈠──合意終止）

I.養父母與養子女之關係，得由雙方合意終止之。

II.前項終止，應以書面為之。養子女為未成年人者，並應向法院聲請認可。

III.法院依前項規定為認可時，應依養子女最佳利益為之。

IV.養子女為未成年人者，終止收養自法院認可裁定確定時發生效力。

V.養子女未滿七歲者，其終止收養關係之意思表示，由收養終止後為其法定代理人之人為之。

VI.養子女為滿七歲以上之未成年人者，其終止收養關係，應得收養終止後為其法定代理人之人之同意。

VII.夫妻共同收養子女者，其合意終止收養應共同為之。但有下列情形之一者，得單獨終止：

　一　夫妻之一方不能為意思表示或生死不明已逾三年。

　二　夫妻之一方於收養後死亡。

　三　夫妻離婚。

VIII.夫妻之一方依前項但書規定單獨終止收養者，其效力不及於他方。

⑯一、法律上所稱之「同意」，多屬對於法律行為效力之補充，而第 1 項所定收養關係之終止，係屬養父母與養子女間對於收養關係終止之意思表示合致，應屬雙方「合意」終止，爰修正第 1 項「同意」為「合意」。

二、收養係由法律創設法定血親關係，影響身分關係至鉅，原條文第 1 項規定養父母與養子女之關係，得由雙方同意終止之，對於被收養者為成年人者，因其已有完全之行為能力，透過雙方終止收養之意思表示合致，以終止法定親子關係，尚稱妥適。惟於養子女為未成年人者，其雖為終止收養關係之當事人，然係由收養關係終止後之法定代理人代為、代受終止收養之意思表示或得其同意，即可終止收養關係，對於未成年養子女之保護，恐有不周，因此，為保障其最佳利益，有關未成年養子女與養父母間收養關係之終止，宜經法院認可，以判斷終止收養是否符合養子女之最佳利益，爰增訂第 2 項後段規定。

三、法院審酌未成年人終止收養事件之指導原則為養子女最佳利益，爰明定之，以資明確。

四、養子女為未成年人者，終止收養應經法院認可，爰於第 4 項明定終止收養之生效時點，以杜爭議。

五、原條文第 3 項及第 4 項依序遞移為第 5 項及第 6 項。

六、第 1074 條明定夫妻收養子女時，應共同為之，其意旨係為確保家庭生活之和諧。因此，終止收養時，亦應由夫妻共同為之，爰增列第 7 項

規定。惟如夫妻之一方有不能為意思表示或生死不明已逾三年、於收養後死亡或夫妻離婚等情形，因上開情形已無影響家庭和諧之虞，應准予由夫妻之一方單獨終止收養，爰增列但書規定。

七、夫妻之一方依第7項但書規定單獨終止收養者，其終止收養之效力不應及於他方，爰增訂第8項規定，以資明確。

▲【28渝上1525】收養關係之終止，除由養父母與養子女雙方，依民法第1080條之規定為之者外，必一方有民法第1081條所列各款情形之一，經法院因他方之請求以判決宣告之，俟判決確定時始生終止之效力，若僅一方對於他方為終止之意思表示，縱令他方有同條所列各款情形之一，其收養關係亦不因而終止。

▲【28渝上1723】養父母與養子女之關係，依民法第1080條，固得由雙方以書面終止之，但所謂雙方既指養父母與養子女而言，則同意終止之書面，自須由養父母與養子女依民法第3條之規定作成之，始生效力。

第1080條之1 (收養之終止(二)——聲請法院許可)

I.養父母死亡後，養子女得聲請法院許可終止收養。

II.養子女未滿七歲者，由收養終止後為其法定代理人之人向法院聲請許可。

III.養子女為滿七歲以上之未成年人者，其終止收養之聲請，應得收養終止後為其法定代理人之人之同意。

IV.法院認終止收養顯失公平者，得不許可之。

(96)一、本條新增。

二、在養父母死亡後，原條文第1080條第5項規定僅限於養子女不能維持生活而無謀生能力時，始得聲請法院許可終止收養，失之過嚴。養父母死亡後，為保護養子女利益，應使其有聲請法院許可終止收養之機會，爰明定於本條第1項。至於單獨收養而收養者死亡後，或夫妻共同收養時，夫或妻死亡，而生存之一方與養子女已終止收養關係後，養子女亦可適用本項聲請法院許可終止其與已死亡之養父母之收養關係，併予敘明。

三、參酌原條文第1080條第6項規定，於本條第2項及第3項分別規定養子女為未滿七歲者或滿七歲以上之未成年人者，聲請法院許可終止收養，應由收養關係終止後為其法定代理人之人代為或得其同意。

四、收養關係之終止影響雙方權益甚鉅，法院如認終止收養關係顯失公平者，得不予許可，爰增列第4項規定。

第1080條之2 (收養之終止(三)——無效)

終止收養，違反第一千零八十條第二項、第五項或第一千零八十條之一第二項規定者，無效。

(96)一、本條新增。

二、參酌第1079條之4之規定，增訂合意終止收養未以書面為之、養子女為未成年人未經法院認可終止、養子女未滿七歲，其合意終止或聲請法院許可終止收養未經由終止收養後為其法定代理人之人代為、代受意思表示或聲請者，均屬無效之規定。

第1080條之3 (收養之終止(四)——撤銷)

I.終止收養，違反第一千零八十條第七項之規定者，終止收養者之配偶得請求法院撤銷之。但自知悉其事實之日起，已逾六個月，或自法院認可之日起已逾一年者，不得請求撤銷。

II.終止收養，違反第一千零八十條第六項或第一千零八十條之一第三項之規定者，終止收養後被收養者之法定代理人得請求法院撤銷之。但自知悉其事實之日起，已逾六個月，或自法院許可之日起已逾一年者，不得請求撤銷。

(96)一、本條新增。

二、參酌第1079條之5之規定，增訂違反第1080條第7項夫妻共同收養子女，其合意終止收養應共同為之規定者，或滿七歲以上未成年人合意終止或聲請法院許可終止收養未得終止收養後為其法定代理人之人之同意者，終止收養者之配偶或終止收養後被收養者之法定代理人得請求法院撤銷之規定，並明定撤銷權行使之期間，俾使收養關係早日確定。

第 1081 條　（收養之終止㈤——判決終止）

Ⅰ.養父母、養子女之一方，有下列各款情形之一者，法院得依他方、主管機關或利害關係人之請求，宣告終止其收養關係：

一　對於他方為虐待或重大侮辱。

二　遺棄他方。

三　因故意犯罪，受二年有期徒刑以上之刑之裁判確定而未受緩刑宣告。

四　有其他重大事由難以維持收養關係。

Ⅱ.養子女為未成年人者，法院宣告終止收養關係時，應依養子女最佳利益為之。

⑨⑥一、本條第 1 項係參考兒童及少年福利法第 16 條之規定，增訂主管機關或利害關係人亦得請求法院判決終止收養關係，以保障收養當事人之權益，並酌作文字修正。

二、原條文第 3 款至第 5 款僅規範養子女，對養子女未盡公平，應使養子女或養父母之一方有上開情形之一時，均可聲請法院宣告終止收養關係。又因原條文第 4 款及第 5 款內容可併入修正條文第 1 項第 4 款概括規定中，爰予刪除，以求文字精簡。至原條文第 3 款規定，經審酌過失犯之非難性低，以及受緩刑宣告者尚不致因罪刑之執行而影響收養關係之生活照顧義務，爰修正限縮第 3 款所定要件範圍。而原條文第 6 款概括條款所稱重大事由，並未以難以維持收養關係為限，有欠周延，爰一併修正並調整款次。

三、法院審酌收養或判決終止收養未成年人事件之指導原則均為養子女之最佳利益，爰配合修正條文第 1079 條之 1，於本條增訂第 2 項規定。

◇終止收養之訴：得由收養人、被收養人或利害關係人為申請人，向法院提起訴訟，如原告勝訴時，即可消滅收養關係的效力。養子女自收養關係終止時起，回復其本姓，並回復其與本生父母及親屬間之權利義務之關係。

▲【41 臺上 744】養子女與養父母之關係與婚生子女同，為民法第 1077 條所明定。被上訴人甲乙間所訂立之離婚書，於上訴人之監護既有由被上訴人乙（養母）擔任之約定，此項約定原非法所不許，自不能以被上訴人甲（養父），將上訴人棄置不問為理由，請求終止收養關係。

第 1082 條　（終止之效果㈠——給與金額之請求）

因收養關係終止而生活陷於困難者，得請求他方給與相當之金額。但其請求顯失公平者，得減輕或免除之。

⑨⑥養父母與養子女間互負生活保持義務，故如一方因收養關係終止而生活陷於困難時，他方應予以扶助，而不應因判決終止或合意終止而有所不同，爰將「經判決」三字刪除，並酌作文字修正。又於合意終止收養關係之情形，原則上並無「無過失」之問題，爰予刪除。至如請求他方給與金額有顯失公平之情形（如有過失等情形），明定得予以減輕或免除之規定。

第 1083 條　（終止之效果㈡——復姓）

養子女及收養效力所及之直系血親卑親屬，自收養關係終止時起，回復其本姓，並回復其與本生父母及其親屬間之權利義務。但第三人已取得之權利，不受影響。

⑨⑥收養關係終止後，養子女及依第 1077 條第 4 項規定為收養效力所及之養子女之直系血親卑親屬，與養家之親屬關係消滅，其因此所生之權利義務亦終止，養子女及收養效力所及之直系血親卑親屬與本生父母及其親屬間之權利義務應予以回復，爰配合第 1077 條修正。

◇回復其與本生父母之關係：在收養關係存續中，養子女與親生父母間本來的權利義務如扶養義務、繼承權等即因收養關係而處於停止之狀態。而**本條所謂回復者，係指回復其相互間之權利義務，其固有之天然血親，自無待於回復。**

▲【院 761】一人不得同時為二人之養子女，法律已有明文禁止，而獨子、獨女之為他人養子女，既無禁止明文，即可任憑當事人間之協議，收養關係未終止以前，養子女與其本生父母之關係未能回復（參照民法第 1083 條），自無所謂兼充，惟養子女之關係，原則上既與婚生子女相同，則旁系血親在八親等以內，旁系姻親在五親等以內，輩分不相當者，自不得為養子女，以免淆亂。

▲【院解 3010】收養關係終止時，養子女之子女，如經收養者及養子女之同意，不隨同養子女離去收養者之家，則其與收養者之祖孫關係，不因終止收養關係而消滅。

民法

第四編 親屬

（第一○八三之一～一○八六條）

▲【33上5318】上訴人係甲之子，而其法定代理人則係甲之妻，上訴人及其法定代理人，與乙所有祖母與孫及姑與媳之關係，係因甲為乙之養子而發生，甲與乙之養母養子關係既經判決終止，則上訴人及其法定代理人與乙之親屬關係，亦自然隨之消滅。

第 1083 條之 1 （準用規定）

法院依第一千零五十九條第五項、第一千零五十九條之一第二項、第一千零七十八條第三項、第一千零七十九條之一、第一千零八十條第三項或第一千零八十一條第二項規定為裁判時，準用第一千零五十五條之一之規定。

㊏一、本條新增。

二、按法院依第 1059 條第 5 項、第 1059 條之 1 第 2 項或第 1078 條第 3 項宣告變更未成年子女姓氏；依第 1079 條之一、第 1080 條第 3 項或第 1081 條第 2 項為未成年人被收養之認可、合意終止收養之認可或宣告終止收養關係時，應依未成年子女之最佳利益為之，爰增訂法院為裁判應審酌之事由，準用第 1055 條之 1 之規定。

第 1084 條 （親權㈠──孝親、保護及教養）

I.子女應孝敬父母。

II.父母對於未成年之子女，有保護及教養之權利義務。

㊦一、原條文移列第 2 項。

二、我國傳統倫理觀念，素重孝道，孔子視之為先王之至德要道，自天子以至庶人皆當奉行無違，方能民用和睦，上下無怨。蓋以孝之本義雖在善事其親，然推而廣之，則仁民愛物，盡在其中，是故孔門以「親親而仁民，仁民而愛物」教人，後世有「百善孝為先」之訓，於此世事變化日益加速，人際關係轉趨疏離之時代，如何加強人際紐帶，增進社會之親和感與凝聚力，實為當務之急，而提倡孝道，正為達成此項目的之最佳途徑。參以現代歐陸主要國家，如德、法、瑞士等國之民法，多有子女應服從及尊敬父母之規定（見德國民法第 1626 條第 1 項：「子女未成年者，應服從父及母之親權。」法國民法第 371 條：「子女有尊敬父母之義務。」瑞士舊民法第 275 條第 1 項：「子女對其父母有服從及尊敬之義務。」及 1976 年修正民法第 301 條第 2 項：「子女應服從父

母。」），益見孝道之重要，殆為文明進步社會之所共認，爰增列第 1 項，以強調國家法律重視孝道之旨，對於傳統倫理觀念及當代民法思潮兩俱兼顧。

◇親權：指對於子女身體之照護（包括住居所之指定、子女之交付請求權、懲戒權、子女身分上行為之同意權及代理權），及財產上之照護（包括法定代理權、同意權、子女特有及一般財產上之管理、使用、收益、處分權）權利之行使，原則上需由父母共同合法行使之。

▲【28渝上18】父母對於未成年之子女雖有保護及教養之權利，同時亦有此項義務，此在民法第 1084 條規定甚明，其權利義務既有不可分離之關係，即不得拋棄其權利。

▲【56臺上795】民法第 1084 條，乃規定父母對於未成年子女之保護及教養義務，與同法第 1114 條第一款所定，直系血親相互間之扶養義務者不同，後者凡不能維持生活而無謀生能力時，皆有受扶養之權利，並不以未成年為限。又**所謂謀生能力並不專指無工作能力者而言，雖有工作能力而不能期待其工作，或因社會經濟情形失業，雖已盡相當之能事，仍不能覓得職業者，亦非無受扶養之權利，故成年之在學學生，未必即喪失其受扶養之權利。**

第 1085 條 （親權㈡──懲戒）

父母得於必要範圍內懲戒其子女。

◇懲戒權：指父母基於法律所享有保護教養子女之親權，得於「必要範圍」內行使懲戒權。**所謂「必要範圍」，實務上認為應按未成年子女之家庭環境、性別、年齡、健康及性格、子女之過失輕重，及社會上之一般客觀通念定之，且不能逾越社會上一般公認之客觀評價。**

第 1086 條 （親權㈢──代理）

I.父母為其未成年子女之法定代理人。

II.父母之行為與未成年子女之利益相反，依法不得代理時，法院得依父母、未成年子女、主管機關、社會福利機構或其他利害關係人之聲請或依職權，為子女選任特別代理人。

㊏一、第 1 項未修正。

二、按父母之行為與未成年子女之利益相反，依法不得代理時，現行民法未設規定，導致實務上見解分歧，爭議不斷，爰參考日本民法第 826 條

第 1 項立法例，增訂本條第 2 項規定，以杜爭議。

三、本條第 2 項所定「依法不得代理」係採廣義，包括民法第 106 條禁止自己代理或雙方代理之情形，以及其他一切因利益衝突，法律上禁止代理之情形。又所定「主管機關」，或為社會福利主管機關、戶政機關、地政機關或其他機關，應依該利益相反事件所涉業務機關而定，如遺產分割登記時，地政機關為主管機關。

四、另查民事訴訟法第 51 條係有關無訴訟能力人為訴訟行為而其無法定代理人或其法定代理人不能行代理權時，得聲請法院選任特別代理人之訴訟程序上規定；而本條第 2 項則係關於父母之行為與未成年子女利益相反而依法不能代理時，得就該利益相反之特定事件聲請法院選任特別代理人之實體規定，且該利益相反事件並未進入民事訴訟程序，二者容有不同。如法院就該事件已依本條第 2 項規定選任特別代理人，就該事件而言，該特別代理人即為未成年子女之法定代理人，故如未成年子女與其父母因該利害相反事件爭訟，則該特別代理人即以該子女之法定代理人身分為訴訟行為，並無民事訴訟法第 51 條所定「無法定代理人或其法定代理人不能行代理權」之情形，自無須依上開規定選任訴訟上之特別代理人。如具體個案事件未先依本條選任實體上之特別代理人而逕進入訴訟程序，則法院得視個案情形選擇依本條規定依職權或依聲請選任特別代理人後再由其以法定代理人身分為訴訟行為，或選擇依民事訴訟法第 51 條規定選任訴訟上之特別代理人，併此敘明。

▲【28 渝上 346】上訴人在民法親屬編施行前，為其故夫甲立被上訴人為嗣子，現被上訴人尚未成年，依民法親屬編施行法第 9 條、第 13 條及民法第 1086 條之規定，上訴人為被上訴人之法定代理人，雖上訴人因於外求學，將被上訴人之扶養事宜委託被上訴人之本生父乙暫為料理，乙仍不能因此而為被上訴人之法定代理人，乃乙自稱為被上訴人之法定代理人，向上訴人起訴請求確認上訴人對於被上訴人繼承之遺產無處分權，自不能認為有法定代理權。

▲【28 渝上 1698】母於父死亡後招贅他人為夫時，其為未成年子女法定代理人之資格，並不因此喪失。

▲【32 上 5532】父所娶之後妻舊律雖稱為繼母，而在民法上則不認為有母與子女之關係，民法第 1086 條所稱之母，自不包含繼母在內。

第 1087 條　（子女之特有財產）

未成年子女，因繼承、贈與或其他無償取得之財產，為其特有財產。

◇**無償取得之財產**：包含過年壓歲錢、因繼承所取得之財產、遺失物之拾得、埋藏物之發見等。

◇**特有財產**：所謂「特有財產」，指未成年子女因繼承、贈與或其他無償取得之財產，由父母共同管理（第 1088 條第 1 項），且非為子女之利益，不得處分之（第 1088 條第 2 項）。至於未成年子女因勞力所得的財產非屬特有財產，為子女所有，父母對其相關法律行為有同意權及代理權，但無管理、使用或處分的權利。

第 1088 條　（親權四——子女特有財產之管理）

I. 未成年子女之特有財產，由父母共同管理。

II. 父母對於未成年子女之特有財產，有使用、收益之權。但非為子女之利益，不得處分之。

⑭一、本條所謂子女，當係指未成年子女。未成年子女之特有財產宜由父母共同管理，為貫徹男女平等原則，亦不應使父母之管理權有所軒輊。爰修正本條第 1 項（參與瑞士民法第 290 條）。

二、第 2 項第一句在「子女」上加「未成年」三字，餘不修正。

◇**子女之一般財產（非特有財產）**：學者通說認為未成年子女之一般財產並不屬於親權人財產管理之範圍（舉重明輕或保護子女利益），應由子女自為管理、使用、收益及處分。

◇**非為子女利益所為處分之效力**：本條之處分應指廣義之處分，亦即包括事實上之處分與法律上之處分。學說對此眾說紛紜，以下以林秀雄教授之見解：

債權行為	不以有處分權為必要，故父母非為子女利益所為之債權行為仍屬有效，僅於屆清償期而未清償，產生債務不履行問題
物權行為	相當於「無權處分」，倘相對人為惡意則依民法第 118 條第 1 項屬效力未定，須經權利人成年後承認時，始生效力；而相對人為善意且無重大過失，得依民法第 801、948 條善意取得該物

民法

第四編 親屬 （第一〇八九～一〇九〇條）

▲【51 臺上 2108】民法第 1146 條所謂繼承權被侵害，須自命有繼承權之人獨自行使遺產上之權利，而置其他合法繼承人於不顧者，始足當之。父或母與其未成年之子女共同繼承時，依同法第 1088 條之規定,對於子女之特有財產既有管理及使用、收益之權，並得為子女之利益而處分之，不得謂有侵害其子女之繼承權。原審既認定上訴人等之母，係因清理維持上訴人等生活所負之債務而處分遺產，又謂係侵害上訴人等之繼承權，顯屬理由矛盾。

▲【53 臺上 1456】父母向他人購買不動產，而約定逕行移轉登記為其未成年子女名義，不過為父母與他人間為未成年子女利益之契約（民法第 269 條第 1 項之契約），在父母與未成年子女之間，既無贈與不動產之法律行為，自難謂該不動產係由於父母之贈與，故父母事後就該不動產取得代價，復以未成年子女名義，為第三人提供擔保而設定抵押權者，不得藉口非為子女利益而處分應屬無效，而訴請塗銷登記。

第 1089 條 　（親權之行使及負擔）

I. 對於未成年子女之權利義務，除法律另有規定外，由父母共同行使或負擔之。父母之一方不能行使權利時，由他方行使之。父母不能共同負擔義務時，由有能力者負擔之。

II. 父母對於未成年子女重大事項權利之行使意思不一致時，得請求法院依子女之最佳利益酌定之。

III. 法院為前項裁判前，應聽取未成年子女、主管機關或社會福利機構之意見。

⑧一、父母對於未成年子女權利義務之行使或負擔，仍維持現行規定以共同行使為原則，爰與將現行條文第 1 項前段本文及末段文字併列第 1 項。

二、父母對於未成年子女權利之行使意思不一致時，依家庭自治事項議定之，不成者，由公權力介入之方式以為救濟。爰於第 2 項增列得請求法院依子女之最佳利益，決定由父或母之一方行使之。

三、為保障子女之利益，並期法院為妥適之裁判，爰增列第 3 項。

▲【62 臺上 415】所謂父母之一方不能行使對於未成年子女之權利，兼指法律上不能（例如受停止親權之宣告）及事實上之不能（例如在監受長期徒刑之執行、精神錯亂、重病、生死不明等）而言。至於行使有困難（例如自己上班工作無暇管教，子女尚幼須僱請傭人照顧等），則非所謂不能行使。

第 1089 條之 1 　（未成年子女權義之行使或負擔準用規定）

父母不繼續共同生活達六個月以上時，關於未成年子女權利義務之行使或負擔，準用第一千零五十五條、第一千零五十五條之一及第一千零五十五條之二之規定。但父母有不能同居之正當理由或法律另有規定者，不在此限。

⑥一、本條新增。

二、原條文有關未成年子女權利義務之行使或負擔，係由父母共同行使，如夫妻離婚，則依第 1055 條、第 1055 條之 1 及第 1055 條之 2 規定，由夫妻協議，或由法院酌定、改定或選定。

三、惟父母未離婚又不繼續共同生活已達一定期間以上者，其對於未成年子女權利義務之行使或負擔，現行法則未有規定。為維護子女之最佳利益，爰以父母不繼續共同生活達一定期間之客觀事實，並參酌離婚效果之相關規定，增訂關於未成年子女權利義務之行使或負擔，準用離婚效果之相關規定。惟如父母有不能同居之正當理由或法律另有規定，例如父母已由法院依家庭暴力防治法第 13 條第 2 項第 3 款命遷出住居所而未能同居、或依同條項第 6 款定暫時親權行使或負擔之人，或依本法或兒童及少年福利法第 48 條等規定停止親權一部或全部者等，自不得再依本條準用第 1055 條、第 1055 條之 1 及第 1055 條之 2 之規定，爰於本條但書將上開情形予以排除。

第 1090 條 　（親權濫用之禁止）

父母之一方濫用其對於子女之權利時，法院得依他方、未成年子女、主管機關、社會福利機構或其他利害關係人之請求或依職權，為子女之利益，宣告停止其權利之全部或一部。

⑥一、原條文規定親權濫用時之糾正制度，於實際運作時難以發揮其功能，爰予刪除。

二、又為維護子女之權益，於父母之一方濫用其對子女之權利時（例如積極的施以虐待或消極的不盡其為父母之義務等），參酌本法第 1055 條第

1項規定，明定父母之另一方、未成年子女、主管機關、社會福利機構或其他利害關係人均得向法院請求宣告停止其權利之全部或一部。而法院處理具體家事事件時，如認有必要，亦得依職權宣告，以保護未成年子女之利益。

第四章　監　護

第一節　未成年人之監護

第 1091 條　（監護人之設置）

未成年人無父母，或父母均不能行使、負擔對於其未成年子女之權利、義務時，應置監護人。

⑩配合成年年齡與最低結婚年齡均修正為十八歲，爰將但書規定刪除。

◇監護人：指在未成年人無父母、父母雙方都不能行使或負擔親權的責任、或成年人於受監護宣告後，透過指定或選定特定人作為法定代理人，以保護並教養未成年人或受監護宣告之成年人之人。

第 1092 條　（委託監護人）

父母對其未成年之子女，得因特定事項，於一定期限內，以書面委託他人行使監護之職務。

⑰基於交易安全及公益之考量，委託他人行使監護職務，改採要式行為，以資慎重，爰於本條末句增列「以書面」三字。

◇特定事項：所謂「特定事項」，指特別指定之事項而言。例如：對未成年子女事實上之保護、教養之具體事項及附隨於監護權的住居所指定權或懲戒權等或財產上有限額之金額及動產之管理職務等是。從而，有關委託監護，其委託書除註明期限外，自應載明類似上述委託監護之特定事項。至於身分行為之同意、成立收養或兩願終止收養時之法定代理權、財產行為之代理或同意等專屬性之權利義務等，則不待排除，當然不得委託他人行使（法務部⑧法律決字第 021931 號）。

◇受託監護人之地位：實務上認為係委任契約中之受託人地位，惟委託監護之性質並非一般事務之委任，而係涉及未成年子女之最佳利益，為避免受託監護人任意終止委任監護後，造成未成年子女處於事實上無人照顧之情形（如父母出國，

雖得到通知，但無法及時接回未成年子女），對未成年子女顯有不利。因此實務見解認為基於民法第 1092 條委託監護之性質，受託監護人方不宜類推適用民法第 549 條得自行、隨時終止委託契約之規定，以保障未成年人之權益。

▲【28 渝上 1718】　父母依民法第 1092 條之規定，委託他人行使其對未成年子女之監護職務者，得隨時撤回之。

第 1093 條　（遺囑指定監護人）

Ⅰ最後行使、負擔對於未成年子女之權利、義務之父或母，得以遺囑指定監護人。

Ⅱ前項遺囑指定之監護人，應於知悉其為監護人後十五日內，將姓名、住所報告法院；其遺囑未指定會同開具財產清冊之人者，並應申請當地直轄市、縣（市）政府指派人員會同開具財產清冊。

Ⅲ於前項期限內，監護人未向法院報告者，視為拒絕就職。

⑰一、現行條文移列為第 1 項。以遺囑指定監護人時，必指定者本身得行使親權；如指定者受親權停止之宣告而不能行使親權時，則不得指定。再者，雖非後死之父或母，但生存之另一方有不能行使親權之情形（包括法律上之不能，例如受監護之宣告、受停止親權之宣告等；以及事實上之不能，例如失蹤等情形），亦有以遺囑指定監護人之實益。爰將第 1 項「後死」修正為「最後行使、負擔對於未成年子女之權利、義務」，俾符實際。二、依第 1 項指定之監護人，於知悉其為監護人後十五日內，應向法院報告；其遺囑未指定會同開具財產清冊之人者，並應申請當地直轄市、縣（市）政府指派人員會同開具財產清冊。如逾期未向法院報告，則視為拒絕就職，爰增訂第 2 項及第 3 項。

第 1094 條　（法定監護人）

Ⅰ父母均不能行使、負擔對於未成年子女之權利義務或父母死亡而無遺囑指定監護人，或遺囑指定之監護人拒絕就職時，依下列順序定其監護人：

一　與未成年人同居之祖父母。
二　與未成年人同居之兄姊。
三　不與未成年人同居之祖父母。

Ⅱ前項監護人，應於知悉其為監護人後十五日內，將姓名、住所報告法院，並應申請

當地直轄市、縣（市）政府指派人員會同開具財產清冊。

Ⅲ未能依第一項之順序定其監護人時，法院得依未成年子女、四親等內之親屬、檢察官、主管機關或其他利害關係人之聲請，為未成年子女之最佳利益，就其三親等旁系血親尊親屬、主管機關、社會福利機構或其他適當之人選定為監護人，並得指定監護之方法。

Ⅳ法院依前項選定監護人或依第一千一百零六條及第一千一百零六條之一另行選定或改定監護人時，應同時指定會同開具財產清冊之人。

Ⅴ未成年人無第一項之監護人，於法院依第三項為其選定確定前，由當地社會福利主管機關為其監護人。

⑰一、配合修正條文第 1093 條第 3 項規定，於第 1 項增訂「或遺囑指定之監護人拒絕就職」之文字，以涵蓋遺囑指定之監護人拒絕就職之情形在內，並酌作文字修正。

二、第 1 項之監護人，應於知悉其為監護人後十五日內，向法院報告，並同時申請當地直轄市、縣（市）政府指派人員會同開具財產清冊，爰增訂第 2 項。至於監護人若未依本項規定向法院報告並申請當地直轄市、縣（市）政府指派人員會同開具財產清冊者，其法定監護人之身分不受影響，此時監護人雖無依修正條文第 1099 條規定，向法院陳報財產清冊，惟依修正條文第 1099 條之 1 規定，該監護人仍得對於受監護人之財產，為管理上必要之行為，併此說明。

三、現行條文第 2 項遞移為第 3 項，並酌作修正如下：

(一)增訂「四親等內之親屬」為聲請權人；並將「三親等內旁系血親尊親屬」修正為「三親等旁系血親尊親屬」，以資明確。

(二)另參考第 1055 條、第 1089 條第 3 項規定，將本項之「當地社會福利主管機關」及「社會福利主管機關」，均修正為「主管機關」，俾用語統一。

(三)至本項所稱「主管機關」之定義，依相關特別法規定，例如兒童及少年福利法第 6 條、身心障礙者保護法第 2 條。

(四)又本項就改定監護人之要件僅規定為「為未成年子女之最佳利益」，過於簡略，爰予刪除，並刪除「或改定」之文字，將有關改定監護人之要件及

程序，移至第 1106 條之 1 規定。

四、現行條文第 3 項，核與非訟事件法第 138 條第 2 項準用第 125 條第 1 項規定重複，爰予刪除。

五、配合本次修正已刪除第 1106 條有關親屬會議撤退監護人之規定，現行條文第 4 項已無庸規定，爰併予刪除。

六、法院依第 3 項選定監護人或依第 1106 條及第 1106 條之 1 規定，另行選定或改定監護人時，均應同時指定會同開具財產清冊之人，以利實施監督，爰增訂第 4 項。

七、第 5 項「於法院依第二項」，因項次變更，配合修正為「……依第三項」。

◇**法定監護人**：法律有規定一定順序，依順序為其法定監護人，無須徵詢其他親屬之意見，且非有正當理由，不得辭其職務。

▲【院 1279】未成年之子女，於父母死亡後，如無民法第 1094 條所定監護人，得由利害關係人聲請法院指定之。

▲【27 上 69】民法認父系與母系之直系血親尊親屬有同一之地位，故第 1094 條第 1 款、第 3 款所稱之祖父母，不僅指父之父母而言，母之父母亦包含在內。

▲【32 永上 304】夫死改嫁，其未成年之女未隨母同往者，顯已不能行使、負擔對於其女之權利、義務，與其女同居之祖父，即為其女之監護人。

第 1094 條之 1 　（最佳利益之審酌）

法院選定或改定監護人時，應依受監護人之最佳利益，審酌一切情狀，尤應注意下列事項：

一　受監護人之年齡、性別、意願、健康情形及人格發展需要。

二　監護人之年齡、職業、品行、意願、態度、健康情形、經濟能力、生活狀況及有無犯罪前科紀錄。

三　監護人與受監護人間或受監護人與其他共同生活之人間之情感及利害關係。

四　法人為監護人時，其事業之種類與內容，法人及其代表人與受監護人之利害關係。

⑰一、本條新增。

二、法院選定或改定監護人時，固應以受監護人之最佳利益為審酌時之最高指導原則，惟何謂受

監護人之最佳利益，難免見仁見智，宜明定具體客觀事由作為審酌之參考，爰參酌第 1055 條之 1 規定，增訂提示性之規定。

三、鑒於現行制度下，社工人員之訪查，常無法發現監護人有無犯罪前科；民事法院如未調查監護人之前科紀錄，將無法排除不適任者擔任監護人。為消弭疑慮，並參酌家庭暴力防治法第 35 條規定，於第 2 款將監護人「有無犯罪前科紀錄」，列為法院選定或改定監護人時，應審酌之事項。

第 1095 條　（監護人之辭職）

監護人有正當理由，經法院許可者，得辭任其職務。

⑰一、遺囑指定監護人、法定監護人或法院選定、改定之監護人，其辭職均適用本條規定，爰刪除現行條文「依前條規定為監護人者，非」之文字。

二、監護職務涉及公益，監護人應限於有正當理由並經法院許可，始得辭任其職務，爰予增訂。

三、至於監護人經法院許可辭任後，是否選任新監護人，應視具體情形判定，並非須由原監護人向法院聲請，併此敘明。

◇**正當理由**：指該監護人客觀上不能或不宜執行監護職務而言，例如：因年邁不識字遠居他處、因居住國外致事實上不能執行監護人之職務。自願放棄監護權（例如當事人協議放棄），依實務見解，尚非屬正當理由（81 臺上 1339）。

第 1096 條　（不得為監護人之情形）

有下列情形之一者，不得為監護人：

一　未成年。
二　受監護或輔助宣告尚未撤銷。
三　受破產宣告尚未復權。
四　失蹤。

⑰一、配合民法總則編部分條文修正草案將「禁治產人」修正為「受監護……宣告尚未撤銷」，並鑒於監護人職責繁重，須有充分能力始能勝任，受監護或輔助宣告尚未撤銷者，或無行為能力、或自己之部分行為尚須經他人同意，自不宜擔任監護人，爰增訂第 2 款。

二、受破產宣告尚未復權者，其公（私）法上之權利受有限制；失蹤人已離去其住、居所，且生死不明，均不宜任監護人，爰增訂第 3 款及第 4 款。

第 1097 條　（監護人之職務）

Ⅰ除另有規定外，監護人於保護、增進受監護人利益之範圍內，行使、負擔父母對於未成年子女之權利、義務。但由父母暫時委託者，以所委託之職務為限。

Ⅱ監護人有數人，對於受監護人重大事項權利之行使意思不一致時，得聲請法院依受監護人之最佳利益，酌定由其中一監護人行使之。

Ⅲ法院為前項裁判前，應聽取受監護人、主管機關或社會福利機構之意見。

⑰一、現行條文未修正，移列為第 1 項。

二、未成年人之監護人可能為複數，於監護人有數人，對於受監護人重大事項權利之行使意思不一致時，得聲請法院依受監護人之最佳利益，酌定由其中一監護人行使之。而法院為此項裁判前，應聽取受監護人、主管機關或社會福利機構之意見，爰增訂第 2 項及第 3 項。

第 1098 條　（監護人之法定代理權）

Ⅰ監護人於監護權限內，為受監護人之法定代理人。

Ⅱ監護人之行為與受監護人之利益相反或依法不得代理時，法院得因監護人、受監護人、主管機關、社會福利機構或其他利害關係人之聲請或依職權，為受監護人選任特別代理人。

⑰一、現行條文移列為第 1 項，並增訂「於監護權限內」等字，以示監護人之法定代理權受有限制。

二、按監護人之行為與受監護人之利益相反或依法不得代理時，應如何解決，現行法未設規定，導致實務上見解分歧。為避免爭議，爰參酌日本民法第 860 條準用第 826 條第 1 項立法例，增訂第 2 項。

第 1099 條　（監護人對受監護人財產之權義㈠——開具財產清冊）

Ⅰ監護開始時，監護人對於受監護人之財產，應依規定會同遺囑指定、當地直轄市、縣（市）政府指派或法院指定之人，於二個月內開具財產清冊，並陳報法院。

Ⅱ前項期間，法院得依監護人之聲請，於必要時延長之。

⑰一、現行條文移列為第1項。按現行法規定，親屬會議為監護監督機關，惟鑒於親屬會議在現代社會之功能已日漸式微，本次修正以法院取代之，將監護改由法院監督。故將第1項「會同親屬會議所指定之人」，修正為「依規定會同遺囑指定、當地直轄市、縣（市）政府指派或法院指定之人」。另關於開具財產清冊之時期，現行法並無規定，為徹底釐清法律關係，爰增訂監護人應於二個月內開具財產清冊，並陳報法院之規定。

二、第1項開具財產清冊之期間，法院得依監護人之聲請，於必要時予以延長，爰增訂第2項。

第1099條之1　（財產之管理）
於前條之財產清冊開具完成並陳報法院前，監護人對於受監護人之財產，僅得為管理上必要之行為。

⑰一、本條新增。

二、監護人依前條規定開具財產清冊並陳報法院前，應限制其對於受監護人之財產，僅得為管理上必要之行為，以保護受監護人之財產權益。至監護人如違反本條規定，其所為之行為，應認為屬於無權代理。

第1100條　（監護人之注意義務）
監護人應以善良管理人之注意，執行監護職務。

⑰一、現行條文第1項「受監護人之財產，由監護人管理，其管理費用，由受監護人之財產負擔。」移列至修正條文第1103條規定。

二、現行條文第2項移列為本條文。因「監護人管理受監護人之財產，應與處理自己事務為同一之注意」之規定，即僅就具體之輕過失負責，衡諸監護制度之社會義務性，以及第1104條允許監護人請求報酬，現行規定監護人之責任未免過輕，並參考日本民法第869條、第644條規定，亦令監護人負善良管理人之注意義務，爰將監護人之注意義務修正為應負善良管理人之注意義務，並將「管理受監護人之財產」，修正為「執行監護職務」，以資涵蓋。

第1101條　（監護人對受監護人財產之權義㈡——限制）
I 監護人對於受監護人之財產，非為受監護人之利益，不得使用、代為或同意處分。

II 監護人為下列行為，非經法院許可，不生

效力：
一　代理受監護人購置或處分不動產。
二　代理受監護人，就供其居住之建築物或其基地出租、供他人使用或終止租賃。

III 監護人不得以受監護人之財產為投資。但購買公債、國庫券、中央銀行儲蓄券、金融債券、可轉讓定期存單、金融機構承兌匯票或保證商業本票，不在此限。

⑰一、現行條文前段條移列為第1項。監護人對於受監護人之財產，並無以自己名義處分之權；僅得基於法定代理人之地位，代為處分或同意其處分，爰將第1項「使用或處分」修正為「使用、代為或同意處分」，以資明確。至監護人對於受監護人之財產，無收益之權，自不待言。

二、本次修正以法院取代親屬會議，將監護改由法院監督，其修正理由已見修正條文第1099條說明一，故刪除現行條文後段「為不動產之處分時，並應得親屬會議之允許」之文字，並就監護人代理受監護人購買或處分不動產，或就供受監護人居住用之建築物或其基地出租、供他人使用或終止租賃等，對受監護人之利益影響重大之行為，均非經法院許可，不生效力，爰增訂第2項。

三、監護人管理受監護人之財產，應謹慎為之，爰限制監護人不得以受監護人之財產為投資。但購買公債、國庫券、中央銀行儲蓄券、金融債券、可轉讓定期存單、金融機構承兌匯票或保證商業本票（銀行法第11條、第15條參照），因係政府發行或由金融機構擔保或自負付款之責，其安全性與存放金融機構無異，則例外准許為之，爰增訂第3項。

第1102條　（監護人對受監護人財產之權義㈢——受讓之禁止）
監護人不得受讓受監護人之財產。

第1103條　（監護人對受監護人財產之權義㈣——管理權）
I 受監護人之財產，由監護人管理。執行監護職務之必要費用，由受監護人之財產負擔。

II 法院於必要時，得命監護人提出監護事務之報告、財產清冊或結算書，檢查監護事務或受監護人之財產狀況。

⑼一、現行條文第1100條第1項「受監護人之財產，由監護人管理，其管理費用，由受監護人之財產負擔。」列為第1項，並將「其管理費用」修正為「執行監護職務之必要費用」，以資明確。

二、本次修正以法院取代親屬會議，將監護改由法院監督，其修正理由已見修正條文第1099條說明一，爰將現行條文「監護人應將受監護人之財產狀況，向親屬會議每年至少詳細報告一次。」之規定，予以刪除。

三、增訂第2項規定，法院於必要時，得命監護人提出監護事務之報告、財產清冊或結算書，檢查監護事務或受監護人之財產狀況，以符實際。

第 1103 條之 1　（刪除）

第 1104 條　（監護人之報酬請求權）
監護人得請求報酬，其數額由法院按其勞力及受監護人之資力酌定之。

⑼本次修正將監護改由法院監督，其修正理由已見修正條文第1099條說明一，爰將現行條文「由親屬會議」，修正為「由法院」。此外，將「受監護人財產收益之狀況」修正為「受監護人之資力」，以資明確。

第 1105 條　（刪除）

第 1106 條　（另行選定監護人之情形）
I 監護人有下列情形之一，且受監護人無第一千零九十四條第一項之監護人者，法院得依受監護人、第一千零九十四條第三項聲請權人之聲請或依職權，另行選定適當之監護人：
　一　死亡。
　二　經法院許可辭任。
　三　有第一千零九十六條各款情形之一。
II 法院另行選定監護人確定前，由當地社會福利主管機關為其監護人。

⑼一、本次修正將監護改由法院監督，其修正理由已見修正條文第1099條說明一，現行本條有關親屬會議得撤退監護人之規定，爰予刪除。

二、監護人死亡、經法院許可辭任或有第1096條各款情形之一，且受監護人無第1094條第1項之監護人者，此時有另行選定監護人之需要，法院得依受監護人、第1094條第3項聲請權人之聲請

或依職權，另行選定適當之監護人，爰增訂第1項。另監護人有修正條文第1096條各款情形之一者，依法既不得為監護人，當然喪失監護人之資格，併此敘明。

三、為免在法院另行選定監護人確定前，無人執行監護職務，爰增訂第2項，由當地社會福利主管機關為其監護人，以保障受監護人之權益。

第 1106 條之 1　（監護人之改定）
I 有事實足認監護人不符受監護人之最佳利益，或有顯不適任之情事者，法院得依前條第一項聲請權人之聲請，改定適當之監護人，不受第一千零九十四條第一項規定之限制。
II 法院於改定監護人確定前，得先行宣告停止原監護人之監護權，並由當地社會福利主管機關為其監護人。

⑼一、本條新增。

二、第1項所稱「顯不適任之情事」，包括監護人年老體衰，不堪負荷監護職務；監護人長期滯留國外，不履行監護職務；或兒童及少年福利法第48條第1項所列之情形等，難以一一列舉，惟以明顯不適任者方屬之，由法院就具體個案審酌認定。

三、法院於改定監護人確定前，原監護人仍具監護人身分，若原監護人對受監護人疏於保護、照顧情節嚴重者，允宜賦予法院權限，得先行宣告停止原監護人之監護權，並由當地社會福利主管機關為其監護人，爰參酌兒童及少年福利法第48條規定，增訂第2項。

第 1107 條　（受監護人財產之移交與交還）
I 監護人變更時，原監護人應即將受監護人之財產移交於新監護人。
II 受監護之原因消滅時，原監護人應即將受監護人之財產交還於受監護人；如受監護人死亡時，交還於其繼承人。
III 前二項情形，原監護人應於監護關係終止時起二個月內，為受監護人財產之結算，作成結算書，送交新監護人、受監護人或其繼承人。
IV 新監護人、受監護人或其繼承人對於前項結算書未為承認前，原監護人不得免其責任。

㊆一、因本次修正已將監護事務改由法院監督，其修正理由已見修正條文第1099條說明一，爰刪除現行條文第1項「會同親屬會議所指定之人」之文字。

二、鑒於現行條文第1項之「監護關係終止」，包括「絕對終止」（例如因受監護人成年或死亡，致監護職務歸於消滅）及「相對終止」（監護人有更迭，包括法院另行選定或改定監護人，或監護人有第1106條第1項所列情形之一，且受監護人有第1094條第1項之監護人，由其遞補）二種情形在內，修正條文爰分為二項；第1項規定監護關係相對終止，第2項規定絕對終止，以資明確。監護關係終止時，原監護人應即為受監護人財產之移交；至「財產之清算」，未必能與財產之移交同時為之，爰移列為第3項。

三、現行條文「清算」之用語，均修正為「結算」，俾與法人及合夥之清算有所區別（本法第68條第1項、第694條第1項及信託法第50條第1項等規定參照）。另現行條文並未規定清算之期限，為從速辦理，爰於第3項增訂原監護人應於監護關係終止時起二個月內，為受監護人財產之結算，作成結算書，送交新監護人、受監護人或其繼承人，以資明確。

四、現行條文第2項有關親屬會議對於清算結果承認之規定，配合本次修正不以親屬會議為監護之監督機關，爰修正為「新監護人、受監護人或其繼承人對於前項結算書未為承認前，原監護人不得免其責任。」並移列為第4項。

第1108條　（移交及結算之繼承）

監護人死亡時，前條移交及結算，由其繼承人為之；其無繼承人或繼承人有無不明者，由新監護人逕行辦理結算，連同依第一千零九十九條規定開具之財產清冊陳報法院。

㊆一、按前條「清算」之用語均修正為「結算」（前條修正說明三參照），又監護人死亡時，前條所定移交事宜，亦應由監護人之繼承人為之，故將「清算」修正為「移交及結算」，以資明確。又本條所定由繼承人辦理移交及結算，無論概括繼承或限定繼承之繼承人均適用之，併予敘明。

二、增訂本條後段「其無繼承人或繼承人有無不明者，由新監護人逕行辦理結算，連同依第一千零九十九條規定開具之財產清冊陳報法院。」俾資適用。

▲【37上8467】行親權之母，本於管理未成年子女特有財產之占有權，以自己名義起訴，請求交還系爭田及稻穀，即屬合法。

第1109條　（監護人之賠償責任）

I 監護人於執行監護職務時，因故意或過失，致生損害於受監護人者，應負賠償之責。

II 前項賠償請求權，自監護關係消滅之日起，五年間不行使而消滅；如有新監護人者，其期間自新監護人就職之日起算。

㊆一、為立法簡潔明確，將監護人之損害賠償責任及短期時效，規定於同一條文，爰移列現行條文第1103條之1為第1項，並為貫徹保護受監護人，應不限於執行財產上之監護職務所生損害，方得請求賠償，爰將「執行財產上之監護職務」修正為「執行監護職務」，以資周延，並酌作文字修正。

二、現行條文第1109條所定二年短期時效，過於短促，參酌外國立法例，予以修正延長為五年（參酌日本民法第875條準用第832條、法國民法第475條、義大利民法第387條立法例），關於時效之起算點，配合修正條文第1107條第4項，刪除親屬會議對於清算結果承認之規定，爰修正為自監護關係消滅之日起算；惟如有新監護人者，其期間自新監護人就職之日起算，並移列為第2項。

第1109條之1　（監護人之登記）

法院於選定監護人、許可監護人辭任及另行選定或改定監護人時，應依職權囑託該管戶政機關登記。

㊆一、本條新增。

二、依戶籍法第18條、第23條之規定，監護，應為監護之登記；戶籍登記事項有變更時，應為變更之登記。為使監護登記之資料完整，保護交易安全，爰增訂法院就有關監護事件，應依職權囑託該管戶政機關登記。

第1109條之2　（未成年人受監護宣告之適用）

未成年人依第十四條受監護之宣告者，適用本章第二節成年人監護之規定。

㊆一、本條新增。

二、本條所稱「依第十四條受監護之宣告」，係指與本修正條文同步修正之民法總則編部分條文修

正草案第14條之監護宣告而言。按未成年人亦有可能受監護宣告，於受監護宣告時，即應適用本章第二節成年人監護之規定，爰增訂本條，以資明確。

第二節　成年人之監護及輔助

第 1110 條　（監護人之設置）
受監護宣告之人應置監護人。

⑰配合民法總則編部分條文修正草案第15條，將本條「禁治產人」修正為「受監護宣告之人」。

◇受監護宣告之人：指因精神障礙或其他心智缺陷，致不能為意思表示或受意思表示，或不能辨識其意思表示者，法院得依聲請為監護之宣告（民法第14條）。受監護宣告之人，無行為能力（第15條），其所為之意思表示，無效，應由其法定代理人代為及代受意思表示（第75、76條）。

第 1111 條　（監護人之選定）
I 法院為監護之宣告時，應依職權就配偶、四親等內之親屬、最近一年有同居事實之其他親屬、主管機關、社會福利機構或其他適當之人選定一人或數人為監護人，並同時指定會同開具財產清冊之人。
II 法院為前項選定及指定前，得命主管機關或社會福利機構進行訪視，提出調查報告及建議。監護之聲請人或利害關係人亦得提出相關資料或證據，供法院斟酌。

⑰一、現行條文第1項所定法定監護人之順序缺乏彈性，未必符合受監護宣告之人之最佳利益，且於受監護人為高齡者之情形，其配偶、父母、祖父母等亦年事已高，而無法勝任監護人職務，故刪除法定監護人順序，修正為配偶、四親等內之親屬、最近一年有同居事實之其他親屬、主管機關、社會福利機構或其他適當之人均得擔任監護人，由法院於監護之宣告時，針對個案，依職權選定最適當之人擔任。又鑑於監護職務有時具有複雜性或專業性，如財產管理職務需要財務或金融專業人員，身體照護職務需要醫事專業人員，為符合實際需要，法院得選定複數之監護人，並同時指定會同開具財產清冊之人，以利法院實施監督。
二、第1項修正後，現行條文第2項已無保留必要，爰予刪除。
三、監護之聲請人所提資料如尚不足，應賦予法

院權限，於為第1項選定前，得命主管機關或社會福利機構進行訪視，提出調查報告及建議，以資慎重。另監護之聲請人或利害關係人亦得提出相關資料或證據，供法院斟酌，爰增訂第2項。

第 1111 條之 1　（最佳利益之審酌）
法院選定監護人時，應依受監護宣告之人之最佳利益，優先考量受監護宣告之人之意見，審酌一切情狀，並注意下列事項：
　一　受監護宣告之人之身心狀態與生活及財產狀況。
　二　受監護宣告之人與其配偶、子女或其他共同生活之人間之情感狀況。
　三　監護人之職業、經歷、意見及其與受監護宣告之人之利害關係。
　四　法人為監護人時，其事業之種類與內容，法人及其代表人與受監護宣告之人之利害關係。

⑰一、本條新增。
二、法院選定監護人時，應依受監護宣告之人之最佳利益，為審酌之最高指導原則。惟所謂「受監護宣告之人之最佳利益」，未臻明確，允宜明定具體客觀事由作為審酌之參考，爰增訂提示性之規定。
三、受監護宣告之人仍具獨立人格，如其就監護人之人選，曾表示意見者，法院自應參酌之，爰於序文明定，法院選定監護人時，應優先考量受監護宣告之人之意見。例如將受監護宣告之成年人如曾建議特定人為監護人者，倘不違背該成年人之利益，則應依其建議選定監護人。至於本條所稱「受監護宣告之人之意見」，係指受監護宣告之人於未喪失意思能力前所表示之意見，或於其具有意思能力時所表示之意見，要屬當然。

第 1111 條之 2　（不得為受監護宣告之人之監護人之情形）
照顧受監護宣告之人之法人或機構及其代表人、負責人，或與該法人或機構有僱傭、委任或其他類似關係之人，不得為該受監護宣告之人之監護人。但為該受監護宣告之人之配偶、四親等內之血親或二親等內之姻親者，不在此限。

⑩原條文之規定固係為避免提供照顧者與擔任監護人同一人時之利益衝突。惟實務上容有可能受監護人之配偶、父母、兒女、手足、女婿、媳婦或

岳父母為提供照顧機構之代表人、負責人，或與該法人或機構有僱傭、委任或其他類似關係之人，以利就近提供照顧之情況，原條文一律排除適用，恐不符事實上之需要。爰增列「為該受監護宣告之人之配偶、四親等內之血親或二親等內之姻親」於但書予以排除。另倘若此類型監護人就特定監護事務之處理，有利益衝突之情事，得依民法第1113條之1準用第1098條第2項規定，選任特別代理人可資因應。

第 1112 條　　（監護人執行職務時之尊重及考量）

監護人於執行有關受監護人之生活、護養療治及財產管理之職務時，應尊重受監護人之意思，並考量其身心狀態與生活狀況。

㊗一、現行條文第1項僅就護養療治受監護人身體而為規定，範圍過狹；且何謂「受監護人之利益」亦欠明確。為貫徹尊重本人意思之立法意旨，爰修正為「監護人於執行有關受監護人之生活、護養療治及財產管理之職務時，應尊重受監護人之意思，並考量其身心狀態與生活狀況。」又本項所稱「受監護人之意思」，包括監護人選定前，受監護人所表明之意思在內，乃屬當然。

二、按精神衛生法第三章第二節已就嚴重精神病患強制就醫程序設有詳細規定，故現行條文第2項有關「監護人如將受監護人送入精神病醫院或監禁於私宅，應得親屬會議之同意」部分，已無庸規定，逕行適用精神衛生法已足，且逕依親屬會議之同意即剝奪受監護人之自由，有忽視其基本人權之嫌，爰將現行條文第2項刪除。

第 1112 條之 1　　（數人為監護人）

I 法院選定數人為監護人時，得依職權指定其共同或分別執行職務之範圍。

II 法院得因監護人、受監護人、第十四條第一項聲請權人之聲請，撤銷或變更前項之指定。

㊗一、本條新增。

二、配合修正條文第1111條第1項有關法院得選定數人為監護人之規定，若監護職務具有複雜性或專業性時，法院得依職權指定其共同執行，或按其專業及職務需要指定其各自分擔，以求周全，爰增訂第1項。至法院選定數人為監護人，如未依職權指定其執行職務之範圍，依民法第168條規定，其代理行為自應共同為之，無庸另為明文

規定。

三、已依第1項指定數監護人共同或分別執行職務之範圍者，為符合實際需要，應許聲請法院撤銷或變更，爰增訂第2項。

第 1112 條之 2　　（監護人之登記）

法院為監護之宣告、撤銷監護之宣告、選定監護人、許可監護人辭任及另行選定或改定監護人時，應依職權囑託該管戶政機關登記。

㊗一、本條新增。

二、依戶籍法第18條、第23條規定，監護，應為監護之登記；戶籍登記事項有變更時，應為變更之登記。為使監護登記之資料完整，保護交易安全，爰予增訂。

三、至有關輔助或輔助人之登記，依修正條文第1113條之1準用本條規定，併予敘明。

第 1113 條　　（成年人監護規定之準用）

成年人之監護，除本節有規定者外，準用關於未成年人監護之規定。

㊗一、將「禁治產人」修正為「成年人」，修正理由同本節節名之修正說明。

二、本次修正已將現行條文第1105條刪除，故現行條文第2項已無庸規定，爰予刪除。

第 1113 條之 1　　（輔助人之設置及其相關規定之準用）

I 受輔助宣告之人，應置輔助人。

II 輔助人及有關輔助之職務，準用第一千零九十五條、第一千零九十六條、第一千零九十八條第二項、第一千一百條、第一千一百零二條、第一千一百零三條第二項、第一千一百零四條、第一千一百零六條、第一千一百零六條之一、第一千一百零九條、第一千一百十一條至第一千一百十一條之二、第一千一百十二條之一及第一千一百十二條之二之規定。

㊗一、本條新增。

二、與本修正條文同步修正之民法總則編部分條文修正草案，新增有關成年人「輔助」之規定，爰配合增訂第1項規定，受輔助宣告之人，應置輔助人。

三、為立法簡潔，於第2項列舉輔助人及有關輔助之職務得準用之成年人監護規定。

第三節　成年人之意定監護

第 1113 條之 2 　（意定監護契約之定義）

I.稱意定監護者，謂本人與受任人約定，於本人受監護宣告時，受任人允為擔任監護人之契約。

II.前項受任人得為一人或數人；其為數人者，除約定為分別執行職務外，應共同執行職務。

第 1113 條之 3 　（意定監護契約之成立及發生效力）

I.意定監護契約之訂立或變更，應由公證人作成公證書始為成立。公證人作成公證書後七日內，以書面通知本人住所地之法院。

II.前項公證，應有本人及受任人在場，向公證人表明其合意，始得為之。

III.意定監護契約於本人受監護宣告時，發生效力。

第 1113 條之 4 　（意定監護優先）

I.法院為監護之宣告時，受監護宣告之人已訂有意定監護契約者，應以意定監護契約所定之受任人為監護人，同時指定會同開具財產清冊之人。其意定監護契約已載明會同開具財產清冊之人者，法院應依契約所定者指定之，但意定監護契約未載明會同開具財產清冊之人或所載明之人顯不利本人利益者，法院得依職權指定之。

II.法院為前項監護之宣告時，有事實足認意定監護受任人不利於本人或有顯不適任之情事者，法院得依職權就第一千一百十一條第一項所列之人選定為監護人。

第 1113 條之 5 　（意定監護契約之撤回或終止）

I.法院為監護之宣告前，意定監護契約之本人或受任人得隨時撤回之。

II.意定監護契約之撤回，應以書面先向他方為之，並由公證人作成公證書後，始生撤回之效力。公證人作成公證書後七日內，以書面通知本人住所地之法院。契約經一部撤回者，視為全部撤回。

III.法院為監護之宣告後，本人有正當理由者，得聲請法院許可終止意定監護契約。受任人有正當理由者，得聲請法院許可辭任其職務。

IV.法院依前項許可終止意定監護契約時，應依職權就第一千一百十一條第一項所列之人選定為監護人。

第 1113 條之 6 　（監護宣告後法院得另行選定或改定監護人）

I.法院為監護之宣告後，監護人共同執行職務時，監護人全體有第一千一百零六條第一項或第一千一百零六條之一第一項之情形者，法院得依第十四條第一項所定聲請權人之聲請或依職權，就第一千一百十一條第一項所列之人另行選定或改定為監護人。

II.法院為監護之宣告後，意定監護契約約定監護人數人分別執行職務時，執行同一職務之監護人全體有第一千一百零六條第一項或第一千一百零六條之一第一項之情形者，法院得依前項規定另行選定或改定全體監護人。但執行其他職務之監護人無不適任之情形者，法院應優先選定或改定其為監護人。

III.法院為監護之宣告後，前二項所定執行職務之監護人中之一人或數人有第一千一百零六條第一項之情形者，由其他監護人執行職務。

IV.法院為監護之宣告後，第一項及第二項所定執行職務之監護人中之一人或數人有第一千一百零六條之一第一項之情形者，法院得依第十四條第一項所定聲請權人之聲請或依職權解任之，由其他監護人執行職務。

第 1113 條之 7 　（意定監護人之報酬）

意定監護契約已約定報酬或約定不給付報酬者，從其約定；未約定者，監護人得請求法院按其勞力及受監護人之資力酌定之。

第 1113 條之 8 （前後意定監護契約有相牴觸者，視為本人撤回前意定監護契約）

前後意定監護契約有相牴觸者，視為本人撤回前意定監護契約。

第 1113 條之 9 （意定監護契約約定受任人代理受監護人購置、處分不動產或得以受監護人財產為投資者，應優先落實當事人意思自主原則）

意定監護契約約定受任人執行監護職務不受第一千一百零一條第二項、第三項規定限制者，從其約定。

第 1113 條之 10 （意定監護契約準用成年人監護之規定）

意定監護，除本節有規定者外，準用關於成年人監護之規定。

第五章 扶 養

第 1114 條 （互負扶養義務之親屬）

左列親屬，互負扶養之義務：

一 直系血親相互間。
二 夫妻之一方與他方之父母同居者，其相互間。
三 兄弟姊妹相互間。
四 家長家屬相互間。

◇**扶養義務**：指一定親屬間有經濟能力者，對於不能維持生活者，予以必要的經濟上供給之親屬法上義務。扶養義務又可分為夫妻、父母子女間之「生活保持義務」與其他親屬間之「生活扶助義務」（臺北地院 90 訴 4859）。實務上認為，扶養義務之履行，非僅給予食物、衣服，即謂已經履行，需就平日生活起居給予照顧與扶持。

▲【28 渝上 1514】民法第 1114 條第 4 款**所謂家屬，係指以永久共同生活為目的而與家長同居一家者而言**，其身分因與家長同居一家而發生，因由家分離而消滅，徵諸民法第 1122 條、第 1123 條規定，至為明顯。

▲【49 臺上 625】因扶養請求權被侵害而生之損害賠償請求權，以扶養等請求權存在為前提，而扶養之請求，乃請求權人身上專屬之權利，該權利因請求權人死亡而消滅，其繼承人不得繼承

其身分關係，對加害人請求賠償死亡後之扶養費。

▲【56 臺上 795】參見本法第 1084 條。

第 1115 條 （扶養義務人之順序）

I 負扶養義務者有數人時，應依左列順序定其履行義務之人：

一 直系血親卑親屬。
二 直系血親尊親屬。
三 家長。
四 兄弟姊妹。
五 家屬。
六 子婦、女婿。
七 夫妻之父母。

II 同係直系尊親屬或直系卑親屬者，以親等近者為先。

III 負扶養義務者有數人而其親等同一時，應各依其經濟能力，分擔義務。

第 1116 條 （受扶養權利人之順序）

I 受扶養權利者有數人，而負扶養義務者之經濟能力，不足扶養其全體時，依左列順序，定其受扶養之人：

一 直系血親尊親屬。
二 直系血親卑親屬。
三 家屬。
四 兄弟姊妹。
五 家長。
六 夫妻之父母。
七 子婦、女婿。

II 同係直系尊親屬或直系卑親屬者，以親等近者為先。

III 受扶養權利者有數人而其親等同一時，應按其需要之狀況，酌為扶養。

第 1116 條之 1 （夫妻與其他人扶養權利義務之順位）

夫妻互負扶養之義務，其負扶養義務之順序與直系血親卑親屬同，其受扶養權利之順序與直系血親尊親屬同。

⑭我國社會，素重人倫，夫婦既列為五倫之一，其應互負扶養義務，乃理所當然，是以著律不著明文，迨民國肇造，前大理院判例即作肯定之闡釋（5 年上字第 1107 號），第一次至第四次親屬法草案，及外國立法例（如德國民法第 1360 條、第

1608 條、第 1609 條，瑞士民法第 199 條第 3 項，韓國民法第 974 條第 1 款等）亦均有明文規定。我國民法未有規定，致實際上每滋疑義，雖最高法院於 43 年著有判例（43 年臺上字第 787 號），以資補救，究不若法有明文為愈，且我民事訴訟法第 572 條第 2 項列有夫妻請求扶養之訴；為使實體法與程序法互相配合，亦有於本法增設規定之必要。又以夫妻關係特為密切，故於新增條文規定其負扶養義務之順序與直系血親卑親屬同，其受扶養權利之順序則與直系血親尊親屬同。

▲【79 臺上 2629】74 年 6 月 3 日修正公布之民法第 1116 條之 1 規定：「夫妻互負扶養之義務，其負扶養義務之順序與直系血親卑親屬同，其受扶養權利之順序與直系血親尊親屬同，**夫妻互受扶養權利之順序，既與直系血親尊親屬同，自不以無謀生能力為必要**，本院 43 年臺上字第 787 號判例係就民法修正前所為之詮釋，自民法增訂第 1116 條之 1 規定後，即不再援用。

第 1116 條之 2 　（父母對未成年子女之扶養義務）

父母對於未成年子女之扶養義務，不因結婚經撤銷或離婚而受影響。

⑧五一、本條新增。

二、父母對未成年子女之扶養義務，是否因父母結婚經撤銷或離婚後僅由一方擔任對未成年子女權利義務之行使或負擔而受影響，實務上尚有異見，為杜爭議，爰參酌學者通說見解，採否定說。爰增列本條明定之。

第 1117 條 　（受扶養之要件）

I 受扶養權利者，以不能維持生活而無謀生能力者為限。

II 前項無謀生能力之限制，於直系血親尊親屬，不適用之。

◇**不能維持生活**：指不能以自己之財產及勞力所得維持自己之生活而言，實務上認為，如有資產及已有實際工作，足堪為個人之生活保持時，即非不能維持生活。

◇**無謀生能力**：所謂「無謀生能力」，並不專指無工作能力者而言，雖有工作能力而不能期待其工作（如因病不能工作、因照顧幼兒而無法工作），或因社會經濟情形失業，雖已盡相當之能事，仍不能覓得職業者，亦有受扶養之權利，另扶養權

利人對於其不能維持生活而無謀生能力之原因是否有過失，在所不問。

◇**夫妻間扶養是否以無謀生能力為必要？**

肯定說	民法第 1116 條之 1 僅規定夫妻受扶養權之順序與直系血親尊親屬同，並未規定其受扶養之要件亦與直系血親尊親屬同，應無同法第 1117 條第 2 項規定之適用。依同條第一項規定應以不能維持生活而無謀生能力為其受扶養之要件（79 臺上 2202）（林秀雄）
否定說	夫妻受他方扶養之權利既與直系血親尊親屬同（民§1116-1），即應有同法第 1117 條第 2 項之適用，受他方扶養時，不以無謀生能力為必要（79 臺上 2629）（陳棋炎黃宗樂郭振恭）（戴炎輝戴東雄）

▲【43 臺上 787】夫妻間扶養義務之發生原因，與一般親屬之扶養義務固異其趣，故在外國立法例及學說，多不以一方之生計困難為其要件，我國民法關於夫妻扶養義務未特設明文，依民法第 1114 條，及第 1117 條解為受扶養權利者，仍須以不能維持生活而無謀生能力者為限，自非毫無根據。

▲【47 臺上 9】終身定期金契約與民法親屬編關於扶養義務之性質不同，自無民法第 1117 條、第 1118 條等規定之適用。

▲【79 臺上 2629】參見本法第 1116 條之 1。

第 1118 條 　（扶養義務之免除）

因負擔扶養義務而不能維持自己生活者，免除其義務。但受扶養權利者為直系血親尊親屬或配偶時，減輕其義務。

⑦四本法修正草案第 1084 條規定：「子女應孝敬父母」，以重人倫，為貫徹此旨，受扶養權利者，如為直系血親尊親屬，負扶養義務之直系血親卑親屬，縱因負擔此項義務，而不能維持自己之生活，亦僅可減輕其義務，而不宜全予免除。

第 1116 條之 1 增訂夫妻互負扶養義務，並規定其受扶養順序與直系血親尊親屬同，則本條關於免除扶養義務之例外規定，自亦應將「配偶」與「直系血親尊親屬」列列。

▲【91 臺上 1798】民法第 1118 條規定因負擔扶養義務而不能維持自己生活者，免除其義務。但受扶養權利者為直系血親尊親屬或配偶時，減輕其義務。依此規定，直系血親卑親屬因負擔扶養義務而不能維持自己生活者，固僅得減輕其義務，

而不得免除之；惟此係指直系血親卑親屬有能力負擔扶養義務而言，倘該直系血親卑親屬並無扶養能力，自無該條規定之適用。

第 1118 條之 1 　（扶養義務之減輕及免除）

I.受扶養權利者有下列情形之一，由負扶養義務者負擔扶養義務顯失公平，負扶養義務者得請求法院減輕其扶養義務：

　一　對負扶養義務者、其配偶或直系血親故意為虐待、重大侮辱或其他身體、精神上之不法侵害行為。

　二　對負扶養義務者無正當理由未盡扶養義務。

II.受扶養權利者對負扶養義務者有前項各款行為之一，且情節重大者，法院得免除其扶養義務。

III.前二項規定，受扶養權利者為負扶養義務者之未成年直系血親卑親屬者，不適用之。

⑨一、本條新增。

二、按民法扶養義務乃發生於有扶養必要及有扶養能力之一定親屬之間，父母對子女之扶養請求權與未成年子女對父母之扶養請求權各自獨立（最高法院92年度第5次民事庭會議決議意旨參照），父母請求子女扶養，非以其曾扶養子女為前提。然在以個人主義、自己責任為原則之近代民法中，徵諸社會實例，受扶養權利者對於負扶養義務者本人、配偶或直系血親曾故意為虐待、重大侮辱或其他家庭暴力防治法第2條第1款所定身體、精神上之不法侵害行為，或對於負扶養義務者無正當理由未盡扶養義務之情形，例如實務上對於負扶養義務者施加毆打，或為無正當理由惡意不予扶養者，即以身體或精神上之痛苦加諸於負扶養義務者而言均屬適例（最高法院74年臺上字第1870號判例意旨參照），此際仍由渠等負完全扶養義務，有違事理之衡平，爰增列第1項，此種情形宜賦予法院衡酌之扶養本質，兼顧受扶養權利者與負扶養義務者之權益，依個案彈性調整減輕扶養義務。

三、至受扶養權利者對負扶養義務者有第1項各款行為之一，且情節重大者，例如故意致扶養義務者於死而未遂或重傷、強制性交或猥褻、妨害幼童發育等，法律仍令其負扶養義務，顯強人所難，爰增列第2項，明定法院得完全免除其扶養

義務。

四、又父母對於未成年子女，有保護及教養之權利義務，爰仿效德國民法第1611條第2項規定，增列第3項，明定第1項及第2項規定不適用於受扶養權利者為負扶養義務者之未成年直系血親卑親屬，以保護未成年子女之利益。

第 1119 條 　（扶養程度）

扶養之程度，應按受扶養權利者之需要，與負扶養義務者之經濟能力及身分定之。

▲【29 渝上 1121】受扶養權利者患病時，必須支出之醫藥費用，為維持生活所需要之費用，定扶養之程度，依民法第1119條之規定，既應參酌受扶養權利者之需要，則此項費用之供給，自在扶養義務範圍之內。

▲【38 臺上 18】扶養之程度，應按扶養權利者之需要，與扶養義務者之經濟能力及身分定之，為民法第1119條所明定，夫不與妻同居，應由夫供給妻之生活費用，雖非同條所稱之扶養，而其供給費用之數額當準用該條定之。至生活費用給付之方法兩造如未協議時，自得由法院斟酌情形定之。

▲【76 臺上 1908】受僱人因執行職務，不法侵害他人致死者，被害人之父、母、子、女及配偶受有非財產上之損害，依民法第194條及第188條第1項規定，請求受僱人及其僱用人連帶賠償相當金額之慰撫金時，法院對於慰撫金之量定，應斟酌該受僱人及應負連帶賠償責任之僱用人，並被害人暨其父、母、子、女及配偶之身分、地位及經濟狀況等關係定之，不得僅以被害人與實施侵權行為之受僱人之資力為衡量之標準。

第 1120 條 　（扶養方法之決定）

扶養之方法，由當事人協議定之；不能協議時，由親屬會議定之。但扶養費之給付，當事人不能協議時，由法院定之。

▲【26 鄂上 401】受扶養權利者，應否與負扶養義務者同居一家而受扶養，抑應彼此別居，由負扶養義務者按受扶養權利者需要之時期，陸續給付生活資料或撥給一定財產，由受扶養權利者自行收益以資扶養，係屬扶養方法之問題，依民法第1120條之規定，應由當事人協議定之，不能協議時，應由親屬會議定之。對於親屬會議之決議有不服時，始得依民法第1137條之規定，向法院聲訴，不得因當事人未能協議逕向法院請求裁判。

▲【45臺上346】扶養方法，在民法第1120條僅定由當事人協議定之，不能協議時，由親屬會議定之，至經親屬會議仍不能議定時，究應如何辦理，雖無明文規定，惟參酌之立法先例及學說，應解為由法院予以裁判方為適當。

▲【48臺上1532】被繼承人生前繼續扶養之人，基於民法第1149條之規定，依同法第1129條，召集親屬會議所為酌給遺產之決議，原應依其所受扶養之程度及其他關係而定，若親屬會議之決議未允洽時，法院因有召集權人之聲訴，自可斟酌情形逕予核定，**所謂決議之不允洽，通常固指「給而過少」或「根本不給」之情形而言**，但為貫徹保護被扶養者之利益，及防杜親屬會議員之不盡職責起見，對於親屬會議已開而未為給否之任何決議時，亦應視為與決議不給之情形同，而賦有召集權人以聲訴不服之機會。

第 1121 條　（扶養程度及方法之變更）
扶養之程度及方法，當事人得因情事之變更，請求變更之。

第六章　家

第 1122 條　（家之定義）
稱家者，謂以永久共同生活為目的而同居之親屬團體。

▲【院848】㈠稱家者謂以永久共同生活為目的而同居之親屬團體，民法第1122條定有明文，兄弟數人業已分家，雖仍同門居住，不得謂之一家。

第 1123 條　（家長與家屬）
I.家置家長。
II.同家之人，除家長外，均為家屬。
III.雖非親屬，而以永久共同生活為目的同居一家者，視為家屬。

◇**家長與家屬**：家長家屬關係之成立，主觀上需有永久共同生活之目的，客觀上需有同居一處之事實。民法上所謂家長家屬之身分因與家長同居一家而發生，因由家分離而消滅。

第 1124 條　（家長之選定）
家長由親屬團體中推定之；無推定時，以家中之最尊輩者為之；尊輩同者，以年長者為之；最尊或最長者不能或不願管理家務時，由其指定家屬一人代理之。

第 1125 條　（家務之管理）
家務由家長管理。但家長得以家務之一部，委託家屬處理。

第 1126 條　（管理家務之注意義務）
家長管理家務，應注意於家屬全體之利益。

▲【院1069】㈠家長管理家務如為家屬全體之利益，自得處分家產，但家屬所已繼承或係其私有之財產，須得家屬同意。

第 1127 條　（家屬之分離㈠──請求分離）
家屬已成年者，得請求由家分離。

⑩配合成年年齡與最低結婚年齡均修正為十八歲，爰將「或雖未成年而已結婚」等文字刪除。

第 1128 條　（家屬之分離㈡──命令分離）
家長對於已成年之家屬，得令其由家分離。但以有正當理由時為限。

⑩配合成年年齡與最低結婚年齡均修正為十八歲，爰將「或雖未成年而已結婚」等文字刪除。

第七章　親屬會議

第 1129 條　（召集人）
依本法之規定應開親屬會議時，由當事人、法定代理人或其他利害關係人召集之。

◇**親屬會議之會員**：我國親屬會議之成員限於一定親屬始得認之，又實務上認為親屬會議之會員，應於會議時自行出席，不得使他人代理（31上637）。

第 1130 條　（親屬會議組織）
親屬會議，以會員五人組織之。

第 1131 條　（親屬會議會員之選定順序）
I.親屬會議會員，應就未成年人、受監護宣告之人或被繼承人之下列親屬與順序定之：
一　直系血親尊親屬。

二　三親等內旁系血親尊親屬。
三　四親等內之同輩血親。

II.前項同一順序之人，以親等近者為先；親等同者，以同居親屬為先，無同居親屬者，以年長者為先。

III.依前二項順序所定之親屬會議會員，不能出席會議或難於出席時，由次順序之親屬充任之。

⑨⑧一、第1項序言之修正理由，同修正條文第687條說明一。

二、第2項及第3項未修正。

第1132條　（得由有召集權人或利害關係人聲請法院處理之情形）

依法應經親屬會議處理之事項，而有下列情形之一者，得由有召集權人或利害關係人聲請法院處理之：

一　無前條規定之親屬或親屬不足法定人數。
二　親屬會議不能或難以召開。
三　親屬會議經召開而不為或不能決議。

⑩③一、民法親屬編「親屬會議」之規定，係基於「法不入家門」之傳統思維，為農業社會「宗族制」、「父系社會」解決共同生活紛爭的途徑。但因時代及家族觀念之變遷，親屬共居已式微，親屬成員不足、召開不易、決議困難，所在多有。又近年「法入家門」已取代傳統的「法不入家門」思維，加強法院的監督及介入已成趨勢。民法繼承編關於遺產管理、遺囑提示、開示、執行，與親屬會議亦有許多關聯，但同有親屬成員不足、召開不易等困難。

二、原條文造成民法第1211條適用疑義：

(一)被繼承人或立遺囑人如無民法第1131條親屬會議成員，或親屬會議成員不足法定人數五人，或親屬會議不能或難以召開、或召開而不為、不能決議時，實務見解常以原條文第1項為由，駁回聲請。

(二)但如不能直接適用第1211條第2項聲請法院指定遺囑執行人（即須先適用第1132條第1項，不能直接適用第1132條第2項或第1211條第2項），只能聲請法院先指定親屬會議成員，再來召集親屬會議，不但無法預知親屬會議是否可以召開或決議，且容易形成讓與被繼承人或立遺囑人親等較遠或較無生活關聯的人來決定，不但讓親屬會議決定之原立法意義盡失，也讓法院有推案的藉口，對人民是無謂的延宕。

三、綜上所述，爰修正原條文。

第1133條　（會員資格之限制）

監護人、未成年人及受監護宣告之人，不得為親屬會議會員。

⑨⑧修正理由同修正條文第687條說明一。

第1134條　（會員辭職之限制）

依法應為親屬會議會員之人，非有正當理由，不得辭其職務。

第1135條　（會議之召開及決議）

親屬會議，非有三人以上之出席，不得開會，非有出席會員過半數之同意，不得為決議。

▲【31上637】親屬會議之會員，應於會議時自行出席，不得使他人代理。

第1136條　（決議之限制）

親屬會議會員，於所議事件有個人利害關係者，不得加入決議。

第1137條　（不服決議之聲訴）

第一千一百二十九條所定有召集權之人，對於親屬會議之決議有不服者，得於三個月內向法院聲訴。

◇**對親屬會議決議不服之訴**：此之親屬會議決議以該決議合法有效者為前提，包括決議之主體、程序、內容均需合法妥適，性質上為形成之訴，其提起訴訟應受從決議做成開始三個月內提起的限制；倘若該決議為無效，則為自始當然無效，當然無效、絕對無效，若有對親屬會議有效或無效有爭執，可以提起訴訟，請求法院確認，性質上為確認之訴，確認之訴之提起，不受本條三個月期間的限制。

▲【48臺上1532】參見本法第1120條。

民法親屬編施行法

一百一十年一月十三日總統令增訂公布

①民國二十年一月二十四日國民政府公布
②七十四年六月三日總統令修正公布
③八十五年九月二十五日總統令修正公布
④八十九年二月二日總統令修正公布
⑤九十一年六月二十六日總統令修正公布
⑥九十六年五月二十三日總統令修正公布
⑦九十七年五月二十三日總統令修正公布
⑧九十八年十二月三十日總統令修正公布
⑨一百零一年十二月二十六日總統令公布
⑩一百一十年一月十三日總統令增訂公布第四之二條條文

第 1 條　（不溯既往原則）

關於親屬之事件，在民法親屬編施行前發生者，除本施行法有特別規定外，不適用民法親屬編之規定；其在修正前發生者，除本施行法有特別規定外，亦不適用修正後之規定。

⑭不溯既往，乃法律適用之基本原則，如認其事項有溯及適用之必要者，即應於施行法中定為明文，方能有所依據。本條著採原條文，原條本此原則而設，應予維持，且於親屬編修正後之適用問題，仍須採取同一原則，爰參照民法總則施行法第1條修正之例，在本條之末增列：「其在修正前發生者，除本施行法有特別規定外，亦不適用修正後之規定。」以期一致。

第 2 條　（消滅時效之特別規定）

Ⅰ.民法親屬編施行前，依民法親屬編之規定消滅時效業已完成，或其時效期間尚有殘餘不足一年者，得於施行之日起一年內行使請求權。但自其時效完成後，至民法親屬編施行時，已逾民法親屬編所定時效期間二分之一者，不在此限。
Ⅱ.前項規定，於依民法親屬編修正後規定之消滅時效業已完成，或其時效期間尚有殘餘不足一年者，準用之。

⑭原條文移列為第1項。因民法第979條之2有新增消滅時效之規定，則關於此項規定應如何適用，

宜有明文，爰增設第2項之規定。

第 3 條　（無時效性質之法定期間之準用）

前條之規定，於民法親屬編修正前或修正後所定無時效性質之法定期間準用之。但其法定期間不滿一年者，如在施行時或修正時尚未屆滿，其期間自施行或修正之日起算。

⑭修正之民法親屬編就無時效性質之法定期間，亦有增設者，如修正之民法第1079條之2是，則此項規定應如何適用，宜有明文，爰參考現行條文之立法旨趣，加以修正。

第 4 條　（婚約規定之適用）

Ⅰ.民法親屬編關於婚約之規定，除第九百七十三條外，於民法親屬編施行前所訂之婚約亦適用之。
Ⅱ.修正之民法第九百七十七條第二項及第三項之規定，於民法親屬編修正前所訂之婚約並適用之。

⑭舊條文移列為第1項。民法第977條已經修正，其新增之第2項及第3項規定，依本條第1項之立法旨趣，於修正前所訂婚約，亦應適用，爰於本條增訂第2項之規定。

第 4 條之 1　（重婚規定之適用）

Ⅰ.中華民國九十六年五月四日修正之民法第九百八十二條之規定，自公布後一年施行。
Ⅱ.修正之民法第九百八十八條之規定，於民法修正前重婚者，仍有適用。

⑯一、我國民法自民國20年施行以來，即採儀式婚主義，本次修正將儀式婚改為登記婚，實屬制度之重大變革，故宜明定日出條款，俾行政機關妥為準備及宣導，使民眾得以瞭解，且不致使新法之適用產生混亂，爰增訂本條規定。
二、修正之民法第988條第2項之規定，於民法修正前重婚者，仍有適用。

第4條之2 （調降成年年齡為十八歲規定之施行及適用）

I.中華民國一百零九年十二月二十五日修正之民法第九百七十三條、第九百八十條、第九百八十一條、第九百九十條、第一千零四十九條、第一千零七十七條、第一千零九十一條、第一千一百二十七條及第一千一百二十八條，自一百十二年一月一日施行。

II.中華民國一百零九年十二月二十五日修正之民法第九百九十條、第一千零七十七條、第一千零九十一條、第一千一百二十七條及第一千一百二十八條施行前結婚，修正施行後未滿十八歲者，於滿十八歲前仍適用修正施行前之規定。

⑩一、本條新增。

二、有關訂婚、結婚年齡相關規定之修正，直接影響十六歲以上未滿十八歲女性結婚之權利，且間接影響未成年人因結婚而具行為能力之年齡，涉及民眾生活規劃及社會觀念之改變，宜設有緩衝期間二年，以維護法安定性及人民之信賴利益，另配合民法總則第12條及第13條關於成年年齡之修正及其施行法第3條之1修正，將本次修正規定之施行日期訂於112年1月1日施行，爰為第1項規定。

三、本次民法修正成年年齡與最低結婚年齡均為十八歲，112年1月1日施行後即無未成年已結婚之情形，惟考量於本次修正施行日前結婚，修正施行後未滿十八歲之情形，其婚姻之要件及於滿十八歲成年前之身分事宜，不宜受本次修法影響，爰有關結婚未得法定代理人同意時之撤銷、是否為收養認可效力所及、是否置監護人、得否請求或令其由家分離等情形，於修正施行後至其滿十八歲之期間，仍宜適用修正施行前有關未成年已結婚者之規定，爰於第2項增訂過渡規定，以資明確。

第5條 （再婚期間計算之特別規定）

民法第九百八十七條所規定之再婚期間，雖其婚姻關係在民法親屬編施行前消滅者，亦自婚姻關係消滅時起算。

第6條 （夫妻財產制之適用）

I.民法親屬編施行前已結婚者，除得適用民法第一千零零四條之規定外，並得以民法親屬編所定之法定財產制為其約定財產制。

II.修正之民法第一千零十條之規定，於民法親屬編施行後修正前已結婚者，亦適用之。其第五款所定之期間，在修正前已屆滿者，其期間為屆滿，未屆滿者，以修正前已經過之期間與修正後之期間合併計算。

⑭舊法條文移列為第1項。修正之民法第1010條之規定，其立法旨趣既在貫徹男女平等原則及保護夫妻各有之權益，故此項規定，對於在民法親屬編施行後修正前結婚者，亦應有適用，爰增設第2項之規定。

第6條之1 （夫妻聯合財產制關於財產權歸屬之溯及規定㈠）

中華民國七十四年六月四日以前結婚，並適用聯合財產制之夫妻，於婚姻關係存續中以妻之名義在同日以前取得不動產，而有左列情形之一者，於施行法中華民國八十五年九月六日修正生效一年後，適用中華民國七十四年民法親屬編修正後之第一千零十七條規定：

一　婚姻關係尚存續中且該不動產仍以妻之名義登記者。

二　夫妻已離婚而該不動產仍以妻之名義登記者。

第6條之2 （夫妻聯合財產制關於財產權歸屬之溯及規定㈡）

中華民國九十一年民法親屬編修正前適用聯合財產制之夫妻，其特有財產或結婚時之原有財產，於修正施行後視為夫或妻之婚前財產；婚姻關係存續中取得之原有財產，於修正施行後視為夫或妻之婚後財產。

⑨一、本條新增。

二、按現行法定財產制將夫或妻之財產區分為「特有財產」及「原有財產」。而其中特有財產及結婚時之原有財產，依第1030條之1規定，係不列入剩餘財產分配者。惟修正後法定財產制係將夫或妻之財產區分為「婚前財產」與「婚後財產」，其中婚前財產亦為不列入剩餘財產分配之財產。為

保障人民之既得權益，並使現存之法律關係得順利過渡至法律修正施行之後，爰增訂本條規定，俾修正前結婚而婚姻關係尚存續夫妻之特有財產及結婚時之原有財產，仍得排除於剩餘財產分配之列；至於婚姻關係存續期間取得之原有財產，則仍列入分配。

第 6 條之 3　（法律之適用範圍）

本法中華民國一百零一年十二月七日修正施行前，經債權人向法院聲請宣告債務人改用分別財產制或已代位債務人起訴請求分配剩餘財產而尚未確定之事件，適用修正後之規定。

⑩一、本條增訂。

二、本次民法親屬編已將夫妻剩餘財產分配請求權修正為僅夫妻本人方得行使之一身專屬權，並配合刪除民法第 1009 條與民法第 1011 條規定。因上開民法第 1011 條及代位行使剩餘財產分配請求權之規定有遭債權人濫用之情況，致使目前法院實務仍有大量「夫債妻償」或「妻債夫償」之案件仍於法院繫屬中，破壞家庭合諧、侵害人民生存權、財產權甚鉅。為兼顧法定財產制與夫妻剩餘財產分配請求權之立法精神及法安定性之要求，明定新法通過後關於債權人於修正前已向法院聲請宣告債務人改用分別財產制之案件或已起訴代位債務人行使剩餘財產分配請求權之案件，尚未確定者，亦應一併適用修正後之規定。爰增訂本條規定，俾期明確。

第 7 條　（裁判離婚規定之適用）

民法親屬編施行前所發生之事實，而依民法親屬編之規定得為離婚之原因者，得請求離婚。但已逾民法第一千零五十三條或第一千零五十四條所定之期間者，不在此限。

第 8 條　（婚生子女之推定及否認規定之適用）

Ⅰ.民法親屬編關於婚生子女之推定及否認，於施行前受胎之子女亦適用之。

Ⅱ.民法親屬編修正前結婚，並有修正之民法第一千零五十九條第一項但書之約定而從母姓者，得於修正後一年內，聲請改姓母姓。但子女已成年或已結婚者，不在此限。

Ⅲ.修正之民法第一千零六十三條第二項之規定，於民法親屬編修正前受胎或出生之子女亦適用之。

⑭原條文移列為第 1 項。民法第 1063 條之修正，既在顧全子女之利益，爰依本條第 1 項之立法旨趣，增設第 2 項之規定，俾子女之身分，得以確定。

第 8 條之 1　（否認婚生子女提訴期限）

夫妻已逾中華民國九十六年五月四日修正前之民法第一千零六十三條第二項規定所定期間，而不得提起否認之訴者，得於修正施行後二年內提起之。

⑯一、本條新增。

二、因原民法第 1063 條第 2 項所定法定起訴期間係「知悉子女出生之日起一年內」，而非本次修正之第 1063 條修正條文所定「知悉該子女非為婚生子女時起二年內」，是以，在本次民法修正前，夫妻知悉其子女非為婚生子女時已逾「知悉子女出生之日一年」之期間，即不得提起否認之訴。惟本次民法修正條文第 1063 條第 2 項規定既已放寬至「知悉該子女非為婚生子女時起二年」，故對於修正前不得提起否認之訴者，亦宜放寬而使其得於本次民法修正施行後二年內提起否認之訴。至於本法修正施行後夫妻始知悉其子女非為婚生子女者，自應依修正後第 1063 條第 2 項及第 3 項規定提起否認之訴。

三、本次修正條文增列第 2 項子女提起否認之訴之規定，其規範目的在取得血統真實與身分安定二者間之平衡，故子女依本次民法修正前之規定雖不得提起否認之訴，惟修正施行後如符合第 1063 條第 2 項及第 3 項之規定，自得依該等規定提起否認之訴，併此敘明。

第 9 條　（立嗣子女與其所後父母之關係）

民法親屬編施行前所立之嗣子女，與其所後父母之關係，與婚生子女同。

第 10 條　（非婚生子女規定之適用）

Ⅰ非婚生子女在民法親屬編施行前出生者，自施行之日起適用民法親屬編關於非婚生子女之規定。

Ⅱ非婚生子女在民法親屬編修正前出生者，修正之民法第一千零六十七條之規定，亦適用之。

⑺舊條文移列為第1項。民法第1067條已有修正，爰依本條第1項之立法旨趣，增訂本條第2項，以保護非婚生子女之利益。

第11條 （收養效力規定之適用）

收養關係雖在民法親屬編施行前發生者，自施行之日起有民法親屬編所定之效力。

第12條 （得請求宣告終止收養關係之規定之適用）

I.民法親屬編施行前所發生之事實，依民法親屬編之規定得為終止收養關係之原因者，得請求宣告終止收養關係。

II.民法親屬編施行後修正前所發生之事實，依修正之民法第一千零八十條第五項之規定得為終止收養關係之原因者，得聲請許可終止收養關係。

⑺舊法條文移列為第1項。為保護養子女之利益，民法第1080條已有修正，爰依本條第1項之立法旨趣，增設第2項之規定。

第13條 （父母子女權義規定之適用）

父母子女間之權利義務，自民法親屬編施行之日起，依民法親屬編之規定。其有修正者，適用修正後之規定。

⑺為期新舊法之效力一致起見，爰增本條後段之規定。

第14條 （監護人權義規定之適用㈠）

民法親屬編施行前所設置之監護人，其權利義務自施行之日起，適用民法親屬編之規定。其有修正者，適用修正後之規定。

⑺為期新舊法之效力一致起見，爰增本條後段之規定。

第14條之1 （監護人權義規定之適用㈡）

本法於八十九年一月十四日修正前已依民法第一千零九十四條任監護人者，於修正公布後，仍適用修正後同條第二項至第四項之規定。

第14條之2 （監護人權義規定之適用㈢）

中華民國九十七年五月二日修正之民法親屬編第四章條文施行前所設置之監護人，於修正施行後，適用修正後之規定。

97一、本條新增。

二、為解決新法施行前後之銜接問題，爰明定民法親屬編關於未成年人及成年人監護之修正規定，對於修正條文施行前所設置之未成年人或禁治產人之監護人亦適用之。

第14條之3 （施行日期㈠）

中華民國九十七年五月二日修正之民法親屬編第四章之規定，自公布後一年六個月施行。

97一、本條新增。

二、本次民法親屬編第四章條文修正之幅度甚大，其中監護事務改由法院監督，刪除成年監護之監護人法定順序及新增「輔助」制度等修正內容，對監護實務運作影響深遠，為避免驟然公布施行，相關程序法規未及配合修正及民眾對新制度不明瞭，衍生適用困擾，宜有適當之準備期間，爰參酌本法第6條之1之立法例，增訂自公布後一年六個月施行。

第15條 （施行日期㈡）

I.本施行法自民法親屬編施行之日施行。

II.民法親屬編修正條文及本施行法修正條文，除另定施行日期，及中華民國九十八年十二月十五日修正之民法第一千一百三十一條及第一千一百三十三條自九十八年十一月二十三日施行者外，自公布日施行。

98一、第1項未修正。

二、配合97年5月23日修正公布之民法及其施行法修正條文自98年11月23日施行，民法本次修正之第1131條及第1133條亦定自同日施行，爰修正現行條文第2項。

民　法
一百零四年一月十四日總統令修正公布

第五編　繼　承

①民國十九年十二月二十六日國民政府公布
②七十四年六月三日總統令修正公布
③九十七年一月二日總統令修正公布
④九十八年六月十日總統令修正公布
⑤九十八年十二月三十日總統令修正公布
⑥一百零三年一月二十九日總統令修正公布
⑦一百零四年一月十四日總統令修正公布第一一八三條；並增訂第一二一一之一條條文

第一章　遺產繼承人

第 1138 條　（法定繼承人及其順序）
遺產繼承人，除配偶外，依左列順序定之：
　一　直系血親卑親屬。
　二　父母。
　三　兄弟姊妹。
　四　祖父母。

◇遺產繼承人

配偶	以在繼承開始時有配偶身分為準
直系血親卑親屬	指從己身所出之血親，除自然血親外，也包括擬制血親之養子女；不分性別，女性也有繼承權（院 550）。以親等近者優先（§1139）
父母	己身所從出而為親等最近之直系血親尊親屬。未終止收養關係前，包括養父母，但不含本生父母
兄弟姊妹	除全血緣之兄弟姊妹（同父同母），亦包含半血緣之兄弟姊妹（同父異母、同母異父），養子女相互間亦為兄弟姊妹
祖父母	包含內祖父母與外祖父母（22 院898）；祖母與其孫之血親關係，不因其改嫁而消滅（34 院2824）；養子女被收養後，與養父母之父母，亦生祖孫關係（32 院2560）。養子女被收養前所生之子女，與養父母間，亦生祖孫關係

▲【院 735】㈠妾雖為現民法所不規定，惟妾與家長既以永久共同生活為目的同居一家，依民法第1123 條第 3 項之規定，應視為家屬。則其遺腹子、女即受胎在妾與家長之關係存續中者，應認與經生父撫育者同。㈡民法第 1138 條第 1 項第 3款所稱兄、弟、姊、妹者，凡同父異母或同母異父之兄、弟、姊、妹均為該款同一順序之繼承人。

▲【院 898】㈠民法第 1138 條關於遺產繼承人順序之規定，既列兄弟姊妹於祖父母順序之前，其所謂兄弟姊妹，自係指同父母之兄弟姊妹而言。同祖父母之兄弟姊妹，當然不包含在內。㈡民法親屬編關於血親之規定，僅有直系旁系之分，並無內外之別。該編施行前所稱之外祖父母，即母之父母，亦即為民法第 1138 條所規定遺產繼承第四順序之祖父母。㈢無法定繼承人亦無指定繼承人之遺產，應適用無人承認繼承之規定。於清償債權、交付遺贈物後，將其剩餘歸屬國庫。

▲【院 2560】養子女為被繼承人時，以其養方之父母兄弟姊妹祖父母為民法第 1138 條所定第二至第四順序之遺產繼承人。

▲【29 渝上 454】遺產繼承人資格之有無，應以**繼承開始時**為決定之標準，依民法第 1147 條之規定，繼承因被繼承人死亡而開始，故被繼承人之子女於被繼承人死亡時尚生存者，雖於被繼承人死亡後即行夭亡，仍不失為民法第 1138 條所定第一順序之遺產繼承人，自不得謂之無遺產繼承權。

▲【32 上 1067】父死亡而母再婚者，與母死亡而父再婚者無異，子女之死亡如在民法繼承編施行之後，依民法第 1138 條第 2 款之規定，母對於子女之遺產繼承權，並不因其已經再婚而受影響。

第 1139 條　（第一順序繼承人之決定）
前條所定第一順序之繼承人，以親等近者為先。

第 1140 條　（代位繼承）
第一千一百三十八條所定第一順序之繼承人，有於繼承開始前死亡或喪失繼承權者，由其直系血親卑親屬代位繼承其應繼分。

民法

第五編 繼承（第一一四〇條）

◇代位繼承：指被繼承人的子女先於被繼承人死亡時，由該死亡子女（被代位人）的子女代替該死亡子女（被代位人）繼承被繼承人的遺產。先於被繼承人死亡的子女稱為被代位人，被代位人的子女稱為代位人，而關於代位繼承之性質，有代位權說與固有權說：

代位權說	代位繼承係代位繼承人代替被代位繼承人之地位而為繼承，亦即代位人是承繼被代位人之繼承權而為繼承，非基於自己固有之權利直接繼承被繼承人之遺產
固有權說	代位繼承係代位繼承人本於自己固有之權利，直接繼承被繼承人之遺產，非代替被代位人之地位而為繼承（實務、通說）

◇代位繼承之要件

被代位人須於繼承開始前死亡或喪失繼承權	倘若被代位人於繼承開始後死亡者則為再轉繼承，又倘若被繼承人與代位人同時死亡者，依同時存在原則，互不為繼承人，惟代位繼承制度係在保護被繼承人之直系血親卑親屬之繼承期待利益，因此同時死亡時，直系血親卑親屬人仍有代位繼承之權利
被代位人須為被繼承人之直系血親卑親屬	被繼承人之兄弟姊妹或配偶則不得為被代位人，又，因條文無親等之限制，故被繼承人之孫子女、養子女亦得為被代位人
代位繼承人須為被代位人之直系血親卑親屬	被代位人之直系血親卑親屬有子女、孫子女時，應類推民法第1139條規定，僅其子女有代位繼承權
代位繼承人須為被繼承人之直系血親卑親屬	代位繼承本於自己之固有權，直接繼承被繼承人之遺產，故其須為被繼承人之直系血親卑親屬，始得享有代位繼承權

◇被代位繼承人於喪失繼承後始出生或收養之子女可否代位？

肯定說	只要繼承開始時合乎繼承之要件即有資格為代位繼承，否則剝奪被代位人之直系血親卑親屬之繼承權有所不當
否定說	採肯定說將可能使得失權者利用此方法間接達成繼承目的，有違誠信原則

折衷說	應由被代位人主觀上之收養目的是否係專為代位繼承而定，倘若有專為此目的而為收養，法院應認其收養為不合法無效，進而排除代位繼承之可能

▲【院 744】㈢後母之子、女對於前母並非直系血親卑親屬，自不得代位繼承其應繼之分。

▲【院 851】妻依民法第 1144 條繼承夫之遺產，即屬妻之所有，帶產出嫁，並無何種限制，至無嗣之寡媳及其收養之子女，關於其翁姑之遺產，依民法第 1140 條並無為其夫或為其養父母代位繼承之權，但得依民法第 1149 條酌給遺產。又子之於父母，依法固應負扶養義務，惟其扶養應以其私人之經濟能力為限。

▲【院 1382】民法第 1140 條所謂代位繼承其應繼分者，以被繼承人之直系血親為限，養子之子女，對於養子女之養父母，既非直系血親卑親屬，當然不得適用該條之規定（參照院字第 851 號解釋）。

▲【院 2659】因前婚姻關係消滅而再婚者，依民法第 1144 條雖有繼承其後配偶遺產之權，然於後配偶之繼承開始前死亡或喪失繼承權者，民法既無由其與前配偶所生子女代位繼承其應繼分之規定，民法第 1140 條所定被繼承人直系血親卑親屬之代位繼承，又無同一或類似之法律理由，可以類推適用，其與前配偶所生子女，自不得代位繼承其應繼分。至其與前配偶所生子女，如由後配偶收養為子女者，固應依民法第 1142 條規定辦理，但是否為後配偶之養子女，應以有無收養行為為斷，不得謂其與前配偶所生子女，當然為後配偶之養子女，認其有繼承權。

▲【32 上 1992】民法第 1140 條之規定，雖不適用於民法繼承編施行前開始之繼承，而其規定之趣旨則為同編施行前之法例所同認，父先於祖死亡者，祖之繼承開始雖在同編施行之前，不得謂孫無代位繼承權，同編施行法第 2 條所謂直系血親尊親屬，非專指父母而言，祖父母以上亦在其內，祖之繼承開始如在同條所列日期之後，孫亦有代位繼承權，代位繼承，係以自己固有之繼承權直接繼承其祖之遺產，並非繼承其父之權利，孫女對於其祖之遺產有無代位繼承之資格，自應以祖之繼承開始時為標準而決定之，祖之繼承開始苟在同條所列日期之後，雖父死亡在同條所列日期之前，孫女之有代位繼承權亦不因此而受影響。

▲【41 臺上 546】婚生女先於其母而死亡，對於其母之遺產，該婚生女之配偶，既不在民法第1140 條所謂代位繼承人之列，自無代位繼承權之可言。

第 1141 條　（同順序繼承人之應繼分）

同一順序之繼承人有數人時，按人數平均繼承。但法律另有規定者，不在此限。

◇**法定應繼分與指定應繼分**

法定應繼分	指共同繼承就遺產所得繼承之比率，民法就此比率設有明文，稱為法定應繼分
指定應繼分	指民法於不違反特留分規定之情形下，允許被繼承人以「遺囑」之方式依其自由意志變更法定應繼分，或委託第三人指定應繼分

第 1142 條　（刪除）

㉞現行民法親屬編規定養子女在身分上既與婚生子女同為一親等之直系血親卑親屬，自不發生繼承順序之疑問，且基於平等原則，在繼承法上其應繼分亦不應與婚生子女有所軒輊，況養子女一旦為人收養後，其與本生父母關係，已告停止，喪失其互相繼承之權利，若於養親間之繼承關係中，復遭受不平等之待遇，顯失法律之平，爰將本條予以刪除，使養子女之繼承順序及應繼分，均與婚生子女適用同一法則。

第 1143 條　（刪除）

㉞本法所稱繼承人於 1138 條已有所規定，本條復規定指定繼承人與其矛盾衝突，徒增紊亂；且本條遺產繼承目的，可另以收養或遺贈方式為之，故予刪除。

第 1144 條　（配偶之應繼分）

配偶，有相互繼承遺產之權，其應繼分，依左列各款定之：

一　與第一千一百三十八條所定第一順序之繼承人同為繼承時，其應繼分與他繼承人平均。

二　與第一千一百三十八條所定第二順序或第三順序之繼承人同為繼承時，其應繼分為遺產二分之一。

三　與第一千一百三十八條所定第四順序之繼承人同為繼承時，其應繼分為遺產三分之二。

四　無第一千一百三十八條所定第一順序至第四順序之繼承人時，其應繼分為遺產全部。

▲【30 上 2014】配偶有相互繼承遺產之權，被上訴人於其妻某氏死亡時即已繼承其遺產，其後雖與人再婚，而其遺產之繼承仍不因此而受影響。

第 1145 條　（繼承權喪失之事由）

Ⅰ.有左列各款情事之一者，喪失其繼承權：

一　故意致被繼承人或應繼承人於死或雖未致死因而受刑之宣告者。

二　以詐欺或脅迫使被繼承人為關於繼承之遺囑，或使其撤回或變更之者。

三　以詐欺或脅迫妨害被繼承人為關於繼承之遺囑，或妨害其撤回或變更之者。

四　偽造、變造、隱匿或湮滅被繼承人關於繼承之遺囑者。

五　對於被繼承人有重大之虐待或侮辱情事，經被繼承人表示其不得繼承者。

Ⅱ.前項第二款至第四款之規定，如經被繼承人宥恕者，其繼承權不喪失。

㉞第 1 項第 2 及第 3 兩款「撤銷」一詞，係使尚未發生效力之遺囑，預先阻止其生效，與一般所謂「撤銷」，係使業已發生效力之法律行為，溯及的失其效力者有所不同，爰將「撤銷」修正為「撤回」，並與本編第三章第五節之修正，前後一致。

◇**絕對失權、相對失權與表示失權**

絕對失權	不待被繼承人為任何表示即當然喪失繼承權，亦不因宥恕而回復	§1145Ⅰ①
相對失權	不待法院宣告而當然喪失繼承權，但得因被繼承人之宥恕而回復	§1145Ⅰ②～④
表示失權	雖繼承人對被繼承人有重大侮辱或虐待之行為，卻非當然失權，尚須經被繼承人表示其不得繼承後，始生失權效果	§1145Ⅰ⑤

◇**繼承權喪失之效力**：1.時的效力：原則上繼承權的喪失不待法院的宣告即生失權效力。失權的

事由有些是發生於繼承開始前，也有發生在繼承開始後。2.人的效力：繼承人喪失繼承權係生相對的效力，對某繼承人喪失繼承權者，仍可為他人的繼承人。同時，失權的效力僅及於失權人本身，對於失權人的直系血親卑親屬不生任何之影響（林秀雄，繼承法講義）。

▲【74 臺上 1870】民法第 1145 條第 1 項第 5 款**所謂對於被繼承人有重大之虐待情事，係指以身體上或精神上之痛苦加諸於被繼承人而言，凡對於被繼承人施加毆打，或對之負有扶養義務而惡意不予扶養者，固均屬之**，即被繼承人（父母）終年臥病在床，繼承人無不能探視之正當理由，而至被繼承人死亡為止，始終不予探視者，衡諸我國重視孝道固有倫理，足致被繼承人感受精神上莫大痛苦之情節，亦應認有重大虐待之行為。

▲【103 重家上 22】隱匿被繼承人關於繼承之遺囑者，喪失其繼承權，民法第 1145 條第 1 項第 4 款固有明文。**所謂「關於繼承之遺囑」，特指與繼承有關之遺囑，例如應繼分之指定、遺產分割方法之指定等等可以發生繼承法上之效果者而言，且須為合法有效之遺囑，倘為無效之遺囑，或不備法定方式之遺囑，或違反公序良俗之遺囑，自不包括在內。**

第 1146 條　（繼承回復請求權）

I 繼承權被侵害者，被害人或其法定代理人得請求回復之。
II 前項回復請求權，自知悉被侵害之時起，二年間不行使而消滅。自繼承開始時起逾十年者，亦同。

◇繼承回復請求權之性質

形成權說	繼承權為被繼承人之人格或地位之包括承繼，故繼承回復請求權為真正繼承人回復其地位之形成權之一種（戴炎輝）
集合權說	繼承權為個別的物權及債權等主體地位之集合，故繼承回復請求權應解釋為因個別的「財產權」被侵害而發生之個別的「物上請求權」之集合，無獨立的請求權性質（陳棋炎、黃宗樂、郭振恭）
獨立權說	繼承回復請求權與物上返還請求權有別，係獨立存在之權利（釋 437）。惟繼承回復請求權是否兼具「確認繼承人資格」之性質抑或單純返還遺產之

給付請求權，則有不同見解，實務採前者，即繼承回復訴訟兼具有確認訴訟與給付訴訟雙重性質；另有學者採後者，認為應為給付訴訟（林秀雄）

◇繼承回復請求權之請求權人與相對人

請求權人	1. 真正繼承人 2. 真正繼承人之法定代理人（例如真正繼承人為無行為能力人或胎兒時）
相對人	1. 僭稱繼承人：非繼承人自命為繼承人而占有遺產者 2. 表見繼承人：外表上令人相信其為繼承人者 3. 侵害繼承權之共同繼承人 * 有學說將三者以僭稱繼承人統稱之

◇第 2 項規定之二年、十年之性質

二年		消滅時效，自繼承人「知悉受侵害時」起算
十年	消滅時效說	條文文義解釋，且縱自繼承開始時起算十年期間，無礙其為消滅時效（多數說）
	除斥期間說	消滅期間應自可得行使之時起算，本條之十年期間自繼承開始時起算，不問繼承權是否遭侵害、繼承人是否知悉，故應為除斥期間（陳棋炎、黃宗樂、郭振恭）

◇時效完成之效果

回復義務人得行使抗辯權拒絕給付，但真正繼承人之請求權並未消滅。如回復義務人行使抗辯權，實務見解（37 院解 3997、40 臺上 730）認為產生真正繼承人與表見繼承人地位互易之效果，亦即應由表見繼承人取得繼承權。但學者對此多持反對看法，認為**真正繼承人僅喪失對該遺物之占有人關係，並未喪失繼承權；且繼承權為身分權之一種，不應因時間經過而取得或喪失，且表見繼承人提出時效抗辯之同時，亦形同承認真正繼承人之繼承權，故真正繼承人就自己已占有之遺產，仍有合法權源。**釋字第 771 號解釋亦認為「繼承回復請求權於時效完成後，真正繼承人不因此喪失其已合法取得之繼承權；其繼承財產如受侵害，真正繼承人仍得依民法相關規定排除侵害並請求返還。」宣告前述實務見解（37 院解 3997、40 臺上 730）有違憲法第 15 條保障人民財產權之意旨，應自解釋公布日起不再援用。

◇繼承回復請求權可否拋棄：通說認為既然繼承權可以拋棄，則源於繼承權之繼承回復請求權自應亦可拋棄。惟拋棄之效果，則有不同學說，有認為繼承回復請求權之拋棄形同繼承權之拋棄，其他共同繼承人的應繼分會因此增加；亦有認為僅拋棄一次概括請求回復之權利，不影響繼承權。

▲【釋 771】繼承回復請求權與個別物上請求權係**屬真正繼承人分別獨立而併存之權利**。繼承回復請求權於時效完成後，真正繼承人不因此喪失其已合法取得之繼承權；其繼承財產如受侵害，真正繼承人仍得依民法相關規定排除侵害並請求返還。**為兼顧法安定性，真正繼承人依民法第 767 條規定行使物上請求權時，仍應有民法第 125 條等有關時效規定之適用。**於此範圍內，本院釋字第 107 號及第 164 號解釋，應予補充。最高法院 40 年臺上字第 730 號民事判例：「繼承回復請求權，……如因時效完成而消滅，其原有繼承權即已全部喪失，自應由表見繼承人取得其繼承權。」有關真正繼承人之「原有繼承權即已全部喪失，自應由表見繼承人取得其繼承權」部分，及本院 37 年院解字第 3997 號解釋：「自命為繼承人之人於民法第 1146 條第 2 項之消滅時效完成後行使其抗辯權者，其與繼承權被侵害人之關係即與正當繼承人無異，被繼承人財產上之權利，應認為繼承開始時已為該自命為繼承人之人所承受。……」關於被繼承人財產上之權利由自命為繼承人之人承受部分，均與憲法第 15 條保障人民財產權之意旨有違，於此範圍內，應自本解釋公布之日起，不再援用。

本院院字及院解字解釋，係本院依當時法令，以最高司法機關地位，就相關法令之統一解釋，所發布之命令，並非由大法官依憲法所作成。於現行憲政體制下，法官於審判案件時，固可予以引用，但仍得依據法律，表示適當之不同見解，並不受其拘束。本院釋字第 108 號及第 174 號解釋，於此範圍內，應予變更。

▲【院解 3845】　繼承人未於民法第 1174 條第 2 項所定期間內，拋棄其繼承權者，嗣後縱為繼承權之拋棄，亦不生效力。惟其繼承權被侵害已逾十年者，其回復請求權之行使，應受同法第 1146 條第 2 項後段之限制。

▲【48 臺上 782】民法第 1146 條第 2 項之規定，係指繼承權有被侵害，或知悉其被侵害之事實為其前提而言，倘繼承人有數人，在分割遺產前基於事實需要，互推一人管理公同共有之遺產，並同意用該一人名義登記，則其情形既無所謂繼承權被侵害，即不生該條項所定回復時效適用之問題。

▲【48 臺上 873】繼承權之被侵害，不以繼承之遺產已經登記為要件，苟該繼承人獨自行使遺產上之權利，而置其他合法繼承人於不顧，即不得謂未侵害他繼承人之繼承權。

▲【51 臺上 2108】參見本法第 1088 條。

▲【53 臺上 592】財產權因繼承而取得者，係基於法律之規定，繼承一經開始，被繼承人財產上之一切權利義務，即為繼承人所承受，而毋須為繼承之意思表示，故**自命為繼承人而行使遺產上權利之人，必須於繼承開始時，即已有此事實之存在，方得謂之繼承權被侵害，若於繼承開始後，始發生此事實，則其侵害者，為繼承人已取得之權利，而非侵害繼承權**，自無民法第 1146 條之適用。

▲【53 臺上 1928】繼承回復請求權，係指正當繼承人，請求確認其繼承資格，及回復繼承標的之權利而言。此項請求權，**應以與其繼承爭執資格之表見繼承人為對象**，向之訴請回復，始有民法第 1146 條第 2 項時效之適用。

▲【92 臺上 1127】民法第 1146 條第 2 項所謂之**自繼承開始後十年，當非自繼承原因發生時起算，而係自侵害繼承權之行為發生時，亦即於繼承開始時或繼承開始後，僭稱為真正繼承人之人或真正繼承人否認其他共同繼承人之繼承權，並排除其占有、管理或處分時起算**（司法院院解字第 3845 號解釋參看），否則即產生繼承人繼承原因發生經過十年後所發生之侵害繼承權行為，不論被害人是否知悉繼承原因發生，均不得請求回復之不當結果，當非法律保護真正繼承人之本旨，此就侵權行為即民法第 197 條第 1 項後段：「自有侵權行為時起」之規定，相互參比，更屬明確。

第二章　遺產之繼承

第一節　效　　力

第 1147 條　（繼承之開始）
　繼承，因被繼承人死亡而開始。

▲【28 渝上 1572】失蹤人受死亡之宣告者，依民法第 9 條第 1 項之規定，以判決內確定死亡之

時推定其為死亡，其繼承固因之而開始，若失蹤人未受死亡之宣告，即無從認其繼承為已開始。

第1148條 (限定繼承之有限責任)

I.繼承人自繼承開始時，除本法另有規定外，承受被繼承人財產上之一切權利、義務。但權利、義務專屬於被繼承人本身者，不在此限。

II.繼承人對於被繼承人之債務，以因繼承所得遺產為限，負清償責任。

⑱一、第1項未修正。

二、現行民法繼承編係以概括繼承為原則，並另設限定繼承及拋棄繼承制度。97年1月2日修正公布之第1153條第2項復增訂法定限定責任之規定，惟僅適用於繼承人為無行為能力人或限制行為能力人之情形，故繼承人如為完全行為能力人，若不清楚被繼承人生前之債權債務情形，或不欲繼承時，必須於知悉得繼承之時起三個月內向法院辦理限定繼承或拋棄繼承，否則將概括承受被繼承人之財產上一切權利及義務。鑑於社會上時有繼承人因不知法律而未於法定期間內辦理限定繼承或拋棄繼承，以致背負繼承債務，影響其生計，為解決此種不合理之現象，爰修正第2項規定，明定繼承人原則上依第一項規定承受被繼承人財產上之一切權利及義務，惟對於被繼承人之債務，僅須以因繼承所得遺產為限，負清償責任，以避免繼承人因概括承受被繼承人之生前債務而桎梏終生。

三、現行條文第2項有關繼承人對於繼承開始後，始發生代負履行責任之保證契約債務僅負有限責任之規定，已為本次修正條文第2項繼承人均僅負有限責任之規定所涵括，爰予配合刪除。

四、繼承人依本條規定仍為概括繼承，故繼承債務仍然存在且為繼承之標的，僅係繼承人對於繼承債務以所得遺產為限，負清償責任，故繼承人如仍以其固有財產清償繼承債務時，該債權人於其債權範圍內受清償，並非無法律上之原因，故無不當得利可言，繼承人自不得再向債權人請求返還，併予敘明。

◇**繼承人之要件**：1.須繼承人於繼承開始時生存(同時存在原則)。2.須有繼承能力。3.須位居繼承順序者(§1138)。4.須非喪失繼承權者(§1145)。

◇**概括繼承(包括繼承)**：指倘無限定繼承或拋棄繼承等情形，繼承人應概括承受被繼承人財產上的一切權利與義務。故被繼承人生前所欠債務，於繼承開始後，也應由繼承人承受。

▲【32上442】依民法第1147條、第1148條之規定，繼承人於被繼承人死亡時，當然承受被繼承人財產上之一切權利義務，並無待於繼承人之主張。

▲【51臺上2789】**職務保證原有專屬性**，除有特約或特殊情形外，保證人之責任因其死亡而消滅，蓋此種保證於保證契約成立時，被保人尚未有具體的賠償之債務，必待被保人發生虧損情事後，其賠償之責任始能具體確定，而遺產繼承，應以繼承開始時，被繼承人之權利義務狀態為準，**倘繼承開始時，被保人尚未發生具體而確定之賠償義務，則此種保證契約自不在其繼承人繼承範圍之內**。

▲【52臺上451】上訴人等既已承受被繼承人之遺產取得權利在前，乃復表示拋棄繼承免除義務於後，自與我民法所定繼承原則，為包括的承受被繼承人財產上之一切權利義務本質不合，倘許繼承人於繼承開始時承認繼承，已為權利之行使，嗣後又准其拋棄繼承，為義務之免除，則不特有礙被繼承人之債權人之利益，且使權利狀態有不確定之虞，自非法所許可。

第1148條之1 (財產贈與視同所得遺產之計算期限)

I.繼承人在繼承開始前二年內，從被繼承人受有財產之贈與者，該財產視為其所得遺產。

II.前項財產如已移轉或滅失，其價額，依贈與時之價值計算。

⑱一、本條新增。

二、本次修正之第1148條第2項已明定繼承人對於被繼承人之債務，僅以所得遺產為限，負清償責任。為避免被繼承人於生前將遺產贈與繼承人，以減少繼承開始時之繼承人所得遺產，致影響被繼承人債權人之權益，宜明定該等財產視同所得遺產。惟若被繼承人生前所有贈與繼承人之財產均視為所得遺產，恐亦與民眾情感相違，且對繼承人亦有失公允。故為兼顧繼承人與債權人之權益，爰參考現行遺產及贈與稅法第15條規定，明定繼承人於繼承開始前二年內，從被繼承人受有財產之贈與者，該財產始視為所得遺產，爰增訂第1項規定。

三、依第 1 項視為所得遺產之財產，如已移轉或滅失，則如何計算遺產價額，宜予明定，爰參考第 1173 條第 3 項規定，增訂第 2 項，明定依贈與時之價值計算。

四、本條視為所得遺產之規定，係為避免被繼承人於生前將遺產贈與繼承人，以減少繼承開始時之繼承人所得遺產，致影響被繼承人之債權人權益而設，並不影響繼承人間應繼遺產之計算，因此，本條第 1 項財產除屬於第 1173 條所定特種贈與應予歸扣外，並不計入第 1173 條應繼遺產，併予敘明。

第 1149 條　（遺產酌給請求權）

　　被繼承人生前繼續扶養之人，應由親屬會議，依其所受扶養之程度，及其他關係，酌給遺產。

◇**遺產酌給請求權**：其立法目的係恐被繼承人生前繼續扶養之人，因被繼承人死亡，一時失其依附，生活無著，乃立法規範應由親屬會議決議的給遺產，以保障其基本生活條件。故被繼承人生前繼續扶養之人，以不能維持生活而無謀生能力為要件，得主張遺產酌給請求權。

◇**生前繼續扶養**：所謂「**生前繼續扶養之人**」，並無任何時間長短的限制，僅以被繼承人直至死亡為止，對受的給權利人給予扶養而未曾間斷為已足。然而對於所謂扶養之人，是否限於被繼承人依法定扶養義務而扶養之人，或僅需事實上繼續扶養之人即可，學理上存有爭議。

◇**遺產酌給有無最高額限度**：對此問題法未明文，學說上有採繼分限度說、特留分限度說、繼承人實際所得限度說及侵害特留分之限度說（林秀雄，繼承法講義）。

▲【26 渝上 59】被繼承人已以遺囑，依其生前繼續扶養之人所受扶養之程度及其他關係，遺贈相當財產者，毋庸再由親屬會議酌給遺產。

▲【37 上 7137】關於民法第 1149 條所定之酌給遺產，應依同法第 1129 條，召集親屬會議決議為之，對於親屬會議之決議有不服時，始得依同法第 1137 條之規定，向法院聲訴，不得逕行請求法院以裁判酌給。

▲【48 臺上 1532】被繼承人生前繼續扶養之人，基於民法第 1149 條之規定，依同法第 1129 條，召集親屬會議所為酌給遺產之決議，原應依其所受扶養之程度，及其他關係而定，若親屬會議之

決議未允洽時，法院因有召集權人之聲訴，自可斟酌情形逕予核定，**所謂決議之不允洽，通常固指「給而過少」或「根本不給」之情形而言，但為貫徹保護被扶養者之利益，及防杜親屬會議會員之不盡職責起見，對於親屬會議已開而未為給否之任何決議時，亦應視為與決議不給之情形同**，而賦有召集權人以聲訴不服之機會。

第 1150 條　（繼承費用之支付）

　　關於遺產管理、分割及執行遺囑之費用，由遺產中支付之。但因繼承人之過失而支付者，不在此限。

第 1151 條　（遺產之公同共有）

　　繼承人有數人時，在分割遺產前，各繼承人對於遺產全部為公同共有。

◇**公同共有**：所謂「公同共有」，係指**依一定原因成立公同關係之數人，基於其公同關係，而共享一物之所有權者**。而該公同關係，係指二人以上因共同目的而結合所成立，足以成為公同共有基礎之法律關係（例如：合夥、祭祀公業或繼承）而言，且該公同共有乃在公同關係上成立，故各公同共有人間有人的結合關係存在，於此種關係未終止前，各共有人既不得處分其（潛在）應有部分，以求脫離，亦不得請求分割共有物，以期消滅共有關係。此均為公同共有之特性所在，亦為與分別共有之最大不同處（謝在全，民法物權論中冊）。

▲【37 上 7302】共同繼承之遺產在分割以前，應為各繼承人公同共有，如公同共有人中之一人或數人，以其他公同共有人處分公同共有物為無效，對於主張因處分而取得權利之人，雖非不可提起確認該物仍屬公同共有人全體所有之訴，但提起確認自己部分公同共有權存在，或交還自己部分之訴，則為法所不許。

▲【74 臺上 748】繼承人共同出賣公同共有之遺產，其所取得之價金債權，仍為公同共有，並非連帶債權。公同共有人受領公同共有債權之清償，應共同為之，除得全體公同共有人之同意外，無由其中一人或數人單獨受領之權。

第 1152 條　（公同共有遺產之管理）

　　前條公同共有之遺產，得由繼承人中互推一人管理之。

▲【30 上 1955】未經分割之遺產，經各繼承人互推一人管理者，此項管理權，係基於委任契約而發生，依照民法第 549 條第 1 項規定，委任人本得隨時予以終止。

▲【33 上 344】公同共有之遺產，依民法第 1152 條規定，由繼承人中互推一人管理時，管理人當然有向承租人請求支付租金及返還租賃物之權，即使未互推一人管理，如得其他公同共有人之同意，亦得單獨行使此項權利。

第 1153 條　（債務之連帶責任）

I.繼承人對於被繼承人之債務，以因繼承所得遺產為限，負連帶責任。

II.繼承人相互間對於被繼承人之債務，除法律另有規定或另有約定外，按其應繼分比例負擔之。

(98)一、第 1148 條第 2 項已明定繼承人對於被繼承人之債務，僅以因繼承所得遺產，負清償責任，則本條第 1 項繼承人對外連帶責任之範圍，即應配合修正限於繼承人因繼承所得遺產之限度內，負連帶責任，爰修正第 1 項規定。

二、又本次修正之第 1148 條第 2 項已明定繼承人對於繼承債務僅負限定責任，且適用於所有繼承人，故現行第 2 項已無規定之必要，爰予刪除。

三、第 3 項未修正。

◇法定限定責任與連帶清償責任：「法定限定責任」係屬新制，此類繼承人對於繼承債務之責任，與「限定繼承」繼承人同，均僅以所得遺產為限負清償責任，並且繼承人間就此債務負有連帶清償責任，即一人清償債務時，他人之債務亦隨同消滅。

▲【51 臺上 2370】參見本法第 344 條。

第二節　（刪除）

第 1154 條　（繼承人之權義）

繼承人對於被繼承人之權利、義務，不因繼承而消滅。

(98)一、第 1148 條第 2 項所定繼承人對於繼承債務僅負限定責任之規定，適用於所有繼承人，且不待繼承人主張，故現行第 1 項及第 2 項已無規定之必要，爰予刪除。

二、現行條文第 3 項規定移列為第 1 項，並酌作文字修正。

▲【77 臺抗 143】**限定繼承之繼承人，就被繼承人之債務，唯負以遺產為限度之物的有限責任。**故就被繼承人之債務為執行時，限定繼承人僅就遺產之執行居於債務人之地位，如債權人就限定繼承人之固有財產聲請強制執行，應認限定繼承人為強制執行法第 15 條之第 3 人，得提起第三人異議之訴，請求撤銷強制執行程序。

第 1155 條　（刪除）

(98)一、本條刪除。

二、本次修正後，繼承人自應依第 1156 條至第 1160 條及第 1162 條之 1 規定為之，本條尚無規範之必要，爰予刪除。

第 1156 條　（繼承人開具遺產清冊之陳報）

I.繼承人於知悉其得繼承之時起三個月內開具遺產清冊陳報法院。

II.前項三個月期間，法院因繼承人之聲請，認為必要時，得延展之。

III.繼承人有數人時，其中一人已依第一項開具遺產清冊陳報法院者，其他繼承人視為已陳報。

(98)一、本次修正後，繼承人對於被繼承人之債務，雖僅須以所得遺產負清償責任，惟為釐清被繼承人之債權債務關係，宜使繼承人於享有限定責任利益之同時，負有清算義務，免失事理之平，爰維持繼承人應開具遺產清冊陳報法院，並進行第 1157 條以下程序之規定。如此，一方面可避免被繼承人生前法律關係因其死亡而陷入不明及不安定之狀態；另一方面繼承人亦可透過一次程序之進行，釐清確定所繼承遺產之法律關係，以免繼承人因未進行清算程序，反致各債權人逐一分別求償，不勝其擾，爰維持現行條文第 1 項及第 2 項規定，並酌作修正。

二、又繼承人有數人時，如其中一人已依第 1 項陳報，其他繼承人原則上自無須再為陳報，爰增訂第 3 項。

三、繼承人如未於本條第 1 項所定期間開具遺產清冊陳報法院，並不當然喪失限定繼承之利益。嗣法院依第 1156 條之 1 規定，因債權人聲請或依職權命繼承人陳報時，繼承人仍有開具遺產清冊陳報法院之機會。惟如繼承人仍不遵命開具遺產清冊，繼承人即必須依第 1162 條之 1 規定清償債

務，若繼承人復未依第 1162 條之 1 規定清償時，則須依第 1162 條之 2 規定，負清償及損害賠償責任。

◇**遺產清冊**：指記載非專屬於被繼承人本身之一切權利義務之簿冊，凡被繼承人所遺之一切資產、負債，而可為繼承標的者，皆須記載，不許遺漏。

◇**三個月期間**：三個月期間並非強制規定，繼承人逾期後仍得開具遺產清冊陳報法院，法院不得以超過法定期間而拒絕受理。

▲【院 1054】㈠繼承人因為限定之繼承，既於繼承開始時起三個月內開具遺產清冊呈報法院，原不得為駁回之裁定，繼承人既重開遺產清冊，更為確切之統計，法院應即為之公示催告，不受前裁定之拘束。

第 1156 條之 1　（債權人遺產清冊之提出）

Ⅰ.債權人得向法院聲請命繼承人於三個月內提出遺產清冊。

Ⅱ.法院於知悉債權人以訴訟程序或非訟程序向繼承人請求清償繼承債務時，得依職權命繼承人於三個月內提出遺產清冊。

Ⅲ.前條第二項及第三項規定，於第一項及第二項情形，準用之。

⑱一、本條新增。

二、鑑於本次修正施行後，繼承人可能因不知繼承債權人之存在，而認為無依前條第 1 項所定期間開具遺產清冊陳報法院之必要，故制度上宜使債權人有權向法院聲請命繼承人開具遺產清冊，一方面可使原不知債權存在之繼承人知悉，另一方面亦可使債權人及繼承人尚有藉由陳報法院進行清算程序之機會。又為使繼承法律關係儘速確定，宜參考前條第 1 項規定，明定法院命繼承人於三個月內開具遺產清冊，爰增訂第 1 項規定。

三、為求儘量透過清算遺產程序，一次解決紛爭，並利於當事人主張權利，制度上除使債權人得依第 1 項規定向法院請求命繼承人提出遺產清冊外，應讓法院得於知悉債權人以訴訟程序或非訟程序向繼承人請求清償債務時，依職權命繼承人提出遺產清冊並為清算，俾利續行裁判程序，爰增訂第 2 項規定。

四、法院命繼承人提出遺產清冊之三個月期間，參考前條第 2 項規定，明定法院因繼承人之聲請，認為必要時得延展之，以保障繼承人之權益。又法院如已命繼承人其中一人開具遺產清冊，其他繼承人亦已無再為陳報之必要，爰增訂第 3 項規定，明定前條第 2 項及第 3 項規定，於第 1 項及第 2 項情形，準用之。又本次修正既明定繼承人中一人陳報，其他繼承人視為已陳報，則遺產清冊如有須補正之事項，法院自得命繼承人中之一人或數人補正，自不待言。

五、繼承人如未依第 1156 條或本條規定開具遺產清冊陳報法院並進行清算程序，即必須依第 1162 條之 1 規定清償債務，如復違反第 1162 條之 1 清償債務之規定，其效果依第 1162 條之 2 規定，對於被繼承人之債權人應受清償而為受償之部分，仍應負清償責任，且不以所得遺產為限。如尚有致被繼承人之債權人受有損害者，亦應負賠償之責，附予敘明。

第 1157 條　（報明債權之公示催告及其期限）

Ⅰ.繼承人依前二條規定陳報法院時，法院應依公示催告程序公告，命被繼承人之債權人於一定期限內報明其債權。

Ⅱ.前項一定期限，不得在三個月以下。

⑱一、配合第 1156 條及第 1156 條之 1 之規定，第 1 項酌作文字修正。

二、第 2 項未修正。

◇**公示催告之公告**：所謂「公示催告之公告」，乃催告不特定之相對人申報權利之公告，登報之內容應將催告之旨表明。又所謂「公示催告聲請人」，係指為公示催告聲請之人，公示催告聲請人以外之人，並無聲請法院為除權判決之權限。

◇**繼承人限定繼承後，得否再於法定期間內為拋棄繼承**：繼承人限定繼承後，為避免繼承關係複雜化，即使在法定期間內，亦不得為拋棄繼承。

第 1158 條　（償還債務之限制）

繼承人在前條所定之一定期限內，不得對於被繼承人之任何債權人，償還債務。

第 1159 條　（依期報明債權之償還）

Ⅰ.在第一千一百五十七條所定之一定期限屆滿後，繼承人對於在該一定期限內報明之債權及繼承人所已知之債權，均應按其數額，比例計算，以遺產分別償還。但不得害及有優先權人之利益。

Ⅱ.繼承人對於繼承開始時未屆清償期之債

權，亦應依第一項規定予以清償。

Ⅲ前項未屆清償期之債權，於繼承開始時，視為已到期。其無利息者，其債權額應扣除自第一千一百五十七條所定之一定期限屆滿時起至到期時止之法定利息。

⑱一、第1項未修正。

二、被繼承人債權人之債權如於被繼承人死亡時（即繼承開始時）尚未屆清償期，是否依第1項規定清償，未有明文。惟如未規範繼承人於繼承開始時為期前清償，則遺產清算程序勢將遲延，對於繼承債權人、受遺贈人及繼承人均造成不便，故參考日本民法第930條第1項規定及破產法第100條規定，明定繼承人對於未屆清償期之債權亦應依第1項規定清償，且該等債權於繼承開始時即視為已到期，以利清算，爰增訂第2項及第3項前段規定。

三、又未屆清償期之債權附有利息者，應合計其原本及至清償時止之利息，以為債權額，尚無疑義；惟未附利息者，則不應使繼承人喪失期限利益，故其債權額應扣除自第1157條所定之一定期限屆滿時起至到期時止之法定利息，始為公允，並利於繼承人於第1157條所定一定期限屆滿後，依第1項規定進行清算，爰參考破產法第101條規定，增訂第3項後段規定。

四、至於附條件之債權或存續期間不確定之債權，其權利是否生效或其存續期間處於不確定之狀態，情況各別，宜就個案情形予以認定，不宜概予規範，以免掛一漏萬，併此敘明。

◇**有優先權之債權**：指遺產有抵押權、留置權、質權等擔保債權而言。有優先權的債權，民法特別規定不必經拍賣程序而優先受償，以利遺產之清算，並保護優先權人之利益。

第1160條 （交付遺贈之限制）

繼承人非依前條規定償還債務後，不得對受遺贈人交付遺贈。

◇**遺贈**：係遺囑人以遺囑對受遺贈人無償給與財產上利益之**單獨行為**。**遺贈自遺贈人死亡時發生效力**。遺贈與贈與不同，贈與指當事人一方，以自己之財產無償給與他方，經他方允受而生效力之契約行為。又若遺囑人有繼承人，遺贈標的應先概括移轉於繼承人，受遺贈人僅得向繼承人即遺贈義務人請求交付遺贈標的物，因此遺贈僅有**債權之效力**。

第1161條 （繼承人之賠償責任及受害人之返還請求權）

Ⅰ.繼承人違反第一千一百五十八條至第一千一百六十條之規定，致被繼承人之債權人受有損害者，應負賠償之責。

Ⅱ.前項受有損害之人，對於不當受領之債權人或受遺贈人，得請求返還其不當受領之數額。

Ⅲ.繼承人對於不當受領之債權人或受遺贈人，不得請求返還其不當受領之數額。

⑱一、第1157條係規定法院之公示催告程序，非本條第1項損害賠償規範之事項，爰將現行條文第1項所定「第一千一百五十七條」修正為「第一千一百五十八條」。

二、第2項未修正。

三、繼承人未依第1159條及第1160條規定為清償，致債權人有受領逾比例數額之情形時，該債權人於其債權範圍內受領，並非無法律上之原因，自無不當得利可言，故增訂第3項，明定繼承人對於不當受領之債權人或受贈人，不得請求返還其逾比例受領之數額，以期明確。

◇**繼承人賠償責任**：學理上有認為不應侷限為債務不履行或侵權行為的概念，而宜將之解為繼承法上之法定損害賠償責任，從而此損害賠償請求權的消滅時效不應適用民法第197條規定，而應適用民法第125條規定（林秀雄，繼承法講義）。

◇**返還請求權之性質**：就此學說上見解各異，有認為係基於侵權行為而生之損害賠償請求權，有認為屬不當得利之返還請求權，亦有認為係特別範疇之請求權（林秀雄，繼承法講義）。

◇**清償債務及交付遺贈之順序**：有優先權之債權人→普通債權人→對於受遺贈人交付遺贈→未報明並為繼承人所不知之債權。如再有賸餘財產，則歸繼承人所有。

第1162條 （未依期報明債權之償還）

被繼承人之債權人，不於第一千一百五十七條所定之一定期限內，報明其債權，而又為繼承人所不知者，僅得就賸餘遺產，行使其權利。

◇**未報明並為繼承人所不知之債權**：不僅限於不知債權人姓名，亦包括雖知悉債權人卻不知債權額之情形。

◇**賸餘財產**：指償還已報明或已知之債務及付遺贈後，現實所餘之財產。

第 1162 條之 1　（繼承人之清償債權責任）

I.繼承人未依第一千一百五十六條、第一千一百五十六條之一開具遺產清冊陳報法院者，對於被繼承人債權人之全部債權，仍應按其數額，比例計算，以遺產分別償還。但不得害及有優先權人之利益。

II.前項繼承人，非依前項規定償還債務後，不得對受遺贈人交付遺贈。

III.繼承人對於繼承開始時未屆清償期之債權，亦應依第一項規定予以清償。

IV.前項未屆清償期之債權，於繼承開始時，視為已到期。其無利息者，其債權額應扣除自清償時起至到期時止之法定利息。

⑱一、本條新增。

二、本次修法已於第 1148 條第 2 項明定繼承人對於被繼承人之債務僅以所得遺產為限負清償責任，另於第 1156 條及第 1156 條之 1 設有三種進入法院清算程序之方式，如繼承人仍不願意或認為無須依上開規定開具遺產清冊陳報法院並進行清算程序者，對於被繼承人之債權人自為清償時，除有優先權之情形外，則應自行按各債權人之債權數額，比例計算，以遺產分別償還，以求債權人間權益之衡平，爰參考第 1159 條規定，增訂第 1 項。

三、至於債務清償及交付遺贈之順序，亦宜明定，爰參考第 1160 條規定，增訂第 2 項。

四、本條係由繼承人自行清算之規定，然對於未屆清償期之債權應如何清算，則與繼承人依第 1159 條第 1 項規定為清算時，同有爭議。故本條亦參考日本民法第 930 條第 1 項規定及破產法第 100 條規定，明定繼承人對於未屆清償期之債權亦應依第 1 項規定清償，且該等債權於繼承開始時即視為已到期，以利清算，爰增訂第 3 項及第 4 項前段規定。

五、又未屆清償期之債權附有利息者，應合計其原本及至清償時止之利息，以為債權額，尚無疑義；為未付利息者，則不應使繼承人喪失期限利益，然因本條係由繼承人自行清算，並無第 1157 條法院命債權人報明債權之期間，與第 1159 條所定情形不同，故其債權額應扣除自清償時起至到期時止法定利息，始為公允，爰參考破產法第 101 條規定，增訂第 4 項後段規定。

第 1162 條之 2　（限定繼承之例外原則）

I.繼承人違反第一千一百六十二條之一規定者，被繼承人之債權人得就應受清償而未受償之部分，對該繼承人行使權利。

II.繼承人對於前項債權人應受清償而未受償部分之清償責任，不以所得遺產為限。但繼承人為無行為能力人或限制行為能力人，不在此限。

III.繼承人違反第一千一百六十二條之一規定，致被繼承人之債權人受有損害者，亦應負賠償之責。

IV.前項受有損害之人，對於不當受領之債權人或受遺贈人，得請求返還其不當受領之數額。

V.繼承人對於不當受領之債權人或受遺贈人，不得請求返還其不當受領之數額。

⑱一、本條新增。

二、本次修法已於第 1148 條第 2 項明定繼承人對於被繼承人之債務僅以所得遺產為限負清償責任，另於第 1156 條及第 1156 條之 1 設有三種進入清算程序之方式，以期儘速確定繼承債權債務關係之義務。惟如繼承人不依第 1156 條或第 1156 條之 1 規定向法院陳報進行清算程序，則其自為債務之清償，即必須依第 1162 條之 1 規定為之，以維債權人之權益。如繼承人不依上開規定向法院陳報並進行清算程序，又違反第 1162 條之 1 規定，致債權人原得受清償部分未能受償額（例如：未應按比例受償之差額或有優先權人未能受償之部分），即應就該未能受償之部分負清償之責，始為公允，故明定債權人得向繼承人就該未受償部分行使權利，爰增訂第 1 項規定。

三、第 1 項債權人未能受清償之部分乃係因繼承人之行為所致，繼承人自應對於該債權人未能受償部分負清償之責，已如前述。至於繼承人之債權人未按比例或應受償未受償部分之清償責任，即不應以所得遺產為限，以期繼承人與債權人間權益之衡平，爰增訂第 2 項規定。又此時繼承人僅係就應受償而未能受償部分負清償之責且不以所得遺產為限，該繼承人對於其他非屬本條第 1 項及第 2 項之繼承債務，仍僅以所得遺產為限負

清償之責，併予敘明。

四、繼承人如為無行為能力人或限制行為能力人，依本次修正前第1153條第2項規定，原無須辦理任何程序，對於被繼承人之債務，即僅以所得遺產為限負清償責任。本次修正因已明定所有繼承人對繼承債務負限定責任，故配合刪除第1153條第2項，惟原保護無行為能力或限制行為能力人之立法原則並未改變，故於第2項但書規定，如繼承人為無行為能力人或限制行為能力人，有致債權人未能依比例受償之情形，仍僅以所得遺產為限負清償責任。

五、繼承人因違反第1162條之1規定，致被繼承人之債權人受有損害者，自應負賠償之責，爰參考第1161條規定，增訂第3項。

六、又繼承人違反第1162條之1規定，致被繼承人之債權人受有損害，該等債權人固得依第3項規定向債權人請求損害賠償，惟繼承人若資力不足或全無資力時，對受損害之債權人即無實際上之效果，故參考第1161條第2項規定，增訂第4項，明定第3項之債權人對於不當受領之債權人或受遺贈人，得請求返還其不當受領之數額。

七、繼承人未依第1162條之1規定為清償，致債權人有受領逾比例數額之情形時，該債權人於其債權範圍內受領，並非無法律上之原因，自無不當得利可言，故增訂第4項，明定繼承人對於不當受領之債權人或受遺贈人，不得請求返還其逾比例受領之數額，以期明確。

第1163條　（限定繼承利益之喪失）

繼承人中有下列各款情事之一者，不得主張第一千一百四十八條第二項所定之利益：

一　隱匿遺產情節重大。
二　在遺產清冊為虛偽之記載情節重大。
三　意圖詐害被繼承人之債權人之權利而為遺產之處分。

⑱一、本次修法已於第1148條第2項明定繼承人對於被繼承人之債務，僅以所得遺產為限負清償責任，繼承人卻有隱匿遺產情節重大、在遺產清冊為虛偽之記載情節重大或意圖詐害被繼承人之債權人之權利，而為遺產之處分等情事之一，自應維持現行條文，明定該繼承人不得主張限定責任利益，爰參考法國民法第792條及德國民法第2005條之規定，修正第1項規定，明定繼承人如有上述情事之一者，對於被繼承人之債務應概括承受，不得主張第1148條第2項所定有限責任之利益，以遏止繼承人此等惡性行為，並兼顧被繼承人債權人之權益。

二、配合第1156條之修正，刪除現行條文第4款規定。至於繼承人如未於第1156條所定期間開具遺產清冊陳報法院，並不當然喪失限定責任之利益。嗣法院依第1156條之1規定，因債權人聲請或依職權命繼承人陳報時，繼承人仍有開具遺產清冊陳報法院之機會。惟如繼承人仍不遵命開具遺產清冊，繼承人即必須依第1162條之1規定清償債務，若繼承人復未依第1162條之1規定清償時，則須依第1162條之2規定，負清償及損害賠償責任。

三、繼承人中如有一人有本條各款情事之一之行為，自應由該繼承人負責，其他繼承人之限定責任不因而受影響。又繼承人如為無行為能力人或限制行為能力人，而由其法定代理人開具遺產清冊，如其法定代理人在遺產清冊為虛偽記載之情事，致債權人受有損害，而該無行為能力或限制行為能力之繼承人不知情，該繼承人自不適用本條規定，而應由該法定代理人負損害賠償責任，其理至明。

◇**隱匿遺產情節重大**：須繼承人出於故意且情節重大，但不問隱匿是否既遂。又繼承人如為無行為能力人或限制行為能力人，於隱匿財產時有責任能力，則仍有本條之適用。

▲【院1719】繼承人為限定之繼承，雖於法定期限內，開具遺產清冊呈報法院，且經公示催告，但被繼承人之債權人，主張有民法第1163條第1款隱匿遺產情事，經查訊屬實，自可依債權人之聲請，而為繼承人不得享有限定繼承利益之裁定。

第三節　遺產之分割

第1164條　（遺產分割自由原則）

繼承人得隨時請求分割遺產，但法律另有規定或契約另有訂定者，不在此限。

◇**遺產分割**：二人以上共同繼承時，按照共同繼承人應繼分，而將繼承財產分配於共同繼承人，亦即以消滅公同共有關係為目的之法律行為。

▲【54臺上2664】民法第1164條所指之分割，非不得由各繼承人依協議方法為之，苟各繼承人已依協議為分割，除又同意重分外，殊不許任何共有人再行主張分割。

▲【73 臺上 4052】繼承人協議分割遺產，原非要式行為，故就遺產之分割方法，於繼承人間苟已協議成立，縱令有繼承人漏未在鬮書加蓋印章，於協議之成立，亦不發生影響。

第 1165 條　（分割遺產之方法）

I.被繼承人之遺囑，定有分割遺產之方法，或託他人代定者，從其所定。
II.遺囑禁止遺產之分割者，其禁止之效力以十年為限。

⑭遺囑禁止遺產分割之期間過長，有礙於經濟之發展，而個人資財，尤貴為適當之營運，方能發揮其價值。原第 2 項所定禁止之效力，以二十年為限，在今日工業社會，其期間實嫌過長，修正為以十年為限，俾於經濟發展與未成年繼承人利益保護之間能得其平衡。

◇遺產分割之方法

遺囑指定分割	被繼承人得以遺囑指定遺產分割之方法，或間接委託他人為之。此之「他人」，雖有學說認為不含繼承人，但基於尊重被繼承人之意思，及法條使用「他人」而非「第三人」，可知應無排除繼承人之意
協議分割	為共同繼承人間之契約，須由全體繼承人參與，倘若將部分繼承人排除所為之分割協議為無效。又除非各繼承人皆同意重行分割，不許任何共有人再行主張分割
裁判分割	倘若共有人先行協議，無法依協議決定時，共有人始得聲請法院為裁判分割。以原物分割為原則，依情形得以金錢補償之。又此為必要共同訴訟，具有形成之訴之性質

▲【院 741】㈠分割財產之遺囑，以不違背特留分之規定為限，應尊重遺囑人之意思。如遺囑所定分割方法，係因當時法律尚無女子繼承財產權之根據，而並非有厚男薄女之意思，此後開始繼承如女子已取得繼承權，自應依照法定順序按人數平均分受。若遺囑立於女子已有繼承財產權之後，而分割方法顯有厚男薄女之意思，則除違背特留分之規定外，於開始繼承時即應從其所定。

第 1166 條　（胎兒應繼分之保留）

I.胎兒為繼承人時，非保留其應繼分，他繼承人不得分割遺產。
II.胎兒關於遺產之分割，以其母為代理人。

◇未保留胎兒應繼分逕為遺產分割之救濟：原則上於保留胎兒應繼分後，得以胎兒母親為法定代理人參與遺產分割。若未保留胎兒應繼分逕為遺產分割，分割行為無效。若母親與胎兒同為繼承人，應另擇定特別代理人請求重新分割，亦有學說認為可請求回復繼承權。

第 1167 條　（刪除）

⑭依第 1151 條規定，在遺產分割前，各繼承人對於遺產為公同共有，而依本條規定，遺產之分割，溯及繼承開始時，發生單獨所有之效力，根本否定公同共有關係之存在，在法理上陷於自相矛盾，即與第 1168 條所定共同繼承人應負之擔保責任，亦有歧異，爰將本條予以刪除。

第 1168 條　（分割之效力㈠——繼承人之互相擔保責任）

遺產分割後，各繼承人按其所得部分，對於他繼承人因分割而得之遺產，負與出賣人同一之擔保責任。

◇擔保責任：此之擔保責任，目的在於期遺產分配之公平，因此各繼承人包括分得瑕疵品之繼承人應按其所得部分負擔保責任，與出賣人需就買受人之全部損失負擔保責任，並不相同，故繼承人應以其實際分得之部分比例，作為計算瑕疵擔保責任之比例（參林秀雄，共同繼承人之瑕疵擔保責任（下），月旦法學雜誌第 45 期，1999 年 2 月，第 8 至 9 頁）。

第 1169 條　（分割之效力㈡——債務人資力之擔保責任）

I.遺產分割後，各繼承人按其所得部分，對於他繼承人因分割而得之債權，就遺產分割時債務人之支付能力，負擔保之責。
II.前項債權，附有停止條件或未屆清償期者，各繼承人就應清償時債務人之支付能力，負擔保之責。

第 1170 條　（分割之效力㈢——擔保責任人無資力時之分擔）

依前二條規定負擔保責任之繼承人中，有無支付能力不能償還其分擔額者，其不能償還之部分，由有請求權之繼承人與他繼承人，按其所得部分，比例分擔之。但其不能償還，係由有請求權人之過失所致者，不得對於他繼承人，請求分擔。

第 1171 條　（分割之效力四——連帶債務之免除）

I 遺產分割後，其未清償之被繼承人之債務，移歸一定之人承受，或劃歸各繼承人分擔，如經債權人同意者，各繼承人免除連帶責任。

II 繼承人之連帶責任，自遺產分割時起，如債權清償期在遺產分割後者，自清償期屆滿時起，經過五年而免除。

▲【38 臺上 174】參見本法第 1153 條。

第 1172 條　（分割之計算㈠——債務之扣還）

繼承人中如對於被繼承人負有債務者，於遺產分割時，應按其債務數額，由該繼承人之應繼分內扣還。

◇扣還：指於遺產分割時，將繼承人對於被繼承人之債務數額，由該繼承人之應繼分扣去，以為債務之返還。

◇扣還之方法：應將被繼承人對於繼承人之債權加入被繼承人之其他財產中，以資計算應繼分，最後由此應繼分，扣還繼承人對於被繼承人所負債務之數額。

◇扣還之效果

若債務小於應繼分	該繼承人仍可再受分配
若債務等於應繼分	該繼承人無法再有所得
若債務超過應繼分	仍應清償其債務。若該繼承人拋棄繼承時，仍需負返還義務

第 1173 條　（分割之計算㈡——贈與之歸扣）

I 繼承人中有在繼承開始前因結婚、分居或營業，已從被繼承人受有財產之贈與者，應將該贈與價額加入繼承開始時被繼承人所有之財產中，為應繼遺產。但被繼承人於贈與時有反對之意思表示者，不在此限。

II 前項贈與價額，應於遺產分割時，由該繼承人之應繼分中扣除。

III 贈與價額依贈與時之價值計算。

◇歸扣：指繼承人中有在繼承開始前因結婚、分居或營業，已從被繼承人受有財產之贈與者，應將

該贈與價額加入繼承開始時被繼承人所有之財產中，為應繼遺產，並於遺產分割時，由該繼承人之應繼分中扣除。歸扣又稱為「扣除」，乃民法為期維持共同繼承人間之公平，並推測被繼承人通常有以生前特種贈與為「應繼分前付」之意思，實務上稱為「生前特種贈與」（臺北地院 99 重家訴 17）。

◇歸扣義務人與歸扣權利人

歸扣義務人	共同繼承人中受有特種贈與者
歸扣權利人	歸扣乃為維持共同繼承人間之公平，學說有認為未受特種贈與或受特種贈與較少者為歸扣權利人（陳棋炎、黃宗樂、郭振恭）；亦有認為凡有人受特種贈與，其他共同繼承人不論是否受有特種贈與、亦不論受特種贈與之多寡，均為歸扣權利人（林秀雄）

◇歸扣義務人拋棄繼承

不必歸扣說	認為歸扣義務人僅限於承認繼承之繼承人，不含拋棄繼承權人
須歸扣說	特種贈與性質上為應繼分之前付，不得藉口拋棄繼承而免除其返還責任
須扣減說	如不拋棄繼承權人之特留分權受到侵害，得向拋棄繼承權人行使特留分之扣減權（陳棋炎、黃宗樂、郭振恭）

◇代位繼承人受有特種贈與時，是否亦應歸扣？

時期區分說	此說認為如受贈當時，並為立於繼承人之地位，縱令嗣後取得繼承人之地位，亦不負歸扣義務
時期不區分說	此說認為不宜以被代位人死亡或喪失繼承權前後作為特種贈與歸扣之標準，應以被繼承人死亡時期為標準，本條所稱繼承人宜指同一順序之共同繼承人與代位繼承人均包含在內，應予歸扣（林秀雄；陳棋炎、黃宗樂、郭振恭）

◇歸扣義務人所受之特種贈與額大於其應繼分時：學理上有認為，我國民法僅令繼承人將生前特種贈與額算入遺產中作為應繼財產，而於遺產分割時，由該繼承人之應繼分中扣除該贈與價額，如其贈與價額超出應繼分時，不再受分配，並不進而要求歸扣義務人返還超過之部分；惟有認為倘若採前說，將導致其他繼承人之應繼分不足，

與各繼承人按應繼分平等享受遺產權利之原則不符，故應由該歸扣義務人返還超過之部分（林秀雄，繼承法講義）。

◇**免除歸扣之意思表示，侵害其他繼承人之特留分時**（林秀雄，繼承法講義）

歸扣說	歸扣免除之意思表示，如侵害其他繼承人之特留分時，該贈與縱仍應予歸扣，但不為扣減之標的，僅受贈與之繼承人，不得再因繼承有所得而已
扣減說	如侵害其他繼承人之特留分時，應准特留分權利人行使扣減權
不生歸扣扣減說	在算定前，尚難以確定特留分，更難謂有特留分之侵害，因此生前特種贈與無需算入應繼財產，更不為扣減之標的（實務）

▲【院743】繼承人之特留分，依民法第1224條固已規定由應繼財產中除去債務額算定之。而所謂應繼財產，則應依第1173條算定之。查第1173條第1項前半段，雖規定繼承人中有在繼承開始前因結婚分居或營業已從被繼承人受有財產之贈與者，應將該贈與價額加入繼承開始時被繼承人所有之財產中，為應繼遺產。惟此條項後半段之但書，已明有被繼承人於贈與時有反對之意思表示者，不在此限之規定。而關於特留分，民法繼承編又僅明定遺囑人以遺囑自由處分遺產時，應不違反特留分規定之範圍及被繼承人所為之遺贈，致應得特留分人應得之數不足者，得按其不足之數，由遺贈財產扣減（參照第1187條、第1225條）。**可見特留分之規定，僅係限制遺產人處分其死後之遺產。若當事人處分其生前之財產，自應尊重當事人本人之意思**。故關於當事人生前贈與其繼承人之財產，其贈與原因若非第1173條所列舉者，固不算入應繼遺產中，即其為第1173條列舉之原因，如贈與人明有不得算入應繼遺產之意思表示，自應適用第1173條但書之規定，而不得於法定之外曲解特留分規定復加何項限制。

▲【院2364】民法僅於第1225條規定應得特留分之人，如因被繼承人所為之遺贈致其應得之數不足者，得按其不足之數由遺贈財產扣減之，並未如他國立法例認其有於保全特留分必要限度內，扣減被繼承人所為贈與之權，解釋上自無從認其有此權利，院字第743號解釋未便予以變更。

第四節　繼承之拋棄

第 1174 條　　（繼承權拋棄之自由及方法）

Ⅰ.繼承人得拋棄其繼承權。

Ⅱ.前項拋棄，應於知悉其得繼承之時起三個月內，以書面向法院為之。

Ⅲ.拋棄繼承後，應以書面通知因其拋棄而應為繼承之人。但不能通知者，不在此限。

㊐一、第1項未修正。

二、依第1148條規定繼承人自繼承開始時，除本法另有規定外，概括承受被繼承人財產上之一切權利、義務，但另設限定繼承及拋棄繼承制度，使繼承人有選擇權，故繼承人依本條規定主張拋棄繼承，即為第1148條所定「除本法另有規定」之情形。然現行規定繼承人為拋棄繼承者之期間過短，致未能於上開期間內完成拋棄繼承呈報，概括承受被繼承人財產上一切權利義務，失之過苛；另因現行規定主張限定繼承及拋棄繼承之法定期間不同，為利人民適用，爰修正為一致，明定繼承人得自知悉其得繼承之時起三個月內拋棄繼承。又所謂「知悉其得繼承之時起」，係指知悉被繼承人死亡且自己已依第1138條規定成為繼承人之時，始開始起算主張拋棄繼承之期間，蓋繼承人如為第1138條第一順序次親等或第二順序以下之繼承人，未必確知自己已成為繼承人，故應自其知悉得繼承之時起算，以保障繼承人之權利；如繼承人因久未連繫，不知被繼承人婚姻及家庭狀況（如有無子女），縱日後知悉被繼承人死亡，惟不知悉自己是否成為繼承人者，仍非屬本條所定知悉之情形，故當事人是否知悉，宜由法院於具體個案情形予以認定。

三、現行條文第2項後段規定，於實務運作上易誤認通知義務為拋棄繼承之生效要件，即誤以書面向法院為之並以書面通知因其拋棄而應為繼承之人，始生拋棄繼承之效力，致生爭議。為明確計，並利繼承關係早日確定，爰改列為第3項規定，以示此通知義務係屬訓示規定。

◇**拋棄繼承**：依法有繼承權之人於繼承開始時，依法定方式所為與繼承立於無關係地位之意思表示。一旦繼承權經合法拋棄，該繼承人之繼承權即溯及於繼承開始時而喪失，其應繼分歸屬於其他同一順序之繼承人。又所謂「拋棄繼承」，即拋

棄整個之繼承權，不得就遺產加以選擇，拋棄一部份繼承。

◇**拋棄繼承不得撤回**：拋棄繼承權係單獨行為，繼承人僅須以書面向法院為拋棄繼承之意思表示，即溯及於繼承開始時發生拋棄繼承之效力，此聲明拋棄繼承之意思表示除有瑕疵而依法得撤銷外，尚不得任意撤回，以免影響其他共同繼承人、利害關係人及有礙繼承關係之安定（90 臺抗649）。

▲【32 上 1992】被上訴人於某甲繼承開始後，縱未即為代位繼承之主張，亦不得因此謂其代位繼承權已合法拋棄。

▲【44 臺上 1257】繼承權經合法拋棄者，該繼承人之繼承權即溯及於繼承開始時而喪失，其應繼分歸屬於其他同一順序之繼承人，此觀民法第1174 條至第 1176 條第 1 項之規定自明，**故拋棄繼承權之人，縱事後曾就被繼承人之遺產，以自己名義而為繼承之登記，亦不得謂其業經喪失之繼承權，已因此項登記而回復**。

▲【48 臺上 371】繼承人就被繼承人生前之贈與內容，另訂和解契約加以變更，本與遺產繼承之拋棄不同，不以履踐民法第 1174 條第 2 項所定之程式為其前提要件。

▲【52 臺上 451】參見本法第 1148 條。

▲【65 臺上 1563】繼承之拋棄，係指繼承人否認自己開始繼承效力之意思表示，即否認因繼承開始當然為繼承人之全部繼承效力之行為。與拋棄因繼承所取得之財產，性質不同。又民法第1174 條**所謂拋棄繼承權，係指全部拋棄而言，如為一部拋棄，為繼承性質所不許，不生拋棄之效力**。

第 1175 條　（繼承拋棄之效力）

繼承之拋棄，溯及於繼承開始時發生效力。

第 1176 條　（拋棄繼承權人應繼分之歸屬）

Ⅰ.第一千一百三十八條所定第一順序之繼承人中有拋棄繼承權者，其應繼分歸屬於其他同為繼承之人。

Ⅱ.第二順序至第四順序之繼承人中，有拋棄繼承權者，其應繼分歸屬於其他同一順序之繼承人。

Ⅲ.與配偶同為繼承之同一順序繼承人均拋棄繼承權，而無後順序之繼承人時，其應繼分歸屬於配偶。

Ⅳ.配偶拋棄繼承權者，其應繼分歸屬於與其同為繼承之人。

Ⅴ.第一順序之繼承人，其親等近者均拋棄繼承權時，由次親等之直系血親卑親屬繼承。

Ⅵ.先順序繼承人均拋棄其繼承權時，由次順序之繼承人繼承。其次順序繼承人有無不明或第四順序之繼承人均拋棄其繼承權者，準用關於無人承認繼承之規定。

Ⅶ.因他人拋棄繼承而應為繼承之人，為拋棄繼承時，應於知悉其得繼承之日起三個月內為之。

⑱一、第 1 項至第 6 項未修正。

二、因第 1148 條第 1 項但書所定繼承人對於繼承債務，僅負限定責任之規定，適用於所有繼承人，且不待繼承人主張，爰將現行第 7 項所定「限定繼承或」等字刪除。

第 1176 條之 1　（拋棄繼承權者繼續管理遺產之義務）

拋棄繼承權者，就其所管理之遺產，於其他繼承人或遺產管理人開始管理前，應與處理自己事務為同一之注意，繼續管理之。

⑭拋棄繼承權者所管理之遺產，於其拋棄後如任其廢棄，將有害於其他繼承人之利益，爰增設本條之規定（參考日本民法第 940 條、韓國民法第1044 條）。

第五節　無人承認之繼承

第 1177 條　（遺產管理人之選定及報明）

繼承開始時，繼承人之有無不明者，由親屬會議於一個月內選定遺產管理人，並將繼承開始及選定遺產管理人之事由，向法院報明。

⑭繼承開始時繼承人之有無不明者，親屬會議應迅速選定遺產管理人，現行法第 1178 條所定將繼承開始及選定遺產管理人之事由，向法院報明之行為，亦應有期間之限制，爰將其移置於此，一併規定其選定及報明，均應於一個月內為之，以維

護公益及被繼承人債權人之利益。

◇**遺產管理人**：指在有拋棄繼承或無人繼承之情形中，負責就被繼承人之遺產為管理、清算或為繼承人之搜索之人，且遺產管理人應僅就遺囑列舉之遺贈財產有管理權，不得任意擴張謂其就其他遺產亦有管理權。

◇**無人承認之繼承**：指繼承人有無不明之謂，故「無繼承人」與「繼承人有無不明」，事實上仍有所區別。

▲【**院1107**】應由親屬會議選定遺產管理人時，如無親屬，得由利害關係人聲請法院指定之。

▲【**院1640**】甲、乙因房產涉訟，乙提起第二審上訴，在訴訟進行中死亡，而無人承受訴訟時，該訴訟程序應予中斷，不能遽認為終結。至乙之遺產，雖無合法繼承人，自可依繼承編關於無人承認繼承之規定，選任遺產管理人，由其依法承受訴訟，在未承受前，原判決既未確定，自不生執行問題。

第1178條　（搜索繼承人之公示催告與選任遺產管理人）

I 親屬會議依前條規定為報明後，法院應依公示催告程序，定六個月以上之期限，公告繼承人，命其於期限內承認繼承。

II 無親屬會議或親屬會議未於前條所定期限內選定遺產管理人者，利害關係人或檢察官，得聲請法院選任遺產管理人，並由法院依前項規定為公示催告。

⑦為配合第1177條之修正，並簡化本條現行規定，將原第2項關於公示催告之期限之規定與第1項合併修正為本條第1項。又原定一年之公示催告期限，在目前交通發達之時代，似嫌過長，並縮短為六個月。

為保護法定繼承人及利害關係人之正當權益，親屬會議如未於一個月內選定遺產管理人時，宜許利害關係人或檢察官聲請法院選任遺產管理人，並由法院依前項規定為公示催告搜索繼承人，使遺產之歸屬早日確定，爰增設本條第2項（參考日本民法第952條第1項）。

無親屬會議或不能依第1177條選定遺產管理人時，雖已有非訟事件法第78條規定可資補救，為使一般人易於明瞭起見，爰將其納入本條中一併規定，使上述不能選定遺產管理人情形，適用本條第2項由利害關係人或檢察官聲請法院選任。

▲【**院1107**】參見本法第1177條。

第1178條之1　（法院為保存遺產之必要處置）

繼承開始時繼承人之有無不明者，在遺產管理人選定前，法院得因利害關係人或檢察官之聲請，為保存遺產之必要處置。

⑦繼承開始時繼承人之有無不明者，在遺產管理人選定前，如無妥適之措施，恐被繼承人之遺產易致散失，因而影響被繼承人債權人及社會經濟之利益，爰增設本條之規定，俾法院得因利害關係人或檢察官之聲請，為保存遺產之必要處置（參考韓國民法第1023條第1項之規定）。

第1179條　（遺產管理人之職務）

I 遺產管理人之職務如左：

一　編製遺產清冊。

二　為保存遺產必要之處置。

三　聲請法院依公示催告程序，限定一年以上之期間，公告被繼承人之債權人及受遺贈人，命其於該期間內報明債權，及為願受遺贈與否之聲明，被繼承人之債權人及受遺贈人為管理人所已知者，應分別通知之。

四　清償債權或交付遺贈物。

五　有繼承人承認繼承或遺產歸屬國庫時，為遺產之移交。

II 前項第一款所定之遺產清冊，管理人應於就職後三個月內編製之。第四款所定債權之清償，應先於遺贈物之交付，為清償債權或交付遺贈物之必要，管理人經親屬會議之同意得變賣遺產。

▲【**院2295**】遺產依民法第1185條規定歸屬國庫時，遺產管理人依民法第1179條第1項第5款應向國庫為遺產之移交，此項私法上之義務如不履行，國庫自得向法院提起請求履行之訴。

▲【**70臺上211**】已故釋道安生前將系爭土地出賣與上訴人，價金並已付清，在辦理所有權移轉登記中，釋道安死亡，因釋道安無人繼承，被上訴人經法院指定為遺產管理人。查釋道安就該土地對上訴人負有辦理移轉登記使其取得所有權之義務。其為他人設定抵押權，既係在與上訴人訂約出賣之後，該土地於其後被抵押權人聲請拍賣，

致對上訴人移轉登記之請求，成為給付不能，即難謂不應歸責於釋道安，上訴人當得為損害賠償之請求。因被上訴人為釋道安之遺產管理人，上訴人以之為被告，訴求給付，自屬正當。

第 1180 條　（遺產管理人之報告義務）

遺產管理人，因親屬會議，被繼承人之債權人或受遺贈人之請求，應報告或說明遺產之狀況。

第 1181 條　（清償債務與交付遺贈物之限制）

遺產管理人非於第一千一百七十九條第一項第三款所定期間屆滿後，不得對被繼承人之任何債權人或受遺贈人，償還債務或交付遺贈物。

⑭本條立法意旨，應在限制遺產管理人，不得對被繼承人之任何債權人或受遺贈人，於期限屆滿前清償任何債務或交付遺贈物，而不在限制債權人或受遺贈人行使請求權，蓋清償債務及交付遺贈物，原為繼承人之義務，遺產管理人不過因繼承人之有無不明代為履行義務耳。爰予修正之，使與民法親屬編第 1158 條之規定，前後一致。

第 1182 條　（未依期限報明債權及聲明受遺贈之償還）

被繼承人之債權人或受遺贈人，不於第一千一百七十九條第一項第三款所定期間內為報明或聲明者，僅得就賸餘遺產，行使其權利。

第 1183 條　（遺產管理人之報酬）

遺產管理人得請求報酬，其數額由法院按其與被繼承人之關係、管理事務之繁簡及其他情形，就遺產酌定之，必要時，得命聲請人先為墊付。

⑭一、為因應現代社會親屬會議功能不彰之情事，乃刪除親屬會議規定，並參酌家事事件法第 141 條準用第 153 條規定，由法院酌定遺產管理人之報酬。
二、如有繼承人承認繼承時，應為遺產之移交，原遺產管理人之報酬，由繼承人與原遺產管理人協議，無法達成協議時，則由原遺產管理人向法院請求，乃當然之理。

三、又遺產管理人之報酬，具有共益性質，依實務見解亦認屬民法第 1150 條所稱之遺產管理之費用(最高法院 101 年度臺上字第 234 號及 99 年度臺上字第 408 號判決參照)，自得於遺產中支付。又法院為使遺產管理執行順利，必要時，得命聲請人先行墊付報酬。

第 1184 條　（遺產管理人行為效果之擬制）

第一千一百七十八條所定之期限內，有繼承人承認繼承時，遺產管理人在繼承人認繼承前所為之職務上行為，視為繼承人之代理。

第 1185 條　（賸餘遺產之歸屬）

第一千一百七十八條所定之期限屆滿，無繼承人承認繼承時，其遺產於清償債權，並交付遺贈物後，如有賸餘，歸屬國庫。

▲【院 899】㊂無法定繼承人亦無指定繼承人之遺產，應適用無人承認繼承之規定，於清償債權、交付遺贈物後，將其剩餘歸屬國庫。

▲【院 2213】繼承開始時繼承人之有無不明者，依民法第 1177 條及第 1178 條第 1 項之規定，應由親屬會議選定遺產管理人，並將繼承開始及選定遺產管理人之事由呈報法院，並未認檢察官有此職權，即在親屬會議無人召集時，國庫雖因其依民法第 1185 條於將來遺產之歸屬有期待權，得以民法第 1129 條所稱利害關係人之地位召集之，但遺產歸屬國庫時由何機關代表國庫接收，現行法令尚無明文規定，按其事務之性質，應解為由管轄被繼承人住所地之地方行政官署接收，則因繼承開始時繼承人之有無不明須由國庫召集親屬會議者，亦應由此項官署行之，未便認檢察官有此權限。再依民法第 1185 條之規定，遺產於清償債權並交付遺贈物後有賸餘者，於民法第 1178 條所定之期限屆滿無繼承人承認繼承時，當然歸屬國庫，不以除權判決為此項效果之發生要件，民法第 1178 條所謂法院應依公示催告程序公告繼承人於一定期限內承認繼承，僅其公告之方法，應依公示催告程序行之，非謂期限屆滿無繼承人承認繼承時，尚須經除權判決之程序，況依民事訴訟法第 541 條以下之規定，除權判決應本於公示催告聲請人之聲請為之，親屬會議不過將繼承開始及選定遺產管理人之事由呈報法院，並非聲

請為公示催告，亦無從聲請為除權判決，則檢察官不得聲請為除權判決尤無疑義。

▲【院2299】 民法第1185條所稱之遺產包括債權在內，強制執行開始後，債權人死亡而有同條所定情形時，依民法第1179條第1項第4款、第5款之規定，其遺產應由遺產管理人清償債權並交付遺贈物後，將所賸餘者移交國庫，該強制執行事件，自應繼續進行。

第三章 遺　囑

第一節 通　則

第1186條 （遺囑能力）

I.無行為能力人，不得為遺囑。

II.限制行為能力人，無須經法定代理人之允許，得為遺囑。但未滿十六歲者，不得為遺囑。

◇遺囑：立遺囑人以法定方式表示其最後意思，而於其死後發生效力之行為，乃遺囑人單方面定其死後法律關係（尤其財產關係）之意思表示。具有要式性、可變動性、一身專屬性與代行性。

◇遺囑能力

有遺囑能力人	1.滿16歲而未受監護宣告之人 2.滿16歲而未受監護宣告之人，於無意識或精神錯亂中所為之遺囑，通說認為應適用民法第75條後段，解釋為無效
無遺囑能力人	1.無行為能力人 2.未滿16歲之限制行為能力人 3.受監護宣告之人回復正常狀態時：通說認為受監護宣告之人縱然回復常態，亦不得為遺囑

◇決定遺囑能力之時期：以遺囑作成時為準。故如遺囑作成後喪失遺囑能力（例如受監護宣告），遺囑效力不受影響；反之遺囑作成後始取得遺囑能力，先前作成之遺囑亦不因此有效。

第1187條 （遺產之自由處分）

遺囑人於不違反關於特留分規定之範圍內，得以遺囑自由處分遺產。

◇特留分：指在尊重被繼承人之自由處分遺產意願下，於繼承開始後，應保留予法定繼承人之遺產比例，亦即最低限度的法定應繼分。是以凡繼承

人未拋棄其繼承權或喪失繼承權者，對一定比例之遺產，均享有請求權，不因被繼承人以遺囑處分其遺產而受影響。

◇死因贈與：所謂死因贈與契約，性質上仍屬一贈與契約，非屬單獨行為。僅以贈與人死亡時，贈與契約始生效力，乃以受贈人於贈與人死亡時仍生存為停止條件之贈與，故只要當事人相互意思表示一致即為成立，不以要式行為為必要。

◇死因贈與之性質：學說上有認為，是以受贈人於贈與人死亡時仍然生存為停止條件之贈與，其性質仍為契約附加停止條件（陳棋炎、黃宗樂、郭振恭，民法繼承新論）。另有學者認為，基於契約自由原則，死因贈與究竟為以受贈人於贈與人死亡時尚生存為附停止條件的贈與，或是附加以贈與人的死亡為期限的贈與，應委之於當事人的約定，不能一概而論（林秀雄，繼承法講義）。

◇遺贈如侵害特留分：若遺贈侵害特留分，受侵害之繼承人得主張扣減權，但不得以此作為拒絕履行遺贈之抗辯事由。又特留分扣減權利人依民法第1225條前段規定行使之扣減權，在性質上屬物權之形成權，一經扣減權利人對扣減義務人行使扣減權，於侵害特留分部分即失其效力，且特留分係概括存在於被繼承人之全部遺產，並非具體存在於各個特定標的物，故扣減權利人苟對扣減義務人行使扣減權，扣減之效果即已發生，其因而回復之特留分乃概括存在於全部遺產，並非於各個標的物（91臺上556判決）。

▲【院1578】 ㈢生前贈與，並無特留分之規定，自不受此限制。

▲【48臺上371】 被繼承人生前所為之贈與行為，與民法第1187條所定之遺囑處分財產行為有別，即可不受關於特留分規定之限制。

▲【51臺上1416】 被繼承人之遺贈，在不違反特留分規定之範圍內，繼承人不得拒絕履行，誠以被繼承人處分自己之財產，不許繼承人擅為干與，本件贈與雖為生前行為，但如被繼承人至死亡時，仍無撤銷或拒絕履行之表示，依同一理由，繼承人不得拒絕履行，原判認被上訴人得任意拒絕履行，於法自屬不合。

第1188條 （受遺贈權之喪失）

第一千一百四十五條喪失繼承權之規定，於受遺贈人準用之。

第二節 方　式

第 1189 條 （遺囑方式之種類）
遺囑應依左列方式之一為之：
一　自書遺囑。
二　公證遺囑。
三　密封遺囑。
四　代筆遺囑。
五　口授遺囑。

◇**遺囑為要式行為**：為確保遺囑人之真意，法律上對遺囑之方式有嚴格之規定，因此若遺囑未符合法定之遺囑方式，依法遺囑即為無效（民法第73條）。

第 1190 條 （自書遺囑）
自書遺囑者，應自書遺囑全文，記明年、月、日，並親自簽名。如有增減、塗改，應註明增減、塗改之處所及字數，另行簽名。

▲【28 渝上 2293】遺囑應依法定方式為之，自書遺囑，依民法第 1190 條之規定，應自書遺囑全文，記明年月日，並親自簽名。**其非依此方式為之者，不生效力。**

第 1191 條 （公證遺囑）
I 公證遺囑，應指定二人以上之見證人，在公證人前口述遺囑意旨，由公證人筆記、宣讀、講解，經遺囑人認可後，記明年、月、日，由公證人、見證人及遺囑人同行簽名。遺囑人不能簽名者，由公證人將其事由記明，使按指印代之。
II 前項所定公證人之職務，在無公證人之地，得由法院書記官行之，僑民在中華民國領事駐在地為遺囑時，得由領事行之。

第 1192 條 （密封遺囑）
I 密封遺囑，應於遺囑上簽名後，將其密封，於封縫處簽名，指定二人以上之見證人，向公證人提出，陳述其為自己之遺囑，如非本人自寫，並陳述繕寫人之姓名、住所，由公證人於封面記明該遺囑提出之年、月、日及遺囑人所為之陳述，與遺囑人及見證人同行簽名。
II 前條第二項之規定，於前項情形準用之。

第 1193 條 （密封遺囑之轉換）
密封遺囑，不具備前條所定之方式，而具備第一千一百九十條所定自書遺囑之方式者，有自書遺囑之效力。

第 1194 條 （代筆遺囑）
代筆遺囑，由遺囑人指定三人以上之見證人，由遺囑人口述遺囑意旨，使見證人中之一人筆記、宣讀、講解，經遺囑人認可後，記明年、月、日，及代筆人之姓名，由見證人全體及遺囑人同行簽名，遺囑人不能簽名者，應按指印代之。

第 1195 條 （口授遺囑之方法）
遺囑人因生命危急或其他特殊情形，不能依其他方式為遺囑者，得依左列方式之一為口授遺囑：
一　由遺囑人指定二人以上之見證人，並口授遺囑意旨，由見證人中之一人，將該遺囑意旨，據實作成筆記，並記明年、月、日，與其他見證人同行簽名。
二　由遺囑人指定二人以上之見證人，並口述遺囑意旨、遺囑人姓名及年、月、日，由見證人全體口述遺囑之為真正及見證人姓名，全部予以錄音，將錄音帶當場密封，並記明年、月、日，由見證人全體在封縫處同行簽名。

⑭錄音已為現代生活中常用之記錄方法，口授遺囑使用錄音以記錄，最為便捷，此在遺囑人臨危之際，尤屬有此必要，爰將本條原第 1 項文字予以修正，並將第 2 項首句「口授遺囑應」等五字刪除，改列第 1 款，另增設第 2 款，明定錄音遺囑之方式（參考韓國民法第 1067 條）。

第 1196 條 （口授遺囑之失效）
口授遺囑，自遺囑人能依其他方式為遺囑之時起，經過三個月而失其效力。

⑭按依現行法規定口授遺囑有效存續期間為一個月，與德國民法規定之三個月及日本民法規定之六個月期間相較，似嫌過短，爰斟酌情形修正為三個月（參考德國民法第 2252 條第 1 項、日本民法第 938 條）。

第 1197 條 （口授遺囑之鑑定）
　口授遺囑，應由見證人中之一人或利害關係人，於為遺囑人死亡後三個月內，提經親屬會議認定其真偽。對於親屬會議之認定如有異議，得聲請法院判定之。

第 1198 條 （遺囑見證人資格之限制）
　下列之人，不得為遺囑見證人：
　一　未成年人。
　二　受監護或輔助宣告之人。
　三　繼承人及其配偶或其直系血親。
　四　受遺贈人及其配偶或其直系血親。
　五　為公證人或代行公證職務人之同居人助理人或受僱人。

⑱一、第 2 款修正理由同修正條文第 687 條說明一。
二、另考量受輔助宣告之人係因精神障礙或其他心智缺陷，致其為意思表示或受意思表示，或辨識其所為意思表示效果之能力，顯有不足，不宜擔任遺囑見證人，爰於同款增列「受輔助宣告」為遺囑見證人消極資格之規定；其餘各款未修正。
▲【院 1628】民法第 1210 條所定不得執行遺囑之人，稱為未成年人、禁治產人，而不稱為無行為能力人，是關於未成年人，顯係專就年齡上加以限制。故未成年人雖因結婚而有行為能力，仍應依該條規定，不得為遺囑執行人。

第三節　效　　力

第 1199 條 （遺囑生效期）
　遺囑，自遺囑人死亡時，發生效力。

◇遺贈與死因贈與

遺贈	指遺贈人依遺囑無償給予他人財產上利益之單獨行為，具要式性
死因贈與	指以贈與人死亡時才發生效力的特殊贈與契約，非要式行為

第 1200 條 （附停止條件遺贈之生效期）
　遺囑所定遺贈，附有停止條件者，自條件成就時，發生效力。

第 1201 條 （遺贈之失效）
　受遺贈人於遺囑發生效力前死亡者，其遺贈不生效力。

第 1202 條 （遺贈之無效）
　遺囑人以一定之財產為遺贈，而其財產在繼承開始時，有一部分不屬於遺產者，其一部分遺贈為無效。全部不屬於遺產者，其全部遺贈為無效。但遺囑另有意思表示者，從其意思。

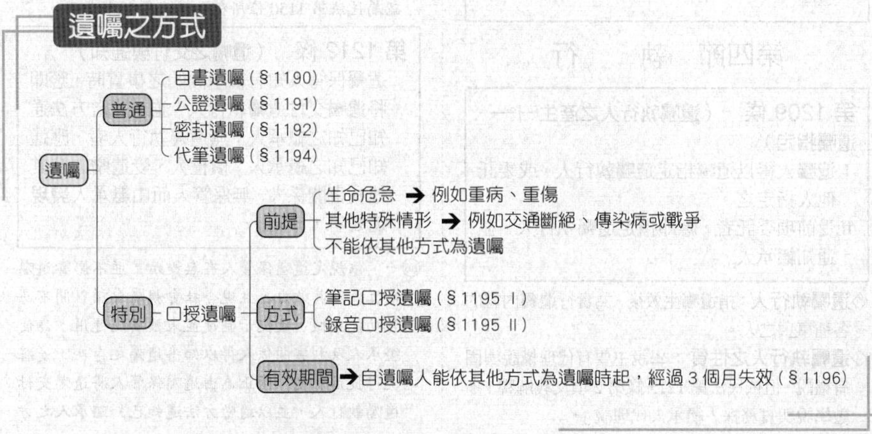

遺囑之方式

遺囑
- 普通
  - 自書遺囑（§1190）
  - 公證遺囑（§1191）
  - 密封遺囑（§1192）
  - 代筆遺囑（§1194）
- 特別—口授遺囑
  - 前提
    - 生命危急 ➜ 例如重病、重傷
    - 其他特殊情形 ➜ 例如交通斷絕、傳染病或戰爭
    - 不能依其他方式為遺囑
  - 方式
    - 筆記口授遺囑（§1195 Ⅰ）
    - 錄音口授遺囑（§1195 Ⅱ）
  - 有效期間 ➜ 自遺囑人能依其他方式為遺囑時起，經過 3 個月失效（§1196）

第 1203 條 (遺贈標的物之推定)

遺囑人因遺贈物滅失、毀損、變造、或喪失物之占有,而對於他人取得權利時,推定以其權利,為遺贈。因遺贈物與他物附合或混合而對於所附合或混合之物,取得權利時亦同。

第 1204 條 (用益權之遺贈及其期限)

以遺產之使用、收益為遺贈,而遺囑未定返還期限,並不能依遺贈之性質,定其期限者,以受遺贈人之終身為其期限。

第 1205 條 (附負擔之遺贈)

遺贈附有義務者,受遺贈人,以其所受利益為限,負履行之責。

第 1206 條 (遺贈之拋棄及其效力)

I.受遺贈人在遺囑人死亡後,得拋棄遺贈。

II.遺贈之拋棄溯及遺囑人死亡時,發生效力。

第 1207 條 (承認遺贈之催告及擬制)

繼承人或其他利害關係人,得定相當期限,請求受遺贈人於期限內,為承認遺贈與否之表示。期限屆滿,尚無表示者,視為承認遺贈。

第 1208 條 (遺贈無效或拋棄之效果)

遺贈無效或拋棄時,其遺贈之財產仍屬於遺產。

第四節 執 行

第 1209 條 (遺囑執行人之產生㈠——遺囑指定)

I.遺囑人得以遺囑指定遺囑執行人,或委託他人指定之。

II.受前項委託者,應即指定遺囑執行人,並通知繼承人。

◇**遺囑執行人**:指遺囑生效後,為實行遺囑內容的各種事項之人。

◇**遺囑執行人之性質**:學說主要有代理權說與固有權說,但依民法第 1215 條第 2 項文義解釋,多數學說與實務採「繼承人代理說」。

◇**遺囑執行人之職務**:包括:1.編製遺產清冊。2.管理遺產。3.為執行上必要之行為:⑴交付遺贈物;⑵訴訟行為;⑶其他執行上必要行為;⑷繼承人妨害之排除(§1216)。

第 1210 條 (遺囑執行人資格之限制)

未成年人、受監護或輔助宣告之人,不得為遺囑執行人。

⑱修正理由同修正條文第 1198 條說明。

▲【院 1628】參見本法第 1198 條。

第 1211 條 (遺囑執行人之產生㈡——親屬會議、法院之選任)

遺囑未指定遺囑執行人,並未委託他人指定者,得由親屬會議選定之,不能由親屬會議選定時,得由利害關係人聲請法院指定之。

第 1211 條之 1 (遺囑執行人之報酬)

除遺囑人另有指定外,遺囑執行人就其職務之執行,得請求相當之報酬,其數額由繼承人與遺囑執行人協議定之;不能協議時,由法院酌定之。

⑭一、本條新增。

二、民法第 1183 條定有遺產管理人之報酬,惟遺囑執行人之報酬,卻未有相關規定,宜使其得請求報酬;惟報酬之數額應先由當事人協議,當事人如不能協議時,則由法院酌定,爰增訂本條規定。

三、又遺囑執行人之報酬,因具有共益性質,應認屬民法第 1150 條所稱之遺產管理之費用。

第 1212 條 (遺囑之交付與通知)

遺囑保管人知有繼承開始之事實時,應即將遺囑交付遺囑執行人,並以適當方法通知已知之繼承人;無遺囑執行人者,應通知已知之繼承人、債權人、受遺贈人及其他利害關係人。無保管人而由繼承人發現遺囑者,亦同。

⑬一、依規定遺囑保管人有無提示,並不影響遺囑之真偽及其效力,且現今社會親屬會議召開不易且功能式微,故提示制度並未被廣泛運用。為使繼承人及利害關係人得以知悉遺囑之存在,爰將現行提示制度,修正為由遺囑保管人將遺囑交付遺囑執行人,並以適當方法通知已知繼承人之方

式。如無遺囑執行人者，則應通知已知之繼承人、
債權人、受遺贈人及其他利害關係人。至於遺囑
無保管人而由繼承人發見遺囑者，亦為相同之處
理。

二、又由於遺囑保管人僅係保管被繼承人之遺囑
之人，未必了解立遺囑人其繼承人之狀態，包括
究竟有無繼承人之情況，故條文所稱「已知之繼
承人」宜參酌民法第 1177 條「繼承人有無不明」
之解釋，應從廣義解釋，亦即依戶籍資料之記載
（最高法院 85 年度臺上字第 2101 號判決參照）
或其他客觀情事而為認定。

第 1213 條 （密封遺囑之開視）
I.有封緘之遺囑，非在親屬會議當場或法院
　公證處，不得開視。
II.前項遺囑開視時，應製作紀錄，記明遺囑
　之封緘有無毀損情形，或其他特別情事，
　並由在場之人同行簽名。

⑭一、「密封遺囑」為現行法所定遺囑方式之一種，
事實上有封緘之遺囑不限於密封遺囑，其他如自
書遺囑、代筆遺囑及口授遺囑等亦均得以封緘，
故其開視，可視為公證法第 4 條第 6 款之「關於
其他涉及私權之法律行為」，爰增列在「法院公證
處」開視之規定，並能符合此次民法修正案加強
公權力監督之立法意旨。
二、前項有封緘之遺囑，於開視時應製作紀錄，
記明有無毀損及其他特別情事，以資證明，爰增
設本條第 2 項。

第 1214 條 （遺囑執行人之執行職務
(一)──編製遺產清冊）
　遺囑執行人就職後，於遺囑有關之財產，
　如有編製清冊之必要時，應即編製遺產清
　冊，交付繼承人。

第 1215 條 （遺囑執行人之執行職務
(二)──遺產管理及必要行為）
I.遺囑執行人有管理遺產並為執行上必要
　行為之職務。
II.遺囑執行人因前項職務所為之行為，視為
　繼承人之代理。

▲【46 臺上 236】遺囑執行人有管理遺產並為執
　行上必要行為之職務，其因此項職務所為之行為，
　視為繼承人之代理人，民法第 1215 條定有明文，
　故當事人死亡，而有以遺囑指定之遺囑執行人者，
　依民事訴訟法第 168 條之規定，其訴訟程序，即
　應由遺囑執行人承受之。

第 1216 條 （遺囑執行人之執行職務
(三)──繼承人妨害之排除）
　繼承人於遺囑執行人執行職務中，不得處
　分與遺囑有關之遺產，並不得妨礙其職務
　之執行。

遺　贈

遺贈
- 要件
  - 遺囑須有效成立
  - 受遺贈人須於遺囑發生效力時尚存在（§1201）
  - 遺贈之財產須於遺囑人死亡時屬於遺產（§1221）
  - 受遺贈人須未喪失受遺贈權
  - 遺贈須不違反特留分規定（§1187、§1125）
- 效力──通說認為僅具債權的效力
- 種類
  - 單純遺贈與非單純遺贈（附條件、期限與負擔）
  - 包括遺贈（例如給遺產 1/2）與特定遺贈（土地一筆）

第 1217 條　（遺囑執行人之執行職務㈣——數執行人執行職務之方法）

遺囑執行人有數人時，其執行職務，以過半數決之。但遺囑另有意思表示者，從其意思。

第 1218 條　（遺囑執行人之解任）

遺囑執行人怠於執行職務，或有其他重大事由時，利害關係人得請求親屬會議改選他人。其由法院指定者，得聲請法院另行指定。

第五節　撤　回

⑭遺囑，自遺囑人死亡時發生效力。本節所定係指於尚未發生效力之遺囑，預先阻止其生效之「撤回」而言，與一般所謂「撤銷」，係使業已發生效力之法律行為，溯及的失其效力者有所不同。爰將本節節名「撤銷」修正為「撤回」。

第 1219 條　（遺囑撤回之自由及其方式）

遺囑人得隨時依遺囑之方式，撤回遺囑之全部或一部。

⑭遺囑，自遺囑人死亡時發生效力。第五節所定係指於尚未發生效力之遺囑，預先阻止其生效之「撤回」而言，與一般所謂「撤銷」，係使業已發生效力之法律行為，溯及的失其效力者有所不同。爰將「撤銷」修正為「撤回」（參考德國民法第2253 條第 1 項）。

第 1220 條　（視為撤回㈠——前後遺囑牴觸）

前後遺囑有相牴觸者，其牴觸之部分，前遺囑視為撤回。

⑭遺囑，自遺囑人死亡時發生效力。第五節所定係指於尚未發生效力之遺囑，預先阻止其生效之「撤回」而言，與一般所謂「撤銷」，係使業已發生效力之法律行為，溯及的失其效力者有所不同。爰將「撤銷」修正為「撤回」（參考德國民法第2258 條第 1 項）。

◇**遺囑之牴觸**：指前後遺囑互不相容而言。遺囑是否牴觸，有學者認為應採主觀說，即依遺囑人的意思加以決定（陳棋炎、黃宗樂、郭振恭，民法繼承新論）；另有學者認為為避免不必要的爭執，應採客觀說（林秀雄，繼承法講義）。

第 1221 條　（視為撤回㈡——遺囑與行為牴觸）

遺囑人於為遺囑後所為之行為與遺囑有相牴觸者，其牴觸部分，遺囑視為撤回。

⑭遺囑，自遺囑人死亡時發生效力。第五節所定係指於尚未發生效力之遺囑，預先阻止其生效之「撤回」而言，與一般所謂「撤銷」，係使業已發生效力之法律行為，溯及的失其效力者有所不同。爰將「撤銷」修正為「撤回」（參考德國民法第2255 條第 2 項後段）。

第 1222 條　（視為撤回㈢——遺囑之廢棄）

遺囑人故意破毀或塗銷遺囑，或在遺囑上記明廢棄之意思者，其遺囑視為撤回。

⑭遺囑，自遺囑人死亡時發生效力。第五節所定係指於尚未發生效力之遺囑，預先阻止其生效之「撤回」而言，與一般所謂「撤銷」，係使業已發生效力之法律行為，溯及的失其效力者有所不同。爰將「撤銷」修正為「撤回」（參考德國民法第2255 條第 1 項）。

第六節　特　留　分

第 1223 條　（特留分之決定）

繼承人之特留分，依左列各款之規定：

一　直系血親卑親屬之特留分，為其應繼分二分之一。

二　父母之特留分，為其應繼分二分之一。

三　配偶之特留分，為其應繼分二分之一。

四　兄弟姊妹之特留分，為其應繼分三分之一。

五　祖父母之特留分，為其應繼分三分之一。

◇**特留分**：參見本法第 1187 條。

▲【48 臺上 371】參見本法第 1187 條。

第 1224 條 （特留分之算定）

特留分，由依第一千一百七十三條算定之應繼財產中，除去債務額算定之。

◇**特留分之計算**：1.依民法第 1173 條規定算定應繼遺產額（繼承開始時的現存積極財產加上生前特種贈與的價額），並除去被繼承人的債務額算定繼承財產的總額。2.由繼承財產的總額，依照民法關於繼承人的規定以及繼承人的繼承順位，計算出各繼承人的應繼承數額。3.再依照民法關於特留分的規定，計算特留分的數額。

第 1225 條 （遺贈之扣減）

應得特留分之人，如因被繼承人所為之遺贈，致其應得之數不足者，得按其不足之數由遺贈財產扣減之。受遺贈人有數人時，應按其所得遺贈價額比例扣減。

◇**扣減權之性質**

債權說即請求權說	侵害特留分之行為不因行使扣減權而無效，但標的物之受益人因此負返還標的物之債務
債權的形成權說	侵害特留分之行為因行使扣減權視為撤銷而失效，但標的物上權利並非當然復歸於特留分權利人，僅標的物之受益人負返還標的物之義務
物權的形成權說（實務、通說）	侵害特留分之行為因行使扣減權而當然失效，標的物上權利當然復歸於特留分權利人

◇**扣減之標的**：遺贈、應繼分之指定、遺產分割之指定、可與遺贈同視之死因贈與、及為第三人之無償的死因處分。

◇**贈與得否為扣減之標的**

生前贈與	生前贈與，包括對第三人之一切生前贈與，以及對繼承人之特種贈與以外之生前贈與，學說及實務均認為不得作為扣減之標的
生前特種贈與	有學者認基於繼承公平，應得予扣減；但多數學說及實務見解採否定說，認為生前特種贈與僅生歸扣問題

死因贈與	1.否定說：民法第 1225 條僅明定遺贈為扣減之標的，除非法有明文，否則不宜使死因贈與包括在內 2.肯定說：從贈與生效的時點來說，死因贈與與遺贈並無不同，又若得因此規避扣減，則特留分制度形同虛設。同理，為第三人無償的死因處分亦應採積極解釋（陳棋炎、黃宗樂、郭振恭；林秀雄）

◇**扣減權之消滅時效**：現行法對扣減權的消滅時效未有明文，學說如下：

普通消滅時效說	民法既未設特別規定，自應適用普通消滅時效的規定
繼承回復請求權消滅時效說	繼承人特留分權遭受侵害的情況，與繼承權被侵害之繼承回復請求權頗為相似，解釋上不妨類推民法第 1146 條第 2 項的規定，以早日確定有關扣減的法律關係
類推適用撤銷權之除斥期間說	學者多認為扣減權的性質為物權的形成權，則扣減權的消滅期間應為除斥期間而非消滅時效，因此，應該類推適用民法第 93 條或第 245 條關於撤銷權除斥期間的規定

▲【58 臺上 1279】民法第 1225 條，僅規定應得特留分之人，如因被繼承人所為之遺贈，致其應得之數不足者，得按其不足之數由遺贈財產扣減之，並未認侵害特留分之遺贈為無效。

民法繼承編施行法

一百零二年一月三十日總統令修正公布

①民國二十年一月二十四日國民政府公布
②七十四年六月三日總統令修正公布
③九十七年一月二日總統令修正公布
④九十七年五月七日總統令修正公布
⑤九十八年六月十日總統令修正公布
⑥九十八年十二月三十日總統令修正公布
⑦一百零一年十二月二十六日總統令修正公布第一之三條條文
⑧一百零二年一月三十日總統令修正公布第一之一、一之二條條文

第 1 條　（不溯既往原則）

繼承在民法繼承編施行前開始者，除本施行法有特別規定外，不適用民法繼承編之規定；其在修正前開始者，除本施行法有特別規定外，亦不適用修正後之規定。

⑺④一、不溯既往，乃法律適用之基本原則，如認其事項有溯及適用之必要者，即應於施行法中定為明文，方能有所依據。本條舊法原條文，原係本此原則而設，應予維持，且於繼承修正後之適用問題，仍須採取同一原則，爰參照民法總則施行法第 1 條修正之例，在本條之末增列：「其在修正前開始者，除本施行法有特別規定外，亦不適用修正後之規定。」以期一致。
二、第 2 條（舊法）刪除。我國女子之有財產繼承權，起自中國國民黨第二次全國代表大會之婦女運動決議案，早在 15 年 10 月間，前司法行政委員會即已將該案通令隸屬國民政府各省施行，而民法繼承編則係自 20 年 5 月 5 日施行，已在女子取得財產繼承權之後，為使女子既得權利獲致確認而不受影響，遂有本條之設。惟關於女子享有繼承權，自民法繼承編施行迄今，已無疑問，本條原係針對 15 年 10 月至 20 年 5 月間所生繼承事件而設，現已無適用之機會，爰予刪除。
三、第 3 條（舊法）刪除。本條與前條相關聯，前條既經刪除，本條即無單獨規定之必要，自應一併刪除。

▲【39 臺上 215】繼承因被繼承人死亡而開始，繼承開始，如在民法繼承編施行法第 2 條所列日期之前，則親女對於其父之遺產，須乃父無直系血親卑親屬之男子，依當時之法律亦無其他繼承人者（即依當時法例，族中實無昭穆相當可為其父之後之人，得認為戶絕者）始得依民法繼承編之規定而有繼承權，此觀民法繼承編施行法第 1條、第 8 條之規定自明。

第 1 條之 1　（溯及既往之特別規定）

Ⅰ繼承在民法繼承編中華民國九十六年十二月十四日修正施行前開始且未逾修正施行前為拋棄繼承之法定期間者，自修正施行之日起，適用修正後拋棄繼承之規定。
Ⅱ繼承在民法繼承編中華民國九十六年十二月十四日修正施行前開始，繼承人於繼承開始時為無行為能力人或限制行為能力人，未能於修正施行前之法定期間為限定或拋棄繼承，以所得遺產為限，負清償責任。但債權人證明顯失公平者，不在此限。
Ⅲ前項繼承人依修正施行前之規定已清償之債務，不得請求返還。

⑩②依原條文第 2 項規定，繼承人得以所得遺產為限，負有限清償責任，應就顯失公平事由負舉證之責，對繼承人過苛。為使立法之良法美意得以貫徹，宜由債權人就顯失公平事由負舉證之責，亦即債權人須舉證證明繼承人以所得遺產為限負清償責任，顯失公平者，繼承人始不以所得遺產為限，負清償責任，爰修正第 2 項規定。

第 1 條之 2　（繼承之特別規定）

Ⅰ繼承在民法繼承編中華民國九十七年一月四日前開始，繼承人對於繼承開始後，始發生代負履行責任之保證契約債務，以所得遺產為限，負清償責任。但債權人證明顯失公平者，不在此限。
Ⅱ前項繼承人依中華民國九十七年四月二十二日修正施行前之規定已清償之保證契約債務，不得請求返還。

⑩依原條文第 1 項規定，繼承人得以所得遺產為限，負有限清償責任，應就顯失公平事由負舉證之責，對繼承人過苛。為使立法之良法美意得以貫徹，宜由債權人就顯失公平事由負舉證之責，亦即債權人須舉證證明繼承人以所得遺產為限負清償責任，顯失公平者，繼承人始不以所得遺產為限，負清償責任，爰修正第 1 項規定。

第 1 條之 3　（法律適用範圍）

I 繼承在民法繼承編中華民國九十八年五月二十二日修正施行前開始，繼承人未逾修正施行前為限定繼承之法定期間且未為概括繼承之表示或拋棄繼承者，自修正施行之日起，適用修正後民法第一千一百四十八條、第一千一百五十三條至第一千一百六十三條之規定。

II 繼承在民法繼承編中華民國九十八年五月二十二日修正施行前開始，繼承人對於繼承開始以前已發生代負履行責任之保證契約債務，以所得遺產為限，負清償責任。但債權人證明顯失公平者，不在此限。

III 繼承在民法繼承編中華民國九十八年五月二十二日修正施行前開始，繼承人已依民法第一千一百四十條之規定代位繼承，以所得遺產為限，負清償責任。但債權人證明顯失公平者，不在此限。

IV 繼承在民法繼承編中華民國九十八年五月二十二日修正施行前開始，繼承人因不可歸責於己之事由或未同居共財者，於繼承開始時無法知悉繼承債務之存在，致未能於修正施行前之法定期間為限定或拋棄繼承，以所得遺產為限，負清償責任。但債權人證明顯失公平者，不在此限。

V 前三項繼承人依修正施行前之規定已清償之債務，不得請求返還。

⑩一、改採限定繼承為原則，但債權人主張其為顯失公平者，始例外改採概括繼承，以維立法者美意。

二、依原條文第 2 項至第 4 項規定，繼承人得以所得遺產為限，負有限清償責任，應就顯失公平事由負舉證之責，對繼承人過苛。為使立法之良法美意得以貫徹，宜由債權人就顯失公平事由負舉證之責，亦即債權人須舉證證明繼承人以所得

遺產為限負清償責任，顯失公平者，繼承人始不以所得遺產為限，負清償責任，爰修正第 2 項至第 4 項規定。

第 2 條　（消滅時效之特別規定）

民法繼承編施行前，依民法繼承之規定，消滅時效業已完成，或其時效期間尚有殘餘不足一年者，得於施行之日起，一年內行使請求權。但自其時效完成後，至民法繼承編施行時，已逾民法繼承編所定時效期間二分之一者，不在此限。

⑭本條條次變更。（原係舊法第 4 條）

第 3 條　（無時效性質之法定期間之準用）

前條之規定於民法繼承編所定無時效性質之法定期間準用之。但其法定期間不滿一年者，如在施行時尚未屆滿，其期間自施行之日起算。

⑭本條條次變更。（原係舊法第 5 條）

第 4 條　（禁止分割遺產之遺囑與新舊法之適用）

禁止分割遺產之遺囑，在民法繼承編修正前生效者，民法第一千一百六十五條第二項所定之期間，仍適用修正前之規定。但其殘餘期間自修正施行日起算超過十年者，縮短為十年。

⑭本條新增。民法第 1165 條第 2 項所定之期間，修正後縮短為五年。其目的在於適應社會發展之需要，依法律不溯既往原則，禁止分割遺產之遺囑在修正前已生效者，原依修正前規定已發生之效力，應不受影響，但其殘餘期間自修正施行日起算超過十年者，即應縮短為十年，俾能貫徹修正之目的。

第 5 條　（口授遺囑與新舊法之適用）

民法繼承編修正前生效之口授遺囑，於修正施行時尚未屆滿一個月者，適用修正之民法第一千一百九十六條之規定，其已經過之期間，與修正後之期間合併計算。

⑭本條新增。民法第 1196 條原定口授遺囑之有效存續期間為一個月，經審酌實際需要，予以修正為三個月，其在修正前所為口授遺囑，於修正施行

時尚未屆滿一個月者，自應適用修正後較長之三個月期間，並將已經過之期間與修正後之期間合併計算，以符合修正之本旨。

第 6 條　（喪失繼承權規定之溯及既往效力）

民法繼承編，關於喪失繼承權之規定，於施行前所發生之事實，亦適用之。

第 7 條　（立嗣子女之繼承順序及應繼分）

民法繼承編施行前，所立之嗣子女，對於施行後開始之繼承，其繼承順序及應繼分與婚生子女同。

第 8 條　（繼承人規定之適用）

繼承開始在民法繼承編施行前，被繼承人無直系血親卑親屬，依當時之法律亦無其他繼承人者，自施行之日起，依民法繼承編之規定定其繼承人。

▲【91 臺上 863】民法繼承編施行法第 8 條規定：繼承開始在民法繼承編施行前，被繼承人無直系血親卑親屬，依當時之法律亦無其他繼承人者，自施行之日起，依民法繼承編之規定定其繼承人，既明定自施行之日起，依民法繼承編之規定定其繼承人，該**所定之繼承人自應以民法繼承編施行之日生存者為必要。**

第 9 條　（遺產管理人權義規定之適用）

民法繼承編施行前所設置之遺產管理人，其權利義務自施行之日起，適用民法繼承編之規定。

第 10 條　（特留分規定之適用）

民法繼承編關於特留分之規定，於施行前所立之遺囑，而發生效力在施行後者，亦適用之。

第 11 條　（施行日期）

I 本施行法自民法繼承編施行之日施行。

II 民法繼承編修正條文及本施行法修正條文，除中華民國九十八年十二月十五日修正之民法第一千一百九十八條及第一千二百十條自九十八年十一月二十三日施行者外，自公布日施行。

○98一、第 1 項未修正。

二、配合 97 年 5 月 23 日修正公布之民法及其施行法修正條文自 98 年 11 月 23 日施行，民法本次修正之第 1198 條及第 1210 條亦定自同日施行，爰修正現行條文第 2 項。

司法院釋字第七四八號解釋施行法
一百零八年五月二十二日總統令制定

①民國一百零八年五月二十二日總統令制定全文

第1條　（立法目的）
為落實司法院釋字第七四八號解釋之施行，特制定本法。

第2條　（同性婚姻關係之定義）
相同性別之二人，得為經營共同生活之目的，成立具有親密性及排他性之永久結合關係。

第3條　（成立同性婚姻關係之最低年齡）
Ⅰ.未滿十八歲者，不得成立前條關係。
Ⅱ.未成年人成立前條關係，應得法定代理人之同意。

第4條　（同性婚姻關係結婚登記之形式要件）
成立第二條關係應以書面為之，有二人以上證人之簽名，並應由雙方當事人，依司法院釋字第七四八號解釋之意旨及本法，向戶政機關辦理結婚登記。

第5條　（成立同性婚姻關係一定親屬關係之禁止）
Ⅰ.與下列相同性別之親屬，不得成立第二條關係：
　一　直系血親及直系姻親。
　二　旁系血親在四親等以內者。但因收養而成立之四親等旁系血親，輩分相同者，不在此限。
　三　旁系姻親在五親等以內，輩分不相同者。
Ⅱ.前項與直系姻親成立第二條關係之限制，於姻親關係消滅後，適用之。
Ⅲ.第一項與直系血親及直系姻親成立第二條關係之限制，於因收養而成立之直系親屬間，在收養關係終止後，適用之。

第6條　（成立同性婚姻關係監護人與受監護人於監護關係之禁止）
相同性別之監護人與受監護人，於監護關係存續中，不得成立第二條關係。但經受監護人父母同意者，不在此限。

第7條　（有配偶或已成立同性婚姻關係者，禁止再成立同性婚姻關係）
Ⅰ.有配偶或已成立第二條關係者，不得再成立第二條關係。
Ⅱ.一人不得同時與二人以上成立第二條關係，或同時與二人以上分別為民法所定之結婚及成立第二條關係。
Ⅲ.已成立第二條關係者，不得再為民法所定之結婚。

第8條　（同性婚姻關係無效之情形）
Ⅰ.第二條關係有下列情形之一者，無效：
　一　不具備第四條之方式。
　二　違反第五條之規定。
　三　違反前條第一項或第二項之規定。
Ⅱ.違反前條第三項之規定者，其結婚無效。
Ⅲ.民法第九百八十八條第三款但書及第九百八十八條之一之規定，於第一項第三款及前項情形準用之。

第9條　（同性婚姻關係之撤銷）
Ⅰ.成立第二條關係違反第三條第一項之規定者，當事人或其法定代理人，得向法院請求撤銷之。但當事人已達該項所定年齡者，不得請求撤銷之。
Ⅱ.成立第二條關係違反第三條第二項之規定者，法定代理人得向法院請求撤銷之。但自知悉其事實之日起，已逾六個月，或成立第二條關係後已逾一年者，不得請求撤銷之。
Ⅲ.成立第二條關係違反第六條之規定者，受監護人或其最近親屬，得向法院請求撤銷之。但第二條關係成立後已逾一年者，不得請求撤銷之。

司法院釋字第七四八號解釋施行法

（第一○～一八條）

第 10 條 （同性婚姻關係撤銷之要件及效力準用規定）

I.第二條關係撤銷之要件及效力，準用民法第九百九十六條至第九百九十八條之規定。

II.第二條關係無效或經撤銷者，其子女親權之酌定及監護、損害賠償、贍養費之給與及財產取回，準用民法第九百九十九條及第九百九十九條之一規定。

第 11 條 （同性婚姻關係雙方互負同居之義務）

第二條關係雙方當事人互負同居之義務。但有不能同居之正當理由者，不在此限。

第 12 條 （同性婚姻關係住所之決定）

第二條關係雙方當事人之住所，由雙方共同協議；未為協議或協議不成時，得聲請法院定之。

第 13 條 （同性婚姻關係日常家務之代理）

I.第二條關係雙方當事人於日常家務，互為代理人。

II.第二條關係雙方當事人之一方濫用前項代理權時，他方得限制之。但不得對抗善意第三人。

第 14 條 （同性婚姻關係家庭生活費用之分擔及清償責任）

I.第二條關係雙方當事人之家庭生活費用，除法律或契約另有約定外，由雙方當事人各依其經濟能力、家事勞動或其他情事分擔之。

II.因前項費用所生之債務，由雙方當事人負連帶責任。

第 15 條 （同性婚姻關係之財產制準用規定）

第二條關係雙方當事人之財產制，準用民法親屬編第二章第四節關於夫妻財產制之規定。

第 16 條 （同性婚姻關係之合意終止及其要件）

I.第二條關係得經雙方當事人合意終止。但未成年人，應得法定代理人之同意。

II.前項終止，應以書面為之，有二人以上證人簽名並應向戶政機關為終止之登記。

第 17 條 （同性婚姻關係得向法院請求終止之情形）

I.第二條關係雙方當事人之一方有下列情形之一者，他方得向法院請求終止第二條關係：

一　與他人重為民法所定之結婚或成立第二條關係。

二　與第二條關係之他方以外之人合意性交。

三　第二條關係之一方對他方為不堪同居之虐待。

四　第二條關係之一方對他方之直系親屬為虐待，或第二條關係之一方之直系親屬對他方為虐待，致不堪為共同生活。

五　第二條關係之一方以惡意遺棄他方在繼續狀態中。

六　第二條關係之一方意圖殺害他方。

七　有重大不治之病。

八　生死不明已逾三年。

九　因故意犯罪，經判處有期徒刑逾六個月確定。

II.有前項以外之重大事由，難以維持第二條關係者，雙方當事人之一方得請求終止之。

III.對於第一項第一款、第二款之情事，有請求權之一方，於事前同意或事後宥恕，或知悉後已逾六個月，或自其情事發生後已逾二年者，不得請求終止。

IV.對於第一項第六款及第九款之情事，有請求權之一方，自知悉後已逾一年，或自其情事發生後已逾五年者，不得請求終止。

第 18 條 （同性婚姻關係之終止經法院調解或法院和解成立者）

第二條關係之終止經法院調解或法院和解成立者，第二條關係消滅。法院應依職權通知該管戶政機關。

第 19 條 　（同性婚姻關係之終止，其子女監護、損害賠償等有關事項準用規定）

第二條關係終止者，其子女親權之酌定及監護、損害賠償、贍養費之給與及財產取回，準用民法第一千零五十五條至第一千零五十五條之二、第一千零五十六條至第一千零五十八條之規定。

第 20 條 　（同性婚姻關係收養他方親生子女準用規定）

第二條關係雙方當事人之一方收養他方之親生子女時，準用民法關於收養之規定。

第 21 條 　（民法親屬編監護相關規定，於同性婚姻關係雙方當事人準用之）

民法第一千一百十一條至第一千一百十一條之二中關於配偶之規定，於第二條關係雙方當事人準用之。

第 22 條 　（同性婚姻關係雙方互負扶養之義務）

I 第二條關係雙方當事人互負扶養義務。

II 第二條關係雙方當事人間之扶養，準用民法第一千一百十六條之一、第一千一百十七條第一項、第一千一百十八條但書、第一千一百十八條之一第一項及第二項、第一千一百十九條至第一千一百二十一條之規定。

第 23 條 　（同性婚姻關係雙方之繼承權準用規定）

I 第二條關係雙方當事人有相互繼承之權利，互為法定繼承人，準用民法繼承編關於繼承人之規定。

II 民法繼承編關於配偶之規定，於第二條關係雙方當事人準用之。

第 24 條 　（民法總則編、債編及民法以外其他法規關於配偶、夫妻、結婚或婚姻之規定，及配偶或夫妻關係所生之規定，於同性婚姻關係準用之）

I 民法總則編及債編關於夫妻、配偶、結婚或婚姻之規定，於第二條關係準用之。

II 民法以外之其他法規關於夫妻、配偶、結婚或婚姻之規定，及配偶或夫妻關係所生之規定，於第二條關係準用之。但本法或其他法規另有規定者，不在此限。

第 25 條 　（同性婚姻關係所生爭議適用家事事件法有關規定）

因第二條關係所生之爭議，為家事事件，適用家事事件法有關之規定。

第 26 條 　（宗教自由及其他自由權利不因本法而受影響）

任何人或團體依法享有之宗教自由及其他自由權利，不因本法之施行而受影響。

第 27 條 　（施行日期）

本法自中華民國一百零八年五月二十四日施行。

法人及夫妻財產制契約登記規則

一百零八年三月四日司法院令修正發布

①民國六十二年七月六日司法行政部令發布
②六十九年九月十八日司法院令修正發布
③七十六年二月十六日司法院令修正發布
④九十一年七月二十九日司法院令修正發布
⑤九十三年十一月二十九日司法院令修正發布
⑥九十四年九月十六日司法院令修正發布
⑦九十七年四月八日司法院令修正發布
⑧一百零一年一月二日司法院令修正發布
⑨一百零八年三月四日司法院令修正發布第一〇、四二條條文

第一章　總　則

第 1 條　（訂定依據）

本規則依非訟事件法第一百零七條之規定訂定之。

第 2 條　（法律之適用）

法人及夫妻財產制契約登記，除法律另有規定外，適用本規則之規定。

第 3 條　（登記期限）

法人及夫妻財產制契約登記之聲請，應於收案後三日內登記完畢，其須經調查者，應即調查，除有特殊情形，經法院院長核准外，應於七日內調查完竣，並於調查完畢後三日內登記完畢。

第 4 條　（登記之審查）

法院登記處於登記前，應審查有無下列各款情形：

一　事件不屬該登記處之法院管轄者。
二　聲請登記事項不適於登記者。
三　應提出之證明文件不完備者。
四　所提出之財產目錄，其記載與證明文件不相符者。
五　聲請不備其他法定要件者。

第 5 條　（不合規定聲請之處理）

I 聲請不合程式或有其他欠缺而可以補正者，應於收案後三日內酌定期間，命其補正，並於補正後三日內登記完畢。逾期不補正者，駁回其聲請。

II 駁回聲請之處分，應以正本送達聲請人，並記明聲請人如有不服，得於送達後十日內聲明異議。

第 6 條　（調查筆錄）

I 法院登記處為調查時，如命關係人以言詞陳述，應作成筆錄，記載下列事項，由為調查之人員簽名。

一　調查之處所及年、月、日。
二　調查人員之姓名。
三　調查之事項及其結果。
四　到場關係人、非訟代理人、輔佐人之姓名。
五　調查之公開或不公開。

II 前項筆錄，應依聲請當場向受調查人朗讀或令其閱覽，並命其於筆錄內簽名，受調查人對於筆錄所記有異議者，法院登記處調查人員得更正或補充之。如以異議為不當，應於筆錄內附記其異議。

第 7 條　（登載之方法）

法人及夫妻財產制契約登記簿之各欄，其登載之方法，應橫式書寫，並自左至右，每次登記完畢，應於緊接末行之下邊，以紅筆劃一直線，以迄記年、月、日欄為止，其已變更或註銷之事項，以紅線劃銷。並於備註欄及附屬文件，記明其日期暨事由，由承辦人員簽名或蓋章。簽名式或印鑑簿之登載，亦同。

第 8 條　（文字之書寫）

法人及夫妻財產制契約登記之簿冊及有關文件，應書寫明晰，不得潦草、挖補或塗改。如有增加、刪除，應蓋章並記明字數，其刪除處，應留存字跡，俾得辨認。

第 9 條 （重新登載之情形）

聲請人登載於新聞紙之內容有錯誤或遺漏，與登記不符時，登記處得命聲請人重新登載。

第 10 條 （公告之方式）

公告，應將登記內容為全部之記載。但依非訟事件法第九十三條第二項公告節本者，得僅公告其要點。

第 11 條 （謄本之登記）

非訟事件法第一百零六條第一項所定交付於請求人之法人登記簿或夫妻財產制契約登記簿謄本，應於其末端記載：「本謄本係依照法人登記簿或夫妻財產制契約登記簿第某頁作成」字樣及作成年、月、日，由承辦登記人員簽名並蓋法院印。

第 12 條 （登記簿之閱覽）

法人及夫妻財產制契約登記簿及其附屬文件之閱覽，應在法院內承辦登記人員前為之。閱覽人如有疑義，得請求承辦人員說明。

第 13 條 （登記文件之保管）

法院登記處應照法人登記簿或夫妻財產制契約登記簿之記載，另製副本一份，連同有關文件編卷歸檔。

第 14 條 （文件之發還）

聲請人提出之文件，於登記完畢後，除應由法院保管者外，應加蓋證物章，並記明案號，發還原提出人。

第二章　法人登記

第 15 條 （登記之類別）

本規則所稱法人登記，為設立登記、變更登記、解散登記、清算人任免或變更登記及清算終結登記。

第 16 條 （法人名稱）

I.登記之法人名稱，應標明其為社團法人或財團法人。但其他法律另有規定者，不在此限。

II.法人不得以其董事會或其他內部組織之名義，為其登記之名稱。

第 17 條 （各款文件之含義解釋）

非訟事件法第八十四條第一項第二、三款所列文件，其含義如下：

一　董事證明資格之文件：係指董事之產生及其應備資格之證明文件。

二　財產證明文件：係指法人獲准登記成立時，即將該財產移轉為其所有之承諾書或其他文件。

第 18 條 （法人登記簿）

I.登記處所備之法人登記簿如附表一（略）。

II.登記處於登記後，應發給專用於辦理法人取得財產之登記簿謄本，謄本上應載明：「專用於辦理法人取得財產登記」字樣。

III.前項法人登記簿，應永久保存。但法人經清算終結登記逾五年者，不在此限。

第 19 條 （簽名式或印鑑簿）

辦理法人登記，所備置法人登記簽名式或印鑑簿如附式二（略），由地方法院自行印製使用，簿面及上下頁連綴騎縫處，均蓋騎縫印。

第 20 條 （登記之聲請）

I.法人登記，應依聲請為之，但法律另有規定者，依其規定。聲請登記，應具聲請書。由聲請人或其非訟代理人簽名或蓋章。

II.前項非訟代理人，應附具委任書。

第 21 條 （設立登記聲請之程式）

I.法人設立登記，應由全體董事聲請，其聲請書，應記載民法第四十八條第一項或第六十一條第一項所定應登記之事項，附具章程或捐助章程及非訟事件法第八十四條第一項所定之文件，並於聲請書內載明其名稱及件數。

II.法人設置分事務所者，應向主事務所所在地法院登記處辦理登記，並附具非訟事件

法第八十四條第二項所定之文件，並於聲請書內載明文件名稱及件數。其分事務所不在同一法院管轄區域內者，並應檢同登記簿謄本及前項所定文件謄本，向分事務所所在地法院登記處辦理登記。

III.第一項章程或捐助章程及財產目錄，應永久保存。但法人經清算終結登記逾五年者，不在此限。

第 22 條　（變更登記聲請之程式）
法人變更登記聲請書，應載原已登記之事項，變更登記之內容及決定變更登記之程序與日期，附具非訟事件法第八十五條第二項所定之文件，並於聲請書內載明其名稱及件數。

第 23 條　（解散登記聲請之程式）
法人解散登記聲請書，應記載解散之原因，可決之程序與日期，清算人之姓名、住所，附具非訟事件法第八十八條第二項所定之文件，並於聲請書內載明其名稱及件數。

第 24 條　（清算人任免或變更登記聲請之程式）
清算人任免或變更登記聲請書，應記載清算人任免或決定變更之程序，新任清算人之姓名、住所，附具非訟事件法第九十條第二項所定之文件，並於聲請書內載明其名稱及件數。

第 25 條　（清算終結登記聲請之程式）
清算終結登記聲請書，應記載民法第四十條第一項所定清算人職務執行之情形與清算終結之日期，附具非訟事件法第九十一條第二項所定之文件，並於聲請書內載明其名稱及件數。

第 26 條　（證明文件之繕本或影本）
依前五條規定附具之證明文件，其原本須發還者，應提出繕本或影本，由提出人簽名或蓋章，證明與原本無異，並由登記處核對相符後附卷。

第 27 條　（撤銷法人登記之公告）
依非訟事件法第八十六條第一項撤銷法人登記時，應公告之。

第 28 條　（法人登記證書）
I.法人登記證書如附式三（略）。

II.法人設立登記後，有變更事項，而聲請變更登記者，登記處於登記完畢後，應換發法人登記證書。

III.法人登記證書，應懸掛於法人主事務所顯明之處所。

IV.依非訟事件法第八十六條第三項聲請補發法人登記證書時，其原因應釋明之。

第 29 條　（撤銷許可或命令解散之通知）
主管機關對於已成立之法人，撤銷其許可，或命令解散者，應即通知該管法院登記處，登記其事由。

第 30 條　（法人事務所遷移之處理）
I.法人之主事務所、分事務所，遷移至原法院管轄區域以外而為變更登記者，原法院登記處應記明其事由。

II.前項情形，原法院應將原登記簿謄本或影本，移送於管轄法院。

第三章　夫妻財產制契約登記

第 31 條　（登記之類別）
I.夫妻財產制契約登記，為訂約登記、變更登記、廢止登記及囑託登記。

II.登記，應用夫妻財產制之法定名稱。

第 32 條　（登記簿冊）
法院登記處辦理夫妻財產制契約登記，所備置夫妻財產制契約登記簽名式或印鑑簿如附式四（略），由地方法院自行印製使用，簿面及上下頁連綴騎縫處均蓋騎縫章。

第 33 條　（夫妻財產制契約登記簿）
登記處應於夫妻財產制契約登記簿（附式

五）（略）記載下列事項，由登記人員簽名或蓋章：

一　卷宗之年度、字號。

二　夫妻財產制之種類。

三　採共同財產制，約定由夫妻之一方管理共同財產者，其財產管理權之約定。

四　登記及其公告日期。

第 34 條　（簽名式或印鑑）

I.聲請約定登記，應同時提出夫及妻之簽名式或印鑑於法院。以後提出於法院之文書，應為同式之簽名或蓋印鑑章。

II.前項印鑑，毀損、遺失或被盜，向法院聲請更換時，其原因應釋明之。

第 35 條　（登記之聲請）

I.聲請登記，係委由非訟代理人為之者，應附具委任書。

II.聲請登記時，聲請人或代理人應提出其國民身分證或其他證件，聲請人或代理人為外國人者，應提出其護照或居留證或其他證件，以證明其確係聲請人或代理人本人。

第 36 條　（聲請之程式）

I.聲請登記，應具聲請書，記載夫妻姓名、職業、住居所，由聲請人簽名或蓋章。

II.訂約登記之聲請書，應記載結婚年、月、日、結婚地點，約定財產制之種類，並附具非訟事件法第一百零四條第一項所定之文件。

III.變更登記之聲請書，應記載原登記之約定財產制，變更之種類，訂定變更契約之年、月、日，並附具其契約書。

IV.廢止登記之聲請書，應記載原登記之約定財產制，訂定廢止契約之年、月、日，並附具其契約書。

第 37 條　（重為登記）

I.依非訟事件法第一百零二條之規定為陳報者，應提出原登記簿謄本或影本及住居所變更後之戶籍謄本或影本各一份，向原住居所或新住居所之任一法院登記處為之。

II.原住居所地之法院登記處接獲第一項之陳報後，應即將聲請登記有關之文件移送新住所地之法院登記處。

III.新住所地之法院登記處接獲第一項之陳報後，應即向原住居所地之法院登記處調取聲請登記有關之文件。

IV.自住所所變更之日起三個月以內，未向法院登記處陳報，而遷回原住所者，其住居所視為未變更。

V.住所所變更而新住居所仍在原法院管轄區域內者，毋須陳報。

第 38 條　（登記之通知）

I.新住居所地法院之登記人員，應將其辦妥登記之事項及日期，通知原登記法院。

II.原登記法院應將登記於新住所地登記簿之事由及日期，註明於登記簿，並將原登記註銷之。

第 39 條　（囑託登記）

I.法院登記處依非訟事件法第一百零四條第二項為囑託登記時，應將囑託登記之文件及日期記載於夫妻財產契約登記簿。

II.登記處為前項登記後，應將登記事項黏於法院公告處。

第 40 條　（外國人之夫妻財產制登記）

依涉外民事法律適用法第四十八條之規定，而依中華民國法律訂立夫妻財產制契約聲請登記者，亦適用本規則之規定。

第 41 條　（法定期間之重行起算）

修正非訟事件法有新增法定期間者，其期間自修正非訟事件法施行之日重行起算。

第四章　附　　則

第 42 條　（施行日期）

I.本規則自發布日施行。

II.本規則修正條文，除中華民國一百零一年一月二日修正條文，自一百年五月二十六日施行外，自發布日施行。

涉外民事法律適用法

九十九年五月二十六日總統令修正公布

①民國四十二年六月六日總統令公布
②九十八年十二月三十日總統令修正公布
③九十九年五月二十六日總統令修正公布全文

第一章　通　則

第1條　（法源）

涉外民事，本法未規定者，適用其他法律之規定；其他法律無規定者，依法理。

◇**連結因素**：國際私法主要是為了決定涉外案件應適用何國的法律，而一特定涉外法律關係與當事人或地域間，常有兩種以上的牽連關係，此等**用以決定為應適用法律基礎之牽連關係**，學者稱為連結因素。連結因素的類型，大致上有與主體、客體、行為、法律事實或與當事人意思有關（劉鐵錚、陳榮傳，國際私法論）。

◇**定性**：關於涉外法律關係，各國對於同一概念的涵義、範圍等常有差異，為解決此先決問題，須先「定性」，即**確定某一法律上概念或名詞的意義**，而加以正確的適用。

◇**附隨問題**：又稱**先決問題**，指受訴法院在審理本案過程中，其他附隨「含有涉外成份」的法律關係也發生問題，關於其究竟應適用何國的國際私法，以定其準據法之問題。

◇**法規欠缺的補全**

法規的完全欠缺	1.指對特定涉外法律關係於國際私法中，完全找不到可資適用的條文 2.依法理補全，有**適用內國法說**及**類推適用說**兩種，劉鐵錚、陳榮傳贊成類推適用說，認為應先分析該涉外關係的性質再類推適用類同的法規作為準據法
法規的不完全欠缺	1.指對特定涉外法律關係於國際私法中，雖非完全沒有可資適用的條文，但涉外法律關係的一部分事實與該條文規定的要件不完全吻合，因此不能直接適用該條文 2.採**平衡適用法**加以補全，亦即先確定單面法則中，該法律關係準據法的連結因素為何，其次以此連結因

素制定一抽象的準據法，最後再將具體案件適用於所制定的準據法（劉鐵錚、陳榮傳，國際私法論）

第2條　（國籍之積極衝突）

依本法應適用當事人本國法，而當事人有多數國籍時，依其關係最切之國籍定其本國法。

◇**國籍的積極衝突**：國籍的積極衝突，即一人有二個以上之國籍。依照造成積極衝突的原因是出生時或出生後的事實區分，可分為生來之國籍積極衝突，以及傳來之國籍積極衝突（劉鐵錚、陳榮傳，國際私法論）。

生來之國籍積極衝突	因出生時之事實而有重國籍。例如A國（採血統主義）人在B國（採出生地主義）生下子女，該子女即同時有兩個生來國籍
傳來之國籍積極衝突	因出生後之事實而有重國籍。例如A國人甲收養B國人乙，A國規定收養為外國人取得國籍之原因，B國卻認為被外國人收養不為喪失國籍之原因

◇**關係最密切之國**：在舊法下，當事人有多數國籍時，依其最後取得之國籍定其本國法，但此一規定於最後取得之國籍並非關係最切之國籍時，並不妥適，因此，修法後改為一律依當事人關係最密切之國籍定其本國法。

◇**當事人與各國籍關係的密切程度**：宜斟酌當事人之主觀意願（例如：最後取得之國籍是否為當事人真心嚮往）及各種客觀因素（例如：當事人之住所、營業所、工作、求學及財產之所在地等），綜合判斷之。

第3條　（國籍之消極衝突）

依本法應適用當事人本國法，而當事人無國籍時，適用其住所地法。

◇**國籍的消極衝突**：國籍的消極衝突，即係指無國籍而言。

◇**住所**：應以(1)有久住的意思；(2)有住於一定地域的事實，兩個要件來判斷是否為住所。

住所的積極衝突	即一人有兩個以上的住所
住所的消極衝突	即所謂無住所

第 4 條　（當事人之住所地法）

I.依本法應適用當事人之住所地法，而當事人有多數住所時，適用其關係最切之住所地法。

II.當事人住所不明時，適用其居所地法。

III.當事人有多數居所時，適用其關係最切之居所地法；居所不明者，適用現在地法。

第 5 條　（一國數法）

依本法適用當事人本國法時，如其國內法律因地域或其他因素有不同者，依該國關於法律適用之規定，定其應適用之法律；該國關於法律適用之規定不明者，適用該國與當事人關係最切之法律。

◇**一國數法**：在一國數法的情形，舊法採取直接指定主義，但考量到該國對於國內的法律衝突已有法律上的對策，不宜硬性規定，故新法採**間接指定主義**，例外始採**關係最密切原則**（劉鐵錚、陳榮傳，國際私法論）。

直接指定主義	指應適用當事人本國法，而當事人本國為一複數法域國家，各地法律不同時，明文指定應適用該外國某一特定法域之法律，作為當事人之本國法
間接指定主義	指不直接指定應適用當事人本國某一特定法域之法律，而是委由當事人本國之法律予以決定

第 6 條　（反致）

依本法適用當事人本國法時，如依其本國法就該法律關係須依其他法律而定者，應適用該其他法律。但依其本國法或該其他法律應適用中華民國法律者，適用中華民國法律。

◇**反致**：指於某種涉外法律關係，依內國國際私法的規定，應適用某外國的法律，而依該外國國際私法的規定，卻應適用內國法或他國法時，即以內國法或他國法代替該外國法之適用（劉鐵錚、陳榮傳，國際私法論）。

◇**反致的分類**

一部反致與全部反致	一部反致	**單純反致、單重反致**，指依內國國際私法適用某外國法時，僅適用該外國國際私法對該涉外關係所指定之準據法，不適用該外國國際私法的反致規定
	全部反致	**雙重反致**，指依內國國際私法適用某外國法時，不僅適用該外國國際私法對該涉外關係所指定之準據法，也適用該外國國際私法的反致規定
直接反致、轉據反致、間接反致、重複反致	直接反致	**一等反致**。依法院地國際私法規定應適用某外國法，但該外國國際私法規定應適用法院地法，受訴法院即應以內國法為審判時所應適用之法律
	轉據反致	**二等反致**。依法院地國際私法規定應適用某外國法，但該外國國際私法規定應適用第三國法時，受訴法院應以第三國法為審判時所應適用之法律
	間接反致	依法院地國際私法規定應適用某外國法，但該外國國際私法規定應適用第三國法，第三國國際私法卻規定應適用法院地法，此時受訴法院應以內國法為審判時所應適用之法律
	重複反致	對於直接反致或間接反致，再追加一段適用程序，進而適用某外國法

◇**適用「反致」之規定時須注意**：立法者對於各種法律關係的準據法，既然是經過深思熟慮、參酌各國立法、權衡各種政策之後，才選擇最適宜者加以規定，自然不宜因反致的規定而輕易捨棄，置法律的安定性、妥當性於不顧，因此，學者主張**反致條款不應過度擴大其適用**（劉鐵錚、陳榮傳，國際私法論）。

◇**關於反致規定的結構**：原條文關於反致的規定，兼採直接反致、間接反致及轉據反致，已能充分

涉外民事法律適用法

（第七〜一三條）

落實反致之理論，但晚近各國立法例已傾向於限縮反致的範圍，以簡化法律的適用，因此刪除原條文中段「依該其他法律更應適用其他法律者，亦同」之規定，以示折衷。直接反致在現行條文是否有明文規定，學說上的解釋並不一，因此在但書增列「其本國法或」等文字，以期直接反致及間接反致，均得以本條但書為依據。

第 7 條　（規避法律）

涉外民事之當事人規避中華民國法律之強制或禁止規定者，仍適用該強制或禁止規定。

◇**規避法律**：指當事人故意藉由變更連結因素的歸屬關係，以逃避不利於己而原應適用的內國法律，求得有利於己外國法律之適用（劉鐵錚、陳榮傳，國際私法論）。

◇**變更連結因素或聯繫因素**：連結因素的變更，常需花費大量的時間與金錢，因此僅客觀上有改變連結因素的事實，仍不能謂當事人具有詐欺內國法的意圖，尚須證明當事人兩造或一造主觀上具有詐欺內國法的意圖，始屬相當（劉鐵錚、陳榮傳，國際私法論）。

第 8 條　（外國法適用之限制）

依本法適用外國法時，如其適用之結果有背於中華民國公共秩序或善良風俗者，不適用之。

第二章　權利主體

第 9 條　（權利能力之準據法）

人之權利能力，依其本國法。

第 10 條　（行為能力之準據法）

I.人之行為能力，依其本國法。

II.有行為能力人之行為能力，不因其國籍變更而喪失或受限制。

III.外國人依其本國法無行為能力或僅有限制行為能力，而依中華民國法律有行為能力者，就其在中華民國之法律行為，視為有行為能力。

IV.關於親屬法或繼承法之法律行為，或就在外國不動產所為之法律行為，不適用前項規定。

◇**本國法**：由本條第 1 項規定可知，涉民法對於行為能力原則上採本國法主義，即以當事人的國籍作為決定行為能力準據法的連結因素。

◇**行為能力的認定**：由於行為能力問題通常是附隨於某一法律行為的效力問題而發生，因此，所謂「行為能力」，應指為該法律行為當時的行為能力而言，而其行為能力的準據法，也應是當事人為該法律行為當時所屬國的法律（劉鐵錚、陳榮傳，國際私法論）。

第 11 條　（外國人之死亡宣告）

I.凡在中華民國有住所或居所之外國人失蹤時，就其在中華民國之財產或應依中華民國法律而定之法律關係，得依中華民國法律為死亡之宣告。

II.前項失蹤之外國人，其配偶或直系血親為中華民國國民，而現在中華民國有住所或居所者，得因其聲請依中華民國法律為死亡之宣告，不受前項之限制。

III.前二項死亡之宣告，其效力依中華民國法律。

第 12 條　（外國人之監護、輔助宣告）

I.凡在中華民國有住所或居所之外國人，依其本國及中華民國法律同有受監護、輔助宣告之原因者，得為監護、輔助宣告。

II.前項監護、輔助宣告，其效力依中華民國法律。

◇**監護、輔助宣告原因的準據法**：內國法院對於內國國民得依內國法為監護、輔助的宣告，但對於外國人受監護、輔助宣告原因的準據法，則有不同見解：

1.本國法主義：依該外國人之本國法。

2.法院地法主義：學者柯澤東認為，一人有得為監護、輔助宣告的原因時，最關心的法院應該人存在地的法院或其財產所在地的法院，因為只有此等地方始有保護該自然人的必要。

3.本國法及法院地法兼採主義（折衷說）：此說認為當採本國法主義恐有礙於內國的公共秩序，而當採法院地法主義則恐與人的行為能力應依其本國法的基本原則相違，因此採此說，以期兩全。現行法規定採此說。

第 13 條　（法人屬人法）

法人，以其據以設立之法律為其本國法。

◇**法人屬人法**：法人是指自然人以外，由法律創設，而得為權利義務主體之團體，故外國法人也是外國人的一種。屬人法指附隨於當事人，無論當事人身在何一法域，有關其個人之法律關係所應適用之法律。法人的屬人法的立法例有設立準據法主義、主事務所所在地主義、營業中心地主義三種，我國法採設立準據法主義。

第 14 條 　（法人屬人法適用範圍）

外國法人之下列內部事項，依其本國法：
一　法人之設立、性質、權利能力及行為能力。
二　社團法人社員之入社及退社。
三　社團法人社員之權利義務。
四　法人之機關及其組織。
五　法人之代表人及代表權之限制。
六　法人及其機關對第三人責任之內部分擔。
七　章程之變更。
八　法人之解散及清算。
九　法人之其他內部事項。

第 15 條 　（外國法人分支機構之準據法）

依中華民國法律設立之外國法人分支機構，其內部事項依中華民國法律。

◇**適用範圍**：僅限於外國法人在內國的分支機構，依涉外民事法律適用法第 14 條所規定的內部事項，如為該分支機構的外部事項或對外法律關係，則非本條的適用範圍。

第三章　法律行為之方式及代理

第 16 條 　（法律行為方式之準據法）

法律行為之方式，依該行為所應適用之法律。但依行為地法所定之方式者，亦為有效；行為地不同時，依任一行為地法所定之方式者，皆為有效。

◇**涉民法第 16 條與第 20 條的區別**

第 16 條	規定法律行為形式要件（方式）的準據法
第 20 條	規定債權行為實質要件的準據法

◇**場所支配行為原則**：場所支配行為原則是「法則區別說」的重要原則，指就某地發生的法律關係，應依當地的法律來決定。此一原則原適用範圍相當廣泛，但 16 世紀以來，已縮減至方式問題。我國法就法律行為之方式之準據法採行為地法及本案準據法原則選擇適用主義，可見此一原則對於契約方式之作用已逐漸式微（劉鐵錚、陳榮傳，國際私法論）。

◇**選擇適用**：指就數個可選用的準據法中，選擇其中一個加以適用。

◇**選擇適用本案準據法或行為地法**：本條修法時增訂但書，使各個行為地法關於方式的規定，都能被選擇適用，擴大法律行為有效性的認定可能，以尊重當事人的意思自主。

第 17 條 　（代理權授與行為之準據法）

代理權以法律行為授與者，其代理權之成立及在本人與代理人間之效力，依本人及代理人所明示合意應適用之法律；無明示之合意者，依與代理行為關係最切地之法律。

◇**代理權的授與**：本條所謂「代理權的授與」，只指「意定代理」，因此本條是針對代理權的授與行為，明定其應適用的法律。如為「法定代理」，因為法定代理權是因法律規定當然發生，則應適用該法定代理本身的準據法，例如：親子關係、監護關係的準據法等（李後政，涉外民事法律適用法）。

第 18 條 　（本人與相對人間法律關係之準據法）

代理人以本人之名義與相對人為法律行為時，在本人與相對人間，關於代理權之有無、限制及行使代理權所生之法律效果，依本人與相對人所明示合意應適用之法律；無明示之合意者，依與代理行為關係最切地之法律。

◇**與代理行為關係最切地**：法院於認定某地是否為關係最密切地時，應斟酌所有主觀及客觀的因素，除當事人的意願及對各地之認識情形外，尚應包括該地是否為代理人或其僱用人於代行為成立時之營業地、標的物之所在地、代理行為地或代理人之住所地等因素。例如 A 國人甲（本人）授權在 B 國營業之 B 國人乙（代理人）處分甲在 C 國的財產，並由 C 國人丙（相對人）買

受，如甲、丙未明示合意定其應適用的法律，則就甲、丙之間關於乙所獲授權的內容及範圍的爭議，C國法律關於保護丙的信賴具有重要的利益，可認為關係最切地的法律（本條修法理由參照）。

第 19 條　（相對人與代理人間法律關係之準據法）

代理人以本人之名義與相對人為法律行為時，在相對人與代理人間，關於代理人依其代理權限、逾越代理權限或無代理權而為法律行為所生之法律效果，依前條所定應適用之法律。

第四章　債

第 20 條　（當事人意思自主原則）

I.法律行為發生債之關係者，其成立及效力，依當事人意思定其應適用之法律。

II.當事人無明示之意思或其明示之意思依所定應適用之法律無效時，依關係最切之法律。

III.法律行為所生之債務中有足為該法律行為之特徵者，負擔該債務之當事人行為時之住所地法，推定為關係最切之法律。但就不動產所為之法律行為，其所在地法推定為關係最切之法律。

◇**當事人意思自主原則**：法律行為發生債的關係，而以當事人意思決定應適用的法律者，是以當事人意思為連結因素，稱為當事人意思自主原則。

◇**契約以外的原因所發生之債的法律關係**：債的法律關係可分為意定之債與法定之債，因此除了契約之外，尚有因無因管理、不當得利、侵權行為而發生之債的法律關係。

第 21 條　（票據行為之準據法）

I.法律行為發生票據上權利者，其成立及效力，依當事人意思定其應適用之法律。

II.當事人無明示之意思或其明示之意思依所定應適用之法律無效時，依行為地法；行為地不明者，依付款地法。

III.行使或保全票據上權利之法律行為，其方式依行為地法。

◇**當事人意思自主原則**：票據行為的準據法，與其原因關係的準據法各自獨立，新法也採取當事人意思自主原則。

第 22 條　（指示證券或無記名證券之法律行為準據法）

法律行為發生指示證券或無記名證券之債者，其成立及效力，依行為地法；行為地不明者，依付款地法。

第 23 條　（無因管理之準據法）

關於由無因管理而生之債，依其事務管理地法。

第 24 條　（不當得利之準據法）

關於由不當得利而生之債，依其利益之受領地法。但不當得利係因給付而發生者，依該給付所由發生之法律關係所應適用之法律。

◇**本條結構**：本文就不當得利採取事實發生地法主義中的「利益受領地法主義」；但書則針對給付不當得利，採取「原因法律關係準據法主義」。可見本條前段實際上乃是關於非給付不當得利的規定，適用上與但書並非原則和例外的關係，而是兩種不當得利的規定。給付不當得利指當事人對於不存在之債務提出給付而發生者；非給付不當得利則是基於其他原因而發生者（劉鐵錚、陳榮傳，國際私法論）。

第 25 條　（侵權行為之準據法）

關於由侵權行為而生之債，依侵權行為地法。但另有關係最切之法律者，依該法律。

◇**本條結構**：本條為針對一般侵權行為的規定，第26條至第28條則針對特殊侵權行為所生之債加以規定。本文就一般侵權行為所生之債，原則上採侵權行為地法主義，並酌採最重要牽連關係理論，於但書規定另有關係最切之法律者，依該法律，以濟其窮（劉鐵錚、陳榮傳，國際私法論）。

◇**最重要牽連關係理論**：指應採關係最切之法律，其認定宜就各相關的法律，包括侵權行為地法、損害發生地法、侵權行為人及被害人之本國法、住所地法等，綜合比較其與侵權行為之債的牽連關係而決定之。

◇**因特殊侵權行為而生之債的準據法**：本法對因特殊侵權行為而生之債，於第26條至第28條規定其應適用之法律，其內容即屬本條但書所稱之關係最切之法律，故應優先適用之（修法說明參照）。

第 26 條　（商品製造人責任之準據法）

因商品之通常使用或消費致生損害者，被害人與商品製造人間之法律關係，依商品製造人之本國法。但如商品製造人事前同意或可預見該商品於下列任一法律施行之地域內銷售，並經被害人選定該法律為應適用之法律者，依該法律：

一　損害發生地法。
二　被害人買受該商品地之法。
三　被害人之本國法。

◇**商品製造人責任之準據法**：因商品的通常使用或消費致生損害者，被害人與商品製造人間的法律關係，涉及商品製造人的本國法關於其商品製造過程之注意義務及所生責任之規定，因此規定原則上應適用商品製造人的本國法。此一規定不問商品係經外國製造人事前同意而進口，或經由貿易商依真品平行輸入的方式而進口者，均有其適用。如前述被害人之所以因商品之通常使用或消費而受損害，乃是因為商品製造人的創造或增加被害人與商品接觸的機會所致，或謂其間具有相當的牽連關係者，即有特別保護被害人之必要，而由但書規定適用其他法律的情形。本條但書所適用的法律，必須符合三要件：**(1)僅限於損害發生地法、被害人買受該商品地法或被害人之本國法等三法律中之一；(2)商品製造人事前已同意或可預見該商品將銷售到該法律所施行的領域；(3)被害人須已選定該法律，作為商品製造人責任的準據法**（劉鐵錚、陳榮傳，國際私法論）。

第 27 條　（因不公平競爭或限制競爭而生之債之準據法）

市場競爭秩序因不公平競爭或限制競爭之行為而受妨害者，其因此所生之債，依該市場之所在地法。但不公平競爭或限制競爭係因法律行為造成，而該法律行為所應適用之法律較有利於被害人者，依該法律行為所應適用之法律。

第 28 條　（經由媒介實施之侵權行為之準據法）

I.侵權行為係經由出版、廣播、電視、電腦網路或其他傳播方法為之者，其所生之債，依下列各款中與其關係最切之法律：

一　行為地法；行為地不明者，行為人之住所地法。
二　行為人得預見損害發生地者，其損害發生地法。
三　被害人之人格權被侵害者，其本國法。

II.前項侵權行為之行為人，係以出版、廣播、電視、電腦網路或其他傳播方法為營業者，依其營業地法。

◇**關係最切之法律**：本條基本上兼採侵權行為地法主義及損害發生地法主義，涉及被害人之人格權時，再斟酌本國法。法院認定某法律是否為關係最密切之法律時，應斟酌包括被害人的意願及損害填補的程度等在內的所有主觀及客觀的因素，再綜合比較評定之（增訂理由參照）。又侵權行為人為公共傳播媒介業者時，其行為是否違法及其侵權行為之責任，均與其營業行為密不可分，故本條第 2 項乃規定應依其營業地法。

第 29 條　（被害人直接請求保險給付之準據法）

侵權行為之被害人對賠償義務人之保險人之直接請求權，依保險契約所應適用之法律。但依該侵權行為所生之債應適用之法律得直接請求者，亦得直接請求。

◇**侵權行為準據法及保險契約準據法的選擇適用主義**：因侵權行為人投保責任保險者，被害人並非保險契約的當事人，保險人也非為侵權行為之債的當事人，被害人得否直接向保險人請求給付，有認為應依該保險契約之準據法者，也有認為應依侵權行為之準據法者。但為保護被害人的利益，宜使被害人得就此二準據法選擇適用，以期可以直接向保險人請求給付，較為妥當。故我國現行法採侵權行為準據法及保險契約準據法的選擇適用主義。

第 30 條　（因法律事實而生之債之準據法）

關於由第二十條至前條以外之法律事實而生之債，依事實發生地法。

◇**其他法律事實而生之債**：指性質上非屬法律行為、無因管理、不當得利或侵權行為的法律事實而言。

涉外民事法律適用法

（第三一～三五條）

第 31 條 　（非因法律行為而生之債之準據法）

非因法律行為而生之債，其當事人於中華民國法院起訴後合意適用中華民國法律者，適用中華民國法律。

第 32 條 　（債權讓與之準據法）

I. 債權之讓與，對於債務人之效力，依原債權之成立及效力所應適用之法律。

II. 債權附有第三人提供之擔保權者，該債權之讓與對該第三人之效力，依其擔保權之成立及效力所應適用之法律。

◇採固有法說的立法理由：本條第 1 項採固有法說，使某一債權之得否讓與、如何讓與及讓與後之效力，都依同一法律予以決定，適用上較為簡便、合理（劉鐵錚、陳榮傳，國際私法論）。

◇第三人提供擔保：

1. 舊法關於「第三人」之範圍未予以限定，但債權讓與時，在讓與人及受讓人以外之所謂第三人，其範圍包括債務人及其他第三擔保人。

2. 現行法於本條第 1 項，明定為債權讓與對於債務人之效力之規定，並增訂第 2 項，明定為債權讓與對於第三擔保人之效力之規定。債權附有第三擔保人提供之擔保者，該第三擔保人與債權人間通常有以擔保債權為目的之法律行為（如訂定保證契約或設定擔保物權），此時該債權之讓與對其所附擔保權之影響或對於該第三擔保人之效力，例如該第三人得否因而免責或其擔保權是否應隨債權而由債權受讓人取得等問題，均宜依該擔保權之成立及效力所應適用之法律，始足以維持公平並保護該第三人。例如 A 國人甲與 B 國人乙訂定最高限額一百萬元之保證契約，擔保乙對於 C 國人丙之債權，而乙讓與其對丙之六十萬元之債權給丁，則甲之保證債務是否隨乙之債權讓與而擔保丁所取得之六十萬元債權，及甲是否另於四十萬元之額度內擔保乙或丁對丙之其他債權等問題，均宜依該保證契約應適用之法律決定之（99 年修法理由參照）。

第 33 條 　（債務承擔之準據法）

I. 承擔人與債務人訂立契約承擔其債務時，該債務之承擔對於債權人之效力，依原債權之成立及效力所應適用之法律。

II. 債務之履行有債權人對第三人之擔保權之擔保者，該債務之承擔對於該第三人之效力，依該擔保權之成立及效力所應適用之法律。

◇第三人擔保之例子：債務由承擔人承擔時，原有之債權債務關係之內容即已變更，故如第三人曾為原債權提供擔保，該第三人所擔保之債權內容亦因而有所不同，故該第三人得否因而免責或其擔保是否仍繼續有效等問題，宜依該擔保權之成立及效力所應適用之法律，以保護該第三擔保人之利益。例如 A 國人甲與 B 國人乙訂定最高限額一百萬元之保證契約，擔保乙對於 C 國人丙之債權，如丁承擔丙對乙之六十萬元之債務，則甲之保證契約是否轉而擔保丁對乙承擔之六十萬元債務所對應之債權，及甲是否仍應擔保丙對乙之其他債務所對應之債權等問題，均宜依該保證契約應適用之法律決定之。

第 34 條 　（第三人求償權之準據法）

第三人因特定法律關係而為債務人清償債務者，該第三人對債務人求償之權利，依該特定法律關係所應適用之法律。

◇第三人：本條之第三人包括保證人或其他擔保人；「清償債務」除第三人自動清償以消滅債務外，也包括債權人實行擔保物權或對第三人之財產強制執行，而依法受清償之情形（劉鐵錚、陳榮傳，國際私法論）。

◇依該特定法律關係所應適用法律之理由：第三人因特定法律關係而為債務人清償債務者，例如：保證人或其他擔保人代債務人清償債務時，該第三人是否得承受或代位行使原債權人對債務人之權利或向債務人求償之問題，所涉及者主要為原債權人及繼受人間之利益衡量，其與第三人所據以清償之法律關係（保證契約）之準據法關係密切。因此參考德國、瑞士立法例，明定應依該特定法律關係所應適用的法律（99 年修法理由參照）。

第 35 條 　（共同債務人求償權之準據法）

數人負同一債務，而由部分債務人清償全部債務者，為清償之債務人對其他債務人求償之權利，依債務人間之法律關係所應適用之法律。

第 36 條 （請求權消滅時效之準據法）
請求權之消滅時效，依該請求權所由發生之法律關係所應適用之法律。

第 37 條 （債之消滅之準據法）
債之消滅，依原債權之成立及效力所應適用之法律。

第五章 物 權

第 38 條 （物權之準據法）
I.關於物權依物之所在地法。
II.關於以權利為標的之物權，依權利之成立地法。
III.物之所在地如有變更，其物權之取得、喪失或變更，依其原因事實完成時物之所在地法。
IV.關於船舶之物權依船籍國法；航空器之物權，依登記國法。

◇**屈服條款**：指如行為能力、債之關係及親屬繼承等其他涉外法律關係，如涉及不動產時，以物之所在地法優先適用，因為不動產具有固定性，又構成國土之一部分，因此其所在國乃成為其物權的當然重心。晚近學者為支持動產也適用物之所在地法主義，提出多項理論包含任意服從說、領土主權說、實際必須說、效力限制說及公共利益說等（劉鐵錚、陳榮傳，國際私法論）。

◇**併算主義與比例計算主義**：以時效取得動產為例，尚未取得時效之動產移入另一國後，其取得時效應依新所在地法，但在舊所在地已經過的時效是否計算在內，則有三種不同學說：

依新所在地法重新計算主義	此說單純而貫徹新所在地法原則，然而對當事人頗為不公平
合併計算主義	此說對當事人最為有利，但因採合併計算則即時取得之機率頗高，有鼓勵當事人變更連繫因素（物之所在地）以早日完成取得時效之嫌
比例計算主義	依舊所在地法進行之時效百分比餘額再依新所在地法計其完成時效之期間，此說對於在原所在地法已進行之時效所取得之既得權益，以及新所在地法之規定均能兼顧其合理保護，不失為依衡平之計算方式（曾陳明汝，國際私法原理續集──各論編）

第 39 條 （物權行為方式之準據法）
物權之法律行為，其方式依該物權所應適用之法律。

第 40 條 （自外國輸入之動產物權之準據法）
自外國輸入中華民國領域之動產，於輸入前依其所在地法成立之物權，其效力依中華民國法律。

第 41 條 （託運期間動產物權之準據法）
動產於託運期間，其物權之取得、設定、喪失或變更，依其目的地法。

第 42 條 （智慧財產權之準據法）
I.以智慧財產為標的之權利，依該權利應受保護地之法律。
II.受僱人於職務上完成之智慧財產，其權利之歸屬，依其僱傭契約應適用之法律。

第 43 條 （載貨證券相關問題之準據法）
I.因載貨證券而生之法律關係，依該載貨證券所記載應適用之法律；載貨證券未記載應適用之法律時，依關係最切地之法律。
II.對載貨證券所記載之貨物，數人分別依載貨證券及直接對該貨物主張物權時，其優先次序，依該貨物之物權所應適用之法律。
III.因倉單或提單而生之法律關係所應適用之法律，準用前二項關於載貨證券之規定。

◇**貨物之物權所應適用之法律**：數人分別依載貨證券主張權利，或對證券所載貨物直接主張權利者，其所主張之權利，既各有準據法，自難決定各權利之優先次序。因此參考瑞士國際私法之精神，規定此時適用該貨物物權的準據法，以杜爭議。至於載貨證券所記載之貨物的物權之準據法，啟運之前固為其當時的所在地法，即**出發地法**。啟運之後則屬第 41 條所規定的託運中物品，依該條規定應為**其目的地法**（99 年修理由參照）。

第 44 條 （集中保管之有價證券權利變動之準據法）
有價證券由證券集中保管人保管者，該證券權利之取得、喪失、處分或變更，依集中保管契約所明示應適用之法律；集中保

管契約未明示應適用之法律時，依關係最切地之法律。

第六章　親　屬

第45條　（婚約成立及效力之準據法）
I.婚約之成立，依各該當事人之本國法。但婚約之方式依當事人一方之本國法或依婚約訂定地法者，亦為有效。

II.婚約之效力，依婚約當事人共同之本國法；無共同之本國法時，依共同之住所地法；無共同之住所地法時，依與婚約當事人關係最切之法律。

◇**與婚約當事人關係最切地的判斷**：參考增訂理由，各地與婚約當事人關係密切之程度，則應綜合考量各當事人之居所、工作或事業之重心地、財產之主要所在地、學業及宗教背景、婚約之訂定地等各項因素判斷之。

第46條　（婚姻成立要件之準據法）
婚姻之成立，依各該當事人之本國法。但結婚之方式依當事人一方之本國法或依舉行地法者，亦為有效。

◇**婚姻成立的要件**：婚姻成立的要件，可分為**實質要件**，例如：須雙方當事人合意、須非在精神錯亂或無意識時結婚、須達法定年齡等；以及**形式要件**，即結婚的方式問題，例如在我國，即規定須書面、兩人以上證人簽名並在戶政機關登記。

◇**婚姻成立要件的準據法**：本條本文規定婚姻成立之實質要件的準據法，適用各該當事人的本國法；本條但書就婚姻形式要件的準據法，採取三個準據法（男本國法、女本國法或舉行地法）的選擇適用主義。

◇**依各該當事人之本國法**：所謂「依各該當事人之本國法」，指男方之成立要件僅依男方之本國法，女方之成立要件亦僅依女方之本國法。此外，解釋上應係指締結婚姻時各該當事人的本國法而言，以避免影響婚姻的安定性。

第47條　（婚姻效力之準據法）
婚姻之效力，依夫妻共同之本國法；無共同之本國法時，依共同之住所地法；無共同之住所地法時，依與夫妻婚姻關係最切地之法律。

◇**婚姻身分上的效力**：婚姻之身分上效力，可包括夫妻之同居問題、扶養義務、日常家務之代理權以及姓氏問題等等，但有學者認為姓氏問題與人格權有關，因而應適用當事人之屬人法（李後政，涉外民事法律適用法）。學者有主張：婚姻的效力應採變更主義，因為婚姻的身分上效力具有繼續性質，無法固著於某一時點之連結因素或法律，故當事人變更國籍後，自應服從新共同本國法的規定。

◇**關係最密切的判斷**：依照修正理由，應由法院綜合考量攸關夫妻婚姻的各項因素，包括：夫妻之居所、工作或事業之重心地、財產之主要所在地、家庭成員生活重心之地、學業及宗教背景等，選擇其中關係最密切地的法律，為應適用的法律。

◇**適用範圍**：本條所稱「婚姻之效力」，僅指婚姻之身分上之效力，至於婚姻財產上之效力，則屬本法第48條與第49條所定夫妻財產制之範圍。

第48條　（夫妻財產制之準據法）
I.夫妻財產制，夫妻以書面合意適用其一方之本國法或住所地法者，依其合意所定之法律。

II.夫妻無前項之合意或其合意依前項之法律無效時，其夫妻財產制依夫妻共同之本國法；無共同之本國法時，依共同之住所地法；無共同之住所地法時，依與夫妻婚姻關係最切地之法律。

III.前二項之規定，關於夫妻之不動產，如依其所在地法，應從特別規定者，不適用之。

◇**限制的當事人意思自主原則**：本條第1項是採折衷式的當事人意思自主原則，因為夫妻雖得以書面合意其夫妻財產制的準據法，但其合意的準據法以其一方之本國法或住所地法為限。另值得注意的是，並不在於夫妻是採何種夫妻財產制，而在於其夫妻財產制將適用何國法律，因此不適用非訟事件法關於夫妻財產制契約登記的規定。

第49條　（保護善意第三人之準據法）
夫妻財產制應適用外國法，而夫妻就其在中華民國之財產與善意第三人為法律行為者，關於其夫妻財產制對該善意第三人之效力，依中華民國法律。

◇**在中華民國之財產**：本條所謂「在中華民國之財產」，解釋上除其物權應適用中華民國法律之動

產及不動產外，也包括以中華民國法律為其準據
法之智慧財產權及其他財產權，中華民國法律上
關於處分此等權利時，保護善意第三人之規定，
均應優先於夫妻財產制的準據法而適用之。

第 50 條　（離婚及其效力之準據法）

離婚及其效力，依協議時或起訴時夫妻共
同之本國法；無共同之本國法時，依共同
之住所地法；無共同之住所地法時，依與
夫妻婚姻關係最切地之法律。

◇**離婚事件的國際管轄權問題**：涉外民事法律適
用法並無關於離婚事件國際管轄權的規定，但綜
合家事事件法第 53 條關於離婚事件管轄權的規
範意旨及原理，應解為我國就離婚事件的國際管
轄權，是以當事人本國法院管轄為原則，輔以住
所地法院管轄權及原因事實發生地法院的管轄
權。

◇**累積適用**：累積適用與並行適用不同，**累積適用
是指對同一法律關係重疊適用數種準據法**。但本
條於新法下已不採累積適用，改採三個準據法（先
共同本國法，其次共同住所地法、最後婚姻最密
切地法）次第適用模式。

◇**離婚後子女改定監護人之訴訟**：過去曾有實務
見解認為，所謂「離婚之效力」包含離婚後子女
之監護，而關於離婚後子女監護人的更易，性質
上仍屬夫妻於離婚後應向何人對未成年子女行使
監護（親權）事項，自屬離婚之效力之範圍（參
最高法院 85 年度臺上字第 1207 號判決）。但參照
新法的修正說明，**本條所稱「離婚之效力」，是指
離婚對於配偶在身分上所發生的效力而言**，至於
夫妻財產或夫妻對於子女之權利義務在離婚後之
調整問題等，則應依關於各該法律關係之規定，
定其應適用之法律。

◇**適用範圍：所謂「離婚」，解釋上不限離婚之原
因，尚包括准許離婚與否的問題、離婚的方法、
准許離婚的機關**（劉鐵錚、陳榮傳，國際私法
論）。

第 51 條　（子女身分之準據法）

子女之身分，依出生時該子女、其母或其
母之夫之本國法為婚生子女者，為婚生子
女。但婚姻關係於子女出生前已消滅者，
依出生時該子女之本國法、婚姻關係消滅
時其母或其母之夫之本國法為婚生子女
者，為婚生子女。

◇**承認子女的婚生性**：本法第 51 條本文對於子女
之婚生地位的認定，採取優遇原則，並藉由選擇
適用三個準據法的方式,儘量承認子女的婚生性,
並解決舊法之內容違反當前兩性平等思潮之問
題。

第 52 條　（準正之準據法）

非婚生子女之生父與生母結婚者，其身分
依生父與生母婚姻之效力所應適用之法
律。

第 53 條　（認領之準據法）

I.非婚生子女之認領，依認領時或起訴時認
領人或被認領人之本國法認領成立者，其
認領成立。
II.前項被認領人為胎兒時，以其母之本國法
為胎兒之本國法。
III.認領之效力，依認領人之本國法。

◇**使非婚生子女取得婚生地位的認領**：本文第
53 條第 1 項改採認領人或被認領人本國法選擇
適用主義，即只要依認領人或被認領人當時之本
國法，該認領可以成立，其認領即為成立，此種
規定儘量使非婚生子女取得婚生地位，較符合保
障被認領人利益之意旨。

第 54 條　（收養之準據法）

I.收養之成立及終止，依各該收養者被收養
者之本國法。
II.收養及其終止之效力，依收養者之本國
法。

第 55 條　（父母子女法律關係之準據法）

父母與子女間之法律關係，依子女之本國
法。

◇**親子間的扶養義務不屬於本條的適用範圍**：
參照修正理由的說明，本條所稱「父母與子女間
之法律關係」，是指父母對於未成年子女關於親權
之權利義務而言，其重點係在此項權利義務之分
配及行使問題，至於父母對於未成年子女之扶養
義務之問題、已成年子女對於父母之扶養義務、
父母與子女間彼此互相繼承之問題等，則應分別
依扶養權利義務及繼承的準據法予以決定。

◇**子女本國法主義**：父母子女的法律關係，舊法
規定是以依父或母的本國法為原則，已非適宜。
新法修正為依子女的本國法，以貫徹子女的本國
法優先適用及保護子女利益原則。

◇**父母與子女間之法律關係**：本條所謂「父母與子女間之法律關係」，是指父母對於未成年子女關於親權的權利義務而言，不包括已有特別規定的子女婚生性認定、認領、收養、監護等問題。

第 56 條　（監護之準據法）

I 監護，依受監護人之本國法。但在中華民國有住所或居所之外國人有下列情形之一者，其監護依中華民國法律：
一　依受監護人之本國法，有應置監護人之原因而無人行使監護之職務。
二　受監護人在中華民國受監護宣告。
II 輔助宣告之輔助，準用前項規定。

◇**監護**：依本條規定可知，我國是採原則上依受監護人、受輔助人的本國法，例外依法院地法的修正屬人法主義。

第 57 條　（扶養之準據法）

扶養，依扶養權利人之本國法。

◇**扶養的義務**：學者曾認為本條所謂扶養之義務，不包括父母對於未成年子女之扶養義務，但新法修正後，參照本法第 55 條修正理由，應可認為父母對於未成年子女的扶養義務應按本條規定處理。

第七章　繼　承

第 58 條　（繼承之準據法）

繼承，依被繼承人死亡時之本國法。但依中華民國法律中華民國國民應為繼承人者，得就其在中華民國之遺產繼承之。

第 59 條　（無人繼承遺產之處理）

外國人死亡時，在中華民國遺有財產，如依前條應適用之法律為無人繼承之財產者，依中華民國法律處理之。

第 60 條　（遺囑之準據法）

I 遺囑之成立及效力，依成立時遺囑人之本國法。
II 遺囑之撤回，依撤回時遺囑人之本國法。

◇**關於遺囑成立與效力規定的適用範圍**：本條是有關遺囑之實質要件的規定，即指遺囑方式以外關於遺囑成立生效所應具備之要件，例如：遺囑能力、遺囑的意思表示是否健全無瑕疵等。

第 61 條　（遺囑訂立及撤回方式之準據法）

遺囑及其撤回之方式，除依前條所定應適用之法律外，亦得依下列任一法律為之：
一　遺囑之訂立地法。
二　遺囑人死亡時之住所地法。
三　遺囑有關不動產者，該不動產之所在地法。

◇**數國法律選擇適用之原則**：本條採取數國法律選擇適用之原則，尊重遺囑人之意思，對於遺囑及其撤回行為之有效成立，均比較有利。

◇**一遺囑之行為地橫跨數國**：遺囑之訂立地法即指行為地法而言，如同一遺囑的訂立地橫跨數國，則其所有訂立地的法律，均為本條第 1 款所稱之訂立地法。

◇**遺囑有關不動產者**：所謂「遺囑有關不動產者」並非遺產之中含有不動產的意思，而是遺產中提及坐落某地的不動產時，該不動產之所在地法才得列為選擇適用之選項之一。

第八章　附　則

第 62 條　（不溯及既往原則）

涉外民事，在本法修正施行前發生者，不適用本法修正施行後之規定。但其法律效果於本法修正施行後始發生者，就該部分之法律效果，適用本法修正施行後之規定。

◇**持續發生法律效果的涉外民事法律關係**：本條但書對於持續發生法律效果的涉外民事法律關係（例如：婚姻的效力、父母子女間之法律關係）採取區別適用原則。可參考修正理由：「對於持續發生法律效果之涉外民事法律關係，例如：夫妻在本法修正施行前結婚者，其結婚之效力，或子女在本法修正施行前出生者，其父母子女間之法律關係等，即使其原因法律事實發生在本法修正施行之前，亦不宜一律適用本法修正施行前之規定。」

第 63 條　（施行日期）

本法自公布日後一年施行。

家事事件法

一百零八年六月十九日總統令修正公布

①民國一百零一年一月十一日總統令公布
②一百零四年十二月三十日總統令修正公布
③一百零八年四月二十四日總統令修正公布
④一百零八年六月十九日總統令修正公布第一六四、一六五條條文

第一編　總　則

第 1 條　（立法目的）

為妥適、迅速、統合處理家事事件，維護人格尊嚴、保障性別地位平等、謀求未成年子女最佳利益，並健全社會共同生活，特制定本法。

◇**家事事件**：指涉及父母、子女、婚姻、收養、繼承等人身**身分關係**之事件，及其所牽涉之相關財產或權利義務關係之紛爭類型。

第 2 條　（少年及家事法院）

本法所定家事事件由少年及家事法院處理之；未設少年及家事法院地區，由地方法院家事法庭處理之。

第 3 條　（家事事件之種類）

I.下列事件為甲類事件：
一　確認婚姻無效、婚姻關係存在或不存在事件。
二　確定母再婚後所生子女生父事件。
三　確認親子關係存在或不存在事件。
四　確認收養關係存在或不存在事件。

II.下列事件為乙類事件：
一　撤銷婚姻事件。
二　離婚事件。
三　否認子女、認領子女事件。
四　撤銷收養、撤銷終止收養事件。

III.下列事件為丙類事件：
一　因婚約無效、解除、撤銷、違反婚約之損害賠償、返還婚約贈與物事件。
二　因婚姻無效、撤銷婚姻、離婚、婚姻消滅之損害賠償事件。

三　夫妻財產之補償、分配、分割、取回、返還及其他因夫妻財產關係所生請求事件。
四　因判決終止收養關係給與相當金額事件。
五　因監護所生損害賠償事件。
六　因繼承回復、遺產分割、特留分、遺贈、確認遺囑真偽或其他繼承關係所生請求事件。

IV.下列事件為丁類事件：
一　宣告死亡事件。
二　撤銷死亡宣告事件。
三　失蹤人財產管理事件。
四　監護或輔助宣告事件。
五　撤銷監護或輔助宣告事件。
六　定監護人、選任特別代理人事件。
七　認可收養或終止收養、許可終止收養事件。
八　親屬會議事件。
九　拋棄繼承、無人承認繼承及其他繼承事件。
十　指定遺囑執行人事件。
十一　兒童、少年或身心障礙者保護安置事件。
十二　停止緊急安置或強制住院事件。
十三　民事保護令事件。

V.下列事件為戊類事件：
一　因婚姻無效、撤銷或離婚之給與贍養費事件。
二　夫妻同居事件。
三　指定夫妻住所事件。
四　報告夫妻財產狀況事件。
五　給付家庭生活費用事件。
六　宣告改用分別財產制事件。
七　變更子女姓氏事件。
八　定對於未成年子女權利義務之行使負擔事件。
九　交付子女事件。
十　宣告停止親權或監護權及撤銷其宣告事件。

家事事件法

第一編　總　則　（第三條）

十一　監護人報告財產狀況及監護人報
酬事件。

十二　扶養事件。

十三　宣告終止收養關係事件。

Ⅵ其他應由法院處理之家事事件，除法律別
有規定外，適用本法之規定。

◇**關於扶養費事件之定性爭議**：應視不同情形將
其定性為訴訟事件或非訟事件：

情　形	定　性	說　明
①扶養費之金額由法院決定	非訟事件	金額非由法律明定，而係由法院審酌之情形裁量決定
②已有扶養費協議，而請求依約給付過去應給付而未給付或尚未給付之扶養費	訴訟事件	係依據契約為請求
③扶養金額未經約定，父母之一方請求他方給付過去應給付而未給付之扶養費	訴訟事件，但同時具非訟性質（因過去扶養費之父母分擔比例係由法院職權酌定）	因等於是由自己先代墊之扶養費，故所請求給付者應屬不當得利之返還

於③之情形，有學者主張，家事事件法（以下簡
稱為家事法）為了處理之迅速簡便，儘管該事件
同時具有訴訟與非訟性質，仍已將之全部統合為
非訟事件加以處理。但亦有見解認為，請求返還
不當得利，沒有理由將之當成非訟事件處理；且
全部當成非訟事件、適用非訟法理處理，可能會
被認為在當事人請求給付約定金額之扶養費時，
法院得強力介入，於無「情事變更」（民法第227
條之2）之情形仍依職權增加其金額，不受當事
人之聲明拘束，顯有不當。

◇**關於宣告終止收養之定性爭議**：雖家事法第3
條將其列為非訟事件，但學說上迭有批評，詳參
下述：

立法背景	民法第1081條，兒童及少年福利與權益保障法第20、71條，兒童及少年性剝削防制條例第28條等，設有「宣告

終止收養」之制度。家事事件法立法
前，民訴法將之列為訴訟事件

立法定性	家事法將之規定為非訟事件（第3條第5項第13款）
立法理由	第114條之立法理由謂：「本質上既有賴法官職權裁量而有迅速、妥適判斷之必要，爰予非訟化處理」
學說批評	(1)體系不一致：「撤銷收養」、「撤銷終止收養」仍列為家事訴訟事件，獨將「宣告終止收養」非訟化，沒有道理 (2)前後矛盾：第45條仍將「終止收養」列為訴訟事件，顯然前後矛盾、立法拙劣 (3)「保護子女最佳利益」不能成為非訟化之理由：蓋其他如否認子女、撤銷收養、撤銷終止收養等事件仍列為家事訴訟事件 (4)結論：此應係家事法「倉促立法，未注意前後規定互相矛盾之結果，而於事後找理由，以彌補缺陷」。宣告終止收養事件應為訴訟事件，本法第3條第5項第13款應修法刪除（林秀雄）

◇**家事事件法所定酌給遺產事件之性質**：依民
法第1149條規定，被繼承人生前繼續扶養之人，
應由親屬會議酌給遺產，親屬會議不能為之，則
由法院審酌之。不過，家事法第3條第3項第6
款及第37條規定「其他繼承關係所生請求事件」
為訴訟事件，家事事件審理細則第79條第1項第
6款並規定民法第1149條之遺產酌給請求權係
繼承訴訟事件。另一方面，家事法第181條第5
項將「關於酌給遺產事件」列為家事非訟事件（第
四編家事非訟程序之第十二章親屬會議事件）。此
係因請求酌給遺產在實體法上有二個面向，首先
由親屬會議決定酌給數額，再由該酌給請求權人
向繼承人或遺產管理人請求交付。程序法因而對
應實體法，而有非訟事件（決定酌給數額）以及
訴訟事件（請求給付）之面向（林秀雄）。

◇**家事事件法所定酌給遺產事件之性質**：民事
法律中之不同條文分別將其定性為訴訟事件和非
訟事件：

定性為訴訟事件者	(1)家事法第3條第3項第6款、第37條：規定「其他繼承關係所生請求

事件」為訴訟事件

(2)家事事件審理細則第 79 條第 1 項第 6 款：規定民法第 1149 條之遺產酌給請求權係繼承訴訟事件

| 定性為非訟事件者 | (1)民法第 1149 條規定：被繼承人生前繼續扶養之人，應由親屬會議酌給遺產，親屬會議不能為之，則由法院審酌之
(2)家事法第 181 條第 5 項：將「關於酌給遺產事件」列為家事非訟事件 |

評釋：之所以會有如此看似迴異的歧異定性，乃因請求酌給遺產在實體法上有二個階段：首先由親屬會議決定酌給數額，再由該酌給請求權人向繼承人或遺產管理人請求交付。此對應到程序法，即是兼具非訟事件（決定酌給數額）以及訴訟事件（請求給付）兩種面向（林秀雄）

▲【43 臺上 1180】 非婚生子女除經生父認領或視同認領外，與其生父在法律上不生父子關係，不得提起確認父子關係成立之訴。

▲【86 臺上 1908】 因認領而發生婚生子女之效力，須被認領人與認領人間具有真實之血緣關係，否則其認領為無效，此時利害關係人均得提起認領無效之訴。又由第三人提起認領無效之訴者，如認領當事人之一方死亡時，僅以其他一方為被告即為已足。

▲【105 臺簡抗 4 裁】 未成年子女父母之一方，依不當得利法律關係請求他方返還代墊之未成年子女扶養費，其基礎事實仍係父母子女等家庭成員間之給付關係，性質上亦屬親子非訟事件，應與上揭未成年子女請求扶養事件合併審判。

第 4 條　（處理權限之衝突）

Ⅰ.少年及家事法院就其受理事件之權限，與非少年及家事法院確定裁判之見解有異時，如當事人合意由少年及家事法院處理者，依其合意。

Ⅱ.前項合意，應記明筆錄或以文書證之。

◇本條是否屬於審判權之積極衝突？

| 肯定說 | 普通法院與少年及家事法院間之「處理權限」之衝突，係屬「民事審判權」與「家事審判權」之衝突（邱聯恭） |
| 否定說 | (1)憲法層次：憲法第 77 條規定司法院為國家最高司法機關，掌理民事、刑事、行政訴訟之審判及公務員之懲戒。由 |

此可知憲法上我國之司法權即審判權係單一，統一由司法院掌管

(2)法律層次：設置了以最高行政法院為頂點之行政審判體系、以最高法院為頂點之民刑事審判體系，以懲戒法院為頂點之審判體系，三者互不隸屬，為前述單一審判權之分割

(3)專業法庭之定位：跨領域之專業法院，應是管轄權集中而已，非自成一「審判權」。例如智慧財產法院依法掌理關於智慧財產之民事訴訟、刑事訴訟及行政訴訟之審判事務

(4)結論：少年及家事法院本質上應是專業法庭之延伸與擴張，仍係以最高法院為其頂點。因此，家事法院與普通法院之權限衝突，可理解為管轄（職務管轄）之衝突。因此「家事審判權」一詞不妥，或可理解為泛指「家事法院之審判權限」，其與行政法院、普通法院之審判權衝突，非屬同一層次之問題

第 5 條　（家事事件之管轄）

家事事件之管轄，除本法別有規定外，準用非訟事件法有關管轄之規定；非訟事件法未規定者，準用民事訴訟法有關管轄之規定。

第 6 條　（管轄之移送）

Ⅰ.法院受理家事事件之全部或一部不屬其管轄者，除當事人有管轄之合意外，應依聲請或依職權以裁定移送於其管轄法院。但法院為統合處理事件認有必要，或當事人已就本案為陳述者，得裁定自行處理。

Ⅱ.法院受理有管轄權之事件，為統合處理事件之必要，經當事人合意者，得依聲請以裁定移送於相關家事事件繫屬中之其他法院。

Ⅲ.對於前項移送之裁定，得為抗告。

Ⅳ.移送之聲請被駁回者，不得聲明不服。

Ⅴ.移送之裁定確定後，受移送之法院不得以違背專屬管轄為理由，移送於他法院。法院書記官應速將裁定正本附入卷宗，送交受移送之法院。受移送之法院，應即就該事件為處理。

第 7 條　（處理權限之劃分）

I.同一地區之少年及家事法院與地方法院處理權限之劃分，除本法及其他法令別有規定外，由司法院定之。

II.同一地方法院家事法庭與民事庭之事務分配，由司法院定之。

第 8 條　（法官之遴選）

I.處理家事事件之法官，應遴選具有性別平權意識、尊重多元文化並有相關學識、經驗及熱忱者任之。

II.前項法官之遴選資格、遴選方式、任期及其他有關事項，由司法院定之。

第 9 條　（程序之不公開）

I.家事事件之處理程序，以不公開法庭行之。但有下列各款情形之一者，審判長或法官應許旁聽：

一　經當事人合意，並無妨礙公共秩序或善良風俗之虞。

二　經有法律上利害關係之第三人聲請。

三　法律別有規定。

II.審判長或法官認為適當時，得許就事件無妨礙之人旁聽。

第 10 條　（辯論主義之限制）

I.法院審理家事事件認有必要時，得斟酌當事人所未提出之事實，並依職權調查證據。但法律別有規定者，不在此限。

II.離婚、終止收養關係、分割遺產或其他當事人得處分之事項，準用民事訴訟法第二編第一章第二節有關爭點簡化協議、第三節有關事實證據之規定。但有下列各款情形之一者，適用前項之規定：

一　涉及家庭暴力或有危害未成年子女利益之虞。

二　有害當事人或關係人人格權之虞。

三　當事人自認及不爭執之事實顯與事實不符。

四　依其他情形顯失公平。

III.第一項情形，法院應使當事人或關係人有辯論或陳述意見之機會。

◇法條解析：

項次	事件類型	事證之蒐集方式
第 1 項	家事事件	採職權探知主義
第 2 項	①離婚 ②終止收養關係 ③分割遺產 ④其他當事人得處分之事項	(1)原則：採辯論主義（協同主義） (2)例外：採職權探知主義（於顯失公平之情形）

本條限縮辯論主義的第一命題（當事人未主張之事實，法院不得採為判決基礎）以及第三命題（調查證據原則上應依當事人之聲明為之；民訴法 288 條限於保護公益而有必要之例外情形，立法院公報 88 卷 38 期委員會紀錄 151-152 頁）。

第 11 條　（社工人員陪同）

I.未成年人、受監護或輔助宣告之人，表達意願或陳述意見時，必要者，法院應通知直轄市、縣（市）主管機關指派社會工作人員或其他適當人員陪同在場，並得陳述意見。

II.前項情形，法院得隔別為之，並提供友善環境、採取適當及必要措施，保護意見陳述者及陪同人員之隱私及安全。

第 12 條　（遠距訊問審理）

I.當事人、證人或鑑定人之所在處所與法院間有聲音及影像相互傳送之科技設備而得直接審理者，法院認為必要時，得依聲請以該設備為之。

II.前項情形，其期日通知書記載之應到處所為該設備所在處所。

III.依第一項進行程序之筆錄及其他文書，須受訊問人簽名者，由訊問端法院傳送至受訊問人所在處所，經受訊問人確認內容並簽名後，將筆錄以電信傳真或其他科技設備傳回訊問端法院。

IV.法院依第一項規定審理時，準用民事訴訟法第二編第一章第三節第二目、第三目及第五目之一之規定。

V.第一項之審理及第三項文書傳送之辦法，由司法院定之。

第 13 條　（本人之到場義務）

I.法院處理家事事件，得命當事人或法定代

理人本人到場，或依事件之性質，以適當方法命其陳述或訊問之。但法律別有規定者，依其規定。

II.當事人或法定代理人本人無正當理由，而不從法院之命到場者，準用民事訴訟法第三百零三條之規定。但不得拘提之。

III.受前項裁定之人經法院合法通知，無正當理由仍不到場者，法院得連續處罰。

IV.受裁定人對於前二項裁定得為抗告；抗告中應停止執行。

第 14 條　（程序能力）

I.能獨立以法律行為負義務者，有程序能力。

II.滿七歲以上之未成年人，除法律別有規定外，就有關其身分及人身自由之事件，有程序能力。

III.不能獨立以法律行為負義務，而能證明其有意思能力者，除法律別有規定外，就有關其身分及人身自由之事件，亦有程序能力。

◇程序能力：當事人獨自為有效程序上行為之能力。若欠缺程序能力，則須由代理人代為、代受程序上行為。身分行為之能力與財產行為之能力不同，前者僅須當事人有理解身分關係之意義及能力即可，不要求完全行為能力。對應到程序法，處理財產紛爭之民事訴訟採「訴訟能力」概念（民訴45條），處理身分關係之家事事件法則採「程序能力」概念。年滿7歲之未成年人，就與其身分或人身自由有關事件被賦予程序能力。如民法第1080條之1規定，7歲以上之未成年人於獲得第3款之同意書後，可自行聲請法院許可終止收養，無需由他人代為聲請，即承認其程序能力。該同意書並非在補未成年人意思能力、程序能力之不足，而僅係在保護之。

◇否認子女之訴：

民法中的規定	民法第1063條規定：「妻之受胎，係在婚姻關係存續中者，推定其所生子女為婚生子女。前項推定，夫妻之一方或子女能證明子女非為婚生子女者，得提起否認之訴。」
家事法中的規定	(1)家事法第63條：否認子女之訴與身分有關，故未成年子女有程序能力，能獨立起訴主張（第2項）

(2)家事法第64條：有否認權之人未起訴而死亡時，賦予「繼承權被侵害之人」即死亡者之潛在繼承人訴權。此性質上本係實體法規定，應規定於民法而非程序法。因其以「繼承權被侵害」為直接要件，是否可認為此仍係家事法第14條「有關其身分」之事件（遺產繼承制度，旨在使與被繼承人具有特定身分關係之人，於被繼承人死亡之後，因身分而取得被繼承人之財產；繼承權係取得財產之權利），而令未成年人有程序能力，或有不同見解

第 15 條　（程序監理人）

I.處理家事事件有下列各款情形之一者，法院得依利害關係人聲請或依職權選任程序監理人：

一　無程序能力人與其法定代理人有利益衝突之虞。

二　無程序能力人之法定代理人不能行使代理權，或行使代理權有困難。

三　為保護有程序能力人之利益認有必要。

II.前條第二項及第三項情形，法院得依職權選任程序監理人。

III.法院依前二項選任程序監理人後，認有必要時，得隨時以裁定撤銷或變更之。

IV.法院為前三項裁定前，應使當事人、法定代理人、被選任人及法院職務上已知之其他利害關係人有陳述意見之機會。但有礙難之情形或恐有害其健康或顯有延滯程序者，不在此限。

◇監護人與受監護人之離婚訴訟：例如夫因車禍而成植物人，並受監護宣告，其妻經法院選定為監護人，不堪長期照護而請求離婚。鑒於此情形下監護人與受監護人間有利益衝突，法律訂有如下數種處理方式（鄧學仁）：

法條依據	處理方式
家事法第176條第4項	法院依民法第1113條準用第1098條選任（民法上之）特別代理人
民訴法第51條	法院選任（民訴法上之）特別代理人

家事法第 55 條準用第 15 條第 1 項第 1 款	法院選任（家事法之）程序監理人
民法第 1113 條準用第 1106 條之 1	法院改定監護人，並可針對訴訟事件再選任程序監理人

▲【106 臺簡抗 17 裁】按法院處理家事事件，依家事事件法第 15 條第 1、2 項規定得選任程序監理人。同法第 16 條第 3 項規定，選任之程序監理人不受審級限制。程序監理人倫理規範第 19 條固規定，程序監理人有民事訴訟法第 32 條所列法官應行迴避之事由者，應自行迴避，不得執行職務。**惟程序監理人係經法院選任，為受監理人之利益而為一切程序行為，未若法官參與裁判，依其職務性質，不生維護審級利益及裁判公平之目的考量，故民事訴訟法第 32 條第 7 款所定「法官曾參與該訴訟事件之前審裁判」之迴避事由，對於與法官性質迥異之程序監理人，自無適用餘地。**

第 16 條　（程序監理人之資格、職權、酬金）

I.法院得就社會福利主管機關、社會福利機構所屬人員，或律師公會、社會工作師公會或其他相類似公會所推薦具有性別平權意識、尊重多元文化，並有處理家事件相關知識之適當人員，選任為程序監理人。

II.程序監理人有為受監理人之利益為一切程序行為之權，並得獨立上訴、抗告或為其他聲明不服。程序監理人之行為與有程序能力人之行為不一致者，以法院認為適當者為準。

III.選任之程序監理人不受審級限制。

IV.法院得依程序監理人聲請，按其職務內容、事件繁簡等一切情況，以裁定酌給酬金，其報酬為程序費用之一部。

V.前項酬金，法院於必要時得定期命當事人或利害關係人預納之。但其預納顯有困難者，得由國庫墊付全部或一部。其由法院依職權選任者，亦得由國庫墊付之。

VI.有關程序監理人之選任、酌給酬金、預納費用及國庫墊付辦法，由司法院定之。

第 17 條　（有關機關及個人之協助調查義務）

I.法院得囑託警察機關、稅捐機關、金融機構、學校及其他有關機關、團體或具有相關專業知識之適當人士為必要之調查及查明當事人或關係人之財產狀況。

II.前項受託者有為調查之義務。

III.囑託調查所需必要費用及受託個人請求之酬金，由法院核定，並為程序費用之一部。

第 18 條　（家事調查官之調查）

I.審判長或法官得依聲請或依職權命家事調查官就特定事項調查事實。

II.家事調查官為前項之調查，應提出報告。

III.審判長或法官命為第一項調查前，應使當事人或利害關係人以言詞或書狀陳述意見。但認為不必要者，不在此限。

IV.審判長或法官斟酌第二項調查報告書為裁判前，應使當事人或利害關係人有陳述意見或辯論之機會。但其內容涉及隱私或有不適當之情形者，不在此限。

V.審判長或法官認為必要時，得命家事調查官於期日到場陳述意見。

第 19 條　（通譯）

當事人、證人、鑑定人及其他有關係之人，如有不通曉國語者，由通譯傳譯之；其為聽覺或語言障礙者，除由通譯傳譯之外，並得依其選擇以文字訊問，或命以文字陳述。

第 20 條　（調查等費用之墊付）

I.處理家事事件需支出費用者，法院得定期命當事人預納之。但其預納顯有困難，並為維護公益應依職權調查證據所需費用，法院得裁定暫免預納其全部或一部，由國庫墊付之。

II.法院為程序費用之裁判時，應併確定前項國庫墊付之費用額。

第 21 條　（迴避之準用）

民事訴訟法有關法院職員迴避之規定，於家事調查官及諮詢人員準用之。

第 22 條　（準用規定）

本法關於審判長權限之規定，於受命法官行準備程序時準用之。

第二編　調解程序

第 23 條　（調解前置）

I.家事事件除第三條所定丁類事件外，於請求法院裁判前，應經法院調解。

II.前項事件當事人逕向法院請求裁判者，視為調解之聲請。但當事人應為公示送達或於外國為送達者，不在此限。

III.除別有規定外，當事人對丁類事件，亦得於請求法院裁判前，聲請法院調解。

◇丁類事件不適用前置主義：丁類事件「無相對人」且須由法院迅速、妥適裁判，故例外規定於請求法院裁判前毋需經法院調解。

第 24 條　（危害未成年子女利益之禁止）

關於未成年子女權利義務行使負擔之內容、方法及其身分地位之調解，不得危害未成年子女之利益。

第 25 條　（調解之管轄）

家事調解事件，除別有規定外，由管轄家事事件之法院管轄。

第 26 條　（相牽連家事事件之合併調解）

I.相牽連之數宗家事事件，法院得依聲請或依職權合併調解。

II.兩造得合意聲請將相牽連之民事事件合併於家事事件調解，並視為就該民事事件已有民事調解之聲請。

III.合併調解之民事事件，如已繫屬於法院者，原民事程序停止進行。調解成立時，程序終結；調解不成立時，程序繼續進行。

IV.合併調解之民事事件，如原未繫屬於法院者，調解不成立時，依當事人之意願，移付民事裁判程序或其他程序；其不願移付者，程序終結。

第 27 條　（調解法官）

家事事件之調解程序，由法官行之，並得商請其他機構或團體志願協助之。

第 28 條　（聲請調解事件之程序轉換）

I.聲請調解事件，法官認為依事件性質調解無實益時，應向聲請人發問或曉諭，依聲請人之意願，裁定改用應行之裁判程序或其他程序；其不願改用者，以裁定駁回之。

II.前項裁定，不得聲明不服。

III.法官依聲請人之意願，按第一項規定改用裁判程序者，視為自聲請調解時，已請求法院裁判。

第 29 條　（移付調解）

I.法院得於家事事件程序進行中依職權移付調解；除兩造合意或法律別有規定外，以一次為限。

II.前項情形，原程序停止進行。調解成立或第三十三條、第三十六條之裁定確定者，程序終結；調解不成立或未依第三十三條、第三十六條規定裁定或該裁定失其效力者，程序繼續進行。

第 30 條　（調解之效力）

I.家事事件之調解，就離婚、終止收養關係、分割遺產或其他得處分之事項，經當事人合意，並記載於調解筆錄時成立。但離婚及終止收養關係之調解，須經當事人本人表明合意，始得成立。

II.前項調解成立者，與確定裁判有同一之效力。

III.因調解成立有關身分之事項，依法應辦理登記者，法院應依職權通知該管戶政機關。

IV.調解成立者，原當事人得於調解成立之日起三個月內，聲請退還已繳裁判費三分之二。

▲【104 臺上 909 決】按家事事件之調解，就離婚或其他得處分之事項，經當事人合意，並記載於調解筆錄時成立，但離婚須經當事人本人表明合意，始得成立，此觀家事事件法第 30 條第 1 項規定自明。**蓋離婚屬於重大身分行為，故明定應由當事人本人就調解內容，向法院表明合意，以求慎重。惟當事人係由本人到場或以聲音及影像相互傳送之科技設備等方式表明意思，均無不可。**

第 31 條　（調解不成立之效果）

I.當事人兩造於調解期日到場而調解不成

立者，法院得依一造當事人之聲請，按該事件應適用之程序，命即進行裁判程序，並視為自聲請調解時已請求裁判。但他造聲請延展期日者，應許可之。

II.當事人聲請調解而不成立，如聲請人於調解不成立證明書送達後十日之不變期間內請求裁判者，視為自聲請調解時已請求裁判；其於送達前請求裁判者亦同。

III.以裁判之請求視為調解之聲請者，如調解不成立，除當事人聲請延展期日外，法院應按該事件應適用之程序，命即進行裁判程序，並仍自原請求裁判時，發生程序繫屬之效力。

IV.前三項情形，於有第三十三條或第三十六條所定之聲請或裁定者，不適用之。

V.調解程序中，當事人所為之陳述或讓步，於調解不成立後之本案裁判程序，不得採為裁判之基礎。

VI.前項陳述或讓步，係就程序標的、事實、證據或其他事項成立書面協議者，如為得處分之事項，當事人應受其拘束。但經兩造同意變更，或因不可歸責於當事人之事由或依其他情形協議顯失公平者，不在此限。

第 32 條　（家事調解委員資格及報酬等之訂定）

I.家事調解，應聘任具有性別平權意識、尊重多元文化，並有法律、醫療、心理、社會工作或其他相關專業，或社會經驗者為調解委員。

II.關於家事調解委員之資格、聘任、考核、訓練、解任及報酬等事項，由司法院定之。

III.調解程序，除本法另有規定者外，準用民事訴訟法第二編第二章調解程序之規定。

第 33 條　（合意聲請裁定）

I.當事人就不得處分之事項，其解決事件之意思已甚接近或對於原因事實之有無不爭執者，得合意聲請法院為裁定。

II.法院為前項裁定前，應參酌調解委員之意見及家事調查官之報告，依職權調查事實及必要之證據，並就調查結果使當事人或

知悉之利害關係人有陳述意見之機會。當事人聲請辯論者，應予准許。

III.前二項程序，準用民事訴訟法第一編第二章第三節關於訴訟參加之規定。

◇學者對於本條之評釋

許士宦教授	主張本法第 33 條及第 36 條之當事人合意聲請或同意由法院裁定之制度，係由調解程序轉換為裁定程序（非訟程序），為「**家事特別非訟程序**」（許士宦）
姜世明教授	反對本條規定，認為「以合意而將訴訟事件遁入裁定程序，至為不當，其忽略公益性與慎重正確裁判之連結，形同**架空此類事件之『公益性』特質**。且在救濟審級上，形同處分利害關係人之程序救濟途徑」（姜世明）

第 34 條　（裁定應附理由、抗告及再抗告程序之準用）

I.法院為前條裁定，應附理由。

II.當事人對於前條裁定得為抗告，抗告中除別有規定外，應停止執行。

III.抗告法院之裁定，準用前二項及前條第二項、第三項之規定。

IV.對於抗告法院之裁定，非以其違背法令為理由，不得再為抗告。

V.前項情形，準用民事訴訟法第四百六十八條、第四百六十九條第一款至第四款、第六款、第四百七十五條及第四百七十六條之規定。

第 35 條　（裁定之效力、再審及第三人撤銷訴訟程序之準用）

I.第三十三條裁定確定者，與確定裁判有同一之效力。

II.前項確定裁定，得準用民事訴訟法第五編之規定，聲請再審。

III.第一項確定裁定效力所及之第三人，得準用民事訴訟法第五編之一之規定，聲請撤銷原裁定。

第 36 條　（適當之本案裁定）

I.就得處分之事項調解不成立，而有下列各款情形之一者，法院應參酌調解委員之意

見，平衡當事人之權益，並審酌其主要意思及其他一切情形，就本案為適當之裁定：

一　當事人合意聲請法院為裁定。

二　當事人合意聲請法院與不得處分之牽連、合併或附帶請求事項合併為裁定。

三　當事人解決事件之意思已甚接近，而僅就其他牽連、合併或附帶之請求事項有爭執，法院認有統合處理之必要，徵詢兩造當事人同意。

II.前項程序準用第三十三條第二項、第三項、第三十四條及第三十五條之規定。

第三編　家事訴訟程序
第一章　通　則

第37條　（甲類、乙類、丙類及其他家事訴訟事件之適用）

第三條所定甲類、乙類、丙類及其他家事訴訟事件，除別有規定外，適用本編之規定。

◇不同事件類型之應行程序及適用法理：

事件類型	應行程序	適用法理
家事訴訟事件	適用第三編之規定（家事法第37條以下），並準用民訴法（家事法第51條）	訴訟法理
家事非訟事件	適用第四編之規定（家事法第74條），並準用非訟事件法（家事法第97條）	非訟法理
非訟化之本質家事訴訟事件（如家事法第3條第5項第1、5、12、14款）	原則上依非訟程序審判，以達到簡速裁判之要求，但仍應「交錯適用部分之訴訟法理，其中最重要者乃採行必要之言詞辯論，及賦予本案確定裁定既判力，以保障當事人之辯論權，並確保法之安定性」（許士宦）。	

第38條　（起訴之程式）

I.起訴，應以訴狀表明下列各款事項，提出於法院為之：

一　當事人及法定代理人。

二　訴訟標的及其原因事實。

三　應受判決事項之聲明。

II.訴狀內宜記載下列各款事項：

一　因定法院管轄及其適用程序所必要之事項。

二　準備言詞辯論之事項。

三　當事人間有無共同未成年子女。

四　當事人間有無其他相關事件繫屬於法院。

第39條　（被告適格）

I.第三條所定甲類或乙類家事訴訟事件，由訟身分關係當事人之一方提起者，除別有規定外，以他方為被告。

II.前項事件，由第三人提起者，除別有規定外，以訟爭身分關係當事人雙方為共同被告；其中一方已死亡者，以生存之他方為被告。

第40條　（通知利害關係人參加訴訟）

I.第三條所定甲類或乙類家事訴訟之結果，於第三人有法律上利害關係者，法院應於事實審言詞辯論終結前相當時期，將訴訟事件及進行程度，以書面通知已知悉之該第三人，並將判決書送達之。

II.法院為調查有無前項利害關係人，於必要時，得命當事人提出有關資料或為其他必要之處分。

III.第一項受通知人依民事訴訟法第五十八條規定參加訴訟者，準用同法第五十六條之規定。

IV.法律審認有試行和解之必要時，亦得依民事訴訟法第三百七十七條規定，通知有利害關係之第三人參加和解。

第41條　（合併審理、合併裁判）

I.數家事訴訟事件，或家事訴訟事件及家事非訟事件請求之基礎事實相牽連者，得向就其中一家事訴訟事件有管轄權之少年及家事法院合併請求，不受民事訴訟法第五十三條及第二百四十八條規定之限制。

II.前項情形，得於第一審或第二審言詞辯論終結前為請求之變更、追加或為反請求。

III.依前項情形得為請求之變更、追加或反請求者，如另行請求時，法院為統合處理事件認有必要或經當事人合意者，得依聲請或依職權，移由或以裁定移送家事訴訟事件繫屬最先之第一審或第二審法院合併審理，並準用第六條第三項至第五項之規定。

IV.受移送之法院於移送裁定確定時，已就繫屬之事件為終局裁判者，應就移送之事件自行處理。

V.前項終局裁判為第一審法院之裁判，並經合法上訴第二審者，受移送法院應將移送之事件併送第二審法院合併審理。

VI.法院就第一項至第三項所定得合併請求、變更、追加或反請求之數宗事件合併審理時，除本法別有規定外，適用合併審理前各該事件原應適用法律之規定為審理。

◇本條之合併

目的	為維持家庭之平和安寧，避免當事人間因家事紛爭迭次興訟，以**統一解決紛爭**，並符合**程序經濟**原則，**免生裁判之牴觸**
要件	(1)數家事訴訟事件，或家事訴訟事件及家事非訟事件請求之基礎事實相牽連者 (2)當事人合意或事件有統合處理之必要 ＊所謂「為統合處理事件認有必要」，應由**審理法院依個案情形斟酌之**。例如於言詞辯論即將終結前，始另行請求者，多可認為不具統合處理之必要性；又如移送合併審理之事件可能有未經第一審法院裁判即移送由第二審法院處理之情形，對當事人之審級利益難免有所侵害，此時法院自應審酌合併審理之實益是否高於當事人之審級利益，或是無損於其審級利益，如認無須優先保護當事人之審級利益，方可謂為統合處理事件認有必要之情形，法院於給予當事人陳述意見之機會後，即得依本項規定裁定移送合併審理
效果	得選擇向其中一家事訴訟事件有管轄權之少年及家事法院合併請求，而不受民事訴訟法第53條及第248條所定有關提起共同訴訟或客觀合併訴訟要件之限制

◇民事訴訟事件得合併於家事訴訟事件：

實務見解	104年第15次民庭會議決議認為，當事人於家事法第3條第3項所定之丙類事件訴訟程序審理中，得就一般民事訴訟事件具基礎事實相牽連者為訴之合併、追加、反請求
理由	(1)於家事事件法施行前，該類事件向來即係以一般民事財產權事件處理，而得與其他財產權訴訟合併提起或為訴之追加、提起反訴 (2)該類事件與身分調整關係密切，將之統合處理有助於達成紛爭一次解決、避免裁判矛盾

▲【103臺抗947裁】按家事事件法第41條第1項、第2項係規定，數家事訴訟事件，或家事訴訟事件及家事非訟事件請求之基礎事實相牽連者，得向就其中一家事訴訟事件有管轄權之少年及家事法院合併請求，不受民事訴訟法第53條及第248條規定之限制。前項情形，得於第一審或第二審言詞辯論終結前為請求之變更、追加或為反請求。**並未規定家事訴訟事件審理時，得逕變更為民事訴訟事件，或追加、反請求民事訴訟事件**。又家事事件法第51條準用民事訴訟法第257條規定，**訴之變更或追加，如新訴專屬他法院管轄或不得行同種之訴訟程序者，不得為之**。故於家事訴訟事件審理時，追加或變更為民事訴訟事件，即非法之所許。

▲【104臺抗739裁】惟按家事事件法第3條所定之丙類事件雖適用家事訴訟程序，但該類事件向來係以一般民事財產權事件處理，惟因與身分調整關係密切，為利於家事訴訟程序中統合解決，而將之列為家事訴訟事件。**該類事件於家事事件法施行前，原得與其他財產權訴訟合併提起或為訴之追加、提起反訴，如因家事事件法之施行，即認與家事訴訟事件具有牽連關係之民事紛爭，一概不許可其與家事訴訟事件合併提起或為訴之追加、反請求，難免發生原告無法達成訴訟目的、紛爭無法一次解決或裁判矛盾之情形，實有違該法妥適、迅速、統合處理家事事件之立法目的。是於必要情形，仍宜允當事人得利用家事訴訟程序合併解決民事紛爭**。家事事件法關此未有規定，但同法第41條已考量基礎事實相牽連之不同種

類事件，亦有利用同一程序處理之需求，而許當事人合併請求，明文排除民事訴訟法第53條及第248條之限制；就上述基礎事實相牽連之不同種類事件，當事人另行請求者，法院為統合處理事件認有必要或經當事人合意者，得裁定移送合併審理。參酌上述各項規範意旨及立法目的，應認家事法院受理家事事件法第3條所定丙類事件，與一般民事訴訟事件基礎事實相牽連者，如經當事人合意或法院認有統合處理之必要時，應許當事人合併提起或為請求之追加、反請求，此係本院最新見解（本院104年9月22日第15次民事庭會議決議參照）。至於所謂「有統合處理之必要」，則由審理法院斟酌個案具體情形定之，例如合併或追加提起之一般民事訴訟事件為先決法律關係之爭執、合併或追加合一確定之第三人、就抵銷之餘額為反請求等是。

▲【106臺簡上8決】按對於數家事訴訟事件，或家事訴訟事件及家事非訟事件請求之基礎事實相牽連者，得向就其中一家事訴訟事件有管轄權之少年及家事法院合併請求，不受民事訴訟法第53條及第248條規定之限制。前項情形，得於第一審或第二審言詞辯論終結前為請求之變更、追加或反請求。家事事件法第41條第1、2項有明文。揆其立法意旨，無非係為維持家庭之平和安寧，避免當事人間因家事紛爭迭次興訟，並符合程序經濟原則，免生裁判之牴觸所特設之規定。故依該條第2項，適用簡易程序之家事訴訟事件，於第二審程序中就相牽連之家事事件為請求之變更、追加或反請求者，依同條第一項規定，亦不受民事訴訟法第248條但書規定不得行同種訴訟程序之限制，俾達統合處理家事紛爭之立法目的。且家事事件法為民事訴訟法之特別法，**上開規定，自應優先於民事訴訟法第436條之1第2項而為適用。**

第42條　（合併審理事件之審理、裁判）
I.法院就前條第一項至第三項所定得合併請求、變更、追加或反請求之數宗事件，應合併審理、合併裁判。但有下列各款情形之一者，得分別審理、分別裁判：
　一　請求之標的或其攻擊防禦方法不相牽連。
　二　兩造合意分別審理、分別裁判，經法院認為適當。
　三　依事件性質，認有分別審理、分別

裁判之必要。
II.法院就前項合併審理之家事訴訟事件與家事非訟事件合併裁判者，除別有規定外，應以判決為之。

第43條　（訴訟程序之停止）
依第四十一條第三項規定裁定移送時，繫屬於受移送法院之事件，其全部或一部之裁判，以移送事件之請求是否成立為前提，或與其請求不相容者，受移送法院得依聲請或依職權，在該移送裁定確定前，以裁定停止訴訟程序。

第44條　（聲明不服之救濟事件）
I.當事人就家事訴訟事件與家事非訟事件之終局裁判聲明不服者，除別有規定外，適用上訴程序。
II.當事人僅就家事訴訟事件之終局判決全部或一部聲明不服者，適用上訴程序。
III.當事人或利害關係人僅就家事非訟事件之第一審終局裁定全部或一部聲明不服者，適用該家事非訟事件抗告程序。
IV.對於家事訴訟事件之終局判決聲明不服者，以該判決所認定之法律關係為據之其他事件之裁判，視為提起上訴。

第45條　（家事訴訟之和解）
I.當事人就離婚、終止收養關係、分割遺產或其他得處分之事項得為訴訟上和解。但離婚或終止收養關係之和解，須經當事人本人表明合意，始得成立。
II.前項和解成立者，於作成和解筆錄時，發生與確定判決同一之效力。
III.因和解成立有關身分之事項，依法應辦理登記者，法院應依職權通知該管戶政機關。
IV.民事訴訟法第五編之一第三人撤銷訴訟程序之規定，於第二項情形準用之。

第46條　（家事訴訟事件之捨棄、認諾）
I.當事人於言詞辯論期日就前條第一項得處分之事項，為捨棄或認諾者，除法律別有規定外，法院應本於其捨棄或認諾為該當事人敗訴之判決。但離婚或終止收養關

係事件有下列各款情形之一者，不在此限：

一　其捨棄或認諾未經當事人本人到場陳明。

二　當事人合併為其他請求，而未能為合併或無矛盾之裁判。

三　其捨棄或認諾有危害未成年子女之利益之虞，而未能就其利益保護事項為合併裁判。

II.前項情形，本於當事人之捨棄或認諾為判決前，審判長應就該判決及於當事人之利害為闡明。

III.當事人本人於言詞辯論期日就不得處分之事項為捨棄者，視為撤回其請求。但當事人合併為其他請求，而以捨棄之請求是否成立為前提者，不在此限。

IV.民事訴訟法第二百六十二條至第二百六十四條之規定，於前項情形準用之。

第47條　（擬定審理計畫）

I.法院於收受訴狀後，審判長應依事件之性質，擬定審理計畫，並於適當時期定言詞辯論期日。

II.攻擊或防禦方法，除別有規定外，應依事件進行之程度，於言詞辯論終結前適當時期提出之。

III.當事人因故意或重大過失逾時提出攻擊或防禦方法，有礙事件之終結者，法院於裁判時得斟酌其逾時提出之理由。

IV.離婚、終止收養關係、分割遺產或其他當事人得處分之事項，有前項情形者，準用民事訴訟法第一百九十六條第二項、第二百六十八條之二第二項、第二百七十六條、第四百四十四條之一及第四百四十七條之規定。

V.前二項情形，法院應使當事人有辯論之機會。

VI.依當事人之陳述得為請求之合併、變更、追加或反請求者，法院應向當事人闡明之。

第48條　（判決之效力）

I.就第三條所定甲類或乙類家事訴訟事件所為確定之終局判決，對於第三人亦有效

力。但有下列各款情形之一者，不在此限：

一　因確認婚姻無效、婚姻關係存在或不存在訴訟判決之結果，婚姻關係受影響之人，非因可歸責於己之事由，於該訴訟之事實審言詞辯論終結前未參加訴訟。

二　因確認親子關係存在或不存在訴訟判決之結果，主張自己與該子女有親子關係之人，非因可歸責於己之事由，於該訴訟之事實審言詞辯論終結前未參加訴訟。

三　因認領子女訴訟判決之結果，主張受其判決影響之非婚生子女，非因可歸責於己之事由，於該訴訟之事實審言詞辯論終結前未參加訴訟。

II.前項但書所定之人或其他與家事訴訟事件有法律上利害關係之第三人，非因可歸責於己之事由而未參加訴訟者，得請求撤銷對其不利部分之確定終局判決，並準用民事訴訟法第五編之一第三人撤銷訴訟程序之規定。

◇**事前與事後程序保障**：家事甲類與乙類事件，由於均與身分有關，事涉公益，法院就此類事件所為之確定終局判決，自應賦予對世效力，避免在不同人間發生歧異，並期**紛爭能一次解決**。既有對世效力，自應賦予法律上具利害關係之第三人相對應之程序保障：

事前的程序保障	法律上有利害關係之第三人，得依家事法第40條第3項準用民訴法第58、56條規定為**訴訟參加**。
事後的程序保障	法律上有利害關係之第三人，因非可歸責於己之事由而未參加訴訟者，得依家事法第48條第2項準用民訴法第507條之1以下規定提起**第三人撤銷訴訟**，撤銷終局判決中對其不利之部分。

第49條　（家事訴訟事件之停止訴訟程序）

法院認當事人間之家事訴訟事件，有和諧解決之望或解決事件之意思已甚接近者，得於六個月以下之期間停止訴訟程序或為其他必要之處分。

第 50 條 　（訴訟終結之擬制）

I.身分關係之訴訟，原告於判決確定前死亡者，除別有規定外，關於本案視為訴訟終結。

II.依第三十九條規定提起之訴訟，於判決確定前，共同被告中之一方死亡者，由生存之他方續行訴訟。

III.依第三十九條規定提起之訴訟，於判決確定前被告均死亡者，除別有規定外，由檢察官續行訴訟。

第 51 條 　（準用規定）

家事訴訟事件，除本法別有規定者外，準用民事訴訟法之規定。

第二章　婚姻事件程序

第 52 條 　（婚姻事件之管轄）

I.確認婚姻無效、撤銷婚姻、離婚、確認婚姻關係存在或不存在事件，專屬下列法院管轄：

　一　夫妻之住所地法院。

　二　夫妻經常共同居所地法院。

　三　訴之原因事實發生之夫或妻居所地法院。

II.當事人得以書面合意定管轄法院，不受前項規定之限制。

III.第一項事件夫或妻死亡者，專屬於夫或妻死亡時住所地之法院管轄。

IV.不能依前三項規定定法院管轄者，由被告住、居所地之法院管轄。被告之住、居所不明者，由中央政府所在地之法院管轄。

第 53 條 　（涉外婚姻事件之審判管轄權）

I.婚姻事件有下列各款情形之一者，由中華民國法院審判管轄：

　一　夫妻之一方為中華民國國民。

　二　夫妻均非中華民國國民而於中華民國境內有住所或持續一年以上有共同居所。

　三　夫妻之一方為無國籍人而於中華民國境內有經常居所。

　四　夫妻之一方於中華民國境內持續一年以上有經常居所。但中華民國

法院之裁判顯不為夫或妻所屬國之法律承認者，不在此限。

II.被告在中華民國應訴顯有不便者，不適用前項之規定。

第 54 條 　（確認婚姻關係訴訟之職權通知）

依第三十九條提起確認婚姻無效、婚姻關係存在或不存在之訴者，法院應依職權通知未被列為當事人之其餘結婚人參加訴訟，並適用第四十條之規定。

第 55 條 　（受監護宣告人之訴訟代理）

I.婚姻事件之夫或妻為受監護宣告之人者，除第十四條第三項之情形外，由其監護人代為訴訟行為，並適用第十五條及第十六條之規定。

II.監護人違反受監護宣告人之利益而起訴者，法院應以裁定駁回之。

第 56 條 　（婚姻事件請求之變更、追加或反請求）

確認婚姻無效、撤銷婚姻、離婚或確認婚姻關係存在或不存在事件，得依第四十一條第二項規定為請求之變更、追加或反請求者，不得另行請求。其另行請求者，法院應以裁定移送於訴訟繫屬中之第一審或第二審法院合併裁判，並適用第六條第二項至第五項之規定。

第 57 條 　（提起獨立之訴之限制）

有關婚姻關係之訴訟，經判決確定後，當事人不得援以前依請求之合併、變更、追加或反請求所得主張之事實，就同一婚姻關係，提起獨立之訴。但有下列各款情形之一者，不在此限：

　一　因法院未闡明致未為主張。

　二　經法院闡明，因不可歸責於當事人之事由而未為主張。

第 58 條 　（自認及不爭執事實之效力）

關於訴訟上自認及不爭執事實之效力之規定，在撤銷婚姻，於構成撤銷婚姻之原因、事實，及在確認婚姻無效或婚姻關係

存在或不存在之訴，於確認婚姻無效或婚姻不存在及婚姻有效或存在之原因、事實，不適用之。

第 59 條　（訴訟終結之擬制）

離婚之訴，夫或妻於判決確定前死亡者，關於本案視為訴訟終結；夫或妻提起撤銷婚姻之訴者，亦同。

▲【105 臺抗 802 裁】次按夫妻之一方有法定事由者，他方得向法院請求離婚；且離婚之訴，夫或妻於判決確定前死亡者，關於本案視為訴訟終結；民法第 1052 條第 1 項及家事事件法第 59 條前段分別定有明文。**是離婚訴訟之當事人適格，係基於法律規定，具有一身專屬性，非第三人所得享有或代為；且離婚訴訟之一方當事人於訴訟後、判決確定前死亡，亦無由第三人承受訴訟而繼續進行程序之餘地。**

第 60 條　（撤銷婚姻之訴）

撤銷婚姻之訴，原告於判決確定前死亡者，除依第四十條之規定為通知外，有權提起同一訴訟之他人，得於知悉原告死亡時起三個月內聲明承受訴訟。但原告死亡後已逾一年者，不得為之。

第三章　親子關係事件程序

第 61 條　（親子關係事件之管轄）

I.親子關係事件，專屬下列法院管轄：
　一　子女或養子女住所地之法院。
　二　父、母、養父或養母住所地之法院。
II.前項事件，有未成年子女或養子女為被告時，由其住所地之法院專屬管轄。

第 62 條　（養父母與養子女間之訴訟）

I.養父母與養子女間之訴訟，如養子女無程序能力，而養父母為其法定代理人者，應由本生父母代為訴訟行為；法院並得依第十五條之規定選任程序監理人。
II.無本生父母或本生父母不適任者，依第十五條之規定選任程序監理人。

第 63 條　（否認子女之訴之當事人適格）

I.否認子女之訴，應以未起訴之夫、妻及子女為被告。
II.子女否認推定生父之訴，以法律推定之生父為被告。
III.前二項情形，應為被告中之一人死亡者，以生存者為被告；應為被告之人均已死亡者，以檢察官為被告。

第 64 條　（否認子女之訴之繼承權訴訟）

I.否認子女之訴，夫妻之一方或子女於法定期間內或期間開始前死亡者，繼承權被侵害之人得提起之。
II.依前項規定起訴者，應自被繼承人死亡時起，於一年內為之。
III.夫妻之一方或子女於其提起否認子女之訴後死亡者，繼承權被侵害之人得於知悉原告死亡時起十日內聲明承受訴訟。但於原告死亡後已逾二年者，不得為之。

第 65 條　（母再婚後所生子女確定其生父之當事人）

I.確定母再婚後所生子女生父之訴，得由子女、母、母之配偶或前配偶提起之。
II.前項之訴，由母之配偶提起者，以前配偶為被告；由前配偶提起者，以母之配偶為被告；由子女或母提起者，以母之配偶及前配偶為共同被告；母之配偶或前配偶死亡者，以生存者為被告。
III.前項情形，應為被告之人均已死亡者，以檢察官為被告。

第 66 條　（認領子女事件之當事人）

I.認領之訴，有民法第一千零六十七條第二項後段之情形者，得以社會福利主管機關或檢察官為被告。
II.由子女、生母或其他法定代理人提起之認領之訴，原告於判決確定前死亡者，有權提起同一訴訟之他人，得於知悉原告死亡時起十日內聲明承受訴訟。但於原告死亡後已逾三十日者，不得為之。
III.前項之訴，被指為生父之被告於判決確定前死亡者，由其繼承人承受訴訟；無繼承人或被告之繼承人於判決確定前均已死亡者，由檢察官續受訴訟。

第 67 條　（確認親子或收養關係存在或不存在之訴）

I.就法律所定親子或收養關係有爭執，而有即受確認判決之法律上利益者，得提起確認親子或收養關係存在或不存在之訴。

II.確認親子關係不存在之訴，如法院就原告或被告為生父之事實存在已得心證，而認為得駁回原告之訴者，應闡明當事人得為確認親子關係存在之請求。

III.法院就前項請求為判決前，應通知有法律上利害關係之第三人，並使當事人或該第三人就親子關係存在之事實，有辯論或陳述意見之機會。

IV.依第三十九條規定，由二人以上或對二人以上提起第一項之訴者，法院應合併審理、合併裁判。

▲【43 臺上 1180】參見本法第 3 條。

▲【104 臺上 138 決】按就法律所定親子或收養關係有爭執，而有即受確認判決之法律上利益者，得提起確認親子或收養關係存在或不存在之訴，家事事件法第 67 條第 1 項定有明文。其立法理由復說明：有無法律上利益，應依具體個案情形判斷之，而與本案請求在實體法上有無理由之問題有別，爰規定如第 1 項所示。準此，**第三人就子女及其法律上受推定生父間之親子關係如有所爭執，而生法律關係之不明確，為除去該法律上爭執，以維持法之和平及法之安定性，且此項危險適足以確認判決除去時，可認為具有確認利益，得提起確認訴訟，**然此確認利益之有無與實體權利義務關係之存否，應區別予以判斷。如為繼承權因婚生推定而受影響之第三人，同法第 64 條第 1、2 項（刪除前民事訴訟法第 590 條第 1 項、第 2 項）已另設規定，允許繼承權被侵害之人得於夫妻之一方或子女於法定期間內或期間開始前死亡之情形，提起否認子女之訴，且應自被繼承人死亡之時起，6 個月（1 年）內起訴。如逾該期間，即不得再提起否認子女之訴以推翻子女之婚生性。**繼承權人如仍有爭執而提起確認法律上父與子間之親子關係不存在之訴，雖可認有確認訴訟之確認利益，但由於其已逾法定之除斥期間而不得再推翻法律上之婚生性，故仍應為其敗訴之實體判決。**（編按：亦即，第三人提起第 67 條之訴訟受第 64 條除斥期間之限制。）

第 68 條　（醫學檢驗）

I.未成年子女為當事人之親子關係事件，就血緣關係存否有爭執，法院認有必要時，得依聲請或依職權命當事人或關係人限期接受血型、去氧醣核酸或其他醫學上之檢驗。但為聲請之當事人應釋明有事實足以懷疑血緣關係存否者，始得為之。

II.命為前項之檢驗，應依醫學上認可之程序及方法行之，並應注意受檢驗人之身體、健康及名譽。

III.法院為第一項裁定前，應使當事人或關係人有陳述意見之機會。

第 69 條　（準用規定）

I.第五十二條第二項至第四項、第五十三條、第五十六條、第五十七條及第六十條規定，於本章之事件準用之。

II.第五十四條及第五十五條之規定，於第六十二條之訴準用之。

III.第五十九條之規定，於撤銷收養、終止收養關係、撤銷終止收養之訴準用之。

第四章　繼承訴訟事件

第 70 條　（繼承訴訟事件之管轄）

因繼承回復、遺產分割、特留分、遺贈、確認遺囑真偽或繼承人間因繼承關係所生請求事件，得由下列法院管轄：

一　繼承開始時被繼承人住所地之法院；被繼承人於國內無住所者，其在國內居所地之法院。

二　主要遺產所在地之法院。

▲【103 臺抗 771 裁】家事事件法第 70 條第 2 款所稱之「主要遺產所在地」，係以各所在地之遺產為分子，全部遺產為分母，該所在地遺產價值占全體遺產之比例最高者，始為主要遺產所在地，尚非以遺產筆數為是否主要遺產所在地區別標準。

第 71 條　（遺產分割事件之訴狀）

請求遺產分割之訴狀，除應記載第三十八條規定之事項外，並宜附具繼承系統表及遺產清冊。

第 72 條　（關於繼承權爭執之審理）

於遺產分割訴訟中，關於繼承權有爭執者，法院應曉諭當事人得於同一訴訟中為請求之追加或提起反請求。

第 73 條　（遺產分割之協議及裁判）

I 當事人全體就遺產分割方法達成協議者，除有適用第四十五條之情形外，法院應斟酌其協議為裁判。

II 法院為前項裁判前，應曉諭當事人為辯論或為請求。

第四編　家事非訟程序

第一章　通　則

第 74 條　（非訟程序之適用範圍及聲請程式）

第三條所定丁類、戊類及其他家事非訟事件，除別有規定外，適用本編之規定。

◇程序法理之交錯適用：

	訴訟化之本質上非訟事件	非訟化之本質上訴訟事件
適用程序／法理	行訴訟程序、適用訴訟法理，但**應交錯適用非訟法理**（準用第四編家事非訟程序）	行非訟程序、適用非訟法理，但**應交錯適用訴訟法理**

| 舉例 | 遺產分割事件（本質上為非訟事件，然為**確保做出審慎之裁判**，故將此類非訟事件訴訟化） | (1)**依法律規定非訟化**：家事法第 3 條第 5 項第 1、5、12、14 款（本質上為具訟爭性之家事訴訟事件，然為使該等事件簡速處理，故將之列為戊類非訟事件）
(2)**依當事人合意非訟化**：家事法第 33 條、第 36 條允許當事人合意聲請法院裁定，此被理解為當事人基於程序選擇權而合意讓法院將訴訟事件以裁定程序進行簡速之非訟化審理，為「**家事特別非訟程序**」。此際，裁判事項若是不得處分事項，採行職權探知主義，若是得處分事項，依家事法第一編總則規定之第 |

程序法理交錯適用論

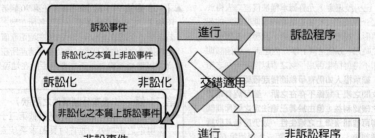

10條第2項準用民訴法之辯論主義規定或「協同主義」(此點尚有爭議)（許士宦）

第 75 條　（聲請書狀或筆錄應記載之事項）

I.聲請或陳述，除別有規定外，得以書狀或言詞為之。

II.以言詞為聲請或陳述，應在法院書記官前為之；書記官應作成筆錄，並於筆錄內簽名。

III.聲請書狀或筆錄，應載明下列各款事項：

一　聲請人之姓名及住所或居所；聲請人為法人、機關或其他團體者，其名稱及公務所、事務所或營業所。

二　有相對人者，其姓名、住所或居所。

三　有利害關係人者，其姓名、住所或居所。

四　有法定代理人、非訟代理人者，其姓名、住所或居所及法定代理人與關係人之關係。

五　聲請之意旨及其原因事實。

六　供證明或釋明用之證據。

七　附屬文件及其件數。

八　法院。

九　年、月、日。

IV.聲請書狀或筆錄內宜記載下列各款事項：

一　聲請人、相對人、其他利害關係人、法定代理人或非訟代理人之性別、出生年月日、職業、身分證件號碼、營利事業統一編號、電話號碼及其他足資辨別之特徵。

二　定法院管轄及其適用程序所必要之事項。

三　有其他相關事件繫屬於法院者，其事件。

V.聲請人或其代理人應於書狀或筆錄內簽名；其不能簽名者，得使他人代書姓名，由聲請人或其代理人蓋章或按指印。

VI.第三項、第四項聲請書狀及筆錄之格式，由司法院定之。

VII.關係人得以電信傳真或其他科技設備將書狀傳送於法院，效力與提出書狀同。其辦法由司法院定之。

第 76 條　（法院審理方式）

法院收受書狀或筆錄後，除得定期間命聲請人以書狀或於期日就特定事項詳為陳述外，應速送達書狀或筆錄繕本於前條第三項第二款及第三款之人，並限期命其陳述意見。

第 77 條　（程序參與）

I.法院應通知下列之人參與程序。但通知顯有困難者，不在此限：

一　法律規定應依職權通知參與程序之人。

二　親子關係相關事件所涉子女、養子女、父母、養父母。

三　因程序之結果而權利受侵害之人。

II.法院得通知因程序之結果而法律上利害受影響之人或該事件相關主管機關或檢察官參與程序。

III.前二項之人或其他利害關係人得聲請參與程序。但法院認不合於參與之要件時，應以裁定駁回之。

第 78 條　（證據之調查）

I.法院應依職權調查事實及必要之證據。

II.法院認為關係人之聲明或陳述不完足者，得命其敘明或補充之，並得命就特定事項詳為陳述。

第 79 條　（家事非訟事件之合併審理、合併裁判）

家事非訟事件之合併、變更、追加或反聲請，準用第四十一條、第四十二條第一項及第四十三條之規定。

◇**家事事件法第 41 條第 1 項**：家事法第 41 條僅規定「數家事訴訟事件」「家事訴訟事件及家事非訟事件請求之基礎事實相牽連者」，關於「數家事非訟事件」之合併、變更、追加或反請求未有規範，故設有家事法第 79 條規定（沈冠伶）。

第 80 條　（程序之承受、續行及終結）

I 聲請人因死亡、喪失資格或其他事由致不能續行程序者，其他有聲請權人得於該事由發生時起十日內聲明承受程序；法院亦得依職權通知承受程序。

II 相對人有前項不能續行程序之事由時，準用前項之規定。

III 依聲請或依職權開始之事件，雖無人承受程序，法院認為必要時，應續行之。

▲【106 臺簡抗 12 裁】按認可收養事件，係家事事件法第 3 條第 4 項第 7 款所列之丁類家事非訟事件，自應依其情形適用同法第 80 條關於程序之承受、續行規定。另依同法第 115 條第 1 項規定，認可收養事件應以收養人及被收養人為聲請人。準此，**收養人或被收養人於法院為認可收養之裁定前死亡者，因收養之一身專屬性質，無從依家事事件法第 80 條第 1 項規定承受程序；僅於有同條第 3 項規定法院認為必要之情形時，始應續行。**

第 81 條　（裁定之送達）

I 裁定應送達於受裁定之人，並應送達於已知之利害關係人。

II 第七十七條第一項所定之人，得聲請法院付與裁定書。

第 82 條　（裁定之生效）

I 裁定，除法律別有規定外，於宣示、公告、送達或以其他適當方法告知於受裁定人時發生效力。但有合法之抗告者，抗告中停止其效力。

II 以公告或其他適當方法告知者，法院書記官應作記載該事由及年、月、日、時之證書附卷。

第 83 條　（裁定之撤銷或變更）

I 法院認其所為裁定不當，而有下列情形之一者，除法律別有規定外，得撤銷或變更之：

一　不得抗告之裁定。

二　得抗告之裁定，經提起抗告而未將抗告事件送交抗告法院。

三　就關係人不得處分事項所為之裁定。但經抗告法院為裁定者，由其撤銷或變更之。

II 法院就關係人得處分之事項為裁定者，其駁回聲請之裁定，非依聲請人之聲請，不得依前項第一款規定撤銷或變更之。

III 裁定確定後而情事變更者，法院得撤銷或變更之。

IV 法院為撤銷或變更裁定前，應使關係人有陳述意見之機會。

V 裁定經撤銷或變更之效力，除法律別有規定外，不溯及既往。

第 84 條　（調解之準用）

I 法院就家事非訟事件所成立之調解，準用前條之規定。但關係人得處分之事項，非依聲請人或相對人聲請，不得撤銷或變更之。

II 就關係人得處分之事項成立調解而應為一定之給付，如其內容尚未實現，因情事變更，依原調解內容顯失公平者，法院得依聲請以裁定變更之。

III 法院為前項裁定前，應使關係人有陳述意見之機會。

第 85 條　（暫時處分）

I 法院就已受理之家事非訟事件，除法律別有規定外，於本案裁定確定前，認有必要時，得依聲請或依職權命為適當之暫時處分。但關係人得處分之事項，非依其聲請，不得為之。

II 關係人為前項聲請時，應表明本案請求、應受暫時處分之事項及其事由，並就得處分之事項釋明暫時處分之事由。

III 第一項暫時處分，得命令或禁止關係人為一定行為、定暫時狀態或為其他適當之處置。

IV 第一項暫時處分之裁定，免供擔保。但法律別有規定或法院認有必要者，不在此限。

V 關於得命暫時處分之類型及其方法，其辦法由司法院定之。

◇**暫時處分**：與民訴法之假扣押、假處分、定暫時狀態之假處分相同，係由法院介入來保全現狀，或先暫時設定當事人之權利義務，避免本案請求不能或延滯實現所生之危害。

第 86 條　（暫時處分之管轄法院）

暫時處分，由受理本案之法院裁定；本案裁定業經抗告，且於聲請時，卷宗已送交抗告法院者，由抗告法院裁定。但本案繫屬後有急迫情形，不及由本案法院或抗告法院裁定時，得由財產、標的或其相關人所在地之法院裁定，並立即移交本案法院或抗告法院。

第 87 條　（暫時處分之生效）

I暫時處分於裁定送達或告知受裁定人時，對其發生效力。但告知顯有困難者，於公告時發生效力。

II暫時處分之裁定得為執行名義。

III暫時處分之執行，除法律別有規定外，得由暫時處分裁定之法院依職權為之。

IV暫時處分之裁定就依法應登記事項為之者，法院應依職權通知該管機關；裁定失其效力時亦同。

第 88 條　（暫時處分之撤銷或變更——不當或已無必要）

I暫時處分之裁定確定後，如認為不當或已無必要者，本案法院得依聲請或依職權撤銷或變更之。

II法院為前項裁定時，應使關係人有陳述意見之機會。但法院認為不適當者，不在此限。

第 89 條　（暫時處分之失效）

暫時處分之裁定，除法律別有規定或法院另有裁定外，有下列各款情形之一者，失其效力：

一　本案請求經裁判駁回確定。

二　本案程序經撤回請求或因其他事由視為終結。

三　暫時處分之內容與本案請求經裁判准許確定、調解或和解成立之內容相異部分。

四　暫時處分經裁定撤銷或變更確定。

第 90 條　（暫時處分失效之回復原狀）

I暫時處分之裁定有前條所定情形之一者，法院得依聲請或依職權，在失效範圍內，命返還所受領給付或為其他適當之處置。但命給付家庭生活費用或扶養費未逾必要範圍者，不在此限。

II法院為前項裁定前，應使關係人有辯論之機會。

III第一項裁定，準用第八十七條第二項、第三項及第九十一條之規定。

IV第一項裁定確定者，有既判力。

◇暫時處分失效回復原狀事件：

請求返還受領給付之性質	不當得利返還請求
事件類型	暫時處分失效時，依原處分所為給付，即喪失法律上依據，本應由給付人依不當得利請求返還。此本身具訟爭性，當事人亦有處分權。但為了統合家事事件處理，而被非訟化。因家事法第90條規定法院可依職權命返還，故於依當事人處分權有無所為之「聲請事件」「職權事件」之分類上，有被稱為「不真正職權事件」。即雖然關係人有處分權，審判程序仍可由法院依職權開始（許士宦）

第 91 條　（暫時處分之抗告）

I暫時處分之裁定，除法律別有規定外，僅對准許本案請求之裁定有抗告權之人得為抗告；抗告中不停止執行。但原法院或抗告法院認有必要時，得裁定命供擔保或免供擔保後停止執行。

II前項但書裁定，不得抗告。

III駁回暫時處分聲請之裁定，僅聲請人得為抗告。

IV抗告法院為裁定前，應使關係人有陳述意見之機會。但抗告法院認為不適當者，不在此限。

第 92 條　（抗告權人）

I因裁定而權利受侵害之關係人，得為抗告。

II因裁定而公益受影響時，該事件相關主管機關或檢察官得為抗告。

III依聲請就關係人得處分之事項為裁定者，於聲請被駁回時，僅聲請人得為抗告。

第 93 條　（裁定抗告期間之起算）

I 提起抗告，除法律別有規定外，抗告權人應於裁定送達後十日之不變期間內為之。但送達前之抗告，亦有效力。

II 抗告權人均未受送達者，前項期間，自聲請人或其他利害關係人受送達後起算。

III 第一項或第二項受裁定送達之人如有數人，除法律別有規定外，抗告期間之起算以最初受送達者為準。

第 94 條　（抗告）

I 對於第一審就家事非訟事件所為裁定之抗告，由少年及家事法院以合議裁定之。

II 對於前項合議裁定，僅得以其適用法規顯有錯誤為理由，逕向最高法院提起抗告。

III 依第四十一條規定於第二審為追加或反請求者，對於該第二審就家事非訟事件所為裁定之抗告，由其上級法院裁定之。

▲【102 臺抗 432 裁】按家事事件法第 5 條準用非訟事件法第 6 條第 1 項規定，有該項各款情形之一者，直接上級法院應依關係人之聲請或法院之請求，指定管轄。**所稱直接上級法院，係指審判系統上，管轄各該爭議事件之上級法院而言，與各該法院行政系統上之隸屬無關。**而家事事件法第 94 條第 1 項、第 2 項規定，對於第一審就家事非訟事件所為裁定之抗告，由少年及家事法院以合議裁定之。對於前項合議裁定，僅得以其適用法規顯有錯誤為由，逕向最高法院提起抗告。**是受理家事非訟抗告事件之少年及家事法院合議庭之直接上級法院，自為最高法院。**

第 95 條　（關係人有陳述意見之機會）

抗告法院為本案裁判前，應使因該裁判結果而法律上利益受影響之關係人有陳述意見之機會。但抗告法院認為不適當者，不在此限。

第 96 條　（再審之準用）

民事訴訟法第五編再審程序之規定，於家事非訟事件之確定本案裁定準用之。但有下列各款情形之一者，不得更以同一事由聲請再審：

一　已依抗告、聲請再審、聲請撤銷或變更裁定主張其事由，經以無理由被駁回。

二　知其事由而不為抗告；或抗告而不為主張，經以無理由被駁回。

第 97 條　（準用規定）

家事非訟事件，除法律別有規定外，準用非訟事件法之規定。

▲【105 臺簡聲 50 裁】家事事件法第 97 條規定家事非訟事件準用非訟事件法之規定，而非訟事件法對訴訟救助漏未規範，故應類推適用民事訴訟法第 107 條以下有關訴訟救助之規定，並依家事事件法第 97 條及非訟事件法第 46 條（編按：抗告與再抗告）規定，準用前開民事訴訟法規定。

第二章　婚姻非訟事件

第 98 條　（婚姻非訟事件之管轄）

夫妻同居、指定夫妻住所、請求報告夫妻財產狀況、給付家庭生活費用、扶養費、贍養費或宣告改用分別財產制事件之管轄，準用第五十二條及第五十三條之規定。

第 99 條　（書狀或筆錄之聲明事項）

I 請求家庭生活費用、扶養費或贍養費，應於準備書狀或於筆錄載明下列各款事項：

一　請求之金額、期間及給付方法。

二　關係人之收入所得、財產現況及其他個人經濟能力之相關資料，並添具所用書證影本。

II 聲請人就前項數項費用之請求，得合併聲明給付之總額或最低額；其聲明有不明瞭或不完足者，法院應曉諭其敘明或補充之。

III 聲請人為前項最低額之聲明者，應於程序終結前補充其聲明。其未補充者，法院應告以得為補充。

第 100 條　（命給付之方法）

I 法院命給付家庭生活費、扶養費或贍養費之負擔或分擔，得審酌一切情況，定其給付之方法，不受聲請人聲明之拘束。

II 前項給付，法院得依聲請或依職權，命為一次給付、分期給付或給付定期金，必要

時並得命提出擔保。

III.法院命分期給付者，得酌定遲誤一期履行時，其後之期間視為亦已到期之範圍或條件。

IV.法院命給付定期金者，得酌定逾期不履行時，喪失期限利益之範圍或條件，並得酌定加給之金額。但其金額不得逾定期金每期金額之二分之一。

第 101 條　（和解之方式及效力）

I.本案程序進行中，聲請人與相對人就第九十八條之事件或夫妻間其他得處分之事項成立和解者，於作成和解筆錄時，發生與本案確定裁判同一之效力。

II.聲請人與相對人就程序標的以外得處分之事項成立前項和解者，非經為請求之變更、追加或反請求，不得為之。

III.就前二項以外之事項經聲請人與相對人合意者，法院應斟酌其內容為適當之裁判。

IV.第一項及第二項之和解有無效或得撤銷之原因者，聲請人或相對人得請求依原程序繼續審理，並準用民事訴訟法第三百八十條第三項之規定。

V.因第一項或第二項和解受法律上不利影響之第三人，得請求依原程序撤銷或變更和解對其不利部分，並準用民事訴訟法第五編之一第三人撤銷訴訟程序之規定。

第 102 條　（情事變更）

I.就第九十九條所定各項費用命為給付之確定裁判或成立之和解，如其內容尚未實現，因情事變更，依原裁判或和解內容顯失公平者，法院得依聲請人或相對人聲請變更原確定裁判或和解之內容。

II.法院為前項裁判前，應使關係人有陳述意見之機會。

第 103 條　（前提法律關係之合併審理）

I.第九十九條所定事件程序，關係人就請求所依據之法律關係有爭執者，法院應曉諭其得合併請求裁判。

II.關係人為前項合併請求時，除關係人合意適用家事非訟程序外，法院應裁定改用家

事訴訟程序，由原法官繼續審理。

III.前項裁定，不得聲明不服。

◇**第一審家事訴訟事件可否併於第二審之家事非訟抗告程序**：若認為本法第 103 條規定可涵括於第二審家事非訟抗告審（地院合議庭）合併提起第一審家事訴訟事件，將**產生上訴或抗告之救濟審級歸屬問題**。即第二審非訟程序之救濟原係向高院提起再抗告，第一審訴訟事件之救濟原為向高院提起第二審上訴、向最高法院提起第三審上訴。兩者合併，將產生救濟審級歸屬，以及是否訴訟事件少一個審級，或非訟事件多一個審級之問題。故有學者主張，由於家事事件法立法匆促，跨審級之合併應暫時不准許，待日後修法解決（姜世明）。

第三章　親子非訟事件

第 104 條　（親子非訟事件之管轄及費用負擔）

I.下列親子非訟事件，專屬子女住所或居所地法院管轄；無住所或居所者，得由法院認為適當之所在地法院管轄：

　　一　關於未成年子女扶養請求、其他權利義務之行使或負擔之酌定、改定、變更或重大事項權利行使酌定事件。

　　二　關於變更子女姓氏事件。

　　三　關於停止親權事件。

　　四　關於未成年子女選任特別代理人事件。

　　五　關於交付子女事件。

　　六　關於其他親子非訟事件。

II.未成年子女有數人，其住所或居所不在一法院管轄區域內者，各該住所或居所地之法院俱有管轄權。

III.第一項事件有理由時，程序費用由未成年子女之父母或父母之一方負擔。

第 105 條　（親子非訟事件之強制合併裁判）

I.婚姻或親子訴訟事件與其基礎事實相牽連之親子非訟事件，已分別繫屬於法院者，除別有規定外，法院應將親子非訟事件移送於婚姻或親子訴訟事件繫屬中之

家事事件法

第四編　家事非訟程序　（第一〇六～一一二條）

第一審或第二審法院合併裁判。

II.前項移送之裁定不得聲明不服。受移送之法院應即就該事件處理，不得更為移送。

第 106 條　（審前報告以及意見陳述）

I.法院為審酌子女之最佳利益，得徵詢主管機關或社會福利機構之意見、請其進行訪視或調查，並提出報告及建議。

II.法院斟酌前項調查報告為裁判前，應使關係人有陳述意見之機會。但其內容涉及隱私或有不適當之情形者，不在此限。

III.法院認為必要時，得通知主管機關或社會福利機構相關人員於期日到場陳述意見。

IV.前項情形，法院得採取適當及必要措施，保護主管機關或社會福利機構相關人員之隱私及安全。

第 107 條　（交付子女、給付扶養費或其他財產，或為相當之處分）

I.法院酌定、改定或變更父母對於未成年子女權利義務之行使或負擔時，得命交付子女、容忍自行帶回子女、未行使或負擔權利義務之一方與未成年子女會面交往之方式及期間、給付扶養費、交付身分證明文件或其他財物，或命為相當之處分，並得訂定必要事項。

II.前項命給付扶養費之方法，準用第九十九條至第一百零三條規定。

▲【105 臺簡抗 4 裁】　第 107 條第 2 項準用第 100 條第 1 項規定，法院命給付未成年子女扶養費，不受聲請人聲明之拘束者，僅以定其給付扶養費之方法（含扶養之程度）為限。其餘如父母雙方之負擔或分擔、應給付扶養費之起迄期間等項，仍應以當事人之聲明為據。是法院為**確保未成年子女之最佳利益**，固得命給付超過聲請人請求金額；惟其請求金額如超過法院命給付者，即應於主文諭知駁回該超過部分之請求，以明確裁定所生效力之範圍。使受不利裁定之當事人得據以聲明不服，並利上級法院特定審判範圍及判斷有無請求之變更、追加或反請求。

第 108 條　（聽取未成年子女意見）

I.法院就前條事件及其他親子非訟事件為裁定前，應依子女之年齡及識別能力等身心狀況，於法庭內、外，以適當方式，曉諭裁判結果之影響，使其有表達意願或陳述意見之機會；必要時，得請兒童及少年心理或其他專業人士協助。

II.前項兒童及少年心理或其他專業人士之報酬，準用第十七條第三項規定。

第 109 條　（選任未成年子女之程序監理人）

就有關未成年子女權利義務之行使或負擔事件，未成年子女雖非當事人，法院為未成年子女之最佳利益，於必要時，亦得依父母、未成年子女、主管機關、社會福利機構或其他利害關係人之聲請或依職權為未成年子女選任程序監理人。

第 110 條　（和解筆錄）

I.第一百零七條所定事件及其他親子非訟事件程序進行中，父母就該事件得協議之事項達成合意，而其合意符合子女最佳利益時，法院應將合意內容記載於和解筆錄。

II.前項情形，準用第一百零一條、第一百零二條及第一百零八條之規定。

第 111 條　（選任特別代理人）

I.法院為未成年子女選任特別代理人時，應斟酌得即時調查之一切證據。

II.法院為前項選任之裁定前，應徵詢被選任人之意見。

III.前項選任之裁定，得記載特別代理人處理事項之種類及權限範圍。

IV.選任特別代理人之裁定，於裁定送達或當庭告知被選任人時發生效力。

V.法院為保護未成年子女之最佳利益，於必要時，得依父母、未成年子女、主管機關、社會福利機構或其他利害關係人之聲請或依職權，改定特別代理人。

第 112 條　（特別代理人之報酬）

I.法院得依特別代理人之聲請酌定報酬。其報酬額，應審酌下列事項：

　　一　選任特別代理人之原因。

　　二　特別代理人執行職務之勞力。

　　三　未成年子女及父母之資力。
　　四　未成年子女與特別代理人之關係。
Ⅱ前項報酬，除法律另有規定外，由未成年
　子女負擔。但選任特別代理人之原因係父
　母所致者，法院得酌量情形命父母負擔全
　部或一部。

第113條　（其他行使權利負擔事件之準用）

　　本章之規定，於父母不繼續共同生活達六
　個月以上時，關於未成年子女權利義務之
　行使負擔事件，準用之。

第四章　收養事件

第114條　（收養事件之管轄）

Ⅰ認可收養子女事件，專屬收養人或被收養
　人住所地之法院管轄；收養人在中華民國
　無住所者，由被收養人住所地之法院管
　轄。
Ⅱ認可終止收養事件、許可終止收養事件及
　宣告終止收養事件，專屬養子女住所地之
　法院管轄。

第115條　（聲請認可之程式）

Ⅰ認可收養事件，除法律別有規定外，以收
　養人及被收養人為聲請人。
Ⅱ認可收養之聲請應以書狀或於筆錄載明
　收養人及被收養人、被收養人之父母、收
　養人及被收養人之配偶。
Ⅲ前項聲請應附具下列文件：
　　一　收養契約書。
　　二　收養人及被收養人之國民身分證、
　　　　戶籍謄本、護照或其他身分證明文
　　　　件。
Ⅳ.第二項聲請，宜附具下列文件：
　　一　被收養人為未成年人時，收養人之
　　　　職業、健康及有關資力之證明文
　　　　件。
　　二　夫妻之一方被收養時，他方之同意
　　　　書。但有民法第一千零七十六條但
　　　　書情形者，不在此限。
　　三　經公證之被收養人父母之同意書。
　　　　但有民法第一千零七十六條之一

　　　　第一項但書、第二項但書或第一千
　　　　零七十六條之二第三項情形者，不
　　　　在此限。
　　四　收養人或被收養人為外國人時，收
　　　　養符合其本國法之證明文件。
　　五　經收出養媒合服務者為訪視調查，
　　　　其收出養評估報告。
Ⅴ.前項文件在境外作成者，應經當地中華民
　國駐外機構驗證或證明；如係外文，並應
　附具中文譯本。

第116條　（收養觀察期）

　　法院認可未成年人被收養前，得准收養人
　與未成年人共同生活一定期間，供法院決
　定之參考；共同生活期間，對於未成年人
　權利義務之行使負擔，由收養人為之。

第117條　（認可收養裁定之生效）

Ⅰ認可收養之裁定，於其對聲請人及第一百
　十五條第二項所定之人確定時發生效力。
Ⅱ認可收養之裁定正本，應記載該裁定於確
　定時發生效力之意旨。
Ⅲ認可、許可或宣告終止收養之裁定，準用
　前二項之規定。

第118條　（未成年父母之程序參與權）

　　被收養人之父母為未成年人而未結婚者，
　法院為認可收養之裁定前，應使該未成年
　人及其法定代理人有陳述意見之機會。但
　有礙難情形者，不在此限。

第119條　（審前報告、聽取意見之準用）

　　第一百零六條及第一百零八條之規定，於
　收養事件準用之。

第五章　未成年人監護事件

第120條　（未成年人監護事件之管轄及費用負擔）

Ⅰ.下列未成年人監護事件，專屬未成年人住
　所地或居所地法院管轄；無住所或居所
　者，得由法院認為適當之所在地法院管
　轄：

一　關於選定、另行選定或改定未成年人監護人事件。
二　關於監護人報告或陳報事件。
三　關於監護人辭任事件。
四　關於酌定監護人行使權利事件。
五　關於酌定監護人報酬事件。
六　關於為受監護人選任特別代理人事件。
七　關於許可監護人行為事件。
八　關於交付子女事件。
九　關於監護所生損害賠償事件。
十　關於其他未成年人監護事件。
II第一百零四條第二項、第三項及第一百零五條之規定，於前項事件準用之。

◇**本條第9款**：家事法第3條將關於監護所生損害賠償事件列為丙類家事訴訟事件，不過家事法第120條第1項第9款又將之列為非訟事件（家事法第74條以下是第四編家事非訟程序），家事法第121條並規定可以改用家事訴訟程序。有認為此係自相矛盾之立法錯誤（吳明軒）。

第 121 條　（監護損害賠償事件之程序轉換）
I關於監護所生之損害賠償事件，其程序標的之金額或價額逾得上訴第三審利益額者，聲請人與相對人得於第一審程序終結前，合意向法院陳明改用家事訴訟程序，由原法官繼續審理。
II前項損害賠償事件，案情繁雜者，聲請人或相對人得於第一審程序終結前，聲請法院裁定改用家事訴訟程序，由原法官繼續審理。
III前項裁定，不得聲明不服。

第 122 條　（監護人辭任事由）
I法院選定之監護人，有下列情形之一者，得聲請法院許可其辭任：
一　滿七十歲。
二　因身心障礙或疾病不能執行監護。
三　住所或居所與法院或受監護人所在地隔離，不便執行監護。
四　其他重大事由。
II法院為前項許可時，應另行選任監護人。
III第一百零六條及第一百零八條之規定，於監護人辭任事件準用之。

第 123 條　（審前報告等規定之準用）
第一百零六條至第一百零八條及第一百十一條第一項、第二項之規定，於法院為未成年人選定、另行選定或改定監護人事件準用之。

第 124 條　（受監護人特別代理人之準用）
第一百十一條及第一百十二條之規定，於法院為受監護人選任特別代理人事件準用之。

第六章　親屬間扶養事件

第 125 條　（親屬間扶養事件之管轄及費用負擔）
I下列扶養事件，除本法別有規定外，專屬受扶養權利人住所地或居所地法院管轄：
一　關於扶養請求事件。
二　關於請求減輕或免除扶養義務事件。
三　關於因情事變更請求變更扶養之程度及方法事件。
四　關於其他扶養事件。
II第一百零四條第二項、第三項及第一百零五條之規定，於前項事件準用之。

第 126 條　（準用規定）
第九十九條至第一百零三條及第一百零七條第一項之規定，於扶養事件準用之。

第七章　繼承事件

第 127 條　（繼承事件之管轄及費用負擔）
I下列繼承事件，專屬繼承開始時被繼承人住所地法院管轄：
一　關於遺產清冊陳報事件。
二　關於債權人聲請命繼承人提出遺產清冊事件。
三　關於拋棄繼承事件。
四　關於無人承認之繼承事件。
五　關於保存遺產事件。
六　關於指定或另行指定遺囑執行人事件。

七　關於其他繼承事件。

II.保存遺產事件，亦得由遺產所在地法院管轄。

III.第五十二條第四項之規定，於第一項事件準用之。

IV.第一項及第二項事件有理由時，程序費用由遺產負擔。

第 128 條 （遺產陳報書應記載事項）

I 繼承人為遺產陳報時，應於陳報書記載下列各款事項，並附具遺產清冊：

一　陳報人。

二　被繼承人之姓名及最後住所。

三　被繼承人死亡之年月日時及地點。

四　知悉繼承之時間。

五　有其他繼承人者，其姓名、性別、出生年月日及住、居所。

II.前項遺產清冊應記載被繼承人之財產狀況及繼承人已知之債權人、債務人。

第 129 條 （聲請命繼承人提出遺產清冊之程式）

I 債權人聲請命繼承人提出遺產清冊時，其聲請書應記載下列各款事項：

一　聲請人。

二　被繼承人之姓名及最後住所。

三　繼承人之姓名及住、居所。

四　聲請命繼承人提出遺產清冊之意旨。

II.繼承人依法院命令提出遺產清冊者，準用前條之規定。

第 130 條 （催告報明債權時應記載事項）

I.法院公示催告被繼承人之債權人報明債權時，應記載下列各款事項：

一　為陳報之繼承人。

二　報明權利之期間及在期間內應為報明之催告。

三　因不報明權利而生之失權效果。

四　法院。

II.前項情形應通知其他繼承人。

III.第一項公示催告應公告之。

IV.前項公告應揭示於法院公告處、資訊網路

及其他適當處所；法院認為必要時，並得命登載於公報或新聞紙，或用其他方法公告之。

V.第一項報明期間，自前項揭示之日起，應有六個月以上。

第 131 條 （償還遺產債務之陳報及提出文件）

I 前條報明債權期間屆滿後六個月內，繼承人應向法院陳報償還遺產債務之狀況並提出有關文件。

II.前項六個月期間，法院因繼承人之聲請，認為必要時，得延展之。

第 132 條 （拋棄繼承書面之表明、備查及公告）

I 繼承人拋棄繼承時，應以書面表明下列各款事項：

一　拋棄繼承人。

二　被繼承人之姓名及最後住所。

三　被繼承人死亡之年月日時及地點。

四　知悉繼承之時間。

五　有其他繼承人者，其姓名、性別、出生年月日及住、居所。

II.拋棄繼承為合法者，法院應予備查，通知拋棄繼承人及已知之其他繼承人，並公告之。

III.拋棄繼承為不合法者，法院應以裁定駁回之。

第 133 條 （親屬會議之陳報）

親屬會議報明繼承開始及選定遺產管理人時，應由其會員一人以上於陳報書記載下列各款事項，並附具證明文件：

一　陳報人。

二　被繼承人之姓名、最後住所、死亡之年月日時及地點。

三　選定遺產管理人之事由。

四　所選定遺產管理人之姓名、性別、出生年月日及住、居所。

第 134 條 （遺產管理人之選任）

I 親屬會議選定之遺產管理人，以自然人為限。

II.前項遺產管理人有下列各款情形之一者，法院應解任之，命親屬會議於一個月內另為選定：
一　未成年。
二　受監護或輔助宣告。
三　受破產宣告或依消費者債務清理條例受清算宣告尚未復權。
四　褫奪公權尚未復權。

第 135 條　（遺產管理人之解任與另為選定）

親屬會議選定之遺產管理人有下列情形之一者，法院得依利害關係人或檢察官之聲請，徵詢親屬會議會員、利害關係人或檢察官之意見後解任之，命親屬會議於一個月內另為選定：
一　違背職務上之義務者。
二　違背善良管理人之注意義務，致危害遺產或有危害之虞者。
三　有其他重大事由者。

第 136 條　（遺產管理人之選任聲請書應記載事項）

I.利害關係人或檢察官聲請選任遺產管理人時，其聲請書應記載下列事項，並附具證明文件：
一　聲請人。
二　被繼承人之姓名、最後住所、死亡之年月日時及地點。
三　聲請之事由。
四　聲請人為利害關係人時，其法律上利害關係之事由。
II.親屬會議未依第一百三十四條第二項或前條另為選定遺產管理人時，利害關係人或檢察官得聲請法院選任遺產管理人，並適用前項之規定。
III.法院選任之遺產管理人，除自然人外，亦得選任公務機關。

第 137 條　（繼承人搜索公示催告之記載事項及公告）

I.法院公示催告繼承人承認繼承時，應記載下列事項：
一　陳報人。
二　被繼承人之姓名、最後住所、死亡之年月日時及地點。

三　承認繼承之期間及期間內應為承認之催告。
四　因不於期間內承認繼承而生之效果。
五　法院。
II.前項公示催告，準用第一百三十條第三項至第五項之規定。

第 138 條　（陳報債權之公示催告）

法院依遺產管理人聲請為公示催告時，除記載前條第一項第二款及第五款所定事項外，並應記載下列事項：
一　遺產管理人之姓名、住所及處理遺產事務之處所。
二　報明債權及願否受遺贈聲明之期間，並於期間內應為報明或聲明之催告。
三　因不報明或聲明而生之失權效果。

第 139 條　（遺產管理人之公示催告之準用）

第一百三十條第三項至第五項之規定，除申報權利期間外，於前二條之公示催告準用之。

第 140 條　（遺產管理人陳報之義務）

法院選任之遺產管理人於職務執行完畢後，應向法院陳報處理遺產之狀況並提出有關文件。

第 141 條　（準用規定）

第八章之規定，除法律別有規定外，於遺產管理人、遺囑執行人及其他法院選任財產管理人準用之。

第八章　失蹤人財產管理事件

第 142 條　（失蹤人財產管理事件之管轄）

I.關於失蹤人之財產管理事件，專屬其住所地之法院管轄。
II.第五十二條第四項之規定，於前項事件準用之。

第 143 條　（財產管理人之順序）
I.失蹤人未置財產管理人者，其財產管理人依下列順序定之：
　一　配偶。
　二　父母。
　三　成年子女。
　四　與失蹤人同居之祖父母。
　五　家長。
II.不能依前項規定定財產管理人時，法院得因利害關係人或檢察官之聲請，選任財產管理人。
III.財產管理人之權限，因死亡、受監護、輔助或破產之宣告或其他原因消滅者，準用前二項之規定。

第 144 條　（財產管理人有數人之選定）
財產管理人有數人者，關於失蹤人之財產管理方法，除法院選任數財產管理人，而另有裁定者外，依協議定之；不為協議或協議不成時，財產管理人或利害關係人得聲請法院酌定之。

第 145 條　（財產管理人之改任）
I.財產管理人不勝任或管理不適當時，法院得依利害關係人或檢察官之聲請改任之；其由法院選任者，法院認為必要時得依職權改任之。
II.財產管理人有正當理由者，得聲請法院許可其辭任。
III.法院為前項許可時，應另行選任財產管理人。

第 146 條　（利害關係人及受選任人意見之詢問）
法院選任、改任或另行選任財產管理人時，應詢問利害關係人及受選任人之意見。

第 147 條　（失蹤人財產之登記）
失蹤人財產之取得、設定、喪失或變更，依法應登記者，財產管理人應向該管登記機關為管理人之登記。

第 148 條　（管理財產目錄之作成）
財產管理人應作成管理財產目錄，並應經公證人公證，其費用由失蹤人之財產負擔之。

第 149 條　（管理財產狀況之報告或計算）
I.法院得因利害關係人或檢察官之聲請，命財產管理人報告管理財產狀況或計算；財產管理人由法院選任者，並得依職權為之。
II.前項裁定，不得聲明不服。

第 150 條　（財產狀況有關文件之閱覽）
利害關係人得釋明原因，向法院聲請閱覽前條之報告及有關計算之文件，或預納費用聲請付與繕本、影本或節本。

第 151 條　（財產管理人之注意義務及權限）
財產管理人應以善良管理人之注意，保存財產，並得為有利於失蹤人之利用或改良行為。但其利用或改良有變更財產性質之虞者，非經法院許可，不得為之。

第 152 條　（財產管理人之提供擔保）
I.法院得命財產管理人就財產之管理及返還，供相當之擔保，並得以裁定增減、變更或免除之。
II.前項擔保，準用民事訴訟法關於訴訟費用擔保之規定。

第 153 條　（財產管理人之報酬）
法院得依財產管理人之聲請，按財產管理人與失蹤人之關係、管理事務之繁簡及其他情形，就失蹤人之財產，酌給相當報酬。

第九章　宣告死亡事件

第 154 條　（宣告死亡事件之管轄及費用負擔）
I.下列宣告死亡事件，專屬失蹤人住所地法院管轄：

一　關於聲請宣告死亡事件。
二　關於聲請撤銷或變更宣告死亡裁定事件。
三　關於其他宣告死亡事件。
II.第五十二條第四項之規定，於前項事件準用之。
III.第一項事件之程序費用，除宣告死亡者由遺產負擔外，由聲請人負擔。

第 155 條　（聲請人）

宣告死亡或撤銷、變更宣告死亡之裁定，利害關係人或檢察官得聲請之。

第 156 條　（公示催告之應記載事項及公告方法）

I.法院准許宣告死亡之聲請者，應公示催告。
II.公示催告，應記載下列各款事項：
一　失蹤人應於期間內陳報其生存，如不陳報，即應受死亡之宣告。
二　凡知失蹤人之生死者，應於期間內將其所知陳報法院。
III.前項公示催告，準用第一百三十條第三項至第五項之規定。但失蹤人滿百歲者，其陳報期間，得定為自揭示之日起二個月以上。

第 157 條　（期滿後陳報之效力）

為失蹤人生存之陳報在陳報期間屆滿後，而未宣告死亡或宣告死亡之裁定確定前者，與在期間內陳報者，有同一效力。

第 158 條　（程序參與及裁定之送達）

I.宣告死亡程序，除通知顯有困難者外，法院應通知失蹤人之配偶、子女及父母參與程序；失蹤人另有法定代理人者，並應通知之。
II.宣告死亡之裁定，應送達於前項所定之人。

第 159 條　（宣告死亡之裁定、生效及公告）

I.宣告死亡之裁定應確定死亡之時。
II.宣告死亡之裁定，於其對聲請人、生存陳

報人及前條第一項所定之人確定時發生效力。
III.前項裁定生效後，法院應以相當之方法，將該裁定要旨公告之。

第 160 條　（撤銷或變更宣告死亡裁定之事由）

宣告死亡裁定確定後，發現受宣告死亡之人尚生存或確定死亡之時不當者，得聲請撤銷或變更宣告死亡之裁定。

第 161 條　（撤銷或變更死亡裁定之程式及程序參與）

I.聲請撤銷或變更宣告死亡之裁定，應於聲請狀表明下列各款事項：
一　聲請人、宣告死亡之聲請人及法定代理人。
二　聲請撤銷或變更之裁定。
三　應如何撤銷或變更之聲明。
四　撤銷或變更之事由。
II.前項第四款之事由宜提出相關證據。
III.第一百五十八條之規定，於撤銷或變更宣告死亡裁定事件準用之。

第 162 條　（程序終結）

受宣告死亡人於撤銷宣告死亡裁定之裁定確定前死亡者，法院應裁定本案程序終結。

第 163 條　（撤銷或變更宣告死亡裁定之裁定效力）

I.撤銷或變更宣告死亡裁定之裁定，不問對於何人均有效力。但裁定確定前之善意行為，不受影響。
II.因宣告死亡取得財產者，如因前項裁定失其權利，僅於現受利益之限度內，負歸還財產之責。
III.第一百五十九條第二項及第三項之規定，於第一項裁定準用之。

▲【86 臺上 3207】民事訴訟法第 640 條第 2 項所謂因宣告死亡取得財產者，係指以宣告死亡為原因，而直接取得失蹤人所有財產之人而言，如其繼承人、受遺贈人及死因契約之受贈人等是。

第十章　監護宣告事件

第 164 條　（監護宣告事件管轄法院）

I.下列監護宣告事件，專屬應受監護宣告之人或受監護宣告之人住所地或居所地法院管轄；無住所或居所者，得由法院認為適當之所在地法院管轄：

- 一　關於聲請監護宣告事件。
- 二　關於指定、撤銷或變更監護人執行職務範圍事件。
- 三　關於另行選定或改定監護人事件。
- 四　關於監護人報告或陳報事件。
- 五　關於監護人辭任事件。
- 六　關於酌定監護人行使權利事件。
- 七　關於酌定監護人報酬事件。
- 八　關於為受監護宣告之人選任特別代理人事件。
- 九　關於許可監護人行為事件。
- 十　關於監護所生損害賠償事件。
- 十一　關於聲請撤銷監護宣告事件。
- 十二　關於變更輔助宣告為監護宣告事件。
- 十三　關於許可終止意定監護契約事件。
- 十四　關於解任意定監護人事件。
- 十五　關於其他監護宣告事件。

II.前項事件有理由時，程序費用由受監護宣告之人負擔。

III.除前項情形外，其費用由聲請人負擔。

第 165 條　（程序監理人之選任）

於聲請監護宣告事件、撤銷監護宣告事件、另行選定或改定監護人事件、許可終止意定監護契約事件及解任意定監護人事件，應受監護宣告之人及受監護宣告之人有程序能力。如其無意思能力者，法院應依職權為其選任程序監理人。但有事實足認無選任之必要者，不在此限。

▲【103 臺簡抗 201 裁】按聲請監護宣告事件及撤銷監護宣告事件，如應受監護宣告之人及受監護宣告之人係無意思能力者，法院應依職權為其選任程序監理人，家事事件法第 165 條後段設有明文。揆其立法意旨，係為充分保障應受監護宣告之人或受監護宣告之人之實體及程序利益，並

有助程序順利進行，如應受監護宣告之人或受監護宣告之人係無意思能力，即無法辨識利害得失，法院應依職權為其選任程序監理人，此乃家事事件法就監護宣告事件特設之強制規定。申言之，法院於應受監護宣告之人或受監護宣告之人符合無意思能力之要件時，即應依職權為其選任程序監理人，並無審酌選任與否之餘地。**倘法院未為無意思能力之應受監護宣告人選任程序監理人，逕為監護宣告之裁定，即難謂無適用法規之顯然錯誤。**

第 166 條　（診斷書之提出）

聲請人為監護宣告之聲請時，宜提出診斷書。

第 167 條　（受監護宣告之人之訊問）

I.法院應於鑑定人前，就應受監護宣告之人之精神或心智狀況，訊問鑑定人及應受監護宣告之人，始得為監護之宣告。但有事實足認無訊問之必要者，不在此限。

II.鑑定應有精神科專科醫師或具精神科經驗之醫師參與並出具書面報告。

第 168 條　（裁定應附理由及送達）

I.監護宣告之裁定，應同時選定監護人及指定會同開具財產清冊之人，並附理由。

II.法院為前項之選定及指定前，應徵詢被選定人及被指定人之意見。

III.第一項裁定，應送達於聲請人、受監護宣告之人、法院選定之監護人及法院指定會同開具財產清冊之人；受監護宣告之人另有程序監理人或法定代理人者，並應送達之。

第 169 條　（裁定之生效及公告）

I.監護宣告之裁定，於裁定送達或當庭告知法院選定之監護人時發生效力。

II.前項裁定生效後，法院應以相當之方法，將該裁定要旨公告之。

◇監護宣告之公告：監護宣告將使受監護宣告之人成為無行為能力人，須讓該裁定廣為人知，以保護交易安全，故應加以公告（吳明軒）。

第 170 條　（廢棄監護宣告之效力）

I.監護宣告裁定經廢棄確定前，監護人所為

之行為，不失其效力。

II監護宣告裁定經廢棄確定前，受監護宣告之人所為之行為，不得本於宣告監護之裁定而主張無效。

III監護宣告裁定經廢棄確定後，應由第一審法院公告其要旨。

第 171 條　（程序終結）

受監護宣告之人於監護宣告程序進行中死亡者，法院應裁定本案程序終結。

第 172 條　（撤銷監護宣告裁定之生效）

I撤銷監護宣告之裁定，於其對聲請人、受監護宣告之人及監護人確定時發生效力。

II第一百六十六條至第一百六十八條及第一百七十條第三項之規定，於聲請撤銷監護宣告事件準用之。

第 173 條　（就撤銷監護宣告之聲請為輔助宣告）

I.法院對於撤銷監護宣告之聲請，認受監護宣告之人受監護原因消滅，而仍有輔助之必要者，得依聲請或依職權以裁定變更為輔助之宣告。

II前項裁定，準用前條之規定。

第 174 條　（就監護宣告聲請為輔助宣告）

I.法院對於監護宣告之聲請，認為未達應受監護宣告之程度，而有輔助宣告之原因者，得依聲請或依職權以裁定為輔助之宣告。

II法院為前項裁定前，應使聲請人及受輔助宣告之人有陳述意見之機會。

III第一項裁定，於監護宣告裁定生效時，失其效力。

第 175 條　（輔助宣告變更為監護宣告）

I.受輔助宣告之人，法院認有受監護宣告之必要者，得依聲請以裁定變更為監護宣告。

II前項裁定，準用第一百七十二條之規定。

第 176 條　（準用規定）

I第一百零六條至第一百零八條之規定，於聲請監護宣告事件、撤銷監護宣告事件、就監護宣告聲請為輔助宣告事件及另行選定或改定監護人事件準用之。

II第一百二十二條之規定，於監護人辭任事件準用之。

III第一百十二條之規定，於酌定監護人報酬事件準用之。

IV第一百十一條及第一百十二條之規定，於法院為受監護宣告之人選任特別代理人事件準用之。

V第一百二十一條之規定，於監護所生損害賠償事件準用之。

第十一章　輔助宣告事件

第 177 條　（輔助宣告事件之管轄及費用負擔）

I.下列輔助宣告事件，專屬應受輔助宣告之人或受輔助宣告之人之住所地或居所地法院管轄；無住所或居所者，得由法院認為適當之所在地法院管轄：

一　關於聲請輔助宣告事件。

二　關於另行選定或改定輔助人事件。

三　關於輔助人辭任事件。

四　關於酌定輔助人行使權利事件。

五　關於酌定輔助人報酬事件。

六　關於為受輔助宣告之人選任特別代理人事件。

七　關於指定、撤銷或變更輔助人執行職務範圍事件。

八　關於聲請許可事件。

九　關於輔助所生損害賠償事件。

十　關於聲請撤銷輔助宣告事件。

十一　關於聲請變更監護宣告為輔助宣告事件。

十二　關於其他輔助宣告事件。

II第一百六十四條第二項、第三項之規定，於前項事件準用之。

第 178 條　（輔助宣告裁定之效力）

I.輔助宣告之裁定，於裁定送達或當庭告知受輔助宣告之人時發生效力。

II.第一百零六條、第一百零八條、第一百六十六條至第一百六十八條、第一百六十九條第二項及第一百七十條之規定，於聲請輔助宣告事件準用之。

第 179 條　（就輔助宣告之聲請為監護宣告）
I.法院對於輔助宣告之聲請，認有監護宣告之必要者，得依聲請或依職權以裁定為監護之宣告。
II.前項裁定，準用第一百七十四條第二項及第三項之規定。

第 180 條　（準用規定）
I.第一百零六條至第一百零八條之規定，於法院選定、另行選定或改定輔助人事件準用之。
II.第一百二十二條之規定，於輔助人辭任事件準用之。
III.第一百十二條之規定，於酌定輔助人報酬事件準用之。
IV.第一百十一條及第一百十二條之規定，於法院為受輔助宣告之人選任特別代理人事件準用之。
V.第一百二十一條之規定，於輔助所生損害賠償事件準用之。
VI.第一百七十二條之規定，於聲請撤銷輔助宣告事件準用之。
VII.第一百七十三條之規定，於聲請變更監護宣告為輔助宣告事件準用之。

第十二章　親屬會議事件

第 181 條　（親屬會議事件之管轄及程序費用負擔）
I.關於為未成年人及受監護或輔助宣告之人聲請指定親屬會議會員事件，專屬未成年人、受監護或輔助宣告之人住所地或居所地法院管轄。
II.關於為遺產聲請指定親屬會議會員事件，專屬繼承開始時被繼承人住所地法院管轄。
III.關於為養子女或未成年子女指定代為訴訟行為人事件，專屬養子女或未成年子女

住所地法院管轄。
IV.關於聲請酌定扶養方法及變更扶養方法或程度事件，專屬受扶養權利人住所地或居所地法院管轄。
V.聲請法院處理下列各款所定應經親屬會議處理之事件，專屬被繼承人住所地法院管轄：
　一　關於酌給遺產事件。
　二　關於監督遺產管理人事件。
　三　關於酌定遺產管理人報酬事件。
　四　關於認定口授遺囑真偽事件。
　五　關於提示遺囑事件。
　六　關於開視密封遺囑事件。
　七　關於其他應經親屬會議處理事件。
VI.第五十二條第四項之規定，於前五項事件準用之。
VII.第一百零四條第二項及第一百零五條之規定，於第四項事件準用之。
VIII.第一項事件有理由時，程序費用由未成年人、受監護或輔助宣告之人負擔。
IX.第二項事件有理由時，程序費用由遺產負擔。
X.第三項事件有理由時，程序費用由養子女或未成年子女負擔。
XI.第五項事件有理由時，程序費用由遺產負擔。

第 182 條　（報酬事項之調查）
法院就前條第五項所定事件所為裁定時，得調查遺產管理人所為遺產管理事務之繁簡及被繼承人之財產收益狀況。

第 183 條　（準用規定）
I.第一百二十二條之規定，於第一百八十一條第一項及第二項事件準用之。
II.第九十九條至第一百零三條及第一百零七條之規定，於第一百八十一條第四項事件準用之。
III.第一百零六條之規定，於本章之事件準用之。
IV.本章之規定，於其他聲請法院處理親屬會議處理之事件準用之。

第十三章 保護安置事件

第 184 條 （安置事件之管轄）

Ⅰ.下列安置事件，專屬被安置人住所地、居所地或所在地法院管轄：

一 關於兒童及少年之繼續安置事件。

二 關於兒童及少年之安置保護事件。

三 關於身心障礙者之繼續安置事件。

四 關於其他法律規定應由法院裁定安置事件。

Ⅱ.除法律別有規定外，第一百零六條、第一百零八條、第一百六十五條、第一百六十六條、第一百六十九條及第一百七十一條之規定，於前項事件準用之。

第 185 條 （停止事件之管轄及準用）

Ⅰ.下列停止事件，專屬嚴重病人住所地、居所地或所在地法院管轄：

一 關於停止緊急安置事件。

二 關於停止強制住院事件。

三 關於其他停止安置、住院事件。

Ⅱ.除法律別有規定外，第一百零六條、第一百零八條、第一百六十五條至第一百六十七條、第一百六十八條第一項、第一百六十九條第一項及第一百七十一條之規定，於前項事件準用之。

第五編 履行之確保及執行

第一章 通 則

第 186 條 （執行名義）

Ⅰ.依本法作成之調解、和解及本案裁判，除法律別有規定外，得為強制執行名義。

Ⅱ.家事事件之強制執行，除法律別有規定外，準用強制執行法之規定，並得請求行政機關、社會福利機構協助執行。

第 187 條 （調查及勸告）

Ⅰ.債權人於執行名義成立後，除依法聲請強制執行外，亦得聲請法院調查義務之履行狀況，並勸告債務人履行債務之全部或一部。

Ⅱ.前項調查及勸告，由為裁判或成立調解或和解之第一審法院管轄。

Ⅲ.法院於必要時，得命家事調查官為調查及勸告，或囑託其他法院為之。

Ⅳ.第一項聲請，徵收費用新臺幣五百元，由聲請人負擔，並準用民事訴訟法第七十七條之二十三第四項規定。

第 188 條 （勸告之方式及費用負擔）

Ⅰ.法院為勸告時，得囑託其他法院或相關機關、團體及其他適當人員共同為之。

Ⅱ.勸告履行所需費用，由法院酌量情形，命債權人及債務人以比例分擔或命一造負擔，或命各自負擔其支出之費用。

第二章 扶養費及其他費用之執行

第 189 條 （扶養費執行之費用）

扶養費請求權之執行，暫免繳執行費，由執行所得扣還之。

第 190 條 （定期或分期扶養費之執行）

Ⅰ.債務人依執行名義應定期或分期給付家庭生活費用、扶養費或贍養費，有一期未完全履行者，雖其餘履行期限尚未屆至，債權人亦得聲請執行。

Ⅱ.前項債權之執行，僅得扣押其履行期限屆至後債務人已屆清償期之薪資債權或其他繼續給付之債權。

第 191 條 （強制金）

Ⅰ.債務人依執行名義應定期或分期給付家庭生活費用、扶養費或贍養費，有一期未完全履行者，雖其餘履行期限尚未屆至，執行法院得依債權人之聲請，以裁定命債務人應遵期履行，並命其於未遵期履行時，給付強制金予債權人。但為裁判法院已依第一百條第四項規定酌定加給金額者，不在此限。

Ⅱ.法院為前項裁定時，應斟酌債權人因債務不履行所受之不利益、債務人資力狀態及以前履行債務之狀況。

Ⅲ.第一項強制金不得逾每期執行債權二分之一。

IV.第一項債務已屆履行期限者，法院得依債權人之聲請，以裁定命債務人限期履行，並命其於期限屆滿仍不履行時，給付強制金予債權人，並準用前二項之規定。

V.債務人證明其無資力清償或清償債務將致其生活顯著窘迫者，執行法院應依債務人之聲請或依職權撤銷第一項及前項之裁定。

第 192 條　（強制金裁定之聲請變更）

I.前條第一項、第四項強制金裁定確定後，情事變更者，執行法院得依債務人之聲請變更之。

II.債務人為前項聲請，法院於必要時，得以裁定停止強制金裁定之執行。

III.前項裁定，不得聲明不服。

第 193 條　（未成年子女扶養費債權之執行）

未成年子女扶養費債權之執行，不受強制執行法第一百二十二條規定之限制。但應酌留債務人及受其扶養之其他未成年子女生活所需。

▲【106 臺抗 652 裁】為確保未成年子女之生存及發展，債務人之未成年子女關於其扶養費債權之執行，既不受強制執行法第 122 條之限制，即得就債務人對於第三人之債權全部為之（僅須酌留債務人及受其扶養之其他未成年子女生活所需），**則該有執行名義之未成年子女扶養費債權、受債務人扶養之其他未成年子女生活所需及債務人與其共同生活之親屬生活所必需部分，一般債權人即不得為強制執行。但除上開部分外，一般債權人既仍得對之為強制執行，債務人其餘親屬之扶養費，即無從再本於強制執行法第 122 條第 2 項規定，主張優先於一般債權人受償。**

第三章　交付子女與子女會面交往之執行

第 194 條　（執行方法之採擇）

執行名義係命交付子女或會面交往者，執行法院應綜合審酌下列因素，決定符合子女最佳利益之執行方法，並得擇一或併用直接或間接強制方法：

一　未成年子女之年齡及有無意思能力。

二　未成年子女之意願。

三　執行之急迫性。

四　執行方法之實效性。

五　債務人、債權人與未成年子女間之互動狀況及可能受執行影響之程度。

第 195 條　（子女交付之直接強制）

I.以直接強制方式將子女交付債權人時，宜先擬定執行計畫；必要時，得不先通知債務人執行日期，並請求警察機關、社工人員、醫療救護單位、學校老師、外交單位或其他有關機關協助。

II.前項執行過程，宜妥為說明勸導，儘量採取平和手段，並注意未成年子女之身體、生命安全、人身自由及尊嚴，安撫其情緒。

第六編　附　則

第 196 條　（少年及家事法院之案件受理）

本法施行後，已成立少年及家事法院之地區，原管轄之地方法院，應以公告將本法所定家事事件，移送少年及家事法院，並通知當事人及已知之關係人。

第 197 條　（程序從新原則）

I.除本法別有規定外，本法於施行前發生之家事事件亦適用之。

II.本法施行前已繫屬尚未終結之家事事件，依其進行程度，由繫屬之法院依本法所定程序終結之，已依法定程序進行之行為，效力不受影響。

III.本法施行前已繫屬尚未終結之家事事件，依繫屬時之法律定法院之管轄。

IV.本法施行前已繫屬尚未終結之家事事件，除依本法施行前民事訴訟法人事訴訟編得合併裁判者外，不得移送合併審理。

V.本法所定期間之程序行為，而應於其施行之際為之者，其期間自本法施行之日起算。但本法施行前，法院依原適用法律裁定之期間已進行者，依其期間。

家事事件法　第六編　附　則　（第一九八～二〇〇條）

▲【101 臺抗 520 裁】而當事人為訴訟行為，應預納訴訟費用者，如所預納之費用，法院有溢收情事者，自應返還，始符公平原則。民事訴訟法乃於民國 92 年 2 月 7 日增訂第 77 條之 26 第 1 項規定：訴訟費用如有溢收情事者，法院應依聲請並得依職權以裁定返還之；並於 98 年 1 月 21 日參酌規費法第 18 條第 1 項規定修正該條，增設第 3 項規定：裁判費如有因法院曉示文字記載錯誤或其他類此情形而繳納者，得於繳費之日起 5 年內聲請返還，法院並得依職權以裁定返還之。依此規定，當事人預納之裁判費如超過法律所規定之標準，或繳費時法律所定程序種類因法律修正而變更，按新程序應繳納之裁判費較諸原繳費用額低者，參照該條項規定及其立法理由重在保障當事人權益，並求公平、合理之趣旨，法院即應依聲請或依職權以裁定將該差額返還之。此項規定，於非訟事件溢收裁判費時，非訟事件法縱未設有明文，亦應類推適用之。因此，**家事事件法施行前已繫屬尚未終結之家事訴訟事件，如經該法將之改列為家事非訟事件者，家事事件法第 197 條第 2 項既規定應由法院依非訟程序終結之，原來適用訴訟程序之事件，因家事事件法之施行，而改規定為適用非訟程序，則法院徵收裁判費之標準，依上說明，即不得仍按原訴訟程序標準徵收，應改按非訟程序標準徵收，並依聲請或依職權以裁定返還該差額，始符公平。**

第 198 條　（保全與救濟程序管轄之新舊法適用）

I 本法施行前已繫屬尚未終結之非訟事件必要處分程序，由繫屬之法院依本法所定程序終結之；已終結程序之撤銷、擔保金之發還及效力，仍應依原程序所適用之法律。

II 本法施行前法院已終結之家事事件，其異議、上訴、抗告及再審之管轄，依原程序所適用之法律定之。

III 本法施行前已取得之家事事件執行名義，適用本法所定履行確保及執行程序。

第 199 條　（施行細則之訂定）

家事事件審理細則、本法施行細則，由司法院定之。

第 200 條　（施行日期）

本法施行日期，由司法院定之。

動產擔保交易法

九十六年七月十一日總統令修正公布

①民國五十二年九月五日總統令公布
②五十九年五月二十八日總統令修正公布
③六十五年一月二十八日總統令修正公布
④九十六年七月十一日總統令修正公布第五、六、八～一一、一六、二一、二七、二八、三三、三四、四三條；刪除第二五、第五章章名、三八～四一條；並增訂第七之一條條文

第一章　總　則

第 1 條　（立法目的）
　　為適應工商業及農業資金融通及動產用益之需要，並保障動產擔保交易之安全，特制定本法。

第 2 條　（動產擔保交易之定義）
　　本法所稱動產擔保交易，謂依本法就動產設定抵押，或為附條件買賣，或依信託收據占有其標的物之交易。

第 3 條　（法律之適用）
　　動產擔保交易，依本法之規定；本法無規定者，適用民法及其他法律之規定。

第 4 條　（動產擔保交易之標的物）
Ⅰ機器、設備、工具、原料、半製品、成品、車輛、農林漁牧產品、牲畜及總噸位未滿二十噸之動力船舶或未滿五十噸之非動力船舶，均得為動產擔保交易之標的物。
Ⅱ前項各類標的物之品名，由行政院視事實需要及交易性質，以命令定之。

第 4 條之 1　（效力及於加工、附合、混合物）
　　動產擔保交易之標的物，有加工、附合或混合之情形者，其擔保債權之效力及於加工物、附合物或混合物，但以原有價值為限。

第 5 條　（要式契約及登記效力）
Ⅰ動產擔保交易，應以書面訂立契約。非經登記，不得對抗善意第三人。
Ⅱ債權人依本法規定實行占有或取回動產擔保交易標的物時，善意留置權人就動產擔保交易標的物有修繕、加工致其價值增加所支出之費用，於所增加之價值範圍內，優先於依本法成立在先之動產擔保權利受償。

第 6 條　（登記機關）
　　動產擔保交易之登記機關，由行政院定之。

第 7 條　（登記之程序）
Ⅰ動產擔保交易之登記，應由契約當事人將契約或其複本，向登記機關為之。
Ⅱ登記機關應於收到之契約或其複本上，記明收到之日期，存卷備查，並備登記簿，登記契約當事人之姓名或名稱，住居所或營業所，訂立契約日期、標的物說明、價格、擔保債權額、終止日期等事項。
Ⅲ前項登記簿，應編具索引，契約當事人或第三人，得隨時向登記機關查閱或抄錄契約登記事項。

第 7 條之 1　（補正）
　　申請動產擔保交易登記有不合規定者，登記機關應敘明理由限期命其補正；屆期不補正或補正不完全者，登記機關應予駁回。

第 8 條　（公告）
　　登記機關應將契約當事人之姓名或名稱、標的物說明、擔保債權額、訂立契約日期、終止日期及其他必要事項，公開於網站或以其他適當方法公告之。

動產擔保交易法

（第九～一七條）

第9條　（登記之有效期間）

I.動產擔保交易之登記，其有效期間從契約之約定，契約無約定者，自登記之日起有效期間為一年，期滿前三十日內，債權人得申請延長期限，其效力自原登記期滿之次日開始。

II.前項延長期限登記，其有效期間不得超過一年。登記機關應比照第七條及第八條規定辦理，並通知債務人，標的物為第三人所有者，應併通知之。

▲【60臺上3206】動產擔保交易法第9條，係規定動產擔保交易登記之有效期間，而非時效期間，不生起訴而中斷時效之問題，在登記有效期間屆滿後，被上訴人之動產抵押權，即無對抗善意第三人之效力。

第10條　（清償證明文件）

I.擔保債權受清償後，債權人經債務人或利害關係人之書面請求，應即出具證明文件。債務人或利害關係人得憑證明文件，向登記機關註銷登記。

II.債權人不於收到前項請求十日內，交付證明文件者，應負損害賠償責任。

III.債權人拒絕為第一項證明文件之交付時，債務人或利害關係人得以其他足以證明其已清償之方法，向登記機關註銷登記。

第11條　（規費）

動產擔保交易之登記機關，辦理各項登記、閱覽、抄錄、出具證明書，應收取規費；其標準，由行政院定之。

第12條　（占有人之責任）

動產擔保交易契約存續中，其標的物之占有人，應以善良管理人之注意，保管或使用標的物。

第13條　（利益及危險之承擔）

動產擔保交易標的物之利益及危險，由占有人承受負擔。但契約另有約定者，從其約定。

第14條　（權利拋棄之禁止）

契約約定動產擔保交易之債務人，拋棄本法所規定之權利者，其約定為無效。

第二章　動產抵押

第15條　（動產抵押之定義）

稱動產抵押者，謂抵押權人對債務人或第三人不移轉占有而就供擔保債權之動產設定動產抵押權，於債務人不履行契約時，抵押權人得占有抵押物，並得出賣，就其賣得價金優先於其他債權而受清償之交易。

第16條　（動產抵押契約應載事項）

I.動產抵押契約，應載明下列事項：

一　契約當事人之姓名或名稱、住居所或營業所所在地。

二　所擔保債權之金額及利率。

三　抵押物之名稱及數量，如有特別編號標識或說明者，其記載。

四　債務人或第三人占有抵押物之方式及其所在地。

五　債務人不履行債務時，抵押權人行使動產抵押權及債權之方法。

六　如有保險者，其受益人應為抵押權人之記載。

七　訂立契約年、月、日。

II.動產抵押契約，以一定期間內所發生之債權作為所擔保之債權者，應載明所擔保債權之最高金額。

第17條　（抵押權人之占有及善意第三人之請求賠償）

I.債務人不履行契約或抵押物被遷移、出賣、出質、移轉或受其他處分，致有害於抵押權之行使者，抵押權人得占有抵押物。

II.前項之債務人或第三人拒絕交付抵押物時，抵押權人得聲請法院假扣押，如經記之契約載明應逕受強制執行者，得依該契約聲請法院強制執行之。

III第三人善意有償取得抵押物者，經抵押權人追蹤占有後，得向債務人或受款人請求損害賠償。

▲【60 臺上 3206】 動產抵押權人欲實行其抵押權必先占有抵押物，其抵押物為第三人占有者，亦必追蹤取得占有後，始得出賣。

第 18 條 　（占有前之通知與抵押物之回贖）

I.抵押權人依前條第一項規定實行占有抵押物時，應於三日前通知債務人或第三人。

II.前項通知應說明事由並得指定履行契約之期限，如債務人到期仍不履行契約時，抵押權人得出賣占有抵押物，出賣後債務人不得請求回贖。

III.抵押權人不經第一項事先通知，逕行占有抵押物時，如債務人或第三人在債權人占有抵押物後之十日期間內履行契約，並負擔占有費用者，得回贖抵押物，但抵押物有敗壞之虞，或其價值顯有減少，足以妨害抵押權人之權利，或其保管費用過鉅者，抵押權人於占有後，得立即出賣。

第 19 條 　（抵押物之出賣、拍賣）

I.抵押權人出賣占有抵押物，除前條第三項但書情形外，應於占有後三十日內，經五日以上之揭示公告，就地公開拍賣之，並應於拍賣十日前，以書面通知債務人或第三人。

II.抵押物為可分割者，於拍賣得價足以清償債務及費用時，應即停止。債權人本人或其家屬亦得參加拍賣，買受抵押物。

第 20 條 　（受償之範圍及順序）

抵押物賣得價金，應先抵充費用，次充利息，再充原本，如有剩餘，應返還債務人，如有不足，抵押權人，得繼續追償。

第 21 條 　（出賣或拍賣之程序）

第十五條、第十八條及第十九條規定抵押權人對抵押物所為之出賣或拍賣，除依本法規定程序外，並應依民法債編施行法第二十八條規定辦理。

第 22 條 　（抵押權人違法占有或出賣之責任）

抵押權人占有或出賣抵押物，未依第十八條、第十九條及第二十一條規定辦理者，債務人得請求損害賠償。

第 23 條 　（流押契約之禁止）

契約約定於債權已屆清償期而未為清償時，抵押物之所有權移屬於抵押權人者，其約定為無效。

第 24 條 　（設質之禁止）

動產抵押權不得為質權之標的物。

第 25 條 　（刪除）

第三章　附條件買賣

第 26 條 　（附條件買賣之定義）

稱附條件買賣者，謂買受人先占有動產之標的物，約定至支付一部或全部價金，或完成特定條件時，始取得標的物所有權之交易。

第 27 條 　（契約應載事項）

附條件買賣契約應載明下列事項：
一　契約當事人之姓名或名稱、住居所或營業所所在地。
二　買賣標的物之名稱、數量及價格，如有特別編號標識或說明者，其記載。
三　出賣人保有標的物所有權，買受人得占有使用之記載。
四　買賣標的物價款之支付方法。
五　買受人取得標的物所有權之條件。
六　買受人不履行契約時，出賣人行使物權及債權之方法。
七　如有保險者，其受益人應為出賣人之記載。
八　訂立契約年、月、日。

第 28 條 　（取回占有及賠償請求）

I.標的物所有權移轉於買受人前，買受人有下列情形之一，致妨害出賣人之權益者，

動產擔保交易法

（第二九～三五條）

出賣人得取回占有標的物：

一　不依約定償還價款者。

二　不依約定完成特定條件者。

三　將標的物出賣、出質或為其他處分者。

II.出賣人取回占有前項標的物，其價值顯有減少者，得向買受人請求損害賠償。

▲【62臺上1559】附條件買賣在標的物所有權移轉於買受人前，買受人如有不依約定償還價款之情形，依動產擔保交易法第28條第1項之規定，出賣人固得行使其取回權，但取回權及取回後其他權利之行使，依同法第30條規定，應準用同法第17條第2項、第3項及第18條至第22條所定程序為之。此項程序固為保護出賣人而設，實亦兼顧買受人之利益，非謂出賣人可隨時取回及取回後可置買受人一切利益於不顧。買受人即使於契約約定拋棄同法所規定之權利，依同法第14條規定，其約定亦屬無效。

第 29 條 　（標的物之再出賣之效力）

I.買受人得於出賣人取回占有標的物後十日內，以書面請求出賣人將標的物再行出賣。出賣人縱無買受人之請求，亦得於取回占有標的物後三十日內將標的物再行出賣。

II.出賣人取回占有標的物，未受買受人前項再行出賣之請求，或於前項三十日之期間內未再出賣標的物者，出賣人無償還買受人已付價金之義務，所訂附條件買賣契約失其效力。

第 30 條 　（取回占有並出賣標的物程序及責任規定之準用）

第二章第十七條第二項、第三項及第十八條至第二十二條，對於附條件買賣之出賣人及買受人準用之。

第 31 條 　（不得為附條件買賣之標的物）

I.經依本法設定抵押之動產，不得為附條件買賣之標的物。

II.違反前項規定者，其附條件買賣契約無效。

第四章　信託占有

第 32 條 　（信託占有之定義）

稱信託占有者，謂信託人供給受託人資金或信用，並以原供信託之動產標的物所有權為債權之擔保，而受託人依信託收據占有處分標的物之交易。

第 33 條 　（信託收據應載事項）

信託收據應記載下列事項：

一　當事人之姓名或名稱、住居所或營業所所在地。

二　信託人同意供給受託人資金或信用之金額。

三　標的物之名稱、數量、價格及存放地地點，如有特別編號標識或說明者，其記載。

四　信託人保有標的物所有權，受託人占有及處分標的物方法之記載。

五　供給資金或信用之清償方法，如受託人出賣標的物者，其買受人應將相當於第二款所列金額部分之價金交付信託人之記載。

六　受託人不履行契約時，信託人行使物權及債權之方法。

七　如有保險者，其受益人應為信託人之記載。

八　訂立收據年、月、日。

第 34 條 　（信託人取回占有）

受託人有下列情形之一，信託人得取回占有標的物：

一　不照約定清償債務者。

二　未經信託人同意將標的物遷移他處者。

三　將標的物出質或設定抵押權者。

四　不依約定之方法處分標的物者。

第 35 條 　（信託人同意出賣標的物之責任）

I.信託人同意受託人出賣標的物者，不論已否登記，信託人不負出賣人之責任，或因受託人處分標的物所生債務之一切責任。

II.信託人不得以擔保債權標的物之所有權

對抗標的物之買受人。但約定附有限制處分條款或清償方法者，對於知情之買受人不在此限。

第 36 條　（不得為信託占有之標的物）

Ⅰ.經依本法設定抵押之動產，不得為信託占有之標的物。

Ⅱ.違反前項規定者，其信託收據無效。

第 37 條　（取回占有並出賣標的物程序及責任規定之準用）

第二章第十七條第二項、第三項及第十八條至第二十二條，對於信託占有之信託人及受託人準用之。

第五章　（刪除）

第 38 條　（刪除）

第 39 條　（刪除）

第 40 條　（刪除）

第六章　附　　則

第 41 條　（刪除）

第 42 條　（施行細則之訂定）

本法施行細則，由行政院定之。

第 43 條　（施行日期）

Ⅰ.本法施行日期，以命令定之。

Ⅱ.本法修正條文自公布日施行。

動產擔保交易法施行細則

一百零四年十二月十七日行政院令修正發布

①民國五十四年六月七日行政院令發布
②五十六年七月二十六日行政院令修正發布
③五十七年二月二十六日行政院令修正發布
④五十九年六月二十四日行政院令修正發布
⑤六十一年七月三十一日行政院令修正發布
⑥六十九年八月二十九日行政院令修正發布
⑦七十五年五月七日行政院令修正發布
⑧八十八年三月二十四日行政院令修正發布
⑨八十八年九月八日行政院令修正發布
⑩九十七年八月八日行政院令修正發布
⑪一百年九月五日行政院令修正發布
⑫一百零三年三月二十六日行政院令修正發布
⑬一百零四年十二月十七日行政院令修正發布全文

第1條　（訂定依據）

本細則依動產擔保交易法（以下簡稱本法）第四十二條規定訂定之。

第2條　（登記機關）

I.本法第六條所定動產擔保交易之登記機關如下：

一　加工出口區內之標的物，以經濟部加工出口區管理處為登記機關。

二　科學工業園區內之標的物，以科技部所屬各科學工業園區管理局為登記機關。

三　農業科技園區內之標的物，以農業科技園區管理機關為登記機關。

四　總噸位未滿二十之動力船舶或未滿五十之非動力船舶，以交通部航港局為登記機關。

五　汽車、機車及拖車，以交通部公路總局為登記機關。

六　前五款以外之標的物，其所在地或設籍在直轄市者，以直轄市政府為登記機關；在直轄市以外區域者，以經濟部為登記機關。

II.前項第一款之登記機關，其設有分處者，得委任其分處代辦登記。

III.第一項第五款之登記機關，得委任辦理公路監理業務之監理機關代辦登記。

第3條　（登記申請人及變更登記）

I.動產擔保交易登記，應由契約當事人或其代理人向登記機關申請之。

II.登記事項之內容有變更時，應由契約當事人或其代理人檢具證明文件向原登記機關申請變更登記。

III.前二項申請，得以網路傳輸方式向統一線上登記及公示網站為之；申請註銷登記、抄錄及核發證明書，亦同。

IV.以前項方式申請者，視同向登記機關申請。

第4條　（申請登記應檢具之文件）

I.依本法第七條第一項規定申請登記時，應檢具下列各項文件：

一　登記申請書。

二　由代理人申請登記者，其本人之委託書。

三　登記原因之契約或其複本。

四　契約當事人之證明文件。

五　標的物有所有權證明文件或使用執照者，其文件或執照。

六　標的物設定抵押權須經主管機關核准者，其核准文件。

七　債務人無第七條規定各款情事之切結。

II.前項各款申請文件，得依電子簽章法之規定，以電子文件為之。

第5條　（登記事項）

I.動產擔保交易之登記事項如下：

一　動產抵押權之登記。

二　附條件買賣之登記。

三　信託占有之登記。

四　延長有效期間之登記。

五　標的物所有權變更之登記。

六　標的物變更之登記。

七　動產擔保權註銷之登記。

八　其他有關之登記。

II.前項登記，由登記機關就第四條申請文件

於形式上查對其所載事項與申請登記事項是否相符後為之。

第 6 條　（登記申請書應記載事項）

I.第四條第一項第一款之登記申請書應記載下列事項：

一　登記原因。

二　登記標的物之名稱及其型式、規格、廠牌、數量、製造廠商、引擎號碼、出廠年月日、所在地、領有執照者其執照號碼。

三　登記機關。

四　申請之年月日。

五　申請人之姓名或名稱、出生年月日、國民身分證統一編號、公司或商業統一編號或扣繳單位統一編號、住居所或營業所。

六　由代理人申請時，並記其代理人之姓名、國民身分證統一編號、出生年月日、住所。

七　擔保債權種類及其金額。

八　其他應記明之事項。

II.前項第二款事項，經當事人以契約約定者，得以登記標的物之名稱、數量、所在地等足以特定該標的物之一般性說明為之。

第 7 條　（不得申請登記之情形）

有下列各款情形之一者，不得申請為動產擔保交易之登記：

一　債務人曾受破產宣告尚未復權，或破產程序在進行中。

二　債務人就標的物未具有完整之所有權。

三　標的物係屬假扣押或假處分之標的。

第 8 條　（應備之登記書表簿冊）

I.登記機關應備下列登記書表簿冊：

一　登記申請書。

二　登記收件簿。

三　登記簿。

四　登記索引簿。

五　其他書表簿冊。

II.前項各種書表簿冊，由登記機關規定格式印製，並得以電腦處理之。

第 9 條　（登記簿應記載事項）

I.登記機關所備登記簿，應記載登記契約當事人之姓名或名稱、國民身分證統一編號、公司或商業統一編號或扣繳單位統一編號、住居所或營業所、訂立契約日期、標的物說明、價格、擔保債權種類及其金額、有效期間等；遇有變更登記者，其變更事項及年月日。

II.前項變更登記以附記為之，附記作成後，應將原登記應變更部分塗銷之。

第 10 條　（登記機關作業之期限）

登記機關接受登記之申請後，應於三個工作日內將登記事項辦理完竣，並發給登記證明書正副本各一份。

第 11 條　（登記完成之公告）

I.登記機關於辦竣登記後，應依本法第八條規定公開於統一線上登記及公示網站或以其他適當方法公告之。

II.前項統一線上登記及公示網站為集中資料庫，並得以債務人之姓名或名稱檢索。

第 12 條　（登記紀錄之轉列）

登記機關於年度終了後，應將上年度登記繼續有效部分之各項紀錄，轉列於當年度登記內，以便查考。

第 13 條　（規費之收取）

I.登記機關辦理動產擔保交易登記時，依下列基準收取規費：

一　登記費（包括證書費）新臺幣九百元。

二　變更登記費（包括證書費）新臺幣四百五十元。

三　註銷登記費免收。

四　查閱費（包括謄本費或影印費）新臺幣一百二十元。

五　補發證書費新臺幣一百二十元。

六　電腦資料抄錄費，每次抄錄筆數在五百筆以內者，新臺幣三千元。每

動產擔保交易法施行細則（第一四條）

次抄錄筆數超過五百筆時，每增加一筆另繳納抄錄費新臺幣二元。

II.前項第一款至第五款規費，如擔保債權金額在新臺幣九萬元以下者，減半收取。

第 14 條　（施行日期）

本細則除第二條自中華民國一百零五年一月一日施行外，自發布日施行。

土 地 法
一百年六月十五日總統令修正公布

①民國十九年六月三十日國民政府公布
②三十五年四月二十九日國民政府修正公布
③四十四年三月十九日總統令修正公布
④六十四年七月二十四日總統令修正公布
⑤七十八年十二月二十九日總統令修正公布
⑥八十四年一月二十日總統令修正公布
⑦八十九年一月二十六日總統令修正公布
⑧九十年十月三十一日總統令修正公布
⑨九十四年六月十五日總統令修正公布
⑩九十五年六月十四日總統令修正公布
⑪一百年六月十五日總統令修正公布第三四之一、一七二條條；並刪除第八、三四、一七五條條文

第一編　總　則
第一章　法　例

第 1 條　（土地之定義）
本法所稱土地，謂水陸及天然富源。

第 2 條　（土地類別）
I.土地依其使用，分為左列各類：
　　第一類　建築用地，如住宅、官署、機關、學校、工廠、倉庫、公園、娛樂場、會所、祠廟、教堂、城堞、軍營、砲臺、船埠、碼頭、飛機基地、墳場等屬之。
　　第二類　直接生產用地，如農地、林地、漁地、牧地、狩獵地、礦地、鹽地、水源地、池塘等屬之。
　　第三類　交通水利用地，如道路、溝渠、水道、湖泊、港灣、海岸、堤堰等屬之。
　　第四類　其他土地，如沙漠、雪山等屬之。
II.前項各類土地，得再分目。

▲【44 臺上 425】池塘亦屬直接生產用地，土地法第 2 條第 1 項規定甚明，原非不可使用收益。上訴人既已使用該項池塘，並自 30 年至 38 年均已付清租金，即已成立租賃關係，而 38 年訂立三

七五租約所列面積，仍舊包括池塘在內，上訴人自應受契約之拘束，殊無拒絕付租之理由。

第 3 條　（執行機關）
本法除法律另有規定外，由地政機關執行之。

第 4 條　（公有土地之定義）
本法所稱公有土地，為國有土地、直轄市有土地、縣（市）有土地或鄉（鎮、市）有之土地。

▲【院 1776】土地法所稱之**公有土地**，無論其管理、使用、收益之權係屬於省、市、縣等地方政府，抑或屬於區、坊、鄉、鎮等自治團體，其**所有權應專屬於國家**，蓋地方政府係國家機關，其自身並無人格，**不得為權利主體**，至地方自治團**體**，雖為法人，而對於公有土地行使管理、使用、收益之權，則**應視為國家所付與**（如監督寺廟條例所定荒廢寺廟由地方自治團體管理之類），**不得視為所有權之歸屬**，如另依法令，取得土地所有權，則該土地已成為私有，亦不屬於公有土地之範圍。

第 5 條　（土地改良物之定義）
I.本法所稱土地改良物，分為建築改良物及農作改良物二種。
II.附著於土地之建築物或工事，為建築改良物。
III.附著於土地之農作物及其他植物與水利土壤之改良，為農作改良物。

第 6 條　（自耕之定義）
本法所稱自耕，係指自任耕作者而言，其為維持一家生活直接經營耕作者，以自耕論。

▲【院 2028】凡為維持一家生活直接經營耕作者，雖非自任耕作，亦不失為土地法所稱之自耕，但所謂維持一家生活，專指自然人而言，故土地法第 180 條第 3 款（現行法第 114 條）之規定，惟耕地之出租人為自然人時，始可適用。

▲【68臺上3777】土地法第6條後段所謂「其為維持一家生活直接經營耕作者，以自耕論」，與自任耕作之情形有間，本質上並非自耕，乃**僱用他人從事實際耕作，所得收穫歸於自己，而給與受僱人約定之報酬，其本身並不以實際參與現場耕作為必要**，倘合於用以維持一家生活之必要之條件，依法律規定應以自耕論。

第7條　（土地債券之定義）

本法所稱土地債券，為土地銀行依法所發行之債券。

第8條　（刪除）

第9條　（施行法之訂定）

本法之施行法，另定之。

第二章　地　權

第10條　（私有土地與國有土地）

I.中華民國領域內之土地，屬於中華民國人民全體，其經人民依法取得所有權者，為私有土地。

II.私有土地之所有權消滅者，為國有土地。

▲【院2177】沙洲淤地未經人民依法取得所有權者，為公有土地，此項土地，就私法關係而論，其所有權屬於國家，國家為公法人，占有公法人之土地，自屬民法第769條第770條所謂占有他人之不動產，故公有土地，除土地法（舊）第8條所定不得私有者外，亦有取得時效之適用，人民因取得時效取得所有權者，既係土地法（舊）第7條所謂依法取得所有權。

▲【院2794】土地未經人民依法取得所有權，或其所有權已消滅而未撥歸縣有或省轄市有者，為國有財產。

第11條　（土地他項權利之設定）

土地所有權以外設定他項權利之種類，依民法之規定。

第12條　（私有土地所有權之消滅與回復）

I.私有土地，因天然變遷成為湖澤或可通運之水道時，其所有權視為消滅。

II.前項土地，回復原狀時，經原所有權人證明為其原有者，仍回復其所有權。

▲【院1726】河岸私有之田地，因水道變遷，致坍沒一部或全部者，其所有權依土地法第9條（現行法第12條）所定，應即視為消滅，除該岸土地回復原狀時，仍得回復其所有權外，不得以對岸淤地增多，請求撥補。

第13條　（湖澤岸地等自然增加之優先取得）

湖澤及可通運之水道及岸地，如因水流變遷而自然增加時，其接連地之所有權人，有優先依法取得其所有權或使用受益之權。

第三章　地權限制

第14條　（不得私有之土地）

I.左列土地不得為私有：

一　海岸一定限度內之土地。

二　天然形成之湖澤而為公共需用者，及其沿岸一定限度內之土地。

三　可通運之水道及其沿岸一定限度內之土地。

四　城鎮區域內水道湖澤及其沿岸一定限度內之土地。

五　公共交通道路。

六　礦泉地。

七　瀑布地。

八　公共需用之水源地。

九　名勝古蹟。

十　其他法律禁止私有之土地。

II.前項土地已成為私有者，得依法徵收之。

III.第一項第九款名勝古蹟，如日據時期原屬私有，臺灣光復後登記為公有，依法得贈與移轉為私有者，不在此限。

▲【院1678】土地法（舊）第8條所載**不得為私有之名勝古蹟，係指原屬於國有或公有者而言。**若原屬於私人所有，在所有權未經依法消滅以前，仍應認為其私有。

▲【院1802】土地法（舊）第8條第1項各款所載**不得為私有之土地，係指土地法施行時屬於國有或公有者而言。**若原屬於私人所有，在其所有權未經依法消滅以前，仍應認為私有。

▲【31上2293】土地法（舊）第8條第1項第1款之規定，不過**就可通之水道禁止為私有**，上訴人所稱魚埠之內容若係僅在系爭水面取得漁業權，即與該條款之規定毫不相涉。

▲【行48判88】按海岸一定限度內之土地，不得為私有，為土地法第14條第1項第1款所明定。本件原告於民國44年3月30日申請承墾臺中縣梧棲鎮龍井鄉沿海一帶新生之公有荒地，被告官署以該地係臺中守備區司令部所設防之軍事區域，並為預定海岸保安林造林之地區，依法於海岸一定限度內不得為私有，因而不能放墾，對原告之申請，未予准許。依上開規定，於法並無不合。況查依土地法第129條規定，公有荒地承墾人之資格，一為自耕農戶，二為呈准登記之農業生產合作社，其社員以自任耕作者為限。原告既非自耕農戶，而其所擬組織之生產合作社，則尚未組成依法呈准登記。是原告顯不具備法定公有荒地承墾人之資格。其申請開墾本件荒地，自屬無從准許。

第 15 條　（不得私有之礦）

I.附著於土地之礦，不因土地所有權之取得而成為私有。

II.前項所稱之礦，以礦業法所規定之種類為限。

第 16 條　（私有土地所有權行使之限制）

私有土地所有權之移轉、設定負擔或租賃，妨害基本國策者，中央地政機關得報請行政院制止之。

第 17 條　（不得移轉、設定負擔或租賃於外國人之土地）

I.左列土地不得移轉、設定負擔或租賃於外國人：

一　林地。
二　漁地。
三　狩獵地。
四　鹽地。
五　礦地。
六　水源地。
七　要塞軍備區域及領域邊境之土地。

II.前項移轉，不包括因繼承而取得土地。但應於辦理繼承登記完畢之日起三年內出售與本國人，逾期未出售者，由直轄市、縣（市）地政機關移請國有財產局辦理公開標售，其標售程序準用第七十三條之一相關規定。

III.前項規定，於本法修正施行前已因繼承取得第一項所列各款土地尚未辦理繼承登記者，亦適用之。

第 18 條　（外人取得或設定土地權利之平等互惠原則）

外國人在中華民國取得或設定土地權利，以依條約或其本國法律，中華民國人民得在該國享受同樣權利者為限。

▲【院2511】對於外國教會為條約所未許之土地權利之移轉或設定負擔者無效，設定典權即係設定負擔，典權之設定既屬無效，外國教會自不能依民法第923條第2項、第924條但書取得土地所有權，故除嗣後所訂條約別有規定外，出賣或出典土地，在土地法施行法施行後為之者，依同法（舊）第10條辦理，在同法施行前為之者，出賣人或出典人對於外國教會有土地返還請求權。

▲【院解3965】偽滿時日本人向國人合意購買土地，光復前復由日人賣與國人，其將土地所有權讓與日本人，及日本人以之讓與中國人，均非有效，向日本人受讓之中國人不得補行登記。

▲【院解3985】㈥中國人以土地向日本人設定抵押權，經日本人於偽滿整理地籍時申報確定為日本人所有者，日本人並不因之而取得所有權，該中國人自得請求返還。

第 19 條　（外國人租購土地用途之限制）

I.外國人為供自用、投資或公益之目的使用，得取得左列各款用途之土地，其面積及所在地點，應受該管直轄市或縣（市）政府依法所定之限制：

一　住宅。
二　營業處所、辦公場所、商店及工廠。
三　教堂。
四　醫院。
五　外僑子弟學校。
六　使領館及公益團體之會所。
七　墳場。
八　有助於國內重大建設、整體經濟或農牧經營之投資，並經中央目的事業主管機關核准者。

II.前項第八款所需土地之申請程序、應備文件、審核方式及其他應遵行事項之辦法，由行政院定之。

▲【院740】內地外國教會租用土地房屋暫行章程第4條既規定外國教會在內地租用土地建築或租買房屋，其面積越過必要之範圍者，該管官署不得核准，則其租用之土地面積自應限於設立教會、醫院或學校之必要範圍，若其租用土地超過上開必要之範圍，僅係以其收益維持其所辦事業之用者，仍不能視為傳教所必要。

第 20 條　（外國人租購土地之程序）

I 外國人依前條需要取得土地，應檢附相關文件，申請該管直轄市或縣（市）政府核准；土地有變更用途或為繼承以外之移轉時，亦同。其依前條第一項第八款取得者，並應先經中央目的事業主管機關同意。

II 直轄市或縣（市）政府為前項之准駁，應於受理後十四日內為之，並於核准後報請中央地政機關備查。

III 外國人依前條第一項第八款規定取得土地，應依核定期限及用途使用，因故未能依核定期限使用者，應敘明原因向中央目的事業主管機關申請展期；其未依核定期限及用途使用者，由直轄市或縣（市）政府通知土地所有權人於通知送達後三年內出售。逾期未出售者，得逕為標售，所得價款發還土地所有權人；其土地上有改良物者，得併同標售。

IV 前項標售之處理程序、價款計算、異議處理及其他應遵行事項之辦法，由中央地政機關定之。

▲【院652】查內地外國教會租用土地房屋暫行章程第3條所載，官署在租用房地之契約蓋印以為核准之證明，自非法所不許。

▲【院1531】外國教會在內地，對於土地僅有租用之權，其以土地為典權登記，自為法所不許，該契約即亦不生官署核准之問題。

第 21 條　（刪除）

第 22 條　（刪除）

第 23 條　（刪除）

第 24 條　（外人租購土地後之權利義務）

外國人租賃或購買之土地，經登記後，依法令之所定，享受權利，負擔義務。

第四章　公有土地

第 25 條　（地方政府處分或出租公有土地之權限）

直轄市或縣（市）政府對於其所管公有土地，非經該管區內民意機關同意，並經行政院核准，不得處分或設定負擔或為超過十年期間之租賃。

▲【釋232】參見頁 I-29。

▲【院2211】民國23年6月2日行政院公布之公有土地處理規則與土地法牴觸之部分，自民國25年3月1日土地法施行後，業已失其效力，各縣已經拆除之城牆基地既係公有土地，依土地法（舊）第13條之規定，該管地方政府僅有使用及收益之權，非經國民政府核准不得處分，或設定負擔或為超過十年期間之租賃。

第 26 條　（撥用公有土地之手續）

各級政府機關需用公有土地時，應商同該管直轄市或縣（市）政府層請行政院核准撥用。

▲【52臺上4031】各級政府機關因舉辦土地法第208條所列公共事業需用公有土地，經依同法第26條規定，由該管市縣政府層請行政院核准撥用者，乃政府基於公法上之權力，使需用土地之機關取得該土地之權利，而該土地原使用人之權利因與此不能並存遂歸於消滅，此與耕地三七五減租條例第17條所定終止租約之情形有別。

▲【58臺上3012】公有土地之管理機關，固得因撥用而變更，但公有土地之撥用，依照土地法第26條規定，應由需用土地之政府機關，商同該管市縣政府層請行政院核准。本件系爭土地之撥用，既未完成此項手續，自不能謂被上訴人業已取得系爭土地之管理權。

第 27 條　（公有土地收益之處理）

直轄市或縣（市）政府應將該管公有土地之收益，列入各該政府預算。

第五章　地權調整

第 28 條　（私有土地面積之限制）

I 直轄市或縣（市）政府對於私有土地，得斟酌地方情形，按土地種類及性質，分別限制個人或團體所有土地面積之最高額。

II.前項限制私有土地面積之最高額，應經中央地政機關之核定。

第 29 條 （超額土地之強制出賣或徵收補償）

I.私有土地受前條規定限制時，由該管直轄市或縣（市）政府規定辦法，限令於一定期間內，將額外土地分割出賣。

II.不依前項規定分割出賣者，該管直轄市或縣（市）政府得依本法徵收之。

III.前項徵收之補償地價，得斟酌情形搭給土地債券。

第 30 條 （刪除）

第 30 條之 1 （刪除）

第 31 條 （最小面積單位之規定及再分割之禁止）

I.直轄市或縣（市）地政機關就其管轄區內之土地，得斟酌地方經濟情形，依其性質及使用之種類，為最小面積單位之規定，並禁止其再分割。

II.前項規定，應經中央地政機關之核准。

▲【65 臺上 563】土地法第 31 條第 1 項規定市縣地政機關於其管轄區域之土地，得斟酌地方經濟情形，依其性質及使用之種類，為最小面積單位之規定，並禁止其再分割，乃旨在防止土地細分，影響經濟效用。市縣地政機關為此最小面積單位之規定，即為執行土地法此項意旨，**共有土地之分割倘有違反此項規定，自應認屬無效，縱當事人無異議亦然。**

第 32 條 （耕地負債最高額之限制）

直轄市或縣（市）政府得限制每一自耕農之耕地負債最高額，並報中央地政機關備案。

第 33 條 （刪除）

第 34 條 （刪除）

第 34 條之 1 （共有土地或建物之處分、變更及設定負擔）

I.共有土地或建築改良物，其處分、變更及設定地上權、農育權、不動產役權或典權，應以共有人過半數及其應有部分合計過半數之同意行之。但其應有部分合計逾三分之二者，其人數不予計算。

II.共有人依前項規定為處分、變更或設定負擔時，應事先以書面通知他共有人；其不能以書面通知者，應公告之。

III.第一項共有人，對於他共有人應得之對價或補償，負連帶清償責任。於為權利變更登記時，並應提出他共有人已為受領或為其提存之證明。其因而取得不動產權者，應代他共有人申請登記。

IV.共有人出賣其應有部分時，他共有人得以同一價格共同或單獨優先承購。

V.前四項規定，於公同共有準用之。

VI.依法得分割之共有土地或建築改良物，共有人不能自行協議分割者，任何共有人得申請該管直轄市、縣（市）地政機關調處，不服調處者，應於接到調處通知後十五日內向司法機關訴請處理，屆期不起訴者，依原調處結果辦理之。

▲【65 臺上 853】土地法第 34 條之 1 第 4 項僅規定共有人出賣共有土地或建築改良物之應有部分時，他共有人得以同一價格共同或單獨優先承購，並未如同法第 104 條第 2 項後段設有出賣人未通知優先購買權人而與第三人訂立買賣契約者，其契約不得對抗優先購買權人之明文。故該條項規定之優先承購權係指他共有人於共有人出賣共有土地或建築改良物時，對於該共有人有請求以同樣條件訂立買賣契約之權而言，**倘有共有人違反法律規定將應有部分賣與他人已依法取得所有權時，他共有人不得主張該買賣為無效而塗銷其依法所為之登記。**

▲【65 臺上 2113】**土地法第 34 條之 1 第 4 項所定共有土地優先購買權之行使，須以共有人有效出賣其應有部分與第三人為基礎，**苟共有人與第三人間之出賣行為根本無效，亦即自始不存在，則所謂優先購買權即無從發生。

▲【66 臺上 1530】土地法第 34 條之 1 第 4 項之優先購買權，係屬**債權性質，**此由該條項用語，與同法第 104 條第 2 項及耕地三七五減租條例第 15 條第 3 項用語不同，可以知之。被上訴人相互間就系爭土地應有部分之買賣，既經辦畢所有權移轉登記，則上訴人本於土地法第 34 條之 1 第 4 項規定之優先承購權，請求塗銷被上訴人間之所

有權移轉登記及將該應有部分出賣並移轉登記於伊，即無可准許。

▲【68臺上2857】土地法第34條之1第5項、第2項所規定之通知義務，純屬公同共有人間之內部關係，公同共有人未踐行此項通知義務，僅生應否負損害賠償責任之問題，對於出賣處分之效力，尚無影響。

▲【68臺上3141】共有人出賣其應有部分時，依土地法第34條之1第4項規定，他共有人固得以同一價格優先承購，惟此僅有**債權效力**，非如承租土地建築房屋之人，對於出租人出賣其土地時之優先購買權，具有相對的物權之效力。

▲【72臺抗94】土地法第34條之1第4項規定共有人出賣應有部分時，他共有人得以同一價格共同或單獨優先承購，其立法意旨無非為第三人買受共有人之應有部分時，承認其他共有人享有優先承購權，簡化共有關係。若共有人間互為買賣應有部分時，即無上開規定適用之餘地。相對人既為土地共有人之一，則其於執行法院拍賣程序中買受共有人陳甲、陳乙之應有部分，其他共有人即不得主張優先承購權。

▲【74臺上2561】土地法第34條之1第1項所稱之處分，不包括分割行為在內，不得以共有人中一人之應有部分或數共有人之應有部分合併已逾三分之二，即可不經他共有人全體之同意，而得任意分割共有物。

第34條之2　（不動產糾紛調處委員會之設置）

直轄市或縣（市）地政機關為處理本法不動產之糾紛，應設不動產糾紛調處委員會，聘請地政、營建、法律及地方公正人士為調處委員；其設置、申請調處之要件、程序、期限、調處費用及其他應遵循事項之辦法，由中央地政機關定之。

第35條　（創設自耕農場法律之訂定）

自耕農場之創設，另以法律定之。

第二編　地　籍
第一章　通　則

第36條　（地籍之整理及其程序）

I.地籍除已依法律整理者外，應依本法之規定整理之。

II.地籍整理之程序，為地籍測量及土地登記。

第37條　（土地登記之定義及土地登記規則之訂定）

I.土地登記，謂土地及建築改良物之所有權與他項權利之登記。

II.土地登記之內容、程序、規費、資料提供、應附文件及異議處理等事項之規則，由中央地政機關定之。

第37條之1　（土地登記之代理）

I.土地登記之申請，得出具委託書，委託代理人為之。

II.土地登記專業代理人，應經土地登記專業代理人考試或檢覈及格。但在本法修正施行前，已從事土地登記專業代理業務，並曾領有政府發給土地代書人登記合格證明或代理他人申辦土地登記案件專業人員登記卡者，得繼續執業；未領有土地代書人登記合格證明或登記卡者，得繼續執業至中華民國八十四年十二月三十一日。

III.非土地登記專業代理人擅自以代理申請土地登記為業者，其代理申請土地登記之件，登記機關應不予受理。

IV.土地登記專業代理人開業、業務與責任、訓練、公會管理及獎懲等事項之管理辦法，由中央地政機關定之。

第38條　（土地總登記之定義及辦理）

I.辦理土地登記前，應先辦地籍測量，其已依法辦理地籍測量之地方，應即依本法規定辦理土地總登記。

II.前項土地總登記，謂於一定期間內就直轄市或縣（市）土地之全部為土地登記。

第39條　（辦理土地登記之主管機關）

土地登記，由直轄市或縣（市）地政機關辦理之。但各該地政機關得在轄區內分設登記機關，辦理登記及其他有關事項。

▲【行56判97】土地登記之內容雖屬私權事項，但地政機關之登記行為或拒絕登記，則不能謂非行政行為，本件原告請求更正基地分割登記即變更原土地登記之內容，被告官署通知予以拒絕，此項拒絕通知，不能謂非消極之行政處分，原告

對之不服，自得提起行政爭訟，受理訴願官署應就該項拒絕原告請求之原處分之是否合法適當，予以審查決定。

第 40 條 （地籍整理之區域單位）
地籍整理以直轄市或縣（市）為單位，直轄市或縣（市）分區，區內分段，段內分宗，按宗編號。

第 41 條 （免予編號登記之土地）
第二條第三類及第四類土地，應免予編號登記。但因地籍管理必須編號登記者，不在此限。

第 42 條 （土地總登記之分區辦理）
I.土地總登記得分若干登記區辦理。
II.前項登記區，在直轄市不得小於區，在縣（市）不得小於鄉（鎮、市、區）。

第 43 條 （土地登記之公信力）
依本法所為之登記，有絕對效力。

▲【院 1919】土地法第 36 條（現行法第 43 條）所謂登記有絕對效力，係為保護第三人起見，將登記事項賦予絕對真實之公信力，**故第三人信賴登記，而取得土地權利時，不因登記原因之無效或撤銷，而被追奪**，惟此項規定，並非於保護交易安全之必要限度以外剝奪真正之權利，如在第三人信賴登記，而取得土地權利之前，真正權利人仍得對於登記名義人主張登記原因之無效或撤銷，提起塗銷登記之訴。

▲【39 臺上 1109】依土地法所為之登記有絕對效力，固與同法第 43 條所明定，惟參照司法院院字第 1919 號解釋，在第三信賴登記而取得土地權利之前，真正權利人既仍得對登記名義人主張登記原因之無效或撤銷，提起塗銷登記之訴，自不能據以除斥真正之權利。

▲【50 臺上 929】土地法第 43 條所謂依本法所為之登記有絕對效力，係為保護第三人起見，將登記事項賦予絕對真實之公信力，故第三人信賴登記而聲請所有權移轉登記，縱令嗣經法院查封而對於查封後始辦妥移轉登記，執行債權人亦不得對之主張債務人無權處分，而認第三人尚未取得所有權，固為本院所持之見解，惟**此係指所有權移轉登記之情形而言，不包括所有人之保存登記在內**。蓋保存登記並非具有創設效力，須經地政

機關為登記之公告，在公告期內無人提起異議者，始得視為確定，倘在公告期內已經法院查封，即失其效力。

第二章　地籍測量

第 44 條 （地籍測量之次序）
地籍測量依左列次序辦理：
一　三角測量、三邊測量或精密導線測量。
二　圖根測量。
三　戶地測量。
四　計算面積。
五　製圖。

第 44 條之 1 （設立界標）
I.地籍測量時，土地所有權人應設立界標，並永久保存之。
II.界標設立之種類、規格、方式與其銷售及管理等事項之辦法，由中央地政機關定之。

第 45 條 （地籍測量之辦理）
地籍測量，如由該管直轄市或縣（市）政府辦理，其實施計畫應經中央地政機關之核定。

第 46 條 （航空攝影測量之主管機關）
地籍測量如用航空攝影測量，應由中央地政機關統籌辦理。

第 46 條之 1 （地籍重測）
已辦地籍測量之地區，因地籍原圖破損、滅失、比例尺變更或其他重大原因，得重新實施地籍測量。

第 46 條之 2 （地籍重測之程序）
I.重新實施地籍測量時，土地所有權人應於地政機關通知之限期內，自行設立界標，並到場指界。逾期不設立界標或到場指界者，得依左列順序逕行施測：
一　鄰地界址。
二　現使用人之指界。
三　參照舊地籍圖。
四　地方習價。

II.土地所有權人因設立界標或到場指界發生界址爭議時，準用第五十九條第二項規定處理之。

第 46 條之 3　（地籍重測之公告及錯誤更正）

I.重新實施地籍測量之結果，應予公告，其期間為三十日。

II.土地所有權人認為前項測量結果有錯誤，除未依前條之規定設立界標或到場指界者外，得於公告期間內，向該管地政機關繳納複丈費，聲請複丈。經複丈者，不得再聲請複丈。

III.逾公告期間未經聲請複丈或複丈結果無誤或經更正者，地政機關應即據以辦理土地標示變更登記。

第 47 條　（地籍測量實施規則之訂定）

地籍測量實施之作業方法、程序與土地複丈、建物測量之申請程序及應備文件等事項之規則，由中央地政機關定之。

第 47 條之 1　（地籍測量之辦理）

I.地政機關辦理地籍測量，得委託地籍測量師為之。

II.地籍測量師法，另定之。

第 47 條之 2　（土地複丈費及改良物測量費之訂定）

土地複丈費及建築改良物測量費標準，由中央地政機關定之。

第三章　土地總登記

第 48 條　（辦理土地總登記之次序）

土地總登記，依左列次序辦理：

一　調查地籍。
二　公布登記區及登記期限。
三　接收文件。
四　審查並公告。
五　登記發給書狀並造冊。

第 49 條　（接受登記聲請之期限）

每一登記區接受登記聲請之期限，不得少於二個月。

第 50 條　（登記區地籍圖之公布）

土地總登記辦理前，應將該登記區地籍圖公布之。

第 51 條　（土地總登記之聲請人）

土地總登記，由土地所有權人於登記期限內檢同證明文件聲請之。如係土地他項權利之登記，應由權利人及義務人共同聲請。

第 52 條　（公有土地之囑託登記）

公有土地之登記，由原保管或使用機關囑託該管直轄市或縣（市）地政機關為之，其所有權人欄註明為國有、直轄市有、縣（市）有或鄉（鎮、市）有。

第 53 條　（無保管或使用機關等公有土地之登記）

無保管或使用機關之公有土地及因地籍整理而發現之公有土地，由該管直轄市或縣（市）地政機關逕為登記，其所有權人欄註明為國有。

第 54 條　（時效取得土地之所有權登記）

和平繼續占有之土地，依民法第七百六十九條或第七百七十條之規定，得請求登記為所有人者，應於登記期限內，經土地四鄰證明，聲請為土地所有權之登記。

▲【68 臺上 3308】占有為一種單純事實，故占有人本於民法第 772 條準用第 770 條取得時效規定，請求登記為地上權人時，性質上並無所謂登記義務人存在，無從以原所有人為被告，訴請命其協同辦理該項權利登記，僅能依土地法規定程序，向該管市縣地政機關而為聲請。

第 55 條　（登記事件之審查及公告）

I.直轄市或縣（市）地政機關接受聲請或囑託登記之件，經審查證明無誤，應即公告之，其依第五十三條逕為登記者亦同。

II.前項聲請或囑託登記，如應補繳證明文件者，該管直轄市或縣（市）地政機關應限期令其補繳。

第 56 條　（經裁判確認其權利後之登記）

依前條審查結果，認為有瑕疵而被駁回

者，得向該管司法機關訴請確認其權利，如經裁判確認，得依裁判再行聲請登記。

第 57 條　（逾期不為登記及不補繳證明文件之制裁）

逾登記期限無人聲請登記之土地或經聲請而逾限未補繳證明文件者，其土地視為無主土地，由該管直轄市或縣（市）地政機關公告之，公告期滿，無人提出異議，即為國有土地之登記。

第 58 條　（公告期間）

I.依第五十五條所為公告，不得少於十五日。

II.依第五十七條所為公告，不得少於三十日。

第 59 條　（土地權利關係人提出異議及起訴程序）

I.土地權利關係人，在前條公告期間內，如有異議，得向該管直轄市或縣（市）地政機關以書面提出，並應附具證明文件。

II.因前項異議而生土地權利爭執時，應由該管直轄市或縣（市）地政機關予以調處，不服調處者，應於接到調處通知後十五日內，向司法機關訴請處理，逾期不起訴者，依原調處結果辦理之。

▲【52 臺上 1123】土地法第 59 條第 2 項之調處，係地政機關對於土地權利關係人，就其權利有爭執時所為之處理辦法，其性質與耕地三七五減租條例所稱之調處不同，故當事人對於土地權利有爭執時，縱未經地政機關之調處而逕行起訴，亦難謂其起訴為違法。

▲【行 49 判 70】土地權利關係人在市縣地政機關依囑託登記而為公告之期間，如對之有所異議，應檢同證明文件，向該管市縣地政機關以書面提出，此在土地法第 59 條第 1 項規定甚明。本件系爭房屋，原告（桃園鎮）主張係鎮有財產，不應由被告官署（桃園縣政府）飭由其所屬地政事務所為建物所有權登記。自應依上開規定，於該項登記公告期間內，向該管地政事務所以書面提出異議。且因異議而發生土地權利爭執時，依土地法第 59 條第 2 項規定，應由該管地政機關調處。原告既指摘本件未經依上項規定調處，而其提出

異議，竟係向與原告處於對立地位爭執權利之被告官署為之，於法自有未合。

▲【行 74 判 1971】土地法第 59 條第 2 項、第 62 條第 1 項前段規定之調處，係市縣地政機關就土地總登記事件，於公告期間所生土地權利爭執異議時，解決紛爭之必經程序，若地政機關未依該條項規定程序調處，逕為登記處分，自屬違誤。

第 60 條　（占有之喪失）

合法占有土地人，未於登記期限內聲請登記，亦未於公告期間內提出異議者，喪失其占有之權利。

第 61 條　（土地權利訴訟案件之審判）

在辦理土地總登記期間，當地司法機關應設專庭，受理土地權利訴訟案件，並應速予審判。

第 62 條　（土地之公告及登記㈠）

I.聲請登記之土地權利，公告期滿無異議，或經調處成立或裁判確定者，應即為確定登記，發給權利人以土地所有權狀或他項權利證明書。

II.前項土地所有權狀，應附以地段圖。

第 63 條　（確定登記之土地面積）

I.依前條確定登記之面積，應按原有證明文件所載四至範圍以內，依實際測量所得之面積登記之。

II.前項證明文件所載四至不明或不符者，如測量所得面積未超過證明文件所載面積十分之二時，應按實際測量所得之面積予以登記，如超過十分之二時，其超過部分視為國有土地，但得由原占有人優先繳價承領登記。

第 64 條　（登記總簿之編造及保存）

I.每登記區應依登記結果，造具登記總簿，由直轄市或縣（市）政府永久保存之。

II.登記總簿之格式及處理與保存方法，由中央地政機關定之。

第 65 條　（土地總登記費之繳納）

土地總登記，應由權利人按申報地價或土地他項權利價值，繳納登記費千分之二。

第 66 條　（土地之公告及登記㈡）

依第五十七條公告之土地，原權利人在公告期內提出異議，並呈驗證件，聲請為土地登記者，如經審查證明無誤，應依規定程序，予以公告並登記，但應加繳登記費之二分之一。

第 67 條　（所有權狀及他項權利證明書之繳納額）

土地所有權狀及他項權利證明書，應繳納書狀費，其費額由中央地政機關定之。

第 68 條　（地政機關之損害賠償責任）

I.因登記錯誤遺漏或虛偽致受損害者，由該地政機關負損害賠償責任。但該地政機關證明其原因應歸責於受害人時，不在此限。

II.前項損害賠償，不得超過受損害時之價值。

第 69 條　（更正登記之申請）

登記人員或利害關係人，於登記完畢後，發見登記錯誤或遺漏時，非以書面聲請該管上級機關查明核准後，不得更正。但登記錯誤或遺漏，純屬登記人員記載時之疏忽，並有原始登記原因證明文件可稽者，由登記機關逕行更正之。

▲【行 48 判 72】土地登記完畢後，利害關係人發見登記錯誤時，固得依土地法第 69 條之規定，以書面聲請該管上級機關，查明核准更正。但此種登記錯誤之更正，應以不妨害原登記之同一性者為限。若登記人以外之人，對登記所示之法律關係有所爭執，則應訴由司法機關審判，以資解決，殊非可依上述規定，聲請更正登記，以變更原登記所示之法律關係。原告主張本件土地應由本件各原告繼承而公同共有，其登記為黃某等二人自臺灣省日據時期即共同繼承，係屬錯誤。顯係就登記所示之私法關係，有所爭執。自應依民事訴訟程序，訴請法院審判，不得依土地法第 69 條之規定而為更正登記之聲請，以改變原登記所示之法律關係，而妨害原登記之同一性。況原告聲請更正登記，係請求回復未為繼承登記前之原狀。是其名為聲請更正登記，實係要求塗銷黃某

等之繼承登記，尤不屬上開土地法規定更正登記之範圍。

▲【行 49 判 20】登記機關發見登記有錯誤時，除於不妨害原登記之同一性之前提下，得依土地法第 69 條規定，以書面聲請該管上級機關核准後更正外，依現行法令，縱令發見原登記原因有瑕疵，亦無從依職權自為塗銷登記。至繼承登記，更應由權利人聲請為之，無由登記機關命令登記之理。

民事確認判決，止於確認法律關係存在或不存在，不能據以請求對造當事人為一定之行為。本件參加人所提出之確認應繼分事件之確定判決，其內容僅確認參加人就系爭遺產有應繼分存在，並無命本件原告為共同繼承登記及塗銷原告前所為之登記。參加人如須原告為共同繼承登記並塗銷原告前登記，依法自應向民事法院另行起訴，俟獲有確定之給付判決，再聲請該管地政機關為之。最高法院 33 年上字第 5909 號判例要旨，僅謂真正權利人不提起塗銷登記之訴而提起確認之訴，主張其所有權之存在，並無不可。並非謂確認所有權存在之確認判決，與命塗銷登記之給付判決，效力相等。再訴願決定援引上開判例，而謂參加人提起確認繼承權之訴，與提起塗銷登記之訴，效力相同，登記機關即可據以塗銷原告前登記，其法律上之見解，自屬可議。

第 70 條　（登記儲金之來源及用途）

I.地政機關所收登記費，應提存百分之十作為登記儲金，專備第六十八條所定賠償之用。

II.地政機關所負之損害賠償，如因登記人員之重大過失所致者，由該人員償還，撥歸登記儲金。

第 71 條　（損害賠償之請求）

損害賠償之請求，如經該地政機關拒絕，受損害人得向司法機關起訴。

第四章　土地權利變更登記

第 72 條　（土地權利之變更登記）

土地總登記後，土地權利有移轉、分割、合併、設定、增減或消滅時，應為變更登記。

▲【行 46 判 64】土地總登記完畢後，利害關係人發見登記錯誤或遺漏時，依土地法第 69 條之規定，得以書面聲請該管上級機關查明核准後，予以更正。該管上級機關所為之核准或拒絕之意思表示，既足發生法律上之效果，自屬一種行政處分。本件原告依上開土地法之規定，以書面聲請被告官署（臺灣省政府）准予更正關於本件土地之登記，經被告官署審查後，認為不應准許，乃以命令將此項意旨通知原登記機關臺北縣政府，同時以副本送達原告。此項命令既係基於原告上述之聲請而發，則該項副本之送達原告，自屬對原告之答復。此項拒絕核准之意思表示，應屬消極的行政處分，原告認其有損其權利，一再提起訴願，並進而提起行政訴訟，於法尚非不許。**土地總登記為所謂第一次登記，必先為總登記後，始得為移轉登記**，此就土地法第 72 條之規定觀之，可以無疑。臺灣省因日據時期曾經辦理不動產之登記，故光復後所舉辦之總登記，應就原來登記簿土地臺帳及權利憑證之狀態為之。此就臺灣省土地權利憑證繳驗及換發權利書狀辦法及臺灣地籍整理辦法各規定觀之，亦甚了然。本件原告在光復前買受共有人周甲之應有部分，於光復後受贈共有人劉乙之應有部分，雖均在總登記之前，但既均未為移轉登記，其日據時期原登記簿土地臺帳及權利憑證，均記載為原告及周甲劉乙三人所共有，地政機關所為之總登記，仍登記本件土地為三人共有，自難謂為錯誤。地政機關關於本件手續之欠缺，實為辦理總登記後未曾辦理移轉登記；而其總登記之登記為共有，則並無錯誤或遺漏。原告於 35 年 7 月 18 日向前臺北縣土地整理處新店分處就本件土地聲請登記，除依土地總登記之手續聲請為總登記，換發所有權狀外，更同時聲請就共有人分別出賣及贈與其應有部分與原告之事實，聲請為所有權之移轉登記。地政機關當時就總登記部分，固應依照臺灣地籍整理辦法第 4 條及臺灣省土地權利憑證繳驗及換發權利書狀辦法第 7 條第 8 條，暨其他有關法令之規定，將所繳驗之申請書、產權憑證，與土地臺帳、不動產登記簿核對審查，如屬相符，再為公告，公告期滿而無人異議，即為辦理登記手續。其就移轉登記部分，亦應依臺灣省土地權利憑證繳驗及換發權利書狀辦法第 9 條之規定，於收件後在原憑證上記明，俟公告期滿，再為辦理登記。

第 73 條　（土地權利變更登記之聲請人及聲請期限）

Ⅰ.土地權利變更登記，應由權利人及義務人會同聲請之。其無義務人者，由權利人聲請之。其係繼承登記者，得由任何繼承人為全體繼承人聲請之。但其聲請，不影響他繼承人拋棄繼承或限定繼承之權利。

Ⅱ.前項聲請，應於土地權利變更後一個月內為之。其係繼承登記者，得自繼承開始之日起，六個月內為之。聲請逾期者，每逾一個月得處應納登記費額一倍之罰鍰。但最高不得超過二十倍。

▲【行 42 判 13】移轉登記之聲請，應由原所有權人會同為之。原告既鄭重聲明如非本人到場，請不准予辦理，該項聲明，且經依法認證，其效力尤應重視。依據土地登記規則第 38 條第 1 項第 3 款，當事人不到場或代理權限不明者，除即可以補正者，應命聲請人補正外，應予駁回登記之聲請。被告官署乃竟置而不問，率為移轉登記，而將原告之土地所有權狀予以註銷，自難謂無違誤。土地登記，不僅可予公定力之證明，且依現行法令，為取得、設定、移轉、變更或消滅土地權利發生效力之要件。是以地政機關接收登記聲書書後，應先審查證明無誤，始得為之登記。如應否登記，發生疑義，或經審查結果，依登記法令認為有瑕疵者，除經司法機關裁判後再予登記外，自不得率予照准。此徵諸土地法第 55 條第 56 條第 75 條，土地登記規則第 37 條至第 39 條之規定，意至明顯。原告依民法第 195 條第 1 項請求賠償精神損害四千元，查被告官署所為之登記及註銷，無論有無錯誤，絕不能認為不法侵害原告之身體、健康、名譽或自由，與民法第 195 條毫不相涉。附帶請求賠償非財產上之損害，顯難認為有理由。原告與他人因借貸訂立契約，其實質是否即為抵押權之設定，有無抵觸民法第 873 條第 2 項之規定，事涉私權確認之範圍，不屬於地政機關之職責。從而本案法律上之關鍵，不在另案私權之爭執已為如何之裁判，而在於被告官署當初所為移轉登記之處分，究竟有無違背土地登記之法令是已。

第 73 條之 1 （未聲請繼承登記之土地或建築改良物之處理）

I. 土地或建築改良物，自繼承開始之日起逾一年未辦理繼承登記者，經該管直轄市或縣市地政機關查明後，應即公告繼承人於三個月內聲請登記；逾期仍未聲請者，得由地政機關予以列冊管理。但有不可歸責於聲請人之事由，其期間應予扣除。

II. 前項列冊管理期間為十五年，逾期仍未聲請登記者，由地政機關將該土地或建築改良物清冊移請國有財產局公開標售。繼承人占有或第三人占有無合法使用權者，於標售後喪失其占有之權利；土地或建築改良物租賃期間超過五年者，於標售後以五年為限。

III. 依第二項規定標售土地或建築改良物前應公告三十日，繼承人、合法使用人或其他共有人就其使用範圍依序有優先購買權。但優先購買權人未於決標後十日內表示優先購買者，其優先購買權視為放棄。

IV. 標售所得之價款應於國庫設立專戶儲存，繼承人得依其法定應繼分領取。逾十年無繼承人申請提領該價款者，歸屬國庫。

V. 第二項標售之土地或建築改良物無人應買或應買人所出最高價未達標售之最低價額者，由國有財產局定期再標售，於再行標售時，國有財產局應酌減拍賣最低價額，酌減數額不得逾百分之二十。經五次標售而未標出者，登記為國有並準用第二項沒收喪失占有權及租賃期限之規定。自登記完畢之日起十年內，原權利人得檢附證明文件按其法定應繼分，向國有財產局申請就第四項專戶提撥發給價金；經審查無誤，公告九十日期滿無人異議時，按該土地或建築改良物第五次標售底價分算發給之。

▲【行 88 判 3900】按土地法第 73 條之 1 第 1 項規定之立法目的，係在防止繼承人逾期怠不申請繼承登記，本件原告其非怠於辦理繼承登記，詎被告援引內政部 85 年 5 月 18 日臺（八五）內地字第 8505084 號函釋意旨所稱：逾期三個月未辦繼承登記，係指逾三個月仍未依規定向登記機關申辦登記者而言，而謂原告縱已申報遺產稅，惟尚未向登記機關申辦繼承登記，仍有土地法第

73 條之 1 第 1 項規定之適用，顯與該規定立法目的不符。

第 74 條 （聲請變更登記應繳付之文件）

聲請為土地權利變更登記，應檢附原發土地所有權狀及地段圖或土地他項權利證明書。

▲【院解 3797】執行法院就已登記之土地依強制執行法第 94 條發給權利移轉證書者，應命債務人交出土地所有權狀及地段圖，此項圖狀為同法第 101 條所稱書據之一種，如經執行法院依同條規定以公告宣示無效另作證明書發給債權人者，依土地法第 74 條應檢附之圖狀得以該證明書代之。

第 75 條 （變更登記之審查及權利證明書之發給、註銷、註明）

I. 聲請為土地權利變更登記之件，經該管直轄市或縣（市）地政機關審查查明無誤，應即登記於登記總簿，發給土地所有權狀或土地他項權利證明書，並將原發土地權利書狀註銷，或就該書狀內加以註明。

II. 依前項發給之土地所有權狀，應附以地段圖。

第 75 條之 1 （法院囑託登記應優先辦理）

前條之登記尚未完畢前，登記機關接獲法院查封、假扣押、假處分或破產登記之囑託時，應即改辦查封、假扣押、假處分或破產登記，並通知登記聲請人。

第 76 條 （變更登記費之數額及免納）

I. 聲請為土地權利變更登記，應由權利人按申報地價或權利價值千分之一繳納登記費。

II. 聲請他項權利內容變更登記，除權利價值增加部分，依前項繳納登記費外，免納登記費。

▲【行 88 判 69】參見本法第 73 條。

第 77 條 （土地權利書狀費額之繳納）

因土地權利變更登記所發給之土地權利書狀，每張應繳費額，依第六十七條之規定。

第 78 條　（登記費免納）

左列登記，免繳納登記費：
一　因土地重劃之變更登記。
二　更正登記。
三　消滅登記。
四　塗銷登記。
五　更名登記。
六　住址變更登記。
七　標示變更登記。
八　限制登記。

第 79 條　（請求換給或補給權利書狀之證明）

土地所有權狀及土地他項權利證明書，因損壞或滅失請求換給或補給時，依左列規定：
一　因損壞請求換給者，應提出損壞之原土地所有權狀或原土地他項權利證明書。
二　因滅失請求補給者，應敘明滅失原因，檢附有關證明文件，經地政機關公告三十日，公告期滿無人就該滅失事實提出異議後補給之。

第 79 條之 1　（預告登記之原因及要件）

I.聲請保全左列請求權之預告登記，應由請求權人檢附登記名義人之同意書為之：
一　關於土地權利移轉或使其消滅之請求權。
二　土地權利內容或次序變更之請求權。
三　附條件或期限之請求權。
II.前項預告登記未塗銷前，登記名義人就其土地所為之處分，對於所登記之請求權有妨礙者無效。
III.預告登記，對於因徵收、法院判決或強制執行而為新登記，無排除之效力。

第 79 條之 2　（工本費或閱覽費之繳納）

I.有左列情形之一者，應繳納工本費或閱覽費：
一　聲請換給或補給權利書狀者。
二　聲請發給登記簿或地籍圖謄本或節本者。
三　聲請抄錄或影印登記聲請書及其附件者。
四　聲請分割登記，就新編地號另發權利書狀者。
五　聲請閱覽地籍圖之藍晒圖或複製圖者。
六　聲請閱覽電子處理之地籍資料者。
II.前項工本費、閱覽費費額，由中央地政機關定之。

第三編　土地使用

第一章　通　則

第 80 條　（土地使用之定義）

土地使用，謂施以勞力資本為土地之利用。

第 81 條　（各種使用地之編定）

直轄市或縣（市）地政機關得就管轄區內之土地，依國家經濟政策、地方需要情形及土地所能供使用之性質，分別商同有關機關，編為各種使用地。

第 82 條　（使用地變更之限制）

凡編為某種使用地之土地，不得供其他用途之使用。但經該管直轄市或縣（市）地政機關核准，得為他種使用者，不在此限。

▲【64 臺再 80】土地法第 82 條所謂「凡編為某種使用之土地，不得供其他用途之使用」，並非排除於其所定之使用期限前，仍為繼續從來之使用，此觀同法第 83 條之規定自明，自不能因系爭土地經編為住宅區用地，即認為原耕地租賃關係當然終止，而無耕地三七五減租條例第 15 條之適用。

第 83 條　（使用期限前之使用）

編為某種使用地之土地，於其所定之使用期限前，仍得繼續為從來之使用。

▲【49 臺上 1375】系爭土地編定為都市計畫範圍內住宅區建築用地後，尚未定期實行，依土地法第 83 條之規定，仍得繼續為從來之使用，則被上訴人不能謂有民法第 225 條第 1 項所謂給付不能之情形，因而使兩造間原租賃契約當然歸於消滅。

▲【64 臺再 80】參見本法第 82 條。

第 84 條　（使用地之種別或其變更之公布）

使用地之種別或其變更，經該管直轄市或縣（市）地政機關編定，由直轄市或縣（市）政府公布之。

第 85 條　（使用地之命令變更）

使用地編定公布後，上級地政機關認為有較大利益或較重要之使用時，得令變更之。

第 86 條　（集體農場之面積及辦法之訂定）

I.直轄市或縣（市）地政機關於管轄區內之農地，得依集體耕作方法，商同主管農林機關，為集體農場面積之規定。

II.集體農場之辦法，另以法律定之。

第 87 條　（空地及擬制空地）

I.凡編為建築用地，未依法使用者，為空地。

II.土地建築改良物價值不及所占地基申報地價百分之二十者，視為空地。

第 88 條　（荒地之定義）

凡編為農業或其他直接生產用地，未依法使用者，為荒地。但因農業生產之必要而休閒之土地，不在此限。

第 89 條　（私有空地、荒地之強制收買）

I.直轄市或縣（市）地政機關對於管轄區內之私有空地及荒地，得劃定區域，規定期限，強制依法使用。

II.前項私有荒地，逾期不使用者，該管直轄市或縣（市）政府得照申報地價收買之。

第二章　使用限制

第 90 條　（城市區劃之預為規定）

城市區域道路溝渠及其他公共使用之土地，應依都市計畫法預為規定之。

第 91 條　（限制使用區及自由使用區之劃定）

城市區域之土地，得依都市計畫法，分別劃定為限制使用區及自由使用區。

第 92 條　（新設都市土地之徵收重劃及放領）

I.新設之都市，得由政府依都市計畫法，將市區土地之全部或一部依法徵收，整理重劃，再照徵收原價分宗放領，但得加收整理土地所需之費用。

II.前項徵收之土地，得分期徵收，分區開放，未經開放之區域，得為保留徵收，並限制其為妨礙都市計畫之使用。

第 93 條　（公共使用土地之保留徵收及限制建築）

依都市計畫已公布為道路或其他公共使用之土地，得為保留徵收，並限制其建築。但臨時性質之建築，不在此限。

第三章　房屋及基地租用

第 94 條　（準備房屋之建築及其租金之限制）

I.城市地方，應由政府建築相當數量之準備房屋，供人民承租自住之用。

II.前項房屋之租金，不得超過土地及其建築物價額年息百分之八。

第 95 條　（新建房屋稅捐之減免）

直轄市或縣（市）政府為救濟房屋不足，經行政院核准，得減免新建房屋之土地稅及改良物稅，並定減免期限。

第 96 條　（每人自住房屋間數之限制）

城市地方每一人民自住之房屋間數，得由直轄市或縣（市）政府斟酌當地情形，為必要之限制。但應經民意機關之同意。

第 97 條　（城市房屋租金之限制及效力）

I.城市地方房屋之租金，以不超過土地及其建築物申報總價年息百分之十為限。

II.約定房屋租金，超過前項規定者，該管直轄市或縣（市）政府得依前項所定標準強制減定之。

▲【40臺上1687】土地法第97條第1項關於城市地方房屋之租金，以不超過土地及其建築物申報價額年息百分之十為限之規定，係就城市地方房屋約定之租金限制其最高額而設，與民法第205條限制約定利率最高之規定係屬別一法律關係，彼此不相牽涉。

▲【46臺上855】土地法第105條準用同法第97條所定建築基地之租金，按申報價額年息百分之十為限，乃指基地租金之最高限額而言，並非必須照申請地額年息百分之十計算。

第98條　（擔保金利息之抵充及計算）

I.以現金為租賃之擔保者，其現金利息視為租金之一部。

II.前項利率之計算，應與租金所由算定之利率相等。

第99條　（擔保金數額之限制）

I.前條擔保之金額，不得超過二個月房屋租金之總額。

II.已交付之擔保金，超過前項限度者，承租人得以超過之部分抵付房租。

▲【41臺上1131】房屋承租人以現金為租賃之擔保者，其金額不得超過二個月之總額，超過其限度者，承租人得以超過之部分抵付房租，固為土地法第97條所計明，惟出租人受破產宣告時，破產債權人在破產宣告後對於破產財團所負之債務，不得為抵銷，破產法第114條第1款既設有特別規定，則土地法第99條關於承租人得以超過二個月租金總額之擔保金，抵付房租之規定，其適用應受破產法第114條第1款之限制。

第100條　（不定期租賃收回房屋之限制）

出租人非因左列情形之一，不得收回房屋：

一　出租人收回自住或重新建築時。

二　承租人違反民法第四百四十三條第一項之規定，轉租於他人時。

三　承租人積欠租金額，除以擔保金抵償外，達二個月以上時。

四　承租人以房屋供違反法令之使用時。

五　承租人違反租賃契約時。

六　承租人損壞出租人之房屋或附著財物，而不為相當之賠償時。

▲【院解3489】(一)土地法第100條之規定於施行前未終止契約之不定期租賃亦適用之，至定期賃契約無論其訂約係在施行前抑在施行後均無同條之適用，院解字第3238號釋應予變更。(二)**收回出租之房屋，以供自己營業之使用，亦屬土地法第100條第1款所謂收回自住。**(三)出租人基於土地法第100條第3款承租人欠租之事由收回房屋，應依民法第440條第1項規定，對於支付租金遲延之承租人定相當期限催告其支付，承租人於其期限內不為支付者，其租賃契約始得終止，至租賃契約成立後因情事變更租金額增為若干者，同條第3款抵償租金之擔保金係契約成立時支付者，亦應依同一比例增加之。(四)土地法第100條之規定非禁止房屋租賃契約之附有解除條件或定有租賃期限，亦不排除民法所定解除條件成就或租賃期限屆滿之效果，出租人某甲與承租人某乙約定如第三人某丙需用租賃之房屋時，租賃契約當然終止者，應解為附有解除條件，條件成就時某甲自得收回房屋，至約定承租人某乙死亡時租賃契約當然終止者，應解為以某乙死亡時為其租賃期限屆滿之時，期限屆滿時某甲亦得收回房屋。

▲【院解3491】土地法第100條第1款**所謂收回自住或重新建築，係指因正當事由有收回或重新建築之必要者而言，**出租人就此固有舉證之責任，惟其證明方法並無限制。

▲【院解3810】(三)租賃契約之期限逾二十年者，依民法第449條第1項之規定縮短為二十年，二十年屆滿後除有民法第451條所定情形外，依民法第450條之規定，其租賃關係即於期限屆滿時消滅，自無土地法第100條之適用（參照院解字第3489號解釋）。(四)租賃房屋約定按年年度交租或按年分春、夏、秋、冬四季終平均交租者，如係應適用第440條第2項之租賃，仍應依該項辦理，不適用土地法第100條第3款之規定。

▲【院解3953】未定期限之房屋租賃，有出租人於一個月前通知承租人應即遷讓之特約者，仍應依土地法第100條之規定辦理，如出租人中止租賃契約之意思表示在房屋租賃條例施行後到達，

應依條例辦理。

▲【37 上 7729】租賃契約屆滿後，如非有民法第 451 條所定視為以不定期限繼續契約之情形，則其租賃關係應依同法第 450 條第 1 項規定，於租期屆滿時消滅，不受土地法第 100 條所定各款之限制，業經司法院院解字第 3489 號解釋有案，雖原判決成立於該號解釋發表以前，而係以司法院院解字第 3238 號解釋為依據，但第 3489 號解釋已將第 3238 號解釋所持之見解變更。則**土地法第 100 條規定，實應解釋為不包含定有期限之租賃契約在內**。原審乃以兩造所訂定有期限之租賃契約，應與未定期限之租賃契約同受土地法第 100 條規定之限制，不問其有無民法第 451 條規定之情形，不容以期限屆滿而主張租賃關係消滅，收回房屋，自嫌未合。

▲【42 臺上 981】土地法第 100 條第 1 款所謂收回自住，依司法院院解字第 3489 號解釋，固屬包含收回出租之房屋以供自己營業之使用者在內，惟此種收回自住既僅以供出租人自己營業之使用為限，則**收回以供出租人與他人共同經營事業之使用，即與僅供出租人自己營業之使用者有間，自難謂為亦在得收回自住之列**。

▲【42 臺上 1025】出租人得隨時收回房屋之特約，現行法上尚無禁止規定，固不得謂有民法第 71 條所舉無效原因，惟本件既應適用土地法第 100 條辦理，參照司法院院字第 2479 號解釋，出租人自不得本於此項特約收回房屋。

▲【42 臺上 1186】不定期之房屋租賃，承租人積欠租金除擔保金抵償外達二個月以上時，依土地法第 100 條第 3 款之規定，出租人固得收回房屋。惟該條款所謂因承租人積欠租金之事由收回房屋，**仍應依民法第 440 條第 1 項規定，對於支付租金遲延之承租人定相當期限催告其支付**。承租人於其期限內不為支付者，始得終止租賃契約，在租賃契約得為終止前，尚難謂出租人有收回房屋請求權存在。

▲【43 臺上 1143】出租人基於土地法第 100 條第 3 款承租人欠租之事由，並依民法第 440 條第 1 項規定，對於支付租金遲延之承租人定相當期限催告其支付，承租人於其期限內不為支付者，固得終止契約，惟承租人曾於出租人所定之期限內依債務本旨提出支付之租金，而因出租人或其他有代為受領權限之人，拒絕受領致未能如期完成時，尚難謂與上開條項所定之情形相當，依民法第 219 條關於行使債權應依誠實及信用方法之

規定，出租人自不得執是為終止契約之理由。

▲【43 臺上 1199】土地法第 100 條第 1 款前段所謂收回自住，係指因正當事由有收回自住之必要者而言，出租人基於該條款前段所列之情形收回房屋，應就此負舉證責任。

▲【48 臺上 853】土地法第 100 條第 1 款所謂自**住包括經營商業在內，而經營商業又不以對商業有無經驗為限**。上訴人雖為天主教佈教師，但其主張擬在系爭屋經營文具店維持家庭生活，是否正當，有無證明，事實審法院要應對此詳事調查以資判斷，不得以經商經驗之有無為准駁之準繩。

▲【64 臺上 1387】土地法第 100 條第 1 款之**收回重新建築，不以房屋瀕於倒塌為限，其因建造年久，使用逾齡，有礙都市發展，或與土地利用價值顯不相當者，亦屬之**。

▲【70 臺上 1401】土地法第 100 條第 1 款所謂出租人收回重新建築，係以充分利用土地為目的，故祇須租賃物在客觀上有重建之必要者，出租人即得依該款規定終止租約。至出租人收回房屋係由自己重新建築，抑或與他人合建，甚至供由他人重建，均非所問。

第 101 條　（房屋租用爭議之調處及處理）

因房屋租用發生爭議，得由該管直轄市或縣（市）地政機關予以調處，不服調處者，得向司法機關訴請處理。

▲【68 臺上 1340】土地法第 101 條雖規定：「因房屋租用發生爭議，得由該管市縣地政機關予以調處」，既僅定為「得」由該管地政機關調處，自非「應」由地政機關調處之強制規定，則被上訴人未經該項調處程序，逕行起訴，仍為法之所許。

第 102 條　（聲請為地上權之登記）

租用基地建築房屋，應由出租人與承租人於契約訂立後二個月內，聲請該管直轄市或縣（市）地政機關為地上權之登記。

▲【41 臺上 117】租用基地建築房屋經向該管市縣地政機關聲請為地上權之登記，即不得謂非地上權之設定，此項登記依土地法第 102 條，既明定應由出租人與承租人共同為之，除有相反之約定外，實負與承租人同為聲請登記之義務。

▲【43 臺上 454】被上訴人租用系爭基地建築房屋，就令如上訴人所稱未依土地法第 102 條規定

為地上權之登記，亦不過不生地上權之效力而已，究不得以此指為影響於租賃契約之成立。

▲【67 臺上 1014】依土地法第 102 條規定，祇須當事人雙方訂有租地建屋之租賃契約，承租人即有隨時請求出租人就租用土地為地上權設定之權利。

▲【68 臺上 1627】土地法第 102 條所定**請求協同辦理地上權設定登記之請求權**，有民法第 125 條所定消滅時效之適用，其請求權時效應自基地租賃契約成立時起算。

第 103 條　（不定期租賃收回基地之限制）

租用建築房屋之基地，非因左列情形之一，出租人不得收回：

一　契約年限屆滿時。
二　承租人以基地供違反法令之使用時。
三　承租人轉租基地於他人時。
四　承租人積欠租金額，除以擔保現金抵償外，達二年以上時。
五　承租人違反租賃契約時。

▲【院解 4075】土地法第 103 條第 1 款之規定，固僅於契約有期限者始適用之，若同條第 2 款至第 5 款之規定，則不問契約是否定有期限均有適用。

▲【41 臺上 95】土地法第 103 條第 2 款，**所謂承租人以基地供違反法令之使用時，係指以基地或基地上之房屋供違反法令之使用者而言**。租用基地建築房屋未依建築法領得建築執照，僅屬私有建築違反許可之規定，並非以基地或基地上房屋供違反法令之使用，自難認為與該條款所定之情形相符。

▲【44 臺上 133】某甲承租土地既約明放置物件不得建築房屋，自非租用建築房屋之基地，其租約又未訂有租期，顯係未定期限之租賃，不惟無土地法第 103 條之適用，且依民法第 450 條第 2 項前段之規定，出租人得隨時終止租約。

▲【46 臺上 1168】系爭土地之地目雖經編列為建築物基地，然兩造間之租賃契約，既經訂明以供堆置木材並敷設輕便鐵軌之需，顯與土地法第 103 條所謂租用建築房屋之基地有別，其契約之終止，自不受該法條所規定要件之限制。

▲【51 臺上 2987】租用建築房屋之基地非有土

地法第 103 條所列各款情形之一，出租人不得收回，縱該地上所建之房屋因故滅失，而租用基地之契約要未失其存在。承租人仍得申請重建，且其申請重建之屋除契約別有約定者從其約定外，不問是否與原狀相符，出租人均負有同意重建之義務。

▲【52 臺上 680】土地法第 103 條第 3 款**所謂轉租基地於他人，不以全部轉租為限，即對於一部轉租亦得就全部租賃關係予以終止**。

▲【59 臺上 4423】一般基地租賃，承租人欲建築何種房屋，固非出租人所得過問，惟如雙方當事人就租賃物之使用方法有所約定，而承租人違反約定之使用方法，經出租人阻止而仍繼續為之者，依照土地法第 103 條第 5 款規定，並參照民法第 438 條規定，出租人非不得終止租約，請求收回其土地。

▲【74 臺上 2562】土地法有關租地建屋之規定，係因城市地方人口集中，其建築房屋基地之需求殷切，為防止土地投機，並保護基地承租人之利益而設。因此，城市地方，以在他人土地上有房屋為目的而租用基地者，無論係租地後自建房屋，或承受前手之房屋後始租用該基地，皆應解為租地建屋契約，方符合立法意旨。

▲【79 臺上 2678】房屋所有人與基地所有人間就基地有租賃關係，如當事人間無相反之特約，則房屋所有人將其房屋一部分供與他人使用，是為所有人對於地上房屋使用收益權之行使，此與單純之基地轉租有別，尚難構成終止基地租約之原因。

第 104 條　（基地之優先購買權）

I 基地出賣時，地上權人、典權人或承租人有依同樣條件優先購買之權。房屋出賣時，基地所有權人有依同樣條件優先購買之權。其順序以登記之先後定之。

II 前項優先購買權人，於接到出賣通知後十日內不表示者，其優先權視為放棄。出賣人未通知優先購買權人而與第三人訂立買賣契約者，其契約不得對抗優先購買權人。

▲【院解 3324】土地法第 102 條之地上權人，第 104 條之基地承租人，第 107 條之耕地承租人或第 124 條之永佃權人，依同法第 104 條第 107 條之規定，於基地或耕地出賣時，有依同樣條件優

土
地
法

第三編　土地使用（第一〇五～一〇七條）

先購買之權。至地上權人永佃權人或承租人因其地上權永佃權或承租權消滅時，土地所有人向他人設定地上權永佃權或與他人訂立租賃契約者，除有如同法第 107 條之特別規定外，並無同樣條件受優先設定或優先承租之權。

▲【44 臺上 76】土地法第 104 條第 1 項後段所謂房屋優先購買權，係指買賣契約訂立請求權而言，兩造別一訴訟事件確定判決，既經確認系爭房屋被上訴人有優先購買權存在，則上訴人即應受其既判力之拘束，負有就系爭房屋與被上訴人訂立買賣契約之義務。

▲【49 臺上 1546】土地法第 104 條第 1 項後段所謂房屋出賣時，基地所有權人有依同樣條件優先購買之權，係指基地出租之情形而言，其基地係被占用者，自無該條項之適用。

▲【62 臺上 2962】土地法第 104 條規定：「基地出賣時，承租人有依同樣條件優先購買之權。房屋出賣時，基地所有人有依同樣條件優先購買之權」，立法意旨，在於房屋及基地如不屬於同一人所有時，毋論基地或房屋之所有人，出賣其基地或房屋時，對方均有優先購買其基地或房屋之權利，至於房屋之所有人係租地自建，或向前手購買房屋承租基地，均有土地法第 104 條之適用。

▲【65 臺上 530】土地法第 104 條係規定租用基地建築房屋之承租人，於出租人之基地出賣時，有優先承買權，其出租人於承租人之房屋出賣時，有優先購買權，旨在使基地上之房屋合歸一人所有，以盡經濟上之效用，並杜紛爭，如基地承租人於基地上根本未為房屋之建築者，當無該條規定之適用。

▲【68 臺上 3141】參見本法第 34 條之 1。

▲【69 臺上 945】土地法第 104 條第 1 項規定：基地出賣時，地上權人、典權人或承租人有依同樣條件優先購買之權。房屋出賣時，基地所有權人有依同樣條件優先購買之權。係指房屋與基地分屬不同之人所有，房屋所有人對於土地並有地上權、典權或租賃關係存在之情形而言。

第 105 條　（租金限制之準用規定）
　第九十七條、第九十九條及第一百零一條之規定，於租用基地建築房屋均準用之。

▲【46 臺上 855】參見本法第 97 條。

▲【47 臺上 1827】實施都市平均地權條例施行後，固有公告地價與自行申報地價之分，但法院斟酌實情認公告地價較諸自行報價為準確，爰在

土地法第 105 條準用同法第 97 條，所定年息百分之十限度內，為調整租金與命為給付之判決，仍非租約當事人所得任意爭多論寡。

▲【68 臺上 3071】基地租金之數額，除以基地申報地價為基礎外，尚須斟酌基地之位置，工商業繁榮之程度，承租人利用基地之經濟價值及所受利益等項，並與鄰地租金相比較，以為決定，並非必達申報總地價年息百分之十最高額。

第四章　耕地租用

第 106 條　（耕地租用之定義）
I.以自任耕作為目的，約定支付地租，使用他人之農地者，為耕地租用。
II.前項所稱耕作，包括漁牧。

▲【44 臺上 611】耕地三七五減租條例第 1 條內載耕地之租佃，依本條例之規定云云，是限於耕地之租佃始有該條例之適用，而所謂耕地之租佃即土地法所稱耕地租用，係指以自任耕作為目的，約定支付地租，使用他人之農地者而言，此觀該條例第 1 條暨土地法第 106 條第 1 項之規定自明。

▲【63 臺上 1218】**耕地租賃，以支付地租而耕作他人之農地為要件，所謂耕作，指目的在定期（按季、按年）收穫而施人工於他人之土地以栽培農作物而言**（參照司法院院字第 738 號解釋），上訴人施人工於被上訴人之土地，其目的為「經營造林」，顯非耕作，自非耕地租賃。

▲【82 臺上 1096】種植稻、麥、茶、桑等供食衣原料之植物，固為農作物，即為改善居住、育樂環境而種植花卉樹種等園藝作物，以供出售者，既與造林有間，其所栽植之植物，係屬農業經營之一種，仍不失為農作物。

▲【88 臺上 1】**耕地租用，係指以自任耕作為目的，約定支付地租使用他人之農地者而言**，土地法第 106 條第 1 項定有明文，所稱農地，參照同條第 2 項之立法精神，應包括漁地及牧地在內。承租他人之非農、漁、牧地供耕作之用者，既非耕地租用，自無耕地三七五減租條例規定之適用。本院 62 年臺上字第 1647 號及 63 年臺上字第 1529 號判例應予變更，不再予援用。

第 107 條　（承租人之優先承買權或承典權）
I.出租人出賣或出典耕地時，承租人有依同樣條件優先承買或承典之權。

II.第一百零四條第二項之規定，於前項承買承典準用之。

▲【院解 3772】 舊土地法第 173 條之優先承買權，除依其施行法（舊）第 27 條第 2 項規定，已為預告登記者外，不得對抗第三人，如因當時該地方尚未成立土地登記機關，僅由耕地承租人向出租人表示有優先承買權者，無從認為已為預告登記。

▲【28 渝上 132】 土地法關於耕地租用之規定為民法之特別法，自應先於民法而適用之。

▲【31 上 2958】 土地法（舊）第 173 條所定之優先承買權，係以出租人出賣耕地時得依同樣條件請求承買為其內容，實屬訂立買賣契約之請求權，除已依土地法施行法（舊）第 27 條規定為預告登記外，惟於承買人與出租人間始得主張之。

▲【40 臺上 1524】 出賣人出賣耕地時，承租人有依同樣條件優先承買之權，土地法第 107 條第 1 項固有明文規定，然**所謂耕地係指農地與漁牧地而言，林地則不得認為包含在內**，觀於同法第 106 條及第 2 條第 1 項之規定自明。

▲【44 臺上 700】 土地法第 104 條第 1 項及第 107 條第 1 項，關於基地或耕地承租人之優先承買權，即為承租人對於出租人之買賣契約訂立請求權，須以對於基地或耕地有租賃關係存在為其成立之前提要件，故提起此項訴訟之原告，應先證明其基地或耕地之租賃關係存在，始有買賣契約訂立請求權之可言。

第 108 條　（轉租之禁止）

承租人縱經出租人承諾，仍不得將耕地全部或一部轉租於他人。

▲【39 臺上 1107】 土地法第 108 條載承租人縱經出租人承諾，仍不能將耕地全部或一部轉租於他人，是承租人與該他人訂立之轉租契約，顯係違背禁止規定，當然無效。

▲【52 臺上 116】 土地法第 108 條規定承租人縱經出租人承諾，仍不得將耕地全部或一部轉租於他人，旨在防杜承租人將承租耕地轉租他人從中漁利，致加重次承租人之負擔，並使租賃關係趨於複雜，苟出租人於轉租情事發生後，逕向次承租人收受租金，是該次承租人即變為新承租人，已無任何人從中漁利加重負擔，及使租賃關係趨於複雜之可言，況出租人收回後如無自耕能力，要不能不出於繼續出租他人之一途，準此似難謂出租人與次承租人間成立新的租賃關係，亦在土

地法第 108 條規定禁止之列。

第 109 條　（不定期契約之擬制）

依定有期限之契約租用耕地者，於契約屆滿時，除出租人收回自耕外，如承租人繼續耕作，視為不定期限繼續契約。

▲【行 45 判 15】 耕地三七五減租條例第 20 條所謂應續訂租約，土地法第 109 條所謂視為不定期限繼續契約，均有出租人收回自耕除外之規定。耕地租約期滿時，如出租人收回自耕，除有法定不得收回之情形者外，該項期滿之租約，即不能謂為當然延續有效。除因私權爭執應另依法定程序解決外，行政機關自難據請即不准出租人收回自耕。

▲【33 上 3531】 依土地法（舊）第 172 條之規定，依定有期限之契約租用耕地者，於契約屆滿時，除出租人收回自耕外，如承租人繼續耕作，視為不定期限繼續契約。是在土地法施行後，依定有期限之契約租用耕地者，除出租人收回自耕外，如果承租人繼續耕作，出租人即不得以約定期限屆滿，率行請求返還租物。

第 110 條　（地租最高額之限制）

I.地租不得超過地價百分之八，約定地租或習慣地租超過地價百分之八者，應比照地價百分之八減定之，不及地價百分之八者，依其約定或習慣。

II.前項地價指法定地價，未經依法規定地價之地方，指最近三年之平均地價。

▲【院 2146】 耕地之出典人為承租人時，其所支付之租穀，實為利用耕地之對價，並非對於典價支付之利息，苟當事人所約定之租穀，不超過土地法所定之限制，無論按市價折算為金錢之數，與典價之比例如何，要不能不按約定數額支付，關於限制約定利率最高額之民法第 205 條，自屬無可適用，若典權人自行耕作，或出租於出典人以外之人耕作者，尤無適用同條之餘地。

▲【56 臺上 650】 土地法第 110 條第 1 項固規定地租不得超過地價百分之八，但係指耕地三七五減租條例施行前之耕地地租而言。若施行後既有該條例第 2 條之規定，自應優先於土地法而適用。

第 111 條　（地租之代繳）

耕地地租，承租人得依習慣以農作物代繳。

第 112 條　（預收地租之禁止及擔保金利息之抵充）

I.耕地出租人不得預收地租，但因習慣以現金為耕地租用之擔保者，其金額不得超過一年應繳租額四分之一。

II.前項擔保金之利息，應視為地租之一部，其利率應按當地一般利率計算之。

▲【院 1725】㈢耕地之出租人，於土地法施行前已收押租者，土地法施行法並無施行退還之規定，出租人自毋庸退還，但承租人得隨時以之抵充租金。

第 113 條　（地租之一部支付）

承租人不能按期支付應交地租之全部，而以一部支付時，出租人不得拒絕收受，承租人亦不得因其收受而推定為減租之承諾。

第 114 條　（不定期耕地租賃契約終止之限制）

依不定期限租用耕地之契約，僅得於有左列情形之一時終止之：

一　承租人死亡而無繼承人時。
二　承租人放棄其耕作權利時。
三　出租人收回自耕時。
四　耕地依法變更其使用時。
五　違反民法第四百三十二條及第四百六十二條第二項之規定時。
六　違反第一百零八條之規定時。
七　地租積欠達二年之總額時。

▲【32 上 6039】依不定期限租用耕地之契約，出租人收回自耕時得終止之，土地法（舊）第 180 條第 3 款定有明文，自不得以地方有利於承租人之習慣，而排斥其適用。

▲【33 上 529】耕地為公同共有之嘗產時，向承租人收回為公同共有人中之一部分人耕種，與土地法（舊）第 180 條第 3 款規定不符，自不得為終止租用耕地契約之原因。

▲【41 臺上 223】承租人將其承租之耕地一部變更現狀占為己有者，對於該部分係使出租人失其間接占有人之地位，致其土地所有權失其從來之圓滿狀態，不得謂承租人非違反民法第 432 條之規定，出租人自得依土地法第 114 條第 5 款終止租用耕地契約。

▲【52 臺上 2166】土地法第 114 條第 5 款規定，於定期租用耕地之契約不準用之，此觀土地法施行法第 27 條規定自明，則承租人違反民法第 432 條規定時，於定期租用耕地之契約出租人，僅得請求承租人回復原狀或賠償損害，並無據以終止租約之餘地。

第 115 條　（耕作權利之放棄）

承租人放棄其耕作權利時，應於三個月前向出租人以意思表示為之，非因不可抗力繼續一年不為耕作者，視為放棄耕作權利。

▲【院 2085】承租人為土地法第 181 條（現行法第 115 條）之意思表示，雖非在次期作業開始，或收穫時期之三個月前，亦得為之。

▲【28 渝上 2309】土地法（舊）第 182 條規定非因不可抗力繼續一年不為耕作者，視為拋棄耕作權利，固未以明文排除定期租用耕地契約之適用，惟同法第 181 條第 183 條均係規定同法第 180 條適用之細則，介於其間之第 182 條自亦僅就同法第 180 條第 2 款所謂拋棄耕作權利範圍擴張其適用之範圍，第 180 條第 2 款之規定，限於不定期限租用耕地之契約始有適用，既為同條所明定，則定期租用耕地之承租人非因不可抗力繼續一年不為耕作者，當然不在第 182 條視為拋棄耕作權利之列。

第 116 條　（終止契約之通知）

依第一百十四條第三款及第五款之規定終止契約時，出租人應於一年前通知承租人。

▲【院 2027】土地法（舊）第 183 條，既明定依第 180 條第 3 款、第 5 款（現行法第 114 條）之規定終止契約時，應於一年前通知承租人，則自通知後計至民法第 460 條所定之終止期，自須經過一年，方為合法。

▲【32 上 1707】依土地法（舊）第 180 條第 3 款之規定終止契約時，出租人雖應於民法第 460 條所定終止期之一年前通知承租人（土地法第 183 條及司法院院字第 2027 號解釋）。惟此項通知並無一定方式，亦非限於訴訟外為之，苟於訴訟上已以書狀或言詞向承租人表示終止耕地租用契約之意思，即應認為已有通知，出租人以此為原因提起請求返還耕地之訴，而至事實審言詞辯論終結時通知未滿一年者，自係請求將來給付之訴，如承租人於一年滿後有不返還耕地之虞，法院即

應判令承租人於一年滿後，依民法第 460 條所定終止期返還耕地，不得以出租人未在起訴前為通知駁回其訴。

第 117 條 （原承租人之優先承租權）

收回自耕之耕地再出租時，原承租人有優先承租之權。自收回自耕之日起未滿一年而再出租時，原承租人得以原租用條件承租。

第 118 條 （耕地出租人行使留置權之限制）

出租人對於承租人耕作上必需之農具、牲畜、肥料及農產物，不得行使民法第四百四十五條規定之留置權。

第 119 條 （承租人之耕地特別改良權）

I.於保持耕地原有性質及效能外，以增加勞力資本之結果，致增加耕地生產力或耕作便利者，為耕地特別改良。

II.前項特別改良，承租人得自由為之。但特別改良費之數額，應即通知出租人。

第 120 條 （耕地特別改良費償還之條件及範圍）

I.因第一百十四條第二、第三、第五、第六各款契約終止返還耕地時，承租人得向出租人要求償還其所支出前條第二項耕地特別改良費。但以其未失效能部分之價值為限。

II.前項規定，於永佃權依民法第八百四十五條及第八百四十六條之規定撤佃時準用之。

第 121 條 （耕地附屬物使用報酬之限制）

耕地出租人以耕畜、種子、肥料或其他生產用具供給承租人者，除依民法第四百六十二條及第四百六十三條之規定外，得依租用契約於地租外酌收報酬。但不得超過供給物價值年息百分之十。

第 122 條 （業佃爭議之調處及處理）

因耕地租用，業佃間發生爭議，得由該管直轄市或縣（市）地政機關予以調處，不服調處者，得向司法機關訴請處理。

第 123 條 （荒歉地租之減免）

遇有荒歉，直轄市或縣（市）政府得按照當地當年收穫實況為減租或免租之決定。但應經民意機關之同意。

▲【45 臺上 894】耕地三七五減租條例第 11 條之規定，為土地法第 123 條之特別法，自應先於土地法第 123 條之規定而適用之。

第 124 條 （永佃權條文之準用）

第一百零七條至第一百十三條及第一百二十一條各規定，於有永佃權之土地準用之。

▲【院解 3324】參見本法第 104 條。

第五章 荒地使用

第 125 條 （公有荒地之勘測及使用計畫）

公有荒地，應由該管直轄市或縣（市）地政機關於一定期間內勘測完竣，並規定其使用計畫。

第 126 條 （公有荒地之招墾）

公有荒地適合耕地使用者，除政府保留使用者外，由該管直轄市或縣（市）地政機關會同主管農林機關劃定墾區，規定墾地單位，定期招墾。

第 127 條 （私有荒地收買後之再招墾）

私有荒地，經該管直轄市或縣（市）政府依第八十九條照價收買者，應於興辦水利改良土壤後，再行招墾。

第 128 條 （承墾人之資格）

公有荒地之承墾人，以中華民國人民為限。

第 129 條 （承墾人之種類）

I.公有荒地之承墾人，分左列二種：
一　自耕農戶。
二　農業生產合作社。

II.前項農業生產合作社，以依法呈准登記，並由社員自任耕作者為限。

第 130 條　（承墾荒地之面積）

承墾人承領荒地，每一農戶以一墾地單位為限，每一農業合作社承領墾地單位之數，不得超過其所含自耕農戶之數。

第 131 條　（實施開墾工作之期間）

承墾人自受領承墾證書之日起，應於一年內實施開墾工作，其墾竣之年限，由主管農林機關規定之，逾限不實施開墾者，撤銷其承墾證書。

第 132 條　（未墾竣之處置）

承墾人於規定墾竣年限而未墾竣者，撤銷其承墾證書。但因不可抗力，致不能依規定年限墾竣，得請求主管農林機關酌予展限。

第 133 條　（耕作權及土地所有權之取得）

I.承墾人自墾竣之日起，無償取得所領墾地之耕作權，應即依法向該管直轄市或縣（市）地政機關聲請為耕作權之登記。但繼續耕作滿十年者，無償取得土地所有權。

II.前項耕作權不得轉讓。但繼承或贈與於得為繼承之人，不在此限。

III.第一項墾竣土地，得由該管直轄市或縣（市）政府酌予免納土地稅二年至八年。

第 134 條　（大規模公有荒地之開墾辦法）

公有荒地，非農戶或農業生產合作社所能開墾者，得設墾務機關辦理之。

第六章　土地重劃

第 135 條　（得實施土地重劃之情形）

直轄市或縣（市）地政機關因左列情形之一，經上級機關核准，得就管轄區內之土地，劃定重劃地區，施行土地重劃，將區內各宗土地重新規定其地界：

一　實施都市計畫者。

二　土地面積畸零狹小，不適合於建築使用者。

三　耕地分配不適合於農事工作或不利於排水灌溉者。

四　將散碎之土地交換合併，成立標準農場者。

五　應用機器耕作，興辦集體農場者。

▲【55 臺上 3203】土地法第 135 條為政府發動之土地重劃，與同法第 141 條由重劃區域內土地所有權人發動，請求政府所為之土地重劃，二者性質不同，如土地所有權人請求政府辦理土地重劃，自願負擔同法第 139 條所定之地價，此項協議自屬有效。

第 136 條　（土地重劃之分配及補償）

土地重劃後，應依各宗土地原來之面積或地價仍分配於原所有權人。但限於實際情形不能依原來之面積或地價妥為分配者，得變通補償。

第 137 條　（畸零狹小地之處理）

土地畸零狹小，全宗面積在第三十一條所規定最小面積單位以下者，得依土地重劃廢置或合併之。

第 138 條　（重劃區內公共使用地之變更或廢置）

重劃區內公園、道路、堤塘、溝渠或其他供公共使用之土地，得依土地重劃變更或廢置之。

第 139 條　（重劃損益之補償）

土地重劃後，土地所有權人所受之損益，應互相補償，其供道路或其他公共使用所用土地之地價，應由政府補償之。

▲【46 臺上 1398】被上訴人將系爭土地編為水利用地，係依土地沿革及地方需要所劃定，自不發生侵權行為之問題。而土地法第 139 條所謂之補償，其性質亦與民法上因侵權行為所負之損害賠償責任迥然不同，即使被上訴人應予補償其地價而未予補償，亦祇能依法請求補償，要不得因其未予補償，即可謂得依侵權行為而為賠償損害之請求。

第 140 條　（反對重劃表示之處理）

土地重劃，自公告之日起三十日內，有關

係之土地所有權人半數以上，而其所有土地面積，除公有土地外，超過重劃地區內土地總面積一半者表示反對時，直轄市或縣（市）地政機關應即報上級機關核定之。

第 141 條　（土地所有人得共同請求土地重劃）

第一百三十五條之土地重劃，得因重劃區內土地所有權人過半數，而其所有土地面積，除公有土地外，超過重劃區內土地總面積一半者之共同請求，由直轄市或縣（市）地政機關核准為之。

▲【55 臺上 3203】參見本法第 135 條。

第 142 條　（新設都市土地重劃之時期）

新設都市內之土地重劃，應於分區開放前為之。

第四編　土　地　稅

第一章　通　　則

第 143 條　（土地稅之課徵）

土地及其改良物，除依法免稅者外，依本法之規定徵稅。

第 144 條　（土地稅之種類）

土地稅分地價稅及土地增值稅二種。

第 145 條　（土地及其改良物之價值）

土地及其改良物之價值，應分別規定。

第 146 條　（土地稅之性質）

土地稅為地方稅。

第 147 條　（課徵限制）

土地及其改良物，除依本法規定外，不得用任何名目徵收或附加稅款。但因建築道路、堤防、溝渠或其他土地改良之水陸工程所需費用，得依法徵收工程受益費。

第二章　地價及改良物價

第 148 條　（法定地價）

土地所有權人依本法所申報之地價，為法定地價。

第 149 條　（辦理地價申報之程序）

直轄市或縣（市）地政機關辦理地價申報之程序如左：

一　查定標準地價。
二　業主申報。
三　編造地價冊。

第 150 條　（地價調查方法）

地價調查，應抽查最近二年內土地市價或收益價格，以為查定標準地價之依據，其抽查宗數，得視地目繁簡地價差異為之。

第 151 條　（劃分地價等級與平均地價之計算）

依據前條調查結果，就地價相近及地段相連或地目相同之土地，劃分為地價等級，並就每等級內抽查宗地之市價或收益價格，以其平均數或中數，為各該地價等級之平均地價。

第 152 條　（標準地價之公布）

每地價等級之平均地價，由該管直轄市或縣（市）地政機關報請該管直轄市或縣（市）政府公布為標準地價。

第 153 條　（標準地價公布時期）

標準地價之公布，應於開始土地總登記前分區行之。

第 154 條　（異議之處理）

I.土地所有權人對於標準地價認為規定不當時，如該區內同等級土地所有權人過半數之同意，得於標準地價公布後三十日內，向該管直轄市或縣（市）政府提出異議。

II.直轄市或縣（市）政府接受前項異議後，應即提交標準地價評議委員會評議之。

第 155 條　（標準地價評議委員會之組織）

I.標準地價評議委員會之組織規程，由中央地政機關定之。

II.前項委員會委員，應有地方民意機關之代表參加。

第 156 條　（申報地價之限制）

土地所有權人聲請登記所有權時，應同時申報地價，但僅得為標準地價百分之二十以內之增減。

第 157 條　（聲請照價收買）

土地所有權人認為標準地價過高，不能依前條為申報時，得聲請該管直轄市或縣（市）政府照標準地價收買其土地。

第 158 條　（法定地價）

土地所有權人聲請登記而不同時申報地價者，以標準地價為法定地價。

第 159 條　（地價冊及總歸戶冊之編造）

每直轄市或縣（市）辦理地價申報完竣，應即編造地價冊及總歸戶冊，送該管直轄市或縣（市）財政機關。

第 160 條　（重新規定地價）

地價申報滿五年，或一年屆滿而地價已較原標準地價有百分之五十以上之增減時，得重新規定地價，適用第一百五十條至第一百五十二條及第一百五十四條至第一百五十六條之規定。

第 161 條　（建物價值之估定時期）

建築改良物之價值，由該管直轄市或縣（市）地政機關於規定地價時同時估定之。

第 162 條　（建築改良物價值之估計方法）

建築改良物價值之估計，以同樣之改良物於估計時為重新建築需用費額為準，但應減去因時間經歷所受損耗之數額。

第 163 條　（增加改良物後價值之估計）

就原建築改良物增加之改良物，於重新估計價值時，併合於改良物計算之。但因維持建築改良物現狀所為之修繕，不視為增加之改良物。

第 164 條　（改良物價值之評定公布與通知）

直轄市或縣（市）地政機關應將改良物估計價值數額，送經標準地價評議委員會評定後，報請該管直轄市或縣（市）政府公布為改良物法定價值，並由直轄市或縣（市）地政機關分別以書面通知所有權人。

第 165 條　（聲請重新評定）

前條受通知人，認為評定不當時，得於通知書達到後三十日內，聲請標準地價評議委員會重新評定。

第 166 條　（建築改良物價值之重為估定）

建築改良物之價值，得與重新規定地價時重為估定。

第三章　地　價　稅

第 167 條　（地價稅之徵收時期）

地價稅照法定地價按年徵收一次，必要時得准分兩期繳納。

第 168 條　（地價稅率）

地價稅照法定地價按累進稅率徵收之。

第 169 條　（地價稅之基本稅率）

地價稅以其法定地價數額千分之十五為基本稅率。

第 170 條　（累進課稅率）

土地所有權人之地價總額，未超過累進起點地價時，依前條稅率徵收，超過累進起點地價時，依左列方法累進課稅：

一　超過累進起點地價在百分之五百以下者，其超過部分加徵千分之二。

二　超過累進起點地價百分之一千以下者，除按前款規定徵收外，就其已超過百分之五百部分加徵千分之三。

三　超過累進起點地價百分之一千五百以下者，除按前款規定徵收外，就其已超過百分之一千部分加徵千分之五，以後每超過百分之五百，就其超過部分遞加千分之五，以加至千分之五十為止。

第 171 條　（累進起點地價之擬核）

前條累進起點地價，由直轄市或縣（市）政府按照自住自耕地必需面積，參酌地價及當地經濟狀況擬定，報請行政院核定之。

第 172 條　（納稅義務人）

地價稅向所有權人徵收之，其設有典權之土地，由典權人繳納。

第 173 條　（空地稅之徵收）

I.私有空地，經限期強制使用，而逾期未使用者，應於依法使用前加徵空地稅。

II.前項空地稅，不得少於應繳地價稅之三倍，不得超過應繳地價稅之十倍。

第 174 條　（荒地稅之徵收）

I.私有荒地，經限期強制使用，而逾期未使用者，應於依法使用前加徵荒地稅。

II.前項荒地稅，不得少於應徵之地價稅，不得超過應繳地價稅之三倍。

第 175 條　（刪除）

第四章　土地增值稅

第 176 條　（徵收標準及方法）

I.土地增值稅照土地增值之實數額計算，於土地所有權移轉時，或雖無移轉而屆滿十年時，徵收之。

II.前項十年期間，自第一次依法規定地價之日起計算。

▲【院解 3908】典權人依民法第 923 條第 2 項或

第 924 條但書取得典物之所有權，係依法律之規定而移轉，其性質為**特定繼承**，自應依土地法第 176 條第 1 項、第 178 條第 2 款、第 182 條之規定，徵收土地增值稅。

第 177 條　（工程地區土地增值稅之徵收期）

依第一百四十七條實施工程地區，其土地增值稅於工程完成後屆滿五年時徵收之。

第 178 條　（土地增值總數額之標準）

土地增值總數額之標準，依左列之規定：

一　規定地價後，未經過移轉之土地，於絕賣移轉時，以賣價超過原規定地價之數額為標準。

二　規定地價後，未經過移轉之土地，於繼承或贈與移轉時，以移轉時之估定地價超過原規定地價之數額為標準。

三　規定地價後，曾經移轉之土地，於下次移轉時，以現移轉價超過前次移轉時地價之數額為標準。

第 179 條　（原地價及其調整）

I.前條之原規定地價及前次移轉時之地價，稱為原地價。

II.前項原地價，遇一般物價有劇烈變動時，直轄市或縣（市）財政機關應依當地物價指數調整計算之，並應經地方民意機關之同意。

第 180 條　（土地增值實數額(一)）

土地增值總數額，除去免稅額，為土地增值實數額。

第 181 條　（增值稅稅率）

土地增值稅之稅率，依左列之規定：

一　土地增值實數額在原地價百分之一百以下者，徵收其增值實數額百分之二十。

二　土地增值實數額在原地價數額百分之二百以下者，除按前款規定徵收外，就其已超過百分之一百部分徵收百分之四十。

三　土地增值實數額在原地價百分之

土地法 第四編 土地稅（第一八二～一九二條）

三百以下者，除按前二款規定分別徵收外，就其超過百分之二百部分徵收百分之六十。

四　土地增值實數額超過原地價數額百分之三百者，除按前三款規定分別徵收外，就其超過部分徵收百分之八十。

第 182 條　（課徵之對象(一)）
土地所有權之移轉為絕賣者，其增值稅向出賣人徵收之，如為繼承或贈與者，其增值稅向繼承人或受贈人徵收之。

▲【院解 3908】參見本法第 176 條。

▲【66 臺上 1195】土地法第 182 條之規定，不排除契約當事人間關於增值稅由買受人負擔而以出賣人名義向政府繳納之特約。

第 183 條　（課徵之對象(二)）
I.規定地價後十年屆滿，或實施工程地區五年屆滿，而無移轉之土地，其增值稅向土地所有權人徵收之。

II.前項土地設有典權者，其增值稅得向典權人徵收之。但於土地回贖時，出典人應無息償還。

第 184 條　（土地增值實數額(二)）
土地增值實數額，應減去土地所有權人為改良土地所用之資本及已繳納之工程受益費。

第五章　土地改良物稅

第 185 條　（建物課稅之稅率）
建築改良物得照其估定價值，按年徵稅，其最高稅率不得超過千分之十。

第 186 條　（徵收時期及納稅義務人）
建築改良物稅之徵收，於徵收地價稅時為之，並適用第一百七十二條之規定。

第 187 條　（免稅(一)）
建築改良物為自住房屋時，免予徵稅。

第 188 條　（不得徵稅）
農作改良物不得徵稅。

第 189 條　（免稅(二)）
地價每畝不滿五百元之地方，其建築改良物應免予徵稅。

第 190 條　（土地改良物稅之性質）
土地改良物稅全部為地方稅。

第六章　土地稅之減免

第 191 條　（公有土地及建物之免稅）
公有土地及公有建築改良物，免徵土地稅及改良物稅。但供公營事業使用或不作公共使用者，不在此限。

▲【院解 3843】供公營事業使用之公有土地及公有建築改良物，依土地法第 191 條但書之規定，固應徵收土地稅及改良物稅，惟此係就一般公營事業所使用之公有土地及公有建築改良物而為規定，若法律專就某種公營事業所使用之公有土地及公有建築改良物設有免徵稅捐之特別規定者，仍應從其規定。郵政法第 18 條規定郵政公用物除稅法另有規定外免納中央及地方一切稅捐，其所謂稅法另有規定，係指稅法明定郵政法第 18 條於某種稅捐不適用之或為其他同一意旨之規定者而言，土地法第 191 條但書範圍較廣，不能解為包括在內，供郵政用之公有土地及公有建築改良物，自應免徵土地稅及改良物稅。

第 192 條　（私有土地土地稅減免之情形）
供左列各款使用之私有土地，得由財政部會同中央地政機關呈經行政院核准，免稅或減稅：

一　學校及其他學術機關用地。
二　公園及公共體育場用地。
三　農林、漁牧試驗場用地。
四　森林用地。
五　公立醫院用地。
六　公共墳場用地。
七　其他不以營利為目的之公益事業用地。

第 193 條　（災難或調劑期之減免）

　　因地方發生災難或調劑社會經濟狀況，得由財政部會同中央地政機關呈經行政院核准，就關係區內之土地，於災難或調劑期中，免稅或減稅。

第 194 條　（保留徵收或不能使用之土地免土地稅）

　　因保留徵收或依法律限制不能使用之土地，概應免稅。但在保留徵收期內，仍能為原來之使用者，不在此限。

▲【行 97 判 705（第 1 則）】按土地法第 194 條規定：「因保留徵收或依法律限制不能使用之土地，概應免稅。但在保留徵收期內，仍能為原來之使用者，不在此限。」所稱「依法律限制不能使用之土地」，係指因法律規定之限制而不能使用之土地。參酌保留徵收之土地，在保留徵收期內，仍能為原來之使用者，不能免稅之意旨，若依法律規定僅係限制土地之使用，或仍能為原來之使用，而非依法律規定不能使用，即非本條所稱依法律限制不能使用之土地。

▲【行 97 判 705（第 2 則）】土地法第 194 條係就土地稅減免所為之原則性規定，而土地稅法第 39 條、第 39 條之 1 及第 39 條之 2，已就土地所有權移轉時之土地增值稅減免事項有特別規定，依中央法規標準法第 16 條之規定，土地稅法自應優先於土地法而適用。

第 195 條　（無法使用土地之免稅）

　　在自然環境及技術上無法使用之土地，或在墾荒過程中之土地，由財政部會同中央地政機關呈經行政院核准，免徵地價稅。

第 196 條　（土地徵收或重劃之免稅）

　　因土地徵收或土地重劃，致所有權有移轉時，不徵收土地增值稅。

第 197 條　（自耕地及自住地之免稅）

　　農人之自耕地及自住地，於十年屆滿無移轉時，不徵收土地增值稅。

第 198 條　（改良土地之免稅）

　　農地因農人施用勞力與資本，致地價增漲時，不徵收土地增值稅。

第 199 條　（繼續徵稅）

　　凡減稅或免稅之土地，其減免之原因事實有變更或消滅時，仍應繼續徵稅。

第七章　欠　　稅

第 200 條　（欠稅之處罰㈠）

　　地價稅不依期完納者，就其所欠數額，自逾期之日起，按月加徵所欠數額百分之二以下之罰鍰，不滿一月者，以一月計。

▲【院解 3559】依土地法第 200 條加徵之罰鍰，與同法第 201 條所謂積欠地價稅等於二年應繳稅額之計算，並無關係。

第 201 條　（拍賣欠稅土地及改良物㈠）

　　積欠土地稅達二年以上應繳稅額時，該管直轄市或縣（市）財政機關應通知直轄市或縣（市）地政機關，將欠稅土地及其改良物之全部或一部交司法機關拍賣，以所得價款優先抵償欠稅，其次依法分配於他項權利人及原欠稅人。

第 202 條　（拍賣前之通知）

　　前條之土地拍賣，應由司法機關於拍賣前三十日，以書面通知土地所有權人。

第 203 條　（展期拍賣）

Ⅰ.土地所有權人接到前條通知後，提供相當繳稅擔保者，司法機關得展期拍賣。
Ⅱ.前項展期，以一年為限。

第 204 條　（提取收益抵償欠稅）

Ⅰ.欠稅土地為有收益者，得由該管直轄市或縣（市）財政機關通知直轄市或縣（市）地政機關提取其收益，抵償欠稅，免將土地拍賣。
Ⅱ.前項提取收益，於積欠地價稅額等於全年應繳數額時，方得為之。
Ⅲ.第一項提取之收益數額，以足抵償其欠稅為限。

第 205 條　（欠稅之處罰㈡）

　　土地增值稅不依法完納者，依第二百條之規定加徵罰鍰。

第206條　（拍賣欠稅土地及改良物㈡）

I.土地增值稅欠稅至一年屆滿仍未完納者，得由該管直轄市或縣（市）財政機關通知直轄市或縣（市）地政機關，將其土地及改良物一部或全部交司法機關拍賣，以所得價款抵償欠稅，餘款交還原欠稅人。

II.前項拍賣，適用第二百零二條及第二百零三條之規定。

第207條　（準用規定）

建築改良物欠稅，準用本章關於地價稅各條之規定。

第五編　土地徵收
第一章　通　則

第208條　（土地徵收之目的與範圍）

國家因左列公共事業之需要，得依本法之規定徵收私有土地。但徵收之範圍，應以其事業所必需者為限：

一　國防設備。
二　交通事業。
三　公用事業。
四　水利事業。
五　公共衛生。
六　政府機關、地方自治機關及其他公共建築。
七　教育學術及慈善事業。
八　國營事業。
九　其他由政府興辦以公共利益為目的之事業。

▲【行24判18】㈠公用徵收之性質與買賣有別，非屬繼承取得乃係原始取得，被徵收者之權利非直接移轉於徵收者，而係徵收者依法律之力以取得新權利。同時被徵收者之權利在與此不能兩立之限度內無形歸於消滅。㈡公用徵收國家為徵收權之主體。

▲【行47判49】國家因水利事業之需要，得徵收私有土地，但徵收之範圍，應以其事業所必需者為限。此為土地法第208條第4款所明定。本件被告官署為水庫之需要，徵收原告之私有土地，既經勘查水庫所必需之土地，應以洪水位範圍為準，以防水位之高漲，自難謂於法不合。

▲【52臺上4031】參見本法第26條。

第209條　（法定徵收）

政府機關因實施國家經濟政策，得徵收私有土地，但應以法律規定者為限。

第210條　（名勝古蹟之保存）

I.徵收土地，遇有名勝古蹟，應於可能範圍內避免之。

II.名勝古蹟已在被徵收土地區內者，應於可能範圍內保存之。

第211條　（聲請徵收土地應證明之事項）

需用土地人於聲請徵收土地時，應證明其興辦之事業已得法令之許可。

第212條　（區段徵收）

I.因左列各款之一之徵收土地，得為區段徵收：

一　實施國家經濟政策。
二　新設都市地域。
三　舉辦第二百零八條第一款或第三款之事業。

II.前項區段徵收，謂於一定區域內之土地，應重新分宗整理，而為全區土地之徵收。

第213條　（保留徵收）

I.因左列各款之一，得為保留徵收：

一　開闢交通路線。
二　興辦公用事業。
三　新設都市地域。
四　國防設備。

II.前項保留徵收，謂就舉辦事業將來所需用之土地，在未需用以前，預為呈請核定公布其徵收之範圍，並禁止妨礙徵收之使用。

第214條　（保留徵收期間）

前條保留徵收之期間，不得超過三年，逾期不徵收，視為廢止。但因舉辦前條第一款或第四款之事業，得申請核定延長保留徵收期間；其延長期間，以五年為限。

第 215 條　（改良物一併徵收之例外）

I.徵收土地時，其改良物應一併徵收。但有左列情形之一者，不在此限：

一　法律另有規定者。

二　改良物所有權人要求取回，並自行遷移者。

三　建築改良物建造時，依法令規定不得建造者。

四　農作改良物之種類、數量顯與正常種植情形不相當者。

II.前項第三款、第四款之認定，由直轄市或縣（市）地政機關會同有關機關為之。

III.第一項第三款、第四款之改良物，於徵收土地公告期滿後，得由直轄市或縣（市）地政機關通知其所有權人或使用人限期拆除或遷移；逾期由直轄市或縣（市）地政機關會同有關機關逕行除去，並不予補償。

第 216 條　（對接連地損害之補償）

I.徵收之土地，因其使用影響於接連土地，致不能為從來之利用，或減低其從來利用之效能時，該接連土地所有權人得要求需用土地人為相當補償。

II.前項補償金，以不超過接連地因受徵收地使用影響而減低之地價額為準。

第 217 條　（殘餘地之一併徵收）

徵收土地之殘餘部分，面積過小或形勢不整，致不能為相當之使用時，所有權人得於徵收公告期滿六個月內，向直轄市或縣（市）地政機關要求一併徵收之。

▲【行 73 判 318】「徵收土地之殘餘部分，面積過小或形勢不整，致不能為相當之使用時，所有權人得要求一併徵收之。」固為土地法第 217 條所明定。惟茲所指：「不能為相當之使用」，應以徵收當時實際使用情形為準。若地上原有房屋於部分土地被徵收後無需拆除重新建築，僅為修建後而仍能為其從來之使用者，徵收土地之殘餘部分土地所有權人，自不得要求一併徵收。

第 218 條　（刪除）

第 219 條　（原土地所有權人之買回權）

I.私有土地經徵收後，有左列情形之一者，原土地所有權人得於徵收補償發給完竣屆滿一年之次日起五年內，向該管直轄市或縣（市）地政機關聲請照徵收價額收回其土地：

一　徵收補償發給完竣屆滿一年，未依徵收計畫開始使用者。

二　未依核准徵收原定興辦事業使用者。

II.直轄市或縣（市）地政機關接受聲請後，經查明合於前項規定時，應層報原核准徵收機關核准後，通知原土地所有權人於六個月內繳清原受領之徵收價額，逾期視為放棄收回權。

III.第一項第一款之事由，係因可歸責於原土地所有權人或使用人者，不得聲請收回土地。

IV.私有土地經依徵收計畫使用後，經過都市計畫變更原使用目的，土地管理機關標售該土地時，應公告一個月，被徵收之原土地所有權人或其繼承人有優先購買權。但優先購買權人於決標後十日內表示優先購買者，其優先購買權視為放棄。

▲【行 40 判 18】土地法第 219 條關於原土地所有權人得照原徵收價額收回其土地之規定，係以徵收私有土地後，不依核准計畫使用，或於徵收完畢一年後，不實行使用，為其必要條件。

▲【62 臺上 1525】土地法第 219 條所定之收回權，限於土地所有權人被徵收時，始有其適用，不包括土地改良物被徵收之情形在內。本件被徵收之店鋪二棟為土地改良物之一種，自不發生收回權之問題。

第 220 條　（公用土地徵收之限制）

現供第二百零八條各款事業使用之土地，非因舉辦較為重大事業無可避免者，不得徵收之。但徵收祇為現供使用土地之小部分，不妨礙現有事業之繼續進行者，不在此限。

第 221 條　（徵收土地應有之負擔數額及清償）

被徵收之土地應有之負擔，其款額計算，

以該土地所應得之補償金額為限，並由該管直轄市或縣（市）地政機關於補償地價時為清算結束之。

▲【院解2935】將以興建房屋之私有土地，正完成其從事建築之準備，即被徵收致不得建築者，其於準備所受之損失，土地法上既無予以補償之規定，自屬無從請求補償，又被徵收土地所應得之補償金額，不敷清償該土地應有之負擔者，其不足之額，權利人自可分別情形請求該土地所有權人或第三人清償，例如該土地所有權人為擔保自己債務設定抵押權者，得請求該土地所有權人清償，為擔保第三人債務設定抵押權者，得請求該第三人清償。

第二章　徵收程序

第 222 條　（徵收土地之核准機關）
徵收土地，由中央地政機關核准之。

第 223 條　（刪除）

第 224 條　（土地徵用之聲請）
徵收土地，應由需用土地人擬具詳細徵收計畫書，並附具徵收土地圖說及土地使用計畫圖，依前二條之規定分別聲請核辦。

第 225 條　（核准徵收後通知地政機關）
中央地政機關於核准徵收土地後，應將原案全部通知該土地所在地之該管直轄市或縣（市）地政機關。

第 226 條　（二人以上聲請徵收之決定）
同一土地有二人以上聲請徵收時，以其舉辦事業性質之輕重為核定標準，其性質相同者，以其聲請之先後為核定標準。

第 227 條　（公告與通知）
I.直轄市或縣（市）地政機關於接到中央地政機關通知核准徵收土地案時，應即公告，並通知土地所有權人及他項權利人。
II.前項公告之期間為三十日。
III.土地權利利害關係人對於第一項之公告事項有異議者，應於公告期間內向直轄市或縣（市）地政機關以書面提出。

第 228 條　（被徵收土地之他項權利之備案）
I.被徵收土地之所有權已經登記完畢者，其所有權或他項權利除於公告前因繼承、強制執行或法院之判決而取得，並於前條公告期間內向該管直轄市或縣（市）地政機關聲請將其權利備案者外，以公告之日土地登記簿所記載者為準。
II.被徵收土地之所有權未經登記完畢者，土地他項權利人應於前條公告期間內，向該管直轄市或縣（市）地政機關聲請將其權利備案。

第 229 條　（不聲請備案之效果）
所有權未經依法登記完畢之土地，土地他項權利人不依前條規定聲請備案者，不視為被徵收土地應有之負擔。

第 230 條　（需用土地人之調查與勘測）
直轄市或縣（市）地政機關得應需用土地人之請求，為徵收土地進入公、私有土地實施調查或勘測。但進入建築物或設有圍障之土地調查或勘測，應事先通知其所有權人或使用人。

第 231 條　（進入被徵收土地內工作之限制）
需用土地人應俟補償地價及其他補償費發給完竣後，方得進入被徵收土地內工作。但水利事業，因公共安全急需先行使用者，不在此限。

第 232 條　（公告後移轉設定負擔等之限制）
I.被徵收之土地公告後，除於公告前因繼承、強制執行或法院之判決而取得所有權或他項權利，並於公告期間內聲請將其權利登記者外，不得移轉或設定負擔。土地權利人或使用人並不得在該土地增加改良物；其於公告時已在工作中者，應即停止工作。
II.前項改良物之增加或繼續工作，該管直轄市或縣（市）地政機關認為不妨礙徵收計畫者，得依關係人之聲請特許之。

第 233 條　（地價及其他補償費之發給）

徵收土地應補償之地價及其他補償費，應於公告期滿後十五日內發給之。但因實施國家經濟政策或舉辦第二百零八條第一款、第二款或第四款事業徵收土地，得呈准行政院以土地債券搭發補償之。

▲【院 2704】需用土地人，於公告完畢後十五日內，將應補償地價及其他補償費額，繳交主管地政機關發給完竣者，法律上既無強制需用土地人繳交之規定，實際上又未便使徵收土地核准案久懸不決，尋繹立法本旨，徵收土地核准案，自應解為從此失其效力，土地所有人如因此而受損害者，得向需用土地人請求賠償。

▲【院解 3428】徵收土地應補償之地價及其他補助費，雖遇有土地法第 228 條上段所定之情形時，仍應依同法第 233 條於公告期滿後十五日內發給之，惟依同法第 237 條第 1 款之類推適用，得將款額提存待同法第 228 條所定之三十日期滿後再依同法第 221 條為之清算結束。

第 234 條　（限期遷移）

直轄市或縣（市）地政機關於被徵收土地應受之補償發給完竣後，得規定期限，令土地權利人或使用人遷移完竣。

第 235 條　（被徵收土地所有權人權利義務之終止）

被徵收土地之所有權人，對於其土地之權利義務，於應受之補償發給完竣時終止，在補償費未發給完竣以前，有繼續使用該土地之權。但合於第二百三十一條但書之規定者，不在此限。

第三章　徵收補償

第 236 條　（補償額之決定及負擔）

I.徵收土地應給予之補償地價、補償費及遷移費，由該管直轄市或縣（市）地政機關規定之。

II.前項補償地價補償費及遷移費，均由需用土地人負擔，並繳交該管直轄市或縣（市）地政機關轉發之。

第 237 條　（地價及補償費之提存）

I.直轄市或縣（市）地政機關發給補償地價及補償費，有左列情形之一時，得將款額提存之：

一　應受補償人拒絕受領或不能受領者。

二　應受補償人所在地不明者。

II.依前項第二款規定辦理提存時，應以土地登記簿記載之土地所有權人及他項權利人之姓名、住址為準。

第 238 條　（改良物之代為遷移或一併徵收）

直轄市或縣（市）地政機關遇有左列情形之一者，得將改良物代為遷移或一併徵收之：

一　受領遷移費人於交付遷移費時，拒絕收受或不能收受者。

二　受領遷移費人所在地不明者。

三　受領遷移費人不依限遷移者。

第 239 條　（被徵收土地應補償之地價）

被徵收土地應補償之地價，依左列之規定：

一　已依法規定地價，其所有權未經移轉者，依其法定地價。

二　已依法規定地價，其所有權經過移轉者，依其最後移轉時之地價。

三　未經依法規定地價者，其地價由該管直轄市或縣（市）地政機關估定之。

▲【行 43 判 5】徵收補償，為公法上之義務。依土地法及有關法令之規定，原有一定之程序及標準，非可任意為之。而徵收與買賣有別，其補償數額之決定，亦非以應受補償人之同意為必要。

第 240 條　（保留徵收應補償之地價）

保留徵收之土地應補償之地價，依徵收時之地價。

第 241 條　（土地改良物之補償費）

土地改良物被徵收時，其應受之補償費，由該管直轄市或縣（市）地政機關會同有關機關估定之。

第 242 條　（農作改良物補償價值之估定）

被徵收土地之農作改良物，如被徵收時與其孳息成熟時期相距在一年以內者，其應受補償之價值，應按成熟時之孳息估定之；其被徵收時與其孳息成熟時期相距超過一年者，應依其種植、培育費用，並參酌現值估定之。

第 243 條　（刪除）

第 244 條　（改良物遷移費㈠）

因徵收土地致其改良物遷移時，應給以相當遷移費。

第 245 條　（改良物遷移費㈡）

因土地一部分之徵收而其改良物須全部遷移者，該改良物所有權人得請求給以全部之遷移費。

第 246 條　（墳墓及其他紀念物之遷移費）

Ⅰ 徵收土地應將墳墓及其他紀念物遷移者，其遷移費與改良物同。

Ⅱ 無主墳墓應由需用土地人妥為遷移安葬，並將情形詳細記載列冊報該管直轄市或縣（市）地政機關備案。

第 247 條　（補償之估定有異議時之評定）

對於第二百三十九條、第二百四十一條或第二百四十二條之估定有異議時，該管直轄市或縣（市）地政機關應提交標準地價評議委員會評定之。

▲【行 43 判 5】參見本法第 239 條。

▲【行 48 判 111】徵收土地應補償之地價，依土地法及有關法令之規定，原有一定之程序與標準，如已踐行法定程序並合乎標準，當事人自不能因不滿意於補償地價之數額，而遽指為違法。本件徵收之土地，不在都市計畫範圍內，亦未依法規定地價，經被告官署（桃園縣政府）依土地法第 239 條第 3 款，並參照同法第 150 條、第 151 條及地價調查估計規則有關規定，就同地段地目並視其地價等則相近之土地，抽查近二年內買賣市價實例數宗，求得其平均售價，以估定補償地價，其程序及所定標準，均無不合。原告認為被告官署對該土地應補償之地價估定過低，提出異議後，業經被告官署檢附調查報告、估定地價資料等，提交該縣標準地價評議委員會評定，計算補償，核與土地法第 247 條之規定，尤無不合。

土地法施行法

一百年六月十五日總統令公布

① 民國二十四年四月五日國民政府公布
② 三十五年四月二十九日國民政府修正公布
③ 七十九年一月五日總統令修正公布
④ 八十九年十二月二十日總統令修正公布
⑤ 九十一年十二月十一日總統令修正公布
⑥ 一百年六月十五日總統令公布刪除第四四、四五條條文

第一編　總　則

第 1 條　（制定依據）

本施行法依土地法第九條之規定制定之。

第 2 條　（施行日期）

土地法及本施行法自本施行法公布之日施行。

第 3 條　（施行前辦理地政事項之核定）

在土地法施行以前，各地方辦理之地政事項，應經中央地政機關之核定，其不合者，應令更正之。

第 4 條　（各類土地之分目及其符號之訂定）

土地法第二條規定各類土地之分目及其符號，在縣（市），由該管縣（市）地政機關調查當地習用名稱，報請中央地政機關核定之；在直轄市，由直轄市地政機關自行訂定，並報中央地政機關備查。

第 5 條　（一定限度土地之劃定）

土地法第十四條第一款至第四款所謂一定限度，由該管直轄市或縣（市）地政機關會同水利主管機關劃定之。

第 6 條　（國營事業需用公有土地之撥用程序）

凡國營事業需用公有土地時，應由該事業最高主管機關核定其範圍，向該管直轄市或縣（市）政府無償撥用。但應報經行政院核准。

第 7 條　（土地面積最高額之標準）

依土地法第二十八條限制土地面積最高額之標準，應分別宅地、農地、興辦事業等用地。宅地以十畝為限，農地以其純收益足供一家十口之生活為限，興辦事業用地視其事業規模之大小定其限制。

第 8 條　（土地債券之清付期限）

依土地法第二十九條以土地債券照價收買私有土地，其土地債券之清付期限，最長不得逾五年。

第二編　地　籍

第 9 條　（施行前地籍測量之效力）

在土地法施行前，各地方已辦之地籍測量，如合於土地法第四十四條之規定者，得由直轄市或縣（市）政府將辦理情形，報請中央地政機關核定，免予重辦。

第 10 條　（登記期限之報備）

依土地法第四十八條公布登記期限，應報請中央地政機關備查。

第 11 條　（施行前土地登記之效力）

土地法施行前，業經辦竣土地登記之地區，在土地法施行後，於期限內換發土地權利書狀，並編造土地登記總簿者，視為已依土地法辦理土地總登記。

第 12 條　（土地總登記之辦理）

已辦地籍測量，尚未辦理土地登記，而業經呈准註冊發照之地方，應依法辦理土地總登記，發給土地權利書狀。但所收書狀費及登記費，應扣除發照時已收之費用。

第 13 條　（依土地法辦理土地總登記之效力）

依土地法辦理土地總登記之地方，自開始登記之日起，法院所辦不動產登記應即停

止辦理；其已經法院為不動產登記之土地，應免費予以登記。

第 14 條　（刪除）

第 15 條　（公告期限之核定）

依土地法第五十五條及第五十七條所為公告之期限，由該管直轄市或縣（市）地政機關報請中央地政機關核定之。

第 16 條　（契稅之緩報及免罰）

在辦理土地總登記期間，未稅白契准緩期報稅，並免予處罰。

第 17 條　（表冊格式及尺幅之制定機關）

土地登記書表簿冊格式及尺幅，由中央地政機關定之。

第 17 條之 1　（登記總簿滅失之處理）

I.登記總簿滅失時，登記機關應依有關資料補造之，並應保持原有之次序。
II.依前項規定補造登記總簿，應公告、公開提供閱覽三十日，並通知登記名義人，及將補造經過情形層報中央地政機關備查。

第 18 條　（登記費及書狀費徵收之不停止）

土地登記費及書狀費，不因標準地價發生異議，停止徵收。但標準地價依法決定後，應依照改正。

第 19 條　（地形過碎之測繪登記）

起伏地區田地坵形過碎時，得就同一權利人所有地區相連地目相同之坵併為一宗，並於一宗地籍圖內測繪坵形。但登記時仍按宗登記。

第 19 條之 1　（兩宗以上之土地不得合併之情形）

兩宗以上之土地如已設定不同種類之他項權利，或經法院查封、假扣押、假處分或破產之登記者，不得合併。

第三編　土地使用

第 20 條　（使用地編定之通知公布）

依土地法第八十四條編定使用地公布後，應分別通知土地所有權人，並報請中央地政機關備查。

第 21 條　（土地使用最小面積單位及集體農場面積之核定）

依土地法第三十一條規定土地使用最小面積單位，及依土地法第八十六條規定集體農場面積，應報請中央地政機關核定。

第 22 條　（照價收買地價之給付）

依土地法第八十九條照價收買之土地，其地價得分期給付之。但清付期限最長不得逾五年。

第 23 條　（都市計畫擬訂、變更之報核）

都市計畫之擬訂及變更，應報請中央地政機關核定之。

第 24 條　（分區開放之區域與分期開放時間）

新設都市分區開放之區域，於都市計畫中規定之；分期開放之時間，該管直轄市或縣（市）政府依地方需要定之。但應經中央地政機關之核定。

第 25 條　（土地及建築物價額之估定）

土地法第九十七條所謂土地及建築物之總價額，土地價額依法定地價，建築物價額依該管直轄市或縣（市）地政機關估定之價額。

第 26 條　（農物繳付地租折價標準）

I.依地方習慣以農產物繳付地租之地方，農產物折價之標準，由該管直轄市或縣（市）地政機關依當地農產物最近二年之平均市價規定之。
II.地價如經重估，農產物價亦應視實際變更，重予規定。

第 27 條　（不定期耕地租賃契約終止限制規定之準用）

土地法第一百十四條第一、第二、第六、第七各款之規定，於定期租用耕地之契約準用之。

第 28 條　（未失效能部分價值之估定）

依土地法第一百二十條，承租人向出租人要求償還其所耕地特別改良物時，其未失效能部分之價值，得由該管直轄市或縣（市）地政機關估定之。

第 29 條　（荒歉減免租金之核定）

土地法第一百二十三條規定減租或免租之決定，應經中央地政機關之核定。

第 30 條　（永佃權之準用規定）

土地法第一百十五條、第一百二十二條及第一百二十三條之規定，於有永佃權之土地準用之。

第 31 條　（各地荒地使用計畫之訂定機關）

各地方荒地使用計畫，由直轄市或縣（市）政府定之，並報請中央地政機關及中央墾務機關備查。但大宗荒地面積在十萬畝以上者，得由中央地政機關及中央墾務機關會同直轄市或縣（市）政府定之。

第 32 條　（自耕農權義規定之準用）

承墾人墾竣取得所有權之土地，其使用管理及移轉、繼承，均準用土地法及本法關於自耕農戶之規定。

第 33 條　（城市土地重劃之核定）

城市地方土地重劃，應經中央地政機關核定之。

第 34 條　（農地重劃計畫之訂定報備）

農地重劃計畫，由該管直轄市或縣（市）政府依農業技術地方需要定之，並應報請中央地政機關備查。

第 35 條　（重劃區內地價之決定）

土地重劃區內之地價，如尚未規定，應於施行重劃前依法規定之。

第四編　土　地　稅

第 36 條　（稅率）

業經依法規定地價之地方，應即由該管直轄市或縣（市）政府分別依土地法第一百六十九條擬訂基本稅率，依第一百七十一條擬訂累進起點地價，依第一百七十三條擬訂加徵空地稅倍數，依第一百七十四條擬訂加徵荒地稅倍數，依第一百八十條擬訂土地增值免稅額，及依第一百八十六條擬訂建築改良物稅率，併層轉行政院核定舉辦地價稅、土地增值稅及建築改良物稅。

第 37 條　（刪除）

第 38 條　（刪除）

第 39 條　（刪除）

第 40 條　（估價規則之訂定）

地價調查估計及土地建築改良物估價之估價標的、估價方法、估價作業程序、估價報告書格式及委託估價等事項之規則，由中央地政機關定之。

第 41 條　（改良物之一併收買）

依土地法第二十九條、第三十三條、第三十四條、第八十九條及第一百五十七條照標準地價收買之土地，其改良物應照估定價值，一併收買之。但該改良物所有權人，自願遷移者，不在此限。

第 42 條　（各種稅率之增減程序）

地價稅基本稅率暨累進起點地價、空地稅倍數、荒地稅倍數、土地增值稅免稅額及建築改良物稅率，確定施行後，如有增減必要時，應依本施行法第三十六條規定之程序辦理，並於會計年度開始前確定公布。

第 43 條 （空地、荒地應繳地價稅之定義）

土地法第一百七十三條、第一百七十四條所稱之應繳地價稅，係指該空地及荒地應繳之基本稅。

第 44 條 （刪除）

第 45 條 （刪除）

第 46 條 （土地稅減免之標準及程序之訂定機關）

土地稅減免之標準及程序，由中央地政機關與中央財政機關以規則定之。

第 47 條 （變為稅地之起徵時間）

免稅地變為稅地時，應自次年起徵收土地稅。

第 48 條 （免稅地之開始年度）

稅地變為免稅地時，其土地稅自免稅原因成立之年免除之。但未依免稅原因使用者，不得免稅。

第五編　土地徵收

第 49 條 （徵收土地之範圍）

徵收土地於不妨礙徵收目的之範圍內，應就損失最少之地方為之，並應盡量避免耕地。

第 50 條 （徵收土地計畫書應載事項）

土地法第二百二十四條規定之徵收土地計畫書，應記明左列事項：

一　徵收土地原因。
二　徵收土地所在地範圍及面積。
三　興辦事業之性質。
四　興辦事業之法令根據。
五　附帶徵收或區段徵收及其面積。
六　土地改良物情形。
七　土地使用之現狀及其使用人之姓名住所。
八　四鄰接連土地之使用狀況及其改良情形。

九　土地區內有無名勝古蹟，並註明其現狀及沿革。
十　曾否與土地所有權人經過協定手續及其經過情形。
十一　土地所有權人或管有人姓名住所。
十二　被徵收土地之使用配置。
十三　興辦事業所擬設計大概。
十四　應需補償金額款總數及其分配。
十五　準備金額總數及其分配。

第 51 條 （徵收土地圖說應載事項）

土地法第二百二十四條規定之徵收土地圖說，應繪載左列事項：

一　被徵收土地之四至界限。
二　被徵收地區內各宗地之界限及其使用狀態。
三　附近街村鄉鎮之位置與名稱。
四　被徵收地區內房屋等改良物之位置。
五　圖面之比例尺。

第 52 條 （計畫書等之份數）

土地法第二百二十四條規定之徵收土地計畫書、徵收土地圖說及土地使用計畫圖，應各擬具三份，呈送核准機關。

第 53 條 （土地使用計畫圖之定義）

土地法第二百二十四條規定之土地使用計畫圖，如係興辦公共事業，指建築地盤圖；如係開闢都市地域，指都市計畫圖；如係施行土地重劃，指重劃計畫圖。

第 54 條 （核准徵收程序經過情形之陳報）

直轄市或縣（市）地政機關於土地徵收地價補償完畢後，應將辦理經過情形，陳報中央地政機關核准備案。

第 55 條 （核准徵收公告應載事項）

I.依土地法第二百二十七條所為公告，應載明左列事項：

一　需用土地人之名稱。
二　興辦事業之種類。
三　徵收土地之詳明區域。

　　四　被徵收土地應補償之費額。

II前項公告，應附同徵收土地圖，揭示於該
　管直轄市或縣（市）地政機關門首及被徵
　收土地所在地。

第 56 條　（核准徵收通知之方法）

依土地法第二百二十七條所為通知，應照
左列之規定：
一　被徵收土地已登記者，依照登記總
　　簿所載之土地所有權人及土地他
　　項權利人姓名住所，以書面通知。
二　被徵收土地未經登記者，應以所在
　　地之日報登載通知七日。

第 57 條　（保留徵收期間之起算）

保留徵收之期間，應自公告之日起算。

第 58 條　（補償金的計算與發給）

被徵收土地補償金額之計算與發給，由需
用土地人委託該管直轄市或縣（市）地政
機關為之。

第 59 條　（被徵收土地應有負擔之補償）

被徵收土地應有之負擔，由該管直轄市或
縣（市）地政機關於發給補償金時代為補
償，並以其餘款交付被徵收土地之所有權
人。

第 60 條　（最後移轉價值以登記為準）

土地法第二百三十九條第二款之最後移
轉價值，以業經登記者為準。

第 61 條　（遷移無主墓之公告）

依土地法第二百四十六條第二項之規定，
遷移無主墳墓時，應於十日以前公告之，
公告期限不得少於七日。

土地登記規則

一百一十年七月十三日內政部令修正發布

①民國三十五年十月二日地政署令發布
②六十七年一月十二日內政部令修正發布
③六十九年一月二十三日內政部令修正發布
④七十五年五月十六日內政部令修正發布
⑤七十九年六月二十九日內政部令修正發布
⑥八十年十一月二十九日內政部令修正發布
⑦八十四年七月十二日內政部令修正發布
⑧八十八年六月二十九日內政部令修正發布
⑨九十年九月十四日內政部令修正發布
⑩九十二年七月二十九日內政部令修正發布
⑪九十二年九月二十三日內政部令修正發布
⑫九十五年六月十九日內政部令修正發布
⑬九十六年七月三十一日內政部令修正發布
⑭九十八年七月六日內政部令修正發布
⑮九十九年六月二十八日內政部令修正發布
⑯一百年十二月十二日內政部令修正發布
⑰一百零二年八月二十二日內政部令修正發布
⑱一百零三年二月二十七日內政部令修正發布
⑲一百零六年二月十四日內政部令修正發布
⑳一百零七年十一月十六日內政部令修正發布
㉑一百零八年十二月九日內政部令修正發布
㉒一百一十年七月十三日內政部令修正發布第三一、三五～三七、四一、四七、五三、五四、六五、六七、一二三、一二六、一三七、一四六、一五五條；並增訂第七〇之一～七〇之七條條文及第三章第五節

第一章　總　　則

第 1 條　（訂定依據）

本規則依土地法第三十七條第二項規定訂定之。

第 2 條　（土地登記之定義）

土地登記，謂土地及建築改良物（以下簡稱建物）之所有權與他項權利之登記。

第 3 條　（辦理機關）

Ⅰ.土地登記，由土地所在地之直轄市、縣（市）地政機關辦理之。但該直轄市、縣（市）地政機關在轄區內另設或分設登記機關者，由該土地所在地之登記機關辦理之。

Ⅱ.建物跨越二個以上登記機關轄區者，由該建物門牌所屬之登記機關辦理之。

Ⅲ.直轄市、縣（市）地政機關已在轄區內另設或分設登記機關，且登記項目已實施跨登記機關登記者，得由同直轄市、縣（市）內其他登記機關辦理之。

Ⅳ.經中央地政機關公告實施跨直轄市、縣（市）申請土地登記之登記項目，得由全國任一登記機關辦理之。

第 4 條　（應辦理登記之種類）

Ⅰ.下列土地權利之取得、設定、移轉、喪失或變更，應辦理登記：
　一　所有權。
　二　地上權。
　三　中華民國九十九年八月三日前發生之永佃權。
　四　不動產役權。
　五　典權。
　六　抵押權。
　七　耕作權。
　八　農育權。
　九　依習慣形成之物權。

Ⅱ.土地權利名稱與前項第一款至第八款名稱不符，而其性質與其中之一種相同或相類者，經中央地政機關審定為前項第一款至第八款中之某種權利，得以該權利辦理登記，並添註其原有名稱。

第 5 條　（作業方式及規範）

Ⅰ.土地登記得以電腦處理，其處理之系統規範由中央地政機關定之。

Ⅱ.土地登記以電腦處理者，其處理方式及登記書表簿冊圖狀格式，得因應需要於系統規範中另定之。

第6條　（登記完畢）

I.土地權利經登記機關依本規則登記於登記簿，並校對完竣，加蓋登簿及校對人員名章後，為登記完畢。

II.土地登記以電腦處理者，經依系統規範登錄、校對，並異動地籍主檔完竣後，為登記完畢。

第7條　（登記效力）

依本規則登記之土地權利，除本規則另有規定外，非經法院判決塗銷確定，登記機關不得為塗銷登記。

第8條　（主登記及登記次序）

I.主登記，指土地權利於登記簿上獨立存在之登記；附記登記，指附屬於主登記之登記。

II.主登記之次序，應依登記之先後。附記登記之次序，應依主登記之次序。但附記登記各依其先後。

第9條　（權利次序）

同一土地為他項權利登記時，其權利次序，除法律另有規定外，應依登記之先後。但於土地總登記期限內申請登記者，依其原設定之先後。

第10條　（建物登記）

土地上已有建物者，應於土地所有權完成總登記後，始得為建物所有權登記。

第11條　（他項權利登記等之禁止）

未經登記所有權之土地，除法律或本規則另有規定外，不得為他項權利登記或限制登記。

第12條　（確定力文件之準用）

登記原因證明文件為依法與法院確定判決有同一效力者，於第二十七條第四款、第三十條第一款、第三十五條第三款、第一百條、第一百十九條第五項、第一百四十一條第一項第二款及第二項之規定準用之。

第13條　（登記錯誤或遺漏）

土地法第六十八條第一項及第六十九條所稱登記錯誤，係指登記事項與登記原因證明文件所載之內容不符者；所稱遺漏，係指應登記事項而漏未登記者。

第二章　登記書表簿冊圖狀

第14條　（登記書表簿冊圖狀之備置）

登記機關應備下列登記書表簿冊圖狀：

一　登記申請書。
二　登記清冊。
三　契約書。
四　收件簿。
五　土地登記簿及建物登記簿。
六　土地所有權狀及建物所有權狀。
七　他項權利證明書。
八　地籍圖。
九　地籍總歸戶冊（卡）。
十　其他必要之書表簿冊。

第15條　（收件簿之設置）

收件簿按登記機關、鄉（鎮、市、區）、地段或案件性質設置，依收件之先後次序編號記載之。其封面記明該簿總頁數及起用年月，鈐蓋登記機關印，每頁依次編號，裝訂成冊。

第16條　（登記簿用紙）

登記簿用紙除第八十一條第二項規定外，應分標示部、所有權部及他項權利部，依次排列分別註明頁次，並於標示部用紙記明各部用紙之頁數。

第17條　（分段登記）

I.登記簿就登記機關轄區情形按鄉（鎮、市、區）或地段登記之，並應於簿面標明某鄉（鎮、市、區）某地段土地或建物登記簿冊次及起止地號或建號，裡面各頁蓋土地登記之章。

II.同一地段經分編二冊以上登記簿時，其記載方式與前項同。

第 18 條　（裝訂應注意事項）

登記簿應按地號或建號順序，採用活頁裝訂之，並於頁首附索引表。

第 19 條　（保存期限）

I.收件簿、登記申請書及其附件，除土地所有權第一次登記案件應永久保存外，應自登記完畢之日起保存十五年。

II.前項文件之保存及銷毀，由登記機關依檔案法相關規定辦理。

第 20 條　（永久保存）

登記簿及地籍圖由登記機關永久保存之。除法律或中央地政機關另有規定或為避免遭受損害外，不得攜出登記機關。

第 21 條　（滅失之補造）

登記簿滅失時，登記機關應即依土地法施行法第十七條之一規定辦理。

第 22 條　（重造）

一宗土地之登記簿用紙部分損壞時，登記機關應依原有記載全部予以重造。登記簿用紙全部損壞、滅失或其樣式變更時，登記機關應依原有記載有效部分予以重造。

第 23 條　（地籍資料庫之建立及管理事項之訂定）

登記機關應建立地籍資料庫，指定專人管理。其管理事項，由直轄市、縣（市）地政機關定之。

第 24 條　（申請閱覽、抄寫、複印或攝影者之限制）

申請閱覽、抄寫、複印或攝影登記申請書及其附件者，以下列之一者為限：

一　原申請案之申請人、代理人。

二　登記名義人。

三　與原申請案有利害關係之人，並提出證明文件。

第 24 條之 1　（申請提供土地登記及地價資料之資料分類及內容）

I.申請提供土地登記及地價資料，其資料分類及內容如下：

一　第一類：顯示登記名義人全部登記資料。

二　第二類：隱匿登記名義人之出生日期、部分統一編號、部分住址及其他依法令規定需隱匿之資料。但經登記名義人同意揭示完整住址資料者，不在此限。

II.登記名義人或其他依法令得申請者，得申請前項第一款資料；任何人得申請前項第二款資料。

III.登記名義人、具有法律上通知義務或權利義務得喪變更關係之利害關係人得申請第一項第二款資料並附完整住址。

IV.土地登記及地價資料之申請提供，委託代理人為之者，準用第三十七條第一項規定。

第 25 條　（書狀之發給）

土地或建物所有權狀及他項權利證明書，應蓋登記機關印信及其首長職銜簽字章，發給權利人。

第三章　登記之申請及處理

第一節　登記之申請

第 26 條　（登記申請人）

土地登記，除本規則另有規定外，應由權利人及義務人會同申請之。

第 27 條　（單獨申請登記）

下列登記由權利人或登記名義人單獨申請之：

一　土地總登記。

二　建物所有權第一次登記。

三　因繼承取得土地權利之登記。

四　因法院、行政執行分署或公正第三人拍定、法院判決確定之登記。

五　標示變更登記。

六　更名或住址變更登記。

七　消滅登記。

八　預告登記或塗銷登記。

九　法定地上權登記。

十　依土地法第十二條第二項規定回
　　復所有權之登記。
十一　依土地法第十七條第二項、第三
　　　項、第二十條第三項、第七十三條
　　　之一、地籍清理條例第十一條、第
　　　三十七條或祭祀公業條例第五十
　　　一條規定標售或讓售取得土地之
　　　登記。
十二　依土地法第六十九條規定更正之
　　　登記。
十三　依土地法第一百三十三條規定取
　　　得耕作權或所有權之登記。
十四　依民法第五百十三條第三項規定
　　　抵押權之登記。
十五　依民法第七百六十九條、第七百七
　　　十條或第七百七十二條規定因時
　　　效完成之登記。
十六　依民法第八百二十四條之一第四
　　　項規定抵押權之登記。
十七　依民法第八百五十九條之四規定
　　　就自己不動產設定不動產役權之
　　　登記。
十八　依民法第八百七十條之一規定抵
　　　押權人拋棄其抵押權次序之登記。
十九　依民法第九百零六條之一第二項
　　　規定抵押權之登記。
二十　依民法第九百十三條第二項、第九
　　　百二十三條第二項或第九百二十
　　　四條但書規定典權人取得典物所
　　　有權之登記。
二一　依民法第一千一百八十五條規定
　　　應屬國庫之登記。
二二　依直轄市縣（市）不動產糾紛調處
　　　委員會設置及調處辦法作成調處
　　　結果之登記。
二三　法人合併之登記。
二四　其他依法律得單獨申請登記者。

第 28 條　（應逕為登記之情形）

I.下列各款應由登記機關逕為登記：
一　建物因行政區域調整、門牌整編或
　　基地號因重測、重劃或依法逕為分
　　割或合併所為之標示變更登記。
二　依第一百四十三條第三項規定之
　　國有登記。

三　依第一百四十四條規定之塗銷登
　　記。
四　依第一百五十三條規定之住址變
　　更登記。
五　其他依法律得逕為登記者。
II.登記機關逕為登記完畢後，應將登記結果
　通知登記名義人。但登記機關依登記名義
　人之申請登記資料而逕為併案辦理，及因
　政府機關辦理行政區域調整、門牌整編而
　逕為辦理之住址變更或建物標示變更登
　記，不在此限。

第 29 條　（得囑託登記之情形）

政府機關遇有下列各款情形之一時，得囑
託登記機關登記之：
一　因土地徵收或撥用之登記。
二　照價收買土地之登記。
三　因土地重測或重劃確定之登記。
四　依土地法第五十二條規定公有土
　　地之登記。
五　依土地法第五十七條、第六十三條
　　第二項、第七十三條之一第五項或
　　地籍清理條例第十八條第二項規
　　定國有土地之登記。
六　依強制執行法第十一條或行政執
　　行法第二十六條準用強制執行法
　　第十一條規定之登記。
七　依破產法第六十六條規定之登記。
八　依稅捐稽徵法第二十四條第一項
　　規定之登記。
九　依原國民住宅條例施行細則第二
　　十三條第三項規定法定抵押權之
　　設定及塗銷登記。
十　依第一百四十七條但書規定之塗
　　銷登記。
十一　依第一百五十一條規定之公有土
　　　地管理機關變更登記。
十二　其他依法規得囑託登記機關登記。

第 30 條　（代位申請登記㈠）

下列各款登記，得代位申請之：
一　登記原因證明文件為法院確定判
　　決書，其主文載明應由義務人先行
　　辦理登記，而怠於辦理者，得由權
　　利人代位申請之。

二　質權人依民法第九百零六條之一第一項規定辦理土地權利設定或移轉登記於出質人者。

三　典權人依民法第九百二十一條或第九百二十二條之一規定重建典物而代位申請建物所有權第一次登記者。

四　其他依法律得由權利人代位申請登記者。

第 31 條　（代位申請登記㈡）

I 建物全部滅失時，該建物所有權人未於規定期限內申請消滅登記者，得由土地所有權人或其他權利人代位申請；亦得由登記機關查明後逕為辦理消滅登記。

II 前項建物基地有法定地上權登記者，應同時辦理該地上權塗銷登記；建物為需役不動產者，應同時辦理其供役不動產上之不動產役權塗銷登記。

III 登記機關於登記完畢後，應將登記結果通知該建物所有權人及他項權利人。建物已辦理限制登記者，並應通知囑託機關或預告登記請求權人。

第 32 條　（公同共有之登記）

I 公同共有之土地，公同共有人中之一人或數人，為全體公同共有人之利益，得就公同共有土地之全部，申請為公同共有之登記。

II 登記機關於登記完畢後，應將登記結果通知他公同共有人。

第 33 條　（申請期限）

I 申請土地權利變更登記，應於權利變更之日起一個月內為之。繼承登記得自繼承開始之日起六個月內為之。

II 前項權利變更之日，係指下列各款之一者：

一　契約成立之日。

二　法院判決確定之日。

三　訴訟上和解或調解成立之日。

四　依鄉鎮市調解條例規定成立之調解，經法院核定之日。

五　依仲裁法作成之判斷，判斷書交付或送達之日。

六　產權移轉證明文件核發之日。

七　法律事實發生之日。

第二節　申請登記之文件

第 34 條　（申請登記文件之提出）

I 申請登記，除本規則另有規定外，應提出下列文件：

一　登記申請書。

二　登記原因證明文件。

三　已登記者，其所有權狀或他項權利證明書。

四　申請人身分證明。

五　其他由中央地政機關規定應提出之證明文件。

II 前項第四款之文件，能以電腦處理達成查詢者，得免提出。

第 35 條　（免提出部分文件之情形）

有下列情形之一者，得免提出前條第一項第三款之文件：

一　因徵收、區段徵收、撥用或照價收買土地之登記。

二　因土地重劃或重測確定之登記。

三　登記原因證明文件為法院權利移轉證書或確定判決之登記。

四　法院囑託辦理他項權利塗銷登記。

五　依法代位申請登記。

六　遺產管理人之登記。

七　法定地上權之登記。

八　依原國民住宅條例規定法定抵押權之設定及塗銷登記。

九　依土地法第三十四條之一第一項至第三項規定辦理之登記，他共有人之土地所有權狀未能提出。

十　依民法第五百十三條第三項規定之抵押權登記。

十一　依本規則規定未發給所有權狀或他項權利證明書。

十二　祭祀公業或神明會依祭祀公業條例第五十條或地籍清理條例第二十四條規定成立法人，所申請之更名登記。

十三　其他依法律或由中央地政機關公告免予提出。

第 36 條　（要式規定）

I.登記申請書除本規則另有規定外，應由申請人簽名或蓋章。

II.由代理人申請者，代理人並應於登記申請書或委託書內簽名或蓋章；有複代理人者，亦同。

第 37 條　（申請登記之代理）

I.土地登記之申請，委託代理人為之者，應附具委託書；其委託複代理人者，並應出具委託複代理人之委託書。但登記申請書已載明委託關係者，不在此限。

II.前項代理人或複代理人，代理申請登記時，除法律或本規則另有規定外，應親自到場，並由登記機關核對其身分。

第 38 條　（特別授權）

I.代理申請登記檢附之委託書具備特別授權之要件者，委託人得免於登記申請書內簽名或蓋章。

II.前項委託書應載明委託事項及委託辦理登記之土地或建物權利之坐落、地號或建號與權利範圍。

第 39 條　（為本人利益之處分）

I.父母處分未成年子女所有之土地權利，申請登記時，應於登記申請書適當欄記明確為其利益處分並簽名。

II.未成年人或受監護宣告之人，其監護人代理受監護人或受監護宣告之人購置或處分土地權利，應檢附法院許可之證明文件。

III.繼承權之拋棄經法院准予備查者，免依前二項規定辦理。

第 40 條　（身分證明文件之提出）

I.申請登記時，登記義務人應親自到場，提出國民身分證正本，當場於申請書或登記原因證明文件內簽名，並由登記機關指定人員核符後同時簽證。

II.前項登記義務人未領有國民身分證者，應提出下列身分證明文件：

一　外國人應提出護照或中華民國居留證。

二　旅外僑民應提出經僑務委員會核發之華僑身分證明書或中央地政主管機關規定應提出之文件，及其他附具照片之身分證明文件。

三　大陸地區人民應提出經行政院設立或指定之機構或委託之民間團體驗證之身分證明文件或臺灣地區長期居留證。

四　香港、澳門居民應提出護照或香港、澳門永久居留資格證明文件。

五　歸化或回復中華民國國籍者，應提出主管機關核發之歸化或回復國籍許可證明文件。

第 41 條　（當事人得免親自到場之情形）

申請登記時，有下列情形之一者，當事人得免親自到場：

一　依第二十七條第四款規定，得由權利人單獨申請登記。

二　登記原因證明文件及同意書經依法公證、認證。

三　與有前款情形之案件同時連件申請辦理，而登記義務人同一，且其所蓋之印章相同。

四　登記原因證明文件經依法由地政士簽證。

五　登記義務人為無行為能力人或限制行為能力人，其法定代理人已依第三十九條規定辦理並親自到場。

六　登記義務人依土地登記印鑑設置及使用作業要點於土地所在地之登記機關設置土地登記印鑑。

七　外國人或旅外僑民授權第三人辦理土地登記，該授權書經我駐外館處驗證。

八　大陸地區人民或香港、澳門居民授權第三人辦理土地登記，該授權書經行政院設立或指定之機構或委託之民間團體驗證。

九　祭祀公業土地授權管理人處分，該契約書依法經公證或認證。

十　檢附登記原因發生日期前一年以後核發之當事人印鑑證明。

十一　土地合併時，各所有權人合併前後

應有部分之價值差額在一平方公尺公告土地現值以下。

十二　建物所有權第一次登記協議書與申請書權利人所蓋印章相符。

十三　依第四十三條第三項規定辦理更正登記所提出之協議書，各共有人更正前後應有部分之價值差額在一平方公尺公告土地現值以下。

十四　依第一百零四條規定以籌備人公推之代表人名義申請登記提出協議書。

十五　應用憑證進行網路身分驗證，辦理線上聲明登錄相關登記資訊。

十六　其他由中央地政機關規定得免由當事人親自到場。

第 42 條　（法人之申請登記）

I.申請人為法人者，應提出法人登記證明文件及其代表人之資格證明。其為義務人時，應另提出法人登記機關核發之法人及代表人印鑑證明或其他足資證明之文件，及於登記申請書適當欄記明確依有關法令規定完成處分程序，並蓋章。

II.前項應提出之文件，於申請人為公司法人者，為法人登記機關核發之設立、變更登記表或其抄錄本、影本。

III.義務人為財團法人或祭祀公業法人者，應提出其主管機關核准或同意備查之證明文件。

第 43 條　（共有持分）

I.申請登記，權利人為二人以上時，應於登記申請書件內記明應有部分或相互之權利關係。

II.前項應有部分，應以分數表示之，其分子分母不得為小數，分母以整十、整百、整千、整萬表示為原則，並不得超過六位數。

III.已登記之共有土地權利，其應有部分之表示與前項規定不符者，得由登記機關通知土地所有權人於三十日內自行協議後準用更正登記辦理，如經通知後逾期未能協議者，由登記機關報請上級機關核准後更正之。

第 44 條　（第三人之同意）

I.申請登記須第三人同意者，應檢附第三人之同意書或由第三人在登記申請書內註明同意事由。

II.前項第三人除符合第四十一條第二款、第五款至第八款及第十款規定之情形者外，應親自到場，並依第四十條規定程序辦理。

第三節　登記規費及罰鍰

第 45 條　（登記規費）

登記規費，係指土地法所規定之登記費、書狀費、工本費及閱覽費。

第 46 條　（計收規費）

I.土地登記，應依土地法規定繳納登記規費。登記費未滿新臺幣一元者，不予計收。但有下列情形之一者，免繳納：

一　抵押權設定登記後，另增加一宗或數宗土地權利為共同擔保時，就增加部分辦理設定登記。

二　抵押權次序讓與、拋棄或變更登記。

三　權利書狀補（換）給登記。

四　管理人登記及其變更登記。

五　其他法律規定免納。

II.以郵電申請發給登記簿或地籍圖謄本或節本者，應另繳納郵電費。

III.登記規費之收支應依預算程序辦理。

第 47 條　（登記規費之繳納）

登記規費，除網路申請土地登記依第七十條之六規定繳納外，應於申請登記收件後繳納之。

第 48 條　（建物價值）

申請建物所有權第一次登記，於計收登記規費時，其權利價值，依下列規定認定之：

一　建物在依法實施建築管理地區者，應以使用執照所列工程造價為準。

二　建物在未實施建築管理地區者，應以當地稅捐稽徵機關所核定之房屋現值為準。

第 49 條 （權利價值）
I.申請他項權利登記，其權利價值為實物或非現行通用貨幣者，應由申請人按照申請時之價值折算為新臺幣，填入申請書適當欄內，再依法計收登記費。
II.申請地上權、永佃權、不動產役權、耕作權或農育權之設定或移轉登記，其權利價值不明者，應由申請人於申請書適當欄內自行加註，再依法計收登記費。
III.前二項權利價值低於各該權利標的物之土地申報地價或當地稅捐稽徵機關核定之房屋現值百分之四時，以各該權利標的物之土地申報地價或當地稅捐稽徵機關核定之房屋現值百分之四為其一年之權利價值，按存續之年期計算；未定期限者，以七年計算之價值標準計收登記費。

第 50 條 （罰鍰之計收）
I.逾期申請登記之罰鍰，應依土地法之規定計收。
II.土地權利變更登記逾期申請，於計算登記費罰鍰時，對於不能歸責於申請人之期間，應予扣除。

第 51 條 （規費之退還）
I.已繳之登記費及書狀費，有下列情形之一者，得由申請人於十年內請求退還之：
　一　登記經申請撤回。
　二　登記經依法駁回。
　三　其他依法令應予退還。
II.申請人於十年內重新申請登記者，得予援用未申請退還之登記費及書狀費。

第 52 條 （不退還規費原則及罰鍰之重新核計）
I.已繳之登記費罰鍰，除法令另有規定外，不得申請退還。
II.經駁回之案件重新申請登記，其罰鍰應重新核算，如前次申請已核計罰鍰之款項者應予扣除，且前後數次罰鍰合計不得超過應納登記費之二十倍。

第四節　登記處理程序

第 53 條 （登記程序）
I.辦理土地登記，除本規則另有規定外，程序如下：
　一　收件。
　二　計收規費。
　三　審查。
　四　公告。
　五　登簿。
　六　繕發書狀。
　七　異動整理。
　八　歸檔。
II.前項第四款公告，僅於土地總登記、土地所有權第一次登記、建物所有權第一次登記、時效取得登記、書狀補給登記及其他法令規定者適用之。第七款異動整理，包括統計及異動通知。

第 54 條 （收件）
I.登記機關接收登記申請書時，除第七十條之五另有規定外，應即收件，並記載收件有關事項於收件簿與登記申請書。
II.前項收件，應按接收申請之先後編列收件號數，登記機關並應給與申請人收據。

第 55 條 （審查）
I.登記機關接收申請登記案件後，應即依法審查。辦理審查人員，應於登記申請書內簽註審查意見及日期，並簽名或蓋章。
II.申請登記案件，經審查無誤者，應即登載於登記簿。但依法應予公告或停止登記者，不在此限。

第 56 條 （補正）
有下列各款情形之一者，登記機關應以書面敘明理由或法令依據，通知申請人於接到通知書之日起十五日內補正：
　一　申請人之資格不符或其代理人之代理權有欠缺。
　二　登記申請書不合程式，或應提出之文件不符或欠缺。
　三　登記申請書記載事項，或關於登記原因之事項，與登記簿或其證明文

件不符，而未能證明其不符之原因。

四　未依規定繳納登記規費。

第 57 條　（駁回）

I.有下列各款情形之一者，登記機關應以書面敘明理由及法令依據，駁回登記之申請：

一　不屬受理登記機關管轄。

二　依法不應登記。

三　登記之權利人、義務人或其與申請登記之法律關係有關之權利關係人間有爭執。

四　逾期未補正或未照補正事項完全補正。

II.申請人不服前項之駁回者，得依訴願法規定提起訴願。

III.依第一項第三款駁回者，申請人並得訴請司法機關裁判或以訴訟外紛爭解決機制處理。

第 58 條　（駁回登記之申請）

駁回登記之申請時，應將登記申請書件全部發還，並得將駁回理由有關文件複印存查。

第 59 條　（撤回登記）

申請登記案件，於登記完畢前，全體申請人以書面申請撤回者，登記機關應即將登記申請書及附件發還申請人。

第 60 條　（重新申請登記）

已駁回或撤回登記案件，重新申請登記時，應另行辦理收件。

第 61 條　（登記順序）

I.登記，應依各類案件分別訂定處理期限，並依收件號數之次序或處理期限為之。其為分組辦理者亦同。除法令另有規定外，同一宗土地之權利登記，其收件號數在後之土地，不得提前登記。

II.登記程序開始後，除法律或本規則另有規定外，不得停止登記之進行。

第 62 條　（登簿及校對人員之蓋章）

應登記之事項記載於登記簿後，應由登簿及校對人員分別辦理並加蓋其名章。

第 63 條　（不予審查登記之特約事項）

登記原因證明文件所載之特約，其屬應登記以外之事項，登記機關應不予審查登記。

第 64 條　（登載）

權利人為二人以上時，應將全部權利人分別予以登載。義務人為二人以上時，亦同。

第 65 條　（權狀之發給㈠）

I.土地權利於登記完畢後，除權利書狀所載內容未變更、本規則或其他法規另有規定外，登記機關應即發給申請人權利書狀。但得就原書狀加註者，於加註後發還之。

II.有下列情形之一，經申請人於申請書證明免繕發權利書狀者，得免發給之，登記機關並應於登記簿其他登記事項欄內記明之：

一　建物所有權第一次登記。

二　共有物分割登記，於標示變更登記完畢。

三　公有土地權利登記。

III.登記機關逕為辦理土地分割登記後，應通知土地所有權人換領土地所有權狀；換領前得免繕發。

第 66 條　（權狀之發給㈡）

I.土地權利如係共有者，應按各共有人分別發給權利書狀，並於書狀內記明其權利範圍。

II.共有人取得他共有人之應有部分者，於申請登記時，應檢附原權利書狀，登記機關應就其權利應有部分之總額，發給權利書狀。

III.同一所有權人於同一區分所有建物有數專有部分時，其應分擔之基地權利應有部分，得依申請人之申請分別發給權利書狀。

第 67 條　（未提出權利書狀應註銷登記之情形）

土地登記有下列各款情形之一者，未能提出權利書狀者，應於登記完畢後公告註銷：

一　申辦繼承登記，經申請之繼承人檢附切結書。

二　申請他項權利塗銷登記，經檢附他項權利人切結書者，或他項權利人出具已交付權利書狀之證明文件，並經申請人檢附未能提出之切結書。

三　申請建物滅失登記，經申請人檢附切結書。

四　申請塗銷信託、信託歸屬或受託人變更登記，經權利人檢附切結書。

五　申請都市更新權利變換登記，未受分配或不願參與分配者；或經登記機關於登記完畢後通知換領土地及建築物權利書狀，未於規定期限內提出。

六　合於第三十五條第一款至第五款、第九款、第十二款及第十三款情形之一。但經中央地政主管機關公告權利書狀免予公告註銷者，不在此限。

第 68 條　（書件發還）

登記完畢之登記申請書件，除登記申請書、登記原因證明文件或其副本、影本及應予註銷之原權利書狀外，其餘文件應加蓋登記完畢之章，發還申請人。

第 69 條　（通知）

I.由權利人單獨申請登記者，登記機關於登記完畢後，應即以書面通知登記義務人。但有下列情形之一者，不在此限：

一　無義務人。

二　法院、行政執行分署或公正第三人拍定之登記。

三　抵押權人為金融機構，辦理抵押權塗銷登記，已提出同意塗銷證明文件。

II.前項義務人為二人以上時，應分別通知之。

第 70 條　（停止受理）

政府因實施土地重劃、區段徵收及依其他法律規定，公告禁止所有權移轉、變更、分割及設定負擔之土地，登記機關應於禁止期間內，停止受理該地區有關登記案件之申請。但因繼承、強制執行、徵收、法院判決確定或其他非因法律行為，於登記前已取得不動產物權而申請登記者，不在此限。

第五節　網路申請登記

第 70 條之 1　（網路申請登記之方式）

I.網路申請土地登記方式，分為全程網路申請及非全程網路申請。網路申請登記項目由中央地政機關公告之。

II.前項全程網路申請，係指申請人於網路提出土地登記之申請，其應提出之文件均以電子文件提供並完成電子簽章者；非全程網路申請，係指申請人於網路提出土地登記之申請，其應提出之文件未能全部以電子文件提供並完成電子簽章，部分文件仍為書面者。

III.網路申請土地登記，除未涉權利義務變動者得由權利人或登記名義人單獨申請外，應由地政士或律師代理。

第 70 條之 2　（處理系統規範之訂定）

網路申請土地登記，其處理之系統規範，由中央地政機關定之。

第 70 條之 3　（網路登記之規定）

依第三十四條規定申請登記應提出之文件，於網路申請土地登記時，依下列規定辦理：

一　登記申請書電子文件應以電子簽章方式辦理。

二　登記原因證明文件或其他由中央地政機關規定應提出之證明文件，除能以政府資料庫達成查詢或提供者，得免提出外，應為電子文件並完成電子簽章。但非全程網路申請土地登記者，不在此限。

三　已登記者，除有第三十五條規定情

形外，應提出所有權狀或他項權利證明書。

四　申請人身分證明文件，能以電腦處理達成查詢，得免提出。

第 70 條之 4　（網路登記經憑證確認得免附委託書）

地政士或律師代理以網路申請土地登記，並經憑證確認身分者，得免依第三十七條第二項規定辦理。

第 70 條之 5　（網路登記之收件）

I.登記機關接收全程網路申請案件時，應即收件；登記機關接收非全程網路申請案件時，應俟書面文件到所後再辦理收件。

II.依前項規定收件之網路申請土地登記案件，其審查、補正、駁回等辦理程序，依第三章第四節規定辦理。

第 70 條之 6　（網路登記規費之繳納）

網路申請土地登記之登記規費，得於登記機關收件前完成網路計費及繳費或於收件後繳納。

第 70 條之 7　（電子檔案之保存及銷毀）

網路申請土地登記之登記申請書及其附件電子檔案之保存及銷毀，準用第十九條規定辦理。

第四章　總　登　記

第一節　土地總登記

第 71 條　（申請）

I.土地總登記，所有權人應於登記申請期限內提出登記申請書，檢附有關文件向登記機關申請之。

II.土地總登記前，已取得他項權利之人，得於前項登記申請期限內，會同所有權人申請之。

第 72 條　（公告期間）

登記機關對審查證明無誤之登記案件，應公告十五日。

第 73 條　（公告事項）

前條公告，應於主管登記機關之公告處所為之，其內容應載明下列事項：

一　申請登記為所有權人或他項權利人之姓名、住址。

二　土地標示及權利範圍。

三　公告起訖日期。

四　土地權利關係人得提出異議之期限、方式及受理機關。

第 74 條　（公告事項之更正）

依前條公告之事項如發現有錯誤或遺漏時，登記機關應於公告期間內更正，並即於原公告之地方重新公告十五日。

第 75 條　（異議之處理）

土地權利關係人於公告期間內提出異議，而生權利爭執事件者，登記機關應於公告期滿後，依土地法第五十九條第二項規定調處。

第 76 條　（刪除）

第 77 條　（準用規定㈠）

土地總登記後，未編號登記之土地，因地籍管理，必須編號登記者，其登記程序準用土地總登記之程序辦理。

第二節　建物所有權第一次登記

第 78 條　（申請測量）

申請建物所有權第一次登記前，應先向登記機關申請建物第一次測量。但在中華民國一百零二年十月一日以後領有使用執照之建物，檢附依使用執照竣工平面圖繪製及簽證之建物標示圖辦理登記者，不在此限。

第 78 條之 1　（建物標示圖之辦理）

I.前條之建物標示圖，應由開業之建築師、測量技師或其他依法規得為測量相關簽證之專門職業及技術人員辦理繪製及簽證。

II.前項建物標示圖，應記明本建物平面圖、

位置圖及建物面積確依使用執照竣工平面圖繪製，如有遺漏或錯誤致他人受損害者，建物起造人及繪製人願負法律責任等字樣及開業證照字號，並簽名或蓋章。

Ⅲ依建物標示圖申請建物所有權第一次登記，申請人與委託繪製人不同時，應於登記申請書適當欄記明同意依該圖繪製成果辦理登記，並簽名或蓋章。

第 79 條　（應備文件）

Ⅰ申請建物所有權第一次登記，應提出使用執照或依法得免發使用執照之證件及建物測量成果圖或建物標示圖。有下列情形者，並應附其他相關文件：

一　區分所有建物申請登記時，應檢具全體起造人就專有部分所屬各共有部分及基地權利應有部分之分配文件。

二　區分所有建物之專有部分，依使用執照無法認定申請人之權利範圍及位置者，應檢具全體起造人之分配文件。

三　區分所有建物之地下層或屋頂突出物，依主管建築機關備查之圖說標示為專有部分且未編釘門牌者，申請登記時，應檢具戶政機關核發之所在地址證明。

四　申請人非起造人時，應檢具移轉契約書或其他證明文件。

Ⅱ前項第三款之圖說未標示專有部分者，應另檢附區分所有權人依法約定為專有部分之文件。

Ⅲ實施建築管理前建造之建物，無使用執照者，應提出主管建築機關或鄉（鎮、市、區）公所之證明文件或實施建築管理前有關該建物之下列文件之一：

一　曾於該建物設籍之戶籍證明文件。

二　門牌編釘證明。

三　繳納房屋稅憑證或稅籍證明。

四　繳納水費憑證。

五　繳納電費憑證。

六　未實施建築管理地區建物完工證明書。

七　地形圖、都市計畫現況圖、都市計畫禁建圖、航照圖或政府機關測繪地圖。

八　其他足資證明之文件。

Ⅳ前項文件內已記載面積者，依其所載認定。未記載面積者，由登記機關會同直轄市、縣（市）政府主管建築、農業、稅務及鄉（鎮、市、區）公所等單位，組成專案小組並參考航照圖等有關資料實地會勘作成紀錄以為合法建物面積之認定證明。

Ⅴ第三項之建物與基地非屬同一人所有者，並另附使用基地之證明文件。

第 80 條　（區分所有之登記）

區分所有建物，區分所有權人得就其專有部分及所屬共有部分之權利，單獨申請建物所有權第一次登記。

第 81 條　（共有部分之登記）

Ⅰ區分所有建物所屬共有部分，除法規另有規定外，依區分所有權人按其設置目的及使用性質之約定情形，分別合併，另編建號，單獨登記為各相關區分所有權人共有。

Ⅱ區分所有建物共有部分之登記僅建立標示部及加附區分所有建物共有部分附表，其建號、總面積及權利範圍，應於各專有部分之建物所有權狀中記明之，不另發給所有權狀。

第 82 條　（刪除）

第 83 條　（應記明基地權利種類及範圍）

Ⅰ區分所有權人申請建物所有權第一次登記時，除依第七十九條規定，提出相關文件外，並應於申請書適當欄記明基地權利種類及範圍。

Ⅱ登記機關受理前項登記時，應於建物登記簿標示部適當欄記明基地權利種類及範圍。

第 84 條　（準用規定㈡）

建物所有權第一次登記，除本節規定者外，準用土地總登記程序。

第五章　標示變更登記

第 85 條　（標示變更登記）

土地總登記後，因分割、合併、增減及其他標示之變更，應為標示變更登記。

第 86 條　（部分合併應先分割）

一宗土地之部分合併於他土地時，應先行申請辦理分割。

第 87 條　（設定他項權利之分割登記）

一宗土地之部分已設定地上權、永佃權、不動產役權、典權或農育權者，於辦理分割登記時，應先由土地所有權人會同他項權利人申請勘測確定權利範圍及位置後為之。但設定時已有勘測位置圖且不涉及權利位置變更者，不在此限。

第 88 條　（不同所有權人之合併）

I 二宗以上所有權人不同之土地辦理合併時，各所有權人之權利範圍依其協議定之。

II 設定有地上權、永佃權、不動產役權、典權、耕作權或農育權之土地合併時，應先由土地所有權人會同他項權利人申請他項權利位置圖勘測。但設定時已有勘測位置圖且不涉及權利位置變更者，不在此限。

III 前項他項權利於土地合併後仍存在於合併前原位置之上，不因合併而受影響。

IV 設定有抵押權之土地合併時，該抵押權之權利範圍依土地所有權人與抵押權人之協議定之。

第 89 條　（基地號變更之登記）

I 申請建物基地分割或合併登記，涉及基地號變更者，應同時申請基地號變更登記。建物與基地所有權人不同時，得由基地所有權人代為申請或由登記機關查明後逕為辦理變更登記。

II 前項登記，除建物所有權人申請登記者外，登記機關於登記完畢後，應通知建物所有權人換發或加註建物所有權狀。

第 90 條　（分割、合併登記之通知）

設定有他項權利之土地申請分割或合併登記，於登記完畢後，應通知他項權利人換發或加註他項權利證明書。

第 91 條　（土地重劃變更登記）

I 因土地重劃辦理權利變更登記時，應依據地籍測量結果釐正後之重劃土地分配清冊重造土地登記簿辦理登記。

II 土地重劃前已辦竣登記之他項權利，於重劃後繼續存在者，應按原登記先後及登記事項轉載於重劃後分配土地之他項權利部，並通知他項權利人。

III 重劃土地上已登記之建物未予拆除者，應逕為辦理基地號變更登記。

第 92 條　（地籍圖重測之登記）

I 因地籍圖重測確定，辦理變更登記時，應依據重測結果清冊重造土地登記簿辦理登記。

II 建物因基地重測標示變更者，應逕為辦理基地號變更登記。

III 重測前已設定他項權利者，應於登記完畢後通知他項權利人。

第六章　所有權變更登記

第 93 條　（變更登記）

土地總登記後，土地所有權移轉、分割、合併、增減或消滅時，應為變更登記。

第 94 條　（共有部分不得分割）

區分所有建物之共有部分，除法令另有規定外，應隨同各相關專有部分及其基地權利為移轉、設定或限制登記。

第 95 條　（部分共有人之登記）

I 部分共有人就共有土地全部為處分、變更及設定地上權、農育權、不動產役權或典權申請登記時，登記申請書及契約書內，應列明全體共有人，及於登記申請書備註欄記明依土地法第三十四條之一第一項至第三項規定辦理。並提出已為書面通知或公告之證明文件，及他共有人應得對價

或補償已受領或已提存之證明文件。

II.依前項申請登記時，契約書及登記申請書上無須他共有人簽名或蓋章。

第 96 條　（基地共有人及基地權利應有部分之定義）

區分所有建物，數人共有一專有部分，部分共有人依土地法第三十四條之一規定就該專有部分連同其基地權利之應有部分為處分、變更或設定負擔時，其基地共有人，指該專有部分之全體共有人；其基地權利之應有部分，指該專有部分之全體共有人所持有之基地權利應有部分。

第 97 條　（優先購買權）

I.申請土地權利移轉登記時，依民法物權編施行法第八條之五第三項、第五項、土地法第三十四條之一第四項、農地重劃條例第五條第二款、第三款或文化資產保存法第三十二條規定之優先購買權人已放棄優先購買權者，應附具出賣人之切結書，或於登記申請書適當欄記明優先購買權人確已放棄其優先購買權，如有不實，出賣人願負法律責任字樣。

II.依民法第四百二十六條之二、第九百十九條、土地法第一百零四條、第一百零七條、耕地三七五減租條例第十五條或農地重劃條例第五條第一款規定，優先購買權人放棄或視為放棄其優先購買權者，申請人應檢附優先購買權人放棄優先購買權之證明文件；或出賣人已通知優先購買權人之證件並切結優先購買權人接到出賣通知後逾期不表示優先購買，如有不實，願負法律責任字樣。

III.依前二項規定申請之登記，於登記完畢前，優先購買權人以書面提出異議並能證明確於期限內表示願以同樣條件優先購買或出賣人未依通知或公告之條件出賣者，登記機關應駁回其登記之申請。

第 98 條　（不適用優先購買權）

土地法第三十四條之一第四項規定，於區分所有建物之專有部分連同其基地應有部分之所有權一併移轉與同一人所有之情形，不適用之。

第 99 條　（徵收、照價收買之登記）

因徵收或照價收買取得土地權利者，直轄市、縣（市）地政機關應於補償完竣後一個月內，檢附土地清冊及已收受之權利書狀，囑託登記機關為所有權登記，或他項權利之塗銷或變更登記。

第 100 條　（判決分割之登記）

依據法院判決申請共有物分割登記者，部分共有人得提出法院確定判決書及其他應附書件，單獨為全體共有人申請分割登記，登記機關於登記完畢後，應通知他共有人。其所有權狀應俟登記規費繳納完畢後再行繕發。

第 100 條之 1　（申請抵押權登記）

I.依民法第八百二十四條第三項規定申請共有物分割登記時，共有人中有應受金錢補償者，申請人應就其補償金額，對於補償義務人所分得之土地，同時為應受補償之共有人申請抵押權登記。但申請人提出應受補償之共有人已受領或為其提存之證明文件者，不在此限。

II.前項抵押權次序優先於第一百零七條第一項但書之抵押權；登記機關於登記完畢後，應將登記結果通知各次序抵押權人及補償義務人。

第 101 條　（刪除）

第 102 條　（登記義務人或權利人死亡之處理）

I.土地權利移轉、設定，依法須申報土地移轉現值者，於申報土地移轉現值後，如登記義務人於申請登記前死亡時，得僅由權利人敘明理由並提出第三十四條規定之文件，單獨申請登記。

II.登記權利人死亡時，得由其繼承人為權利人，敘明理由提出契約書及其他有關證件會同義務人申請登記。

III.前二項規定於土地權利移轉、設定或權利內容變更，依法無須申報土地移轉現值，經訂立書面契約，依法公證或申報契稅、贈與稅者，準用之。

第 103 條 （破產財團之登記）

破產管理人就破產財團所屬土地申請權利變更登記時，除依第三十四條規定辦理外，應提出破產管理人、監查人之資格證明文件與監查人之同意書或法院之證明文件。

第 104 條 （法人或寺廟之登記）

I.法人或寺廟在未完成法人設立登記或寺廟登記前，取得土地所有權或他項權利者，得提出協議書，以其籌備人公推之代表人名義申請登記。其代表人應表明分及承受原因。

II.登記機關為前項之登記，應於登記簿所有權部或他項權利部其他登記事項欄註記取得權利之法人或寺廟籌備處名稱。

III.第一項之協議書，應記明於登記完畢後，法人或寺廟未核准設立或登記者，其土地依下列方式之一處理：

　　一　申請更名登記為已登記之代表人所有。

　　二　申請更名登記為籌備人全體共有。

IV.第一項之法人或寺廟在未完成法人設立登記或寺廟登記前，其代表人變更者，已依第一項辦理登記之土地，應由該法人或寺廟籌備人之全體出具新協議書，辦理更名登記。

第 105 條 （共有物分割之登記）

共有物分割應先申請標示變更登記，再申辦所有權分割登記。但無須辦理標示變更登記者，不在此限。

第 106 條 （共有土地之分割）

數宗共有土地併同辦理共有物分割者，不以同一地段、同一登記機關為限。

第 107 條 （部分設定抵押權之登記）

I.分別共有土地，部分共有人就應有部分設定抵押權者，於辦理共有物分割登記時，該抵押權按原應有部分轉載於分割後各宗土地之上。但有下列情形之一者，該抵押權僅轉載於原設定人分割後取得之土地上：

　　一　抵押權人同意分割。

　　二　抵押權人已參加共有物分割訴訟。

　　三　抵押權人經共有人告知訴訟而未參加。

II.前項但書情形，原設定人於分割後未取得土地者，申請人於申請共有物分割登記時，應同時申請該抵押權之塗銷登記。登記機關於登記完畢後，應將登記結果通知該抵押權人。

第七章　他項權利登記

第 108 條 （部分設定應附位置圖）

I.於一宗土地內就其特定部分申請設定地上權、不動產役權、典權或農育權登記時，應提出位置圖。

II.因主張時效完成，申請地上權、不動產役權或農育權登記時，應提出占有範圍位置圖。

III.前二項位置圖應先向該管登記機關申請土地複丈。

第 108 條之 1 （地上權或農育權設定登記）

I.申請地上權或農育權設定登記時，登記機關應於登記簿記明設定之目的及範圍；並依約定記明下列事項：

　　一　存續期間。

　　二　地租及其預付情形。

　　三　權利價值。

　　四　使用方法。

　　五　讓與或設定抵押權之限制。

II.前項登記，除第五款外，於不動產役權設定登記時準用之。

第 108 條之 2 （不動產役權設定登記（一））

I.不動產役權設定登記得由需役不動產之所有權人、地上權人、永佃權人、典權人、農育權人、耕作權人或承租人會同供役不動產所有權人申請之。申請登記權利人為需役不動產承租人者，應檢附租賃關係證明文件。

II.前項以地上權、永佃權、典權、農育權、

耕作權或租賃關係使用需役不動產而設定不動產役權者，其不動產役權存續期間，不得逾原使用需役不動產權利之期限。

III.第一項使用需役不動產之物權申請塗銷登記時，應同時申請其供役不動產上之不動產役權塗銷登記。

第 109 條　（不動產役權設定登記（二））

I.不動產役權設定登記時，應於供役不動產登記簿之他項權利部辦理登記，並於其他登記事項欄註明需役不動產之地、建號及使用需役不動產之權利關係；同時於需役不動產登記簿之標示部其他登記事項欄記明供役不動產之地、建號。

II.前項登記，需役不動產屬於他登記機關管轄者，供役不動產所在地之登記機關應於登記完畢後，通知他登記機關辦理登記。

第 109 條之 1　（典權設定登記）

申請典權設定登記時，登記機關應於登記簿記明其設定之範圍及典價；並依約定記明下列事項：

一　存續期間。
二　絕賣條款。
三　典物轉典或出租之限制。

第 110 條　（刪除）

第 111 條　（非債務人之抵押權設定登記）

申請為抵押權設定之登記，其抵押人非債務人時，契約書及登記申請書應經債務人簽名或蓋章。

第 111 條之 1　（登記簿應記明事項）

申請普通抵押權設定登記時，登記機關應於登記簿記明擔保債權之金額、種類及範圍；契約書訂有利息、遲延利息之利率、違約金或其他擔保範圍之約定者，登記機關亦應於登記簿記明之。

第 112 條　（共同擔保）

以不屬同一登記機關管轄之數宗土地權利為共同擔保設定抵押權時，除第三條第三項及第四項另有規定外，應訂立契約分別向土地所在地之登記機關申請登記。

第 113 條　（加設擔保）

抵押權設定登記後，另增加一宗或數宗土地權利共同為擔保時，應就增加部分辦理抵押權設定登記，並就原設定部分辦理抵押權內容變更登記。

第 114 條　（共同擔保之塗銷或變更）

以數宗土地權利為共同擔保，經設定抵押權登記後，就其中一宗或數宗土地權利，為抵押權之塗銷或變更時，應辦理抵押權部分塗銷及抵押權內容變更登記。

第 114 條之 1　（共同擔保之抵押權登記）

I.以數宗土地權利為共同擔保，申請設定抵押權登記時，已限定各宗土地權利應負擔之債權金額者，登記機關應於登記簿記明之；於設定登記後，另為約定或變更限定債權金額申請權利內容變更登記者，亦同。

II.前項經變更之土地權利應負擔債權金額增加者，應經後次序他項權利人及後次序抵押權之共同抵押人同意。

第 114 條之 2　（共同擔保之抵押權分割登記）

以一宗或數宗土地權利為擔保之抵押權，因擔保債權分割而申請抵押權分割登記，應由抵押權人會同抵押人及債務人申請之。

第 115 條　（抵押權之順序）

I.同一土地權利設定數個抵押權登記後，其中一抵押權因債權讓與為變更登記時，原登記之權利先後，不得變更。

II.抵押權因增加擔保債權金額申請登記時，除經後次序他項權利人及後次序抵押權之共同抵押人同意辦理抵押權內容變更登記外，應就其增加金額部分另行辦理設定登記。

第 115 條之 1 （最高限額抵押權登記簿應載明事項）

I.申請最高限額抵押權設定登記時，登記機關應於登記簿記明契約書所載之擔保債權範圍。

II.前項申請登記時，契約書訂有原債權確定期日之約定者，登記機關應於登記簿記明之；於設定登記後，另為約定或於確定期日前變更約定申請權利內容變更登記者，亦同。

III.前項確定期日之約定，自抵押權設定時起，不得逾三十年。其因變更約定而申請權利內容變更登記者，自變更之日起，亦不得逾三十年。

第 115 條之 2 （抵押權變更登記）

I.最高限額抵押權因原債權確定事由發生而申請變更為普通抵押權時，抵押人應會同抵押權人及債務人就結算實際發生之債權額申請為權利內容變更登記。

II.前項申請登記之債權額，不得逾原登記最高限額之金額。

第 116 條 （變更次序之登記㈠）

I.同一標的之抵押權因次序變更申請權利變更登記，應符合下列各款規定：

一　因次序變更致先次序抵押權擔保債權金額增加時，其有中間次序之他項權利存在者，應經中間次序之他項權利人同意。

二　次序變更之先次序抵押權已有民法第八百七十條之一規定之次序讓與或拋棄登記者，應經該次序受讓或受次序拋棄利益之抵押權人同意。

II.前項登記，應由次序變更之抵押權人會同申請；申請登記時，申請人並應於登記申請書適當欄記明確已通知債務人、抵押人及共同抵押人，並簽名。

第 116 條之 1 （變更次序之登記㈡）

I.同一標的之普通抵押權，因次序讓與申請權利內容變更登記者，應由受讓人會同讓與人申請；因次序拋棄申請權利內容變更登記者，得由拋棄人單獨申請之。

II.前項申請登記，申請人應提出第三十四條及第四十條規定之文件，並提出已通知債務人、抵押人及共同抵押人之證明文件。

第 117 條 （法定抵押權之登記）

I.承攬人依民法第五百十三條規定申請為抵押權登記或預為抵押權登記，除應提出第三十四條及第四十條規定之文件外，並應提出建築執照或其他建築許可文件，會同定作人申請之。但承攬契約經公證者，承攬人得單獨申請登記，登記機關於登記完畢後，應將登記結果通知定作人。

II.承攬人就尚未完成之建物，申請預為抵押權登記時，登記機關應即暫編建號，編造建物登記簿，於標示部其他登記事項欄辦理登記。

第 117 條之 1 （變更內容之登記）

I.申請抵押權設定登記時，契約書訂有於債權已屆清償期而未為清償時，抵押物之所有權移屬於抵押權人之約定者，登記機關應於登記簿記明之；於設定登記後，另為約定或變更約定申請權利內容變更登記者，亦同。

II.抵押權人依前項約定申請抵押物所有權移轉登記時，應提出第三十四條及第四十條規定之文件，並提出擔保債權已屆清償期之證明，會同抵押人申請之。

III.前項申請登記，申請人應於登記申請書適當欄記明確依民法第八百七十三條之一第二項規定辦理，並簽名。

第 117 條之 2 （質權人代位申請登記）

I.質權人依民法第九百零六條之一第一項規定代位申請土地權利設定或移轉登記於出質人時，應提出第三十四條、第四十條規定之文件及質權契約書，會同債務人申請之。

II.前項登記申請時，質權人應於登記申請書適當欄記明確已通知出質人並簽名，同時對出質人取得之該土地權利一併申請抵押權登記。

III.前二項登記，登記機關於登記完畢後，應將登記結果通知出質人。

第 118 條　（時效取得登記）

I.土地總登記後，因主張時效完成申請地上權登記時，應提出以行使地上權意思而占有之證明文件及占有土地四鄰證明或其他足資證明開始占有至申請登記時繼續占有事實之文件。

II.前項登記之申請，經登記機關審查證明無誤應即公告。

III.公告期間為三十日，並同時通知土地所有權人。

IV.土地所有權人在前項公告期間內，如有異議，依土地法第五十九條第二項規定處理。

V.前四項規定，於因主張時效完成申請不動產役權、農育權登記時準用之。

第八章　繼承登記

第 119 條　（申請繼承登記應提出之文件）

I.申請繼承登記，除提出第三十四條第一項第一款及第三款之文件外，並應提出下列文件：

一　載有被繼承人死亡記事之戶籍謄本。

二　繼承人現在戶籍謄本。

三　繼承系統表。

四　遺產稅繳（免）納證明書或其他有關證明文件。

五　繼承人如有拋棄繼承，應依下列規定辦理：

㈠繼承開始時在中華民國七十四年六月四日以前者，應檢附拋棄繼承權有關文件；其向其他繼承人表示拋棄者，拋棄人應親自到場在拋棄書內簽名。

㈡繼承開始時在中華民國七十四年六月五日以後者，應檢附法院准予備查之證明文件。

六　其他依法律或中央地政機關規定應提出之文件。

II.前項第二款之繼承人現在戶籍謄本，於部分繼承人申請登記為全體繼承人公同共有時，未能會同之繼承人得以設籍於國內之戶籍謄本及敘明未能檢附之理由書代之。

III.第一項第一款、第二款之戶籍謄本，能以電腦處理達成查詢者，得免提出。

IV.第一項第三款之繼承系統表，由申請人依民法有關規定自行訂定，註明如有遺漏或錯誤致他人受損害者，申請人願負法律責任，並簽名。

V.因法院確定判決申請繼承登記者，得不提出第一項第一款 、 第三款及第五款之文件。

第 120 條　（部分繼承人之申請登記）

I.繼承人為二人以上，部分繼承人因故不能會同其他繼承人共同申請繼承登記時，得由其中一人或數人為全體繼承人之利益，就被繼承人之土地，申請為公同共有之登記。其經繼承人全體同意者，得申請為分別共有之登記。

II.登記機關於登記完畢後，應將登記結果通知他繼承人。

第 121 條　（胎兒登記繼承）

I.胎兒為繼承人時，應由其母以胎兒名義申請登記，俟其出生辦理戶籍登記後，再行辦理更名登記。

II.前項胎兒以將來非死產者為限。如將來為死產者，其經登記之權利，溯及繼承開始時消滅 ， 由其他繼承人共同申請更正登記。

第 122 條　（遺產管理人之登記）

遺產管理人就其所管理之土地申請遺產管理人登記時，除法律另有規定外，應提出親屬會議選定或經法院選任之證明文件。

第 122 條之 1　（刪除）

第 123 條　（遺贈之登記）

I.受遺贈人申辦遺贈之土地所有權移轉登記，應由繼承人先辦繼承登記後，由繼承人會同受遺贈人申請之；如遺囑另指定有遺囑執行人時，應於辦畢遺囑執行人及繼承登記後，由遺囑執行人會同受遺贈人申請之。

II.前項情形，於繼承人有無不明時，仍應於辦畢遺產管理人登記後，由遺產管理人會同受遺贈人申請之。

第九章　土地權利信託登記

第 124 條　（土地權利信託登記之定義）
本規則所稱土地權利信託登記（以下簡稱信託登記），係指土地權利依信託法辦理信託而為變更之登記。

第 125 條　（信託登記之方式㈠）
信託以契約為之者，信託登記應由委託人與受託人會同申請之。

第 126 條　（信託登記之方式㈡）
I.信託以遺囑為之者，信託登記應由繼承人辦理繼承登記後，會同受託人申請之；如遺囑另指定遺囑執行人時，應於辦畢遺囑執行人及繼承登記後，由遺囑執行人會同受託人申請之。
II.前項情形，於繼承人有無不明時，仍應於辦畢遺產管理人登記後，由遺產管理人會同受託人申請之。

第 127 條　（信託財產之移轉登記）
受託人依信託法第九條第二項取得土地權利，申請登記時，應檢附信託關係證明文件，並於登記申請書適當欄內載明該取得財產為信託財產及委託人身分資料。登記機關辦理登記時，應依第一百三十條至第一百三十二條規定辦理。

第 128 條　（塗銷信託或信託歸屬登記）
I.信託財產依第一百二十五條辦理信託登記後，於信託關係消滅時，應由信託法第六十五條規定之權利人會同受託人申請塗銷信託或信託歸屬登記。
II.前項登記，受託人未能會同申請時，得由權利人提出足資證明信託關係消滅之文件單獨申請。未能提出權利書狀時，得檢附切結書或於土地登記申請書敘明未能提出之事由，原權利書狀於登記完畢後公告註銷。

第 129 條　（受託人變更登記）
I.信託財產因受託人變更，應由新受託人會同委託人申請受託人變更登記。
II.前項登記，委託人未能或無須會同申請時，得由新受託人提出足資證明文件單獨申請之。未能提出權利書狀時，準用前條第二項規定。

第 130 條　（信託登記事項之登載）
I.信託登記，除應於登記簿所有權部或他項權利部登載外，並於其他登記事項欄記明信託財產、委託人姓名或名稱，信託內容詳信託專簿。
II.前項其他登記事項欄記載事項，於辦理受託人變更登記時，登記機關應予轉載。

第 131 條　（記明信託財產）
信託登記完畢，發給土地或建物所有權狀或他項權利證明書時，應於書狀記明信託財產，信託內容詳信託專簿。

第 132 條　（信託專簿）
I.土地權利經登記機關辦理信託登記後，應就其信託契約或遺囑複印裝訂成信託簿，提供閱覽或申請複印，其提供資料內容及申請人資格、閱覽費或複印工本費之收取，準用第二十四條之一及土地法第七十九條之二規定。
II.信託專簿，應自塗銷信託登記或信託歸屬登記之日起保存十五年。

第 133 條　（信託內容變更登記）
I.信託內容有變更，而不涉及土地權利變更登記者，委託人應會同受託人檢附變更後之信託內容變更文件，以登記申請書向登記機關提出申請。
II.登記機關於受理前項申請後，應依信託內容變更文件，將收件號、異動內容及異動年月日於土地登記簿其他登記事項欄註明，並將登記申請書件複印併入信託專簿。

第 133 條之 1　（信託登記應檢附文件）
I.申請人依不動產證券化條例或金融資產

證券化條例規定申請信託登記時，為資產信託者，應檢附主管機關核准或申報生效文件及信託關係證明文件；登記機關辦理登記時，應於登記簿其他登記事項欄記明委託人姓名或名稱。

II.前項信託登記，為投資信託者，應檢附主管機關核准或申報生效文件，無須檢附信託關係證明文件；登記機關辦理登記時，應於登記簿其他登記事項欄記明該財產屬不動產投資信託基金信託財產。

III.依前項規定辦理信託登記後，於信託關係消滅、信託內容變更時，不適用第一百二十八條、第一百三十三條規定。

第十章　更正登記及限制登記

第 134 條　（刪除）

第 135 條　（刪除）

第 136 條　（限制登記之定義）
I.土地法第七十八條第八款所稱限制登記，謂限制登記名義人處分其土地權利所為之登記。

II.前項限制登記，包括預告登記、查封、假扣押、假處分或破產登記，及其他依法律所為禁止處分之登記。

第 137 條　（預告登記之申請）
I.申請預告登記，除提出第三十四條各款規定之文件外，應提出登記名義人同意書。

II.前項登記名義人除符合第四十一條第二款、第四款至第八款、第十款、第十五款及第十六款規定之情形者外，應親自到場，並依第四十條規定程序辦理。

第 138 條　（囑託登記）
I.土地總登記後，法院或行政執行分署囑託登記機關辦理查封、假扣押、假處分、暫時處分、破產登記或因法院裁定而為清算登記時，應於囑託書內記明登記之標的物標示及其事由。登記機關接獲法院或行政執行分署之囑託時，應即辦理，不受收件先後順序之限制。

II.登記標的物如已由登記名義人申請移轉或設定登記而尚未登記完畢者，應即改辦查封、假扣押、假處分、暫時處分、破產或清算登記，並通知登記申請人。

III.登記標的物如已由登記名義人申請移轉與第三人並已登記完畢者，登記機關應即將無從辦理之事實函復法院或行政執行分署。但法院或行政執行分署因債權人行使抵押權拍賣抵押物，而囑託辦理查封登記，縱其登記標的物已移轉登記與第三人，仍應辦理查封登記，並通知該第三人及將移轉登記之事實函復法院或行政執行分署。

IV.前三項之規定，於其他機關依法律規定囑託登記機關為禁止處分之登記，或管理人持法院裁定申請為清算之登記時，準用之。

第 139 條　（未登記建物之查封等）
I.法院或行政執行分署囑託登記機關，就已登記土地上之未登記建物辦理查封、假扣押、假處分、暫時處分、破產登記或因法院裁定而為清算登記時，應於囑託書內另記明登記之確定標示以法院或行政執行分署人員指定勘測結果為準繪製。

II.前項建物，由法院或行政執行分署派員定期會同登記機關人員勘測。勘測費，由法院或行政執行分署命債權人於勘測前向登記機關繳納。

III.登記機關勘測建物完畢後，應即編列建號，編造建物登記簿，於標示部其他登記事項欄辦理查封、假扣押、假處分、暫時處分、破產或清算登記。並將該建物登記簿與平面圖及位置圖之影本函送法院或行政執行分署。

IV.前三項之規定，於管理人持法院裁定申請為清算之登記時，準用之。

第 140 條　（重複登記之不受理）
同一土地經辦理查封、假扣押或假處分登記後，法院或行政執行分署再囑託為查封、假扣押或假處分登記時，登記機關應

不予受理，並復知法院或行政執行分署已辦理登記之日期及案號。

第141條　（查封登記等之效力）

I.土地經辦理查封、假扣押、假處分、暫時處分、破產登記或因法院裁定而為清算登記後，未為塗銷前，登記機關應停止與其權利有關之新登記。但有下列情形之一為登記者，不在此限：

一　徵收、區段徵收或照價收買。
二　依法院確定判決申請移轉、設定或塗銷登記之權利人為原假處分登記之債權人。
三　公同共有繼承。
四　其他無礙禁止處分之登記。

II.有前項第二款情形者，應檢具法院民事執行處或行政執行分署核發查無其他債權人併案查封或調卷拍賣之證明書件。

第142條　（查封等與禁止處分之登記）

有下列情形之一者，登記機關應予登記，並將該項登記之事由分別通知有關機關：

一　土地經法院或行政執行分署囑託查封、假扣押、假處分、暫時處分、破產登記或因法院裁定而為清算登記後，其他機關再依法律囑託禁止處分之登記。
二　土地經其他機關依法律囑託禁止處分登記後，法院或行政執行分署再囑託查封、假扣押、假處分、暫時處分、破產登記或因法院裁定而為清算登記。

第十一章　塗銷登記及消滅登記

第143條　（申請塗銷登記之原因）

I.依本規則登記之土地權利，因權利之拋棄、混同、終止、存續期間屆滿、債務清償、撤銷權之行使或法院之確定判決等，致權利消滅時，應申請塗銷登記。

II.前項因拋棄申請登記時，有以該土地權利為標的物之他項權利者，應檢附該他項權利人之同意書，同時申請他項權利塗銷登記。

III.私有土地所有權之拋棄，登記機關應於辦理塗銷登記後，隨即為國有之登記。

第144條　（偽造證明文件及錯誤登記之塗銷）

I.依本規則登記之土地權利，有下列情形之一者，於第三人取得該土地權利之新登記前，登記機關得於報經直轄市或縣（市）地政機關查明核准後塗銷之：

一　登記證明文件經該主管機關認定係屬偽造。
二　純屬登記機關之疏失而錯誤之登記。

II.前項事實於塗銷登記前，應於土地登記簿其他登記事項欄註明。

第145條　（單獨申請塗銷）

I.他項權利塗銷登記除權利終止外，得由他項權利人、原設定人或其他利害關係人提出第三十四條第一項所列文件，單獨申請之。

II.前項單獨申請登記有下列情形之一者，免附第三十四條第一項第二款、第三款之文件：

一　永佃權或不動產役權因存續期間屆滿申請塗銷登記。
二　以建物以外之其他工作物為目的之地上權，因存續期間屆滿申請塗銷登記。
三　農育權因存續期間屆滿六個月後申請塗銷登記。
四　因需役不動產滅失或原使用需役不動產之物權消滅，申請其不動產役權塗銷登記。

第146條　（預告登記之塗銷）

I.預告登記之塗銷，應提出原預告登記請求權人之同意書。

II.前項請求權人除符合第四十一條第二款、第四款至第八款、第十款、第十五款及第十六款規定之情形者外，應親自到場，並依第四十條規定程序辦理。

III.預告登記之請求權為保全土地權利移轉者，請求權人會同申辦權利移轉登記時，於登記申請書備註欄註明併同辦理塗銷預告登記者，免依前二項規定辦理。

第 147 條　（查封登記等之塗銷）

查封、假扣押、假處分、破產登記或其他禁止處分之登記，應經原囑託登記機關或執行拍賣機關之囑託，始得辦理塗銷登記。但因徵收、區段徵收或照價收買完成後，得由徵收或收買機關囑託登記機關辦理塗銷登記。

第 148 條　（消滅登記及通知）

I.土地滅失時應申請消滅登記；其為需役土地者，應同時申請其供役不動產上之不動產役權塗銷登記。

II.前項土地有他項權利或限制登記者，登記機關應於登記完畢後通知他項權利人、囑託機關或預告登記請求權人。

第十二章　其他登記

第一節　更名登記及管理者變更登記

第 149 條　（變更姓名或名稱）

I.土地權利登記後，權利人之姓名或名稱有變更者，應申請更名登記。設有管理人者，其姓名變更時，亦同。

II.權利人或管理人為自然人，其姓名已經戶政主管機關變更者，登記機關得依申請登記之戶籍資料，就其全部土地權利逕為併案辦理更名登記；登記完畢後，應通知權利人或管理人換發權利書狀。

第 150 條　（法人或寺廟更名）

法人或寺廟於籌備期間取得之土地所有權或他項權利，已以籌備人之代表人名義登記者，其於取得法人資格或寺廟登記後，應申請為更名登記。

第 151 條　（管理機關變更）

公有土地管理機關變更者，應囑託登記機關為管理機關變更登記。

第二節　住址變更登記

第 152 條　（住址變更）

I.登記名義人之住址變更者，應檢附國民身分證影本或戶口名簿影本，申請住址變更登記。如其所載身分證統一編號與登記簿記載不符或登記簿無記載統一編號者，應加附有原登記住址之身分證明文件。

II.登記名義人為法人者，如其登記證明文件所載統一編號與登記簿不符者，應提出其住址變更登記文件。

第 153 條　（逕為變更）

登記名義人住址變更，未申請登記者，登記機關得查明其現在住址，逕為住址變更登記。

第三節　書狀換給及補給登記

第 154 條　（書狀補換）

土地所有權狀或他項權利證明書損壞或滅失，應由登記名義人申請換給或補給。

第 155 條　（申請補給書狀之程序）

I.申請土地所有權狀或他項權利證明書補給時，應由登記名義人敘明其滅失之原因，檢附切結書或其他有關證明文件，經登記機關公告三十日，並通知登記名義人，公告期滿無人提出異議後，登記補給之。

II.前項登記名義人除符合第四十一條第二款、第七款、第八款、第十款、第十五款及第十六款規定之情形者外，應親自到場，並依第四十條規定程序辦理。

第四節　使用管理登記

第 155 條之 1　（申請登記之程序）

I.共有人依民法第八百二十六條之一第一項規定申請登記者，登記機關應於登記簿

標示部其他登記事項欄記明收件年月日字號及共有物使用、管理、分割內容詳共有物使用管理專簿。

II.共有人依民法第八百二十條第一項規定所為管理之決定或法院之裁定，申請前項登記時，應於登記申請書適當欄記明確已通知他共有人並簽名；於登記後，決定或裁定之內容有變更，申請登記時，亦同。

第 155 條之 2 　（使用收益限制之約定事項應記明）

I.區分地上權人與設定之土地上下有使用、收益權利之人，就相互間使用收益限制之約定事項申請記明時，登記機關應於該區分地上權及與其有使用收益限制之物權其他登記事項欄記明收件年月日字號及使用收益限制內容詳土地使用收益限制約定專簿。

II.前項約定經土地所有權人同意者，登記機關並應於土地所有權部其他登記事項欄辦理登記；其登記方式準用前項規定。

第 155 條之 3 　（共有物使用管理專簿）

登記機關依前二條規定辦理登記後，應就其約定、決定或法院裁定之文件複印裝訂成共有物使用管理專簿或土地使用收益限制約定專簿，提供閱覽或申請複印，其提供資料內容及申請人資格、閱覽費或複印工本費之收取，準用第二十四條之一及土地法第七十九條之二規定。

第 155 條之 4 　（申請變更登記）

I.依第一百五十五條之一或第一百五十五條之二規定登記之內容，於登記後有變更或塗銷者，申請人應檢附登記申請書、變更或同意塗銷之文件向登記機關提出申請。

II.前項申請為變更登記者，登記機關應將收件年月日字號、變更事項及變更年月日，於登記簿標示部或該區分地上權及與其有使用收益限制之物權所有權部或他項權利部其他登記事項欄註明；申請為塗銷登記者，應將原登記之註記塗銷。

III.前項登記完畢後，登記機關應將登記申請書件複印併入共有物使用管理專簿或土地使用收益限制約定專簿。

第十三章　附　　則

第 156 條 　（登記書表等之格式及填載須知之訂定）

本規則所需登記書表簿冊圖狀格式及其填載須知，由中央地政機關定之。

第 157 條 　（施行日期）

I.本規則自發布日施行。

II.本規則修正條文施行日期另定之。

公寓大廈管理條例
一百零五年十一月十六日總統令修正公布

①民國八十四年六月二十八日總統令公布
②八十九年四月二十六日總統令修正公布
③九十二年十二月三十一日總統令修正公布
④九十五年一月十八日總統令修正公布
⑤一百零二年五月八日總統令修正公布
⑥一百零五年十一月十六日總統令修正公布第八、
　一八條條文

第一章　總　則

第1條　（立法目的及適用範圍）
Ⅰ.為加強公寓大廈之管理維護，提昇居住品質，特制定本條例。
Ⅱ.本條例未規定者，適用其他法令之規定。

第2條　（主管機關）
本條例所稱主管機關：在中央為內政部；在直轄市為直轄市政府；在縣（市）為縣（市）政府。

第3條　（用辭定義）
本條例用辭定義如下：
一　公寓大廈：指構造上或使用上或在建築執照設計圖樣標有明確界線，得區分為數部分之建築物及其基地。
二　區分所有：指數人區分一建築物而各有其專有部分，並就其共用部分按其應有部分有所有權。
三　專有部分：指公寓大廈之一部分，具有使用上之獨立性，且為區分所有之標的者。
四　共用部分：指公寓大廈專有部分以外之其他部分及不屬專有之附屬建築物，而供共同使用者。
五　約定專用部分：公寓大廈共用部分經約定供特定區分所有權人使用者。
六　約定共用部分：指公寓大廈專有部分經約定供共同使用者。

七　區分所有權人會議：指區分所有權人為共同事務及涉及權利義務之有關事項，召集全體區分所有權人所舉行之會議。
八　住戶：指公寓大廈之區分所有權人、承租人或其他經區分所有權人同意而為專有部分之使用者或業經取得停車空間建築物所有權者。
九　管理委員會：指為執行區分所有權人會議決議事項及公寓大廈管理維護工作，由區分所有權人選任住戶若干人為管理委員所設立之組織。
十　管理負責人：指未成立管理委員會，由區分所有權人推選住戶一人或依第二十八條第三項、第二十九條第六項規定為負責管理公寓大廈事務者。
十一　管理服務人：指由區分所有權人會議決議或管理負責人或管理委員會僱傭或委任而執行建築物管理維護事務之公寓大廈管理服務人員或管理維護公司。
十二　規約：公寓大廈區分所有權人為增進共同利益，確保良好生活環境，經區分所有權人會議決議之共同遵守事項。

第二章　住戶之權利義務

第4條　（專有部分）
Ⅰ.區分所有權人除法律另有限制外，對其專有部分，得自由使用、收益、處分，並排除他人干涉。
Ⅱ.專有部分不得與其所屬建築物共用部分之應有部分及其基地所有權或地上權之應有部分分離而為移轉或設定負擔。

第5條 （專有部分之使用權）

區分所有權人對專有部分之利用，不得有妨害建築物之正常使用及違反區分所有權人共同利益之行為。

第6條 （住戶應遵守事項）

I.住戶應遵守下列事項：
　一　於維護、修繕專有部分、約定專用部分或行使其權利時，不得妨害其他住戶之安寧、安全及衛生。
　二　他住戶因維護、修繕專有部分、約定專用部分或設置管線，必須進入或使用其專有部分或約定專用部分時，不得拒絕。
　三　管理負責人或管理委員會因維護、修繕共用部分或設置管線，必須進入或使用其專有部分或約定專用部分時，不得拒絕。
　四　於維護、修繕專有部分、約定專用部分或設置管線，必須使用共用部分時，應經管理負責人或管理委員會之同意後為之。
　五　其他法令或規約規定事項。
II.前項第二款至第四款之進入或使用，應擇其損害最少之處所及方法為之，並應修復或補償所生損害。
III.住戶違反第一項規定，經協調仍不履行時，住戶、管理負責人或管理委員會得按其性質請求各該主管機關或訴請法院為必要之處置。

第7條 （共用部分不得約定專用之範圍）

公寓大廈共用部分不得獨立使用供做專有部分。其為下列各款者，並不得為約定專用部分：
　一　公寓大廈本身所占之地面。
　二　連通數個專有部分之走廊或樓梯，及其通往室外之通路或門廳；社區內各巷道、防火巷弄。
　三　公寓大廈基礎、主要樑柱、承重牆壁、樓地板及屋頂之構造。
　四　約定專用有違法令使用限制之規定者。

　五　其他有固定使用方法，並屬區分所有權人生活利用上不可或缺之共用部分。

第8條 （公寓大廈外圍使用之限制）

I.公寓大廈周圍上下、外牆面、樓頂平臺及不屬專有部分之防空避難設備，其變更構造、顏色、設置廣告物、鐵鋁窗或其他類似之行為，除應依法令規定辦理外，該公寓大廈規約另有規定或區分所有權人會議已有決議，經向直轄市、縣（市）主管機關完成報備有案者，應受該規約或區分所有權人會議決議之限制。
II.公寓大廈有十二歲以下兒童或六十五歲以上老人之住戶，外牆開口部或陽臺得設置不妨礙逃生且不突出外牆面之防墜設施。防墜設施設置後，設置理由消失且不符前項限制者，區分所有權人應予改善或回復原狀。
III.住戶違反第一項規定，管理負責人或管理委員會應予制止，經制止而不遵從者，應報請主管機關依第四十九條第一項規定處理，該住戶並應於一個月內回復原狀。屆期未回復原狀者，得由管理負責人或管理委員會回復原狀，其費用由該住戶負擔。

第9條 （共用部分之使用權）

I.各區分所有權人按其共有之應有部分比例，對建築物之共用部分及其基地有使用收益之權。但另有約定者從其約定。
II.住戶對共用部分之使用應依其設置目的及通常使用方法為之。但另有約定者從其約定。
III.前二項但書所約定事項，不得違反本條例、區域計畫法、都市計畫法及建築法令之規定。
IV.住戶違反第二項規定，管理負責人或管理委員會應予制止，並得按其性質請求各該主管機關或訴請法院為必要之處置。如有損害並得請求損害賠償。

第10條 （修繕、管理、維護之費用）

I.專有部分、約定專用部分之修繕、管理、維護，由各該區分所有權人或約定專用部

分之使用人為之，並負擔其費用。

II.共用部分、約定共用部分之修繕、管理、維護，由管理負責人或管理委員會為之。其費用由公共基金支付或由區分所有權人按其共有之應有部分比例分擔之。但修繕費係因可歸責於區分所有權人或住戶之事由所致者，由該區分所有權人或住戶負擔。其費用若區分所有權人會議或規約另有規定者，從其規定。

III.前項共用部分、約定共用部分，若涉及公共環境清潔衛生之維持、公共消防滅火器材之維護、公共通道溝渠及相關設施之修繕，其費用政府得視情況予以補助，補助辦法由直轄市、縣（市）政府定之。

第 11 條 （共用部分之拆除、重大修繕或改良）

I.共用部分及其相關設施之拆除、重大修繕或改良，應依區分所有權人會議之決議為之。

II.前項費用，由公共基金支付或由區分所有權人按其共有之應有部分比例分擔。

第 12 條 （專有部分修繕費之負擔）

專有部分之共同壁及樓地板或其內之管線，其維修費用由該共同壁雙方或樓地板上下方之區分所有權人共同負擔。但修繕費係因可歸責於區分所有權人之事由所致者，由該區分所有權人負擔。

第 13 條 （必須重建之法定事由）

公寓大廈之重建，應經全體區分所有權人及基地所有權人、地上權人或典權人之同意。但有下列情形之一者，不在此限：

一　配合都市更新計畫而實施重建者。

二　嚴重毀損、傾頹或朽壞，有危害公共安全之虞者。

三　因地震、水災、風災、火災或其他重大事變，肇致危害公共安全者。

第 14 條 （視為同意重建及重建建照之申請）

I.公寓大廈有前條第二款或第三款所定情形之一，經區分所有權人會議決議重建時，區分所有權人不同意決議又不出讓區

分所有權或同意後不依決議履行其義務者，管理負責人或管理委員會得訴請法院命區分所有權人出讓其區分所有權及其基地所有權應有部分。

II.前項之受讓人視為同意重建。

III.重建之建造執照之申請，其名義以區分所有權人會議之決議為之。

第 15 條 （依使用執照及規約使用之義務）

I.住戶應依使用執照所載用途及規約使用專有部分、約定專用部分，不得擅自變更。

II.住戶違反前項規定，管理負責人或管理委員會應予制止，經制止而不遵從者，報請直轄市、縣（市）主管機關處理，並要求其回復原狀。

第 16 條 （維護公共安全、公共衛生與公共安寧之義務）

I.住戶不得任意棄置垃圾、排放各種污染物、惡臭物質或發生喧囂、振動及其他與此相類之行為。

II.住戶不得於私設通路、防火間隔、防火巷弄、開放空間、退縮空地、樓梯間、共同走廊、防空避難設備等處所堆置雜物、設置柵欄、門扇或營業使用，或違規設置廣告物或私設路障及停車位侵占巷道妨礙出入。但開放空間及退縮空地，在直轄市、縣（市）政府核准範圍內，得依規約或區分所有權人會議決議供營業使用；防空避難設備，得為原核准範圍之使用；其兼作停車空間使用者，得依法供公共收費停車使用。

III.住戶為維護、修繕、裝修或其他類似之工作時，未經申請主管建築機關核准，不得破壞或變更建築物之主要構造。

IV.住戶飼養動物，不得妨礙公共衛生、公共安寧及公共安全。但法令或規約另有禁止飼養之規定時，從其規定。

V.住戶違反前四項規定時，管理負責人或管理委員會應予制止或按規約處理，經制止而不遵從者，得報請直轄市、縣（市）主管機關處理。

公寓大廈管理條例 （第一七～二二條）

第 17 條　（投保公共意外責任保險）

I.住戶於公寓大廈內依法經營餐飲、瓦斯、電焊或其他危險營業或存放有爆炸性或易燃性物品者，應依中央主管機關所定保險金額投保公共意外責任保險。其因此增加其他住戶投保火災保險之保險費者，並應就其差額負補償責任。其投保、補償辦法及保險費率由中央主管機關會同財政部定之。

II.前項投保公共意外責任保險，經催告於七日內仍未辦理者，管理負責人或管理委員會應代為投保；其保險費、差額補償費及其他費用，由該住戶負擔。

第 18 條　（公共基金之設置及來源）

I.公寓大廈應設置公共基金，其來源如下：
一　起造人就公寓大廈領得使用執照一年內之管理維護事項，應按工程造價一定比例或金額提列。
二　區分所有權人依區分所有權人會議決議繳納。
三　本基金之孳息。
四　其他收入。

II.依前項第一款規定提列之公共基金，起造人於該公寓大廈使用執照申請時，應提出繳交各直轄市、縣（市）主管機關公庫代收之證明；於公寓大廈成立管理委員會或推選管理負責人，並完成依第五十七條規定點交共用部分、約定共用部分及其附屬設施設備後向直轄市、縣（市）主管機關報備，由公庫代為撥付。同款所稱比例或金額，由中央主管機關定之。

III.公共基金應設專戶儲存，並由管理負責人或管理委員會負責管理；如經區分所有權人會議決議交付信託者，由管理負責人或管理委員會交付信託。其運用應依區分所有權人會議之決議為之。

IV.第一項及第二項所規定起造人應提列之公共基金，於本條例公布施行前，起造人已取得建造執照者，不適用。

第 19 條　（區分所有權人對公共基金之權利）

區分所有權人對於公共基金之權利應隨區分所有權之移轉而移轉；不得因個人事由為讓與、扣押、抵銷或設定負擔。

第 20 條　（公共基金之公告與移交）

I.管理負責人或管理委員會應定期將公共基金或區分所有權人、住戶應分擔或其他應負擔費用之收支、保管及運用情形公告，並於解職、離職或管理委員會改組時，將公共基金收支情形、會計憑證、會計帳簿、財務報表、印鑑及餘額移交新管理負責人或新管理委員會。

II.管理負責人或管理委員會拒絕前項公告或移交，經催告於七日內仍不公告或移交時，得報請主管機關或訴請法院命其公告或移交。

第 21 條　（積欠公共基金之催討程序）

區分所有權人或住戶積欠應繳納之公共基金或應分擔或其他應負擔之費用已逾二期或達相當金額，經定相當期間催告仍不給付者，管理負責人或管理委員會得訴請法院命其給付應繳之金額及遲延利息。

第 22 條　（強制出讓之要件）

I.住戶有下列情形之一者，由管理負責人或管理委員會促請其改善，於三個月內仍未改善者，管理負責人或管理委員會得依區分所有權人會議之決議，訴請法院強制其遷離：
一　積欠依本條例規定應分擔之費用，經強制執行後再度積欠金額達其區分所有權總價百分之一者。
二　違反本條例規定經依第四十九條第一項第一款至第四款規定處以罰鍰後，仍不改善或續犯者。
三　其他違反法令或規約情節重大者。

II.前項之住戶如為區分所有權人時，管理負責人或管理委員會得依區分所有權人會議之決議，訴請法院命區分所有權人出讓其區分所有權及其基地所有權應有部分；於判決確定後三個月內不自行出讓並完成移轉登記手續者，管理負責人或管理委員會得聲請法院拍賣之。

III.前項拍賣所得，除其他法律另有規定外，

於積欠本條例應分擔之費用，其受償順序與第一順位抵押權同。

第 23 條　（住戶規約之訂定及範圍）

I.有關公寓大廈、基地或附屬設施之管理使用及其他住戶間相互關係，除法令另有規定外，得以規約定之。

II.規約除應載明專有部分及共用部分範圍外，下列各款事項，非經載明於規約者，不生效力：

一　約定專用部分、約定共用部分之範圍及使用主體。

二　各區分所有權人對建築物共用部分及其基地之使用收益權及住戶對共用部分使用之特別約定。

三　禁止住戶飼養動物之特別約定。

四　違反義務之處理方式。

五　財務運作之監督規定。

六　區分所有權人會議決議有出席及同意之區分所有權人人數及其區分所有權比例之特別約定。

七　糾紛之協調程序。

第 24 條　（繼受人之權利義務與無權占有人之義務）

I.區分所有權之繼受人，應於繼受前向管理負責人或管理委員會請求閱覽或影印第三十五條所定文件，並應於繼受後遵守原區分所有權人依本條例或規約所定之一切權利義務事項。

II.公寓大廈專有部分之無權占有人，應遵守依本條例規定住戶應盡之義務。

III.無權占有人違反前項規定，準用第二十一條、第二十二條、第四十七條、第四十九條住戶之規定。

第三章　管理組織

第 25 條　（區分所有權人會議之召集）

I.區分所有權人會議，由全體區分所有權人組成，每年至少應召開定期會議一次。

II.有下列情形之一者，應召開臨時會議：

一　發生重大事故有及時處理之必要，經管理負責人或管理委員會請求者。

二　經區分所有權人五分之一以上及其區分所有權比例合計五分之一以上，以書面載明召集之目的及理由請求召集者。

III.區分所有權人會議除第二十八條規定外，由具區分所有權人身分之管理負責人、管理委員會主任委員或管理委員為召集人；管理負責人、管理委員會主任委員或管理委員喪失區分所有權人資格日起，視同解任。無管理負責人或管理委員會，或無區分所有權人擔任管理負責人、主任委員或管理委員時，由區分所有權人互推一人為召集人；召集人任期依區分所有權人會議或依規約規定，任期一至二年，連選得連任一次。但區分所有權人會議或規約未規定者，任期一年，連選得連任一次。

IV.召集人無法依前項規定互推產生時，各區分所有權人得申請直轄市、縣（市）主管機關指定臨時召集人，區分所有權人不申請指定時，直轄市、縣（市）主管機關得視實際需要指定區分所有權人一人為臨時召集人，或依規約輪流擔任，其任期至互推召集人為止。

第 26 條　（非封閉式公寓大廈規約之訂定）

I.非封閉式之公寓大廈集居社區其地面層為各自獨立之數幢建築物，且區內屬住宅與辦公、商場混合使用，其辦公、商場之出入口各自獨立之公寓大廈，各該幢內之辦公、商場部分，得就該幢或結合他幢內之辦公、商場部分，經其區分所有權人過半數書面同意，及全體區分所有權人會議決議或規約明定下列各款事項後，以該辦公、商場部分召開區分所有權人會議，成立管理委員會，並向直轄市、縣（市）主管機關報備。

一　共用部分、約定共用部分範圍之劃分。

二　共用部分、約定共用部分之修繕、管理、維護範圍及管理維護費用之分擔方式。

三　公共基金之分配。

四　會計憑證、會計帳簿、財務報表、印鑑、餘額及第三十六條第八款規

公寓大廈管理條例

（第二七～三〇條）

定保管文件之移交。

　　五　全體區分所有權人會議與各該辦公、商場部分之區分所有權人會議之分工事宜。

II.第二十條、第二十七條、第二十九條至第三十九條、第四十八條、第四十九條第一項第七款及第五十四條規定，於依前項召開或成立之區分所有權人會議、管理委員會及其主任委員、管理委員準用之。

第 27 條　（區分所有權之計算方式）

I.各專有部分之區分所有權人有一表決權。數人共有一專有部分者，該表決權應推由一人行使。

II.區分所有權人會議之出席人數與表決權之計算，於任一區分所有權人之區分所有權占全部區分所有權五分之一以上者，或任一區分所有權人所有之專有部分之個數超過全部專有部分個數總合之五分之一以上者，其超過部分不予計算。

III.區分所有權人因故無法出席區分所有權人會議時，得以書面委託配偶、有行為能力之直系血親、其他區分所有權人或承租人代理出席；受託人於受託之區分所有權占全部區分所有權五分之一以上者，或以單一區分所有權計算之人數超過區分所有權人數五分之一者，其超過部分不予計算。

第 28 條　（起造人召集會議）

I.公寓大廈建築物所有權登記之區分所有權人達半數以上及其區分所有權比例合計半數以上時，起造人應於三個月內召集區分所有權人召開區分所有權人會議，成立管理委員會或推選管理負責人，並向直轄市、縣（市）主管機關報備。

II.前項起造人為數人時，應互推一人為之。出席區分所有權人之人數或其區分所有權比例合計未達第三十一條規定之定額而未能成立管理委員會時，起造人應就同一議案重新召集會議一次。

III.起造人於召集區分所有權人召開區分所有權人會議成立管理委員會或推選管理負責人前，為公寓大廈之管理負責人。

第 29 條　（管理委員會或管理負責人之設置）

I.公寓大廈應成立管理委員會或推選管理負責人。

II.公寓大廈成立管理委員會者，應由管理委員互推一人為主任委員，主任委員對外代表管理委員會。主任委員、管理委員之選任、解任、權限與其委員人數、召集方式及事務執行方法與代理規定，依區分所有權人會議之決議。但規約另有規定者，從其規定。

III.管理委員、主任委員及管理負責人之任期，依區分所有權人會議或規約之規定，任期一至二年，主任委員、管理負責人、負責財務管理及監察業務之管理委員，連選得連任一次，其餘管理委員，連選得連任。但區分所有權人會議或規約未規定者，任期一年，主任委員、管理負責人、負責財務管理及監察業務之管理委員，連選得連任一次，其餘管理委員，連選得連任。

IV.前項管理委員、主任委員及管理負責人任期屆滿未再選任或有第二十條第二項所定之拒絕移交者，自任期屆滿日起，視同解任。

V.公寓大廈之住戶非該專有部分之區分所有權人者，除區分所有權人會議之決議或規約另有規定外，得被選任、推選為管理委員、主任委員或管理負責人。

VI.公寓大廈未組成管理委員會且未推選管理負責人時，以第二十五條區分所有權人互推之召集人或申請指定之臨時召集人為管理負責人。區分所有權人無法互推召集人或申請指定臨時召集人時，區分所有權人得申請直轄市、縣（市）主管機關指定住戶一人為管理負責人，其任期至成立管理委員會、推選管理負責人或互推召集人為止。

第 30 條　（召開區分所有權人會議之通知）

I.區分所有權人會議，應由召集人於開會前十日以書面載明開會內容，通知各區分所有權人。但有急迫情事須召開臨時會者，

得以公告為之；公告期間不得少於二日。

II.管理委員之選任事項，應在前項開會通知中載明並公告之，不得以臨時動議提出。

第 31 條　（區分所有權人會議之決議方式）

區分所有權人會議之決議，除規約另有規定外，應有區分所有權人三分之二以上及其區分所有權比例合計三分之二以上出席，以出席人數四分之三以上及其區分所有權比例占出席人數區分所有權四分之三以上之同意行之。

第 32 條　（未獲致決議時重新開議之要件）

I.區分所有權人會議依前條規定未獲致決議、出席區分所有權人之人數或其區分所有權比例合計未達前條定額者，召集人得就同一議案重新召集會議；其開議除規約另有規定出席人數外，應有區分所有權人三人並五分之一以上及其區分所有權比例合計五分之一以上出席，以出席人數過半數及其區分所有權比例占出席人數區分所有權合計過半數之同意作成決議。

II.前項決議之會議紀錄依第三十四條第一項規定送達各區分所有權人後，各區分所有權人得於七日內以書面表示反對意見。書面反對意見未超過全體區分所有權人及其區分所有權比例合計半數時，該決議視為成立。

III.第一項會議主席應於會議決議成立後十日內以書面送達全體區分所有權人並公告之。

第 33 條　（區分所有權人會議之決議效力）

區分所有權人會議之決議，未經依下列各款事項辦理者，不生效力：

一　專有部分經依區分所有權人會議約定為約定共用部分者，應經該專有部分區分所有權人同意。

二　公寓大廈外牆面、樓頂平臺，設置廣告物、無線電臺基地臺等類似強波發射設備或其他類似之行為，設

置於屋頂者，應經頂層區分所有權人同意；設置其他樓層者，應經該樓層區分所有權人同意。該層住戶，並得參加區分所有權人會議陳述意見。

三　依第五十六條第一項規定成立之約定專用部分變更時，應經使用該約定專用部分之區分所有權人同意。但該約定專用顯已違反公共利益，經管理委員會或管理負責人訴請法院判決確定者，不在此限。

第 34 條　（會議紀錄之作成、送達與公告）

I.區分所有權人會議應作成會議紀錄，載明開會經過及決議事項，由主席簽名，於會後十五日內送達各區分所有權人並公告之。

II.前項會議紀錄，應與出席區分所有權人之簽名簿及代理出席之委託書一併保存。

第 35 條　（請求閱覽或影印之權利）

利害關係人於必要時，得請求閱覽或影印規約、公共基金餘額、會計憑證、會計帳簿、財務報表、欠繳公共基金與應分攤或其他應負擔費用情形、管理委員會會議紀錄及前條會議紀錄，管理負責人或管理委員會不得拒絕。

第 36 條　（管理委員會之職務範圍）

管理委員會之職務如下：

一　區分所有權人會議決議事項之執行。

二　共有及共用部分之清潔、維護、修繕及一般改良。

三　公寓大廈及其周圍之安全及環境維護事項。

四　住戶共同事務興革事項之建議。

五　住戶違規情事之制止及相關資料之提供。

六　住戶違反第六條第一項規定之協調。

七　收益、公共基金及其他經費之收支、保管及運用。

八　規約、會議紀錄、使用執照謄本、竣工圖說、水電、消防、機械設施、管線圖說、會計憑證、會計帳簿、財務報表、公共安全檢查及消防安全設備檢修之申報文件、印鑑及有關文件之保管。

九　管理服務人之委任、僱傭及監督。

十　會計報告、結算報告及其他管理事項之提出及公告。

十一　共用部分、約定共用部分及其附屬設施設備之點收及保管。

十二　依規定應由管理委員會申報之公共安全檢查與消防安全設備檢修之申報及改善之執行。

十三　其他依本條例或規約所定事項。

第 37 條　（管理委員會會議決議內容）

管理委員會會議決議之內容不得違反本條例、規約或區分所有權人會議決議。

第 38 條　（管理委員會之當事人能力）

Ⅰ.管理委員會有當事人能力。

Ⅱ.管理委員會為原告或被告時，應將訴訟事件要旨速告區分所有權人。

第 39 條　（管理委員會之義務）

管理委員會應向區分所有權人會議負責，並向其報告會務。

第 40 條　（管理負責人之準用規定）

第三十六條、第三十八條及前條規定，於管理負責人準用之。

第四章　管理服務人

第 41 條　（執業許可登記）

公寓大廈管理維護公司應經中央主管機關許可及辦理公司登記，並向中央主管機關申領登記證後，始得執業。

第 42 條　（管理維護事務之執行）

公寓大廈管理委員會、管理負責人或區分所有權人會議，得委任或僱傭領有中央主管機關核發之登記證或認可證之公寓大廈管理維護公司或管理服務人員執行管理維護事務。

第 43 條　（管理維護公司執行業務規定）

公寓大廈管理維護公司，應依下列規定執行業務：

一　應依規定類別，聘僱一定人數領有中央主管機關核發認可證之繼續性從業之管理服務人員，並負監督考核之責。

二　應指派前款之管理服務人員辦理管理維護事務。

三　應依業務執行規範執行業務。

第 44 條　（受僱之管理服務人員執行業務規定）

受僱於公寓大廈管理維護公司之管理服務人員，應依下列規定執行業務：

一　應依核准業務類別、項目執行管理維護事務。

二　不得將管理服務人員認可證提供他人使用或使用他人之認可證執業。

三　不得同時受聘於二家以上之管理維護公司。

四　應參加中央主管機關舉辦或委託之相關機構、團體辦理之訓練。

第 45 條　（其他管理服務人員執行業務規定）

前條以外之公寓大廈管理服務人員，應依下列規定執行業務：

一　應依核准業務類別、項目執行管理維護事務。

二　不得將管理服務人員認可證提供他人使用或使用他人之認可證執業。

三　應參加中央主管機關舉辦或委託之相關機構、團體辦理之訓練。

第 46 條　（管理辦法之訂定）

第四十一條至前條公寓大廈管理維護公司及管理服務人員之資格、條件、管理維護公司聘僱管理服務人員之類別與一定

人數、登記證與認可證之申請與核發、業務範圍、業務執行規範、責任、輔導、獎勵、參加訓練之方式、內容與時數、受委託辦理訓練之機構、團體之資格、條件與責任及登記費之收費基準等事項之管理辦法，由中央主管機關定之。

第五章　罰　則

第 47 條　　（罰則㈠）

有下列行為之一者，由直轄市、縣（市）主管機關處新臺幣三千元以上一萬五千元以下罰鍰，並得令其限期改善或履行義務、職務；屆期不改善或不履行者，得連續處罰：

一　區分所有權人會議召集人、起造人或臨時召集人違反第二十五條或第二十八條所定之召集義務者。

二　住戶違反第十六條第一項或第四項規定者。

三　區分所有權人或住戶違反第六條規定，主管機關受理住戶、管理負責人或管理委員會之請求，經通知限期改善，屆期不改善者。

第 48 條　　（罰則㈡）

有下列行為之一者，由直轄市、縣（市）主管機關處新臺幣一千元以上五千元以下罰鍰，並得令其限期改善或履行義務、職務；屆期不改善或不履行者，得連續處罰：

一　管理負責人、主任委員或管理委員未善盡督促第十七條所定住戶投保責任保險之義務者。

二　管理負責人、主任委員或管理委員無正當理由未執行第二十二條所定促請改善或訴請法院強制遷離或強制出讓該區分所有權之職務者。

三　管理負責人、主任委員或管理委員無正當理由違反第三十五條規定者。

四　管理負責人、主任委員或管理委員無正當理由未執行第三十六條第

一款、第五款至第十二款所定之職務，顯然影響住戶權益者。

第 49 條　　（罰則㈢）

Ⅰ.有下列行為之一者，由直轄市、縣（市）主管機關處新臺幣四萬元以上二十萬元以下罰鍰，並得令其限期改善或履行義務；屆期不改善或不履行者，得連續處罰：

一　區分所有權人對專有部分之利用違反第五條規定者。

二　住戶違反第八條第一項或第九條第二項關於公寓大廈變更使用限制規定，經制止而不遵從者。

三　住戶違反第十五條第一項規定擅自變更專有或約定專用之使用者。

四　住戶違反第十六條第二項或第三項規定者。

五　住戶違反第十七條所定投保責任保險之義務者。

六　區分所有權人違反第十八條第一項第二款規定未繳納公共基金者。

七　管理負責人、主任委員或管理委員違反第二十條所定之公告或移交義務者。

八　起造人或建築業者違反第五十七條或第五十八條規定者。

Ⅱ.有供營業使用事實之住戶有前項第三款或第四款行為，因而致人於死者，處一年以上七年以下有期徒刑，得併科新臺幣一百萬元以上五百萬元以下罰金；致重傷者，處六個月以上五年以下有期徒刑，得併科新臺幣五十萬元以上二百五十萬元以下罰金。

第 50 條　　（罰則㈣）

從事公寓大廈管理維護業務之管理維護公司或管理服務人員違反第四十二條規定，未經領得登記證、認可證或經廢止登記證、認可證而營業，或接受公寓大廈管理委員會、管理負責人或區分所有權人會議決議之委任或僱傭執行公寓大廈管理維護服務業務者，由直轄市、縣（市）主管機關勒令其停業或停止執行業務，並處

新臺幣四萬元以上二十萬元以下罰鍰；其拒不遵從者，得按次連續處罰。

第 51 條 （罰則㈤）

I.公寓大廈管理維護公司，違反第四十三條規定者，中央主管機關應通知限期改正；屆期不改正者，得予停業、廢止其許可或登記證或處新臺幣三萬元以上十五萬元以下罰鍰；其未依規定向中央主管機關申領登記證者，中央主管機關應廢止其許可。

II.受僱於公寓大廈管理維護公司之管理服務人員，違反第四十四條規定者，中央主管機關應通知限期改正；屆期不改正者，得廢止其認可證或停止其執行公寓大廈管理維護業務三個月以上三年以下或處新臺幣三千元以上一萬五千元以下罰鍰。

III.前項以外之公寓大廈管理服務人員，違反第四十五條規定者，中央主管機關應通知限期改正；屆期不改正者，得廢止其認可證或停止其執行公寓大廈管理維護業務六個月以上三年以下或處新臺幣三千元以上一萬五千元以下罰鍰。

第 52 條 （罰鍰之強制執行）

依本條例所處之罰鍰，經限期繳納，屆期仍不繳納者，依法移送強制執行。

第六章 附 則

第 53 條 （集居地區之管理及組織）

多數各自獨立使用之建築物、公寓大廈，其共同設施之使用與管理具有整體不可分性之集居地區者，其管理及組織準用本條例之規定。

第 54 條 （催告事項）

本條例所定應行催告事項，由管理負責人或管理委員會以書面為之。

第 55 條 （已取得建照公寓大廈管理委員會或管理負責人之設置）

I.本條例施行前已取得建造執照之公寓大廈，其區分所有權人應依第二十五條第四項規定，互推一人為召集人，並召開第一次區分所有權人會議，成立管理委員會或推選管理負責人，並向直轄市、縣（市）主管機關報備。

II.前項公寓大廈於區分所有權人會議訂定規約前，以第六十條規約範本視為規約。但得不受第七條各款不得為約定專用部分之限制。

III.對第一項未成立管理組織並報備之公寓大廈，直轄市、縣（市）主管機關得分期、分區、分類（按樓高或使用之不同等分類）擬定計畫，輔導召開區分所有權人會議成立管理委員會或推選管理負責人，並向直轄市、縣（市）主管機關報備。

第 56 條 （建物所有權登記）

I.公寓大廈之起造人於申請建造執照時，應檢附專有部分、共用部分、約定專用部分、約定共用部分標示之詳細圖說及規約草約。於設計變更時亦同。

II.前項規約草約經承受人簽署同意後，於區分所有權人會議訂定規約前，視為規約。

III.公寓大廈之起造人或區分所有權人應依使用執照所記載之用途及下列測繪規定，辦理建物所有權第一次登記：

　一　獨立建築物所有權之牆壁，以牆之外緣為界。

　二　建築物共用之牆壁，以牆壁之中心為界。

　三　附屬建物以其外緣為界辦理登記。

　四　有隔牆之共用牆壁，依第二款之規定，無隔牆設置者，以使用執照竣工平面圖區分範圍為界，其面積應包括四周牆壁之厚度。

IV.第一項共用部分之圖說，應包括設置管理維護使用空間之詳細位置圖說。

V.本條例中華民國九十二年十二月九日修正施行前，領得使用執照之公寓大廈，得設置一定規模、高度之管理維護使用空間，並不計入建築面積及總樓地板面積；其免計入建築面積及總樓地板面積之一定規模、高度之管理維護使用空間及設置條件等事項之辦法，由直轄市、縣（市）主管機關定之。

第 57 條　（檢測移交）

Ⅰ.起造人應將公寓大廈共用部分、約定共用部分與其附屬設施設備；設施設備使用維護手冊及廠商資料、使用執照謄本、竣工圖說、水電、機械設施、消防及管線圖說，於管理委員會成立或管理負責人推選或指定後七日內會同政府主管機關、公寓大廈管理委員會或管理負責人現場針對水電、機械設施、消防設施及各類管線進行檢測，確認其功能正常無誤後，移交之。

Ⅱ.前項公寓大廈之水電、機械設施、消防設施及各類管線不能通過檢測，或其功能有明顯缺陷者，管理委員會或管理負責人得報請主管機關處理，其歸責起造人者，主管機關命起造人負責修復改善，並於一個月內，起造人再會同管理委員會或管理負責人辦理移交手續。

第 58 條　（銷售及讓售之限制）

Ⅰ.公寓大廈起造人或建築業者，非經領得建造執照，不得辦理銷售。

Ⅱ.公寓大廈之起造人或建築業者，不得將共用部分，包含法定空地、法定停車空間及法定防空避難設備，讓售於特定人或為區分所有權人以外之特定人設定專用使用權或為其他有損害區分所有權人權益之行為。

第 59 條　（舉證報請處理）

區分所有權人會議召集人、臨時召集人、起造人、建築業者、區分所有權人、住戶、管理負責人、主任委員或管理委員有第四十七條、第四十八條或第四十九條各款所定情事之一時，他區分所有權人、利害關係人、管理負責人或管理委員會得列舉事實及提出證據，報直轄市、縣（市）主管機關處理。

第 59 條之 1　（調處委員會之設置）

Ⅰ.直轄市、縣（市）政府為處理有關公寓大廈爭議事件，得聘請資深之專家、學者及建築師、律師，並指定公寓大廈及建築管理主管人員，組設公寓大廈爭議事件調處委員會。

Ⅱ.前項調處委員會之組織，由內政部定之。

第 60 條　（規約範本）

Ⅰ.規約範本，由中央主管機關定之。

Ⅱ.第五十六條規約草約，得依前項規約範本制作。

第 61 條　（委託或委辦處理事項）

第六條、第九條、第十五條、第十六條、第二十條、第二十五條、第二十八條、第二十九條及第五十九條所定主管機關應處理事項，得委託或委辦鄉（鎮、市、區）公所辦理。

第 62 條　（施行細則之訂定）

本條例施行細則，由中央主管機關定之。

第 63 條　（施行日期）

本條例自公布日施行。

公寓大廈管理條例施行細則

九十四年十一月十六日內政部令修正發布

①民國八十五年十月二日內政部令發布
②九十四年十一月十六日內政部令修正發布全文

第1條　（訂定依據）

本細則依公寓大廈管理條例（以下簡稱本條例）第六十二條規定訂定之。

第2條　（區分所有權比例之定義）

Ⅰ.本條例所稱區分所有權比例，指區分所有權人之專有部分依本條例第五十六條第三項測繪之面積與公寓大廈專有部分全部面積總和之比。建築物已完成登記者，依登記機關之記載為準。

Ⅱ.同一區分所有權人有數專有部分者，前項區分所有權比例，應予累計。但於計算區分所有權人會議之比例時，應受本條例第二十七條第二項規定之限制。

第3條　（區分所有權人之人數計算方式）

本條例所定區分所有權人之人數，其計算方式如下：

一　區分所有權已登記者，按其登記人數計算。但數人共有一專有部分者，以一人計。

二　區分所有權未登記者，依本條例第五十六條第一項圖說之標示，每一專有部分以一人計。

第4條　（公寓大廈本身所占地面之定義）

本條例第七條第一款所稱公寓大廈本身所占之地面，指建築物外牆中心線或其代替柱中心線以內之最大水平投影範圍。

第5條　（按工程造價一定比例或金額提列公共基金之計算標準）

Ⅰ.本條例第十八條第一項第一款所定按工程造價一定比例或金額提列公共基金，依下列標準計算之：

一　新臺幣一千萬元以下者為千分之二十。

二　逾新臺幣一千萬元至新臺幣一億元者，超過新臺幣一千萬元部分為千分之十五。

三　逾新臺幣一億元至新臺幣十億元者，超過新臺幣一億元部分為千分之五。

四　逾新臺幣十億元者，超過新臺幣十億元部分為千分之三。

Ⅱ.前項工程造價，指經直轄市、縣（市）主管建築機關核發建造執照載明之工程造價。

Ⅲ.政府興建住宅之公共基金，其他法規有特別規定者，依其規定。

第6條　（區分所有權總價之定義）

本條例第二十二條第一項第一款所稱區分所有權總價，指管理負責人或管理委員會促請該區分所有權人或住戶改善時，建築物之評定標準價格及當期土地公告現值之和。

第7條　（召集人之推選及生效）

Ⅰ.本條例第二十五條第三項所定由區分所有權人互推一人為召集人，除規約另有規定者外，應有區分所有權人二人以上書面推選，經公告十日後生效。

Ⅱ.前項被推選人為數人或公告期間另有他人被推選時，以推選之區分所有權人人數較多者任之；人數相同時，以區分所有權比例合計較多者任之。新被推選人與原被推選人不為同一人時，公告日數應自新被推選人被推選之次日起算。

Ⅲ.前二項之推選人於推選後喪失區分所有權人資格時，除受讓人另為意思表示者外，其所為之推選行為仍為有效。

Ⅳ.區分所有權人推選管理負責人時，準用前三項規定。

第 8 條　（第二十六條所定報備資料）

I.本條例第二十六條第一項、第二十八條第一項及第五十五條第一項所定報備之資料如下：

　一　成立管理委員會或推選管理負責人時之全體區分所有權人名冊及出席區分所有權人名冊。

　二　成立管理委員會或推選管理負責人時之區分所有權人會議會議紀錄或推選書或其他證明文件。

II.直轄市、縣（市）主管機關受理前項報備資料，應予建檔。

第 9 條　（強波發射設備之認定機關）

本條例第三十三條第二款所定無線電臺基地臺等類似強波發射設備，由無線電臺基地臺之目的事業主管機關認定之。

第 10 條　（會計憑證、會計帳簿及財務報表之定義）

本條例第二十六條第一項第四款、第三十五條及第三十六條第八款所稱會計憑證，指證明會計事項之原始憑證；會計帳簿，指日記帳及總分類帳；財務報表，指公共基金之現金收支表及管理維護費之現金收支表及財產目錄、費用及應收未收款明細。

第 11 條　（管理委員會職務之授權執行）

本條例第三十六條所定管理委員會之職務，除第七款至第九款、第十一款及第十二款外，經管理委員會決議或管理負責人以書面授權者，得由管理服務人執行之。但區分所有權人會議或規約另有規定者，從其規定。

第 12 條　（共同設施之使用與管理具有整體不可分性之集居地區）

本條例第五十三條所定其共同設施之使用與管理具有整體不可分性之集居地區，指下列情形之一：

　一　依建築法第十一條規定之一宗建築基地。

　二　依非都市土地使用管制規則及中華民國九十二年三月二十六日修正施行前山坡地開發建築管理辦法申請開發許可範圍內之地區。

　三　其他經直轄市、縣（市）主管機關認定其共同設施之使用與管理具有整體不可分割之地區。

第 13 條　（公告之處所）

本條例所定之公告，應於公寓大廈公告欄內為之；未設公告欄者，應於主要出入口明顯處所為之。

第 14 條　（施行日期）

本細則自發布日施行。

消費者保護法
一百零四年六月十七日總統令修正公布

①民國八十三年一月十一日總統令公布
②九十二年一月二十二日總統令修正公布
③九十四年二月五日總統令修正公布
④一百零四年六月十七日總統令修正公布第二、八、一一之一、一三、一七、第三節節名、一八、一九、二二、二九、三九～四一、四四之一、四五、四五之四、四六、四九、五一、五七、五八、六〇、六二、六四條；刪除第一九之一條；並增訂第一七之一、一九之二、五六之一條條文

第一章　總　則

第 1 條　（立法目的）

I.為保護消費者權益，促進國民消費生活安全，提昇國民消費生活品質，特制定本法。

II.有關消費者之保護，依本法之規定，本法未規定者，適用其他法律。

▲【104 臺上 358】消保法第 1 條第 1 項揭橥「為保護消費者權益，促進國民消費生活之安全，提昇國民消費生活品質，特制定本法」；復於同條第 2 項規定「有關消費者之保護，依本法之規定，本法未規定者，適用其他法律」，**消保法乃屬民法之特別法，並以民法為其補充法**。故消費者或第三人因消費事故死亡時，消保法雖未明定其得依該法第 7 條第 3 項規定，請求企業經營者賠償之主體為何人？及所得請求賠償之範圍？然該條係特殊形態之侵權行為類型，同條第 2 項更明列其保護客體包括生命法益，且於同法第 50 條第 3 項規定，消費者讓與消費者保護團體進行訴訟之損害賠償請求權，包括民法第 194 條、第 195 條第 1 項非財產上之損害，**此依上開同法第 1 條第 2 項補充之規定，自應適用民法第 192 條第 1 項、第 2 項及第 194 條規定，即為被害人支出醫療及增加生活上需要之費用或殯葬費（下稱醫療等費）之人，得請求企業經營者賠償該醫療等費；對被害人享有法定扶養權利之第三人，得請求企業經營者賠償該扶養費；被害人之父、母、子、**女及配偶，得請求企業經營者賠償相當之金額（即慰撫金）。

第 2 條　（名詞定義）

本法所用名詞定義如下：

一　消費者：指以消費為目的而為交易、使用商品或接受服務者。

二　企業經營者：指以設計、生產、製造、輸入、經銷商品或提供服務為營業者。

三　消費關係：指消費者與企業經營者間就商品或服務所發生之法律關係。

四　消費爭議：指消費者與企業經營者間因商品或服務所生之爭議。

五　消費訴訟：指因消費關係而向法院提起之訴訟。

六　消費者保護團體：指以保護消費者為目的而依法設立登記之法人。

七　定型化契約條款：指企業經營者為與多數消費者訂立同類契約之用，所提出預先擬定之契約條款。定型化契約條款不限於書面，其以放映字幕、張貼、牌示、網際網路、或其他方法表示者，亦屬之。

八　個別磋商條款：指契約當事人個別磋商而合意之契約條款。

九　定型化契約：指以企業經營者提出之定型化契約條款作為契約內容之全部或一部而訂立之契約。

十　通訊交易：指企業經營者以廣播、電視、電話、傳真、型錄、報紙、雜誌、網際網路、傳單或其他類似之方法，消費者於未能檢視商品或服務下而與企業經營者所訂立之契約。

十一　訪問交易：指企業經營者未經邀約而與消費者在其住居所、工作場所、公共場所或其他場所所訂立之

　　　　契約。

十二　分期付款：指買賣契約約定消費者
　　　支付頭期款，餘款分期支付，而企
　　　業經營者於收受頭期款時，交付標
　　　的物與消費者之交易型態。

第3條　（政府應實施之措施）

I.政府為達成本法目的，應實施下列措施，
並應就與下列事項有關之法規及其執行
情形，定期檢討、協調、改進之：

一　維護商品或服務之品質與安全衛
　　生。

二　防止商品或服務損害消費者之生
　　命、身體、健康、財產或其他權
　　益。

三　確保商品或服務之標示，符合法令
　　規定。

四　確保商品或服務之廣告，符合法令
　　規定。

五　確保商品或服務之度量衡，符合法
　　令規定。

六　促進商品或服務維持合理價格。

七　促進商品之合理包裝。

八　促進商品或服務之公平交易。

九　扶植、獎助消費者保護團體。

十　協調處理消費爭議。

十一　推行消費者教育。

十二　辦理消費者諮詢服務。

十三　其他依消費生活之發展所必要之
　　　消費者保護措施。

II.政府為達成前項之目的，應制定相關法
律。

第4條　（企業經營者之義務）

企業經營者對於其提供之商品或服務，應
重視消費者之健康與安全，並向消費者說
明商品或服務之使用方法，維護交易之公
平，提供消費者充分與正確之資訊，及實
施其他必要之消費者保護措施。

第5條　（消費資訊之提供）

政府、企業經營者及消費者均應致力充實
消費資訊，提供消費者運用，俾能採取正
確合理之消費行為，以維護其安全與權
益。

第6條　（主管機關）

本法所稱主管機關：在中央為目的事業主
管機關；在直轄市為直轄市政府；在縣
（市）為縣（市）政府。

第二章　消費者權益

第一節　健康與安全保障

第7條　（消費者健康安全之保障及企業
經營者之責任）

I.從事設計、生產、製造商品或提供服務之
企業經營者，於提供商品流通進入市場，
或提供服務時，應確保該商品或服務，符
合當時科技或專業水準可合理期待之安
全性。

II.商品或服務具有危害消費者生命、身體、
健康、財產之可能者，應於明顯處為警告
標示及緊急處理危險之方法。

III.企業經營者違反前二項規定，致生損害於
消費者或第三人時，應負連帶賠償責任。
但企業經營者能證明其無過失者，法院得
減輕其賠償責任。

▲【95臺上2178】按消保法第1條第1項規定
「為保護消費者權益，促進國民消費生活安全，
提昇國民消費生活品質，特制定本法。」其立法
目的，乃藉由無過失責任制度，課以製造商採取
不讓危險商品流入市面，或以其他安全商品替代，
使危險商品退出市場，以減少危害之發生。而現
代醫學知識就特定疾病之可能治療方式，其實相
當有限，醫師僅能本於專業知識，就病患之病情
綜合考量，選擇最適宜之醫療方式進行醫療，**若
將無過失責任適用於醫療行為，醫師為降低危險，
將選擇性的對某些病患以各種手段不予治療，或
傾向選擇治療副作用較少之醫療方式，捨棄較有
利於治療病患卻危險性較高之醫療方式，此種選
擇治療對象及方式傾向之出現，即為「防禦性醫
療」中最重要的類型，對以保護消費者權益為最
高指導原則之消保法而言，顯然有所違背，即不
能達成消保法第1條第1項之立法目的之甚明。**又
醫療手段之採取係為救治病人之生命及健康，就
特定之疾病，醫師原則以專業知識，就病患之病
情及身體狀況等綜合考量，選擇最適宜之醫療方
式進行醫療。**若將無過失責任適用於醫療行為，**

則醫師為降低危險行為，可能以治療副作用之多寡及輕重為依據，反而延誤救治時機，增加無謂醫療資源之浪費，並非病患與社會之福，是應以目的性限縮解釋之方式，將醫師所提供之醫療行為排除於消保法之適用。上訴人以被上訴人之醫療行為有違消保法而請求賠償，尚有未洽。末查，醫療行為並非從事危險事業或活動者製造危險來源，亦非因危險事業或活動而獲取利益為主要目的，亦與民法第191條之3之立法理由所例示之工廠排放廢水或廢氣、桶裝瓦斯填裝瓦斯、爆竹場製造爆竹、舉行賽車活動、使用炸藥開礦、開山或燃放焰火等性質有間，是**醫療行為並無民法第191條之3之適用**。

▲【104臺上1364】按企業經營者能證明其無過失者，法院得減輕其賠償責任之規定，係因消保法第7條就企業經營者應負無過失賠償責任，基於衡平利益而設，固係由企業經營者舉證證明自己無過失。**惟無過失之證明，因屬消極事實，難於舉出直接證據以實其說，自得由企業經營者提出並證明在經驗法則或論理法則上，足以推認該無過失之間接事實，以盡其舉證責任，非以直接證明為必要。**

第7條之1　（企業經營者之舉證責任）

I.企業經營者主張其商品於流通進入市場，或其服務於提供時，符合當時科技或專業水準可合理期待之安全性者，就其主張之事實負舉證責任。

II.商品或服務不得僅因其後有較佳之商品或服務，而被視為不符合前條第一項之安全性。

第8條　（企業經營者責任之排除）

I.從事經銷之企業經營者，就商品或服務所生之損害，與設計、生產、製造商品或提供服務之企業經營者連帶負賠償責任。但其對於損害之防免已盡相當之注意，或縱加以相當之注意而仍不免發生損害者，不在此限。

II.前項之企業經營者，改裝、分裝商品或變更服務內容者，視為第七條之企業經營者。

第9條　（輸入商品或服務之企業經營者之責任）

輸入商品或服務之企業經營者，視為該商品之設計、生產、製造者或服務之提供者，負本法第七條之製造者責任。

第10條　（企業經營者防止危害發生之義務）

I.企業經營者於有事實足認其提供之商品或服務有危害消費者安全與健康之虞時，應即回收該批商品或停止其服務。但企業經營者所為必要之處理，足以除去其危害者，不在此限。

II.商品或服務有危害消費者生命、身體、健康或財產之虞，而未於明顯處為警告標示，並附載危險之緊急處理方法者，準用前項規定。

第10條之1　（損害賠償責任不得預先約定限制或免除）

本節所定企業經營者對消費者或第三人之損害賠償責任，不得預先約定限制或免除。

第二節　定型化契約

第11條　（定型化契約之訂定及解釋原則）

I.企業經營者在定型化契約中所用之條款，應本平等互惠之原則。

II.定型化契約條款如有疑義時，應為有利於消費者之解釋。

第11條之1　（定型化契約之審閱期間）

I.企業經營者與消費者訂立定型化契約前，應有三十日以內之合理期間，供消費者審閱全部條款內容。

II.企業經營者以定型化契約條款使消費者拋棄前項權利者，無效。

III.違反第一項規定者，其條款不構成契約之內容。但消費者得主張該條款仍構成契約之內容。

IV.中央主管機關得選擇特定行業，參酌定型化契約條款之重要性、涉及事項之多寡及複雜程度等事項，公告定型化契約之審閱期間。

▲【103臺上2038】按企業經營者與消費者訂立定型化契約前，應有三十日以內之合理期間，供

消費者審閱全部條款內容。違反前項規定者，其條款不構成契約之內容。但消費者得主張該條款仍構成契約之內容，消保法第 11 條之 1 第 1 項、第 2 項分別定有明文。揆其立法意旨，乃為維護消費者知之權利，使其於訂立定型化契約前，有充分了解定型化契約條款之機會，且為確保消費者之契約審閱權，明定企業經營者未提供合理「審閱期間」之法律效果。此與消保法第 19 條第 1 項、第 19 條之 1 規定，係因消費者於郵購或訪問買賣或以該方式所為之服務交易時，常有無法詳細判斷或思考之情形，而購買不合意或不需要之商品、服務，為衡平消費者在購買前無法獲得足夠資料或時間加以選擇，乃將判斷時間延後，而提供消費者於訂約後詳細考慮而解除契約之「猶豫期間（冷卻期間）」，未盡相同。要之，「**審閱期間**」**主要在提供消費者訂約前之契約權益保障，與**「**猶豫期間**」**目的在提供消費者訂約後之契約權益保障，二者各有其規範目的、功能及法效，得以互補，然彼此間並無替代性，自不能以消費者未於**「**猶豫期間**」**內行使解除權或撤銷權（民法第 114 條規定），即排除消保法第 11 條之 1 第 1 項、第 2 項規定之適用。**

第 12 條　（定型化契約違反誠信原則之效力）

I.定型化契約中之條款違反誠信原則，對消費者顯失公平者，無效。

II.定型化契約中之條款有下列情形之一者，推定其顯失公平：

　一　違反平等互惠原則者。

　二　條款與其所排除不予適用之任意規定之立法意旨顯相矛盾者。

　三　契約之主要權利或義務，因受條款之限制，致契約之目的難以達成者。

第 13 條　（定型化契約條款之明示）

I.企業經營者應向消費者明示定型化契約條款之內容；明示其內容顯有困難者，應以顯著之方式，公告其內容，並經消費者同意者，該條款即為契約之內容。

II.企業經營者應給與消費者定型化契約書。但依其契約之性質致給與顯有困難者，不在此限。

III.定型化契約書經消費者簽名或蓋章者，企業經營者應給與消費者該定型化契約書正本。

第 14 條　（定型化契約條款之排除）

定型化契約條款未經記載於定型化契約中而依正常情形顯非消費者所得預見者，該條款不構成契約之內容。

第 15 條　（定型化契約條款不得牴觸個別磋商條款）

定型化契約中之定型化契約條款牴觸個別磋商條款之約定者，其牴觸部分無效。

第 16 條　（定型化契約條款全部或一部無效等之效力）

定型化契約中之定型化契約條款，全部或一部無效或不構成契約內容之一部者，除去該部分，契約亦可成立者，該契約之其他部分，仍為有效。但對當事人之一方顯失公平者，該契約全部無效。

第 17 條　（主管機關對定型化契約之控制）

I.中央主管機關為預防消費糾紛，保護消費者權益，促進定型化契約之公平化，得選擇特定行業，擬訂其定型化契約應記載或不得記載事項，報請行政院核定後公告之。

II.前項應記載事項，依契約之性質及目的，其內容得包括：

　一　契約之重要權利義務事項。

　二　違反契約之法律效果。

　三　預付型交易之履約擔保。

　四　契約之解除權、終止權及其法律效果。

　五　其他與契約履行有關之事項。

III.第一項不得記載事項，依契約之性質及目的，其內容得包括：

　一　企業經營者保留契約內容或期限之變更權或解釋權。

　二　限制或免除企業經營者之義務或責任。

　三　限制或剝奪消費者行使權利，加重消費者之義務或責任。

　　四　其他對消費者顯失公平事項。

IV.違反第一項公告之定型化契約，其定型化契約條款無效。該定型化契約之效力，依前條規定定之。

V.中央主管機關公告應記載之事項，雖未記載於定型化契約，仍構成契約之內容。

VI.企業經營者使用定型化契約者，主管機關得隨時派員查核。

第 17 條之 1 （企業經營者之舉證責任）

企業經營者與消費者訂立定型化契約，主張符合本節規定之事實者，就其事實負舉證責任。

第三節　特種交易

第 18 條 （企業經營者之告知義務）

I.企業經營者以通訊交易或訪問交易方式訂立契約時，應將下列資訊以清楚易懂之文句記載於書面，提供消費者：

　　一　企業經營者之名稱、代表人、事務所或營業所及電話或電子郵件等消費者得迅速有效聯絡之通訊資料。

　　二　商品或服務之內容、對價、付款期日及方式、交付期日及方式。

　　三　消費者依第十九條規定解除契約之行使期限及方式。

　　四　商品或服務依第十九條第二項規定排除第十九條第一項解除權之適用。

　　五　消費申訴之受理方式。

　　六　其他中央主管機關公告之事項。

II.經由網際網路所為之通訊交易，前項應提供之資訊應以可供消費者完整查閱、儲存之電子方式為之。

第 19 條 （消費者之解約權）

I.通訊交易或訪問交易之消費者，得於收受商品或接受服務後七日內，以退回商品或書面通知方式解除契約，無須說明理由及負擔任何費用或對價。但通訊交易有合理例外情事者，不在此限。

II.前項但書合理例外情事，由行政院定之。

III.企業經營者於消費者收受商品或接受服務時，未依前條第一項第三款規定提供消費者解除契約相關資訊者，第一項七日期間自提供之次日起算。但自第一項七日期間起算，已逾四個月者，解除權消滅。

IV.消費者於第一項及第三項所定期間內，已交運商品或發出書面者，契約視為解除。

V.通訊交易或訪問交易違反本條規定所為之約定，其約定無效。

第 19 條之 1 （刪除）

第 19 條之 2 （消費者退回商品或解除契約之處理）

I.消費者依第十九條第一項或第三項規定，以書面通知解除契約者，除當事人另有個別磋商外，企業經營者應於收到通知之次日起十五日內，至原交付處所或約定處所取回商品。

II.企業經營者應於取回商品、收到消費者退回商品或解除服務契約通知之次日起十五日內，返還消費者已支付之對價。

III.契約經解除後，企業經營者與消費者間關於回復原狀之約定，對於消費者較民法第二百五十九條之規定不利者，無效。

第 20 條 （消費者不負保管義務）

I.未經消費者要約而對之郵寄或投遞之商品，消費者不負保管義務。

II.前項物品之寄送人，經消費者定相當期限通知取回而逾期未取回或無法通知者，視為拋棄其寄投之商品。雖未經通知，但在寄送後逾一個月未經消費者表示承諾，而仍不取回其商品者，亦同。

III.消費者得請求償還因寄送物所受之損害，及處理寄送物所支出之必要費用。

第 21 條 （分期付款買賣契約之應載事項）

I.企業經營者與消費者分期付款買賣契約應以書面為之。

II.前項契約書應載明下列事項：

　　一　頭期款。

　　二　各期價款與其他附加費用合計之

　　　總價款與現金交易價格之差額。
　三　利率。
Ⅲ.企業經營者未依前項規定記載利率者，其利率按現金交易價格週年利率百分之五計算之。
Ⅳ.企業經營者違反第二項第一款、第二款之規定者，消費者不負現金交易價格以外價款之給付義務。

第四節　消費資訊之規範

第 22 條　（廣告內容之真實）
Ⅰ.企業經營者應確保廣告內容之真實，其對消費者所負之義務不得低於廣告之內容。
Ⅱ.企業經營者之商品或服務廣告內容，於契約成立後，應確實履行。

第 22 條之 1　（總費用年百分率之明示）
Ⅰ.企業經營者對消費者從事與信用有關之交易時，應於廣告上明示應付所有總費用之年百分率。
Ⅱ.前項所稱總費用之範圍及年百分率計算方式，由各目的事業主管機關定之。

第 23 條　（媒體經營者之連帶責任）
Ⅰ.刊登或報導廣告之媒體經營者明知或可得而知廣告內容與事實不符者，就消費者因信賴該廣告所受之損害與企業經營者負連帶責任。
Ⅱ.前項損害賠償責任，不得預先約定限制或拋棄。

第 24 條　（商品或服務之標示）
Ⅰ.企業經營者應依商品標示法等法令為商品或服務之標示。
Ⅱ.輸入之商品或服務，應附中文標示及說明書，其內容不得較原產地之標示及說明書簡略。
Ⅲ.輸入之商品或服務在原產地附有警告標示者，準用前項之規定。

第 25 條　（書面保證書及其應載事項）
Ⅰ.企業經營者對消費者保證商品或服務之品質時，應主動出具書面保證書。
Ⅱ.前項保證書應載明下列事項：

　一　商品或服務之名稱、種類、數量，其有製造號碼或批號者，其製造號碼或批號。
　二　保證之內容。
　三　保證期間及其起算方法。
　四　製造商之名稱、地址。
　五　由經銷商售出者，經銷商之名稱、地址。
　六　交易日期。

第 26 條　（商品之包裝）
企業經營者對於所提供之商品應按其性質及交易習慣，為防震、防潮、防塵或其他保存商品所必要之包裝，以確保商品之品質與消費者之安全。但不得誇張其內容或為過大之包裝。

第三章　消費者保護團體

第 27 條　（消費者保護團體之性質與宗旨）
Ⅰ.消費者保護團體以社團法人或財團法人為限。
Ⅱ.消費者保護團體應以保護消費者權益、推行消費者教育為宗旨。

第 28 條　（消費者保護團體之任務）
消費者保護團體之任務如下：
　一　商品或服務價格之調查、比較、研究、發表。
　二　商品或服務品質之調查、檢驗、研究、發表。
　三　商品標示及其內容之調查、比較、研究、發表。
　四　消費資訊之諮詢、介紹與報導。
　五　消費者保護刊物之編印發行。
　六　消費者意見之調查、分析、歸納。
　七　接受消費者申訴，調解消費爭議。
　八　處理消費爭議，提起消費訴訟。
　九　建議政府採取適當之消費者保護立法或行政措施。
　十　建議企業經營者採取適當之消費者保護措施。
　十一　其他有關消費者權益之保護事項。

第29條　（消費者保護團體對商品或服務之檢驗）

I.消費者保護團體為從事商品或服務檢驗，應設置與檢驗項目有關之檢驗設備或委託設有與檢驗項目有關之檢驗設備之機關、團體檢驗之。

II.執行檢驗人員應製作檢驗紀錄，記載取樣、儲存樣本之方式與環境、使用之檢驗設備、檢驗方法、經過及結果，提出於該消費者保護團體。

III.消費者保護團體發表前項檢驗結果後，應公布其取樣、儲存樣本之方式與環境、使用之檢驗設備、檢驗方法及經過，並通知相關企業經營者。

IV.消費者保護團體發表第二項檢驗結果有錯誤時，應主動對外更正，並使相關企業經營者有澄清之機會。

第30條　（消費者保護之立法、行政措施意見之徵詢）

政府對於消費者保護之立法或行政措施，應徵詢消費者保護團體、相關行業、學者專家之意見。

第31條　（政府對商品或服務調查、檢驗之協助）

消費者保護團體為商品或服務之調查、檢驗時，得請求政府予以必要之協助。

第32條　（消費者保護團體之獎助）

消費者保護團體辦理消費者保護工作成績優良者，主管機關得予以財務上之獎助。

第四章　行政監督

第33條　（地方政府對企業經營者之調查）

I.直轄市或縣（市）政府認為企業經營者提供之商品或服務有損害消費者生命、身體、健康或財產之虞者，應即進行調查。於調查完成後，得公開其經過及結果。

II.前項人員為調查時，應出示有關證件，其調查得依下列方式進行：

一　向企業經營者或關係人查詢。

二　通知企業經營者或關係人到場陳述意見。

三　通知企業經營者提出資料證明該商品或服務對於消費者生命、身體、健康或財產無損害之虞。

四　派員前往企業經營者之事務所、營業所或其他有關場所進行調查。

五　必要時，得就地抽樣商品，加以檢驗。

第34條　（可為證據之物之扣押）

I.直轄市或縣（市）政府於調查時，對於可為證據之物，得聲請檢察官扣押之。

II.前項扣押，準用刑事訴訟法關於扣押之規定。

第35條　（辦理檢驗之委託）

直轄市或縣（市）主管機關辦理檢驗，得委託設有與檢驗項目有關之檢驗設備之消費者保護團體、職業團體或其他有關公私機構或團體辦理之。

第36條　（對企業經營者之監督）

直轄市或縣（市）政府對於企業經營者提供之商品或服務，經第三十三條之調查，認為確有損害消費者生命、身體、健康或財產，或確有損害之虞者，應命其限期改善、回收或銷燬，必要時並得命企業經營者立即停止該商品之設計、生產、製造、加工、輸入、經銷或服務之提供，或採取其他必要措施。

第37條　（損害之公告）

直轄市或縣（市）政府於企業經營者提供之商品或服務，對消費者已發生重大損害或有發生重大損害之虞，而情況危急時，除為前條之處置外，應即在大眾傳播媒體公告企業經營者之名稱、地址、商品、服務、或為其他必要之處置。

第38條　（中央主管機關之準用）

中央主管機關認為必要時，亦得為前五條規定之措施。

第 39 條　（消費者保護官之設置）

I.行政院、直轄市、縣（市）政府應置消費者保護官若干名。

II.消費者保護官任用及職掌之辦法，由行政院定之。

第 40 條　（行政院應定期邀集事務相關部會首長、團體代表及學者等專家提供諮詢）

行政院為監督與協調消費者保護事務，應定期邀集有關部會首長、全國性消費者保護團體代表、全國性企業經營者代表及學者、專家，提供本法相關事項之諮詢。

第 41 條　（行政院推動消費者保護應辦理之事項）

I.行政院為推動消費者保護事務，辦理下列事項：

　一　消費者保護基本政策及措施之研擬及審議。

　二　消費者保護計畫之研擬、修訂及執行成果檢討。

　三　消費者保護方案之審議及其執行之推動、連繫與考核。

　四　國內外消費者保護趨勢及其與經濟社會建設有關問題之研究。

　五　消費者保護之教育宣導、消費資訊之蒐集及提供。

　六　各部會局署關於消費者保護政策、措施及主管機關之協調事項。

　七　監督消費者保護主管機關及指揮消費者保護官行使職權。

II.消費者保護之執行結果及有關資料，由行政院定期公告。

第 42 條　（消費者服務中心之設置）

I.直轄市、縣（市）政府應設消費者服務中心，辦理消費者之諮詢服務、教育宣導、申訴等事項。

II.直轄市、縣（市）政府消費者服務中心得於轄區內設分中心。

第五章　消費爭議之處理

第一節　申訴與調解

第 43 條　（申訴）

I.消費者與企業經營者因商品或服務發生消費爭議時，消費者得向企業經營者、消費者保護團體或消費者服務中心或其分中心申訴。

II.企業經營者對於消費者之申訴，應於申訴之日起十五日內妥適處理之。

III.消費者依第一項申訴，未獲妥適處理時，得向直轄市、縣（市）政府消費者保護官申訴。

第 44 條　（調解）

消費者依前條申訴未能獲得妥適處理時，得向直轄市或縣（市）消費爭議調解委員會申請調解。

第 44 條之 1　（消費爭議調解事件辦法之訂定）

前條消費爭議調解事件之受理、程序進行及其他相關事項之辦法，由行政院定之。

第 45 條　（消費爭議調解委員會之設置）

I.直轄市、縣（市）政府應設消費爭議調解委員會，置委員七名至二十一名。

II.前項委員以直轄市、縣（市）政府代表、消費者保護官、消費者保護團體代表、企業經營者所屬或相關職業團體代表、學者及專家充任之，以消費者保護官為主席，其組織另定之。

第 45 條之 1　（調解程序得不公開）

I.調解程序，於直轄市、縣（市）政府或其他適當之處所行之，其程序得不公開。

II.調解委員、列席協同調解人及其他經辦調解事務之人，對於調解事件之內容，除已公開之事項外，應保守秘密。

第 45 條之 2　（調解委員得提出解決方案㈠）

I.關於消費爭議之調解，當事人不能合意但

已甚接近者，調解委員得斟酌一切情形，求兩造利益之平衡，於不違反兩造當事人之主要意思範圍內，依職權提出解決事件之方案，並送達於當事人。

II.前項方案，應經參與調解委員過半數之同意，並記載第四十五條之三所定異議期間及未於法定期間提出異議之法律效果。

第 45 條之 3　（異議㈠）

I.當事人對於前條所定之方案，得於送達後十日之不變期間內，提出異議。

II.於前項期間內提出異議者，視為調解不成立；其未於前項期間內提出異議者，視為已依該方案成立調解。

III.第一項之異議，消費爭議調解委員會應通知他方當事人。

第 45 條之 4　（調解委員得提出解決方案㈡）

I.關於小額消費爭議，當事人之一方無正當理由，不於調解期日到場者，調解委員得審酌之情形，依到場當事人一造之請求或依職權提出解決方案，並送達於當事人。

II.前項之方案，應經全體調解委員過半數之同意，並記載第四十五條之五所定異議期間及未於法定期間提出異議之法律效果。

III.第一項之送達，不適用公示送達之規定。

IV.第一項小額消費爭議之額度，由行政院定之。

第 45 條之 5　（異議㈡）

I.當事人對前條之方案，得於送達後十日之不變期間內，提出異議；未於異議期間提出異議者，視為已依該方案成立調解。

II.當事人於異議期間提出異議，經調解委員另定調解期日，無正當理由不到場者，視為依該方案成立調解。

第 46 條　（調解書之作成及效力）

I.調解成立者應作成調解書。

II.前項調解書之作成及效力，準用鄉鎮市調解條例第二十五條至第二十九條之規定。

第二節　消費訴訟

第 47 條　（管轄權）

消費訴訟，得由消費關係發生地之法院管轄。

第 48 條　（消費專庭之設立）

I.高等法院以下各級法院及其分院得設立消費專庭或指定專人審理消費訴訟事件。

II.法院為企業經營者敗訴之判決時，得依職權宣告為減免擔保之假執行。

第 49 條　（消費者保護團體之訴訟權）

I.消費者保護團體許可設立二年以上，置有消費者保護專門人員，且申請行政院評定優良者，得以自己之名義，提起第五十條消費者損害賠償訴訟或第五十三條不作為訴訟。

II.消費者保護團體依前項規定提起訴訟者，應委任律師代理訴訟。受委任之律師，就該訴訟，得請求預付或償還必要費用。

III.消費者保護團體關於其提起之第一項訴訟，有不法行為者，許可設立之主管機關應廢止其許可。

IV.優良消費者保護團體之評定辦法，由行政院定之。

第 50 條　（訴訟之提起及請求權基礎）

I.消費者保護團體對於同一之原因事件，致使眾多消費者受害時，得受讓二十人以上消費者損害賠償請求權後，以自己名義，提起訴訟。消費者得於言詞辯論終結前，終止讓與損害賠償請求權，並通知法院。

II.前項訴訟，因部分消費者終止讓與損害賠償請求權，致人數不足二十人者，不影響其實施訴訟之權能。

III.第一項讓與之損害賠償請求權，包括民法第一百九十四條、第一百九十五條第一項非財產上之損害。

IV.前項關於消費者損害賠償請求權之時效利益，應依讓與之消費者單獨個別計算。

V.消費者保護團體受讓第三項所定請求權後，應將訴訟結果所得之賠償，扣除訴訟及依前條第二項規定支付予律師之必要

費用後，交付該讓與請求權之消費者。

Ⅵ消費者保護團體就第一項訴訟，不得向消費者請求報酬。

第 51 條　（消費者請求懲罰性賠償金之訴訟）

依本法所提之訴訟，因企業經營者之故意所致之損害，消費者得請求損害額五倍以下之懲罰性賠償金；但因重大過失所致之損害，得請求三倍以下之懲罰性賠償金，因過失所致之損害，得請求損害額一倍以下之懲罰性賠償金。

▲【97 臺上 214】消費者保護法第 51 條之規定，旨在促使企業經營者重視商品及服務品質，維護消費者利益，懲罰惡性之企業經營者，並嚇阻其他企業經營者仿效。且該條係規定：「依本法所提之訴訟」，並非規定：「依前條所提之訴訟」，自難解為僅限於消費者保護團體依同法第 50 條所提起之訴，始得為之，以故，**當事人提起之訴訟，倘係消費者與企業經營者間就商品，或服務所生爭議之法律關係，而依消費者保護法之規定起訴者，無論係由消費者團體或由消費者個人提起，均有第 51 條懲罰性賠償金之適用。**

第 52 條　（裁判費之免繳）

消費者保護團體以自己之名義提起第五十條訴訟，其標的價額超過新臺幣六十萬元者，超過部分免繳裁判費。

第 53 條　（停止或禁止命令）

Ⅰ.消費者保護官或消費者保護團體，就企業經營者重大違反本法有關保護消費者規定之行為，得向法院訴請停止或禁止之。

Ⅱ.前項訴訟免繳裁判費。

第 54 條　（團體訴訟之選定當事人）

Ⅰ.因同一消費關係而被害之多數人，依民事訴訟法第四十一條之規定，選定一人或數人起訴請求損害賠償者，法院得徵求原被選定人之同意後公告曉示，其他之被害人得於一定之期間內以書狀表明被害之事實、證據及應受判決事項之聲明，併案請求賠償。其請求之人，視為已依民事訴訟法第四十一條為選定。

Ⅱ.前項併案請求之書狀，應以繕本送達於兩造。

Ⅲ.第一項之期間，至少應有十日，公告應黏貼於法院牌示處，並登載新聞紙，其費用由國庫墊付。

第 55 條　（民事訴訟之準用）

民事訴訟法第四十八條、第四十九條之規定，於依前條為訴訟行為者，準用之。

第六章　罰　則

第 56 條　（罰則㈠）

違反第二十四條、第二十五條或第二十六條規定之一者，經主管機關通知改正而逾期不改正者，處新臺幣二萬元以上二十萬元以下罰鍰。

第 56 條之 1　（罰則㈡）

企業經營者使用定型化契約，違反中央主管機關依第十七條第一項公告之應記載或不得記載事項者，除法律另有處罰規定外，經主管機關令其限期改正而屆期不改正者，處新臺幣三萬元以上三十萬元以下罰鍰；經再次令其限期改正而屆期不改正者，處新臺幣五萬元以上五十萬元以下罰鍰，並得按次處罰。

第 57 條　（罰則㈢）

企業經營者規避、妨礙或拒絕主管機關依第十七條第六項、第三十三條或第三十八條規定所為之調查者，處新臺幣三萬元以上三十萬元以下罰鍰，並得按次處罰。

第 58 條　（罰則㈣）

企業經營者違反主管機關依第三十六條或第三十八條規定所為之命令者，處新臺幣六萬元以上一百五十萬元以下罰鍰，並得按次處罰。

第 59 條　（罰則㈤）

企業經營者有第三十七條規定之情形者，主管機關除依該條及第三十六條之規定處置外，並得對其處新臺幣十五萬元以上

一百五十萬元以下罰鍰。

第 60 條　（罰則㈥）

企業經營者違反本法規定，生產商品或提供服務具有危害消費者生命、身體、健康之虞者，影響社會大眾經中央主管機關認定為情節重大，中央主管機關或行政院得立即命令其停止營業，並儘速協請消費者保護團體以其名義，提起消費者損害賠償訴訟。

第 61 條　（移送偵查）

依本法應予處罰者，其他法律有較重處罰之規定時，從其規定；涉及刑事責任者，並應即移送偵查。

第 62 條　（罰鍰未繳移送行政執行）

本法所定之罰鍰，由主管機關處罰，經限期繳納後，屆期仍未繳納者，依法移送行政執行。

第七章　附　　則

第 63 條　（施行細則之訂定）

本法施行細則，由行政院定之。

第 64 條　（施行日期）

本法自公布日施行。但中華民國一百零四年六月二日修正公布之第二條第十款與第十一款及第十八條至第十九條之二之施行日期，由行政院定之。

消費者保護法施行細則

一百零四年十二月三十一日行政院令修正發布

①民國八十三年十一月二日行政院令發布
②九十二年七月八日行政院令修正發布
③一百零四年十二月三十一日行政院令修正發布第
　一五、一八、二三、二七條及第二章第三節節名；
　並刪除第一六、一九、二〇條條文

第一章　總　則

第1條　（訂定依據）

本細則依消費者保護法（以下簡稱本法）第六十三條規定訂定之。

第2條　（營業之範圍）

本法第二條第二款所稱營業，不以營利為目的者為限。

第3條　（刪除）

第二章　消費者權益

第一節　健康與安全保障

第4條　（商品之定義）

本法第七條所稱商品，指交易客體之不動產或動產，包括最終產品、半成品、原料或零組件。

第5條　（商品或服務符合當時可合理期待安全性之認定標準）

本法第七條第一項所定商品或服務符合當時科技或專業水準可合理期待之安全性，應就下列情事認定之：

一　商品或服務之標示說明。
二　商品或服務可期待之合理使用或接受。
三　商品或服務流通進入市場或提供之時期。

第6條　（刪除）

第7條　（刪除）

第8條　（改裝之定義）

本法第八條第二項所稱改裝，指變更、減少或增加商品原設計、生產或製造之內容或包裝。

第二節　定型化契約

第9條　（刪除）

第10條　（刪除）

第11條　（刪除）

第12條　（難以注意或辨識條款之排除）

定型化契約條款因字體、印刷或其他情事，致難以注意其存在或辨識者，該條款不構成契約之內容。但消費者得主張該條款仍構成契約之內容。

第13條　（違反誠信原則之判斷標準）

定型化契約條款是否違反誠信原則，對消費者顯失公平，應斟酌契約之性質、締約目的、全部條款內容、交易習慣及其他情事判斷之。

第14條　（違反平等互惠原則之情形）

定型化契約條款，有下列情事之一者，為違反平等互惠原則：

一　當事人間之給付與對待給付顯不相當者。
二　消費者應負擔非其所能控制之危險者。
三　消費者違約時，應負擔顯不相當之賠償責任者。
四　其他顯有不利於消費者之情形者。

第 15 條　（中央主管機關公告應載事項之效力）

定型化契約記載經中央主管機關公告應記載之事項者，仍有本法關於定型化契約規定之適用。

第三節　特種交易

第 16 條　（刪除）

第 17 條　（解除權不消滅之情形）

消費者因檢查之必要或因不可歸責於自己之事由，致其收受之商品有毀損、滅失或變更者，本法第十九條第一項規定之解除權不消滅。

第 18 條　（收受商品或接受服務前之解約）

消費者於收受商品或接受服務前，亦得依本法第十九條第一項規定，以書面通知企業經營者解除契約。

第 19 條　（刪除）

第 20 條　（刪除）

第 21 條　（契約書之一式數份）

企業經營者應依契約當事人之人數，將本法第二十一條第一項之契約書作成一式數份，由當事人各持一份。有保證人者，並應交付一份於保證人。

第 22 條　（各期價款與利息之計算）

I.本法第二十一條第二項第二款所稱各期價款，指含利息之各期價款。

II.分期付款買賣契約書所載利率，應載明其計算方法及依此計算方法而得之利息數額。

III.分期付款買賣之附加費用，應明確記載，且不得併入各期價款計算利息；其經企業經營者同意延期清償或分期給付者，亦同。

第四節　消費資訊之規範

第 23 條　（廣告之定義）

本法第二十二條至第二十三條所稱廣告，指利用電視、廣播、影片、幻燈片、報紙、雜誌、傳單、海報、招牌、牌坊、電腦、電話傳真、電子視訊、電子語音或其他方法，可使多數人知悉其宣傳內容之傳播。

第 24 條　（廣告真實性之證明）

主管機關認為企業經營者之廣告內容誇大不實，足以引人錯誤，有影響消費者權益之虞時，得通知企業經營者提出資料，證明該廣告之真實性。

第 25 條　（標示之位置）

本法第二十四條規定之標示，應標示於適當位置，使消費者在交易前及使用時均得閱讀標示之內容。

第 26 條　（保證品質之責任）

企業經營者未依本法第二十五條規定出具書面保證書者，仍應就其保證之品質負責。

第三章　消費者保護團體

第 27 條　（消費者保護團體各種資料之公告）

主管機關每年應將依法設立登記之消費者保護團體名稱、負責人姓名、社員人數或登記財產總額、消費者保護專門人員姓名、會址、聯絡電話等資料彙報行政院公告之。

第 28 條　（檢驗樣品之保存期限）

消費者保護團體依本法第二十九條規定從事商品或服務檢驗所採之樣品，於檢驗紀錄完成後，應至少保存三個月。但依其性質不能保存三個月者，不在此限。

第 29 條　（政府拒絕協助之限制）
政府於消費者保護團體依本法第三十一條規定請求協助時，非有正當理由不得拒絕。

第四章　行政監督

第 30 條　（出示有關證件與未出示之處置）
本法第三十三條第二項所稱出示有關證件，指出示有關執行職務之證明文件；其未出示者，被調查者得拒絕之。

第 31 條　（抽樣數量之限制與說明、申訴之機會）
I.主管機關依本法第三十三條第二項第五款抽樣商品時，其抽樣數量以足供檢驗之用者為限。
II.主管機關依本法第三十三條、第三十八條規定，公開調查經過及結果前，應先就調查經過及結果讓企業經營者有說明或申訴之機會。

第 32 條　（書面處分主義）
主管機關依本法第三十六條或第三十八條規定對於企業經營者所為處分，應以書面為之。

第 33 條　（限期改善等之期限）
依本法第三十六條所為限期改善、回收或銷燬，除其他法令有特別規定外，其期間應由主管機關依個案性質決定之；但最長不得超過六十日。

第 34 條　（處理過程及結果之備查）
企業經營者經主管機關依本法第三十六條規定命其就商品或服務限期改善、回收或銷燬者，應將處理過程及結果函報主管機關備查。

第五章　消費爭議之處理

第 35 條　（刪除）

第 36 條　（申訴日之起算）
本法第四十三條第二項規定十五日之期間，以企業經營者接獲申訴之日起算。

第 37 條　（消費者保護專門人員之資格）
本法第四十九條第一項所稱消費者保護專門人員，指該團體專任或兼任之有給職或無給職人員中，具有下列資格或經歷之一者：
一　曾任法官、檢察官或消費者保護官者。
二　律師、醫師、建築師、會計師或其他執有全國專門職業執業證照之專業人士，且曾在消費者保護團體服務一年以上者。
三　曾在消費者保護團體擔任保護消費者工作三年以上者。

第 38 條　（刪除）

第 39 條　（訴訟及支付律師必要費用之範圍）
本法第五十條第五項所稱訴訟及支付予律師之必要費用，包括民事訴訟費用、消費者保護團體及律師為進行訴訟所支出之必要費用，及其他依法令應繳納之費用。

第 40 條　（重大違反保護消費者行為之定義）
本法第五十三條第一項所稱企業經營者重大違反本法有關保護消費者規定之行為，指企業經營者違反本法有關保護消費者規定之行為，確有損害消費者生命、身體、健康或財產，或確有損害之虞者。

第六章　罰　則

第 41 條　（通知改正之期間）
依本法第五十六條所為通知改正，其期間應由主管機關依個案性質決定之；但最長不得超過六十日。

第七章　附　　則

第 42 條　（不適用本法之情形）
本法對本法施行前已流通進入市場之商品或已提供之服務不適用之。

第 43 條　（施行日期）
本細則自發布日施行。

有限合夥法

一百零四年六月二十四日總統令公布制定

① 民國一百零四年六月二十四日總統令公布制定

第一章　總　則

第 1 條　（立法目的）

為增加事業組織之多元性及經營方式之彈性，引進有限合夥事業組織型態，俾利事業選擇最適當之經營模式，特制定本法。

第 2 條　（主管機關）

I.本法所稱主管機關：在中央為經濟部；在直轄市為直轄市政府。

II.中央主管機關得委任所屬機關、委託或委辦其他機關辦理本法所規定之事項。

第 3 條　（成立）

有限合夥非在中央主管機關登記後，不得成立。

第 4 條　（用詞定義）

本法用詞，定義如下：

一　有限合夥：指以營利為目的，依本法組織登記之社團法人。

二　普通合夥人：指直接或間接負責有限合夥之實際經營業務，並對有限合夥之債務於有限合夥資產不足清償時，負連帶清償責任之合夥人。

三　有限合夥人：指依有限合夥契約，以出資額為限，對有限合夥負其責任之合夥人。

四　有限合夥負責人：指有限合夥之普通合夥人；有限合夥之經理人、清算人，在執行職務範圍內，亦為有限合夥負責人。

五　有限合夥代表人：指由普通合夥人中選任，並對外代表有限合夥之人。

六　外國有限合夥：指以營利為目的，依照外國法律組織設立之有限合夥；其於法令限制內，與中華民國有限合夥有同一權利能力。

第 5 條　（消極資格）

I.有下列情形之一者，不得充任有限合夥之代表人、經理人或清算人；其已充任者，當然解任：

一　曾犯組織犯罪防制條例規定之罪，經有罪判決確定，尚未執行、尚未執行完畢、或執行完畢、緩刑期滿或赦免後未逾五年。

二　曾犯詐欺、背信、侵占罪經宣告受有期徒刑一年以上之刑確定，尚未執行、尚未執行完畢、或執行完畢、緩刑期滿或赦免後未逾二年。

三　曾犯貪污罪，經有罪判決確定，尚未執行、尚未執行完畢、或執行完畢、緩刑期滿或赦免後未逾二年。

四　受破產之宣告或經法院裁定開始清算程序，尚未復權。

五　使用票據經拒絕往來尚未期滿。

六　無行為能力或限制行為能力。

七　受輔助宣告尚未撤銷。

II.有前項各款情事之一者，不得充任有限合夥普通合夥人；其已充任者，應予除名。

第 6 條　（有限合夥之方式）

I.有限合夥應有一人以上之普通合夥人，與一人以上之有限合夥人，互約出資組織之。

II.法人依法得為普通合夥人者，須指定自然人代表執行業務；法人對其指定自然人之代表權所加之限制，不得對抗善意第三人。

第 7 條　（表決權）

有限合夥每一普通合夥人或有限合夥人，不問出資額多寡，均有一表決權。但得以

有限合夥契約訂定按出資額多寡比例分配表決權。

第 8 條　（公司得為有限合夥之合夥人）

I.公司得為有限合夥之合夥人，不受公司法第十三條第一項有關公司不得為合夥事業之合夥人之限制。

II.公司為有限合夥之普通合夥人，應依下列各款規定，取得股東同意或股東會決議：

一　無限公司、兩合公司經全體無限責任股東同意。

二　有限公司經全體股東同意。

三　股份有限公司經代表已發行股份總數三分之二以上股東出席，以出席股東表決權過半數同意之股東會決議。

III.公開發行股票之公司，出席股東之股份總數不足前項第三款定額者，得以有代表已發行股份總數過半數股東之出席，出席股東表決權三分之二以上之同意行之。

IV.第二項第三款與前項出席股東股份總數及表決權數，章程有較高之規定者，從其規定。

V.公司負責人違反前三項規定時，應賠償公司因此所受之損害。

第二章　登　記

第 9 條　（申請登記）

I.申請設立有限合夥或辦理外國有限合夥在中華民國境內設立分支機構者，應載明下列事項，並檢附有限合夥契約及相關證明文件，向中央主管機關申請登記：

一　名稱。

二　所營事業。

三　所在地。

四　合夥人姓名或名稱、住、居所、出資額及責任類型。

五　出資額分次繳納出資者，為設立時之實際繳納數額；非以現金為出資者，其種類。

六　定有存續期間者，其期間。

七　本國有限合夥分支機構。

八　有限合夥代表人姓名。

九　設有經理人者，其姓名。

十　其他經中央主管機關規定之事項。

II.有限合夥之設立或其他登記事項有偽造、變造文書，經裁判確定後，由檢察機關通知中央主管機關撤銷或廢止其登記。

III.第一項登記事項，其申請登記之程序、期限、變更登記、廢止登記、解散登記及其他應遵行事項之辦法，由中央主管機關定之。

第 10 條　（設立登記）

I.未經設立登記，不得以有限合夥名義經營業務或為其他法律行為。

II.有限合夥設立登記後，有應登記之事項而不登記，或已登記之事項有變更而不為變更之登記者，不得以其事項對抗第三人。

第 11 條　（有限合夥業務）

I.有限合夥業務，依法律或基於法律授權所定之命令，須經中央目的事業主管機關許可者，於領得許可文件後，方得申請有限合夥登記。

II.前項業務之許可，經中央目的事業主管機關撤銷或廢止確定者，應由各該目的事業主管機關，通知中央主管機關，撤銷或廢止其有限合夥登記或部分登記事項。

第 12 條　（有限合夥之經營）

有限合夥之經營有違反法律或基於法律授權所定之命令，受勒令歇業處分確定者，應由處分機關通知中央主管機關，廢止其有限合夥登記或部分登記事項。

第 13 條　（有限合夥名稱）

I.有限合夥名稱，應標明有限合夥字樣。

II.有限合夥名稱，不得使用與他有限合夥或公司相同之名稱。但二有限合夥或有限合夥與公司名稱中標明不同業務種類或可資區別之文字者，視為不相同。

III.有限合夥所營事業，除許可業務應登記外，其餘不受限制；其業務之登記，應依中央主管機關所定營業項目代碼表登記。

IV.有限合夥不得使用易於使人誤認其與政府機關、公益團體有關或妨害公共秩序或

善良風俗之名稱。

V.有限合夥名稱及業務，於登記前應先向中央主管機關申請核准，並保留一定期間；其審核準則，由中央主管機關定之。

第 14 條　（出資）

I.普通合夥人得以現金、現金以外之財產、信用、勞務或其他利益出資；有限合夥人得以現金或現金以外之財產出資。但以信用或其他利益之出資，不得超過有限合夥出資總額之一定比例。

II.前項之一定比例，由中央主管機關定之。

III.合夥人應以有限合夥契約約定各合夥人出資額，並得約定分次出資及其方式、條件或期限等。

IV.有限合夥申請設立登記或變更登記之出資額或合夥人人數達中央主管機關所定一定數額或人數以上者，其出資額應經會計師查核簽證，並應於申請設立登記時或設立登記後三十日內，檢送經會計師查核簽證之文件。但以現金出資者，不在此限。

V.前項查核簽證之辦法，由中央主管機關定之。

第 15 條　（廢止登記）

有限合夥有下列情事之一者，中央主管機關得依職權或利害關係人申請，廢止其有限合夥登記：

一　登記後滿六個月尚未開始營業，或開始營業後自行停止營業六個月以上。但已辦妥延展登記或停業登記者，不在此限。

二　有限合夥之解散，未向中央主管機關申請解散登記。

三　有限合夥名稱經法院判決確定不得使用，有限合夥於判決確定後六個月內尚未辦妥名稱變更登記，並經中央主管機關令其限期辦理仍未辦妥。

四　未依前條第三項規定檢送經會計師查核簽證之文件。但於中央主管機關廢止登記前已檢送者，不在此限。

第 16 條　（解散）

I.有限合夥之經營，有顯著困難或重大損害時，法院得據合夥人之聲請，於徵詢中央主管機關及中央目的事業主管機關意見，並通知有限合夥提出答辯後，裁定解散。

II.法院裁定解散，應通知中央主管機關為解散登記。

第 17 條　（查閱或抄錄）

I.有限合夥登記文件，有限合夥負責人或利害關係人，得聲敘理由請求查閱或抄錄。但中央主管機關認為必要時，得拒絕查閱、抄錄或限制其範圍。

II.有限合夥下列登記事項，中央主管機關應予公開，任何人得向主管機關申請查閱或抄錄：

一　名稱。

二　所營事業。

三　所在地。

四　普通合夥人姓名、合夥人出資額及責任類型。

五　出資額分次繳納出資者，為設立時之實際繳納數額；非以現金為出資者，其種類。

六　存續期間。

七　本國有限合夥分支機構。

八　有限合夥負責人姓名。

九　經理人姓名。

十　約定解散事由。

第三章　營　運

第 18 條　（出資額）

I.合夥人之出資額，除有限合夥契約另有約定者外，不得取回其出資額之全部或一部。

II.合夥人依有限合夥契約約定得取回其出資額者，非經有限合夥清償現有債務或為債權人提存後，不得為之。

III.合夥人違反前二項規定，取回其出資額者，於取回之範圍內，對有限合夥之債權人負其責任。

有限合夥法

（第一九～二八條）

第 19 條　（出資額之轉讓）

有限合夥之合夥人，得依有限合夥契約之約定，或經其他合夥人全體同意，以其出資額之全部或一部，轉讓於他人。

第 20 條　（有限合夥代表人(一)）

I.有限合夥，除有限合夥契約另有約定外，應由全體普通合夥人過半數之同意，互選一人為有限合夥代表人。

II.有限合夥代表人因故不能行使職權時，由代表人指定其他普通合夥人一人代理之；代表人未指定代理人或缺位時，由其他普通合夥人過半數之同意互選一人暫時執行職務。

第 21 條　（有限合夥業務之執行）

有限合夥業務之執行，除有限合夥契約另有約定者外，取決於全體普通合夥人過半數之同意。

第 22 條　（忠實義務）

I.有限合夥負責人應忠實執行業務，並盡善良管理人之注意義務；如有違反，致有限合夥受有損害者，負損害賠償責任。

II.有限合夥負責人違反前項規定，為自己或他人為該行為時，其他合夥人得以過半數之同意，將該行為之所得視為有限合夥之所得。但自所得產生後逾一年者，不在此限。

第 23 條　（連帶賠償責任）

有限合夥負責人執行業務，如有違反法令致他人受有損害時，對他人應與有限合夥負連帶賠償責任。

第 24 條　（有限合夥代表人(二)）

有限合夥代表人，為自己或他人與有限合夥為買賣、借貸或其他與有限合夥有利害衝突之行為時，由其他普通合夥人過半數之同意，互選一人為有限合夥之代表；普通合夥人僅一人時，由有限合夥人過半數之同意，互選一人為有限合夥之代表。

第 25 條　（競業禁止義務）

I.有限合夥負責人，除有限合夥契約另有約定者外，不得為自己或他人為與有限合夥同類營業之行為。

II.有限合夥負責人違反前項規定，其他合夥人得以過半數之同意，將該行為之所得視為有限合夥之所得。但自所得產生逾一年者，不在此限。

第 26 條　（有限合夥人之限制與責任）

I.有限合夥人，除第二十四條規定情形外，不得參與有限合夥業務之執行及對外代表有限合夥。

II.有限合夥人參與合夥業務之執行，或為參與執行之表示，或知他人表示其參與執行而不否認者，縱有反對之約定，對於第三人，仍應負普通合夥人之責任。

III.有限合夥人之下列行為，非屬第一項所定參與有限合夥業務之執行：

一　經有限合夥授權擔任特定事項之代理人。

二　就有限合夥之營業、業務及交易，僅提供諮詢或建議之意見。

三　擔任有限合夥或普通合夥人之保證人，或為其提供擔保。

第 27 條　（營業報告書等之分送與承認）

I.每屆會計年度終了，有限合夥代表人應將營業報告書、財務報表及盈餘分配或虧損撥補之議案，分送全體合夥人，並經三分之二以上承認。

II.盈餘分配或虧損撥補議案之提起，得以有限合夥契約另為約定，不受前項每屆會計年度終了之限制。

III.有限合夥出資額達中央主管機關所定一定數額者，其年度財務報表於分送合夥人承認前，應先經會計師查核簽證；其簽證規則，由中央主管機關定之。

第 28 條　（分配盈餘等）

I.有限合夥在清償已屆期之債務前，或其財產不足清償債務以及執行退夥、解散、清算所生之必要費用時，不得分配盈餘。於會計年度終了前分配盈餘者，應先預估並

保留一切稅捐。

II.有限合夥分配盈餘，應依有限合夥契約之約定；有限合夥契約未約定者，依各合夥人出資額比例分配。

III.違反前二項規定者，合夥人於受分配之範圍內，對有限合夥之債權人負其責任。

第 29 條　（會計查核）

有限合夥人於每會計年度終了時，得查閱有限合夥之財務報表、業務及財產情形；必要時，法院得因有限合夥人之聲請，許其隨時查閱有限合夥之財務報表、業務及財產之情形，有限合夥負責人不得規避、妨礙或拒絕。

第 30 條　（財務報表之備置）

有限合夥代表人應備置歷年財務報表於所在地，供債權人及合夥人查閱或抄錄。

第 31 條　（主管機關之檢查）

I.主管機關得會同目的事業主管機關，隨時派員檢查有限合夥之業務及財務狀況，有限合夥負責人不得規避、妨礙或拒絕。

II.主管機關依前項規定派員檢查時，得視需要選任會計師、律師或其他專業人員協助辦理。

第 32 條　（加入）

I.有限合夥人之加入，除有限合夥契約另有約定者外，應經全體普通合夥人之同意；普通合夥人之加入，應經全體合夥人之同意。

II.加入有限合夥為普通合夥人者，對於未加入前有限合夥已發生之債務，亦應負責。

第 33 條　（退夥㈠）

I.普通合夥人有下列情事之一者，退夥：

一　死亡。

二　受破產、監護或輔助宣告或經法院裁定開始清算程序。

三　出資額經法院強制執行。

四　除名。

II.前項第四款之除名，除第五條第二項規定情形外，應有下列事由之一，並經普通合夥人三分之二以上同意為之：

一　違反第二十二條第一項或第二十五條第一項規定，情節重大者。

二　違反第二十四條規定或怠忽職守，致嚴重損害有限合夥之利益者。

第 34 條　（退夥㈡）

I.除前條第一項或有限合夥契約另有約定者外，合夥人遇有非可歸責於自己之重大事由，得經其他合夥人過半數之同意後退夥。

II.普通合夥人退夥後，對於其退夥前有限合夥所負債務，仍應負責。

第 35 條　（解散）

I.有限合夥有下列情事之一者，解散：

一　有限合夥契約約定之解散事由發生。

二　有限合夥存續期間屆滿。

三　合夥人全體同意。

四　破產。

五　合夥人人數不足。

II.前項第一款或第二款情形，經合夥人全體同意者，得繼續經營。

III.第一項第五款情形，經其餘合夥人全體同意者，於加入普通合夥人或有限合夥人後，得繼續經營。

第 36 條　（清算）

I.有限合夥解散，經中央主管機關撤銷或廢止登記後，應行清算。但因破產而解散者，不在此限。

II.除有限合夥契約另有約定者外，合夥事務應由全體普通合夥人清算了結。

III.但因全體普通合夥人退夥而解散者，法院應依利害關係人之聲請選派清算人。

IV.清算人執行事務之權限及代表權，準用第二十條、第二十一條及第二十四條規定。

V.有限合夥之清算，除本法另有規定外，準用公司法無限公司清算之規定。

第四章　外國有限合夥

第 37 條　（外國有限合夥之登記）

外國有限合夥非經辦理分支機構登記者，不得在中華民國境內營業。

第 38 條 （外國有限合夥之準用）

I.外國有限合夥分支機構之登記、營運資金、解散及廢止登記，準用公司法之規定。

II.外國有限合夥分支機構之清算，以外國有限合夥在中華民國境內之負責人或分支機構經理人為清算人，並準用公司法第三百八十一條、第三百八十二條及無限公司清算之規定。

第五章 罰 則

第 39 條 （罰則（一））

I.違反第十條第一項規定，未經登記而以有限合夥名義經營業務，或為其他法律行為者，行為人處一年以下有期徒刑、拘役或科或併科新臺幣五十萬元以下罰金，並自負民事責任；行為人有二人以上者，連帶負民事責任。

II.主管機關並應禁止其使用有限合夥之名義。

第 40 條 （罰則（二））

有限合夥負責人規避、妨礙或拒絕主管機關依第三十一條第一項規定所為之檢查者，處新臺幣五萬元以上二十五萬元以下罰鍰，並得按次處罰。

第 41 條 （罰則（三））

有下列情形之一者，處有限合夥代表人新臺幣二萬元以上十萬元以下罰鍰，並得按次處罰：

一　未依第九條第三項所定辦法規定之期限申請登記。

二　未依第二十七條第一項規定，將營業報告書、財務報表及盈餘分配或虧損撥補之議案，分送全體合夥人承認。

三　未依第二十七條第三項規定，將年度財務報表送經會計師查核簽證。

四　未依第三十條規定，備置歷年財務報表。

第 42 條 （罰則（三））

有限合夥負責人規避、妨礙或拒絕有限合夥人依第二十九條規定所為之查閱者，處新臺幣二萬元以上十萬元以下罰鍰，並得按次處罰。

第六章 附 則

第 43 條 （費用之收取）

依本法受理有限合夥名稱及所營事業預查、登記、查閱、抄錄及各種證明書等之各項申請，應收取費用；其費用之項目、費額及其他事項之準則，由中央主管機關定之。

第 44 條 （施行日期）

本法施行日期，由行政院定之。

信 託 法

九十八年十二月三十日總統令修正公布

①民國八十五年一月二十六日總統令公布
②九十八年十二月三十日總統令修正公布第二一、
　四五、五三、八六條條文

第一章 總 則

第 1 條 　（信託之定義）

稱信託者，謂委託人將財產權移轉或為其他處分，使受託人依信託本旨，為受益人之利益或為特定之目的，管理或處分信託財產之關係。

第 2 條 　（信託成立之方式）

信託，除法律另有規定外，應以契約或遺囑為之。

第 3 條 　（受益人權利之保護）

委託人與受益人非同一人者，委託人除信託行為另有保留外，於信託成立後不得變更受益人或終止其信託，亦不得處分受益人之權利。但經受益人同意者，不在此限。

第 4 條 　（公示原則）

Ⅰ.以應登記或註冊之財產權為信託者，非經信託登記，不得對抗第三人。
Ⅱ.以有價證券為信託者，非依目的事業主管機關規定於證券上或其他表彰權利之文件上載明為信託財產，不得對抗第三人。
Ⅲ.以股票或公司債券為信託者，非經通知發行公司，不得對抗該公司。

第 5 條 　（信託行為之無效）

信託行為，有左列各款情形之一者，無效：
一　其目的違反強制或禁止規定者。
二　其目的違反公共秩序或善良風俗者。
三　以進行訴願或訴訟為主要目的者。
四　以依法不得受讓特定財產權之人為該財產權之受益人者。

第 6 條 　（債權人之撤銷權）

Ⅰ.信託行為有害於委託人之債權人權利者，債權人得聲請法院撤銷之。
Ⅱ.前項撤銷，不影響受益人已取得之利益。但受益人取得之利益未屆清償期或取得利益時明知或可得而知有害及債權者，不在此限。
Ⅲ.信託成立後六個月內，委託人或其遺產受破產之宣告者，推定其行為有害及債權。

第 7 條 　（除斥期間）

前條撤銷權，自債權人知有撤銷原因時起，一年間不行使而消滅。自行為時起逾十年者，亦同。

第 8 條 　（信託關係之存續）

Ⅰ.信託關係不因委託人或受託人死亡、破產或喪失行為能力而消滅。但信託行為另有訂定者，不在此限。
Ⅱ.委託人或受託人為法人時，因解散或撤銷設立登記而消滅者，適用前項之規定。

第二章 信託財產

第 9 條 　（信託財產）

Ⅰ.受託人因信託行為取得之財產權為信託財產。
Ⅱ.受託人因信託財產之管理、處分、滅失、毀損或其他事由取得之財產權，仍屬信託財產。

第 10 條 　（信託財產不屬於遺產）

受託人死亡時，信託財產不屬於其遺產。

第 11 條 　（信託財產不屬於破產財團）

受託人破產時，信託財產不屬於其破產財團。

第 12 條 　（強制執行之禁止及例外）

Ⅰ.對信託財產不得強制執行。但基於信託前

存在於該財產之權利、因處理信託事務所生之權利或其他法律另有規定者，不在此限。

II.違反前項規定者，委託人、受益人或受託人得於強制執行程序終結前，向執行法院對債權人提起異議之訴。

III.強制執行法第十八條第二項、第三項之規定，於前項情形，準用之。

第 13 條　（抵銷之禁止）

屬於信託財產之債權與不屬於該信託財產之債務不得互相抵銷。

第 14 條　（混同之效力）

信託財產為所有權以外之權利時，受託人雖取得該權利標的之財產權，其權利亦不因混同而消滅。

第 15 條　（管理方法之變更）

信託財產之管理方法，得經委託人、受託人及受益人之同意變更。

第 16 條　（情事變更原則）

I.信託財產之管理方法因情事變更致不符合受益人之利益時，委託人、受益人或受託人得聲請法院變更之。

II.前項規定，於法院所定之管理方法，準用之。

第三章　受　益　人

第 17 條　（受益人享有信託利益）

I.受益人因信託之成立而享有信託利益。但信託行為另有訂定者，從其所定。

II.受益人得拋棄其享有信託利益之權利。

第 18 條　（受益人之撤銷權）

I.受託人違反信託本旨處分信託財產時，受益人得聲請法院撤銷其處分。受益人有數人者，得由其中一人為之。

II.前項撤銷權之行使，以有左列情形之一者為限，始得為之：

一　信託財產為已辦理信託登記之應登記或註冊之財產權者。

二　信託財產為已依目的事業主管機關規定於證券上或其他表彰權利之文件上載明其為信託財產之有價證券者。

三　信託財產為前二款以外之財產權而相對人及轉得人明知或因重大過失不知受託人之處分違反信託本旨者。

第 19 條　（除斥期間）

前條撤銷權，自受益人知有撤銷原因起，一年間不行使而消滅。自處分時起逾十年者，亦同。

第 20 條　（民法規定之準用）

民法第二百九十四條至第二百九十九條之規定，於受益權之讓與，準用之。

第四章　受　託　人

第 21 條　（受託人之資格限制）

未成年人、受監護或輔助宣告之人及破產人，不得為受託人。

第 22 條　（注意義務）

受託人應依信託本旨，以善良管理人之注意，處理信託事務。

第 23 條　（違反義務之效力）

受託人因管理不當致信託財產發生損害或違反信託本旨處分信託財產時，委託人、受益人或其他受託人得請求以金錢賠償信託財產所受損害或回復原狀，並得請求減免報酬。

第 24 條　（分別管理）

I.受託人應將信託財產與其自有財產及其他信託財產分別管理。信託財產為金錢者，得以分別記帳方式為之。

II.前項不同信託之信託財產間，信託行為訂定得不必分別管理者，從其所定。

III.受託人違反第一項規定獲得利益者，委託人或受益人得請求將其利益歸於信託財產。如因而致信託財產受損害者，受託人

雖無過失，亦應負損害賠償責任；但受託人證明縱為分別管理，而仍不免發生損害者，不在此限。

IV.前項請求權，自委託人或受益人知悉之日起，二年間不行使而消滅。自事實發生時起，逾五年者，亦同。

第 25 條　（自己處理原則與複信託）

受託人應自己處理信託事務。但信託行為另有訂定或有不得已之事由者，得使第三人代為處理。

第 26 條　（複信託之效力㈠）

I.受託人依前條但書規定，使第三人代為處理信託事務者，僅就第三人之選任與監督其職務之執行負其責任。

II.前條但書情形，該第三人負與受託人處理信託事務同一之責任。

第 27 條　（複信託之效力㈡）

I.受託人違反第二十五條規定，使第三人代為處理信託事務者，就該第三人之行為與就自己之行為負同一責任。

II.前項情形，該第三人應與受託人負連帶責任。

第 28 條　（公同共有）

I.同一信託之受託人有數人時，信託財產為其公同共有。

II.前項情形，信託事務之處理除經常事務、保存行為或信託行為另有訂定外，由全體受託人共同為之。受託人意思不一致時，應得受益人全體之同意。受益人意思不一致時，得聲請法院裁定之。

III.受託人有數人者，對其中一人所為之意思表示，對全體發生效力。

第 29 條　（連帶責任）

受託人有數人者，對受益人因信託行為負擔之債務負連帶清償責任。其因處理信託事務負擔債務者，亦同。

第 30 條　（有限責任）

受託人因信託行為對受益人所負擔之債務，僅於信託財產限度內負履行責任。

第 31 條　（受託人造具文書之義務）

I.受託人就各信託，應分別造具帳簿，載明各信託事務處理之狀況。

II.受託人除應於接受信託時作成信託財產目錄外，每年至少定期一次作成信託財產目錄，並編製收支計算表，送交委託人及受益人。

第 32 條　（閱覽、抄錄、影印文書之請求權）

I.委託人或受益人得請求閱覽、抄錄或影印前條之文書，並得請求受託人說明信託事務之處理情形。

II.利害關係人於必要時，得請求閱覽、抄錄或影印前條之文書。

第 33 條　（信託財產瑕疵之承繼）

I.受託人關於信託財產之占有，承繼委託人占有之瑕疵。

II.前項規定於以金錢、其他代替物或有價證券為給付標的之有價證券之占有，準用之。

第 34 條　（受託人享有信託利益之禁止）

受託人不得以任何名義，享有信託利益。但與他人為共同受益人時，不在此限。

第 35 條　（受託人處分信託財產之限制）

I.受託人除有左列各款情形之一外，不得將信託財產轉為自有財產，或於該信託財產上設定或取得權利：

　一　經受益人書面同意，並依市價取得者。

　二　由集中市場競價取得者。

　三　有不得已事由經法院許可者。

II.前項規定，於受託人因繼承、合併或其他事由，概括承受信託財產上之權利時，不適用之。於此情形，並準用第十四條之規定。

III.受託人違反第一項之規定，使用或處分信託財產者，委託人、受益人或其他受託人，除準用第二十三條規定外，並得請求將其所得之利益歸於信託財產；於受託人有惡意者，應附加利息一併歸入。

IV.前項請求權，自委託人或受益人知悉之日

信託法

（第三六～四五條）

起，二年間不行使而消滅。自事實發生時起逾五年者，亦同。

第36條 （受託人之辭任）

I.受託人除信託行為另有訂定外，非經委託人及受益人之同意，不得辭任。但有不得已之事由時，得聲請法院許可其辭任。

II.受託人違背其職務或有其他重大事由時，法院得因委託人或受益人之聲請將其解任。

III.前二項情形，除信託行為另有訂定外，委託人得指定新受託人，如不能或不為指定者，法院得因利害關係人或檢察官之聲請選任新受託人，並為必要之處分。

IV.已辭任之受託人於新受託人能接受信託事務前，仍有受託人之權利及義務。

第37條 （有價證券之發行）

信託行為訂定對於受益權得發行有價證券者，受託人得依有關法律之規定，發行有價證券。

第38條 （受託人之報酬）

I.受託人係信託業或信託行為訂有給付報酬者，得請求報酬。

II.約定之報酬，依當時之情形或因情事變更顯失公平者，法院得因委託人、受託人、受益人或同一信託之其他受託人之請求增減其數額。

第39條 （費用、債務之償還㈠）

I.受託人就信託財產或處理信託事務所支出之稅捐、費用或負擔之債務，得以信託財產充之。

II.前項費用，受託人有優先於無擔保債權人受償之權。

III.第一項權利之行使不符信託目的時，不得為之。

第40條 （費用、債務之償還㈡）

I.信託財產不足清償前條第一項之費用或債務，或受託人有前條第三項之情形時，受託人得向受益人請求補償或清償債務或提供相當之擔保。但信託行為另有訂定

者，不在此限。

II.信託行為訂有受託人得先對受益人請求補償或清償所負之債務或要求提供擔保者，從其所定。

III.前二項規定，於受益人拋棄其權利時，不適用之。

IV.第一項之請求權，因二年間不行使而消滅。

第41條 （費用、債務之償還㈢）

受託人有第三十九條第一項或前條之權利者，於其權利未獲滿足前，得拒絕將信託財產交付受益人。

第42條 （所受損害之補償）

I.受託人就信託財產或處理信託事務所受損害之補償，準用前三條之規定。

II.前項情形，受託人有過失時，準用民法第二百十七條規定。

第43條 （報酬之收取）

I.第三十九條第一項、第三項，第四十條及第四十一條之規定，於受託人得自信託財產收取報酬時，準用之。

II.第四十一條規定，於受託人得向受益人請求報酬時，準用之。

第44條 （權利行使之限制）

前五條所定受託人之權利，受託人非履行第二十三條或第二十四條第三項所定損害賠償、回復原狀或返還利益之義務，不得行使。

第45條 （受託人任務終了之原因）

I.受託人之任務，因受託人死亡、受破產、監護或輔助宣告而終了。其為法人者，經解散、破產宣告或撤銷設立登記時，亦同。

II.第三十六條第三項之規定，於前項情形，準用之。

III.新受託人於接任處理信託事務前，原受託人之繼承人或其法定代理人、遺產管理人、破產管理人、監護人、輔助人或清算人應保管信託財產，並為信託事務之移交

採取必要之措施。法人合併時，其合併後存續或另立之法人，亦同。

第 46 條　（遺囑指定之受託人拒絕或不能接受信託）

遺囑指定之受託人拒絕或不能接受信託時，利害關係人或檢察官得聲請法院選任受託人。但遺囑另有訂定者，不在此限。

第 47 條　（受託人變更時信託財產之移轉）

I.受託人變更時，信託財產視為於原受託人任務終了時，移轉於新受託人。

II.共同受託人中之一人任務終了時，信託財產歸屬於其他受託人。

第 48 條　（受託人變更時債務之承受）

I.受託人變更時，由新受託人承受原受託人因信託行為對受益人所負擔之債務。

II.前項情形，原受託人因處理信託事務負擔之債務，債權人亦得於新受託人繼受之信託財產限度內，請求新受託人履行。

III.新受託人對原受託人得行使第二十三條及第二十四條第三項所定之權利。

IV.第一項之規定，於前條第二項之情形，準用之。

第 49 條　（受託人變更時強執之進行）

對於信託財產之強制執行，於受託人變更時，債權人仍得依原執行名義，以新受託人為債務人，開始或續行強制執行。

第 50 條　（受託人變更時文書之作成）

I.受託人變更時，原受託人應就信託事務之處理作成結算書及報告書，連同信託財產會同受益人或信託監察人移交於新受託人。

II.前項文書經受益人或信託監察人承認時，原受託人就其記載事項，對受益人所負之責任視為解除。但原受託人有不正當行為者，不在此限。

第 51 條　（留置權之行使）

I.受託人變更時，原受託人為行使第三十九條、第四十二條或第四十三條所定之權利，得留置信託財產，並得對新受託人就信託財產為請求。

II.前項情形，新受託人提出與各個留置物價值相當之擔保者，原受託人就該物之留置權消滅。

第五章　信託監察人

第 52 條　（信託監察人之選任）

I.受益人不特定、尚未存在或其他為保護受益人之利益認有必要時，法院得因利害關係人或檢察官之聲請，選任一人或數人為信託監察人。但信託行為定有信託監察人或其選任方法者，從其所定。

II.信託監察人得以自己名義，為受益人為有關信託之訴訟上或訴訟外之行為。

III.受益人得請求信託監察人為前項之行為。

第 53 條　（信託監察人之資格限制）

未成年人、受監護或輔助宣告之人及破產人，不得為信託監察人。

第 54 條　（信託監察人之注意義務）

信託監察人執行職務，應以善良管理人之注意為之。

第 55 條　（多數信託監察人）

信託監察人有數人時，其職務之執行除法院另有指定或信託行為另有訂定外，以過半數決之。但就信託財產之保存行為得單獨為之。

第 56 條　（信託監察人之報酬）

法院因信託監察人之請求，得斟酌其職務之繁簡及信託財產之狀況，就信託財產酌給相當報酬。但信託行為另有訂定者，從其所定。

第 57 條　（信託監察人之辭任）

信託監察人有正當事由時，得經指定或選任之人同意或法院之許可辭任。

第 58 條　（信託監察人之解任）

信託監察人怠於執行其職務或有其他重大事由時，指定或選任之人得解任之；法

院亦得因利害關係人或檢察官之聲請將其解任。

第 59 條　（選任新信託監察人）

I.信託監察人辭任或解任時，除信託行為另有訂定外，指定或選任之人得選任新信託監察人；不能或不為選任者，法院亦得因利害關係人或檢察官之聲請選任之。

II.信託監察人拒絕或不能接任時，準用前項規定。

第六章　信託之監督

第 60 條　（法院監督）

I.信託除營業信託及公益信託外，由法院監督。

II.法院得因利害關係人或檢察官之聲請為信託事務之檢查，並選任檢查人及命為其他必要之處分。

第 61 條　（罰則）

受託人不遵守法院之命令或妨礙其檢查者，處新臺幣一萬元以上十萬元以下罰鍰。

第七章　信託關係之消滅

第 62 條　（信託關係之消滅原因）

信託關係，因信託行為所定事由發生，或因信託目的已完成或不能完成而消滅。

第 63 條　（信託之終止㈠）

I.信託利益全部由委託人享有者，委託人或其繼承人得隨時終止信託。

II.前項委託人或其繼承人於不利於受託人之時期終止信託者，應負損害賠償責任。但有不得已之事由者，不在此限。

第 64 條　（信託之終止㈡）

I.信託利益非由委託人全部享有者，除信託行為另有訂定外，委託人及受益人得隨時共同終止信託。

II.委託人及受益人於不利受託人之時期終止信託者，應負連帶損害賠償責任。但有不得已之事由者，不在此限。

第 65 條　（信託財產之歸屬）

信託關係消滅時，信託財產之歸屬，除信託行為另有訂定外，依左列順序定之：

一　享有全部信託利益之受益人。

二　委託人或其繼承人。

第 66 條　（信託關係存續之擬制）

信託關係消滅時，於受託人移轉信託財產於前條歸屬權利人前，信託關係視為存續，以歸屬權利人視為受益人。

第 67 條　（準用規定）

第四十九條及第五十一條之規定，於信託財產因信託關係消滅而移轉於受益人或其他歸屬權利人時，準用之。

第 68 條　（信託關係消滅時文書之作成）

I.信託關係消滅時，受託人應就信託事務之處理作成結算書及報告書，並取得受益人、信託監察人或其他歸屬權利人之承認。

II.第五十條第二項規定，於前項情形，準用之。

第八章　公益信託

第 69 條　（公益信託之定義）

稱公益信託者，謂以慈善、文化、學術、技藝、宗教、祭祀或其他以公共利益為目的之信託。

第 70 條　（公益信託設立及其受託人之申請許可）

I.公益信託之設立及其受託人，應經目的事業主管機關之許可。

II.前項許可之申請，由受託人為之。

第 71 條　（法人之公益信託）

I.法人為增進公共利益，得經決議對外宣言自為委託人及受託人，並邀公眾加入為委託人。

II.前項信託於對公眾宣言前，應經目的事業主管機關許可。

III.第一項信託關係所生之權利義務，依該法人之決議及宣言內容定之。

第 72 條　（公益信託之監督）

I.公益信託由目的事業主管機關監督。

II.目的事業主管機關得隨時檢查信託事務及財產狀況；必要時並得命受託人提供相當之擔保或為其他處置。

III.受託人應每年至少一次定期將信託事務處理情形及財務狀況，送公益信託監察人審核後，報請主管機關核備並公告之。

第 73 條　（變更信託條款原則）

公益信託成立後發生信託行為當時不能預見之情事時，目的事業主管機關得參酌信託本旨，變更信託條款。

第 74 條　（公益信託受託人辭任之限制）

公益信託之受託人非有正當理由，並經目的事業主管機關許可，不得辭任。

第 75 條　（信託監察人之設置）

公益信託應置信託監察人。

第 76 條　（目的事業主管機關之職權）

第三十五條第一項第三款、第三十六條第二項、第三項、第四十五條第二項、第四十六條、第五十六條至第五十九條所定法院之權限，於公益信託由目的事業主管機關行之。但第三十六條第二項、第三項、第四十五條第二項及第四十六條所定之權限，目的事業主管機關亦得依職權為之。

第 77 條　（撤銷許可）

I.公益信託違反設立許可條件、監督命令或為其他有害公益之行為者，目的事業主管機關得撤銷其許可或為其他必要之處置。其無正當理由連續三年不為活動者，亦同。

II.目的事業主管機關為前項處分前，應通知委託人、信託監察人及受託人於限期內表示意見。但不能通知者，不在此限。

第 78 條　（公益信託之消滅）

公益信託，因目的事業主管機關撤銷設立之許可而消滅。

第 79 條　（公益信託關係消滅後之處理方式）

公益信託關係消滅，而無信託行為所訂信託財產歸屬權利人時，目的事業主管機關得為類似之目的，使信託關係存續，或使信託財產移轉於有類似目的之公益法人或公益信託。

第 80 條　（申報事項㈠）

公益信託關係依第六十二條規定消滅者，受託人應於一個月內，將消滅之事由及年月日，向目的事業主管機關申報。

第 81 條　（申報事項㈡）

公益信託關係消滅時，受託人應於依第六十八條第一項規定取得信託監察人承認後十五日內，向目的事業主管機關申報。

第 82 條　（受託人之處罰）

公益信託之受託人有左列情事之一者，由目的事業主管機關處新臺幣二萬元以上二十萬元以下罰鍰：

一　帳簿、財產目錄或收支計算表有不實之記載。

二　拒絕、妨礙或規避目的事業主管機關之檢查。

三　向目的事業主管機關為不實之申報或隱瞞事實。

四　怠於公告或為不實之公告。

五　違反目的事業主管機關監督之命令。

第 83 條　（使用公益信託名稱、文字之禁止）

I.未經許可，不得使用公益信託之名稱或使用易於使人誤認為公益信託之文字。

II.違反前項規定者，由目的事業主管機關處新臺幣一萬元以上十萬元以下罰鍰。

第 84 條　（適用之規定）

公益信託除本章另有規定外，適用第二章至第七章之規定。

信
託
法

（第八五～八六條）

第 85 條 （公益信託許可及監督辦法之訂定）

公益信託之許可及監督辦法，由目的事業主管機關定之。

第九章　附　則

第 86 條 （施行日期）

I.本法自公布日施行。

II.本法中華民國九十八年十二月十五日修正之條文，自九十八年十一月二十三日施行。

勞動社會法

勞動基準法

一百零九年六月十日總統令修正公布

①民國七十三年七月三十日總統令公布
②八十五年十二月二十七日總統令修正公布
③八十七年五月十三日總統令修正公布
④八十九年六月二十八日總統令修正公布
⑤八十九年七月十九日總統令修正公布
⑥九十一年六月十二日總統令修正公布
⑦九十一年十二月二十五日總統令修正公布
⑧九十七年五月十四日總統令修正公布
⑨九十八年四月二十二日總統令修正公布
⑩一百年六月二十九日總統令修正公布
⑪一百零二年十二月十一日總統令修正公布
⑫一百零四年二月四日總統令修正公布
⑬一百零四年六月三日總統令修正公布
⑭一百零四年七月一日總統令修正公布
⑮一百零四年十二月十六日總統令修正公布
⑯一百零五年十一月十六日總統令修正公布
⑰一百零五年十二月二十一日總統令修正公布
⑱一百零六年十二月二十七日總統令修正公布
⑲一百零七年一月三十一日總統令修正公布
⑳一百零七年十一月二十一日總統令修正公布
㉑一百零八年五月十五日總統令修正公布
㉒一百零八年六月十九日總統令修正公布
㉓一百零九年六月十日總統令修正公布第八〇之一條條文

第一章　總　則

第1條　（立法目的）

I 為規定勞動條件最低標準，保障勞工權益，加強勞雇關係，促進社會與經濟發展，特制定本法；本法未規定者，適用其他法律之規定。

II 雇主與勞工所訂勞動條件，不得低於本法所定之最低標準。

第2條　（用詞定義）

本法用詞，定義如下：

一　勞工：指受雇主僱用從事工作獲致工資者。

二　雇主：指僱用勞工之事業主、事業經營之負責人或代表事業主處理有關勞工事務之人。

三　工資：指勞工因工作而獲得之報酬；包括工資、薪金及按計時、計日、計月、計件以現金或實物等方式給付之獎金、津貼及其他任何名義之經常性給與均屬之。

四　平均工資：指計算事由發生之當日前六個月內所得工資總額除以該期間之總日數所得之金額。工作未滿六個月者，指工作期間所得工資總額除以工作期間之總日數所得之金額。工資按工作日數、時數或論件計算者，其依上述方式計算之平均工資，如少於該期內工資總額除以實際工作日數所得金額百分之六十者，以百分之六十計。

五　事業單位：指適用本法各業僱用勞工從事工作之機構。

六　勞動契約：指約定勞雇關係而具有從屬性之契約。

七　派遣事業單位：指從事勞動派遣業務之事業單位。

八　要派單位：指依據要派契約，實際指揮監督管理派遣勞工從事工作者。

九　派遣勞工：指受派遣事業單位僱用，並向要派單位提供勞務者。

十　要派契約：指要派單位與派遣事業單位就勞動派遣事項所訂立之契約。

第3條　（適用行業之範圍）

I 本法於左列各業適用之：

一　農、林、漁、牧業。

二　礦業及土石採取業。

三　製造業。

四　營造業。

五　水電、煤氣業。

六　運輸、倉儲及通信業。

七　大眾傳播業。

八　其他經中央主管機關指定之事業。

II.依前項第八款指定時，得就事業之部分工作場所或工作者指定適用。

III.本法適用於一切勞雇關係。但因經營型態、管理制度及工作特性等因素適用本法確有窒礙難行者，並經中央主管機關指定公告之行業或工作者，不適用之。

IV.前項因窒礙難行而不適用本法者，不得逾第一項第一款至第七款以外勞工總數五分之一。

第4條　（主管機關）

本法所稱主管機關：在中央為勞動部；在直轄市為直轄市政府；在縣（市）為縣（市）政府。

第5條　（強制勞動之禁止）

雇主不得以強暴、脅迫、拘禁或其他非法之方法，強制勞工從事勞動。

第6條　（抽取不法利益之禁止）

任何人不得介入他人之勞動契約，抽取不法利益。

第7條　（勞工名卡之置備及登記）

I.雇主應置備勞工名卡，登記勞工之姓名、性別、出生年月日、本籍、教育程度、住址、身分證統一號碼、到職年月日、工資、勞工保險投保日期、獎懲、傷病及其他必要事項。

II.前項勞工名卡，應保管至勞工離職後五年。

第8條　（雇主提供工作安全之義務）

雇主對於僱用之勞工，應預防職業上災害，建立適當之工作環境及福利設施。其有關安全衛生及福利事項，依有關法律之規定。

第二章　勞動契約

第9條　（定期勞動契約與不定期勞動契約）

I.勞動契約，分為定期契約及不定期契約。臨時性、短期性、季節性及特定性工作得為定期契約；有繼續性工作應為不定期契約。派遣事業單位與派遣勞工訂定之勞動契約，應為不定期契約。

II.定期契約屆滿後，有下列情形之一，視為不定期契約：

一　勞工繼續工作而雇主不即表示反對意思者。

二　雖經另訂新約，惟其前後勞動契約之工作期間超過九十日，前後契約間斷期間未超過三十日者。

III.前項規定於特定性或季節性之定期工作不適用之。

第9條之1　（勞工離職後競業禁止之約定）

I.未符合下列規定者，雇主不得與勞工為離職後競業禁止之約定：

一　雇主有應受保護之正當營業利益。

二　勞工擔任之職位或職務，能接觸或使用雇主之營業秘密。

三　競業禁止之期間、區域、職業活動之範圍及就業對象，未逾合理範疇。

四　雇主對勞工因不從事競業行為所受損失有合理補償。

II.前項第四款所定合理補償，不包括勞工於工作期間所受領之給付。

III.違反第一項各款規定之一者，其約定無效。

IV.離職後競業禁止之期間，最長不得逾二年。逾二年者，縮短為二年。

第10條　（工作年資之合併計算）

定期契約屆滿後或不定期契約因故停止履行後，未滿三個月而訂定新約或繼續履行原約時，勞工前後工作年資，應合併計算。

第 10 條之 1　（雇主調動勞工工作應符合之原則）

雇主調動勞工工作，不得違反勞動契約之約定，並應符合下列原則：

一　基於企業經營上所必須，且不得有不當動機及目的。但法律另有規定者，從其規定。

二　對勞工之工資及其他勞動條件，未作不利之變更。

三　調動後工作為勞工體能及技術可勝任。

四　調動工作地點過遠，雇主應予以必要之協助。

五　考量勞工及其家庭之生活利益。

第 11 條　（雇主須預告始得終止勞動契約之情形）

非有左列情事之一者，雇主不得預告勞工終止勞動契約：

一　歇業或轉讓時。

二　虧損或業務緊縮時。

三　不可抗力暫停工作在一個月以上時。

四　業務性質變更，有減少勞工之必要，又無適當工作可供安置時。

五　勞工對於所擔任之工作確不能勝任時。

第 12 條　（雇主無須預告即得終止勞動契約之情形）

I.勞工有左列情事之一者，雇主得不經預告終止契約：

一　於訂立勞動契約時為虛偽意思表示，使雇主誤信而有受損害之虞者。

二　對於雇主、雇主家屬、雇主代理人或其他共同工作之勞工，實施暴行或有重大侮辱之行為者。

三　受有期徒刑以上刑之宣告確定，而未諭知緩刑或未准易科罰金者。

四　違反勞動契約或工作規則，情節重大者。

五　故意損耗機器、工具、原料、產品，或其他雇主所有物品，或故意

洩漏雇主技術上、營業上之秘密，致雇主受有損害者。

六　無正當理由繼續曠工三日，或一個月內曠工達六日者。

II.雇主依前項第一款、第二款及第四款至第六款規定終止契約者，應自知悉其情形之日起，三十日內為之。

第 13 條　（雇主終止勞動契約之禁止及其例外）

勞工在第五十條規定之停止工作期間或第五十九條規定之醫療期間，雇主不得終止契約。但雇主因天災、事變或其他不可抗力致事業不能繼續，經報主管機關核定者，不在此限。

第 14 條　（勞工無須預告即得終止勞動契約之情形）

I.有下列情形之一者，勞工得不經預告終止契約：

一　雇主於訂立勞動契約時為虛偽之意思表示，使勞工誤信而有受損害之虞者。

二　雇主、雇主家屬、雇主代理人對於勞工，實施暴行或有重大侮辱之行為者。

三　契約所訂之工作，對於勞工健康有危害之虞，經通知雇主改善而無效果者。

四　雇主、雇主代理人或其他勞工患有法定傳染病，對共同工作之勞工有傳染之虞，且重大危害其健康者。

五　雇主不依勞動契約給付工作報酬，或對於按件計酬之勞工不供給充分之工作者。

六　雇主違反勞動契約或勞工法令，致有損害勞工權益之虞者。

II.勞工依前項第一款、第六款規定終止契約者，應自知悉其情形之日起，三十日內為之。但雇主有前項第六款所定情形者，勞工得於知悉損害結果之日起，三十日內為之。

III.有第一項第二款或第四款情形，雇主已將該代理人間之契約終止，或患有法定傳染

勞動基準法

病者依衛生法規已接受治療時，勞工不得終止契約。

Ⅳ.第十七條規定於本條終止契約準用之。

第15條 （勞工須預告始得終止勞動契約之情形）

Ⅰ.特定性定期契約期逾三年者，於屆滿三年後，勞工得終止契約。但應於三十日前預告雇主。

Ⅱ.不定期契約，勞工終止契約時，應準用第十六條第一項規定期間預告雇主。

第15條之1 （勞工最低服務年限之約定）

Ⅰ.未符合下列規定之一，雇主不得與勞工為最低服務年限之約定：
- 一 雇主為勞工進行專業技術培訓，並提供該項培訓費用者。
- 二 雇主為使勞工遵守最低服務年限之約定，提供其合理補償者。

Ⅱ.前項最低服務年限之約定，應就下列事項綜合考量，不得逾合理範圍：
- 一 雇主為勞工進行專業技術培訓之期間及成本。
- 二 從事相同或類似職務之勞工，其人力替補可能性。
- 三 雇主提供勞工補償之額度及範圍。
- 四 其他影響最低服務年限合理性之事項。

Ⅲ.違反前二項規定者，其約定無效。

Ⅳ.勞動契約因不可歸責於勞工之事由而於最低服務年限屆滿前終止者，勞工不負違反最低服務年限約定或返還訓練費用之責任。

第16條 （雇主終止勞動契約之預告期間）

Ⅰ.雇主依第十一條或第十三條但書規定終止勞動契約者，其預告期間依左列各款之規定：
- 一 繼續工作三個月以上一年未滿者，於十日前預告之。
- 二 繼續工作一年以上三年未滿者，於二十日前預告之。
- 三 繼續工作三年以上者，於三十日前預告之。

Ⅱ.勞工於接到前項預告後，為另謀工作得於工作時間請假外出。其請假時數，每星期不得超過二日之工作時間，請假期間之工資照給。

Ⅲ.雇主未依第一項規定期間預告而終止契約者，應給付預告期間之工資。

第17條 （資遣費之計算）

Ⅰ.雇主依前條終止勞動契約者，應依下列規定發給勞工資遣費：
- 一 在同一雇主之事業單位繼續工作，每滿一年發給相當於一個月平均工資之資遣費。
- 二 依前款計算之剩餘月數，或工作未滿一年者，以比例計給之。未滿一個月者以一個月計。

Ⅱ.前項所定資遣費，雇主應於終止勞動契約三十日內發給。

第17條之1 （禁止要派單位與派遣事業單位面試或指定特定受僱於派遣事業單位勞工之行為）

Ⅰ.要派單位不得於派遣事業單位與派遣勞工簽訂勞動契約前，有面試該派遣勞工或其他指定特定派遣勞工之行為。

Ⅱ.要派單位違反前項規定，且已受領派遣勞工勞務者，派遣勞工得於要派單位提供勞務之日起九十日內，以書面向要派單位提出訂定勞動契約之意思表示。

Ⅲ.要派單位應自前項派遣勞工意思表示到達之日起十日內，與其協商訂定勞動契約。逾期未協商或協商不成立者，視為雙方自期滿翌日成立勞動契約，並以派遣勞工於要派單位工作期間之勞動條件為勞動契約內容。

Ⅳ.派遣事業單位及要派單位不得因派遣勞工提出第二項意思表示，而予以解僱、降調、減薪、損害其依法令、契約或習慣上所應享有之權益，或其他不利之處分。

Ⅴ.派遣事業單位及要派單位為前項行為之一者，無效。

Ⅵ.派遣勞工因第二項及第三項規定與要派

單位成立勞動契約者，其與派遣事業單位之勞動契約視為終止，且不負違反最低服務年限約定或返還訓練費用之責任。

Ⅶ前項派遣事業單位應依本法或勞工退休金條例規定之給付標準及期限，發給派遣勞工退休金或資遣費。

第 18 條　（勞工不得請求預告期間工資及資遣費之情形）

有左列情形之一者，勞工不得向雇主請求加發預告期間工資及資遣費：

一　依第十二條或第十五條規定終止勞動契約者。

二　定期勞動契約期滿離職者。

第 19 條　（發給服務證明書之義務）

勞動契約終止時，勞工如請求發給服務證明書，雇主或其代理人不得拒絕。

第 20 條　（改組或轉讓時勞工留用或資遣之有關規定）

事業單位改組或轉讓時，除新舊雇主商定留用之勞工外，其餘勞工應依第十六條規定期間預告終止契約，並應依第十七條規定發給勞工資遣費。其留用勞工之工作年資，應由新雇主繼續予以承認。

第三章　工　　資

第 21 條　（工資之議定及基本工資）

Ⅰ.工資由勞雇雙方議定之。但不得低於基本工資。

Ⅱ.前項基本工資，由中央主管機關設基本工資審議委員會擬訂後，報請行政院核定之。

Ⅲ.前項基本工資審議委員會之組織及其審議程序等事項，由中央主管機關另以辦法定之。

第 22 條　（工資之給付㈠——標的及受領權人）

Ⅰ.工資之給付，應以法定通用貨幣為之。但基於習慣或業務性質，得於勞動契約內訂明一部以實物給付之。工資之一部以實物給付時，其實物之作價應公平合理，並適

合勞工及其家屬之需要。

Ⅱ.工資應全額直接給付勞工。但法令另有規定或勞雇雙方另有約定者，不在此限。

第 22 條之 1　（派遣勞工遭受積欠工資，經請求派遣事業單位給付仍未給付時，要派單位負有補充給付之責任）

Ⅰ.派遣事業單位積欠派遣勞工工資，經主管機關處罰或依第二十七條規定限期令其給付而屆期未給付者，派遣勞工得請求要派單位給付。要派單位應自派遣勞工請求之日起三十日內給付之。

Ⅱ.要派單位依前項規定給付者，得向派遣事業單位求償或扣抵要派契約之應付費用。

第 23 條　（工資之給付㈡——時間或次數）

Ⅰ.工資之給付，除當事人有特別約定或按月預付者外，每月至少定期發給二次，並應提供工資各項目計算方式明細；按件計酬者亦同。

Ⅱ.雇主應置備勞工工資清冊，將發放工資、工資各項目計算方式明細、工資總額等事項記入。工資清冊應保存五年。

第 24 條　（延長工作時間工資加給之計算方法）

Ⅰ.雇主延長勞工工作時間者，其延長工作時間之工資，依下列標準加給：

一　延長工作時間在二小時以內者，按平日每小時工資額加給三分之一以上。

二　再延長工作時間在二小時以內者，按平日每小時工資額加給三分之二以上。

三　依第三十二條第四項規定，延長工作時間者，按平日每小時工資額加倍發給。

Ⅱ.雇主使勞工於第三十六條所定休息日工作，工作時間在二小時以內者，其工資按平日每小時工資額另再加給一又三分之一以上；工作二小時後再繼續工作者，按平日每小時工資額另再加給一又三分之二以上。

勞動基準法

（第二五~三〇之一條）

第 25 條　（性別歧視之禁止）

雇主對勞工不得因性別而有差別之待遇。工作相同、效率相同者，給付同等之工資。

第 26 條　（預扣工資之禁止）

雇主不得預扣勞工工資作為違約金或賠償費用。

第 27 條　（主管機關之限期命令給付）

雇主不按期給付工資者，主管機關得限期令其給付。

第 28 條　（勞工債權受償順序）

I.雇主有歇業、清算或宣告破產之情事時，勞工之下列債權受償順序與第一順位抵押權、質權或留置權所擔保之債權相同，按其債權比例受清償；未獲清償部分，有最優先受清償之權：
  一　本於勞動契約所積欠之工資未滿六個月部分。
  二　雇主未依本法給付之退休金。
  三　雇主未依本法或勞工退休金條例給付之資遣費。
II.雇主應按其當月僱用勞工投保薪資總額及規定之費率，繳納一定數額之積欠工資墊償基金，作為墊償下列各款之用：
  一　前項第一款積欠之工資數額。
  二　前項第二款與第三款積欠之退休金及資遣費，其合計數額以六個月平均工資為限。
III.積欠工資墊償基金，累積至一定金額後，應降低費率或暫停收繳。
IV.第二項費率，由中央主管機關於萬分之十五範圍內擬訂，報請行政院核定之。
V.雇主積欠之工資、退休金及資遣費，經勞工請求未獲清償者，由積欠工資墊償基金依第二項規定墊償之；雇主應於規定期限內，將墊款償還積欠工資墊償基金。
VI.積欠工資墊償基金，由中央主管機關設管理委員會管理之。基金之收繳有關業務，得由中央主管機關，委託勞工保險機構辦理之。基金墊償程序、收繳與管理辦法、

第三項之一定金額及管理委員會組織規程，由中央主管機關定之。

第 29 條　（優秀勞工之獎金及紅利）

事業單位於營業年度終了結算，如有盈餘，除繳納稅捐、彌補虧損及提列股息、公積金外，對於全年工作並無過失之勞工，應給與獎金或分配紅利。

第四章　工作時間、休息、休假

第 30 條　（每日及每週之工作時數）

I.勞工正常工作時間，每日不得超過八小時，每週不得超過四十小時。
II.前項正常工作時間，雇主經工會同意，如事業單位無工會者，經勞資會議同意後，得將其二週內二日之正常工作時數，分配於其他工作日。其分配於其他工作日之時數，每日不得超過二小時。但每週工作總時數不得超過四十八小時。
III.第一項正常工作時間，雇主經工會同意，如事業單位無工會者，經勞資會議同意後，得將八週內之正常工作時數加以分配。但每日正常工作時間不得超過八小時，每週工作總時數不得超過四十八小時。
IV.前二項規定，僅適用於經中央主管機關指定之行業。
V.雇主應置備勞工出勤紀錄，並保存五年。
VI.前項出勤紀錄，應逐日記載勞工出勤情形至分鐘為止。勞工向雇主申請其出勤紀錄副本或影本時，雇主不得拒絕。
VII.雇主不得以第一項正常工作時間之修正，作為減少勞工工資之事由。
VIII.第一項至第三項及第三十條之一之正常工作時間，雇主得視勞工照顧家庭成員需要，允許勞工於不變更每日正常工作時數下，在一小時範圍內，彈性調整工作開始及終止之時間。

第 30 條之 1　（工作時間變更原則）

I.中央主管機關指定之行業，雇主經工會同

意，如事業單位無工會者，經勞資會議同意後，其工作時間得依下列原則變更：

一　四週內正常工作時數分配於其他工作日之時數，每日不得超過二小時，不受前條第二項至第四項規定之限制。

二　當日正常工作時間達十小時者，其延長之工作時間不得超過二小時。

三　女性勞工，除妊娠或哺乳期間者外，於夜間工作，不受第四十九條第一項之限制。但雇主應提供必要之安全衛生設施。

II.依中華民國八十五年十二月二十七日修正施行前第三條規定適用本法之行業，除第一項第一款之農、林、漁、牧業外，均不適用前項規定。

第 31 條　（坑道或隧道內工作時間之計算）

在坑道或隧道內工作之勞工，以入坑口時起至出坑口時止為工作時間。

第 32 條　（雇主延長工作時間之限制及程序）

I.雇主有使勞工在正常工作時間以外工作之必要者，雇主經工會同意，如事業單位無工會者，經勞資會議同意後，得將工作時間延長之。

II.前項雇主延長勞工之工作時間連同正常工作時間，一日不得超過十二小時；延長之工作時間，一個月不得超過四十六小時，但雇主經工會同意，如事業單位無工會者，經勞資會議同意後，延長之工作時間，一個月不得超過五十四小時，每三個月不得超過一百三十八小時。

III.雇主僱用勞工人數在三十人以上，依前項但書規定延長勞工工作時間者，應報當地主管機關備查。

IV.因天災、事變或突發事件，雇主有使勞工在正常工作時間以外工作之必要者，得將工作時間延長之。但應於延長開始後二十四小時內通知工會；無工會組織者，應報當地主管機關備查。延長之工作時間，雇主應於事後補給勞工以適當之休息。

V.在坑內工作之勞工，其工作時間不得延

長。但以監視為主之工作，或有前項所定之情形者，不在此限。

第 32 條之 1　（雇主延長工作時間或使勞工於休息日工作之補休計算方式與期限）

I.雇主依第三十二條第一項及第二項規定使勞工延長工作時間，或使勞工於第三十六條所定休息日工作後，依勞工意願選擇補休並經雇主同意者，應依勞工工作之時數計算補休時數。

II.前項之補休，其補休期限由勞雇雙方協商；補休期限屆期或契約終止未補休之時數，應依延長工作時間或休息日工作當日之工資計算標準發給工資；未發給工資者，依違反第二十四條規定論處。

第 33 條　（主管機關命令延長工作時間之限制及程序）

第三條所列事業，除製造業及礦業外，因公眾之生活便利或其他特殊原因，有調整第三十條、第三十二條所定之正常工作時間及延長工作時間之必要者，得由當地主管機關會商目的事業主管機關及工會，就必要之限度內以命令調整之。

第 34 條　（輪班制之更換班次）

I.勞工工作採輪班制者，其工作班次，每週更換一次。但經勞工同意者不在此限。

II.依前項更換班次時，至少應有連續十一小時之休息時間。但因工作特性或特殊原因，經中央目的事業主管機關商請中央主管機關公告者，得變更休息時間不少於連續八小時。

III.雇主依前項但書規定變更休息時間者，應經工會同意，如事業單位無工會者，經勞資會議同意後，始得為之。雇主僱用勞工人數在三十人以上者，應報當地主管機關備查。

第 35 條　（休息）

勞工繼續工作四小時，至少應有三十分鐘之休息。但實行輪班制或其工作有連續性或緊急性者，雇主得在工作時間內，另行調配其休息時間。

第 36 條　（例假及休息日）

I.勞工每七日中應有二日之休息，其中一日為例假，一日為休息日。

II.雇主有下列情形之一，不受前項規定之限制：

一　依第三十條第二項規定變更正常工作時間者，勞工每七日中至少應有一日之例假，每二週內之例假及休息日至少應有四日。

二　依第三十條第三項規定變更正常工作時間者，勞工每七日中至少應有一日之例假，每八週內之例假及休息日至少應有十六日。

三　依第三十條之一規定變更正常工作時間者，勞工每二週內至少應有二日之例假，每四週內之例假及休息日至少應有八日。

III.雇主使勞工於休息日工作之時間，計入第三十二條第二項所定延長工作時間總數。但因天災、事變或突發事件，雇主有使勞工於休息日工作之必要者，其工作時數不受第三十二條第二項規定之限制。

IV.經中央目的事業主管機關同意，且經中央主管機關指定之行業，雇主得將第一項、第二項第一款及第二款所定之例假，於每七日之週期內調整之。

V.前項所定例假之調整，應經工會同意，如事業單位無工會者，經勞資會議同意後，始得為之。雇主僱用勞工人數在三十人以上者，應報當地主管機關備查。

第 37 條　（休假）

I.內政部所定應放假之紀念日、節日、勞動節及其他中央主管機關指定應放假日，均應休假。

II.中華民國一百零五年十二月六日修正之前項規定，自一百零六年一月一日施行。

第 38 條　（特別休假）

I.勞工在同一雇主或事業單位，繼續工作滿一定期間者，應依下列規定給予特別休假：

一　六個月以上一年未滿者，三日。

二　一年以上二年未滿者，七日。

三　二年以上三年未滿者，十日。

四　三年以上五年未滿者，每年十四日。

五　五年以上十年未滿者，每年十五日。

六　十年以上者，每一年加給一日，加至三十日為止。

II.前項之特別休假期日，由勞工排定之。但雇主基於企業經營上之急迫需求或勞工因個人因素，得與他方協商調整。

III.雇主應於勞工符合第一項所定之特別休假條件時，告知勞工依前二項規定排定特別休假。

IV.勞工之特別休假，因年度終結或契約終止而未休之日數，雇主應發給工資。但年度終結未休之日數，經勞雇雙方協商遞延至次一年度實施者，於次一年度終結或契約終止仍未休之日數，雇主應發給工資。

V.雇主應將勞工每年特別休假之期日及未休之日數所發給之工資數額，記載於第二十三條所定之勞工工資清冊，並每年定期將其內容以書面通知勞工。

VI.勞工依本條主張權利時，雇主如認為其權利不存在，應負舉證責任。

第 39 條　（假日休息工資照給及休假日工作工資加倍）

第三十六條所定之例假、休息日、第三十七條所定之休假及第三十八條所定之特別休假，工資應由雇主照給。雇主經徵得勞工同意於休假日工作者，工資應加倍發給。因季節性關係有趕工必要，經勞工或工會同意照常工作者，亦同。

第 40 條　（假期之停止加資及補假）

I.因天災、事變或突發事件，雇主認有繼續工作之必要時，得停止第三十六條至第三十八條所定勞工之假期。但停止假期之工資，應加倍發給，並應於事後補假休息。

II.前項停止勞工假期，應於事後二十四小時內，詳述理由，報請當地主管機關核備。

第 41 條　（主管機關得停止公用事業勞工之特別休假）

公用事業之勞工，當地主管機關認有必要

時，得停止第三十八條所定之特別休假。假期內之工資應由雇主加倍發給。

第 42 條　（不得強制正常工作時間以外之工作情形）

勞工因健康或其他正當理由，不能接受正常工作時間以外之工作者，雇主不得強制其工作。

第 43 條　（請假事由）

勞工因婚、喪、疾病或其他正當事由得請假；請假應給之假期及事假以外期間內工資給付之最低標準，由中央主管機關定之。

第五章　童工、女工

第 44 條　（童工及其工作性質之限制）

I.十五歲以上未滿十六歲之受僱從事工作者，為童工。

II.童工及十六歲以上未滿十八歲之人，不得從事危險性或有害性之工作。

第 45 條　（未滿十五歲之人之僱傭）

I.雇主不得僱用未滿十五歲之人從事工作。但國民中學畢業或經主管機關認定其工作性質及環境無礙其身心健康而許可者，不在此限。

II.前項受僱之人，準用童工保護之規定。

III.第一項工作性質及環境無礙其身心健康之認定基準、審查程序及其他應遵行事項之辦法，由中央主管機關依勞工年齡、工作性質及受國民義務教育之時間等因素定之。

IV.未滿十五歲之人透過他人取得工作為第三人提供勞務，或直接為他人提供勞務取得報酬未具勞僱關係者，準用前項及童工保護之規定。

第 46 條　（法定代理人同意書及其年齡證明書）

未滿十八歲之人受僱從事工作者，雇主應置備其法定代理人同意書及其年齡證明文件。

第 47 條　（童工工作時間之嚴格限制）

童工每日之工作時間不得超過八小時，每週之工作時間不得超過四十小時，例假日不得工作。

第 48 條　（童工夜間工作之禁止）

童工不得於午後八時至翌晨六時之時間內工作。

第 49 條　（女工深夜工作之禁止及其例外）

I.雇主不得使女工於午後十時至翌晨六時之時間內工作。但雇主經工會同意，如事業單位無工會者，經勞資會議同意後，且符合下列各款規定者，不在此限：

一　提供必要之安全衛生設施。

二　無大眾運輸工具可資運用時，提供交通工具或安排女工宿舍。

II.前項第一款所稱必要之安全衛生設施，其標準由中央主管機關定之。但雇主與勞工約定之安全衛生設施優於本法者，從其約定。

III.女工因健康或其他正當理由，不能於午後十時至翌晨六時之時間內工作者，雇主不得強制其工作。

IV.第一項規定，於因天災、事變或突發事件，雇主必須使女工於午後十時至翌晨六時之時間內工作時，不適用之。

V.第一項但書及前項規定，於妊娠或哺乳期間之女工，不適用之。

第 50 條　（分娩或流產之產假及工資）

I.女工分娩前後，應停止工作，給予產假八星期；妊娠三個月以上流產者，應停止工作，給予產假四星期。

II.前項女工受僱工作在六個月以上者，停止工作期間工資照給；未滿六個月者減半發給。

第 51 條　（妊娠期間得申請改調較輕易工作）

女工在妊娠期間，如有較為輕易之工作，得申請改調，雇主不得拒絕，並不得減少其工資。

勞動基準法

（第五二～五六條）

第52條 （哺乳時間）

Ⅰ.子女未滿一歲須女工親自哺乳者，於第三十五條規定之休息時間外，雇主應每日另給哺乳時間二次，每次以三十分鐘為度。

Ⅱ.前項哺乳時間，視為工作時間。

第六章　退　休

第53條 （勞工自請退休之情形）

勞工有下列情形之一，得自請退休：

一　工作十五年以上年滿五十五歲者。

二　工作二十五年以上者。

三　工作十年以上年滿六十歲者。

第54條 （強制退休之情形）

Ⅰ.勞工非有下列情形之一，雇主不得強制其退休：

一　年滿六十五歲者。

二　身心障礙不堪勝任工作者。

Ⅱ.前項第一款所規定之年齡，對於擔任具有危險、堅強體力等特殊性質之工作者，得由事業單位報請中央主管機關予以調整。但不得少於五十五歲。

第55條 （退休金之給與標準）

Ⅰ.勞工退休金之給與標準如下：

一　按其工作年資，每滿一年給與兩個基數。但超過十五年之工作年資，每滿一年給與一個基數，最高總數以四十五個基數為限。未滿半年者以半年計；滿半年者以一年計。

二　依第五十四條第一項第二款規定，強制退休之勞工，其身心障礙係因執行職務所致者，依前款規定加給百分之二十。

Ⅱ.前項第一款退休金基數之標準，係指核准退休時一個月平均工資。

Ⅲ.第一項所定退休金，雇主應於勞工退休之日起三十日內給付，如無法一次發給時，得報經主管機關核定後，分期給付。本法施行前，事業單位原定退休標準優於本法者，從其規定。

第56條 （勞工退休準備金）

Ⅰ.雇主應依勞工每月薪資總額百分之二至百分之十五範圍內，按月提撥勞工退休準備金，專戶存儲，並不得作為讓與、扣押、抵銷或擔保之標的；其提撥之比率、程序及管理等事項之辦法，由中央主管機關擬訂，報請行政院核定之。

Ⅱ.雇主應於每年年度終了前，估算前項勞工退休準備金專戶餘額，該餘額不足給付次一年度內預估成就第五十三條或第五十四條第一項第一款退休條件之勞工，依前條計算之退休金數額者，雇主應於次年度三月底前一次提撥其差額，並送事業單位勞工退休準備金監督委員會審核。

Ⅲ.第一項雇主按月提撥之勞工退休準備金匯集為勞工退休基金，由中央主管機關設勞工退休基金監理委員會管理之；其組織、會議及其他相關事項，由中央主管機關定之。

Ⅳ.前項基金之收支、保管及運用，由中央主管機關會同財政部委託金融機構辦理。最低收益不得低於當地銀行二年定期存款利率之收益；如有虧損，由國庫補足之。基金之收支、保管及運用辦法，由中央主管機關擬訂，報請行政院核定之。

Ⅴ.雇主所提撥勞工退休準備金，應由勞工與雇主共同組織勞工退休準備金監督委員會監督之。委員會中勞工代表人數不得少於三分之二；其組織準則，由中央主管機關定之。

Ⅵ.雇主按月提撥之勞工退休準備金比率之擬訂或調整，應經事業單位勞工退休準備金監督委員會審議通過，並報請當地主管機關核定。

Ⅶ.金融機構辦理核貸業務，需查核該事業單位勞工退休準備金提撥狀況之必要資料時，得請當地主管機關提供。

Ⅷ.金融機構依前項取得之資料，應負保密義務，並確實辦理資料安全稽核作業。

Ⅸ.前二項有關勞工退休準備金必要資料之內容、範圍、申請程序及其他應遵行事項之辦法，由中央主管機關會商金融監督管理委員會定之。

第 57 條　（勞工年資之計算）

勞工工作年資以服務同一事業者為限。但受同一雇主調動之工作年資，及依第二十條規定應由新雇主繼續予以承認之年資，應予併計。

第 58 條　（退休金之時效期間）

I.勞工請領退休金之權利，自退休之次月起，因五年間不行使而消滅。

II.勞工請領退休金之權利，不得讓與、抵銷、扣押或供擔保。

III.勞工依本法規定請領勞工退休金者，得檢具證明文件，於金融機構開立專戶，專供存入勞工退休金之用。

IV.前項專戶內之存款，不得作為抵銷、扣押、供擔保或強制執行之標的。

第七章　職業災害補償

第 59 條　（職業災害之補償方法及受領順位）

勞工因遭遇職業災害而致死亡、失能、傷害或疾病時，雇主應依下列規定予以補償。但如同一事故，依勞工保險條例或其他法令規定，已由雇主支付費用補償者，雇主得予以抵充之：

一　勞工受傷或罹患職業病時，雇主應補償其必需之醫療費用。職業病之種類及其醫療範圍，依勞工保險條例有關之規定。

二　勞工在醫療中不能工作時，雇主應按其原領工資數額予以補償。但醫療期間屆滿二年仍未能痊癒，經指定之醫院診斷，審定為喪失原有工作能力，且不合第三款之失能給付標準者，雇主得一次給付四十個月之平均工資後，免除此項工資補償責任。

三　勞工經治療終止後，經指定之醫院診斷，審定其遺存障害者，雇主應按其平均工資及其失能程度，一次給予失能補償。失能補償標準，依勞工保險條例有關之規定。

四　勞工遭遇職業傷害或罹患職業病

而死亡時，雇主除給與五個月平均工資之喪葬費外，並應一次給與其遺屬四十個月平均工資之死亡補償。其遺屬受領死亡補償之順位如下：

(一)配偶及子女。
(二)父母。
(三)祖父母。
(四)孫子女。
(五)兄弟姊妹。

第 60 條　（補償金抵充賠償金）

雇主依前條規定給付之補償金額，得抵充就同一事故所生損害之賠償金額。

第 61 條　（補償金之時效期間）

I.第五十九條之受領補償權，自得受領之日起，因二年間不行使而消滅。

II.受領補償之權利，不因勞工之離職而受影響，且不得讓與、抵銷、扣押或供擔保。

III.勞工或其遺屬依本法規定受領職業災害補償金者，得檢具證明文件，於金融機構開立專戶，專供存入職業災害補償金之用。

IV.前項專戶內之存款，不得作為抵銷、扣押、供擔保或強制執行之標的。

第 62 條　（承攬人、中間承攬人及最後承攬人之連帶雇主責任）

I.事業單位以其事業招人承攬，如有再承攬時，承攬人或中間承攬人，就各該承攬部分所使用之勞工，均應與最後承攬人，連帶負本章所定雇主應負職業災害補償之責任。

II.事業單位或承攬人或中間承攬人，為前項之災害補償時，就其所補償之部分，得向最後承攬人求償。

第 63 條　（事業單位之督促義務及連帶補償責任）

I.承攬人或再承攬人工作場所，在原事業單位工作場所範圍內，或為原事業單位提供者，原事業單位應督促承攬人或再承攬人，對其所僱用勞工之勞動條件應符合有關法令之規定。

II.事業單位違背職業安全衛生法有關對於承攬人、再承攬人應負責任之規定，致承攬人或再承攬人所僱用之勞工發生職業災害時，應與該承攬人、再承攬人負連帶補償責任。

第 63 條之 1　（要派單位與派遣事業單位連帶負職業災害補償責任）

I.要派單位使用派遣勞工發生職業災害時，要派單位應與派遣事業單位連帶負本章所定僱主應負職業災害補償之責任。

II.前項之職業災害依勞工保險條例或其他法令規定，已由要派單位或派遣事業單位支付費用補償者，得主張抵充。

III.要派單位及派遣事業單位因違反本法或有關安全衛生規定，致派遣勞工發生職業災害時，應連帶負損害賠償之責任。

IV.要派單位或派遣事業單位依本法規定給付之補償金額，得抵充就同一事故所生損害之賠償金額。

第八章　技　術　生

第 64 條　（技術生之定義及最低年齡）

I.僱主不得招收未滿十五歲之人為技術生。但國民中學畢業者，不在此限。

II.稱技術生者，指依中央主管機關規定之技術生訓練職類中以學習技能為目的，依本章之規定而接受僱主訓練之人。

III.本章規定，於事業單位之養成工、見習生、建教合作班之學生及其他與技術生性質相類之人，準用之。

第 65 條　（書面訓練契約及其內容）

I.僱主招收技術生時，須與技術生簽訂書面訓練契約一式三份，訂明訓練項目、訓練期限、膳宿負擔、生活津貼、相關教學、勞工保險、結業證明、契約生效與解除之條件及其他有關雙方權利、義務事項，由當事人分執，並送主管機關備案。

II.前項技術生如為未成年人，其訓練契約，應得法定代理人之允許。

第 66 條　（收取訓練費用之禁止）

僱主不得向技術生收取有關訓練費用。

第 67 條　（技術生之留用及留用期間之限制）

技術生訓練期滿，僱主得留用之，並應與同等工作之勞工享受同等之待遇。僱主如於技術生訓練契約內訂明留用期間，應不得超過其訓練期間。

第 68 條　（技術生人數之限制）

技術生人數，不得超過勞工人數四分之一。勞工人數不滿四人者，以四人計。

第 69 條　（準用規定）

I.本法第四章工作時間、休息、休假，第五章童工、女工，第七章災害補償及其他勞工保險等有關規定，於技術生準用之。

II.技術生災害補償所採薪資計算之標準，不得低於基本工資。

第九章　工作規則

第 70 條　（工作規則之內容）

僱主僱用勞工人數在三十人以上者，應依其事業性質，就左列事項訂立工作規則，報請主管機關核備後並公開揭示之：

一　工作時間、休息、休假、國定紀念日、特別休假及繼續性工作之輪班方法。

二　工資之標準、計算方法及發放日期。

三　延長工作時間。

四　津貼及獎金。

五　應遵守之紀律。

六　考勤、請假、獎懲及升遷。

七　受僱、解僱、資遣、離職及退休。

八　災害傷病補償及撫卹。

九　福利措施。

十　勞雇雙方應遵守勞工安全衛生規定。

十一　勞雇雙方溝通意見加強合作之方法。

十二　其他。

第 71 條 （工作規則之效力）

工作規則，違反法令之強制或禁止規定或其他有關該事業適用之團體協約規定者，無效。

第十章　監督與檢查

第 72 條 （勞工檢查機構之設置及組織之訂定）

I.中央主管機關，為貫徹本法及其他勞工法令之執行，設勞工檢查機構或授權直轄市主管機關專設檢查機構辦理之；直轄市、縣（市）主管機關於必要時，亦得派員實施檢查。

II.前項勞工檢查機構之組織，由中央主管機關定之。

第 73 條 （檢查員之職權）

I.檢查員執行職務，應出示檢查證，各事業單位不得拒絕。事業單位拒絕檢查時，檢查員得會同當地主管機關或警察機關強制檢查之。

II.檢查員執行職務，得就本法規定事項，要求事業單位提出必要之報告、紀錄、帳冊及有關文件或書面說明。如需抽取物料、樣品或資料時，應事先通知雇主或其代理人並掣給收據。

第 74 條 （勞工之申訴權及保障）

I.勞工發現事業單位違反本法及其他勞工法令規定時，得向雇主、主管機關或檢查機構申訴。

II.雇主不得因勞工為前項申訴，而予以解僱、降調、減薪、損害其依法令、契約或習慣上所應享有之權益，或其他不利之處分。

III.雇主為前項行為之一者，無效。

IV.主管機關或檢查機構於接獲第一項申訴後，應為必要之調查，並於六十日內將處理情形，以書面通知勞工。

V.主管機關或檢查機構應對申訴人身分資料嚴守秘密，不得洩漏足以識別其身分之資訊。

VI.違反前項規定者，除公務員應依法追究刑事與行政責任外，對因此受有損害之勞工，應負損害賠償責任。

VII.主管機關受理檢舉案件之保密及其他應遵行事項之辦法，由中央主管機關定之。

第十一章　罰　　則

第 75 條 （罰則㈠）

違反第五條規定者，處五年以下有期徒刑、拘役或科或併科新臺幣七十五萬元以下罰金。

第 76 條 （罰則㈡）

違反第六條規定者，處三年以下有期徒刑、拘役或科或併科新臺幣四十五萬元以下罰金。

第 77 條 （罰則㈢）

違反第四十二條、第四十四條第二項、第四十五條第一項、第四十七條、第四十八條、第四十九條第三項或第六十四條第一項規定者，處六個月以下有期徒刑、拘役或科或併科新臺幣三十萬元以下罰金。

第 78 條 （罰則㈣）

I.未依第十七條、第十七條之一第七項、第五十五條規定之標準或期限給付者，處新臺幣三十萬元以上一百五十萬元以下罰鍰，並限期令其給付，屆期未給付者，應按次處罰。

II.違反第十三條、第十七條之一第一項、第四項、第二十六條、第五十條、第五十一條或第五十六條第二項規定者，處新臺幣九萬元以上四十五萬元以下罰鍰。

第 79 條 （罰則㈤）

I.有下列各款規定行為之一者，處新臺幣二萬元以上一百萬元以下罰鍰：

　一　違反第二十一條第一項、第二十二條至第二十五條、第三十條第一項至第三項、第六項、第七項、第三十二條、第三十四條至第四十一條、第四十九條第一項或第五十九條規定。

二 違反主管機關依第二十七條限期
給付工資或第三十三條調整工作
時間之命令。

三 違反中央主管機關依第四十三條
所定假期或事假以外期間內工資
給付之最低標準。

II.違反第三十條第五項或第四十九條第五
項規定者，處新臺幣九萬元以上四十五萬
元以下罰鍰。

III.違反第七條、第九條第一項、第十六條、
第十九條、第二十八條第二項、第四十六
條、第五十六條第一項、第六十五條第一
項、第六十六條至第六十八條、第七十條
或第七十四條第二項規定者，處新臺幣二
萬元以上三十萬元以下罰鍰。

IV.有前三項規定行為之一者，主管機關得依
事業規模、違反人數或違反情節，加重其
罰鍰至法定罰鍰最高額二分之一。

第 79 條之 1 （罰則㈥）

違反第四十五條第二項、第四項、第六十
四條第三項及第六十九條第一項準用規
定之處罰，適用本法罰則章規定。

第 80 條 （罰則㈦）

拒絕、規避或阻撓勞工檢查員依法執行職
務者，處新臺幣三萬元以上十五萬元以下
罰鍰。

第 80 條之 1 （公布資訊及限期改善）

I.違反本法經主管機關處以罰鍰者，主管機
關應公布其事業單位或事業主之名稱、負
責人姓名、處分期日、違反條文及罰鍰金
額，並限期令其改善；屆期未改善者，應
按次處罰。

II.主管機關裁處罰鍰，得審酌與違反行為有
關之勞工人數、累計違法次數或未依法給
付之金額，為量罰輕重之標準。

第 81 條 （處罰之客體）

I.法人之代表人、法人或自然人之代理人、
受僱人或其他從業人員，因執行業務違反
本法規定，除依本章規定處罰行為人外，
對該法人或自然人並應處以各該條所定

之罰金或罰鍰。但法人之代表人或自然人
對於違反之發生，已盡力為防止行為者，
不在此限。

II.法人之代表人或自然人教唆或縱容為違
反之行為者，以行為人論。

第 82 條 （罰鍰之強制執行）

本法所定之罰鍰，經主管機關催繳，仍不
繳納時，得移送法院強制執行。

第十二章 附 則

第 83 條 （勞資會議之舉辦及其辦法）

為協調勞資關係，促進勞資合作，提高工
作效率，事業單位應舉辦勞資會議。其辦
法由中央主管機關會同經濟部訂定，並報
行政院核定。

第 84 條 （公務員兼具勞工身分時法令之適用方法）

公務員兼具勞工身分者，其有關任（派）
免、薪資、獎懲、退休、撫卹及保險（含
職業災害）等事項，應適用公務員法令之
規定。但其他所定勞動條件優於本法規定
者，從其規定。

第 84 條之 1 （得由勞雇雙方另定之工作）

I.經中央主管機關核定公告之下列工作者，
得由勞雇雙方另行約定，工作時間、例
假、休假、女性夜間工作，並報請當地主
管機關核備，不受第三十條、第三十二
條、第三十六條、第三十七條、第四十九
條規定之限制。

一 監督、管理人員或責任制專業人
員。

二 監視性或間歇性之工作。

三 其他性質特殊之工作。

II.前項約定應以書面為之，並應參考本法所
定之基準且不得損及勞工之健康及福祉。

第 84 條之 2 （工作年資之計算）

勞工工作年資自受僱之日起算，適用本法
前之工作年資，其資遣費及退休金給與標

準，依其當時應適用之法令規定計算；當時無法令可資適用者，依各該事業單位自訂之規定或勞雇雙方之協商計算之。適用本法後之工作年資，其資遣費及退休金給與標準，依第十七條及第五十五條規定計算。

第 85 條　（施行細則之擬定）

本法施行細則，由中央主管機關擬定，報請行政院核定。

第 86 條　（施行日期）

I. 本法自公布日施行。

II. 本法中華民國八十九年六月二十八日修正公布之第三十條第一項及第二項，自九十年一月一日施行；一百零四年二月四日修正公布之第二十八條第一項，自公布後八個月施行；一百零四年六月三日修正公布之條文，自一百零五年一月一日施行；一百零五年十二月二十一日修正公布之第三十四條第二項施行日期，由行政院定之、第三十七條及第三十八條，自一百零六年一月一日施行。

III. 本法中華民國一百零七年一月十日修正之條文，自一百零七年三月一日施行。

勞動基準法施行細則

一百零八年二月十四日勞動部令修正發布

①民國七十四年二月二十七日內政部令發布
②八十六年六月十二日行政院勞工委員會令修正發布
③九十一年一月十六日行政院勞工委員會令修正發布
④九十一年十二月三十一日行政院勞工委員會令修正發布
⑤九十二年七月三十日行政院勞工委員會令修正發布
⑥九十三年九月二十二日行政院勞工委員會令修正發布
⑦九十四年六月十四日行政院勞工委員會令修正發布
⑧九十七年十二月三十一日行政院勞工委員會令修正發布
⑨九十八年二月二十七日行政院勞工委員會令修正發布
⑩一百零四年十月二十三日勞動部令修正發布
⑪一百零四年十二月九日勞動部令修正發布
⑫一百零五年十月七日勞動部令修正發布
⑬一百零六年六月十六日勞動部令修正發布
⑭一百零七年二月二十七日勞動部令修正發布
⑮一百零八年二月十四日勞動部令修正發布第三四之一條條文

第一章　總　則

第1條　（訂定依據）

本細則依勞動基準法（以下簡稱本法）第八十五條規定訂定之。

第2條　（不列入平均工資計算之事由）

依本法第二條第四款計算平均工資時，下列各款期日或期間均不計入：

一　發生計算事由之當日。
二　因職業災害尚在醫療中者。
三　依本法第五十條第二項減半發給工資者。
四　雇主因天災、事變或其他不可抗力而不能繼續其事業，致勞工未能工作者。
五　依勞工請假規則請普通傷病假者。
六　依性別工作平等法請生理假、產假、家庭照顧假或安胎休養，致減少工資者。
七　留職停薪者。

第3條　（適用行業之範圍）

本法第三條第一項第一款至第七款所列各業，適用中華民國行業標準分類之規定。

第4條　（中央主管機關指定之事業）

本法第三條第一項第八款所稱中央主管機關指定之事業及第三項所稱適用本法確有窒礙難行者，係指中央主管機關依中華民國行業標準分類之規定指定者，並得僅指定各行業中之一部分。

第4條之1　（刪除）

第5條　（工作年資之計算）

Ⅰ勞工工作年資以服務同一事業單位為限，並自受僱當日起算。
Ⅱ適用本法前已在同一事業單位工作之年資合併計算。

第二章　勞動契約

第6條　（臨時性、短期性、季節性及特定性工作之定義）

本法第九條第一項所稱臨時性、短期性、季節性及特定性工作，依左列規定認定之：

一　臨時性工作：係指無法預期之非繼續性工作，其工作期間在六個月以內者。
二　短期性工作：係指可預期於六個月內完成之非繼續性工作。

三　季節性工作：係指受季節性原料、材料來源或市場銷售影響之非繼續性工作，其工作期間在九個月以內者。

四　特定性工作：係指可在特定期間完成之非繼續性工作。其工作期間超過一年者，應報請主管機關核備。

第7條　（勞動契約之約定事項）

勞動契約應依本法有關規定約定下列事項：

一　工作場所及應從事之工作。
二　工作開始與終止之時間、休息時間、休假、例假、休息日、請假及輪班制之換班。
三　工資之議定、調整、計算、結算與給付之日期及方法。
四　勞動契約之訂定、終止及退休。
五　資遣費、退休金、其他津貼及獎金。
六　勞工應負擔之膳宿費及工作用具費。
七　安全衛生。
八　勞工教育及訓練。
九　福利。
十　災害補償及一般傷病補助。
十一　應遵守之紀律。
十二　獎懲。
十三　其他勞資權利義務有關事項。

第7條之1　（離職後競業禁止之約定應以書面為之）

離職後競業禁止之約定，應以書面為之，且應詳細記載本法第九條之一第一項第三款及第四款規定之內容，並由雇主與勞工簽章，各執一份。

第7條之2　（離職後競業禁止之約定未逾合理範圍之情況）

本法第九條之一第一項第三款所為之約定未逾合理範疇，應符合下列規定：

一　競業禁止之期間，不得逾越雇主欲保護之營業秘密或技術資訊之生命週期，且最長不得逾二年。
二　競業禁止之區域，應以原雇主實際營業活動之範圍為限。
三　競業禁止之職業活動範圍，應具體明確，且與勞工原職業活動範圍相同或類似。
四　競業禁止之就業對象，應具體明確，並以與原雇主之營業活動相同或類似，且有競爭關係者為限。

第7條之3　（離職後競業禁止之約定合理補償應考量事項）

I.本法第九條之一第一項第四款所定之合理補償，應就下列事項綜合考量：

一　每月補償金額不低於勞工離職時一個月平均工資百分之五十。
二　補償金額足以維持勞工離職後競業禁止期間之生活所需。
三　補償金額與勞工遵守競業禁止之期間、區域、職業活動範圍及就業對象之範疇所受損失相當。
四　其他與判斷補償基準合理性有關之事項。

II.前項合理補償，應約定離職後一次預為給付或按月給付。

第8條　（刪除）

第9條　（雇主結清工資之定義）

依本法終止勞動契約時，雇主應即結清工資給付勞工。

第三章　工　資

第10條　（經常性給與之定義）

本法第二條第三款所稱之其他任何名義之經常性給與係指列各款以外之給與。

一　紅利。
二　獎金：指年終獎金、競賽獎金、研究發明獎金、特殊功績獎金、久任獎金、節約燃料物料獎金及其他非經常性獎金。
三　春節、端午節、中秋節給與之節金。
四　醫療補助費、勞工及其子女教育補助費。
五　勞工直接受自顧客之服務費。

六　婚喪喜慶由雇主致送之賀禮、慰問金或奠儀等。

七　職業災害補償費。

八　勞工保險及雇主以勞工為被保險人加入商業保險支付之保險費。

九　差旅費、差旅津貼及交際費。

十　工作服、作業用品及其代金。

十一　其他經中央主管機關會同中央目的事業主管機關指定者。

第 11 條　（基本工資之定義）

本法第二十一條所稱基本工資，指勞工在正常工作時間內所得之報酬。不包括延長工作時間之工資與休息日、休假日及例假工作加給之工資。

第 12 條　（計件工資勞工之基本工資）

採計件工資之勞工所得基本工資，以每日工作八小時之生產額或工作量換算之。

第 13 條　（基本工資之比例計算）

勞工工作時間每日少於八小時者，除工作規則、勞動契約另有約定或另有法令規定者外，其基本工資得按工作時間比例計算之。

第 14 條　（刪除）

第 14 條之 1　（工資計算項目之應包含事項）

I.本法第二十三條所定工資各項目計算方式明細，應包括下列事項：

一　勞雇雙方議定之工資總額。

二　工資各項目之給付金額。

三　依法令規定或勞雇雙方約定，得扣除項目之金額。

四　實際發給之金額。

II.雇主提供之前項明細，得以紙本、電子資料傳輸方式或其他勞工可隨時取得及得列印之資料為之。

第 15 條　（工資最優先受清償之事由）

本法第二十八條第一項第一款所定積欠之工資，以雇主於歇業、清算或宣告破產前六個月內所積欠者為限。

第 16 條　（勞工死亡時雇主結清工資之義務）

I.勞工死亡時，雇主應即結清其工資給付其遺屬。

II.前項受領工資之順位準用本法第五十九條第四款之規定。

第四章　工作時間、休息、休假

第 17 條　（工作時間之計算㈠）

本法第三十條所稱正常工作時間跨越二曆日者，其工作時間應合併計算。

第 18 條　（工作時間之計算㈡）

勞工因出差或其他原因於事業場所外從事工作致不易計算工作時間者，以平時之工作時間為其工作時間。但其實際工作時間經證明者，不在此限。

第 19 條　（工作時間之計算㈢）

勞工於同一事業單位或同一雇主所屬不同事業場所工作時，應將在各該場所之工作時間合併計算，並加計往來於事業場所間所必要之交通時間。

第 20 條　（變更工時等之公告周知）

雇主有下列情形之一者，應即公告周知：

一　依本法第三十條第二項、第三項或第三十條之一第一項第一款規定變更勞工正常工作時間。

二　依本法第三十條之一第一項第二款或第三十二條第一項、第二項、第四項規定延長勞工工作時間。

三　依本法第三十四條第二項但書規定變更勞工更換班次時之休息時間。

四　依本法第三十六條第二項或第四項規定調整勞工例假或休息日。

第 20 條之 1　（延長工作時間）

本法所定雇主延長勞工工作之時間如下：

一　每日工作時間超過八小時或每週工作總時數超過四十小時之部分。

但依本法第三十條第二項、第三項或第三十條之一第一項第一款變更工作時間者,為超過變更後工作時間之部分。

二　勞工於本法第三十六條所定休息日工作之時間。

第 21 條　（出勤紀錄）

I.本法第三十條第五項所定出勤紀錄,包括以簽到簿、出勤卡、刷卡機、門禁卡、生物特徵辨識系統、電腦出勤紀錄系統或其他可資覈實記載出勤時間工具所為之紀錄。

II.前項出勤紀錄,雇主因勞動檢查之需要或勞工向其申請時,應以書面方式提出。

第 22 條　（坑內監視為主之工作範圍）

I.本法第三十二條第二項但書所定每三個月,以每連續三個月為一週期,依曆計算,以勞雇雙方約定之起迄日期認定之。

II.本法第三十二條第五項但書所定坑內監視為主之工作範圍如下:

一　從事排水機之監視工作。

二　從事壓風機或冷卻設備之監視工作。

三　從事安全警報裝置之監視工作。

四　從事生產或營建施工之紀錄及監視工作。

第 22 條之 1　（雇主僱用勞工人數之計算等）

I.本法第三十二條第三項、第三十四條第三項及第三十六條第五項所定雇主僱用勞工人數,以同一雇主僱用適用本法之勞工人數計算,包括分支機構之僱用人數。

II.本法第三十二條第三項、第三十四條第三項及第三十六條第五項所定當地主管機關,為雇主之主事務所、主營業所或公務所所在地之直轄市政府或縣（市）政府。

III.本法第三十二條第三項、第三十四條第三項及第三十六條第五項所定應報備查,雇主至遲應於開始實施延長工作時間、變更休息時間或調整例假之前一日為之。但因天災、事變或突發事件不及報備查者,應

於原因消滅後二十四小時內敘明理由為之。

第 22 條之 2　（補休之順序）

I.本法第三十二條之一所定補休,應依勞工延長工作時間或休息日工作事實發生時間先後順序補休。補休之期限逾依第二十四條第二項所約定年度之末日者,以該日為期限之末日。

II.前項補休期限屆期或契約終止時,發給工資之期限如下:

一　補休期限屆期:於契約約定之工資給付日發給或於補休期限屆期後三十日內發給。

二　契約終止:依第九條規定發給。

III.勞工依本法第三十二條之一主張權利時,雇主如認為其權利不存在,應負舉證責任。

第 22 條之 3　（例假週期）

本法第三十六條第一項、第二項第一款及第二款所定之例假,以每七日為一週期,依曆計算。雇主除依同條第四項及第五項規定調整者外,不得使勞工連續工作逾六日。

第 23 條　（刪除）

第 23 條之 1　（補假）

I.本法第三十七條所定休假遇本法第三十六條所定例假及休息日者,應予補假。但不包括本法第三十七條指定應放假之日。

II.前項補假期日,由勞雇雙方協商排定之。

第 24 條　（特別休假之規定）

I.勞工於符合本法第三十八條第一項所定之特別休假條件時,取得特別休假之權利;其計算特別休假之工作年資,應依第五條之規定。

II.依本法第三十八條第一項規定給予之特別休假日數,勞工得於勞雇雙方協商之下列期間內,行使特別休假權利:

一　以勞工受僱當日起算,每一週年之期間。但其工作六個月以上一年未

滿者，為取得特別休假權利後六個月之期間。

二　每年一月一日至十二月三十一日之期間。

三　教育單位之學年度、事業單位之會計年度或勞雇雙方約定年度之期間。

III.雇主依本法第三十八條第三項規定告知勞工排定特別休假，應於勞工符合特別休假條件之日起三十日內為之。

第 24 條之 1　（特別休假之屆滿與發給工資之基準期限）

I.本法第三十八條第四項所定年度終結，為前條第二項期間屆滿之日。

II.本法第三十八條第四項所定雇主應發給工資，依下列規定辦理：

一　發給工資之基準：

　(一)按勞工未休畢之特別休假日數，乘以其一日工資計發。

　(二)前目所定一日工資，為勞工之特別休假於年度終結或契約終止前一日之正常工作時間所得之工資。其為計月者，為年度終結或契約終止前最近一個月正常工作時間所得之工資除以三十所得之金額。

　(三)勞雇雙方依本法第三十八條第四項但書規定協商遞延至次一年度實施者，按原特別休假年度終結時應發給工資之基準計發。

二　發給工資之期限：

　(一)年度終結：於契約約定之工資給付日發給或於年度終結後三十日內發給。

　(二)契約終止：依第九條規定發給。

III.勞雇雙方依本法第三十八條第四項但書規定協商遞延至次一年度實施者，其遞延之日數，於次一年度請休特別休假時，優先扣除。

第 24 條之 2　（定期發給書面通知之辦理規定）

本法第三十八條第五項所定每年定期發給之書面通知，依下列規定辦理：

一　雇主應於前條第二項第二款所定發給工資之期限前發給。

二　書面通知，得以紙本、電子資料傳輸方式或其他勞工可隨時取得及得列印之資料為之。

第 24 條之 3　（休假日之定義）

本法第三十九條所定休假日，為本法第三十七條所定休假及第三十八條所定特別休假。

第五章　童工、女工

第 25 條　（危險性或有害性之工作）

本法第四十四條第二項所定危險性或有害性之工作，依職業安全衛生有關法令之規定。

第 26 條　（產假證明文件之提出）

雇主對依本法第五十條第一項請產假之女工，得要求其提出證明文件。

第六章　退　休

第 27 條　（退休年齡之計算標準）

本法第五十三條第一款、第五十四條第一項第一款及同條第二項但書規定之年齡，應以戶籍記載為準。

第 28 條　（刪除）

第 29 條　（退休金給付之期限）

本法第五十五條第三項所定雇主得報經主管機關核定分期給付勞工退休金之情形如下：

一　依法提撥之退休準備金不敷支付。

二　事業之經營或財務確有困難。

第 29 條之 1　（退休金數額之估算）

I.本法第五十六條第二項規定之退休金數額，按本法第五十五條第一項之給與標準，依下列規定估算：

一　勞工人數：為估算當年度終了時適用本法或勞工退休金條例第十一

條第一項保留本法工作年資之在職勞工，且預估於次一年度內成就本法第五十三條或第五十四條第一項第一款退休條件者。
二　工作年資：自適用本法之日起算至估算當年度之次一年度終了或選擇適用勞工退休金條例前一日止。
三　平均工資：為估算當年度終了之一個月平均工資。
II.前項數額以元為單位，角以下四捨五入。

第七章　職業災害補償

第 30 條　（補償勞工工資之發給日期）
雇主依本法第五十九條第二款補償勞工之工資，應於發給工資之日給與。

第 31 條　（原領工資之計算）
I.本法第五十九條第二款所稱原領工資，係指該勞工遭遇職業災害前一日正常工作時間所得之工資。其為計月者，以遭遇職業災害前最近一個月正常工作時間所得之工資除以三十所得之金額，為其一日之工資。
II.罹患職業病者依前項計算所得金額低於平均工資者，以平均工資為準。

第 32 條　（補償之給付期限）
依本法第五十九條第二款但書規定給付之補償，雇主應於決定後十五日內給與。在未給與前雇主仍應繼續為同款前段規定之補償。

第 33 條　（喪葬費、死亡補償之給付期限）
雇主依本法第五十九條第四款給與勞工之喪葬費應於死亡後三日內，死亡補償應於死亡後十五日內給付。

第 34 條　（同一事故之定義）
本法第五十九條所定同一事故，依勞工保險條例或其他法令規定，已由雇主支付費用補償者，雇主得予以抵充之。但支付之費用如由勞工與雇主共同負擔者，其補償之抵充按雇主負擔之比例計算。

第 34 條之 1　（勞工平均工資與平均投保薪資差額之計算）
勞工因遭遇職業災害而致死亡或失能時，雇主已依勞工保險條例規定為其投保，並經保險人核定為職業災害保險事故者，雇主依本法第五十九條規定給予之補償，以勞工之平均工資與平均投保薪資之差額，依本法第五十九條第三款及第四款規定標準計算之。

第八章　技　術　生

第 35 條　（技術生工作範圍之限制）
雇主不得使技術生從事家事、雜役及其他非學習技能為目的之工作。但從事事業場所內之清潔整頓，器具工具及機械之清理者不在此限。

第 36 條　（技術生之工作時間）
技術生之工作時間應包括學科時間。

第九章　工作規則

第 37 條　（工作規則之訂立與報請核備）
I.雇主於僱用勞工人數滿三十人時應即訂立工作規則，並於三十日內報請當地主管機關核備。
II.本法第七十條所定雇主僱用勞工人數，依第二十二條之一第一項規定計算。
III.工作規則應依據法令、勞資協議或管理制度變更情形適時修正，修正後並依第一項程序報請核備。
IV.主管機關認為有必要時，得通知雇主修訂前項工作規則。

第 38 條　（工作規則之公告及印發）
工作規則經主管機關核備後，雇主應即於事業場所內公告並印發各勞工。

第 39 條　（另訂單項工作規則）
雇主認有必要時，得分別就本法第七十條各款另訂單項工作規則。

勞動基準法施行細則

（第四〇～五〇之三條）

第 40 條 （訂立不同工作規則以適用分散之不同事業場所）

事業單位之事業場所分散於各地者，雇主得訂立適用於其事業單位全部勞工之工作規則或適用於該事業場所之工作規則。

第十章　監督及檢查

第 41 條 （勞工檢查方針之定期發布）

Ⅰ.中央主管機關應每年定期發布次年度勞工檢查方針。

Ⅱ.檢查機構應依前項檢查方針分別擬定各該機構之勞工檢查計畫，並於檢查方針發布之日起五十日內報請中央主管機關核定後，依該檢查計畫實施檢查。

第 42 條 （關於檢查員任用、訓練及服務之規定）

勞工檢查機構檢查員之任用、訓練、服務，除適用公務員法令之規定外，由中央主管機關定之。

第 43 條 （檢查員檢查權之行使）

檢查員對事業單位實施檢查時，得通知事業單位之雇主、雇主代理人、勞工或有關人員提供必要文件或作必要之說明。

第 44 條 （檢查員之說明、報告及檢查機構之處理）

Ⅰ.檢查員檢查後，應將檢查結果向事業單位作必要之說明，並報告檢查機構。

Ⅱ.檢查機構認為事業單位有違反法令規定時，應依法處理。

第 45 條 （事業單位之異議）

事業單位對檢查結果有異議時，應於通知送達後十日內向檢查機構以書面提出。

第 46 條 （申訴之方法）

本法第七十四條第一項規定之申訴得以口頭或書面為之。

第 47 條 （申訴之調查、改正及通知）

雇主對前條之申訴事項，應即查明，如有違反法令規定情事應即改正，並將結果通知申訴人。

第 48 條 （刪除）

第 49 條 （刪除）

第十一章　附　　則

第 50 條 （公務員兼具勞工身分之定義）

本法第八十四條所稱公務員兼具勞工身分者，係指依各項公務員人事法令任用、派用、聘用、遴用而於本法第三條所定各業從事工作獲致薪資之人員。所稱其他所定勞動條件，係指工作時間、休息、休假、安全衛生、福利、加班費等而言。

第 50 條之 1 （監督、管理人員等之定義）

本法第八十四條之一第一項第一款、第二款所稱監督、管理人員、責任制專業人員、監視性或間歇性工作，依左列規定：

一　監督、管理人員：係指受雇主僱用，負責事業之經營及管理工作，並對一般勞工之受僱、解僱或勞動條件具有決定權力之主管級人員。

二　責任制專業人員：係指以專門知識或技術完成一定任務並負責其成敗之工作者。

三　監視性工作：係指於一定場所以監視為主之工作。

四　間歇性工作：係指工作本身以間歇性之方式進行者。

第 50 條之 2 （勞雇另定之書面約定報請核備之內容）

雇主依本法第八十四條之一規定將其與勞工之書面約定報請當地主管機關核備時，其內容應包括職稱、工作項目、工作權責或工作性質、工作時間、例假、休假、女性夜間工作等有關事項。

第 50 條之 3 （申請扶助）

Ⅰ.勞工因終止勞動契約或發生職業災害所

生爭議，提起給付工資、資遣費、退休金、職業災害補償或確認僱傭關係存在之訴訟，得向中央主管機關申請扶助。

II前項扶助業務，中央主管機關得委託民間團體辦理。

第 50 條之 4　（申請墊償）

本法第二十八條第二項中華民國一百零四年二月六日修正生效前，雇主有清算或宣告破產之情事，於修正生效後，尚未清算完結或破產終結者，勞工對於該雇主所積欠之退休金及資遣費，得於同條第二項第二款規定之數額內，依同條第五項規定申請墊償。

第 51 條　（施行日期）

I.本細則自發布日施行。

II.本細則中華民國一百零四年十二月九日修正發布之條文，自一百零五年一月一日施行。

勞工請假規則

一百零八年一月十五日勞動部令修正發布

①民國七十四年三月二十日內政部令發布
②八十五年七月一日行政院令修正發布
③九十四年六月八日行政院令修正發布
④九十九年五月四日行政院勞工委員會令修正發布
⑤一百年十月十四日行政院勞工委員會令修正發布
⑥一百零八年一月十五日勞動部令修正發布第六條條文

第1條　（訂定依據）

本規則依勞動基準法（以下簡稱本法）第四十三條規定訂定之。

第2條　（婚假）

勞工結婚者給予婚假八日，工資照給。

第3條　（勞工喪假規定）

勞工喪假依左列規定：
一　父母、養父母、繼父母、配偶喪亡者，給予喪假八日，工資照給。
二　祖父母、子女、配偶之父母、配偶之養父母或繼父母喪亡者，給予喪假六日，工資照給。
三　曾祖父母、兄弟姊妹、配偶之祖父母喪亡者，給予喪假三日，工資照給。

第4條　（普通傷病假）

I.勞工因普通傷害、疾病或生理原因必須治療或休養者，得在左列規定範圍內請普通傷病假：
一　未住院者，一年內合計不得超過三十日。
二　住院者，二年內合計不得超過一年。
三　未住院傷病假與住院傷病假二年內合計不得超過一年。
II.經醫師診斷，罹患癌症（含原位癌）採門診方式治療或懷孕期間需安胎休養者，其治療或休養期間，併入住院傷病假計算。
III.普通傷病假一年內未超過三十日部分，工

資折半發給，其領有勞工保險普通傷病給付未達工資半數者，由雇主補足之。

第5條　（普通傷病假逾期之處理）

勞工普通傷病假超過前條第一項規定之期限，經以事假或特別休假抵充後仍未痊癒者，得予留職停薪。但留職停薪期間以一年為限。

第6條　（公傷病假）

勞工因職業災害而致失能、傷害或疾病者，其治療、休養期間，給予公傷病假。

第7條　（事假）

勞工因有事故必須親自處理者，得請事假，一年內合計不得超過十四日。事假期間不給工資。

第8條　（公假）

勞工依法令規定應給予公假者，工資照給，其假期視實際需要定之。

第9條　（因請假扣發全勤獎金之禁止）

雇主不得因勞工請婚假、喪假、公傷病假及公假，扣發全勤獎金。

第10條　（請假手續）

勞工請假時，應於事前親自以口頭或書面敘明請假理由及日數。但遇有急病或緊急事故，得委託他人代辦請假手續。辦理請假手續時，雇主得要求勞工提出有關證明文件。

第11條　（違反規定之處理）

雇主或勞工違反本規則之規定時，主管機關得依本法有關規定辦理。

第12條　（施行日期）

本規則自發布日施行。

勞工退休金條例

一百零八年五月十五日總統令修正公布

①民國九十三年六月三十日總統令公布
②九十六年七月四日總統令修正公布
③一百零三年一月十五日總統令修正公布
④一百零四年七月一日總統令修正公布
⑤一百零五年十一月十六日總統令修正公布
⑥一百零八年五月十五日總統令修正公布第四、七、八之一、一四、二三、二六〜二九、三三、三四、四一〜四四、五〇、五三、五四條；刪除第四七條；並增訂第四五之一、五三之一、五四之一、五六之一〜五六之三條條文

第一章　總　則

第 1 條　（立法目的）

I 為增進勞工退休生活保障，加強勞雇關係，促進社會及經濟發展，特制定本條例。

II 勞工退休金事項，優先適用本條例。本條例未規定者，適用其他法律之規定。

第 2 條　（主管機關）

本條例所稱主管機關：在中央為勞動部；在直轄市為直轄市政府；在縣（市）為縣（市）政府。

第 3 條　（用辭定義）

本條例所稱勞工、雇主、事業單位、勞動契約、工資及平均工資之定義，依勞動基準法第二條規定。

第 4 條　（勞動基金監理會）

I 中央主管機關為監理本條例與勞動基準法第五十六條第三項規定勞工退休基金之管理及運用業務，應聘請政府機關代表、勞工代表、雇主代表及專家學者，以勞動基金監理會（以下簡稱監理會）行之。

II 前項監理會之監理事項、程序、人員組成、任期與遴聘及其他相關事項之辦法，由中央主管機關定之。

第 5 條　（勞工保險局辦理之業務）

勞工退休金之收支、保管、滯納金之加徵及罰鍰處分等業務，由中央主管機關委任勞動部勞工保險局（以下簡稱勞保局）辦理之。

第 6 條　（勞工退休金制度）

I 雇主應為適用本條例之勞工，按月提繳退休金，儲存於勞保局設立之勞工退休金個人專戶。

II 除本條例另有規定者外，雇主不得以其他自訂之勞工退休金辦法，取代前項規定之勞工退休金制度。

第二章　制度之適用與銜接

第 7 條　（適用對象）

I 本條例之適用對象為適用勞動基準法之下列人員，但依私立學校法之規定提撥退休準備金者，不適用之：

一　本國籍勞工。

二　與在中華民國境內設有戶籍之國民結婚，且獲准居留而在臺灣地區工作之外國人、大陸地區人民、香港或澳門居民。

三　前款之外國人、大陸地區人民、香港或澳門居民，與其配偶離婚或其配偶死亡，而依法規規定得在臺灣地區繼續居留工作者。

四　前二款以外之外國人，經依入出國及移民法相關規定許可永久居留，且在臺灣地區工作者。

II 本國籍人員、前項第二款至第四款規定之人員具下列身分之一，得自願依本條例規定提繳及請領退休金：

一　實際從事勞動之雇主。

二　自營作業者。

三　受委任工作者。

四　不適用勞動基準法之勞工。

勞工退休金條例

（第八～一一條）

第8條 （適用規定）

I.本條例施行前已適用勞動基準法之勞工，於本條例施行後仍服務於同一事業單位者，得選擇繼續適用勞動基準法之退休金規定。但於離職後再受僱時，應適用本條例之退休金制度。

II.公營事業於本條例施行後移轉民營，公務員兼具勞工身分者繼續留用，得選擇適用勞動基準法之退休金規定或本條例之退休金制度。

第8條之1 （適用本條例之退休金制度人員及選擇繼續適用勞動基準法之退休金規定要件）

I.下列人員自下列各款所定期日起，應適用本條例之退休金制度：

　一　第七條第一項第二款、第三款人員及於中華民國九十九年七月一日後始取得本國籍之勞工，於本條例一百零二年十二月三十一日修正之條文施行日。

　二　第七條第一項第四款人員，於本條例一百零八年四月二十六日修正之條文施行日。

　三　前二款人員於各該修正條文施行後始取得各該身分者，為取得身分之日。

II.前項所定人員於各該修正條文施行前已受僱且仍服務於同一事業單位者，於適用本條例之日起六個月內，得以書面向雇主表明選擇繼續適用勞動基準法之退休金規定。

III.依前項規定向雇主表明選擇繼續適用勞動基準法之退休金規定者，不得再變更選擇適用本條例之退休金制度。

IV.勞工依第一項規定適用本條例退休金制度者，其適用本條例前之工作年資依第十一條規定辦理。

V.雇主應為依第一項及第二項規定適用本條例退休金制度之勞工，向勞保局辦理提繳手續，並至遲於第一項及第二項規定期限屆滿之日起十五日內申報。

第9條 （選擇適用）

I.雇主應自本條例公布後至施行前一日之期間內，就本條例之勞工退休金制度及勞動基準法之退休金規定，以書面徵詢勞工之選擇；勞工屆期未選擇者，自本條例施行之日起繼續適用勞動基準法之退休金規定。

II.勞工選擇繼續自本條例施行之日起適用勞動基準法之退休金規定者，於五年內仍得選擇適用本條例之退休金制度。

III.雇主應為適用本條例之退休金制度之勞工，依下列規定向勞保局辦理提繳手續：

　一　依第一項規定選擇適用者，應於本條例施行後十五日內申報。

　二　依第二項規定選擇適用者，應於選擇適用之日起十五日內申報。

　三　本條例施行後新成立之事業單位，應於成立之日起十五日內申報。

第10條 （選擇適用之禁止）

勞工適用本條例之退休金制度後，不得再變更選擇適用勞動基準法之退休金規定。

第11條 （工作年資之保留）

I.本條例施行前已適用勞動基準法之勞工，於本條例施行後，仍服務於同一事業單位而選擇適用本條例之退休金制度者，其適用本條例前之工作年資，應予保留。

II.前項保留之工作年資，於勞動契約依勞動基準法第十一條、第十三條但書、第十四條、第二十條、第五十三條、第五十四條或職業災害勞工保護法第二十三條、第二十四條規定終止時，雇主應依各法規定，以契約終止時之平均工資，計給該保留年資之資遣費或退休金，並於終止勞動契約後三十日內發給。

III.第一項保留之工作年資，於勞動契約存續期間，勞雇雙方約定以不低於勞動基準法第五十五條及第八十四條之二規定之給與標準結清者，從其約定。

IV.公營事業之公務員兼具勞工身分者，於民營化之日，其移轉民營前年資，依民營化前原適用之退休相關法令領取退休金。但

留用人員應停止其領受月退休金及相關
權利，至離職時恢復。

第 12 條　（資遣費之計算）

I.勞工適用本條例之退休金制度者，適用本
條例後之工作年資，於勞動契約依勞動基
準法第十一條、第十三條但書、第十四條
及第二十條或職業災害勞工保護法第二
十三條、第二十四條規定終止時，其資遣
費由雇主按其工作年資，每滿一年發給二
分之一個月之平均工資，未滿一年者，以
比例計給；最高以發給六個月平均工資為
限，不適用勞動基準法第十七條之規定。

II.依前項規定計算之資遣費，應於終止勞動
契約後三十日內發給。

III.選擇繼續適用勞動基準法退休金規定之
勞工，其資遣費與退休金依同法第十七
條、第五十五條及第八十四條之二規定發
給。

第 13 條　（勞工退休準備金）

I.為保障勞工之退休金，雇主應依選擇適用
勞動基準法退休制度與保留適用本條例
前工作年資之勞工人數、工資、工作年
資、流動率等因素精算其勞工退休準備金
之提撥率，繼續依勞動基準法第五十六條
第一項規定，按月於五年內足額提撥勞工
退休準備金，以作為支付退休金之用。

II.勞雇雙方依第十一條第三項規定，約定結
清之退休金，得自勞動基準法第五十六條
第一項規定之勞工退休準備金專戶支應。

III.依第十一條第四項規定應發給勞工之退
休金，應依公營事業移轉民營條例第九條
規定辦理。

第三章　退休金專戶之提繳與請領

第 14 條　（雇主負擔退休金提繳率及勞工自願提繳退休金之提繳規定）

I.雇主每月負擔之勞工退休金提繳率，不得
低於勞工每月工資百分之六。

II.雇主得為第七條第二項第三款或第四款
規定之人員，於每月工資百分之六範圍內
提繳退休金。

III.第七條規定之人員，得在其每月工資百分
之六範圍內，自願提繳退休金；其自願提
繳之退休金，不計入提繳年度薪資所得課
稅。

IV.第七條第二項第一款至第三款規定之人
員，得在其每月執行業務所得百分之六範
圍內，自願提繳退休金；其自願提繳之退
休金，不計入提繳年度執行業務收入課
稅。

V.第一項至第三項所定每月工資及前項所
定每月執行業務所得，由中央主管機關擬
訂月提繳分級表，報請行政院核定之。

第 15 條　（提繳率之調整）

I.於同一雇主或依第七條第二項、前條第三
項自願提繳者，一年內調整勞工退休金之
提繳率，以二次為限。調整時，雇主應於
調整當月底前，填具提繳率調整表通知勞
保局，並自通知之次月一日起生效；其提
繳率計算至百分率小數點第一位為限。

II.勞工之工資如在當年二月至七月調整時，
其雇主應於當年八月底前，將調整後之月
提繳工資通知勞保局；如在當年八月至次
年一月調整時，應於次年二月底前通知勞
保局，其調整均自通知之次月一日起生
效。

III.雇主為第七條第一項所定勞工申報月提
繳工資不實或未依前項規定調整月提繳
工資者，勞保局查證後得逕行更正或調整
之，並通知雇主，且溯自提繳日或應調整
之次月一日起生效。

第 16 條　（提繳之期間）

勞工退休金自勞工到職之日起提繳至離
職當日止。但選擇自本條例施行之日起適
用本條例之退休金制度者，其提繳自選擇
適用本條例之退休金制度之日起至離職
當日止。

第 17 條　（自願提繳退休金）

I.依第七條第二項自願提繳退休金者，由雇

勞工退休金條例

（第一八～二四之二條）

主或自營作業者向勞保局辦理開始或停止提繳手續，並按月扣、收繳提繳數額。

II.前項自願提繳退休金者，自申報自願提繳之日起至申報停止提繳之當日止提繳退休金。

第 18 條　（辦理提繳手續）

雇主應於勞工到職、離職、復職或死亡之日起七日內，列表通知勞保局，辦理開始或停止提繳手續。

第 19 條　（繳納退休金）

I.雇主應提繳及收取之退休金數額，由勞保局繕具繳款單於次月二十五日前寄送事業單位，雇主應於次月底前繳納。

II.勞工自願提繳退休金者，由雇主向其收取後，連同雇主負擔部分，向勞保局繳納。其退休金之提繳，自申報自願提繳之日起至離職或申報停繳之日止。

III.雇主未依限存入或存入金額不足時，勞保局應限期通知其繳納。

IV.自營作業者之退休金提繳，應以勞保局指定金融機構辦理自動轉帳方式繳納之，勞保局不另寄發繳款單。

第 20 條　（申報提繳退休金）

I.勞工留職停薪、入伍服役、因案停職或被羈押未經法院判決確定前，雇主應於發生事由之日起七日內以書面向勞保局申報停止提繳其退休金。勞工復職時，雇主應以書面向勞保局申報開始提繳退休金。

II.因案停職或被羈押勞工復職後，應由雇主補發停職期間之工資者，雇主應於復職當月之再次月底前補提繳退休金。

第 21 條　（雇主之義務）

I.雇主提繳之金額，應每月以書面通知勞工。

II.雇主應置備僱用勞工名冊，其內容包括勞工到職、離職、出勤工作紀錄、工資、每月提繳紀錄及相關資料，並保存至勞工離職之日起五年止。

III.勞工依本條例規定選擇適用退休金制度相關文件之保存期限，依前項規定辦理。

第 22 條　（刪除）

第 23 條　（退休金之領取及計算方式）

I.退休金之領取及計算方式如下：

一　月退休金：勞工個人之退休金專戶本金及累積收益，依據年金生命表，以平均餘命及利率等基礎計算所得之金額，作為定期發給之退休金。

二　一次退休金：一次領取勞工個人退休金專戶之本金及累積收益。

II.前項提繳之勞工退休金運用收益，不得低於以當地銀行二年定期存款利率計算之收益；有不足者，由國庫補足之。

III.第一項第一款所定年金生命表、平均餘命、利率及金額之計算，由勞保局擬訂，報請中央主管機關核定。

第 24 條　（請領退休金）

I.勞工年滿六十歲，得依下列規定之方式請領退休金：

一　工作年資滿十五年以上者，選擇請領月退休金或一次退休金。

二　工作年資未滿十五年者，請領一次退休金。

II.依前項第一款規定選擇請領退休金方式，經勞保局核付後，不得變更。

III.第一項工作年資採計，以實際提繳退休金之年資為準。年資中斷者，其前後提繳年資合併計算。

IV.勞工不適用勞動基準法時，於有第一項規定情形者，始得請領。

第 24 條之 1　（提繳年資重新計算之情形）

勞工領取退休金後繼續工作者，其提繳年資仍應依本條例規定提繳勞工退休金；勞工領取年資重新計算之退休金及其收益次數，一年以一次為限。

第 24 條之 2　（得請領月退休金或一次退休金之情形）

I.勞工未滿六十歲，有下列情形之一，其工作年資滿十五年以上者，得請領月退休金

或一次退休金。但工作年資未滿十五年者，應請領一次退休金：

一　領取勞工保險條例所定之失能年金給付或失能等級三等以上之一次失能給付。

二　領取國民年金法所定之身心障礙年金給付或身心障礙基本保證年金給付。

三　非屬前二款之被保險人，符合得請領第一款失能年金給付或一次失能給付之失能種類、狀態及等級，或前款身心障礙年金給付或身心障礙基本保證年金給付之障礙種類、項目及狀態。

II.依前項請領月退休金者，由勞工決定請領之年限。

第 25 條　（月退休金之投保）

I.勞工開始請領月退休金時，應一次提繳一定金額，投保年金保險，作為超過第二十三條第三項所定平均餘命後之年金給付之用。

II.前項規定提繳金額、提繳程序及承保之保險人資格，由中央主管機關定之。

第 26 條　（勞工死亡請領退休金之規定）

I.勞工於請領退休金前死亡者，應由其遺屬或指定請領人請領一次退休金。

II.已領取月退休金勞工，於未屆第二十三條第三項所定平均餘命或第二十四條之二第二項所定請領年限前死亡者，停止給付月退休金。其個人退休金專戶結算賸餘金額，由其遺屬或指定請領人領回。

第 27 條　（請領退休金遺屬之順位）

I.依前條規定請領退休金遺屬之順位如下：

一　配偶及子女。

二　父母。

三　祖父母。

四　孫子女。

五　兄弟、姊妹。

II.前項遺屬同一順位有數人時，應共同具領，有未具名之遺屬者，由具領之遺屬負責分配之；有死亡、拋棄或因法定事由喪

失繼承權時，由其餘遺屬請領之。但生前預立遺囑指定請領人者，從其遺囑。

III.勞工死亡後，有下列情形之一者，其退休金專戶之本金及累積收益應歸入勞工退休基金：

一　無第一項之遺屬或指定請領人。

二　第一項之遺屬或指定請領人之退休金請求權，因時效消滅。

第 28 條　（請領退休金之程序及請求權消滅時效）

I.勞工或其遺屬或指定請領人請領退休金時，應填具申請書，並檢附相關文件向勞保局請領；相關文件之內容及請領程序，由勞保局定之。

II.請領手續完備，經審查應予發給月退休金者，應自收到申請書次月起按季發給；其為請領一次退休金者，應自收到申請書之日起三十日內發給。

III.勞工或其遺屬或指定請領人請領之退休金結算基準，由中央主管機關定之。

IV.第一項勞工之遺屬或指定請領人退休金請求權，自得請領之日起，因十年間不行使而消滅。

第 29 條　（退休金及請領權利不得讓與扣押抵銷或供擔保；開立專戶專用）

I.勞工之退休金及請領勞工退休金之權利，不得讓與、扣押、抵銷或供擔保。

II.勞工依本條例規定請領退休金者，得檢具勞保局出具之證明文件，於金融機構開立專戶，專供存入退休金之用。

III.前項專戶內之存款，不得作為抵銷、扣押、供擔保或強制執行之標的。

第 30 條　（提繳金額之禁止要求賠償或繳回）

雇主應為勞工提繳之金額，不得因勞工離職，扣留勞工工資作為賠償或要求勞工繳回。約定離職時應賠償或繳回者，其約定無效。

第 31 條　（損害賠償請求權）

I.雇主未依本條例之規定按月提繳或足額

提繳勞工退休金，致勞工受有損害者，勞工得向雇主請求損害賠償。

II.前項請求權，自勞工離職時起，因五年間不行使而消滅。

第 32 條　（勞工退休基金之來源）

勞工退休基金之來源如下：

一　勞工個人專戶之退休金。

二　基金運用之收益。

三　收繳之滯納金。

四　其他收入。

第 33 條　（基金之管理運用及限制）

I.勞工退休基金除作為給付勞工退休金及投資運用之用外，不得扣押、供擔保或移作他用；其管理、運用及盈虧分配之辦法，由中央主管機關擬訂，報請行政院核定之。

II.勞工退休基金之管理、經營及運用業務，由勞動部勞動基金運用局（以下簡稱基金運用局）辦理；該基金之經營及運用，基金運用局得委託金融機構辦理，委託經營規定、範圍及經費，由基金運用局擬訂，報請中央主管機關核定之。

第 34 條　（勞工退休金及退休基金之財務收支分戶立帳及財務報表之備查）

I.勞保局與基金運用局對於勞工退休金及勞工退休基金之財務收支，應分戶立帳，並與其辦理之其他業務分開處理；其相關之會計報告及年度決算，應依有關法令規定辦理，並由基金運用局彙整，報請中央主管機關備查。

II.勞工退休基金之收支、運用與其積存金額及財務報表，基金運用局應按月報請中央主管機關備查，中央主管機關應按年公告之。

第四章　年金保險

第 35 條　（提繳勞工退休金之例外）

I.事業單位僱用勞工人數二百人以上，經工會同意，或無工會者，經勞資會議同意後，得為以書面選擇投保年金保險之勞工，投保符合保險法規定之年金保險。

II.前項選擇投保年金保險之勞工，雇主得不依第六條第一項規定為其提繳勞工退休金。

III.第一項所定年金保險之收支、核准及其他應遵行事項之辦法，由中央主管機關定之；事業單位採行前項規定之年金保險者，應報請中央主管機關核准。

IV.第一項年金保險之平均收益率不得低於第二十三條之標準。

第 35 條之 1　（專設帳簿）

I.保險人應依保險法規定專設帳簿，記載其投資資產之價值。

II.勞工死亡後無遺屬或指定請領人者，其年金保險退休金之本金及累積收益，應歸入年金保險專設帳簿之資產。

第 35 條之 2　（原適用退休金制度之變更）

實施年金保險之事業單位內適用本條例之勞工，得以一年一次為限，變更原適用之退休金制度，改為參加個人退休金專戶或年金保險，原已提存之退休金或年金保險費，繼續留存。雇主應於勞工書面選擇變更之日起十五日內，檢附申請書向勞保局及保險人申報。

第 36 條　（年金保險費提繳率之限制）

I.雇主每月負擔之年金保險費，不得低於勞工每月工資百分之六。

II.前項雇主應負擔之年金保險費，及勞工自願提繳之年金保險費數額，由保險人繕具繳款單於次月二十五日前寄送事業單位，雇主應於再次月底前繳納。雇主應提繳保險費之收繳情形，保險人應於繳納期限之次月七日前通知勞保局。

III.勞工自願提繳年金保險費者，由雇主向其收取後，連同雇主負擔部分，向保險人繳納。其保險費之提繳，自申報自願提繳之日起至離職或申報停繳之日止。

IV.雇主逾期未繳納年金保險費者，保險人應即進行催收，並限期雇主於應繳納期限之次月月底前繳納，催收結果應於再次月之七日前通知勞保局。

第 37 條　（年金保險契約）

年金保險之契約應由雇主擔任要保人，勞工為被保險人及受益人。事業單位以向一保險人投保為限。保險人之資格，由中央主管機關會同該保險業務之主管機關定之。

第 38 條　（離職後再就業）

I.勞工離職後再就業，所屬年金保險契約應由新雇主擔任要保人，繼續提繳保險費。新舊雇主開辦或參加之年金保險提繳率不同時，其差額由勞工自行負擔。但新雇主自願負擔者，不在此限。

II.前項勞工之新雇主未辦理年金保險者，應依第六條第一項規定提繳退休金。除勞雇雙方另有約定外，所屬年金保險契約之保險費由勞工全額自行負擔；勞工無法提繳時，年金保險契約之存續，依保險法及各該保險契約辦理。

III.第一項勞工離職再就業時，得選擇由雇主依第六條第一項規定提繳退休金。

IV.勞工離職再就業，前後適用不同退休金制度時，選擇移轉年金保險之保單價值準備金至個人退休金專戶，或個人退休金專戶之本金及收益至年金保險者，應全額移轉，且其已提繳退休金之存儲期間，不得低於四年。

第 39 條　（準用規定）

第七條至第十三條、第十四條第二項至第五項、第十五條、第十六條、第二十條、第二十一條、第二十四條、第二十四條之一、第二十四條之二、第二十七條第一項、第二項、第二十九條至第三十一條規定，於本章所定年金保險準用之。

第五章　監督及經費

第 40 條　（勞工權益之確保）

I.為確保勞工權益，主管機關、勞動檢查機構或勞保局必要時得查對事業單位勞工名冊及相關資料。

II.勞工發現雇主違反本條例規定時，得向雇主、勞保局、勞動檢查機構或主管機關提出申訴，雇主不得因勞工提出申訴，對其做出任何不利之處分。

第 41 條　（意圖干涉操縱勞工退休基金之處置）

受委託運用勞工退休基金之金融機構，發現有意圖干涉、操縱、指示其運用或其他有損勞工利益之情事時，應通知基金運用局。基金運用局認有處置必要者，應即通知中央主管機關採取必要措施。

第 42 條　（保密及忠誠義務）

主管機關、勞保局、基金運用局、受委託之金融機構及其相關機關、團體所屬人員，不得對外公布業務處理上之秘密或謀取非法利益，並應善盡管理人忠誠義務，為基金謀取最大之效益。

第 43 條　（編列行政費用預算）

勞保局及基金運用局辦理本條例規定行政所須之費用，應編列預算支應。

第 44 條　（免稅）

勞保局及基金運用局辦理本條例規定業務之一切帳冊、單據及業務收支，均免課稅捐。

第六章　罰　　則

第 45 條　（罰則㈠）

受委託運用勞工退休基金之機構違反第三十三條第二項規定，將勞工退休基金用於非指定之投資運用項目者，處新臺幣二百萬元以上一千萬元以下罰鍰，中央主管機關並應限期令其附加利息歸還。

第 45 條之 1　（罰則㈡）

雇主有下列各款情事之一者，處新臺幣三十萬元以上一百五十萬元以下罰鍰，並限期令其給付；屆期未給付者，應按次處罰：

　　一　違反第十一條第二項或第十二條第一項、第二項規定之給與標準或期限。

勞工退休金條例

（第四六～五四之一條）

二　違反第三十九條準用第十一條第
二項或第十二條第一項、第二項規
定之給與標準或期限。

第 46 條　（罰則⊜）
保險人違反第三十六條第二項規定，未於
期限內通知勞保局者，處新臺幣六萬元以
上三十萬元以下罰鍰，並限期令其改善；
屆期未改善者，應按次處罰。

第 47 條　（刪除）

第 48 條　（罰則四）
事業單位違反第四十條規定，拒絕提供資
料或對提出申訴勞工為不利處分者，處新
臺幣三萬元以上三十萬元以下罰鍰。

第 49 條　（罰則五）
雇主違反第八條之一第五項、第九條、第
十八條、第二十條第一項、第二十一條第
二項、第三十五條之二或第三十九條規
定，未辦理申報提繳、停繳手續、置備名
冊或保存文件，經限期改善，屆期未改善
者，處新臺幣二萬元以上十萬元以下罰
鍰，並按月處罰至改正為止。

第 50 條　（罰則六）
I.雇主違反第十三條第一項規定，未繼續按
月提撥勞工退休準備金者，處新臺幣二萬
元以上三十萬元以下罰鍰，並按月處
罰，不適用勞動基準法之罰鍰規定。
II.主管機關對於前項應執行而未執行時，應
以公務員考績法令相關處罰規定辦理。
III.第一項收繳之罰鍰，歸入勞動基準法第五
十六條第三項勞工退休基金。

第 51 條　（罰則七）
雇主違反第三十條或第三十九條規定，扣
留勞工工資者，處新臺幣一萬元以上五萬
元以下罰鍰。

第 52 條　（罰則八）
雇主違反第十五條第二項、第二十一條第
一項或第三十九條申報、通知規定者，處
新臺幣五千元以上二萬五千元以下罰鍰。

第 53 條　（罰則九）
I.雇主違反第十四條第一項、第十九條第一
項或第二十條第二項規定，未按時提繳或
繳足退休金者，自期限屆滿之次日起至完
繳前一日止，每逾一日加徵其應提繳金額
百分之三滯納金至應提繳金額之一倍為
止。
II.前項雇主欠繳之退休金，經勞保局限期令
其繳納，屆期未繳納者，依法移送行政執
行。雇主有不服者，得依法提起行政救
濟。
III.雇主違反第三十六條及第三十九條規定，
未按時繳納或繳足保險費者，處其應負擔
金額同額之罰鍰，並按月處罰至改正為
止。
IV.第一項及第二項規定，溯自中華民國九十
四年七月一日生效。

**第 53 條之 1　（公布經處以罰鍰或加徵
滯納金者之規定）**
雇主違反本條例，經主管機關或勞保局處
以罰鍰或加徵滯納金者，應公布其事業單
位或事業主之名稱、負責人姓名、處分期
日、違反條文及處分金額；受委託運用勞
工退休基金之機構經依第四十五條規定
處以罰鍰者，亦同。

**第 54 條　（受處分人屆期未繳納滯納金
及罰鍰，移送行政執行）**
I.依本條例加徵之滯納金及所處之罰鍰，受
處分人應於收受通知之日起三十日內繳
納；屆期未繳納者，依法移送行政執行。
II.第三十九條所定年金保險之罰鍰處分及
移送行政執行業務，委任勞保局辦理之。

**第 54 條之 1　（未依規定繳納退休金或
滯納金，無財力清償時由其代表人或負責人
負清償責任）**
I.雇主未依本條例規定繳納退休金或滯納
金，且無財產可供執行或其財產不足清償
者，由其代表人或負責人負清償責任。
II.前項代表人或負責人經勞保局限期令其
繳納，屆期未繳納者，依法移送行政執
行。

第 55 條　（處罰之客體）

Ⅰ法人之代表人或其他從業人員、自然人之代理人或受僱人，因執行業務違反本條例規定，除依本章規定處罰行為人外，對該法人或自然人並應處以各該條所定之罰鍰。但法人之代表人或自然人對於違反之發生，已盡力為防止行為者，不在此限。

Ⅱ法人之代表人或自然人教唆或縱容為違反之行為者，以行為人論。

第七章　附　則

第 56 條　（積欠之勞工退休金）

事業單位因分割、合併或轉讓而消滅者，其積欠勞工之退休金，應由受讓之事業單位當然承受。

第 56 條之 1　（退休金或滯納金之債權，優先於普通債權受清償）

勞保局對於雇主未依本條例規定繳納之退休金及滯納金，優先於普通債權受清償。

第 56 條之 2　（勞工退休金不適用之相關法律債務免責規定）

勞工退休金不適用下列規定：

一　公司法有關公司重整之債務免責規定。

二　消費者債務清理條例有關清算之債務免責規定。

三　破產法有關破產之債務免責規定。

第 56 條之 3　（相關機關提供所需必要資料及應遵循資料保護之義務）

Ⅰ勞保局為辦理勞工退休金業務所需必要資料，得請相關機關提供，各該機關不得拒絕。

Ⅱ勞保局依前項規定取得之資料，應盡善良管理人之注意義務，相關資料之保有、處理及利用等事項，應依個人資料保護法之規定為之。

第 57 條　（施行細則之訂定）

本條例施行細則，由中央主管機關定之。

第 58 條　（施行日期）

Ⅰ本條例自公布後一年施行。

Ⅱ本條例修正條文，除已另定施行日期者外，自公布日施行。

就業服務法
一百零七年十一月二十八日總統令修正公布

①民國八十一年五月八日總統令公布
②八十六年五月二十一日總統令修正公布
③八十九年一月二十六日總統令修正公布
④九十一年一月二十一日總統令修正公布
⑤九十二年五月十三日總統令修正公布
⑥九十二年五月十六日總統令修正公布
⑦九十五年五月三十日總統令修正公布
⑧九十六年五月二十三日總統令修正公布
⑨九十六年七月十一日總統令修正公布
⑩九十七年八月六日總統令修正公布
⑪九十八年五月十三日總統令修正公布
⑫一百零一年一月三十日總統令修正公布
⑬一百零一年十一月二十八日總統令修正公布
⑭一百零二年十二月二十五日總統令修正公布
⑮一百零四年六月十七日總統令修正公布
⑯一百零四年十月七日總統令修正公布
⑰一百零五年十一月三日總統令修正公布
⑱一百零七年十一月二十八日總統令修正公布第
五、二四、四〇、四六、五四、五六、六五～六
八、七〇條條文

第一章　總　則

第1條　（立法目的）
為促進國民就業，以增進社會及經濟發展，特制定本法；本法未規定者，適用其他法律之規定。

第2條　（用詞定義）
本法用詞定義如下：
一　就業服務：指協助國民就業及雇主徵求員工所提供之服務。
二　就業服務機構：指提供就業服務之機構；其由政府機關設置者，為公立就業服務機構；其由政府以外之私人或團體所設置者，為私立就業服務機構。
三　雇主：指聘、僱用員工從事工作者。
四　中高齡者：指年滿四十五歲至六十

五歲之國民。
五　長期失業者：指連續失業期間達一年以上，且辦理勞工保險退保當日前三年內，保險年資合計滿六個月以上，並於最近一個月內有向公立就業服務機構辦理求職登記者。

第3條　（選擇職業之條件）
國民有選擇職業之自由。但為法律所禁止或限制者，不在此限。

第4條　（接受就業服務之規定）
國民具有工作能力者，接受就業服務一律平等。

第5條　（國民就業機會之保障）
I 為保障國民就業機會平等，雇主對求職人或所僱用員工，不得以種族、階級、語言、思想、宗教、黨派、籍貫、出生地、性別、性傾向、年齡、婚姻、容貌、五官、身心障礙、星座、血型或以往工會會員身分為由，予以歧視；其他法律有明文規定者，從其規定。
II 雇主招募或僱用員工，不得有下列情事：
一　為不實之廣告或揭示。
二　違反求職人或員工之意思，留置其國民身分證、工作憑證或其他證明文件，或要求提供非屬就業所需之隱私資料。
三　扣留求職人或員工財物或收取保證金。
四　指派求職人或員工從事違背公共秩序或善良風俗之工作。
五　辦理聘僱外國人之申請許可、招募、引進或管理事項，提供不實資料或健康檢查檢體。
六　提供職缺之經常性薪資未達新臺幣四萬元而未公開揭示或告知其薪資範圍。

第6條　（主管機關）

I.本法所稱主管機關：在中央為勞動部；在直轄市為直轄市政府；在縣（市）為縣（市）政府。

II.中央主管機關應會同原住民族委員會辦理相關原住民就業服務事項。

III.中央主管機關掌理事項如下：

一　全國性國民就業政策、法令、計畫及方案之訂定。

二　全國性就業市場資訊之提供。

三　就業服務作業基準之訂定。

四　全國就業服務業務之督導、協調及考核。

五　雇主申請聘僱外國人之許可及管理。

六　辦理下列仲介業務之私立就業服務機構之許可、停業及廢止許可：

　(一)仲介外國人至中華民國境內工作。

　(二)仲介香港或澳門居民、大陸地區人民至臺灣地區工作。

　(三)仲介本國人至臺灣地區以外之地區工作。

七　其他有關全國性之國民就業服務及促進就業事項。

IV.直轄市、縣（市）主管機關掌理事項如下：

一　就業歧視之認定。

二　外國人在中華民國境內工作之管理及檢查。

三　仲介本國人在國內工作之私立就業服務機構之許可、停業及廢止許可。

四　前項第六款及前款以外私立就業服務機構之管理。

五　其他有關國民就業服務之配合事項。

第7條　（就業服務及促進就業等事項之研議、諮詢）

I.主管機關得遴聘勞工、雇主、政府機關之代表及學者專家，研議、諮詢有關就業服務及促進就業等事項；其中勞工、雇主及學者專家代表，不得少於二分之一。

II.前項代表單一性別，不得少於三分之一。

第8條　（主管機關應舉辦在職訓練）

主管機關為增進就業服務工作人員之專業知識及工作效能，應定期舉辦在職訓練。

第9條　（雇主與求職人資料之保密）

就業服務機構及其人員，對雇主與求職人之資料，除推介就業之必要外，不得對外公開。

第10條　（勞資爭議期間之限制）

I.在依法罷工期間，或因終止勞動契約涉及勞方多數人權利之勞資爭議在調解期間，就業服務機構不得推介求職人至該罷工或有勞資爭議之場所工作。

II.前項所稱勞方多數人，係指事業單位勞工涉及勞資爭議達十人以上，或雖未達十人而占該勞資爭議場所員工人數三分之一以上者。

第11條　（獎勵及表揚對國民就業有卓越貢獻者）

I.主管機關對推動國民就業有卓越貢獻者，應予獎勵及表揚。

II.前項獎勵及表揚之資格條件、項目、方式及其他應遵行事項之辦法，由中央主管機關定之。

第二章　政府就業服務

第12條　（公立就業服務機構之設置）

I.主管機關得視業務需要，在各地設置公立就業服務機構。

II.直轄市、縣（市）轄區內原住民人口達二萬人以上者，得設立因應原住民族特殊文化之原住民公立就業服務機構。

III.前兩項公立就業服務機構設置準則，由中央主管機關定之。

第13條　（公立就業服務機構收取費用之原則）

公立就業服務機構辦理就業服務，以免費為原則。但接受雇主委託招考人才所需之費用，得向雇主收取之。

就業服務法

（第一四～二四條）

第 14 條　（公立就業服務機構之義務）

公立就業服務機構對於求職人及雇主申請求職、求才登記，不得拒絕。但其申請有違反法令或拒絕提供為推介就業所需之資料者，不在此限。

第 15 條　（刪除）

第 16 條　（公立就業服務機構應提供就業市場之資訊）

公立就業服務機構應蒐集、整理、分析其業務區域內之薪資變動、人力供需及未來展望等資料，提供就業市場資訊。

第 17 條　（就業諮詢之提供）

I.公立就業服務機構對求職人應先提供就業諮詢，再依就業諮詢結果或職業輔導評量，推介就業、職業訓練、技能檢定、創業輔導、進行轉介或失業認定及轉請核發失業給付。

II.前項服務項目及內容，應作成紀錄。

III.第一項就業諮詢、職業輔導及其他相關事項之辦法，由中央主管機關定之。

第 18 條　（學生職業輔導）

公立就業服務機構與其業務區域內之學校應密切聯繫，協助學校辦理學生職業輔導工作，並協同推介畢業學生就業或參加職業訓練及就業後輔導工作。

第 19 條　（對缺乏工作知能之求職人之輔導）

公立就業服務機構為輔導缺乏工作知能之求職人就業，得推介其參加職業訓練；對職業訓練結訓者，應協助推介其就業。

第 20 條　（對申請就業保險失業給付者之協助）

公立就業服務機構對申請就業保險失業給付者，應推介其就業或參加職業訓練。

第三章　促進就業

第 21 條　（促進就業之方法）

政府應依就業與失業狀況相關調查資料，策訂人力供需調節措施，促進人力資源有效運用及國民就業。

第 22 條　（全國性就業資訊網之建立）

中央主管機關為促進地區間人力供需平衡並配合就業保險失業給付之實施，應建立全國性之就業資訊網。

第 23 條　（經濟不景氣時之應變措施）

I.中央主管機關於經濟不景氣致大量失業時，得鼓勵雇主協商工會或勞工，循縮減工作時間、調整薪資、辦理教育訓練等方式，以避免裁減員工；並得視實際需要，加強實施職業訓練或採取創造臨時就業機會、辦理創業貸款利息補貼等輔導措施；必要時，應發給相關津貼或補助金，促進其就業。

II.前項利息補貼、津貼與補助金之申請資格條件、項目、方式、期間、經費來源及其他應遵行事項之辦法，由中央主管機關定之。

第 24 條　（自願就業人員訂定促進就業計畫）

I.主管機關對下列自願就業人員，應訂定計畫，致力促進其就業；必要時，得發給相關津貼或補助金：

一　獨力負擔家計者。
二　中高齡者。
三　身心障礙者。
四　原住民。
五　低收入戶或中低收入戶中有工作能力者。
六　長期失業者。
七　二度就業婦女。
八　家庭暴力被害人。
九　更生受保護人。
十　其他經中央主管機關認為有必要者。

II.前項計畫應定期檢討，落實其成效。

III.主管機關對具照顧服務員資格且自願就業者，應提供相關協助措施。

IV.第一項津貼或補助金之申請資格、金額、期間、經費來源及其他相關事項之辦法，由主管機關定之。

第 25 條　（身心障礙者及中高齡者之就業機會）

公立就業服務機構應主動爭取適合身心障礙者及中高齡者之就業機會，並定期公告。

第 26 條　（婦女再就業之輔導）

主管機關為輔導獨力負擔家計者就業，或因妊娠、分娩或育兒而離職之婦女再就業，應視實際需要，辦理職業訓練。

第 27 條　（對身心障礙者及原住民之訓練）

主管機關為協助身心障礙者及原住民適應工作環境，應視實際需要，實施適應訓練。

第 28 條　（身心障礙者及原住民就業後之追蹤訪問）

公立就業服務機構推介身心障礙者及原住民就業後，應辦理追蹤訪問，協助其工作適應。

第 29 條　（低、中低收入戶中具工作能力者之協助）

I.直轄市及縣（市）主管機關應將轄區內低收入戶及中低收入戶中有工作能力者，列冊送當地公立就業服務機構，推介就業或參加職業訓練。

II.公立就業服務機構推介之求職人為低收入戶、中低收入戶或家庭暴力被害人中有工作能力者，其應徵工作所需旅費，得酌予補助。

第 30 條　（退伍者就業之協助）

公立就業服務機構應與當地役政機關密切聯繫，協助推介退伍者就業或參加職業訓練。

第 31 條　（更生保護人就業之協助）

公立就業服務機構應與更生保護會密切聯繫，協助推介受保護人就業或參加職業訓練。

第 32 條　（編列預算以促進國民就業）

I.主管機關為促進國民就業，應按年編列預算，依權責執行本法規定措施。

II.中央主管機關得視直轄市、縣（市）主管機關實際財務狀況，予以補助。

第 33 條　（資遣員工之列冊通報）

I.雇主資遣員工時，應於員工離職之十日前，將被資遣員工之姓名、性別、年齡、住址、電話、擔任工作、資遣事由及需否就業輔導等事項，列冊通報當地主管機關及公立就業服務機構。但其資遣係因天災、事變或其他不可抗力之情事所致者，應自被資遣員工離職之日起三日內為之。

II.公立就業服務機構接獲前項通報資料後，應依被資遣人員之志願、工作能力，協助其再就業。

第 33 條之 1　（委任或委託辦理）

中央主管機關得將其於本法所定之就業服務及促進就業掌理事項，委任所屬就業服務機構或職業訓練機構、委辦直轄市、縣（市）主管機關或委託相關機關（構）、團體辦理之。

第四章　民間就業服務

第 34 條　（私立就業機構設立許可）

I.私立就業服務機構及其分支機構，應向主管機關申請設立許可，經發給許可證後，始得從事就業服務業務；其許可證並應定期更新之。

II.未經許可，不得從事就業服務業務。但依法設立之學校、職業訓練機構或接受政府機關委託辦理訓練、就業服務之機關（構），為其畢業生、結訓學員或求職人免費辦理就業服務者，不在此限。

III.第一項私立就業服務機構及其分支機構之設立許可條件、期間、廢止許可、許可證更新及其他管理事項之辦法，由中央主管機關定之。

就業服務法

（第三五～四〇條）

第 35 條 　（私立就業服務機構之業務及收費）

I.私立就業服務機構得經營下列就業服務業務：

一　職業介紹或人力仲介業務。

二　接受委任招募員工。

三　協助國民釐定生涯發展計畫之就業諮詢或職業心理測驗。

四　其他經中央主管機關指定之就業服務事項。

II.私立就業服務機構經營前項就業服務業務得收取費用；其收費項目及金額，由中央主管機關定之。

第 36 條 　（私立就業服務機構之專業人員）

I.私立就業服務機構應置符合規定資格及數額之就業服務專業人員。

II.前項就業服務專業人員之資格及數額，於私立就業服務機構許可及管理辦法中規定之。

第 37 條 　（就業服務專業人員行為之禁止）

就業服務專業人員不得有下列情事：

一　允許他人假藉本人名義從事就業服務業務。

二　違反法令執行業務。

第 38 條 　（私立就業服務機構辦理仲介業務）

辦理下列仲介業務之私立就業服務機構，應以公司型態組織之。但由中央主管機關設立，或經中央主管機關許可設立、指定或委任之非營利性機構或團體，不在此限：

一　仲介外國人至中華民國境內工作。

二　仲介香港或澳門居民、大陸地區人民至臺灣地區工作。

三　仲介本國人至臺灣地區以外之地區工作。

第 39 條 　（私立就業服務機構接受檢查之義務）

私立就業服務機構應依規定備置及保存各項文件資料，於主管機關檢查時，不得規避、妨礙或拒絕。

第 40 條 　（從事就業服務人員之禁止行為）

I.私立就業服務機構及其從業人員從事就業服務業務，不得有下列情事：

一　辦理仲介業務，未依規定與雇主或求職人簽訂書面契約。

二　為不實或違反第五條第一項規定之廣告或揭示。

三　違反求職人意思，留置其國民身分證、工作憑證或其他證明文件。

四　扣留求職人財物或收取推介就業保證金。

五　要求、期約或收受規定標準以外之費用，或其他不正利益。

六　行求、期約或交付不正利益。

七　仲介求職人從事違背公共秩序或善良風俗之工作。

八　接受委任辦理聘僱外國人之申請許可、招募、引進或管理事項，提供不實資料或健康檢查檢體。

九　辦理就業服務業務有恐嚇、詐欺、侵占或背信情事。

十　違反雇主或勞工之意思，留置許可文件、身分證件或其他相關文件。

十一　對主管機關規定之報表，未依規定填寫或填寫不實。

十二　未依規定辦理變更登記、停業申報或換發、補發證照。

十三　未依規定揭示私立就業服務機構許可證、收費項目及金額明細表、就業服務專業人員證書。

十四　經主管機關處分停止營業，其期限尚未屆滿即自行繼續營業。

十五　辦理就業服務業務，未善盡受任事務，致雇主違反本法或依本法所發布之命令，或致勞工權益受損。

十六　租借或轉租私立就業服務機構許可證或就業服務專業人員證書。

十七　接受委任引進之外國人入國三個月內發生行蹤不明之情事，並於一年內達一定之人數及比率者。

十八　對求職人或受聘僱外國人有性侵

害、人口販運、妨害自由、重傷害
或殺人行為。

十九　知悉受聘僱外國人疑似遭受雇主、
被看護者或其他共同生活之家屬、
雇主之代表人、負責人或代表雇主
處理有關勞工事務之人為性侵害、
人口販運、妨害自由、重傷害或殺
人行為，而未於二十四小時內向主
管機關、入出國管理機關、警察機
關或其他司法機關通報。

二十　其他違反本法或依本法所發布之
命令。

II.前項第十七款之人數、比率及查核方式等
事項，由中央主管機關定之。

第 41 條　（委託者資料之保存）

接受委託登載或傳播求才廣告者，應自廣
告之日起，保存委託者之姓名或名稱、住
所、電話、國民身分證統一編號或事業登
記字號等資料二個月，於主管機關檢查
時，不得規避、妨礙或拒絕。

第五章　外國人之聘僱與管理

第 42 條　（聘僱外國人之限制）

為保障國民工作權，聘僱外國人工作，不
得妨礙本國人之就業機會、勞動條件、國
民經濟發展及社會安定。

第 43 條　（外國人在國內工作之規定）

除本法另有規定外，外國人未經雇主申請
許可，不得在中華民國境內工作。

第 44 條　（非法容留之禁止）

任何人不得非法容留外國人從事工作。

第 45 條　（媒介外國人之禁止）

任何人不得媒介外國人非法為他人工作。

第 46 條　（外國人在我國境內從事工作之限制）

I.雇主聘僱外國人在中華民國境內從事

工作，除本法另有規定外，以下列各款為
限：

一　專門性或技術性之工作。

二　華僑或外國人經政府核准投資或
設立事業之主管。

三　下列學校教師：
(一)公立或經立案之私立大專以上
校院或外國僑民學校之教師。
(二)公立或已立案之私立高級中等
以下學校之合格外國語文課程
教師。
(三)公立或已立案私立實驗高級中
等學校雙語部或雙語學校之學
科教師。

四　依補習及進修教育法立案之短期
補習班之專任教師。

五　運動教練及運動員。

六　宗教、藝術及演藝工作。

七　商船、工作船及其他經交通部特許
船舶之船員。

八　海洋漁撈工作。

九　家庭幫傭及看護工作。

十　為因應國家重要建設工程或經濟
社會發展需要，經中央主管機關指
定之工作。

十一　其他因工作性質特殊，國內缺乏該
項人才，在業務上確有聘僱外國人
從事工作之必要，經中央主管機關
專案核定者。

II.從事前項工作之外國人，其工作資格及審
查標準，除其他法律另有規定外，由中央
主管機關會商中央目的事業主管機關定
之。

III.雇主依第一項第八款至第十款規定聘僱
外國人，須訂立書面勞動契約，並以定期
契約為限；其未定期者，以聘僱許可之
期限為勞動契約之期限。續約時，亦同。

第 47 條　（聘僱外國人前之措施）

I.雇主聘僱外國人從事前條第一項第八款
至第十一款規定之工作，應先以合理勞動
條件在國內辦理招募，經招募無法滿足其
需要時，始得就該不足人數提出申請，並
應於招募時，將招募全部內容通知其事業

單位之工會或勞工，並於外國人預定工作之場所公告之。

II.雇主依前項規定在國內辦理招募時，對於公立就業服務機構所推介之求職人，非有正當理由，不得拒絕。

第 48 條 　（聘僱外國人之申請許可及其例外）

I.雇主聘僱外國人工作，應檢具有關文件，向中央主管機關申請許可。但有下列情形之一，不須申請許可：

一　各級政府及其所屬學術研究機構聘請外國人擔任顧問或研究工作者。

二　外國人與在中華民國境內設有戶籍之國民結婚，且獲准居留者。

三　受聘僱於公立或經立案之私立大學進行講座、學術研究經教育部認可者。

II.前項申請許可、廢止許可及其他有關聘僱管理之辦法，由中央主管機關會商中央目的事業主管機關定之。

III.第一項受聘僱外國人入境前後之健康檢查管理辦法，由中央衛生主管機關會商中央主管機關定之。

IV.前項受聘僱外國人入境後之健康檢查，由中央衛生主管機關指定醫院辦理之；其受指定之資格條件、指定、廢止指定及其他管理事項之辦法，由中央衛生主管機關定之。

V.受聘僱之外國人健康檢查不合格經限令出國者，雇主應即督促其出國。

VI.中央主管機關對從事第四十六條第一項第八款至第十一款規定工作之外國人，得規定其國別及數額。

第 48 條之 1 　（雇主應參加講習）

I.本項雇主於第一次聘僱外國人從事家庭看護工作或家庭幫傭前，應參加主管機關或其委託非營利組織辦理之聘前講習，並於申請許可時檢附已參加講習之證明文件。

II.前項講習之對象、內容、實施方式、受委託辦理之資格、條件及其他應遵行事項之辦法，由中央主管機關定之。

第 49 條 　（駐華使領館及駐華外國機構聘僱外國人之規定）

各國駐華使領館、駐華外國機構、駐華各國際組織及其人員聘僱外國人工作，應向外交部申請許可；其申請許可、廢止許可及其他有關聘僱管理之辦法，由外交部會商中央主管機關定之。

第 50 條 　（聘僱外國留學生及僑生之規定）

雇主聘僱下列學生從事工作，得不受第四十六條第一項規定之限制；其工作時間除寒暑假外，每星期最長為二十小時：

一　就讀於公立或已立案私立大專校院之外國留學生。

二　就讀於公立或已立案私立高級中等以上學校之僑生及其他華裔學生。

第 51 條 　（繳納就業安定費）

I.雇主聘僱下列外國人從事工作，得不受第四十六條第一項、第三項、第四十七條、第五十二條、第五十三條第三項、第四項、第五十七條第五款、第七十二條第四款及第七十四條規定之限制，並免依第五十五條規定繳納就業安定費：

一　獲准居留之難民。

二　獲准在中華民國境內連續受聘僱從事工作，連續居留滿五年，品行端正，且有住所者。

三　經獲准與其在中華民國境內設有戶籍之直系血親共同生活者。

四　經取得永久居留者。

II.前項第一款、第三款及第四款之外國人得不經雇主申請，逕向中央主管機關申請許可。

III.外國法人為履行承攬、買賣、技術合作等契約之需要，須指派外國人在中華民國境內從事第四十六條第一項第一款或第二款契約範圍內之工作，於中華民國境內未設立分公司或代表人辦事處者，應由訂約之事業機構或授權之代理人，依第四十八條第二項及第三項所發布之命令規定申請許可。

第 52 條 （外國人工作許可之期間及申請展延期限）

I.聘僱外國人從事第四十六條第一項第一款至第七款及第十一款規定之工作，許可期間最長為三年，期滿有繼續聘僱之需要者，雇主得申請展延。

II.聘僱外國人從事第四十六條第一項第八款至第十款規定之工作，許可期間最長為三年。有重大特殊情形者，雇主得申請展延，其情形及期間由行政院以命令定之。但屬重大工程者，其展延期間，最長以六個月為限。

III.前項每年得引進總人數，依外籍勞工聘僱警戒指標，由中央主管機關邀集相關機關、勞工、雇主、學者代表協商之。

IV.受聘僱之外國人於聘僱許可期間無違反法令規定情事而因聘僱關係終止、聘僱許可期間屆滿出國或因健康檢查不合格經返國治療再檢查合格者，得再入國工作。但從事第四十六條第一項第八款至第十款規定工作之外國人，其在中華民國境內工作期間，累計不得逾十二年，且不適用前條第一項第二款之規定。

V.前項但書所定之外國人於聘僱許可期間，得請假返國，雇主應予同意；其請假方式、日數、程序及其他相關事項之辦法，由中央主管機關定之。

VI.從事第四十六條第一項第九款規定家庭看護工作之外國人，且經專業訓練或自力學習，而有特殊表現，符合中央主管機關所定之資格、條件者，其在中華民國境內工作期間累計不得逾十四年。

VII.前項資格、條件、認定方式及其他相關事項之標準，由中央主管機關會商中央目的事業主管機關定之。

第 53 條 （外國人轉換雇主之規定）

I.雇主聘僱之外國人於聘僱許可有效期間內，如需轉換雇主或受聘僱於二以上之雇主者，應由新雇主申請許可。申請轉換雇主時，新雇主應檢附受聘僱外國人之離職證明文件。

II.第五十一條第一項第一款、第三款及第四款規定之外國人已取得中央主管機關許

可者，不適用前項之規定。

III.受聘僱從事第四十六條第一項第一款至第七款規定工作之外國人轉換雇主或工作者，不得從事同條項第八款至第十一款規定之工作。

IV.受聘僱從事第四十六條第一項第八款至第十一款規定工作之外國人，不得轉換雇主或工作。但有第五十九條第一項各款規定之情事，經中央主管機關核准者，不在此限。

V.前項受聘僱之外國人經許可轉換雇主或工作者，其受聘僱期間應合併計算之，並受第五十二條規定之限制。

第 54 條 （不予核發許可或得中止引進外國人之情形）

I.雇主聘僱外國人從事第四十六條第一項第八款至第十一款規定之工作，有下列情事之一者，中央主管機關應不予核發招募許可、聘僱許可或展延聘僱許可之一部或全部；其已核發招募許可者，得中止引進：

一　於外國人預定工作之場所有第十條規定之罷工或勞資爭議情事。

二　於國內招募時，無正當理由拒絕聘僱公立就業服務機構所推介之人員或自行前往求職者。

三　聘僱之外國人行蹤不明或藏匿外國人達一定人數或比率。

四　曾非法僱用外國人工作。

五　曾非法解僱本國勞工。

六　因聘僱外國人而降低本國勞工勞動條件，經當地主管機關查證屬實。

七　聘僱之外國人妨害社區安寧秩序，經依社會秩序維護法裁處。

八　曾非法扣留或侵占所聘僱外國人之護照、居留證件或財物。

九　所聘僱外國人遣送出國所需旅費及收容期間之必要費用，經限期繳納屆期不繳納。

十　於委任招募外國人時，向私立就業服務機構要求、期約或收受不正利益。

十一 於辦理聘僱外國人之申請許可、招募、引進或管理事項，提供不實或失效資料。

十二 刊登不實之求才廣告。

十三 不符申請規定經限期補正，屆期未補正。

十四 違反本法或依第四十八條第二項、第三項、第四十九條所發布之命令。

十五 違反職業安全衛生法規定，致所聘僱外國人發生死亡、喪失部分或全部工作能力，且未依法補償或賠償。

十六 其他違反保護勞工之法令情節重大者。

II.前項第三款至第十六款規定情事，以申請之日前二年內發生者為限。

III.第一項第三款之人數、比率，由中央主管機關公告之。

第 55 條 （就業安定費之規定及用途）

I.雇主聘僱外國人從事第四十六條第一項第八款至第十款規定之工作，應向中央主管機關設置之就業安定基金專戶繳納就業安定費，作為加強辦理有關促進國民就業、提升勞工福祉及處理有關外國人聘僱管理事務之用。

II.前項就業安定費之數額，由中央主管機關考量國家經濟發展、勞動供需及相關勞動條件，並依其行業別及工作性質會商相關機關定之。

III.雇主或被看護者符合社會救助法規定之低收入戶或中低收入戶、依身心障礙者權益保障法領取生活補助費，或依老人福利法領取中低收入生活津貼者，其聘僱外國人從事第四十六條第一項第九款規定之家庭看護工作，免繳納第一項之就業安定費。

IV.第一項受聘僱之外國人有連續曠職三日失去聯繫或聘僱關係終止之情事，經雇主依規定通知而廢止聘僱許可者，雇主無須再繳納就業安定費。

V.雇主未依規定期限繳納就業安定費者，得寬限三十日；於寬限期滿仍未繳納者，自寬限期滿之翌日起至完納前一日止，每逾一日加徵其未繳就業安定費百分之零點三滯納金。但以其未繳之就業安定費百分之三十為限。

VI.加徵前項滯納金三十日後，雇主仍未繳納者，由中央主管機關就其未繳納之就業安定費及滯納金移送強制執行，並得廢止其聘僱許可之一部或全部。

VII.主管機關並應定期上網公告基金運用之情形及相關會議紀錄。

第 56 條 （雇主應通知主管機關之規定）

I.受聘僱之外國人有連續曠職三日失去聯繫或聘僱關係終止之情事，雇主應於三日內以書面載明相關事項通知當地主管機關、入出國管理機關及警察機關。但受聘僱之外國人有曠職失去聯繫之情事，雇主得以書面通知入出國管理機關及警察機關執行查察。

II.受聘僱外國人有遭受雇主不實之連續曠職三日失去聯繫通知情事者，得向當地主管機關申訴。經查證確有不實者，中央主管機關應撤銷原廢止聘僱許可及限令出國之行政處分。

第 57 條 （雇主行為之限制）

雇主聘僱外國人不得有下列情事：

一 聘僱未經許可、許可失效或他人所申請聘僱之外國人。

二 以本人名義聘僱外國人為他人工作。

三 指派所聘僱之外國人從事許可以外之工作。

四 未經許可，指派所聘僱從事第四十六條第一項第八款至第十款規定工作之外國人變更工作場所。

五 未依規定安排所聘僱之外國人接受健康檢查或未依規定將健康檢查結果函報衛生主管機關。

六 因聘僱外國人致生解僱或資遣本國勞工之結果。

七 對所聘僱之外國人以強暴脅迫或其他非法之方法，強制其從事勞動。

八　非法扣留或侵占所聘僱外國人之護照、居留證件或財物。

九　其他違反本法或依本法所發布之命令。

第58條　（申請遞補）

I.外國人於聘僱許可有效期間內，因不可歸責於雇主之原因出國、死亡或發生行蹤不明之情事經依規定通知入出國管理機關及警察機關滿六個月仍未查獲者，雇主得向中央主管機關申請遞補。

II.雇主聘僱外國人從事第四十六條第一項第九款規定之家庭看護工作，因不可歸責之原因，並有下列情事之一者，亦得向中央主管機關申請遞補：

一　外國人於出國機場或收容單位發生行蹤不明之情事，依規定通知入出國管理機關及警察機關。

二　外國人於雇主處所發生行蹤不明之情事，依規定通知入出國管理機關及警察機關滿三個月仍未查獲。

三　外國人於聘僱許可有效期間內經雇主同意轉換雇主或工作，並由新雇主接續聘僱或出國者。

III.前二項遞補之聘僱許可期間，以補足原聘僱許可期間為限；原聘僱許可所餘期間不足六個月者，不予遞補。

第59條　（轉換雇主或工作之情形）

I.外國人受聘僱從事第四十六條第一項第八款至第十一款規定之工作，有下列情事之一者，經中央主管機關核准，得轉換雇主或工作：

一　雇主或被看護者死亡或移民者。

二　船舶被扣押、沈沒或修繕而無法繼續作業者。

三　雇主關廠、歇業或不依勞動契約給付工作報酬經終止勞動契約者。

四　其他不可歸責於受聘僱外國人之事由者。

II.前項轉換雇主或工作之程序，由中央主管機關另定之。

第60條　（遣送相關費用之負擔）

I.雇主所聘僱之外國人，經入出國管理機關依規定遣送出國者，其遣送所需之旅費及收容期間之必要費用，應由下列順序之人負擔：

一　非法容留、聘僱或媒介外國人從事工作者。

二　遣送事由可歸責之雇主。

三　被遣送之外國人。

II.前項第一款有數人者，應負連帶責任。

III.第一項費用，由就業安定基金先行墊付，並於墊付後，由該基金主管機關通知應負擔者限期繳納；屆期不繳納者，移送強制執行。

IV.雇主所繳納之保證金，得檢具繳納保證金款項等相關證明文件，向中央主管機關申請返還。

第61條　（喪葬事務之處理）

外國人在受聘僱期間死亡，應由雇主代為處理其有關喪葬事務。

第62條　（主管機關等得派員檢查）

I.主管機關、入出國管理機關、警察機關、海岸巡防機關或其他司法警察機關得指派人員攜帶證明文件，至外國人工作之場所或可疑有外國人違法工作之場所，實施檢查。

II.對前項之檢查，雇主、雇主代理人、外國人及其他有關人員不得規避、妨礙或拒絕。

第六章　罰　則

第63條　（罰則㈠）

I.違反第四十四條或第五十七條第一款、第二款規定者，處新臺幣十五萬元以上七十五萬元以下罰鍰。五年內再違反者，處三年以下有期徒刑、拘役或科或併科新臺幣一百二十萬元以下罰金。

II.法人之代表人、法人或自然人之代理人、受僱人或其他從業人員，因執行業務違反第四十四條或第五十七條第一款、第二款規定者，除依前項規定處罰其行為人外，對該法人或自然人亦科處前項之罰鍰或罰金。

第 64 條　（罰則㈡）

I.違反第四十五條規定者，處新臺幣十萬元以上五十萬元以下罰鍰。 五年內再違反者，處一年以下有期徒刑、拘役或科或併科新臺幣六十萬元以下罰金。

II.意圖營利而違反第四十五條規定者，處三年以下有期徒刑、拘役或科或併科新臺幣一百二十萬元以下罰金。

III.法人之代表人、法人或自然人之代理人、受僱人或其他從業人員，因執行業務違反第四十五條規定者，除依前二項規定處罰其行為人外，對該法人或自然人亦科各該項之罰鍰或罰金。

第 65 條　（罰則㈢）

I.違反第五條第一項、第二項第一款、第四款、第五款、第三十四條第二項、第四十條第一項第二款、第七款至第九款、第十八款規定者，處新臺幣三十萬元以上一百五十萬元以下罰鍰。

II.未經許可從事就業服務業務違反第四十條第一項第二款、第七款至第九款、第十八款規定者，依前項規定處罰之。

III.違反第五條第一項規定經處以罰鍰者，直轄市、縣（市）主管機關應公布其姓名或名稱、負責人姓名，並限期令其改善；屆期未改善者，應按次處罰。

第 66 條　（罰則㈣）

I.違反第四十條第一項第五款規定者，按其要求、期約或收受超過規定標準之費用或其他不正利益相當之金額，處十倍至二十倍罰鍰。

II.未經許可從事就業服務業務違反第四十條第一項第五款規定者，依前項規定處罰之。

第 67 條　（罰則㈤）

I.違反第五條第二項第二款、第三款、第六款、第十款、第三十六條第一項、第三十七條、第三十九條、第四十條第一項第一款、第三款、第四款、第六款、第十款至第十七款、第十九款、第二十款、第五十七條第五款、第八款、第九款或第六十二

條第二項規定，處新臺幣六萬元以上三十萬元以下罰鍰。

II.未經許可從事就業服務業務違反第四十條第一項第一款、第三款、第四款、第六款或第十款規定者，依前項規定處罰之。

第 68 條　（罰則㈥）

I.違反第九條、第三十三條第一項、第四十一條、第四十三條、第五十六條第一項、第五十七條第三款、第四款或第六十一條規定者，處新臺幣三萬元以上十五萬元以下罰鍰。

II.違反第五十七條第六款規定者，按被解僱或資遣之人數，每人處新臺幣二萬元以上十萬元以下罰鍰。

III.違反第四十三條規定之外國人，應即令其出國，不得再於中華民國境內工作。

IV.違反第四十三條規定或有第七十四條第一項、第二項規定情事之外國人，經限期令其出國，屆期不出國者，入出國管理機關得強制出國，於未出國前，入出國管理機關得收容之。

第 69 條　（停業處分）

私立就業服務機構有下列情事之一者，由主管機關處一年以下停業處分：

一　違反第四十條第一項第四款至第六款、第八款或第四十五條規定。

二　同一事由，受罰鍰處分三次，仍未改善。

三　一年內受罰鍰處分四次以上。

第 70 條　（私立就業服務機構得廢止其設立許可之情形）

I.私立就業服務機構有下列情事之一者，主管機關得廢止其設立許可：

一　違反第三十八條、第四十條第一項第二款、第七款、第九款、第十四款、第十八款規定。

二　一年內受停業處分二次以上。

II.私立就業服務機構經廢止設立許可者，其負責人或代表人於五年內再行申請設立私立就業服務機構，主管機關應不予受理。

第 71 條　（廢止就業服務專業人員證書）

就業服務專業人員違反第三十七條規定者，中央主管機關得廢止其就業服務專業人員證書。

第 72 條　（廢止招募及聘僱許可之一部或全部）

雇主有下列情事之一者，應廢止其招募許可及聘僱許可之一部或全部：

一　有第五十四條第一項各款所定情事之一。

二　有第五十七條第一款、第二款、第六款至第九款規定情事之一。

三　有第五十七條第三款、第四款規定情事之一，經限期改善，屆期未改善。

四　有第五十七條第五款規定情事，經衛生主管機關通知辦理仍未辦理。

五　違反第六十條規定。

第 73 條　（廢止聘僱許可）

雇主聘僱之外國人，有下列情事之一者，廢止其聘僱許可：

一　為申請許可以外之雇主工作。

二　非依雇主指派即自行從事許可以外之工作。

三　連續曠職三日失去聯繫或聘僱關係終止。

四　拒絕接受健康檢查、提供不實檢體、檢查不合格、身心狀況無法勝任所指派之工作或罹患經中央衛生主管機關指定之傳染病。

五　違反依第四十八條第二項、第三項、第四十九條所發布之命令，情節重大。

六　違反其他中華民國法令，情節重大。

七　依規定應提供資料，拒絕提供或提供不實。

第 74 條　（即令出國）

I.聘僱許可期間屆滿或經依前條規定廢止聘僱許可之外國人，除本法另有規定者外，應即令其出國，不得再於中華民國境內工作。

II.受聘僱之外國人有連續曠職三日失去聯繫情事者，於廢止聘僱許可前，入出國業務之主管機關得即令其出國。

III.有下列情事之一者，不適用第一項關於即令出國之規定：

一　依本法規定受聘僱從事工作之外國留學生、僑生或華裔學生，聘僱許可期間屆滿或有前條第一款至第五款規定情事之一。

二　受聘僱之外國人於受聘僱期間，未依規定接受定期健康檢查或健康檢查不合格，經衛生主管機關同意其再檢查，而再檢查合格。

第 75 條　（罰鍰之主管機關）

本法所定罰鍰，由直轄市及縣（市）主管機關處罰之。

第 76 條　（罰鍰之強制執行）

依本法所處之罰鍰，經限期繳納，屆期未繳納者，移送強制執行。

第七章　附　則

第 77 條　（本法修正前聘僱外國人之規定）

本法修正施行前，已依有關法令申請核准受聘僱在中華民國境內從事工作之外國人，本法修正施行後，其原核准工作期間尚未屆滿者，在屆滿前，得免依本法之規定申請許可。

第 78 條　（駐華使領館及駐華外國機構之眷屬申請工作許可之規定）

I.各國駐華使領館、駐華外國機構及駐華各國際組織人員之眷屬或其他經外交部專案彙報中央主管機關之外國人，其在中華民國境內有從事工作之必要者，由該外國人向外交部申請許可。

II.前項外國人在中華民國境內從事工作，不適用第四十六條至第四十八條、第五十條、第五十二條至第五十六條、第五十八條至第六十一條及第七十四條規定。

Ⅲ第一項之申請許可、廢止許可及其他應遵
行事項之辦法，由外交部會同中央主管機
關定之。

第 79 條　（無國籍人及具雙重國籍者受聘僱之規定）

無國籍人、中華民國國民兼具外國國籍而
未在國內設籍者，其受聘僱從事工作，依
本法有關外國人之規定辦理。

第 80 條　（大陸地區人民受聘僱之準用）

大陸地區人民受聘僱於臺灣地區從事工
作，其聘僱及管理，除法律另有規定外，
準用第五章相關之規定。

第 81 條　（審查及證照費）

主管機關依本法規定受理申請許可及核
發證照，應收取審查費及證照費；其費
額，由中央主管機關定之。

第 82 條　（施行細則之訂定）

本法施行細則，由中央主管機關定之。

第 83 條　（施行日期）

本法施行日期，除中華民國九十一年一月
二十一日修正公布之第四十八條第一項
至第三項規定由行政院以命令定之，及中
華民國九十五年五月五日修正之條文自
中華民國九十五年七月一日施行外，自公
布日施行。

性別工作平等法

一百零五年五月十八日總統令修正公布

①民國九十一年一月十六日總統令公布
②九十七年一月十六日總統令修正公布
③九十七年十一月二十六日總統令修正公布條文及法規名稱（原名為「兩性工作平等法」）
④一百年一月五日總統令修正公布
⑤一百零二年十二月十一日總統令修正公布
⑥一百零三年六月十八日總統令修正公布
⑦一百零三年十二月十一日總統令修正公布
⑧一百零五年五月十八日總統令修正公布第一八、二三、二七、三八條條文

第一章　總　則

第1條　（立法目的）

為保障性別工作權之平等，貫徹憲法消除性別歧視、促進性別地位實質平等之精神，爰制定本法。

第2條　（適用對象）

I.雇主與受僱者之約定優於本法者，從其約定。

II.本法於公務人員、教育人員及軍職人員，亦適用之。但第三十三條、第三十四條、第三十八條及第三十八條之一之規定，不在此限。

III.公務人員、教育人員及軍職人員之申訴、救濟及處理程序，依各該人事法令之規定。

IV.本法於雇主依勞動基準法規定招收之技術生及準用技術生規定者，除適用高級中等學校建教合作實施及建教生權益保障法規定之建教生外，亦適用之。但第十六條及第十七條之規定，不在此限。

V.實習生於實習期間遭受性騷擾時，適用本法之規定。

第3條　（用詞定義）

本法用詞，定義如下：

一　受僱者：指受雇主僱用從事工作獲致薪資者。

二　求職者：指向雇主應徵工作之人。

三　雇主：指僱用受僱者之人、公私立機構或機關。代表雇主行使管理權之人或代表雇主處理有關受僱者事務之人，視同雇主。要派單位使用派遣勞工時，視為第八條、第九條、第十二條、第十三條、第十八條、第十九條及第三十六條規定之雇主。

四　實習生：指公立或經立案之私立高級中等以上學校修習校外實習課程之學生。

五　要派單位：指依據要派契約，實際指揮監督管理派遣勞工從事工作者。

六　派遣勞工：指受派遣事業單位僱用，並向要派單位提供勞務者。

七　派遣事業單位：指從事勞動派遣業務之事業單位。

八　薪資：指受僱者因工作而獲得之報酬；包括薪資、薪金及按計時、計日、計月、計件以現金或實物等方式給付之獎金、津貼及其他任何名義之經常性給與。

九　復職：指回復受僱者申請育嬰留職停薪時之原有工作。

第4條　（主管機關）

I.本法所稱主管機關：在中央為勞動部；在直轄市為直轄市政府；在縣（市）為縣（市）政府。

II.本法所定事項，涉及各目的事業主管機關職掌者，由各該目的事業主管機關辦理。

第5條　（性別工作平等會之設置）

I.為審議、諮詢及促進性別工作平等事項，各級主管機關應設性別工作平等會。

II.前項性別工作平等會應置委員五人至十一人，任期兩年，由具備勞工事務、性別

性別工作平等法 （第六～一三條）

問題之相關學識經驗或法律專業人士擔任之，其中經勞工團體、女性團體推薦之委員各二人，女性委員人數應占全體委員人數二分之一以上。

III前項性別工作平等會組織、會議及其他相關事項，由各級主管機關另定之。

IV地方主管機關如設有就業歧視評議委員會，亦得由該委員會處理相關事宜。該會之組成應符合第二項之規定。

第6條　（編列經費及中央之經費補助）

I.直轄市及縣（市）主管機關為婦女就業之需要應編列經費，辦理各類職業訓練、就業服務及再就業訓練，並於該期間提供或設置托兒、托老及相關福利設施，以促進性別工作平等。

II.中央主管機關對直轄市及縣（市）主管機關辦理前項職業訓練、就業服務及再就業訓練，並於該期間提供或設置托兒、托老及相關福利措施，得給予經費補助。

第6條之1　（納入勞動檢查項目）

主管機關應就本法所訂之性別、性傾向歧視之禁止、性騷擾之防治及促進工作平等措施納入勞動檢查項目。

第二章　性別歧視之禁止

第7條　（招募、甄試、進用、分發、配置、考績、陞遷）

雇主對求職者或受僱者之招募、甄試、進用、分發、配置、考績或陞遷等，不得因性別或性傾向而有差別待遇。但工作性質僅適合特定性別者，不在此限。

第8條　（教育、訓練）

雇主為受僱者舉辦或提供教育、訓練或其他類似活動，不得因性別或性傾向而有差別待遇。

第9條　（福利措施）

雇主為受僱者舉辦或提供各項福利措施，不得因性別或性傾向而有差別待遇。

第10條　（薪資給付）

I.雇主對受僱者薪資之給付，不得因性別或性傾向而有差別待遇；其工作或價值相同者，應給付同等薪資。但基於年資、獎懲、績效或其他非因性別或性傾向因素之正當理由者，不在此限。

II.雇主不得以降低其他受僱者薪資之方式，規避前項之規定。

第11條　（退休、資遣、離職及解僱）

I.雇主對受僱者之退休、資遣、離職及解僱，不得因性別或性傾向而有差別待遇。

II.工作規則、勞動契約或團體協約，不得規定或事先約定受僱者有結婚、懷孕、分娩或育兒之情事時，應行離職或留職停薪；亦不得以其為解僱之理由。

III.違反前二項規定者，其規定或約定無效；勞動契約之終止不生效力。

第三章　性騷擾之防治

第12條　（性騷擾之定義）

I.本法所稱性騷擾，謂下列二款情形之一：

一　受僱者於執行職務時，任何人以性要求、具有性意味或性別歧視之言詞或行為，對其造成敵意性、脅迫性或冒犯性之工作環境，致侵犯或干擾其人格尊嚴、人身自由或影響其工作表現。

二　雇主對受僱者或求職者為明示或暗示之性要求、具有性意味或性別歧視之言詞或行為，作為勞務契約成立、存續、變更或分發、配置、報酬、考績、陞遷、降調、獎懲等之交換條件。

II.前項性騷擾之認定，應就個案參酌事件發生之背景、工作環境、當事人之關係、行為人之言詞、行為及相對人之認知等具體事實為之。

第13條　（性騷擾防治措施、申訴及懲戒）

I.雇主應防治性騷擾行為之發生。其僱用受僱者三十人以上者，應訂定性騷擾防治措

施、申訴及懲戒辦法，並在工作場所公開揭示。

II.雇主於知悉前條性騷擾之情形時，應採取立即有效之糾正及補救措施。

III.第一項性騷擾防治措施、申訴及懲戒辦法之相關準則，由中央主管機關定之。

第四章　促進工作平等措施

第 14 條　（生理假）

I.女性受僱者因生理日致工作有困難者，每月得請生理假一日，全年請假日數未逾三日，不併入病假計算，其餘日數併入病假計算。

II.前項併入及不併入病假之生理假薪資，減半發給。

第 15 條　（產假、陪產假）

I.雇主於女性受僱者分娩前後，應使其停止工作，給予產假八星期；妊娠三個月以上流產者，應使其停止工作，給予產假四星期；妊娠二個月以上未滿三個月流產者，應使其停止工作，給予產假一星期；妊娠未滿二個月流產者，應使其停止工作，給予產假五日。

II.產假期間薪資之計算，依相關法令之規定。

III.受僱者經醫師診斷需安胎休養者，其治療、照護或休養期間之請假及薪資計算，依相關法令之規定。

IV.受僱者妊娠期間，雇主應給予產檢假五日。

V.受僱者於其配偶分娩時，雇主應給予陪產假五日。

VI.產檢假及陪產假期間，薪資照給。

第 16 條　（育嬰留職停薪）

I.受僱者任職滿六個月後，於每一子女滿三歲前，得申請育嬰留職停薪，期間至該子女滿三歲止，但不得逾二年。同時撫育子女二人以上者，其育嬰留職停薪期間應合併計算，最長以最幼子女受撫育二年為限。

II.受僱者於育嬰留職停薪期間，得繼續參加

原有之社會保險，原由雇主負擔之保險費，免予繳納；原由受僱者負擔之保險費，得遞延三年繳納。

III.依家事事件法、兒童及少年福利與權益保障法相關規定與收養兒童先行共同生活之受僱者，其共同生活期間得依第一項規定申請育嬰留職停薪。

IV.育嬰留職停薪津貼之發放，另以法律定之。

V.育嬰留職停薪實施辦法，由中央主管機關定之。

第 17 條　（育嬰留職停薪期滿之申請復職）

I.前條受僱者於育嬰留職停薪期滿後，申請復職時，除有下列情形之一，並經主管機關同意者外，雇主不得拒絕：
一　歇業、虧損或業務緊縮者。
二　雇主依法變更組織、解散或轉讓者。
三　不可抗力暫停工作在一個月以上者。
四　業務性質變更，有減少受僱者之必要，又無適當工作可供安置者。

II.雇主因前項各款原因未能使受僱者復職時，應於三十日前通知之，並應依法定標準發給資遣費或退休金。

第 18 條　（哺（集）乳時間）

I.子女未滿二歲須受僱者親自哺（集）乳者，除規定之休息時間外，雇主應每日另給哺（集）乳時間六十分鐘。

II.受僱者於每日正常工作時間以外之延長工作時間達一小時以上者，雇主應給予哺（集）乳時間三十分鐘。

III.前二項哺（集）乳時間，視為工作時間。

第 19 條　（工作時間之減少及調整）

受僱於僱用三十人以上雇主之受僱者，為撫育未滿三歲子女，得向雇主請求為下列二款事項之一：
一　每天減少工作時間一小時；減少之工作時間，不得請求報酬。
二　調整工作時間。

第 20 條　（家庭照顧假）

I.受僱者於其家庭成員預防接種、發生嚴重之疾病或其他重大事故須親自照顧時，得請家庭照顧假；其請假日數併入事假計算，全年以七日為限。

II.家庭照顧假薪資之計算，依各該事假規定辦理。

第 21 條　（雇主不得拒絕之情形）

I.受僱者依前七條之規定為請求時，雇主不得拒絕。

II.受僱者為前項之請求時，雇主不得視為缺勤而影響其全勤獎金、考績或為其他不利之處分。

第 22 條　（配偶未就業之規定）

受僱者之配偶未就業者，不適用第十六條及第二十條之規定。但有正當理由者，不在此限。

第 23 條　（哺（集）乳室、托兒設施或措施之提供）

I.僱用受僱者一百人以上之雇主，應提供下列設施、措施：

一　哺（集）乳室。

二　托兒設施或適當之托兒措施。

II.主管機關對於雇主設置哺（集）乳室、托兒設施或提供托兒措施，應給予經費補助。

III.有關哺（集）乳室、托兒設施、措施之設置標準及經費補助辦法，由中央主管機關會商有關機關定之。

第 24 條　（離職者之再就業）

主管機關為協助因結婚、懷孕、分娩、育兒或照顧家庭而離職之受僱者獲得再就業之機會，應採取就業服務、職業訓練及其他必要之措施。

第 25 條　（雇主之獎勵）

雇主僱用因結婚、懷孕、分娩、育兒或照顧家庭而離職之受僱者成效卓著者，主管機關得給予適當之獎勵。

第五章　救濟及申訴程序

第 26 條　（工作權益受損之賠償責任）

受僱者或求職者因第七條至第十一條或第二十一條之情事，受有損害者，雇主應負賠償責任。

第 27 條　（性騷擾之損害賠償責任）

I.受僱者或求職者因第十二條之情事，受有損害者，由雇主及行為人連帶負損害賠償責任。但雇主證明其已遵行本法所定之各種防治性騷擾之規定，且對該事情之發生已盡力防止仍不免發生者，雇主不負賠償責任。

II.如被害人依前項但書之規定不能受損害賠償時，法院因其聲請，得斟酌雇主與被害人之經濟狀況，令雇主為全部或一部之損害賠償。

III.雇主賠償損害時，對於為性騷擾之行為人，有求償權。

IV.被害人因第十二條之情事致生法律訴訟，於受司法機關通知到庭期間，雇主應給予公假。

第 28 條　（性騷擾之賠償責任）

受僱者或求職者因雇主違反第十三條第二項之義務，受有損害者，雇主應負賠償責任。

第 29 條　（賠償金額及回復名譽）

前三條情形，受僱者或求職者雖非財產上之損害，亦得請求賠償相當之金額。其名譽被侵害者，並得請求回復名譽之適當處分。

第 30 條　（損害賠償請求權）

第二十六條至第二十八條之損害賠償請求權，自請求權人知有損害及賠償義務人時起，二年間不行使而消滅。自有性騷擾行為或違反各該規定之行為時起，逾十年者，亦同。

第 31 條　（差別待遇之舉證）

受僱者或求職者於釋明差別待遇之事實

後，雇主應就差別待遇之非性別、性傾向因素，或該受僱者或求職者所從事工作之特定性別因素，負舉證責任。

第 32 條　（申訴制度之建立）

雇主為處理受僱者之申訴，得建立申訴制度協調處理。

第 33 條　（申訴之處理）

I.受僱者發現雇主違反第十四條至第二十條之規定時，得向地方主管機關申訴。

II.其向中央主管機關提出者，中央主管機關應於收受申訴案件，或發現有上開違反情事之日起七日內，移送地方主管機關。

III.地方主管機關應於接獲申訴後七日內展開調查，並得依職權對雙方當事人進行協調。

IV.前項申訴處理辦法，由地方主管機關定之。

第 34 條　（申訴、審議、訴願及行政訴訟）

I.受僱者或求職者發現雇主違反第七條至第十一條、第十三條、第二十一條或第三十六條規定時，向地方主管機關申訴後，雇主、受僱者或求職者對於地方主管機關所為之處分有異議時，得於十日內向中央主管機關性別工作平等會申請審議或逕行提起訴願。雇主、受僱者或求職者對於中央主管機關性別工作平等會所為之處分有異議時，得依訴願及行政訴訟程序，提起訴願及進行行政訴訟。

II.前項申訴審議處理辦法，由中央主管機關定之。

第 35 條　（差別待遇事實之認定）

法院及主管機關對差別待遇事實之認定，應審酌性別工作平等會所為之調查報告、評議或處分。

第 36 條　（雇主不得為不利之處分）

雇主不得因受僱者提出本法之申訴或協助他人申訴，而予以解僱、調職或其他不利之處分。

第 37 條　（法律扶助）

I.受僱者或求職者因雇主違反本法之規定，而向法院提出訴訟時，主管機關應提供必要之法律扶助。

II.前項法律扶助辦法，由中央主管機關定之。

III.受僱者或求職者為第一項訴訟而聲請保全處分時，法院得減少或免除供擔保之金額。

第六章　罰　則

第 38 條　（罰則㈠）

I.雇主違反第二十一條、第二十七條第四項或第三十六條規定者，處新臺幣二萬元以上三十萬元以下罰鍰。

II.有前項規定行為之一者，應公布其姓名或名稱、負責人姓名，並限期令其改善；屆期未改善者，應按次處罰。

第 38 條之 1　（罰則㈡）

I.雇主違反第七條至第十條、第十一條第一項、第二項者，處新臺幣三十萬元以上一百五十萬元以下罰鍰。

II.雇主違反第十三條第一項後段、第二項規定者，處新臺幣十萬元以上五十萬元以下罰鍰。

III.有前二項規定行為之一者，應公布其姓名或名稱、負責人姓名，並限期令其改善；屆期未改善者，應按次處罰。

第七章　附　則

第 39 條　（施行細則之訂定）

本法施行細則，由中央主管機關定之。

第 40 條　（施行日期）

I.本法自中華民國九十一年三月八日施行。

II.本法修正條文，除中華民國九十六年十二月十九日修正之第十六條施行日期由行政院定之者外，自公布日施行。

性別工作平等法施行細則

一百零四年三月二十七日勞動部令修正發布

性別工作平等法施行細則（第一～一○條）

①民國九十一年三月六日行政院勞工委員會令發布
②九十七年七月十一日行政院勞工委員會令修正發布條文及法規名稱（原名為「兩性工作平等法施行細則」）
③一百零一年四月二十三日行政院勞工委員會令修正發布
④一百零三年一月十六日行政院勞工委員會令修正發布
⑤一百零三年十月六日勞動部令修正發布第七條；並增訂第四之一條條文
⑥一百零四年三月二十七日勞動部令修正發布第七條；並刪除第四條條文

第1條　（訂定依據）
本細則依性別工作平等法（以下簡稱本法）第三十九條規定訂定之。

第2條　（差別待遇之定義）
本法第七條至第十一條、第三十一條及第三十五條所稱差別待遇，指雇主因性別或性傾向因素而對受僱者或求職者為直接或間接不利之對待。

第3條　（工作性質僅適合特定性別之定義）
本法第七條但書所稱工作性質僅適合特定性別者，指非由特定性別之求職者或受僱者從事，不能完成或難以完成之工作。

第4條　（刪除）

第4條之1　（實習生遭受性騷擾時學校應提供協助）
Ⅰ.實習生所屬學校知悉其實習期間遭受性騷擾時，所屬學校應督促實習之單位採取立即有效之糾正及補救措施，並應提供實習必要協助。
Ⅱ.申訴案件之申訴人為實習生時，地方主管機關得請求教育主管機關及所屬學校共同調查。

第5條　（僱用人數之計算）
Ⅰ.本法第十三條第一項、第十九條及第二十三條第一項所定僱用人數之計算，包括分支機構及附屬單位之僱用人數。
Ⅱ.本法第十九條所定之僱用人數，依受僱者申請或請求當月第一個工作日雇主僱用之總人數計算。

第6條　（產假期間之計算）
本法第十五條第一項規定產假期間之計算，應依曆連續計算。

第7條　（陪產假）
本法第十五條第五項規定之五日陪產假，受僱者應於配偶分娩之當日及其前後合計十五日期間內，擇其中之五日請假。

第8條　（申請育嬰留職停薪期間屆滿前分娩或流產）
受僱者於依本法第十六條第一項規定申請育嬰留職停薪期間屆滿前分娩或流產，於復職後仍在本法第十五條第一項所定之產假期間時，雇主仍應依本法規定給予產假。但得扣除自分娩或流產之日起至復職前之日數。

第9條　（繼續參加原有社會保險之認定）
受僱者依本法第十六條第二項規定繼續參加原有之社會保險，不包括參加勞工保險之職業災害保險，並應於原投保單位繼續投保。

第10條　（繼續參加原有社會保險之法令依據）
依本法第十六條第二項規定繼續參加原有之社會保險者，其投保手續、投保金額、保險費繳納及保險給付等事項，依各該相關法令規定辦理。

第 11 條 （親自哺乳之定義）
　　本法第十八條第一項所定親自哺乳，包括
女性受僱者以容器貯存母乳備供育兒之
情形。

第 12 條 （子女之定義）
　　本法第十六條第一項、第十八條第一項及
第十九條所稱子女，指婚生子女、非婚生
子女及養子女。

第 13 條 （相關證明文件之提出）
　　受僱者依本法第十五條至第二十條規定
為申請或請求者，必要時僱主得要求其提
出相關證明文件。

第 14 條 （托兒設施之設置或提供）
　　本法第二十三條第一項所定僱主應設置
托兒設施或提供適當之托兒措施，包括與
其他僱主聯合辦理或委託托兒服務機構
辦理者。

第 15 條 （施行日期）
　　本細則自發布日施行。

工 會 法

一百一十年四月二十八日總統令修正公布

①民國十八年十月二十一日國民政府公布
②二十年十二月二十日國民政府修正公布
③二十一年九月二十七日國民政府修正公布
④二十二年七月二十日國民政府修正公布
⑤三十二年十一月二十日國民政府修正公布
⑥三十六年六月十三日國民政府修正公布
⑦三十八年一月七日總統令修正公布
⑧六十四年五月二十一日總統令修正公布
⑨八十九年七月十九日總統令修正公布
⑩九十九年六月二十三日總統令修正公布
⑪一百零四年七月一日總統令修正公布
⑫一百零五年十一月十六日總統令修正公布
⑬一百一十年一月二十日總統令修正公布
⑭一百一十年四月二十八日總統令修正公布第一七條條文

第一章　總　則

第 1 條　（立法目的）

為促進勞工團結，提升勞工地位及改善勞工生活，特制定本法。

第 2 條　（工會之性質）

工會為法人。

第 3 條　（主管機關）

I.本法所稱主管機關：在中央為勞動部；在直轄市為直轄市政府；在縣（市）為縣（市）政府。

II.工會之目的事業，應受各該事業之主管機關輔導、監督。

第 4 條　（組織工會及其例外）

I.勞工均有組織及加入工會之權利。

II.現役軍人與國防部所屬及依法監督之軍火工業員工，不得組織工會；軍火工業之範圍，由中央主管機關會同國防部定之。

III.教師得依本法組織及加入工會。

IV.各級政府機關及公立學校公務人員之結社組織，依其他法律之規定。

第 5 條　（工會之任務）

工會之任務如下：

一　團體協約之締結、修改或廢止。

二　勞資爭議之處理。

三　勞動條件、勞工安全衛生及會員福利事項之促進。

四　勞工政策與法令之制（訂）定及修正之推動。

五　勞工教育之舉辦。

六　會員就業之協助。

七　會員康樂事項之舉辦。

八　工會或會員糾紛事件之調處。

九　依法令從事事業之舉辦。

十　勞工家庭生計之調查及勞工統計之編製。

十一　其他合於第一條宗旨及法律規定之事項。

第二章　組　織

第 6 條　（工會之組織類型）

I.工會組織類型如下，但教師僅得組織及加入第二款及第三款之工會：

一　企業工會：結合同一廠場、同一事業單位、依公司法所定具有控制與從屬關係之企業，或依金融控股公司法所定金融控股公司與子公司內之勞工，所組織之工會。

二　產業工會：結合相關產業內之勞工，所組織之工會。

三　職業工會：結合相關職業技能之勞工，所組織之工會。

II.前項第三款組織之職業工會，應以同一直轄市或縣（市）為組織區域。

第 7 條　（企業工會之勞工入會）

依前條第一項第一款組織之企業工會，其勞工應加入工會。

第 8 條　（籌組工會聯合組織）

I.工會得依需要籌組聯合組織；其名稱、層級、區域及屬性，應於聯合組織章程中定之。

II.工會聯合組織應置專任會務人員辦理會務。

III.以全國為組織區域籌組之工會聯合組織，其發起籌組之工會數應達發起工會種類數額三分之一以上，且所含行政區域應達全國直轄市、縣（市）總數二分之一以上。

第 9 條　（工會區域及數量之限定）

I.依本法第六條第一項所組織之各企業工會，以組織一個為限。

II.同一直轄市或縣（市）內之同種類職業工會，以組織一個為限。

第 10 條　（工會名稱不得相同）

工會名稱，不得與其他工會名稱相同。

第 11 條　（組織工會之程序）

I.組織工會應有勞工三十人以上之連署發起，組成籌備會辦理公開徵求會員、擬定章程及召開成立大會。

II.前項籌備會應於召開工會成立大會後三十日內，檢具章程、會員名冊及理事、監事名冊，向其會址所在地之直轄市或縣（市）主管機關請領登記證書。但依第八條規定以全國為組織區域籌組之工會聯合組織，應向中央主管機關登記，並請領登記證書。

第 12 條　（工會章程之記載事項）

工會章程之記載事項如下：
一　名稱。
二　宗旨。
三　區域。
四　會址。
五　任務。
六　組織。
七　會員入會、出會、停權及除名。
八　會員之權利及義務。
九　會員代表、理事、監事之名額、權限及其選任、解任、停權；置有常務理事、常務監事及副理事長者，亦同。
十　置有秘書長或總幹事者，其聘任及解任。
十一　理事長與監事會召集人之權限及選任、解任、停權。
十二　會議。
十三　經費及會計。
十四　基金之設立及管理。
十五　財產之處分。
十六　章程之修改。
十七　其他依法令規定應載明之事項。

第 13 條　（工會章程之訂定）

工會章程之訂定，應經成立大會會員或會員代表過半數之出席，並經出席會員或會員代表三分之二以上之同意。

第三章　會　員

第 14 條　（主管人員不得加入工會）

代表雇主行使管理權之主管人員，不得加入該企業之工會。但工會章程另有規定者，不在此限。

第 15 條　（會員代表之選出及任期）

I.工會會員人數在一百人以上者，得依章程選出會員代表。

II.工會會員代表之任期，每一任不得超過四年，自當選後召開第一次會員代表大會之日起算。

第 16 條　（工會職權行使）

工會會員大會為工會之最高權力機關。但工會設有會員代表大會者，由會員代表大會行使會員大會之職權。

第四章　理事及監事

第 17 條　（理、監事之設置）

I.工會應置理事及監事，其名額如下：
一　工會會員人數五百人以下者，置理事五人至九人；其會員人數超過五

百人者，每逾五百人得增置理事二人，理事名額最多不得超過二十七人。

二　工會聯合組織之理事不得超過五十一人。

三　工會之監事不得超過該工會理事名額三分之一。

II.前項各款理事、監事名額在三人以上時，得按其章程規定推選常務理事、常務監事；其名額不得超過理事、監事名額三分之一。工會得置候補理事、候補監事至少一人；其名額不得超過該工會理事、監事名額二分之一。

III.工會應置理事長一人，對外代表工會，並得視業務需要置副理事長。理事長、副理事長應具理事身分。

IV.工會監事名額在三人以上者，應設監事會，置監事會召集人一人。監事會召集人執行監事會決議，並列席理事會。

第 18 條　（理事會、監事會之職權）

I.會員大會或會員代表大會休會期間，由理事會處理工會一切事務。

II.工會監事審核工會簿記帳目，稽查各種事業進行狀況及章程所定之事項，並得會同相關專業人士為之。

III.監事之職權於設有監事會之工會，由監事會行使之。

第 19 條　（理、監事之資格）

I.工會會員已成年者，得被選舉為工會之理事、監事。

II.工會會員參加工業團體或商業團體者，不得為理事或監事、常務理事、常務監事、副理事長、理事長或監事會召集人。

第 20 條　（工會幹部任期限制）

I.工會理事、監事、常務理事、常務監事、副理事長、理事長及監事會召集人之任期，每一任不得超過四年。

II.理事長連選得連任一次。

第 21 條　（工會幹部執行職務致他人損害之連帶責任）

工會理事、監事、常務理事、常務監事、副理事長、理事長、監事會召集人及其代理人，因執行職務所致他人之損害，工會應負連帶責任。

第五章　會　議

第 22 條　（會議通知記載事項）

工會召開會議時，其會議通知之記載事項如下：

一　事由。

二　時間。

三　地點。

四　其他事項。

第 23 條　（工會會員大會或會員代表大會之會議及其召集）

I.工會會員大會或會員代表大會，分定期會議及臨時會議二種，由理事長召集之。

II.定期會議，每年至少召開一次，至遲應於會議召開當日之十五日前，將會議通知送達會員或會員代表。

III.臨時會議，經理事會決議，或會員五分之一或會員代表三分之一以上請求，或監事之請求，由理事長召集之，至遲應於會議召開當日之三日前，將會議通知送達會員或會員代表。但因緊急事故召集臨時會議，得於會議召開當日之一日前送達。

第 24 條　（工會理事會、監事會之會議及其召集）

I.工會理事會分為定期會議及臨時會議二種，由理事長召集之。

II.定期會議，每三個月至少開一次，至遲應於會議召開當日之七日前，將會議通知送達理事。

III.臨時會議，經理事三分之一以上之請求，由理事長召集之，至遲應於會議召開當日之一日前，將會議通知送達理事。理事長認有必要時，亦得召集之。

IV.理事應親自出席會議。

V.工會設監事會者，其定期會議或臨時會議準用前四項規定；會議應由監事會召集人召集之。

VI.監事得列席理事會陳述意見。

第 25 條 （會議無法召集之處理程序）

I.前二條之定期會議，不能依法或依章程規定召開時，得由主管機關指定理事或監事一人召集之。

II.前二條之臨時會議，理事長或監事會召集人不於請求之日起十日內召集時，原請求人之一人或數人得申請主管機關指定召集之。

第 26 條 （會員大會或會員代表大會之議決權限）

I.下列事項應經會員大會或會員代表大會之議決：

　一　工會章程之修改。

　二　財產之處分。

　三　工會之聯合、合併、分立或解散。

　四　會員代表、理事、監事、常務理事、常務監事、副理事長、理事長、監事會召集人之選任、解任及停權之規定。

　五　會員之停權及除名之規定。

　六　工會各項經費收繳數額、經費之收支預算、支配基準與支付及稽核方法。

　七　事業報告及收支決算之承認。

　八　基金之運用及處分。

　九　會內公共事業之創辦。

　十　集體勞動條件之維持或變更。

　十一　其他與會員權利義務有關之重大事項。

II.前項第四款之規定經議決訂定者，不受人民團體法及其相關法令之限制。

III.會員之停權或除名，於會員大會或會員代表大會議決前，應給予其陳述意見之機會。

第 27 條 （會員或會員代表因故無法出席會議之委託辦理）

I.工會會員大會或會員代表大會，應有會員或會員代表過半數出席，始得開會；非有出席會員或會員代表過半數同意，不得議決。但前條第一項第一款至第五款之事項，非有出席會員或會員代表三分之二以上同意，不得議決。

II.會員或會員代表因故無法出席會議時，得以書面委託其他會員或會員代表出席，每一代表以委託一人為限，委託人數不得超過親自出席人數之三分之一；其委託方式、條件、委託數額計算及其他應遵循事項之辦法，由中央主管機關定之。

III.工會聯合組織之會員代表委託代表出席時，其委託除應依前項規定辦理外，並僅得委託所屬工會或各該本業之其他會員代表。

第六章 財　　務

第 28 條 （工會經費來源）

I.工會經費來源如下：

　一　入會費。

　二　經常會費。

　三　基金及其孳息。

　四　舉辦事業之利益。

　五　委託收入。

　六　捐款。

　七　政府補助。

　八　其他收入。

II.前項入會費，每人不得低於其入會時之一日工資所得。經常會費不得低於該會員當月工資之百分之零點五。

III.企業工會經會員同意，雇主應自該勞工加入工會為會員之日起，自其工資中代扣工會會費，轉交該工會。

IV.會員工會對工會聯合組織之會費繳納，應按申報參加工會聯合組織之人數繳納之。但工會聯合組織之章程另有規定者，從其規定。

V.前項繳納會費之標準，最高不得超過會員工會會員所繳會費總額之百分之三十，最低不得少於百分之五。但工會聯合組織之章程另有規定者，從其規定。

第 29 條 （財產狀況之書面報告）

工會每年應將財產狀況向會員大會或會員代表大會提出書面報告。會員經十分之一以上連署或會員代表經三分之一以上連署，得選派代表會同監事查核工會之財產狀況。

第 30 條　（財務收支運用及稽核機制之建立）

I.工會應建立財務收支運用及稽核機制。

II.工會財務事務處理之項目、會計報告、預算及決算編製、財產管理、財務查核及其他應遵行事項之準則，由中央主管機關定之。

第七章　監　督

第 31 條　（報請主管機關備查事項㈠）

I.工會應於每年年度決算後三十日內，將下列事項，報請主管機關備查：

一　理事、監事、常務理事、常務監事、副理事長、理事長及監事會召集人之名冊。

二　會員入會、出會名冊。

三　聯合組織之會員工會名冊。

四　財務報表。

五　會務及事業經營之狀況。

II.工會未依前項規定辦理或主管機關認有必要時，得限期令其檢送或派員查核。

第 32 條　（報請主管機關備查事項㈡）

工會章程之修改或理事、監事、常務理事、常務監事、副理事長、理事長、監事會召集人之變更，應報請主管機關備查。

第 33 條　（召集程序或決議方法違反法令或章程之撤銷）

I.工會會員大會或會員代表大會之召集程序或決議方法，違反法令或章程時，會員或會員代表得於決議後三十日內，訴請法院撤銷其決議。但出席會議之會員或會員代表未當場表示異議者，不得為之。

II.法院對於前項撤銷決議之訴，認為其違反之事實非屬重大且於決議無影響者，得駁回其請求。

第 34 條　（決議內容違反法令或章程無效）

工會會員大會或會員代表大會之決議內容違反法令或章程者，無效。

第八章　保　護

第 35 條　（雇主或代表雇主行使管理權人之行為限制）

I.雇主或代表雇主行使管理權之人，不得有下列行為：

一　對於勞工組織工會、加入工會、參加工會活動或擔任工會職務，而拒絕僱用、解僱、降調、減薪或為其他不利之待遇。

二　對於勞工或求職者以不加入工會或擔任工會職務為僱用條件。

三　對於勞工提出團體協商之要求或參與團體協商相關事務，而拒絕僱用、解僱、降調、減薪或為其他不利之待遇。

四　對於勞工參與或支持爭議行為，而解僱、降調、減薪或為其他不利之待遇。

五　不當影響、妨礙或限制工會之成立、組織或活動。

II.雇主或代表雇主行使管理權之人，為前項規定所為之解僱、降調或減薪者，無效。

第 36 條　（擔任工會職務之保護）

I.工會之理事、監事於工作時間內有辦理會務之必要者，工會得與雇主約定，由雇主給予一定時數之公假。

II.企業工會與雇主間無前項之約定者，其理事長得以半日或全日，其他理事或監事得於每月五十小時之範圍內，請公假辦理會務。

III.企業工會理事、監事擔任全國性工會聯合組織理事長，其與雇主無第一項之約定者，得以半日或全日請公假辦理會務。

第九章　解散及組織變更

第 37 條　（工會之解散）

I.工會有下列情形之一者，得經會員大會或會員代表大會議決，自行宣告解散：

一　破產。

二　會員人數不足。

三　合併或分立。

　四　其他經會員大會或會員代表大會
　　　認有必要時。

II.工會無法依前項第一款至第三款規定自
　　行宣告解散或無從依章程運作時，法院得
　　因主管機關、檢察官或利害關係人之聲請
　　解散之。

第 38 條　（工會之合併或分立）

I.工會經議決為合併或分立時，應於議決之
　日起一年內完成合併或分立。

II.企業工會因廠場或事業單位合併時，應於
　　合併基準日起一年內完成工會合併。屆期
　　未合併者，主管機關得令其限期改善，未
　　改善者，令其重新組織。

III.工會依前二項規定為合併或分立時，應於
　　完成合併或分立後三十日內，將其過程、
　　工會章程、理事、監事名冊等，報請主管
　　機關備查。

IV.行政組織區域變更時，工會經會員大會或
　　會員代表大會議決，得維持工會原名稱。
　　但工會名稱變更者，應於行政組織區域變
　　更後九十日內，將會議紀錄函請主管機關
　　備查。工會名稱變更者，不得與登記有案
　　之工會相同。

V.依前項規定議決之工會，其屆次之起算，
　應經會員大會或會員代表大會議決。

第 39 條　（工會合併、分立後權利義務之繼受）

I.工會合併後存續或新成立之工會，應概括
　承受因合併而消滅工會之權利義務。

II.因分立而成立之工會，其承繼權利義務之
　　部分，應於議決分立時由會員大會或會員
　　代表大會一併議決之。

第 40 條　（工會解散事由及時間之報備）

工會自行宣告解散者，應於解散後十五日
內，將其解散事由及時間，報請主管機關
備查。

第 41 條　（工會解散後之財產清算）

工會之解散，除因破產、合併或組織變更
外，其財產應辦理清算。

第 42 條　（清算後賸餘財產之歸屬）

I.工會解散時，除清償債務外，其賸餘財產
　之歸屬，應依其章程之規定、會員大會或
　會員代表大會之決議。但不得歸屬於個人
　或以營利為目的之團體。

II.工會無法依前項規定處理時，其賸餘財產
　　歸屬於會址所在地之地方自治團體。

第十章　罰　則

第 43 條　（工會違反法令或章程之處罰）

I.工會有違反法令或章程者，主管機關得予
　以警告或令其限期改善。必要時，並得於
　限期改善前，令其停止業務之一部或全
　部。

II.工會違反法令或章程情節重大，或經限期
　　改善屆期仍未改善者，得撤免其理事、監
　　事、理事長或監事會召集人。

第 44 條　（罰則㈠）

主管機關依第三十一條第二項規定派員
查核或限期檢送同條第一項資料時，工會
無正當理由規避、妨礙、拒絕或未於限期
內檢送資料者，處行為人新臺幣三萬元以
上十五萬元以下罰鍰。

第 45 條　（罰則㈡）

I.雇主或代表雇主行使管理權之人違反第
　三十五條第一項規定，經依勞資爭議處理
　法裁決決定者，由中央主管機關處雇主新
　臺幣三萬元以上十五萬元以下罰鍰。

II.雇主或代表雇主行使管理權之人違反第
　　三十五條第一項第一款、第三款或第四款
　　規定，未依前項裁決決定書所定期限為一
　　定之行為或不行為者，由中央主管機關處
　　雇主新臺幣六萬元以上三十萬元以下罰
　　鍰。

III.雇主或代表雇主行使管理權之人違反第
　　三十五條第一項第二款或第五款規定，未
　　依第一項裁決決定書所定期限為一定之
　　行為或不行為者，由中央主管機關處雇主
　　新臺幣六萬元以上三十萬元以下罰鍰，並
　　得令其限期改正；屆期未改正者，得按次
　　連續處罰。

第 46 條　（雇主未依規定給予公假之處罰）

雇主未依第三十六條第二項規定給予公假者，處新臺幣二萬元以上十萬元以下罰鍰。

第十一章　附　　則

第 47 條　（工會名稱、章程、理、監事名額等之改正）

本法施行前已組織之工會，其名稱、章程、理事及監事名額或任期與本法規定不符者，應於最近一次召開會員大會或會員代表大會時改正之。

第 48 條　（施行細則之訂定）

本法施行細則，由中央主管機關定之。

第 49 條　（施行日期）

本法施行日期，由行政院定之。

團體協約法

一百零四年七月一日總統令修正公布

①民國十九年十月二十八日國民政府公布
②九十七年一月九日總統令修正公布
③一百零三年六月四日總統令修正公布
④一百零四年七月一日總統令修正公布第五條條文

第一章　總　則

第1條　（立法目的）

為規範團體協約之協商程序及其效力，穩定勞動關係，促進勞資和諧，保障勞資權益，特制定本法。

第2條　（團體協約之定義）

本法所稱團體協約，指雇主或有法人資格之雇主團體，與依工會法成立之工會，以約定勞動關係及相關事項為目的所簽訂之書面契約。

第3條　（違反強行法之效力）

團體協約違反法律強制或禁止之規定者，無效。但其規定並不以之為無效者，不在此限。

第4條　（多數協約適用順序）

有二個以上之團體協約可適用時，除效力發生在前之團體協約有特別約定者外，優先適用職業範圍較為狹小或職務種類較為特殊之團體協約；團體協約非以職業或職務為規範者，優先適用地域或人數適用範圍較大之團體協約。

第5條　（主管機關）

本法所稱主管機關：在中央為勞動部；在直轄市為直轄市政府；在縣（市）為縣（市）政府。

第二章　團體協約之協商及簽訂

第6條　（無正當理由之情形）

I.勞資雙方應本誠實信用原則，進行團體協約之協商；對於他方所提團體協約之協商，無正當理由者，不得拒絕。

II.勞資之一方於有協商資格之他方提出協商時，有下列情形之一，為無正當理由：

一　對於他方提出合理適當之協商內容、時間、地點及進行方式，拒絕進行協商。

二　未於六十日內針對協商書面通知提出對應方案，並進行協商。

三　拒絕提供進行協商所必要之資料。

III.依前項所定有協商資格之勞方，指下列工會：

一　企業工會。

二　會員受僱於協商他方之人數，逾其所僱用勞工人數二分之一之產業工會。

三　會員受僱於協商他方之人數，逾其所僱用具同類職業技能勞工人數二分之一之職業工會或綜合性工會。

四　不符合前三款規定之數工會，所屬會員受僱於協商他方之人數合計逾其所僱用勞工人數二分之一。

五　經依勞資爭議處理法規定裁決認定之工會。

IV.勞方有二個以上之工會，或資方有二個以上之雇主或雇主團體提出團體協約之協商時，他方得要求推選協商代表；無法產生協商代表時，依會員人數比例分配產生。

V.勞資雙方進行團體協約之協商期間逾六個月，並經勞資爭議處理法之裁決認定有違反第一項、第二項第一款或第二款規定

之無正當理由拒絕協商者，直轄市或縣（市）主管機關於考量勞資雙方當事人利益及簽訂團體協約之可能性後，得依職權交付仲裁。但勞資雙方另有約定者，不在此限。

第7條　（提供資料之保密及給付費用）

因進行團體協約之協商而提供資料之勞資一方，得要求他方保守秘密，並給付必要費用。

第8條　（協商代表產生方式）

I.工會或雇主團體以其團體名義進行團體協約之協商時，其協商代表應依下列方式之一產生：

一　依其團體章程之規定。

二　依其會員大會或會員代表大會之決議。

三　經通知其全體會員，並由過半數會員以書面委任。

II.前項協商代表，以工會或雇主團體之會員為限。但經他方書面同意者，不在此限。

III.第一項協商代表之人數，以該團體協約之協商所必要者為限。

第9條　（協約簽訂之程序）

I.工會或雇主團體以其團體名義簽訂團體協約，除依其團體章程之規定為之者外，應先經其會員大會或會員代表大會之會員或會員代表過半數出席，出席會員或會員代表三分之二以上之決議，或通知其全體會員，經四分之三以上會員以書面同意。

II.未依前項規定所簽訂之團體協約，於補行前項程序追認前，不生效力。

第10條　（取得核可及備查）

I.團體協約簽訂後，勞方當事人應將團體協約送其主管機關備查；其變更或終止時，亦同。

II.下列團體協約，應於簽訂前取得核可，未經核可者，無效：

一　一方當事人為公營事業機構者，應經其主管機關核可。

二　一方當事人為國防部所屬機關（構）、學校者，應經國防部核可。

三　一方當事人為前二款以外之政府機關（構）、公立學校而有上級主管機關者，應經其上級主管機關核可。但關係人為工友（含技工、駕駛）者，應經行政院人事行政局核可。

第11條　（公開揭示）

團體協約雙方當事人應將團體協約公開揭示之，並備置一份供團體協約關係人隨時查閱。

第三章　團體協約之內容及限制

第12條　（約定事項）

I.團體協約得約定下列事項：

一　工資、工時、津貼、獎金、調動、資遣、退休、職業災害補償、撫卹等勞動條件。

二　企業內勞動組織之設立與利用、就業服務機構之利用、勞資爭議調解、仲裁機構之設立及利用。

三　團體協約之協商程序、協商資料之提供、團體協約之適用範圍、有效期間及和諧履行協約義務。

四　工會之組織、運作、活動及企業設施之利用。

五　參與企業經營與勞資合作組織之設置及利用。

六　申訴制度、促進勞資合作、升遷、獎懲、教育訓練、安全衛生、企業福利及其他關於勞資共同遵守之事項。

七　其他當事人間合意之事項。

II.學徒關係與技術生、養成工、見習生、建教合作班之學生及其他與技術生性質相類之人，其前項各款事項，亦得於團體協約中約定。

第 13 條　（協約對雇主之拘束）

團體協約得約定，受該團體協約拘束之雇主，非有正當理由，不得對所屬非該團體協約關係人之勞工，就該團體協約所約定之勞動條件，進行調整。但團體協約另有約定，非該團體協約關係人之勞工，支付一定之費用予工會者，不在此限。

第 14 條　（雇主僱用工會會員之例外情形）

團體協約得約定雇主僱用勞工，以一定工會之會員為限。但有下列情形之一者，不在此限：

一　該工會解散。

二　該工會無雇主所需之專門技術勞工。

三　該工會之會員不願受僱，或其人數不足供給雇主所需僱用量。

四　雇主招收學徒或技術生、養成工、見習生、建教合作班之學生及其他與技術生性質相類之人。

五　雇主僱用為其管理財務、印信或機要事務之人。

六　雇主僱用工會會員以外之勞工，扣除前二款人數，尚未超過其僱用勞工人數十分之二。

第 15 條　（協約不得限制雇主之事項）

團體協約不得有限制雇主採用新式機器、改良生產、買入製成品或加工品之約定。

第 16 條　（當事人的獨立性及其例外）

團體協約當事人之一方或雙方為多數時，當事人不得再各自為異於團體協約之約定。但團體協約另有約定者，從其約定。

第四章　團體協約之效力

第 17 條　（團體協約關係人）

I.團體協約除另有約定者外，下列各款之雇主及勞工均為團體協約關係人，應遵守團體協約所約定之勞動條件：

一　為團體協約當事人之雇主。

二　屬於團體協約當事團體之雇主及勞工。

三　團體協約簽訂後，加入團體協約當事團體之雇主及勞工。

II.前項第三款之團體協約關係人，其關於勞動條件之規定，除該團體協約另有約定外，自取得團體協約關係人資格之日起適用之。

第 18 條　（團體協約關係之消滅）

I.前條第一項所列團體協約關係人因團體協約所生之權利義務關係，除第二十一條規定者外，於該團體協約終止時消滅。

II.團體協約簽訂後，自團體協約當事團體退出之雇主或勞工，於該團體協約有效期間內，仍應繼續享有及履行其因團體協約所生之權利義務關係。

第 19 條　（團體協約之優越性）

團體協約所約定勞動條件，當然為該團體協約所屬雇主及勞工間勞動契約之內容。勞動契約異於該團體協約所約定之勞動條件者，其相異部分無效；無效之部分以團體協約之約定代之。但異於團體協約之約定，為該團體協約所容許或為勞工之利益變更勞動條件，而該團體協約並未禁止者，仍為有效。

第 20 條　（不適用本法之團體協約）

I.團體協約有約定第十二條第一項第一款及第二款以外之事項者，對於其事項不生前三條之效力。

II.團體協約關係人違反團體協約中不屬於第十二條第一項第一款之約定時，除團體協約另有約定者外，適用民法之規定。

第 21 條　（團體協約之延續性）

團體協約期間屆滿，新團體協約尚未簽訂時，於勞動契約另為約定前，原團體協約關於勞動條件之約定，仍繼續為該團體協約關係人間勞動契約之內容。

第 22 條　（權利拋棄無效、契約終止無效）

I.團體協約關係人，如於其勞動契約存續期間拋棄其由團體協約所得勞動契約上之權利，其拋棄無效。但於勞動契約終止後

三個月內仍不行使其權利者，不得再行使。

II.受團體協約拘束之雇主，因勞工主張其於團體協約所享有之權利或勞動契約中基於團體協約所生之權利，而終止勞動契約者，其終止為無效。

第 23 條　（不得妨害義務）

I.團體協約當事人及其權利繼受人，不得以妨害團體協約之存在或其各個約定之存在為目的，而為爭議行為。

II.團體協約當事團體，對於所屬會員，有使其不為前項爭議行為及不違反團體協約約定之義務。

III.團體協約得約定當事人之一方不履行團體協約所約定義務或違反前二項規定時，對於他方應給付違約金。

IV.關於團體協約之履行，除本法另有規定外，適用民法之規定。

第 24 條　（違反協約之損害賠償）

團體協約當事團體，對於違反團體協約之約定者，無論其為團體或個人為本團體之會員或他方團體之會員，均得以團體名義，請求損害賠償。

第 25 條　（團體協約之訴訟）

I.團體協約當事團體，得以團體名義，為其會員提出有關協約之一切訴訟。但應先通知會員，並不得違反其明示之意思。

II.關於團體協約之訴訟，團體協約當事團體於其會員為被告時，得為參加。

第五章　團體協約之存續期間

第 26 條　（存續種類）

團體協約得以定期、不定期或完成一定工作為期限，簽訂之。

第 27 條　（隨時終止權）

I.團體協約為不定期者，當事人之一方於團體協約簽訂一年後，得隨時終止團體協

約。但應於三個月前，以書面通知他方當事人。

II.團體協約約定之通知期間較前項但書規定之期間為長者，從其約定。

第 28 條　（存續期限）

團體協約為定期者，其期限不得超過三年；超過三年者，縮短為三年。

第 29 條　（存續期限之擬制）

團體協約以完成一定工作為期限者，其工作於三年內尚未完成時，視為以三年為期限簽訂之團體協約。

第 30 條　（權利義務之移轉與不變更）

I.團體協約當事人及當事團體之權利義務，除團體協約另有約定外，因團體之合併或分立，移轉於因合併或分立而成立之團體。

II.團體協約當事團體解散時，其團體所屬會員之權利義務，不因其團體之解散而變更。但不定期之團體協約於該團體解散後，除團體協約另有約定外，經過三個月消滅。

第 31 條　（情事變更原則）

團體協約簽訂後經濟情形有重大變化，如維持該團體協約有與雇主事業之進行或勞工生活水準之維持不相容，或因團體協約當事人之行為，致有無法達到協約目的之虞時，當事人之一方得向他方請求協商變更團體協約內容或終止團體協約。

第六章　罰　　則

第 32 條　（罰則）

I.勞資之一方，違反第六條第一項規定，經依勞資爭議處理法之裁決認定者，處新臺幣十萬元以上五十萬元以下罰鍰。

II.勞資之一方，未依前項裁決決定書所定期限為一定行為或不行為者，再處新臺幣十萬元以上五十萬元以下罰鍰，並得令其限期改正；屆期仍未改正者，得按次連續處罰。

第七章　附　則

第 33 條　（不溯既往原則及例外）

本法施行前已簽訂之團體協約，自本法修正施行之日起，除第十條第二項規定外，適用修正後之規定。

第 34 條　（施行日期）

本法施行日期，由行政院定之。

勞資爭議處理法

一百一十年四月二十八日總統令修正公布

勞資爭議處理法

（第一～七條）

①民國十七年六月九日國民政府公布
②十九年三月十七日國民政府修正公布
③二十一年九月二十七日國民政府修正公布
④三十二年五月三十一日國民政府修正公布
⑤七十七年六月二十七日總統令修正公布
⑥八十九年七月十九日總統令修正公布
⑦九十一年五月二十九日總統令修正公布
⑧九十八年七月一日總統令修正公布
⑨一百零四年七月一日總統令修正公布
⑩一百零六年一月十八日總統令修正公布
⑪一百一十年四月二十八日總統令修正公布第四三條；並增訂第四七之一條條文

第一章　總　則

第 1 條　（立法目的）

為處理勞資爭議，保障勞工權益，穩定勞動關係，特制定本法。

第 2 條　（勞資雙方應本誠實信用及自治原則）

勞資雙方當事人應本誠實信用及自治原則，解決勞資爭議。

第 3 條　（適用範圍）

本法於雇主或有法人資格之雇主團體（以下簡稱雇主團體）與勞工或工會發生勞資爭議時，適用之。但教師之勞資爭議屬依法提起行政救濟之事項者，不適用之。

第 4 條　（主管機關）

本法所稱主管機關：在中央為勞動部；在直轄市為直轄市政府；在縣（市）為縣（市）政府。

第 5 條　（用詞定義）

本法用詞，定義如下：

一　勞資爭議：指權利事項及調整事項之勞資爭議。

二　權利事項之勞資爭議：指勞資雙方當事人基於法令、團體協約、勞動契約之規定所為權利義務之爭議。

三　調整事項之勞資爭議：指勞資雙方當事人對於勞動條件主張繼續維持或變更之爭議。

四　爭議行為：指勞資爭議當事人為達成其主張，所為之罷工或其他阻礙事業正常運作及與之對抗之行為。

五　罷工：指勞工所為暫時拒絕提供勞務之行為。

第 6 條　（權利事項勞資爭議之處理及勞工法庭之設置）

I.權利事項之勞資爭議，得依本法所定之調解、仲裁或裁決程序處理之。

II.法院為審理權利事項之勞資爭議，必要時應設勞工法庭。

III.權利事項之勞資爭議，勞方當事人有下列情形之一者，中央主管機關得給予適當扶助：

一　提起訴訟。

二　依仲裁法提起仲裁。

三　因工會法第三十五條第一項第一款至第四款所定事由，依本法申請裁決。

IV.前項扶助業務，中央主管機關得委託民間團體辦理。

V.前二項扶助之申請資格、扶助範圍、審核方式及委託辦理等事項之辦法，由中央主管機關定之。

第 7 條　（調整事項勞資爭議之處理）

I.調整事項之勞資爭議，依本法所定之調解、仲裁程序處理之。

II.前項勞資爭議之勞方當事人，應為工會。但有下列情形者，亦得為勞方當事人：

一　未加入工會，而具有相同主張之勞工達十人以上。

二　受僱於僱用勞工未滿十人之事業

單位，其未加入工會之勞工具有相同主張者達三分之二以上。

第8條　（勞資爭議調解、仲裁或裁決期間對勞資雙方之保護）

勞資爭議在調解、仲裁或裁決期間，資方不得因該勞資爭議事件而歇業、停工、終止勞動契約或為其他不利於勞工之行為；勞方不得因該勞資爭議事件而罷工或為其他爭議行為。

第二章　調　解

第9條　（申請調解之方法）

I.勞資爭議當事人一方申請調解時，應向勞方當事人勞務提供地之直轄市或縣（市）主管機關提出調解申請書。

II.前項爭議當事人一方為團體協約法第十條第二項規定之機關（構）、學校者，其出席調解時之代理人應檢附同條項所定有核可權機關之同意書。

III.第一項直轄市、縣（市）主管機關對於勞資爭議認為必要時，得依職權交付調解，並通知勞資爭議雙方當事人。

IV.第一項及前項調解，其勞方當事人有二人以上者，各勞方當事人勞務提供地之主管機關，就該調解案件均有管轄權。

第10條　（調解申請書應記載事項）

調解之申請，應提出調解申請書，並載明下列事項：

一　當事人姓名、性別、年齡、職業及住所或居所；如為法人、雇主團體或工會時，其名稱、代表人及事務所或營業所；有代理人者，其姓名、名稱及住居所或事務所。

二　請求調解事項。

三　依第十一條第一項選定之調解方式。

第11條　（調解方式）

I.直轄市或縣（市）主管機關受理調解之申請，應依申請人之請求，以下列方式之一進行調解：

一　指派調解人。

二　組成勞資爭議調解委員會（以下簡稱調解委員會）。

II.直轄市或縣（市）主管機關依職權交付調解者，得依前項方式之一進行調解。

III.第一項第一款之調解，直轄市、縣（市）主管機關得委託民間團體指派調解人進行調解。

IV.第一項調解之相關處理程序、充任調解人或調解委員之遴聘條件與前項受託民間團體之資格及其他應遵行事項之辦法，由中央主管機關定之。

V.主管機關對第三項之民間團體，除委託費用外，並得予補助。

第12條　（調解人）

I.直轄市或縣（市）主管機關指派調解人進行調解者，應於收到調解申請書三日內為之。

II.調解人應調查事實，並於指派之日起七日內開始進行調解。

III.直轄市或縣（市）主管機關於調解人調查時，得通知當事人、相關人員或事業單位，以言詞或書面提出說明；調解人為調查之必要，得經主管機關同意，進入相關事業單位訪查。

IV.前項受通知或受訪查人員，不得為虛偽說明、提供不實資料或無正當理由拒絕說明。

V.調解人應於開始進行調解十日內作出調解方案，並準用第十九條、第二十條及第二十二條之規定。

第13條　（調解委員會之組成）

調解委員會置委員三人或五人，由下列代表組成之，並以直轄市或縣（市）主管機關代表一人為主席：

一　直轄市、縣（市）主管機關指派一人或三人。

二　勞資爭議雙方當事人各自選定一人。

第14條　（調解委員之選定或指定）

I.直轄市、縣（市）主管機關以調解委員會

勞資爭議處理法（第一五～二五條）

方式進行調解者，應於收到調解申請書或職權交付調解後通知勞資爭議雙方當事人於收到通知之日起三日內各自選定調解委員，並將調解委員之姓名、性別、年齡、職業及住居所具報；屆期未選定者，由直轄市、縣（市）主管機關代為指定。

II.前項主管機關得備置調解委員名冊，以供參考。

第 15 條　（調解之處理方式）

直轄市、縣（市）主管機關以調解委員會方式進行調解者，應於調解委員完成選定或指定之日起十四日內，組成調解委員會並召開調解會議。

第 16 條　（調查結果、解決方案之提報及開會期限）

I.調解委員會應指派委員調查事實，除有特殊情形外，該委員應於受指派後十日內，將調查結果及解決方案提報調解委員會。

II.調解委員應於收到前項調查結果及解決方案後十五日內開會。必要時或經勞資爭議雙方當事人同意者，得延長七日。

第 17 條　（調解委員親自出席）

I.調解委員會開會時，調解委員應親自出席，不得委任他人代理；受指派調查時，亦同。

II.直轄市、縣（市）主管機關於調解委員調查或調解委員會開會時，得通知當事人、相關人員或事業單位以言詞或書面提出說明；調解委員為調查之必要，得經主管機關同意，進入相關事業單位訪查。

III.前項受通知或受訪查人員，不得為虛偽說明、提供不實資料或無正當理由拒絕說明。

第 18 條　（開會及決議）

調解委員會應有調解委員過半數出席，始得開會；經出席委員過半數同意，始得決議，作成調解方案。

第 19 條　（調解成立）

依前條規定作成之調解方案，經勞資爭議雙方當事人同意在調解紀錄簽名者，為調解成立。但當事人之一為團體協約法第十條第二項規定之機關（構）、學校者，其代理人簽名前，應檢附同條項所定有核可權機關之同意書。

第 20 條　（調解不成立）

勞資爭議當事人對調解委員會之調解方案不同意者，為調解不成立。

第 21 條　（調解不成立之情形）

有下列情形之一者，視為調解不成立：

一　經調解委員會主席召集會議，連續二次調解委員出席人數未過半數。

二　未能作成調解方案。

第 22 條　（調解成立或不成立之紀錄送達）

勞資爭議調解成立或不成立，調解紀錄均應由調解委員會報由直轄市、縣（市）主管機關送達勞資爭議雙方當事人。

第 23 條　（調解成立之效力）

勞資爭議經調解成立者，視為爭議雙方當事人間之契約；當事人一方為工會時，視為當事人間之團體協約。

第 24 條　（保密義務）

勞資爭議調解人、調解委員、參加調解及經辦調解事務之人員，對於調解事件，除已公開之事項外，應保守秘密。

第三章　仲　　裁

第 25 條　（調解不成立之申請交付仲裁）

I.勞資爭議調解不成立者，雙方當事人得共同向直轄市或縣（市）主管機關申請交付仲裁。但調整事項之勞資爭議，當事人一方為團體協約法第十條第二項規定之機關（構）、學校時，非經同條項所定機關之核可，不得申請仲裁。

II.勞資爭議當事人之一方為第五十四條第二項之勞工者，其調整事項之勞資爭議，任一方得向直轄市或縣（市）申請交付仲

裁；其屬同條第三項事業調整事項之勞資爭議，而雙方未能約定必要服務條款者，任一方得向中央主管機關申請交付仲裁。

III.勞資爭議經雙方當事人書面同意，得不經調解，逕向直轄市或縣（市）主管機關申請交付仲裁。

IV.調整事項之勞資爭議經調解不成立者，直轄市或縣（市）主管機關認有影響公眾生活及利益情節重大，或應目的事業主管機關之請求，得依職權交付仲裁，並通知雙方當事人。

第 26 條　（仲裁方式及仲裁人、仲裁委員之積極資格）

I.主管機關受理仲裁之申請，應依申請人之請求，以下列方式之一進行仲裁，其為一方申請交付仲裁或依職權交付仲裁者，僅得以第二款之方式為之：
一　選定獨任仲裁人。
二　組成勞資爭議仲裁委員會（以下簡稱仲裁委員會）。

II.前項仲裁人與仲裁委員之資格條件、遴聘方式、選定及仲裁程序及其他應遵行事項之辦法，由中央主管機關定之。

第 27 條　（獨任仲裁人）

I.雙方當事人合意以選定獨任仲裁人方式進行仲裁者，直轄市或縣（市）主管機關應於收到仲裁申請書後，通知勞資爭議雙方當事人於收到通知之日起五日內，於直轄市、縣（市）主管機關遴聘之仲裁人名冊中選定獨任仲裁人一人具報；屆期未選定者，由直轄市、縣（市）主管機關代為指定。

II.前項仲裁人名冊，由直轄市、縣（市）主管機關遴聘具一定資格之公正並富學識經驗者充任、彙整之，並應報請中央主管機關備查。

III.第三十二條、第三十三條及第三十五條至第三十七條之規定，於獨任仲裁人仲裁程序準用之。

第 28 條　（仲裁申請書之提出）

申請交付仲裁者，應提出仲裁申請書，並檢附調解紀錄或不經調解之同意書；其為

一方申請交付仲裁者，並應檢附符合第二十五條第二項規定之證明文件。

第 29 條　（仲裁委員之選定或指定）

I.以組成仲裁委員會方式進行仲裁者，主管機關應於收到仲裁申請書或依職權交付仲裁後，通知勞資爭議雙方當事人於收到通知之日起五日內，於主管機關遴聘之仲裁委員名冊中各自選定仲裁委員具報；屆期未選定者，由主管機關代為指定。

II.勞資雙方仲裁委員經選定或指定後，主管機關應於三日內通知雙方仲裁委員，於七日內依第三十條第一項及第二項或第四項規定推選主任仲裁委員及其餘仲裁委員具報；屆期未推選者，由主管機關指定。

第 30 條　（仲裁委員之組成）

I.仲裁委員會置委員三人或五人，由下列人員組成之：
一　勞資爭議雙方當事人各選定一人。
二　由雙方當事人所選定之仲裁委員於仲裁委員名冊中，共同選定一人或三人。

II.前項仲裁委員會置主任仲裁委員一人，由前項第二款委員互推一人擔任，並為會議主席。

III.仲裁委員由直轄市、縣（市）主管機關遴聘具一定資格之公正並富學識經驗者任之。直轄市、縣（市）主管機關遴聘後，應報請中央主管機關備查。

IV.依第二十五條第二項規定由中央主管機關交付仲裁者，其仲裁委員會置委員五人或七人，由勞資爭議雙方當事人各選定二人之外，再共同另選定一人或三人，並由共同選定者互推一人為主任仲裁委員，並為會議主席。

V.前項仲裁委員名冊，由中央主管機關會商相關目的事業主管機關後遴聘之。

第 31 條　（仲裁委員會之組成）

主管機關應於主任仲裁委員完成選定或指定之日起十四日內，組成仲裁委員會，並召開仲裁會議。

第 32 條　（仲裁委員之消極資格）

I. 有下列情形之一者，不得擔任同一勞資爭議事件之仲裁委員：

一　曾為該爭議事件之調解委員。

二　本人或其配偶、前配偶或與其訂有婚約之人為爭議事件當事人，或與當事人有共同權利人、共同義務人或償還義務人之關係。

三　為爭議事件當事人八親等內之血親或五親等內之姻親，或曾有此親屬關係。

四　現為或曾為該爭議事件當事人之代理人或家長、家屬。

五　工會為爭議事件之當事人者，其會員、理事、監事或會務人員。

六　雇主團體或雇主為爭議事件之當事人者，其會員、理事、監事、會務人員或其受僱人。

II. 仲裁委員有前項各款所列情形之一而不自行迴避，或有具體事實足認其執行職務有偏頗之虞者，爭議事件當事人得向主管機關申請迴避，其程序準用行政程序法第三十三條規定。

第 33 條　（調查結果之提出）

I. 仲裁委員會應指派委員調查事實，除有特殊情形外，調查委員應於指派後十日內，提出調查結果。

II. 仲裁委員會應於收到前項調查結果後二十日內，作成仲裁判斷。但經勞資爭議雙方當事人同意，得延長十日。

III. 主管機關於仲裁委員調查或仲裁委員會開會時，應通知當事人、相關人員或事業單位以言詞或書面提出說明；仲裁委員為調查之必要，得經主管機關同意後，進入相關事業單位訪查。

IV. 前項受通知或受訪查人員，不得為虛偽說明、提供不實資料或無正當理由拒絕說明。

第 34 條　（仲裁委員會會議及仲裁判斷）

I. 仲裁委員會由主任仲裁委員召集，其由委員三人組成者，應有全體委員出席，經出席委員過半數同意，始得作成仲裁判斷；其由委員五人或七人組成者，應有三分之二以上委員出席，經出席委員四分之三以上同意，始得作成仲裁判斷。

II. 仲裁委員連續二次不參加會議，當然解除其仲裁職務，由主管機關另行指定仲裁委員代替之。

第 35 條　（仲裁判斷書作成之期限及送達）

仲裁委員會作成仲裁判斷後，應於十日內作成仲裁判斷書，報由主管機關送達勞資爭議雙方當事人。

第 36 條　（和解及其效力）

勞資爭議當事人於仲裁程序進行中和解者，應將和解書報仲裁委員會及主管機關備查，仲裁程序即告終結；其和解與依本法成立之調解有同一效力。

第 37 條　（仲裁效力）

I. 仲裁委員會就權利事項之勞資爭議所作成之仲裁判斷，於當事人間，與法院之確定判決有同一效力。

II. 仲裁委員會就調整事項之勞資爭議所作成之仲裁判斷，視為爭議當事人間之契約；當事人一方為工會時，視為當事人間之團體協約。

III. 對於前二項之仲裁判斷，勞資爭議當事人得準用仲裁法第五章之規定，對於他方提起撤銷仲裁判斷之訴。

IV. 調整事項經作成仲裁判斷者，勞資雙方當事人就同一爭議事件不得再為爭議行為；其依前項規定向法院提起撤銷仲裁判斷之訴者，亦同。

第 38 條　（仲裁程序準用之規定）

第九條第四項、第十條、第十七條第一項及第二十四條之規定，於仲裁程序準用之。

第四章　裁　　決

第 39 條　（申請裁決）

I. 勞工因工會法第三十五條第二項規定所生爭議，得向中央主管機關申請裁決。

II.前項裁決之申請，應自知悉有違反工會法第三十五條第二項規定之事由或事實發生之次日起九十日內為之。

第 40 條　（裁決申請書載明事項）
裁決之申請，應以書面為之，並載明下列事項：
一　當事人之姓名、性別、年齡、職業及住所或居所；如為法人、雇主團體或工會，其名稱、代表人及事務所或營業所；有代理人者，其姓名、名稱及住居所或事務所。
二　請求裁決之事項及其原因事實。

第 41 條　（不受理決定）
I.基於工會法第三十五條第二項規定所為之裁決申請，違反第三十九條第二項及前條規定者，裁決委員應作成不受理之決定。但其情形可補正者，應先限期令其補正。
II.前項不受理決定，不得聲明不服。

第 42 條　（撤銷裁決之訴訟）
I.當事人就工會法第三十五條第二項所生民事爭議事件申請裁決，於裁決程序終結前，法院應依職權停止民事訴訟程序。
II.當事人於第三十九條第二項所定期間提起之訴訟，依民事訴訟法之規定視為調解之聲請者，法院仍得進行調解程序。
III.裁決之申請，除經撤回者外，與起訴有同一效力，消滅時效因而中斷。

第 43 條　（不當勞動行為裁決委員會之組成）
I.中央主管機關為辦理裁決事件，應組成不當勞動行為裁決委員會（以下簡稱裁決委員會）。
II.裁決委員會應秉持公正立場，獨立行使職權。
III.裁決委員會置裁決委員七人至十五人，均為兼職，其中一人至三人為常務裁決委員，由中央主管機關遴聘熟悉勞工法令、勞資關係事務之專業人士任之，任期二年，並由委員互推一人為主任裁決委員。

IV.中央主管機關應調派專任人員或聘用專業人員，承主任裁決委員之命，協助辦理裁決案件之程序審查、爭點整理及資料蒐集等事務。具專業證照執業資格者，經聘用之期間，計入其專業執業年資。
V.裁決委員會之組成、裁決委員之資格條件、遴聘方式、裁決委員會相關處理程序、前項人員之調派或遴聘及其他應遵行事項之辦法，由中央主管機關定之。

第 44 條　（裁決處理程序）
I.中央主管機關應於收到裁決申請書之日起七日內，召開裁決委員會處理之。
II.裁決委員會應指派委員一人至三人，依職權調查事實及必要之證據，並應於指派後二十日內作成調查報告，必要時得延長二十日。
III.裁決委員調查或裁決委員會開會時，應通知當事人、相關人員或事業單位以言詞或書面提出說明；裁決委員為調查之必要，得經主管機關同意，進入相關事業單位訪查。
IV.前項受通知或受訪查人員，不得為虛偽說明、提供不實資料或無正當理由拒絕說明。
V.申請人經依第三項規定通知，無正當理由二次不到場者，視為撤回申請；相對人二次不到場者，裁決委員會得經到場一造陳述為裁決。
VI.裁決當事人就同一爭議事件達成和解或經法定調解機關調解成立者，裁決委員會應作成不受理之決定。

第 45 條　（裁決委員會召開之程序及裁決之期限）
主任裁決委員應於裁決委員作成調查報告後七日內，召開裁決委員會，並於開會之日起三十日內作成裁決決定。但經裁決委員會應出席委員二分之一以上同意者得延長之，最長以三十日為限。

第 46 條　（裁決決定）
I.裁決委員會應有三分之二以上委員出席，並經出席委員二分之一以上同意，始得作

成裁決決定；作成裁決決定前，應由當事人以言詞陳述意見。

Ⅱ.裁決委員應親自出席，不得委任他人代理。

Ⅲ.裁決委員審理案件相關給付報酬標準，由中央主管機關定之。

第 47 條　（裁決決定書應載明事項）

Ⅰ.裁決決定書應載明下列事項：

一　當事人姓名、住所或居所；如為法人、雇主團體或工會，其名稱、代表人及主事務所或主營業所。

二　有代理人者，其姓名、名稱及住居所或事務所。

三　主文。

四　事實。

五　理由。

六　主任裁決委員及出席裁決委員之姓名。

七　年、月、日。

Ⅱ.裁決委員會作成裁決決定後，中央主管機關應於二十日內將裁決決定書送達當事人。

第 47 條之 1　（政府資訊公開）

Ⅰ.中央主管機關應以定期出版、登載於網站或其他適當方式公開裁決決定書。但裁決決定書含有依政府資訊公開法應限制公開或不予提供之事項者，應僅就其他部分公開之。

Ⅱ.前項公開，得不含自然人之名字、身分證統一編號及其他足資識別該個人之資料。但應公開自然人之姓氏及足以區辨人別之代稱。

第 48 條　（裁決決定書之核定及補正）

Ⅰ.對工會法第三十五條第二項規定所生民事爭議事件所為之裁決決定，當事人於裁決決定書正本送達三十日內，未就作為裁決決定之同一事件，以他方當事人為被告，向法院提起民事訴訟者，或經撤回其訴者，視為雙方當事人依裁決決定書達成合意。

Ⅱ.裁決經依前項規定視為當事人達成合意

者，裁決委員會應於前項期間屆滿後七日內，將裁決決定書送請裁決委員會所在地之法院審核。

Ⅲ.前項裁決決定書，法院認其與法令無牴觸者，應予核定，發還裁決委員會送達當事人。

Ⅳ.法院因裁決程序或內容與法令牴觸，未予核定之事件，應將其理由通知裁決委員會。但其情形可以補正者，應定期間先命補正。

Ⅴ.經法院核定之裁決有無效或得撤銷之原因者，當事人得向原核定法院提起宣告裁決無效或撤銷裁決之訴。

Ⅵ.前項訴訟，當事人應於法院核定之裁決決定書送達後三十日內提起之。

第 49 條　（裁決效力）

前條第二項之裁決經法院核定後，與民事確定判決有同一效力。

第 50 條　（聲請假扣押或假處分）

Ⅰ.當事人本於第四十八條第一項裁決決定之請求，欲保全強制執行或避免損害之擴大者，得於裁決決定書經法院核定前，向法院聲請假扣押或假處分。

Ⅱ.前項聲請，債權人得以裁決決定代替請求及假扣押或假處分原因之釋明，法院不得再命債權人供擔保後始為假扣押或假處分。

Ⅲ.民事訴訟法有關假扣押或假處分之規定，除第五百二十九條規定外，於前二項情形準用之。

Ⅳ.裁決決定書未經法院核定者，當事人得聲請法院撤銷假扣押或假處分之裁定。

第 51 條　（裁決申請程序準用規定）

Ⅰ.基於工會法第三十五條第一項及團體協約法第六條第一項規定所為之裁決申請，其程序準用第三十九條、第四十條、第四十一條第一項、第四十三條至第四十七條規定。

Ⅱ.前項處分並得令當事人為一定之行為或不行為。

Ⅲ.不服第一項不受理決定者，得於決定書送

達之次日起三十日內繕具訴願書，經由中央主管機關向行政院提起訴願。

IV.對於第一項及第二項之處分不服者，得於決定書送達之次日起二個月內提起行政訴訟。

第 52 條　（裁決程序準用規定）

本法第三十二條規定，於裁決程序準用之。

第五章　爭議行為

第 53 條　（爭議行為）

I.勞資爭議，非經調解不成立，不得為爭議行為；權利事項之勞資爭議，不得罷工。

II.雇主、雇主團體經中央主管機關裁決認定違反工會法第三十五條、團體協約法第六條第一項規定者，工會得依本法為爭議行為。

第 54 條　（工會宣告罷工及設置糾察線之程序）

I.工會非經會員以直接、無記名投票且經全體過半數同意，不得宣告罷工及設置糾察線。

II.下列勞工，不得罷工：
一　教師。
二　國防部及其所屬機關（構）、學校之勞工。

III.下列影響大眾生命安全、國家安全或重大公共利益之事業，勞資雙方應約定必要服務條款，工會始得宣告罷工：
一　自來水事業。
二　電力及燃氣供應業。
三　醫院。
四　經營銀行間資金移轉帳務清算之金融資訊服務業與證券期貨交易、結算、保管事業及其他辦理支付系統業務事業。

IV.前項必要服務條款，事業單位應於約定後，即送目的事業主管機關備查。

V.提供固定通信業務或行動通信業務之第一類電信事業，於能維持基本語音通信服務不中斷之情形下，工會得宣告罷工。

VI.第二項及第三項所列之機關（構）及事業之範圍，由中央主管機關會同其主管機關或目的事業主管機關定之；前項基本語音通信服務之範圍，由目的事業主管機關定之。

VII.重大災害發生或有發生之虞時，各級政府為執行災害防治法所定災害預防工作或有變變處置之必要，得於災害防救期間禁止、限制或停止罷工。

第 55 條　（爭議行為免責規範）

I.爭議行為應依誠實信用及權利不得濫用原則為之。

II.雇主不得以工會及其會員依本法所為之爭議行為所生損害為由，向其請求賠償。

III.工會及其會員所為之爭議行為，該當刑法及其他特別刑法之構成要件，而具有正當性者，不罰。但以強暴脅迫致他人生命、身體受侵害或有受侵害之虞時，不適用之。

第 56 條　（爭議行為期間勞資雙方應維持正常運作）

爭議行為期間，爭議當事人雙方應維持工作場所安全及衛生設備之正常運轉。

第六章　訴訟費用之暫減及強制執行之裁定

第 57 條　（勞動訴訟裁判費之暫免徵收）

勞工或工會提起確認僱傭關係或給付工資之訴，暫免徵收依民事訴訟法所定裁判費之二分之一。

第 58 條　（供擔保金額之上限）

除第五十條第二項所規定之情形外，勞工就工資、職業災害補償或賠償、退休金或資遣費等給付，為保全強制執行而對雇主或雇主團體聲請假扣押或假處分者，法院依民事訴訟法所命供擔保之金額，不得高於請求標的金額或價額之十分之一。

第 59 條　（執行名義之取得）

I 勞資爭議經調解成立或仲裁者，依其內容當事人一方負私法上給付之義務，而不履行其義務時，他方當事人得向該管法院聲請裁定強制執行並暫免繳裁判費；於聲請強制執行時，並暫免繳執行費。

II 前項聲請事件，法院應於七日內裁定之。

III 對於前項裁定，當事人得為抗告，抗告之程序適用非訟事件法之規定，非訟事件法未規定者，準用民事訴訟法之規定。

第 60 條　（應駁回強制執行聲請之情形）

有下列各款情形之一者，法院應駁回其強制執行裁定之聲請：

一　調解內容或仲裁判斷，係使勞資爭議當事人為法律上所禁止之行為。

二　調解內容或仲裁判斷，與爭議標的顯屬無關或性質不適於強制執行。

三　依其他法律不得為強制執行。

第 61 條　（駁回強制執行聲請之效力）

依本法成立之調解，經法院裁定駁回強制執行聲請者，視為調解不成立。但依前條第二款規定駁回，或除去經駁回強制執行之部分亦得成立者，不適用之。

第七章　罰　　則

第 62 條　（罰則㈠）

I 雇主或雇主團體違反第八條規定者，處新臺幣二十萬元以上六十萬元以下罰鍰。

II 工會違反第八條規定者，處新臺幣十萬元以上三十萬元以下罰鍰。

III 勞工違反第八條規定者，處新臺幣一萬元以上三萬元以下罰鍰。

第 63 條　（罰則㈡）

I 違反第十二條第四項、第十七條第三項、第三十三條第四項或第四十四條第四項規定，為虛偽之說明或提供不實資料者，處新臺幣三萬元以上十五萬元以下罰鍰。

II 違反第十二條第三項、第十七條第三項、第三十三條第四項或第四十四條第四項規定，無正當理由拒絕說明或拒絕調解人

或調解委員進入事業單位者，處新臺幣一萬元以上五萬元以下罰鍰。

III 勞資雙方當事人無正當理由未依通知出席調解會議者，處新臺幣二千元以上一萬元以下罰鍰。

第八章　附　　則

第 64 條　（依鄉鎮市調解條例調解及依仲裁法仲裁之效力）

I 權利事項之勞資爭議，經依鄉鎮市調解條例調解成立者，其效力依該條例之規定。

II 權利事項勞資爭議經當事人雙方合意，依仲裁法所為之仲裁，其效力依該法之規定。

III 第八條之規定於前二項之調解及仲裁適用之。

第 65 條　（勞工權益基金之設置及其基金來源）

I 為處理勞資爭議，保障勞工權益，中央主管機關應捐助設置勞工權益基金。

II 前項基金來源如下：

一　勞工權益基金（專戶）賸餘專款。

二　由政府逐年循預算程序之撥款。

三　本基金之孳息收入。

四　捐贈收入。

五　其他有關收入。

第 66 條　（施行日期）

本法施行日期，由行政院定之。

勞動事件法

一百零七年十二月五日總統令制定公布

①民國一百零七年十二月五日總統令制定公布全文

第一章　總　　則

第 1 條　（立法目的）

為迅速、妥適、專業、有效、平等處理勞動事件，保障勞資雙方權益及促進勞資關係和諧，進而謀求健全社會共同生活，特制定本法。

第 2 條　（勞動事件之定義）

I.本法所稱勞動事件，係指下列事件：

一　基於勞工法令、團體協約、工作規則、勞資會議決議、勞動契約、勞動習慣及其他勞動關係所生民事上權利義務之爭議。

二　建教生與建教合作機構基於高級中等學校建教合作實施及建教生權益保障法、建教訓練契約及其他建教合作關係所生民事上權利義務之爭議。

三　因性別工作平等之違反、就業歧視、職業災害、工會活動與爭議行為、競業禁止及其他因勞動關係所生之侵權行為爭議。

II.與前項事件相牽連之民事事件，得與其合併起訴，或於其訴訟繫屬中為追加或提起反訴。

第 3 條　（勞工及雇主之定義）

I.本法所稱勞工，係指下列之人：

一　受僱人及其他基於從屬關係提供其勞動力而獲致報酬之人。

二　技術生、養成工、見習生、建教生、學徒及其他與技術生性質相類之人。

三　求職者。

II.本法所稱雇主，係指下列之人：

一　僱用人、代表雇主行使管理權之人，或依據要派契約，實際指揮監督管理派遣勞工從事工作之人。

二　招收技術生、養成工、見習生、建教生、學徒及其他與技術生性質相類之人者或建教合作機構。

三　招募求職者之人。

第 4 條　（法院勞動專業法庭或專股之設立）

I.為處理勞動事件，各級法院應設立勞動專業法庭（以下簡稱勞動法庭）。但法官員額較少之法院，得僅設專股以勞動法庭名義辦理之。

II.前項勞動法庭法官，應遴選具有勞動法相關學識、經驗者任之。

III.勞動法庭或專股之設置方式，與各該法院民事庭之事務分配，其法官之遴選資格、方式、任期，以及其他有關事項，由司法院定之。

第 5 條　（勞動事件之審判管轄權）

I.以勞工為原告之勞動事件，勞務提供地或被告之住所、居所、事務所、營業所所在地在中華民國境內者，由中華民國法院審判管轄。

II.勞動事件之審判管轄合意，違反前項規定者，勞工得不受拘束。

第 6 條　（競合管轄）

I.勞動事件以勞工為原告者，由被告住所、居所、主營業所、主事務所所在地或原告之勞務提供地法院管轄；以雇主為原告者，由被告住所、居所、現在或最後之勞務提供地法院管轄。

II.前項雇主為原告者，勞工得於為本案言詞辯論前，聲請將該訴訟事件移送於其所選定有管轄權之法院。但經勞動調解不成立而續行訴訟者，不得為之。

III.關於前項聲請之裁定，得為抗告。

勞動事件法　（第七～一六條）

第 7 條　（勞工為被告時得聲請移送選定其他有管轄權之法院）

I 勞動事件之第一審管轄合意，如當事人之一造為勞工，按其情形顯失公平者，勞工得逕向其他有管轄權之法院起訴；勞工為被告者，得於本案言詞辯論前，聲請移送於其所選定有管轄權之法院，但經勞動調解不成立而續行訴訟者，不得為之。

II 關於前項聲請之裁定，得為抗告。

第 8 條　（迅速處理原則）

I 法院處理勞動事件，應迅速進行，依事件性質，擬定調解或審理計畫，並於適當時期行調解或言詞辯論。

II 當事人應以誠信方式協力於前項程序之進行，並適時提出事實及證據。

第 9 條　（勞工之輔佐人）

I 勞工得於期日偕同由工會或財團法人於章程所定目的範圍內選派之人到場為輔佐人，不適用民事訴訟法第七十六條第一項經審判長許可之規定。

II 前項之工會、財團法人及輔佐人，不得向勞工請求報酬。

III 第一項之輔佐人不適為訴訟行為，或其行為違反勞工利益者，審判長得於程序進行中以裁定禁止其為輔佐人。

IV 前項規定，於受命法官行準備程序時準用之。

第 10 條　（外國人之訴訟代理）

受聘僱從事就業服務法第四十六條第一項第八款至第十款所定工作之外國人，經審判長許可，委任私立就業服務機構之負責人、職員、受僱人或從業人員為其勞動事件之訴訟代理人者，有害於委任人之權益時，審判長得以裁定撤銷其許可。

第 11 條　（訴訟標的價額核定之標準）

因定期給付涉訟，其訴訟標的之價額，以權利存續期間之收入總數為準；期間未確定時，應推定其存續期間。但超過五年者，以五年計算。

第 12 條　（勞動訴訟之裁判費與執行費之徵收）

I 因確認僱傭關係或給付工資、退休金或資遣費涉訟，勞工或工會起訴或上訴，暫免徵收裁判費三分之二。

II 因前項給付聲請強制執行時，其執行標的金額超過新臺幣二十萬元者，該超過部分暫免徵收執行費，由執行所得扣還之。

第 13 條　（工會訴訟之裁判費與執行費之徵收）

I 工會依民事訴訟法第四十四條之一及本法第四十二條提起之訴訟，其訴訟標的之金額或價額超過新臺幣一百萬元者，超過部分暫免徵收裁判費。

II 工會依第四十條規定提起之訴訟，免徵裁判費。

第 14 條　（訴訟救助）

I 勞工符合社會救助法規定之低收入戶、中低收入戶，或符合特殊境遇家庭扶助條例第四條第一項之特殊境遇家庭，其聲請訴訟救助者，視為無資力支出訴訟費用。

II 勞工或其遺屬因職業災害提起勞動訴訟，法院應依其聲請，以裁定准予訴訟救助。但顯無勝訴之望者，不在此限。

第 15 條　（民事訴訟法及強制執行法之適用）

有關勞動事件之處理，依本法之規定；本法未規定者，適用民事訴訟法及強制執行法之規定。

第二章　勞動調解程序

第 16 條　（勞動調解之前置）

I 勞動事件，除有下列情形之一者外，於起訴前，應經法院行勞動調解程序：

一　有民事訴訟法第四百零六條第一項第二款、第四款、第五款所定情形之一。

二　因性別工作平等法第十二條所生爭議。

II 前項事件當事人逕向法院起訴者，視為調

解之聲請。

III不合於第一項規定之勞動事件，當事人亦得於起訴前，聲請勞動調解。

第 17 條　（勞動調解之管轄）

I 勞動調解事件，除別有規定外，由管轄勞動事件之法院管轄。

II第六條第二項、第三項及第七條規定，於勞動調解程序準用之。但勞工聲請移送，應於第一次調解期日前為之。

第 18 條　（勞動調解聲請之形式要件）

I 聲請勞動調解及其他期日外之聲明或陳述，應以書狀為之。但調解標的之金額或價額在新臺幣五十萬元以下者，得以言詞為之。

II以言詞為前項之聲請、聲明或陳述，應於法院書記官前以言詞為之；書記官應作成筆錄，並於筆錄內簽名。

III聲請書狀或筆錄，應記明下列各款事項：

一　聲請人之姓名、住所或居所；聲請人為法人、機關或其他團體者，其名稱及公務所、事務所或營業所。

二　相對人之姓名、住所或居所；相對人為法人、機關或其他團體者，其名稱及公務所、事務所或營業所。

三　有法定代理人者，其姓名、住所或居所，及法定代理人與關係人之關係。

四　聲請之意旨及其原因事實。

五　供證明或釋明用之證據。

六　附屬文件及其件數。

七　法院。

八　年、月、日。

IV聲請書狀或筆錄內宜記載下列各款事項：

一　聲請人、相對人、其他利害關係人、法定代理人之性別、出生年月日、職業、身分證件號碼、營利事業統一編號、電話號碼及其他足資辨別之特徵。

二　有利害關係人者，其姓名、住所或居所。

三　定法院管轄及其適用程序所必要之事項。

四　有其他相關事件繫屬於法院者，其事件。

五　預期可能之爭點及其相關之重要事實、證據。

六　當事人間曾為之交涉或其他至調解聲請時之經過概要。

第 19 條　（勞動調解之合併）

I 相牽連之數宗勞動事件，法院得依聲請或依職權合併調解。

II兩造得合意聲請將相牽連之民事事件合併於勞動調解，並視為就該民事事件已有民事調解之聲請。

III合併調解之民事事件，如已繫屬於法院者，原民事程序停止進行。調解成立時，程序終結；調解不成立時，程序繼續進行。

IV合併調解之民事事件，如原未繫屬於法院者，調解不成立時，依當事人之意願，移付民事裁判程序或其他程序；其不願移付者，程序終結。

第 20 條　（勞動調解委員之遴聘）

I 法院應遴聘就勞動關係或勞資事務具有專門學識、經驗者為勞動調解委員。

II法院遴聘前項勞動調解委員時，委員之任一性別比例不得少於遴聘總人數三分之一。

III關於勞動調解委員之資格、遴聘、考核、訓練、解任及報酬等事項，由司法院定之。

IV民事訴訟法有關法院職員迴避之規定，於勞動調解委員準用之。

第 21 條　（勞動調解委員會之組成）

I 勞動調解，由勞動法庭之法官一人及勞動調解委員二人組成勞動調解委員會行之。

II前項勞動調解委員，由法院斟酌調解委員之學識經驗、勞動調解委員會之妥適組成及其他情事指定之。

III勞動調解委員應基於中立、公正之立場，處理勞動調解事件。

IV關於調解委員之指定事項，由司法院定之。

第 22 條　（聲請勞動調解之程式）
I.調解之聲請不合法者，勞動法庭之法官應以裁定駁回之。但其情形可以補正者，應定期間先命補正。
II.下列事項，亦由勞動法庭之法官為之：
　一　關於審判權之裁定。
　二　關於管轄權之裁定。
III.勞動法庭之法官不得逕以不能調解或顯無調解必要或調解顯無成立之望，或已經其他法定調解機關調解未成立為理由，裁定駁回調解之聲請。

第 23 條　（勞動調解之進行程序㈠）
I.勞動調解委員會行調解時，由該委員會之法官指揮其程序。
II.調解期日，由勞動調解委員會之法官，依職權儘速定之；除有前條第一項、第二項情形或其他特別事由外，並應於勞動調解聲請之日起三十日內，指定第一次調解期日。

第 24 條　（勞動調解之進行程序㈡）
I.勞動調解程序，除有特別情事外，應於三個月內以三次期日內終結之。
II.當事人應儘早提出事實及證據，除有不可歸責於己之事由外，應於第二次期日終結前為之。
III.勞動調解委員會應儘速聽取當事人之陳述、整理相關之爭點與證據，適時曉諭當事人訴訟之可能結果，並得依聲請或依職權調查事實及必要之證據。
IV.前項調查證據之結果，應使當事人及知悉之利害關係人有到場陳述意見之機會。

第 25 條　（勞動調解程序原則不公開）
I.勞動調解程序不公開。但勞動調解委員會認為適當時，得許就事件無妨礙之人旁聽。
II.因性別工作平等法第十二條所生勞動事件，勞動調解委員會審酌事件情節、勞工身心狀況與意願，認為適當者，得以利用遮蔽或視訊設備為適當隔離之方式行勞動調解。

第 26 條　（勞動調解成立之效力）
I.勞動調解，經當事人合意，並記載於調解筆錄時成立。
II.前項調解成立，與確定判決有同一之效力。

第 27 條　（調解條款之酌定）
I.勞動調解經兩造合意，得由勞動調解委員會酌定解決事件之調解條款。
II.前項調解條款之酌定，除兩造另有約定外，以調解委員會過半數之意見定之；關於數額之評議，意見各不達過半數時，以次多數之意見定之。
III.調解條款，應作成書面，記明年月日，或由書記官記明於調解程序筆錄。其經勞動調解委員會之法官及勞動調解委員全體簽名者，視為調解成立。
IV.前項經法官及勞動調解委員簽名之書面，視為調解筆錄。
V.前二項之簽名，勞動調解委員中有因故不能簽名者，由法官附記其事由；法官因故不能簽名者，由勞動調解委員附記之。

第 28 條　（適當方案之提出）
I.當事人不能合意成立調解時，勞動調解委員會應依職權斟酌一切情形，並求兩造利益之平衡，於不違反兩造之主要意思範圍內，提出解決事件之適當方案。
II.前項方案，得確認當事人間權利義務關係、命給付金錢、交付特定標的物或為其他財產上給付，或定解決個別勞動紛爭之適當事項，並應記載方案之理由要旨，由法官及勞動調解委員全體簽名。
III.勞動調解委員會認為適當時，得於全體當事人均到場之調解期日，以言詞告知適當方案之內容及理由，並由書記官記載於調解筆錄。
IV.第一項之適當方案，準用前條第二項、第五項之規定。

第 29 條　（適當方案之異議）
I.除依前條第三項規定告知者外，適當方案應送達於當事人及參加調解之利害關係人。

II.當事人或參加調解之利害關係人，對於前項方案，得於送達或受告知日後十日之不變期間內，提出異議。

III.於前項期間內合法提出異議者，視為調解不成立，法院並應告知或通知當事人及參加調解之利害關係人；未於前項期間內合法提出異議者，視為已依該方案成立調解。

IV.依前項規定調解不成立者，除調解聲請人於受告知或通知後十日之不變期間內，向法院為反對續行訴訟程序之意思外，應續行訴訟程序，並視為自調解聲請時，已經起訴；其於第一項適當方案送達前起訴者，亦同。以起訴視為調解者，仍自起訴時發生訴訟繫屬之效力。

V.依前項情形續行訴訟程序者，由參與勞動調解委員會之法官為之。

第 30 條　（調解程序中之陳述或讓步）

I.調解程序中，勞動調解委員或法官所為之勸導，及當事人所為不利於己之陳述或讓步，於調解不成立後之本案訴訟，不得採為裁判之基礎。

II.前項陳述或讓步，係就訴訟標的、事實、證據或其他得處分之事項成立書面協議者，當事人應受其拘束。但經兩造同意變更，或因不可歸責於當事人之事由或依其他情形，協議顯失公平者，不在此限。

第 31 條　（調解不成立之效果）

I.勞動調解委員會參酌事件之性質，認為進行勞動調解不利於紛爭之迅速與妥適解決，或不能依職權提出適當方案者，視為調解不成立，並告知或通知當事人。

II.有前項及其他調解不成立之情形者，準用第二十九條第四項、第五項之規定。

第三章　訴訟程序

第 32 條　（訴訟程序之進行）

I.勞動事件，法院應以一次期日辯論終結為原則，第一審並應於六個月內審結。但因案情繁雜或審理上之必要者，不在此限。

II.為言詞辯論期日之準備，法院應儘速釐清相關爭點，並得為下列處置：

一　命當事人就準備書狀為補充陳述、提出書證與相關物證，必要時並得諭知期限及失權效果。

二　請求機關或公法人提供有關文件或公務資訊。

三　命當事人本人到場。

四　通知當事人一造所稱之證人及鑑定人於言詞辯論期日到場。

五　聘請勞動調解委員參與諮詢。

III.法院為前項之處置時，應告知兩造。

IV.因性別工作平等法第十二條所生勞動事件，法院審酌事件情節、勞工身心狀況與意願，認為適當者，得不公開審判，或利用遮蔽、視訊等設備為適當隔離。

第 33 條　（法院之闡明、職權調查證據及證據契約）

I.法院審理勞動事件，為維護當事人間實質公平，應闡明當事人提出必要之事實，並得依職權調查必要之證據。

II.勞工與雇主間以定型化契約訂立證據契約，依其情形顯失公平者，勞工不受拘束。

第 34 條　（法院審酌所調查之事證資料、處分或解決之適當方案）

I.法院審理勞動事件時，得審酌就處理同一事件而由主管機關指派調解人、組成委員會或法院勞動調解委員會所調查之事實、證據資料、處分或解決事件之適當方案。

II.前項情形，應使當事人有辯論之機會。

第 35 條　（雇主有提出文書之義務）

勞工請求之事件，雇主就其依法令應備置之文書，有提出之義務。

第 36 條　（違反證物提出命令之效果）

I.文書、勘驗物或鑑定所需資料之持有人，無正當理由不從法院之命提出者，法院得以裁定處新臺幣三萬元以下罰鍰；於必要時並得以裁定命為強制處分。

II.前項強制處分之執行，準用強制執行法關於物之交付請求權執行之規定。

Ⅲ第一項裁定，得為抗告；處罰鍰之裁定，抗告中應停止執行。

Ⅳ法院為判斷第一項文書、勘驗物或鑑定所需資料之持有人有無不提出之正當理由，於必要時仍得命其提出，並以不公開方式行之。

Ⅴ當事人無正當理由不從第一項之命者，法院得認該證物應證之事實為真實。

第 37 條　（勞工工資之推定）

勞工與雇主間關於工資之爭執，經證明勞工本於勞動關係自雇主所受領之給付，推定為勞工因工作而獲得之報酬。

第 38 條　（勞工工時之推定）

出勤紀錄內記載之勞工出勤時間，推定勞工於該時間內經雇主同意而執行職務。

第 39 條　（改命補償以取代一定行為履行）

Ⅰ法院就勞工請求之勞動事件，判命雇主為一定行為或不行為者，得依勞工之請求，同時命雇主如在判決確定後一定期限內未履行時，給付法院所酌定之補償金。

Ⅱ民事訴訟法第二百二十二條第二項規定，於前項法院酌定補償金時準用之。

Ⅲ第一項情形，逾法院所定期限後，勞工不得就行為或不行為請求，聲請強制執行。

第 40 條　（工會之不作為訴訟）

Ⅰ工會於章程所定目的範圍內，得對侵害其多數會員利益之雇主，提起不作為之訴。

Ⅱ前項訴訟，應委任律師代理訴訟。

Ⅲ工會違反會員之利益而起訴者，法院應以裁定駁回其訴。

Ⅳ第一項訴訟之撤回、捨棄或和解，應經法院之許可。

Ⅴ第二項律師之酬金，為訴訟費用之一部，並應限定其最高額，其支給標準，由司法院參酌法務部及中華民國律師公會全國聯合會意見定之。

Ⅵ前四項規定，於第一項事件之調解程序準用之。

第 41 條　（共通基礎中間確認之訴）

Ⅰ工會依民事訴訟法第四十四條之一第一項為選定之會員起訴，被選定人得於第一審言詞辯論終結前為訴之追加，並求對於被告確定選定人與被告間關於請求或法律關係之共通基礎前提要件是否存在之判決。

Ⅱ關於前項追加之訴，法院應先為辯論及裁判；原訴訟程序於前項追加之訴裁判確定以前，得裁定停止。

Ⅲ第一項追加之訴，不另徵收裁判費。

Ⅳ被選定人於同一事件提起第一項追加之訴，以一次為限。

第 42 條　（公告曉示制度）

Ⅰ被選定人依前條第一項為訴之追加者，法院得徵求被選定人之同意，或由被選定人聲請經法院認為適當時，公告曉示其他本於同一原因事實有共同利益之勞工，得於一定期間內以書狀表明下列事項，併案請求：

一　併案請求人、被告及法定代理人。

二　請求併入之事件案號。

三　訴訟標的及其原因事實、證據。

四　應受判決事項之聲明。

Ⅱ其他有共同利益之勞工，亦得聲請法院依前項規定為公告曉示。

Ⅲ依第一項規定為併案請求之人，視為已選定。

Ⅳ被選定人於前條第一項追加之訴判決確定後三十日內，應以書狀表明為全體選定人請求之應受判決事項之聲明，並依法繳納裁判費。

Ⅴ前項情形，視為併案請求之人自併案請求時，已經起訴。

Ⅵ關於併案請求之程序，除本法別有規定外，準用民事訴訟法第四十四條之二規定。

Ⅶ第一項原被選定人不同意者，法院得依職權公告曉示其他共同利益勞工起訴，由法院併案審理。

第 43 條　（工會進行訴訟，不得請求報酬）

工會應將民事訴訟法第四十四條之一及前項之訴訟所得，扣除訴訟必要費用後，分別交付為選定或視為選定之勞工，並不得請求報酬。

第 44 條　（依職權宣告假執行）

I.法院就勞工之給付請求，為雇主敗訴之判決時，應依職權宣告假執行。

II.前項情形，法院應同時宣告雇主得供擔保或將請求標的物提存而免為假執行。

III.工會依民事訴訟法第四十四條之一及本法第四十二條所提訴訟，準用前二項之規定。

第 45 條　（勞工自行提起上訴或工會提起上訴）

I.勞工對於民事訴訟法第四十四條之一及本法第四十二條訴訟之判決不服，於工會上訴期間屆滿前撤回選定者，得依法自行提起上訴。

II.工會於收受判決後，應即將其結果通知勞工，並應於七日內將是否提起上訴之意旨以書面通知勞工。

III.多數有共同利益之勞工，於在職期間依工會法無得加入之工會者，得選定同一工會聯合組織為選定人起訴。但所選定之工會聯合組織，以於其章程所定目的範圍內，且勞務提供地、雇主之住所、居所、主營業所或主事務所所在地在其組織區域內者為限。

IV.多數有共同利益之勞工，於離職或退休時為同一工會之會員者，於章程所定目的範圍內，得選定該工會為選定人起訴。

V.民事訴訟法第四十四條之一第二項、第三項，及本法關於工會依民事訴訟法第四十四條之一第一項為選定之會員起訴之規定，於第三項、第四項之訴訟準用之。

第四章　保全程序

第 46 條　（不當勞動行為裁決之保全程序）

I.勞工依勞資爭議處理法就民事爭議事件申請裁決者，於裁決決定前，得向法院聲請假扣押、假處分或定暫時狀態處分。

II.勞工於裁決決定書送達後，就裁決決定之請求，欲保全強制執行或避免損害之擴大，向法院聲請假扣押、假處分或定暫時狀態處分時，有下列情形之一者，得以裁決決定代替請求及假扣押、假處分或定暫時狀態處分原因之釋明，法院不得再命勞工供擔保後始為保全處分：

　　一　裁決決定經法院核定前。

　　二　雇主就裁決決定之同一事件向法院提起民事訴訟。

III.前二項情形，於裁決事件終結前，不適用民事訴訟法第五百二十九條第一項之規定。裁決決定未經法院核定，如勞工於受通知後三十日內就裁決決定之請求起訴者，不適用勞資爭議處理法第五十條第四項之規定。

第 47 條　（保全事件命供擔保之限制）

I.勞工就請求給付工資、職業災害補償或賠償、退休金或資遣費、勞工保險條例第七十二條第一項及第三項之賠償與確認僱傭關係存在事件，聲請假扣押、假處分或定暫時狀態之處分者，法院依民事訴訟法第五百二十六條第二項、第三項所命供擔保之金額，不得高於請求標的金額或價額之十分之一。

II.前項情形，勞工釋明提供擔保於其生計有重大困難者，法院不得命提供擔保。

III.依民事訴訟法第四十四條之一或本法第四十二條規定選定之工會，聲請假扣押、假處分或定暫時狀態之處分者，準用前二項之規定。

第 48 條 　（勞工得聲請為一定給付之定暫時狀態處分）

勞工所提請求給付工資、職業災害補償或賠償、退休金或資遣費事件，法院發現進行訴訟造成其生計上之重大困難者，應闡明其得聲請命先為一定給付之定暫時狀態處分。

第 49 條 　（勞工得聲請繼續僱用及給付工資之定暫時狀態處分）

I.勞工提起確認僱傭關係存在之訴，法院認勞工有勝訴之望，且雇主繼續僱用非顯有重大困難者，得依勞工之聲請，為繼續僱用及給付工資之定暫時狀態處分。

II.第一審法院就前項訴訟判決僱傭關係存在者，第二審法院應依勞工之聲請為前項之處分。

III.前二項聲請，法院得為免供擔保之處分。

IV.法院因勞工受本案敗訴判決確定而撤銷第一項、第二項處分之裁定時，得依雇主之聲請，在撤銷範圍內，同時命勞工返還其所受領之工資，並依聲請附加自受領時起之利息。但勞工已依第一項、第二項處分提供勞務者，不在此限。

V.前項命返還工資之裁定，得抗告，抗告中應停止執行。

第 50 條 　（勞工得聲請繼續僱用之定暫時狀態處分）

勞工提起確認調動無效或回復原職之訴，法院認雇主調動勞工之工作，有違反勞工法令、團體協約、工作規則、勞資會議決議、勞動契約或勞動習慣之虞，且雇主依調動前原工作繼續僱用非顯有重大困難者，得經勞工之聲請，為依原工作或兩造所同意工作內容繼續僱用之定暫時狀態處分。

第五章　附　　則

第 51 條 　（勞動事件進行程序法規適用原則）

I.除別有規定外，本法於施行前發生之勞動事件亦適用之。

II.本法施行前已繫屬尚未終結之勞動事件，依其進行程度，由繫屬之法院依本法所定程序終結之，不適用第十六條第二項規定；其已依法定程序進行之行為，效力不受影響。

III.本法施行前已繫屬尚未終結之勞動事件，依繫屬時之法律或第六條第一項規定，定法院之管轄。

IV.本法施行前已繫屬尚未終結之保全事件，由繫屬之法院依本法所定程序終結之。

第 52 條 　（施行細則及審理細則之訂定）

本法施行細則及勞動事件審理細則，由司法院定之。

第 53 條 　（施行日期）

本法施行日期，由司法院定之。

勞工保險條例

一百一十年四月二十八日總統令修正公布

①民國四十七年七月二十一日總統令公布
②五十七年七月二十三日總統令修正公布
③六十二年四月二十五日總統令修正公布
④六十八年二月十九日總統令修正公布
⑤七十七年二月三日總統令修正公布
⑥八十四年二月二十八日總統令修正公布
⑦八十九年七月十九日總統令修正公布
⑧九十年十二月十九日總統令修正公布
⑨九十二年一月二十日總統令修正公布
⑩九十二年一月二十九日總統令修正公布
⑪九十七年五月十四日總統令修正公布
⑫九十七年八月十三日總統令修正公布
⑬九十八年一月二十三日總統令修正公布
⑭九十八年四月二十二日總統令修正公布
⑮九十八年十一月二十五日總統令修正公布
⑯一百年四月二十七日總統令修正公布
⑰一百零一年十二月五日總統令修正公布
⑱一百零一年十二月十九日總統令修正公布
⑲一百零二年五月八日總統令修正公布
⑳一百零三年一月八日總統令修正公布
㉑一百零三年五月二十八日總統令修正公布
㉒一百零四年七月一日總統令修正公布
㉓一百一十年四月二十八日總統令修正公布第二九條條文

第一章 總 則

第1條 （立法目的）

為保障勞工生活，促進社會安全，制定本條例；本條例未規定者，適用其他有關法律。

▲【行55判228】勞工保險，旨在保障勞工生活，促進社會安全，此在勞工保險條例第1條及臺灣省勞工保險辦法第1條規定甚明。而被保險之勞工為強制保險，其保險費除由被保險人勞工負擔小部分外，其餘係由雇主及政府負擔。此外關於保險範圍、保險給付等，散見上開條例及辦法各條文者，均係硬性規定，一律辦理。而依上開條例暨同條例施行細則及上開辦法暨同辦法實施細則有關規章之規定，勞資雙方及承辦保險機關如就勞工保險事項發生爭執，有其特定之審議程序及特設之審議機關，是**勞工保險性質上顯係公法關係，與普通商業保險為私法上之契約關係有別**。不問被告官署（臺灣省勞工保險監理委員會）係由何種人員組成，其依上開法令執行職務而有權為決定並表示其意思於外部，要不能不認其為行政官署，而其依照規定程序所為之審定，自應認為行政處分，人民對之如有不服，自可依訴願程序請求救濟。

第2條 （勞工保險之分類及給付種類）

勞工保險之分類及其給付種類如下：

一 普通事故保險：分生育、傷病、失能、老年及死亡五種給付。

二 職業災害保險：分傷病、醫療、失能及死亡四種給付。

第3條 （免稅規定）

勞工保險之一切帳冊、單據及業務收支，均免課稅捐。

第4條 （主管機關）

勞工保險之主管機關：在中央為勞動部；在直轄市為直轄市政府。

第二章 保險人、投保單位及被保險人

第5條 （勞工保險局及勞工保險監理委員會）

I.中央主管機關統籌全國勞工保險業務，設勞工保險局為保險人，辦理勞工保險業務。為監督勞工保險業務及審議保險爭議事項，由有關政府代表、勞工代表、資方代表及專家各占四分之一為原則，組織勞工保險監理委員會行之。

II.勞工保險局之組織及勞工保險監理委員會之組織，另以法律定之。

Ⅲ勞工保險爭議事項審議辦法，由中央主管機關擬訂，報請行政院核定之。

第6條 （強制保險之被保險人）

Ⅰ.年滿十五歲以上、六十五歲以下之左列勞工，應以其雇主或所屬團體或所屬機構為投保單位，全部參加勞工保險為被保險人：

一　受僱於僱用勞工五人以上之公、民營工廠、礦場、鹽場、農場、牧場、林場、茶場之產業勞工及交通、公用事業之員工。

二　受僱於僱用五人以上公司、行號之員工。

三　受僱於僱用五人以上之新聞、文化、公益及合作事業之員工。

四　依法不得參加公務人員保險或私立學校教職員保險之政府機關及公、私立學校之員工。

五　受僱從事漁業生產之勞動者。

六　在政府登記有案之職業訓練機構接受訓練者。

七　無一定雇主或自營作業而參加職業工會者。

八　無一定雇主或自營作業而參加漁會之甲類會員。

Ⅱ.前項規定，於經主管機關認定其工作性質及環境無礙身心健康之未滿十五歲勞工亦適用之。

Ⅲ.前二項所稱勞工，包括在職外國籍員工。

第7條 （勞工人數減少不影響繼續參加保險義務）

前條第一項第一款至第三款規定之勞工參加勞工保險後，其投保單位僅僱用勞工減至四人以下時，仍應繼續參加勞工保險。

第8條 （自願參加保險）

Ⅰ.左列人員得準用本條例之規定，參加勞工保險：

一　受僱於第六條第一項各款規定各業以外之員工。

二　受僱於僱用未滿五人之第六條第一項第一款至第三款規定各業之員工。

三　實際從事勞動之雇主。

四　參加海員總工會或船長公會為會員之外僱船員。

Ⅱ.前項人員參加保險後，非依本條例規定，不得中途退保。

Ⅲ.第一項第三款規定之雇主，應與其受僱員工，以同一投保單位參加勞工保險。

第9條 （繼續參加勞工保險㈠）

被保險人有左列情形之一者，得繼續參加勞工保險：

一　應徵召服兵役者。

二　派遣出國考察、研習或提供服務者。

三　因傷病請假致留職停薪，普通傷病未超過一年，職業災害未超過二年者。

四　在職勞工，年逾六十五歲繼續工作者。

五　因案停職或被羈押，未經法院判決確定者。

第9條之1 （繼續參加勞工保險㈡）

Ⅰ.被保險人參加保險，年資合計滿十五年，被裁減資遣而自願繼續參加勞工保險者，由原投保單位為其辦理參加普通事故保險，至符合請領老年給付之日止。

Ⅱ.前項被保險人繼續參加勞工保險及保險給付辦法，由中央主管機關定之。

第10條 （強制保險勞工所屬事業之義務㈠）

Ⅰ.各投保單位應為其所屬勞工，辦理投保手續及其他有關保險事務，並備僱用員工或會員名冊。

Ⅱ.前項投保手續及其他有關保險事務，投保單位得委託其所隸屬團體或勞工團體辦理之。

Ⅲ.保險人為查核投保單位勞工人數、工作情況及薪資，必要時，得查對其員工或會員名冊、出勤工作紀錄及薪資帳冊。

Ⅳ.前項規定之表冊，投保單位應自被保險人離職、退會或結（退）訓之日起保存五年。

第 11 條　（強制保險勞工所屬事業之義務(二)）

符合第六條規定之勞工，各投保單位應於其所屬勞工到職、入會、到訓、離職、退會、結訓之當日，列表通知保險人；其保險效力之開始或停止，均自應為通知之當日起算。但投保單位非於勞工到職、入會、到訓之當日列表通知保險人者，除依本條例第七十二條規定處罰外，其保險效力之開始，均自通知之翌日起算。

第 12 條　（保險年資之計算）

I.被保險人退保後再參加保險時，其原有保險年資應予併計。

II.被保險人於八十八年十二月九日以後退職者，且於本條例六十八年二月二十一日修正前停保滿二年或七十七年二月五日修正前停保滿六年者，其停保前之保險年資應予併計。

III.前項被保險人已領取老年給付者，得於本條施行後二年內申請補發併計年資後老年給付之差額。

第三章　保　險　費

第 13 條　（保險費之計算）

I.本保險之保險費，依被保險人當月投保薪資及保險費率計算。

II.普通事故保險費率，為被保險人當月投保薪資百分之七點五至百分之十三；本條例中華民國九十七年七月十七日修正之條文施行時，保險費率定為百分之七點五，施行後第三年調高百分之零點五，其後每年調高百分之零點五至百分之十，並自百分之十當年起，每兩年調高百分之零點五至上限百分之十三。但保險基金餘額足以支付未來二十年保險給付時，不予調高。

III.職業災害保險費率，分為行業別災害費率及上、下班災害費率二種，每三年調整一次，由中央主管機關擬訂，報請行政院核定，送請立法院查照。

IV.僱用員工達一定人數以上之投保單位，前項行業別災害費率採實績費率，按其前三年職業災害保險給付總額占應繳職業災

害保險費總額之比率，由保險人依下列規定，每年計算調整之：

　一　超過百分之八十者，每增加百分之十，加收其適用行業之職業災害保險費率之百分之五，並以加收至百分之四十為限。

　二　低於百分之七十者，每減少百分之十，減收其適用行業之職業災害保險費率之百分之五。

V.前項實績費率實施之辦法，由中央主管機關定之。

VI.職業災害保險之會計，保險人應單獨辦理。

第 14 條　（月投保薪資之定義）

I.前條所稱月投保薪資，係指由投保單位按被保險人之月薪資總額，依投保薪資分級表之規定，向保險人申報之薪資；被保險人薪資以件計算者，其月投保薪資，以由投保單位比照同一工作等級勞工之月薪資總額，按分級表之規定申報者為準。被保險人為第六條第一項第七款、第八款及第八條第一項第四款規定之勞工，其月投保薪資由保險人就投保薪資分級表範圍內擬訂，報請中央主管機關核定適用之。

II.被保險人之薪資，如在當年二月至七月調整時，投保單位應於當年八月底前將調整後之月投保薪資通知保險人；如在當年八月至次年一月調整時，應於次年二月底前通知保險人。其調整均自通知之次月一日生效。

III.第一項投保薪資分級表，由中央主管機關擬訂，報請行政院核定之。

第 14 條之 1　（投保單位申報投保薪資不實之處理）

I.投保單位申報被保險人投保薪資不實者，由保險人按照同一行業相當等級之投保薪資額逕行調整通知投保單位，調整後之投保薪資與實際薪資不符時，應以實際薪資為準。

II.依前項規定逕行調整之投保薪資，自調整之次月一日生效。

勞工保險條例

（第一四之二～一七條）

第14條之2　（雇主申報投保薪資之限制）

依第八條第一項第三款規定加保，其所得未達投保薪資分級表最高一級者，得自行舉證申報其投保薪資。但最低不得低於所屬員工申報之最高投保薪資適用之等級。

第15條　（保險費之計算）

勞工保險保險費之負擔，依下列規定計算之：

一　第六條第一項第一款至第六款及第八條第一項第一款至第三款規定之被保險人，其普通事故保險費由被保險人負擔百分之二十，投保單位負擔百分之七十，其餘百分之十，由中央政府補助；職業災害保險費全部由投保單位負擔。

二　第六條第一項第七款規定之被保險人，其普通事故保險費及職業災害保險費，由被保險人負擔百分之六十，其餘百分之四十，由中央政府補助。

三　第六條第一項第八款規定之被保險人，其普通事故保險費及職業災害保險費，由被保險人負擔百分之二十，其餘百分之八十，由中央政府補助。

四　第八條第一項第四款規定之被保險人，其普通事故保險費及職業災害保險費，由被保險人負擔百分之八十，其餘百分之二十，由中央政府補助。

五　第九條之一規定之被保險人，其保險費由被保險人負擔百分之八十，其餘百分之二十，由中央政府補助。

第16條　（勞工保險費之扣收方法及繳納期限）

I.勞工保險保險費依左列規定，按月繳納：

一　第六條第一項第一款至第六款及第八條第一項第一款至第三款規定之被保險人，其應自行負擔之保險費，由投保單位負責扣、收繳，並須於次月底前，連同投保單位負擔部分，一併向保險人繳納。

二　第六條第一項第七款、第八款及第八條第一項第四款規定之被保險人，其自行負擔之保險費，應按月向其所屬投保單位繳納，於次月底前繳清，所屬投保單位應於再次月底前，負責彙繳保險人。

三　第九條之一規定之被保險人，其應繳之保險費，應按月向其原投保單位或勞工團體繳納，由原投保單位或勞工團體於次月底前負責彙繳保險人。

II.勞工保險之保險費一經繳納，概不退還。但非歸責於投保單位或被保險人之事由所致者，不在此限。

第17條　（保險費逾期繳納之處置）

I.投保單位對應繳納之保險費，未依前條第一項規定限期繳納者，得寬限十五日；如在寬限期間仍未向保險人繳納者，自寬限期滿之翌日起至完納前一日止，每逾一日加徵其應納費額百分之零點一滯納金；加徵之滯納金額，以至應納費額之百分之二十為限。

II.加徵前項滯納金十五日後仍未繳納者，保險人應就其應繳之保險費及滯納金，依法訴追。投保單位如無財產可供執行或其財產不足清償時，其主持人或負責人對逾期繳納有過失者，應負損害賠償責任。

III.保險人於訴追之日起，在保險費及滯納金未繳清前，暫行拒絕給付。但被保險人應繳部分之保險費已扣繳或繳納於投保單位者，不在此限。

IV.第六條第一項第七款、第八款及第八條第一項第四款規定之被保險人，依第十五條規定負擔之保險費，應按期送交所屬投保單位彙繳。如逾寬限期間十五日而仍未送交者，其投保單位得適用第一項規定，代為加收滯納金彙繳保險人；加徵滯納金十五日後仍未繳納者，暫行拒絕給付。

V.第九條之一規定之被保險人逾二個月未繳保險費者，以退保論。其於欠繳保險費期間發生事故所領取之保險給付，應依法追還。

第 17 條之 1 　（保險費及滯納金優先普通債權受清償）

勞工保險之保險費及滯納金，優先於普通債權受清償。

第 18 條　（保險費之免繳）

I.被保險人發生保險事故，於其請領傷病給付或住院醫療給付未能領取薪資或喪失收入期間，得免繳被保險人負擔部分之保險費。

II.前項免繳保險費期間之年資，應予承認。

第四章　保險給付

第一節　通　則

第 19 條　（保險給付）

I.被保險人於保險效力開始後停止前，發生保險事故者，被保險人或其受益人得依本條例規定，請領保險給付。

II.以現金發給之保險給付，其金額按被保險人平均月投保薪資及給付標準計算。被保險人同時受僱於二個以上投保單位者，其普通事故保險給付之月投保薪資得合併計算，不得超過勞工保險投保薪資分級表最高一級。但連續加保未滿三十日者，不予合併計算。

III.前項平均月投保薪資之計算方式如下：

一　年金給付及老年一次金給付之平均月投保薪資：按被保險人加保期間最高六十個月之月投保薪資予以平均計算；參加保險未滿五年者，按其實際投保年資之平均月投保薪資計算。但依第五十八條第二項規定選擇一次請領老年給付者，按其退保之當月起前三年之實際月投保薪資平均計算；參加保險未滿三年者，按其實際投保年資之平均月投保薪資計算。

二　其他現金給付之平均月投保薪資：按被保險人發生保險事故之當月起前六個月之實際月投保薪資平均計算；其以日為給付單位者，以平均月投保薪資除以三十計算。

IV.第二項保險給付標準之計算，於保險年資未滿一年者，依其實際加保月數按比例計算；未滿三十日者，以一個月計算。

V.被保險人如為漁業生產勞動者或航空、航海員工或坑內工，除依本條例規定請領保險給付外，於漁業、航空、航海或坑內作業中，遭遇意外事故致失蹤時，自失蹤之日起，按其平均月投保薪資百分之七十，給付失蹤津貼；於每滿三個月之期末給付一次，至生還之前一日或失蹤滿一年之前一日或受死亡宣告判決確定死亡時之前一日止。

VI.被保險人失蹤滿一年或受死亡宣告判決確定死亡時，得依第六十四條規定，請領死亡給付。

第 20 條　（保險效力停止後得請領之給付）

I.被保險人在保險有效期間發生傷病事故，於保險效力停止後一年內，得請領同一傷病及其引起之疾病之傷病給付、失能給付、死亡給付或職業災害醫療給付。

II.被保險人在保險有效期間懷孕，且符合本條例第三十一條第一項第一款或第二款規定之參加保險日數，於保險效力停止後一年內，因同一懷孕事故而分娩或早產者，得請領生育給付。

第 20 條之 1 　（職業災害保險失能給付之請領）

I.被保險人退保後，經診斷確定於保險有效期間罹患職業病者，得請領職業災害保險失能給付。

II.前項得請領失能給付之對象、職業病種類、認定程序及給付金額計算等事項之辦法，由中央主管機關定之。

第 21 條　（刪除）

第 21 條之 1 　（刪除）

第 22 條　（保險給付重複請領之禁止）

同一種保險給付，不得因同一事故而重複請領。

第 23 條　（故意不賠）

被保險人或其受益人或其他利害關係人，為領取保險給付，故意造成保險事故者，保險人除給與喪葬津貼外，不負發給其他保險給付之責任。

第 24 條　（故意將不合本條例規定之人員加入保險領取保險給付）

投保單位故意為不合本條例規定之人員辦理參加保險手續，領取保險給付者，保險人應依法追還；並取消該被保險人之資格。

第 25 條　（享有保險給付權利之消極要件）

被保險人無正當理由，不接受保險人特約醫療院、所之檢查或補具應繳之證件，或受益人不補具應繳之證件者，保險人不負發給保險給付之責任。

第 26 條　（不包括危險——犯罪行為及戰爭）

因戰爭變亂或因被保險人或其父母、子女、配偶故意犯罪行為，以致發生保險事故者，概不給與保險給付。

第 27 條　（被保險人之養子女享有保險給付權利之限制）

被保險人之養子女，其收養登記在保險事故發生時未滿六個月者，不得享有領取保險給付之權利。

第 28 條　（保險人調查之權利）

保險人為審核保險給付或勞工保險監理委員會為審議爭議案件認有必要者，得向被保險人、受益人、投保單位、各該醫院、診所或領有執業執照之醫師、助產士等要求提出報告，或調閱各該醫院、診所及投保單位之病歷、薪資帳冊、檢查化驗紀錄或放射線診斷攝影片（Ｘ光照片）及其他有關文件，被保險人、受益人、投保單位、各該醫院、診所及領有執業執照之醫師或助產士等均不得拒絕。

第 29 條　（保險給付受領權之專屬性）

Ⅰ被保險人、受益人或支出殯葬費之人領取各種保險給付之權利，不得讓與、抵銷、扣押或供擔保。

Ⅱ依本條例規定請領保險給付者，得檢具保險人出具之證明文件，於金融機構開立專戶，專供存入保險給付之用。

Ⅲ前項專戶內之存款，不得作為抵銷、扣押、供擔保或強制執行之標的。

Ⅳ被保險人已領取之保險給付，經保險人撤銷或廢止，應返還而未繳還者，保險人得以其本人或其受益人請領之保險給付扣減之。

Ⅴ被保險人有未償還第六十七條第一項第四款之貸款本息者，於被保險人或其受益人請領保險給付時逕予扣減之。

Ⅵ前項未償還之貸款本息，不適用下列規定，並溯自中華民國九十二年一月二十二日施行：

　　一　消費者債務清理條例有關債務免責之規定。

　　二　破產法有關債務免責之規定。

　　三　其他法律有關請求權消滅時效規定。

Ⅶ第四項及第五項有關扣減保險給付之種類、方式及金額等事項之辦法，由中央主管機關定之。

Ⅷ保險人應每年書面通知有未償還第六十七條第一項第四款貸款本息之被保險人或其受益人之積欠金額，並請其依規定償還。

第 29 條之 1　（保險給付之發給）

依本條例以現金發給之保險給付，經保險人核定後，應在十五日內給付之；年金給付應於次月底前給付。如逾期給付可歸責於保險人者，其逾期部分應加給利息。

第 30 條　（保險給付受領權之消滅時效）

領取保險給付之請求權，自得請領之日起，因五年間不行使而消滅。

第二節　生育給付

第 31 條　（生育給付之請領）

I.被保險人合於左列情形之一者，得請領生育給付：

一　參加保險滿二百八十日後分娩者。

二　參加保險滿一百八十一日後早產者。

三　參加保險滿八十四日後流產者。

II.被保險人之配偶分娩、早產或流產者，比照前項規定辦理。

第 32 條　（生育給付之標準）

I.生育給付標準，依下列各款辦理：

一　被保險人或其配偶分娩或早產者，按被保險人平均月投保薪資一次給與分娩費三十日，流產者減半給付。

二　被保險人分娩或早產者，除給與分娩費外，並按其平均月投保薪資一次給與生育補助費六十日。

三　分娩或早產為雙生以上者，分娩費及生育補助費比例增給。

II.被保險人難產已申領住院診療給付者，不再給與分娩費。

III.被保險人同時符合相關社會保險生育給付或因軍公教身分請領國家給與之生育補助請領條件者，僅得擇一請領。但農民健康保險者，不在此限。

第三節　傷病給付

第 33 條　（普通傷病補助費）

被保險人遭遇普通傷害或普通疾病住院診療，不能工作，以致未能取得原有薪資，正在治療中者，自不能工作之第四日起，發給普通傷害補助費或普通疾病補助費。

第 34 條　（職業傷病補償費）

I.被保險人因執行職務而致傷害或職業病不能工作，以致未能取得原有薪資，正在治療中者，自不能工作之第四日起，發給職業傷害補償費或職業病補償費。職業病

種類表如附表一（略）。

II.前項因執行職務而致傷病之審查準則，由中央主管機關定之。

第 35 條　（普通傷病補助費之發給標準）

普通傷害補助費及普通疾病補助費，均按被保險人平均月投保薪資半數發給，每半個月給付一次，以六個月為限。但傷病事故前參加保險之年資合計已滿一年者，增加給付六個月。

第 36 條　（職業傷病補償費之發給標準）

職業傷害補償費及職業病補償費，均按被保險人平均月投保薪資百分之七十發給，每半個月給付一次；如經過一年尚未痊癒者，其職業傷害或職業病補償費減為平均月投保薪資之半數，但以一年為限。

第 37 條　（痊癒後傷病給付之請領）

被保險人在傷病期間，已領足前二條規定之保險給付者，於痊癒後繼續參加保險時，仍得依規定請領傷病給付。

第 38 條　（刪除）

第四節　醫療給付

第 39 條　（醫療給付之種類）

醫療給付分門診及住院診療。

第 39 條之 1　（職業病預防）

I.為維護被保險人健康，保險人應訂定辦法，辦理職業病預防。

II.前項辦法，應報請中央主管機關核定之。

第 40 條　（門診醫療給付）

被保險人罹患傷病時，應向保險人自設或特約醫療院、所申請診療。

第 41 條　（門診給付範圍）

I.門診給付範圍如左：

一　診察（包括檢驗及會診）。

二　藥劑或治療材料。

三　處置、手術或治療。

II.前項費用，由被保險人自行負擔百分之十。但以不超過中央主管機關規定之最高負擔金額為限。

第 42 條　（住院診療給付）

被保險人合於左列規定之一，經保險人自設或特約醫療院、所診斷必須住院治療者，由其投保單位申請住院診療。但緊急傷病，須直接住院診療者，不在此限：
一　因職業傷害者。
二　因罹患職業病者。
三　因普通傷害者。
四　因罹患普通疾病，於申請住院診療前參加保險之年資合計滿四十五日者。

第 42 條之 1　（職業傷病醫療書單）

I.被保險人罹患職業傷病時，應由投保單位填發職業傷病門診單或住院申請書（以下簡稱職業傷病醫療書單）申請診療；投保單位未依規定填發者，被保險人得向保險人請領，經查明屬實後發給。
II.被保險人未檢具前項職業傷病醫療書單，經醫師診斷罹患職業病者，得由醫師開具職業病門診單；醫師開具資格之取得、喪失及門診單之申領、使用辦法，由保險人擬訂，報請中央主管機關核定發布。

第 43 條　（住院診療給付範圍）

I.住院診療給付範圍如左：
一　診察（包括檢驗及會診）。
二　藥劑或治療材料。
三　處置、手術或治療。
四　膳食費用三十日內之半數。
五　勞保病房之供應，以公保病房為準。
II.前項第一款至第三款及第五款費用，由被保險人自行負擔百分之五。但以不超過中央主管機關規定之最高負擔金額為限。
III.被保險人自願住較高等病房者，除依前項規定負擔外，其超過之勞保病房費用，由被保險人負擔。
IV.第二項及第四十一條第二項之實施日期及辦法，應經立法院審議通過後實施之。

第 44 條　（醫療給付之除外不保項目）

醫療給付不包括法定傳染病、麻醉藥品嗜好症、接生、流產、美容外科、義齒、義眼、眼鏡或其他附屬品之裝置、病人運輸、特別護士看護、輸血、掛號費、證件費、醫療院、所無設備之診療及第四十一條、第四十三條未包括之項目。但被保險人因緊急傷病，經保險人自設或特約醫療院、所診斷必須輸血者，不在此限。

第 45 條　（每月辦理申請繼續住院手續一次）

I.被保險人因傷病住院診療，住院日數超過一個月者，每一個月應由醫院辦理繼續住院手續一次。
II.住院診療之被保險人，經保險人自設或特約醫療院、所診斷認為可出院療養時，應即出院；如拒不出院時，其繼續住院所需費用，由被保險人負擔。

第 46 條　（醫院選擇權）

被保險人有自由選擇保險人自設或特約醫療院、所診療之權利，但有特殊規定者，從其規定。

第 47 條　（刪除）

第 48 條　（醫療給付與其他保險給付請求權之併存）

被保險人在保險有效期間領取醫療給付者，仍得享有其他保險給付之權利。

第 49 條　（醫療費用之支付）

被保險人診療所需之費用，由保險人逕付其自設或特約醫療院、所，被保險人不得請領現金。

第 50 條　（門診醫療院所或醫院之指定）

I.在本條例施行區域內之各級公立醫療院、所符合規定者，均應為勞工保險之特約醫療院、所。各投保單位附設之醫療院、所及私立醫療院、所符合規定者，均得申請為勞工保險之特約醫療院、所。
II.前項勞工保險特約醫療院、所特約及管理

辦法，由中央主管機關會同中央衛生主管機關定之。

第 51 條　（診療費用之支付標準及其審核）

Ⅰ.各特約醫療院、所辦理門診或住院診療業務，其診療費用，應依照勞工保險醫療費用支付標準表及用藥種類與價格表支付之。

Ⅱ.前項勞工保險診療費用支付標準表及用藥種類與價格表，由中央主管機關會同中央衛生主管機關定之。

Ⅲ.保險人為審核第一項診療費用，應聘請各科診療藥專家組織診療費用審查委員會審核之；其辦法由中央主管機關定之。

第 52 條　（事業單位之償還全部門診或住院診療費用）

Ⅰ.投保單位填具之門診就診單或住院申請書，不合保險給付、醫療給付、住院診療之規定，或虛偽不實或交非被保險人使用者，其全部診療費用應由投保單位負責償付。

Ⅱ.特約醫療院、所對被保險人之診療不屬於醫療給付範圍者，其診療費用應由醫療院、所或被保險人自行負責。

第五節　失能給付

第 53 條　（普通傷害或普通疾病失能補償費之請領）

Ⅰ.被保險人遭遇普通傷害或罹患普通疾病，經治療後，症狀固定，再行治療仍不能期待其治療效果，經保險人自設或特約醫院診斷為永久失能，並符合失能給付標準規定者，得按其平均月投保薪資，依規定之給付標準，請領失能補助費。

Ⅱ.前項被保險人或被保險人為身心障礙者權益保障法所定之身心障礙者，經評估為終身無工作能力者，得請領失能年金給付。其給付標準，依被保險人之保險年資計算，每滿一年，發給其平均月投保薪資之百分之一點五五；金額不足新臺幣四千元者，按新臺幣四千元發給。

Ⅲ.前項被保險人具有國民年金保險年資者，得依各保險規定分別核計相關之年金給付，並由保險人合併發給，其所需經費由各保險分別支應。

Ⅳ.本條例中華民國九十七年七月十七日修正之條文施行前有保險年資者，於符合第二項規定條件時，除依前二項規定請領年金給付外，亦得選擇一次請領失能給付，經保險人核付後，不得變更。

第 54 條　（職業傷害或職業病失能補償費之請領）

Ⅰ.被保險人遭遇職業傷害或罹患職業病，經治療後，症狀固定，再行治療仍不能期待其治療效果，經保險人自設或特約醫院診斷為永久失能，並符合失能給付標準規定發給一次金者，得按其平均月投保薪資，依規定之給付標準，增給百分之五十，請領失能補償費。

Ⅱ.前項被保險人經評估為終身無工作能力，並請領失能年金給付者，除依第五十三條規定發給年金外，另按其平均月投保薪資，一次發給二十個月職業傷病失能補償一次金。

第 54 條之 1　（失能審核標準之訂定）

Ⅰ.前二條失能種類、狀態、等級、給付額度、開具診斷書醫療機構層級及審核基準等事項之標準，由中央主管機關定之。

Ⅱ.前項標準，應由中央主管機關建立個別化之專業評估機制，作為失能年金給付之依據。

Ⅲ.前項個別化之專業評估機制，應於本條例中華民國九十七年七月十七日修正之條文公布後五年施行。

第 54 條之 2　（請領失能年金者之眷屬之補助）

Ⅰ.請領失能年金給付者，同時有符合下列條件之眷屬時，每一人加發依第五十三條規定計算後金額百分之二十五之眷屬補助，最多加計百分之五十：

　一　配偶應年滿五十五歲且婚姻關係存續一年以上。但有下列情形之一

者，不在此限：
(一)無謀生能力。
(二)扶養第三款規定之子女。
二　配偶應年滿四十五歲且婚姻關係存續一年以上，且每月工作收入未超過投保薪資分級表第一級。
三　子女應符合下列條件之一。但養子女須有收養關係六個月以上：
(一)未成年。
(二)無謀生能力。
(三)二十五歲以下，在學，且每月工作收入未超過投保薪資分級表第一級。
II前項所稱無謀生能力之範圍，由中央主管機關定之。
III第一項各款眷屬有下列情形之一時，其加給眷屬補助應停止發給：
一　配偶：
(一)再婚。
(二)未滿五十五歲，且其扶養之子女不符合第一項第三款所定請領條件。
(三)不符合第一項第二款所定請領條件。
二　子女不符合第一項第三款所定之請領條件。
三　入獄服刑、因案羈押或拘禁。
四　失蹤。
IV前項第三款所稱拘禁，指受拘留、留置、觀察勒戒、強制戒治、保安處分或感訓處分裁判之宣告，在特定處所執行中，其人身自由受剝奪或限制者。但執行保護管束、僅受通緝尚未到案、保外就醫及假釋中者，不包括在內。

第 55 條　（失能程度加重之給付標準）

I被保險人之身體原已局部失能，再因傷病致身體之同一部位失能程度加重或不同部位發生失能者，保險人應按其加重部分之失能程度，依失能給付標準計算發給失能給付。但合計不得超過第一等級之給付標準。
II前項被保險人符合失能年金給付條件，並請領失能年金給付者，保險人應按月發給

失能年金給付金額之百分之八十，至原已局部失能程度依失能給付標準所計算之失能一次金給付金額之半數扣減完畢為止。
III前二項被保險人在保險有效期間原已局部失能，而未請領失能給付者，保險人應按其加重後之失能程度，依失能給付標準計算發給失能給付。但合計不得超過第一等級之給付標準。

第 56 條　（失能給付之審核）

I保險人於審核失能給付，認為有複檢必要時，得另行指定醫院或醫師複檢，其費用由保險基金負擔。
II被保險人領取失能年金給付後，保險人應至少每五年審核其失能程度。但經保險人認為無須審核者，不在此限。
III保險人依前項規定審核領取失能年金給付者之失能程度，認為已減輕至不符合失能年金領條件時，應停止發給其失能年金給付，另發給失能一次金。

第 57 條　（終身無工作能力之退保）

被保險人經評估為終身無工作能力，領取失能給付者，應由保險人逕予退保。

第六節　老年給付

第 58 條　（老年年金給付之條件）

I.年滿六十歲有保險年資者，得依下列規定請領老年給付：
一　保險年資合計滿十五年者，請領老年年金給付。
二　保險年資合計未滿十五年者，請領老年一次金給付。
II.本條例中華民國九十七年七月十七日修正之條文施行前有保險年資者，於符合下列規定之一時，除依前項規定請領老年給付外，亦得選擇一次請領老年給付，經保險人核付後，不得變更：
一　參加保險之年資合計滿一年，年滿六十歲或女性被保險人年滿五十五歲退職者。
二　參加保險之年資合計滿十五年，年

滿五十五歲退職者。

三　在同一投保單位參加保險之年資合計滿二十五年退職者。

四　參加保險之年資合計滿二十五年，年滿五十歲退職者。

五　擔任具有危險、堅強體力等特殊性質之工作合計滿五年，年滿五十五歲退職者。

Ⅲ.依前二項規定請領老年給付者，應辦理離職退保。

Ⅳ.被保險人請領老年給付者，不受第三十條規定之限制。

Ⅴ.第一項老年給付之請領年齡，於本條例中華民國九十七年七月十七日修正之條文施行之日起，第十年提高一歲，其後每二年提高一歲，以提高至六十五歲為限。

Ⅵ.被保險人已領取老年給付者，不得再行參加勞工保險。

Ⅶ.被保險人擔任具有危險、堅強體力等特殊性質之工作合計滿十五年，年滿五十五歲，並辦理離職退保者，得請領老年年金給付，且不適用第五項及第五十八條之二規定。

Ⅷ.第二項第五款及前項具有危險、堅強體力等特殊性質之工作，由中央主管機關定之。

第 58 條之 1 　（老年年金給付之計算）

老年年金給付，依下列方式擇優發給：

一　保險年資合計每滿一年，按其平均月投保薪資之百分之零點七七五計算，並加計新臺幣三千元。

二　保險年資合計每滿一年，按其平均月投保薪資之百分之一點五五計算。

第 58 條之 2 　（老年年金給付之延後請領）

Ⅰ.符合第五十八條第一項第一款及第五項所定請領老年年金給付條件而延後請領者，於請領時應發給展延老年年金給付。每延後一年，依前條規定計算之給付金額增給百分之四，最多增給百分之二十。

Ⅱ.被保險人保險年資滿十五年，未符合第五

十八條第一項及第五項所定請領年齡者，得提前五年請領老年年金給付，每提前一年，依前條規定計算之給付金額減給百分之四，最多減給百分之二十。

第 59 條 　（老年年金給付一次請領之計算）

Ⅰ.依第五十八條第一項第二款請領老年一次金給付或同條第二項規定一次請領老年給付者，其保險年資合計每滿一年，按其平均月投保薪資發給一個月；其保險年資合計超過十五年者，超過部分，每滿一年發給二個月，最高以四十五個月為限。

Ⅱ.被保險人逾六十歲繼續工作者，其逾六十歲以後之保險年資，最多以五年計，合併六十歲以前之一次請領老年給付，最高以五十個月為限。

第 60 條 　（刪除）

第 61 條 　（刪除）

第七節　死亡給付

第 62 條 　（父母、配偶、子女死亡時之喪葬津貼）

被保險人之父母、配偶或子女死亡時，依左列規定，請領喪葬津貼：

一　被保險人之父母、配偶死亡時，按其平均月投保薪資，發給三個月。

二　被保險人之子女年滿十二歲死亡時，按其平均月投保薪資，發給二個半月。

三　被保險人之子女未滿十二歲死亡時，按其平均月投保薪資，發給一個半月。

第 63 條 　（遺屬年金給付之請領）

Ⅰ.被保險人在保險有效期間死亡時，除由支出殯葬費之人請領喪葬津貼外，遺有配偶、子女、父母、祖父母、受其扶養之孫子女或受其扶養之兄弟、姊妹者，得請領遺屬年金給付。

Ⅱ.前項遺屬請領遺屬年金給付之條件如下：

一　配偶符合第五十四條之二第一項第一款或第二款規定者。

二　子女符合第五十四條之二第一項第三款規定者。

三　父母、祖父母年滿五十五歲，且每月工作收入未超過投保薪資分級表第一級者。

四　孫子女符合第五十四條之二第一項第三款第一目至第三目規定情形之一者。

五　兄弟、姊妹符合下列條件之一：

（一）有第五十四條之二第一項第三款第一目或第二目規定情形。

（二）年滿五十五歲，且每月工作收入未超過投保薪資分級表第一級。

Ⅲ第一項被保險人於本條例中華民國九十七年七月十七日修正之條文施行前有保險年資者，其遺屬除得依前項規定請領年金給付外，亦得選擇一次請領遺屬津貼，不受前項條件之限制，經保險人核付後，不得變更。

第 63 條之 1　（請領遺屬年金給付之對象）

Ⅰ被保險人退保，於領取失能年金給付或老年年金給付期間死亡者，其符合前條第二項規定之遺屬，得請領遺屬年金給付。

Ⅱ前項被保險人於本條例中華民國九十七年七月十七日修正之條文施行前有保險年資者，其遺屬除得依前項規定請領年金給付外，亦得選擇一次請領失能給付或老年給付，扣除已領年金給付總額之差額，不受前條第二項條件之限制，經保險人核付後，不得變更。

Ⅲ被保險人保險年資滿十五年，並符合第五十八條第二項各款所定之條件，於未領取老年給付前死亡者，其符合前條第二項規定之遺屬，得請領遺屬年金給付。

Ⅳ前項被保險人於本條例中華民國九十七年七月十七日修正之條文施行前有保險年資者，其遺屬除得依前項規定請領年金給付外，亦得選擇一次請領老年給付，不受前條第二項條件之限制，經保險人核付後，不得變更。

第 63 條之 2　（喪葬津貼、遺屬年金及遺屬津貼給付標準）

Ⅰ前二條所定喪葬津貼、遺屬年金及遺屬津貼給付標準如下：

一　喪葬津貼：按被保險人平均月投保薪資一次發給五個月。但其遺屬不符合請領遺屬年金給付或遺屬津貼條件，或無遺屬者，按其平均月投保薪資一次發給十個月。

二　遺屬年金：

（一）依第六十三條規定請領遺屬年金者：依被保險人之保險年資合計每滿一年，按其平均月投保薪資之百分之一點五五計算。

（二）依前條規定請領遺屬年金者：依失能年金或老年年金給付標準計算後金額之半數發給。

三　遺屬津貼：

（一）參加保險年資合計未滿一年者，按被保險人平均月投保薪資發給十個月。

（二）參加保險年資合計已滿一年而未滿二年者，按被保險人平均月投保薪資發給二十個月。

（三）參加保險年資合計已滿二年者，按被保險人平均月投保薪資發給三十個月。

Ⅱ前項第二款之遺屬年金給付金額不足新臺幣三千元者，按新臺幣三千元發給。

Ⅲ遺屬年金給付於同一順序之遺屬有二人以上時，每多一人加發依第一項第二款及前項規定計算後金額之百分之二十五，最多加計百分之五十。

第 63 條之 3　（二人以上請領者之限制）

Ⅰ遺屬具有受領二個以上遺屬年金給付之資格時，應擇一請領。

Ⅱ本條例之喪葬津貼、遺屬年金給付及遺屬津貼，以一人請領為限。符合請領條件者有二人以上時，應共同具領，未共同具領或保險人核定前如另有他人提出請領，保險人應通知各申請人協議其中一人代表請領，未能協議者，喪葬津貼應以其中核計之最高給付金額，遺屬津貼及遺屬年金

給付按總給付金額平均發給各申請人。

Ⅲ.同一順序遺屬有二人以上，有其中一人請領遺屬年金時，應發給遺屬年金給付。但經共同協議依第六十三條第三項、第六十三條之一第二項及第四項規定一次請領給付者，依其協議辦理。

Ⅳ.保險人依前二項規定發給遺屬給付後，尚有未具名之其他當序遺屬時，應由具領之遺屬負責分與之。

第 63 條之 4　（停止發給遺屬年金給付之情形）

領取遺屬年金給付者，有下列情形之一時，其年金給付應停止發給：

- 一　配偶：
  - ㈠再婚。
  - ㈡未滿五十五歲，且其扶養之子女不符合第六十三條第二項第二款所定請領條件。
  - ㈢不符合第六十三條第二項第一款所定請領條件。
- 二　子女、父母、祖父母、孫子女、兄弟、姊妹，於不符合第六十三條第二項第二款至第五款所定請領條件。
- 三　有第五十四條之二第三項第三款、第四款規定之情形。

第 64 條　（因職業災害死亡者之遺屬之補償）

Ⅰ.被保險人因職業災害致死亡者，除由支出殯葬費之人依第六十三條之二第一項第一款規定請領喪葬津貼外，有符合第六十三條第二項規定之遺屬者，得請領遺屬年金給付及按被保險人平均月投保薪資，一次發給十個月職業災害死亡補償一次金。

Ⅱ.前項被保險人之遺屬依第六十三條第三項規定一次請領遺屬津貼者，按被保險人平均月投保薪資發給四十個月。

第 65 條　（受領遺屬年金給付及遺屬津貼之順序）

Ⅰ.受領遺屬年金給付及遺屬津貼之順序如下：

- 一　配偶及子女。
- 二　父母。
- 三　祖父母。
- 四　孫子女。
- 五　兄弟、姊妹。

Ⅱ.前項當序受領遺屬年金給付或遺屬津貼者存在時，後順序之遺屬不得請領。

Ⅲ.前項第一順序之遺屬全部不符合請領條件，或有下列情形之一且無同順序遺屬符合請領條件時，第二順序之遺屬得請領遺屬年金給付：

- 一　在請領遺屬年金給付期間死亡。
- 二　行蹤不明或於國外。
- 三　提出放棄請領書。
- 四　於符合請領條件起一年內未提出請領者。

Ⅳ.前項遺屬年金嗣第一順序之遺屬主張請領或再符合請領條件時，即停止發給，並由第一順序之遺屬請領；但已發放予第二順位遺屬之年金不得請求返還，第一順序之遺屬亦不予補發。

第八節　年金給付之申請及核發

第 65 條之 1　（年金給付請領之申請）

Ⅰ.被保險人或其受益人符合請領年金給付條件者，應填具申請書及檢附相關文件向保險人提出申請。

Ⅱ.前項被保險人或其受益人，經保險人審核符合請領規定者，其年金給付自申請之當月起，按月發給，至應停止發給之當月止。

Ⅲ.遺屬年金之受益人未於符合請領條件之當月提出申請者，其提出請領之日起前五年得領取之給付，由保險人依法追溯補給之。但已經其他受益人請領之部分，不適用之。

第 65 條之 2　（年金給付請領之查證）

Ⅰ.被保險人或其遺屬請領年金給付時，保險人得予以查證，並得於查證期間停止發給，經查證符合給付條件者，應補發查證

期間之給付，並依規定繼續發給。

II.領取年金給付者不符合給付條件或死亡時，本人或其法定繼承人應自事實發生之日起三十日內，檢具相關文件資料，通知保險人，自事實發生之次月起停止發給年金給付。

III.領取年金給付者死亡，應發給之年金給付未及撥入其帳戶時，得由其法定繼承人檢附申請人死亡戶籍謄本及法定繼承人戶籍謄本請領之；法定繼承人有二人以上時，得檢附共同委任書及切結書，由其中一人請領。

IV.領取年金給付者或其法定繼承人未依第二項規定通知保險人致溢領年金給付者，保險人應以書面命溢領人於三十日內繳還；保險人並得自匯發年金給付帳戶餘額中追回溢領之年金給付。

第 65 條之 3　（失能、老年給付或遺屬津貼之擇一請領）

被保險人或其受益人符合請領失能年金、老年年金或遺屬年金給付條件時，應擇一請領失能、老年給付或遺屬津貼。

第 65 條之 4　（年金給付金額之調整）

本保險之年金給付金額，於中央主計機關發布之消費者物價指數累計成長率達正負百分之五時，即依該成長率調整之。

第 65 條之 5　（處理保險業務所需資料之取得與利用）

I.保險人或勞工保險監理委員會為處理本保險業務所需之必要資料，得洽請相關機關提供之，各該機關不得拒絕。

II.保險人或勞工保險監理委員會依規定所取得之資料，應盡善良管理人之注意義務，確實辦理資訊安全稽核作業，其保有、處理及利用，並應遵循電腦處理個人資料保護法之規定。

第五章　保險基金及經費

第 66 條　（保險基金之來源）

勞工保險基金之來源如左：

一　創立時政府一次撥付之金額。

二　當年度保險費及其孳息之收入與保險給付支出之結餘。

三　保險費滯納金。

四　基金運用之收益。

第 67 條　（勞工保險基金之運用）

I.勞工保險基金，經勞工保險監理委員會之通過，得為左列之運用：

一　對於公債、庫券及公司債之投資。

二　存放於公營銀行或中央主管機關指定之金融機構。

三　自設勞保醫院之投資及特約公立醫院勞保病房整修之貸款；其辦法，由中央主管機關定之。

四　對於被保險人之貸款。

五　政府核准有利於本基金收入之投資。

II.勞工保險基金除作為前項運用及保險給付支出外，不得移作他用或轉移處分；其管理辦法，由中央主管機關定之。基金之收支、運用情形及其積存數額，應由保險人報請中央主管機關按年公告之。

III.第一項第四款對於被保險人之貸款資格、用途、額度、利率、期限及還款方式等事項，應由保險人報請中央主管機關公告之。

第 68 條　（保險事務費之金額及來源）

勞工保險機構辦理本保險所需之經費，由保險人按編製預算之當年六月份應收保險費百分之五點五全年伸算數編列預算，經勞工保險監理委員會審議通過後，由中央主管機關撥付之。

第 69 條　（虧損之審核撥補）

勞工保險如有虧損，在中央勞工保險局未成立前，應由中央主管機關審核撥補。

第六章　罰　則

第 70 條　（以不正方法領取保險給付等之民、刑事責任）

以詐欺或其他不正當行為領取保險給付或為虛偽之證明、報告、陳述及申報診療費用者，除按其領取之保險給付或診療費

用處以二倍罰鍰外，並應依民法請求損害賠償；其涉及刑責者，移送司法機關辦理。特約醫療院、所因此領取之診療費用，得在其已報應領費用內扣除。

第71條 （勞工不依法加入勞工保險及辦理勞工保險手續之行政責任）

勞工違背本條例規定，不參加勞工保險及辦理勞工保險手續者，處一百元以上、五百元以下罰鍰。

第72條 （投保單位未依法辦理勞工保險之責任）

I.投保單位違反本條例規定，未為其所屬勞工辦理投保手續者，按自僱用之日起，至參加保險之前一日或勞工離職日止應負擔之保險費金額，處四倍罰鍰。勞工因此所受之損失，並應由投保單位依本條例規定之給付標準賠償之。

II.投保單位未依本條例之規定負擔被保險人之保險費，而由被保險人負擔者，按應負擔之保險費金額，處二倍罰鍰。投保單位並應退還該保險費與被保險人。

III.投保單位違反本條例規定，將投保薪資金額以多報少或以少報多者，自事實發生之日起，按其短報或多報之保險費金額，處四倍罰鍰，並追繳其溢領給付金額。勞工因此所受損失，應由投保單位賠償之。

IV.投保單位於保險人依第十條第三項規定為查對時，拒不出示者，或違反同條第四項規定者，處新臺幣六千元以上一萬八千元以下罰鍰。

V.投保單位於本條例中華民國九十七年五月十六日修正生效前，依第十七條第一項規定加徵滯納金至應納費額一倍者，其應繳之保險費仍未向保險人繳納，且未經保險人處以罰鍰或處以罰鍰未執行者，不再裁處或執行。

第73條 （罰鍰之強制執行）

本條例所規定之罰鍰，經通告送達後，無故逾三十日，仍不繳納者，移送法院強制執行。

第七章　附　　則

第74條 （失業保險費率及其實施地區、時間、辦法之訂定）

失業保險之保險費率、實施地區、時間及辦法，由行政院以命令定之。

第74條之1 （施行前發生保險事故之辦理）

被保險人於本條例中華民國九十七年七月十七日修正之條文施行前發生失能、老年或死亡保險事故，其本人或其受益人領取保險給付之請求權未超過第三十條所定之時效者，得選擇適用保險事故發生時或請領保險給付時之規定辦理。

第74條之2 （勞工保險與國民年金保險之同時請領）

I.本條例中華民國九十七年七月十七日修正之條文施行後，被保險人符合本保險及國民年金保險老年給付請領資格者，得向任一保險人同時請領，並由受請求之保險人按其各該保險之年資，依規定分別計算後合併發給；屬他保險應負擔之部分，由其保險人撥還。

II.前項被保險人於各該保險之年資，未達請領老年年金給付之年限條件，而併計他保險之年資後已符合者，亦得請領老年年金給付。

III.被保險人發生失能或死亡保險事故，被保險人或其遺屬同時符合國民年金保險給付條件時，僅得擇一請領。

第75條 （刪除）

第76條 （轉投軍保、公保、私立學校教職員保險時老年給付之保留）

I.被保險人於轉投軍人保險、公務人員保險或私立學校教職員保險時，不合請領老年給付條件者，其依本條例規定參加勞工保險之年資應予保留，於其年老依法退職時，得依本條例第五十九條規定標準請領老年給付。

II.前項年資之保留辦法，由中央主管機關擬訂，報請行政院核定之。

勞工保險條例

（第七六之一～七九條）

第 76 條之 1　（全民健保施行後停止適用之規定）

本條例第二條、第三十一條、第三十二條及第三十九條至第五十二條有關生育給付分娩費及普通事故保險醫療給付部分，於全民健康保險施行後，停止適用。

第 77 條　（施行細則之擬訂）

本條例施行細則，由中央主管機關擬訂，報請行政院核定之。

第 78 條　（施行區域）

本條例施行區域，由行政院以命令定之。

第 79 條　（施行日期）

Ⅰ.本條例自公布日施行。

Ⅱ.本條例中華民國九十七年七月十七日修正條文施行日期，除另定施行日期者外，由行政院定之。

Ⅲ.本條例中華民國一百年四月八日修正之第十五條之施行日期，由行政院定之。

勞工保險條例施行細則

一百一十年六月八日勞動部令修正發布

①民國四十九年三月一日內政部令發布
②五十八年七月十一日內政部令修正發布
③六十二年十一月二十日內政部令修正發布
④六十八年九月十一日內政部令修正發布
⑤七十八年九月十五日行政院勞工委員會令修正發布
⑥八十五年九月十三日行政院勞工委員會令修正發布
⑦九十年九月十二日行政院勞工委員會令修正發布
⑧九十二年二月二十六日行政院勞工委員會令修正發布
⑨九十二年五月十四日行政院勞工委員會令修正發布
⑩九十七年十二月二十五日行政院勞工委員會令修正發布
⑪九十八年二月二十六日行政院勞工委員會令修正發布
⑫九十九年十一月十九日行政院勞工委員會令修正發布
⑬一百零一年一月三十日行政院勞工委員會令修正發布
⑭一百零一年五月十八日行政院勞工委員會令修正發布
⑮一百零二年七月二十六日行政院勞工委員會令修正發布
⑯一百零三年四月十日勞動部令修正發布
⑰一百零四年二月二日勞動部令修正發布
⑱一百零四年十一月九日勞動部令修正發布
⑲一百零五年十月五日勞動部令修正發布
⑳一百零六年五月二日勞動部令修正發布
㉑一百零七年三月二十八日勞動部令修正發布
㉒一百一十年六月八日勞動部令修正發布第一三、二四、五四、五七條；並增訂第二八之一條條文

第一章 總 則

第1條 （訂定依據）

本細則依勞工保險條例（以下簡稱本條例）第七十七條規定訂定之。

第2條 （免課之稅捐）

依本條例第三條規定免課之稅捐如下：

一 保險人、勞動基金運用局及投保單位辦理勞工保險所用之帳冊契據，免徵印花稅。

二 保險人及勞動基金運用局辦理勞工保險所收保險費、滯納金，及因此所承受強制執行標的物之收入、基金運用之收支、雜項收入，免納營業稅及所得稅。

三 保險人及勞動基金運用局辦理業務使用之房屋與土地、醫療藥品與器材、治療救護車輛，及被保險人、受益人或支出殯葬費之人領取之保險給付，依稅法有關規定免徵稅捐。

第3條 （保險期間之計算）

I.本條例有關保險期間之計算，除本條例另有規定外，依行政程序法之規定，行政程序法未規定者，依民法之規定。

II.被保險人及其眷屬年齡之計算，均依戶籍記載為準。

第二章 保險人、投保單位及被保險人

第一節 保險人

第4條 （書表之報請備查）

I.保險人及勞動部勞動基金運用局應依其業務職掌，分別將下列書表報請中央主管機關備查：

一 投保單位、投保人數、投保薪資統計表。

二 保險給付統計表。

三 保險收支會計報表。

四 保險基金運用概況表。

II.保險人應於每年年終時編具總報告，報請中央主管機關備查。

第 5 條 　（刪除）

第 6 條 　（身分證明文件之出示）

I.保險人或中央主管機關依本條例第二十八條規定派員調查有關勞工保險事項時，應出示其身分證明文件。

II.保險人為審核保險給付，得視業務需要委請相關科別之醫師或專家協助之。

第 7 條 　（主管機關）

本條例第六條第二項所稱之主管機關，指勞工工作所在地之直轄市或縣（市）政府。

第二節　投保單位

第 8 條 　（各業以外之員工之定義）

本條例第八條第一項第一款所稱各業以外之員工，指中央主管機關核定准許投保之其他各業或人民團體之員工。

第 9 條 　（無一定雇主或自營作業者之加保）

無一定雇主或自營作業而參加二個以上職業工會為會員之勞工，由其選擇主要工作之職業工會加保。

第 10 條 　（投保單位應備之文件及員工或會員名冊（卡）之應載事項）

I.投保單位應置備僱用員工或會員名冊（卡）、出勤工作紀錄、薪資表及薪資帳冊。員工或會員名冊（卡）應分別記載下列事項：

　　一　姓名、性別、出生年月日、住址、國民身分證統一編號。

　　二　到職、入會或到訓之年月日。

　　三　工作類別。

　　四　工作時間及薪資。

　　五　傷病請假致留職停薪期間。

II.第一項之出勤工作紀錄、薪資表、薪資帳冊及前項第四款、第五款規定，於職業工

會、漁會、船長公會、海員總工會，不適用之。

第 11 條 　（無一定雇主之勞工及自營作業者之定義）

I.本條例第六條第一項第七款及第八款所稱無一定雇主之勞工，指經常於三個月內受僱於非屬同條項第一款至第五款規定之二個以上不同之雇主，其工作機會、工作時間、工作量、工作場所、工作報酬不固定者。

II.本條例第六條第一項第七款及第八款所稱自營作業者，指獨立從事勞動或技藝工作，獲致報酬，且未僱用有酬人員幫同工作者。

第 12 條 　（投保手續及加保申報表之記載方式）

I.申請投保之單位辦理投保手續時，應填具投保申請書及加保申報表各一份送交保險人。

II.前項加保申報表應依戶籍資料或相關資料詳為記載。

第 13 條 　（雇主辦理投保手續應檢附之證明文件）

I.本條例第六條及第八條之勞工，其雇主、所屬團體或所屬機構申請投保時，除政府機關（構）、公立學校及使用政府機關（構）提供之線上申請系統辦理投保手續者外，應檢附負責人國民身分證正背面影本及各目的事業主管機關核發之下列相關證件影本：

　　一　工廠：工廠有關登記證明文件。

　　二　礦場：礦場登記證、採礦或探礦執照。

　　三　鹽場、農場、牧場、林場、茶場：登記證書或有關認定證明文件。

　　四　交通事業：運輸業許可證或有關認定證明文件。

　　五　公用事業：事業執照或有關認定證明文件。

　　六　公司、行號：公司登記證明文件或商業登記證明文件。

七　私立學校、新聞事業、文化事業、公益事業、合作事業、漁業、職業訓練機構及各業人民團體：立案或登記證明書。

八　其他各業應檢附執業證照或有關登記、核定或備查證明文件。

II.投保單位無法取得前項各款規定之證件者，應檢附稅捐稽徵機關核發之扣繳單位設立（變更）登記申請書或使用統一發票購票證，辦理投保手續。

第 14 條　（保險效力之開始與停止）

I.符合本條例第六條規定之勞工，各投保單位於其所屬勞工到職、入會、到訓之當日列表通知保險人者，其保險效力之開始，自投保單位將加保申報表送交保險人或郵寄之當日零時起算；投保單位非於勞工到職、入會、到訓之當日列表通知保險人者，其保險效力之開始，自投保單位將加保申報表送交保險人或郵寄之翌日零時起算。

II.前項勞工於下列時間到職，投保單位至遲於次一上班日將加保申報表及到職證明文件送交或郵寄保險人者，其保險效力之開始，自勞工到職之當日零時起算：

一　保險人依規定放假之日。

二　到職當日十七時後至二十四時前。

III.勞工於所屬投保單位所在地方政府依規定發布停止上班日到職，投保單位至遲於次一上班日將加保申報表及到職證明文件送交或郵寄保險人者，其保險效力之開始，自勞工到職之當日零時起算。

IV.投保單位於其所屬勞工離職、退會、結（退）訓之當日辦理退保者，其保險效力於投保單位將退保申報表送交保險人或郵寄之當日二十四時停止。

V.投保單位非於勞工離職、退會、結（退）訓之當日辦理退保者，其保險效力於離職、退會、結（退）訓之當日二十四時停止。但勞工未離職、退會、結（退）訓，投保單位辦理退保者，其保險效力於投保單位將退保申報表送交保險人或郵寄之當日二十四時停止。勞工因此所受之損失，依本條例第七十二條規定，應由投保

單位負責賠償之。

VI.前五項郵寄之當日，以原寄郵局郵戳為準。

VII.本條例第八條第一項各款規定人員準用本條例規定參加勞工保險者，其保險效力之開始及停止，準用前六項規定。

第 15 條　（補正及補正之效力）

I.申請投保之單位未填具投保申請書或投保申請書漏蓋投保單位印章、負責人印章，保險人應以書面通知補正；投保單位應於接到通知之翌日起十日內補正。

II.投保單位所送之加保、轉保申報表或投保薪資調整表，除姓名及國民身分證統一編號未填者不予受理外，漏蓋投保單位印章及負責人印章，或被保險人姓名、出生年月日、國民身分證統一編號、投保薪資疏誤者，或被保險人為本條例第六條第三項之外國籍員工，未檢附核准從事工作之證明文件影本，保險人應以書面通知補正；投保單位應於接到通知之翌日起十日內補正。

III.投保申請書或加保、轉保申報表經投保單位如期補正者，自申報之日生效；逾期補正者，自補正之翌日生效。

IV.投保薪資調整表經投保單位如期補正者，自申報日之次月一日生效；逾期補正者，自補正之次月一日生效。

V.前四項補正之提出，以送交保險人之日為準；郵寄者，以原寄郵局郵戳為準。

VI.投保單位逾期補正或逾期不為補正，勞工因此所受之損失，應由投保單位負賠償之責。

VII.第一項及第二項所定負責人印章，得以負責人簽名代之。

第 16 條　（投保單位發生歇業、解散、撤銷、廢止、受破產宣告等保險效力之停止）

I.投保單位有歇業、解散、撤銷、廢止、受破產宣告等情事或經認定已無營業事實，且未僱用勞工者，保險人得逕予註銷或廢止該投保單位。

II.投保單位經依前項規定註銷或廢止者，其

原僱用勞工未由投保單位依規定辦理退保者，由保險人逕予退保；其保險效力之停止、應繳保險費及應加徵滯納金之計算，以事實確定日為準，未能確定者，以保險人查定之日為準。

第 17 條　（投保單位變更之申請）

I 投保單位有下列各款情形之一者，應於三十日內填具投保單位變更事項申請書，連同有關證件送交保險人：
一　投保單位之名稱、地址或其通訊地址之變更。
二　投保單位負責人之變更。
三　投保單位主要營業項目之變更。
II 投保單位未依前項規定辦理變更手續者，保險人得依相關機關登記之資料逕予變更。

第 18 條　（投保單位負責人變更或投保單位因合併而消滅時保費等之繳納）

I 投保單位負責人有變更者，原負責人未清繳保險費或滯納金時，新負責人應負連帶清償責任。
II 投保單位因合併而消滅者，其未清繳之保險費或滯納金，應由合併後存續或另立之投保單位承受。

第三節　被保險人

第 19 條　（外國籍員工之定義）

I 本條例第六條第三項所稱之外國籍員工，指下列情形之一：
一　依就業服務法或其他法規，經中央主管機關或相關目的事業主管機關核准從事工作者。
二　依法規准予從事工作者。
II 投保單位為前項第一款之勞工加保時，應檢附相關機關核准從事工作之證明文件影本。

第 20 條　（國民身分證之替代）

本細則關於國民身分證之規定，於外國籍被保險人，以在我國居留證明文件或外國護照替代之。

第 21 條　（繼續加保之手續）

I 本條例第九條及性別工作平等法第十六條第二項規定之被保險人願繼續加保時，投保單位不得拒絕。
II 本條例第九條規定之被保險人繼續加保時，其所屬投保單位應繼續為其繳納保險費，除同條第二款及第四款外，並將其姓名、出生年月日、國民身分證統一編號，及服兵役、留職停薪、因案停職或被羈押日期，以書面通知保險人；被保險人退伍、復職或撤銷羈押、停止羈押時，亦同。
III 本條例第九條第三款規定之被保險人繼續加保時，除依前項規定辦理外，並應檢附醫院或診所診斷書。
IV 性別工作平等法第十六條第二項規定之被保險人繼續加保時，其所屬投保單位應填具勞工保險被保險人育嬰留職停薪繼續投保申請書，通知保險人；保險人為審核案件之必要，得另行要求投保單位檢附被保險人子女出生證明或戶籍資料影本；被保險人復職時，投保單位應另填具復職通知書通知保險人。

第 22 條　（被保險人死亡等事故時投保單位之通知義務）

I 被保險人死亡、離職、退會、結（退）訓者，投保單位應於死亡、離職、退會、結（退）訓之當日填具退保申報表送交保險人。
II 被保險人因遭遇傷害或罹患疾病在請假期間者，不得退保。

第 23 條　（被保險人在同一隸屬關係之投保單位調動時投保單位之作業）

被保險人在有同一隸屬關係之投保單位調動時，應由轉出單位填具轉保申報表轉出聯，逕送轉入單位，由轉入單位填具該表轉入聯一併送交保險人，其轉保效力自轉保申報表送交保險人之當日起算，郵寄者以原寄郵局郵戳為準。

第 24 條　（被保險人個人資料有變更或錯誤之處理）

I.被保險人之姓名、出生年月日、國民身分證統一編號等有變更或錯誤時，投保單位應即填具被保險人變更事項申請書，檢附國民身分證正背面影本或有關證件送交保險人憑辦。

II.前項被保險人之相關個人資料有變更或錯誤之情形，被保險人應即通知其所屬投保單位。

III.被保險人未依前項規定通知其所屬投保單位，或投保單位未依第一項規定檢附相關文件送交保險人者，保險人得依相關機關登記之資料逕予變更。

第 25 條　（擇一參加）

同時具備參加勞工保險及公教人員保險條件者，僅得擇一參加之。

第 26 條　（限期轉保）

符合本條例第六條第一項第七款規定之被保險人，有下列情形之一者，保險人於知悉後應通知原投保單位轉知被保險人限期轉保：

一　所屬投保單位非本業隸屬之職業工會。

二　本業改變而未轉投本業隸屬之職業工會。

第 26 條之 1　（精算保險費率之期間）

保險人應至少每三年精算一次本條例第十三條所定之普通事故保險費率，每次精算五十年。

第三章　保　險　費

第 27 條　（月薪資總額之定義）

I.本條例第十四條第一項所稱月薪資總額，以勞動基準法第二條第三款規定之工資為準；其每月收入不固定者，以最近三個月收入之平均為準；實物給與按政府公布之價格折為現金計算。

II.投保單位申報新進員工加保，其月薪資總額尚未確定者，以該投保單位同一工作等級員工之月薪資總額，依投保薪資分級表之規定申報。

第 28 條　（因傷病住院等繼續加保時投保薪資之限制）

I.因傷病住院之被保險人及依本條例第九條第一款、第三款、第五款、第九條之一或性別工作平等法第十六條第二項規定繼續加保者，於加保期間不得調整投保薪資。

II.前項被保險人之投保薪資不得低於投保薪資分級表第一級之規定；投保薪資分級表第一級有修正時，由保險人逕予調整。

第 28 條之 1　（保險費之計收）

I.本條例第十三條第一項所定保險費，每月以三十日計算。

II.被保險人依第二十三條規定辦理轉保者，轉出單位之保險費計收至轉出前一日止，轉入單位之保險費自轉入當日起計收。

第 29 條　（保險費之計算通知）

保險人每月按投保單位申報之被保險人投保薪資金額，分別計算應繳之保險費，按期繕具載有計算說明之保險費繳款單，於次月二十五日前寄發或以電子資料傳輸方式遞送投保單位繳納。

第 30 條　（投保單位保險費之繳納）

I.投保單位接到保險人所寄載有計算說明之保險費繳款單後，應於繳納期限內向保險人指定之代收機構繳納，並領回收據聯作為繳納保險費之憑證。

II.前項繳款單於保險人寄送之當月底仍未收到者，投保單位應於五日內通知保險人補發或上網下載繳款單，並於寬限期間十五日內繳納；其怠為通知者，視為已於次月二十五日前寄達。

第 31 條　（投保單位對保險費之異議）

投保單位對於載有計算說明之保險費繳款單所載金額有異議，應先照額繳納後，再向保險人提出異議理由，經保險人查明錯誤後，於計算次月份保險費時一併結算。

勞工保險條例施行細則

（第三二～四〇條）

第 32 條 　（投保單位或被保險人欠繳保險費及滯納金之處置）

投保單位或被保險人因欠繳保險費及滯納金，經保險人依本條例第十七條第三項或第四項規定暫行拒絕給付者，暫行拒絕給付期間內之保險費仍應照計，被保險人應領之保險給付，俟欠費繳清後再補辦請領手續。

第 33 條 　（保險費、滯納金總額之單位）

保險人計算投保單位應繳納之保險費、滯納金總額以新臺幣元為單位，角以下四捨五入。

第 34 條 　（投保單位之墊繳義務）

本條例第六條第一項第一款至第六款及第八條第一項第一款至第三款規定之被保險人所屬之投保單位，因故不及於本條例第十六條規定期限扣、收繳保險費時，應先行墊繳。

第 35 條 　（被保險人服役等情形時保險費之負擔及墊繳）

應徵召服兵役、留職停薪、因案停職或被羈押之被保險人繼續參加勞工保險期間，其保險費由投保單位負擔部分仍由投保單位負擔外，由本人負擔部分，有給與者於給與中扣繳；無給與者，由投保單位墊繳後向被保險人收回。

第 36 條 　（中央補助保險費之撥付）

I.中央政府依本條例第十五條規定，應補助之保險費，由保險人按月開具保險費繳款單，於次月底前送請中央政府依規定撥付。

II.前項政府應補助之保險費，經保險人查明有差額時，應於核計下次保險費時一併結算。

第 37 條 　（扣繳保險費於薪資單（袋）上之註明）

各投保單位之雇主或負責人，依本條例第十六條第一項第一款規定扣繳被保險人負擔之保險費時，應註明於被保險人薪資單（袋）上或掣發收據。

第 38 條 　（職業災害保險行業別及費率通知投保單位）

I.投保單位應適用之職業災害保險行業別及費率，由保險人依據職業災害保險適用行業別及費率表之規定，依下列原則認定或調整後以書面通知投保單位：

一　同一行業別適用同一職業災害保險費率。

二　同一投保單位適用同一職業災害保險費率，其營業項目包括多種行業時，適用其最主要或最具代表性事業之職業災害保險費率。

II.投保單位對前項行業別及費率有異議時，得於接獲通知之翌日起十五日內檢附必要證件或資料，向保險人申請複核。

III.各投保單位應適用之職業災害保險行業別及費率，經確定後不得調整。但有因改業或主要營業項目變更者，不在此限。

第 39 條 　（滯納金之核計及通知繳納）

投保單位依本條例第十七條第一項應繳滯納金者，由保險人核計應加徵之金額，通知其向指定金融機構繳納。

第 40 條 　（勞工保險專戶之設立）

I.本條例第六條第一項第七款、第八款及第八條第一項第四款規定之被保險人所屬之投保單位，得於金融機構設立勞工保險專戶，並轉知被保險人，以便被保險人繳納保險費。

II.前項被保險人之投保單位，於徵得被保險人或會員代表大會同意後，得一次預收三個月或六個月保險費，並掣發收據，按月彙繳保險人；其預收之保險費於未彙繳保險人以前，應於金融機構設立專戶儲存保管，所生孳息並以運用於本保險業務為限。

III.前項採行預收保險費之投保單位，得為主管及承辦業務人員辦理員工誠實信用保證保險。

IV.第二項預收保險費之管理，應依據投保單位之財務處理相關規定辦理。

第 41 條　（免繳被保險人之保險費）

依本條例第十八條第一項規定得免繳被保險人負擔部分之保險費者，由保險人根據核發給付文件核計後，發給免繳保險費清單，在投保單位保險費總數內扣除之。

第四章　保險給付

第一節　通　則

第 42 條　（不得收取手續費）

投保單位應為所屬被保險人、受益人或支出殯葬費之人辦理請領保險給付手續，不得收取任何費用。

第 43 條　（被保險人、受益人或支出殯葬費之人保險給付之請領）

I 投保單位有歇業、解散、撤銷、廢止、受破產宣告或其他情事，未能為被保險人、受益人或支出殯葬費之人提出請領者，被保險人、受益人或支出殯葬費之人得自行請領。

II 依本條例第二十條、第三十一條第一項第一款、第二款或第六十二條規定請領保險給付者，得由被保險人、受益人或支出殯葬費之人自行請領。

第 44 條　（同時受僱於二個以上投保單位者之定義及平均月投保薪資之計算）

I 本條例第十九條第二項所稱同時受僱於二個以上投保單位者，指同時依第六條第一項第一款至第五款、第八條第一項第一款及第二款規定於二個以上投保單位加保之被保險人。

II 本條例第十九條第三項所稱平均月投保薪資，依下列方式計算：

一　年金給付及老年一次金給付：按被保險人加保期間最高六十個月之月投保薪資合計額除以六十計算。

二　依本條例第五十八條第二項規定選擇一次請領老年給付：按被保險人退保之當月起最近三十六個月之月投保薪資合計額除以三十六計算。

三　其他現金給付：按被保險人發生保險事故之當月起最近六個月之月投保薪資合計額除以六計算；參加保險未滿六個月者，按其實際投保年資之平均月投保薪資計算。

III 被保險人在同一月份有二個以上月投保薪資時，於計算保險給付時，除依本條例第十九條第二項規定合併計算者外，應以最高者為準，與其他各月份之月投保薪資平均計算。

第 45 條　（保險年資未滿一年之計算）

本條例第十九條第四項所定保險年資未滿一年，依其實際加保月數按比例計算，計算至小數第二位，第三位四捨五入。

第 46 條　（請領失蹤津貼應備之書件）

I 依本條例第十九條第五項規定請領失蹤津貼者，應備下列書件：

一　失蹤津貼申請書及給付收據。

二　被保險人全戶戶籍謄本；受益人與被保險人非同一戶籍者，應同時提出各該戶籍謄本。

三　災難報告書或其他相關事故證明。

II 失蹤津貼之受益人及順序，準用本條例第六十三條第一項及第六十五條第一項、第二項規定。

III 失蹤津貼之受益人為未成年者，其所具之失蹤津貼申請書及給付收據，應由法定代理人簽名或蓋章。

IV 失蹤津貼之受益人為被保險人之孫子女或兄弟、姊妹者，於請領時應檢附受被保險人扶養之相關證明文件。

第 47 條　（領取死亡給付後，被保險人死亡宣告被撤銷時保險年資之計算）

受益人或支出殯葬費之人依本條例第十九條第六項規定領取死亡給付後，於被保險人死亡宣告被撤銷，並繳還所領死亡給付再參加勞工保險時，被保險人原有保險年資應予併計。

第 48 條　（現金發給之保險給付及通知）

I 本條例以現金發給之保險給付，保險人算

定後，逐匯入被保險人、受益人或支出殯葬費之人指定之本人金融機構帳戶，並通知其投保單位。但有第四十三條自行請領保險給付之情事者，保險人得不通知其投保單位。

II.前項之金融機構帳戶在國外者，手續費用由請領保險給付之被保險人、受益人或支出殯葬費之人負擔。

第 49 條　（現金給付之期限）

被保險人、受益人或支出殯葬費之人申請現金給付手續完備經審查應予發給者，保險人應於收到申請書之日起十日內發給。但年金給付至遲應於次月底前發給。

第 49 條之 1　（逾期利息之計算）

I.本條例第二十九條之一所定逾期部分應加給之利息，以各該年一月一日之郵政儲金一年期定期存款固定利率為準，按日計算，並以新臺幣元為單位，角以下四捨五入。

II.前項所需費用，由保險人編列公務預算支應。

第 50 條　（郵寄方式請領保險給付）

被保險人、受益人或支出殯葬費之人以郵寄方式向保險人提出請領保險給付者，以原寄郵局郵戳之日期為準。

第 51 條　（故意犯罪行為之定義）

本條例第二十六條所稱故意犯罪行為，以司法機關或軍事審判機關之確定判決為準。

第 52 條　（各項文書依式填送）

各項給付申請書、收據、診斷書及證明書，被保險人、投保單位、醫院、診所或領有執業執照之醫師、助產人員應依式填送。

第 53 條　（診斷書及出生證明書之出具）

I.請領各項保險給付之診斷書及出生證明書，除第六十八條、第六十九條另有規定外，應由醫院、診所或領有執業執照之醫

師出具者，方為有效。

II.出生證明書由領有執業執照之助產人員出具者，效力亦同。

第 54 條　（檢附文件之驗證）

I.依本條例規定請領各項保險給付，所檢附之文件為我國政府機關（構）以外製作者，應經下列單位驗證：

一　於國外製作者，應經我國駐外使領館、代表處或辦事處驗證；其在國內由外國駐臺使領館或授權機構製作者，應經外交部複驗。

二　於大陸地區製作者，應經行政院設立或指定機構或委託之民間團體驗證。

三　於香港或澳門製作者，應經行政院於香港或澳門設立或指定機構或委託之民間團體驗證。

II.前項文件為外文者，應檢附經前項各款所列單位驗證或國內公證人認證之中文譯本。但為英文者，除保險人認有需要外，得予免附。

第 55 條　（保險給付金額之單位）

保險給付金額以新臺幣元為單位，角以下四捨五入。

第二節　生育給付

第 56 條　（請領生育給付應備之書件）

I.依本條例第三十一條規定請領生育給付者，應備下列書件：

一　生育給付申請書及給付收據。

二　醫院、診所或領有執業執照之醫師、助產人員所出具之嬰兒出生證明書或死產證明書。

II.已辦理出生登記者，得免附前項第二款所定文件。

第三節　傷病給付

第 57 條　（請領傷病給付應備之書件）

I.依本條例第三十三條或第三十四條規定請領傷病給付者，應備下列書件：

一　傷病給付申請書及給付收據。
二　傷病診斷書。

II.前項第二款所定傷病診斷書，得以就診醫院、診所開具載有傷病名稱、醫療期間及經過之證明文件代之。

III.罹患塵肺症，初次請領職業病補償費時，並應附送塵肺症診斷書、粉塵作業職歷報告書及相關影像圖片。但經保險人核定以塵肺症住院有案者，得免再附送。

第 58 條　（傷病給付之請領日期）

被保險人請領傷病給付，以每滿十五日為一期，於期末之翌日起請領；未滿十五日者，以普通傷病出院或職業傷病治療終止之翌日起請領。

第四節　職業災害保險醫療給付

第 59 條　（職業災害保險醫療給付之委託辦理）

I.保險人辦理職業災害保險醫療給付，得經中央主管機關核准，委託衛生福利部中央健康保險署（以下簡稱健保署）辦理。其委託契約書由保險人會同健保署擬訂，報請中央主管機關會同中央衛生福利主管機關核定。

II.保險人依前項規定委託健保署辦理職業災害保險醫療給付時，被保險人遭遇職業傷害或罹患職業病應向全民健康保險特約醫院或診所申請診療。除本條例及本細則另有規定外，保險人支付之醫療費用，準用全民健康保險有關規定辦理。

第 60 條　（職業傷病門診或住院診療時應繳交之文件及證件之繳驗）

被保險人申請職業傷病門診診療或住院診療時，應繳交投保單位出具之職業傷病門診就診單或住院申請書，並繳驗全民健康保險卡及國民身分證或其他足資證明身分之證件。未提具或不符者，全民健康保險特約醫院或診所應拒絕其以被保險人身分掛號診療。

第 61 條　（未能繳交或繳驗證件之處置）

被保險人因尚未領得職業傷病門診就診單或住院申請書或全民健康保險卡或因緊急傷病就醫，致未能繳交或繳驗該等證件時，應檢具身分證明文件，聲明具有勞保身分，辦理掛號就診，全民健康保險特約醫院或診所應先行提供醫療服務，收取保險醫療費用並掣給單據，被保險人於就醫之日起十日內（不含例假日）或出院前補送證件者，全民健康保險特約醫院或診所應退還所收取之保險醫療費用。

第 62 條　（因不可歸責於被保險人之事由未能於就醫之日起十日內或出院前補送證件之處置）

因不可歸責於被保險人之事由，未能依前條規定於就醫之日起十日內或出院前補送證件者，被保險人得於門診治療當日或出院之日起六個月內，檢附職業傷病門診就診單或住院申請書及全民健康保險特約醫院或診所開具之醫療費用單據，向保險人申請核退醫療費用。

第 63 條　（職業傷病門診就診單、住院申請書之備查審核）

I.全民健康保險特約醫院或診所接獲職業傷病門診就診單後，應附於被保險人病歷備查。其接獲職業傷病住院申請書者，應就申請書證明欄詳細填明於三日內逕送保險人審核。

II.保險人對前項住院申請經審定不符職業傷病者，應通知健保署、全民健康保險特約醫院或診所、投保單位及被保險人。

第 64 條　（膳食費日數之合併計算）

I.被保險人以同一傷病分次住院者，依本條例第四十三條第一項第四款給付之膳食費日數，應自其第一次住院之日起，每六個月合併計算。

II.前項膳食費支付數額，由中央主管機關會同中央衛生福利主管機關另定之。

第 65 條　（職業傷病住院申請書之補正）

投保單位出具之職業傷病住院申請書，因

填報資料不全或錯誤或手續不全，經保險人通知限期補正二次而不補正，致保險人無法核付醫療給付者，保險人不予給付。

第 66 條　（公保病房之定義）

本條例第四十三條第一項第五款所稱之公保病房，於全民健康保險實施後，指全民健康保險之保險病房。

第 67 條　（申請核退醫療費用之情形）

I 被保險人有下列情形之一者，得由其所屬投保單位向保險人申請核退醫療費用：

一　於本條例施行區域外遭遇職業傷害或罹患職業病，必須於當地醫院或診所診療。

二　於本條例施行區域遭遇職業傷害或罹患職業病，因緊急傷病至非全民健康保險特約醫院或診所診療。

II 前項申請核退醫療費用應檢具之證明文件、核退期限、核退基準、依循程序及緊急傷病範圍，準用全民健康保險自墊醫療費用核退辦法之規定。

第五節　失能給付

第 68 條　（請領失能給付應備之書件）

I 依本條例第五十三條或第五十四條規定請領失能給付者，應備下列書件：

一　失能給付申請書及給付收據。

二　失能診斷書。

三　經醫學檢查者，附檢查報告及相關影像圖片。

II 保險人審核失能給付，除得依本條例第五十六條規定指定全民健康保險特約醫院或醫師複檢外，並得通知出具失能診斷書之醫院或診所檢送相關檢查紀錄或診療病歷。

第 69 條　（得請領失能給付之日）

I 依本條例第五十三條或第五十四條規定請領失能給付者，以全民健康保險特約醫院或診所診斷為實際永久失能之當日為本條例第三十條所定得請領之日。但被保險人於保險有效期間發生傷病事故，於保

險效力停止後，符合勞工保險失能給付標準第三條附表規定之治療期限，經專科醫師診斷證明為永久失能，且其失能程度與保險效力停止後屆滿一年時之失能程度相當者，為症狀固定，得依本條例第二十條第一項請領失能給付，並以保險效力停止後屆滿一年之當日為得請領之日。

II 前項診斷永久失能之日期不明或顯有疑義時，保險人得就病歷或相關資料查明認定。

III 被保險人請求發給失能診斷書者，全民健康保險特約醫院或診所應於出具失能診斷書後五日內逕寄保險人。

第 70 條　（分別核計國民年金保險身心障礙年金給付及本保險失能年金給付之發給）

依本條例第五十三條第三項規定分別核計國民年金保險身心障礙年金給付及本保險失能年金給付後，其合併數額為新臺幣四千元以上者，依合併數額發給；其合併數額不足新臺幣四千元者，發給新臺幣四千元。

第 71 條　（婚姻關係存續一年以上之推算）

本條例第五十四條之二第一項第一款及第二款所定婚姻關係存續一年以上，由申請之當日，往前連續推算之。

第 72 條　（在學者之定義）

本條例第五十四條之二第一項第三款所稱在學者，指具有正式學籍，並就讀於公立學校、各級主管教育行政機關核准立案之私立學校或符合教育部採認規定之國外學校。

第 73 條　（請領加發眷屬補助應備之書件）

依本條例第五十四條之二規定請領加發眷屬補助者，應備下列書件：

一　失能年金加發眷屬補助申請書及給付收據。

二　被保險人全戶戶籍謄本；眷屬與被

保險人非同一戶籍者，應同時提出各該戶籍謄本，並載明下列事項：

(一)眷屬為配偶時，戶籍謄本應載有結婚日期。

(二)眷屬為養子女時，戶籍謄本應載有收養及登記日期。

三　在學者，應檢附學費收據影本或在學證明，並應於每年九月底前，重新檢具相關證明送保險人查核，經查核符合條件者，應繼續發給至次年八月底止。

四　無謀生能力者，應檢附身心障礙手冊或證明，或受禁治產（監護）宣告之證明文件。

第 74 條　（同一部位之定義）

本條例第五十五條第一項所稱同一部位，指與失能種類部位同一者。

第 75 條　（按月發給失能年金給付金額百分之八十之發給）

依本條例第五十五條第二項規定按月發給失能年金給付金額之百分之八十時，該金額不足新臺幣四千元者，按新臺幣四千元發給；其有國民年金保險年資者，並準用第七十條規定。

第 76 條　（退保日期）

被保險人經保險人依本條例第五十七條規定逕予退保者，其退保日期以全民健康保險特約醫院或診所診斷為實際永久失能之當日為準。

第六節　老年給付

第 77 條　（在同一投保單位參加保險之情形）

本條例第五十八條第二項第三款所稱在同一投保單位參加保險，指下列情形之一者：

一　被保險人在有隸屬關係之雇主、機構或團體內加保。

二　被保險人在依法令規定合併、分割、轉讓或改組前後之雇主、機構

或團體加保。

三　被保險人在依公營事業移轉民營條例規定移轉民營前後之雇主、機構或團體加保。

第 78 條　（請領老年給付應備之書件）

I.依本條例第五十八條規定請領老年給付者，應備下列書件：

一　老年給付申請書及給付收據。

二　符合本條例第五十八條第二項第五款或第七項者，檢附工作證明文件。

II.未於國內設有戶籍者，除前項規定之書件外，並應檢附經第五十四條第一項所列單位驗證之身分或居住相關證明文件。

第 79 條　（請領展延、減給老年年金給付期間之核計）

I.依本條例第五十八條之二第一項規定請領展延老年年金給付者，其延後請領之期間自符合請領老年年金給付之次月起，核計至其提出申請之當月止。

II.依本條例第五十八條之二第二項規定請領減給老年年金給付者，其提前請領之期間自提前申請之當月起，核計至其符合老年年金給付所定請領年齡之前一月止。

III.前二項期間未滿一年者，依其實際月數按比例計算，並準用第四十四條規定。

第七節　死亡給付

第 80 條　（死亡時之定義及喪葬津貼給付金額之計算）

被保險人之父母、配偶或子女受死亡宣告者，以法院判決所確定死亡之時，為本條例第六十二條之死亡時；其喪葬津貼給付金額之計算，依下列規定計算之：

一　死亡時與判決時均在被保險人投保期間內者，以判決之當月起前六個月之平均月投保薪資為準。

二　死亡時在被保險人投保期間內，而判決時已退保者，以退保之當月起前六個月之平均月投保薪資為準。

勞工保險條例施行細則

（第八一～八七條）

第 81 條　（逕予退保）

受益人或支出殯葬費之人請領死亡給付時，被保險人所屬投保單位未辦理退保手續者，由保險人逕予退保。

第 82 條　（請領喪葬津貼應備之書件㈠）

I.被保險人依本條例第六十二條規定請領喪葬津貼者，應備下列書件：
一　喪葬津貼申請書及給付收據。
二　死亡證明書、檢察官相驗屍體證明書或死亡宣告判決書。
三　載有死亡登記之戶口名簿影本，及被保險人身分證或戶口名簿影本。
II.已辦理完成死亡登記者，得僅附前項第一款所定文件。

第 83 條　（請領遺屬年金給付婚姻關係存續一年以上之計算）

I.依本條例第六十三條第二項第一款規定請領遺屬年金給付者，其婚姻關係存續一年以上之計算，由被保險人死亡之當日，往前連續推算之。
II.依本條例第六十三條第二項第二款及第四款規定請領遺屬年金給付者，其在學之認定，準用第七十二條規定。

第 84 條　（請領喪葬津貼應備之書件㈡）

依本條例第六十三條或第六十四條規定請領喪葬津貼者，應備下列書件：
一　死亡給付申請書及給付收據。
二　死亡證明書、檢察官相驗屍體證明書或死亡宣告判決書。
三　載有死亡日期之全戶戶籍謄本。
四　支出殯葬費之證明文件。但支出殯葬費之人為當序受領遺屬年金或遺屬津貼者，得以切結書代替。

第 85 條　（請領遺屬年金給付應備之書件）

依本條例第六十三條、第六十三條之一或第六十四條規定請領遺屬年金給付者，應備下列書件：
一　死亡給付申請書及給付收據。
二　死亡證明書、檢察官相驗屍體證明

書或死亡宣告判決書。
三　載有死亡日期之全戶戶籍謄本。受益人為配偶時，應載有結婚日期；受益人為養子女時，應載有收養及登記日期。受益人與死者非同一戶籍者，應同時提出各該戶籍謄本。
四　在學者，應檢附學費收據影本或在學證明，並應於每年九月底前，重新檢具相關證明送保險人查核，經查核符合條件者，應繼續發給至次年八月底止。
五　無謀生能力者，應檢附身心障礙手冊或證明，或受禁治產（監護）宣告之證明文件。
六　受益人為孫子女或兄弟、姊妹者，應檢附受被保險人扶養之相關證明文件。

第 86 條　（請領遺屬津貼應備之書件）

依本條例第六十三條或第六十四條規定請領遺屬津貼者，應備下列書件：
一　死亡給付申請書及給付收據。
二　死亡證明書、檢察官相驗屍體證明書或死亡宣告判決書。
三　載有死亡日期之全戶戶籍謄本，受益人為養子女時，應載有收養及登記日期；受益人與死者非同一戶籍者，應同時提出各該戶籍謄本。
四　受益人為孫子女或兄弟、姊妹者，應檢附受被保險人扶養之相關證明文件。

第 87 條　（選擇一次請領失能給付扣除已領年金給付總額之差額應備之書件）

I.依本條例第六十三條之一第二項規定，選擇一次請領失能給付扣除已領年金給付總額之差額者，應備下列書件：
一　失能給付差額申請書及給付收據。
二　前條第二款至第四款所定之文件。
II.受領前項差額給付之對象及順序，準用本條例第六十三條第一項及第六十五條第一項、第二項規定。
III.前項同一順序遺屬有二人以上時，準用本條例第六十三條之三第二項規定。

第 88 條 （選擇一次請領老年給付扣除已領年金給付總額之差額應備之書件）

I.依本條例第六十三條之一第二項規定，選擇一次請領老年給付扣除已領年金給付總額之差額者，應備下列書件：

一　老年給付差額申請書及給付收據。

二　第八十六條第二款至第四款所定之文件。

II.前條第二項及第三項規定，於前項請領差額給付者，準用之。

第 89 條 （法定代理人簽名或蓋章）

依前四條規定請領給付之受益人為未成年者，其申請書及給付收據，應由法定代理人簽名或蓋章。

第 90 條 （未能協議之定義）

I.本條例第六十三條之三第二項所稱未能協議，指各申請人未依保險人書面通知所載三十日內完成協議，並提出協議證明書者。

II.前項規定，於依第八十七條及第八十八條規定一次請領差額給付者，準用之。

第 91 條 （同一順序遺屬有二人以上之協議）

同一順序遺屬有二人以上，並依本條例第六十三條之三第三項但書規定協議時，保險人得以書面通知請領人於三十日內完成協議，並由代表請領人提出協議證明書。屆期未能提出者，保險人得逕按遺屬年金發給，遺屬不得要求變更。

第 92 條 （受益人為未成年且無法請領保險給付之通知）

被保險人死亡，其受益人為未成年且無法依第八十九條規定請領保險給付者，其所屬投保單位應即通知保險人，除喪葬津貼得依第八十四條規定辦理外，應由保險人計息存儲遺屬年金給付或遺屬津貼，俟其能請領時發給之。

第八節　年金給付之申請及核發

第 93 條 （申請之當月之定義）

I.本條例第六十五條之一第二項所定申請之當月，以原寄郵局郵戳或送交保險人之日期為準。

II.被保險人於保險人依規定放假之日離職，其所屬投保單位至遲於次一上班日為其辦理退保及申請老年年金給付，並檢附被保險人同意追溯請領之文件者，被保險人老年年金給付申請之當月，以其離職之翌日為準。

III.被保險人於所屬投保單位所在地方政府依規定發布停止上班日離職，投保單位至遲於次一上班日為其辦理退保及申請老年年金給付，並檢附被保險人同意追溯請領之文件者，被保險人老年年金給付申請之當月，以其離職之翌日為準。

第 94 條 （請領年金給付而未於國內設有戶籍應檢附之文件與查核）

依本條例規定請領年金給付，未於國內設有戶籍者，應檢附經第五十四條第一項所列單位驗證之身分或居住相關證明文件，並應每年重新檢送保險人查核。

▲【56 臺上 3372】勞工保險條例施行細則第 83 條（舊），雖曾就「因執行職務而致傷害」一語而為解釋，**但所謂執行職務，係指從事所憑參加投保工作之職務而言。如兼有其他職務時，因執行該其他職務而致傷害者，即無該條之適用，蓋保險人不能因被保險人兼有其他職務，而擴大其保險責任。**

第 95 條 （停止發給年金給付）

I.依本條例第五十四條之二第三項第一款、第二款及第六十三條之四第一款、第二款規定停止發給年金給付者，除配偶再婚外，於停止發給原因消滅後，請領人得重新向保險人提出申請，並由保險人依本條例第六十五條之一第二項規定發給；遺屬年金依本條例第六十五條之一第三項規定發給。

II.依本條例第五十四條之二第三項第三款、第四款及第六十三條之四第三款規定停止發給年金給付者，自政府機關媒體異動資料送保險人之當月起停止發給。

III.前項所定停止發給原因消滅後，請領人得檢具證明其停止發給原因消滅之文件向保險人申請，並由保險人依本條例第六十五條之一第二項規定發給；遺屬年金依本條例第六十五條之一第三項規定發給。

IV.未依前項規定檢附證明文件向保險人申請者，自政府機關媒體異動資料送保險人之當月起恢復發給。

第 95 條之 1 　（戶籍謄本之代替）

本條例第六十五條之二第三項所定應檢附之戶籍謄本，得以載有領取年金給付者死亡日期之戶口名簿影本及其法定繼承人戶口名簿影本代之。

第 96 條 　（消費者物價指數累計成長率）

I.本條例第六十五條之四所定消費者物價指數累計成長率，以中央主計機關發布之年度消費者物價指數累計平均計算，計算至小數第二位，第三位四捨五入。

II.本條例中華民國九十七年七月十七日修正之條文施行第二年起，前項消費者物價指數累計成長率達正負百分之五時，保險人應於當年五月底前報請中央主管機關核定公告，並自當年五月開始調整年金給付金額。

III.前項年金給付金額調整之對象，指正在領取年金給付，且自其請領年度開始計算之消費者物價指數累計成長率達正負百分之五者。不同年度請領年金給付，同時符合應調整年金給付金額者，分別依其累計之消費者物價指數成長率調整之。

IV.第二項所定之消費者物價指數累計成長率達百分之五後，保險人應自翌年開始重新起算。

第 97 條 　（併計國民年金保險年資）

依本條例第五十三條第三項及第七十四條之二第二項規定併計國民年金保險年資時，被保險人於其未繳清國民年金法規定之保險費及利息，並依該法規定暫行拒絕給付之年資不得併計。

第五章　經　　費

第 98 條 　（經費之定義）

本條例第六十八條所稱之經費，包括辦理保險業務所需人事、事務等一切費用。

第 98 條之 1 　（申請扶助）

I.勞工因雇主違反本條例所定應辦理加保或投保薪資以多報少等規定，致影響其保險給付所提起之訴訟，得向中央主管機關申請扶助。

II.前項扶助業務，中央主管機關得委託民間團體辦理。

第六章　附　　則

第 99 條 　（施行日期）

I.本細則自中華民國九十八年一月一日施行。

II.本細則修正條文，除中華民國一百零二年七月二十六日修正發布之第六十一條、第六十二條及第六十七條自一百零二年一月一日施行外，自發布日施行。

全民健康保險法

一百一十年一月二十日總統令修正公布

①民國八十三年八月九日總統令公布
②八十三年十月三日總統令修正公布
③八十八年七月十五日總統令修正公布
④九十年一月三十日總統令修正公布
⑤九十一年七月十七日總統令修正公布
⑥九十二年六月十八日總統令修正公布
⑦九十四年五月十八日總統令修正公布
⑧九十九年一月二十七日總統令修正公布
⑨一百年一月二十六日總統令修正公布
⑩一百年六月二十九日總統令修正公布
⑪一百零六年十一月二十九日總統令修正公布
⑫一百零九年一月十五日總統令修正公布
⑬一百一十年一月二十日總統令修正公布第二條條文

第一章　總　　則

第1條　（立法目的）

I.為增進全體國民健康，辦理全民健康保險（以下稱本保險），以提供醫療服務，特制定本法。

II.本保險為強制性之社會保險，於保險對象在保險有效期間，發生疾病、傷害、生育事故時，依本法規定給與保險給付。

第2條　（用詞定義）

本法用詞，定義如下：

一　保險對象：指被保險人及其眷屬。

二　眷屬：

　(一)被保險人之配偶，且無職業者。

　(二)被保險人之直系血親尊親屬，且無職業者。

　(三)被保險人二親等內直系血親卑親屬未成年且無職業，或成年無謀生能力或仍在學就讀且無職業者。

三　扣費義務人：指所得稅法所定之扣繳義務人。

四　保險給付支出：指醫療給付費用總額扣除保險對象就醫時依本法應自行負擔費用後之餘額。

五　保險經費：指保險給付支出及應提列或增列之安全準備。

六　就醫輔導：指保險對象有重複就醫、多次就醫或不當醫療利用情形時，針對保險對象進行就醫行為瞭解、適當醫療衛教、就醫安排及協助。

第3條　（經費之負擔及編列）

I.政府每年度負擔本保險之總經費，不得少於每年度保險經費扣除法定收入後金額之百分之三十六。

II.政府依法令規定應編列本保險相關預算之負擔不足每年度保險經費扣除法定收入後金額之百分之三十六部分，由主管機關編列預算撥補之。

第4條　（主管機關）

本保險之主管機關為衛生福利部。

第5條　（健保會辦理之事項）

I.本保險下列事項由全民健康保險會（以下稱健保會）辦理：

一　保險費率之審議。

二　保險給付範圍之審議。

三　保險醫療給付費用總額之對等協議訂定及分配。

四　保險政策、法規之研究及諮詢。

五　其他有關保險業務之監理事項。

II.健保會為前項之審議或協議訂定，有減少保險收入或增加保險支出之情事時，應請保險人同時提出資源配置及財務平衡方案，併案審議或協議訂定。

III.健保會於審議、協議本保險有關事項，應於會議七日前公開議程，並於會議後十日內公開會議實錄；於審議、協議重要事項前，應先蒐集民意，必要時，並得辦理相關之公民參與活動。

IV.健保會由被保險人、雇主、保險醫事服務
提供者、專家學者、公正人士及有關機關
代表組成之；其中保險付費者代表之名
額，不得少於二分之一；且被保險人代表
不得少於全部名額之三分之一。

V.前項代表之名額、產生方式、議事規範、
代表利益之自我揭露及資訊公開等有關
事項之辦法，由主管機關定之。

VI.健保會審議、協議訂定事項，應由主管機
關核定或轉報行政院核定；其由行政院核
定事項，並應送立法院備查。

第6條　（爭議之審議）

I.本保險保險對象、投保單位、扣費義務人
及保險醫事服務機構對保險人核定案件
有爭議時，應先申請爭議，對於爭議審議
結果不服時，得依法提起訴願或行政訴
訟。

II.前項爭議之審議，由全民健康保險爭議審
議會辦理。

III.前項爭議事項審議之範圍、申請審議或補
正之期限、程序及審議作業之辦法，由主
管機關定之。

IV.全民健康保險爭議審議會應定期以出版
公報、網際網路或其他適當方式，公開爭
議審議結果。

V.前項公開，應將個人、法人或團體資料以
代碼、匿名、隱藏部分資料或其他方式，
達無從辨識後，始得為之。

第二章　保險人、保險對象及投保單位

第7條　（保險人）

本保險以衛生福利部中央健康保險署為
保險人，辦理保險業務。

第8條　（保險對象㈠）

I.具有中華民國國籍，符合下列各款資格之
一者，應參加本保險為保險對象：

一　最近二年內曾有參加本保險紀錄
且在臺灣地區設有戶籍，或參加本
保險前六個月繼續在臺灣地區設
有戶籍。

二　參加本保險時已在臺灣地區設有
戶籍之下列人員：

㈠政府機關、公私立學校專任有給
人員或公職人員。

㈡公民營事業、機構之受僱者。

㈢前二目被保險人以外有一定雇
主之受僱者。

㈣在臺灣地區出生之新生嬰兒。

㈤因公派駐國外之政府機關人員
與其配偶及子女。

II.曾有參加本保險紀錄而於本法中華民國
一百年一月四日修正之條文施行前已出
國者，於施行後一年內首次返國時，得於
設籍後即參加本保險，不受前項第一款六
個月之限制。

第9條　（保險對象㈡）

除前條規定者外，在臺灣地區領有居留證
明文件，並符合下列各款資格之一者，亦
應參加本保險為保險對象：

一　在臺居留滿六個月。

二　有一定雇主之受僱者。

三　在臺灣地區出生之新生嬰兒。

第10條　（被保險人之類別）

I.被保險人區分為下列六類：

一　第一類：

㈠政府機關、公私立學校之專任有
給人員或公職人員。

㈡公、民營事業、機構之受僱者。

㈢前二目被保險人以外有一定雇
主之受僱者。

㈣雇主或自營業主。

㈤專門職業及技術人員自行執業
者。

二　第二類：

㈠無一定雇主或自營作業而參加
職業工會者。

㈡參加海員總工會或船長公會為
會員之外僱船員。

三　第三類：

㈠農會及水利會會員，或年滿十五
歲以上實際從事農業工作者。

㈡無一定雇主或自營作業而參加
漁會為甲類會員，或年滿十五歲

以上實際從事漁業工作者。

四　第四類：

(一)應服役期及應召在營期間逾二個月之受徵集及召集在營服兵役義務者、國軍軍事學校軍費學生、經國防部認定之無依軍眷及在領卹期間之軍人遺族。

(二)服替代役期間之役齡男子。

(三)在矯正機關接受刑之執行或接受保安處分、管訓處分之執行者。但其應執行之期間，在二個月以下或接受保護管束處分之執行者，不在此限。

五　第五類：合於社會救助法規定之低收入戶成員。

六　第六類：

(一)榮民、榮民遺眷之家戶代表。

(二)第一款至第五款及本款前目被保險人及其眷屬以外之家戶戶長或代表。

II.前項第三款第一目實際從事農業工作者及第二目實際從事漁業工作者，其認定標準及資格審查辦法，由中央農業主管機關會同主管機關定之。

第 11 條　（被保險人之限制）

I.第一類被保險人不得為第二類及第三類被保險人；第二類被保險人不得為第三類被保險人；第一類至第三類被保險人不得為第四類及第六類被保險人。但僱用勞工合力從事海洋漁撈工作之漁會甲類會員，其僱用人數十人以下，且其實際從事海洋漁撈工作者，自中華民國九十一年一月二十一日起，得以第三類被保險人身分參加本保險。

II.具有被保險人資格者，並不得以眷屬身分投保。

第 12 條　（被保險人眷屬之隨同辦理）

符合第二條規定之被保險人眷屬，應隨同被保險人辦理投保及退保。但有遭受家庭暴力等難以隨同被保險人辦理投保及退保之情形，經主管機關認定者，不在此限。

第 13 條　（保險對象之消極資格）

有下列情形之一者，非屬本保險保險對象；已參加者，應予退保：

一　失蹤滿六個月者。

二　不具第八條或第九條所定資格者。

第 14 條　（保險效力之起迄）

I.保險效力之開始，自合於第八條及第九條所定資格之日起算。

II.保險效力之終止，自發生前條所定情事之日起算。

第 15 條　（投保單位）

I.各類被保險人之投保單位如下：

一　第一類及第二類被保險人，以其服務機關、學校、事業、機構、雇主或所屬團體為投保單位。但國防部所屬被保險人之投保單位，由國防部指定。

二　第三類被保險人，以其所屬或戶籍所在地之基層農會、水利會或漁會為投保單位。

三　第四類被保險人：

(一)第十條第一項第四款第一目被保險人，以國防部指定之單位為投保單位。

(二)第十條第一項第四款第二目被保險人，以內政部指定之單位為投保單位。

(三)第十條第一項第四款第三目被保險人，以法務部及國防部指定之單位為投保單位。

四　第五類及第六類被保險人，以其戶籍所在地之鄉（鎮、市、區）公所為投保單位。但安置於公私立社會福利服務機構之被保險人，得以該機構為投保單位。

II.第十條第一項第六款第二目規定之被保險人及其眷屬，得徵得其共同生活之其他類被保險人所屬投保單位同意後，以其為投保單位。但其保險費應依第二十三條規定分別計算。

III.第一項第四款規定之投保單位，應設置專責單位或置專人，辦理本保險有關事宜。

Ⅳ.在政府登記有案之職業訓練機構或考試訓練機關接受訓練之第六類保險對象，應以該訓練機構（關）為投保單位。

Ⅴ.投保單位欠繳保險費二個月以上者，保險人得洽定其他投保單位為其保險對象辦理有關本保險事宜。

Ⅵ.投保單位應於保險對象合於投保條件之日起三日內，向保險人辦理投保；並於退保原因發生之日起三日內，向保險人辦理退保。

第 16 條　（全民健康保險憑證之製發）

Ⅰ.保險人得製發具電子資料處理功能之全民健康保險憑證（以下稱健保卡），以存取及傳送保險對象資料。但不得存放非供醫療使用目的及與保險對象接受本保險醫療服務無關之內容。

Ⅱ.前項健保卡之換發及補發，保險人得酌收工本費；其製發、換發、補發、得存取及傳送之資料內容與其運用、使用管理及其他有關事項之辦法，由保險人擬訂，報主管機關核定發布。

第三章　保險財務

第 17 條　（保險經費之分擔）

本保險保險經費於扣除其他法定收入後，由中央政府、投保單位及保險對象分擔之。

第 18 條　（保險費之計算及保險費率之上限）

Ⅰ.第一類至第三類被保險人及其眷屬之保險費，依被保險人之投保金額及保險費率計算之；保險費率，以百分之六為上限。

Ⅱ.前項眷屬之保險費，由被保險人繳納；超過三口者，以三口計。

第 19 條　（投保金額分級表）

Ⅰ.第一類至第三類被保險人之投保金額，由主管機關擬訂分級表，報請行政院核定之。

Ⅱ.前項投保金額分級表之下限與中央勞工主管機關公布之基本工資相同；基本工資

調整時，該下限亦調整之。

Ⅲ.投保金額分級表最高一級投保金額與最低一級投保金額應維持五倍以上之差距，該表並應自基本工資調整之次月調整之。適用最高一級投保金額之被保險人，其人數超過被保險人總人數之百分之三，並持續十二個月時，主管機關應自次月調整投保金額分級表，加高其等級。

第 20 條　（第一、二類被保險人投保金額基準）

Ⅰ.第一類及第二類被保險人之投保金額，依下列各款定之：

一　受僱者　：以其薪資所得為投保金額。

二　雇主及自營業主：以其營利所得為投保金額。

三　自營作業者及專門職業及技術人員自行執業者：以其執行業務所得為投保金額。

Ⅱ.第一類及第二類被保險人為無固定所得者，其投保金額，由該被保險人依投保金額分級表所定數額自行申報，並由保險人查核；如申報不實，保險人得逕予調整。

第 21 條　（第一、二類被保險人投保金額之調整）

Ⅰ.第一類及第二類被保險人依前條規定之所得，如於當年二月至七月調整時，投保單位應於當年八月底前將調整後之投保金額通知保險人；如於當年八月至次年一月調整時，應於次年二月底前通知保險人，均自通知之次月一日生效。

Ⅱ.前項被保險人之投保金額，除已達本保險最高一級者外，不得低於其勞工退休金月提繳工資及參加其他社會保險之投保薪資；如有本保險投保金額較低之情形，投保單位應同時通知保險人予以調整，保險人亦得逕予調整。

第 22 條　（第三類被保險人投保金額之計算）

第三類被保險人之投保金額，以第十條第一項第一款第二目、第三目及第二款所定

被保險人之平均投保金額計算之。但保險人得視該類被保險人及其眷屬之經濟能力，調整投保金額等級。

第 23 條　（第四至六類被保險人保險費之計算）

I. 第四類至第六類保險對象之保險費，以依第十八條規定精算結果之每人平均保險費計算之。

II. 前項眷屬之保險費，由被保險人繳納；超過三口者，以三口計。

第 24 條　（保險費率之審議）

I. 第十八條被保險人及其每一眷屬之保險費率應由保險人於健保會協議訂定醫療給付費用總額後一個月提請審議。但以上限費率計收保險費，無法與當年度協議訂定之醫療給付費用總額達成平衡時，應重新協議訂定醫療給付費用總額。

II. 前項審議前，健保會應邀集精算師、保險財務專家、經濟學者及社會公正人士提供意見。

III. 第一項之審議，應於年度開始一個月前依協議訂定之醫療給付費用總額，完成該年度應計之收支平衡費率之審議，報主管機關轉報行政院核定後由主管機關公告之。不能於期限內完成審議時，由主管機關逕行報行政院核定後公告。

第 25 條　（保險財務之精算週期）

本保險財務，由保險人至少每五年精算一次；每次精算二十五年。

第 26 條　（應擬訂調整保險給付範圍方案之情形）

本保險有下列情形之一時，由保險人擬訂調整保險給付範圍方案，提健保會審議，報主管機關轉報行政院核定後，由主管機關公告：
一　本保險之安全準備低於一個月之保險給付總額。
二　本保險增減給付項目、給付內容或給付標準，致影響保險財務之平衡。

第四章　保險費之收繳及計算

第 27 條　（各類被保險人之保險費負擔比例）

第十八條及第二十三條規定之保險費負擔，依下列規定計算之：
一　第一類被保險人：
　㈠第十條第一項第一款第一目被保險人及其眷屬自付百分之三十，投保單位負擔百分之七十。但私立學校教職員之保險費，由被保險人及其眷屬自付百分之三十，學校負擔百分之三十五，其餘百分之三十五，由中央政府補助。
　㈡第十條第一項第一款第二目及第三目被保險人及其眷屬自付百分之三十，投保單位負擔百分之六十，其餘百分之十，由中央政府補助。
　㈢第十條第一項第一款第四目及第五目被保險人及其眷屬自付全額保險費。
二　第二類被保險人及其眷屬自付百分之六十，其餘百分之四十，由中央政府補助。
三　第三類被保險人及其眷屬自付百分之三十，其餘百分之七十，由中央政府補助。
四　第四類被保險人：
　㈠第十條第一項第四款第一目被保險人，由其所屬機關全額補助。
　㈡第十條第一項第四款第二目被保險人，由中央役政主管機關全額補助。
　㈢第十條第一項第四款第三目被保險人，由中央矯正主管機關及國防部全額補助。
五　第五類被保險人，由中央社政主管機關全額補助。
六　第十條第一項第六款第一目之被

全民健康保險法

（第二八～三四條）

保險人所應付之保險費，由行政院
國軍退除役官兵輔導委員會補助；
眷屬之保險費自付百分之三十，行
政院國軍退除役官兵輔導委員會
補助百分之七十。

七　第十條第一項第六款第二目之被
保險人及其眷屬自付百分之六十，
中央政府補助百分之四十。

第28條　（各級政府須提出還款計畫）

各級政府於本法中華民國一百年一月四
日修正之條文施行前，未依修正前之第二
十九條規定將其應負擔之保險費撥付保
險人者，須即向保險人提出還款計畫，其
還款期限不得逾八年，保險人並應依修正
前之第三十條規定向其徵收利息。

第29條　（第一類第一目至第三目被保險人所屬之投保單位或政府應負擔之眷屬人數之計算）

第一類第一目至第三目被保險人所屬之
投保單位或政府應負擔之眷屬人數，依第
一類第一目至第三目被保險人實際眷屬
人數平均計算之。

第30條　（保險費之繳納方式及期間）

I.第十八條及第二十三條規定之保險費，依
下列規定，按月繳納：

一　第一類被保險人應自付之保險費，
由投保單位負責扣、收繳，並須於
次月底前，連同投保單位應負擔部
分，一併向保險人繳納。

二　第二類、第三類及第六類被保險人
應自付之保險費，按月向其投保單
位繳納，投保單位應於次月底前，
負責彙繳保險人。

三　第五類被保險人之保險費，由應補
助保險費之中央社政主管機關，於
當月五日前撥付保險人。

四　第一類至第四類及第六類保險對
象之保險費，應由各機關補助部
分，每半年一次於一月底及七月底
前預撥保險人，於年底時結算。

II.前項保險費，應於被保險人投保當月繳納
全月保險費，退保當月免繳保險費。

第31條　（補充保險費之計收）

I.第一類至第四類及第六類保險對象有下
列各類所得，應依規定之補充保險費率計
收補充保險費，由扣費義務人於給付時扣
取，並於給付日之次月底前向保險人繳
納。但單次給付金額逾新臺幣一千萬元之
部分及未達一定金額者，免予扣取：

一　所屬投保單位給付全年累計逾當
月投保金額四倍部分之獎金。

二　非所屬投保單位給付之薪資所得。
但第二類被保險人之薪資所得，不
在此限。

三　執行業務收入。但依第二十條規定
以執行業務所得為投保金額者之
執行業務收入，不在此限。

四　股利所得。但已列入投保金額計算
保險費部分，不在此限。

五　利息所得。

六　租金收入。

II.扣費義務人因故不及於規定期限內扣繳
時，應先行墊繳。

III.第一項所稱一定金額、扣取與繳納補充保
險費之方式及其他應遵行事項之辦法，由
主管機關定之。

第32條　（免扣取補充保險費之情形）

未具投保資格、喪失投保資格或保險對象
有前條所定免由扣費義務人扣取補充保
險費之情形者，應於受領給付前，主動告
知扣費義務人，得免扣取補充保險費。

第33條　（補充保險費率之調整及公告）

第三十一條之補充保險費率，於本法中華
民國一百年一月四日修正之條文施行第
一年，以百分之二計算；自第二年起，應
依本保險保險費率之成長率調整，其調整
後之比率，由主管機關逐年公告。

第34條　（投保單位補充保險費之負擔）

第一類第一目至第三目被保險人之投保
單位，每月支付之薪資所得總額逾其受僱
者當月投保金額總額時，應按其差額及前
條比率計算應負擔之補充保險費，併同其
依第二十七條規定應負擔之保險費，按月
繳納。

第 35 條　（逾期繳納保險費之寬限期、滯納金計算方式與追繳程序）

I.投保單位、保險對象或扣費義務人未依本法所定繳納期限繳納保險費時，得寬限十五日；屆寬限期仍未繳納者，自寬限期限屆至翌日起至完納前一日止，每逾一日加徵其應納費額百分之零點一滯納金，其上限如下：

一　於投保單位、扣費義務人為其應納費額之百分之十五。

二　於保險對象為其應納費額之百分之五。

II.前項滯納金，於主管機關公告之一定金額以下時，免予加徵。

III.第一項之保險費及滯納金，於投保單位、扣費義務人應繳納之日起，逾三十日未繳納時，保險人得將其移送行政執行；於保險對象逾一百五十日未繳納時，亦同。

第 36 條　（分期繳納保險費之申請）

I.有經濟上之困難，未能一次繳納保險費、滯納金或應自行負擔之費用者，得向保險人申請分期繳納，或依第九十九條之規定申請貸款或補助；保險人並應主動協助之，必要時應會同社政單位或委託民間相關專業團體，尋求社會資源協助。

II.前項申請之條件、審核程序、分期繳納期限及其他應遵行事項之辦法，由保險人擬訂，報主管機關核定發布。

第 37 條　（暫行停止保險給付之情形及例外）

I.保險人於投保單位或保險對象未繳清保險費及滯納金前，經查證及輔導後，得對有能力繳納，拒不繳納之保險對象暫停止保險給付。但被保險人應繳部分之保險費已由投保單位扣繳、已繳納於投保單位、經依前條規定經保險人核定其得分期繳納，或保險對象係依家庭暴力防治法之規定受保護期間時，不在此限。

II.前項暫行停止保險給付期間內之保險費仍應予計收。

第 38 條　（負責人或主持人應負清償責任）

投保單位、扣費義務人積欠保險費或滯納金，無財產可供執行或其財產不足清償時，其負責人或主持人應負清償責任。

第 39 條　（保險費、滯納金優先於普通債權）

本保險之保險費、滯納金，優先於普通債權。

第五章　保險給付

第 40 條　（保險醫療辦法）

I.保險對象發生疾病、傷害事故或生育時，保險醫事服務機構提供保險醫療服務，應依第二項訂定之醫療辦法、第四十一條第一項、第二項訂定之醫療服務給付項目及支付標準、藥物給付項目及支付標準之規定辦理。

II.前項保險對象就醫程序、就醫輔導、保險醫療服務提供方式及其他醫療服務必要事項之醫療辦法，由主管機關定之。保險對象收容於矯正機關者，其就醫時間與處所之限制，及戒護、轉診、保險醫療提供方式等相關事項之管理辦法，由主管機關會同法務部定之。

第 41 條　（醫療服務給付項目及支付標準之擬訂發布）

I.醫療服務給付項目及支付標準，由保險人與相關機關、專家學者、被保險人、雇主及保險醫事服務提供者等代表共同擬訂，報主管機關核定發布。

II.藥物給付項目及支付標準，由保險人與相關機關、專家學者、被保險人、雇主、保險醫事服務提供者等代表共同擬訂，並得邀請藥物提供者及相關專家、病友等團體代表表示意見，報主管機關核定發布。

III.前二項標準之擬訂，應依被保險人之醫療需求及醫療給付品質為之；其會議內容實錄及代表利益之自我揭露等相關資訊應予公開。於保險人辦理醫療科技評估時，其結果並應於擬訂前公開。

IV.第一項及第二項共同擬訂之程序與代表名額、產生方式、任期、利益之揭露及資訊公開等相關事項之辦法，由主管機關定之。

全民健康保險法

（第四二～四七條）

第 42 條 （醫療服務給付項目及支付標準之訂定原則）

I.醫療服務給付項目及支付標準之訂定，應以相對點數反應各項服務成本及以同病、同品質同酬為原則，並得以論量、論病例、論品質、論人或論日等方式訂定之。

II.前項醫療服務給付項目及支付標準之訂定，保險人得先辦理醫療科技評估，並應考量人體健康、醫療倫理、醫療成本效益及本保險財務；藥物給付項目及支付標準之訂定，亦同。

III.醫療服務及藥物屬高危險、昂貴或有不當使用之虞者，應於使用前報經保險人審查同意。但情況緊急者，不在此限。

IV.前項應於使用前審查之項目、情況緊急之認定與審查方式、基準及其他相關事項，應於醫療服務給付項目及支付標準、藥物給付項目及支付標準中定之。

第 43 條 （保險對象門診費用等自行負擔之比率）

I.保險對象應自行負擔門診或急診費用之百分之二十，居家照護醫療費用之百分之五。但不經轉診，於地區醫院、區域醫院、醫學中心門診就醫者，應分別負擔其百分之三十、百分之四十及百分之五十。

II.前項應自行負擔之費用，於醫療資源缺乏地區，得予減免。

III.第一項應自行負擔之費用，主管機關於必要時，得依診所及各級醫院前一年平均門診費用及第一項所定比率，以定額方式收取，並每年公告其金額。

IV.第一項之轉診實施辦法及第二項醫療資源缺乏地區之條件，由主管機關定之。

第 44 條 （家庭責任醫師制度之訂定）

I.保險人為促進預防醫學、落實轉診制度，並提升醫療品質與醫病關係，應訂定家庭責任醫師制度。

II.前項家庭責任醫師制度之給付，應採論人計酬為實施原則，並依照顧對象之年齡、性別、疾病等校正後之人頭費，計算當年度之給付總額。

III.第一項家庭責任醫師制度之實施辦法及時程，由主管機關定之。

第 45 條 （特殊材料之給付上限及保險醫事服務機構得收取差額之上限）

I.本保險給付之特殊材料，保險人得訂定給付上限及保險醫事服務機構得收取差額之上限；屬於同功能類別之特殊材料，保險人得支付同一價格。

II.保險對象得於經保險醫事服務機構之醫師認定有醫療上需要時，選用保險人定有給付上限之特殊材料，並自付其差額。

III.前項自付差額之特殊材料品項，應由其許可證持有者向保險人申請，經保險人同意後，併同其實施日期，提健保會討論，報主管機關核定公告。

第 46 條 （藥品價格之調整）

I.保險人應依市場交易情形合理調整藥品價格；藥品逾專利期第一年起開始調降，於五年內依市場交易情形逐步調整至合理價格。

II.前項調整作業程序及有關事項之辦法，由主管機關定之。

第 47 條 （保險對象住院費用自行負擔之比率）

I.保險對象應自行負擔之住院費用如下：
一　急性病房：三十日以內，百分之十；逾三十日至第六十日，百分之二十；逾六十日起，百分之三十。
二　慢性病房：三十日以內，百分之五；逾三十日至第九十日，百分之十；逾九十日至第一百八十日，百分之二十；逾一百八十日起，百分之三十。

II.保險對象於急性病房住院三十日以內或於慢性病房住院一百八十日以內，同一疾病每次住院應自行負擔費用之最高金額及全年累計應自行負擔費用之最高金額，由主管機關公告之。

第48條　（保險對象自行負擔費用之除外條件）

I.保險對象有下列情形之一者，免依第四十三條及前條規定自行負擔費用：
一　重大傷病。
二　分娩。
三　山地離島地區之就醫。

II.前項免自行負擔費用範圍、重大傷病之項目、申請重大傷病證明之程序及其他相關事項之辦法，由主管機關定之。

第49條　（低收入戶之費用補助）

符合社會救助法規定之低收入戶成員就醫時，依第四十三條及第四十七條規定應自行負擔之費用，由中央社政主管機關編列預算補助。但不經轉診於各級醫院門診就醫者，除情況特殊者外，不予補助。

第50條　（暫行拒絕保險給付之要件）

I.保險對象依第四十三條及第四十七條規定應自行負擔之費用，應向保險醫事服務機構繳納。

II.保險醫事服務機構對保險對象未依前項規定繳納之費用，催繳後仍未繳納時，得通知保險人；保險人於必要時，經查證及輔導後，得對有能力繳納，拒不繳納之保險對象暫行停止保險給付。但保險對象於依家庭暴力防治法之規定受保護期間時，不適用之。

第51條　（不列入給付範圍之項目）

下列項目不列入本保險給付範圍：
一　依其他法令應由各級政府負擔費用之醫療服務項目。
二　預防接種及其他由各級政府負擔費用之醫療服務項目。
三　藥癮治療、美容外科手術、非外傷治療性齒列矯正、預防性手術、人工協助生殖技術、變性手術。
四　成藥、醫師藥師藥劑生指示藥品。
五　指定醫師、特別護士及護理師。
六　血液。但因緊急傷病經醫師診斷認為必要之輸血，不在此限。
七　人體試驗。
八　日間住院。但精神病照護，不在此限。
九　管灌飲食以外之膳食、病房費差額。
十　病人交通、掛號、證明文件。
十一　義齒、義眼、眼鏡、助聽器、輪椅、拐杖及其他非具積極治療性之裝具。
十二　其他由保險人擬訂，經健保會審議，報主管機關核定公告之診療服務及藥物。

第52條　（不屬承保之範圍）

因戰爭變亂，或經行政院認定並由各級政府專款補助之重大疫情及嚴重之地震、風災、水災、火災等天災所致之保險事故，不適用本保險。

第53條　（不予保險給付之事項）

保險人就下列事項，不予保險給付：
一　住院治療經診斷並通知出院，而繼續住院之部分。
二　有不當重複就醫或其他不當使用醫療資源之保險對象，未依保險人輔導於指定之保險醫事服務機構就醫。但情況緊急時不在此限。
三　使用經事前審查，非屬醫療必要之診療服務或藥物。
四　違反本保險規定之有關就醫程序。

第54條　（未依本法提供醫療服務者，不得向保險對象收取費用）

保險醫事服務機構對保險對象之醫療服務，經保險人審查認定不符合本法規定者，其費用不得向保險對象收取。

第55條　（得申請核退自墊醫療費用之情形）

保險對象有下列情形之一者，得向保險人申請核退自墊醫療費用：
一　於臺灣地區內，因緊急傷病或分娩，須在非保險醫事服務機構立即就醫。
二　於臺灣地區外，因罹患保險人公告

之特殊傷病、發生不可預期之緊急傷病或緊急分娩，須在當地醫事服務機構立即就醫；其核退之金額，不得高於主管機關規定之上限。

三　於保險人暫行停止給付期間，在保險醫事服務機構診療或分娩，並已繳清保險費等相關費用；其在非保險醫事服務機構就醫者，依前二款規定辦理。

四　保險對象於保險醫事服務機構診療或分娩，因不可歸責於保險對象之事由，致自墊醫療費用。

五　依第四十七條規定自行負擔之住院費用，全年累計超過主管機關所定最高金額之部分。

第 56 條　（申請核退自墊醫療費用之期限）

I.保險對象依前條規定申請核退自墊醫療費用，應於下列期限內為之：

一　依第一款、第二款或第四款規定申請者，為門診、急診治療當日或出院之日起六個月內。但出海作業之船員，為返國入境之日起六個月內。

二　依第三款規定申請者，為繳清相關費用之日起六個月內，並以最近五年發生者為限。

三　依第五款規定申請者，為次年六月三十日前。

II.保險對象申請核退自墊醫療費用應檢具之證明文件、核退基準與核退程序及其他應遵行事項之辦法，由主管機關定之。

第 57 條　（不得以同一事故重複申請或受領核退自墊醫療費用）

保險對象不得以同一事故重複申請或受領核退自墊醫療費用。

第 58 條　（退保之處理辦法）

保險對象依第十三條規定應退保者，自應退保之日起，不予保險給付；保險人應退還其溢繳之保險費。已受領保險給付者，應返還保險人所支付之醫療費用。

第 59 條　（保險對象受領核退自墊醫療費用之權利）

保險對象受領核退自墊醫療費用之權利，不得讓與、抵銷、扣押或供擔保。

第六章　醫療費用支付

第 60 條　（擬訂醫療給付費用總額之範圍）

本保險每年度醫療給付費用總額，由主管機關於年度開始六個月前擬訂其範圍，經諮詢健保會後，報行政院核定。

第 61 條　（醫療給付費用總額及分配方式之協定）

I.健保會應於各年度開始三個月前，在前條行政院核定之醫療給付費用總額範圍內，協議訂定本保險之醫療給付費用總額及其分配方式，報主管機關核定；不能於期限內協議訂定時，由主管機關決定。

II.前項醫療給付費用總額，得分地區訂定門診及住院費用之分配比率。

III.前項門診醫療給付費用總額，得依醫師、中醫師、牙醫師門診診療服務、藥事人員藥事服務及藥品費用，分別設定分配比率及藥藥分帳制度。

IV.第一項醫療給付費用總額訂定後，保險人應遴聘保險付費者代表、保險醫事服務提供者代表及專家學者，研商及推動總額支付制度。

V.前項研商應於七日前，公告議程；並於研商後十日內，公開出席名單及會議實錄。

VI.第二項所稱地區之範圍由保險人擬訂，報主管機關核定發布。

第 62 條　（醫療服務之點數及藥物費用之申報）

I.保險醫事服務機構應依據醫療服務給付項目及支付標準、藥物給付項目及支付標準，向保險人申報其所提供之醫療服務之點數及藥物費用。

II.前項費用之申報，應自保險醫事服務機構提供醫療服務之次月一日起六個月內為之。但有不可抗力因素時，得於事實消滅

後六個月內為之。

Ⅲ.保險人應依前條分配後之醫療給付費用總額及經其審查後之醫療服務總點數，核算每點費用；並按各保險醫事服務機構經審查後之點數，核付其費用。

Ⅳ.藥品費用經保險人審查後，核付各保險醫事服務機構，其支付之費用，超出預先設定之藥品費用分配比率目標時，超出目標之額度，保險人於次一年度修正藥物給付項目及支付標準；其超出部分，應自當季之醫療給付費用總額中扣除，並依支出目標調整核付各保險醫事服務機構之費用。

第 63 條　（醫療費用之核付）

Ⅰ.保險人對於保險醫事服務機構辦理本保險之醫療服務項目、數量及品質，應遴聘具有臨床或相關經驗之醫藥專家進行審查，並據以核付費用；審查業務得委託相關專業機構、團體辦理之。

Ⅱ.前項醫療服務之審查得採事前、事後及實地審查方式辦理，並得以抽樣或檔案分析方式為之。

Ⅲ.醫療費用申報、核付程序與時程及醫療服務審查之辦法，由主管機關定之。

Ⅳ.第一項得委託之項目、受委託機構、團體之資格條件、甄選與變更程序、監督及權利義務等有關事項之辦法，由保險人擬訂，報主管機關核定發布。

第 64 條　（醫療服務不給付費用之核減）

醫師開立處方交由其他保險醫事服務機構調劑、檢驗、檢查或處置，經保險人核定不予給付，且可歸責於醫師時，該費用應自該醫師所屬之醫療機構申報之醫療費用核減之。

第 65 條　（醫藥分帳制度等實施日期之訂定）

第六十一條第三項及第六十二條第四項之規定得分階段實施，其實施日期，由主管機關定之；未實施前，醫療服務給付項目及支付標準之每點支付金額，由主管機關定之。

第七章　保險醫事服務機構

第 66 條　（保險醫事服務機構之申請）

Ⅰ.醫事服務機構得申請保險人同意特約為保險醫事服務機構，得申請特約為保險醫事服務機構之醫事服務機構種類與申請特約之資格、程序、審查基準、不予特約之條件、違約之處理及其他有關事項之辦法，由主管機關定之。

Ⅱ.前項醫事服務機構，限位於臺灣、澎湖、金門、馬祖。

第 67 條　（保險病房之設置及比率）

Ⅰ.特約醫院設置病房，應符合保險病房設置基準；保險病房設置基準及應占總病床比率，由主管機關定之。

Ⅱ.特約醫院應每日公布保險病床使用情形。

Ⅲ.保險人應每月公布各特約醫院之保險病房設置比率，並每季查核之。

第 68 條　（保險醫事服務機構不得自立名目收費）

保險醫事服務機構對本保險所提供之醫療給付，除本法另有規定外，不得自立名目向保險對象收取費用。

第 69 條　（保險醫事服務機構負查核保險資格之責）

保險醫事服務機構應於保險對象就醫時，查核其健保卡；未經查核者，保險人得不予支付醫療費用；已領取醫療費用者，保險人應予追還。但不可歸責於保險醫事服務機構者，不在此限。

第 70 條　（保險對象就醫之權益）

保險醫事服務機構於保險對象發生保險事故時，應依專長及設備提供適當醫療服務或協助其轉診，不得無故拒絕其以保險對象身分就醫。

第 71 條　（提供資料之義務）

Ⅰ.保險醫事服務機構於診療保險對象後，應交付處方予保險對象，於符合規定之保險醫事服務機構調劑、檢驗、檢查或處置。

II.保險對象門診診療之藥品處方及重大檢驗項目，應存放於健保卡內。

第 72 條　（保險醫療資源耗用改善方案之擬訂）

為減少無效醫療等不當耗用保險醫療資源之情形，保險人每年度應擬訂抑制資源不當耗用之改善方案，提健保會討論後，報主管機關核定。

第 73 條　（保險醫事服務機構應提供財務報告）

I.保險醫事服務機構當年領取之保險醫療費用超過一定數額者，應於期限內向保險人提經會計師簽證或審計機關審定之全民健康保險業務有關之財務報告，保險人並應公開之。

II.前項之一定數額、期限、財務報告之提供程序、格式及內容之辦法，由保險人擬訂，提健保會討論後，報主管機關核定發布。

III.第一項之財務報告應至少包括下列各項報表：
一　資產負債表。
二　收支餘絀表。
三　淨值變動表。
四　現金流量表。
五　醫務收入明細表。
六　醫務成本明細表。

第 74 條　（資訊公開之義務）

I.保險人及保險醫事服務機構應定期公開與本保險有關之醫療品質資訊。

II.前項醫療品質資訊之範圍內容、公開方式及其他應遵行事項之辦法，由保險人擬訂，提健保會討論後，報主管機關核定發布。

第 75 條　（保險醫事服務機構與藥商之交易應簽訂書面契約）

I.保險醫事服務機構申報之保險藥品費用逾主管機關公告之金額者，其與藥商間之藥品交易，除為罕見疾病用藥採購或有主管機關公告之特殊情事外，應簽訂書面契

約，明定其權利義務關係。

II.主管機關應會同行政院公平交易委員會訂定前項書面契約之定型化契約範本及其應記載及不得記載事項。

第八章　安全準備及行政經費

第 76 條　（安全準備之來源）

I.本保險為平衡保險財務，應提列安全準備，其來源如下：
一　本保險每年度收支之結餘。
二　本保險之滯納金。
三　本保險安全準備所運用之收益。
四　政府已開徵之菸、酒健康福利捐。
五　依其他法令規定之收入。

II.本保險年度收支發生短絀時，應由本保險安全準備先行填補。

第 77 條　（保險基金之運用方式）

本保險之基金，得以下列方式運用：
一　公債、庫券及公司債之投資。
二　存放於公營銀行或主管機關指定之金融機構。
三　其他經主管機關核准有利於本保險之投資。

第 78 條　（保險安全準備總額之額度）

本保險安全準備總額，以相當於最近精算一個月至三個月之保險給付支出為原則。

第九章　相關資料及文件之蒐集、查閱

第 79 條　（資料之提供及保存）

I.保險人為辦理本保險業務所需之必要資料，得請求相關機關提供之；各該機關不得拒絕。

II.保險人依前項規定所取得之資料，應盡善良管理人之注意義務；相關資料之保存、利用等事項，應依個人資料保護法之規定為之。

第 80 條　（據實陳述之義務）

I.主管機關為審議保險爭議事項或保險人為辦理各項保險業務，得請保險對象、投保單位、扣費義務人及保險醫事服務機構提供所需之帳冊、簿據、病歷、診療紀錄、醫療費用成本等文件或有關資料，或對其訪查、查詢。保險對象、投保單位、扣費義務人及保險醫事服務機構不得規避、拒絕、妨礙或作虛偽之證明、報告或陳述。

II.前項相關資料之範圍、調閱程序與訪查、查詢等相關事項之辦法，由主管機關定之。

第十章　罰　則

第 81 條　（罰則㈠）

I.以不正當行為或以虛偽之證明、報告、陳述而領取保險給付、申請核退或申報醫療費用者，處以其領取之保險給付、申請核退或申報之醫療費用二倍至二十倍之罰鍰；其涉及刑責者，移送司法機關辦理。保險醫事服務機構因該事由已領取之醫療費用，得在其申報之應領醫療費用內扣除。

II.保險醫事服務機構有前項規定行為，其情節重大者，保險人應公告其名稱、負責醫事人員或行為人姓名及違法事實。

第 82 條　（罰則㈡）

保險醫事服務機構違反第六十八條之規定者，應退還已收取之費用，並按所收取之費用處以五倍之罰鍰。

第 83 條　（罰則㈢）

保險醫事服務機構違反第六十八條規定，或有第八十一條第一項規定行為，保險人除依第八十一條及前條規定處罰外，並得視其情節輕重，限定其於一定期間不予特約或永不特約。

第 84 條　（罰則㈣）

I.投保單位未依第十五條規定，為所屬被保險人或其眷屬辦理投保手續者，除追繳保險費外，並按應繳納之保險費，處以二倍至四倍之罰鍰。

II.前項情形非可歸責於投保單位者，不適用之。

III.投保單位未依規定負擔所屬被保險人及其眷屬之保險費，而由被保險人自行負擔者，投保單位除應退還該保險費予被保險人外，並按應負擔之保險費，處以二倍至四倍之罰鍰。

第 85 條　（罰則㈤）

扣費義務人未依第三十一條規定扣繳保險對象應負擔之補充保險費者，保險人得限期令其補繳外，並按應扣繳之金額處一倍之罰鍰；未於限期內補繳者，處三倍之罰鍰。

第 86 條　（罰則㈥）

特約醫院之保險病房未達第六十七條所定設置基準或應占總病床之比率者，依其不足數每床處新臺幣一萬元以上五萬元以下罰鍰，保險人並應令其限期改善；屆期未改善者，按次處罰。

第 87 條　（罰則㈦）

保險醫事服務機構違反第七十五條第一項規定，未簽訂書面契約，或違反主管機關依第七十五條第二項規定所定應記載及不得記載事項規定者，處新臺幣二萬元以上十萬元以下罰鍰，保險人並得令其限期改善；屆期未改善者，按次處罰。

第 88 條　（罰則㈧）

I.保險對象違反第十一條規定參加本保險者，除追繳短繳之保險費外，並處新臺幣三千元以上一萬五千元以下罰鍰。

II.前項追繳短繳之保險費，以最近五年內之保險費為限。

第 89 條　（罰則㈨）

有下列情形之一者，除追繳短繳之保險費外，並按其短繳之保險費金額處以二倍至四倍之罰鍰：

一　第一類被保險人之投保單位，將被

保險人投保金額以多報少者。
二　第二類及第三類被保險人，將其投
　　保金額以多報少者。

第 90 條 　（罰則㈩）

違反第七十條或第八十條第一項規定者，
處新臺幣二萬元以上十萬元以下罰鍰。

第 91 條 　（罰則㈩一）

保險對象不依本法規定參加本保險者，處
新臺幣三千元以上一萬五千元以下罰鍰，
並追溯自合於投保條件之日起補辦投保，
於罰鍰及保險費未繳清前，暫不予保險給
付。

第 92 條 　（罰鍰之執行機關）

本法所定之罰鍰，由保險人處罰之。

第十一章　附　　則

第 93 條 　（假扣押免提供擔保）

投保單位、保險對象或保險醫事服務機構
積欠本保險相關費用，有隱匿或移轉財
產、逃避執行之情事者，保險人得聲請法
院就其財產實施假扣押，並得免提供擔
保。

第 94 條 　（職業災害保險給付）

I.被保險人參加職業災害保險者，其因職業
災害事故所發生之醫療費用，由職業災害
保險給付。

II.保險人得接受勞工保險保險人之委託，辦
理職業災害保險之醫療給付事宜。

III.前項職業災害保險醫療給付委託之範圍、
費用償付及其他相關事項之辦法，由主管
機關會同中央勞工保險主管機關定之。

第 95 條 　（保險人之代位行使損害賠償請求權）

I.保險對象因汽車交通事故，經本保險之保
險人提供保險給付後，得向強制汽車責任
保險之保險人請求償付該項給付。

II.保險對象發生對第三人有損害賠償請求
權之保險事故，本保險之保險人於提供保

險給付後，得依下列規定，代位行使損害
賠償請求權：
一　公共安全事故：向第三人依法規應
　　強制投保之責任保險保險人請求；
　　未足額清償時，向第三人請求。
二　其他重大之交通事故、公害或食品
　　中毒事件：第三人已投保責任保險
　　者，向其保險人請求；未足額清償
　　或未投保者，向第三人請求。

III.前項所定公共安全事故與重大交通事故、
公害及食品中毒事件之最低賠償金額、求
償範圍、方式及程序等事項之辦法，由主
管機關定之。

第 96 條 　（財務收支之辦理）

本保險之財務收支，由保險人以作業基金
方式列入年度預算辦理。

第 97 條 　（免課稅捐之項目）

本保險之一切帳冊、單據及業務收支，均
免課稅捐。

第 98 條 　（有關滯納金等規定之排除適用）

第三十五條、第三十七條、第五十條第二
項及第九十一條有關滯納金、暫行停止給
付或罰鍰之規定，於被保險人經濟困難資
格期間，不適用之。

第 99 條 　（紓困基金之設置）

I.主管機關得編列預算設置紓困基金，供經
濟困難，無力繳納保險費之保險對象無息
申貸或補助本保險保險費及應自行負擔
之費用。

II.前項申貸，除申貸人自願提前清償外，每
月償還金額，不得高於開始申貸當時之個
人保險費之二倍。

III.第一項基金之申貸及補助資格、條件、貸
款償還期限與償還方式及其他應遵行事
項之辦法，由主管機關定之。

第 100 條 　（經濟困難認定標準之訂定）

前二條所定經濟困難，其認定標準，由主
管機關參考社會救助相關標準定之。

第 101 條 （申請延緩繳納保險費或清償貸款被保險人清償能力之查核）

依本法中華民國一百年一月四日修正施行前第八十七條之四第一項及第二項規定申請延緩繳納保險費或清償貸款者，保險人應定期查核被保險人之清償能力。

第 102 條 （累計財務短絀金額分年編列預算撥補）

本法中華民國一百年一月四日修正之條文施行前，本保險之累計財務短絀金額，由中央主管機關分年編列預算撥補之。

第 103 條 （施行細則之訂定）

本法施行細則，由主管機關定之。

第 104 條 （施行日期）

I.本法施行日期，由行政院定之。

II.本法修正條文，除中華民國一百年六月二十九日修正之第十一條施行日期由行政院定之外，自公布日施行。

全民健康保險法施行細則

一百零七年九月十九日衛生福利部令修正發布

①民國八十四年一月二十八日行政院衛生署令發布
②八十四年八月二日行政院衛生署令修正發布
③八十八年十一月十八日行政院衛生署令修正發布
④八十九年七月二十六日行政院衛生署令修正發布
⑤九十年一月三十日行政院衛生署令修正發布
⑥九十一年十一月二十九日行政院衛生署令修正發布
⑦九十三年二月二十日行政院衛生署令修正發布
⑧九十六年二月二十七日行政院衛生署令修正發布
⑨九十七年九月五日行政院衛生署令修正發布
⑩九十八年十二月三十日行政院衛生署令修正發布
⑪一百年六月十日行政院衛生署令修正發布
⑫一百零一年二月十五日行政院衛生署令修正發布
⑬一百零一年十月三十日行政院衛生署令修正發布
⑭一百零四年十二月十五日衛生福利部令修正發布
⑮一百零五年十二月二十三日衛生福利部令修正發布
⑯一百零七年五月二十一日衛生福利部令修正發布
⑰一百零七年九月十九日衛生福利部令修正發布第四六條條文

第一章　總　則

第1條　（訂定依據）

本細則依全民健康保險法（以下稱本法）第一百零三條規定訂定之。

第2條　（書表及總報告之備查與公開）

保險人應按月將下列書表及於年終時編具總報告，報主管機關，分送全民健康保險會（以下稱健保會）備查，並公開於網際網路：

一　投保單位、投保人數、投保金額及保險費統計表。
二　醫療給付統計表。
三　保險醫事服務機構增減表。
四　保險收支會計報表。
五　安全準備運用概況表。
六　其他與保險事務有關之重要書表及報告。

第3條　（預算之編列）

保險人應依全民健康保險（以下稱本保險）業務計畫及安全準備運用狀況，編列年度預算及年終決算報告，報主管機關，並分送健保會備查。

第4條　（業務報告之編具）

健保會應每年編具年終業務報告，並對外公開。

第二章　保險對象及投保單位

第5條　（眷屬之定義）

本法第二條第二款所稱眷屬，指本法第十條第一項所定第一類至第三類及第六類被保險人之眷屬；第六類被保險人為榮民遺眷之家戶代表時，其依本法第十條第一項所定之眷屬規定如下：

一　榮民之配偶，且無職業者。
二　榮民之直系血親尊親屬，且無職業者。
三　榮民之二親等內直系血親卑親屬，未滿二十歲且無職業，或年滿二十歲無謀生能力或仍在學就讀且無職業者。

第6條　（無謀生能力之情形）

本法第二條第二款第三目所稱無謀生能力，指符合下列情形之一者：

一　受監護宣告尚未撤銷。
二　領有社政主管機關核發之身心障礙手冊或身心障礙證明，且不能自謀生活。
三　符合本法第四十八條所稱重大傷病，且不能自謀生活。

第7條　（在學就讀之定義）

本法第二條第二款第三目所稱在學就讀，指就讀於國內公立學校、各級主管教育行政機關核准立案之私立學校，或境外當地主管權責機關或專業評鑑團體所認可之學校，並具有正式學籍者。

第8條　（居留證明文件之定義）

I.本法第九條所稱居留證明文件，指臺灣地區居留證、臺灣地區居留入出境證、外僑居留證、外僑永久居留證及其他經本保險主管機關認定得在臺灣地區長期居留之證明文件。

II.本法第九條第一款所稱在臺居留滿六個月，指進入臺灣地區居留後，連續居住達六個月或曾出境一次未逾三十日，其實際居住期間扣除出境日數後，併計達六個月。

III.符合本法第九條第一款規定，如無職業且無法以眷屬資格隨同被保險人投保者，應以本法第十條第一項第六款第二目被保險人身分參加本保險。

第9條　（專任有給人員及公職人員之定義）

I.本法第十條第一項第一款第一目所稱專任有給人員，指政府機關（構）、公私立學校具有公教人員保險或軍人保險被保險人資格者。

II.本法第十條第一項第一款第一目所稱公職人員，指公職人員選舉罷免法所列公職人員。

III.無職業之鄰長，得準用前項公職人員規定參加本保險。

第10條　（雇主之定義）

本法第十條第一項第一款第四目所稱雇主，指僱用員工之民營事業事業主或事業經營之負責人；所稱自營業主，指未僱用有酬人員幫同工作之民營事業事業主或負責人。

第11條　（專門職業及技術人員之定義）

本法第十條第一項第一款第五目所稱專門職業及技術人員，指依專門職業及技術人員考試法或其他法規取得執業資格之人員。

第12條　（無一定雇主者之定義）

本法第十條第一項第二款第一目及第三款第二目所稱無一定雇主者，指經常於三個月內受僱於非屬同條項第一款第一目至第三目規定之二個以上不同雇主，其工作機會、工作時間、工作量、工作場所、工作報酬不固定者。

第13條　（自營作業者之定義）

本法第十條第一項第二款第一目所稱自營作業者，指獨立從事勞動或技藝工作獲致報酬，且未僱用有酬人員幫同工作者。

第14條　（接受保安處分或管訓處分執行之定義）

I.本法第十條第一項第四款第三目所稱接受保安處分之執行者，指經法院裁判，且經檢察機關指揮執行，容留於矯正機關、矯正機關附設醫院、醫療機構、教養機構等處所，施以強制工作、強制戒治、強制治療、觀察勒戒、監護及禁戒者。

II.本法第十條第一項第四款第三目所稱接受管訓處分之執行者，指經法院裁定，且指揮執行於矯正機關，施以感化教育之保護處分者。

第15條　（被保險人之成員）

本法第十條第一項第五款所定第五類被保險人，指以下成員：

一　戶長。

二　與戶長同一戶籍或共同生活之直系血親及互負扶養義務之親屬。但戶長之直系血親卑親屬，以未婚者為限。

第16條　（榮民及榮民遺眷之家戶代表之定義）

I.本法第十條第一項第六款第一目所稱榮民，指領有國軍退除役官兵輔導委員會核發之中華民國榮譽國民證或義士證之人

員。

II.本法第十條第一項第六款第一目所稱榮民遺眷之家戶代表，指領有國軍退除役官兵輔導委員會核發之榮民遺眷家戶代表證之人員。

第 17 條 （參加本保險之身分㈠）

I.符合本法第十條規定，同一類具有二種以上被保險人資格者，應以其主要工作之身分參加本保險。

II.農會或漁會會員兼具水利會會員身分者，應以農會或漁會會員身分參加本保險。

第 18 條 （參加本保險之身分㈡）

I.保險對象分屬二位以上被保險人之眷屬，且無本法第十二條規定難以隨同被保險人辦理投保及退保之情形者，應依下列順序，擇一被保險人依附投保：

一　配偶或一親等直系血親。

二　二親等直系血親。

三　三親等以上直系血親卑親屬。

II.本法第十二條所稱難以隨同被保險人辦理投保及退保之情形如下：

一　父母離婚、分居、行蹤不明或未盡扶養義務，由祖父母扶養。

二　子女行蹤不明或未盡扶養義務，由孫子女扶養。

三　非婚生子女由祖父母扶養。

四　持有保護令或出示警政、社政機關介入處理及其他經保險人認定證明文件之家庭暴力被害人。

五　其他經主管機關認定之情形。

III.保險對象有前項情形且無其他應隨同投保之被保險人時，應以第六類被保險人身分投保。

第 19 條 （留職停薪者之繼續投保）

I.本法第十條第一項第一款第一目至第三目之被保險人，因故留職停薪者，經徵得原投保單位之同意，得由原投保單位以原投保金額等級繼續投保；被保險人應自付之保險費，按月向其投保單位繳納，投保單位連同其應負擔部分彙繳保險人。

II.被保險人依性別工作平等法規定申請育

嬰留職停薪，並於原投保單位繼續投保者，應以原投保金額等級投保；被保險人應自付之保險費，由保險人依第四十九條規定寄發被保險人繳納。

III.前二項投保金額等級，不得低於投保金額分級表最低一級。

第 20 條 （以原投保資格繼續投保之情形）

保險對象原有之投保資格尚未喪失，其從事短期性工作未逾三個月者，得以原投保資格繼續投保。

第 21 條 （以眷屬身分參加本保險之情形）

被保險人二親等內直系血親卑親屬年滿二十歲且無職業，合於下列情形之一者，得以眷屬身分參加本保險：

一　應屆畢業學生自當學年度終了之日起一年內。

二　服義務役兵役或替代役退伍（役）或結訓者，自退伍（役）或結訓之日起一年內。

第 22 條 （得以原投保單位為投保單位之情形）

本法第十條第一項第六款第二目之被保險人符合下列情形之一者，經徵得原投保單位之同意，得以原投保單位為投保單位。但其保險費仍應依本法第二十三條及第二十七條第七款規定分別計算：

一　為退休人員。

二　依勞工保險條例第九條之一規定自願繼續參加勞工保險。

三　原隨同投保之被保險人因工作派駐國外而遷出戶籍。

第 23 條 （以該宗教機構、團體為投保單位之情形）

本法第十條第一項第六款第二目所定被保險人，依戶籍法規定設籍於政府登記立案之宗教機構者，得以該宗教機構或所屬當地宗教團體為投保單位。

第 24 條　（自行執業之專門職業及技術人員之投保單位）

I.本法第十五條第一項第一款以被保險人所屬團體為投保單位之規定，於專門職業及技術人員自行執業者，指其所屬之公會。

II.本法第十五條第一項第四款以被保險人戶籍所在地之鄉（鎮、市、區）公所為投保單位之規定，於本法第九條第一款規定之保險對象，指其居留證明文件記載居留地（住）址所在地之鄉（鎮、市、區）公所。

III.符合本法第九條第一款規定之第六類保險對象，經徵得保險人認可之機關、學校或團體同意者，得以該機關、學校或團體為投保單位。

第 25 條　（保險費之代繳）

依本法第十五條第二項規定投保之保險對象，其保險費應由其共同生活之其他類被保險人代為繳納。

第 26 條　（參加職訓者之投保單位）

I.依本法第十五條第四項規定以訓練機構（關）為投保單位之第六類保險對象，其保險費仍應依本法第二十三條及第二十七條第七款規定計算。

II.前項保險對象接受訓練未逾三個月者，得在原投保單位繼續投保。

第 27 條　（投保單位應填具申報表並檢附文件）

I.符合本法第十五條規定之投保單位，應填具投保單位成立申報表及保險對象投保申報表各一份送交保險人。

II.投保單位除政府機關、公立學校、農田水利會及公營事業外，應檢附負責人身分證明文件影本及下列相關證件影本：

一　工廠應檢附工廠登記有關證明文件。

二　礦場應檢附礦場登記證。

三　鹽場、農場、牧場、林場、茶場應檢附登記證書。

四　交通事業應檢附運輸業許可證或有關證明文件。

五　民營公用事業應檢附事業執照或有關證明文件。

六　公司、行號應檢附公司登記證明文件或商業登記證明文件。

七　私立學校、新聞事業、文化事業、公益事業、合作事業、農業、漁業及各業人民團體應檢附立案或登記證明文件。

八　本法第十條第一項第一款第三目之雇主，應檢附僱用契約書或證明文件。

九　第一款至前款以外之投保單位，應檢附目的事業主管機關核發之許可或登記證明文件。

III.投保單位依前二項規定將申報表及證明文件影本送交保險人當日，即完成申報應辦手續。

IV.經由公司及商業設立一站式線上申請作業網站，申請成立投保單位者，免依第一項及第二項規定，檢送申報表及相關證明文件影本。

第 28 條　（投保單位之應備資料）

I.投保單位應備下列資料，以供主管機關或保險人因業務需要所為之訪查或查詢：

一　第一類被保險人之投保單位，應備僱用員工或會員名冊（卡）、出勤工作紀錄、薪資表、薪資資料。

二　第二類及第三類被保險人之投保單位，應備被保險人及眷屬名冊（卡）、全民健康保險費之收繳帳冊及依本法第五十一條規定所設專戶之存款證明文件。

三　第四類被保險人之投保單位應備被保險人名冊；第五類、第六類被保險人之投保單位，應備保險對象投退保申報表等相關文件及附件。

II.前項第一款及第二款之名冊（卡），應分別記載下列事項：

一　被保險人及其眷屬姓名、性別、出生年月日、國民身分證統一編號及住址。

二　被保險人到職、入會或投保資格審

核通過之年、月、日。
三　被保險人工作類別、時間及薪資或收入。
四　被保險人留職停薪期間。
III.前二項資料，投保單位應自被保險人離職、退會或退保之日起保存五年。
IV.第一項及第二項有關國民身分證之規定，於本法第九條規定之保險對象，以居留證明文件為之。

第 29 條　（保險對象投保手續之辦理）

保險對象有下列情形之一者，投保單位應於三日內填具保險對象投保申報表一份，送交保險人辦理投保手續：
一　合於本法第八條或第九條規定者。
二　轉換投保單位。
三　改變投保身分。

第 30 條　（被保險人眷屬之辦理續保）

被保險人二親等內直系血親卑親屬年滿二十歲無謀生能力，或在學就讀且無職業者，投保單位應於其年滿二十歲當月底，填具續保申報表一份送交保險人辦理續保。

第 31 條　（育嬰留職停薪之投保）

被保險人因育嬰留職停薪，於原投保單位繼續投保者，投保單位應填具繼續投保及異動申報表一份，並檢附相關證明文件，向保險人申報；原育嬰留職停薪期間屆滿展期或提前復職者，亦同。

第 32 條　（失蹤之定義及退保）

I.本法第十三條所稱失蹤，指經警察機關或入出國及移民主管機關受理登記為失蹤、行方不明或查尋人口。
II.保險對象因遭遇災難失蹤，得自該災難發生之日退保。

第 33 條　（保險效力之開始之定義）

I.本法第十四條所稱保險效力之開始，指自合於本法第八條或第九條所定條件或原因發生日之零時起算；保險效力之終止，指至合於本法第十三條所定條件或原因

發生日之二十四時停止。
II.前項規定於保險對象復保、停保時，準用之。

第 34 條　（退保原因）

本法第十五條第六項所稱退保原因，指下列情形之一：
一　轉換投保單位。
二　改變投保身分。
三　死亡。
四　合於本法第十三條所定條件或原因。

第 35 條　（保險對象退保手續之辦理）

保險對象有前條所定情形之一者，投保單位應於三日內填具保險對象退保申報表，送交保險人辦理退保手續，同時提供予保險對象。

第 36 條　（逕行辦理退保手續）

保險對象有依本法第十三條規定應予退保情形而投保單位未依前條規定辦理退保手續時，保險人得逕依相關主管機關提供之資料，為其辦理退保手續並通知投保單位及保險對象。但通知顯有困難者，不在此限。

第 37 條　（停保之辦理）

I.保險對象具有下列情形之一，得辦理停保，由投保單位填具停保申報表一份送交保險人，並於失蹤或出國期間，暫時停止繳納保險費，保險人亦相對暫時停止保險給付：
一　失蹤未滿六個月者。
二　預定出國六個月以上者。但曾辦理出國停保，於返國復保後應屆滿三個月，始得再次辦理停保。
II.前項第一款情形，自失蹤當月起停保；前項第二款情形，自出國當月起停保，但未於出國前辦理者，自停保申報表寄達保險人當月起停保。

第 38 條　（停保之被保險人其眷屬投保之辦理）

被保險人辦理停保時，其眷屬應依下列規定辦理：

一　被保險人因前條第一項第一款情形停保時，其眷屬應改按其他身分投保。

二　被保險人因前條第一項第二款情形停保時，其眷屬應改按其他身分投保。但經徵得原投保單位同意或原依附第六類被保險人投保者，得於原投保單位繼續參加本保險。

第 39 條　（復保）

I.保險對象停保後，應依下列規定辦理：

一　失蹤未滿六個月者，於六個月內尋獲時，應自尋獲之日註銷停保，並補繳保險費。逾六個月未尋獲者，應溯自停保之日起終止保險，辦理退保手續。

二　預定出國六個月以上者，應自返國之日復保。但出國期間未滿六個月即提前返國者，應自返國之日註銷停保，並補繳保險費。

II.政府駐外人員或其隨行之配偶及子女，辦理出國停保後，因公返國未逾三十日且持有服務機關所出具之證明，得免依前項第二款規定註銷停保或復保，但在臺期間不得列入出國期間計算。

III.第一項保險對象於申請復保時，投保單位應填具復保申報表一份送保險人；於核定復保後，停保期間扣取之補充保險費，得向保險人申請核退。

IV.本細則於中華民國一百零二年一月一日修正施行前，已依修正前第三十六條第一項第二款規定辦理停保者，其該次停保、註銷停保或復保，依原規定辦理。但符合第二項規定者，得依該規定辦理。

第 40 條　（投保單位保險對象變更事項之填具及送交）

保險對象之姓名、出生年月日、國民身分證統一編號或居留證統一證號變更或錯誤、第六類被保險人申報之通訊地址或戶籍地址變更時，投保單位應即填具保險對象變更事項申報表一份，連同有關證件送交保險人。

第 41 條　（通知投保單位）

保險對象有第二十一條、第二十九條、第三十條、第三十五條或前條所定情形，應即通知投保單位。

第 42 條　（投保單位變更事項表之填具及送交）

投保單位之名稱、負責人、地址或其通訊地址變更時，應於十五日內填具投保單位變更事項申報表一份，連同有關證件送交保險人。

第 43 條　（投保單位停、歇業等之辦理）

I.投保單位有停業、歇業、解散或裁撤情事時，應於十五日內以書面通知保險人，並檢附相關證件，辦理所屬保險對象之異動申報手續。

II.已辦理停業之投保單位復業時，應於十五日內以書面通知保險人，並檢附相關證件，辦理所屬保險對象之異動申報手續。

第 44 條　（投保單位之註銷）

I.投保單位有歇業、解散、破產宣告、無保險對象投保達一百八十日以上之情事，或積欠保險費及滯納金，經依法執行無效果者，保險人得註銷該投保單位。其應繳保險費之計算，以事實發生日為準；事實發生日不明者，以保險人查定之日為準。

II.前項投保單位所屬之保險對象，應即以適當身分改至其他投保單位參加本保險。

第三章　保險財務及保險費之計繳

第 45 條　（政府每年度負擔本保險之總經費）

本法第三條第一項所稱政府每年度負擔本保險之總經費如下：

一　政府為投保單位時，依本法第二十七條第一款第一目、第二目及第三十四條規定應負擔之保險費。

二　政府依本法第二十七條與其他法律規定補助各類被保險人及其眷屬之保險費。

三　受僱者育嬰留職停薪期間,政府補助原由雇主負擔之保險費。

第 46 條　（投保金額之申報）

I.下列被保險人之投保金額,應配合投保金額分級表等級金額,依下列規定向保險人申報:

一　無給職公職人員:

(一)直轄市議會議員、縣（市）議會議員及鄉（鎮、市）民代表會代表,依地方民意代表費用支給及村里長事務補助費補助條例第三條規定,以公務人員相當職級計算其投保金額。

(二)村（里）長及鄰長,按投保金額分級表第十二級申報。

二　受僱者:

(一)具有公教人員保險或軍人保險被保險人資格者,應以其俸（薪）給總額計算其投保金額。

(二)前目以外之受僱者,應以合於勞動基準法規定之工資計算其投保金額。每月工資不固定者,得以最近三個月平均工資申報投保金額,但不得低於所屬投保身分類目之投保金額下限規定。

三　僱用被保險人數五人以上之事業負責人或會計師、律師、建築師、醫師、牙醫師、中醫師自行執業者,除自行舉證申報其投保金額者外,應按投保金額分級表最高一級申報。自行舉證申報之投保金額,最低不得低於勞工保險投保薪資分級表最高一級及其所屬員工申報之最高投保金額。

四　僱用被保險人數未滿五人之事業負責人、前款以外之專門職業及技術人員自行執業者或屬於第一類被保險人之自營業主,除自行舉證申報其投保金額者外,應按投保金額分級表最高一級申報。自行舉證

申報之投保金額,最低不得低於本法第十條第一項第一款第二目被保險人之平均投保金額及其所屬員工申報之最高投保金額。但未僱用有酬人員幫同工作之本款專門職業及技術人員自行執業者,其自行舉證申報之投保金額,最低以投保金額分級表第六級為限。

五　無一定雇主或自營作業而參加職業工會者,於第二類第一目非以最低投保金額申報者之月平均投保金額成長率累積達百分之四點五時,由保險人依下列規定公告調整最低申報投保金額:

(一)於一月至六月累積達百分之四點五時,自次年一月起按原最低投保金額對應等級調高一級。

(二)於七月至十二月累積達百分之四點五時,自次年七月起按原最低投保金額對應等級調高一級。

六　參加船長公會為會員之外僱船員由船長公會投保者,除自行舉證申報投保金額者外,應按投保金額分級表最高一級申報。自行舉證申報之投保金額,最低不得低於勞工保險投保薪資分級表最高一級。

II.前項第一款第二目所稱鄰長,指第九條第三項所定無職業,並準用公職人員規定參加本保險之鄰長。

第 47 條　（申報投保金額之限制）

第一類及第二類被保險人,其申報之投保金額不得低於其適用勞工退休金月提繳工資分級表之月提繳工資及勞工保險之投保薪資。但超過本保險投保金額最高一級者,應以本保險最高一級為投保金額。

第 48 條　（利息之計算）

本法第二十八條規定應徵收之利息,依欠費期間每年一月一日郵政儲金一年期定期儲金固定利率,按日計算。

第 49 條　（保險費計算表及繳款單位之寄發或傳輸及其所載金額之異議）

Ⅰ.依本法第三十條規定應按月繳納之保險費，由保險人繕具保險費計算表及繳款單，於次月底前寄發或以電子資料傳輸方式遞送投保單位或被保險人繳納。

Ⅱ.投保單位或被保險人於次月底仍未收到前項保險費計算表及繳款單時，應於十五日內通知保險人補寄送，並依保險人補寄送之表單，限期繳納；其怠為通知者，視為已於次月底寄達。

Ⅲ.投保單位或被保險人對於保險費計算表及繳款單所載金額如有異議，第一類及第六類被保險人之投保單位及第六類被保險人應先照額繳納，第二類、第三類被保險人之投保單位應先彙收實際收繳之保險費後，再向保險人提出異議理由，經保險人查明錯誤後，於計算次月保險費時，一併結算。

第 50 條　（各機關應負擔或補助保險費之撥付）

Ⅰ.各機關依本法第三條第二項及第三十條第一項第四款應負擔或補助之保險費，由保險人核計，於每年一月十五日及七月十五日前，送請各機關於當年一月底及七月底前預撥。

Ⅱ.中央社政主管機關依本法第三十條第一項第三款規定應補助之保險費，由保險人核計，於前月十五日前送請該機關於當月五日前撥付。

Ⅲ.各機關應負擔或補助之保險費，保險人應按年結算，有撥付不足者，保險人應於十二月底前，送請各機關於次年一月底前撥付。

第 51 條　（全民健康保險專戶之設立）

Ⅰ.投保單位得於金融機構設立「全民健康保險」專戶，並轉知被保險人以轉帳或代收方式繳納保險費。

Ⅱ.第二類及第三類被保險人之投保單位，得徵得被保險人或會員（代表）大會同意後，一次預收三個月或六個月保險費，並應掣發收據，按月彙繳保險人；其預收之保險費於未彙繳保險人以前，應以投保單位名義設全民健康保險專戶儲存保管，所

生孳息並以運用於本保險業務為限。

Ⅲ.前項採行預收保險費之投保單位，得為承辦業務人員辦理員工誠實信用保證保險。

第 52 條　（保險費及滯納金之繳納單位）

Ⅰ.保險費及滯納金之繳納，以元為單位，角以下四捨五入。

Ⅱ.被保險人應自付之保險費及政府補助金額尾數均為五角時，以政府補助金額進位。

第 53 條　（扣繳或收繳保險費之薪資單（袋）註明或掣發收據）

投保單位依本法第三十條第一項第一款或第二款規定扣繳或收繳被保險人及其眷屬負擔之保險費時，應於被保險人之薪資單（袋）註明或掣發收據。

第 54 條　（保險費之墊繳）

Ⅰ.第一類被保險人之投保單位因故不及於本法第三十條規定期限扣、收繳保險費時，應先行墊繳。

Ⅱ.第二類及第三類被保險人應自付之保險費，未依本法第三十條規定期限繳納者，投保單位應通知被保險人繳納欠繳之保險費，並於彙繳保險費時，一併向保險人提送被保險人欠費清單。

Ⅲ.前項投保單位未依第四十九條第三項規定提出異議理由者，應於寬限期滿後十五日內，提送保險費應繳納金額與彙繳金額差額部分之欠費清單。

第 55 條　（薪資所得總額之定義）

本法第三十四條所稱薪資所得總額，指符合所得稅法第十四條第一項第三類所定薪資所得規定之所得合計額。

第 56 條　（補充保險費之繳納）

Ⅰ.投保單位依本法第三十四條規定應按月繳納之補充保險費，應自行計算後填具繳款書，於次月底前向保險人繳納；如有溢、短繳時，保險人得自依法應繳或已繳之保險費中逐予互為抵扣。

Ⅱ.投保單位未依本法第三十四條規定足額

繳納補充保險費時，保險人得依查得之薪資所得，核定應繳納之補充保險費，並開具繳款單交投保單位依限繳納。

第57條　（滯納金之繳納）

I.投保單位、保險對象或扣費義務人依本法第三十五條第一項規定應繳納滯納金者，由保險人核計應加徵之金額，通知其向指定金融機構繳納。

II.投保單位或扣費義務人填寫繳款書繳納補充保險費者，得由各代收保險費金融機構計算應加徵之滯納金額，併同保險費代為收取。

第58條　（重複投保之處理）

I.保險對象重複投保者，應依第十七條、第十八條及本法第十一條規定計繳保險費。其重複繳納之保險費，投保單位或被保險人得於發生重複繳納保險費之日起五年內向保險人申請退還，逾期不予受理。

II.前項申請退還重複繳納之保險費，經保險人審查屬實後，於計算次月保險費時，一併結算。

第四章　保險給付及醫療費用支付

第59條　（地區醫院、區域醫院及醫學中心之定義）

本法第四十三條第一項所稱地區醫院、區域醫院及醫學中心，指經主管機關辦理醫院評鑑評定為地區醫院、區域醫院及醫學中心之醫院。

第60條　（費用負擔之減免）

保險對象於主管機關依本法第四十三條第四項所定之醫療資源缺乏地區接受門診、急診或居家照護服務，其應自行負擔之費用，得予減免百分之二十。

第61條　（保險對象自負額之訂定）

主管機關依本法第四十三條第三項公告之保險對象門診應自行負擔金額，得依各級醫療院、所前一年平均門診分項費用，於同條第一項所定比率內分別訂定。

第62條　（住院日數、自行負擔住院費用之最高金額）

I.本法第四十七條第一項及第二項所定住院日數，指當次住院日數；當次住急性病房或慢性病房不同類病房之日數，應分別計算；以相同疾病於同一醫院出院後十四日內再次住院者，其住院日數並應合併計算。

II.本法第四十七條第二項所定保險對象應自行負擔住院費用之最高金額，每次住院為每人平均國民所得百分之六；無論是否同一疾病，每年為每人平均國民所得之百分之十。

III.前項所稱每人平均國民所得，由主管機關參考行政院主計總處發布之最近一年每人平均國民所得定之。

第63條　（應自行負擔之費用定期撥付保險人）

I.第五類被保險人依本法第四十三條及第四十七條規定應自行負擔之費用，由中央社政主管機關依本法第四十九條定期撥付保險人。

II.本法第十條第一項第六款第一目被保險人依本法第四十三條及第四十七條規定應自行負擔之費用，得由國軍退除役官兵輔導委員會定期撥付保險人。

第五章　罰　則

第64條　（非可歸責於投保單位之情形）

本法第八十四條所稱非可歸責於投保單位者，指下列情形之一：

一　經投保單位二次以書面通知應投保之被保險人辦理投保手續，被保險人仍拒不辦理，並通知保險人。

二　應投保之眷屬，被保險人未向其投保單位申報。

三　第二類、第三類或第六類保險對象未向其投保單位申報。

第六章　附　則

第 65 條　（已設籍或領有居留證明者之參加投保）

本法中華民國一百年一月四日修正之條文施行時，已在臺灣地區設有戶籍或領有居留證明文件之非本保險保險對象，自繼續在臺灣地區設籍或居留滿四個月時起，應參加本保險為保險對象。

第 66 條　（以第二類被保險人身分參加本保險之情形）

符合下列各款條件之專門職業及技術人員，於本法中華民國一百年一月四日修正之條文施行前，得以第二類被保險人身分參加本保險：

一　其取得之專門職業及技術人員資格項目，屬八十四年三月一日後始列入專門職業及技術人員考試相關法規者。

二　取得前款專門職業及技術人員資格及本法一百年一月四日修正之條文施行時，均以第二類被保險人身分於該類職業工會參加本保險。

三　未僱用有酬人員幫同工作。

第 67 條　（得繼續投保之情形）

本細則中華民國一百零二年一月一日修正施行時，依修正前第二十條規定，以第六類保險對象身分參加本保險者，得繼續依該規定投保。但改以他類投保身分投保後，不適用之。

第 68 條　（保險人每年應公告之事項）

保險人每年應公告之事項如下：

一　依本法第二十二條規定第三類保險對象適用之投保金額。

二　依本法第二十三條所定之平均保險費。

三　依本法第二十九條所定之眷屬人數。

四　依第四十六條第一項第四款所定之平均投保金額。

第 69 條　（刪除）

第 70 條　（刪除）

第 71 條　（刪除）

第 72 條　（免課之稅捐）

依本法第九十七條規定免課之稅捐如下：

一　保險人、投保單位及扣費義務人辦理本保險所用之帳冊契據，及保險醫事服務機構請領保險給付與其收取保險對象屬本保險給付範圍而應自行負擔費用所出具之收據，免徵印花稅。

二　保險人辦理本保險所收保險費、保險費滯納金、利息及因此所承受行政執行標的物之收入，保險資金運用之收益、其他收入，免納營業稅及所得稅。

第 73 條　（施行日期）

I.本細則自中華民國一百零二年一月一日施行。

II.本細則修正條文，除中華民國一百零四年十二月十五日修正之第四十五條自一百零五年一月一日施行外，自發布日施行。

MEMO

MEMO

MEMO

法規索引

國家圖書館出版品預行編目資料

圖解學習六法：民法／劉宗榮主編;劉宗榮審訂.一一
初版一刷.一一臺北市：三民，2021
　　　面；　公分

　　ISBN 978-957-14-7252-2　（平裝）
　　1. 民法

584　　　　　　　　　　　　　110012167

圖解學習六法：民法

主　　　編	劉宗榮
審　　　訂	劉宗榮
責任編輯	沈家君

發 行 人	劉振強
出 版 者	三民書局股份有限公司
地　　址	臺北市復興北路 386 號 (復北門市)
	臺北市重慶南路一段 61 號 (重南門市)
電　　話	(02)25006600
網　　址	三民網路書店 https://www.sanmin.com.tw

出版日期	初版一刷 2021 年 8 月
書籍編號	S586500
I S B N	978-957-14-7252-2

三民書局